INVESTMENT RETURN HANDBOOK

A
Sunrise Financial Series
Book

Michael E. Dugan

SUNRISE
Publishers, Inc.
Murfreesboro, TN

Address inquiries to:
Sunrise Publishers, Inc.
1807 Florence Rd.
Murfreesboro, TN 37129

ISBN 1-882912-02-0

Printed and bound in the United States of America

M 9 8 7 6 5 4 3 2 1

CONTENTS

INTRODUCTION

This book is designed for anyone who invests or saves money, the average, non-professional saver.

Four sections of tables, each prefaced by an explanation and working examples, are designed to let you explore your individual investment needs. The format is easy to understand and contains no mathematical formulas. Simply follow the row on the appropriate table to find the answer to your questions.

Using the Bond Yield Tables, Single Investment Growth Tables, Systematic Investment Growth Tables, and Inflation Index, you can determine the actual return on the investment of a bond bought at a discount or at a premium, predict the growth of a one-time, single investment or a regular monthly investment over a period of time, and project the effect of inflation on investment growth.

All of these tables assume investment at the beginning of the period, and they are designed for fixed-interest rates and consistency in investment amount and timing. The interest rate on your investment is locked in and stays the same for the life of the investment. Start counting your time from when you actually deposit the money. In the case of the systematic deposit table, if you deposit a set amount on the first day of the month, then you should deposit that same amount on the first day of each ensuing month.

NOTE: In any given table, if the calculation yields a negative return, the symbol *** has been inserted.

BOND YIELD TABLES

A bond is an instrument that is evidence of a loan made to a borrower (usually a government organization or corporation). The bond normally represents a specified stream of periodic interest payments and the return of the principal amount at a specific date. There are several types of bonds, but this book addresses the common type, which pays interest semiannually and the face amount at a specified future date. Among the information stated by the bond document is the face amount, coupon rate, and the term. The face amount is the principal amount of the bond, usually $1,000. Bonds are bought and sold based on a price per 100. The coupon rate is half the interest rate of the bond. The coupon rate multiplied by the face amount yields the amount of the semiannual payment made to the bond holder. The term of the bond indicates the number of years from issue to maturity. Bonds are sold at discount (below face value), and at premium (above face value). The charts in this section determine the actual return on investment for a bond bought at a given price. See the following example:

Example 1:

Mr. Johnson can buy a $1,000 bond for $850. It has an annual interest rate of 6% and matures in 16 years. To find the effective yield of this investment:

    1) Turn to the 6% pages
    2) Find the column marked 16 years
    3) Look down the price column at the left of the page for $85
    4) The $85 price and 16 years cross at 7.64%

The effective yield on this investment is 7.64%. If Mr. Johnson is satisfied with this return for this risk, he will buy the bond.

Example 2:

Ms. Smith is offered a $1,000 bond with an interest of 7% and a maturity in 10 years. Ms. Smith is only interested if she can earn a minimum yield of 9%. How much should she pay for the bond?

    1) Turn to the 7% pages
    2) Find the column marked 10 years
    3) Look down the 10 years column for the closest figure to 9.00%
    4) Follow this row to the left of the page to the price column to 87.00

Ms. Smith will not be willing to pay more than $870 for the bond.

3% EFFECTIVE YIELD RATE

PRICE	YEARS UNTIL MATURITY							
	1/2	1	2	3	4	5	6	7
85.00	38.82%	20.32%	11.62%	8.80%	7.40%	6.57%	6.02%	5.62%
85.50	37.43%	19.67%	11.30%	8.58%	7.24%	6.44%	5.91%	5.53%
86.00	36.05%	19.03%	10.99%	8.37%	7.08%	6.31%	5.80%	5.43%
86.50	34.68%	18.39%	10.67%	8.16%	6.92%	6.18%	5.69%	5.34%
87.00	33.33%	17.76%	10.36%	7.96%	6.76%	6.05%	5.58%	5.24%
87.50	32.00%	17.13%	10.05%	7.75%	6.61%	5.93%	5.47%	5.15%
88.00	30.68%	16.51%	9.75%	7.54%	6.45%	5.80%	5.37%	5.06%
88.50	29.38%	15.89%	9.44%	7.34%	6.30%	5.67%	5.26%	4.96%
89.00	28.09%	15.28%	9.14%	7.14%	6.14%	5.55%	5.15%	4.87%
89.50	26.82%	14.67%	8.84%	6.94%	5.99%	5.43%	5.05%	4.78%
90.00	25.56%	14.07%	8.55%	6.74%	5.84%	5.30%	4.95%	4.69%
90.50	24.31%	13.47%	8.25%	6.54%	5.69%	5.18%	4.84%	4.60%
91.00	23.08%	12.88%	7.96%	6.34%	5.54%	5.06%	4.74%	4.51%
91.25	22.47%	12.58%	7.81%	6.24%	5.46%	5.00%	4.69%	4.47%
91.50	21.86%	12.29%	7.66%	6.15%	5.39%	4.94%	4.64%	4.43%
91.75	21.25%	12.00%	7.52%	6.05%	5.32%	4.88%	4.59%	4.38%
92.00	20.65%	11.71%	7.38%	5.95%	5.24%	4.82%	4.54%	4.34%
92.25	20.05%	11.42%	7.23%	5.85%	5.17%	4.76%	4.49%	4.29%
92.50	19.46%	11.13%	7.09%	5.76%	5.10%	4.70%	4.44%	4.25%
92.75	18.87%	10.84%	6.95%	5.66%	5.02%	4.64%	4.39%	4.21%
93.00	18.28%	10.56%	6.80%	5.57%	4.95%	4.58%	4.34%	4.16%
93.25	17.69%	10.27%	6.66%	5.47%	4.88%	4.52%	4.29%	4.12%
93.50	17.11%	9.99%	6.52%	5.37%	4.81%	4.46%	4.24%	4.08%
93.75	16.53%	9.71%	6.38%	5.28%	4.73%	4.41%	4.19%	4.03%
94.00	15.96%	9.43%	6.24%	5.19%	4.66%	4.35%	4.14%	3.99%
94.25	15.38%	9.15%	6.10%	5.09%	4.59%	4.29%	4.09%	3.95%
94.50	14.81%	8.87%	5.96%	5.00%	4.52%	4.23%	4.04%	3.91%
94.75	14.25%	8.59%	5.82%	4.90%	4.45%	4.17%	3.99%	3.86%
95.00	13.68%	8.31%	5.68%	4.81%	4.38%	4.12%	3.94%	3.82%
95.25	13.12%	8.04%	5.54%	4.72%	4.31%	4.06%	3.90%	3.78%
95.50	12.57%	7.76%	5.40%	4.62%	4.23%	4.00%	3.85%	3.74%
95.75	12.01%	7.49%	5.27%	4.53%	4.16%	3.94%	3.80%	3.69%
96.00	11.46%	7.22%	5.13%	4.44%	4.09%	3.89%	3.75%	3.65%
96.25	10.91%	6.95%	4.99%	4.35%	4.02%	3.83%	3.70%	3.61%
96.50	10.36%	6.68%	4.86%	4.26%	3.95%	3.77%	3.65%	3.57%
96.75	9.82%	6.41%	4.72%	4.16%	3.89%	3.72%	3.61%	3.53%
97.00	9.28%	6.14%	4.59%	4.07%	3.82%	3.66%	3.56%	3.49%
97.25	8.74%	5.87%	4.45%	3.98%	3.75%	3.61%	3.51%	3.45%
97.50	8.21%	5.61%	4.32%	3.89%	3.68%	3.55%	3.47%	3.40%
97.75	7.67%	5.34%	4.18%	3.80%	3.61%	3.49%	3.42%	3.36%
98.00	7.14%	5.08%	4.05%	3.71%	3.54%	3.44%	3.37%	3.32%
98.25	6.62%	4.81%	3.92%	3.62%	3.47%	3.38%	3.32%	3.28%
98.50	6.09%	4.55%	3.79%	3.53%	3.40%	3.33%	3.28%	3.24%
98.75	5.57%	4.29%	3.65%	3.44%	3.34%	3.27%	3.23%	3.20%
99.00	5.05%	4.03%	3.52%	3.35%	3.27%	3.22%	3.18%	3.16%
99.25	4.53%	3.77%	3.39%	3.26%	3.20%	3.16%	3.14%	3.12%
99.50	4.02%	3.51%	3.26%	3.18%	3.13%	3.11%	3.09%	3.08%
99.75	3.51%	3.26%	3.13%	3.09%	3.07%	3.05%	3.05%	3.04%
100.00	3.00%	3.00%	3.00%	3.00%	3.00%	3.00%	3.00%	3.00%
100.25	2.49%	2.74%	2.87%	2.91%	2.93%	2.95%	2.95%	2.96%
100.50	1.99%	2.49%	2.74%	2.82%	2.87%	2.89%	2.91%	2.92%
101.00	0.99%	1.99%	2.48%	2.65%	2.73%	2.78%	2.82%	2.84%
101.50	***	1.48%	2.23%	2.48%	2.60%	2.68%	2.73%	2.76%
102.00	***	0.99%	1.98%	2.31%	2.47%	2.57%	2.64%	2.68%
102.50	***	0.49%	1.72%	2.14%	2.34%	2.47%	2.55%	2.61%
103.00	***	***	1.47%	1.97%	2.21%	2.36%	2.46%	2.53%
103.50	***	***	1.22%	1.80%	2.08%	2.26%	2.37%	2.45%
104.00	***	***	0.98%	1.63%	1.96%	2.15%	2.28%	2.38%
104.50	***	***	0.73%	1.46%	1.83%	2.05%	2.20%	2.30%
105.00	***	***	0.48%	1.30%	1.70%	1.95%	2.11%	2.22%

EFFECTIVE YIELD RATE 3%

PRICE	YEARS UNTIL MATURITY							
	8	9	10	11	12	13	14	15
70.00	8.18%	7.68%	7.27%	6.95%	6.67%	6.44%	6.25%	6.08%
71.00	7.97%	7.49%	7.10%	6.78%	6.52%	6.30%	6.11%	5.95%
72.00	7.76%	7.30%	6.93%	6.62%	6.37%	6.16%	5.98%	5.82%
73.00	7.56%	7.11%	6.76%	6.47%	6.23%	6.03%	5.85%	5.70%
74.00	7.36%	6.93%	6.59%	6.31%	6.08%	5.89%	5.72%	5.58%
75.00	7.16%	6.75%	6.43%	6.16%	5.94%	5.76%	5.60%	5.46%
76.00	6.96%	6.58%	6.27%	6.01%	5.80%	5.63%	5.48%	5.35%
77.00	6.77%	6.40%	6.11%	5.87%	5.67%	5.50%	5.36%	5.23%
78.00	6.58%	6.23%	5.95%	5.72%	5.53%	5.37%	5.24%	5.12%
79.00	6.39%	6.06%	5.80%	5.58%	5.40%	5.25%	5.12%	5.01%
80.00	6.21%	5.90%	5.64%	5.44%	5.27%	5.13%	5.00%	4.90%
81.00	6.03%	5.73%	5.49%	5.30%	5.14%	5.01%	4.89%	4.79%
82.00	5.85%	5.57%	5.35%	5.17%	5.01%	4.89%	4.78%	4.68%
82.50	5.76%	5.49%	5.27%	5.10%	4.95%	4.83%	4.72%	4.63%
83.00	5.67%	5.41%	5.20%	5.03%	4.89%	4.77%	4.67%	4.58%
83.50	5.59%	5.33%	5.13%	4.96%	4.83%	4.71%	4.61%	4.53%
84.00	5.50%	5.25%	5.06%	4.90%	4.77%	4.65%	4.56%	4.48%
84.50	5.41%	5.18%	4.99%	4.83%	4.71%	4.60%	4.50%	4.42%
85.00	5.33%	5.10%	4.92%	4.77%	4.64%	4.54%	4.45%	4.37%
85.50	5.24%	5.02%	4.85%	4.70%	4.58%	4.48%	4.40%	4.32%
86.00	5.16%	4.95%	4.78%	4.64%	4.52%	4.43%	4.35%	4.27%
86.50	5.07%	4.87%	4.71%	4.58%	4.47%	4.37%	4.29%	4.22%
87.00	4.99%	4.80%	4.64%	4.51%	4.41%	4.32%	4.24%	4.17%
87.50	4.91%	4.72%	4.57%	4.45%	4.35%	4.26%	4.19%	4.13%
88.00	4.83%	4.65%	4.50%	4.39%	4.29%	4.21%	4.14%	4.08%
88.50	4.74%	4.57%	4.44%	4.32%	4.23%	4.15%	4.09%	4.03%
89.00	4.66%	4.50%	4.37%	4.26%	4.17%	4.10%	4.04%	3.98%
89.50	4.58%	4.43%	4.30%	4.20%	4.12%	4.05%	3.99%	3.93%
90.00	4.50%	4.35%	4.24%	4.14%	4.06%	3.99%	3.94%	3.89%
90.50	4.42%	4.28%	4.17%	4.08%	4.00%	3.94%	3.89%	3.84%
91.00	4.34%	4.21%	4.11%	4.02%	3.95%	3.89%	3.84%	3.79%
91.50	4.27%	4.14%	4.04%	3.96%	3.89%	3.84%	3.79%	3.75%
92.00	4.19%	4.07%	3.98%	3.90%	3.84%	3.78%	3.74%	3.70%
92.50	4.11%	4.00%	3.91%	3.84%	3.78%	3.73%	3.69%	3.65%
93.00	4.03%	3.93%	3.85%	3.78%	3.73%	3.68%	3.64%	3.61%
93.50	3.96%	3.86%	3.79%	3.73%	3.67%	3.63%	3.59%	3.56%
94.00	3.88%	3.79%	3.72%	3.67%	3.62%	3.58%	3.55%	3.52%
94.50	3.80%	3.72%	3.66%	3.61%	3.57%	3.53%	3.50%	3.47%
95.00	3.73%	3.66%	3.60%	3.55%	3.51%	3.48%	3.45%	3.43%
95.50	3.65%	3.59%	3.54%	3.50%	3.46%	3.43%	3.41%	3.39%
96.00	3.58%	3.52%	3.48%	3.44%	3.41%	3.38%	3.36%	3.34%
96.50	3.51%	3.46%	3.42%	3.38%	3.36%	3.33%	3.31%	3.30%
97.00	3.43%	3.39%	3.36%	3.33%	3.30%	3.29%	3.27%	3.25%
97.50	3.36%	3.32%	3.30%	3.27%	3.25%	3.24%	3.22%	3.21%
98.00	3.29%	3.26%	3.24%	3.22%	3.20%	3.19%	3.18%	3.17%
98.50	3.21%	3.19%	3.18%	3.16%	3.15%	3.14%	3.13%	3.13%
99.00	3.14%	3.13%	3.12%	3.11%	3.10%	3.09%	3.09%	3.08%
99.50	3.07%	3.06%	3.06%	3.05%	3.05%	3.05%	3.04%	3.04%
100.00	3.00%	3.00%	3.00%	3.00%	3.00%	3.00%	3.00%	3.00%
100.50	2.93%	2.94%	2.94%	2.95%	2.95%	2.95%	2.96%	2.96%
101.00	2.86%	2.87%	2.88%	2.89%	2.90%	2.91%	2.91%	2.92%
102.00	2.72%	2.75%	2.77%	2.79%	2.80%	2.82%	2.83%	2.84%
103.00	2.58%	2.62%	2.66%	2.68%	2.71%	2.72%	2.74%	2.75%
104.00	2.45%	2.50%	2.54%	2.58%	2.61%	2.63%	2.66%	2.67%
105.00	2.31%	2.38%	2.43%	2.48%	2.51%	2.55%	2.57%	2.60%
106.00	2.18%	2.26%	2.32%	2.38%	2.42%	2.46%	2.49%	2.52%
107.00	2.05%	2.14%	2.22%	2.28%	2.33%	2.37%	2.41%	2.44%
108.00	1.92%	2.02%	2.11%	2.18%	2.24%	2.29%	2.33%	2.36%
109.00	1.79%	1.91%	2.00%	2.08%	2.15%	2.20%	2.25%	2.29%
110.00	1.66%	1.79%	1.90%	1.98%	2.06%	2.12%	2.17%	2.21%

3%   EFFECTIVE YIELD RATE

PRICE	YEARS UNTIL MATURITY							
	16	17	18	19	20	21	22	23
70.00	5.93%	5.80%	5.68%	5.58%	5.49%	5.41%	5.33%	5.26%
71.00	5.81%	5.68%	5.57%	5.47%	5.39%	5.31%	5.24%	5.17%
72.00	5.69%	5.57%	5.46%	5.37%	5.28%	5.21%	5.14%	5.08%
73.00	5.57%	5.46%	5.36%	5.27%	5.18%	5.11%	5.05%	4.99%
74.00	5.46%	5.35%	5.25%	5.16%	5.09%	5.02%	4.95%	4.90%
75.00	5.34%	5.24%	5.15%	5.06%	4.99%	4.92%	4.86%	4.81%
76.00	5.23%	5.13%	5.04%	4.97%	4.90%	4.83%	4.77%	4.72%
77.00	5.12%	5.03%	4.94%	4.87%	4.80%	4.74%	4.69%	4.64%
78.00	5.02%	4.93%	4.85%	4.77%	4.71%	4.65%	4.60%	4.55%
79.00	4.91%	4.82%	4.75%	4.68%	4.62%	4.57%	4.52%	4.47%
80.00	4.81%	4.72%	4.65%	4.59%	4.53%	4.48%	4.43%	4.39%
81.00	4.70%	4.63%	4.56%	4.50%	4.44%	4.39%	4.35%	4.31%
82.00	4.60%	4.53%	4.47%	4.41%	4.36%	4.31%	4.27%	4.23%
82.50	4.55%	4.48%	4.42%	4.36%	4.32%	4.27%	4.23%	4.19%
83.00	4.50%	4.43%	4.37%	4.32%	4.27%	4.23%	4.19%	4.15%
83.50	4.45%	4.39%	4.33%	4.28%	4.23%	4.19%	4.15%	4.12%
84.00	4.40%	4.34%	4.28%	4.23%	4.19%	4.15%	4.11%	4.08%
84.50	4.36%	4.29%	4.24%	4.19%	4.15%	4.11%	4.07%	4.04%
85.00	4.31%	4.25%	4.20%	4.15%	4.11%	4.07%	4.04%	4.00%
85.50	4.26%	4.20%	4.15%	4.11%	4.07%	4.03%	4.00%	3.97%
86.00	4.21%	4.16%	4.11%	4.06%	4.03%	3.99%	3.96%	3.93%
86.50	4.16%	4.11%	4.06%	4.02%	3.99%	3.95%	3.92%	3.89%
87.00	4.12%	4.07%	4.02%	3.98%	3.95%	3.91%	3.88%	3.86%
87.50	4.07%	4.02%	3.98%	3.94%	3.91%	3.88%	3.85%	3.82%
88.00	4.02%	3.98%	3.94%	3.90%	3.87%	3.84%	3.81%	3.79%
88.50	3.98%	3.93%	3.89%	3.86%	3.83%	3.80%	3.77%	3.75%
89.00	3.93%	3.89%	3.85%	3.82%	3.79%	3.76%	3.74%	3.72%
89.50	3.89%	3.85%	3.81%	3.78%	3.75%	3.73%	3.70%	3.68%
90.00	3.84%	3.80%	3.77%	3.74%	3.71%	3.69%	3.67%	3.65%
90.50	3.80%	3.76%	3.73%	3.70%	3.67%	3.65%	3.63%	3.61%
91.00	3.75%	3.72%	3.69%	3.66%	3.64%	3.62%	3.60%	3.58%
91.50	3.71%	3.68%	3.65%	3.62%	3.60%	3.58%	3.56%	3.54%
92.00	3.67%	3.64%	3.61%	3.58%	3.56%	3.54%	3.53%	3.51%
92.50	3.62%	3.59%	3.57%	3.55%	3.53%	3.51%	3.49%	3.48%
93.00	3.58%	3.55%	3.53%	3.51%	3.49%	3.47%	3.46%	3.44%
93.50	3.54%	3.51%	3.49%	3.47%	3.45%	3.44%	3.42%	3.41%
94.00	3.49%	3.47%	3.45%	3.43%	3.42%	3.40%	3.39%	3.38%
94.50	3.45%	3.43%	3.41%	3.40%	3.38%	3.37%	3.36%	3.34%
95.00	3.41%	3.39%	3.37%	3.36%	3.34%	3.33%	3.32%	3.31%
95.50	3.37%	3.35%	3.33%	3.32%	3.31%	3.30%	3.29%	3.28%
96.00	3.32%	3.31%	3.30%	3.28%	3.27%	3.26%	3.26%	3.25%
96.50	3.28%	3.27%	3.26%	3.25%	3.24%	3.23%	3.22%	3.22%
97.00	3.24%	3.23%	3.22%	3.21%	3.20%	3.20%	3.19%	3.18%
97.50	3.20%	3.19%	3.18%	3.18%	3.17%	3.16%	3.16%	3.15%
98.00	3.16%	3.15%	3.15%	3.14%	3.14%	3.13%	3.13%	3.12%
98.50	3.12%	3.11%	3.11%	3.11%	3.10%	3.10%	3.09%	3.09%
99.00	3.08%	3.08%	3.07%	3.07%	3.07%	3.06%	3.06%	3.06%
99.50	3.04%	3.04%	3.04%	3.03%	3.03%	3.03%	3.03%	3.03%
100.00	3.00%	3.00%	3.00%	3.00%	3.00%	3.00%	3.00%	3.00%
100.50	2.96%	2.96%	2.96%	2.97%	2.97%	2.97%	2.97%	2.97%
101.00	2.92%	2.92%	2.93%	2.93%	2.93%	2.94%	2.94%	2.94%
102.00	2.84%	2.85%	2.86%	2.86%	2.87%	2.87%	2.88%	2.88%
103.00	2.77%	2.78%	2.79%	2.80%	2.80%	2.81%	2.82%	2.82%
104.00	2.69%	2.70%	2.72%	2.73%	2.74%	2.75%	2.76%	2.76%
105.00	2.62%	2.63%	2.65%	2.66%	2.68%	2.69%	2.70%	2.71%
106.00	2.54%	2.56%	2.58%	2.60%	2.61%	2.63%	2.64%	2.65%
107.00	2.47%	2.49%	2.51%	2.53%	2.55%	2.57%	2.58%	2.59%
108.00	2.40%	2.42%	2.45%	2.47%	2.49%	2.51%	2.52%	2.54%
109.00	2.32%	2.35%	2.38%	2.41%	2.43%	2.45%	2.47%	2.48%
110.00	2.25%	2.29%	2.32%	2.34%	2.37%	2.39%	2.41%	2.43%

EFFECTIVE YIELD RATE 3%

PRICE	YEARS UNTIL MATURITY							
	24	25	26	27	28	29	30	40
70.00	5.20%	5.15%	5.09%	5.05%	5.00%	4.96%	4.92%	4.66%
71.00	5.11%	5.06%	5.01%	4.96%	4.92%	4.88%	4.84%	4.59%
72.00	5.02%	4.97%	4.92%	4.88%	4.84%	4.80%	4.76%	4.52%
73.00	4.93%	4.88%	4.84%	4.79%	4.75%	4.72%	4.68%	4.45%
74.00	4.84%	4.80%	4.75%	4.71%	4.67%	4.64%	4.61%	4.38%
75.00	4.76%	4.71%	4.67%	4.63%	4.60%	4.56%	4.53%	4.32%
76.00	4.67%	4.63%	4.59%	4.55%	4.52%	4.49%	4.46%	4.25%
77.00	4.59%	4.55%	4.51%	4.48%	4.44%	4.41%	4.39%	4.19%
78.00	4.51%	4.47%	4.43%	4.40%	4.37%	4.34%	4.31%	4.13%
79.00	4.43%	4.39%	4.36%	4.33%	4.30%	4.27%	4.24%	4.07%
80.00	4.35%	4.32%	4.28%	4.25%	4.22%	4.20%	4.18%	4.01%
81.00	4.27%	4.24%	4.21%	4.18%	4.15%	4.13%	4.11%	3.95%
82.00	4.20%	4.17%	4.14%	4.11%	4.08%	4.06%	4.04%	3.89%
82.50	4.16%	4.13%	4.10%	4.07%	4.05%	4.03%	4.01%	3.86%
83.00	4.12%	4.09%	4.07%	4.04%	4.02%	4.00%	3.98%	3.83%
83.50	4.09%	4.06%	4.03%	4.01%	3.98%	3.96%	3.94%	3.81%
84.00	4.05%	4.02%	3.99%	3.97%	3.95%	3.93%	3.91%	3.78%
84.50	4.01%	3.98%	3.96%	3.94%	3.92%	3.90%	3.88%	3.75%
85.00	3.98%	3.95%	3.93%	3.90%	3.88%	3.86%	3.85%	3.72%
85.50	3.94%	3.91%	3.89%	3.87%	3.85%	3.83%	3.82%	3.70%
86.00	3.90%	3.88%	3.86%	3.84%	3.82%	3.80%	3.78%	3.67%
86.50	3.87%	3.85%	3.82%	3.80%	3.79%	3.77%	3.75%	3.64%
87.00	3.83%	3.81%	3.79%	3.77%	3.75%	3.74%	3.72%	3.62%
87.50	3.80%	3.78%	3.76%	3.74%	3.72%	3.71%	3.69%	3.59%
88.00	3.76%	3.74%	3.72%	3.71%	3.69%	3.68%	3.66%	3.57%
88.50	3.73%	3.71%	3.69%	3.68%	3.66%	3.65%	3.63%	3.54%
89.00	3.70%	3.68%	3.66%	3.64%	3.63%	3.62%	3.60%	3.51%
89.50	3.66%	3.64%	3.63%	3.61%	3.60%	3.59%	3.57%	3.49%
90.00	3.63%	3.61%	3.60%	3.58%	3.57%	3.56%	3.54%	3.46%
90.50	3.59%	3.58%	3.56%	3.55%	3.54%	3.53%	3.51%	3.44%
91.00	3.56%	3.55%	3.53%	3.52%	3.51%	3.50%	3.49%	3.41%
91.50	3.53%	3.51%	3.50%	3.49%	3.48%	3.47%	3.46%	3.39%
92.00	3.50%	3.48%	3.47%	3.46%	3.45%	3.44%	3.43%	3.37%
92.50	3.46%	3.45%	3.44%	3.43%	3.42%	3.41%	3.40%	3.34%
93.00	3.43%	3.42%	3.41%	3.40%	3.39%	3.38%	3.37%	3.32%
93.50	3.40%	3.39%	3.38%	3.37%	3.36%	3.35%	3.34%	3.29%
94.00	3.37%	3.36%	3.35%	3.34%	3.33%	3.32%	3.32%	3.27%
94.50	3.33%	3.33%	3.32%	3.31%	3.30%	3.30%	3.29%	3.25%
95.00	3.30%	3.30%	3.29%	3.28%	3.27%	3.27%	3.26%	3.22%
95.50	3.27%	3.26%	3.26%	3.25%	3.25%	3.24%	3.24%	3.20%
96.00	3.24%	3.23%	3.23%	3.22%	3.22%	3.21%	3.21%	3.18%
96.50	3.21%	3.20%	3.20%	3.19%	3.19%	3.19%	3.18%	3.15%
97.00	3.18%	3.17%	3.17%	3.17%	3.16%	3.16%	3.16%	3.13%
97.50	3.15%	3.15%	3.14%	3.14%	3.13%	3.13%	3.13%	3.11%
98.00	3.12%	3.12%	3.11%	3.11%	3.11%	3.11%	3.10%	3.09%
98.50	3.09%	3.09%	3.08%	3.08%	3.08%	3.08%	3.08%	3.07%
99.00	3.06%	3.06%	3.06%	3.05%	3.05%	3.05%	3.05%	3.04%
99.50	3.03%	3.03%	3.03%	3.03%	3.03%	3.03%	3.03%	3.02%
100.00	3.00%	3.00%	3.00%	3.00%	3.00%	3.00%	3.00%	3.00%
100.50	2.97%	2.97%	2.97%	2.97%	2.97%	2.97%	2.97%	2.98%
101.00	2.94%	2.94%	2.94%	2.95%	2.95%	2.95%	2.95%	2.96%
102.00	2.88%	2.89%	2.89%	2.89%	2.90%	2.90%	2.90%	2.91%
103.00	2.83%	2.83%	2.84%	2.84%	2.84%	2.85%	2.85%	2.87%
104.00	2.77%	2.78%	2.78%	2.79%	2.79%	2.80%	2.80%	2.83%
105.00	2.72%	2.72%	2.73%	2.74%	2.74%	2.75%	2.75%	2.79%
106.00	2.66%	2.67%	2.68%	2.69%	2.69%	2.70%	2.71%	2.75%
107.00	2.61%	2.62%	2.63%	2.64%	2.64%	2.65%	2.66%	2.71%
108.00	2.55%	2.56%	2.58%	2.59%	2.60%	2.61%	2.61%	2.67%
109.00	2.50%	2.51%	2.53%	2.54%	2.55%	2.56%	2.57%	2.63%
110.00	2.45%	2.46%	2.48%	2.49%	2.50%	2.51%	2.52%	2.60%

3.25%   EFFECTIVE YIELD RATE

PRICE	YEARS UNTIL MATURITY							
	1/2	1	2	3	4	5	6	7
85.00	39.12%	20.61%	11.90%	9.07%	7.68%	6.84%	6.29%	5.90%
85.50	37.72%	19.95%	11.58%	8.86%	7.51%	6.71%	6.18%	5.80%
86.00	36.34%	19.31%	11.26%	8.65%	7.35%	6.58%	6.07%	5.70%
86.50	34.97%	18.67%	10.95%	8.44%	7.19%	6.45%	5.96%	5.61%
87.00	33.62%	18.03%	10.64%	8.23%	7.04%	6.32%	5.85%	5.51%
87.50	32.29%	17.40%	10.33%	8.02%	6.88%	6.20%	5.74%	5.42%
88.00	30.97%	16.78%	10.02%	7.81%	6.72%	6.07%	5.63%	5.33%
88.50	29.66%	16.16%	9.71%	7.61%	6.57%	5.94%	5.53%	5.23%
89.00	28.37%	15.55%	9.41%	7.41%	6.41%	5.82%	5.42%	5.14%
89.50	27.09%	14.94%	9.11%	7.20%	6.26%	5.69%	5.32%	5.05%
90.00	25.83%	14.34%	8.81%	7.00%	6.11%	5.57%	5.21%	4.96%
90.50	24.59%	13.74%	8.52%	6.80%	5.95%	5.45%	5.11%	4.87%
91.00	23.35%	13.15%	8.22%	6.61%	5.80%	5.32%	5.01%	4.78%
91.25	22.74%	12.85%	8.08%	6.51%	5.73%	5.26%	4.95%	4.73%
91.50	22.13%	12.56%	7.93%	6.41%	5.65%	5.20%	4.90%	4.69%
91.75	21.53%	12.27%	7.78%	6.31%	5.58%	5.14%	4.85%	4.64%
92.00	20.92%	11.98%	7.64%	6.21%	5.51%	5.08%	4.80%	4.60%
92.25	20.33%	11.69%	7.49%	6.12%	5.43%	5.02%	4.75%	4.56%
92.50	19.73%	11.40%	7.35%	6.02%	5.36%	4.96%	4.70%	4.51%
92.75	19.14%	11.11%	7.21%	5.92%	5.28%	4.90%	4.65%	4.47%
93.00	18.55%	10.82%	7.06%	5.83%	5.21%	4.84%	4.60%	4.42%
93.25	17.96%	10.54%	6.92%	5.73%	5.14%	4.78%	4.55%	4.38%
93.50	17.38%	10.25%	6.78%	5.64%	5.07%	4.72%	4.50%	4.34%
93.75	16.80%	9.97%	6.64%	5.54%	4.99%	4.67%	4.45%	4.29%
94.00	16.22%	9.69%	6.50%	5.44%	4.92%	4.61%	4.40%	4.25%
94.25	15.65%	9.41%	6.36%	5.35%	4.85%	4.55%	4.35%	4.21%
94.50	15.08%	9.13%	6.22%	5.26%	4.78%	4.49%	4.30%	4.16%
94.75	14.51%	8.85%	6.08%	5.16%	4.71%	4.43%	4.25%	4.12%
95.00	13.95%	8.57%	5.94%	5.07%	4.63%	4.37%	4.20%	4.08%
95.25	13.39%	8.30%	5.80%	4.97%	4.56%	4.32%	4.15%	4.04%
95.50	12.83%	8.02%	5.66%	4.88%	4.49%	4.26%	4.10%	3.99%
95.75	12.27%	7.75%	5.52%	4.79%	4.42%	4.20%	4.06%	3.95%
96.00	11.72%	7.48%	5.39%	4.70%	4.35%	4.14%	4.01%	3.91%
96.25	11.17%	7.20%	5.25%	4.60%	4.28%	4.09%	3.96%	3.87%
96.50	10.62%	6.93%	5.11%	4.51%	4.21%	4.03%	3.91%	3.82%
96.75	10.08%	6.66%	4.98%	4.42%	4.14%	3.97%	3.86%	3.78%
97.00	9.54%	6.39%	4.84%	4.33%	4.07%	3.92%	3.81%	3.74%
97.25	9.00%	6.13%	4.71%	4.24%	4.00%	3.86%	3.77%	3.70%
97.50	8.46%	5.86%	4.57%	4.14%	3.93%	3.80%	3.72%	3.66%
97.75	7.93%	5.59%	4.44%	4.05%	3.86%	3.75%	3.67%	3.62%
98.00	7.40%	5.33%	4.30%	3.96%	3.79%	3.69%	3.62%	3.58%
98.25	6.87%	5.07%	4.17%	3.87%	3.72%	3.64%	3.58%	3.53%
98.50	6.35%	4.80%	4.04%	3.78%	3.66%	3.58%	3.53%	3.49%
98.75	5.82%	4.54%	3.91%	3.69%	3.59%	3.52%	3.48%	3.45%
99.00	5.30%	4.28%	3.77%	3.60%	3.52%	3.47%	3.44%	3.41%
99.25	4.79%	4.02%	3.64%	3.52%	3.45%	3.41%	3.39%	3.37%
99.50	4.27%	3.76%	3.51%	3.43%	3.38%	3.36%	3.34%	3.33%
99.75	3.76%	3.51%	3.38%	3.34%	3.32%	3.30%	3.30%	3.29%
100.00	3.25%	3.25%	3.25%	3.25%	3.25%	3.25%	3.25%	3.25%
100.25	2.74%	2.99%	3.12%	3.16%	3.18%	3.20%	3.20%	3.21%
100.50	2.24%	2.74%	2.99%	3.07%	3.12%	3.14%	3.16%	3.17%
101.00	1.24%	2.23%	2.73%	2.90%	2.98%	3.03%	3.07%	3.09%
101.50	0.25%	1.73%	2.48%	2.73%	2.85%	2.93%	2.98%	3.01%
102.00	***	1.23%	2.22%	2.55%	2.72%	2.82%	2.88%	2.93%
102.50	***	0.74%	1.97%	2.38%	2.59%	2.71%	2.79%	2.85%
103.00	***	0.24%	1.72%	2.21%	2.46%	2.61%	2.70%	2.78%
103.50	***	***	1.47%	2.04%	2.33%	2.50%	2.62%	2.70%
104.00	***	***	1.22%	1.87%	2.20%	2.40%	2.53%	2.62%
104.50	***	***	0.97%	1.70%	2.07%	2.29%	2.44%	2.54%
105.00	***	***	0.73%	1.54%	1.94%	2.19%	2.35%	2.47%

EFFECTIVE YIELD RATE 3.25%

PRICE	YEARS UNTIL MATURITY							
	8	9	10	11	12	13	14	15
70.00	8.49%	7.99%	7.58%	7.26%	6.98%	6.75%	6.56%	6.39%
71.00	8.28%	7.79%	7.41%	7.09%	6.83%	6.61%	6.42%	6.26%
72.00	8.07%	7.60%	7.23%	6.93%	6.68%	6.47%	6.29%	6.13%
73.00	7.86%	7.41%	7.06%	6.77%	6.53%	6.33%	6.16%	6.01%
74.00	7.66%	7.23%	6.89%	6.61%	6.38%	6.19%	6.03%	5.88%
75.00	7.46%	7.05%	6.72%	6.46%	6.24%	6.06%	5.90%	5.76%
76.00	7.26%	6.87%	6.56%	6.31%	6.10%	5.92%	5.77%	5.64%
77.00	7.06%	6.69%	6.40%	6.16%	5.96%	5.79%	5.65%	5.53%
78.00	6.87%	6.52%	6.24%	6.01%	5.82%	5.66%	5.53%	5.41%
79.00	6.68%	6.35%	6.08%	5.87%	5.69%	5.54%	5.41%	5.30%
80.00	6.49%	6.18%	5.93%	5.73%	5.56%	5.41%	5.29%	5.18%
81.00	6.31%	6.01%	5.78%	5.59%	5.42%	5.29%	5.17%	5.07%
82.00	6.13%	5.85%	5.63%	5.45%	5.30%	5.17%	5.06%	4.97%
82.50	6.04%	5.77%	5.55%	5.38%	5.23%	5.11%	5.00%	4.91%
83.00	5.95%	5.69%	5.48%	5.31%	5.17%	5.05%	4.95%	4.86%
83.50	5.86%	5.61%	5.41%	5.24%	5.11%	4.99%	4.89%	4.81%
84.00	5.78%	5.53%	5.34%	5.18%	5.04%	4.93%	4.84%	4.75%
84.50	5.69%	5.45%	5.26%	5.11%	4.98%	4.87%	4.78%	4.70%
85.00	5.60%	5.37%	5.19%	5.04%	4.92%	4.82%	4.73%	4.65%
85.50	5.52%	5.30%	5.12%	4.98%	4.86%	4.76%	4.67%	4.60%
86.00	5.43%	5.22%	5.05%	4.91%	4.80%	4.70%	4.62%	4.55%
86.50	5.35%	5.14%	4.98%	4.85%	4.74%	4.65%	4.57%	4.50%
87.00	5.26%	5.07%	4.91%	4.78%	4.68%	4.59%	4.51%	4.45%
87.50	5.18%	4.99%	4.84%	4.72%	4.62%	4.53%	4.46%	4.40%
88.00	5.10%	4.92%	4.77%	4.66%	4.56%	4.48%	4.41%	4.35%
88.50	5.01%	4.84%	4.70%	4.59%	4.50%	4.42%	4.36%	4.30%
89.00	4.93%	4.77%	4.64%	4.53%	4.44%	4.37%	4.30%	4.25%
89.50	4.85%	4.69%	4.57%	4.47%	4.38%	4.31%	4.25%	4.20%
90.00	4.77%	4.62%	4.50%	4.41%	4.33%	4.26%	4.20%	4.15%
90.50	4.69%	4.55%	4.44%	4.35%	4.27%	4.21%	4.15%	4.10%
91.00	4.61%	4.48%	4.37%	4.28%	4.21%	4.15%	4.10%	4.06%
91.50	4.53%	4.40%	4.31%	4.22%	4.16%	4.10%	4.05%	4.01%
92.00	4.45%	4.33%	4.24%	4.16%	4.10%	4.05%	4.00%	3.96%
92.50	4.37%	4.26%	4.18%	4.10%	4.05%	4.00%	3.95%	3.92%
93.00	4.29%	4.19%	4.11%	4.04%	3.99%	3.94%	3.90%	3.87%
93.50	4.22%	4.12%	4.05%	3.99%	3.93%	3.89%	3.86%	3.82%
94.00	4.14%	4.05%	3.98%	3.93%	3.88%	3.84%	3.81%	3.78%
94.50	4.06%	3.98%	3.92%	3.87%	3.83%	3.79%	3.76%	3.73%
95.00	3.99%	3.91%	3.86%	3.81%	3.77%	3.74%	3.71%	3.69%
95.50	3.91%	3.85%	3.79%	3.75%	3.72%	3.69%	3.66%	3.64%
96.00	3.84%	3.78%	3.73%	3.70%	3.66%	3.64%	3.62%	3.60%
96.50	3.76%	3.71%	3.67%	3.64%	3.61%	3.59%	3.57%	3.55%
97.00	3.69%	3.64%	3.61%	3.58%	3.56%	3.54%	3.52%	3.51%
97.50	3.61%	3.58%	3.55%	3.53%	3.51%	3.49%	3.48%	3.47%
98.00	3.54%	3.51%	3.49%	3.47%	3.46%	3.44%	3.43%	3.42%
98.50	3.47%	3.45%	3.43%	3.41%	3.40%	3.39%	3.39%	3.38%
99.00	3.39%	3.38%	3.37%	3.36%	3.35%	3.35%	3.34%	3.34%
99.50	3.32%	3.31%	3.31%	3.30%	3.30%	3.30%	3.29%	3.29%
100.00	3.25%	3.25%	3.25%	3.25%	3.25%	3.25%	3.25%	3.25%
100.50	3.18%	3.19%	3.19%	3.20%	3.20%	3.20%	3.21%	3.21%
101.00	3.11%	3.12%	3.13%	3.14%	3.15%	3.16%	3.16%	3.17%
102.00	2.97%	2.99%	3.02%	3.03%	3.05%	3.06%	3.07%	3.08%
103.00	2.83%	2.87%	2.90%	2.93%	2.95%	2.97%	2.99%	3.00%
104.00	2.69%	2.75%	2.79%	2.82%	2.85%	2.88%	2.90%	2.92%
105.00	2.55%	2.62%	2.68%	2.72%	2.76%	2.79%	2.82%	2.84%
106.00	2.42%	2.50%	2.57%	2.62%	2.66%	2.70%	2.73%	2.76%
107.00	2.29%	2.38%	2.46%	2.52%	2.57%	2.61%	2.65%	2.68%
108.00	2.16%	2.26%	2.35%	2.42%	2.48%	2.52%	2.57%	2.60%
109.00	2.03%	2.15%	2.24%	2.32%	2.38%	2.44%	2.48%	2.53%
110.00	1.90%	2.03%	2.13%	2.22%	2.29%	2.35%	2.40%	2.45%

3.25%   EFFECTIVE YIELD RATE

PRICE	YEARS UNTIL MATURITY							
	16	17	18	19	20	21	22	23
70.00	6.24%	6.11%	6.00%	5.90%	5.80%	5.72%	5.65%	5.58%
71.00	6.12%	5.99%	5.88%	5.79%	5.70%	5.62%	5.55%	5.48%
72.00	6.00%	5.88%	5.77%	5.68%	5.59%	5.52%	5.45%	5.39%
73.00	5.88%	5.76%	5.66%	5.57%	5.49%	5.42%	5.35%	5.29%
74.00	5.76%	5.65%	5.55%	5.47%	5.39%	5.32%	5.26%	5.20%
75.00	5.64%	5.54%	5.45%	5.36%	5.29%	5.22%	5.16%	5.11%
76.00	5.53%	5.43%	5.34%	5.26%	5.19%	5.13%	5.07%	5.02%
77.00	5.42%	5.32%	5.24%	5.16%	5.10%	5.04%	4.98%	4.93%
78.00	5.31%	5.22%	5.14%	5.07%	5.00%	4.95%	4.89%	4.85%
79.00	5.20%	5.11%	5.04%	4.97%	4.91%	4.86%	4.81%	4.76%
80.00	5.09%	5.01%	4.94%	4.88%	4.82%	4.77%	4.72%	4.68%
81.00	4.99%	4.91%	4.84%	4.78%	4.73%	4.68%	4.64%	4.60%
82.00	4.88%	4.81%	4.75%	4.69%	4.64%	4.60%	4.55%	4.52%
82.50	4.83%	4.76%	4.70%	4.65%	4.60%	4.55%	4.51%	4.48%
83.00	4.78%	4.71%	4.66%	4.60%	4.55%	4.51%	4.47%	4.44%
83.50	4.73%	4.67%	4.61%	4.56%	4.51%	4.47%	4.43%	4.40%
84.00	4.68%	4.62%	4.56%	4.51%	4.47%	4.43%	4.39%	4.36%
84.50	4.63%	4.57%	4.52%	4.47%	4.43%	4.39%	4.35%	4.32%
85.00	4.58%	4.52%	4.47%	4.43%	4.38%	4.35%	4.31%	4.28%
85.50	4.53%	4.48%	4.43%	4.38%	4.34%	4.31%	4.27%	4.24%
86.00	4.49%	4.43%	4.38%	4.34%	4.30%	4.27%	4.23%	4.21%
86.50	4.44%	4.38%	4.34%	4.30%	4.26%	4.23%	4.20%	4.17%
87.00	4.39%	4.34%	4.29%	4.25%	4.22%	4.19%	4.16%	4.13%
87.50	4.34%	4.29%	4.25%	4.21%	4.18%	4.15%	4.12%	4.09%
88.00	4.29%	4.25%	4.21%	4.17%	4.14%	4.11%	4.08%	4.06%
88.50	4.25%	4.20%	4.16%	4.13%	4.10%	4.07%	4.04%	4.02%
89.00	4.20%	4.16%	4.12%	4.09%	4.06%	4.03%	4.01%	3.98%
89.50	4.15%	4.11%	4.08%	4.05%	4.02%	3.99%	3.97%	3.95%
90.00	4.11%	4.07%	4.04%	4.01%	3.98%	3.96%	3.93%	3.91%
90.50	4.06%	4.03%	4.00%	3.97%	3.94%	3.92%	3.90%	3.88%
91.00	4.02%	3.98%	3.95%	3.93%	3.90%	3.88%	3.86%	3.84%
91.50	3.97%	3.94%	3.91%	3.89%	3.86%	3.84%	3.82%	3.81%
92.00	3.93%	3.90%	3.87%	3.85%	3.83%	3.81%	3.79%	3.77%
92.50	3.88%	3.86%	3.83%	3.81%	3.79%	3.77%	3.75%	3.74%
93.00	3.84%	3.81%	3.79%	3.77%	3.75%	3.73%	3.72%	3.70%
93.50	3.80%	3.77%	3.75%	3.73%	3.71%	3.70%	3.68%	3.67%
94.00	3.75%	3.73%	3.71%	3.69%	3.68%	3.66%	3.65%	3.64%
94.50	3.71%	3.69%	3.67%	3.65%	3.64%	3.63%	3.61%	3.60%
95.00	3.67%	3.65%	3.63%	3.62%	3.60%	3.59%	3.58%	3.57%
95.50	3.62%	3.61%	3.59%	3.58%	3.57%	3.56%	3.55%	3.54%
96.00	3.58%	3.57%	3.55%	3.54%	3.53%	3.52%	3.51%	3.50%
96.50	3.54%	3.53%	3.51%	3.50%	3.49%	3.49%	3.48%	3.47%
97.00	3.50%	3.49%	3.48%	3.47%	3.46%	3.45%	3.45%	3.44%
97.50	3.45%	3.45%	3.44%	3.43%	3.42%	3.42%	3.41%	3.41%
98.00	3.41%	3.41%	3.40%	3.39%	3.39%	3.38%	3.38%	3.38%
98.50	3.37%	3.37%	3.36%	3.36%	3.35%	3.35%	3.35%	3.34%
99.00	3.33%	3.33%	3.32%	3.32%	3.32%	3.32%	3.31%	3.31%
99.50	3.29%	3.29%	3.29%	3.29%	3.28%	3.28%	3.28%	3.28%
100.00	3.25%	3.25%	3.25%	3.25%	3.25%	3.25%	3.25%	3.25%
100.50	3.21%	3.21%	3.21%	3.21%	3.22%	3.22%	3.22%	3.22%
101.00	3.17%	3.17%	3.18%	3.18%	3.18%	3.18%	3.19%	3.19%
102.00	3.09%	3.10%	3.10%	3.11%	3.11%	3.12%	3.12%	3.13%
103.00	3.01%	3.02%	3.03%	3.04%	3.05%	3.06%	3.06%	3.07%
104.00	2.93%	2.95%	2.96%	2.97%	2.98%	2.99%	3.00%	3.01%
105.00	2.86%	2.88%	2.89%	2.91%	2.92%	2.93%	2.94%	2.95%
106.00	2.78%	2.80%	2.82%	2.84%	2.85%	2.87%	2.88%	2.89%
107.00	2.71%	2.73%	2.75%	2.77%	2.79%	2.81%	2.82%	2.83%
108.00	2.63%	2.66%	2.69%	2.71%	2.73%	2.75%	2.76%	2.78%
109.00	2.56%	2.59%	2.62%	2.64%	2.67%	2.69%	2.70%	2.72%
110.00	2.49%	2.52%	2.55%	2.58%	2.61%	2.63%	2.65%	2.67%

EFFECTIVE YIELD RATE   3.25%

PRICE	YEARS UNTIL MATURITY							
	24	25	26	27	28	29	30	40
70.00	5.52%	5.46%	5.41%	5.37%	5.32%	5.28%	5.25%	4.99%
71.00	5.43%	5.37%	5.32%	5.28%	5.24%	5.20%	5.16%	4.91%
72.00	5.33%	5.28%	5.23%	5.19%	5.15%	5.11%	5.08%	4.84%
73.00	5.24%	5.19%	5.14%	5.10%	5.06%	5.03%	5.00%	4.77%
74.00	5.15%	5.10%	5.06%	5.02%	4.98%	4.95%	4.92%	4.70%
75.00	5.06%	5.02%	4.97%	4.94%	4.90%	4.87%	4.84%	4.63%
76.00	4.97%	4.93%	4.89%	4.85%	4.82%	4.79%	4.76%	4.56%
77.00	4.89%	4.85%	4.81%	4.77%	4.74%	4.71%	4.69%	4.49%
78.00	4.80%	4.77%	4.73%	4.70%	4.67%	4.64%	4.61%	4.43%
79.00	4.72%	4.68%	4.65%	4.62%	4.59%	4.56%	4.54%	4.36%
80.00	4.64%	4.61%	4.57%	4.54%	4.52%	4.49%	4.47%	4.30%
81.00	4.56%	4.53%	4.50%	4.47%	4.44%	4.42%	4.40%	4.24%
82.00	4.48%	4.45%	4.42%	4.40%	4.37%	4.35%	4.33%	4.18%
82.50	4.44%	4.41%	4.38%	4.36%	4.34%	4.31%	4.29%	4.15%
83.00	4.40%	4.38%	4.35%	4.32%	4.30%	4.28%	4.26%	4.12%
83.50	4.37%	4.34%	4.31%	4.29%	4.27%	4.24%	4.23%	4.09%
84.00	4.33%	4.30%	4.28%	4.25%	4.23%	4.21%	4.19%	4.06%
84.50	4.29%	4.26%	4.24%	4.22%	4.20%	4.18%	4.16%	4.03%
85.00	4.25%	4.23%	4.20%	4.18%	4.16%	4.14%	4.13%	4.01%
85.50	4.22%	4.19%	4.17%	4.15%	4.13%	4.11%	4.09%	3.98%
86.00	4.18%	4.16%	4.13%	4.11%	4.09%	4.08%	4.06%	3.95%
86.50	4.14%	4.12%	4.10%	4.08%	4.06%	4.04%	4.03%	3.92%
87.00	4.11%	4.08%	4.06%	4.05%	4.03%	4.01%	4.00%	3.89%
87.50	4.07%	4.05%	4.03%	4.01%	4.00%	3.98%	3.97%	3.87%
88.00	4.04%	4.01%	4.00%	3.98%	3.96%	3.95%	3.94%	3.84%
88.50	4.00%	3.98%	3.96%	3.95%	3.93%	3.92%	3.90%	3.81%
89.00	3.96%	3.95%	3.93%	3.91%	3.90%	3.89%	3.87%	3.79%
89.50	3.93%	3.91%	3.90%	3.88%	3.87%	3.85%	3.84%	3.76%
90.00	3.90%	3.88%	3.86%	3.85%	3.84%	3.82%	3.81%	3.73%
90.50	3.86%	3.84%	3.83%	3.82%	3.80%	3.79%	3.78%	3.71%
91.00	3.83%	3.81%	3.80%	3.79%	3.77%	3.76%	3.75%	3.68%
91.50	3.79%	3.78%	3.77%	3.75%	3.74%	3.73%	3.72%	3.66%
92.00	3.76%	3.75%	3.73%	3.72%	3.71%	3.70%	3.69%	3.63%
92.50	3.73%	3.71%	3.70%	3.69%	3.68%	3.67%	3.66%	3.61%
93.00	3.69%	3.68%	3.67%	3.66%	3.65%	3.64%	3.64%	3.58%
93.50	3.66%	3.65%	3.64%	3.63%	3.62%	3.61%	3.61%	3.56%
94.00	3.63%	3.62%	3.61%	3.60%	3.59%	3.58%	3.58%	3.53%
94.50	3.59%	3.58%	3.58%	3.57%	3.56%	3.56%	3.55%	3.51%
95.00	3.56%	3.55%	3.55%	3.54%	3.53%	3.53%	3.52%	3.48%
95.50	3.53%	3.52%	3.52%	3.51%	3.50%	3.50%	3.49%	3.46%
96.00	3.50%	3.49%	3.49%	3.48%	3.47%	3.47%	3.47%	3.43%
96.50	3.47%	3.46%	3.46%	3.45%	3.45%	3.44%	3.44%	3.41%
97.00	3.43%	3.43%	3.43%	3.42%	3.42%	3.41%	3.41%	3.39%
97.50	3.40%	3.40%	3.40%	3.39%	3.39%	3.39%	3.38%	3.36%
98.00	3.37%	3.37%	3.37%	3.36%	3.36%	3.36%	3.36%	3.34%
98.50	3.34%	3.34%	3.34%	3.33%	3.33%	3.33%	3.33%	3.32%
99.00	3.31%	3.31%	3.31%	3.31%	3.31%	3.30%	3.30%	3.30%
99.50	3.28%	3.28%	3.28%	3.28%	3.28%	3.28%	3.28%	3.27%
100.00	3.25%	3.25%	3.25%	3.25%	3.25%	3.25%	3.25%	3.25%
100.50	3.22%	3.22%	3.22%	3.22%	3.22%	3.22%	3.22%	3.23%
101.00	3.19%	3.19%	3.19%	3.19%	3.20%	3.20%	3.20%	3.21%
102.00	3.13%	3.13%	3.14%	3.14%	3.14%	3.14%	3.15%	3.16%
103.00	3.07%	3.08%	3.08%	3.09%	3.09%	3.09%	3.10%	3.12%
104.00	3.01%	3.02%	3.03%	3.03%	3.04%	3.04%	3.05%	3.08%
105.00	2.96%	2.97%	2.97%	2.98%	2.99%	2.99%	3.00%	3.03%
106.00	2.90%	2.91%	2.92%	2.93%	2.93%	2.94%	2.95%	2.99%
107.00	2.85%	2.86%	2.87%	2.88%	2.88%	2.89%	2.90%	2.95%
108.00	2.79%	2.80%	2.81%	2.82%	2.83%	2.84%	2.85%	2.91%
109.00	2.74%	2.75%	2.76%	2.77%	2.78%	2.80%	2.80%	2.87%
110.00	2.68%	2.70%	2.71%	2.72%	2.74%	2.75%	2.76%	2.83%

3.50% EFFECTIVE YIELD RATE

PRICE	YEARS UNTIL MATURITY						
	1/2	1	2	3	4	5	6	7
85.00	39.41%	20.89%	12.18%	9.35%	7.95%	7.12%	6.56%	6.17%
85.50	38.01%	20.24%	11.86%	9.13%	7.79%	6.99%	6.45%	6.07%
86.00	36.63%	19.59%	11.54%	8.92%	7.63%	6.85%	6.34%	5.98%
86.50	35.26%	18.95%	11.22%	8.71%	7.47%	6.72%	6.23%	5.88%
87.00	33.91%	18.31%	10.91%	8.50%	7.31%	6.59%	6.12%	5.78%
87.50	32.57%	17.68%	10.60%	8.29%	7.15%	6.47%	6.01%	5.69%
88.00	31.25%	17.06%	10.29%	8.08%	6.99%	6.34%	5.90%	5.60%
88.50	29.94%	16.44%	9.99%	7.88%	6.83%	6.21%	5.80%	5.50%
89.00	28.65%	15.82%	9.68%	7.67%	6.68%	6.08%	5.69%	5.41%
89.50	27.37%	15.21%	9.38%	7.47%	6.52%	5.96%	5.58%	5.32%
90.00	26.11%	14.61%	9.08%	7.27%	6.37%	5.83%	5.48%	5.22%
90.50	24.86%	14.01%	8.78%	7.07%	6.22%	5.71%	5.37%	5.13%
91.00	23.63%	13.42%	8.49%	6.87%	6.07%	5.59%	5.27%	5.04%
91.25	23.01%	13.12%	8.34%	6.77%	5.99%	5.53%	5.22%	5.00%
91.50	22.40%	12.83%	8.19%	6.67%	5.92%	5.47%	5.17%	4.95%
91.75	21.80%	12.53%	8.05%	6.57%	5.84%	5.41%	5.11%	4.91%
92.00	21.20%	12.24%	7.90%	6.48%	5.77%	5.34%	5.06%	4.86%
92.25	20.60%	11.95%	7.76%	6.38%	5.69%	5.28%	5.01%	4.82%
92.50	20.00%	11.66%	7.61%	6.28%	5.62%	5.22%	4.96%	4.77%
92.75	19.41%	11.37%	7.47%	6.18%	5.55%	5.16%	4.91%	4.73%
93.00	18.82%	11.09%	7.33%	6.09%	5.47%	5.10%	4.86%	4.68%
93.25	18.23%	10.80%	7.18%	5.99%	5.40%	5.04%	4.81%	4.64%
93.50	17.65%	10.52%	7.04%	5.90%	5.33%	4.98%	4.76%	4.60%
93.75	17.07%	10.23%	6.90%	5.80%	5.25%	4.93%	4.71%	4.55%
94.00	16.49%	9.95%	6.76%	5.70%	5.18%	4.87%	4.66%	4.51%
94.25	15.92%	9.67%	6.62%	5.61%	5.11%	4.81%	4.61%	4.47%
94.50	15.34%	9.39%	6.48%	5.51%	5.04%	4.75%	4.56%	4.42%
94.75	14.78%	9.11%	6.34%	5.42%	4.96%	4.69%	4.51%	4.38%
95.00	14.21%	8.83%	6.20%	5.33%	4.89%	4.63%	4.46%	4.34%
95.25	13.65%	8.56%	6.06%	5.23%	4.82%	4.57%	4.41%	4.29%
95.50	13.09%	8.28%	5.92%	5.14%	4.75%	4.52%	4.36%	4.25%
95.75	12.53%	8.01%	5.78%	5.04%	4.68%	4.46%	4.31%	4.21%
96.00	11.98%	7.73%	5.64%	4.95%	4.61%	4.40%	4.26%	4.16%
96.25	11.43%	7.46%	5.51%	4.86%	4.54%	4.34%	4.21%	4.12%
96.50	10.88%	7.19%	5.37%	4.77%	4.47%	4.29%	4.17%	4.08%
96.75	10.34%	6.92%	5.23%	4.67%	4.39%	4.23%	4.12%	4.04%
97.00	9.79%	6.65%	5.10%	4.58%	4.32%	4.17%	4.07%	4.00%
97.25	9.25%	6.38%	4.96%	4.49%	4.25%	4.11%	4.02%	3.95%
97.50	8.72%	6.12%	4.83%	4.40%	4.19%	4.06%	3.97%	3.91%
97.75	8.18%	5.85%	4.69%	4.31%	4.12%	4.00%	3.92%	3.87%
98.00	7.65%	5.58%	4.56%	4.22%	4.05%	3.94%	3.88%	3.83%
98.25	7.12%	5.32%	4.42%	4.13%	3.98%	3.89%	3.83%	3.79%
98.50	6.60%	5.06%	4.29%	4.04%	3.91%	3.83%	3.78%	3.75%
98.75	6.08%	4.80%	4.16%	3.95%	3.84%	3.78%	3.73%	3.70%
99.00	5.56%	4.53%	4.03%	3.86%	3.77%	3.72%	3.69%	3.66%
99.25	5.04%	4.27%	3.89%	3.77%	3.70%	3.67%	3.64%	3.62%
99.50	4.52%	4.02%	3.76%	3.68%	3.64%	3.61%	3.59%	3.58%
99.75	4.01%	3.76%	3.63%	3.59%	3.57%	3.56%	3.55%	3.54%
100.00	3.50%	3.50%	3.50%	3.50%	3.50%	3.50%	3.50%	3.50%
100.25	2.99%	3.24%	3.37%	3.41%	3.43%	3.45%	3.45%	3.46%
100.50	2.49%	2.99%	3.24%	3.32%	3.37%	3.39%	3.41%	3.42%
101.00	1.49%	2.48%	2.98%	3.15%	3.23%	3.28%	3.31%	3.34%
101.50	0.49%	1.98%	2.72%	2.97%	3.10%	3.17%	3.22%	3.26%
102.00	***	1.48%	2.47%	2.80%	2.97%	3.07%	3.13%	3.18%
102.50	***	0.98%	2.22%	2.63%	2.83%	2.96%	3.04%	3.10%
103.00	***	0.49%	1.96%	2.46%	2.70%	2.85%	2.95%	3.02%
103.50	***	***	1.71%	2.29%	2.57%	2.75%	2.86%	2.94%
104.00	***	***	1.46%	2.12%	2.44%	2.64%	2.77%	2.87%
104.50	***	***	1.22%	1.95%	2.32%	2.54%	2.68%	2.79%
105.00	***	***	0.97%	1.78%	2.19%	2.43%	2.59%	2.71%

EFFECTIVE YIELD RATE 3.50%

PRICE	YEARS UNTIL MATURITY							
	8	9	10	11	12	13	14	15
70.00	8.80%	8.30%	7.89%	7.57%	7.29%	7.07%	6.87%	6.70%
71.00	8.59%	8.10%	7.71%	7.40%	7.14%	6.92%	6.73%	6.57%
72.00	8.37%	7.91%	7.54%	7.23%	6.98%	6.77%	6.59%	6.44%
73.00	8.16%	7.72%	7.36%	7.07%	6.83%	6.63%	6.46%	6.31%
74.00	7.96%	7.53%	7.19%	6.91%	6.68%	6.49%	6.33%	6.18%
75.00	7.75%	7.35%	7.02%	6.76%	6.54%	6.35%	6.20%	6.06%
76.00	7.55%	7.16%	6.86%	6.60%	6.39%	6.22%	6.07%	5.94%
77.00	7.35%	6.99%	6.69%	6.45%	6.25%	6.09%	5.94%	5.82%
78.00	7.16%	6.81%	6.53%	6.30%	6.11%	5.95%	5.82%	5.70%
79.00	6.97%	6.64%	6.37%	6.16%	5.98%	5.83%	5.70%	5.59%
80.00	6.78%	6.47%	6.22%	6.01%	5.84%	5.70%	5.58%	5.47%
81.00	6.59%	6.30%	6.06%	5.87%	5.71%	5.57%	5.46%	5.36%
82.00	6.41%	6.13%	5.91%	5.73%	5.58%	5.45%	5.34%	5.25%
82.50	6.32%	6.05%	5.83%	5.66%	5.51%	5.39%	5.28%	5.19%
83.00	6.23%	5.97%	5.76%	5.59%	5.45%	5.33%	5.23%	5.14%
83.50	6.14%	5.89%	5.69%	5.52%	5.38%	5.27%	5.17%	5.09%
84.00	6.05%	5.81%	5.61%	5.45%	5.32%	5.21%	5.11%	5.03%
84.50	5.96%	5.73%	5.54%	5.39%	5.26%	5.15%	5.06%	4.98%
85.00	5.88%	5.65%	5.47%	5.32%	5.20%	5.09%	5.00%	4.93%
85.50	5.79%	5.57%	5.40%	5.25%	5.13%	5.03%	4.95%	4.87%
86.00	5.70%	5.49%	5.32%	5.19%	5.07%	4.98%	4.89%	4.82%
86.50	5.62%	5.41%	5.25%	5.12%	5.01%	4.92%	4.84%	4.77%
87.00	5.53%	5.34%	5.18%	5.06%	4.95%	4.86%	4.78%	4.72%
87.50	5.45%	5.26%	5.11%	4.99%	4.89%	4.80%	4.73%	4.67%
88.00	5.36%	5.19%	5.04%	4.93%	4.83%	4.75%	4.68%	4.62%
88.50	5.28%	5.11%	4.97%	4.86%	4.77%	4.69%	4.63%	4.57%
89.00	5.20%	5.04%	4.90%	4.80%	4.71%	4.64%	4.57%	4.52%
89.50	5.12%	4.96%	4.84%	4.74%	4.65%	4.58%	4.52%	4.47%
90.00	5.03%	4.89%	4.77%	4.67%	4.59%	4.53%	4.47%	4.42%
90.50	4.95%	4.81%	4.70%	4.61%	4.54%	4.47%	4.42%	4.37%
91.00	4.87%	4.74%	4.63%	4.55%	4.48%	4.42%	4.37%	4.32%
91.50	4.79%	4.67%	4.57%	4.49%	4.42%	4.36%	4.32%	4.27%
92.00	4.71%	4.60%	4.50%	4.43%	4.36%	4.31%	4.26%	4.23%
92.50	4.63%	4.52%	4.44%	4.37%	4.31%	4.26%	4.21%	4.18%
93.00	4.55%	4.45%	4.37%	4.31%	4.25%	4.20%	4.16%	4.13%
93.50	4.48%	4.38%	4.31%	4.25%	4.19%	4.15%	4.12%	4.08%
94.00	4.40%	4.31%	4.24%	4.19%	4.14%	4.10%	4.07%	4.04%
94.50	4.32%	4.24%	4.18%	4.13%	4.08%	4.05%	4.02%	3.99%
95.00	4.24%	4.17%	4.11%	4.07%	4.03%	4.00%	3.97%	3.94%
95.50	4.17%	4.10%	4.05%	4.01%	3.98%	3.95%	3.92%	3.90%
96.00	4.09%	4.03%	3.99%	3.95%	3.92%	3.90%	3.87%	3.85%
96.50	4.02%	3.97%	3.93%	3.89%	3.87%	3.84%	3.83%	3.81%
97.00	3.94%	3.90%	3.86%	3.84%	3.81%	3.79%	3.78%	3.76%
97.50	3.87%	3.83%	3.80%	3.78%	3.76%	3.74%	3.73%	3.72%
98.00	3.79%	3.76%	3.74%	3.72%	3.71%	3.70%	3.68%	3.67%
98.50	3.72%	3.70%	3.68%	3.67%	3.66%	3.65%	3.64%	3.63%
99.00	3.65%	3.63%	3.62%	3.61%	3.60%	3.60%	3.59%	3.59%
99.50	3.57%	3.57%	3.56%	3.56%	3.55%	3.55%	3.55%	3.54%
100.00	3.50%	3.50%	3.50%	3.50%	3.50%	3.50%	3.50%	3.50%
100.50	3.43%	3.43%	3.44%	3.45%	3.45%	3.45%	3.45%	3.46%
101.00	3.36%	3.37%	3.38%	3.39%	3.40%	3.40%	3.41%	3.41%
102.00	3.21%	3.24%	3.26%	3.28%	3.30%	3.31%	3.32%	3.33%
103.00	3.07%	3.12%	3.15%	3.17%	3.20%	3.22%	3.23%	3.25%
104.00	2.94%	2.99%	3.03%	3.07%	3.10%	3.12%	3.14%	3.16%
105.00	2.80%	2.87%	2.92%	2.96%	3.00%	3.03%	3.06%	3.08%
106.00	2.66%	2.74%	2.81%	2.86%	2.90%	2.94%	2.97%	3.00%
107.00	2.53%	2.62%	2.70%	2.76%	2.81%	2.85%	2.89%	2.92%
108.00	2.40%	2.50%	2.59%	2.66%	2.71%	2.76%	2.81%	2.84%
109.00	2.26%	2.38%	2.48%	2.56%	2.62%	2.68%	2.72%	2.76%
110.00	2.13%	2.27%	2.37%	2.46%	2.53%	2.59%	2.64%	2.69%

3.50% EFFECTIVE YIELD RATE

PRICE	YEARS UNTIL MATURITY							
	16	17	18	19	20	21	22	23
70.00	6.55%	6.43%	6.31%	6.21%	6.12%	6.04%	5.97%	5.90%
71.00	6.43%	6.30%	6.20%	6.10%	6.01%	5.93%	5.86%	5.80%
72.00	6.30%	6.19%	6.08%	5.99%	5.90%	5.83%	5.76%	5.70%
73.00	6.18%	6.07%	5.97%	5.88%	5.80%	5.73%	5.66%	5.60%
74.00	6.06%	5.95%	5.86%	5.77%	5.69%	5.63%	5.56%	5.51%
75.00	5.94%	5.84%	5.75%	5.67%	5.59%	5.53%	5.47%	5.41%
76.00	5.83%	5.73%	5.64%	5.56%	5.49%	5.43%	5.37%	5.32%
77.00	5.71%	5.62%	5.53%	5.46%	5.39%	5.33%	5.28%	5.23%
78.00	5.60%	5.51%	5.43%	5.36%	5.30%	5.24%	5.19%	5.14%
79.00	5.49%	5.40%	5.33%	5.26%	5.20%	5.15%	5.10%	5.05%
80.00	5.38%	5.30%	5.23%	5.16%	5.11%	5.06%	5.01%	4.97%
81.00	5.27%	5.20%	5.13%	5.07%	5.02%	4.97%	4.92%	4.88%
82.00	5.17%	5.10%	5.03%	4.98%	4.93%	4.88%	4.84%	4.80%
82.50	5.11%	5.05%	4.98%	4.93%	4.88%	4.84%	4.80%	4.76%
83.00	5.06%	5.00%	4.94%	4.88%	4.84%	4.79%	4.75%	4.72%
83.50	5.01%	4.95%	4.89%	4.84%	4.79%	4.75%	4.71%	4.68%
84.00	4.96%	4.90%	4.84%	4.79%	4.75%	4.71%	4.67%	4.64%
84.50	4.91%	4.85%	4.80%	4.75%	4.70%	4.67%	4.63%	4.60%
85.00	4.86%	4.80%	4.75%	4.70%	4.66%	4.62%	4.59%	4.56%
85.50	4.81%	4.75%	4.70%	4.66%	4.62%	4.58%	4.55%	4.52%
86.00	4.76%	4.71%	4.66%	4.61%	4.58%	4.54%	4.51%	4.48%
86.50	4.71%	4.66%	4.61%	4.57%	4.53%	4.50%	4.47%	4.44%
87.00	4.66%	4.61%	4.57%	4.53%	4.49%	4.46%	4.43%	4.40%
87.50	4.61%	4.57%	4.52%	4.48%	4.45%	4.42%	4.39%	4.37%
88.00	4.57%	4.52%	4.48%	4.44%	4.41%	4.38%	4.35%	4.33%
88.50	4.52%	4.47%	4.43%	4.40%	4.37%	4.34%	4.31%	4.29%
89.00	4.47%	4.43%	4.39%	4.36%	4.33%	4.30%	4.28%	4.25%
89.50	4.42%	4.38%	4.35%	4.32%	4.29%	4.26%	4.24%	4.22%
90.00	4.38%	4.34%	4.30%	4.27%	4.25%	4.22%	4.20%	4.18%
90.50	4.33%	4.29%	4.26%	4.23%	4.21%	4.18%	4.16%	4.14%
91.00	4.28%	4.25%	4.22%	4.19%	4.17%	4.15%	4.13%	4.11%
91.50	4.24%	4.20%	4.18%	4.15%	4.13%	4.11%	4.09%	4.07%
92.00	4.19%	4.16%	4.13%	4.11%	4.09%	4.07%	4.05%	4.04%
92.50	4.15%	4.12%	4.09%	4.07%	4.05%	4.03%	4.02%	4.00%
93.00	4.10%	4.07%	4.05%	4.03%	4.01%	4.00%	3.98%	3.97%
93.50	4.06%	4.03%	4.01%	3.99%	3.97%	3.96%	3.94%	3.93%
94.00	4.01%	3.99%	3.97%	3.95%	3.94%	3.92%	3.91%	3.90%
94.50	3.97%	3.95%	3.93%	3.91%	3.90%	3.89%	3.87%	3.86%
95.00	3.92%	3.91%	3.89%	3.87%	3.86%	3.85%	3.84%	3.83%
95.50	3.88%	3.86%	3.85%	3.84%	3.82%	3.81%	3.80%	3.80%
96.00	3.84%	3.82%	3.81%	3.80%	3.79%	3.78%	3.77%	3.76%
96.50	3.79%	3.78%	3.77%	3.76%	3.75%	3.74%	3.73%	3.73%
97.00	3.75%	3.74%	3.73%	3.72%	3.71%	3.71%	3.70%	3.69%
97.50	3.71%	3.70%	3.69%	3.68%	3.68%	3.67%	3.67%	3.66%
98.00	3.67%	3.66%	3.65%	3.65%	3.64%	3.64%	3.63%	3.63%
98.50	3.62%	3.62%	3.61%	3.61%	3.61%	3.60%	3.60%	3.60%
99.00	3.58%	3.58%	3.58%	3.57%	3.57%	3.57%	3.57%	3.56%
99.50	3.54%	3.54%	3.54%	3.54%	3.54%	3.53%	3.53%	3.53%
100.00	3.50%	3.50%	3.50%	3.50%	3.50%	3.50%	3.50%	3.50%
100.50	3.46%	3.46%	3.46%	3.46%	3.47%	3.47%	3.47%	3.47%
101.00	3.42%	3.42%	3.43%	3.43%	3.43%	3.43%	3.43%	3.44%
102.00	3.34%	3.34%	3.35%	3.36%	3.36%	3.37%	3.37%	3.37%
103.00	3.26%	3.27%	3.28%	3.29%	3.29%	3.30%	3.31%	3.31%
104.00	3.18%	3.19%	3.21%	3.22%	3.23%	3.24%	3.24%	3.25%
105.00	3.10%	3.12%	3.13%	3.15%	3.16%	3.17%	3.18%	3.19%
106.00	3.02%	3.05%	3.06%	3.08%	3.10%	3.11%	3.12%	3.13%
107.00	2.95%	2.97%	2.99%	3.01%	3.03%	3.05%	3.06%	3.07%
108.00	2.87%	2.90%	2.93%	2.95%	2.97%	2.98%	3.00%	3.02%
109.00	2.80%	2.83%	2.86%	2.88%	2.90%	2.92%	2.94%	2.96%
110.00	2.72%	2.76%	2.79%	2.82%	2.84%	2.86%	2.88%	2.90%

EFFECTIVE YIELD RATE 3.50%

PRICE	YEARS UNTIL MATURITY							
	24	25	26	27	28	29	30	40
70.00	5.84%	5.78%	5.73%	5.69%	5.64%	5.61%	5.57%	5.32%
71.00	5.74%	5.69%	5.64%	5.59%	5.55%	5.52%	5.48%	5.24%
72.00	5.64%	5.59%	5.55%	5.50%	5.46%	5.43%	5.39%	5.16%
73.00	5.55%	5.50%	5.46%	5.41%	5.38%	5.34%	5.31%	5.09%
74.00	5.46%	5.41%	5.37%	5.33%	5.29%	5.26%	5.23%	5.01%
75.00	5.36%	5.32%	5.28%	5.24%	5.21%	5.17%	5.14%	4.94%
76.00	5.27%	5.23%	5.19%	5.16%	5.12%	5.09%	5.06%	4.87%
77.00	5.19%	5.15%	5.11%	5.07%	5.04%	5.01%	4.99%	4.80%
78.00	5.10%	5.06%	5.03%	4.99%	4.96%	4.93%	4.91%	4.73%
79.00	5.01%	4.98%	4.94%	4.91%	4.88%	4.86%	4.83%	4.66%
80.00	4.93%	4.90%	4.86%	4.83%	4.81%	4.78%	4.76%	4.60%
81.00	4.85%	4.82%	4.78%	4.76%	4.73%	4.71%	4.69%	4.53%
82.00	4.77%	4.74%	4.71%	4.68%	4.66%	4.63%	4.61%	4.47%
82.50	4.73%	4.70%	4.67%	4.64%	4.62%	4.60%	4.58%	4.44%
83.00	4.69%	4.66%	4.63%	4.61%	4.58%	4.56%	4.54%	4.41%
83.50	4.65%	4.62%	4.59%	4.57%	4.55%	4.53%	4.51%	4.38%
84.00	4.61%	4.58%	4.56%	4.53%	4.51%	4.49%	4.47%	4.35%
84.50	4.57%	4.54%	4.52%	4.50%	4.48%	4.46%	4.44%	4.32%
85.00	4.53%	4.51%	4.48%	4.46%	4.44%	4.42%	4.41%	4.29%
85.50	4.49%	4.47%	4.45%	4.43%	4.41%	4.39%	4.37%	4.26%
86.00	4.46%	4.43%	4.41%	4.39%	4.37%	4.35%	4.34%	4.23%
86.50	4.42%	4.40%	4.37%	4.36%	4.34%	4.32%	4.31%	4.20%
87.00	4.38%	4.36%	4.34%	4.32%	4.30%	4.29%	4.27%	4.17%
87.50	4.34%	4.32%	4.30%	4.29%	4.27%	4.25%	4.24%	4.14%
88.00	4.31%	4.29%	4.27%	4.25%	4.24%	4.22%	4.21%	4.11%
88.50	4.27%	4.25%	4.23%	4.22%	4.20%	4.19%	4.18%	4.09%
89.00	4.23%	4.22%	4.20%	4.18%	4.17%	4.16%	4.14%	4.06%
89.50	4.20%	4.18%	4.17%	4.15%	4.14%	4.12%	4.11%	4.03%
90.00	4.16%	4.15%	4.13%	4.12%	4.10%	4.09%	4.08%	4.00%
90.50	4.13%	4.11%	4.10%	4.08%	4.07%	4.06%	4.05%	3.98%
91.00	4.09%	4.08%	4.06%	4.05%	4.04%	4.03%	4.02%	3.95%
91.50	4.06%	4.04%	4.03%	4.02%	4.01%	4.00%	3.99%	3.92%
92.00	4.02%	4.01%	4.00%	3.99%	3.98%	3.97%	3.96%	3.90%
92.50	3.99%	3.98%	3.96%	3.95%	3.94%	3.94%	3.93%	3.87%
93.00	3.95%	3.94%	3.93%	3.92%	3.91%	3.91%	3.90%	3.84%
93.50	3.92%	3.91%	3.90%	3.89%	3.88%	3.88%	3.87%	3.82%
94.00	3.89%	3.88%	3.87%	3.86%	3.85%	3.85%	3.84%	3.79%
94.50	3.85%	3.84%	3.84%	3.83%	3.82%	3.82%	3.81%	3.77%
95.00	3.82%	3.81%	3.80%	3.80%	3.79%	3.79%	3.78%	3.74%
95.50	3.79%	3.78%	3.77%	3.77%	3.76%	3.76%	3.75%	3.72%
96.00	3.75%	3.75%	3.74%	3.74%	3.73%	3.73%	3.72%	3.69%
96.50	3.72%	3.72%	3.71%	3.71%	3.70%	3.70%	3.69%	3.67%
97.00	3.69%	3.68%	3.68%	3.68%	3.67%	3.67%	3.67%	3.64%
97.50	3.66%	3.65%	3.65%	3.65%	3.64%	3.64%	3.64%	3.62%
98.00	3.63%	3.62%	3.62%	3.62%	3.61%	3.61%	3.61%	3.59%
98.50	3.59%	3.59%	3.59%	3.59%	3.59%	3.58%	3.58%	3.57%
99.00	3.56%	3.56%	3.56%	3.56%	3.56%	3.56%	3.55%	3.55%
99.50	3.53%	3.53%	3.53%	3.53%	3.53%	3.53%	3.53%	3.52%
100.00	3.50%	3.50%	3.50%	3.50%	3.50%	3.50%	3.50%	3.50%
100.50	3.47%	3.47%	3.47%	3.47%	3.47%	3.47%	3.47%	3.48%
101.00	3.44%	3.44%	3.44%	3.44%	3.44%	3.45%	3.45%	3.45%
102.00	3.38%	3.38%	3.38%	3.39%	3.39%	3.39%	3.39%	3.41%
103.00	3.32%	3.32%	3.33%	3.33%	3.33%	3.34%	3.34%	3.36%
104.00	3.26%	3.26%	3.27%	3.28%	3.28%	3.29%	3.29%	3.32%
105.00	3.20%	3.21%	3.21%	3.22%	3.23%	3.23%	3.24%	3.27%
106.00	3.14%	3.15%	3.16%	3.17%	3.17%	3.18%	3.19%	3.23%
107.00	3.09%	3.10%	3.11%	3.11%	3.12%	3.13%	3.14%	3.19%
108.00	3.03%	3.04%	3.05%	3.06%	3.07%	3.08%	3.09%	3.15%
109.00	2.97%	2.99%	3.00%	3.01%	3.02%	3.03%	3.04%	3.11%
110.00	2.92%	2.93%	2.95%	2.96%	2.97%	2.98%	2.99%	3.06%

3.75% EFFECTIVE YIELD RATE

PRICE	YEARS UNTIL MATURITY							
	1/2	1	2	3	4	5	6	7
85.00	39.71%	21.17%	12.45%	9.63%	8.23%	7.39%	6.84%	6.45%
85.50	38.30%	20.52%	12.13%	9.41%	8.06%	7.26%	6.73%	6.35%
86.00	36.92%	19.87%	11.81%	9.20%	7.90%	7.13%	6.61%	6.25%
86.50	35.55%	19.23%	11.50%	8.98%	7.74%	7.00%	6.50%	6.15%
87.00	34.20%	18.59%	11.18%	8.77%	7.58%	6.87%	6.39%	6.06%
87.50	32.86%	17.96%	10.87%	8.56%	7.42%	6.74%	6.28%	5.96%
88.00	31.53%	17.33%	10.56%	8.35%	7.26%	6.61%	6.17%	5.86%
88.50	30.23%	16.71%	10.26%	8.15%	7.10%	6.48%	6.07%	5.77%
89.00	28.93%	16.09%	9.95%	7.94%	6.95%	6.35%	5.96%	5.68%
89.50	27.65%	15.48%	9.65%	7.74%	6.79%	6.23%	5.85%	5.58%
90.00	26.39%	14.88%	9.35%	7.54%	6.64%	6.10%	5.74%	5.49%
90.50	25.14%	14.28%	9.05%	7.34%	6.48%	5.98%	5.64%	5.40%
91.00	23.90%	13.68%	8.75%	7.14%	6.33%	5.85%	5.53%	5.31%
91.25	23.29%	13.39%	8.61%	7.04%	6.26%	5.79%	5.48%	5.26%
91.50	22.68%	13.09%	8.46%	6.94%	6.18%	5.73%	5.43%	5.21%
91.75	22.07%	12.80%	8.31%	6.84%	6.11%	5.67%	5.38%	5.17%
92.00	21.47%	12.51%	8.17%	6.74%	6.03%	5.61%	5.33%	5.12%
92.25	20.87%	12.22%	8.02%	6.64%	5.96%	5.55%	5.27%	5.08%
92.50	20.27%	11.93%	7.88%	6.54%	5.88%	5.49%	5.22%	5.03%
92.75	19.68%	11.64%	7.73%	6.45%	5.81%	5.42%	5.17%	4.99%
93.00	19.09%	11.35%	7.59%	6.35%	5.73%	5.36%	5.12%	4.95%
93.25	18.50%	11.07%	7.44%	6.25%	5.66%	5.30%	5.07%	4.90%
93.50	17.91%	10.78%	7.30%	6.16%	5.59%	5.24%	5.02%	4.86%
93.75	17.33%	10.50%	7.16%	6.06%	5.51%	5.19%	4.97%	4.81%
94.00	16.76%	10.21%	7.02%	5.96%	5.44%	5.13%	4.92%	4.77%
94.25	16.18%	9.93%	6.88%	5.87%	5.37%	5.07%	4.87%	4.72%
94.50	15.61%	9.65%	6.74%	5.77%	5.29%	5.01%	4.82%	4.68%
94.75	15.04%	9.37%	6.59%	5.68%	5.22%	4.95%	4.77%	4.64%
95.00	14.47%	9.09%	6.45%	5.58%	5.15%	4.89%	4.72%	4.59%
95.25	13.91%	8.82%	6.32%	5.49%	5.08%	4.83%	4.67%	4.55%
95.50	13.35%	8.54%	6.18%	5.39%	5.01%	4.77%	4.62%	4.51%
95.75	12.79%	8.27%	6.04%	5.30%	4.93%	4.71%	4.57%	4.46%
96.00	12.24%	7.99%	5.90%	5.21%	4.86%	4.66%	4.52%	4.42%
96.25	11.69%	7.72%	5.76%	5.11%	4.79%	4.60%	4.47%	4.38%
96.50	11.14%	7.45%	5.62%	5.02%	4.72%	4.54%	4.42%	4.34%
96.75	10.59%	7.18%	5.49%	4.93%	4.65%	4.48%	4.37%	4.29%
97.00	10.05%	6.91%	5.35%	4.84%	4.58%	4.43%	4.32%	4.25%
97.25	9.51%	6.64%	5.22%	4.74%	4.51%	4.37%	4.27%	4.21%
97.50	8.97%	6.37%	5.08%	4.65%	4.44%	4.31%	4.23%	4.17%
97.75	8.44%	6.10%	4.95%	4.56%	4.37%	4.25%	4.18%	4.12%
98.00	7.91%	5.84%	4.81%	4.47%	4.30%	4.20%	4.13%	4.08%
98.25	7.38%	5.57%	4.68%	4.38%	4.23%	4.14%	4.08%	4.04%
98.50	6.85%	5.31%	4.54%	4.29%	4.16%	4.08%	4.03%	4.00%
98.75	6.33%	5.05%	4.41%	4.20%	4.09%	4.03%	3.99%	3.96%
99.00	5.81%	4.79%	4.28%	4.11%	4.02%	3.97%	3.94%	3.91%
99.25	5.29%	4.53%	4.14%	4.02%	3.95%	3.92%	3.89%	3.87%
99.50	4.77%	4.27%	4.01%	3.93%	3.89%	3.86%	3.84%	3.83%
99.75	4.26%	4.01%	3.88%	3.84%	3.82%	3.81%	3.80%	3.79%
100.00	3.75%	3.75%	3.75%	3.75%	3.75%	3.75%	3.75%	3.75%
100.25	3.24%	3.49%	3.62%	3.66%	3.68%	3.69%	3.70%	3.71%
100.50	2.74%	3.24%	3.49%	3.57%	3.61%	3.64%	3.66%	3.67%
101.00	1.73%	2.73%	3.23%	3.40%	3.48%	3.53%	3.56%	3.59%
101.50	0.74%	2.22%	2.97%	3.22%	3.35%	3.42%	3.47%	3.51%
102.00	***	1.72%	2.72%	3.05%	3.21%	3.31%	3.38%	3.43%
102.50	***	1.23%	2.46%	2.87%	3.08%	3.20%	3.29%	3.35%
103.00	***	0.73%	2.21%	2.70%	2.95%	3.10%	3.20%	3.27%
103.50	***	0.24%	1.96%	2.53%	2.82%	2.99%	3.11%	3.19%
104.00	***	***	1.71%	2.36%	2.69%	2.89%	3.02%	3.11%
104.50	***	***	1.46%	2.19%	2.56%	2.78%	2.93%	3.03%
105.00	***	***	1.21%	2.02%	2.43%	2.67%	2.84%	2.95%

EFFECTIVE YIELD RATE 3.75%

PRICE	YEARS UNTIL MATURITY							
	8	9	10	11	12	13	14	15
70.00	9.11%	8.61%	8.21%	7.88%	7.61%	7.38%	7.18%	7.02%
71.00	8.89%	8.41%	8.02%	7.71%	7.45%	7.23%	7.04%	6.88%
72.00	8.68%	8.21%	7.84%	7.54%	7.29%	7.08%	6.90%	6.75%
73.00	8.46%	8.02%	7.66%	7.38%	7.14%	6.94%	6.76%	6.62%
74.00	8.25%	7.83%	7.49%	7.21%	6.99%	6.79%	6.63%	6.49%
75.00	8.05%	7.64%	7.32%	7.06%	6.84%	6.65%	6.50%	6.36%
76.00	7.85%	7.46%	7.15%	6.90%	6.69%	6.52%	6.37%	6.24%
77.00	7.65%	7.28%	6.98%	6.75%	6.55%	6.38%	6.24%	6.11%
78.00	7.45%	7.10%	6.82%	6.59%	6.41%	6.25%	6.11%	5.99%
79.00	7.26%	6.92%	6.66%	6.44%	6.27%	6.11%	5.99%	5.88%
80.00	7.07%	6.75%	6.50%	6.30%	6.13%	5.99%	5.86%	5.76%
81.00	6.88%	6.58%	6.35%	6.15%	5.99%	5.86%	5.74%	5.64%
82.00	6.69%	6.41%	6.19%	6.01%	5.86%	5.73%	5.62%	5.53%
82.50	6.60%	6.33%	6.12%	5.94%	5.79%	5.67%	5.57%	5.48%
83.00	6.51%	6.25%	6.04%	5.87%	5.73%	5.61%	5.51%	5.42%
83.50	6.42%	6.17%	5.96%	5.80%	5.66%	5.55%	5.45%	5.37%
84.00	6.33%	6.09%	5.89%	5.73%	5.60%	5.49%	5.39%	5.31%
84.50	6.24%	6.00%	5.82%	5.66%	5.53%	5.43%	5.34%	5.26%
85.00	6.15%	5.92%	5.74%	5.59%	5.47%	5.37%	5.28%	5.20%
85.50	6.06%	5.84%	5.67%	5.53%	5.41%	5.31%	5.22%	5.15%
86.00	5.98%	5.77%	5.60%	5.46%	5.35%	5.25%	5.17%	5.10%
86.50	5.89%	5.69%	5.53%	5.39%	5.28%	5.19%	5.11%	5.04%
87.00	5.80%	5.61%	5.45%	5.33%	5.22%	5.13%	5.06%	4.99%
87.50	5.72%	5.53%	5.38%	5.26%	5.16%	5.08%	5.00%	4.94%
88.00	5.63%	5.46%	5.31%	5.20%	5.10%	5.02%	4.95%	4.89%
88.50	5.55%	5.38%	5.24%	5.13%	5.04%	4.96%	4.89%	4.84%
89.00	5.47%	5.30%	5.17%	5.07%	4.98%	4.90%	4.84%	4.79%
89.50	5.38%	5.23%	5.10%	5.00%	4.92%	4.85%	4.79%	4.74%
90.00	5.30%	5.15%	5.04%	4.94%	4.86%	4.79%	4.74%	4.69%
90.50	5.22%	5.08%	4.97%	4.88%	4.80%	4.74%	4.68%	4.64%
91.00	5.14%	5.00%	4.90%	4.81%	4.74%	4.68%	4.63%	4.59%
91.50	5.05%	4.93%	4.83%	4.75%	4.68%	4.63%	4.58%	4.54%
92.00	4.97%	4.86%	4.76%	4.69%	4.63%	4.57%	4.53%	4.49%
92.50	4.89%	4.79%	4.70%	4.63%	4.57%	4.52%	4.48%	4.44%
93.00	4.81%	4.71%	4.63%	4.57%	4.51%	4.47%	4.43%	4.39%
93.50	4.74%	4.64%	4.57%	4.51%	4.46%	4.41%	4.38%	4.34%
94.00	4.66%	4.57%	4.50%	4.45%	4.40%	4.36%	4.33%	4.30%
94.50	4.58%	4.50%	4.44%	4.39%	4.34%	4.31%	4.28%	4.25%
95.00	4.50%	4.43%	4.37%	4.33%	4.29%	4.25%	4.23%	4.20%
95.50	4.42%	4.36%	4.31%	4.27%	4.23%	4.20%	4.18%	4.16%
96.00	4.35%	4.29%	4.25%	4.21%	4.18%	4.15%	4.13%	4.11%
96.50	4.27%	4.22%	4.18%	4.15%	4.12%	4.10%	4.08%	4.06%
97.00	4.20%	4.15%	4.12%	4.09%	4.07%	4.05%	4.03%	4.02%
97.50	4.12%	4.08%	4.06%	4.03%	4.01%	4.00%	3.98%	3.97%
98.00	4.05%	4.02%	3.99%	3.98%	3.96%	3.95%	3.94%	3.93%
98.50	3.97%	3.95%	3.93%	3.92%	3.91%	3.90%	3.89%	3.88%
99.00	3.90%	3.88%	3.87%	3.86%	3.85%	3.85%	3.84%	3.84%
99.50	3.82%	3.82%	3.81%	3.81%	3.80%	3.80%	3.80%	3.79%
100.00	3.75%	3.75%	3.75%	3.75%	3.75%	3.75%	3.75%	3.75%
100.50	3.68%	3.68%	3.69%	3.69%	3.70%	3.70%	3.70%	3.71%
101.00	3.60%	3.62%	3.63%	3.64%	3.65%	3.65%	3.66%	3.66%
102.00	3.46%	3.49%	3.51%	3.53%	3.54%	3.56%	3.57%	3.58%
103.00	3.32%	3.36%	3.39%	3.42%	3.44%	3.46%	3.48%	3.49%
104.00	3.18%	3.23%	3.28%	3.31%	3.34%	3.37%	3.39%	3.41%
105.00	3.04%	3.11%	3.16%	3.21%	3.24%	3.27%	3.30%	3.32%
106.00	2.90%	2.98%	3.05%	3.10%	3.15%	3.18%	3.21%	3.24%
107.00	2.77%	2.86%	2.94%	3.00%	3.05%	3.09%	3.13%	3.16%
108.00	2.63%	2.74%	2.83%	2.90%	2.95%	3.00%	3.04%	3.08%
109.00	2.50%	2.62%	2.72%	2.79%	2.86%	2.91%	2.96%	3.00%
110.00	2.37%	2.50%	2.61%	2.69%	2.77%	2.83%	2.88%	2.92%

3.75%   EFFECTIVE YIELD RATE

PRICE	16	17	18	19	20	21	22	23
				YEARS UNTIL MATURITY				
70.00	6.87%	6.74%	6.63%	6.53%	6.44%	6.36%	6.29%	6.22%
71.00	6.74%	6.62%	6.51%	6.41%	6.33%	6.25%	6.18%	6.12%
72.00	6.61%	6.49%	6.39%	6.30%	6.21%	6.14%	6.07%	6.01%
73.00	6.49%	6.37%	6.27%	6.19%	6.11%	6.04%	5.97%	5.91%
74.00	6.36%	6.26%	6.16%	6.08%	6.00%	5.93%	5.87%	5.81%
75.00	6.24%	6.14%	6.05%	5.97%	5.89%	5.83%	5.77%	5.72%
76.00	6.12%	6.03%	5.94%	5.86%	5.79%	5.73%	5.67%	5.62%
77.00	6.01%	5.91%	5.83%	5.76%	5.69%	5.63%	5.58%	5.53%
78.00	5.89%	5.80%	5.72%	5.65%	5.59%	5.53%	5.48%	5.44%
79.00	5.78%	5.69%	5.62%	5.55%	5.49%	5.44%	5.39%	5.35%
80.00	5.67%	5.59%	5.52%	5.45%	5.40%	5.35%	5.30%	5.26%
81.00	5.56%	5.48%	5.42%	5.36%	5.30%	5.25%	5.21%	5.17%
82.00	5.45%	5.38%	5.32%	5.26%	5.21%	5.16%	5.12%	5.09%
82.50	5.40%	5.33%	5.27%	5.21%	5.16%	5.12%	5.08%	5.04%
83.00	5.34%	5.28%	5.22%	5.17%	5.12%	5.08%	5.04%	5.00%
83.50	5.29%	5.23%	5.17%	5.12%	5.07%	5.03%	4.99%	4.96%
84.00	5.24%	5.18%	5.12%	5.07%	5.03%	4.99%	4.95%	4.92%
84.50	5.19%	5.13%	5.07%	5.03%	4.98%	4.94%	4.91%	4.88%
85.00	5.14%	5.08%	5.03%	4.98%	4.94%	4.90%	4.87%	4.84%
85.50	5.09%	5.03%	4.98%	4.93%	4.90%	4.86%	4.83%	4.80%
86.00	5.03%	4.98%	4.93%	4.89%	4.85%	4.82%	4.79%	4.76%
86.50	4.98%	4.93%	4.89%	4.85%	4.81%	4.78%	4.75%	4.72%
87.00	4.93%	4.88%	4.84%	4.80%	4.77%	4.73%	4.70%	4.68%
87.50	4.88%	4.84%	4.79%	4.76%	4.72%	4.69%	4.66%	4.64%
88.00	4.84%	4.79%	4.75%	4.71%	4.68%	4.65%	4.62%	4.60%
88.50	4.79%	4.74%	4.70%	4.67%	4.64%	4.61%	4.59%	4.56%
89.00	4.74%	4.70%	4.66%	4.63%	4.60%	4.57%	4.55%	4.52%
89.50	4.69%	4.65%	4.62%	4.58%	4.56%	4.53%	4.51%	4.49%
90.00	4.64%	4.60%	4.57%	4.54%	4.51%	4.49%	4.47%	4.45%
90.50	4.60%	4.56%	4.53%	4.50%	4.47%	4.45%	4.43%	4.41%
91.00	4.55%	4.51%	4.48%	4.46%	4.43%	4.41%	4.39%	4.37%
91.50	4.50%	4.47%	4.44%	4.42%	4.39%	4.37%	4.35%	4.34%
92.00	4.45%	4.42%	4.40%	4.37%	4.35%	4.33%	4.32%	4.30%
92.50	4.41%	4.38%	4.36%	4.33%	4.31%	4.30%	4.28%	4.26%
93.00	4.36%	4.34%	4.31%	4.29%	4.27%	4.26%	4.24%	4.23%
93.50	4.32%	4.29%	4.27%	4.25%	4.24%	4.22%	4.21%	4.19%
94.00	4.27%	4.25%	4.23%	4.21%	4.20%	4.18%	4.17%	4.16%
94.50	4.23%	4.21%	4.19%	4.17%	4.16%	4.14%	4.13%	4.12%
95.00	4.18%	4.16%	4.15%	4.13%	4.12%	4.11%	4.10%	4.09%
95.50	4.14%	4.12%	4.11%	4.09%	4.08%	4.07%	4.06%	4.05%
96.00	4.09%	4.08%	4.07%	4.05%	4.04%	4.03%	4.03%	4.02%
96.50	4.05%	4.04%	4.03%	4.02%	4.01%	4.00%	3.99%	3.98%
97.00	4.01%	3.99%	3.99%	3.98%	3.97%	3.96%	3.96%	3.95%
97.50	3.96%	3.95%	3.95%	3.94%	3.93%	3.93%	3.92%	3.92%
98.00	3.92%	3.91%	3.91%	3.90%	3.89%	3.89%	3.89%	3.88%
98.50	3.88%	3.87%	3.87%	3.86%	3.86%	3.85%	3.85%	3.85%
99.00	3.83%	3.83%	3.83%	3.82%	3.82%	3.82%	3.82%	3.82%
99.50	3.79%	3.79%	3.79%	3.79%	3.79%	3.78%	3.78%	3.78%
100.00	3.75%	3.75%	3.75%	3.75%	3.75%	3.75%	3.75%	3.75%
100.50	3.71%	3.71%	3.71%	3.71%	3.71%	3.72%	3.72%	3.72%
101.00	3.67%	3.67%	3.67%	3.68%	3.68%	3.68%	3.68%	3.69%
102.00	3.58%	3.59%	3.60%	3.60%	3.61%	3.61%	3.62%	3.62%
103.00	3.50%	3.51%	3.52%	3.53%	3.54%	3.55%	3.55%	3.56%
104.00	3.42%	3.44%	3.45%	3.46%	3.47%	3.48%	3.49%	3.50%
105.00	3.34%	3.36%	3.38%	3.39%	3.40%	3.41%	3.42%	3.43%
106.00	3.27%	3.29%	3.31%	3.32%	3.34%	3.35%	3.36%	3.37%
107.00	3.19%	3.21%	3.23%	3.25%	3.27%	3.29%	3.30%	3.31%
108.00	3.11%	3.14%	3.16%	3.19%	3.21%	3.22%	3.24%	3.25%
109.00	3.04%	3.07%	3.09%	3.12%	3.14%	3.16%	3.18%	3.19%
110.00	2.96%	3.00%	3.03%	3.05%	3.08%	3.10%	3.12%	3.14%

EFFECTIVE YIELD RATE 3.75%

PRICE	YEARS UNTIL MATURITY							
	24	25	26	27	28	29	30	40
70.00	6.16%	6.11%	6.06%	6.01%	5.97%	5.93%	5.89%	5.65%
71.00	6.06%	6.01%	5.96%	5.91%	5.87%	5.84%	5.80%	5.57%
72.00	5.96%	5.91%	5.86%	5.82%	5.78%	5.74%	5.71%	5.48%
73.00	5.86%	5.81%	5.77%	5.73%	5.69%	5.65%	5.62%	5.41%
74.00	5.76%	5.72%	5.67%	5.64%	5.60%	5.57%	5.54%	5.33%
75.00	5.67%	5.62%	5.58%	5.55%	5.51%	5.48%	5.45%	5.25%
76.00	5.58%	5.53%	5.50%	5.46%	5.43%	5.40%	5.37%	5.18%
77.00	5.49%	5.44%	5.41%	5.37%	5.34%	5.31%	5.29%	5.10%
78.00	5.40%	5.36%	5.32%	5.29%	5.26%	5.23%	5.21%	5.03%
79.00	5.31%	5.27%	5.24%	5.21%	5.18%	5.15%	5.13%	4.96%
80.00	5.22%	5.19%	5.16%	5.13%	5.10%	5.07%	5.05%	4.89%
81.00	5.14%	5.10%	5.07%	5.05%	5.02%	5.00%	4.98%	4.83%
82.00	5.05%	5.02%	4.99%	4.97%	4.94%	4.92%	4.90%	4.76%
82.50	5.01%	4.98%	4.95%	4.93%	4.91%	4.88%	4.87%	4.73%
83.00	4.97%	4.94%	4.92%	4.89%	4.87%	4.85%	4.83%	4.70%
83.50	4.93%	4.90%	4.88%	4.85%	4.83%	4.81%	4.79%	4.66%
84.00	4.89%	4.86%	4.84%	4.82%	4.79%	4.77%	4.76%	4.63%
84.50	4.85%	4.82%	4.80%	4.78%	4.76%	4.74%	4.72%	4.60%
85.00	4.81%	4.79%	4.76%	4.74%	4.72%	4.70%	4.69%	4.57%
85.50	4.77%	4.75%	4.72%	4.70%	4.68%	4.67%	4.65%	4.54%
86.00	4.73%	4.71%	4.69%	4.67%	4.65%	4.63%	4.62%	4.51%
86.50	4.69%	4.67%	4.65%	4.63%	4.61%	4.60%	4.58%	4.48%
87.00	4.66%	4.63%	4.61%	4.60%	4.58%	4.56%	4.55%	4.45%
87.50	4.62%	4.60%	4.58%	4.56%	4.54%	4.53%	4.51%	4.42%
88.00	4.58%	4.56%	4.54%	4.52%	4.51%	4.49%	4.48%	4.39%
88.50	4.54%	4.52%	4.51%	4.49%	4.47%	4.46%	4.45%	4.36%
89.00	4.50%	4.49%	4.47%	4.45%	4.44%	4.43%	4.42%	4.33%
89.50	4.47%	4.45%	4.43%	4.42%	4.41%	4.39%	4.38%	4.30%
90.00	4.43%	4.41%	4.40%	4.39%	4.37%	4.36%	4.35%	4.27%
90.50	4.39%	4.38%	4.36%	4.35%	4.34%	4.33%	4.32%	4.25%
91.00	4.36%	4.34%	4.33%	4.32%	4.31%	4.30%	4.29%	4.22%
91.50	4.32%	4.31%	4.30%	4.28%	4.27%	4.26%	4.25%	4.19%
92.00	4.29%	4.27%	4.26%	4.25%	4.24%	4.23%	4.22%	4.16%
92.50	4.25%	4.24%	4.23%	4.22%	4.21%	4.20%	4.19%	4.14%
93.00	4.22%	4.21%	4.19%	4.19%	4.18%	4.17%	4.16%	4.11%
93.50	4.18%	4.17%	4.16%	4.15%	4.14%	4.14%	4.13%	4.08%
94.00	4.15%	4.14%	4.13%	4.12%	4.11%	4.11%	4.10%	4.05%
94.50	4.11%	4.10%	4.10%	4.09%	4.08%	4.08%	4.07%	4.03%
95.00	4.08%	4.07%	4.06%	4.06%	4.05%	4.04%	4.04%	4.00%
95.50	4.04%	4.04%	4.03%	4.02%	4.02%	4.01%	4.01%	3.98%
96.00	4.01%	4.00%	4.00%	3.99%	3.99%	3.98%	3.98%	3.95%
96.50	3.98%	3.97%	3.97%	3.96%	3.96%	3.95%	3.95%	3.92%
97.00	3.94%	3.94%	3.94%	3.93%	3.93%	3.92%	3.92%	3.90%
97.50	3.91%	3.91%	3.90%	3.90%	3.90%	3.89%	3.89%	3.87%
98.00	3.88%	3.88%	3.87%	3.87%	3.87%	3.87%	3.86%	3.85%
98.50	3.85%	3.84%	3.84%	3.84%	3.84%	3.84%	3.83%	3.82%
99.00	3.81%	3.81%	3.81%	3.81%	3.81%	3.81%	3.81%	3.80%
99.50	3.78%	3.78%	3.78%	3.78%	3.78%	3.78%	3.78%	3.77%
100.00	3.75%	3.75%	3.75%	3.75%	3.75%	3.75%	3.75%	3.75%
100.50	3.72%	3.72%	3.72%	3.72%	3.72%	3.72%	3.72%	3.73%
101.00	3.69%	3.69%	3.69%	3.69%	3.69%	3.69%	3.69%	3.70%
102.00	3.62%	3.63%	3.63%	3.63%	3.64%	3.64%	3.64%	3.65%
103.00	3.56%	3.57%	3.57%	3.58%	3.58%	3.58%	3.59%	3.61%
104.00	3.50%	3.51%	3.51%	3.52%	3.52%	3.53%	3.53%	3.56%
105.00	3.44%	3.45%	3.46%	3.46%	3.47%	3.47%	3.48%	3.52%
106.00	3.38%	3.39%	3.40%	3.41%	3.42%	3.42%	3.43%	3.47%
107.00	3.32%	3.34%	3.34%	3.35%	3.36%	3.37%	3.38%	3.43%
108.00	3.27%	3.28%	3.29%	3.30%	3.31%	3.32%	3.33%	3.38%
109.00	3.21%	3.22%	3.24%	3.25%	3.26%	3.27%	3.28%	3.34%
110.00	3.15%	3.17%	3.18%	3.19%	3.21%	3.22%	3.23%	3.30%

4% EFFECTIVE YIELD RATE

PRICE	YEARS UNTIL MATURITY							
	1/2	1	2	3	4	5	6	7
85.00	40.00%	21.45%	12.73%	9.90%	8.50%	7.67%	7.12%	6.72%
85.50	38.60%	20.80%	12.41%	9.68%	8.34%	7.53%	7.00%	6.62%
86.00	37.21%	20.15%	12.09%	9.47%	8.17%	7.40%	6.89%	6.52%
86.50	35.84%	19.51%	11.77%	9.26%	8.01%	7.27%	6.78%	6.42%
87.00	34.48%	18.87%	11.46%	9.04%	7.85%	7.14%	6.66%	6.33%
87.50	33.14%	18.23%	11.14%	8.83%	7.69%	7.01%	6.55%	6.23%
88.00	31.82%	17.61%	10.83%	8.62%	7.53%	6.88%	6.44%	6.13%
88.50	30.51%	16.98%	10.53%	8.42%	7.37%	6.75%	6.33%	6.04%
89.00	29.21%	16.37%	10.22%	8.21%	7.21%	6.62%	6.23%	5.94%
89.50	27.93%	15.76%	9.92%	8.01%	7.06%	6.49%	6.12%	5.85%
90.00	26.67%	15.15%	9.62%	7.80%	6.90%	6.37%	6.01%	5.76%
90.50	25.41%	14.55%	9.32%	7.60%	6.75%	6.24%	5.90%	5.66%
91.00	24.18%	13.95%	9.02%	7.40%	6.60%	6.12%	5.80%	5.57%
91.25	23.56%	13.66%	8.87%	7.30%	6.52%	6.05%	5.74%	5.52%
91.50	22.95%	13.36%	8.72%	7.20%	6.44%	5.99%	5.69%	5.48%
91.75	22.34%	13.07%	8.58%	7.10%	6.37%	5.93%	5.64%	5.43%
92.00	21.74%	12.77%	8.43%	7.00%	6.29%	5.87%	5.59%	5.39%
92.25	21.14%	12.48%	8.28%	6.90%	6.22%	5.81%	5.54%	5.34%
92.50	20.54%	12.19%	8.14%	6.81%	6.14%	5.75%	5.48%	5.30%
92.75	19.95%	11.90%	7.99%	6.71%	6.07%	5.69%	5.43%	5.25%
93.00	19.35%	11.62%	7.85%	6.61%	5.99%	5.63%	5.38%	5.21%
93.25	18.77%	11.33%	7.71%	6.51%	5.92%	5.57%	5.33%	5.16%
93.50	18.18%	11.04%	7.56%	6.42%	5.85%	5.50%	5.28%	5.12%
93.75	17.60%	10.76%	7.42%	6.32%	5.77%	5.44%	5.23%	5.07%
94.00	17.02%	10.48%	7.28%	6.22%	5.70%	5.38%	5.18%	5.03%
94.25	16.45%	10.19%	7.14%	6.13%	5.63%	5.33%	5.13%	4.98%
94.50	15.87%	9.91%	6.99%	6.03%	5.55%	5.27%	5.07%	4.94%
94.75	15.30%	9.63%	6.85%	5.94%	5.48%	5.21%	5.02%	4.89%
95.00	14.74%	9.35%	6.71%	5.84%	5.41%	5.15%	4.97%	4.85%
95.25	14.17%	9.08%	6.57%	5.75%	5.33%	5.09%	4.92%	4.81%
95.50	13.61%	8.80%	6.43%	5.65%	5.26%	5.03%	4.87%	4.76%
95.75	13.05%	8.52%	6.29%	5.56%	5.19%	4.97%	4.82%	4.72%
96.00	12.50%	8.25%	6.16%	5.46%	5.12%	4.91%	4.77%	4.68%
96.25	11.95%	7.98%	6.02%	5.37%	5.05%	4.85%	4.73%	4.63%
96.50	11.40%	7.70%	5.88%	5.28%	4.98%	4.80%	4.68%	4.59%
96.75	10.85%	7.43%	5.74%	5.18%	4.90%	4.74%	4.63%	4.55%
97.00	10.31%	7.16%	5.61%	5.09%	4.83%	4.68%	4.58%	4.50%
97.25	9.77%	6.89%	5.47%	5.00%	4.76%	4.62%	4.53%	4.46%
97.50	9.23%	6.62%	5.33%	4.91%	4.69%	4.56%	4.48%	4.42%
97.75	8.70%	6.36%	5.20%	4.81%	4.62%	4.51%	4.43%	4.38%
98.00	8.16%	6.09%	5.06%	4.72%	4.55%	4.45%	4.38%	4.33%
98.25	7.63%	5.83%	4.93%	4.63%	4.48%	4.39%	4.33%	4.29%
98.50	7.11%	5.56%	4.80%	4.54%	4.41%	4.34%	4.29%	4.25%
98.75	6.58%	5.30%	4.66%	4.45%	4.34%	4.28%	4.24%	4.21%
99.00	6.06%	5.04%	4.53%	4.36%	4.27%	4.22%	4.19%	4.17%
99.25	5.54%	4.78%	4.40%	4.27%	4.21%	4.17%	4.14%	4.12%
99.50	5.03%	4.52%	4.26%	4.18%	4.14%	4.11%	4.09%	4.08%
99.75	4.51%	4.26%	4.13%	4.09%	4.07%	4.06%	4.05%	4.04%
100.00	4.00%	4.00%	4.00%	4.00%	4.00%	4.00%	4.00%	4.00%
100.25	3.49%	3.74%	3.87%	3.91%	3.93%	3.94%	3.95%	3.96%
100.50	2.99%	3.49%	3.74%	3.82%	3.86%	3.89%	3.91%	3.92%
101.00	1.98%	2.98%	3.48%	3.65%	3.73%	3.78%	3.81%	3.84%
101.50	0.99%	2.47%	3.22%	3.47%	3.59%	3.67%	3.72%	3.75%
102.00	***	1.97%	2.96%	3.29%	3.46%	3.56%	3.63%	3.67%
102.50	***	1.47%	2.71%	3.12%	3.33%	3.45%	3.53%	3.59%
103.00	***	0.98%	2.45%	2.95%	3.20%	3.34%	3.44%	3.51%
103.50	***	0.49%	2.20%	2.78%	3.06%	3.24%	3.35%	3.43%
104.00	***	***	1.95%	2.61%	2.93%	3.13%	3.26%	3.35%
104.50	***	***	1.70%	2.44%	2.80%	3.02%	3.17%	3.28%
105.00	***	***	1.45%	2.27%	2.67%	2.92%	3.08%	3.20%

EFFECTIVE YIELD RATE 4%

PRICE	YEARS UNTIL MATURITY							
	8	9	10	11	12	13	14	15
70.00	9.42%	8.92%	8.52%	8.19%	7.92%	7.69%	7.50%	7.33%
71.00	9.20%	8.72%	8.33%	8.02%	7.76%	7.54%	7.35%	7.19%
72.00	8.98%	8.52%	8.15%	7.85%	7.60%	7.39%	7.21%	7.06%
73.00	8.77%	8.32%	7.97%	7.68%	7.44%	7.24%	7.07%	6.92%
74.00	8.55%	8.13%	7.79%	7.52%	7.29%	7.10%	6.93%	6.79%
75.00	8.35%	7.94%	7.62%	7.35%	7.14%	6.95%	6.80%	6.66%
76.00	8.14%	7.75%	7.45%	7.20%	6.99%	6.81%	6.66%	6.53%
77.00	7.94%	7.57%	7.28%	7.04%	6.84%	6.67%	6.53%	6.41%
78.00	7.74%	7.39%	7.11%	6.88%	6.70%	6.54%	6.40%	6.29%
79.00	7.54%	7.21%	6.95%	6.73%	6.55%	6.40%	6.28%	6.17%
80.00	7.35%	7.04%	6.79%	6.58%	6.42%	6.27%	6.15%	6.05%
81.00	7.16%	6.86%	6.63%	6.44%	6.28%	6.14%	6.03%	5.93%
82.00	6.97%	6.70%	6.47%	6.29%	6.14%	6.02%	5.91%	5.81%
82.50	6.88%	6.61%	6.40%	6.22%	6.08%	5.95%	5.85%	5.76%
83.00	6.79%	6.53%	6.32%	6.15%	6.01%	5.89%	5.79%	5.70%
83.50	6.70%	6.44%	6.24%	6.08%	5.94%	5.83%	5.73%	5.65%
84.00	6.61%	6.36%	6.17%	6.01%	5.88%	5.77%	5.67%	5.59%
84.50	6.52%	6.28%	6.09%	5.94%	5.81%	5.70%	5.61%	5.53%
85.00	6.43%	6.20%	6.02%	5.87%	5.75%	5.64%	5.56%	5.48%
85.50	6.34%	6.12%	5.94%	5.80%	5.68%	5.58%	5.50%	5.43%
86.00	6.25%	6.04%	5.87%	5.73%	5.62%	5.52%	5.44%	5.37%
86.50	6.16%	5.96%	5.80%	5.67%	5.56%	5.46%	5.39%	5.32%
87.00	6.08%	5.88%	5.73%	5.60%	5.49%	5.41%	5.33%	5.26%
87.50	5.99%	5.80%	5.65%	5.53%	5.43%	5.35%	5.27%	5.21%
88.00	5.90%	5.72%	5.58%	5.47%	5.37%	5.29%	5.22%	5.16%
88.50	5.82%	5.65%	5.51%	5.40%	5.31%	5.23%	5.16%	5.11%
89.00	5.73%	5.57%	5.44%	5.33%	5.25%	5.17%	5.11%	5.05%
89.50	5.65%	5.49%	5.37%	5.27%	5.19%	5.12%	5.06%	5.00%
90.00	5.57%	5.42%	5.30%	5.21%	5.13%	5.06%	5.00%	4.95%
90.50	5.48%	5.34%	5.23%	5.14%	5.07%	5.00%	4.95%	4.90%
91.00	5.40%	5.27%	5.16%	5.08%	5.01%	4.95%	4.90%	4.85%
91.50	5.32%	5.19%	5.10%	5.01%	4.95%	4.89%	4.84%	4.80%
92.00	5.24%	5.12%	5.03%	4.95%	4.89%	4.84%	4.79%	4.75%
92.50	5.16%	5.05%	4.96%	4.89%	4.83%	4.78%	4.74%	4.70%
93.00	5.08%	4.97%	4.89%	4.83%	4.77%	4.73%	4.69%	4.65%
93.50	5.00%	4.90%	4.83%	4.77%	4.72%	4.67%	4.64%	4.60%
94.00	4.92%	4.83%	4.76%	4.70%	4.66%	4.62%	4.59%	4.56%
94.50	4.84%	4.76%	4.70%	4.64%	4.60%	4.57%	4.53%	4.51%
95.00	4.76%	4.69%	4.63%	4.58%	4.55%	4.51%	4.48%	4.46%
95.50	4.68%	4.62%	4.57%	4.52%	4.49%	4.46%	4.43%	4.41%
96.00	4.60%	4.55%	4.50%	4.46%	4.43%	4.41%	4.39%	4.37%
96.50	4.53%	4.48%	4.44%	4.40%	4.38%	4.36%	4.34%	4.32%
97.00	4.45%	4.41%	4.37%	4.35%	4.32%	4.30%	4.29%	4.27%
97.50	4.37%	4.34%	4.31%	4.29%	4.27%	4.25%	4.24%	4.23%
98.00	4.30%	4.27%	4.25%	4.23%	4.21%	4.20%	4.19%	4.18%
98.50	4.22%	4.20%	4.19%	4.17%	4.16%	4.15%	4.14%	4.14%
99.00	4.15%	4.13%	4.12%	4.11%	4.11%	4.10%	4.09%	4.09%
99.50	4.07%	4.07%	4.06%	4.06%	4.05%	4.05%	4.05%	4.04%
100.00	4.00%	4.00%	4.00%	4.00%	4.00%	4.00%	4.00%	4.00%
100.50	3.93%	3.93%	3.94%	3.94%	3.95%	3.95%	3.95%	3.96%
101.00	3.85%	3.87%	3.88%	3.89%	3.89%	3.90%	3.91%	3.91%
102.00	3.71%	3.74%	3.76%	3.78%	3.79%	3.80%	3.81%	3.82%
103.00	3.57%	3.61%	3.64%	3.67%	3.69%	3.71%	3.72%	3.74%
104.00	3.42%	3.48%	3.52%	3.56%	3.59%	3.61%	3.63%	3.65%
105.00	3.28%	3.35%	3.41%	3.45%	3.49%	3.52%	3.54%	3.57%
106.00	3.15%	3.23%	3.29%	3.34%	3.39%	3.42%	3.46%	3.48%
107.00	3.01%	3.10%	3.18%	3.24%	3.29%	3.33%	3.37%	3.40%
108.00	2.87%	2.98%	3.07%	3.13%	3.19%	3.24%	3.28%	3.32%
109.00	2.74%	2.86%	2.95%	3.03%	3.10%	3.15%	3.20%	3.24%
110.00	2.61%	2.74%	2.84%	2.93%	3.00%	3.06%	3.11%	3.16%

4%   EFFECTIVE YIELD RATE

PRICE	YEARS UNTIL MATURITY							
	16	17	18	19	20	21	22	23
70.00	7.18%	7.06%	6.95%	6.85%	6.76%	6.68%	6.61%	6.54%
71.00	7.05%	6.93%	6.82%	6.73%	6.64%	6.56%	6.50%	6.43%
72.00	6.92%	6.80%	6.70%	6.61%	6.53%	6.45%	6.39%	6.33%
73.00	6.79%	6.68%	6.58%	6.49%	6.42%	6.34%	6.28%	6.22%
74.00	6.67%	6.56%	6.47%	6.38%	6.31%	6.24%	6.18%	6.12%
75.00	6.54%	6.44%	6.35%	6.27%	6.20%	6.13%	6.07%	6.02%
76.00	6.42%	6.32%	6.24%	6.16%	6.09%	6.03%	5.97%	5.92%
77.00	6.30%	6.21%	6.13%	6.05%	5.99%	5.93%	5.88%	5.83%
78.00	6.19%	6.10%	6.02%	5.95%	5.89%	5.83%	5.78%	5.73%
79.00	6.07%	5.99%	5.91%	5.84%	5.79%	5.73%	5.68%	5.64%
80.00	5.96%	5.88%	5.81%	5.74%	5.69%	5.64%	5.59%	5.55%
81.00	5.84%	5.77%	5.70%	5.64%	5.59%	5.54%	5.50%	5.46%
82.00	5.73%	5.66%	5.60%	5.54%	5.49%	5.45%	5.41%	5.37%
82.50	5.68%	5.61%	5.55%	5.50%	5.45%	5.40%	5.36%	5.33%
83.00	5.63%	5.56%	5.50%	5.45%	5.40%	5.36%	5.32%	5.29%
83.50	5.57%	5.51%	5.45%	5.40%	5.35%	5.31%	5.28%	5.24%
84.00	5.52%	5.46%	5.40%	5.35%	5.31%	5.27%	5.23%	5.20%
84.50	5.47%	5.41%	5.35%	5.30%	5.26%	5.22%	5.19%	5.16%
85.00	5.41%	5.36%	5.30%	5.26%	5.22%	5.18%	5.15%	5.12%
85.50	5.36%	5.31%	5.26%	5.21%	5.17%	5.14%	5.10%	5.08%
86.00	5.31%	5.26%	5.21%	5.17%	5.13%	5.09%	5.06%	5.03%
86.50	5.26%	5.21%	5.16%	5.12%	5.08%	5.05%	5.02%	4.99%
87.00	5.21%	5.16%	5.11%	5.07%	5.04%	5.01%	4.98%	4.95%
87.50	5.16%	5.11%	5.07%	5.03%	5.00%	4.97%	4.94%	4.91%
88.00	5.11%	5.06%	5.02%	4.98%	4.95%	4.92%	4.90%	4.87%
88.50	5.06%	5.01%	4.97%	4.94%	4.91%	4.88%	4.86%	4.83%
89.00	5.01%	4.97%	4.93%	4.90%	4.87%	4.84%	4.82%	4.79%
89.50	4.96%	4.92%	4.88%	4.85%	4.82%	4.80%	4.78%	4.76%
90.00	4.91%	4.87%	4.84%	4.81%	4.78%	4.76%	4.74%	4.72%
90.50	4.86%	4.83%	4.79%	4.77%	4.74%	4.72%	4.70%	4.68%
91.00	4.81%	4.78%	4.75%	4.72%	4.70%	4.68%	4.66%	4.64%
91.50	4.77%	4.73%	4.71%	4.68%	4.66%	4.64%	4.62%	4.60%
92.00	4.72%	4.69%	4.66%	4.64%	4.62%	4.60%	4.58%	4.57%
92.50	4.67%	4.64%	4.62%	4.60%	4.58%	4.56%	4.54%	4.53%
93.00	4.62%	4.60%	4.57%	4.55%	4.54%	4.52%	4.50%	4.49%
93.50	4.58%	4.55%	4.53%	4.51%	4.50%	4.48%	4.47%	4.45%
94.00	4.53%	4.51%	4.49%	4.47%	4.46%	4.44%	4.43%	4.42%
94.50	4.49%	4.47%	4.45%	4.43%	4.42%	4.40%	4.39%	4.38%
95.00	4.44%	4.42%	4.41%	4.39%	4.38%	4.37%	4.36%	4.35%
95.50	4.39%	4.38%	4.36%	4.35%	4.34%	4.33%	4.32%	4.31%
96.00	4.35%	4.33%	4.32%	4.31%	4.30%	4.29%	4.28%	4.27%
96.50	4.30%	4.29%	4.28%	4.27%	4.26%	4.25%	4.25%	4.24%
97.00	4.26%	4.25%	4.24%	4.23%	4.22%	4.22%	4.21%	4.20%
97.50	4.22%	4.21%	4.20%	4.19%	4.19%	4.18%	4.17%	4.17%
98.00	4.17%	4.17%	4.16%	4.15%	4.15%	4.14%	4.14%	4.14%
98.50	4.13%	4.12%	4.12%	4.11%	4.11%	4.11%	4.10%	4.10%
99.00	4.09%	4.08%	4.08%	4.08%	4.07%	4.07%	4.07%	4.07%
99.50	4.04%	4.04%	4.04%	4.04%	4.04%	4.04%	4.03%	4.03%
100.00	4.00%	4.00%	4.00%	4.00%	4.00%	4.00%	4.00%	4.00%
100.50	3.96%	3.96%	3.96%	3.96%	3.96%	3.96%	3.97%	3.97%
101.00	3.92%	3.92%	3.92%	3.92%	3.93%	3.93%	3.93%	3.93%
102.00	3.83%	3.84%	3.85%	3.85%	3.86%	3.86%	3.86%	3.87%
103.00	3.75%	3.76%	3.77%	3.78%	3.78%	3.79%	3.80%	3.80%
104.00	3.67%	3.68%	3.69%	3.70%	3.71%	3.72%	3.73%	3.74%
105.00	3.59%	3.60%	3.62%	3.63%	3.65%	3.66%	3.67%	3.68%
106.00	3.51%	3.53%	3.55%	3.56%	3.58%	3.59%	3.60%	3.61%
107.00	3.43%	3.45%	3.47%	3.49%	3.51%	3.53%	3.54%	3.55%
108.00	3.35%	3.38%	3.40%	3.42%	3.44%	3.46%	3.48%	3.49%
109.00	3.27%	3.30%	3.33%	3.36%	3.38%	3.40%	3.41%	3.43%
110.00	3.20%	3.23%	3.26%	3.29%	3.31%	3.33%	3.35%	3.37%

EFFECTIVE YIELD RATE 4%

PRICE	24	25	26	27	28	29	30	40
	YEARS UNTIL MATURITY							
70.00	6.48%	6.43%	6.38%	6.33%	6.29%	6.25%	6.22%	5.98%
71.00	6.38%	6.32%	6.28%	6.23%	6.19%	6.16%	6.12%	5.90%
72.00	6.27%	6.22%	6.18%	6.14%	6.10%	6.06%	6.03%	5.81%
73.00	6.17%	6.12%	6.08%	6.04%	6.00%	5.97%	5.94%	5.73%
74.00	6.07%	6.03%	5.98%	5.95%	5.91%	5.88%	5.85%	5.65%
75.00	5.97%	5.93%	5.89%	5.85%	5.82%	5.79%	5.76%	5.57%
76.00	5.88%	5.84%	5.80%	5.76%	5.73%	5.70%	5.67%	5.49%
77.00	5.78%	5.74%	5.71%	5.67%	5.64%	5.62%	5.59%	5.41%
78.00	5.69%	5.65%	5.62%	5.59%	5.56%	5.53%	5.51%	5.34%
79.00	5.60%	5.57%	5.53%	5.50%	5.47%	5.45%	5.43%	5.26%
80.00	5.51%	5.48%	5.45%	5.42%	5.39%	5.37%	5.35%	5.19%
81.00	5.43%	5.39%	5.36%	5.34%	5.31%	5.29%	5.27%	5.12%
82.00	5.34%	5.31%	5.28%	5.26%	5.23%	5.21%	5.19%	5.05%
82.50	5.30%	5.27%	5.24%	5.22%	5.19%	5.17%	5.15%	5.02%
83.00	5.25%	5.23%	5.20%	5.18%	5.15%	5.13%	5.11%	4.98%
83.50	5.21%	5.19%	5.16%	5.14%	5.12%	5.10%	5.08%	4.95%
84.00	5.17%	5.14%	5.12%	5.10%	5.08%	5.06%	5.04%	4.92%
84.50	5.13%	5.10%	5.08%	5.06%	5.04%	5.02%	5.00%	4.89%
85.00	5.09%	5.06%	5.04%	5.02%	5.00%	4.98%	4.97%	4.85%
85.50	5.05%	5.03%	5.00%	4.98%	4.96%	4.95%	4.93%	4.82%
86.00	5.01%	4.99%	4.96%	4.95%	4.93%	4.91%	4.90%	4.79%
86.50	4.97%	4.95%	4.93%	4.91%	4.89%	4.87%	4.86%	4.76%
87.00	4.93%	4.91%	4.89%	4.87%	4.85%	4.84%	4.82%	4.73%
87.50	4.89%	4.87%	4.85%	4.83%	4.82%	4.80%	4.79%	4.70%
88.00	4.85%	4.83%	4.81%	4.80%	4.78%	4.77%	4.75%	4.66%
88.50	4.81%	4.79%	4.78%	4.76%	4.75%	4.73%	4.72%	4.63%
89.00	4.77%	4.76%	4.74%	4.73%	4.71%	4.70%	4.69%	4.60%
89.50	4.74%	4.72%	4.70%	4.69%	4.68%	4.66%	4.65%	4.57%
90.00	4.70%	4.68%	4.67%	4.65%	4.64%	4.63%	4.62%	4.54%
90.50	4.66%	4.65%	4.63%	4.62%	4.61%	4.60%	4.59%	4.52%
91.00	4.62%	4.61%	4.60%	4.58%	4.57%	4.56%	4.55%	4.49%
91.50	4.59%	4.57%	4.56%	4.55%	4.54%	4.53%	4.52%	4.46%
92.00	4.55%	4.54%	4.53%	4.52%	4.51%	4.50%	4.49%	4.43%
92.50	4.52%	4.50%	4.49%	4.48%	4.47%	4.46%	4.46%	4.40%
93.00	4.48%	4.47%	4.46%	4.45%	4.44%	4.43%	4.42%	4.37%
93.50	4.44%	4.43%	4.42%	4.41%	4.41%	4.40%	4.39%	4.34%
94.00	4.41%	4.40%	4.39%	4.38%	4.37%	4.37%	4.36%	4.32%
94.50	4.37%	4.36%	4.36%	4.35%	4.34%	4.34%	4.33%	4.29%
95.00	4.34%	4.33%	4.32%	4.32%	4.31%	4.30%	4.30%	4.26%
95.50	4.30%	4.30%	4.29%	4.28%	4.28%	4.27%	4.27%	4.23%
96.00	4.27%	4.26%	4.26%	4.25%	4.25%	4.24%	4.24%	4.21%
96.50	4.23%	4.23%	4.22%	4.22%	4.21%	4.21%	4.21%	4.18%
97.00	4.20%	4.19%	4.19%	4.19%	4.18%	4.18%	4.18%	4.15%
97.50	4.17%	4.16%	4.16%	4.15%	4.15%	4.15%	4.15%	4.13%
98.00	4.13%	4.13%	4.13%	4.12%	4.12%	4.12%	4.12%	4.10%
98.50	4.10%	4.10%	4.09%	4.09%	4.09%	4.09%	4.09%	4.08%
99.00	4.07%	4.06%	4.06%	4.06%	4.06%	4.06%	4.06%	4.05%
99.50	4.03%	4.03%	4.03%	4.03%	4.03%	4.03%	4.03%	4.03%
100.00	4.00%	4.00%	4.00%	4.00%	4.00%	4.00%	4.00%	4.00%
100.50	3.97%	3.97%	3.97%	3.97%	3.97%	3.97%	3.97%	3.97%
101.00	3.94%	3.94%	3.94%	3.94%	3.94%	3.94%	3.94%	3.95%
102.00	3.87%	3.87%	3.88%	3.88%	3.88%	3.88%	3.89%	3.90%
103.00	3.81%	3.81%	3.82%	3.82%	3.82%	3.83%	3.83%	3.85%
104.00	3.75%	3.75%	3.76%	3.76%	3.77%	3.77%	3.78%	3.80%
105.00	3.68%	3.69%	3.70%	3.71%	3.71%	3.72%	3.72%	3.76%
106.00	3.62%	3.63%	3.64%	3.65%	3.66%	3.66%	3.67%	3.71%
107.00	3.56%	3.57%	3.58%	3.59%	3.60%	3.61%	3.62%	3.67%
108.00	3.50%	3.52%	3.53%	3.54%	3.55%	3.56%	3.56%	3.62%
109.00	3.45%	3.46%	3.47%	3.48%	3.49%	3.50%	3.51%	3.58%
110.00	3.39%	3.40%	3.42%	3.43%	3.44%	3.45%	3.46%	3.53%

4.25%   EFFECTIVE YIELD RATE

PRICE	YEARS UNTIL MATURITY							
	1/2	1	2	3	4	5	6	7
85.00	40.29%	21.74%	13.01%	10.18%	8.78%	7.94%	7.39%	7.00%
85.50	38.89%	21.08%	12.68%	9.96%	8.61%	7.81%	7.28%	6.90%
86.00	37.50%	20.43%	12.36%	9.74%	8.45%	7.67%	7.16%	6.80%
86.50	36.13%	19.78%	12.05%	9.53%	8.28%	7.54%	7.05%	6.70%
87.00	34.77%	19.15%	11.73%	9.32%	8.12%	7.41%	6.94%	6.60%
87.50	33.43%	18.51%	11.42%	9.11%	7.96%	7.28%	6.82%	6.50%
88.00	32.10%	17.88%	11.11%	8.90%	7.80%	7.15%	6.71%	6.40%
88.50	30.79%	17.26%	10.80%	8.69%	7.64%	7.02%	6.60%	6.31%
89.00	29.49%	16.64%	10.49%	8.48%	7.48%	6.89%	6.49%	6.21%
89.50	28.21%	16.03%	10.18%	8.27%	7.33%	6.76%	6.38%	6.12%
90.00	26.94%	15.42%	9.88%	8.07%	7.17%	6.63%	6.28%	6.02%
90.50	25.69%	14.82%	9.58%	7.87%	7.01%	6.51%	6.17%	5.93%
91.00	24.45%	14.22%	9.28%	7.67%	6.86%	6.38%	6.06%	5.83%
91.25	23.84%	13.92%	9.14%	7.56%	6.78%	6.32%	6.01%	5.79%
91.50	23.22%	13.63%	8.99%	7.46%	6.71%	6.26%	5.96%	5.74%
91.75	22.62%	13.33%	8.84%	7.37%	6.63%	6.19%	5.90%	5.70%
92.00	22.01%	13.04%	8.69%	7.27%	6.56%	6.13%	5.85%	5.65%
92.25	21.41%	12.75%	8.55%	7.17%	6.48%	6.07%	5.80%	5.60%
92.50	20.81%	12.46%	8.40%	7.07%	6.41%	6.01%	5.75%	5.56%
92.75	20.22%	12.17%	8.26%	6.97%	6.33%	5.95%	5.69%	5.51%
93.00	19.62%	11.88%	8.11%	6.87%	6.26%	5.89%	5.64%	5.47%
93.25	19.03%	11.59%	7.97%	6.77%	6.18%	5.83%	5.59%	5.42%
93.50	18.45%	11.31%	7.82%	6.68%	6.11%	5.76%	5.54%	5.38%
93.75	17.87%	11.02%	7.68%	6.58%	6.03%	5.70%	5.49%	5.33%
94.00	17.29%	10.74%	7.54%	6.48%	5.96%	5.64%	5.44%	5.29%
94.25	16.71%	10.45%	7.40%	6.39%	5.88%	5.58%	5.38%	5.24%
94.50	16.14%	10.17%	7.25%	6.29%	5.81%	5.52%	5.33%	5.20%
94.75	15.57%	9.89%	7.11%	6.19%	5.74%	5.46%	5.28%	5.15%
95.00	15.00%	9.61%	6.97%	6.10%	5.66%	5.40%	5.23%	5.11%
95.25	14.44%	9.34%	6.83%	6.00%	5.59%	5.35%	5.18%	5.06%
95.50	13.87%	9.06%	6.69%	5.91%	5.52%	5.29%	5.13%	5.02%
95.75	13.32%	8.78%	6.55%	5.81%	5.45%	5.23%	5.08%	4.98%
96.00	12.76%	8.51%	6.41%	5.72%	5.37%	5.17%	5.03%	4.93%
96.25	12.21%	8.23%	6.27%	5.63%	5.30%	5.11%	4.98%	4.89%
96.50	11.66%	7.96%	6.14%	5.53%	5.23%	5.05%	4.93%	4.85%
96.75	11.11%	7.69%	6.00%	5.44%	5.16%	4.99%	4.88%	4.80%
97.00	10.57%	7.42%	5.86%	5.35%	5.09%	4.93%	4.83%	4.76%
97.25	10.03%	7.15%	5.72%	5.25%	5.02%	4.88%	4.78%	4.72%
97.50	9.49%	6.88%	5.59%	5.16%	4.95%	4.82%	4.73%	4.67%
97.75	8.95%	6.61%	5.45%	5.07%	4.88%	4.76%	4.68%	4.63%
98.00	8.42%	6.35%	5.32%	4.98%	4.81%	4.70%	4.64%	4.59%
98.25	7.89%	6.08%	5.18%	4.88%	4.74%	4.65%	4.59%	4.54%
98.50	7.36%	5.82%	5.05%	4.79%	4.67%	4.59%	4.54%	4.50%
98.75	6.84%	5.55%	4.91%	4.70%	4.60%	4.53%	4.49%	4.46%
99.00	6.31%	5.29%	4.78%	4.61%	4.53%	4.48%	4.44%	4.42%
99.25	5.79%	5.03%	4.65%	4.52%	4.46%	4.42%	4.39%	4.38%
99.50	5.28%	4.77%	4.51%	4.43%	4.39%	4.36%	4.35%	4.33%
99.75	4.76%	4.51%	4.38%	4.34%	4.32%	4.31%	4.30%	4.29%
100.00	4.25%	4.25%	4.25%	4.25%	4.25%	4.25%	4.25%	4.25%
100.25	3.74%	3.99%	4.12%	4.16%	4.18%	4.19%	4.20%	4.21%
100.50	3.23%	3.74%	3.99%	4.07%	4.11%	4.14%	4.15%	4.17%
101.00	2.23%	3.23%	3.73%	3.89%	3.98%	4.03%	4.06%	4.08%
101.50	1.23%	2.72%	3.47%	3.72%	3.84%	3.92%	3.97%	4.00%
102.00	0.25%	2.22%	3.21%	3.54%	3.71%	3.81%	3.87%	3.92%
102.50	***	1.72%	2.95%	3.37%	3.57%	3.70%	3.78%	3.84%
103.00	***	1.22%	2.70%	3.19%	3.44%	3.59%	3.69%	3.76%
103.50	***	0.73%	2.45%	3.02%	3.31%	3.48%	3.60%	3.68%
104.00	***	0.24%	2.19%	2.85%	3.18%	3.37%	3.50%	3.60%
104.50	***	***	1.95%	2.68%	3.05%	3.27%	3.41%	3.52%
105.00	***	***	1.70%	2.51%	2.92%	3.16%	3.32%	3.44%

EFFECTIVE YIELD RATE 4.25%

PRICE	YEARS UNTIL MATURITY						
	8	9	10	11	12	13	14	15
70.00	9.73%	9.23%	8.83%	8.50%	8.23%	8.01%	7.81%	7.65%
71.00	9.51%	9.02%	8.64%	8.33%	8.07%	7.85%	7.66%	7.50%
72.00	9.29%	8.82%	8.45%	8.15%	7.91%	7.70%	7.52%	7.36%
73.00	9.07%	8.62%	8.27%	7.98%	7.75%	7.55%	7.37%	7.23%
74.00	8.85%	8.43%	8.09%	7.82%	7.59%	7.40%	7.23%	7.09%
75.00	8.64%	8.24%	7.92%	7.65%	7.44%	7.25%	7.10%	6.96%
76.00	8.44%	8.05%	7.74%	7.49%	7.28%	7.11%	6.96%	6.83%
77.00	8.23%	7.86%	7.57%	7.33%	7.13%	6.97%	6.83%	6.71%
78.00	8.03%	7.68%	7.40%	7.18%	6.99%	6.83%	6.70%	6.58%
79.00	7.83%	7.50%	7.24%	7.02%	6.84%	6.69%	6.57%	6.46%
80.00	7.64%	7.32%	7.07%	6.87%	6.70%	6.56%	6.44%	6.34%
81.00	7.44%	7.15%	6.91%	6.72%	6.56%	6.43%	6.31%	6.22%
82.00	7.26%	6.98%	6.76%	6.57%	6.42%	6.30%	6.19%	6.10%
82.50	7.16%	6.89%	6.68%	6.50%	6.36%	6.23%	6.13%	6.04%
83.00	7.07%	6.81%	6.60%	6.43%	6.29%	6.17%	6.07%	5.98%
83.50	6.98%	6.72%	6.52%	6.36%	6.22%	6.11%	6.01%	5.93%
84.00	6.88%	6.64%	6.45%	6.29%	6.16%	6.04%	5.95%	5.87%
84.50	6.79%	6.56%	6.37%	6.22%	6.09%	5.98%	5.89%	5.81%
85.00	6.70%	6.48%	6.29%	6.15%	6.02%	5.92%	5.83%	5.76%
85.50	6.61%	6.39%	6.22%	6.08%	5.96%	5.86%	5.77%	5.70%
86.00	6.52%	6.31%	6.14%	6.01%	5.89%	5.80%	5.72%	5.65%
86.50	6.44%	6.23%	6.07%	5.94%	5.83%	5.74%	5.66%	5.59%
87.00	6.35%	6.15%	6.00%	5.87%	5.77%	5.68%	5.60%	5.54%
87.50	6.26%	6.07%	5.92%	5.80%	5.70%	5.62%	5.55%	5.48%
88.00	6.17%	5.99%	5.85%	5.74%	5.64%	5.56%	5.49%	5.43%
88.50	6.09%	5.92%	5.78%	5.67%	5.58%	5.50%	5.43%	5.38%
89.00	6.00%	5.84%	5.71%	5.60%	5.52%	5.44%	5.38%	5.32%
89.50	5.92%	5.76%	5.64%	5.54%	5.45%	5.38%	5.32%	5.27%
90.00	5.83%	5.68%	5.57%	5.47%	5.39%	5.33%	5.27%	5.22%
90.50	5.75%	5.61%	5.50%	5.41%	5.33%	5.27%	5.21%	5.17%
91.00	5.66%	5.53%	5.43%	5.34%	5.27%	5.21%	5.16%	5.12%
91.50	5.58%	5.46%	5.36%	5.28%	5.21%	5.16%	5.11%	5.07%
92.00	5.50%	5.38%	5.29%	5.21%	5.15%	5.10%	5.05%	5.02%
92.50	5.42%	5.31%	5.22%	5.15%	5.09%	5.04%	5.00%	4.96%
93.00	5.34%	5.24%	5.15%	5.09%	5.03%	4.99%	4.95%	4.92%
93.50	5.26%	5.16%	5.09%	5.03%	4.98%	4.93%	4.90%	4.87%
94.00	5.18%	5.09%	5.02%	4.96%	4.92%	4.88%	4.85%	4.82%
94.50	5.10%	5.02%	4.95%	4.90%	4.86%	4.82%	4.79%	4.77%
95.00	5.02%	4.95%	4.89%	4.84%	4.80%	4.77%	4.74%	4.72%
95.50	4.94%	4.87%	4.82%	4.78%	4.75%	4.72%	4.69%	4.67%
96.00	4.86%	4.80%	4.76%	4.72%	4.69%	4.66%	4.64%	4.62%
96.50	4.78%	4.73%	4.69%	4.66%	4.63%	4.61%	4.59%	4.58%
97.00	4.70%	4.66%	4.63%	4.60%	4.58%	4.56%	4.54%	4.53%
97.50	4.63%	4.59%	4.56%	4.54%	4.52%	4.51%	4.49%	4.48%
98.00	4.55%	4.52%	4.50%	4.48%	4.47%	4.45%	4.44%	4.43%
98.50	4.48%	4.45%	4.44%	4.42%	4.41%	4.40%	4.39%	4.39%
99.00	4.40%	4.39%	4.37%	4.37%	4.36%	4.35%	4.35%	4.34%
99.50	4.32%	4.32%	4.31%	4.31%	4.30%	4.30%	4.30%	4.30%
100.00	4.25%	4.25%	4.25%	4.25%	4.25%	4.25%	4.25%	4.25%
100.50	4.18%	4.18%	4.19%	4.19%	4.20%	4.20%	4.20%	4.20%
101.00	4.10%	4.12%	4.13%	4.14%	4.14%	4.15%	4.16%	4.16%
102.00	3.96%	3.98%	4.01%	4.02%	4.04%	4.05%	4.06%	4.07%
103.00	3.81%	3.85%	3.89%	3.91%	3.93%	3.95%	3.97%	3.98%
104.00	3.67%	3.72%	3.77%	3.80%	3.83%	3.86%	3.88%	3.90%
105.00	3.53%	3.59%	3.65%	3.69%	3.73%	3.76%	3.79%	3.81%
106.00	3.39%	3.47%	3.53%	3.59%	3.63%	3.67%	3.70%	3.72%
107.00	3.25%	3.34%	3.42%	3.48%	3.53%	3.57%	3.61%	3.64%
108.00	3.11%	3.22%	3.30%	3.37%	3.43%	3.48%	3.52%	3.56%
109.00	2.98%	3.10%	3.19%	3.27%	3.33%	3.39%	3.43%	3.48%
110.00	2.84%	2.98%	3.08%	3.17%	3.24%	3.30%	3.35%	3.39%

4.25% EFFECTIVE YIELD RATE

PRICE	YEARS UNTIL MATURITY							
	16	17	18	19	20	21	22	23
70.00	7.50%	7.37%	7.26%	7.16%	7.08%	7.00%	6.93%	6.86%
71.00	7.37%	7.24%	7.14%	7.04%	6.96%	6.88%	6.81%	6.75%
72.00	7.23%	7.12%	7.01%	6.92%	6.84%	6.77%	6.70%	6.64%
73.00	7.10%	6.99%	6.89%	6.80%	6.73%	6.66%	6.59%	6.54%
74.00	6.97%	6.87%	6.77%	6.69%	6.61%	6.55%	6.49%	6.43%
75.00	6.85%	6.74%	6.65%	6.57%	6.50%	6.44%	6.38%	6.33%
76.00	6.72%	6.62%	6.54%	6.46%	6.39%	6.33%	6.28%	6.23%
77.00	6.60%	6.51%	6.42%	6.35%	6.29%	6.23%	6.18%	6.13%
78.00	6.48%	6.39%	6.31%	6.24%	6.18%	6.13%	6.08%	6.03%
79.00	6.36%	6.28%	6.20%	6.14%	6.08%	6.03%	5.98%	5.94%
80.00	6.24%	6.17%	6.10%	6.03%	5.98%	5.93%	5.88%	5.84%
81.00	6.13%	6.06%	5.99%	5.93%	5.88%	5.83%	5.79%	5.75%
82.00	6.02%	5.95%	5.88%	5.83%	5.78%	5.74%	5.70%	5.66%
82.50	5.96%	5.89%	5.83%	5.78%	5.73%	5.69%	5.65%	5.61%
83.00	5.91%	5.84%	5.78%	5.73%	5.68%	5.64%	5.60%	5.57%
83.50	5.85%	5.79%	5.73%	5.68%	5.64%	5.60%	5.56%	5.53%
84.00	5.80%	5.74%	5.68%	5.63%	5.59%	5.55%	5.51%	5.48%
84.50	5.74%	5.68%	5.63%	5.58%	5.54%	5.50%	5.47%	5.44%
85.00	5.69%	5.63%	5.58%	5.54%	5.50%	5.46%	5.43%	5.40%
85.50	5.64%	5.58%	5.53%	5.49%	5.45%	5.41%	5.38%	5.35%
86.00	5.58%	5.53%	5.48%	5.44%	5.40%	5.37%	5.34%	5.31%
86.50	5.53%	5.48%	5.44%	5.39%	5.36%	5.33%	5.30%	5.27%
87.00	5.48%	5.43%	5.39%	5.35%	5.31%	5.28%	5.25%	5.23%
87.50	5.43%	5.38%	5.34%	5.30%	5.27%	5.24%	5.21%	5.19%
88.00	5.38%	5.33%	5.29%	5.26%	5.22%	5.20%	5.17%	5.15%
88.50	5.33%	5.28%	5.24%	5.21%	5.18%	5.15%	5.13%	5.11%
89.00	5.28%	5.24%	5.20%	5.17%	5.14%	5.11%	5.09%	5.07%
89.50	5.23%	5.19%	5.15%	5.12%	5.09%	5.07%	5.05%	5.03%
90.00	5.18%	5.14%	5.11%	5.08%	5.05%	5.03%	5.00%	4.99%
90.50	5.13%	5.09%	5.06%	5.03%	5.01%	4.98%	4.96%	4.95%
91.00	5.08%	5.04%	5.02%	4.99%	4.96%	4.94%	4.92%	4.91%
91.50	5.03%	5.00%	4.97%	4.95%	4.92%	4.90%	4.88%	4.87%
92.00	4.98%	4.95%	4.93%	4.90%	4.88%	4.86%	4.85%	4.83%
92.50	4.93%	4.91%	4.88%	4.86%	4.84%	4.82%	4.81%	4.79%
93.00	4.89%	4.86%	4.84%	4.82%	4.80%	4.78%	4.77%	4.75%
93.50	4.84%	4.81%	4.79%	4.77%	4.76%	4.74%	4.73%	4.72%
94.00	4.79%	4.77%	4.75%	4.73%	4.72%	4.70%	4.69%	4.68%
94.50	4.74%	4.72%	4.71%	4.69%	4.68%	4.66%	4.65%	4.64%
95.00	4.70%	4.68%	4.66%	4.65%	4.64%	4.62%	4.61%	4.60%
95.50	4.65%	4.64%	4.62%	4.61%	4.60%	4.59%	4.58%	4.57%
96.00	4.61%	4.59%	4.58%	4.57%	4.56%	4.55%	4.54%	4.53%
96.50	4.56%	4.55%	4.54%	4.53%	4.52%	4.51%	4.50%	4.50%
97.00	4.52%	4.50%	4.49%	4.49%	4.48%	4.47%	4.47%	4.46%
97.50	4.47%	4.46%	4.45%	4.45%	4.44%	4.43%	4.43%	4.42%
98.00	4.43%	4.42%	4.41%	4.41%	4.40%	4.40%	4.39%	4.39%
98.50	4.38%	4.38%	4.37%	4.37%	4.36%	4.36%	4.36%	4.35%
99.00	4.34%	4.33%	4.33%	4.33%	4.33%	4.32%	4.32%	4.32%
99.50	4.29%	4.29%	4.29%	4.29%	4.29%	4.29%	4.29%	4.28%
100.00	4.25%	4.25%	4.25%	4.25%	4.25%	4.25%	4.25%	4.25%
100.50	4.21%	4.21%	4.21%	4.21%	4.21%	4.21%	4.21%	4.22%
101.00	4.16%	4.17%	4.17%	4.17%	4.18%	4.18%	4.18%	4.18%
102.00	4.08%	4.09%	4.09%	4.10%	4.10%	4.11%	4.11%	4.11%
103.00	3.99%	4.00%	4.01%	4.02%	4.03%	4.04%	4.04%	4.05%
104.00	3.91%	3.93%	3.94%	3.95%	3.96%	3.97%	3.98%	3.98%
105.00	3.83%	3.85%	3.86%	3.88%	3.89%	3.90%	3.91%	3.92%
106.00	3.75%	3.77%	3.79%	3.80%	3.82%	3.83%	3.84%	3.85%
107.00	3.67%	3.69%	3.71%	3.73%	3.75%	3.76%	3.78%	3.79%
108.00	3.59%	3.62%	3.64%	3.66%	3.68%	3.70%	3.71%	3.73%
109.00	3.51%	3.54%	3.57%	3.59%	3.61%	3.63%	3.65%	3.67%
110.00	3.43%	3.47%	3.50%	3.52%	3.55%	3.57%	3.59%	3.61%

EFFECTIVE YIELD RATE   4.25%

PRICE	YEARS UNTIL MATURITY							
	24	25	26	27	28	29	30	40
70.00	6.80%	6.75%	6.70%	6.66%	6.62%	6.58%	6.55%	6.32%
71.00	6.69%	6.64%	6.60%	6.55%	6.52%	6.48%	6.45%	6.23%
72.00	6.59%	6.54%	6.49%	6.45%	6.42%	6.38%	6.35%	6.14%
73.00	6.48%	6.44%	6.39%	6.35%	6.32%	6.29%	6.25%	6.05%
74.00	6.38%	6.34%	6.29%	6.26%	6.22%	6.19%	6.16%	5.96%
75.00	6.28%	6.24%	6.20%	6.16%	6.13%	6.10%	6.07%	5.88%
76.00	6.18%	6.14%	6.10%	6.07%	6.04%	6.01%	5.98%	5.80%
77.00	6.08%	6.05%	6.01%	5.98%	5.95%	5.92%	5.89%	5.72%
78.00	5.99%	5.95%	5.92%	5.89%	5.86%	5.83%	5.81%	5.64%
79.00	5.90%	5.86%	5.83%	5.80%	5.77%	5.75%	5.72%	5.56%
80.00	5.80%	5.77%	5.74%	5.71%	5.69%	5.66%	5.64%	5.49%
81.00	5.71%	5.68%	5.65%	5.63%	5.60%	5.58%	5.56%	5.42%
82.00	5.63%	5.60%	5.57%	5.54%	5.52%	5.50%	5.48%	5.34%
82.50	5.58%	5.55%	5.53%	5.50%	5.48%	5.46%	5.44%	5.31%
83.00	5.54%	5.51%	5.48%	5.46%	5.44%	5.42%	5.40%	5.27%
83.50	5.50%	5.47%	5.44%	5.42%	5.40%	5.38%	5.36%	5.24%
84.00	5.45%	5.43%	5.40%	5.38%	5.36%	5.34%	5.32%	5.21%
84.50	5.41%	5.39%	5.36%	5.34%	5.32%	5.30%	5.29%	5.17%
85.00	5.37%	5.34%	5.32%	5.30%	5.28%	5.26%	5.25%	5.14%
85.50	5.33%	5.30%	5.28%	5.26%	5.24%	5.23%	5.21%	5.10%
86.00	5.29%	5.26%	5.24%	5.22%	5.21%	5.19%	5.17%	5.07%
86.50	5.25%	5.22%	5.20%	5.18%	5.17%	5.15%	5.14%	5.04%
87.00	5.20%	5.18%	5.16%	5.15%	5.13%	5.11%	5.10%	5.01%
87.50	5.16%	5.14%	5.13%	5.11%	5.09%	5.08%	5.06%	4.97%
88.00	5.12%	5.11%	5.09%	5.07%	5.06%	5.04%	5.03%	4.94%
88.50	5.08%	5.07%	5.05%	5.03%	5.02%	5.01%	4.99%	4.91%
89.00	5.05%	5.03%	5.01%	5.00%	4.98%	4.97%	4.96%	4.88%
89.50	5.01%	4.99%	4.97%	4.96%	4.95%	4.93%	4.92%	4.85%
90.00	4.97%	4.95%	4.94%	4.92%	4.91%	4.90%	4.89%	4.82%
90.50	4.93%	4.91%	4.90%	4.89%	4.88%	4.86%	4.85%	4.79%
91.00	4.89%	4.88%	4.86%	4.85%	4.84%	4.83%	4.82%	4.76%
91.50	4.85%	4.84%	4.83%	4.82%	4.81%	4.80%	4.79%	4.72%
92.00	4.82%	4.80%	4.79%	4.78%	4.77%	4.76%	4.75%	4.70%
92.50	4.78%	4.77%	4.76%	4.75%	4.74%	4.73%	4.72%	4.67%
93.00	4.74%	4.73%	4.72%	4.71%	4.70%	4.69%	4.69%	4.64%
93.50	4.70%	4.69%	4.69%	4.68%	4.67%	4.66%	4.65%	4.61%
94.00	4.67%	4.66%	4.65%	4.64%	4.63%	4.63%	4.62%	4.58%
94.50	4.63%	4.62%	4.62%	4.61%	4.60%	4.60%	4.59%	4.55%
95.00	4.60%	4.59%	4.58%	4.57%	4.57%	4.56%	4.56%	4.52%
95.50	4.56%	4.55%	4.55%	4.54%	4.54%	4.53%	4.53%	4.49%
96.00	4.52%	4.52%	4.51%	4.51%	4.50%	4.50%	4.49%	4.47%
96.50	4.49%	4.48%	4.48%	4.47%	4.47%	4.47%	4.46%	4.44%
97.00	4.45%	4.45%	4.45%	4.44%	4.44%	4.43%	4.43%	4.41%
97.50	4.42%	4.42%	4.41%	4.41%	4.41%	4.40%	4.40%	4.38%
98.00	4.39%	4.38%	4.38%	4.38%	4.37%	4.37%	4.37%	4.36%
98.50	4.35%	4.35%	4.35%	4.34%	4.34%	4.34%	4.34%	4.33%
99.00	4.32%	4.32%	4.31%	4.31%	4.31%	4.31%	4.31%	4.30%
99.50	4.28%	4.28%	4.28%	4.28%	4.28%	4.28%	4.28%	4.28%
100.00	4.25%	4.25%	4.25%	4.25%	4.25%	4.25%	4.25%	4.25%
100.50	4.22%	4.22%	4.22%	4.22%	4.22%	4.22%	4.22%	4.22%
101.00	4.18%	4.19%	4.19%	4.19%	4.19%	4.19%	4.19%	4.20%
102.00	4.12%	4.12%	4.12%	4.13%	4.13%	4.13%	4.13%	4.15%
103.00	4.05%	4.06%	4.06%	4.07%	4.07%	4.07%	4.08%	4.10%
104.00	3.99%	4.00%	4.00%	4.01%	4.01%	4.02%	4.02%	4.05%
105.00	3.93%	3.93%	3.94%	3.95%	3.95%	3.96%	3.96%	4.00%
106.00	3.86%	3.87%	3.88%	3.89%	3.90%	3.90%	3.91%	3.95%
107.00	3.80%	3.81%	3.82%	3.83%	3.84%	3.85%	3.85%	3.90%
108.00	3.74%	3.75%	3.76%	3.77%	3.78%	3.79%	3.80%	3.86%
109.00	3.68%	3.70%	3.71%	3.72%	3.73%	3.74%	3.75%	3.81%
110.00	3.62%	3.64%	3.65%	3.66%	3.68%	3.69%	3.70%	3.76%

4.50% EFFECTIVE YIELD RATE

PRICE	YEARS UNTIL MATURITY						
	1/2	1	2	3	4	5	6	7
85.00	40.59%	22.02%	13.29%	10.45%	9.05%	8.22%	7.67%	7.27%
85.50	39.18%	21.36%	12.96%	10.23%	8.89%	8.08%	7.55%	7.17%
86.00	37.79%	20.71%	12.64%	10.02%	8.72%	7.95%	7.43%	7.07%
86.50	36.42%	20.06%	12.32%	9.80%	8.56%	7.81%	7.32%	6.97%
87.00	35.06%	19.42%	12.00%	9.59%	8.39%	7.68%	7.21%	6.87%
87.50	33.71%	18.79%	11.69%	9.38%	8.23%	7.55%	7.09%	6.77%
88.00	32.39%	18.16%	11.38%	9.17%	8.07%	7.42%	6.98%	6.67%
88.50	31.07%	17.53%	11.07%	8.96%	7.91%	7.29%	6.87%	6.58%
89.00	29.78%	16.91%	10.76%	8.75%	7.75%	7.16%	6.76%	6.48%
89.50	28.49%	16.30%	10.45%	8.54%	7.59%	7.03%	6.65%	6.38%
90.00	27.22%	15.69%	10.15%	8.34%	7.44%	6.90%	6.54%	6.29%
90.50	25.97%	15.09%	9.85%	8.13%	7.28%	6.77%	6.43%	6.19%
91.00	24.73%	14.49%	9.55%	7.93%	7.13%	6.65%	6.33%	6.10%
91.25	24.11%	14.19%	9.40%	7.83%	7.05%	6.58%	6.27%	6.05%
91.50	23.50%	13.90%	9.25%	7.73%	6.97%	6.52%	6.22%	6.01%
91.75	22.89%	13.60%	9.10%	7.63%	6.90%	6.46%	6.17%	5.96%
92.00	22.28%	13.31%	8.96%	7.53%	6.82%	6.39%	6.11%	5.91%
92.25	21.68%	13.01%	8.81%	7.43%	6.74%	6.33%	6.06%	5.87%
92.50	21.08%	12.72%	8.66%	7.33%	6.67%	6.27%	6.01%	5.82%
92.75	20.49%	12.43%	8.52%	7.23%	6.59%	6.21%	5.95%	5.77%
93.00	19.89%	12.14%	8.37%	7.13%	6.52%	6.15%	5.90%	5.73%
93.25	19.30%	11.86%	8.23%	7.03%	6.44%	6.09%	5.85%	5.68%
93.50	18.72%	11.57%	8.08%	6.94%	6.37%	6.02%	5.80%	5.64%
93.75	18.13%	11.28%	7.94%	6.84%	6.29%	5.96%	5.75%	5.59%
94.00	17.55%	11.00%	7.80%	6.74%	6.22%	5.90%	5.69%	5.55%
94.25	16.98%	10.72%	7.66%	6.65%	6.14%	5.84%	5.64%	5.50%
94.50	16.40%	10.43%	7.51%	6.55%	6.07%	5.78%	5.59%	5.46%
94.75	15.83%	10.15%	7.37%	6.45%	6.00%	5.72%	5.54%	5.41%
95.00	15.26%	9.87%	7.23%	6.36%	5.92%	5.66%	5.49%	5.37%
95.25	14.70%	9.59%	7.09%	6.26%	5.85%	5.60%	5.44%	5.32%
95.50	14.14%	9.32%	6.95%	6.17%	5.78%	5.54%	5.39%	5.28%
95.75	13.58%	9.04%	6.81%	6.07%	5.70%	5.48%	5.34%	5.23%
96.00	13.02%	8.76%	6.67%	5.98%	5.63%	5.42%	5.29%	5.19%
96.25	12.47%	8.49%	6.53%	5.88%	5.56%	5.37%	5.24%	5.14%
96.50	11.92%	8.22%	6.39%	5.79%	5.49%	5.31%	5.19%	5.10%
96.75	11.37%	7.94%	6.25%	5.69%	5.41%	5.25%	5.14%	5.06%
97.00	10.82%	7.67%	6.12%	5.60%	5.34%	5.19%	5.09%	5.01%
97.25	10.28%	7.40%	5.98%	5.51%	5.27%	5.13%	5.04%	4.97%
97.50	9.74%	7.13%	5.84%	5.41%	5.20%	5.07%	4.99%	4.93%
97.75	9.21%	6.87%	5.71%	5.32%	5.13%	5.01%	4.94%	4.88%
98.00	8.67%	6.60%	5.57%	5.23%	5.06%	4.96%	4.89%	4.84%
98.25	8.14%	6.33%	5.44%	5.14%	4.99%	4.90%	4.84%	4.80%
98.50	7.61%	6.07%	5.30%	5.05%	4.92%	4.84%	4.79%	4.75%
98.75	7.09%	5.80%	5.17%	4.95%	4.85%	4.78%	4.74%	4.71%
99.00	6.57%	5.54%	5.03%	4.86%	4.78%	4.73%	4.69%	4.67%
99.25	6.05%	5.28%	4.90%	4.77%	4.71%	4.67%	4.64%	4.63%
99.50	5.53%	5.02%	4.77%	4.68%	4.64%	4.61%	4.60%	4.58%
99.75	5.01%	4.76%	4.63%	4.59%	4.57%	4.56%	4.55%	4.54%
100.00	4.50%	4.50%	4.50%	4.50%	4.50%	4.50%	4.50%	4.50%
100.25	3.99%	4.24%	4.37%	4.41%	4.43%	4.44%	4.45%	4.46%
100.50	3.48%	3.99%	4.24%	4.32%	4.36%	4.39%	4.40%	4.42%
101.00	2.48%	3.47%	3.97%	4.14%	4.23%	4.28%	4.31%	4.33%
101.50	1.48%	2.97%	3.71%	3.96%	4.09%	4.16%	4.21%	4.25%
102.00	0.49%	2.46%	3.46%	3.79%	3.95%	4.05%	4.12%	4.17%
102.50	***	1.96%	3.20%	3.61%	3.82%	3.94%	4.03%	4.09%
103.00	***	1.47%	2.94%	3.44%	3.69%	3.83%	3.93%	4.00%
103.50	***	0.97%	2.69%	3.27%	3.55%	3.73%	3.84%	3.92%
104.00	***	0.49%	2.44%	3.09%	3.42%	3.62%	3.75%	3.84%
104.50	***	0.00%	2.19%	2.92%	3.29%	3.51%	3.66%	3.76%
105.00	***	***	1.94%	2.75%	3.16%	3.40%	3.57%	3.68%

EFFECTIVE YIELD RATE 4.50%

PRICE	YEARS UNTIL MATURITY							
	8	9	10	11	12	13	14	15
70.00	10.05%	9.54%	9.14%	8.82%	8.55%	8.32%	8.13%	7.96%
71.00	9.82%	9.33%	8.95%	8.64%	8.38%	8.16%	7.98%	7.82%
72.00	9.59%	9.13%	8.76%	8.46%	8.21%	8.00%	7.83%	7.67%
73.00	9.37%	8.93%	8.58%	8.29%	8.05%	7.85%	7.68%	7.54%
74.00	9.15%	8.73%	8.39%	8.12%	7.89%	7.70%	7.54%	7.40%
75.00	8.94%	8.54%	8.21%	7.95%	7.74%	7.55%	7.40%	7.26%
76.00	8.73%	8.35%	8.04%	7.79%	7.58%	7.41%	7.26%	7.13%
77.00	8.52%	8.16%	7.86%	7.63%	7.43%	7.26%	7.12%	7.00%
78.00	8.32%	7.97%	7.69%	7.47%	7.28%	7.12%	6.99%	6.87%
79.00	8.12%	7.79%	7.53%	7.31%	7.13%	6.98%	6.86%	6.75%
80.00	7.92%	7.61%	7.36%	7.16%	6.99%	6.85%	6.73%	6.62%
81.00	7.73%	7.43%	7.20%	7.01%	6.85%	6.71%	6.60%	6.50%
82.00	7.54%	7.26%	7.04%	6.86%	6.71%	6.58%	6.47%	6.38%
82.50	7.44%	7.17%	6.96%	6.78%	6.64%	6.52%	6.41%	6.32%
83.00	7.35%	7.09%	6.88%	6.71%	6.57%	6.45%	6.35%	6.26%
83.50	7.25%	7.00%	6.80%	6.64%	6.50%	6.39%	6.29%	6.21%
84.00	7.16%	6.92%	6.72%	6.57%	6.43%	6.32%	6.23%	6.15%
84.50	7.07%	6.83%	6.65%	6.49%	6.37%	6.26%	6.17%	6.09%
85.00	6.98%	6.75%	6.57%	6.42%	6.30%	6.20%	6.11%	6.03%
85.50	6.89%	6.67%	6.49%	6.35%	6.23%	6.13%	6.05%	5.98%
86.00	6.80%	6.59%	6.42%	6.28%	6.17%	6.07%	5.99%	5.92%
86.50	6.71%	6.51%	6.34%	6.21%	6.10%	6.01%	5.93%	5.87%
87.00	6.62%	6.42%	6.27%	6.14%	6.04%	5.95%	5.88%	5.81%
87.50	6.53%	6.34%	6.20%	6.07%	5.97%	5.89%	5.82%	5.76%
88.00	6.44%	6.26%	6.12%	6.01%	5.91%	5.83%	5.76%	5.70%
88.50	6.36%	6.19%	6.05%	5.94%	5.85%	5.77%	5.70%	5.65%
89.00	6.27%	6.11%	5.98%	5.87%	5.78%	5.71%	5.65%	5.59%
89.50	6.18%	6.03%	5.91%	5.80%	5.72%	5.65%	5.59%	5.54%
90.00	6.10%	5.95%	5.83%	5.74%	5.66%	5.59%	5.54%	5.49%
90.50	6.01%	5.87%	5.76%	5.67%	5.60%	5.53%	5.48%	5.43%
91.00	5.93%	5.80%	5.69%	5.61%	5.54%	5.48%	5.43%	5.38%
91.50	5.85%	5.72%	5.62%	5.54%	5.48%	5.42%	5.37%	5.33%
92.00	5.76%	5.65%	5.55%	5.48%	5.42%	5.36%	5.32%	5.28%
92.50	5.68%	5.57%	5.48%	5.41%	5.36%	5.31%	5.26%	5.23%
93.00	5.60%	5.50%	5.42%	5.35%	5.30%	5.25%	5.21%	5.18%
93.50	5.52%	5.42%	5.35%	5.29%	5.24%	5.19%	5.16%	5.13%
94.00	5.43%	5.35%	5.28%	5.22%	5.18%	5.14%	5.11%	5.08%
94.50	5.35%	5.28%	5.21%	5.16%	5.12%	5.08%	5.05%	5.03%
95.00	5.27%	5.20%	5.15%	5.10%	5.06%	5.03%	5.00%	4.98%
95.50	5.19%	5.13%	5.08%	5.04%	5.00%	4.97%	4.95%	4.93%
96.00	5.12%	5.06%	5.01%	4.98%	4.95%	4.92%	4.90%	4.88%
96.50	5.04%	4.99%	4.95%	4.92%	4.89%	4.87%	4.85%	4.83%
97.00	4.96%	4.92%	4.88%	4.86%	4.83%	4.81%	4.80%	4.78%
97.50	4.88%	4.85%	4.82%	4.80%	4.78%	4.76%	4.75%	4.73%
98.00	4.80%	4.78%	4.75%	4.74%	4.72%	4.71%	4.70%	4.69%
98.50	4.73%	4.71%	4.69%	4.68%	4.66%	4.66%	4.65%	4.64%
99.00	4.65%	4.64%	4.63%	4.62%	4.61%	4.60%	4.60%	4.59%
99.50	4.58%	4.57%	4.56%	4.56%	4.55%	4.55%	4.55%	4.55%
100.00	4.50%	4.50%	4.50%	4.50%	4.50%	4.50%	4.50%	4.50%
100.50	4.43%	4.43%	4.44%	4.44%	4.45%	4.45%	4.45%	4.45%
101.00	4.35%	4.36%	4.38%	4.38%	4.39%	4.40%	4.40%	4.41%
102.00	4.20%	4.23%	4.25%	4.27%	4.29%	4.30%	4.31%	4.32%
103.00	4.06%	4.10%	4.13%	4.16%	4.18%	4.20%	4.21%	4.23%
104.00	3.91%	3.97%	4.01%	4.05%	4.08%	4.10%	4.12%	4.14%
105.00	3.77%	3.84%	3.89%	3.94%	3.97%	4.00%	4.03%	4.05%
106.00	3.63%	3.71%	3.77%	3.83%	3.87%	3.91%	3.94%	3.97%
107.00	3.49%	3.58%	3.66%	3.72%	3.77%	3.81%	3.85%	3.88%
108.00	3.35%	3.46%	3.54%	3.61%	3.67%	3.72%	3.76%	3.80%
109.00	3.22%	3.33%	3.43%	3.51%	3.57%	3.63%	3.67%	3.71%
110.00	3.08%	3.21%	3.32%	3.40%	3.47%	3.53%	3.59%	3.63%

4.50% EFFECTIVE YIELD RATE

PRICE	YEARS UNTIL MATURITY							
	16	17	18	19	20	21	22	23
70.00	7.82%	7.69%	7.58%	7.48%	7.40%	7.32%	7.25%	7.18%
71.00	7.68%	7.56%	7.45%	7.36%	7.27%	7.20%	7.13%	7.07%
72.00	7.54%	7.43%	7.32%	7.23%	7.15%	7.08%	7.02%	6.96%
73.00	7.41%	7.30%	7.20%	7.11%	7.04%	6.97%	6.90%	6.85%
74.00	7.28%	7.17%	7.08%	6.99%	6.92%	6.85%	6.79%	6.74%
75.00	7.15%	7.05%	6.96%	6.88%	6.81%	6.74%	6.69%	6.63%
76.00	7.02%	6.92%	6.84%	6.76%	6.69%	6.63%	6.58%	6.53%
77.00	6.90%	6.80%	6.72%	6.65%	6.59%	6.53%	6.48%	6.43%
78.00	6.77%	6.69%	6.61%	6.54%	6.48%	6.42%	6.37%	6.33%
79.00	6.65%	6.57%	6.50%	6.43%	6.37%	6.32%	6.27%	6.23%
80.00	6.53%	6.45%	6.39%	6.32%	6.27%	6.22%	6.17%	6.13%
81.00	6.42%	6.34%	6.28%	6.22%	6.17%	6.12%	6.08%	6.04%
82.00	6.30%	6.23%	6.17%	6.11%	6.07%	6.02%	5.98%	5.95%
82.50	6.25%	6.18%	6.12%	6.06%	6.02%	5.97%	5.93%	5.90%
83.00	6.19%	6.12%	6.06%	6.01%	5.97%	5.93%	5.89%	5.85%
83.50	6.13%	6.07%	6.01%	5.96%	5.92%	5.88%	5.84%	5.81%
84.00	6.08%	6.02%	5.96%	5.91%	5.87%	5.83%	5.80%	5.76%
84.50	6.02%	5.96%	5.91%	5.86%	5.82%	5.78%	5.75%	5.72%
85.00	5.97%	5.91%	5.86%	5.81%	5.77%	5.74%	5.71%	5.68%
85.50	5.91%	5.86%	5.81%	5.77%	5.73%	5.69%	5.66%	5.63%
86.00	5.86%	5.81%	5.76%	5.72%	5.68%	5.65%	5.62%	5.59%
86.50	5.81%	5.76%	5.71%	5.67%	5.63%	5.60%	5.57%	5.55%
87.00	5.75%	5.70%	5.66%	5.62%	5.59%	5.56%	5.53%	5.50%
87.50	5.70%	5.65%	5.61%	5.58%	5.54%	5.51%	5.49%	5.46%
88.00	5.65%	5.60%	5.56%	5.53%	5.50%	5.47%	5.44%	5.42%
88.50	5.60%	5.55%	5.52%	5.48%	5.45%	5.42%	5.40%	5.38%
89.00	5.55%	5.50%	5.47%	5.44%	5.41%	5.38%	5.36%	5.34%
89.50	5.49%	5.46%	5.42%	5.39%	5.36%	5.34%	5.32%	5.29%
90.00	5.44%	5.41%	5.37%	5.34%	5.32%	5.29%	5.27%	5.25%
90.50	5.39%	5.36%	5.33%	5.30%	5.27%	5.25%	5.23%	5.21%
91.00	5.34%	5.31%	5.28%	5.25%	5.23%	5.21%	5.19%	5.17%
91.50	5.29%	5.26%	5.23%	5.21%	5.19%	5.17%	5.15%	5.13%
92.00	5.24%	5.22%	5.19%	5.17%	5.15%	5.13%	5.11%	5.09%
92.50	5.20%	5.17%	5.14%	5.12%	5.10%	5.09%	5.07%	5.06%
93.00	5.15%	5.12%	5.10%	5.08%	5.06%	5.04%	5.03%	5.02%
93.50	5.10%	5.08%	5.05%	5.04%	5.02%	5.00%	4.99%	4.98%
94.00	5.05%	5.03%	5.01%	4.99%	4.98%	4.96%	4.95%	4.94%
94.50	5.00%	4.98%	4.97%	4.95%	4.94%	4.92%	4.91%	4.90%
95.00	4.96%	4.94%	4.92%	4.91%	4.89%	4.88%	4.87%	4.86%
95.50	4.91%	4.89%	4.88%	4.87%	4.85%	4.84%	4.83%	4.83%
96.00	4.86%	4.85%	4.84%	4.82%	4.81%	4.80%	4.80%	4.79%
96.50	4.82%	4.80%	4.79%	4.78%	4.77%	4.77%	4.76%	4.75%
97.00	4.77%	4.76%	4.75%	4.74%	4.73%	4.73%	4.72%	4.72%
97.50	4.72%	4.72%	4.71%	4.70%	4.69%	4.69%	4.68%	4.68%
98.00	4.68%	4.67%	4.67%	4.66%	4.65%	4.65%	4.65%	4.64%
98.50	4.63%	4.63%	4.62%	4.62%	4.62%	4.61%	4.61%	4.61%
99.00	4.59%	4.59%	4.58%	4.58%	4.58%	4.57%	4.57%	4.57%
99.50	4.54%	4.54%	4.54%	4.54%	4.54%	4.54%	4.54%	4.54%
100.00	4.50%	4.50%	4.50%	4.50%	4.50%	4.50%	4.50%	4.50%
100.50	4.46%	4.46%	4.46%	4.46%	4.46%	4.46%	4.46%	4.46%
101.00	4.41%	4.42%	4.42%	4.42%	4.42%	4.43%	4.43%	4.43%
102.00	4.33%	4.33%	4.34%	4.34%	4.35%	4.35%	4.36%	4.36%
103.00	4.24%	4.25%	4.26%	4.27%	4.28%	4.28%	4.29%	4.29%
104.00	4.16%	4.17%	4.18%	4.19%	4.20%	4.21%	4.22%	4.23%
105.00	4.07%	4.09%	4.10%	4.12%	4.13%	4.14%	4.15%	4.16%
106.00	3.99%	4.01%	4.03%	4.04%	4.06%	4.07%	4.08%	4.09%
107.00	3.91%	3.93%	3.95%	3.97%	3.99%	4.00%	4.02%	4.03%
108.00	3.83%	3.85%	3.88%	3.90%	3.92%	3.94%	3.95%	3.97%
109.00	3.75%	3.78%	3.80%	3.83%	3.85%	3.87%	3.89%	3.90%
110.00	3.67%	3.70%	3.73%	3.76%	3.78%	3.80%	3.82%	3.84%

EFFECTIVE YIELD RATE   4.50%

PRICE	YEARS UNTIL MATURITY						
	24	25	26	27	28	29	30	40
70.00	7.13%	7.08%	7.03%	6.98%	6.94%	6.91%	6.88%	6.65%
71.00	7.02%	6.96%	6.92%	6.88%	6.84%	6.80%	6.77%	6.56%
72.00	6.90%	6.86%	6.81%	6.77%	6.74%	6.70%	6.67%	6.46%
73.00	6.80%	6.75%	6.71%	6.67%	6.63%	6.60%	6.57%	6.37%
74.00	6.69%	6.65%	6.61%	6.57%	6.54%	6.50%	6.48%	6.28%
75.00	6.59%	6.55%	6.51%	6.47%	6.44%	6.41%	6.38%	6.20%
76.00	6.49%	6.45%	6.41%	6.37%	6.34%	6.31%	6.29%	6.11%
77.00	6.39%	6.35%	6.31%	6.28%	6.25%	6.22%	6.20%	6.03%
78.00	6.29%	6.25%	6.22%	6.19%	6.16%	6.13%	6.11%	5.95%
79.00	6.19%	6.16%	6.12%	6.10%	6.07%	6.04%	6.02%	5.87%
80.00	6.10%	6.06%	6.03%	6.01%	5.98%	5.96%	5.94%	5.79%
81.00	6.00%	5.97%	5.94%	5.92%	5.89%	5.87%	5.85%	5.71%
82.00	5.91%	5.88%	5.86%	5.83%	5.81%	5.79%	5.77%	5.64%
82.50	5.87%	5.84%	5.81%	5.79%	5.77%	5.75%	5.73%	5.60%
83.00	5.82%	5.80%	5.77%	5.75%	5.73%	5.71%	5.69%	5.56%
83.50	5.78%	5.75%	5.73%	5.71%	5.68%	5.67%	5.65%	5.53%
84.00	5.74%	5.71%	5.69%	5.66%	5.64%	5.63%	5.61%	5.49%
84.50	5.69%	5.67%	5.64%	5.62%	5.60%	5.59%	5.57%	5.46%
85.00	5.65%	5.62%	5.60%	5.58%	5.56%	5.55%	5.53%	5.42%
85.50	5.61%	5.58%	5.56%	5.54%	5.52%	5.51%	5.49%	5.39%
86.00	5.56%	5.54%	5.52%	5.50%	5.48%	5.47%	5.45%	5.35%
86.50	5.52%	5.50%	5.48%	5.46%	5.45%	5.43%	5.42%	5.32%
87.00	5.48%	5.46%	5.44%	5.42%	5.41%	5.39%	5.38%	5.28%
87.50	5.44%	5.42%	5.40%	5.38%	5.37%	5.35%	5.34%	5.25%
88.00	5.40%	5.38%	5.36%	5.34%	5.33%	5.32%	5.30%	5.22%
88.50	5.36%	5.34%	5.32%	5.31%	5.29%	5.28%	5.27%	5.18%
89.00	5.32%	5.30%	5.28%	5.27%	5.25%	5.24%	5.23%	5.15%
89.50	5.28%	5.26%	5.24%	5.23%	5.22%	5.21%	5.19%	5.12%
90.00	5.24%	5.22%	5.21%	5.19%	5.18%	5.17%	5.16%	5.09%
90.50	5.20%	5.18%	5.17%	5.16%	5.14%	5.13%	5.12%	5.06%
91.00	5.16%	5.14%	5.13%	5.12%	5.11%	5.10%	5.09%	5.02%
91.50	5.12%	5.11%	5.09%	5.08%	5.07%	5.06%	5.05%	4.99%
92.00	5.08%	5.07%	5.06%	5.05%	5.04%	5.03%	5.02%	4.96%
92.50	5.04%	5.03%	5.02%	5.01%	5.00%	4.99%	4.98%	4.93%
93.00	5.00%	4.99%	4.98%	4.97%	4.97%	4.96%	4.95%	4.90%
93.50	4.97%	4.96%	4.95%	4.94%	4.93%	4.92%	4.92%	4.87%
94.00	4.93%	4.92%	4.91%	4.90%	4.90%	4.89%	4.88%	4.84%
94.50	4.89%	4.88%	4.88%	4.87%	4.86%	4.86%	4.85%	4.81%
95.00	4.86%	4.85%	4.84%	4.83%	4.83%	4.82%	4.82%	4.78%
95.50	4.82%	4.81%	4.80%	4.80%	4.79%	4.79%	4.78%	4.75%
96.00	4.78%	4.78%	4.77%	4.76%	4.76%	4.76%	4.75%	4.72%
96.50	4.75%	4.74%	4.74%	4.73%	4.73%	4.72%	4.72%	4.69%
97.00	4.71%	4.71%	4.70%	4.70%	4.69%	4.69%	4.69%	4.67%
97.50	4.67%	4.67%	4.67%	4.66%	4.66%	4.66%	4.66%	4.64%
98.00	4.64%	4.64%	4.63%	4.63%	4.63%	4.63%	4.62%	4.61%
98.50	4.60%	4.60%	4.60%	4.60%	4.60%	4.59%	4.59%	4.58%
99.00	4.57%	4.57%	4.57%	4.56%	4.56%	4.56%	4.56%	4.55%
99.50	4.53%	4.53%	4.53%	4.53%	4.53%	4.53%	4.53%	4.53%
100.00	4.50%	4.50%	4.50%	4.50%	4.50%	4.50%	4.50%	4.50%
100.50	4.47%	4.47%	4.47%	4.47%	4.47%	4.47%	4.47%	4.47%
101.00	4.43%	4.43%	4.43%	4.44%	4.44%	4.44%	4.44%	4.45%
102.00	4.36%	4.37%	4.37%	4.37%	4.38%	4.38%	4.38%	4.39%
103.00	4.30%	4.30%	4.31%	4.31%	4.31%	4.32%	4.32%	4.34%
104.00	4.23%	4.24%	4.24%	4.25%	4.25%	4.26%	4.26%	4.29%
105.00	4.17%	4.18%	4.18%	4.19%	4.19%	4.20%	4.21%	4.24%
106.00	4.10%	4.11%	4.12%	4.13%	4.14%	4.14%	4.15%	4.19%
107.00	4.04%	4.05%	4.06%	4.07%	4.08%	4.09%	4.09%	4.14%
108.00	3.98%	3.99%	4.00%	4.01%	4.02%	4.03%	4.04%	4.09%
109.00	3.92%	3.93%	3.94%	3.95%	3.96%	3.97%	3.98%	4.04%
110.00	3.86%	3.87%	3.89%	3.90%	3.91%	3.92%	3.93%	4.00%

4.75%　　EFFECTIVE YIELD RATE

PRICE	YEARS UNTIL MATURITY						
	1/2	1	2	3	4	5	6	7
85.00	40.88%	22.30%	13.56%	10.73%	9.33%	8.49%	7.94%	7.55%
85.50	39.47%	21.64%	13.24%	10.51%	9.16%	8.36%	7.82%	7.45%
86.00	38.08%	20.99%	12.92%	10.29%	8.99%	8.22%	7.71%	7.34%
86.50	36.71%	20.34%	12.60%	10.08%	8.83%	8.09%	7.59%	7.24%
87.00	35.34%	19.70%	12.28%	9.86%	8.66%	7.95%	7.48%	7.14%
87.50	34.00%	19.06%	11.96%	9.65%	8.50%	7.82%	7.36%	7.04%
88.00	32.67%	18.43%	11.65%	9.44%	8.34%	7.69%	7.25%	6.94%
88.50	31.36%	17.81%	11.34%	9.23%	8.18%	7.55%	7.14%	6.85%
89.00	30.06%	17.19%	11.03%	9.02%	8.02%	7.42%	7.03%	6.75%
89.50	28.77%	16.57%	10.72%	8.81%	7.86%	7.29%	6.92%	6.65%
90.00	27.50%	15.96%	10.42%	8.60%	7.70%	7.16%	6.81%	6.55%
90.50	26.24%	15.36%	10.12%	8.40%	7.55%	7.04%	6.70%	6.46%
91.00	25.00%	14.76%	9.82%	8.19%	7.39%	6.91%	6.59%	6.36%
91.25	24.38%	14.46%	9.67%	8.09%	7.31%	6.85%	6.54%	6.32%
91.50	23.77%	14.16%	9.52%	7.99%	7.24%	6.78%	6.48%	6.27%
91.75	23.16%	13.87%	9.37%	7.89%	7.16%	6.72%	6.43%	6.22%
92.00	22.55%	13.57%	9.22%	7.79%	7.08%	6.66%	6.38%	6.17%
92.25	21.95%	13.28%	9.07%	7.69%	7.01%	6.59%	6.32%	6.13%
92.50	21.35%	12.99%	8.93%	7.59%	6.93%	6.53%	6.27%	6.08%
92.75	20.75%	12.70%	8.78%	7.49%	6.85%	6.47%	6.22%	6.04%
93.00	20.16%	12.41%	8.64%	7.39%	6.78%	6.41%	6.16%	5.99%
93.25	19.57%	12.12%	8.49%	7.30%	6.70%	6.35%	6.11%	5.94%
93.50	18.98%	11.83%	8.35%	7.20%	6.63%	6.29%	6.06%	5.90%
93.75	18.40%	11.55%	8.20%	7.10%	6.55%	6.22%	6.01%	5.85%
94.00	17.82%	11.26%	8.06%	7.00%	6.48%	6.16%	5.95%	5.81%
94.25	17.24%	10.98%	7.91%	6.90%	6.40%	6.10%	5.90%	5.76%
94.50	16.67%	10.69%	7.77%	6.81%	6.33%	6.04%	5.85%	5.71%
94.75	16.09%	10.41%	7.63%	6.71%	6.25%	5.98%	5.80%	5.67%
95.00	15.53%	10.13%	7.49%	6.61%	6.18%	5.92%	5.75%	5.62%
95.25	14.96%	9.85%	7.35%	6.52%	6.11%	5.86%	5.70%	5.58%
95.50	14.40%	9.58%	7.21%	6.42%	6.03%	5.80%	5.64%	5.53%
95.75	13.84%	9.30%	7.07%	6.33%	5.96%	5.74%	5.59%	5.49%
96.00	13.28%	9.02%	6.93%	6.23%	5.89%	5.68%	5.54%	5.44%
96.25	12.73%	8.75%	6.79%	6.14%	5.81%	5.62%	5.49%	5.40%
96.50	12.18%	8.47%	6.65%	6.04%	5.74%	5.56%	5.44%	5.36%
96.75	11.63%	8.20%	6.51%	5.95%	5.67%	5.50%	5.39%	5.31%
97.00	11.08%	7.93%	6.37%	5.85%	5.60%	5.44%	5.34%	5.27%
97.25	10.54%	7.66%	6.23%	5.76%	5.53%	5.38%	5.29%	5.22%
97.50	10.00%	7.39%	6.10%	5.67%	5.45%	5.33%	5.24%	5.18%
97.75	9.46%	7.12%	5.96%	5.57%	5.38%	5.27%	5.19%	5.14%
98.00	8.93%	6.85%	5.82%	5.48%	5.31%	5.21%	5.14%	5.09%
98.25	8.40%	6.59%	5.69%	5.39%	5.24%	5.15%	5.09%	5.05%
98.50	7.87%	6.32%	5.55%	5.30%	5.17%	5.09%	5.04%	5.01%
98.75	7.34%	6.06%	5.42%	5.21%	5.10%	5.04%	4.99%	4.96%
99.00	6.82%	5.79%	5.28%	5.11%	5.03%	4.98%	4.94%	4.92%
99.25	6.30%	5.53%	5.15%	5.02%	4.96%	4.92%	4.90%	4.88%
99.50	5.78%	5.27%	5.02%	4.93%	4.89%	4.86%	4.85%	4.84%
99.75	5.26%	5.01%	4.88%	4.84%	4.82%	4.81%	4.80%	4.79%
100.00	4.75%	4.75%	4.75%	4.75%	4.75%	4.75%	4.75%	4.75%
100.25	4.24%	4.49%	4.62%	4.66%	4.68%	4.69%	4.70%	4.71%
100.50	3.73%	4.23%	4.49%	4.57%	4.61%	4.64%	4.65%	4.67%
101.00	2.72%	3.72%	4.22%	4.39%	4.47%	4.52%	4.56%	4.58%
101.50	1.72%	3.21%	3.96%	4.21%	4.34%	4.41%	4.46%	4.50%
102.00	0.74%	2.71%	3.70%	4.04%	4.20%	4.30%	4.37%	4.41%
102.50	***	2.21%	3.45%	3.86%	4.07%	4.19%	4.27%	4.33%
103.00	***	1.71%	3.19%	3.68%	3.93%	4.08%	4.18%	4.25%
103.50	***	1.22%	2.94%	3.51%	3.80%	3.97%	4.09%	4.17%
104.00	***	0.73%	2.68%	3.34%	3.67%	3.86%	3.99%	4.09%
104.50	***	0.24%	2.43%	3.17%	3.53%	3.75%	3.90%	4.01%
105.00	***	***	2.18%	2.99%	3.40%	3.65%	3.81%	3.93%

EFFECTIVE YIELD RATE 4.75%

PRICE	YEARS UNTIL MATURITY							
	8	9	10	11	12	13	14	15
70.00	10.36%	9.85%	9.45%	9.13%	8.86%	8.64%	8.44%	8.28%
71.00	10.13%	9.64%	9.26%	8.95%	8.69%	8.47%	8.29%	8.13%
72.00	9.90%	9.44%	9.07%	8.77%	8.52%	8.31%	8.14%	7.99%
73.00	9.68%	9.23%	8.88%	8.59%	8.36%	8.16%	7.99%	7.84%
74.00	9.46%	9.03%	8.69%	8.42%	8.19%	8.00%	7.84%	7.70%
75.00	9.24%	8.83%	8.51%	8.25%	8.04%	7.85%	7.70%	7.57%
76.00	9.03%	8.64%	8.33%	8.09%	7.88%	7.71%	7.56%	7.43%
77.00	8.82%	8.45%	8.16%	7.92%	7.72%	7.56%	7.42%	7.30%
78.00	8.61%	8.26%	7.99%	7.76%	7.57%	7.42%	7.28%	7.17%
79.00	8.41%	8.08%	7.82%	7.60%	7.42%	7.28%	7.15%	7.04%
80.00	8.21%	7.90%	7.65%	7.45%	7.28%	7.14%	7.02%	6.91%
81.00	8.01%	7.72%	7.48%	7.29%	7.13%	7.00%	6.89%	6.79%
82.00	7.82%	7.54%	7.32%	7.14%	6.99%	6.87%	6.76%	6.67%
82.50	7.72%	7.45%	7.24%	7.06%	6.92%	6.80%	6.70%	6.61%
83.00	7.63%	7.37%	7.16%	6.99%	6.85%	6.73%	6.63%	6.55%
83.50	7.53%	7.28%	7.08%	6.92%	6.78%	6.67%	6.57%	6.49%
84.00	7.44%	7.20%	7.00%	6.84%	6.71%	6.60%	6.51%	6.43%
84.50	7.35%	7.11%	6.92%	6.77%	6.64%	6.54%	6.45%	6.37%
85.00	7.25%	7.03%	6.85%	6.70%	6.58%	6.47%	6.39%	6.31%
85.50	7.16%	6.94%	6.77%	6.63%	6.51%	6.41%	6.33%	6.25%
86.00	7.07%	6.86%	6.69%	6.56%	6.44%	6.35%	6.27%	6.20%
86.50	6.98%	6.78%	6.62%	6.49%	6.38%	6.29%	6.21%	6.14%
87.00	6.89%	6.70%	6.54%	6.42%	6.31%	6.22%	6.15%	6.08%
87.50	6.80%	6.62%	6.47%	6.35%	6.25%	6.16%	6.09%	6.03%
88.00	6.71%	6.53%	6.39%	6.28%	6.18%	6.10%	6.03%	5.97%
88.50	6.63%	6.45%	6.32%	6.21%	6.12%	6.04%	5.97%	5.92%
89.00	6.54%	6.38%	6.25%	6.14%	6.05%	5.98%	5.92%	5.86%
89.50	6.45%	6.30%	6.17%	6.07%	5.99%	5.92%	5.86%	5.81%
90.00	6.36%	6.22%	6.10%	6.01%	5.93%	5.86%	5.80%	5.75%
90.50	6.28%	6.14%	6.03%	5.94%	5.86%	5.80%	5.75%	5.70%
91.00	6.19%	6.06%	5.96%	5.87%	5.80%	5.74%	5.69%	5.65%
91.50	6.11%	5.99%	5.89%	5.81%	5.74%	5.68%	5.64%	5.59%
92.00	6.02%	5.91%	5.82%	5.74%	5.68%	5.63%	5.58%	5.54%
92.50	5.94%	5.83%	5.75%	5.68%	5.62%	5.57%	5.53%	5.49%
93.00	5.86%	5.76%	5.68%	5.61%	5.56%	5.51%	5.47%	5.44%
93.50	5.78%	5.68%	5.61%	5.55%	5.50%	5.45%	5.42%	5.39%
94.00	5.69%	5.61%	5.54%	5.48%	5.44%	5.40%	5.36%	5.34%
94.50	5.61%	5.53%	5.47%	5.42%	5.38%	5.34%	5.31%	5.29%
95.00	5.53%	5.46%	5.40%	5.36%	5.32%	5.29%	5.26%	5.24%
95.50	5.45%	5.39%	5.34%	5.29%	5.26%	5.23%	5.21%	5.19%
96.00	5.37%	5.31%	5.27%	5.23%	5.20%	5.18%	5.15%	5.14%
96.50	5.29%	5.24%	5.20%	5.17%	5.14%	5.12%	5.10%	5.09%
97.00	5.21%	5.17%	5.14%	5.11%	5.09%	5.07%	5.05%	5.04%
97.50	5.14%	5.10%	5.07%	5.05%	5.03%	5.01%	5.00%	4.99%
98.00	5.06%	5.03%	5.01%	4.99%	4.97%	4.96%	4.95%	4.94%
98.50	4.98%	4.96%	4.94%	4.93%	4.92%	4.91%	4.90%	4.89%
99.00	4.90%	4.89%	4.88%	4.87%	4.86%	4.85%	4.85%	4.84%
99.50	4.83%	4.82%	4.81%	4.81%	4.81%	4.80%	4.80%	4.80%
100.00	4.75%	4.75%	4.75%	4.75%	4.75%	4.75%	4.75%	4.75%
100.50	4.67%	4.68%	4.69%	4.69%	4.70%	4.70%	4.70%	4.70%
101.00	4.60%	4.61%	4.62%	4.63%	4.64%	4.65%	4.65%	4.66%
102.00	4.45%	4.48%	4.50%	4.52%	4.53%	4.54%	4.56%	4.56%
103.00	4.30%	4.34%	4.38%	4.40%	4.43%	4.44%	4.46%	4.47%
104.00	4.16%	4.21%	4.25%	4.29%	4.32%	4.34%	4.37%	4.38%
105.00	4.01%	4.08%	4.13%	4.18%	4.21%	4.25%	4.27%	4.29%
106.00	3.87%	3.95%	4.02%	4.07%	4.11%	4.15%	4.18%	4.21%
107.00	3.73%	3.82%	3.90%	3.96%	4.01%	4.05%	4.09%	4.12%
108.00	3.59%	3.70%	3.78%	3.85%	3.91%	3.96%	4.00%	4.03%
109.00	3.45%	3.57%	3.67%	3.74%	3.81%	3.86%	3.91%	3.95%
110.00	3.32%	3.45%	3.55%	3.64%	3.71%	3.77%	3.82%	3.87%

4.75% EFFECTIVE YIELD RATE

PRICE	YEARS UNTIL MATURITY							
	16	17	18	19	20	21	22	23
70.00	8.14%	8.01%	7.90%	7.80%	7.72%	7.64%	7.57%	7.51%
71.00	7.99%	7.87%	7.77%	7.68%	7.59%	7.52%	7.45%	7.39%
72.00	7.85%	7.74%	7.64%	7.55%	7.47%	7.40%	7.33%	7.28%
73.00	7.72%	7.61%	7.51%	7.42%	7.35%	7.28%	7.22%	7.16%
74.00	7.58%	7.48%	7.38%	7.30%	7.23%	7.16%	7.10%	7.05%
75.00	7.45%	7.35%	7.26%	7.18%	7.11%	7.05%	6.99%	6.94%
76.00	7.32%	7.22%	7.14%	7.06%	7.00%	6.94%	6.88%	6.83%
77.00	7.19%	7.10%	7.02%	6.95%	6.88%	6.83%	6.78%	6.73%
78.00	7.07%	6.98%	6.90%	6.84%	6.77%	6.72%	6.67%	6.63%
79.00	6.94%	6.86%	6.79%	6.72%	6.67%	6.61%	6.57%	6.53%
80.00	6.82%	6.74%	6.68%	6.61%	6.56%	6.51%	6.47%	6.43%
81.00	6.70%	6.63%	6.56%	6.51%	6.45%	6.41%	6.37%	6.33%
82.00	6.59%	6.52%	6.46%	6.40%	6.35%	6.31%	6.27%	6.23%
82.50	6.53%	6.46%	6.40%	6.35%	6.30%	6.26%	6.22%	6.19%
83.00	6.47%	6.41%	6.35%	6.30%	6.25%	6.21%	6.17%	6.14%
83.50	6.41%	6.35%	6.29%	6.25%	6.20%	6.16%	6.13%	6.09%
84.00	6.36%	6.30%	6.24%	6.19%	6.15%	6.11%	6.08%	6.05%
84.50	6.30%	6.24%	6.19%	6.14%	6.10%	6.07%	6.03%	6.00%
85.00	6.25%	6.19%	6.14%	6.09%	6.05%	6.02%	5.99%	5.96%
85.50	6.19%	6.14%	6.09%	6.04%	6.01%	5.97%	5.94%	5.91%
86.00	6.14%	6.08%	6.04%	5.99%	5.96%	5.92%	5.89%	5.87%
86.50	6.08%	6.03%	5.99%	5.95%	5.91%	5.88%	5.85%	5.82%
87.00	6.03%	5.98%	5.94%	5.90%	5.86%	5.83%	5.80%	5.78%
87.50	5.97%	5.93%	5.89%	5.85%	5.82%	5.79%	5.76%	5.74%
88.00	5.92%	5.88%	5.84%	5.80%	5.77%	5.74%	5.72%	5.69%
88.50	5.87%	5.82%	5.79%	5.75%	5.72%	5.70%	5.67%	5.65%
89.00	5.82%	5.77%	5.74%	5.71%	5.68%	5.65%	5.63%	5.61%
89.50	5.76%	5.72%	5.69%	5.66%	5.63%	5.61%	5.58%	5.56%
90.00	5.71%	5.67%	5.64%	5.61%	5.59%	5.56%	5.54%	5.52%
90.50	5.66%	5.63%	5.59%	5.57%	5.54%	5.52%	5.50%	5.48%
91.00	5.61%	5.58%	5.55%	5.52%	5.50%	5.48%	5.46%	5.44%
91.50	5.56%	5.53%	5.50%	5.48%	5.45%	5.43%	5.42%	5.40%
92.00	5.51%	5.48%	5.45%	5.43%	5.41%	5.39%	5.37%	5.36%
92.50	5.46%	5.43%	5.41%	5.39%	5.37%	5.35%	5.33%	5.32%
93.00	5.41%	5.38%	5.36%	5.34%	5.32%	5.31%	5.29%	5.28%
93.50	5.36%	5.34%	5.32%	5.30%	5.28%	5.27%	5.25%	5.24%
94.00	5.31%	5.29%	5.27%	5.25%	5.24%	5.22%	5.21%	5.20%
94.50	5.26%	5.24%	5.23%	5.21%	5.20%	5.18%	5.17%	5.16%
95.00	5.21%	5.20%	5.18%	5.17%	5.15%	5.14%	5.13%	5.12%
95.50	5.17%	5.15%	5.14%	5.12%	5.11%	5.10%	5.09%	5.08%
96.00	5.12%	5.10%	5.09%	5.08%	5.07%	5.06%	5.05%	5.05%
96.50	5.07%	5.06%	5.05%	5.04%	5.03%	5.02%	5.01%	5.01%
97.00	5.03%	5.01%	5.00%	5.00%	4.99%	4.98%	4.98%	4.97%
97.50	4.98%	4.97%	4.96%	4.95%	4.95%	4.94%	4.94%	4.93%
98.00	4.93%	4.93%	4.92%	4.91%	4.91%	4.90%	4.90%	4.90%
98.50	4.89%	4.88%	4.88%	4.87%	4.87%	4.86%	4.86%	4.86%
99.00	4.84%	4.84%	4.83%	4.83%	4.83%	4.83%	4.82%	4.82%
99.50	4.80%	4.79%	4.79%	4.79%	4.79%	4.79%	4.79%	4.79%
100.00	4.75%	4.75%	4.75%	4.75%	4.75%	4.75%	4.75%	4.75%
100.50	4.71%	4.71%	4.71%	4.71%	4.71%	4.71%	4.71%	4.71%
101.00	4.66%	4.66%	4.67%	4.67%	4.67%	4.67%	4.68%	4.68%
102.00	4.57%	4.58%	4.59%	4.59%	4.60%	4.60%	4.60%	4.61%
103.00	4.49%	4.50%	4.50%	4.51%	4.52%	4.53%	4.53%	4.54%
104.00	4.40%	4.41%	4.43%	4.44%	4.45%	4.45%	4.46%	4.47%
105.00	4.31%	4.33%	4.35%	4.36%	4.37%	4.38%	4.39%	4.40%
106.00	4.23%	4.25%	4.27%	4.29%	4.30%	4.31%	4.32%	4.34%
107.00	4.15%	4.17%	4.19%	4.21%	4.23%	4.24%	4.26%	4.27%
108.00	4.07%	4.09%	4.12%	4.14%	4.16%	4.17%	4.19%	4.20%
109.00	3.98%	4.01%	4.04%	4.07%	4.09%	4.11%	4.12%	4.14%
110.00	3.90%	3.94%	3.97%	3.99%	4.02%	4.04%	4.06%	4.08%

EFFECTIVE YIELD RATE 4.75%

PRICE	YEARS UNTIL MATURITY						
	24	25	26	27	28	29	30	40
70.00	7.45%	7.40%	7.35%	7.31%	7.27%	7.24%	7.21%	6.99%
71.00	7.34%	7.29%	7.24%	7.20%	7.16%	7.13%	7.10%	6.89%
72.00	7.22%	7.18%	7.13%	7.09%	7.06%	7.02%	6.99%	6.79%
73.00	7.11%	7.07%	7.02%	6.99%	6.95%	6.92%	6.89%	6.70%
74.00	7.00%	6.96%	6.92%	6.88%	6.85%	6.82%	6.79%	6.61%
75.00	6.90%	6.85%	6.82%	6.78%	6.75%	6.72%	6.69%	6.51%
76.00	6.79%	6.75%	6.71%	6.68%	6.65%	6.62%	6.60%	6.43%
77.00	6.69%	6.65%	6.61%	6.58%	6.55%	6.53%	6.50%	6.34%
78.00	6.59%	6.55%	6.52%	6.49%	6.46%	6.43%	6.41%	6.25%
79.00	6.49%	6.45%	6.42%	6.39%	6.37%	6.34%	6.32%	6.17%
80.00	6.39%	6.36%	6.33%	6.30%	6.28%	6.25%	6.23%	6.09%
81.00	6.30%	6.26%	6.24%	6.21%	6.19%	6.16%	6.14%	6.01%
82.00	6.20%	6.17%	6.15%	6.12%	6.10%	6.08%	6.06%	5.93%
82.50	6.16%	6.13%	6.10%	6.08%	6.06%	6.04%	6.02%	5.89%
83.00	6.11%	6.08%	6.06%	6.03%	6.01%	5.99%	5.98%	5.86%
83.50	6.06%	6.04%	6.01%	5.99%	5.97%	5.95%	5.93%	5.82%
84.00	6.02%	5.99%	5.97%	5.95%	5.93%	5.91%	5.89%	5.78%
84.50	5.97%	5.95%	5.93%	5.91%	5.89%	5.87%	5.85%	5.74%
85.00	5.93%	5.91%	5.88%	5.86%	5.84%	5.83%	5.81%	5.71%
85.50	5.89%	5.86%	5.84%	5.82%	5.80%	5.79%	5.77%	5.67%
86.00	5.84%	5.82%	5.80%	5.78%	5.76%	5.75%	5.73%	5.63%
86.50	5.80%	5.78%	5.76%	5.74%	5.72%	5.71%	5.69%	5.60%
87.00	5.76%	5.74%	5.72%	5.70%	5.68%	5.67%	5.66%	5.56%
87.50	5.71%	5.69%	5.68%	5.66%	5.64%	5.63%	5.62%	5.53%
88.00	5.67%	5.65%	5.63%	5.62%	5.60%	5.59%	5.58%	5.49%
88.50	5.63%	5.61%	5.59%	5.58%	5.57%	5.55%	5.54%	5.46%
89.00	5.59%	5.57%	5.55%	5.54%	5.53%	5.51%	5.50%	5.43%
89.50	5.55%	5.53%	5.52%	5.50%	5.49%	5.48%	5.47%	5.39%
90.00	5.51%	5.49%	5.48%	5.46%	5.45%	5.44%	5.43%	5.36%
90.50	5.47%	5.45%	5.44%	5.42%	5.41%	5.40%	5.39%	5.33%
91.00	5.43%	5.41%	5.40%	5.39%	5.38%	5.37%	5.36%	5.29%
91.50	5.39%	5.37%	5.36%	5.35%	5.34%	5.33%	5.32%	5.26%
92.00	5.35%	5.33%	5.32%	5.31%	5.30%	5.29%	5.28%	5.23%
92.50	5.31%	5.29%	5.28%	5.27%	5.27%	5.26%	5.25%	5.20%
93.00	5.27%	5.26%	5.25%	5.24%	5.23%	5.22%	5.21%	5.17%
93.50	5.23%	5.22%	5.21%	5.20%	5.19%	5.19%	5.18%	5.13%
94.00	5.19%	5.18%	5.17%	5.16%	5.16%	5.15%	5.14%	5.10%
94.50	5.15%	5.14%	5.14%	5.13%	5.12%	5.12%	5.11%	5.07%
95.00	5.11%	5.11%	5.10%	5.09%	5.09%	5.08%	5.08%	5.04%
95.50	5.08%	5.07%	5.06%	5.06%	5.05%	5.05%	5.04%	5.01%
96.00	5.04%	5.03%	5.03%	5.02%	5.02%	5.01%	5.01%	4.98%
96.50	5.00%	5.00%	4.99%	4.99%	4.98%	4.98%	4.98%	4.95%
97.00	4.97%	4.96%	4.96%	4.95%	4.95%	4.95%	4.94%	4.92%
97.50	4.93%	4.92%	4.92%	4.92%	4.92%	4.91%	4.91%	4.89%
98.00	4.89%	4.89%	4.89%	4.88%	4.88%	4.88%	4.88%	4.86%
98.50	4.86%	4.85%	4.85%	4.85%	4.85%	4.85%	4.85%	4.84%
99.00	4.82%	4.82%	4.82%	4.82%	4.82%	4.81%	4.81%	4.81%
99.50	4.79%	4.78%	4.78%	4.78%	4.78%	4.78%	4.78%	4.78%
100.00	4.75%	4.75%	4.75%	4.75%	4.75%	4.75%	4.75%	4.75%
100.50	4.71%	4.72%	4.72%	4.72%	4.72%	4.72%	4.72%	4.72%
101.00	4.68%	4.68%	4.68%	4.68%	4.69%	4.69%	4.69%	4.69%
102.00	4.61%	4.61%	4.62%	4.62%	4.62%	4.62%	4.63%	4.64%
103.00	4.54%	4.55%	4.55%	4.56%	4.56%	4.56%	4.57%	4.59%
104.00	4.48%	4.48%	4.49%	4.49%	4.50%	4.50%	4.51%	4.53%
105.00	4.41%	4.42%	4.42%	4.43%	4.44%	4.44%	4.45%	4.48%
106.00	4.34%	4.35%	4.36%	4.37%	4.38%	4.38%	4.39%	4.43%
107.00	4.28%	4.29%	4.30%	4.31%	4.32%	4.32%	4.33%	4.38%
108.00	4.22%	4.23%	4.24%	4.25%	4.26%	4.27%	4.27%	4.33%
109.00	4.15%	4.17%	4.18%	4.19%	4.20%	4.21%	4.22%	4.28%
110.00	4.09%	4.11%	4.12%	4.13%	4.14%	4.15%	4.16%	4.23%

5% EFFECTIVE YIELD RATE

PRICE	YEARS UNTIL MATURITY 1/2	1	2	3	4	5	6	7
85.00	41.18%	22.59%	13.84%	11.01%	9.60%	8.77%	8.22%	7.82%
85.50	39.77%	21.93%	13.51%	10.79%	9.44%	8.63%	8.10%	7.72%
86.00	38.37%	21.27%	13.19%	10.57%	9.27%	8.49%	7.98%	7.62%
86.50	36.99%	20.62%	12.87%	10.35%	9.10%	8.36%	7.87%	7.52%
87.00	35.63%	19.98%	12.55%	10.13%	8.94%	8.22%	7.75%	7.41%
87.50	34.29%	19.34%	12.23%	9.92%	8.77%	8.09%	7.64%	7.31%
88.00	32.95%	18.71%	11.92%	9.71%	8.61%	7.96%	7.52%	7.21%
88.50	31.64%	18.08%	11.61%	9.49%	8.45%	7.82%	7.41%	7.11%
89.00	30.34%	17.46%	11.30%	9.28%	8.29%	7.69%	7.30%	7.02%
89.50	29.05%	16.84%	10.99%	9.08%	8.13%	7.56%	7.19%	6.92%
90.00	27.78%	16.23%	10.69%	8.87%	7.97%	7.43%	7.07%	6.82%
90.50	26.52%	15.63%	10.38%	8.66%	7.81%	7.30%	6.96%	6.72%
91.00	25.27%	15.03%	10.08%	8.46%	7.65%	7.17%	6.85%	6.63%
91.25	24.66%	14.73%	9.93%	8.36%	7.58%	7.11%	6.80%	6.58%
91.50	24.04%	14.43%	9.78%	8.26%	7.50%	7.05%	6.75%	6.53%
91.75	23.43%	14.13%	9.63%	8.16%	7.42%	6.98%	6.69%	6.48%
92.00	22.83%	13.84%	9.49%	8.05%	7.34%	6.92%	6.64%	6.44%
92.25	22.22%	13.55%	9.34%	7.95%	7.27%	6.86%	6.58%	6.39%
92.50	21.62%	13.25%	9.19%	7.85%	7.19%	6.79%	6.53%	6.34%
92.75	21.02%	12.96%	9.04%	7.76%	7.11%	6.73%	6.48%	6.30%
93.00	20.43%	12.67%	8.90%	7.66%	7.04%	6.67%	6.42%	6.25%
93.25	19.84%	12.38%	8.75%	7.56%	6.96%	6.61%	6.37%	6.20%
93.50	19.25%	12.10%	8.61%	7.46%	6.89%	6.55%	6.32%	6.16%
93.75	18.67%	11.81%	8.46%	7.36%	6.81%	6.48%	6.27%	6.11%
94.00	18.09%	11.52%	8.32%	7.26%	6.74%	6.42%	6.21%	6.06%
94.25	17.51%	11.24%	8.17%	7.16%	6.66%	6.36%	6.16%	6.02%
94.50	16.93%	10.96%	8.03%	7.07%	6.59%	6.30%	6.11%	5.97%
94.75	16.36%	10.67%	7.89%	6.97%	6.51%	6.24%	6.06%	5.93%
95.00	15.79%	10.39%	7.75%	6.87%	6.44%	6.18%	6.00%	5.88%
95.25	15.22%	10.11%	7.60%	6.78%	6.36%	6.12%	5.95%	5.84%
95.50	14.66%	9.83%	7.46%	6.68%	6.29%	6.06%	5.90%	5.79%
95.75	14.10%	9.56%	7.32%	6.58%	6.22%	6.00%	5.85%	5.75%
96.00	13.54%	9.28%	7.18%	6.49%	6.14%	5.94%	5.80%	5.70%
96.25	12.99%	9.01%	7.04%	6.39%	6.07%	5.88%	5.75%	5.66%
96.50	12.44%	8.73%	6.90%	6.30%	6.00%	5.82%	5.70%	5.61%
96.75	11.89%	8.46%	6.76%	6.20%	5.92%	5.76%	5.65%	5.57%
97.00	11.34%	8.19%	6.63%	6.11%	5.85%	5.70%	5.60%	5.52%
97.25	10.80%	7.91%	6.49%	6.02%	5.78%	5.64%	5.55%	5.48%
97.50	10.26%	7.64%	6.35%	5.92%	5.71%	5.58%	5.49%	5.43%
97.75	9.72%	7.38%	6.21%	5.83%	5.64%	5.52%	5.44%	5.39%
98.00	9.18%	7.11%	6.08%	5.74%	5.56%	5.46%	5.39%	5.35%
98.25	8.65%	6.84%	5.94%	5.64%	5.49%	5.40%	5.34%	5.30%
98.50	8.12%	6.57%	5.81%	5.55%	5.42%	5.35%	5.30%	5.26%
98.75	7.59%	6.31%	5.67%	5.46%	5.35%	5.29%	5.25%	5.22%
99.00	7.07%	6.05%	5.54%	5.37%	5.28%	5.23%	5.20%	5.17%
99.25	6.55%	5.78%	5.40%	5.27%	5.21%	5.17%	5.15%	5.13%
99.50	6.03%	5.52%	5.27%	5.18%	5.14%	5.11%	5.10%	5.09%
99.75	5.51%	5.26%	5.13%	5.09%	5.07%	5.06%	5.05%	5.04%
100.00	5.00%	5.00%	5.00%	5.00%	5.00%	5.00%	5.00%	5.00%
100.25	4.49%	4.74%	4.87%	4.91%	4.93%	4.94%	4.95%	4.96%
100.50	3.98%	4.48%	4.74%	4.82%	4.86%	4.89%	4.90%	4.91%
101.00	2.97%	3.97%	4.47%	4.64%	4.72%	4.77%	4.81%	4.83%
101.50	1.97%	3.46%	4.21%	4.46%	4.59%	4.66%	4.71%	4.75%
102.00	0.98%	2.96%	3.95%	4.28%	4.45%	4.55%	4.61%	4.66%
102.50	***	2.45%	3.69%	4.11%	4.31%	4.44%	4.52%	4.58%
103.00	***	1.96%	3.44%	3.93%	4.18%	4.33%	4.43%	4.50%
103.50	***	1.46%	3.18%	3.76%	4.04%	4.22%	4.33%	4.41%
104.00	***	0.97%	2.93%	3.58%	3.91%	4.11%	4.24%	4.33%
104.50	***	0.48%	2.67%	3.41%	3.78%	4.00%	4.15%	4.25%
105.00	***	***	2.42%	3.24%	3.65%	3.89%	4.05%	4.17%

EFFECTIVE YIELD RATE 5%

PRICE	YEARS UNTIL MATURITY							
	8	9	10	11	12	13	14	15
70.00	10.67%	10.17%	9.77%	9.44%	9.18%	8.95%	8.76%	8.60%
71.00	10.43%	9.95%	9.57%	9.26%	9.00%	8.79%	8.60%	8.45%
72.00	10.20%	9.74%	9.38%	9.08%	8.83%	8.62%	8.45%	8.30%
73.00	9.98%	9.54%	9.18%	8.90%	8.66%	8.46%	8.30%	8.15%
74.00	9.76%	9.33%	9.00%	8.72%	8.50%	8.31%	8.15%	8.01%
75.00	9.54%	9.13%	8.81%	8.55%	8.34%	8.15%	8.00%	7.87%
76.00	9.32%	8.94%	8.63%	8.38%	8.18%	8.00%	7.86%	7.73%
77.00	9.11%	8.74%	8.45%	8.22%	8.02%	7.86%	7.72%	7.60%
78.00	8.90%	8.55%	8.28%	8.05%	7.87%	7.71%	7.58%	7.46%
79.00	8.70%	8.37%	8.10%	7.89%	7.71%	7.57%	7.44%	7.33%
80.00	8.50%	8.18%	7.93%	7.73%	7.57%	7.42%	7.31%	7.20%
81.00	8.30%	8.00%	7.77%	7.58%	7.42%	7.29%	7.17%	7.08%
82.00	8.10%	7.82%	7.60%	7.42%	7.27%	7.15%	7.04%	6.95%
82.50	8.00%	7.74%	7.52%	7.35%	7.20%	7.08%	6.98%	6.89%
83.00	7.91%	7.65%	7.44%	7.27%	7.13%	7.01%	6.91%	6.83%
83.50	7.81%	7.56%	7.36%	7.20%	7.06%	6.95%	6.85%	6.77%
84.00	7.72%	7.47%	7.28%	7.12%	6.99%	6.88%	6.79%	6.71%
84.50	7.62%	7.39%	7.20%	7.05%	6.92%	6.82%	6.73%	6.65%
85.00	7.53%	7.30%	7.12%	6.98%	6.85%	6.75%	6.66%	6.59%
85.50	7.44%	7.22%	7.04%	6.90%	6.79%	6.69%	6.60%	6.53%
86.00	7.35%	7.13%	6.97%	6.83%	6.72%	6.62%	6.54%	6.47%
86.50	7.25%	7.05%	6.89%	6.76%	6.65%	6.56%	6.48%	6.41%
87.00	7.16%	6.97%	6.81%	6.69%	6.58%	6.50%	6.42%	6.36%
87.50	7.07%	6.89%	6.74%	6.62%	6.52%	6.43%	6.36%	6.30%
88.00	6.98%	6.80%	6.66%	6.55%	6.45%	6.37%	6.30%	6.24%
88.50	6.89%	6.72%	6.59%	6.48%	6.39%	6.31%	6.24%	6.19%
89.00	6.81%	6.64%	6.51%	6.41%	6.32%	6.25%	6.19%	6.13%
89.50	6.72%	6.56%	6.44%	6.34%	6.26%	6.19%	6.13%	6.08%
90.00	6.63%	6.48%	6.37%	6.27%	6.19%	6.13%	6.07%	6.02%
90.50	6.54%	6.41%	6.29%	6.20%	6.13%	6.07%	6.01%	5.97%
91.00	6.46%	6.33%	6.22%	6.14%	6.07%	6.01%	5.96%	5.91%
91.50	6.37%	6.25%	6.15%	6.07%	6.00%	5.95%	5.90%	5.86%
92.00	6.29%	6.17%	6.08%	6.00%	5.94%	5.89%	5.84%	5.81%
92.50	6.20%	6.10%	6.01%	5.94%	5.88%	5.83%	5.79%	5.75%
93.00	6.12%	6.02%	5.94%	5.87%	5.82%	5.77%	5.73%	5.70%
93.50	6.04%	5.94%	5.87%	5.81%	5.76%	5.72%	5.68%	5.65%
94.00	5.95%	5.87%	5.80%	5.74%	5.70%	5.66%	5.62%	5.60%
94.50	5.87%	5.79%	5.73%	5.68%	5.64%	5.60%	5.57%	5.54%
95.00	5.79%	5.72%	5.66%	5.62%	5.58%	5.54%	5.52%	5.49%
95.50	5.71%	5.64%	5.59%	5.55%	5.52%	5.49%	5.46%	5.44%
96.00	5.63%	5.57%	5.53%	5.49%	5.46%	5.43%	5.41%	5.39%
96.50	5.55%	5.50%	5.46%	5.43%	5.40%	5.38%	5.36%	5.34%
97.00	5.47%	5.43%	5.39%	5.36%	5.34%	5.32%	5.31%	5.29%
97.50	5.39%	5.35%	5.33%	5.30%	5.28%	5.27%	5.25%	5.24%
98.00	5.31%	5.28%	5.26%	5.24%	5.23%	5.21%	5.20%	5.19%
98.50	5.23%	5.21%	5.19%	5.18%	5.17%	5.16%	5.15%	5.14%
99.00	5.15%	5.14%	5.13%	5.12%	5.11%	5.11%	5.10%	5.10%
99.50	5.08%	5.07%	5.06%	5.06%	5.06%	5.05%	5.05%	5.05%
100.00	5.00%	5.00%	5.00%	5.00%	5.00%	5.00%	5.00%	5.00%
100.50	4.92%	4.93%	4.94%	4.94%	4.94%	4.95%	4.95%	4.95%
101.00	4.85%	4.86%	4.87%	4.88%	4.89%	4.90%	4.90%	4.91%
102.00	4.70%	4.72%	4.75%	4.76%	4.78%	4.79%	4.80%	4.81%
103.00	4.55%	4.59%	4.62%	4.65%	4.67%	4.69%	4.71%	4.72%
104.00	4.40%	4.46%	4.50%	4.53%	4.56%	4.59%	4.61%	4.63%
105.00	4.26%	4.32%	4.38%	4.42%	4.46%	4.49%	4.51%	4.54%
106.00	4.11%	4.19%	4.26%	4.31%	4.35%	4.39%	4.42%	4.45%
107.00	3.97%	4.06%	4.14%	4.20%	4.25%	4.29%	4.33%	4.36%
108.00	3.83%	3.94%	4.02%	4.09%	4.15%	4.20%	4.24%	4.27%
109.00	3.69%	3.81%	3.90%	3.98%	4.05%	4.10%	4.15%	4.19%
110.00	3.55%	3.68%	3.79%	3.87%	3.95%	4.01%	4.06%	4.10%

5%   EFFECTIVE YIELD RATE

PRICE	YEARS UNTIL MATURITY							
	16	17	18	19	20	21	22	23
70.00	8.45%	8.33%	8.22%	8.13%	8.04%	7.96%	7.90%	7.83%
71.00	8.31%	8.19%	8.09%	7.99%	7.91%	7.84%	7.77%	7.71%
72.00	8.17%	8.05%	7.95%	7.86%	7.78%	7.71%	7.65%	7.59%
73.00	8.03%	7.92%	7.82%	7.74%	7.66%	7.59%	7.53%	7.48%
74.00	7.89%	7.78%	7.69%	7.61%	7.54%	7.47%	7.41%	7.36%
75.00	7.75%	7.65%	7.57%	7.49%	7.42%	7.36%	7.30%	7.25%
76.00	7.62%	7.53%	7.44%	7.37%	7.30%	7.24%	7.19%	7.14%
77.00	7.49%	7.40%	7.32%	7.25%	7.19%	7.13%	7.08%	7.03%
78.00	7.36%	7.28%	7.20%	7.13%	7.07%	7.02%	6.97%	6.93%
79.00	7.24%	7.15%	7.08%	7.02%	6.96%	6.91%	6.86%	6.82%
80.00	7.11%	7.04%	6.97%	6.91%	6.85%	6.80%	6.76%	6.72%
81.00	6.99%	6.92%	6.85%	6.80%	6.74%	6.70%	6.66%	6.62%
82.00	6.87%	6.80%	6.74%	6.69%	6.64%	6.60%	6.56%	6.52%
82.50	6.81%	6.75%	6.69%	6.63%	6.59%	6.54%	6.51%	6.47%
83.00	6.75%	6.69%	6.63%	6.58%	6.54%	6.49%	6.46%	6.43%
83.50	6.70%	6.63%	6.58%	6.53%	6.48%	6.44%	6.41%	6.38%
84.00	6.64%	6.58%	6.52%	6.48%	6.43%	6.40%	6.36%	6.33%
84.50	6.58%	6.52%	6.47%	6.42%	6.38%	6.35%	6.31%	6.28%
85.00	6.52%	6.47%	6.42%	6.37%	6.33%	6.30%	6.27%	6.24%
85.50	6.47%	6.41%	6.36%	6.32%	6.28%	6.25%	6.22%	6.19%
86.00	6.41%	6.36%	6.31%	6.27%	6.23%	6.20%	6.17%	6.14%
86.50	6.36%	6.31%	6.26%	6.22%	6.19%	6.15%	6.13%	6.10%
87.00	6.30%	6.25%	6.21%	6.17%	6.14%	6.11%	6.08%	6.05%
87.50	6.25%	6.20%	6.16%	6.12%	6.09%	6.06%	6.03%	6.01%
88.00	6.19%	6.15%	6.11%	6.07%	6.04%	6.01%	5.99%	5.97%
88.50	6.14%	6.10%	6.06%	6.02%	5.99%	5.97%	5.94%	5.92%
89.00	6.09%	6.04%	6.01%	5.98%	5.95%	5.92%	5.90%	5.88%
89.50	6.03%	5.99%	5.96%	5.93%	5.90%	5.88%	5.85%	5.84%
90.00	5.98%	5.94%	5.91%	5.88%	5.86%	5.83%	5.81%	5.79%
90.50	5.93%	5.89%	5.86%	5.83%	5.81%	5.79%	5.77%	5.75%
91.00	5.88%	5.84%	5.81%	5.79%	5.76%	5.74%	5.72%	5.71%
91.50	5.82%	5.79%	5.77%	5.74%	5.72%	5.70%	5.68%	5.67%
92.00	5.77%	5.74%	5.72%	5.69%	5.67%	5.66%	5.64%	5.62%
92.50	5.72%	5.69%	5.67%	5.65%	5.63%	5.61%	5.60%	5.58%
93.00	5.67%	5.65%	5.62%	5.60%	5.59%	5.57%	5.56%	5.54%
93.50	5.62%	5.60%	5.58%	5.56%	5.54%	5.53%	5.51%	5.50%
94.00	5.57%	5.55%	5.53%	5.51%	5.50%	5.48%	5.47%	5.46%
94.50	5.52%	5.50%	5.48%	5.47%	5.46%	5.44%	5.43%	5.42%
95.00	5.47%	5.45%	5.44%	5.42%	5.41%	5.40%	5.39%	5.38%
95.50	5.42%	5.41%	5.39%	5.38%	5.37%	5.36%	5.35%	5.34%
96.00	5.38%	5.36%	5.35%	5.34%	5.33%	5.32%	5.31%	5.30%
96.50	5.33%	5.32%	5.30%	5.29%	5.29%	5.28%	5.27%	5.26%
97.00	5.28%	5.27%	5.26%	5.25%	5.24%	5.24%	5.23%	5.23%
97.50	5.23%	5.22%	5.22%	5.21%	5.20%	5.20%	5.19%	5.19%
98.00	5.19%	5.18%	5.17%	5.17%	5.16%	5.16%	5.15%	5.15%
98.50	5.14%	5.13%	5.13%	5.12%	5.12%	5.12%	5.11%	5.11%
99.00	5.09%	5.09%	5.09%	5.08%	5.08%	5.08%	5.08%	5.07%
99.50	5.05%	5.04%	5.04%	5.04%	5.04%	5.04%	5.04%	5.04%
100.00	5.00%	5.00%	5.00%	5.00%	5.00%	5.00%	5.00%	5.00%
100.50	4.95%	4.96%	4.96%	4.96%	4.96%	4.96%	4.96%	4.96%
101.00	4.91%	4.91%	4.92%	4.92%	4.92%	4.92%	4.93%	4.93%
102.00	4.82%	4.83%	4.83%	4.84%	4.84%	4.85%	4.85%	4.85%
103.00	4.73%	4.74%	4.75%	4.76%	4.77%	4.77%	4.78%	4.78%
104.00	4.64%	4.66%	4.67%	4.68%	4.69%	4.70%	4.71%	4.71%
105.00	4.56%	4.57%	4.59%	4.60%	4.61%	4.63%	4.64%	4.64%
106.00	4.47%	4.49%	4.51%	4.53%	4.54%	4.55%	4.56%	4.58%
107.00	4.39%	4.41%	4.43%	4.45%	4.47%	4.48%	4.50%	4.51%
108.00	4.30%	4.33%	4.35%	4.38%	4.39%	4.41%	4.43%	4.44%
109.00	4.22%	4.25%	4.28%	4.30%	4.32%	4.34%	4.36%	4.38%
110.00	4.14%	4.17%	4.20%	4.23%	4.25%	4.27%	4.29%	4.31%

EFFECTIVE YIELD RATE 5%

PRICE	YEARS UNTIL MATURITY							
	24	25	26	27	28	29	30	40
70.00	7.78%	7.73%	7.68%	7.64%	7.60%	7.57%	7.54%	7.33%
71.00	7.66%	7.61%	7.57%	7.53%	7.49%	7.46%	7.43%	7.23%
72.00	7.54%	7.50%	7.45%	7.41%	7.38%	7.35%	7.32%	7.12%
73.00	7.43%	7.38%	7.34%	7.30%	7.27%	7.24%	7.21%	7.02%
74.00	7.31%	7.27%	7.23%	7.20%	7.16%	7.13%	7.11%	6.93%
75.00	7.20%	7.16%	7.13%	7.09%	7.06%	7.03%	7.01%	6.83%
76.00	7.10%	7.06%	7.02%	6.99%	6.96%	6.93%	6.91%	6.74%
77.00	6.99%	6.95%	6.92%	6.89%	6.86%	6.83%	6.81%	6.65%
78.00	6.89%	6.85%	6.82%	6.79%	6.76%	6.74%	6.71%	6.56%
79.00	6.78%	6.75%	6.72%	6.69%	6.67%	6.64%	6.62%	6.48%
80.00	6.68%	6.65%	6.62%	6.60%	6.57%	6.55%	6.53%	6.39%
81.00	6.59%	6.56%	6.53%	6.50%	6.48%	6.46%	6.44%	6.31%
82.00	6.49%	6.46%	6.43%	6.41%	6.39%	6.37%	6.35%	6.23%
82.50	6.44%	6.41%	6.39%	6.37%	6.34%	6.32%	6.31%	6.19%
83.00	6.40%	6.37%	6.34%	6.32%	6.30%	6.28%	6.26%	6.15%
83.50	6.35%	6.32%	6.30%	6.28%	6.26%	6.24%	6.22%	6.11%
84.00	6.30%	6.28%	6.25%	6.23%	6.21%	6.19%	6.18%	6.07%
84.50	6.26%	6.23%	6.21%	6.19%	6.17%	6.15%	6.14%	6.03%
85.00	6.21%	6.19%	6.17%	6.15%	6.13%	6.11%	6.10%	5.99%
85.50	6.17%	6.14%	6.12%	6.10%	6.08%	6.07%	6.05%	5.95%
86.00	6.12%	6.10%	6.08%	6.06%	6.04%	6.03%	6.01%	5.92%
86.50	6.08%	6.05%	6.04%	6.02%	6.00%	5.99%	5.97%	5.88%
87.00	6.03%	6.01%	5.99%	5.98%	5.96%	5.95%	5.93%	5.84%
87.50	5.99%	5.97%	5.95%	5.93%	5.92%	5.91%	5.89%	5.81%
88.00	5.95%	5.93%	5.91%	5.89%	5.88%	5.87%	5.85%	5.77%
88.50	5.90%	5.88%	5.87%	5.85%	5.84%	5.83%	5.81%	5.74%
89.00	5.86%	5.84%	5.83%	5.81%	5.80%	5.79%	5.78%	5.70%
89.50	5.82%	5.80%	5.79%	5.77%	5.76%	5.75%	5.74%	5.67%
90.00	5.78%	5.76%	5.75%	5.73%	5.72%	5.71%	5.70%	5.63%
90.50	5.73%	5.72%	5.71%	5.69%	5.68%	5.67%	5.66%	5.60%
91.00	5.69%	5.68%	5.67%	5.65%	5.64%	5.63%	5.62%	5.56%
91.50	5.65%	5.64%	5.63%	5.62%	5.61%	5.60%	5.59%	5.53%
92.00	5.61%	5.60%	5.59%	5.58%	5.57%	5.56%	5.55%	5.50%
92.50	5.57%	5.56%	5.55%	5.54%	5.53%	5.52%	5.51%	5.46%
93.00	5.53%	5.52%	5.51%	5.50%	5.49%	5.48%	5.48%	5.43%
93.50	5.49%	5.48%	5.47%	5.46%	5.46%	5.45%	5.44%	5.40%
94.00	5.45%	5.44%	5.43%	5.43%	5.42%	5.41%	5.41%	5.37%
94.50	5.41%	5.40%	5.40%	5.39%	5.38%	5.38%	5.37%	5.33%
95.00	5.37%	5.37%	5.36%	5.35%	5.35%	5.34%	5.34%	5.30%
95.50	5.33%	5.33%	5.32%	5.32%	5.31%	5.31%	5.30%	5.27%
96.00	5.30%	5.29%	5.28%	5.28%	5.28%	5.27%	5.27%	5.24%
96.50	5.26%	5.25%	5.25%	5.24%	5.24%	5.24%	5.23%	5.21%
97.00	5.22%	5.22%	5.21%	5.21%	5.20%	5.20%	5.20%	5.18%
97.50	5.18%	5.18%	5.18%	5.17%	5.17%	5.17%	5.16%	5.15%
98.00	5.15%	5.14%	5.14%	5.14%	5.14%	5.13%	5.13%	5.12%
98.50	5.11%	5.11%	5.10%	5.10%	5.10%	5.10%	5.10%	5.09%
99.00	5.07%	5.07%	5.07%	5.07%	5.07%	5.07%	5.07%	5.06%
99.50	5.04%	5.04%	5.03%	5.03%	5.03%	5.03%	5.03%	5.03%
100.00	5.00%	5.00%	5.00%	5.00%	5.00%	5.00%	5.00%	5.00%
100.50	4.96%	4.96%	4.97%	4.97%	4.97%	4.97%	4.97%	4.97%
101.00	4.93%	4.93%	4.93%	4.93%	4.93%	4.93%	4.94%	4.94%
102.00	4.86%	4.86%	4.86%	4.87%	4.87%	4.87%	4.87%	4.89%
103.00	4.79%	4.79%	4.80%	4.80%	4.80%	4.81%	4.81%	4.83%
104.00	4.72%	4.73%	4.73%	4.74%	4.74%	4.74%	4.75%	4.77%
105.00	4.65%	4.66%	4.67%	4.67%	4.68%	4.68%	4.69%	4.72%
106.00	4.59%	4.59%	4.60%	4.61%	4.62%	4.62%	4.63%	4.67%
107.00	4.52%	4.53%	4.54%	4.55%	4.56%	4.56%	4.57%	4.61%
108.00	4.45%	4.47%	4.48%	4.49%	4.49%	4.50%	4.51%	4.56%
109.00	4.39%	4.40%	4.41%	4.43%	4.44%	4.44%	4.45%	4.51%
110.00	4.33%	4.34%	4.35%	4.37%	4.38%	4.39%	4.40%	4.46%

5.25%   EFFECTIVE YIELD RATE

PRICE	YEARS UNTIL MATURITY							
	1/2	1	2	3	4	5	6	7
85.00	41.47%	22.87%	14.12%	11.28%	9.88%	9.05%	8.49%	8.10%
85.50	40.06%	22.21%	13.79%	11.06%	9.71%	8.91%	8.37%	7.99%
86.00	38.66%	21.55%	13.47%	10.84%	9.54%	8.77%	8.26%	7.89%
86.50	37.28%	20.90%	13.14%	10.62%	9.37%	8.63%	8.14%	7.79%
87.00	35.92%	20.26%	12.82%	10.41%	9.21%	8.50%	8.02%	7.69%
87.50	34.57%	19.62%	12.51%	10.19%	9.04%	8.36%	7.91%	7.58%
88.00	33.24%	18.98%	12.19%	9.98%	8.88%	8.23%	7.79%	7.48%
88.50	31.92%	18.36%	11.88%	9.76%	8.72%	8.09%	7.68%	7.38%
89.00	30.62%	17.73%	11.57%	9.55%	8.56%	7.96%	7.56%	7.28%
89.50	29.33%	17.12%	11.26%	9.34%	8.39%	7.83%	7.45%	7.18%
90.00	28.06%	16.50%	10.95%	9.14%	8.23%	7.70%	7.34%	7.09%
90.50	26.80%	15.90%	10.65%	8.93%	8.08%	7.57%	7.23%	6.99%
91.00	25.55%	15.30%	10.35%	8.72%	7.92%	7.44%	7.12%	6.89%
91.25	24.93%	15.00%	10.20%	8.62%	7.84%	7.37%	7.06%	6.84%
91.50	24.32%	14.70%	10.05%	8.52%	7.76%	7.31%	7.01%	6.80%
91.75	23.71%	14.40%	9.90%	8.42%	7.68%	7.25%	6.96%	6.75%
92.00	23.10%	14.11%	9.75%	8.32%	7.61%	7.18%	6.90%	6.70%
92.25	22.49%	13.81%	9.60%	8.22%	7.53%	7.12%	6.85%	6.65%
92.50	21.89%	13.52%	9.45%	8.12%	7.45%	7.06%	6.79%	6.61%
92.75	21.29%	13.23%	9.31%	8.02%	7.38%	6.99%	6.74%	6.56%
93.00	20.70%	12.94%	9.16%	7.92%	7.30%	6.93%	6.69%	6.51%
93.25	20.11%	12.65%	9.01%	7.82%	7.22%	6.87%	6.63%	6.46%
93.50	19.52%	12.36%	8.87%	7.72%	7.15%	6.81%	6.58%	6.42%
93.75	18.93%	12.07%	8.72%	7.62%	7.07%	6.74%	6.53%	6.37%
94.00	18.35%	11.79%	8.58%	7.52%	7.00%	6.68%	6.47%	6.32%
94.25	17.77%	11.50%	8.43%	7.42%	6.92%	6.62%	6.42%	6.28%
94.50	17.20%	11.22%	8.29%	7.33%	6.85%	6.56%	6.37%	6.23%
94.75	16.62%	10.93%	8.15%	7.23%	6.77%	6.50%	6.31%	6.19%
95.00	16.05%	10.65%	8.01%	7.13%	6.70%	6.44%	6.26%	6.14%
95.25	15.49%	10.37%	7.86%	7.03%	6.62%	6.37%	6.21%	6.09%
95.50	14.92%	10.09%	7.72%	6.94%	6.55%	6.31%	6.16%	6.05%
95.75	14.36%	9.82%	7.58%	6.84%	6.47%	6.25%	6.11%	6.00%
96.00	13.80%	9.54%	7.44%	6.75%	6.40%	6.19%	6.06%	5.96%
96.25	13.25%	9.26%	7.30%	6.65%	6.33%	6.13%	6.00%	5.91%
96.50	12.69%	8.99%	7.16%	6.55%	6.25%	6.07%	5.95%	5.87%
96.75	12.14%	8.71%	7.02%	6.46%	6.18%	6.01%	5.90%	5.82%
97.00	11.60%	8.44%	6.88%	6.36%	6.11%	5.95%	5.85%	5.78%
97.25	11.05%	8.17%	6.74%	6.27%	6.03%	5.89%	5.80%	5.73%
97.50	10.51%	7.90%	6.60%	6.18%	5.96%	5.83%	5.75%	5.69%
97.75	9.97%	7.63%	6.47%	6.08%	5.89%	5.77%	5.70%	5.64%
98.00	9.44%	7.36%	6.33%	5.99%	5.82%	5.72%	5.65%	5.60%
98.25	8.91%	7.09%	6.19%	5.89%	5.75%	5.66%	5.60%	5.56%
98.50	8.38%	6.83%	6.06%	5.80%	5.67%	5.60%	5.55%	5.51%
98.75	7.85%	6.56%	5.92%	5.71%	5.60%	5.54%	5.50%	5.47%
99.00	7.32%	6.30%	5.79%	5.62%	5.53%	5.48%	5.45%	5.42%
99.25	6.80%	6.03%	5.65%	5.52%	5.46%	5.42%	5.40%	5.38%
99.50	6.28%	5.77%	5.52%	5.43%	5.39%	5.37%	5.35%	5.34%
99.75	5.76%	5.51%	5.38%	5.34%	5.32%	5.31%	5.30%	5.29%
100.00	5.25%	5.25%	5.25%	5.25%	5.25%	5.25%	5.25%	5.25%
100.25	4.74%	4.99%	5.12%	5.16%	5.18%	5.19%	5.20%	5.21%
100.50	4.23%	4.73%	4.98%	5.07%	5.11%	5.14%	5.15%	5.16%
101.00	3.22%	4.22%	4.72%	4.89%	4.97%	5.02%	5.05%	5.08%
101.50	2.22%	3.71%	4.46%	4.71%	4.83%	4.91%	4.96%	4.99%
102.00	1.23%	3.20%	4.20%	4.53%	4.70%	4.80%	4.86%	4.91%
102.50	0.24%	2.70%	3.94%	4.35%	4.56%	4.68%	4.77%	4.82%
103.00	***	2.20%	3.68%	4.18%	4.42%	4.57%	4.67%	4.74%
103.50	***	1.71%	3.42%	4.00%	4.29%	4.46%	4.58%	4.66%
104.00	***	1.21%	3.17%	3.83%	4.15%	4.35%	4.48%	4.58%
104.50	***	0.73%	2.92%	3.65%	4.02%	4.24%	4.39%	4.49%
105.00	***	0.24%	2.67%	3.48%	3.89%	4.13%	4.30%	4.41%

EFFECTIVE YIELD RATE 5.25%

PRICE	YEARS UNTIL MATURITY 8	9	10	11	12	13	14	15
70.00	10.98%	10.48%	10.08%	9.76%	9.49%	9.27%	9.08%	8.92%
71.00	10.74%	10.26%	9.88%	9.57%	9.31%	9.10%	8.92%	8.76%
72.00	10.51%	10.05%	9.68%	9.39%	9.14%	8.93%	8.76%	8.61%
73.00	10.28%	9.84%	9.49%	9.21%	8.97%	8.77%	8.60%	8.46%
74.00	10.06%	9.64%	9.30%	9.03%	8.80%	8.61%	8.45%	8.31%
75.00	9.84%	9.43%	9.11%	8.85%	8.64%	8.46%	8.30%	8.17%
76.00	9.62%	9.23%	8.93%	8.68%	8.48%	8.30%	8.16%	8.03%
77.00	9.41%	9.04%	8.75%	8.51%	8.32%	8.15%	8.01%	7.89%
78.00	9.19%	8.85%	8.57%	8.35%	8.16%	8.00%	7.87%	7.76%
79.00	8.99%	8.66%	8.39%	8.18%	8.01%	7.86%	7.73%	7.62%
80.00	8.78%	8.47%	8.22%	8.02%	7.85%	7.71%	7.59%	7.49%
81.00	8.58%	8.29%	8.05%	7.86%	7.70%	7.57%	7.46%	7.36%
82.00	8.38%	8.11%	7.89%	7.71%	7.56%	7.43%	7.33%	7.24%
82.50	8.29%	8.02%	7.80%	7.63%	7.49%	7.36%	7.26%	7.17%
83.00	8.19%	7.93%	7.72%	7.55%	7.41%	7.30%	7.20%	7.11%
83.50	8.09%	7.84%	7.64%	7.48%	7.34%	7.23%	7.13%	7.05%
84.00	8.00%	7.75%	7.56%	7.40%	7.27%	7.16%	7.07%	6.99%
84.50	7.90%	7.67%	7.48%	7.33%	7.20%	7.10%	7.01%	6.93%
85.00	7.81%	7.58%	7.40%	7.25%	7.13%	7.03%	6.94%	6.87%
85.50	7.71%	7.49%	7.32%	7.18%	7.06%	6.96%	6.88%	6.81%
86.00	7.62%	7.41%	7.24%	7.11%	6.99%	6.90%	6.82%	6.75%
86.50	7.53%	7.32%	7.16%	7.03%	6.92%	6.83%	6.76%	6.69%
87.00	7.44%	7.24%	7.09%	6.96%	6.86%	6.77%	6.70%	6.63%
87.50	7.34%	7.16%	7.01%	6.89%	6.79%	6.71%	6.63%	6.57%
88.00	7.25%	7.08%	6.93%	6.82%	6.72%	6.64%	6.57%	6.52%
88.50	7.16%	6.99%	6.86%	6.75%	6.66%	6.58%	6.51%	6.46%
89.00	7.07%	6.91%	6.78%	6.68%	6.59%	6.52%	6.46%	6.40%
89.50	6.99%	6.83%	6.71%	6.61%	6.53%	6.46%	6.40%	6.35%
90.00	6.90%	6.75%	6.63%	6.54%	6.46%	6.39%	6.34%	6.29%
90.50	6.81%	6.67%	6.56%	6.47%	6.40%	6.33%	6.28%	6.23%
91.00	6.72%	6.59%	6.49%	6.40%	6.33%	6.27%	6.22%	6.18%
91.50	6.64%	6.51%	6.41%	6.33%	6.27%	6.21%	6.17%	6.12%
92.00	6.55%	6.43%	6.34%	6.27%	6.21%	6.15%	6.11%	6.07%
92.50	6.47%	6.36%	6.27%	6.20%	6.14%	6.09%	6.05%	6.02%
93.00	6.38%	6.28%	6.20%	6.13%	6.08%	6.03%	6.00%	5.96%
93.50	6.30%	6.20%	6.13%	6.07%	6.02%	5.98%	5.94%	5.91%
94.00	6.21%	6.13%	6.06%	6.00%	5.96%	5.92%	5.89%	5.86%
94.50	6.13%	6.05%	5.99%	5.94%	5.90%	5.86%	5.83%	5.80%
95.00	6.05%	5.98%	5.92%	5.87%	5.84%	5.80%	5.78%	5.75%
95.50	5.97%	5.90%	5.85%	5.81%	5.78%	5.75%	5.72%	5.70%
96.00	5.88%	5.83%	5.78%	5.75%	5.72%	5.69%	5.67%	5.65%
96.50	5.80%	5.75%	5.71%	5.68%	5.66%	5.63%	5.61%	5.60%
97.00	5.72%	5.68%	5.65%	5.62%	5.60%	5.58%	5.56%	5.55%
97.50	5.64%	5.61%	5.58%	5.56%	5.54%	5.52%	5.51%	5.50%
98.00	5.56%	5.54%	5.51%	5.49%	5.48%	5.47%	5.46%	5.45%
98.50	5.48%	5.46%	5.45%	5.43%	5.42%	5.41%	5.40%	5.40%
99.00	5.41%	5.39%	5.38%	5.37%	5.36%	5.36%	5.35%	5.35%
99.50	5.33%	5.32%	5.32%	5.31%	5.31%	5.30%	5.30%	5.30%
100.00	5.25%	5.25%	5.25%	5.25%	5.25%	5.25%	5.25%	5.25%
100.50	5.17%	5.18%	5.19%	5.19%	5.19%	5.20%	5.20%	5.20%
101.00	5.10%	5.11%	5.12%	5.13%	5.14%	5.14%	5.15%	5.15%
102.00	4.94%	4.97%	4.99%	5.01%	5.03%	5.04%	5.05%	5.06%
103.00	4.79%	4.83%	4.87%	4.89%	4.92%	4.93%	4.95%	4.96%
104.00	4.65%	4.70%	4.74%	4.78%	4.81%	4.83%	4.85%	4.87%
105.00	4.50%	4.57%	4.62%	4.66%	4.70%	4.73%	4.76%	4.78%
106.00	4.35%	4.43%	4.50%	4.55%	4.59%	4.63%	4.66%	4.69%
107.00	4.21%	4.30%	4.38%	4.44%	4.49%	4.53%	4.57%	4.60%
108.00	4.07%	4.17%	4.26%	4.33%	4.39%	4.43%	4.47%	4.51%
109.00	3.93%	4.05%	4.14%	4.22%	4.28%	4.34%	4.38%	4.42%
110.00	3.79%	3.92%	4.03%	4.11%	4.18%	4.24%	4.29%	4.34%

5.25%   EFFECTIVE YIELD RATE

PRICE	YEARS UNTIL MATURITY							
	16	17	18	19	20	21	22	23
70.00	8.77%	8.65%	8.54%	8.45%	8.36%	8.29%	8.22%	8.16%
71.00	8.63%	8.51%	8.40%	8.31%	8.23%	8.16%	8.09%	8.04%
72.00	8.48%	8.37%	8.27%	8.18%	8.10%	8.03%	7.97%	7.91%
73.00	8.34%	8.23%	8.13%	8.05%	7.97%	7.91%	7.85%	7.79%
74.00	8.20%	8.09%	8.00%	7.92%	7.85%	7.78%	7.73%	7.67%
75.00	8.06%	7.96%	7.87%	7.79%	7.72%	7.66%	7.61%	7.56%
76.00	7.92%	7.83%	7.74%	7.67%	7.60%	7.55%	7.49%	7.45%
77.00	7.79%	7.70%	7.62%	7.55%	7.49%	7.43%	7.38%	7.33%
78.00	7.66%	7.57%	7.50%	7.43%	7.37%	7.32%	7.27%	7.23%
79.00	7.53%	7.45%	7.38%	7.31%	7.26%	7.21%	7.16%	7.12%
80.00	7.40%	7.33%	7.26%	7.20%	7.14%	7.10%	7.05%	7.01%
81.00	7.28%	7.21%	7.14%	7.08%	7.03%	6.99%	6.95%	6.91%
82.00	7.16%	7.09%	7.03%	6.97%	6.93%	6.88%	6.84%	6.81%
82.50	7.10%	7.03%	6.97%	6.92%	6.87%	6.83%	6.79%	6.76%
83.00	7.04%	6.97%	6.92%	6.86%	6.82%	6.78%	6.74%	6.71%
83.50	6.98%	6.92%	6.86%	6.81%	6.77%	6.73%	6.69%	6.66%
84.00	6.92%	6.86%	6.81%	6.76%	6.72%	6.68%	6.64%	6.61%
84.50	6.86%	6.80%	6.75%	6.70%	6.66%	6.63%	6.59%	6.57%
85.00	6.80%	6.75%	6.70%	6.65%	6.61%	6.58%	6.55%	6.52%
85.50	6.75%	6.69%	6.64%	6.60%	6.56%	6.53%	6.50%	6.47%
86.00	6.69%	6.64%	6.59%	6.55%	6.51%	6.48%	6.45%	6.42%
86.50	6.63%	6.58%	6.54%	6.50%	6.46%	6.43%	6.40%	6.38%
87.00	6.58%	6.53%	6.48%	6.45%	6.41%	6.38%	6.36%	6.33%
87.50	6.52%	6.47%	6.43%	6.40%	6.36%	6.33%	6.31%	6.28%
88.00	6.46%	6.42%	6.38%	6.35%	6.31%	6.29%	6.26%	6.24%
88.50	6.41%	6.37%	6.33%	6.30%	6.27%	6.24%	6.22%	6.19%
89.00	6.36%	6.31%	6.28%	6.25%	6.22%	6.19%	6.17%	6.15%
89.50	6.30%	6.26%	6.23%	6.20%	6.17%	6.15%	6.13%	6.11%
90.00	6.25%	6.21%	6.18%	6.15%	6.12%	6.10%	6.08%	6.06%
90.50	6.19%	6.16%	6.13%	6.10%	6.08%	6.06%	6.04%	6.02%
91.00	6.14%	6.11%	6.08%	6.05%	6.03%	6.01%	5.99%	5.97%
91.50	6.09%	6.06%	6.03%	6.01%	5.98%	5.97%	5.95%	5.93%
92.00	6.04%	6.01%	5.98%	5.96%	5.94%	5.92%	5.90%	5.89%
92.50	5.98%	5.96%	5.93%	5.91%	5.89%	5.88%	5.86%	5.85%
93.00	5.93%	5.91%	5.89%	5.87%	5.85%	5.83%	5.82%	5.81%
93.50	5.88%	5.86%	5.84%	5.82%	5.80%	5.79%	5.78%	5.76%
94.00	5.83%	5.81%	5.79%	5.77%	5.76%	5.75%	5.73%	5.72%
94.50	5.78%	5.76%	5.74%	5.73%	5.71%	5.70%	5.69%	5.68%
95.00	5.73%	5.71%	5.70%	5.68%	5.67%	5.66%	5.65%	5.64%
95.50	5.68%	5.67%	5.65%	5.64%	5.63%	5.62%	5.61%	5.60%
96.00	5.63%	5.62%	5.61%	5.59%	5.58%	5.58%	5.57%	5.56%
96.50	5.58%	5.57%	5.56%	5.55%	5.54%	5.53%	5.53%	5.52%
97.00	5.54%	5.52%	5.51%	5.51%	5.50%	5.49%	5.49%	5.48%
97.50	5.49%	5.48%	5.47%	5.46%	5.46%	5.45%	5.45%	5.44%
98.00	5.44%	5.43%	5.43%	5.42%	5.41%	5.41%	5.41%	5.40%
98.50	5.39%	5.39%	5.38%	5.38%	5.37%	5.37%	5.37%	5.36%
99.00	5.34%	5.34%	5.34%	5.33%	5.33%	5.33%	5.33%	5.33%
99.50	5.30%	5.29%	5.29%	5.29%	5.29%	5.29%	5.29%	5.29%
100.00	5.25%	5.25%	5.25%	5.25%	5.25%	5.25%	5.25%	5.25%
100.50	5.20%	5.21%	5.21%	5.21%	5.21%	5.21%	5.21%	5.21%
101.00	5.16%	5.16%	5.16%	5.17%	5.17%	5.17%	5.17%	5.18%
102.00	5.07%	5.07%	5.08%	5.08%	5.09%	5.09%	5.10%	5.10%
103.00	4.98%	4.99%	5.00%	5.00%	5.01%	5.02%	5.02%	5.03%
104.00	4.89%	4.90%	4.91%	4.92%	4.93%	4.94%	4.95%	4.96%
105.00	4.80%	4.82%	4.83%	4.84%	4.86%	4.87%	4.88%	4.89%
106.00	4.71%	4.73%	4.75%	4.77%	4.78%	4.79%	4.81%	4.82%
107.00	4.63%	4.65%	4.67%	4.69%	4.71%	4.72%	4.73%	4.75%
108.00	4.54%	4.57%	4.59%	4.61%	4.63%	4.65%	4.66%	4.68%
109.00	4.46%	4.49%	4.51%	4.54%	4.56%	4.58%	4.60%	4.61%
110.00	4.37%	4.41%	4.44%	4.46%	4.49%	4.51%	4.53%	4.54%

EFFECTIVE YIELD RATE 5.25%

PRICE	YEARS UNTIL MATURITY							
	24	25	26	27	28	29	30	40
70.00	8.11%	8.06%	8.01%	7.97%	7.93%	7.90%	7.87%	7.67%
71.00	7.98%	7.93%	7.89%	7.85%	7.82%	7.78%	7.75%	7.56%
72.00	7.86%	7.82%	7.77%	7.74%	7.70%	7.67%	7.64%	7.46%
73.00	7.74%	7.70%	7.66%	7.62%	7.59%	7.56%	7.53%	7.35%
74.00	7.63%	7.59%	7.55%	7.51%	7.48%	7.45%	7.42%	7.25%
75.00	7.51%	7.47%	7.44%	7.40%	7.37%	7.34%	7.32%	7.15%
76.00	7.40%	7.36%	7.33%	7.30%	7.27%	7.24%	7.22%	7.06%
77.00	7.29%	7.26%	7.22%	7.19%	7.16%	7.14%	7.12%	6.96%
78.00	7.19%	7.15%	7.12%	7.09%	7.06%	7.04%	7.02%	6.87%
79.00	7.08%	7.05%	7.02%	6.99%	6.96%	6.94%	6.92%	6.78%
80.00	6.98%	6.95%	6.92%	6.89%	6.87%	6.85%	6.83%	6.69%
81.00	6.88%	6.85%	6.82%	6.80%	6.77%	6.75%	6.73%	6.61%
82.00	6.78%	6.75%	6.72%	6.70%	6.68%	6.66%	6.64%	6.52%
82.50	6.73%	6.70%	6.68%	6.65%	6.63%	6.61%	6.60%	6.48%
83.00	6.68%	6.65%	6.63%	6.61%	6.59%	6.57%	6.55%	6.44%
83.50	6.63%	6.61%	6.58%	6.56%	6.54%	6.52%	6.51%	6.40%
84.00	6.59%	6.56%	6.54%	6.52%	6.50%	6.48%	6.46%	6.36%
84.50	6.54%	6.51%	6.49%	6.47%	6.45%	6.44%	6.42%	6.32%
85.00	6.49%	6.47%	6.45%	6.43%	6.41%	6.39%	6.38%	6.28%
85.50	6.45%	6.42%	6.40%	6.38%	6.37%	6.35%	6.34%	6.24%
86.00	6.40%	6.38%	6.36%	6.34%	6.32%	6.31%	6.29%	6.20%
86.50	6.35%	6.33%	6.31%	6.30%	6.28%	6.27%	6.25%	6.16%
87.00	6.31%	6.29%	6.27%	6.25%	6.24%	6.22%	6.21%	6.12%
87.50	6.26%	6.24%	6.23%	6.21%	6.20%	6.18%	6.17%	6.09%
88.00	6.22%	6.20%	6.18%	6.17%	6.15%	6.14%	6.13%	6.05%
88.50	6.18%	6.16%	6.14%	6.13%	6.11%	6.10%	6.09%	6.01%
89.00	6.13%	6.11%	6.10%	6.08%	6.07%	6.06%	6.05%	5.98%
89.50	6.09%	6.07%	6.06%	6.04%	6.03%	6.02%	6.01%	5.94%
90.00	6.04%	6.03%	6.02%	6.00%	5.99%	5.98%	5.97%	5.90%
90.50	6.00%	5.99%	5.97%	5.96%	5.95%	5.94%	5.93%	5.87%
91.00	5.96%	5.95%	5.93%	5.92%	5.91%	5.90%	5.89%	5.83%
91.50	5.92%	5.90%	5.89%	5.88%	5.87%	5.86%	5.85%	5.80%
92.00	5.88%	5.86%	5.85%	5.84%	5.83%	5.82%	5.82%	5.76%
92.50	5.83%	5.82%	5.81%	5.80%	5.79%	5.79%	5.78%	5.73%
93.00	5.79%	5.78%	5.77%	5.76%	5.76%	5.75%	5.74%	5.70%
93.50	5.75%	5.74%	5.73%	5.73%	5.72%	5.71%	5.70%	5.66%
94.00	5.71%	5.70%	5.70%	5.69%	5.68%	5.67%	5.67%	5.63%
94.50	5.67%	5.66%	5.66%	5.65%	5.64%	5.64%	5.63%	5.60%
95.00	5.63%	5.62%	5.62%	5.61%	5.61%	5.60%	5.60%	5.56%
95.50	5.59%	5.59%	5.58%	5.57%	5.57%	5.56%	5.56%	5.53%
96.00	5.55%	5.55%	5.54%	5.54%	5.53%	5.53%	5.52%	5.50%
96.50	5.51%	5.51%	5.50%	5.50%	5.50%	5.49%	5.49%	5.47%
97.00	5.48%	5.47%	5.47%	5.46%	5.46%	5.46%	5.45%	5.43%
97.50	5.44%	5.43%	5.43%	5.43%	5.42%	5.42%	5.42%	5.40%
98.00	5.40%	5.40%	5.39%	5.39%	5.39%	5.39%	5.39%	5.37%
98.50	5.36%	5.36%	5.36%	5.36%	5.35%	5.35%	5.35%	5.34%
99.00	5.32%	5.32%	5.32%	5.32%	5.32%	5.32%	5.32%	5.31%
99.50	5.29%	5.29%	5.29%	5.28%	5.28%	5.28%	5.28%	5.28%
100.00	5.25%	5.25%	5.25%	5.25%	5.25%	5.25%	5.25%	5.25%
100.50	5.21%	5.21%	5.21%	5.22%	5.22%	5.22%	5.22%	5.22%
101.00	5.18%	5.18%	5.18%	5.18%	5.18%	5.18%	5.18%	5.19%
102.00	5.10%	5.11%	5.11%	5.11%	5.11%	5.12%	5.12%	5.13%
103.00	5.03%	5.04%	5.04%	5.05%	5.05%	5.05%	5.05%	5.07%
104.00	4.96%	4.97%	4.97%	4.98%	4.98%	4.99%	4.99%	5.02%
105.00	4.89%	4.90%	4.91%	4.91%	4.92%	4.92%	4.93%	4.96%
106.00	4.83%	4.83%	4.84%	4.85%	4.86%	4.86%	4.87%	4.91%
107.00	4.76%	4.77%	4.78%	4.79%	4.79%	4.80%	4.81%	4.85%
108.00	4.69%	4.70%	4.71%	4.72%	4.73%	4.74%	4.75%	4.80%
109.00	4.63%	4.64%	4.65%	4.66%	4.67%	4.68%	4.69%	4.75%
110.00	4.56%	4.57%	4.59%	4.60%	4.61%	4.62%	4.63%	4.69%

5.50%   EFFECTIVE YIELD RATE

PRICE	YEARS UNTIL MATURITY							
	1/2	1	2	3	4	5	6	7
85.00	41.76%	23.15%	14.40%	11.56%	10.16%	9.32%	8.77%	8.38%
85.50	40.35%	22.49%	14.07%	11.34%	9.99%	9.18%	8.65%	8.27%
86.00	38.95%	21.83%	13.74%	11.12%	9.82%	9.04%	8.53%	8.17%
86.50	37.57%	21.18%	13.42%	10.90%	9.65%	8.90%	8.41%	8.06%
87.00	36.21%	20.53%	13.10%	10.68%	9.48%	8.77%	8.29%	7.96%
87.50	34.86%	19.89%	12.78%	10.46%	9.31%	8.63%	8.18%	7.86%
88.00	33.52%	19.26%	12.46%	10.25%	9.15%	8.50%	8.06%	7.75%
88.50	32.20%	18.63%	12.15%	10.03%	8.99%	8.36%	7.95%	7.65%
89.00	30.90%	18.01%	11.84%	9.82%	8.82%	8.23%	7.83%	7.55%
89.50	29.61%	17.39%	11.53%	9.61%	8.66%	8.10%	7.72%	7.45%
90.00	28.33%	16.78%	11.22%	9.40%	8.50%	7.96%	7.61%	7.35%
90.50	27.07%	16.17%	10.92%	9.20%	8.34%	7.83%	7.49%	7.25%
91.00	25.82%	15.56%	10.61%	8.99%	8.18%	7.70%	7.38%	7.16%
91.25	25.21%	15.26%	10.46%	8.89%	8.10%	7.64%	7.33%	7.11%
91.50	24.59%	14.97%	10.31%	8.78%	8.03%	7.57%	7.27%	7.06%
91.75	23.98%	14.67%	10.16%	8.68%	7.95%	7.51%	7.22%	7.01%
92.00	23.37%	14.37%	10.01%	8.58%	7.87%	7.45%	7.16%	6.96%
92.25	22.76%	14.08%	9.86%	8.48%	7.79%	7.38%	7.11%	6.92%
92.50	22.16%	13.78%	9.72%	8.38%	7.71%	7.32%	7.05%	6.87%
92.75	21.56%	13.49%	9.57%	8.28%	7.64%	7.25%	7.00%	6.82%
93.00	20.97%	13.20%	9.42%	8.18%	7.56%	7.19%	6.95%	6.77%
93.25	20.38%	12.91%	9.28%	8.08%	7.48%	7.13%	6.89%	6.72%
93.50	19.79%	12.62%	9.13%	7.98%	7.41%	7.07%	6.84%	6.68%
93.75	19.20%	12.33%	8.98%	7.88%	7.33%	7.00%	6.79%	6.63%
94.00	18.62%	12.05%	8.84%	7.78%	7.26%	6.94%	6.73%	6.58%
94.25	18.04%	11.76%	8.69%	7.68%	7.18%	6.88%	6.68%	6.54%
94.50	17.46%	11.48%	8.55%	7.58%	7.10%	6.82%	6.63%	6.49%
94.75	16.89%	11.19%	8.41%	7.49%	7.03%	6.75%	6.57%	6.44%
95.00	16.32%	10.91%	8.26%	7.39%	6.95%	6.69%	6.52%	6.40%
95.25	15.75%	10.63%	8.12%	7.29%	6.88%	6.63%	6.47%	6.35%
95.50	15.18%	10.35%	7.98%	7.19%	6.80%	6.57%	6.42%	6.31%
95.75	14.62%	10.07%	7.84%	7.10%	6.73%	6.51%	6.36%	6.26%
96.00	14.06%	9.80%	7.70%	7.00%	6.66%	6.45%	6.31%	6.21%
96.25	13.51%	9.52%	7.56%	6.91%	6.58%	6.39%	6.26%	6.17%
96.50	12.95%	9.24%	7.42%	6.81%	6.51%	6.33%	6.21%	6.12%
96.75	12.40%	8.97%	7.28%	6.71%	6.43%	6.27%	6.16%	6.08%
97.00	11.86%	8.70%	7.14%	6.62%	6.36%	6.21%	6.10%	6.03%
97.25	11.31%	8.42%	7.00%	6.52%	6.29%	6.15%	6.05%	5.99%
97.50	10.77%	8.15%	6.86%	6.43%	6.22%	6.09%	6.00%	5.94%
97.75	10.23%	7.88%	6.72%	6.34%	6.14%	6.03%	5.95%	5.90%
98.00	9.69%	7.61%	6.58%	6.24%	6.07%	5.97%	5.90%	5.85%
98.25	9.16%	7.35%	6.45%	6.15%	6.00%	5.91%	5.85%	5.81%
98.50	8.63%	7.08%	6.31%	6.05%	5.93%	5.85%	5.80%	5.76%
98.75	8.10%	6.81%	6.17%	5.96%	5.86%	5.79%	5.75%	5.72%
99.00	7.58%	6.55%	6.04%	5.87%	5.78%	5.73%	5.70%	5.68%
99.25	7.05%	6.29%	5.90%	5.78%	5.71%	5.67%	5.65%	5.63%
99.50	6.53%	6.02%	5.77%	5.68%	5.64%	5.62%	5.60%	5.59%
99.75	6.02%	5.76%	5.63%	5.59%	5.57%	5.56%	5.55%	5.54%
100.00	5.50%	5.50%	5.50%	5.50%	5.50%	5.50%	5.50%	5.50%
100.25	4.99%	5.24%	5.37%	5.41%	5.43%	5.44%	5.45%	5.46%
100.50	4.48%	4.98%	5.23%	5.32%	5.36%	5.38%	5.40%	5.41%
101.00	3.47%	4.47%	4.97%	5.14%	5.22%	5.27%	5.30%	5.33%
101.50	2.46%	3.96%	4.71%	4.96%	5.08%	5.16%	5.21%	5.24%
102.00	1.47%	3.45%	4.44%	4.78%	4.94%	5.04%	5.11%	5.16%
102.50	0.49%	2.94%	4.18%	4.60%	4.81%	4.93%	5.01%	5.07%
103.00	***	2.44%	3.93%	4.42%	4.67%	4.82%	4.92%	4.99%
103.50	***	1.95%	3.67%	4.25%	4.53%	4.71%	4.82%	4.90%
104.00	***	1.46%	3.41%	4.07%	4.40%	4.60%	4.73%	4.82%
104.50	***	0.97%	3.16%	3.90%	4.26%	4.49%	4.63%	4.74%
105.00	***	0.48%	2.91%	3.72%	4.13%	4.38%	4.54%	4.65%

EFFECTIVE YIELD RATE 5.50%

PRICE	YEARS UNTIL MATURITY 8	9	10	11	12	13	14	15
70.00	11.29%	10.79%	10.40%	10.07%	9.81%	9.59%	9.40%	9.23%
71.00	11.05%	10.57%	10.19%	9.88%	9.63%	9.41%	9.23%	9.08%
72.00	10.82%	10.36%	9.99%	9.70%	9.45%	9.25%	9.07%	8.92%
73.00	10.59%	10.15%	9.80%	9.51%	9.28%	9.08%	8.91%	8.77%
74.00	10.36%	9.94%	9.60%	9.33%	9.11%	8.92%	8.76%	8.62%
75.00	10.14%	9.73%	9.41%	9.15%	8.94%	8.76%	8.61%	8.48%
76.00	9.92%	9.53%	9.23%	8.98%	8.77%	8.60%	8.46%	8.33%
77.00	9.70%	9.33%	9.04%	8.81%	8.61%	8.45%	8.31%	8.19%
78.00	9.49%	9.14%	8.86%	8.64%	8.45%	8.30%	8.17%	8.05%
79.00	9.28%	8.95%	8.68%	8.47%	8.30%	8.15%	8.02%	7.92%
80.00	9.07%	8.76%	8.51%	8.31%	8.14%	8.00%	7.88%	7.78%
81.00	8.87%	8.57%	8.34%	8.15%	7.99%	7.86%	7.75%	7.65%
82.00	8.67%	8.39%	8.17%	7.99%	7.84%	7.72%	7.61%	7.52%
82.50	8.57%	8.30%	8.09%	7.91%	7.77%	7.65%	7.55%	7.46%
83.00	8.47%	8.21%	8.00%	7.83%	7.70%	7.58%	7.48%	7.39%
83.50	8.37%	8.12%	7.92%	7.76%	7.62%	7.51%	7.41%	7.33%
84.00	8.27%	8.03%	7.84%	7.68%	7.55%	7.44%	7.35%	7.27%
84.50	8.18%	7.94%	7.76%	7.60%	7.48%	7.37%	7.28%	7.21%
85.00	8.08%	7.86%	7.68%	7.53%	7.41%	7.31%	7.22%	7.15%
85.50	7.99%	7.77%	7.60%	7.45%	7.34%	7.24%	7.16%	7.09%
86.00	7.89%	7.68%	7.52%	7.38%	7.27%	7.17%	7.09%	7.02%
86.50	7.80%	7.60%	7.44%	7.31%	7.20%	7.11%	7.03%	6.96%
87.00	7.71%	7.51%	7.36%	7.23%	7.13%	7.04%	6.97%	6.91%
87.50	7.62%	7.43%	7.28%	7.16%	7.06%	6.98%	6.91%	6.85%
88.00	7.52%	7.35%	7.20%	7.09%	6.99%	6.91%	6.85%	6.79%
88.50	7.43%	7.26%	7.13%	7.02%	6.93%	6.85%	6.79%	6.73%
89.00	7.34%	7.18%	7.05%	6.95%	6.86%	6.79%	6.73%	6.67%
89.50	7.25%	7.10%	6.98%	6.88%	6.79%	6.72%	6.67%	6.61%
90.00	7.16%	7.02%	6.90%	6.81%	6.73%	6.66%	6.61%	6.56%
90.50	7.08%	6.94%	6.83%	6.74%	6.66%	6.60%	6.55%	6.50%
91.00	6.99%	6.86%	6.75%	6.67%	6.60%	6.54%	6.49%	6.44%
91.50	6.90%	6.78%	6.68%	6.60%	6.53%	6.48%	6.43%	6.39%
92.00	6.81%	6.70%	6.61%	6.53%	6.47%	6.42%	6.37%	6.33%
92.50	6.73%	6.62%	6.53%	6.46%	6.41%	6.36%	6.31%	6.28%
93.00	6.64%	6.54%	6.46%	6.40%	6.34%	6.30%	6.26%	6.22%
93.50	6.56%	6.46%	6.39%	6.33%	6.28%	6.24%	6.20%	6.17%
94.00	6.47%	6.39%	6.32%	6.26%	6.22%	6.18%	6.15%	6.12%
94.50	6.39%	6.31%	6.25%	6.20%	6.15%	6.12%	6.09%	6.06%
95.00	6.31%	6.23%	6.18%	6.13%	6.09%	6.06%	6.03%	6.01%
95.50	6.22%	6.16%	6.11%	6.07%	6.03%	6.00%	5.98%	5.96%
96.00	6.14%	6.08%	6.04%	6.00%	5.97%	5.95%	5.92%	5.91%
96.50	6.06%	6.01%	5.97%	5.94%	5.91%	5.89%	5.87%	5.85%
97.00	5.98%	5.94%	5.90%	5.87%	5.85%	5.83%	5.82%	5.80%
97.50	5.90%	5.86%	5.83%	5.81%	5.79%	5.78%	5.76%	5.75%
98.00	5.82%	5.79%	5.77%	5.75%	5.73%	5.72%	5.71%	5.70%
98.50	5.74%	5.72%	5.70%	5.69%	5.67%	5.66%	5.66%	5.65%
99.00	5.66%	5.64%	5.63%	5.62%	5.62%	5.61%	5.60%	5.60%
99.50	5.58%	5.57%	5.57%	5.56%	5.56%	5.55%	5.55%	5.55%
100.00	5.50%	5.50%	5.50%	5.50%	5.50%	5.50%	5.50%	5.50%
100.50	5.42%	5.43%	5.43%	5.44%	5.44%	5.45%	5.45%	5.45%
101.00	5.34%	5.36%	5.37%	5.38%	5.39%	5.39%	5.40%	5.40%
102.00	5.19%	5.22%	5.24%	5.26%	5.27%	5.29%	5.30%	5.30%
103.00	5.04%	5.08%	5.11%	5.14%	5.16%	5.18%	5.20%	5.21%
104.00	4.89%	4.94%	4.99%	5.02%	5.05%	5.08%	5.10%	5.11%
105.00	4.74%	4.81%	4.86%	4.91%	4.94%	4.97%	5.00%	5.02%
106.00	4.60%	4.68%	4.74%	4.79%	4.84%	4.87%	4.90%	4.93%
107.00	4.45%	4.54%	4.62%	4.68%	4.73%	4.77%	4.81%	4.84%
108.00	4.31%	4.41%	4.50%	4.57%	4.62%	4.67%	4.71%	4.75%
109.00	4.17%	4.28%	4.38%	4.46%	4.52%	4.57%	4.62%	4.66%
110.00	4.03%	4.16%	4.26%	4.35%	4.42%	4.48%	4.53%	4.57%

5.50% EFFECTIVE YIELD RATE

PRICE	YEARS UNTIL MATURITY							
	16	17	18	19	20	21	22	23
70.00	9.09%	8.97%	8.87%	8.77%	8.69%	8.61%	8.55%	8.49%
71.00	8.94%	8.83%	8.72%	8.63%	8.55%	8.48%	8.42%	8.36%
72.00	8.79%	8.68%	8.58%	8.50%	8.42%	8.35%	8.29%	8.23%
73.00	8.65%	8.54%	8.44%	8.36%	8.29%	8.22%	8.16%	8.11%
74.00	8.50%	8.40%	8.31%	8.23%	8.16%	8.09%	8.04%	7.99%
75.00	8.36%	8.26%	8.18%	8.10%	8.03%	7.97%	7.92%	7.87%
76.00	8.22%	8.13%	8.05%	7.97%	7.91%	7.85%	7.80%	7.75%
77.00	8.09%	8.00%	7.92%	7.85%	7.79%	7.73%	7.68%	7.64%
78.00	7.95%	7.87%	7.79%	7.73%	7.67%	7.62%	7.57%	7.53%
79.00	7.82%	7.74%	7.67%	7.61%	7.55%	7.50%	7.46%	7.42%
80.00	7.69%	7.62%	7.55%	7.49%	7.44%	7.39%	7.35%	7.31%
81.00	7.57%	7.50%	7.43%	7.37%	7.32%	7.28%	7.24%	7.20%
82.00	7.44%	7.37%	7.31%	7.26%	7.21%	7.17%	7.13%	7.10%
82.50	7.38%	7.32%	7.26%	7.21%	7.16%	7.12%	7.08%	7.05%
83.00	7.32%	7.26%	7.20%	7.15%	7.11%	7.07%	7.03%	7.00%
83.50	7.26%	7.20%	7.14%	7.09%	7.05%	7.01%	6.98%	6.95%
84.00	7.20%	7.14%	7.09%	7.04%	7.00%	6.96%	6.93%	6.90%
84.50	7.14%	7.08%	7.03%	6.99%	6.95%	6.91%	6.88%	6.85%
85.00	7.08%	7.03%	6.98%	6.93%	6.89%	6.86%	6.83%	6.80%
85.50	7.02%	6.97%	6.92%	6.88%	6.84%	6.81%	6.78%	6.75%
86.00	6.96%	6.91%	6.87%	6.83%	6.79%	6.76%	6.73%	6.70%
86.50	6.91%	6.86%	6.81%	6.77%	6.74%	6.71%	6.68%	6.65%
87.00	6.85%	6.80%	6.76%	6.72%	6.69%	6.66%	6.63%	6.61%
87.50	6.79%	6.75%	6.71%	6.67%	6.64%	6.61%	6.58%	6.56%
88.00	6.74%	6.69%	6.65%	6.62%	6.59%	6.56%	6.54%	6.51%
88.50	6.68%	6.64%	6.60%	6.57%	6.54%	6.51%	6.49%	6.47%
89.00	6.63%	6.59%	6.55%	6.52%	6.49%	6.46%	6.44%	6.42%
89.50	6.57%	6.53%	6.50%	6.47%	6.44%	6.42%	6.40%	6.38%
90.00	6.52%	6.48%	6.45%	6.42%	6.39%	6.37%	6.35%	6.33%
90.50	6.46%	6.43%	6.40%	6.37%	6.35%	6.32%	6.30%	6.29%
91.00	6.41%	6.37%	6.35%	6.32%	6.30%	6.28%	6.26%	6.24%
91.50	6.35%	6.32%	6.30%	6.27%	6.25%	6.23%	6.21%	6.20%
92.00	6.30%	6.27%	6.25%	6.22%	6.20%	6.19%	6.17%	6.15%
92.50	6.25%	6.22%	6.20%	6.18%	6.16%	6.14%	6.13%	6.11%
93.00	6.20%	6.17%	6.15%	6.13%	6.11%	6.10%	6.08%	6.07%
93.50	6.14%	6.12%	6.10%	6.08%	6.07%	6.05%	6.04%	6.03%
94.00	6.09%	6.07%	6.05%	6.03%	6.02%	6.01%	5.99%	5.98%
94.50	6.04%	6.02%	6.00%	5.99%	5.97%	5.96%	5.95%	5.94%
95.00	5.99%	5.97%	5.96%	5.94%	5.93%	5.92%	5.91%	5.90%
95.50	5.94%	5.92%	5.91%	5.90%	5.89%	5.88%	5.87%	5.86%
96.00	5.89%	5.88%	5.86%	5.85%	5.84%	5.83%	5.82%	5.82%
96.50	5.84%	5.83%	5.82%	5.81%	5.80%	5.79%	5.78%	5.78%
97.00	5.79%	5.78%	5.77%	5.76%	5.75%	5.75%	5.74%	5.74%
97.50	5.74%	5.73%	5.72%	5.72%	5.71%	5.71%	5.70%	5.70%
98.00	5.69%	5.69%	5.68%	5.67%	5.67%	5.66%	5.66%	5.66%
98.50	5.64%	5.64%	5.63%	5.63%	5.63%	5.62%	5.62%	5.62%
99.00	5.60%	5.59%	5.59%	5.59%	5.58%	5.58%	5.58%	5.58%
99.50	5.55%	5.55%	5.54%	5.54%	5.54%	5.54%	5.54%	5.54%
100.00	5.50%	5.50%	5.50%	5.50%	5.50%	5.50%	5.50%	5.50%
100.50	5.45%	5.45%	5.46%	5.46%	5.46%	5.46%	5.46%	5.46%
101.00	5.41%	5.41%	5.41%	5.42%	5.42%	5.42%	5.42%	5.42%
102.00	5.31%	5.32%	5.33%	5.33%	5.34%	5.34%	5.34%	5.35%
103.00	5.22%	5.23%	5.24%	5.25%	5.26%	5.26%	5.27%	5.27%
104.00	5.13%	5.14%	5.16%	5.17%	5.18%	5.19%	5.19%	5.20%
105.00	5.04%	5.06%	5.07%	5.09%	5.10%	5.11%	5.12%	5.13%
106.00	4.95%	4.97%	4.99%	5.01%	5.02%	5.03%	5.05%	5.06%
107.00	4.87%	4.89%	4.91%	4.93%	4.94%	4.96%	4.97%	4.99%
108.00	4.78%	4.81%	4.83%	4.85%	4.87%	4.89%	4.90%	4.92%
109.00	4.69%	4.72%	4.75%	4.77%	4.80%	4.81%	4.83%	4.85%
110.00	4.61%	4.64%	4.67%	4.70%	4.72%	4.74%	4.76%	4.78%

EFFECTIVE YIELD RATE   5.50%

PRICE	YEARS UNTIL MATURITY							
	24	25	26	27	28	29	30	40
70.00	8.43%	8.39%	8.34%	8.30%	8.27%	8.23%	8.20%	8.01%
71.00	8.31%	8.26%	8.22%	8.18%	8.14%	8.11%	8.08%	7.90%
72.00	8.18%	8.14%	8.10%	8.06%	8.03%	8.00%	7.97%	7.79%
73.00	8.06%	8.02%	7.98%	7.94%	7.91%	7.88%	7.85%	7.68%
74.00	7.94%	7.90%	7.86%	7.83%	7.80%	7.77%	7.74%	7.58%
75.00	7.82%	7.78%	7.75%	7.72%	7.69%	7.66%	7.63%	7.47%
76.00	7.71%	7.67%	7.64%	7.61%	7.58%	7.55%	7.53%	7.37%
77.00	7.60%	7.56%	7.53%	7.50%	7.47%	7.45%	7.42%	7.28%
78.00	7.49%	7.45%	7.42%	7.39%	7.37%	7.34%	7.32%	7.18%
79.00	7.38%	7.35%	7.32%	7.29%	7.26%	7.24%	7.22%	7.09%
80.00	7.27%	7.24%	7.21%	7.19%	7.16%	7.14%	7.12%	6.99%
81.00	7.17%	7.14%	7.11%	7.09%	7.07%	7.05%	7.03%	6.90%
82.00	7.07%	7.04%	7.01%	6.99%	6.97%	6.95%	6.93%	6.82%
82.50	7.02%	6.99%	6.97%	6.94%	6.92%	6.90%	6.89%	6.77%
83.00	6.97%	6.94%	6.92%	6.90%	6.88%	6.86%	6.84%	6.73%
83.50	6.92%	6.89%	6.87%	6.85%	6.83%	6.81%	6.80%	6.69%
84.00	6.87%	6.85%	6.82%	6.80%	6.78%	6.77%	6.75%	6.65%
84.50	6.82%	6.80%	6.78%	6.76%	6.74%	6.72%	6.71%	6.61%
85.00	6.77%	6.75%	6.73%	6.71%	6.69%	6.68%	6.66%	6.57%
85.50	6.73%	6.70%	6.68%	6.66%	6.65%	6.63%	6.62%	6.52%
86.00	6.68%	6.66%	6.64%	6.62%	6.60%	6.59%	6.57%	6.48%
86.50	6.63%	6.61%	6.59%	6.58%	6.56%	6.55%	6.53%	6.44%
87.00	6.59%	6.57%	6.55%	6.53%	6.52%	6.50%	6.49%	6.41%
87.50	6.54%	6.52%	6.50%	6.49%	6.47%	6.46%	6.45%	6.37%
88.00	6.49%	6.48%	6.46%	6.44%	6.43%	6.42%	6.41%	6.33%
88.50	6.45%	6.43%	6.41%	6.40%	6.39%	6.37%	6.36%	6.29%
89.00	6.40%	6.39%	6.37%	6.36%	6.34%	6.33%	6.32%	6.25%
89.50	6.36%	6.34%	6.33%	6.32%	6.30%	6.29%	6.28%	6.21%
90.00	6.31%	6.30%	6.29%	6.27%	6.26%	6.25%	6.24%	6.18%
90.50	6.27%	6.26%	6.24%	6.23%	6.22%	6.21%	6.20%	6.14%
91.00	6.23%	6.21%	6.20%	6.19%	6.18%	6.17%	6.16%	6.10%
91.50	6.18%	6.17%	6.16%	6.15%	6.14%	6.13%	6.12%	6.07%
92.00	6.14%	6.13%	6.12%	6.11%	6.10%	6.09%	6.08%	6.03%
92.50	6.10%	6.09%	6.08%	6.07%	6.06%	6.05%	6.04%	6.00%
93.00	6.06%	6.05%	6.04%	6.03%	6.02%	6.01%	6.01%	5.96%
93.50	6.02%	6.01%	6.00%	5.99%	5.98%	5.97%	5.97%	5.93%
94.00	5.97%	5.96%	5.96%	5.95%	5.94%	5.94%	5.93%	5.89%
94.50	5.93%	5.92%	5.92%	5.91%	5.90%	5.90%	5.89%	5.86%
95.00	5.89%	5.88%	5.88%	5.87%	5.87%	5.86%	5.86%	5.82%
95.50	5.85%	5.84%	5.84%	5.83%	5.83%	5.82%	5.82%	5.79%
96.00	5.81%	5.81%	5.80%	5.79%	5.79%	5.79%	5.78%	5.76%
96.50	5.77%	5.77%	5.76%	5.76%	5.75%	5.75%	5.75%	5.72%
97.00	5.73%	5.73%	5.72%	5.72%	5.72%	5.71%	5.71%	5.69%
97.50	5.69%	5.69%	5.69%	5.68%	5.68%	5.68%	5.67%	5.66%
98.00	5.65%	5.65%	5.65%	5.65%	5.64%	5.64%	5.64%	5.63%
98.50	5.61%	5.61%	5.61%	5.61%	5.61%	5.61%	5.60%	5.59%
99.00	5.58%	5.57%	5.57%	5.57%	5.57%	5.57%	5.57%	5.56%
99.50	5.54%	5.54%	5.54%	5.54%	5.54%	5.53%	5.53%	5.53%
100.00	5.50%	5.50%	5.50%	5.50%	5.50%	5.50%	5.50%	5.50%
100.50	5.46%	5.46%	5.46%	5.46%	5.46%	5.47%	5.47%	5.47%
101.00	5.42%	5.43%	5.43%	5.43%	5.43%	5.43%	5.43%	5.44%
102.00	5.35%	5.35%	5.36%	5.36%	5.36%	5.36%	5.37%	5.38%
103.00	5.28%	5.28%	5.29%	5.29%	5.29%	5.30%	5.30%	5.32%
104.00	5.21%	5.21%	5.22%	5.22%	5.23%	5.23%	5.23%	5.26%
105.00	5.14%	5.14%	5.15%	5.15%	5.16%	5.17%	5.17%	5.20%
106.00	5.07%	5.07%	5.08%	5.09%	5.10%	5.10%	5.11%	5.14%
107.00	5.00%	5.01%	5.02%	5.02%	5.03%	5.04%	5.04%	5.09%
108.00	4.93%	4.94%	4.95%	4.96%	4.97%	4.98%	4.98%	5.03%
109.00	4.86%	4.87%	4.88%	4.90%	4.91%	4.91%	4.92%	4.98%
110.00	4.79%	4.81%	4.82%	4.83%	4.84%	4.85%	4.86%	4.93%

5.75%   EFFECTIVE YIELD RATE

PRICE	YEARS UNTIL MATURITY						
	1/2	1	2	3	4	5	6	7
85.00	42.06%	23.44%	14.67%	11.84%	10.43%	9.60%	9.04%	8.65%
85.50	40.64%	22.77%	14.34%	11.61%	10.26%	9.46%	8.92%	8.55%
86.00	39.24%	22.11%	14.02%	11.39%	10.09%	9.32%	8.80%	8.44%
86.50	37.86%	21.46%	13.69%	11.17%	9.92%	9.18%	8.68%	8.33%
87.00	36.49%	20.81%	13.37%	10.95%	9.75%	9.04%	8.57%	8.23%
87.50	35.14%	20.17%	13.05%	10.73%	9.59%	8.90%	8.45%	8.13%
88.00	33.81%	19.54%	12.73%	10.52%	9.42%	8.77%	8.33%	8.02%
88.50	32.49%	18.91%	12.42%	10.30%	9.26%	8.63%	8.22%	7.92%
89.00	31.18%	18.28%	12.11%	10.09%	9.09%	8.50%	8.10%	7.82%
89.50	29.89%	17.66%	11.80%	9.88%	8.93%	8.36%	7.99%	7.72%
90.00	28.61%	17.05%	11.49%	9.67%	8.77%	8.23%	7.87%	7.62%
90.50	27.35%	16.44%	11.18%	9.46%	8.61%	8.10%	7.76%	7.52%
91.00	26.10%	15.83%	10.88%	9.25%	8.45%	7.97%	7.65%	7.42%
91.25	25.48%	15.53%	10.73%	9.15%	8.37%	7.90%	7.59%	7.37%
91.50	24.86%	15.23%	10.58%	9.05%	8.29%	7.84%	7.54%	7.32%
91.75	24.25%	14.94%	10.43%	8.95%	8.21%	7.77%	7.48%	7.27%
92.00	23.64%	14.64%	10.28%	8.84%	8.13%	7.71%	7.43%	7.23%
92.25	23.04%	14.34%	10.13%	8.74%	8.05%	7.64%	7.37%	7.18%
92.50	22.43%	14.05%	9.98%	8.64%	7.98%	7.58%	7.32%	7.13%
92.75	21.83%	13.76%	9.83%	8.54%	7.90%	7.52%	7.26%	7.08%
93.00	21.24%	13.46%	9.68%	8.44%	7.82%	7.45%	7.21%	7.03%
93.25	20.64%	13.17%	9.54%	8.34%	7.74%	7.39%	7.15%	6.99%
93.50	20.05%	12.88%	9.39%	8.24%	7.67%	7.33%	7.10%	6.94%
93.75	19.47%	12.60%	9.24%	8.14%	7.59%	7.26%	7.05%	6.89%
94.00	18.88%	12.31%	9.10%	8.04%	7.51%	7.20%	6.99%	6.84%
94.25	18.30%	12.02%	8.95%	7.94%	7.44%	7.14%	6.94%	6.80%
94.50	17.72%	11.74%	8.81%	7.84%	7.36%	7.08%	6.88%	6.75%
94.75	17.15%	11.46%	8.67%	7.74%	7.29%	7.01%	6.83%	6.70%
95.00	16.58%	11.17%	8.52%	7.65%	7.21%	6.95%	6.78%	6.66%
95.25	16.01%	10.89%	8.38%	7.55%	7.14%	6.89%	6.73%	6.61%
95.50	15.45%	10.61%	8.24%	7.45%	7.06%	6.83%	6.67%	6.56%
95.75	14.88%	10.33%	8.09%	7.35%	6.99%	6.77%	6.62%	6.52%
96.00	14.32%	10.05%	7.95%	7.26%	6.91%	6.70%	6.57%	6.47%
96.25	13.77%	9.78%	7.81%	7.16%	6.84%	6.64%	6.52%	6.42%
96.50	13.21%	9.50%	7.67%	7.07%	6.76%	6.58%	6.46%	6.38%
96.75	12.66%	9.23%	7.53%	6.97%	6.69%	6.52%	6.41%	6.33%
97.00	12.11%	8.95%	7.39%	6.87%	6.62%	6.46%	6.36%	6.29%
97.25	11.57%	8.68%	7.25%	6.78%	6.54%	6.40%	6.31%	6.24%
97.50	11.03%	8.41%	7.11%	6.68%	6.47%	6.34%	6.26%	6.20%
97.75	10.49%	8.14%	6.97%	6.59%	6.40%	6.28%	6.20%	6.15%
98.00	9.95%	7.87%	6.84%	6.49%	6.32%	6.22%	6.15%	6.11%
98.25	9.41%	7.60%	6.70%	6.40%	6.25%	6.16%	6.10%	6.06%
98.50	8.88%	7.33%	6.56%	6.31%	6.18%	6.10%	6.05%	6.02%
98.75	8.35%	7.07%	6.43%	6.21%	6.11%	6.04%	6.00%	5.97%
99.00	7.83%	6.80%	6.29%	6.12%	6.04%	5.98%	5.95%	5.93%
99.25	7.30%	6.54%	6.15%	6.03%	5.96%	5.93%	5.90%	5.88%
99.50	6.78%	6.27%	6.02%	5.93%	5.89%	5.87%	5.85%	5.84%
99.75	6.27%	6.01%	5.88%	5.84%	5.82%	5.81%	5.80%	5.79%
100.00	5.75%	5.75%	5.75%	5.75%	5.75%	5.75%	5.75%	5.75%
100.25	5.24%	5.49%	5.62%	5.66%	5.68%	5.69%	5.70%	5.71%
100.50	4.73%	5.23%	5.48%	5.57%	5.61%	5.63%	5.65%	5.66%
101.00	3.71%	4.71%	5.22%	5.38%	5.47%	5.52%	5.55%	5.58%
101.50	2.71%	4.20%	4.95%	5.20%	5.33%	5.40%	5.45%	5.49%
102.00	1.72%	3.69%	4.69%	5.02%	5.19%	5.29%	5.36%	5.40%
102.50	0.73%	3.19%	4.43%	4.84%	5.05%	5.18%	5.26%	5.32%
103.00	***	2.69%	4.17%	4.67%	4.91%	5.06%	5.16%	5.23%
103.50	***	2.19%	3.91%	4.49%	4.78%	4.95%	5.07%	5.15%
104.00	***	1.70%	3.66%	4.31%	4.64%	4.84%	4.97%	5.06%
104.50	***	1.21%	3.40%	4.14%	4.51%	4.73%	4.88%	4.98%
105.00	***	0.72%	3.15%	3.97%	4.37%	4.62%	4.78%	4.90%

EFFECTIVE YIELD RATE 5.75%

PRICE	YEARS UNTIL MATURITY							
	8	9	10	11	12	13	14	15
70.00	11.61%	11.11%	10.71%	10.39%	10.12%	9.90%	9.72%	9.55%
71.00	11.36%	10.88%	10.50%	10.20%	9.94%	9.73%	9.55%	9.39%
72.00	11.13%	10.67%	10.30%	10.01%	9.76%	9.56%	9.38%	9.24%
73.00	10.89%	10.45%	10.10%	9.82%	9.58%	9.39%	9.22%	9.08%
74.00	10.66%	10.24%	9.91%	9.63%	9.41%	9.22%	9.07%	8.93%
75.00	10.44%	10.03%	9.71%	9.45%	9.24%	9.06%	8.91%	8.78%
76.00	10.21%	9.83%	9.52%	9.28%	9.07%	8.90%	8.76%	8.63%
77.00	9.99%	9.63%	9.34%	9.10%	8.91%	8.75%	8.61%	8.49%
78.00	9.78%	9.43%	9.16%	8.93%	8.75%	8.59%	8.46%	8.35%
79.00	9.57%	9.24%	8.98%	8.76%	8.59%	8.44%	8.32%	8.21%
80.00	9.36%	9.05%	8.80%	8.60%	8.43%	8.29%	8.17%	8.07%
81.00	9.15%	8.86%	8.62%	8.43%	8.28%	8.15%	8.04%	7.94%
82.00	8.95%	8.67%	8.45%	8.27%	8.13%	8.00%	7.90%	7.81%
82.50	8.85%	8.58%	8.37%	8.19%	8.05%	7.93%	7.83%	7.74%
83.00	8.75%	8.49%	8.28%	8.12%	7.98%	7.86%	7.76%	7.68%
83.50	8.65%	8.40%	8.20%	8.04%	7.90%	7.79%	7.70%	7.61%
84.00	8.55%	8.31%	8.12%	7.96%	7.83%	7.72%	7.63%	7.55%
84.50	8.46%	8.22%	8.03%	7.88%	7.76%	7.65%	7.56%	7.49%
85.00	8.36%	8.13%	7.95%	7.81%	7.69%	7.58%	7.50%	7.42%
85.50	8.26%	8.04%	7.87%	7.73%	7.61%	7.52%	7.43%	7.36%
86.00	8.17%	7.96%	7.79%	7.66%	7.54%	7.45%	7.37%	7.30%
86.50	8.07%	7.87%	7.71%	7.58%	7.47%	7.38%	7.31%	7.24%
87.00	7.98%	7.79%	7.63%	7.51%	7.40%	7.32%	7.24%	7.18%
87.50	7.89%	7.70%	7.55%	7.43%	7.33%	7.25%	7.18%	7.12%
88.00	7.79%	7.62%	7.48%	7.36%	7.27%	7.19%	7.12%	7.06%
88.50	7.70%	7.53%	7.40%	7.29%	7.20%	7.12%	7.06%	7.00%
89.00	7.61%	7.45%	7.32%	7.22%	7.13%	7.06%	6.99%	6.94%
89.50	7.52%	7.37%	7.24%	7.14%	7.06%	6.99%	6.93%	6.88%
90.00	7.43%	7.28%	7.17%	7.07%	7.00%	6.93%	6.87%	6.83%
90.50	7.34%	7.20%	7.09%	7.00%	6.93%	6.87%	6.81%	6.77%
91.00	7.25%	7.12%	7.02%	6.93%	6.86%	6.80%	6.75%	6.71%
91.50	7.16%	7.04%	6.94%	6.86%	6.80%	6.74%	6.69%	6.65%
92.00	7.08%	6.96%	6.87%	6.79%	6.73%	6.68%	6.64%	6.60%
92.50	6.99%	6.88%	6.80%	6.73%	6.67%	6.62%	6.58%	6.54%
93.00	6.90%	6.80%	6.72%	6.66%	6.60%	6.56%	6.52%	6.49%
93.50	6.82%	6.72%	6.65%	6.59%	6.54%	6.50%	6.46%	6.43%
94.00	6.73%	6.65%	6.58%	6.52%	6.48%	6.44%	6.41%	6.38%
94.50	6.65%	6.57%	6.51%	6.46%	6.41%	6.38%	6.35%	6.32%
95.00	6.56%	6.49%	6.44%	6.39%	6.35%	6.32%	6.29%	6.27%
95.50	6.48%	6.42%	6.37%	6.32%	6.29%	6.26%	6.24%	6.22%
96.00	6.40%	6.34%	6.30%	6.26%	6.23%	6.20%	6.18%	6.16%
96.50	6.31%	6.26%	6.23%	6.19%	6.17%	6.14%	6.13%	6.11%
97.00	6.23%	6.19%	6.16%	6.13%	6.11%	6.09%	6.07%	6.06%
97.50	6.15%	6.12%	6.09%	6.06%	6.05%	6.03%	6.02%	6.01%
98.00	6.07%	6.04%	6.02%	6.00%	5.99%	5.97%	5.96%	5.95%
98.50	5.99%	5.97%	5.95%	5.94%	5.93%	5.92%	5.91%	5.90%
99.00	5.91%	5.89%	5.88%	5.87%	5.87%	5.86%	5.86%	5.85%
99.50	5.83%	5.82%	5.82%	5.81%	5.81%	5.81%	5.80%	5.80%
100.00	5.75%	5.75%	5.75%	5.75%	5.75%	5.75%	5.75%	5.75%
100.50	5.67%	5.68%	5.68%	5.69%	5.69%	5.70%	5.70%	5.70%
101.00	5.59%	5.61%	5.62%	5.63%	5.63%	5.64%	5.65%	5.65%
102.00	5.44%	5.47%	5.49%	5.51%	5.52%	5.53%	5.54%	5.55%
103.00	5.29%	5.33%	5.36%	5.39%	5.41%	5.43%	5.44%	5.45%
104.00	5.13%	5.19%	5.23%	5.27%	5.30%	5.32%	5.34%	5.36%
105.00	4.98%	5.05%	5.11%	5.15%	5.19%	5.22%	5.24%	5.26%
106.00	4.84%	4.92%	4.98%	5.03%	5.08%	5.11%	5.14%	5.17%
107.00	4.69%	4.78%	4.86%	4.92%	4.97%	5.01%	5.05%	5.08%
108.00	4.55%	4.65%	4.74%	4.81%	4.86%	4.91%	4.95%	4.99%
109.00	4.40%	4.52%	4.62%	4.69%	4.76%	4.81%	4.86%	4.90%
110.00	4.26%	4.39%	4.50%	4.58%	4.65%	4.71%	4.76%	4.81%

5.75%   EFFECTIVE YIELD RATE

PRICE	YEARS UNTIL MATURITY							
	16	17	18	19	20	21	22	23
70.00	9.42%	9.30%	9.19%	9.10%	9.01%	8.94%	8.88%	8.82%
71.00	9.26%	9.14%	9.04%	8.95%	8.87%	8.80%	8.74%	8.68%
72.00	9.11%	9.00%	8.90%	8.81%	8.74%	8.67%	8.61%	8.55%
73.00	8.96%	8.85%	8.76%	8.67%	8.60%	8.54%	8.48%	8.43%
74.00	8.81%	8.71%	8.62%	8.54%	8.47%	8.41%	8.35%	8.30%
75.00	8.67%	8.57%	8.48%	8.41%	8.34%	8.28%	8.23%	8.18%
76.00	8.53%	8.43%	8.35%	8.28%	8.21%	8.16%	8.11%	8.06%
77.00	8.39%	8.30%	8.22%	8.15%	8.09%	8.03%	7.99%	7.94%
78.00	8.25%	8.17%	8.09%	8.03%	7.97%	7.92%	7.87%	7.83%
79.00	8.12%	8.04%	7.97%	7.90%	7.85%	7.80%	7.75%	7.71%
80.00	7.99%	7.91%	7.84%	7.78%	7.73%	7.68%	7.64%	7.60%
81.00	7.86%	7.78%	7.72%	7.67%	7.62%	7.57%	7.53%	7.50%
82.00	7.73%	7.66%	7.60%	7.55%	7.50%	7.46%	7.42%	7.39%
82.50	7.67%	7.60%	7.54%	7.49%	7.45%	7.41%	7.37%	7.34%
83.00	7.60%	7.54%	7.48%	7.43%	7.39%	7.35%	7.32%	7.28%
83.50	7.54%	7.48%	7.43%	7.38%	7.34%	7.30%	7.26%	7.23%
84.00	7.48%	7.42%	7.37%	7.32%	7.28%	7.24%	7.21%	7.18%
84.50	7.42%	7.36%	7.31%	7.27%	7.23%	7.19%	7.16%	7.13%
85.00	7.36%	7.30%	7.26%	7.21%	7.17%	7.14%	7.11%	7.08%
85.50	7.30%	7.25%	7.20%	7.16%	7.12%	7.09%	7.06%	7.03%
86.00	7.24%	7.19%	7.14%	7.10%	7.07%	7.04%	7.01%	6.98%
86.50	7.18%	7.13%	7.09%	7.05%	7.02%	6.99%	6.96%	6.93%
87.00	7.12%	7.08%	7.03%	7.00%	6.96%	6.93%	6.91%	6.88%
87.50	7.07%	7.02%	6.98%	6.94%	6.91%	6.88%	6.86%	6.84%
88.00	7.01%	6.97%	6.93%	6.89%	6.86%	6.83%	6.81%	6.79%
88.50	6.95%	6.91%	6.87%	6.84%	6.81%	6.79%	6.76%	6.74%
89.00	6.90%	6.86%	6.82%	6.79%	6.76%	6.74%	6.71%	6.69%
89.50	6.84%	6.80%	6.77%	6.74%	6.71%	6.69%	6.67%	6.65%
90.00	6.78%	6.75%	6.72%	6.69%	6.66%	6.64%	6.62%	6.60%
90.50	6.73%	6.69%	6.66%	6.64%	6.61%	6.59%	6.57%	6.56%
91.00	6.67%	6.64%	6.61%	6.59%	6.56%	6.54%	6.53%	6.51%
91.50	6.62%	6.59%	6.56%	6.54%	6.52%	6.50%	6.48%	6.47%
92.00	6.57%	6.54%	6.51%	6.49%	6.47%	6.45%	6.43%	6.42%
92.50	6.51%	6.48%	6.46%	6.44%	6.42%	6.40%	6.39%	6.38%
93.00	6.46%	6.43%	6.41%	6.39%	6.37%	6.36%	6.34%	6.33%
93.50	6.41%	6.38%	6.36%	6.34%	6.33%	6.31%	6.30%	6.29%
94.00	6.35%	6.33%	6.31%	6.30%	6.28%	6.27%	6.26%	6.25%
94.50	6.30%	6.28%	6.26%	6.25%	6.23%	6.22%	6.21%	6.20%
95.00	6.25%	6.23%	6.22%	6.20%	6.19%	6.18%	6.17%	6.16%
95.50	6.20%	6.18%	6.17%	6.15%	6.14%	6.13%	6.13%	6.12%
96.00	6.15%	6.13%	6.12%	6.11%	6.10%	6.09%	6.08%	6.08%
96.50	6.10%	6.08%	6.07%	6.06%	6.05%	6.05%	6.04%	6.03%
97.00	6.05%	6.03%	6.03%	6.02%	6.01%	6.00%	6.00%	5.99%
97.50	6.00%	5.99%	5.98%	5.97%	5.97%	5.96%	5.96%	5.95%
98.00	5.95%	5.94%	5.93%	5.93%	5.92%	5.92%	5.91%	5.91%
98.50	5.90%	5.89%	5.89%	5.88%	5.88%	5.88%	5.87%	5.87%
99.00	5.85%	5.84%	5.84%	5.84%	5.84%	5.83%	5.83%	5.83%
99.50	5.80%	5.80%	5.80%	5.79%	5.79%	5.79%	5.79%	5.79%
100.00	5.75%	5.75%	5.75%	5.75%	5.75%	5.75%	5.75%	5.75%
100.50	5.70%	5.70%	5.71%	5.71%	5.71%	5.71%	5.71%	5.71%
101.00	5.65%	5.66%	5.66%	5.66%	5.67%	5.67%	5.67%	5.67%
102.00	5.56%	5.57%	5.57%	5.58%	5.58%	5.59%	5.59%	5.59%
103.00	5.47%	5.48%	5.49%	5.49%	5.50%	5.51%	5.51%	5.52%
104.00	5.37%	5.39%	5.40%	5.41%	5.42%	5.43%	5.44%	5.44%
105.00	5.28%	5.30%	5.32%	5.33%	5.34%	5.35%	5.36%	5.37%
106.00	5.19%	5.21%	5.23%	5.25%	5.26%	5.27%	5.29%	5.30%
107.00	5.10%	5.13%	5.15%	5.17%	5.18%	5.20%	5.21%	5.22%
108.00	5.02%	5.04%	5.07%	5.09%	5.11%	5.12%	5.14%	5.15%
109.00	4.93%	4.96%	4.99%	5.01%	5.03%	5.05%	5.07%	5.08%
110.00	4.84%	4.88%	4.91%	4.93%	4.96%	4.98%	5.00%	5.01%

EFFECTIVE YIELD RATE 5.75%

PRICE	YEARS UNTIL MATURITY							
	24	25	26	27	28	29	30	40
70.00	8.76%	8.72%	8.67%	8.63%	8.60%	8.57%	8.54%	8.36%
71.00	8.63%	8.59%	8.55%	8.51%	8.47%	8.44%	8.42%	8.24%
72.00	8.50%	8.46%	8.42%	8.38%	8.35%	8.32%	8.29%	8.12%
73.00	8.38%	8.34%	8.30%	8.26%	8.23%	8.20%	8.18%	8.01%
74.00	8.26%	8.22%	8.18%	8.15%	8.11%	8.09%	8.06%	7.90%
75.00	8.14%	8.10%	8.06%	8.03%	8.00%	7.97%	7.95%	7.79%
76.00	8.02%	7.98%	7.95%	7.92%	7.89%	7.86%	7.84%	7.69%
77.00	7.90%	7.87%	7.83%	7.81%	7.78%	7.75%	7.73%	7.59%
78.00	7.79%	7.76%	7.72%	7.70%	7.67%	7.65%	7.63%	7.49%
79.00	7.68%	7.65%	7.62%	7.59%	7.57%	7.54%	7.52%	7.39%
80.00	7.57%	7.54%	7.51%	7.49%	7.46%	7.44%	7.42%	7.30%
81.00	7.46%	7.43%	7.41%	7.38%	7.36%	7.34%	7.32%	7.20%
82.00	7.36%	7.33%	7.31%	7.28%	7.26%	7.24%	7.23%	7.11%
82.50	7.31%	7.28%	7.26%	7.23%	7.21%	7.20%	7.18%	7.07%
83.00	7.26%	7.23%	7.21%	7.18%	7.17%	7.15%	7.13%	7.02%
83.50	7.20%	7.18%	7.16%	7.14%	7.12%	7.10%	7.08%	6.98%
84.00	7.15%	7.13%	7.11%	7.09%	7.07%	7.05%	7.04%	6.94%
84.50	7.10%	7.08%	7.06%	7.04%	7.02%	7.01%	6.99%	6.89%
85.00	7.06%	7.03%	7.01%	6.99%	6.98%	6.96%	6.95%	6.85%
85.50	7.01%	6.98%	6.96%	6.95%	6.93%	6.91%	6.90%	6.81%
86.00	6.96%	6.94%	6.92%	6.90%	6.88%	6.87%	6.86%	6.77%
86.50	6.91%	6.89%	6.87%	6.85%	6.84%	6.82%	6.81%	6.73%
87.00	6.86%	6.84%	6.83%	6.81%	6.79%	6.78%	6.77%	6.69%
87.50	6.82%	6.80%	6.78%	6.76%	6.75%	6.74%	6.72%	6.65%
88.00	6.77%	6.75%	6.73%	6.72%	6.71%	6.69%	6.68%	6.61%
88.50	6.72%	6.70%	6.69%	6.67%	6.66%	6.65%	6.64%	6.57%
89.00	6.68%	6.66%	6.64%	6.63%	6.62%	6.61%	6.60%	6.53%
89.50	6.63%	6.61%	6.60%	6.59%	6.58%	6.56%	6.55%	6.49%
90.00	6.58%	6.57%	6.56%	6.54%	6.53%	6.52%	6.51%	6.45%
90.50	6.54%	6.53%	6.51%	6.50%	6.49%	6.48%	6.47%	6.41%
91.00	6.50%	6.48%	6.47%	6.46%	6.45%	6.44%	6.43%	6.37%
91.50	6.45%	6.44%	6.43%	6.42%	6.41%	6.40%	6.39%	6.34%
92.00	6.41%	6.40%	6.38%	6.37%	6.37%	6.36%	6.35%	6.30%
92.50	6.36%	6.35%	6.34%	6.33%	6.32%	6.32%	6.31%	6.26%
93.00	6.32%	6.31%	6.30%	6.29%	6.28%	6.28%	6.27%	6.23%
93.50	6.28%	6.27%	6.26%	6.25%	6.24%	6.24%	6.23%	6.19%
94.00	6.24%	6.23%	6.22%	6.21%	6.20%	6.20%	6.19%	6.16%
94.50	6.19%	6.19%	6.18%	6.17%	6.16%	6.16%	6.15%	6.12%
95.00	6.15%	6.14%	6.14%	6.13%	6.13%	6.12%	6.12%	6.08%
95.50	6.11%	6.10%	6.10%	6.09%	6.09%	6.08%	6.08%	6.05%
96.00	6.07%	6.06%	6.06%	6.05%	6.05%	6.04%	6.04%	6.02%
96.50	6.03%	6.02%	6.02%	6.01%	6.01%	6.01%	6.00%	5.98%
97.00	5.99%	5.98%	5.98%	5.98%	5.97%	5.97%	5.97%	5.95%
97.50	5.95%	5.94%	5.94%	5.94%	5.93%	5.93%	5.93%	5.91%
98.00	5.91%	5.90%	5.90%	5.90%	5.90%	5.89%	5.89%	5.88%
98.50	5.87%	5.87%	5.86%	5.86%	5.86%	5.86%	5.86%	5.85%
99.00	5.83%	5.83%	5.83%	5.82%	5.82%	5.82%	5.82%	5.81%
99.50	5.79%	5.79%	5.79%	5.79%	5.79%	5.79%	5.79%	5.78%
100.00	5.75%	5.75%	5.75%	5.75%	5.75%	5.75%	5.75%	5.75%
100.50	5.71%	5.71%	5.71%	5.71%	5.71%	5.71%	5.71%	5.72%
101.00	5.67%	5.67%	5.68%	5.68%	5.68%	5.68%	5.68%	5.69%
102.00	5.60%	5.60%	5.60%	5.61%	5.61%	5.61%	5.61%	5.62%
103.00	5.52%	5.53%	5.53%	5.53%	5.54%	5.54%	5.54%	5.56%
104.00	5.45%	5.45%	5.46%	5.46%	5.47%	5.47%	5.48%	5.50%
105.00	5.38%	5.38%	5.39%	5.40%	5.40%	5.41%	5.41%	5.44%
106.00	5.31%	5.31%	5.32%	5.33%	5.33%	5.34%	5.35%	5.38%
107.00	5.23%	5.24%	5.25%	5.26%	5.27%	5.28%	5.28%	5.33%
108.00	5.16%	5.18%	5.19%	5.20%	5.20%	5.21%	5.22%	5.27%
109.00	5.10%	5.11%	5.12%	5.13%	5.14%	5.15%	5.16%	5.21%
110.00	5.03%	5.04%	5.05%	5.07%	5.08%	5.09%	5.10%	5.16%

6%   EFFECTIVE YIELD RATE

PRICE	YEARS UNTIL MATURITY							
	1/2	1	2	3	4	5	6	7
85.00	42.35%	23.72%	14.95%	12.11%	10.71%	9.87%	9.32%	8.93%
85.50	40.94%	23.05%	14.62%	11.89%	10.54%	9.73%	9.20%	8.82%
86.00	39.53%	22.39%	14.29%	11.66%	10.36%	9.59%	9.08%	8.71%
86.50	38.15%	21.74%	13.97%	11.44%	10.19%	9.45%	8.96%	8.61%
87.00	36.78%	21.09%	13.65%	11.22%	10.02%	9.31%	8.84%	8.50%
87.50	35.43%	20.45%	13.32%	11.00%	9.86%	9.17%	8.72%	8.40%
88.00	34.09%	19.81%	13.01%	10.79%	9.69%	9.04%	8.60%	8.29%
88.50	32.77%	19.18%	12.69%	10.57%	9.52%	8.90%	8.49%	8.19%
89.00	31.46%	18.55%	12.38%	10.36%	9.36%	8.76%	8.37%	8.09%
89.50	30.17%	17.93%	12.06%	10.15%	9.20%	8.63%	8.25%	7.99%
90.00	28.89%	17.32%	11.76%	9.94%	9.03%	8.50%	8.14%	7.89%
90.50	27.62%	16.71%	11.45%	9.73%	8.87%	8.36%	8.03%	7.79%
91.00	26.37%	16.10%	11.14%	9.52%	8.71%	8.23%	7.91%	7.69%
91.25	25.75%	15.80%	10.99%	9.42%	8.63%	8.17%	7.86%	7.64%
91.50	25.14%	15.50%	10.84%	9.31%	8.55%	8.10%	7.80%	7.59%
91.75	24.52%	15.20%	10.69%	9.21%	8.47%	8.04%	7.75%	7.54%
92.00	23.91%	14.91%	10.54%	9.11%	8.40%	7.97%	7.69%	7.49%
92.25	23.31%	14.61%	10.39%	9.01%	8.32%	7.91%	7.63%	7.44%
92.50	22.70%	14.31%	10.24%	8.90%	8.24%	7.84%	7.58%	7.39%
92.75	22.10%	14.02%	10.09%	8.80%	8.16%	7.78%	7.52%	7.34%
93.00	21.51%	13.73%	9.95%	8.70%	8.08%	7.71%	7.47%	7.29%
93.25	20.91%	13.44%	9.80%	8.60%	8.01%	7.65%	7.41%	7.25%
93.50	20.32%	13.15%	9.65%	8.50%	7.93%	7.59%	7.36%	7.20%
93.75	19.73%	12.86%	9.50%	8.40%	7.85%	7.52%	7.31%	7.15%
94.00	19.15%	12.57%	9.36%	8.30%	7.77%	7.46%	7.25%	7.10%
94.25	18.57%	12.29%	9.21%	8.20%	7.70%	7.40%	7.20%	7.06%
94.50	17.99%	12.00%	9.07%	8.10%	7.62%	7.33%	7.14%	7.01%
94.75	17.41%	11.72%	8.92%	8.00%	7.54%	7.27%	7.09%	6.96%
95.00	16.84%	11.43%	8.78%	7.90%	7.47%	7.21%	7.04%	6.91%
95.25	16.27%	11.15%	8.64%	7.81%	7.39%	7.15%	6.98%	6.87%
95.50	15.71%	10.87%	8.49%	7.71%	7.32%	7.08%	6.93%	6.82%
95.75	15.14%	10.59%	8.35%	7.61%	7.24%	7.02%	6.88%	6.77%
96.00	14.58%	10.31%	8.21%	7.51%	7.17%	6.96%	6.82%	6.73%
96.25	14.03%	10.03%	8.07%	7.42%	7.09%	6.90%	6.77%	6.68%
96.50	13.47%	9.76%	7.93%	7.32%	7.02%	6.84%	6.72%	6.63%
96.75	12.92%	9.48%	7.79%	7.22%	6.94%	6.78%	6.67%	6.59%
97.00	12.37%	9.21%	7.65%	7.13%	6.87%	6.72%	6.61%	6.54%
97.25	11.83%	8.94%	7.51%	7.03%	6.80%	6.66%	6.56%	6.50%
97.50	11.28%	8.66%	7.37%	6.94%	6.72%	6.60%	6.51%	6.45%
97.75	10.74%	8.39%	7.23%	6.84%	6.65%	6.53%	6.46%	6.40%
98.00	10.20%	8.12%	7.09%	6.75%	6.58%	6.47%	6.41%	6.36%
98.25	9.67%	7.85%	6.95%	6.65%	6.50%	6.41%	6.36%	6.31%
98.50	9.14%	7.59%	6.81%	6.56%	6.43%	6.35%	6.30%	6.27%
98.75	8.61%	7.32%	6.68%	6.47%	6.36%	6.30%	6.25%	6.22%
99.00	8.08%	7.05%	6.54%	6.37%	6.29%	6.24%	6.20%	6.18%
99.25	7.56%	6.79%	6.41%	6.28%	6.21%	6.18%	6.15%	6.13%
99.50	7.04%	6.52%	6.27%	6.19%	6.14%	6.12%	6.10%	6.09%
99.75	6.52%	6.26%	6.13%	6.09%	6.07%	6.06%	6.05%	6.04%
100.00	6.00%	6.00%	6.00%	6.00%	6.00%	6.00%	6.00%	6.00%
100.25	5.49%	5.74%	5.87%	5.91%	5.93%	5.94%	5.95%	5.96%
100.50	4.98%	5.48%	5.73%	5.82%	5.86%	5.88%	5.90%	5.91%
101.00	3.96%	4.96%	5.47%	5.63%	5.72%	5.77%	5.80%	5.82%
101.50	2.96%	4.45%	5.20%	5.45%	5.58%	5.65%	5.70%	5.74%
102.00	1.96%	3.94%	4.94%	5.27%	5.44%	5.54%	5.60%	5.65%
102.50	0.98%	3.44%	4.68%	5.09%	5.30%	5.42%	5.51%	5.56%
103.00	***	2.93%	4.42%	4.91%	5.16%	5.31%	5.41%	5.48%
103.50	***	2.44%	4.16%	4.73%	5.02%	5.20%	5.31%	5.39%
104.00	***	1.94%	3.90%	4.56%	4.89%	5.08%	5.22%	5.31%
104.50	***	1.45%	3.65%	4.38%	4.75%	4.97%	5.12%	5.22%
105.00	***	0.96%	3.39%	4.21%	4.62%	4.86%	5.02%	5.14%

EFFECTIVE YIELD RATE 6%

PRICE	YEARS UNTIL MATURITY							
	8	9	10	11	12	13	14	15
70.00	11.92%	11.42%	11.03%	10.71%	10.44%	10.22%	10.04%	9.88%
71.00	11.68%	11.20%	10.82%	10.51%	10.26%	10.04%	9.86%	9.71%
72.00	11.43%	10.97%	10.61%	10.32%	10.07%	9.87%	9.70%	9.55%
73.00	11.20%	10.76%	10.41%	10.13%	9.89%	9.70%	9.53%	9.39%
74.00	10.96%	10.54%	10.21%	9.94%	9.72%	9.53%	9.37%	9.24%
75.00	10.73%	10.33%	10.01%	9.76%	9.54%	9.37%	9.21%	9.08%
76.00	10.51%	10.13%	9.82%	9.58%	9.37%	9.20%	9.06%	8.94%
77.00	10.29%	9.92%	9.63%	9.40%	9.21%	9.04%	8.91%	8.79%
78.00	10.07%	9.72%	9.45%	9.23%	9.04%	8.89%	8.76%	8.65%
79.00	9.86%	9.53%	9.27%	9.05%	8.88%	8.73%	8.61%	8.50%
80.00	9.64%	9.33%	9.09%	8.89%	8.72%	8.58%	8.47%	8.36%
81.00	9.44%	9.14%	8.91%	8.72%	8.56%	8.43%	8.32%	8.23%
82.00	9.23%	8.96%	8.74%	8.56%	8.41%	8.29%	8.18%	8.09%
82.50	9.13%	8.86%	8.65%	8.48%	8.34%	8.22%	8.11%	8.03%
83.00	9.03%	8.77%	8.56%	8.40%	8.26%	8.14%	8.05%	7.96%
83.50	8.93%	8.68%	8.48%	8.32%	8.18%	8.07%	7.98%	7.90%
84.00	8.83%	8.59%	8.40%	8.24%	8.11%	8.00%	7.91%	7.83%
84.50	8.73%	8.50%	8.31%	8.16%	8.04%	7.93%	7.84%	7.77%
85.00	8.64%	8.41%	8.23%	8.08%	7.96%	7.86%	7.78%	7.70%
85.50	8.54%	8.32%	8.15%	8.01%	7.89%	7.79%	7.71%	7.64%
86.00	8.44%	8.23%	8.07%	7.93%	7.82%	7.73%	7.65%	7.58%
86.50	8.35%	8.15%	7.99%	7.86%	7.75%	7.66%	7.58%	7.52%
87.00	8.25%	8.06%	7.91%	7.78%	7.68%	7.59%	7.52%	7.45%
87.50	8.16%	7.97%	7.83%	7.71%	7.61%	7.52%	7.45%	7.39%
88.00	8.06%	7.89%	7.75%	7.63%	7.54%	7.46%	7.39%	7.33%
88.50	7.97%	7.80%	7.67%	7.56%	7.47%	7.39%	7.33%	7.27%
89.00	7.88%	7.72%	7.59%	7.49%	7.40%	7.33%	7.26%	7.21%
89.50	7.79%	7.63%	7.51%	7.41%	7.33%	7.26%	7.20%	7.15%
90.00	7.70%	7.55%	7.44%	7.34%	7.26%	7.20%	7.14%	7.09%
90.50	7.61%	7.47%	7.36%	7.27%	7.20%	7.13%	7.08%	7.04%
91.00	7.52%	7.39%	7.28%	7.20%	7.13%	7.07%	7.02%	6.98%
91.50	7.43%	7.31%	7.21%	7.13%	7.06%	7.01%	6.96%	6.92%
92.00	7.34%	7.22%	7.13%	7.06%	7.00%	6.94%	6.90%	6.86%
92.50	7.25%	7.14%	7.06%	6.99%	6.93%	6.88%	6.84%	6.81%
93.00	7.16%	7.06%	6.98%	6.92%	6.87%	6.82%	6.78%	6.75%
93.50	7.08%	6.99%	6.91%	6.85%	6.80%	6.76%	6.72%	6.69%
94.00	6.99%	6.91%	6.84%	6.78%	6.74%	6.70%	6.67%	6.64%
94.50	6.91%	6.83%	6.77%	6.72%	6.67%	6.64%	6.61%	6.58%
95.00	6.82%	6.75%	6.69%	6.65%	6.61%	6.58%	6.55%	6.53%
95.50	6.74%	6.67%	6.62%	6.58%	6.55%	6.52%	6.49%	6.47%
96.00	6.65%	6.60%	6.55%	6.52%	6.48%	6.46%	6.44%	6.42%
96.50	6.57%	6.52%	6.48%	6.45%	6.42%	6.40%	6.38%	6.37%
97.00	6.49%	6.44%	6.41%	6.38%	6.36%	6.34%	6.33%	6.31%
97.50	6.40%	6.37%	6.34%	6.32%	6.30%	6.28%	6.27%	6.26%
98.00	6.32%	6.29%	6.27%	6.25%	6.24%	6.23%	6.22%	6.21%
98.50	6.24%	6.22%	6.20%	6.19%	6.18%	6.17%	6.16%	6.15%
99.00	6.16%	6.15%	6.14%	6.13%	6.12%	6.11%	6.11%	6.10%
99.50	6.08%	6.07%	6.07%	6.06%	6.06%	6.06%	6.05%	6.05%
100.00	6.00%	6.00%	6.00%	6.00%	6.00%	6.00%	6.00%	6.00%
100.50	5.92%	5.93%	5.93%	5.94%	5.94%	5.94%	5.95%	5.95%
101.00	5.84%	5.86%	5.87%	5.88%	5.88%	5.89%	5.89%	5.90%
102.00	5.69%	5.71%	5.73%	5.75%	5.77%	5.78%	5.79%	5.80%
103.00	5.53%	5.57%	5.60%	5.63%	5.65%	5.67%	5.69%	5.70%
104.00	5.38%	5.43%	5.48%	5.51%	5.54%	5.56%	5.58%	5.60%
105.00	5.23%	5.29%	5.35%	5.39%	5.43%	5.46%	5.48%	5.51%
106.00	5.08%	5.16%	5.22%	5.27%	5.32%	5.35%	5.38%	5.41%
107.00	4.93%	5.02%	5.10%	5.16%	5.21%	5.25%	5.29%	5.32%
108.00	4.78%	4.89%	4.97%	5.04%	5.10%	5.15%	5.19%	5.22%
109.00	4.64%	4.76%	4.85%	4.93%	4.99%	5.05%	5.09%	5.13%
110.00	4.50%	4.63%	4.73%	4.82%	4.89%	4.95%	5.00%	5.04%

6%   EFFECTIVE YIELD RATE

PRICE	YEARS UNTIL MATURITY							
	16	17	18	19	20	21	22	23
70.00	9.74%	9.62%	9.51%	9.42%	9.34%	9.27%	9.20%	9.15%
71.00	9.58%	9.46%	9.36%	9.27%	9.20%	9.13%	9.06%	9.01%
72.00	9.42%	9.31%	9.22%	9.13%	9.06%	8.99%	8.93%	8.88%
73.00	9.27%	9.16%	9.07%	8.99%	8.92%	8.85%	8.80%	8.74%
74.00	9.12%	9.02%	8.93%	8.85%	8.78%	8.72%	8.67%	8.62%
75.00	8.97%	8.88%	8.79%	8.72%	8.65%	8.59%	8.54%	8.49%
76.00	8.83%	8.74%	8.65%	8.58%	8.52%	8.46%	8.41%	8.37%
77.00	8.69%	8.60%	8.52%	8.45%	8.39%	8.34%	8.29%	8.25%
78.00	8.55%	8.46%	8.39%	8.33%	8.27%	8.22%	8.17%	8.13%
79.00	8.41%	8.33%	8.26%	8.20%	8.14%	8.10%	8.05%	8.01%
80.00	8.28%	8.20%	8.14%	8.08%	8.02%	7.98%	7.94%	7.90%
81.00	8.15%	8.07%	8.01%	7.96%	7.91%	7.86%	7.82%	7.79%
82.00	8.02%	7.95%	7.89%	7.84%	7.79%	7.75%	7.71%	7.68%
82.50	7.95%	7.89%	7.83%	7.78%	7.73%	7.69%	7.66%	7.63%
83.00	7.89%	7.83%	7.77%	7.72%	7.68%	7.64%	7.60%	7.57%
83.50	7.83%	7.76%	7.71%	7.66%	7.62%	7.58%	7.55%	7.52%
84.00	7.76%	7.70%	7.65%	7.61%	7.56%	7.53%	7.50%	7.47%
84.50	7.70%	7.64%	7.59%	7.55%	7.51%	7.47%	7.44%	7.41%
85.00	7.64%	7.58%	7.54%	7.49%	7.45%	7.42%	7.39%	7.36%
85.50	7.58%	7.53%	7.48%	7.44%	7.40%	7.37%	7.34%	7.31%
86.00	7.52%	7.47%	7.42%	7.38%	7.35%	7.31%	7.29%	7.26%
86.50	7.46%	7.41%	7.37%	7.33%	7.29%	7.26%	7.24%	7.21%
87.00	7.40%	7.35%	7.31%	7.27%	7.24%	7.21%	7.18%	7.16%
87.50	7.34%	7.29%	7.25%	7.22%	7.19%	7.16%	7.13%	7.11%
88.00	7.28%	7.24%	7.20%	7.17%	7.14%	7.11%	7.08%	7.06%
88.50	7.22%	7.18%	7.15%	7.11%	7.08%	7.06%	7.04%	7.01%
89.00	7.17%	7.13%	7.09%	7.06%	7.03%	7.01%	6.99%	6.97%
89.50	7.11%	7.07%	7.04%	7.01%	6.98%	6.96%	6.94%	6.92%
90.00	7.05%	7.02%	6.98%	6.96%	6.93%	6.91%	6.89%	6.87%
90.50	7.00%	6.96%	6.93%	6.91%	6.88%	6.86%	6.84%	6.82%
91.00	6.94%	6.91%	6.88%	6.85%	6.83%	6.81%	6.79%	6.78%
91.50	6.88%	6.85%	6.83%	6.80%	6.78%	6.76%	6.75%	6.73%
92.00	6.83%	6.80%	6.78%	6.75%	6.73%	6.72%	6.70%	6.69%
92.50	6.78%	6.75%	6.72%	6.70%	6.69%	6.67%	6.65%	6.64%
93.00	6.72%	6.70%	6.67%	6.65%	6.64%	6.62%	6.61%	6.60%
93.50	6.67%	6.64%	6.62%	6.61%	6.59%	6.58%	6.56%	6.55%
94.00	6.61%	6.59%	6.57%	6.56%	6.54%	6.53%	6.52%	6.51%
94.50	6.56%	6.54%	6.52%	6.51%	6.50%	6.48%	6.47%	6.46%
95.00	6.51%	6.49%	6.47%	6.46%	6.45%	6.44%	6.43%	6.42%
95.50	6.46%	6.44%	6.43%	6.41%	6.40%	6.39%	6.38%	6.38%
96.00	6.40%	6.39%	6.38%	6.37%	6.36%	6.35%	6.34%	6.33%
96.50	6.35%	6.34%	6.33%	6.32%	6.31%	6.30%	6.30%	6.29%
97.00	6.30%	6.29%	6.28%	6.27%	6.27%	6.26%	6.25%	6.25%
97.50	6.25%	6.24%	6.23%	6.23%	6.22%	6.21%	6.21%	6.21%
98.00	6.20%	6.19%	6.19%	6.18%	6.18%	6.17%	6.17%	6.16%
98.50	6.15%	6.14%	6.14%	6.13%	6.13%	6.13%	6.13%	6.12%
99.00	6.10%	6.10%	6.09%	6.09%	6.09%	6.08%	6.08%	6.08%
99.50	6.05%	6.05%	6.05%	6.04%	6.04%	6.04%	6.04%	6.04%
100.00	6.00%	6.00%	6.00%	6.00%	6.00%	6.00%	6.00%	6.00%
100.50	5.95%	5.95%	5.95%	5.96%	5.96%	5.96%	5.96%	5.96%
101.00	5.90%	5.91%	5.91%	5.91%	5.91%	5.92%	5.92%	5.92%
102.00	5.81%	5.81%	5.82%	5.82%	5.83%	5.83%	5.84%	5.84%
103.00	5.71%	5.72%	• 5.73%	5.74%	5.75%	5.75%	5.76%	5.76%
104.00	5.62%	5.63%	5.64%	5.65%	5.66%	5.67%	5.68%	5.69%
105.00	5.53%	5.54%	5.56%	5.57%	5.58%	5.59%	5.60%	5.61%
106.00	5.43%	5.45%	5.47%	5.49%	5.50%	5.51%	5.53%	5.54%
107.00	5.34%	5.37%	5.39%	5.41%	5.42%	5.44%	5.45%	5.46%
108.00	5.25%	5.28%	5.30%	5.33%	5.34%	5.36%	5.38%	5.39%
109.00	5.17%	5.20%	5.22%	5.25%	5.27%	5.29%	5.30%	5.32%
110.00	5.08%	5.11%	5.14%	5.17%	5.19%	5.21%	5.23%	5.25%

EFFECTIVE YIELD RATE   6%

PRICE	YEARS UNTIL MATURITY							
	24	25	26	27	28	29	30	40
70.00	9.09%	9.05%	9.01%	8.97%	8.93%	8.90%	8.87%	8.70%
71.00	8.96%	8.91%	8.87%	8.84%	8.80%	8.77%	8.75%	8.58%
72.00	8.83%	8.78%	8.75%	8.71%	8.68%	8.65%	8.62%	8.46%
73.00	8.70%	8.66%	8.62%	8.59%	8.55%	8.53%	8.50%	8.34%
74.00	8.57%	8.53%	8.50%	8.46%	8.43%	8.41%	8.38%	8.23%
75.00	8.45%	8.41%	8.38%	8.34%	8.32%	8.29%	8.27%	8.12%
76.00	8.33%	8.29%	8.26%	8.23%	8.20%	8.17%	8.15%	8.01%
77.00	8.21%	8.17%	8.14%	8.11%	8.09%	8.06%	8.04%	7.90%
78.00	8.09%	8.06%	8.03%	8.00%	7.98%	7.95%	7.93%	7.80%
79.00	7.98%	7.95%	7.92%	7.89%	7.87%	7.85%	7.83%	7.70%
80.00	7.87%	7.84%	7.81%	7.78%	7.76%	7.74%	7.72%	7.60%
81.00	7.76%	7.73%	7.70%	7.68%	7.66%	7.64%	7.62%	7.50%
82.00	7.65%	7.62%	7.60%	7.58%	7.55%	7.54%	7.52%	7.41%
82.50	7.60%	7.57%	7.55%	7.52%	7.50%	7.49%	7.47%	7.36%
83.00	7.54%	7.52%	7.49%	7.47%	7.45%	7.44%	7.42%	7.32%
83.50	7.49%	7.47%	7.44%	7.42%	7.41%	7.39%	7.37%	7.27%
84.00	7.44%	7.42%	7.39%	7.37%	7.36%	7.34%	7.33%	7.23%
84.50	7.39%	7.37%	7.34%	7.33%	7.31%	7.29%	7.28%	7.18%
85.00	7.34%	7.32%	7.30%	7.28%	7.26%	7.24%	7.23%	7.14%
85.50	7.29%	7.27%	7.25%	7.23%	7.21%	7.20%	7.18%	7.10%
86.00	7.24%	7.22%	7.20%	7.18%	7.17%	7.15%	7.14%	7.05%
86.50	7.19%	7.17%	7.15%	7.13%	7.12%	7.11%	7.09%	7.01%
87.00	7.14%	7.12%	7.10%	7.09%	7.07%	7.06%	7.05%	6.97%
87.50	7.09%	7.07%	7.06%	7.04%	7.03%	7.01%	7.00%	6.93%
88.00	7.04%	7.03%	7.01%	6.99%	6.98%	6.97%	6.96%	6.89%
88.50	7.00%	6.98%	6.96%	6.95%	6.94%	6.92%	6.91%	6.84%
89.00	6.95%	6.93%	6.92%	6.90%	6.89%	6.88%	6.87%	6.80%
89.50	6.90%	6.89%	6.87%	6.86%	6.85%	6.84%	6.83%	6.76%
90.00	6.86%	6.84%	6.83%	6.81%	6.80%	6.79%	6.78%	6.72%
90.50	6.81%	6.80%	6.78%	6.77%	6.76%	6.75%	6.74%	6.68%
91.00	6.76%	6.75%	6.74%	6.73%	6.72%	6.71%	6.70%	6.65%
91.50	6.72%	6.71%	6.69%	6.68%	6.67%	6.67%	6.66%	6.61%
92.00	6.67%	6.66%	6.65%	6.64%	6.63%	6.62%	6.62%	6.57%
92.50	6.63%	6.62%	6.61%	6.60%	6.59%	6.58%	6.58%	6.53%
93.00	6.58%	6.57%	6.56%	6.56%	6.55%	6.54%	6.54%	6.49%
93.50	6.54%	6.53%	6.52%	6.51%	6.51%	6.50%	6.49%	6.46%
94.00	6.50%	6.49%	6.48%	6.47%	6.47%	6.46%	6.45%	6.42%
94.50	6.45%	6.45%	6.44%	6.43%	6.43%	6.42%	6.42%	6.38%
95.00	6.41%	6.40%	6.40%	6.39%	6.39%	6.38%	6.38%	6.35%
95.50	6.37%	6.36%	6.36%	6.35%	6.35%	6.34%	6.34%	6.31%
96.00	6.33%	6.32%	6.32%	6.31%	6.31%	6.30%	6.30%	6.27%
96.50	6.28%	6.28%	6.27%	6.27%	6.27%	6.26%	6.26%	6.24%
97.00	6.24%	6.24%	6.23%	6.23%	6.23%	6.22%	6.22%	6.20%
97.50	6.20%	6.20%	6.19%	6.19%	6.19%	6.19%	6.18%	6.17%
98.00	6.16%	6.16%	6.16%	6.15%	6.15%	6.15%	6.15%	6.13%
98.50	6.12%	6.12%	6.12%	6.11%	6.11%	6.11%	6.11%	6.10%
99.00	6.08%	6.08%	6.08%	6.08%	6.07%	6.07%	6.07%	6.07%
99.50	6.04%	6.04%	6.04%	6.04%	6.04%	6.04%	6.04%	6.03%
100.00	6.00%	6.00%	6.00%	6.00%	6.00%	6.00%	6.00%	6.00%
100.50	5.96%	5.96%	5.96%	5.96%	5.96%	5.96%	5.96%	5.97%
101.00	5.92%	5.92%	5.92%	5.93%	5.93%	5.93%	5.93%	5.93%
102.00	5.84%	5.85%	5.85%	5.85%	5.85%	5.86%	5.86%	5.87%
103.00	5.77%	5.77%	5.78%	5.78%	5.78%	5.79%	5.79%	5.81%
104.00	5.69%	5.70%	5.70%	5.71%	5.71%	5.72%	5.72%	5.74%
105.00	5.62%	5.63%	5.63%	5.64%	5.64%	5.65%	5.65%	5.68%
106.00	5.54%	5.55%	5.56%	5.57%	5.57%	5.58%	5.59%	5.62%
107.00	5.47%	5.48%	5.49%	5.50%	5.51%	5.51%	5.52%	5.56%
108.00	5.40%	5.41%	5.42%	5.43%	5.44%	5.45%	5.46%	5.50%
109.00	5.33%	5.34%	5.35%	5.37%	5.37%	5.38%	5.39%	5.45%
110.00	5.26%	5.28%	5.29%	5.30%	5.31%	5.32%	5.33%	5.39%

6.25%　　EFFECTIVE YIELD RATE

PRICE	YEARS UNTIL MATURITY						
	1/2	1	2	3	4	5	6	7
85.00	42.65%	24.00%	15.23%	12.39%	10.98%	10.15%	9.60%	9.20%
85.50	41.23%	23.33%	14.90%	12.16%	10.81%	10.01%	9.47%	9.10%
86.00	39.83%	22.67%	14.57%	11.94%	10.64%	9.86%	9.35%	8.99%
86.50	38.44%	22.02%	14.24%	11.72%	10.47%	9.72%	9.23%	8.88%
87.00	37.07%	21.37%	13.92%	11.50%	10.30%	9.58%	9.11%	8.77%
87.50	35.71%	20.72%	13.60%	11.28%	10.13%	9.44%	8.99%	8.67%
88.00	34.38%	20.09%	13.28%	11.06%	9.96%	9.31%	8.87%	8.56%
88.50	33.05%	19.45%	12.96%	10.84%	9.79%	9.17%	8.75%	8.46%
89.00	31.74%	18.83%	12.65%	10.63%	9.63%	9.03%	8.64%	8.36%
89.50	30.45%	18.20%	12.33%	10.41%	9.46%	8.90%	8.52%	8.25%
90.00	29.17%	17.59%	12.02%	10.20%	9.30%	8.76%	8.41%	8.15%
90.50	27.90%	16.98%	11.72%	9.99%	9.14%	8.63%	8.29%	8.05%
91.00	26.65%	16.37%	11.41%	9.78%	8.98%	8.50%	8.18%	7.95%
91.25	26.03%	16.07%	11.26%	9.68%	8.90%	8.43%	8.12%	7.90%
91.50	25.41%	15.77%	11.11%	9.58%	8.82%	8.37%	8.06%	7.85%
91.75	24.80%	15.47%	10.95%	9.47%	8.74%	8.30%	8.01%	7.80%
92.00	24.18%	15.17%	10.80%	9.37%	8.66%	8.23%	7.95%	7.75%
92.25	23.58%	14.87%	10.65%	9.27%	8.58%	8.17%	7.90%	7.70%
92.50	22.97%	14.58%	10.51%	9.17%	8.50%	8.10%	7.84%	7.65%
92.75	22.37%	14.29%	10.36%	9.06%	8.42%	8.04%	7.79%	7.60%
93.00	21.77%	13.99%	10.21%	8.96%	8.34%	7.97%	7.73%	7.56%
93.25	21.18%	13.70%	10.06%	8.86%	8.27%	7.91%	7.67%	7.51%
93.50	20.59%	13.41%	9.91%	8.76%	8.19%	7.85%	7.62%	7.46%
93.75	20.00%	13.12%	9.77%	8.66%	8.11%	7.78%	7.57%	7.41%
94.00	19.41%	12.83%	9.62%	8.56%	8.03%	7.72%	7.51%	7.36%
94.25	18.83%	12.55%	9.47%	8.46%	7.96%	7.66%	7.46%	7.31%
94.50	18.25%	12.26%	9.33%	8.36%	7.88%	7.59%	7.40%	7.27%
94.75	17.68%	11.98%	9.18%	8.26%	7.80%	7.53%	7.35%	7.22%
95.00	17.11%	11.69%	9.04%	8.16%	7.73%	7.47%	7.29%	7.17%
95.25	16.54%	11.41%	8.89%	8.06%	7.65%	7.40%	7.24%	7.12%
95.50	15.97%	11.13%	8.75%	7.97%	7.58%	7.34%	7.19%	7.08%
95.75	15.40%	10.85%	8.61%	7.87%	7.50%	7.28%	7.13%	7.03%
96.00	14.84%	10.57%	8.47%	7.77%	7.42%	7.22%	7.08%	6.98%
96.25	14.29%	10.29%	8.32%	7.67%	7.35%	7.16%	7.03%	6.94%
96.50	13.73%	10.02%	8.18%	7.58%	7.27%	7.09%	6.97%	6.89%
96.75	13.18%	9.74%	8.04%	7.48%	7.20%	7.03%	6.92%	6.84%
97.00	12.63%	9.46%	7.90%	7.38%	7.13%	6.97%	6.87%	6.80%
97.25	12.08%	9.19%	7.76%	7.29%	7.05%	6.91%	6.82%	6.75%
97.50	11.54%	8.92%	7.62%	7.19%	6.98%	6.85%	6.76%	6.70%
97.75	11.00%	8.65%	7.48%	7.10%	6.90%	6.79%	6.71%	6.66%
98.00	10.46%	8.38%	7.34%	7.00%	6.83%	6.73%	6.66%	6.61%
98.25	9.92%	8.11%	7.21%	6.91%	6.76%	6.67%	6.61%	6.57%
98.50	9.39%	7.84%	7.07%	6.81%	6.68%	6.61%	6.56%	6.52%
98.75	8.86%	7.57%	6.93%	6.72%	6.61%	6.55%	6.50%	6.47%
99.00	8.33%	7.31%	6.79%	6.62%	6.54%	6.49%	6.45%	6.43%
99.25	7.81%	7.04%	6.66%	6.53%	6.47%	6.43%	6.40%	6.38%
99.50	7.29%	6.78%	6.52%	6.44%	6.39%	6.37%	6.35%	6.34%
99.75	6.77%	6.51%	6.39%	6.34%	6.32%	6.31%	6.30%	6.29%
100.00	6.25%	6.25%	6.25%	6.25%	6.25%	6.25%	6.25%	6.25%
100.25	5.74%	5.99%	6.12%	6.16%	6.18%	6.19%	6.20%	6.21%
100.50	5.22%	5.73%	5.98%	6.07%	6.11%	6.13%	6.15%	6.16%
101.00	4.21%	5.21%	5.71%	5.88%	5.97%	6.02%	6.05%	6.07%
101.50	3.20%	4.70%	5.45%	5.70%	5.82%	5.90%	5.95%	5.98%
102.00	2.21%	4.19%	5.18%	5.52%	5.68%	5.78%	5.85%	5.90%
102.50	1.22%	3.68%	4.92%	5.34%	5.54%	5.67%	5.75%	5.81%
103.00	0.24%	3.18%	4.66%	5.16%	5.41%	5.55%	5.65%	5.72%
103.50	***	2.68%	4.40%	4.98%	5.27%	5.44%	5.56%	5.64%
104.00	***	2.18%	4.15%	4.80%	5.13%	5.33%	5.46%	5.55%
104.50	***	1.69%	3.89%	4.63%	4.99%	5.22%	5.36%	5.47%
105.00	***	1.20%	3.64%	4.45%	4.86%	5.10%	5.27%	5.38%

EFFECTIVE YIELD RATE 6.25%

PRICE	YEARS UNTIL MATURITY 8	9	10	11	12	13	14	15
70.00	12.24%	11.74%	11.34%	11.02%	10.76%	10.54%	10.36%	10.20%
71.00	11.99%	11.51%	11.13%	10.82%	10.57%	10.36%	10.18%	10.03%
72.00	11.74%	11.28%	10.92%	10.63%	10.38%	10.18%	10.01%	9.86%
73.00	11.50%	11.06%	10.72%	10.43%	10.20%	10.01%	9.84%	9.70%
74.00	11.27%	10.85%	10.51%	10.24%	10.02%	9.84%	9.68%	9.55%
75.00	11.03%	10.63%	10.32%	10.06%	9.85%	9.67%	9.52%	9.39%
76.00	10.81%	10.42%	10.12%	9.88%	9.67%	9.50%	9.36%	9.24%
77.00	10.58%	10.22%	9.93%	9.70%	9.50%	9.34%	9.21%	9.09%
78.00	10.36%	10.02%	9.74%	9.52%	9.34%	9.18%	9.05%	8.94%
79.00	10.15%	9.82%	9.56%	9.35%	9.17%	9.03%	8.90%	8.80%
80.00	9.93%	9.62%	9.38%	9.18%	9.01%	8.87%	8.76%	8.66%
81.00	9.72%	9.43%	9.20%	9.01%	8.85%	8.72%	8.61%	8.52%
82.00	9.51%	9.24%	9.02%	8.84%	8.70%	8.57%	8.47%	8.38%
82.50	9.41%	9.14%	8.93%	8.76%	8.62%	8.50%	8.40%	8.31%
83.00	9.31%	9.05%	8.85%	8.68%	8.54%	8.43%	8.33%	8.25%
83.50	9.21%	8.96%	8.76%	8.60%	8.47%	8.35%	8.26%	8.18%
84.00	9.11%	8.87%	8.68%	8.52%	8.39%	8.28%	8.19%	8.11%
84.50	9.01%	8.78%	8.59%	8.44%	8.32%	8.21%	8.12%	8.05%
85.00	8.91%	8.69%	8.51%	8.36%	8.24%	8.14%	8.06%	7.98%
85.50	8.81%	8.60%	8.42%	8.28%	8.17%	8.07%	7.99%	7.92%
86.00	8.72%	8.51%	8.34%	8.21%	8.10%	8.00%	7.92%	7.86%
86.50	8.62%	8.42%	8.26%	8.13%	8.02%	7.93%	7.86%	7.79%
87.00	8.52%	8.33%	8.18%	8.05%	7.95%	7.86%	7.79%	7.73%
87.50	8.43%	8.24%	8.10%	7.98%	7.88%	7.80%	7.73%	7.67%
88.00	8.34%	8.16%	8.02%	7.90%	7.81%	7.73%	7.66%	7.60%
88.50	8.24%	8.07%	7.94%	7.83%	7.74%	7.66%	7.60%	7.54%
89.00	8.15%	7.99%	7.86%	7.75%	7.67%	7.60%	7.54%	7.48%
89.50	8.06%	7.90%	7.78%	7.68%	7.60%	7.53%	7.47%	7.42%
90.00	7.96%	7.82%	7.70%	7.61%	7.53%	7.47%	7.41%	7.36%
90.50	7.87%	7.73%	7.62%	7.54%	7.46%	7.40%	7.35%	7.30%
91.00	7.78%	7.65%	7.55%	7.46%	7.39%	7.34%	7.29%	7.24%
91.50	7.69%	7.57%	7.47%	7.39%	7.33%	7.27%	7.23%	7.19%
92.00	7.60%	7.49%	7.40%	7.32%	7.26%	7.21%	7.16%	7.13%
92.50	7.51%	7.41%	7.32%	7.25%	7.19%	7.15%	7.10%	7.07%
93.00	7.43%	7.33%	7.25%	7.18%	7.13%	7.08%	7.04%	7.01%
93.50	7.34%	7.25%	7.17%	7.11%	7.06%	7.02%	6.99%	6.95%
94.00	7.25%	7.17%	7.10%	7.04%	7.00%	6.96%	6.93%	6.90%
94.50	7.17%	7.09%	7.02%	6.97%	6.93%	6.90%	6.87%	6.84%
95.00	7.08%	7.01%	6.95%	6.91%	6.87%	6.84%	6.81%	6.79%
95.50	6.99%	6.93%	6.88%	6.84%	6.80%	6.78%	6.75%	6.73%
96.00	6.91%	6.85%	6.81%	6.77%	6.74%	6.72%	6.69%	6.68%
96.50	6.82%	6.78%	6.74%	6.70%	6.68%	6.66%	6.64%	6.62%
97.00	6.74%	6.70%	6.67%	6.64%	6.62%	6.60%	6.58%	6.57%
97.50	6.66%	6.62%	6.60%	6.57%	6.55%	6.54%	6.53%	6.51%
98.00	6.58%	6.55%	6.53%	6.51%	6.49%	6.48%	6.47%	6.46%
98.50	6.49%	6.47%	6.46%	6.44%	6.43%	6.42%	6.41%	6.41%
99.00	6.41%	6.40%	6.39%	6.38%	6.37%	6.36%	6.36%	6.35%
99.50	6.33%	6.32%	6.32%	6.31%	6.31%	6.31%	6.30%	6.30%
100.00	6.25%	6.25%	6.25%	6.25%	6.25%	6.25%	6.25%	6.25%
100.50	6.17%	6.18%	6.18%	6.19%	6.19%	6.19%	6.20%	6.20%
101.00	6.09%	6.10%	6.11%	6.12%	6.13%	6.14%	6.14%	6.15%
102.00	5.93%	5.96%	5.98%	6.00%	6.01%	6.03%	6.04%	6.05%
103.00	5.78%	5.82%	5.85%	5.88%	5.90%	5.92%	5.93%	5.94%
104.00	5.62%	5.68%	5.72%	5.75%	5.78%	5.81%	5.83%	5.85%
105.00	5.47%	5.54%	5.59%	5.63%	5.67%	5.70%	5.73%	5.75%
106.00	5.32%	5.40%	5.46%	5.52%	5.56%	5.59%	5.63%	5.65%
107.00	5.17%	5.26%	5.34%	5.40%	5.45%	5.49%	5.53%	5.56%
108.00	5.02%	5.13%	5.21%	5.28%	5.34%	5.39%	5.43%	5.46%
109.00	4.88%	5.00%	5.09%	5.17%	5.23%	5.28%	5.33%	5.37%
110.00	4.73%	4.86%	4.97%	5.05%	5.12%	5.18%	5.23%	5.28%

6.25% EFFECTIVE YIELD RATE

PRICE	YEARS UNTIL MATURITY 16	17	18	19	20	21	22	23
70.00	10.06%	9.94%	9.84%	9.75%	9.67%	9.60%	9.53%	9.48%
71.00	9.90%	9.78%	9.68%	9.60%	9.52%	9.45%	9.39%	9.34%
72.00	9.74%	9.63%	9.53%	9.45%	9.38%	9.31%	9.25%	9.20%
73.00	9.58%	9.48%	9.39%	9.31%	9.23%	9.17%	9.11%	9.06%
74.00	9.43%	9.33%	9.24%	9.16%	9.10%	9.03%	8.98%	8.93%
75.00	9.28%	9.18%	9.10%	9.02%	8.96%	8.90%	8.85%	8.80%
76.00	9.13%	9.04%	8.96%	8.89%	8.83%	8.77%	8.72%	8.68%
77.00	8.99%	8.90%	8.82%	8.76%	8.70%	8.64%	8.60%	8.55%
78.00	8.85%	8.76%	8.69%	8.62%	8.57%	8.52%	8.47%	8.43%
79.00	8.71%	8.63%	8.56%	8.50%	8.44%	8.39%	8.35%	8.31%
80.00	8.57%	8.49%	8.43%	8.37%	8.32%	8.27%	8.23%	8.20%
81.00	8.44%	8.36%	8.30%	8.25%	8.20%	8.16%	8.12%	8.08%
82.00	8.30%	8.24%	8.18%	8.13%	8.08%	8.04%	8.00%	7.97%
82.50	8.24%	8.17%	8.12%	8.07%	8.02%	7.98%	7.95%	7.91%
83.00	8.17%	8.11%	8.06%	8.01%	7.96%	7.92%	7.89%	7.86%
83.50	8.11%	8.05%	7.99%	7.95%	7.91%	7.87%	7.84%	7.81%
84.00	8.05%	7.99%	7.93%	7.89%	7.85%	7.81%	7.78%	7.75%
84.50	7.98%	7.93%	7.88%	7.83%	7.79%	7.76%	7.73%	7.70%
85.00	7.92%	7.86%	7.82%	7.77%	7.74%	7.70%	7.67%	7.65%
85.50	7.86%	7.80%	7.76%	7.72%	7.68%	7.65%	7.62%	7.59%
86.00	7.80%	7.75%	7.70%	7.66%	7.63%	7.59%	7.57%	7.54%
86.50	7.74%	7.69%	7.64%	7.60%	7.57%	7.54%	7.51%	7.49%
87.00	7.67%	7.63%	7.59%	7.55%	7.52%	7.49%	7.46%	7.44%
87.50	7.61%	7.57%	7.53%	7.49%	7.46%	7.44%	7.41%	7.39%
88.00	7.55%	7.51%	7.47%	7.44%	7.41%	7.38%	7.36%	7.34%
88.50	7.50%	7.45%	7.42%	7.39%	7.36%	7.33%	7.31%	7.29%
89.00	7.44%	7.40%	7.36%	7.33%	7.30%	7.28%	7.26%	7.24%
89.50	7.38%	7.34%	7.31%	7.28%	7.25%	7.23%	7.21%	7.19%
90.00	7.32%	7.29%	7.25%	7.23%	7.20%	7.18%	7.16%	7.14%
90.50	7.26%	7.23%	7.20%	7.17%	7.15%	7.13%	7.11%	7.09%
91.00	7.21%	7.17%	7.15%	7.12%	7.10%	7.08%	7.06%	7.05%
91.50	7.15%	7.12%	7.09%	7.07%	7.05%	7.03%	7.01%	7.00%
92.00	7.09%	7.07%	7.04%	7.02%	7.00%	6.98%	6.97%	6.95%
92.50	7.04%	7.01%	6.99%	6.97%	6.95%	6.93%	6.92%	6.91%
93.00	6.98%	6.96%	6.94%	6.92%	6.90%	6.89%	6.87%	6.86%
93.50	6.93%	6.91%	6.89%	6.87%	6.85%	6.84%	6.82%	6.81%
94.00	6.87%	6.85%	6.83%	6.82%	6.80%	6.79%	6.78%	6.77%
94.50	6.82%	6.80%	6.78%	6.77%	6.76%	6.74%	6.73%	6.72%
95.00	6.77%	6.75%	6.73%	6.72%	6.71%	6.70%	6.69%	6.68%
95.50	6.71%	6.70%	6.68%	6.67%	6.66%	6.65%	6.64%	6.63%
96.00	6.66%	6.65%	6.63%	6.62%	6.61%	6.60%	6.60%	6.59%
96.50	6.61%	6.60%	6.58%	6.58%	6.57%	6.56%	6.55%	6.55%
97.00	6.56%	6.55%	6.54%	6.53%	6.52%	6.51%	6.51%	6.50%
97.50	6.50%	6.50%	6.49%	6.48%	6.47%	6.47%	6.46%	6.46%
98.00	6.45%	6.45%	6.44%	6.43%	6.43%	6.42%	6.42%	6.42%
98.50	6.40%	6.40%	6.39%	6.39%	6.38%	6.38%	6.38%	6.38%
99.00	6.35%	6.35%	6.34%	6.34%	6.34%	6.34%	6.33%	6.33%
99.50	6.30%	6.30%	6.30%	6.30%	6.29%	6.29%	6.29%	6.29%
100.00	6.25%	6.25%	6.25%	6.25%	6.25%	6.25%	6.25%	6.25%
100.50	6.20%	6.20%	6.20%	6.20%	6.21%	6.21%	6.21%	6.21%
101.00	6.15%	6.15%	6.16%	6.16%	6.16%	6.16%	6.17%	6.17%
102.00	6.05%	6.06%	6.07%	6.07%	6.08%	6.08%	6.08%	6.09%
103.00	5.96%	5.97%	5.98%	5.98%	5.99%	6.00%	6.00%	6.01%
104.00	5.86%	5.87%	5.89%	5.90%	5.91%	5.91%	5.92%	5.93%
105.00	5.77%	5.78%	5.80%	5.81%	5.82%	5.83%	5.84%	5.85%
106.00	5.67%	5.69%	5.71%	5.73%	5.74%	5.75%	5.77%	5.78%
107.00	5.58%	5.61%	5.63%	5.64%	5.66%	5.68%	5.69%	5.70%
108.00	5.49%	5.52%	5.54%	5.56%	5.58%	5.60%	5.61%	5.63%
109.00	5.40%	5.43%	5.46%	5.48%	5.50%	5.52%	5.54%	5.55%
110.00	5.31%	5.35%	5.38%	5.40%	5.42%	5.44%	5.46%	5.48%

EFFECTIVE YIELD RATE 6.25%

PRICE	24	25	26	27	28	29	30	40
			YEARS UNTIL MATURITY					
70.00	9.43%	9.38%	9.34%	9.30%	9.27%	9.24%	9.21%	9.04%
71.00	9.29%	9.24%	9.20%	9.17%	9.14%	9.11%	9.08%	8.92%
72.00	9.15%	9.11%	9.07%	9.04%	9.01%	8.98%	8.95%	8.79%
73.00	9.02%	8.98%	8.94%	8.91%	8.88%	8.85%	8.83%	8.67%
74.00	8.89%	8.85%	8.81%	8.78%	8.75%	8.73%	8.70%	8.56%
75.00	8.76%	8.72%	8.69%	8.66%	8.63%	8.61%	8.58%	8.44%
76.00	8.64%	8.60%	8.57%	8.54%	8.51%	8.49%	8.47%	8.33%
77.00	8.51%	8.48%	8.45%	8.42%	8.40%	8.37%	8.35%	8.22%
78.00	8.39%	8.36%	8.33%	8.31%	8.28%	8.26%	8.24%	8.11%
79.00	8.28%	8.25%	8.22%	8.19%	8.17%	8.15%	8.13%	8.01%
80.00	8.16%	8.13%	8.11%	8.08%	8.06%	8.04%	8.02%	7.91%
81.00	8.05%	8.02%	8.00%	7.97%	7.95%	7.93%	7.92%	7.81%
82.00	7.94%	7.91%	7.89%	7.87%	7.85%	7.83%	7.81%	7.71%
82.50	7.89%	7.86%	7.84%	7.82%	7.80%	7.78%	7.76%	7.66%
83.00	7.83%	7.81%	7.78%	7.76%	7.74%	7.73%	7.71%	7.61%
83.50	7.78%	7.75%	7.73%	7.71%	7.69%	7.68%	7.66%	7.57%
84.00	7.73%	7.70%	7.68%	7.66%	7.64%	7.63%	7.61%	7.52%
84.50	7.67%	7.65%	7.63%	7.61%	7.59%	7.58%	7.56%	7.47%
85.00	7.62%	7.60%	7.58%	7.56%	7.54%	7.53%	7.52%	7.43%
85.50	7.57%	7.55%	7.53%	7.51%	7.50%	7.48%	7.47%	7.38%
86.00	7.52%	7.50%	7.48%	7.46%	7.45%	7.43%	7.42%	7.34%
86.50	7.47%	7.45%	7.43%	7.41%	7.40%	7.39%	7.37%	7.29%
87.00	7.42%	7.40%	7.38%	7.37%	7.35%	7.34%	7.33%	7.25%
87.50	7.37%	7.35%	7.33%	7.32%	7.30%	7.29%	7.28%	7.21%
88.00	7.32%	7.30%	7.29%	7.27%	7.26%	7.25%	7.24%	7.16%
88.50	7.27%	7.25%	7.24%	7.22%	7.21%	7.20%	7.19%	7.12%
89.00	7.22%	7.21%	7.19%	7.18%	7.17%	7.15%	7.14%	7.08%
89.50	7.17%	7.16%	7.14%	7.13%	7.12%	7.11%	7.10%	7.04%
90.00	7.13%	7.11%	7.10%	7.09%	7.08%	7.07%	7.06%	7.00%
90.50	7.08%	7.06%	7.05%	7.04%	7.03%	7.02%	7.01%	6.96%
91.00	7.03%	7.02%	7.01%	7.00%	6.99%	6.98%	6.97%	6.92%
91.50	6.99%	6.97%	6.96%	6.95%	6.94%	6.93%	6.93%	6.88%
92.00	6.94%	6.93%	6.92%	6.91%	6.90%	6.89%	6.88%	6.84%
92.50	6.89%	6.88%	6.87%	6.86%	6.86%	6.85%	6.84%	6.80%
93.00	6.85%	6.84%	6.83%	6.82%	6.81%	6.81%	6.80%	6.76%
93.50	6.80%	6.79%	6.79%	6.78%	6.77%	6.76%	6.76%	6.72%
94.00	6.76%	6.75%	6.74%	6.74%	6.73%	6.72%	6.72%	6.68%
94.50	6.71%	6.71%	6.70%	6.69%	6.69%	6.68%	6.68%	6.64%
95.00	6.67%	6.66%	6.66%	6.65%	6.65%	6.64%	6.64%	6.61%
95.50	6.63%	6.62%	6.61%	6.61%	6.60%	6.60%	6.60%	6.57%
96.00	6.58%	6.58%	6.57%	6.57%	6.56%	6.56%	6.56%	6.53%
96.50	6.54%	6.54%	6.53%	6.53%	6.52%	6.52%	6.52%	6.50%
97.00	6.50%	6.49%	6.49%	6.49%	6.48%	6.48%	6.48%	6.46%
97.50	6.46%	6.45%	6.45%	6.45%	6.44%	6.44%	6.44%	6.42%
98.00	6.41%	6.41%	6.41%	6.41%	6.40%	6.40%	6.40%	6.39%
98.50	6.37%	6.37%	6.37%	6.37%	6.37%	6.36%	6.36%	6.35%
99.00	6.33%	6.33%	6.33%	6.33%	6.33%	6.33%	6.32%	6.32%
99.50	6.29%	6.29%	6.29%	6.29%	6.29%	6.29%	6.29%	6.28%
100.00	6.25%	6.25%	6.25%	6.25%	6.25%	6.25%	6.25%	6.25%
100.50	6.21%	6.21%	6.21%	6.21%	6.21%	6.21%	6.21%	6.22%
101.00	6.17%	6.17%	6.17%	6.17%	6.17%	6.18%	6.18%	6.18%
102.00	6.09%	6.09%	6.10%	6.10%	6.10%	6.10%	6.10%	6.12%
103.00	6.01%	6.02%	6.02%	6.02%	6.03%	6.03%	6.03%	6.05%
104.00	5.94%	5.94%	5.95%	5.95%	5.95%	5.96%	5.96%	5.99%
105.00	5.86%	5.87%	5.87%	5.88%	5.88%	5.89%	5.89%	5.92%
106.00	5.78%	5.79%	5.80%	5.81%	5.81%	5.82%	5.82%	5.86%
107.00	5.71%	5.72%	5.73%	5.74%	5.74%	5.75%	5.76%	5.80%
108.00	5.64%	5.65%	5.66%	5.67%	5.68%	5.68%	5.69%	5.74%
109.00	5.57%	5.58%	5.59%	5.60%	5.61%	5.62%	5.63%	5.68%
110.00	5.49%	5.51%	5.52%	5.53%	5.54%	5.55%	5.56%	5.62%

6.50%　　EFFECTIVE YIELD RATE

PRICE	YEARS UNTIL MATURITY							
	1/2	1	2	3	4	5	6	7
85.00	42.94%	24.28%	15.51%	12.66%	11.26%	10.43%	9.87%	9.48%
85.50	41.52%	23.62%	15.18%	12.44%	11.09%	10.28%	9.75%	9.37%
86.00	40.12%	22.95%	14.85%	12.21%	10.91%	10.14%	9.63%	9.26%
86.50	38.73%	22.30%	14.52%	11.99%	10.74%	10.00%	9.50%	9.15%
87.00	37.36%	21.65%	14.19%	11.77%	10.57%	9.86%	9.38%	9.05%
87.50	36.00%	21.00%	13.87%	11.55%	10.40%	9.72%	9.26%	8.94%
88.00	34.66%	20.36%	13.55%	11.33%	10.23%	9.58%	9.14%	8.84%
88.50	33.33%	19.73%	13.23%	11.11%	10.06%	9.44%	9.02%	8.73%
89.00	32.02%	19.10%	12.92%	10.90%	9.90%	9.30%	8.91%	8.63%
89.50	30.73%	18.48%	12.60%	10.68%	9.73%	9.16%	8.79%	8.52%
90.00	29.44%	17.86%	12.29%	10.47%	9.57%	9.03%	8.67%	8.42%
90.50	28.18%	17.25%	11.98%	10.26%	9.40%	8.90%	8.56%	8.32%
91.00	26.92%	16.64%	11.68%	10.05%	9.24%	8.76%	8.44%	8.22%
91.25	26.30%	16.34%	11.52%	9.94%	9.16%	8.70%	8.39%	8.17%
91.50	25.68%	16.04%	11.37%	9.84%	9.08%	8.63%	8.33%	8.12%
91.75	25.07%	15.74%	11.22%	9.74%	9.00%	8.56%	8.27%	8.07%
92.00	24.46%	15.44%	11.07%	9.63%	8.92%	8.50%	8.22%	8.02%
92.25	23.85%	15.14%	10.92%	9.53%	8.84%	8.43%	8.16%	7.97%
92.50	23.24%	14.84%	10.77%	9.43%	8.76%	8.37%	8.10%	7.92%
92.75	22.64%	14.55%	10.62%	9.33%	8.68%	8.30%	8.05%	7.87%
93.00	22.04%	14.26%	10.47%	9.22%	8.61%	8.24%	7.99%	7.82%
93.25	21.45%	13.96%	10.32%	9.12%	8.53%	8.17%	7.94%	7.77%
93.50	20.86%	13.67%	10.17%	9.02%	8.45%	8.11%	7.88%	7.72%
93.75	20.27%	13.38%	10.03%	8.92%	8.37%	8.04%	7.83%	7.67%
94.00	19.68%	13.10%	9.88%	8.82%	8.29%	7.98%	7.77%	7.62%
94.25	19.10%	12.81%	9.73%	8.72%	8.22%	7.91%	7.72%	7.57%
94.50	18.52%	12.52%	9.59%	8.62%	8.14%	7.85%	7.66%	7.53%
94.75	17.94%	12.24%	9.44%	8.52%	8.06%	7.79%	7.61%	7.48%
95.00	17.37%	11.95%	9.30%	8.42%	7.98%	7.72%	7.55%	7.43%
95.25	16.80%	11.67%	9.15%	8.32%	7.91%	7.66%	7.50%	7.38%
95.50	16.23%	11.39%	9.01%	8.22%	7.83%	7.60%	7.44%	7.33%
95.75	15.67%	11.11%	8.87%	8.12%	7.76%	7.54%	7.39%	7.29%
96.00	15.10%	10.83%	8.72%	8.03%	7.68%	7.47%	7.34%	7.24%
96.25	14.55%	10.55%	8.58%	7.93%	7.60%	7.41%	7.28%	7.19%
96.50	13.99%	10.27%	8.44%	7.83%	7.53%	7.35%	7.23%	7.14%
96.75	13.44%	10.00%	8.30%	7.73%	7.45%	7.29%	7.18%	7.10%
97.00	12.89%	9.72%	8.16%	7.64%	7.38%	7.23%	7.12%	7.05%
97.25	12.34%	9.45%	8.02%	7.54%	7.31%	7.16%	7.07%	7.00%
97.50	11.79%	9.17%	7.88%	7.45%	7.23%	7.10%	7.02%	6.96%
97.75	11.25%	8.90%	7.74%	7.35%	7.16%	7.04%	6.97%	6.91%
98.00	10.71%	8.63%	7.60%	7.25%	7.08%	6.98%	6.91%	6.86%
98.25	10.18%	8.36%	7.46%	7.16%	7.01%	6.92%	6.86%	6.82%
98.50	9.64%	8.09%	7.32%	7.06%	6.94%	6.86%	6.81%	6.77%
98.75	9.11%	7.82%	7.18%	6.97%	6.86%	6.80%	6.76%	6.73%
99.00	8.59%	7.56%	7.04%	6.87%	6.79%	6.74%	6.71%	6.68%
99.25	8.06%	7.29%	6.91%	6.78%	6.72%	6.68%	6.65%	6.64%
99.50	7.54%	7.03%	6.77%	6.69%	6.64%	6.62%	6.60%	6.59%
99.75	7.02%	6.76%	6.64%	6.59%	6.57%	6.56%	6.55%	6.55%
100.00	6.50%	6.50%	6.50%	6.50%	6.50%	6.50%	6.50%	6.50%
100.25	5.99%	6.24%	6.36%	6.41%	6.43%	6.44%	6.45%	6.46%
100.50	5.47%	5.98%	6.23%	6.31%	6.36%	6.38%	6.40%	6.41%
101.00	4.46%	5.46%	5.96%	6.13%	6.21%	6.26%	6.30%	6.32%
101.50	3.45%	4.94%	5.70%	5.95%	6.07%	6.15%	6.20%	6.23%
102.00	2.45%	4.43%	5.43%	5.76%	5.93%	6.03%	6.10%	6.14%
102.50	1.46%	3.93%	5.17%	5.58%	5.79%	5.92%	6.00%	6.06%
103.00	0.49%	3.42%	4.91%	5.40%	5.65%	5.80%	5.90%	5.97%
103.50	***	2.92%	4.65%	5.22%	5.51%	5.69%	5.80%	5.88%
104.00	***	2.43%	4.39%	5.05%	5.38%	5.57%	5.70%	5.80%
104.50	***	1.93%	4.13%	4.87%	5.24%	5.46%	5.61%	5.71%
105.00	***	1.45%	3.88%	4.69%	5.10%	5.35%	5.51%	5.63%

EFFECTIVE YIELD RATE 6.50%

PRICE	YEARS UNTIL MATURITY							
	8	9	10	11	12	13	14	15
70.00	12.55%	12.05%	11.66%	11.34%	11.08%	10.86%	10.68%	10.52%
71.00	12.30%	11.82%	11.44%	11.14%	10.89%	10.68%	10.50%	10.35%
72.00	12.05%	11.59%	11.23%	10.94%	10.70%	10.50%	10.33%	10.18%
73.00	11.81%	11.37%	11.02%	10.74%	10.51%	10.32%	10.16%	10.02%
74.00	11.57%	11.15%	10.82%	10.55%	10.33%	10.14%	9.99%	9.85%
75.00	11.34%	10.93%	10.62%	10.36%	10.15%	9.97%	9.82%	9.70%
76.00	11.10%	10.72%	10.42%	10.18%	9.97%	9.81%	9.66%	9.54%
77.00	10.88%	10.51%	10.23%	9.99%	9.80%	9.64%	9.51%	9.39%
78.00	10.66%	10.31%	10.04%	9.81%	9.63%	9.48%	9.35%	9.24%
79.00	10.44%	10.11%	9.85%	9.64%	9.47%	9.32%	9.20%	9.09%
80.00	10.22%	9.91%	9.66%	9.47%	9.30%	9.16%	9.05%	8.95%
81.00	10.01%	9.71%	9.48%	9.29%	9.14%	9.01%	8.90%	8.81%
82.00	9.80%	9.52%	9.30%	9.13%	8.98%	8.86%	8.76%	8.67%
82.50	9.69%	9.43%	9.22%	9.04%	8.90%	8.78%	8.68%	8.60%
83.00	9.59%	9.33%	9.13%	8.96%	8.83%	8.71%	8.61%	8.53%
83.50	9.49%	9.24%	9.04%	8.88%	8.75%	8.64%	8.54%	8.46%
84.00	9.39%	9.15%	8.96%	8.80%	8.67%	8.56%	8.47%	8.40%
84.50	9.29%	9.05%	8.87%	8.72%	8.60%	8.49%	8.40%	8.33%
85.00	9.19%	8.96%	8.78%	8.64%	8.52%	8.42%	8.34%	8.26%
85.50	9.09%	8.87%	8.70%	8.56%	8.45%	8.35%	8.27%	8.20%
86.00	8.99%	8.78%	8.62%	8.48%	8.37%	8.28%	8.20%	8.13%
86.50	8.89%	8.69%	8.53%	8.40%	8.30%	8.21%	8.13%	8.07%
87.00	8.80%	8.60%	8.45%	8.33%	8.22%	8.14%	8.07%	8.00%
87.50	8.70%	8.52%	8.37%	8.25%	8.15%	8.07%	8.00%	7.94%
88.00	8.61%	8.43%	8.29%	8.17%	8.08%	8.00%	7.93%	7.88%
88.50	8.51%	8.34%	8.21%	8.10%	8.01%	7.93%	7.87%	7.82%
89.00	8.42%	8.26%	8.13%	8.02%	7.94%	7.87%	7.81%	7.75%
89.50	8.32%	8.17%	8.05%	7.95%	7.87%	7.80%	7.74%	7.69%
90.00	8.23%	8.09%	7.97%	7.88%	7.80%	7.73%	7.68%	7.63%
90.50	8.14%	8.00%	7.89%	7.80%	7.73%	7.67%	7.62%	7.57%
91.00	8.05%	7.92%	7.81%	7.73%	7.66%	7.60%	7.55%	7.51%
91.50	7.96%	7.83%	7.74%	7.66%	7.59%	7.54%	7.49%	7.45%
92.00	7.87%	7.75%	7.66%	7.59%	7.52%	7.47%	7.43%	7.39%
92.50	7.78%	7.67%	7.58%	7.51%	7.46%	7.41%	7.37%	7.33%
93.00	7.69%	7.59%	7.51%	7.44%	7.39%	7.34%	7.31%	7.27%
93.50	7.60%	7.51%	7.43%	7.37%	7.32%	7.28%	7.25%	7.22%
94.00	7.51%	7.43%	7.36%	7.30%	7.26%	7.22%	7.19%	7.16%
94.50	7.42%	7.35%	7.28%	7.23%	7.19%	7.16%	7.13%	7.10%
95.00	7.34%	7.27%	7.21%	7.16%	7.13%	7.10%	7.07%	7.05%
95.50	7.25%	7.19%	7.14%	7.10%	7.06%	7.03%	7.01%	6.99%
96.00	7.17%	7.11%	7.06%	7.03%	7.00%	6.97%	6.95%	6.93%
96.50	7.08%	7.03%	6.99%	6.96%	6.93%	6.91%	6.89%	6.88%
97.00	7.00%	6.95%	6.92%	6.89%	6.87%	6.85%	6.84%	6.82%
97.50	6.91%	6.88%	6.85%	6.83%	6.81%	6.79%	6.78%	6.77%
98.00	6.83%	6.80%	6.78%	6.76%	6.75%	6.73%	6.72%	6.71%
98.50	6.75%	6.72%	6.71%	6.69%	6.68%	6.67%	6.67%	6.66%
99.00	6.66%	6.65%	6.64%	6.63%	6.62%	6.62%	6.61%	6.61%
99.50	6.58%	6.57%	6.57%	6.56%	6.56%	6.56%	6.56%	6.55%
100.00	6.50%	6.50%	6.50%	6.50%	6.50%	6.50%	6.50%	6.50%
100.50	6.42%	6.43%	6.43%	6.44%	6.44%	6.44%	6.45%	6.45%
101.00	6.34%	6.35%	6.36%	6.37%	6.38%	6.39%	6.39%	6.40%
102.00	6.18%	6.21%	6.23%	6.25%	6.26%	6.27%	6.28%	6.29%
103.00	6.02%	6.06%	6.09%	6.12%	6.14%	6.16%	6.18%	6.19%
104.00	5.87%	5.92%	5.96%	6.00%	6.03%	6.05%	6.07%	6.09%
105.00	5.71%	5.78%	5.83%	5.88%	5.91%	5.94%	5.97%	5.99%
106.00	5.56%	5.64%	5.70%	5.76%	5.80%	5.84%	5.87%	5.89%
107.00	5.41%	5.50%	5.58%	5.64%	5.69%	5.73%	5.76%	5.80%
108.00	5.26%	5.37%	5.45%	5.52%	5.58%	5.62%	5.66%	5.70%
109.00	5.12%	5.23%	5.33%	5.40%	5.47%	5.52%	5.57%	5.60%
110.00	4.97%	5.10%	5.20%	5.29%	5.36%	5.42%	5.47%	5.51%

6.50% EFFECTIVE YIELD RATE

PRICE	YEARS UNTIL MATURITY							
	16	17	18	19	20	21	22	23
70.00	10.38%	10.27%	10.16%	10.07%	10.00%	9.93%	9.86%	9.81%
71.00	10.22%	10.11%	10.01%	9.92%	9.84%	9.78%	9.72%	9.66%
72.00	10.06%	9.95%	9.85%	9.77%	9.70%	9.63%	9.57%	9.52%
73.00	9.90%	9.79%	9.70%	9.62%	9.55%	9.49%	9.43%	9.38%
74.00	9.74%	9.64%	9.55%	9.48%	9.41%	9.35%	9.30%	9.25%
75.00	9.59%	9.49%	9.41%	9.33%	9.27%	9.21%	9.16%	9.12%
76.00	9.44%	9.35%	9.27%	9.20%	9.13%	9.08%	9.03%	8.99%
77.00	9.29%	9.20%	9.13%	9.06%	9.00%	8.95%	8.90%	8.86%
78.00	9.14%	9.06%	8.99%	8.93%	8.87%	8.82%	8.77%	8.73%
79.00	9.00%	8.92%	8.85%	8.79%	8.74%	8.69%	8.65%	8.61%
80.00	8.86%	8.79%	8.72%	8.67%	8.61%	8.57%	8.53%	8.49%
81.00	8.73%	8.65%	8.59%	8.54%	8.49%	8.45%	8.41%	8.38%
82.00	8.59%	8.52%	8.47%	8.41%	8.37%	8.33%	8.29%	8.26%
82.50	8.52%	8.46%	8.40%	8.35%	8.31%	8.27%	8.24%	8.20%
83.00	8.46%	8.40%	8.34%	8.29%	8.25%	8.21%	8.18%	8.15%
83.50	8.39%	8.33%	8.28%	8.23%	8.19%	8.15%	8.12%	8.09%
84.00	8.33%	8.27%	8.22%	8.17%	8.13%	8.10%	8.07%	8.04%
84.50	8.26%	8.21%	8.16%	8.11%	8.07%	8.04%	8.01%	7.98%
85.00	8.20%	8.15%	8.10%	8.06%	8.02%	7.98%	7.95%	7.93%
85.50	8.14%	8.08%	8.04%	8.00%	7.96%	7.93%	7.90%	7.87%
86.00	8.07%	8.02%	7.98%	7.94%	7.90%	7.87%	7.85%	7.82%
86.50	8.01%	7.96%	7.92%	7.88%	7.85%	7.82%	7.79%	7.77%
87.00	7.95%	7.90%	7.86%	7.83%	7.79%	7.76%	7.74%	7.72%
87.50	7.89%	7.84%	7.80%	7.77%	7.74%	7.71%	7.69%	7.66%
88.00	7.83%	7.78%	7.75%	7.71%	7.68%	7.66%	7.63%	7.61%
88.50	7.77%	7.73%	7.69%	7.66%	7.63%	7.61%	7.58%	7.56%
89.00	7.71%	7.67%	7.63%	7.60%	7.58%	7.55%	7.53%	7.51%
89.50	7.65%	7.61%	7.58%	7.55%	7.52%	7.50%	7.48%	7.46%
90.00	7.59%	7.55%	7.52%	7.50%	7.47%	7.45%	7.43%	7.41%
90.50	7.53%	7.50%	7.47%	7.44%	7.42%	7.40%	7.38%	7.36%
91.00	7.47%	7.44%	7.41%	7.39%	7.37%	7.35%	7.33%	7.31%
91.50	7.42%	7.39%	7.36%	7.34%	7.32%	7.30%	7.28%	7.27%
92.00	7.36%	7.33%	7.31%	7.28%	7.26%	7.25%	7.23%	7.22%
92.50	7.30%	7.28%	7.25%	7.23%	7.21%	7.20%	7.18%	7.17%
93.00	7.25%	7.22%	7.20%	7.18%	7.16%	7.15%	7.14%	7.12%
93.50	7.19%	7.17%	7.15%	7.13%	7.11%	7.10%	7.09%	7.08%
94.00	7.13%	7.11%	7.10%	7.08%	7.06%	7.05%	7.04%	7.03%
94.50	7.08%	7.06%	7.04%	7.03%	7.02%	7.00%	6.99%	6.98%
95.00	7.03%	7.01%	6.99%	6.98%	6.97%	6.96%	6.95%	6.94%
95.50	6.97%	6.96%	6.94%	6.93%	6.92%	6.91%	6.90%	6.89%
96.00	6.92%	6.90%	6.89%	6.88%	6.87%	6.86%	6.85%	6.85%
96.50	6.86%	6.85%	6.84%	6.83%	6.82%	6.82%	6.81%	6.80%
97.00	6.81%	6.80%	6.79%	6.78%	6.78%	6.77%	6.76%	6.76%
97.50	6.76%	6.75%	6.74%	6.74%	6.73%	6.72%	6.72%	6.71%
98.00	6.71%	6.70%	6.69%	6.69%	6.68%	6.68%	6.67%	6.67%
98.50	6.65%	6.65%	6.64%	6.64%	6.64%	6.63%	6.63%	6.63%
99.00	6.60%	6.60%	6.60%	6.59%	6.59%	6.59%	6.59%	6.59%
99.50	6.55%	6.55%	6.55%	6.55%	6.55%	6.54%	6.54%	6.54%
100.00	6.50%	6.50%	6.50%	6.50%	6.50%	6.50%	6.50%	6.50%
100.50	6.45%	6.45%	6.45%	6.45%	6.46%	6.46%	6.46%	6.46%
101.00	6.40%	6.40%	6.41%	6.41%	6.41%	6.41%	6.41%	6.42%
102.00	6.30%	6.31%	6.31%	6.32%	6.32%	6.33%	6.33%	6.33%
103.00	6.20%	6.21%	6.22%	6.23%	6.24%	6.24%	6.25%	6.25%
104.00	6.10%	6.12%	6.13%	6.14%	6.15%	6.16%	6.17%	6.17%
105.00	6.01%	6.03%	6.04%	6.05%	6.07%	6.08%	6.08%	6.09%
106.00	5.91%	5.93%	5.95%	5.97%	5.98%	5.99%	6.01%	6.01%
107.00	5.82%	5.84%	5.87%	5.88%	5.90%	5.91%	5.93%	5.94%
108.00	5.73%	5.76%	5.78%	5.80%	5.82%	5.83%	5.85%	5.86%
109.00	5.64%	5.67%	5.69%	5.72%	5.74%	5.76%	5.77%	5.79%
110.00	5.55%	5.58%	5.61%	5.64%	5.66%	5.68%	5.70%	5.71%

EFFECTIVE YIELD RATE 6.50%

PRICE	YEARS UNTIL MATURITY 24	25	26	27	28	29	30	40
70.00	9.76%	9.71%	9.67%	9.64%	9.61%	9.58%	9.55%	9.39%
71.00	9.62%	9.57%	9.53%	9.50%	9.47%	9.44%	9.41%	9.26%
72.00	9.48%	9.43%	9.40%	9.36%	9.33%	9.31%	9.28%	9.13%
73.00	9.34%	9.30%	9.26%	9.23%	9.20%	9.18%	9.15%	9.01%
74.00	9.21%	9.17%	9.13%	9.10%	9.07%	9.05%	9.03%	8.88%
75.00	9.07%	9.04%	9.00%	8.98%	8.95%	8.92%	8.90%	8.76%
76.00	8.95%	8.91%	8.88%	8.85%	8.83%	8.80%	8.78%	8.65%
77.00	8.82%	8.79%	8.76%	8.73%	8.71%	8.68%	8.66%	8.53%
78.00	8.70%	8.67%	8.64%	8.61%	8.59%	8.57%	8.55%	8.42%
79.00	8.58%	8.55%	8.52%	8.50%	8.47%	8.45%	8.43%	8.32%
80.00	8.46%	8.43%	8.40%	8.38%	8.36%	8.34%	8.32%	8.21%
81.00	8.34%	8.32%	8.29%	8.27%	8.25%	8.23%	8.21%	8.11%
82.00	8.23%	8.21%	8.18%	8.16%	8.14%	8.12%	8.11%	8.01%
82.50	8.18%	8.15%	8.13%	8.11%	8.09%	8.07%	8.06%	7.96%
83.00	8.12%	8.10%	8.07%	8.05%	8.04%	8.02%	8.00%	7.91%
83.50	8.07%	8.04%	8.02%	8.00%	7.98%	7.97%	7.95%	7.86%
84.00	8.01%	7.99%	7.97%	7.95%	7.93%	7.92%	7.90%	7.81%
84.50	7.96%	7.94%	7.91%	7.90%	7.88%	7.86%	7.85%	7.76%
85.00	7.90%	7.88%	7.86%	7.85%	7.83%	7.81%	7.80%	7.72%
85.50	7.85%	7.83%	7.81%	7.79%	7.78%	7.76%	7.75%	7.67%
86.00	7.80%	7.78%	7.76%	7.74%	7.73%	7.72%	7.70%	7.62%
86.50	7.75%	7.73%	7.71%	7.69%	7.68%	7.67%	7.65%	7.58%
87.00	7.70%	7.68%	7.66%	7.64%	7.63%	7.62%	7.61%	7.53%
87.50	7.64%	7.63%	7.61%	7.60%	7.58%	7.57%	7.56%	7.49%
88.00	7.59%	7.58%	7.56%	7.55%	7.53%	7.52%	7.51%	7.44%
88.50	7.54%	7.53%	7.51%	7.50%	7.49%	7.48%	7.47%	7.40%
89.00	7.49%	7.48%	7.46%	7.45%	7.44%	7.43%	7.42%	7.36%
89.50	7.45%	7.43%	7.42%	7.40%	7.39%	7.38%	7.37%	7.31%
90.00	7.40%	7.38%	7.37%	7.36%	7.35%	7.34%	7.33%	7.27%
90.50	7.35%	7.33%	7.32%	7.31%	7.30%	7.29%	7.28%	7.23%
91.00	7.30%	7.29%	7.28%	7.27%	7.26%	7.25%	7.24%	7.19%
91.50	7.25%	7.24%	7.23%	7.22%	7.21%	7.20%	7.19%	7.15%
92.00	7.21%	7.19%	7.18%	7.17%	7.17%	7.16%	7.15%	7.11%
92.50	7.16%	7.15%	7.14%	7.13%	7.12%	7.11%	7.11%	7.07%
93.00	7.11%	7.10%	7.09%	7.09%	7.08%	7.07%	7.06%	7.02%
93.50	7.07%	7.06%	7.05%	7.04%	7.03%	7.03%	7.02%	6.99%
94.00	7.02%	7.01%	7.00%	7.00%	6.99%	6.99%	6.98%	6.95%
94.50	6.98%	6.97%	6.96%	6.95%	6.95%	6.94%	6.94%	6.91%
95.00	6.93%	6.92%	6.92%	6.91%	6.91%	6.90%	6.90%	6.87%
95.50	6.89%	6.88%	6.87%	6.87%	6.86%	6.86%	6.86%	6.83%
96.00	6.84%	6.84%	6.83%	6.83%	6.82%	6.82%	6.81%	6.79%
96.50	6.80%	6.79%	6.79%	6.78%	6.78%	6.78%	6.77%	6.75%
97.00	6.75%	6.75%	6.75%	6.74%	6.74%	6.74%	6.73%	6.72%
97.50	6.71%	6.71%	6.70%	6.70%	6.70%	6.70%	6.69%	6.68%
98.00	6.67%	6.67%	6.66%	6.66%	6.66%	6.66%	6.65%	6.64%
98.50	6.63%	6.62%	6.62%	6.62%	6.62%	6.62%	6.62%	6.61%
99.00	6.58%	6.58%	6.58%	6.58%	6.58%	6.58%	6.58%	6.57%
99.50	6.54%	6.54%	6.54%	6.54%	6.54%	6.54%	6.54%	6.54%
100.00	6.50%	6.50%	6.50%	6.50%	6.50%	6.50%	6.50%	6.50%
100.50	6.46%	6.46%	6.46%	6.46%	6.46%	6.46%	6.46%	6.46%
101.00	6.42%	6.42%	6.42%	6.42%	6.42%	6.42%	6.42%	6.43%
102.00	6.34%	6.34%	6.34%	6.34%	6.35%	6.35%	6.35%	6.36%
103.00	6.26%	6.26%	6.26%	6.27%	6.27%	6.27%	6.28%	6.29%
104.00	6.18%	6.18%	6.19%	6.19%	6.20%	6.20%	6.20%	6.23%
105.00	6.10%	6.11%	6.11%	6.12%	6.12%	6.13%	6.13%	6.16%
106.00	6.02%	6.03%	6.04%	6.05%	6.05%	6.06%	6.06%	6.10%
107.00	5.95%	5.96%	5.97%	5.97%	5.98%	5.99%	5.99%	6.03%
108.00	5.87%	5.88%	5.89%	5.90%	5.91%	5.92%	5.93%	5.97%
109.00	5.80%	5.81%	5.82%	5.83%	5.84%	5.85%	5.86%	5.91%
110.00	5.73%	5.74%	5.75%	5.77%	5.78%	5.78%	5.79%	5.85%

6.75%　　EFFECTIVE YIELD RATE

PRICE	YEARS UNTIL MATURITY						
	1/2	1	2	3	4	5	6	7
85.00	43.24%	24.57%	15.79%	12.94%	11.54%	10.70%	10.15%	9.76%
85.50	41.81%	23.90%	15.45%	12.71%	11.36%	10.56%	10.02%	9.65%
86.00	40.41%	23.23%	15.12%	12.49%	11.19%	10.41%	9.90%	9.54%
86.50	39.02%	22.58%	14.79%	12.26%	11.01%	10.27%	9.78%	9.43%
87.00	37.64%	21.92%	14.47%	12.04%	10.84%	10.13%	9.65%	9.32%
87.50	36.29%	21.28%	14.14%	11.82%	10.67%	9.99%	9.53%	9.21%
88.00	34.94%	20.64%	13.82%	11.60%	10.50%	9.85%	9.41%	9.11%
88.50	33.62%	20.00%	13.50%	11.38%	10.33%	9.71%	9.29%	9.00%
89.00	32.30%	19.37%	13.19%	11.17%	10.17%	9.57%	9.17%	8.89%
89.50	31.01%	18.75%	12.87%	10.95%	10.00%	9.43%	9.06%	8.79%
90.00	29.72%	18.13%	12.56%	10.74%	9.83%	9.30%	8.94%	8.69%
90.50	28.45%	17.52%	12.25%	10.52%	9.67%	9.16%	8.82%	8.58%
91.00	27.20%	16.91%	11.94%	10.31%	9.51%	9.03%	8.71%	8.48%
91.25	26.58%	16.60%	11.79%	10.21%	9.43%	8.96%	8.65%	8.43%
91.50	25.96%	16.30%	11.64%	10.10%	9.35%	8.89%	8.59%	8.38%
91.75	25.34%	16.00%	11.48%	10.00%	9.27%	8.83%	8.54%	8.33%
92.00	24.73%	15.70%	11.33%	9.90%	9.18%	8.76%	8.48%	8.28%
92.25	24.12%	15.41%	11.18%	9.79%	9.10%	8.69%	8.42%	8.23%
92.50	23.51%	15.11%	11.03%	9.69%	9.03%	8.63%	8.37%	8.18%
92.75	22.91%	14.82%	10.88%	9.59%	8.95%	8.56%	8.31%	8.13%
93.00	22.31%	14.52%	10.73%	9.49%	8.87%	8.50%	8.25%	8.08%
93.25	21.72%	14.23%	10.58%	9.38%	8.79%	8.43%	8.20%	8.03%
93.50	21.12%	13.94%	10.43%	9.28%	8.71%	8.37%	8.14%	7.98%
93.75	20.53%	13.65%	10.29%	9.18%	8.63%	8.30%	8.09%	7.93%
94.00	19.95%	13.36%	10.14%	9.08%	8.55%	8.24%	8.03%	7.88%
94.25	19.36%	13.07%	9.99%	8.98%	8.47%	8.17%	7.97%	7.83%
94.50	18.78%	12.78%	9.85%	8.88%	8.40%	8.11%	7.92%	7.78%
94.75	18.21%	12.50%	9.70%	8.78%	8.32%	8.05%	7.86%	7.74%
95.00	17.63%	12.21%	9.56%	8.68%	8.24%	7.98%	7.81%	7.69%
95.25	17.06%	11.93%	9.41%	8.58%	8.17%	7.92%	7.76%	7.64%
95.50	16.49%	11.65%	9.27%	8.48%	8.09%	7.86%	7.70%	7.59%
95.75	15.93%	11.37%	9.12%	8.38%	8.01%	7.79%	7.65%	7.54%
96.00	15.36%	11.09%	8.98%	8.28%	7.94%	7.73%	7.59%	7.49%
96.25	14.81%	10.81%	8.84%	8.19%	7.86%	7.67%	7.54%	7.45%
96.50	14.25%	10.53%	8.69%	8.09%	7.79%	7.60%	7.48%	7.40%
96.75	13.70%	10.25%	8.55%	7.99%	7.71%	7.54%	7.43%	7.35%
97.00	13.14%	9.98%	8.41%	7.89%	7.63%	7.48%	7.38%	7.31%
97.25	12.60%	9.70%	8.27%	7.80%	7.56%	7.42%	7.32%	7.26%
97.50	12.05%	9.43%	8.13%	7.70%	7.48%	7.36%	7.27%	7.21%
97.75	11.51%	9.16%	7.99%	7.60%	7.41%	7.30%	7.22%	7.16%
98.00	10.97%	8.88%	7.85%	7.51%	7.34%	7.23%	7.17%	7.12%
98.25	10.43%	8.61%	7.71%	7.41%	7.26%	7.17%	7.11%	7.07%
98.50	9.90%	8.34%	7.57%	7.32%	7.19%	7.11%	7.06%	7.02%
98.75	9.37%	8.08%	7.43%	7.22%	7.11%	7.05%	7.01%	6.98%
99.00	8.84%	7.81%	7.30%	7.13%	7.04%	6.99%	6.96%	6.93%
99.25	8.31%	7.54%	7.16%	7.03%	6.97%	6.93%	6.90%	6.89%
99.50	7.79%	7.28%	7.02%	6.94%	6.90%	6.87%	6.85%	6.84%
99.75	7.27%	7.01%	6.89%	6.84%	6.82%	6.81%	6.80%	6.80%
100.00	6.75%	6.75%	6.75%	6.75%	6.75%	6.75%	6.75%	6.75%
100.25	6.23%	6.49%	6.61%	6.66%	6.68%	6.69%	6.70%	6.70%
100.50	5.72%	6.23%	6.48%	6.56%	6.61%	6.63%	6.65%	6.66%
101.00	4.70%	5.71%	6.21%	6.38%	6.46%	6.51%	6.55%	6.57%
101.50	3.69%	5.19%	5.94%	6.19%	6.32%	6.39%	6.44%	6.48%
102.00	2.70%	4.68%	5.68%	6.01%	6.18%	6.28%	6.34%	6.39%
102.50	1.71%	4.17%	5.41%	5.83%	6.04%	6.16%	6.24%	6.30%
103.00	0.73%	3.67%	5.15%	5.65%	5.90%	6.05%	6.14%	6.21%
103.50	***	3.17%	4.89%	5.47%	5.76%	5.93%	6.05%	6.13%
104.00	***	2.67%	4.63%	5.29%	5.62%	5.82%	5.95%	6.04%
104.50	***	2.18%	4.38%	5.11%	5.48%	5.70%	5.85%	5.95%
105.00	***	1.69%	4.12%	4.94%	5.35%	5.59%	5.75%	5.87%

EFFECTIVE YIELD RATE 6.75%

PRICE	YEARS UNTIL MATURITY							
	8	9	10	11	12	13	14	15
70.00	12.86%	12.37%	11.98%	11.66%	11.40%	11.18%	11.00%	10.84%
71.00	12.61%	12.13%	11.76%	11.45%	11.20%	10.99%	10.82%	10.67%
72.00	12.36%	11.90%	11.54%	11.25%	11.01%	10.81%	10.64%	10.50%
73.00	12.11%	11.68%	11.33%	11.05%	10.82%	10.63%	10.47%	10.33%
74.00	11.87%	11.45%	11.12%	10.86%	10.64%	10.45%	10.30%	10.16%
75.00	11.64%	11.24%	10.92%	10.66%	10.45%	10.28%	10.13%	10.00%
76.00	11.40%	11.02%	10.72%	10.48%	10.28%	10.11%	9.97%	9.84%
77.00	11.17%	10.81%	10.52%	10.29%	10.10%	9.94%	9.80%	9.69%
78.00	10.95%	10.60%	10.33%	10.11%	9.93%	9.78%	9.65%	9.54%
79.00	10.73%	10.40%	10.14%	9.93%	9.76%	9.61%	9.49%	9.39%
80.00	10.51%	10.20%	9.95%	9.75%	9.59%	9.45%	9.34%	9.24%
81.00	10.29%	10.00%	9.77%	9.58%	9.43%	9.30%	9.19%	9.10%
82.00	10.08%	9.81%	9.59%	9.41%	9.27%	9.15%	9.04%	8.95%
82.50	9.98%	9.71%	9.50%	9.33%	9.19%	9.07%	8.97%	8.88%
83.00	9.87%	9.61%	9.41%	9.24%	9.11%	8.99%	8.90%	8.81%
83.50	9.77%	9.52%	9.32%	9.16%	9.03%	8.92%	8.83%	8.75%
84.00	9.67%	9.43%	9.24%	9.08%	8.95%	8.85%	8.75%	8.68%
84.50	9.57%	9.33%	9.15%	9.00%	8.88%	8.77%	8.68%	8.61%
85.00	9.47%	9.24%	9.06%	8.92%	8.80%	8.70%	8.61%	8.54%
85.50	9.37%	9.15%	8.98%	8.84%	8.72%	8.63%	8.55%	8.48%
86.00	9.27%	9.06%	8.89%	8.76%	8.65%	8.56%	8.48%	8.41%
86.50	9.17%	8.97%	8.81%	8.68%	8.57%	8.48%	8.41%	8.34%
87.00	9.07%	8.88%	8.73%	8.60%	8.50%	8.41%	8.34%	8.28%
87.50	8.97%	8.79%	8.64%	8.52%	8.43%	8.34%	8.27%	8.21%
88.00	8.88%	8.70%	8.56%	8.45%	8.35%	8.27%	8.21%	8.15%
88.50	8.78%	8.61%	8.48%	8.37%	8.28%	8.21%	8.14%	8.09%
89.00	8.69%	8.53%	8.40%	8.29%	8.21%	8.14%	8.08%	8.02%
89.50	8.59%	8.44%	8.32%	8.22%	8.14%	8.07%	8.01%	7.96%
90.00	8.50%	8.35%	8.24%	8.14%	8.07%	8.00%	7.95%	7.90%
90.50	8.41%	8.27%	8.16%	8.07%	8.00%	7.93%	7.88%	7.84%
91.00	8.31%	8.18%	8.08%	8.00%	7.93%	7.87%	7.82%	7.78%
91.50	8.22%	8.10%	8.00%	7.92%	7.86%	7.80%	7.76%	7.72%
92.00	8.13%	8.01%	7.92%	7.85%	7.79%	7.74%	7.69%	7.66%
92.50	8.04%	7.93%	7.85%	7.78%	7.72%	7.67%	7.63%	7.60%
93.00	7.95%	7.85%	7.77%	7.71%	7.65%	7.61%	7.57%	7.54%
93.50	7.86%	7.77%	7.69%	7.63%	7.58%	7.54%	7.51%	7.48%
94.00	7.77%	7.69%	7.62%	7.56%	7.52%	7.48%	7.45%	7.42%
94.50	7.68%	7.61%	7.54%	7.49%	7.45%	7.42%	7.39%	7.36%
95.00	7.60%	7.52%	7.47%	7.42%	7.39%	7.35%	7.33%	7.30%
95.50	7.51%	7.44%	7.39%	7.35%	7.32%	7.29%	7.27%	7.25%
96.00	7.42%	7.37%	7.32%	7.28%	7.25%	7.23%	7.21%	7.19%
96.50	7.34%	7.29%	7.25%	7.22%	7.19%	7.17%	7.15%	7.13%
97.00	7.25%	7.21%	7.18%	7.15%	7.13%	7.11%	7.09%	7.08%
97.50	7.17%	7.13%	7.10%	7.08%	7.06%	7.05%	7.03%	7.02%
98.00	7.08%	7.05%	7.03%	7.01%	7.00%	6.99%	6.98%	6.97%
98.50	7.00%	6.98%	6.96%	6.95%	6.94%	6.93%	6.92%	6.91%
99.00	6.91%	6.90%	6.89%	6.88%	6.87%	6.87%	6.86%	6.86%
99.50	6.83%	6.83%	6.82%	6.82%	6.81%	6.81%	6.81%	6.80%
100.00	6.75%	6.75%	6.75%	6.75%	6.75%	6.75%	6.75%	6.75%
100.50	6.67%	6.68%	6.68%	6.69%	6.69%	6.69%	6.69%	6.70%
101.00	6.59%	6.60%	6.61%	6.62%	6.63%	6.63%	6.64%	6.64%
102.00	6.43%	6.45%	6.48%	6.49%	6.51%	6.52%	6.53%	6.54%
103.00	6.27%	6.31%	6.34%	6.37%	6.39%	6.41%	6.42%	6.44%
104.00	6.11%	6.16%	6.21%	6.24%	6.27%	6.29%	6.32%	6.33%
105.00	5.96%	6.02%	6.08%	6.12%	6.15%	6.18%	6.21%	6.23%
106.00	5.80%	5.88%	5.95%	6.00%	6.04%	6.08%	6.11%	6.13%
107.00	5.65%	5.74%	5.82%	5.88%	5.93%	5.97%	6.00%	6.03%
108.00	5.50%	5.61%	5.69%	5.76%	5.81%	5.86%	5.90%	5.94%
109.00	5.35%	5.47%	5.56%	5.64%	5.70%	5.76%	5.80%	5.84%
110.00	5.21%	5.34%	5.44%	5.52%	5.59%	5.65%	5.70%	5.75%

6.75%   EFFECTIVE YIELD RATE

PRICE	YEARS UNTIL MATURITY							
	16	17	18	19	20	21	22	23
70.00	10.71%	10.59%	10.49%	10.40%	10.32%	10.26%	10.19%	10.14%
71.00	10.54%	10.43%	10.33%	10.24%	10.17%	10.10%	10.04%	9.99%
72.00	10.37%	10.27%	10.17%	10.09%	10.02%	9.95%	9.90%	9.85%
73.00	10.21%	10.11%	10.02%	9.94%	9.87%	9.81%	9.75%	9.70%
74.00	10.05%	9.95%	9.87%	9.79%	9.72%	9.66%	9.61%	9.57%
75.00	9.89%	9.80%	9.72%	9.64%	9.58%	9.52%	9.47%	9.43%
76.00	9.74%	9.65%	9.57%	9.50%	9.44%	9.39%	9.34%	9.30%
77.00	9.59%	9.50%	9.43%	9.36%	9.30%	9.25%	9.21%	9.17%
78.00	9.44%	9.36%	9.29%	9.23%	9.17%	9.12%	9.08%	9.04%
79.00	9.30%	9.22%	9.15%	9.09%	9.04%	8.99%	8.95%	8.91%
80.00	9.16%	9.08%	9.02%	8.96%	8.91%	8.87%	8.83%	8.79%
81.00	9.02%	8.95%	8.88%	8.83%	8.78%	8.74%	8.70%	8.67%
82.00	8.88%	8.81%	8.75%	8.70%	8.66%	8.62%	8.58%	8.55%
82.50	8.81%	8.75%	8.69%	8.64%	8.60%	8.56%	8.52%	8.49%
83.00	8.74%	8.68%	8.63%	8.58%	8.54%	8.50%	8.47%	8.44%
83.50	8.68%	8.62%	8.56%	8.52%	8.48%	8.44%	8.41%	8.38%
84.00	8.61%	8.55%	8.50%	8.46%	8.42%	8.38%	8.35%	8.32%
84.50	8.55%	8.49%	8.44%	8.40%	8.36%	8.32%	8.29%	8.27%
85.00	8.48%	8.43%	8.38%	8.34%	8.30%	8.27%	8.24%	8.21%
85.50	8.42%	8.36%	8.32%	8.28%	8.24%	8.21%	8.18%	8.16%
86.00	8.35%	8.30%	8.26%	8.22%	8.18%	8.15%	8.13%	8.10%
86.50	8.29%	8.24%	8.20%	8.16%	8.13%	8.10%	8.07%	8.05%
87.00	8.23%	8.18%	8.14%	8.10%	8.07%	8.04%	8.02%	7.99%
87.50	8.16%	8.12%	8.08%	8.04%	8.01%	7.99%	7.96%	7.94%
88.00	8.10%	8.06%	8.02%	7.99%	7.96%	7.93%	7.91%	7.89%
88.50	8.04%	8.00%	7.96%	7.93%	7.90%	7.88%	7.86%	7.84%
89.00	7.98%	7.94%	7.91%	7.88%	7.85%	7.83%	7.80%	7.79%
89.50	7.92%	7.88%	7.85%	7.82%	7.79%	7.77%	7.75%	7.73%
90.00	7.86%	7.82%	7.79%	7.77%	7.74%	7.72%	7.70%	7.68%
90.50	7.80%	7.77%	7.74%	7.71%	7.69%	7.67%	7.65%	7.63%
91.00	7.74%	7.71%	7.68%	7.66%	7.63%	7.62%	7.60%	7.58%
91.50	7.68%	7.65%	7.63%	7.60%	7.58%	7.56%	7.55%	7.53%
92.00	7.62%	7.60%	7.57%	7.55%	7.53%	7.51%	7.50%	7.48%
92.50	7.57%	7.54%	7.52%	7.50%	7.48%	7.46%	7.45%	7.44%
93.00	7.51%	7.48%	7.46%	7.44%	7.43%	7.41%	7.40%	7.39%
93.50	7.45%	7.43%	7.41%	7.39%	7.38%	7.36%	7.35%	7.34%
94.00	7.40%	7.37%	7.36%	7.34%	7.33%	7.31%	7.30%	7.29%
94.50	7.34%	7.32%	7.30%	7.29%	7.28%	7.26%	7.25%	7.24%
95.00	7.28%	7.27%	7.25%	7.24%	7.23%	7.22%	7.21%	7.20%
95.50	7.23%	7.21%	7.20%	7.19%	7.18%	7.17%	7.16%	7.15%
96.00	7.17%	7.16%	7.15%	7.14%	7.13%	7.12%	7.11%	7.11%
96.50	7.12%	7.11%	7.10%	7.09%	7.08%	7.07%	7.07%	7.06%
97.00	7.07%	7.06%	7.05%	7.04%	7.03%	7.03%	7.02%	7.01%
97.50	7.01%	7.00%	7.00%	6.99%	6.98%	6.98%	6.97%	6.97%
98.00	6.96%	6.95%	6.95%	6.94%	6.94%	6.93%	6.93%	6.93%
98.50	6.91%	6.90%	6.90%	6.89%	6.89%	6.89%	6.88%	6.88%
99.00	6.85%	6.85%	6.85%	6.84%	6.84%	6.84%	6.84%	6.84%
99.50	6.80%	6.80%	6.80%	6.80%	6.80%	6.80%	6.79%	6.79%
100.00	6.75%	6.75%	6.75%	6.75%	6.75%	6.75%	6.75%	6.75%
100.50	6.70%	6.70%	6.70%	6.70%	6.70%	6.71%	6.71%	6.71%
101.00	6.65%	6.65%	6.65%	6.66%	6.66%	6.66%	6.66%	6.66%
102.00	6.55%	6.55%	6.56%	6.56%	6.57%	6.57%	6.58%	6.58%
103.00	6.45%	6.46%	6.47%	6.47%	6.48%	6.49%	6.49%	6.50%
104.00	6.35%	6.36%	6.37%	6.38%	6.39%	6.40%	6.41%	6.41%
105.00	6.25%	6.27%	6.28%	6.30%	6.31%	6.32%	6.33%	6.33%
106.00	6.16%	6.18%	6.19%	6.21%	6.22%	6.23%	6.24%	6.25%
107.00	6.06%	6.08%	6.10%	6.12%	6.14%	6.15%	6.16%	6.18%
108.00	5.97%	5.99%	6.02%	6.04%	6.05%	6.07%	6.09%	6.10%
109.00	5.87%	5.90%	5.93%	5.95%	5.97%	5.99%	6.01%	6.02%
110.00	5.78%	5.82%	5.84%	5.87%	5.89%	5.91%	5.93%	5.95%

PRICE	YEARS UNTIL MATURITY							
	24	25	26	27	28	29	30	40
70.00	10.09%	10.05%	10.01%	9.98%	9.94%	9.92%	9.89%	9.74%
71.00	9.95%	9.90%	9.87%	9.83%	9.80%	9.77%	9.75%	9.60%
72.00	9.80%	9.76%	9.72%	9.69%	9.66%	9.64%	9.61%	9.47%
73.00	9.66%	9.62%	9.59%	9.56%	9.53%	9.50%	9.48%	9.34%
74.00	9.52%	9.49%	9.45%	9.42%	9.39%	9.37%	9.35%	9.21%
75.00	9.39%	9.35%	9.32%	9.29%	9.27%	9.24%	9.22%	9.09%
76.00	9.26%	9.22%	9.19%	9.16%	9.14%	9.12%	9.10%	8.97%
77.00	9.13%	9.10%	9.07%	9.04%	9.02%	8.99%	8.97%	8.85%
78.00	9.00%	8.97%	8.94%	8.92%	8.89%	8.87%	8.85%	8.74%
79.00	8.88%	8.85%	8.82%	8.80%	8.78%	8.76%	8.74%	8.63%
80.00	8.76%	8.73%	8.70%	8.68%	8.66%	8.64%	8.62%	8.52%
81.00	8.64%	8.61%	8.59%	8.57%	8.55%	8.53%	8.51%	8.41%
82.00	8.52%	8.50%	8.47%	8.45%	8.43%	8.42%	8.40%	8.30%
82.50	8.47%	8.44%	8.42%	8.40%	8.38%	8.36%	8.35%	8.25%
83.00	8.41%	8.39%	8.36%	8.34%	8.33%	8.31%	8.30%	8.20%
83.50	8.35%	8.33%	8.31%	8.29%	8.27%	8.26%	8.24%	8.15%
84.00	8.30%	8.27%	8.25%	8.24%	8.22%	8.20%	8.19%	8.10%
84.50	8.24%	8.22%	8.20%	8.18%	8.17%	8.15%	8.14%	8.05%
85.00	8.19%	8.17%	8.15%	8.13%	8.11%	8.10%	8.09%	8.01%
85.50	8.13%	8.11%	8.09%	8.08%	8.06%	8.05%	8.04%	7.96%
86.00	8.08%	8.06%	8.04%	8.03%	8.01%	8.00%	7.99%	7.91%
86.50	8.03%	8.01%	7.99%	7.97%	7.96%	7.95%	7.94%	7.86%
87.00	7.97%	7.96%	7.94%	7.92%	7.91%	7.90%	7.89%	7.82%
87.50	7.92%	7.90%	7.89%	7.87%	7.86%	7.85%	7.84%	7.77%
88.00	7.87%	7.85%	7.84%	7.82%	7.81%	7.80%	7.79%	7.72%
88.50	7.82%	7.80%	7.79%	7.77%	7.76%	7.75%	7.74%	7.68%
89.00	7.77%	7.75%	7.74%	7.73%	7.71%	7.70%	7.69%	7.63%
89.50	7.72%	7.70%	7.69%	7.68%	7.67%	7.66%	7.65%	7.59%
90.00	7.67%	7.65%	7.64%	7.63%	7.62%	7.61%	7.60%	7.55%
90.50	7.62%	7.60%	7.59%	7.58%	7.57%	7.56%	7.55%	7.50%
91.00	7.57%	7.56%	7.54%	7.53%	7.53%	7.52%	7.51%	7.46%
91.50	7.52%	7.51%	7.50%	7.49%	7.48%	7.47%	7.46%	7.42%
92.00	7.47%	7.46%	7.45%	7.44%	7.43%	7.43%	7.42%	7.37%
92.50	7.42%	7.41%	7.40%	7.40%	7.39%	7.38%	7.37%	7.33%
93.00	7.38%	7.37%	7.36%	7.35%	7.34%	7.34%	7.33%	7.29%
93.50	7.33%	7.32%	7.31%	7.30%	7.30%	7.29%	7.29%	7.25%
94.00	7.28%	7.27%	7.27%	7.26%	7.25%	7.25%	7.24%	7.21%
94.50	7.24%	7.23%	7.22%	7.22%	7.21%	7.20%	7.20%	7.17%
95.00	7.19%	7.18%	7.18%	7.17%	7.17%	7.16%	7.16%	7.13%
95.50	7.14%	7.14%	7.13%	7.13%	7.12%	7.12%	7.11%	7.09%
96.00	7.10%	7.09%	7.09%	7.08%	7.08%	7.08%	7.07%	7.05%
96.50	7.05%	7.05%	7.05%	7.04%	7.04%	7.04%	7.03%	7.01%
97.00	7.01%	7.01%	7.00%	7.00%	7.00%	6.99%	6.99%	6.97%
97.50	6.97%	6.96%	6.96%	6.96%	6.95%	6.95%	6.95%	6.94%
98.00	6.92%	6.92%	6.92%	6.91%	6.91%	6.91%	6.91%	6.90%
98.50	6.88%	6.88%	6.87%	6.87%	6.87%	6.87%	6.87%	6.86%
99.00	6.84%	6.83%	6.83%	6.83%	6.83%	6.83%	6.83%	6.82%
99.50	6.79%	6.79%	6.79%	6.79%	6.79%	6.79%	6.79%	6.79%
100.00	6.75%	6.75%	6.75%	6.75%	6.75%	6.75%	6.75%	6.75%
100.50	6.71%	6.71%	6.71%	6.71%	6.71%	6.71%	6.71%	6.71%
101.00	6.67%	6.67%	6.67%	6.67%	6.67%	6.67%	6.67%	6.68%
102.00	6.58%	6.59%	6.59%	6.59%	6.59%	6.59%	6.60%	6.61%
103.00	6.50%	6.51%	6.51%	6.51%	6.52%	6.52%	6.52%	6.54%
104.00	6.42%	6.43%	6.43%	6.44%	6.44%	6.44%	6.45%	6.47%
105.00	6.34%	6.35%	6.35%	6.36%	6.37%	6.37%	6.37%	6.40%
106.00	6.26%	6.27%	6.28%	6.29%	6.29%	6.30%	6.30%	6.34%
107.00	6.19%	6.20%	6.20%	6.21%	6.22%	6.23%	6.23%	6.27%
108.00	6.11%	6.12%	6.13%	6.14%	6.15%	6.16%	6.16%	6.21%
109.00	6.04%	6.05%	6.06%	6.07%	6.08%	6.09%	6.09%	6.14%
110.00	5.96%	5.97%	5.99%	6.00%	6.01%	6.02%	6.03%	6.08%

7%	EFFECTIVE YIELD RATE							
PRICE	YEARS UNTIL MATURITY							
	1/2	1	2	3	4	5	6	7
85.00	43.53%	24.85%	16.06%	13.22%	11.81%	10.98%	10.43%	10.03%
85.50	42.11%	24.18%	15.73%	12.99%	11.64%	10.83%	10.30%	9.92%
86.00	40.70%	23.51%	15.40%	12.76%	11.46%	10.69%	10.17%	9.81%
86.50	39.31%	22.86%	15.07%	12.54%	11.29%	10.54%	10.05%	9.70%
87.00	37.93%	22.20%	14.74%	12.31%	11.11%	10.40%	9.93%	9.59%
87.50	36.57%	21.56%	14.42%	12.09%	10.94%	10.26%	9.81%	9.48%
88.00	35.23%	20.91%	14.09%	11.87%	10.77%	10.12%	9.68%	9.38%
88.50	33.90%	20.28%	13.77%	11.65%	10.60%	9.98%	9.56%	9.27%
89.00	32.58%	19.65%	13.46%	11.43%	10.43%	9.84%	9.44%	9.16%
89.50	31.28%	19.02%	13.14%	11.22%	10.27%	9.70%	9.32%	9.06%
90.00	30.00%	18.40%	12.83%	11.00%	10.10%	9.56%	9.21%	8.95%
90.50	28.73%	17.79%	12.52%	10.79%	9.94%	9.43%	9.09%	8.85%
91.00	27.47%	17.18%	12.21%	10.58%	9.77%	9.29%	8.97%	8.75%
91.25	26.85%	16.87%	12.05%	10.47%	9.69%	9.22%	8.91%	8.69%
91.50	26.23%	16.57%	11.90%	10.37%	9.61%	9.16%	8.86%	8.64%
91.75	25.61%	16.27%	11.75%	10.26%	9.53%	9.09%	8.80%	8.59%
92.00	25.00%	15.97%	11.60%	10.16%	9.45%	9.02%	8.74%	8.54%
92.25	24.39%	15.67%	11.44%	10.06%	9.37%	8.96%	8.68%	8.49%
92.50	23.78%	15.38%	11.29%	9.95%	9.29%	8.89%	8.63%	8.44%
92.75	23.18%	15.08%	11.14%	9.85%	9.21%	8.82%	8.57%	8.39%
93.00	22.58%	14.79%	10.99%	9.75%	9.13%	8.76%	8.51%	8.34%
93.25	21.98%	14.49%	10.84%	9.64%	9.05%	8.69%	8.46%	8.29%
93.50	21.39%	14.20%	10.70%	9.54%	8.97%	8.63%	8.40%	8.24%
93.75	20.80%	13.91%	10.55%	9.44%	8.89%	8.56%	8.35%	8.19%
94.00	20.21%	13.62%	10.40%	9.34%	8.81%	8.50%	8.29%	8.14%
94.25	19.63%	13.33%	10.25%	9.24%	8.73%	8.43%	8.23%	8.09%
94.50	19.05%	13.04%	10.11%	9.14%	8.66%	8.37%	8.18%	8.04%
94.75	18.47%	12.76%	9.96%	9.04%	8.58%	8.30%	8.12%	7.99%
95.00	17.89%	12.47%	9.81%	8.94%	8.50%	8.24%	8.07%	7.94%
95.25	17.32%	12.19%	9.67%	8.84%	8.42%	8.18%	8.01%	7.90%
95.50	16.75%	11.91%	9.52%	8.74%	8.35%	8.11%	7.96%	7.85%
95.75	16.19%	11.62%	9.38%	8.64%	8.27%	8.05%	7.90%	7.80%
96.00	15.63%	11.34%	9.24%	8.54%	8.19%	7.99%	7.85%	7.75%
96.25	15.06%	11.06%	9.09%	8.44%	8.12%	7.92%	7.79%	7.70%
96.50	14.51%	10.79%	8.95%	8.34%	8.04%	7.86%	7.74%	7.66%
96.75	13.95%	10.51%	8.81%	8.24%	7.96%	7.80%	7.69%	7.61%
97.00	13.40%	10.23%	8.67%	8.15%	7.89%	7.73%	7.63%	7.56%
97.25	12.85%	9.96%	8.52%	8.05%	7.81%	7.67%	7.58%	7.51%
97.50	12.31%	9.68%	8.38%	7.95%	7.74%	7.61%	7.53%	7.47%
97.75	11.76%	9.41%	8.24%	7.86%	7.66%	7.55%	7.47%	7.42%
98.00	11.22%	9.14%	8.10%	7.76%	7.59%	7.49%	7.42%	7.37%
98.25	10.69%	8.87%	7.96%	7.66%	7.51%	7.43%	7.37%	7.32%
98.50	10.15%	8.60%	7.82%	7.57%	7.44%	7.36%	7.31%	7.28%
98.75	9.62%	8.33%	7.69%	7.47%	7.37%	7.30%	7.26%	7.23%
99.00	9.09%	8.06%	7.55%	7.38%	7.29%	7.24%	7.21%	7.18%
99.25	8.56%	7.79%	7.41%	7.28%	7.22%	7.18%	7.16%	7.14%
99.50	8.04%	7.53%	7.27%	7.19%	7.15%	7.12%	7.10%	7.09%
99.75	7.52%	7.26%	7.14%	7.09%	7.07%	7.06%	7.05%	7.05%
100.00	7.00%	7.00%	7.00%	7.00%	7.00%	7.00%	7.00%	7.00%
100.25	6.48%	6.74%	6.86%	6.91%	6.93%	6.94%	6.95%	6.95%
100.50	5.97%	6.48%	6.73%	6.81%	6.85%	6.88%	6.90%	6.91%
101.00	4.95%	5.96%	6.46%	6.63%	6.71%	6.76%	6.79%	6.82%
101.50	3.94%	5.44%	6.19%	6.44%	6.57%	6.64%	6.69%	6.73%
102.00	2.94%	4.93%	5.92%	6.26%	6.43%	6.52%	6.59%	6.64%
102.50	1.95%	4.42%	5.66%	6.08%	6.28%	6.41%	6.49%	6.55%
103.00	0.97%	3.91%	5.40%	5.89%	6.14%	6.29%	6.39%	6.46%
103.50	***	3.41%	5.14%	5.71%	6.00%	6.18%	6.29%	6.37%
104.00	***	2.91%	4.88%	5.53%	5.86%	6.06%	6.19%	6.28%
104.50	***	2.42%	4.62%	5.36%	5.73%	5.95%	6.09%	6.20%
105.00	***	1.93%	4.36%	5.18%	5.59%	5.83%	6.00%	6.11%

EFFECTIVE YIELD RATE

7%

PRICE	YEARS UNTIL MATURITY							
	8	9	10	11	12	13	14	15
70.00	13.18%	12.68%	12.29%	11.98%	11.72%	11.50%	11.32%	11.17%
71.00	12.92%	12.45%	12.07%	11.77%	11.52%	11.31%	11.14%	10.99%
72.00	12.67%	12.21%	11.85%	11.56%	11.32%	11.12%	10.96%	10.81%
73.00	12.42%	11.98%	11.64%	11.36%	11.13%	10.94%	10.78%	10.64%
74.00	12.18%	11.76%	11.43%	11.16%	10.94%	10.76%	10.61%	10.47%
75.00	11.94%	11.54%	11.22%	10.97%	10.76%	10.58%	10.44%	10.31%
76.00	11.70%	11.32%	11.02%	10.78%	10.58%	10.41%	10.27%	10.15%
77.00	11.47%	11.11%	10.82%	10.59%	10.40%	10.24%	10.11%	9.99%
78.00	11.24%	10.90%	10.62%	10.40%	10.22%	10.07%	9.94%	9.84%
79.00	11.02%	10.69%	10.43%	10.22%	10.05%	9.91%	9.79%	9.68%
80.00	10.80%	10.49%	10.24%	10.05%	9.88%	9.75%	9.63%	9.53%
81.00	10.58%	10.29%	10.06%	9.87%	9.72%	9.59%	9.48%	9.39%
82.00	10.37%	10.09%	9.87%	9.70%	9.55%	9.43%	9.33%	9.24%
82.50	10.26%	9.99%	9.78%	9.61%	9.47%	9.35%	9.26%	9.17%
83.00	10.15%	9.90%	9.69%	9.53%	9.39%	9.28%	9.18%	9.10%
83.50	10.05%	9.80%	9.60%	9.44%	9.31%	9.20%	9.11%	9.03%
84.00	9.95%	9.71%	9.52%	9.36%	9.23%	9.13%	9.04%	8.96%
84.50	9.84%	9.61%	9.43%	9.28%	9.16%	9.05%	8.97%	8.89%
85.00	9.74%	9.52%	9.34%	9.20%	9.08%	8.98%	8.89%	8.82%
85.50	9.64%	9.43%	9.25%	9.12%	9.00%	8.90%	8.82%	8.75%
86.00	9.54%	9.33%	9.17%	9.03%	8.92%	8.83%	8.75%	8.69%
86.50	9.44%	9.24%	9.08%	8.95%	8.85%	8.76%	8.68%	8.62%
87.00	9.34%	9.15%	9.00%	8.88%	8.77%	8.69%	8.62%	8.55%
87.50	9.25%	9.06%	8.91%	8.80%	8.70%	8.62%	8.55%	8.49%
88.00	9.15%	8.97%	8.83%	8.72%	8.62%	8.55%	8.48%	8.42%
88.50	9.05%	8.88%	8.75%	8.64%	8.55%	8.48%	8.41%	8.36%
89.00	8.96%	8.79%	8.67%	8.56%	8.48%	8.41%	8.35%	8.30%
89.50	8.86%	8.71%	8.59%	8.49%	8.41%	8.34%	8.28%	8.23%
90.00	8.77%	8.62%	8.50%	8.41%	8.33%	8.27%	8.22%	8.17%
90.50	8.67%	8.53%	8.42%	8.34%	8.26%	8.20%	8.15%	8.11%
91.00	8.58%	8.45%	8.34%	8.26%	8.19%	8.13%	8.09%	8.04%
91.50	8.49%	8.36%	8.27%	8.19%	8.12%	8.07%	8.02%	7.98%
92.00	8.39%	8.28%	8.19%	8.11%	8.05%	8.00%	7.96%	7.92%
92.50	8.30%	8.19%	8.11%	8.04%	7.98%	7.94%	7.89%	7.86%
93.00	8.21%	8.11%	8.03%	7.97%	7.91%	7.87%	7.83%	7.80%
93.50	8.12%	8.03%	7.95%	7.90%	7.85%	7.80%	7.77%	7.74%
94.00	8.03%	7.95%	7.88%	7.82%	7.78%	7.74%	7.71%	7.68%
94.50	7.94%	7.86%	7.80%	7.75%	7.71%	7.68%	7.65%	7.62%
95.00	7.85%	7.78%	7.73%	7.68%	7.64%	7.61%	7.59%	7.56%
95.50	7.77%	7.70%	7.65%	7.61%	7.58%	7.55%	7.53%	7.50%
96.00	7.68%	7.62%	7.58%	7.54%	7.51%	7.49%	7.47%	7.45%
96.50	7.59%	7.54%	7.50%	7.47%	7.45%	7.42%	7.41%	7.39%
97.00	7.51%	7.46%	7.43%	7.40%	7.38%	7.36%	7.35%	7.33%
97.50	7.42%	7.39%	7.36%	7.34%	7.32%	7.30%	7.29%	7.28%
98.00	7.33%	7.31%	7.29%	7.27%	7.25%	7.24%	7.23%	7.22%
98.50	7.25%	7.23%	7.21%	7.20%	7.19%	7.18%	7.17%	7.16%
99.00	7.17%	7.15%	7.14%	7.13%	7.13%	7.12%	7.11%	7.11%
99.50	7.08%	7.08%	7.07%	7.07%	7.06%	7.06%	7.06%	7.05%
100.00	7.00%	7.00%	7.00%	7.00%	7.00%	7.00%	7.00%	7.00%
100.50	6.92%	6.92%	6.93%	6.93%	6.94%	6.94%	6.94%	6.95%
101.00	6.84%	6.85%	6.86%	6.87%	6.88%	6.88%	6.89%	6.89%
102.00	6.67%	6.70%	6.72%	6.74%	6.75%	6.77%	6.78%	6.79%
103.00	6.51%	6.55%	6.59%	6.61%	6.63%	6.65%	6.67%	6.68%
104.00	6.35%	6.41%	6.45%	6.49%	6.51%	6.54%	6.56%	6.58%
105.00	6.20%	6.26%	6.32%	6.36%	6.40%	6.43%	6.45%	6.47%
106.00	6.04%	6.12%	6.19%	6.24%	6.28%	6.32%	6.35%	6.37%
107.00	5.89%	5.98%	6.06%	6.12%	6.17%	6.21%	6.24%	6.27%
108.00	5.74%	5.84%	5.93%	6.00%	6.05%	6.10%	6.14%	6.17%
109.00	5.59%	5.71%	5.80%	5.88%	5.94%	5.99%	6.04%	6.08%
110.00	5.44%	5.57%	5.68%	5.76%	5.83%	5.89%	5.94%	5.98%

7%   EFFECTIVE YIELD RATE

PRICE	YEARS UNTIL MATURITY							
	16	17	18	19	20	21	22	23
70.00	11.03%	10.92%	10.82%	10.73%	10.65%	10.59%	10.53%	10.47%
71.00	10.86%	10.75%	10.65%	10.57%	10.50%	10.43%	10.37%	10.32%
72.00	10.69%	10.58%	10.49%	10.41%	10.34%	10.28%	10.22%	10.17%
73.00	10.52%	10.42%	10.33%	10.26%	10.19%	10.13%	10.07%	10.03%
74.00	10.36%	10.26%	10.18%	10.10%	10.04%	9.98%	9.93%	9.88%
75.00	10.20%	10.11%	10.03%	9.96%	9.89%	9.84%	9.79%	9.74%
76.00	10.05%	9.96%	9.88%	9.81%	9.75%	9.70%	9.65%	9.61%
77.00	9.89%	9.81%	9.73%	9.67%	9.61%	9.56%	9.51%	9.47%
78.00	9.74%	9.66%	9.59%	9.53%	9.47%	9.42%	9.38%	9.34%
79.00	9.59%	9.52%	9.45%	9.39%	9.34%	9.29%	9.25%	9.21%
80.00	9.45%	9.38%	9.31%	9.26%	9.21%	9.16%	9.12%	9.09%
81.00	9.31%	9.24%	9.18%	9.12%	9.08%	9.03%	9.00%	8.96%
82.00	9.17%	9.10%	9.04%	8.99%	8.95%	8.91%	8.88%	8.84%
82.50	9.10%	9.03%	8.98%	8.93%	8.89%	8.85%	8.81%	8.78%
83.00	9.03%	8.97%	8.91%	8.87%	8.82%	8.79%	8.75%	8.73%
83.50	8.96%	8.90%	8.85%	8.80%	8.76%	8.73%	8.70%	8.67%
84.00	8.89%	8.84%	8.79%	8.74%	8.70%	8.67%	8.64%	8.61%
84.50	8.83%	8.77%	8.72%	8.68%	8.64%	8.61%	8.58%	8.55%
85.00	8.76%	8.71%	8.66%	8.62%	8.58%	8.55%	8.52%	8.49%
85.50	8.70%	8.64%	8.60%	8.56%	8.52%	8.49%	8.46%	8.44%
86.00	8.63%	8.58%	8.54%	8.50%	8.46%	8.43%	8.41%	8.38%
86.50	8.57%	8.52%	8.48%	8.44%	8.41%	8.38%	8.35%	8.33%
87.00	8.50%	8.46%	8.41%	8.38%	8.35%	8.32%	8.29%	8.27%
87.50	8.44%	8.39%	8.35%	8.32%	8.29%	8.26%	8.24%	8.22%
88.00	8.38%	8.33%	8.30%	8.26%	8.23%	8.21%	8.19%	8.16%
88.50	8.31%	8.27%	8.24%	8.21%	8.18%	8.15%	8.13%	8.11%
89.00	8.25%	8.21%	8.18%	8.15%	8.12%	8.10%	8.08%	8.06%
89.50	8.19%	8.15%	8.12%	8.09%	8.07%	8.04%	8.02%	8.01%
90.00	8.13%	8.09%	8.06%	8.04%	8.01%	7.99%	7.97%	7.95%
90.50	8.07%	8.03%	8.01%	7.98%	7.96%	7.94%	7.92%	7.90%
91.00	8.01%	7.98%	7.95%	7.92%	7.90%	7.88%	7.87%	7.85%
91.50	7.95%	7.92%	7.89%	7.87%	7.85%	7.83%	7.82%	7.80%
92.00	7.89%	7.86%	7.84%	7.82%	7.80%	7.78%	7.76%	7.75%
92.50	7.83%	7.80%	7.78%	7.76%	7.74%	7.73%	7.71%	7.70%
93.00	7.77%	7.75%	7.73%	7.71%	7.69%	7.68%	7.66%	7.65%
93.50	7.71%	7.69%	7.67%	7.65%	7.64%	7.63%	7.61%	7.60%
94.00	7.66%	7.64%	7.62%	7.60%	7.59%	7.58%	7.56%	7.55%
94.50	7.60%	7.58%	7.56%	7.55%	7.54%	7.53%	7.51%	7.51%
95.00	7.54%	7.53%	7.51%	7.50%	7.49%	7.48%	7.47%	7.46%
95.50	7.49%	7.47%	7.46%	7.45%	7.44%	7.43%	7.42%	7.41%
96.00	7.43%	7.42%	7.41%	7.40%	7.39%	7.38%	7.37%	7.36%
96.50	7.38%	7.36%	7.35%	7.34%	7.34%	7.33%	7.32%	7.32%
97.00	7.32%	7.31%	7.30%	7.29%	7.29%	7.28%	7.28%	7.27%
97.50	7.27%	7.26%	7.25%	7.24%	7.24%	7.23%	7.23%	7.22%
98.00	7.21%	7.21%	7.20%	7.19%	7.19%	7.19%	7.18%	7.18%
98.50	7.16%	7.15%	7.15%	7.15%	7.14%	7.14%	7.14%	7.13%
99.00	7.11%	7.10%	7.10%	7.10%	7.09%	7.09%	7.09%	7.09%
99.50	7.05%	7.05%	7.05%	7.05%	7.05%	7.05%	7.05%	7.04%
100.00	7.00%	7.00%	7.00%	7.00%	7.00%	7.00%	7.00%	7.00%
100.50	6.95%	6.95%	6.95%	6.95%	6.95%	6.95%	6.96%	6.96%
101.00	6.90%	6.90%	6.90%	6.90%	6.91%	6.91%	6.91%	6.91%
102.00	6.79%	6.80%	6.81%	6.81%	6.82%	6.82%	6.82%	6.83%
103.00	6.69%	6.70%	6.71%	6.72%	6.72%	6.73%	6.74%	6.74%
104.00	6.59%	6.60%	6.62%	6.63%	6.64%	6.64%	6.65%	6.66%
105.00	6.49%	6.51%	6.52%	6.54%	6.55%	6.56%	6.57%	6.58%
106.00	6.40%	6.42%	6.43%	6.45%	6.46%	6.47%	6.48%	6.49%
107.00	6.30%	6.32%	6.34%	6.36%	6.38%	6.39%	6.40%	6.41%
108.00	6.20%	6.23%	6.25%	6.27%	6.29%	6.31%	6.32%	6.33%
109.00	6.11%	6.14%	6.17%	6.19%	6.21%	6.23%	6.24%	6.26%
110.00	6.02%	6.05%	6.08%	6.10%	6.13%	6.15%	6.16%	6.18%

EFFECTIVE YIELD RATE 7%

PRICE	YEARS UNTIL MATURITY							
	24	25	26	27	28	29	30	40
70.00	10.43%	10.38%	10.35%	10.31%	10.28%	10.26%	10.23%	10.09%
71.00	10.28%	10.23%	10.20%	10.17%	10.14%	10.11%	10.09%	9.94%
72.00	10.13%	10.09%	10.05%	10.02%	9.99%	9.97%	9.94%	9.81%
73.00	9.98%	9.95%	9.91%	9.88%	9.85%	9.83%	9.81%	9.67%
74.00	9.84%	9.81%	9.77%	9.74%	9.72%	9.69%	9.67%	9.54%
75.00	9.70%	9.67%	9.64%	9.61%	9.58%	9.56%	9.54%	9.41%
76.00	9.57%	9.54%	9.51%	9.48%	9.45%	9.43%	9.41%	9.29%
77.00	9.44%	9.40%	9.38%	9.35%	9.33%	9.31%	9.29%	9.17%
78.00	9.31%	9.28%	9.25%	9.22%	9.20%	9.18%	9.16%	9.05%
79.00	9.18%	9.15%	9.13%	9.10%	9.08%	9.06%	9.04%	8.93%
80.00	9.06%	9.03%	9.00%	8.98%	8.96%	8.94%	8.93%	8.82%
81.00	8.94%	8.91%	8.88%	8.86%	8.84%	8.83%	8.81%	8.71%
82.00	8.82%	8.79%	8.77%	8.75%	8.73%	8.71%	8.70%	8.60%
82.50	8.76%	8.73%	8.71%	8.69%	8.67%	8.66%	8.64%	8.55%
83.00	8.70%	8.68%	8.65%	8.63%	8.62%	8.60%	8.59%	8.50%
83.50	8.64%	8.62%	8.60%	8.58%	8.56%	8.55%	8.53%	8.45%
84.00	8.58%	8.56%	8.54%	8.52%	8.51%	8.49%	8.48%	8.40%
84.50	8.53%	8.51%	8.49%	8.47%	8.45%	8.44%	8.43%	8.34%
85.00	8.47%	8.45%	8.43%	8.42%	8.40%	8.39%	8.37%	8.29%
85.50	8.42%	8.40%	8.38%	8.36%	8.35%	8.33%	8.32%	8.24%
86.00	8.36%	8.34%	8.32%	8.31%	8.29%	8.28%	8.27%	8.20%
86.50	8.31%	8.29%	8.27%	8.26%	8.24%	8.23%	8.22%	8.15%
87.00	8.25%	8.23%	8.22%	8.20%	8.19%	8.18%	8.17%	8.10%
87.50	8.20%	8.18%	8.17%	8.15%	8.14%	8.13%	8.12%	8.05%
88.00	8.15%	8.13%	8.11%	8.10%	8.09%	8.08%	8.07%	8.00%
88.50	8.09%	8.08%	8.06%	8.05%	8.04%	8.03%	8.02%	7.96%
89.00	8.04%	8.03%	8.01%	8.00%	7.99%	7.98%	7.97%	7.91%
89.50	7.99%	7.98%	7.96%	7.95%	7.94%	7.93%	7.92%	7.87%
90.00	7.94%	7.93%	7.91%	7.90%	7.89%	7.88%	7.87%	7.82%
90.50	7.89%	7.88%	7.86%	7.85%	7.84%	7.83%	7.83%	7.78%
91.00	7.84%	7.83%	7.81%	7.80%	7.79%	7.79%	7.78%	7.73%
91.50	7.79%	7.78%	7.77%	7.76%	7.75%	7.74%	7.73%	7.69%
92.00	7.74%	7.73%	7.72%	7.71%	7.70%	7.69%	7.69%	7.64%
92.50	7.69%	7.68%	7.67%	7.66%	7.65%	7.65%	7.64%	7.60%
93.00	7.64%	7.63%	7.62%	7.61%	7.61%	7.60%	7.60%	7.56%
93.50	7.59%	7.58%	7.58%	7.57%	7.56%	7.56%	7.55%	7.52%
94.00	7.54%	7.54%	7.53%	7.52%	7.52%	7.51%	7.51%	7.47%
94.50	7.50%	7.49%	7.48%	7.48%	7.47%	7.47%	7.46%	7.43%
95.00	7.45%	7.44%	7.44%	7.43%	7.43%	7.42%	7.42%	7.39%
95.50	7.40%	7.40%	7.39%	7.39%	7.38%	7.38%	7.37%	7.35%
96.00	7.36%	7.35%	7.35%	7.34%	7.34%	7.33%	7.33%	7.31%
96.50	7.31%	7.31%	7.30%	7.30%	7.30%	7.29%	7.29%	7.27%
97.00	7.27%	7.26%	7.26%	7.25%	7.25%	7.25%	7.25%	7.23%
97.50	7.22%	7.22%	7.21%	7.21%	7.21%	7.21%	7.20%	7.19%
98.00	7.18%	7.17%	7.17%	7.17%	7.17%	7.16%	7.16%	7.15%
98.50	7.13%	7.13%	7.13%	7.13%	7.12%	7.12%	7.12%	7.11%
99.00	7.09%	7.09%	7.08%	7.08%	7.08%	7.08%	7.08%	7.08%
99.50	7.04%	7.04%	7.04%	7.04%	7.04%	7.04%	7.04%	7.04%
100.00	7.00%	7.00%	7.00%	7.00%	7.00%	7.00%	7.00%	7.00%
100.50	6.96%	6.96%	6.96%	6.96%	6.96%	6.96%	6.96%	6.96%
101.00	6.91%	6.92%	6.92%	6.92%	6.92%	6.92%	6.92%	6.93%
102.00	6.83%	6.83%	6.83%	6.84%	6.84%	6.84%	6.84%	6.85%
103.00	6.75%	6.75%	6.75%	6.76%	6.76%	6.76%	6.77%	6.78%
104.00	6.66%	6.67%	6.67%	6.68%	6.68%	6.69%	6.69%	6.71%
105.00	6.58%	6.59%	6.60%	6.60%	6.61%	6.61%	6.61%	6.64%
106.00	6.50%	6.51%	6.52%	6.52%	6.53%	6.54%	6.54%	6.57%
107.00	6.42%	6.43%	6.44%	6.45%	6.46%	6.46%	6.47%	6.51%
108.00	6.35%	6.36%	6.37%	6.38%	6.38%	6.39%	6.40%	6.44%
109.00	6.27%	6.28%	6.29%	6.30%	6.31%	6.32%	6.33%	6.38%
110.00	6.19%	6.21%	6.22%	6.23%	6.24%	6.25%	6.26%	6.31%

7.25% EFFECTIVE YIELD RATE

PRICE	YEARS UNTIL MATURITY							
	1/2	1	2	3	4	5	6	7
85.00	43.82%	25.13%	16.34%	13.49%	12.09%	11.25%	10.70%	10.31%
85.50	42.40%	24.46%	16.01%	13.27%	11.91%	11.11%	10.58%	10.20%
86.00	40.99%	23.80%	15.67%	13.04%	11.74%	10.96%	10.45%	10.09%
86.50	39.60%	23.14%	15.34%	12.81%	11.56%	10.82%	10.32%	9.98%
87.00	38.22%	22.48%	15.01%	12.59%	11.39%	10.67%	10.20%	9.87%
87.50	36.86%	21.83%	14.69%	12.36%	11.21%	10.53%	10.08%	9.76%
88.00	35.51%	21.19%	14.36%	12.14%	11.04%	10.39%	9.95%	9.65%
88.50	34.18%	20.55%	14.04%	11.92%	10.87%	10.25%	9.83%	9.54%
89.00	32.87%	19.92%	13.72%	11.70%	10.70%	10.11%	9.71%	9.43%
89.50	31.56%	19.29%	13.41%	11.49%	10.53%	9.97%	9.59%	9.33%
90.00	30.28%	18.67%	13.09%	11.27%	10.37%	9.83%	9.47%	9.22%
90.50	29.01%	18.05%	12.78%	11.06%	10.20%	9.69%	9.35%	9.12%
91.00	27.75%	17.44%	12.47%	10.84%	10.04%	9.56%	9.24%	9.01%
91.25	27.12%	17.14%	12.32%	10.74%	9.96%	9.49%	9.18%	8.96%
91.50	26.50%	16.84%	12.17%	10.63%	9.87%	9.42%	9.12%	8.91%
91.75	25.89%	16.54%	12.01%	10.53%	9.79%	9.35%	9.06%	8.86%
92.00	25.27%	16.24%	11.86%	10.42%	9.71%	9.29%	9.00%	8.81%
92.25	24.66%	15.94%	11.71%	10.32%	9.63%	9.22%	8.95%	8.75%
92.50	24.05%	15.64%	11.56%	10.22%	9.55%	9.15%	8.89%	8.70%
92.75	23.45%	15.34%	11.41%	10.11%	9.47%	9.09%	8.83%	8.65%
93.00	22.85%	15.05%	11.26%	10.01%	9.39%	9.02%	8.78%	8.60%
93.25	22.25%	14.76%	11.11%	9.91%	9.31%	8.95%	8.72%	8.55%
93.50	21.66%	14.46%	10.96%	9.80%	9.23%	8.89%	8.66%	8.50%
93.75	21.07%	14.17%	10.81%	9.70%	9.15%	8.82%	8.61%	8.45%
94.00	20.48%	13.88%	10.66%	9.60%	9.07%	8.76%	8.55%	8.40%
94.25	19.89%	13.59%	10.51%	9.50%	8.99%	8.69%	8.49%	8.35%
94.50	19.31%	13.30%	10.37%	9.40%	8.91%	8.63%	8.44%	8.30%
94.75	18.73%	13.02%	10.22%	9.30%	8.84%	8.56%	8.38%	8.25%
95.00	18.16%	12.73%	10.07%	9.19%	8.76%	8.50%	8.33%	8.20%
95.25	17.59%	12.45%	9.93%	9.09%	8.68%	8.43%	8.27%	8.15%
95.50	17.02%	12.16%	9.78%	8.99%	8.60%	8.37%	8.21%	8.10%
95.75	16.45%	11.88%	9.64%	8.90%	8.53%	8.31%	8.16%	8.06%
96.00	15.89%	11.60%	9.49%	8.80%	8.45%	8.24%	8.11%	8.01%
96.25	15.32%	11.32%	9.35%	8.70%	8.37%	8.18%	8.05%	7.96%
96.50	14.77%	11.04%	9.21%	8.60%	8.30%	8.12%	8.00%	7.91%
96.75	14.21%	10.76%	9.06%	8.50%	8.22%	8.05%	7.94%	7.86%
97.00	13.66%	10.49%	8.92%	8.40%	8.14%	7.99%	7.89%	7.81%
97.25	13.11%	10.21%	8.78%	8.30%	8.07%	7.93%	7.83%	7.77%
97.50	12.56%	9.94%	8.64%	8.21%	7.99%	7.86%	7.78%	7.72%
97.75	12.02%	9.66%	8.50%	8.11%	7.92%	7.80%	7.73%	7.67%
98.00	11.48%	9.39%	8.36%	8.01%	7.84%	7.74%	7.67%	7.62%
98.25	10.94%	9.12%	8.22%	7.92%	7.77%	7.68%	7.62%	7.58%
98.50	10.41%	8.85%	8.08%	7.82%	7.69%	7.62%	7.57%	7.53%
98.75	9.87%	8.58%	7.94%	7.72%	7.62%	7.55%	7.51%	7.48%
99.00	9.34%	8.31%	7.80%	7.63%	7.54%	7.49%	7.46%	7.44%
99.25	8.82%	8.05%	7.66%	7.53%	7.47%	7.43%	7.41%	7.39%
99.50	8.29%	7.78%	7.52%	7.44%	7.40%	7.37%	7.35%	7.34%
99.75	7.77%	7.51%	7.39%	7.34%	7.32%	7.31%	7.30%	7.30%
100.00	7.25%	7.25%	7.25%	7.25%	7.25%	7.25%	7.25%	7.25%
100.25	6.73%	6.99%	7.11%	7.16%	7.18%	7.19%	7.20%	7.20%
100.50	6.22%	6.72%	6.98%	7.06%	7.10%	7.13%	7.15%	7.16%
101.00	5.20%	6.20%	6.71%	6.88%	6.96%	7.01%	7.04%	7.07%
101.50	4.19%	5.69%	6.44%	6.69%	6.82%	6.89%	6.94%	6.98%
102.00	3.19%	5.17%	6.17%	6.51%	6.67%	6.77%	6.84%	6.89%
102.50	2.20%	4.66%	5.91%	6.32%	6.53%	6.65%	6.74%	6.80%
103.00	1.21%	4.16%	5.64%	6.14%	6.39%	6.54%	6.64%	6.71%
103.50	0.24%	3.65%	5.38%	5.96%	6.25%	6.42%	6.54%	6.62%
104.00	***	3.16%	5.12%	5.78%	6.11%	6.30%	6.44%	6.53%
104.50	***	2.66%	4.86%	5.60%	5.97%	6.19%	6.34%	6.44%
105.00	***	2.17%	4.60%	5.42%	5.83%	6.08%	6.24%	6.35%

EFFECTIVE YIELD RATE 7.25%

PRICE	YEARS UNTIL MATURITY							
	8	9	10	11	12	13	14	15
70.00	13.50%	13.00%	12.61%	12.30%	12.04%	11.82%	11.64%	11.49%
71.00	13.24%	12.76%	12.39%	12.08%	11.84%	11.63%	11.46%	11.31%
72.00	12.98%	12.52%	12.17%	11.88%	11.64%	11.44%	11.27%	11.13%
73.00	12.73%	12.29%	11.95%	11.67%	11.44%	11.25%	11.09%	10.96%
74.00	12.48%	12.06%	11.73%	11.47%	11.25%	11.07%	10.92%	10.79%
75.00	12.24%	11.84%	11.53%	11.27%	11.06%	10.89%	10.74%	10.62%
76.00	12.00%	11.62%	11.32%	11.08%	10.88%	10.71%	10.57%	10.45%
77.00	11.77%	11.40%	11.12%	10.89%	10.70%	10.54%	10.41%	10.29%
78.00	11.53%	11.19%	10.92%	10.70%	10.52%	10.37%	10.24%	10.13%
79.00	11.31%	10.98%	10.72%	10.52%	10.35%	10.20%	10.08%	9.98%
80.00	11.08%	10.78%	10.53%	10.34%	10.17%	10.04%	9.92%	9.83%
81.00	10.87%	10.57%	10.34%	10.16%	10.00%	9.88%	9.77%	9.68%
82.00	10.65%	10.37%	10.16%	9.98%	9.84%	9.72%	9.62%	9.53%
82.50	10.54%	10.28%	10.07%	9.90%	9.76%	9.64%	9.54%	9.46%
83.00	10.44%	10.18%	9.98%	9.81%	9.68%	9.56%	9.47%	9.38%
83.50	10.33%	10.08%	9.89%	9.73%	9.59%	9.49%	9.39%	9.31%
84.00	10.23%	9.99%	9.80%	9.64%	9.51%	9.41%	9.32%	9.24%
84.50	10.12%	9.89%	9.71%	9.56%	9.44%	9.33%	9.25%	9.17%
85.00	10.02%	9.80%	9.62%	9.47%	9.36%	9.26%	9.17%	9.10%
85.50	9.92%	9.70%	9.53%	9.39%	9.28%	9.18%	9.10%	9.03%
86.00	9.82%	9.61%	9.44%	9.31%	9.20%	9.11%	9.03%	8.97%
86.50	9.72%	9.52%	9.36%	9.23%	9.12%	9.04%	8.96%	8.90%
87.00	9.62%	9.42%	9.27%	9.15%	9.05%	8.96%	8.89%	8.83%
87.50	9.52%	9.33%	9.19%	9.07%	8.97%	8.89%	8.82%	8.76%
88.00	9.42%	9.24%	9.10%	8.99%	8.90%	8.82%	8.75%	8.70%
88.50	9.32%	9.15%	9.02%	8.91%	8.82%	8.75%	8.69%	8.63%
89.00	9.22%	9.06%	8.94%	8.83%	8.75%	8.68%	8.62%	8.57%
89.50	9.13%	8.98%	8.85%	8.76%	8.68%	8.61%	8.55%	8.50%
90.00	9.03%	8.89%	8.77%	8.68%	8.60%	8.54%	8.48%	8.44%
90.50	8.94%	8.80%	8.69%	8.60%	8.53%	8.47%	8.42%	8.37%
91.00	8.84%	8.71%	8.61%	8.53%	8.46%	8.40%	8.35%	8.31%
91.50	8.75%	8.63%	8.53%	8.45%	8.39%	8.33%	8.29%	8.25%
92.00	8.66%	8.54%	8.45%	8.38%	8.32%	8.27%	8.22%	8.19%
92.50	8.56%	8.46%	8.37%	8.30%	8.25%	8.20%	8.16%	8.12%
93.00	8.47%	8.37%	8.29%	8.23%	8.18%	8.13%	8.09%	8.06%
93.50	8.38%	8.29%	8.22%	8.16%	8.11%	8.07%	8.03%	8.00%
94.00	8.29%	8.21%	8.14%	8.08%	8.04%	8.00%	7.97%	7.94%
94.50	8.20%	8.12%	8.06%	8.01%	7.97%	7.94%	7.91%	7.88%
95.00	8.11%	8.04%	7.99%	7.94%	7.90%	7.87%	7.84%	7.82%
95.50	8.02%	7.96%	7.91%	7.87%	7.84%	7.81%	7.78%	7.76%
96.00	7.93%	7.88%	7.83%	7.80%	7.77%	7.74%	7.72%	7.70%
96.50	7.85%	7.80%	7.76%	7.73%	7.70%	7.68%	7.66%	7.65%
97.00	7.76%	7.72%	7.69%	7.66%	7.64%	7.62%	7.60%	7.59%
97.50	7.67%	7.64%	7.61%	7.59%	7.57%	7.56%	7.54%	7.53%
98.00	7.59%	7.56%	7.54%	7.52%	7.51%	7.49%	7.48%	7.47%
98.50	7.50%	7.48%	7.47%	7.45%	7.44%	7.43%	7.42%	7.42%
99.00	7.42%	7.40%	7.39%	7.38%	7.38%	7.37%	7.37%	7.36%
99.50	7.33%	7.33%	7.32%	7.32%	7.31%	7.31%	7.31%	7.31%
100.00	7.25%	7.25%	7.25%	7.25%	7.25%	7.25%	7.25%	7.25%
100.50	7.17%	7.17%	7.18%	7.18%	7.19%	7.19%	7.19%	7.19%
101.00	7.08%	7.10%	7.11%	7.12%	7.12%	7.13%	7.14%	7.14%
102.00	6.92%	6.95%	6.97%	6.99%	7.00%	7.01%	7.02%	7.03%
103.00	6.76%	6.80%	6.83%	6.86%	6.88%	6.90%	6.91%	6.93%
104.00	6.60%	6.65%	6.69%	6.73%	6.76%	6.78%	6.80%	6.82%
105.00	6.44%	6.51%	6.56%	6.60%	6.64%	6.67%	6.69%	6.72%
106.00	6.28%	6.36%	6.43%	6.48%	6.52%	6.56%	6.59%	6.61%
107.00	6.13%	6.22%	6.30%	6.36%	6.41%	6.45%	6.48%	6.51%
108.00	5.98%	6.08%	6.17%	6.23%	6.29%	6.34%	6.38%	6.41%
109.00	5.83%	5.94%	6.04%	6.11%	6.18%	6.23%	6.27%	6.31%
110.00	5.68%	5.81%	5.91%	6.00%	6.06%	6.12%	6.17%	6.22%

7.25%   EFFECTIVE YIELD RATE

PRICE	YEARS UNTIL MATURITY							
	16	17	18	19	20	21	22	23
70.00	11.36%	11.25%	11.15%	11.06%	10.99%	10.92%	10.86%	10.81%
71.00	11.18%	11.07%	10.98%	10.90%	10.82%	10.76%	10.70%	10.65%
72.00	11.01%	10.90%	10.81%	10.73%	10.66%	10.60%	10.55%	10.50%
73.00	10.84%	10.74%	10.65%	10.57%	10.51%	10.45%	10.40%	10.35%
74.00	10.67%	10.58%	10.49%	10.42%	10.35%	10.30%	10.25%	10.20%
75.00	10.51%	10.42%	10.34%	10.27%	10.20%	10.15%	10.10%	10.06%
76.00	10.35%	10.26%	10.19%	10.12%	10.06%	10.01%	9.96%	9.92%
77.00	10.19%	10.11%	10.04%	9.97%	9.92%	9.87%	9.82%	9.78%
78.00	10.04%	9.96%	9.89%	9.83%	9.77%	9.73%	9.68%	9.65%
79.00	9.89%	9.81%	9.75%	9.69%	9.64%	9.59%	9.55%	9.52%
80.00	9.74%	9.67%	9.61%	9.55%	9.50%	9.46%	9.42%	9.39%
81.00	9.60%	9.53%	9.47%	9.42%	9.37%	9.33%	9.29%	9.26%
82.00	9.45%	9.39%	9.33%	9.28%	9.24%	9.20%	9.17%	9.14%
82.50	9.38%	9.32%	9.27%	9.22%	9.18%	9.14%	9.10%	9.08%
83.00	9.31%	9.25%	9.20%	9.15%	9.11%	9.08%	9.04%	9.01%
83.50	9.25%	9.19%	9.13%	9.09%	9.05%	9.01%	8.98%	8.95%
84.00	9.18%	9.12%	9.07%	9.03%	8.99%	8.95%	8.92%	8.90%
84.50	9.11%	9.05%	9.01%	8.96%	8.93%	8.89%	8.86%	8.84%
85.00	9.04%	8.99%	8.94%	8.90%	8.86%	8.83%	8.80%	8.78%
85.50	8.97%	8.92%	8.88%	8.84%	8.80%	8.77%	8.75%	8.72%
86.00	8.91%	8.86%	8.82%	8.78%	8.74%	8.71%	8.69%	8.66%
86.50	8.84%	8.79%	8.75%	8.72%	8.68%	8.66%	8.63%	8.61%
87.00	8.78%	8.73%	8.69%	8.66%	8.63%	8.60%	8.57%	8.55%
87.50	8.71%	8.67%	8.63%	8.60%	8.57%	8.54%	8.52%	8.50%
88.00	8.65%	8.61%	8.57%	8.54%	8.51%	8.48%	8.46%	8.44%
88.50	8.59%	8.54%	8.51%	8.48%	8.45%	8.43%	8.41%	8.39%
89.00	8.52%	8.48%	8.45%	8.42%	8.39%	8.37%	8.35%	8.33%
89.50	8.46%	8.42%	8.39%	8.36%	8.34%	8.32%	8.30%	8.28%
90.00	8.40%	8.36%	8.33%	8.31%	8.28%	8.26%	8.24%	8.23%
90.50	8.34%	8.30%	8.27%	8.25%	8.23%	8.21%	8.19%	8.17%
91.00	8.27%	8.24%	8.22%	8.19%	8.17%	8.15%	8.14%	8.12%
91.50	8.21%	8.18%	8.16%	8.14%	8.12%	8.10%	8.08%	8.07%
92.00	8.15%	8.13%	8.10%	8.08%	8.06%	8.05%	8.03%	8.02%
92.50	8.09%	8.07%	8.05%	8.03%	8.01%	7.99%	7.98%	7.97%
93.00	8.04%	8.01%	7.99%	7.97%	7.95%	7.94%	7.93%	7.92%
93.50	7.98%	7.95%	7.93%	7.92%	7.90%	7.89%	7.88%	7.87%
94.00	7.92%	7.90%	7.88%	7.86%	7.85%	7.84%	7.83%	7.82%
94.50	7.86%	7.84%	7.82%	7.81%	7.80%	7.79%	7.78%	7.77%
95.00	7.80%	7.79%	7.77%	7.76%	7.75%	7.74%	7.73%	7.72%
95.50	7.75%	7.73%	7.72%	7.70%	7.69%	7.69%	7.68%	7.67%
96.00	7.69%	7.68%	7.66%	7.65%	7.64%	7.64%	7.63%	7.62%
96.50	7.63%	7.62%	7.61%	7.60%	7.59%	7.59%	7.58%	7.57%
97.00	7.58%	7.57%	7.56%	7.55%	7.54%	7.54%	7.53%	7.53%
97.50	7.52%	7.51%	7.51%	7.50%	7.49%	7.49%	7.48%	7.48%
98.00	7.47%	7.46%	7.45%	7.45%	7.44%	7.44%	7.44%	7.43%
98.50	7.41%	7.41%	7.40%	7.40%	7.39%	7.39%	7.39%	7.39%
99.00	7.36%	7.35%	7.35%	7.35%	7.35%	7.34%	7.34%	7.34%
99.50	7.30%	7.30%	7.30%	7.30%	7.30%	7.30%	7.30%	7.30%
100.00	7.25%	7.25%	7.25%	7.25%	7.25%	7.25%	7.25%	7.25%
100.50	7.20%	7.20%	7.20%	7.20%	7.20%	7.20%	7.20%	7.21%
101.00	7.14%	7.15%	7.15%	7.15%	7.16%	7.16%	7.16%	7.16%
102.00	7.04%	7.05%	7.05%	7.06%	7.06%	7.07%	7.07%	7.07%
103.00	6.94%	6.95%	6.96%	6.96%	6.97%	6.98%	6.98%	6.99%
104.00	6.84%	6.85%	6.86%	6.87%	6.88%	6.89%	6.89%	6.90%
105.00	6.73%	6.75%	6.77%	6.78%	6.79%	6.80%	6.81%	6.82%
106.00	6.64%	6.66%	6.67%	6.69%	6.70%	6.71%	6.72%	6.73%
107.00	6.54%	6.56%	6.58%	6.60%	6.61%	6.63%	6.64%	6.65%
108.00	6.44%	6.47%	6.49%	6.51%	6.53%	6.54%	6.56%	6.57%
109.00	6.35%	6.38%	6.40%	6.42%	6.44%	6.46%	6.48%	6.49%
110.00	6.25%	6.28%	6.31%	6.34%	6.36%	6.38%	6.40%	6.41%

EFFECTIVE YIELD RATE 7.25%

PRICE	YEARS UNTIL MATURITY							
	24	25	26	27	28	29	30	40
70.00	10.76%	10.72%	10.68%	10.65%	10.62%	10.60%	10.57%	10.43%
71.00	10.61%	10.57%	10.53%	10.50%	10.47%	10.45%	10.42%	10.29%
72.00	10.46%	10.42%	10.38%	10.35%	10.32%	10.30%	10.28%	10.15%
73.00	10.31%	10.27%	10.24%	10.21%	10.18%	10.165	10.14%	10.01%
74.00	10.16%	10.13%	10.09%	10.07%	10.04%	10.02%	10.00%	9.87%
75.00	10.02%	9.99%	9.96%	9.93%	9.90%	9.88%	9.86%	9.74%
76.00	9.88%	9.85%	9.82%	9.79%	9.77%	9.75%	9.73%	9.61%
77.00	9.75%	9.71%	9.69%	9.66%	9.64%	9.62%	9.60%	9.49%
78.00	9.61%	9.58%	9.56%	9.53%	9.51%	9.49%	9.47%	9.36%
79.00	9.48%	9.45%	9.43%	9.41%	9.38%	9.375	9.35%	9.25%
80.00	9.36%	9.33%	9.30%	9.28%	9.26%	9.24%	9.23%	9.13%
81.00	9.23%	9.21%	9.18%	9.16%	9.14%	9.12%	9.11%	9.01%
82.00	9.11%	9.08%	9.06%	9.04%	9.02%	9.01%	8.99%	8.90%
82.50	9.05%	9.02%	9.00%	8.98%	8.97%	8.95%	8.94%	8.85%
83.00	8.99%	8.97%	8.94%	8.93%	8.91%	8.89%	8.88%	8.79%
83.50	8.93%	8.91%	8.89%	8.87%	8.85%	8.84%	8.82%	8.74%
84.00	8.87%	8.85%	8.83%	8.81%	8.80%	8.78%	8.77%	8.69%
84.50	8.81%	8.79%	8.77%	8.76%	8.74%	8.73%	8.71%	8.64%
85.00	8.76%	8.74%	8.72%	8.70%	8.69%	8.67%	8.66%	8.58%
85.50	8.70%	8.68%	8.66%	8.65%	8.63%	8.62%	8.61%	8.53%
86.00	8.64%	8.62%	8.61%	8.59%	8.58%	8.56%	8.55%	8.48%
86.50	8.59%	8.57%	8.55%	8.54%	8.52%	8.51%	8.50%	8.43%
87.00	8.53%	8.51%	8.50%	8.48%	8.47%	8.46%	8.45%	8.38%
87.50	8.48%	8.46%	8.44%	8.43%	8.42%	8.41%	8.40%	8.33%
88.00	8.42%	8.41%	8.39%	8.38%	8.37%	8.36%	8.35%	8.28%
88.50	8.37%	8.35%	8.34%	8.33%	8.32%	8.30%	8.30%	8.24%
89.00	8.32%	8.30%	8.29%	8.28%	8.26%	8.25%	8.25%	8.19%
89.50	8.26%	8.25%	8.24%	8.22%	8.21%	8.20%	8.20%	8.14%
90.00	8.21%	8.20%	8.18%	8.17%	8.16%	8.15%	8.15%	8.09%
90.50	8.16%	8.15%	8.13%	8.12%	8.11%	8.11%	8.10%	8.05%
91.00	8.11%	8.09%	8.08%	8.07%	8.06%	8.06%	8.05%	8.00%
91.50	8.06%	8.04%	8.03%	8.02%	8.02%	8.01%	8.00%	7.96%
92.00	8.01%	7.99%	7.98%	7.98%	7.97%	7.96%	7.95%	7.91%
92.50	7.96%	7.94%	7.94%	7.93%	7.92%	7.91%	7.91%	7.87%
93.00	7.91%	7.90%	7.89%	7.88%	7.87%	7.86%	7.86%	7.82%
93.50	7.86%	7.85%	7.84%	7.83%	7.83%	7.81%	7.81%	7.78%
94.00	7.81%	7.80%	7.79%	7.79%	7.78%	7.77%	7.77%	7.74%
94.50	7.76%	7.75%	7.74%	7.74%	7.73%	7.72%	7.72%	7.69%
95.00	7.71%	7.70%	7.70%	7.69%	7.69%	7.68%	7.68%	7.65%
95.50	7.66%	7.66%	7.65%	7.65%	7.64%	7.63%	7.63%	7.61%
96.00	7.62%	7.61%	7.61%	7.60%	7.60%	7.59%	7.59%	7.57%
96.50	7.57%	7.56%	7.56%	7.56%	7.55%	7.55%	7.55%	7.53%
97.00	7.52%	7.52%	7.51%	7.51%	7.51%	7.51%	7.50%	7.49%
97.50	7.48%	7.47%	7.47%	7.47%	7.46%	7.46%	7.46%	7.45%
98.00	7.43%	7.43%	7.42%	7.42%	7.42%	7.42%	7.42%	7.41%
98.50	7.38%	7.38%	7.38%	7.38%	7.38%	7.38%	7.37%	7.37%
99.00	7.34%	7.34%	7.34%	7.34%	7.33%	7.33%	7.33%	7.33%
99.50	7.29%	7.29%	7.29%	7.29%	7.29%	7.29%	7.29%	7.29%
100.00	7.25%	7.25%	7.25%	7.25%	7.25%	7.25%	7.25%	7.25%
100.50	7.21%	7.21%	7.21%	7.21%	7.21%	7.21%	7.21%	7.21%
101.00	7.16%	7.16%	7.16%	7.17%	7.17%	7.17%	7.17%	7.17%
102.00	7.08%	7.08%	7.08%	7.08%	7.08%	7.09%	7.09%	7.10%
103.00	6.99%	6.99%	7.00%	7.00%	7.00%	7.01%	7.01%	7.03%
104.00	6.91%	6.91%	6.92%	6.92%	6.92%	6.93%	6.93%	6.95%
105.00	6.82%	6.83%	6.84%	6.84%	6.85%	6.85%	6.85%	6.88%
106.00	6.74%	6.75%	6.76%	6.76%	6.77%	6.77%	6.78%	6.81%
107.00	6.66%	6.67%	6.68%	6.69%	6.69%	6.70%	6.71%	6.74%
108.00	6.58%	6.59%	6.60%	6.61%	6.62%	6.63%	6.63%	6.67%
109.00	6.50%	6.52%	6.53%	6.54%	6.54%	6.55%	6.56%	6.61%
110.00	6.43%	6.44%	6.45%	6.46%	6.47%	6.48%	6.49%	6.54%

7.50% EFFECTIVE YIELD RATE

PRICE	YEARS UNTIL MATURITY						
	1/2	1	2	3	4	5	6	7
85.00	44.12%	25.42%	16.62%	13.77%	12.37%	11.53%	10.98%	10.59%
85.50	42.69%	24.74%	16.28%	13.54%	12.19%	11.38%	10.85%	10.47%
86.00	41.28%	24.08%	15.95%	13.31%	12.01%	11.24%	10.72%	10.36%
86.50	39.88%	23.41%	15.62%	13.08%	11.83%	11.09%	10.60%	10.25%
87.00	38.51%	22.76%	15.29%	12.86%	11.66%	10.94%	10.47%	10.14%
87.50	37.14%	22.11%	14.96%	12.63%	11.48%	10.80%	10.35%	10.03%
88.00	35.80%	21.46%	14.64%	12.41%	11.31%	10.66%	10.23%	9.92%
88.50	34.46%	20.83%	14.31%	12.19%	11.14%	10.52%	10.10%	9.81%
89.00	33.15%	20.19%	13.99%	11.97%	10.97%	10.38%	9.98%	9.70%
89.50	31.84%	19.56%	13.68%	11.75%	10.80%	10.24%	9.86%	9.59%
90.00	30.56%	18.94%	13.36%	11.54%	10.63%	10.10%	9.74%	9.49%
90.50	29.28%	18.32%	13.05%	11.32%	10.47%	9.96%	9.62%	9.38%
91.00	28.02%	17.71%	12.74%	11.11%	10.30%	9.82%	9.50%	9.28%
91.25	27.40%	17.41%	12.58%	11.00%	10.22%	9.75%	9.44%	9.22%
91.50	26.78%	17.11%	12.43%	10.90%	10.14%	9.68%	9.38%	9.17%
91.75	26.16%	16.80%	12.28%	10.79%	10.06%	9.62%	9.33%	9.12%
92.00	25.54%	16.50%	12.12%	10.69%	9.97%	9.55%	9.27%	9.07%
92.25	24.93%	16.20%	11.97%	10.58%	9.89%	9.48%	9.21%	9.02%
92.50	24.32%	15.91%	11.82%	10.48%	9.81%	9.42%	9.15%	8.97%
92.75	23.72%	15.61%	11.67%	10.37%	9.73%	9.35%	9.09%	8.91%
93.00	23.12%	15.31%	11.52%	10.27%	9.65%	9.28%	9.04%	8.86%
93.25	22.52%	15.02%	11.37%	10.17%	9.57%	9.22%	8.98%	8.81%
93.50	21.93%	14.73%	11.22%	10.06%	9.49%	9.15%	8.92%	8.76%
93.75	21.33%	14.43%	11.07%	9.96%	9.41%	9.08%	8.87%	8.71%
94.00	20.74%	14.14%	10.92%	9.86%	9.33%	9.02%	8.81%	8.66%
94.25	20.16%	13.85%	10.77%	9.76%	9.25%	8.95%	8.75%	8.61%
94.50	19.58%	13.57%	10.62%	9.66%	9.17%	8.89%	8.70%	8.56%
94.75	19.00%	13.28%	10.48%	9.55%	9.09%	8.82%	8.64%	8.51%
95.00	18.42%	12.99%	10.33%	9.45%	9.02%	8.76%	8.58%	8.46%
95.25	17.85%	12.71%	10.18%	9.35%	8.94%	8.69%	8.53%	8.41%
95.50	17.28%	12.42%	10.04%	9.25%	8.86%	8.63%	8.47%	8.36%
95.75	16.71%	12.14%	9.89%	9.15%	8.78%	8.56%	8.42%	8.31%
96.00	16.15%	11.86%	9.75%	9.05%	8.71%	8.50%	8.36%	8.26%
96.25	15.58%	11.58%	9.61%	8.95%	8.63%	8.43%	8.31%	8.22%
96.50	15.03%	11.30%	9.46%	8.85%	8.55%	8.37%	8.25%	8.17%
96.75	14.47%	11.02%	9.32%	8.76%	8.47%	8.31%	8.20%	8.12%
97.00	13.92%	10.74%	9.18%	8.66%	8.40%	8.24%	8.14%	8.07%
97.25	13.37%	10.47%	9.03%	8.56%	8.32%	8.18%	8.09%	8.02%
97.50	12.82%	10.19%	8.89%	8.46%	8.25%	8.12%	8.03%	7.97%
97.75	12.28%	9.92%	8.75%	8.36%	8.17%	8.06%	7.98%	7.92%
98.00	11.73%	9.65%	8.61%	8.27%	8.10%	7.99%	7.93%	7.88%
98.25	11.20%	9.37%	8.47%	8.17%	8.02%	7.93%	7.87%	7.83%
98.50	10.66%	9.10%	8.33%	8.07%	7.95%	7.87%	7.82%	7.78%
98.75	10.13%	8.83%	8.19%	7.98%	7.87%	7.81%	7.76%	7.73%
99.00	9.60%	8.56%	8.05%	7.88%	7.80%	7.75%	7.71%	7.69%
99.25	9.07%	8.30%	7.91%	7.79%	7.72%	7.68%	7.66%	7.64%
99.50	8.54%	8.03%	7.77%	7.69%	7.65%	7.62%	7.61%	7.59%
99.75	8.02%	7.76%	7.64%	7.59%	7.57%	7.56%	7.55%	7.55%
100.00	7.50%	7.50%	7.50%	7.50%	7.50%	7.50%	7.50%	7.50%
100.25	6.98%	7.24%	7.36%	7.41%	7.43%	7.44%	7.45%	7.45%
100.50	6.47%	6.97%	7.23%	7.31%	7.35%	7.38%	7.40%	7.41%
101.00	5.45%	6.45%	6.96%	7.12%	7.21%	7.26%	7.29%	7.31%
101.50	4.43%	5.93%	6.69%	6.94%	7.06%	7.14%	7.19%	7.22%
102.00	3.43%	5.42%	6.42%	6.75%	6.92%	7.02%	7.09%	7.13%
102.50	2.44%	4.91%	6.15%	6.57%	6.78%	6.90%	6.98%	7.04%
103.00	1.46%	4.40%	5.89%	6.39%	6.63%	6.78%	6.88%	6.95%
103.50	0.48%	3.90%	5.63%	6.20%	6.49%	6.67%	6.78%	6.86%
104.00	***	3.40%	5.36%	6.02%	6.35%	6.55%	6.68%	6.77%
104.50	***	2.90%	5.10%	5.84%	6.21%	6.43%	6.58%	6.68%
105.00	***	2.41%	4.85%	5.66%	6.07%	6.32%	6.48%	6.60%

EFFECTIVE YIELD RATE 7.50%

PRICE	YEARS UNTIL MATURITY							
	8	9	10	11	12	13	14	15
70.00	13.81%	13.32%	12.93%	12.62%	12.36%	12.15%	11.97%	11.82%
71.00	13.55%	13.07%	12.70%	12.40%	12.15%	11.95%	11.78%	11.63%
72.00	13.29%	12.84%	12.48%	12.19%	11.95%	11.76%	11.59%	11.45%
73.00	13.03%	12.60%	12.26%	11.98%	11.75%	11.57%	11.41%	11.27%
74.00	12.79%	12.37%	12.04%	11.78%	11.56%	11.38%	11.23%	11.10%
75.00	12.54%	12.14%	11.83%	11.58%	11.37%	11.20%	11.05%	10.93%
76.00	12.30%	11.92%	11.62%	11.38%	11.18%	11.02%	10.88%	10.76%
77.00	12.06%	11.70%	11.42%	11.19%	11.00%	10.84%	10.71%	10.59%
78.00	11.83%	11.49%	11.21%	11.00%	10.82%	10.67%	10.54%	10.43%
79.00	11.60%	11.27%	11.02%	10.81%	10.64%	10.50%	10.38%	10.28%
80.00	11.37%	11.07%	10.82%	10.63%	10.46%	10.33%	10.22%	10.12%
81.00	11.15%	10.86%	10.63%	10.45%	10.29%	10.17%	10.06%	9.97%
82.00	10.93%	10.66%	10.44%	10.27%	10.12%	10.00%	9.90%	9.82%
82.50	10.82%	10.56%	10.35%	10.18%	10.04%	9.93%	9.83%	9.74%
83.00	10.72%	10.46%	10.26%	10.09%	9.96%	9.85%	9.75%	9.67%
83.50	10.61%	10.36%	10.17%	10.01%	9.88%	9.77%	9.68%	9.60%
84.00	10.51%	10.27%	10.08%	9.92%	9.80%	9.69%	9.60%	9.53%
84.50	10.40%	10.17%	9.99%	9.84%	9.72%	9.61%	9.53%	9.45%
85.00	10.30%	10.07%	9.90%	9.75%	9.64%	9.54%	9.45%	9.38%
85.50	10.19%	9.98%	9.81%	9.67%	9.56%	9.46%	9.38%	9.31%
86.00	10.09%	9.88%	9.72%	9.59%	9.48%	9.39%	9.31%	9.24%
86.50	9.99%	9.79%	9.63%	9.51%	9.40%	9.31%	9.24%	9.17%
87.00	9.89%	9.70%	9.55%	9.42%	9.32%	9.24%	9.17%	9.11%
87.50	9.79%	9.61%	9.46%	9.34%	9.25%	9.16%	9.10%	9.04%
88.00	9.69%	9.51%	9.38%	9.26%	9.17%	9.09%	9.03%	8.97%
88.50	9.59%	9.42%	9.29%	9.18%	9.09%	9.02%	8.96%	8.90%
89.00	9.49%	9.33%	9.21%	9.10%	9.02%	8.95%	8.89%	8.84%
89.50	9.40%	9.24%	9.12%	9.03%	8.94%	8.88%	8.82%	8.77%
90.00	9.30%	9.15%	9.04%	8.95%	8.87%	8.81%	8.75%	8.71%
90.50	9.20%	9.07%	8.96%	8.87%	8.80%	8.74%	8.69%	8.64%
91.00	9.11%	8.98%	8.88%	8.79%	8.72%	8.67%	8.62%	8.58%
91.50	9.01%	8.89%	8.80%	8.72%	8.65%	8.60%	8.55%	8.51%
92.00	8.92%	8.81%	8.71%	8.64%	8.58%	8.53%	8.49%	8.45%
92.50	8.83%	8.72%	8.63%	8.57%	8.51%	8.46%	8.42%	8.39%
93.00	8.73%	8.63%	8.56%	8.49%	8.44%	8.39%	8.36%	8.33%
93.50	8.64%	8.55%	8.48%	8.42%	8.37%	8.33%	8.29%	8.26%
94.00	8.55%	8.47%	8.40%	8.34%	8.30%	8.26%	8.23%	8.20%
94.50	8.46%	8.38%	8.32%	8.27%	8.23%	8.20%	8.17%	8.14%
95.00	8.37%	8.30%	8.24%	8.20%	8.16%	8.13%	8.10%	8.08%
95.50	8.28%	8.22%	8.17%	8.13%	8.09%	8.07%	8.04%	8.02%
96.00	8.19%	8.14%	8.09%	8.06%	8.03%	8.00%	7.98%	7.96%
96.50	8.10%	8.05%	8.02%	7.98%	7.96%	7.94%	7.92%	7.90%
97.00	8.02%	7.97%	7.94%	7.91%	7.89%	7.87%	7.86%	7.84%
97.50	7.93%	7.89%	7.87%	7.84%	7.83%	7.81%	7.80%	7.79%
98.00	7.84%	7.81%	7.79%	7.77%	7.76%	7.75%	7.74%	7.73%
98.50	7.76%	7.73%	7.72%	7.70%	7.69%	7.68%	7.68%	7.67%
99.00	7.67%	7.66%	7.64%	7.64%	7.63%	7.62%	7.62%	7.61%
99.50	7.58%	7.58%	7.57%	7.57%	7.56%	7.56%	7.56%	7.56%
100.00	7.50%	7.50%	7.50%	7.50%	7.50%	7.50%	7.50%	7.50%
100.50	7.42%	7.42%	7.43%	7.43%	7.44%	7.44%	7.44%	7.44%
101.00	7.33%	7.35%	7.36%	7.37%	7.37%	7.38%	7.38%	7.39%
102.00	7.17%	7.19%	7.22%	7.23%	7.25%	7.26%	7.27%	7.28%
103.00	7.00%	7.04%	7.08%	7.10%	7.12%	7.14%	7.16%	7.17%
104.00	6.84%	6.90%	6.94%	6.97%	7.00%	7.03%	7.05%	7.06%
105.00	6.68%	6.75%	6.80%	6.85%	6.88%	6.91%	6.94%	6.96%
106.00	6.53%	6.61%	6.67%	6.72%	6.76%	6.80%	6.83%	6.85%
107.00	6.37%	6.46%	6.54%	6.60%	6.64%	6.69%	6.72%	6.75%
108.00	6.22%	6.32%	6.40%	6.47%	6.53%	6.58%	6.61%	6.65%
109.00	6.06%	6.18%	6.27%	6.35%	6.41%	6.47%	6.51%	6.55%
110.00	5.91%	6.04%	6.15%	6.23%	6.30%	6.36%	6.41%	6.45%

7.50%   EFFECTIVE YIELD RATE

PRICE	YEARS UNTIL MATURITY							
	16	17	18	19	20	21	22	23
70.00	11.69%	11.57%	11.48%	11.39%	11.32%	11.25%	11.19%	11.14%
71.00	11.51%	11.40%	11.30%	11.22%	11.15%	11.09%	11.03%	10.98%
72.00	11.33%	11.22%	11.13%	11.06%	10.99%	10.93%	10.87%	10.83%
73.00	11.16%	11.06%	10.97%	10.89%	10.83%	10.77%	10.72%	10.67%
74.00	10.99%	10.89%	10.81%	10.73%	10.67%	10.61%	10.57%	10.52%
75.00	10.82%	10.73%	10.65%	10.58%	10.52%	10.46%	10.42%	10.37%
76.00	10.66%	10.57%	10.49%	10.43%	10.37%	10.32%	10.27%	10.23%
77.00	10.50%	10.41%	10.34%	10.28%	10.22%	10.17%	10.13%	10.09%
78.00	10.34%	10.26%	10.19%	10.13%	10.08%	10.03%	9.99%	9.95%
79.00	10.19%	10.11%	10.05%	9.99%	9.94%	9.89%	9.85%	9.82%
80.00	10.04%	9.96%	9.90%	9.85%	9.80%	9.76%	9.72%	9.69%
81.00	9.89%	9.82%	9.76%	9.71%	9.66%	9.62%	9.59%	9.56%
82.00	9.74%	9.68%	9.62%	9.57%	9.53%	9.49%	9.46%	9.43%
82.50	9.67%	9.61%	9.56%	9.51%	9.47%	9.43%	9.40%	9.37%
83.00	9.60%	9.54%	9.49%	9.44%	9.40%	9.36%	9.33%	9.30%
83.50	9.53%	9.47%	9.42%	9.38%	9.34%	9.30%	9.27%	9.24%
84.00	9.46%	9.40%	9.35%	9.31%	9.27%	9.24%	9.21%	9.18%
84.50	9.39%	9.34%	9.29%	9.25%	9.21%	9.18%	9.15%	9.12%
85.00	9.32%	9.27%	9.22%	9.18%	9.15%	9.12%	9.09%	9.06%
85.50	9.25%	9.20%	9.16%	9.12%	9.09%	9.06%	9.03%	9.00%
86.00	9.19%	9.14%	9.10%	9.06%	9.02%	8.99%	8.97%	8.95%
86.50	9.12%	9.07%	9.03%	9.00%	8.96%	8.94%	8.91%	8.89%
87.00	9.05%	9.01%	8.97%	8.93%	8.90%	8.88%	8.85%	8.83%
87.50	8.99%	8.94%	8.91%	8.87%	8.84%	8.82%	8.79%	8.77%
88.00	8.92%	8.88%	8.84%	8.81%	8.78%	8.76%	8.74%	8.72%
88.50	8.86%	8.82%	8.78%	8.75%	8.73%	8.70%	8.68%	8.66%
89.00	8.79%	8.76%	8.72%	8.69%	8.67%	8.64%	8.62%	8.61%
89.50	8.73%	8.69%	8.66%	8.63%	8.61%	8.59%	8.57%	8.55%
90.00	8.67%	8.63%	8.60%	8.58%	8.55%	8.53%	8.51%	8.50%
90.50	8.60%	8.57%	8.54%	8.52%	8.50%	8.48%	8.46%	8.44%
91.00	8.54%	8.51%	8.48%	8.46%	8.44%	8.42%	8.40%	8.39%
91.50	8.48%	8.45%	8.43%	8.40%	8.38%	8.37%	8.35%	8.34%
92.00	8.42%	8.39%	8.37%	8.35%	8.33%	8.31%	8.30%	8.28%
92.50	8.36%	8.33%	8.31%	8.29%	8.27%	8.26%	8.24%	8.23%
93.00	8.30%	8.27%	8.25%	8.24%	8.22%	8.20%	8.19%	8.18%
93.50	8.24%	8.22%	8.20%	8.18%	8.16%	8.15%	8.14%	8.13%
94.00	8.18%	8.16%	8.14%	8.13%	8.11%	8.10%	8.09%	8.08%
94.50	8.12%	8.10%	8.09%	8.07%	8.06%	8.05%	8.04%	8.03%
95.00	8.06%	8.04%	8.03%	8.02%	8.01%	8.00%	7.99%	7.98%
95.50	8.00%	7.99%	7.98%	7.96%	7.95%	7.94%	7.94%	7.93%
96.00	7.95%	7.93%	7.92%	7.91%	7.90%	7.89%	7.89%	7.88%
96.50	7.89%	7.88%	7.87%	7.86%	7.85%	7.84%	7.84%	7.83%
97.00	7.83%	7.82%	7.81%	7.81%	7.80%	7.79%	7.79%	7.78%
97.50	7.78%	7.77%	7.76%	7.75%	7.75%	7.74%	7.74%	7.73%
98.00	7.72%	7.71%	7.71%	7.70%	7.70%	7.69%	7.69%	7.69%
98.50	7.66%	7.66%	7.65%	7.65%	7.65%	7.64%	7.64%	7.64%
99.00	7.61%	7.61%	7.60%	7.60%	7.60%	7.60%	7.59%	7.59%
99.50	7.55%	7.55%	7.55%	7.55%	7.55%	7.55%	7.55%	7.55%
100.00	7.50%	7.50%	7.50%	7.50%	7.50%	7.50%	7.50%	7.50%
100.50	7.45%	7.45%	7.45%	7.45%	7.45%	7.45%	7.45%	7.45%
101.00	7.39%	7.40%	7.40%	7.40%	7.40%	7.41%	7.41%	7.41%
102.00	7.29%	7.29%	7.30%	7.30%	7.31%	7.31%	7.32%	7.32%
103.00	7.18%	7.19%	7.20%	7.21%	7.21%	7.22%	7.23%	7.23%
104.00	7.08%	7.09%	7.10%	7.11%	7.12%	7.13%	7.14%	7.14%
105.00	6.98%	6.99%	7.01%	7.02%	7.03%	7.04%	7.05%	7.06%
106.00	6.88%	6.90%	6.91%	6.93%	6.94%	6.95%	6.96%	6.97%
107.00	6.78%	6.80%	6.82%	6.84%	6.85%	6.87%	6.88%	6.89%
108.00	6.68%	6.70%	6.73%	6.75%	6.76%	6.78%	6.79%	6.81%
109.00	6.58%	6.61%	6.64%	6.66%	6.68%	6.70%	6.71%	6.73%
110.00	6.49%	6.52%	6.55%	6.57%	6.59%	6.61%	6.63%	6.65%

EFFECTIVE YIELD RATE 7.50%

PRICE	YEARS UNTIL MATURITY							
	24	25	26	27	28	29	30	40
70.00	11.10%	11.06%	11.02%	10.99%	10.96%	10.94%	10.92%	10.78%
71.00	10.94%	10.90%	10.87%	10.84%	10.81%	10.78%	10.76%	10.63%
72.00	10.78%	10.75%	10.71%	10.68%	10.66%	10.63%	10.61%	10.49%
73.00	10.63%	10.59%	10.56%	10.53%	10.51%	10.49%	10.46%	10.34%
74.00	10.48%	10.45%	10.42%	10.39%	10.36%	10.34%	10.32%	10.20%
75.00	10.34%	10.30%	10.27%	10.25%	10.22%	10.20%	10.18%	10.07%
76.00	10.19%	10.16%	10.13%	10.11%	10.08%	10.06%	10.05%	9.93%
77.00	10.06%	10.02%	10.00%	9.97%	9.95%	9.93%	9.91%	9.81%
78.00	9.92%	9.89%	9.86%	9.84%	9.82%	9.80%	9.78%	9.68%
79.00	9.79%	9.76%	9.73%	9.71%	9.69%	9.67%	9.65%	9.56%
80.00	9.66%	9.63%	9.60%	9.58%	9.56%	9.55%	9.53%	9.44%
81.00	9.53%	9.50%	9.48%	9.46%	9.44%	9.42%	9.41%	9.32%
82.00	9.40%	9.38%	9.36%	9.34%	9.32%	9.30%	9.29%	9.20%
82.50	9.34%	9.32%	9.30%	9.28%	9.26%	9.24%	9.23%	9.15%
83.00	9.28%	9.26%	9.24%	9.22%	9.20%	9.19%	9.17%	9.09%
83.50	9.22%	9.20%	9.18%	9.16%	9.14%	9.13%	9.12%	9.04%
84.00	9.16%	9.14%	9.12%	9.10%	9.09%	9.07%	9.06%	8.98%
84.50	9.10%	9.08%	9.06%	9.04%	9.03%	9.01%	9.00%	8.93%
85.00	9.04%	9.02%	9.00%	8.99%	8.97%	8.96%	8.95%	8.87%
85.50	8.98%	8.96%	8.95%	8.93%	8.92%	8.90%	8.89%	8.82%
86.00	8.92%	8.91%	8.89%	8.87%	8.86%	8.85%	8.84%	8.77%
86.50	8.87%	8.85%	8.83%	8.82%	8.81%	8.79%	8.78%	8.72%
87.00	8.81%	8.79%	8.78%	8.76%	8.75%	8.74%	8.73%	8.67%
87.50	8.75%	8.74%	8.72%	8.71%	8.70%	8.69%	8.68%	8.62%
88.00	8.70%	8.68%	8.67%	8.66%	8.64%	8.63%	8.62%	8.56%
88.50	8.64%	8.63%	8.62%	8.60%	8.59%	8.58%	8.57%	8.52%
89.00	8.59%	8.58%	8.56%	8.55%	8.54%	8.53%	8.52%	8.47%
89.50	8.54%	8.52%	8.51%	8.50%	8.49%	8.48%	8.47%	8.42%
90.00	8.48%	8.47%	8.46%	8.45%	8.44%	8.43%	8.42%	8.37%
90.50	8.43%	8.42%	8.40%	8.39%	8.39%	8.38%	8.37%	8.32%
91.00	8.38%	8.36%	8.35%	8.34%	8.34%	8.33%	8.32%	8.28%
91.50	8.32%	8.31%	8.30%	8.29%	8.29%	8.28%	8.27%	8.23%
92.00	8.27%	8.26%	8.25%	8.24%	8.24%	8.23%	8.22%	8.18%
92.50	8.22%	8.21%	8.20%	8.19%	8.19%	8.18%	8.17%	8.14%
93.00	8.17%	8.16%	8.15%	8.14%	8.14%	8.13%	8.13%	8.09%
93.50	8.12%	8.11%	8.10%	8.10%	8.09%	8.08%	8.08%	8.05%
94.00	8.07%	8.06%	8.05%	8.05%	8.04%	8.04%	8.03%	8.00%
94.50	8.02%	8.01%	8.01%	8.00%	7.99%	7.99%	7.99%	7.96%
95.00	7.97%	7.96%	7.96%	7.95%	7.95%	7.94%	7.94%	7.91%
95.50	7.92%	7.92%	7.91%	7.91%	7.90%	7.90%	7.89%	7.87%
96.00	7.87%	7.87%	7.86%	7.86%	7.86%	7.85%	7.85%	7.83%
96.50	7.83%	7.82%	7.82%	7.81%	7.81%	7.81%	7.80%	7.79%
97.00	7.78%	7.77%	7.77%	7.77%	7.76%	7.76%	7.76%	7.74%
97.50	7.73%	7.73%	7.72%	7.72%	7.72%	7.72%	7.72%	7.70%
98.00	7.68%	7.68%	7.68%	7.68%	7.67%	7.67%	7.67%	7.66%
98.50	7.64%	7.64%	7.63%	7.63%	7.63%	7.63%	7.63%	7.62%
99.00	7.59%	7.59%	7.59%	7.59%	7.59%	7.59%	7.58%	7.58%
99.50	7.55%	7.54%	7.54%	7.54%	7.54%	7.54%	7.54%	7.54%
100.00	7.50%	7.50%	7.50%	7.50%	7.50%	7.50%	7.50%	7.50%
100.50	7.45%	7.46%	7.46%	7.46%	7.46%	7.46%	7.46%	7.46%
101.00	7.41%	7.41%	7.41%	7.41%	7.41%	7.42%	7.42%	7.42%
102.00	7.32%	7.32%	7.33%	7.33%	7.33%	7.33%	7.33%	7.34%
103.00	7.23%	7.24%	7.24%	7.25%	7.25%	7.25%	7.25%	7.27%
104.00	7.15%	7.15%	7.16%	7.16%	7.17%	7.17%	7.17%	7.19%
105.00	7.06%	7.07%	7.08%	7.08%	7.09%	7.09%	7.10%	7.12%
106.00	6.98%	6.99%	7.00%	7.00%	7.01%	7.01%	7.02%	7.05%
107.00	6.90%	6.91%	6.92%	6.92%	6.93%	6.94%	6.94%	6.98%
108.00	6.82%	6.83%	6.84%	6.85%	6.85%	6.86%	6.87%	6.91%
109.00	6.74%	6.75%	6.76%	6.77%	6.78%	6.79%	6.79%	6.84%
110.00	6.66%	6.67%	6.68%	6.69%	6.70%	6.71%	6.72%	6.77%

7.75% EFFECTIVE YIELD RATE

PRICE	1/2	1	2	3	4	5	6	7
			YEARS UNTIL MATURITY					
85.00	44.41%	25.70%	16.90%	14.05%	12.64%	11.81%	11.26%	10.87%
85.50	42.98%	25.02%	16.56%	13.82%	12.46%	11.66%	11.13%	10.75%
86.00	41.57%	24.36%	16.22%	13.59%	12.28%	11.51%	11.00%	10.64%
86.50	40.17%	23.69%	15.89%	13.36%	12.11%	11.36%	10.87%	10.52%
87.00	38.79%	23.04%	15.56%	13.13%	11.93%	11.22%	10.75%	10.41%
87.50	37.43%	22.39%	15.23%	12.91%	11.76%	11.07%	10.62%	10.30%
88.00	36.08%	21.74%	14.91%	12.68%	11.58%	10.93%	10.50%	10.19%
88.50	34.75%	21.10%	14.59%	12.46%	11.41%	10.79%	10.37%	10.08%
89.00	33.43%	20.47%	14.26%	12.24%	11.24%	10.64%	10.25%	9.97%
89.50	32.12%	19.84%	13.95%	12.02%	11.07%	10.50%	10.13%	9.86%
90.00	30.83%	19.21%	13.63%	11.80%	10.90%	10.36%	10.01%	9.75%
90.50	29.56%	18.59%	13.32%	11.59%	10.73%	10.22%	9.89%	9.65%
91.00	28.30%	17.98%	13.00%	11.37%	10.57%	10.09%	9.77%	9.54%
91.25	27.67%	17.68%	12.85%	11.27%	10.48%	10.02%	9.71%	9.49%
91.50	27.05%	17.37%	12.70%	11.16%	10.40%	9.95%	9.65%	9.44%
91.75	26.43%	17.07%	12.54%	11.06%	10.32%	9.88%	9.59%	9.38%
92.00	25.82%	16.77%	12.39%	10.95%	10.24%	9.81%	9.53%	9.33%
92.25	25.20%	16.47%	12.24%	10.85%	10.16%	9.74%	9.47%	9.28%
92.50	24.59%	16.17%	12.08%	10.74%	10.07%	9.68%	9.41%	9.23%
92.75	23.99%	15.87%	11.93%	10.64%	9.99%	9.61%	9.36%	9.18%
93.00	23.39%	15.58%	11.78%	10.53%	9.91%	9.54%	9.30%	9.13%
93.25	22.79%	15.28%	11.63%	10.43%	9.83%	9.48%	9.24%	9.07%
93.50	22.19%	14.99%	11.48%	10.32%	9.75%	9.41%	9.18%	9.02%
93.75	21.60%	14.70%	11.33%	10.22%	9.67%	9.34%	9.13%	8.97%
94.00	21.01%	14.41%	11.18%	10.12%	9.59%	9.28%	9.07%	8.92%
94.25	20.42%	14.12%	11.03%	10.02%	9.51%	9.21%	9.01%	8.87%
94.50	19.84%	13.83%	10.88%	9.91%	9.43%	9.15%	8.95%	8.82%
94.75	19.26%	13.54%	10.74%	9.81%	9.35%	9.08%	8.90%	8.77%
95.00	18.68%	13.25%	10.59%	9.71%	9.27%	9.01%	8.84%	8.72%
95.25	18.11%	12.97%	10.44%	9.61%	9.20%	8.95%	8.79%	8.67%
95.50	17.54%	12.68%	10.30%	9.51%	9.12%	8.88%	8.73%	8.62%
95.75	16.97%	12.40%	10.15%	9.41%	9.04%	8.82%	8.67%	8.57%
96.00	16.41%	12.12%	10.01%	9.31%	8.96%	8.75%	8.62%	8.52%
96.25	15.84%	11.84%	9.86%	9.21%	8.88%	8.69%	8.56%	8.47%
96.50	15.28%	11.56%	9.72%	9.11%	8.81%	8.63%	8.51%	8.42%
96.75	14.73%	11.28%	9.57%	9.01%	8.73%	8.56%	8.45%	8.37%
97.00	14.18%	11.00%	9.43%	8.91%	8.65%	8.50%	8.40%	8.32%
97.25	13.62%	10.72%	9.29%	8.81%	8.58%	8.44%	8.34%	8.28%
97.50	13.08%	10.45%	9.15%	8.71%	8.50%	8.37%	8.29%	8.23%
97.75	12.53%	10.17%	9.00%	8.62%	8.42%	8.31%	8.23%	8.18%
98.00	11.99%	9.90%	8.86%	8.52%	8.35%	8.25%	8.18%	8.13%
98.25	11.45%	9.63%	8.72%	8.42%	8.27%	8.18%	8.12%	8.08%
98.50	10.91%	9.36%	8.58%	8.33%	8.20%	8.12%	8.07%	8.03%
98.75	10.38%	9.09%	8.44%	8.23%	8.12%	8.06%	8.02%	7.99%
99.00	9.85%	8.82%	8.30%	8.13%	8.05%	8.00%	7.96%	7.94%
99.25	9.32%	8.55%	8.16%	8.04%	7.97%	7.93%	7.91%	7.89%
99.50	8.79%	8.28%	8.03%	7.94%	7.90%	7.87%	7.86%	7.84%
99.75	8.27%	8.02%	7.89%	7.85%	7.82%	7.81%	7.80%	7.80%
100.00	7.75%	7.75%	7.75%	7.75%	7.75%	7.75%	7.75%	7.75%
100.25	7.23%	7.49%	7.61%	7.66%	7.68%	7.69%	7.70%	7.70%
100.50	6.72%	7.22%	7.48%	7.56%	7.60%	7.63%	7.64%	7.66%
101.00	5.69%	6.70%	7.20%	7.37%	7.46%	7.51%	7.54%	7.56%
101.50	4.68%	6.18%	6.93%	7.19%	7.31%	7.39%	7.44%	7.47%
102.00	3.68%	5.66%	6.67%	7.00%	7.17%	7.27%	7.33%	7.38%
102.50	2.68%	5.15%	6.40%	6.81%	7.02%	7.15%	7.23%	7.29%
103.00	1.70%	4.65%	6.13%	6.63%	6.88%	7.03%	7.13%	7.20%
103.50	0.72%	4.14%	5.87%	6.45%	6.74%	6.91%	7.03%	7.11%
104.00	***	3.64%	5.61%	6.27%	6.60%	6.79%	6.92%	7.02%
104.50	***	3.14%	5.35%	6.09%	6.46%	6.68%	6.82%	6.93%
105.00	***	2.65%	5.09%	5.91%	6.32%	6.56%	6.72%	6.84%

84

EFFECTIVE YIELD RATE 7.75%

PRICE	YEARS UNTIL MATURITY							
	8	9	10	11	12	13	14	15
70.00	14.13%	13.64%	13.25%	12.94%	12.68%	12.47%	12.29%	12.14%
71.00	13.86%	13.39%	13.02%	12.72%	12.47%	12.27%	12.10%	11.95%
72.00	13.60%	13.15%	12.79%	12.50%	12.27%	12.07%	11.91%	11.77%
73.00	13.34%	12.91%	12.57%	12.29%	12.07%	11.88%	11.72%	11.59%
74.00	13.09%	12.67%	12.35%	12.08%	11.87%	11.69%	11.54%	11.41%
75.00	12.84%	12.45%	12.13%	11.88%	11.67%	11.50%	11.36%	11.24%
76.00	12.60%	12.22%	11.92%	11.68%	11.48%	11.32%	11.18%	11.06%
77.00	12.36%	12.00%	11.71%	11.49%	11.30%	11.14%	11.01%	10.90%
78.00	12.12%	11.78%	11.51%	11.29%	11.11%	10.96%	10.84%	10.73%
79.00	11.89%	11.57%	11.31%	11.10%	10.93%	10.79%	10.67%	10.57%
80.00	11.66%	11.36%	11.11%	10.92%	10.76%	10.62%	10.51%	10.41%
81.00	11.44%	11.15%	10.92%	10.73%	10.58%	10.46%	10.35%	10.26%
82.00	11.22%	10.94%	10.73%	10.55%	10.41%	10.29%	10.19%	10.11%
82.50	11.11%	10.84%	10.63%	10.47%	10.33%	10.21%	10.11%	10.03%
83.00	11.00%	10.74%	10.54%	10.38%	10.24%	10.13%	10.04%	9.96%
83.50	10.89%	10.64%	10.45%	10.29%	10.16%	10.05%	9.96%	9.88%
84.00	10.79%	10.55%	10.36%	10.20%	10.08%	9.97%	9.88%	9.81%
84.50	10.68%	10.45%	10.27%	10.12%	10.00%	9.89%	9.81%	9.74%
85.00	10.58%	10.35%	10.18%	10.03%	9.92%	9.82%	9.73%	9.66%
85.50	10.47%	10.26%	10.09%	9.95%	9.83%	9.74%	9.66%	9.59%
86.00	10.37%	10.16%	10.00%	9.86%	9.76%	9.66%	9.59%	9.52%
86.50	10.26%	10.07%	9.91%	9.78%	9.68%	9.59%	9.51%	9.45%
87.00	10.16%	9.97%	9.82%	9.70%	9.60%	9.51%	9.44%	9.38%
87.50	10.06%	9.88%	9.73%	9.62%	9.52%	9.44%	9.37%	9.31%
88.00	9.96%	9.79%	9.65%	9.53%	9.44%	9.37%	9.30%	9.24%
88.50	9.86%	9.69%	9.56%	9.45%	9.37%	9.29%	9.23%	9.18%
89.00	9.76%	9.60%	9.48%	9.37%	9.29%	9.22%	9.16%	9.11%
89.50	9.66%	9.51%	9.39%	9.29%	9.21%	9.15%	9.09%	9.04%
90.00	9.57%	9.42%	9.31%	9.22%	9.14%	9.08%	9.02%	8.98%
90.50	9.47%	9.33%	9.22%	9.14%	9.07%	9.00%	8.95%	8.91%
91.00	9.37%	9.24%	9.14%	9.06%	8.99%	8.93%	8.89%	8.84%
91.50	9.28%	9.16%	9.06%	8.98%	8.92%	8.86%	8.82%	8.78%
92.00	9.18%	9.07%	8.98%	8.91%	8.85%	8.79%	8.75%	8.72%
92.50	9.09%	8.98%	8.90%	8.83%	8.77%	8.73%	8.69%	8.65%
93.00	9.00%	8.90%	8.82%	8.75%	8.70%	8.66%	8.62%	8.59%
93.50	8.90%	8.81%	8.74%	8.68%	8.63%	8.59%	8.56%	8.53%
94.00	8.81%	8.73%	8.66%	8.60%	8.56%	8.52%	8.49%	8.46%
94.50	8.72%	8.64%	8.58%	8.53%	8.49%	8.46%	8.43%	8.40%
95.00	8.63%	8.56%	8.50%	8.46%	8.42%	8.39%	8.36%	8.34%
95.50	8.54%	8.47%	8.42%	8.38%	8.35%	8.32%	8.30%	8.28%
96.00	8.45%	8.39%	8.35%	8.31%	8.28%	8.26%	8.24%	8.22%
96.50	8.36%	8.31%	8.27%	8.24%	8.21%	8.19%	8.17%	8.16%
97.00	8.27%	8.23%	8.20%	8.17%	8.15%	8.13%	8.11%	8.10%
97.50	8.18%	8.15%	8.12%	8.10%	8.08%	8.06%	8.05%	8.04%
98.00	8.09%	8.07%	8.04%	8.03%	8.01%	8.00%	7.99%	7.98%
98.50	8.01%	7.99%	7.97%	7.96%	7.95%	7.94%	7.93%	7.92%
99.00	7.92%	7.91%	7.90%	7.89%	7.88%	7.87%	7.87%	7.86%
99.50	7.84%	7.83%	7.82%	7.82%	7.81%	7.81%	7.81%	7.81%
100.00	7.75%	7.75%	7.75%	7.75%	7.75%	7.75%	7.75%	7.75%
100.50	7.67%	7.67%	7.68%	7.68%	7.69%	7.69%	7.69%	7.69%
101.00	7.58%	7.59%	7.61%	7.61%	7.62%	7.63%	7.63%	7.64%
102.00	7.41%	7.44%	7.46%	7.48%	7.49%	7.51%	7.52%	7.53%
103.00	7.25%	7.29%	7.32%	7.35%	7.37%	7.39%	7.40%	7.42%
104.00	7.09%	7.14%	7.18%	7.22%	7.25%	7.27%	7.29%	7.31%
105.00	6.93%	6.99%	7.04%	7.09%	7.12%	7.15%	7.18%	7.20%
106.00	6.77%	6.85%	6.91%	6.96%	7.00%	7.04%	7.07%	7.09%
107.00	6.61%	6.70%	6.77%	6.83%	6.88%	6.92%	6.96%	6.99%
108.00	6.45%	6.56%	6.64%	6.71%	6.77%	6.81%	6.85%	6.89%
109.00	6.30%	6.42%	6.51%	6.59%	6.65%	6.70%	6.75%	6.78%
110.00	6.15%	6.28%	6.38%	6.47%	6.53%	6.59%	6.64%	6.68%

7.75%   EFFECTIVE YIELD RATE

PRICE	YEARS UNTIL MATURITY							
	16	17	18	19	20	21	22	23
70.00	12.01%	11.90%	11.81%	11.72%	11.65%	11.59%	11.53%	11.48%
71.00	11.83%	11.72%	11.63%	11.55%	11.48%	11.42%	11.36%	11.31%
72.00	11.65%	11.55%	11.46%	11.38%	11.31%	11.25%	11.20%	11.15%
73.00	11.47%	11.37%	11.29%	11.21%	11.15%	11.09%	11.04%	11.00%
74.00	11.30%	11.20%	11.12%	11.05%	10.99%	10.93%	10.88%	10.84%
75.00	11.13%	11.04%	10.96%	10.89%	10.83%	10.78%	10.73%	10.69%
76.00	10.96%	10.88%	10.80%	10.74%	10.68%	10.63%	10.58%	10.54%
77.00	10.80%	10.72%	10.65%	10.58%	10.53%	10.48%	10.44%	10.40%
78.00	10.64%	10.56%	10.49%	10.43%	10.38%	10.34%	10.29%	10.26%
79.00	10.48%	10.41%	10.34%	10.29%	10.24%	10.19%	10.15%	10.12%
80.00	10.33%	10.26%	10.20%	10.14%	10.10%	10.05%	10.02%	9.98%
81.00	10.18%	10.11%	10.05%	10.00%	9.96%	9.92%	9.88%	9.85%
82.00	10.03%	9.97%	9.91%	9.87%	9.82%	9.79%	9.75%	9.72%
82.50	9.96%	9.90%	9.84%	9.80%	9.76%	9.72%	9.69%	9.66%
83.00	9.89%	9.83%	9.78%	9.73%	9.69%	9.65%	9.62%	9.59%
83.50	9.82%	9.76%	9.71%	9.66%	9.62%	9.59%	9.56%	9.53%
84.00	9.74%	9.69%	9.64%	9.60%	9.56%	9.53%	9.50%	9.47%
84.50	9.67%	9.62%	9.57%	9.53%	9.49%	9.46%	9.43%	9.41%
85.00	9.60%	9.55%	9.51%	9.47%	9.43%	9.40%	9.37%	9.35%
85.50	9.53%	9.48%	9.44%	9.40%	9.37%	9.34%	9.31%	9.29%
86.00	9.47%	9.42%	9.37%	9.34%	9.30%	9.28%	9.25%	9.23%
86.50	9.40%	9.35%	9.31%	9.27%	9.24%	9.21%	9.19%	9.17%
87.00	9.33%	9.29%	9.25%	9.21%	9.18%	9.15%	9.13%	9.11%
87.50	9.26%	9.22%	9.18%	9.15%	9.12%	9.09%	9.07%	9.05%
88.00	9.20%	9.16%	9.12%	9.09%	9.06%	9.04%	9.01%	8.99%
88.50	9.13%	9.09%	9.06%	9.03%	9.00%	8.98%	8.96%	8.94%
89.00	9.07%	9.03%	8.99%	8.97%	8.94%	8.92%	8.90%	8.88%
89.50	9.00%	8.96%	8.93%	8.91%	8.88%	8.86%	8.84%	8.82%
90.00	8.94%	8.90%	8.87%	8.85%	8.82%	8.80%	8.78%	8.77%
90.50	8.87%	8.84%	8.81%	8.79%	8.77%	8.75%	8.73%	8.71%
91.00	8.81%	8.78%	8.75%	8.73%	8.71%	8.69%	8.67%	8.66%
91.50	8.75%	8.72%	8.69%	8.67%	8.65%	8.63%	8.62%	8.60%
92.00	8.68%	8.66%	8.63%	8.61%	8.59%	8.58%	8.56%	8.55%
92.50	8.62%	8.60%	8.58%	8.56%	8.54%	8.52%	8.51%	8.50%
93.00	8.56%	8.54%	8.52%	8.50%	8.48%	8.47%	8.46%	8.44%
93.50	8.50%	8.48%	8.46%	8.44%	8.43%	8.41%	8.40%	8.39%
94.00	8.44%	8.42%	8.40%	8.39%	8.37%	8.36%	8.35%	8.34%
94.50	8.38%	8.36%	8.35%	8.33%	8.32%	8.31%	8.30%	8.29%
95.00	8.32%	8.30%	8.29%	8.28%	8.27%	8.26%	8.25%	8.24%
95.50	8.26%	8.25%	8.23%	8.22%	8.21%	8.20%	8.19%	8.19%
96.00	8.20%	8.19%	8.18%	8.17%	8.16%	8.15%	8.14%	8.14%
96.50	8.15%	8.13%	8.12%	8.11%	8.11%	8.10%	8.09%	8.09%
97.00	8.09%	8.08%	8.07%	8.06%	8.05%	8.05%	8.04%	8.04%
97.50	8.03%	8.02%	8.01%	8.01%	8.00%	8.00%	7.99%	7.99%
98.00	7.97%	7.97%	7.96%	7.96%	7.95%	7.95%	7.94%	7.94%
98.50	7.92%	7.91%	7.91%	7.90%	7.90%	7.90%	7.89%	7.89%
99.00	7.86%	7.86%	7.85%	7.85%	7.85%	7.85%	7.85%	7.84%
99.50	7.81%	7.80%	7.80%	7.80%	7.80%	7.80%	7.80%	7.80%
100.00	7.75%	7.75%	7.75%	7.75%	7.75%	7.75%	7.75%	7.75%
100.50	7.70%	7.70%	7.70%	7.70%	7.70%	7.70%	7.70%	7.70%
101.00	7.64%	7.64%	7.65%	7.65%	7.65%	7.65%	7.66%	7.66%
102.00	7.53%	7.54%	7.55%	7.55%	7.55%	7.56%	7.56%	7.57%
103.00	7.43%	7.44%	7.44%	7.45%	7.46%	7.46%	7.47%	7.47%
104.00	7.32%	7.33%	7.35%	7.36%	7.36%	7.37%	7.38%	7.39%
105.00	7.22%	7.23%	7.25%	7.26%	7.27%	7.28%	7.29%	7.30%
106.00	7.12%	7.14%	7.15%	7.17%	7.18%	7.19%	7.20%	7.21%
107.00	7.02%	7.04%	7.06%	7.07%	7.09%	7.10%	7.12%	7.13%
108.00	6.92%	6.94%	6.96%	6.98%	7.00%	7.02%	7.03%	7.04%
109.00	6.82%	6.85%	6.87%	6.89%	6.91%	6.93%	6.95%	6.96%
110.00	6.72%	6.75%	6.78%	6.80%	6.83%	6.85%	6.86%	6.88%

EFFECTIVE YIELD RATE 7.75%

PRICE	YEARS UNTIL MATURITY							
	24	25	26	27	28	29	30	40
70.00	11.44%	11.40%	11.36%	11.33%	11.31%	11.28%	11.26%	11.13%
71.00	11.27%	11.23%	11.20%	11.17%	11.14%	11.12%	11.10%	10.98%
72.00	11.11%	11.08%	11.04%	11.01%	10.99%	10.97%	10.95%	10.83%
73.00	10.96%	10.92%	10.89%	10.86%	10.84%	10.81%	10.79%	10.68%
74.00	10.80%	10.77%	10.74%	10.71%	10.69%	10.67%	10.65%	10.53%
75.00	10.65%	10.62%	10.59%	10.57%	10.54%	10.52%	10.50%	10.39%
76.00	10.51%	10.48%	10.45%	10.42%	10.40%	10.38%	10.36%	10.26%
77.00	10.37%	10.34%	10.31%	10.28%	10.26%	10.24%	10.23%	10.12%
78.00	10.23%	10.20%	10.17%	10.15%	10.13%	10.11%	10.09%	9.99%
79.00	10.09%	10.06%	10.04%	10.02%	10.00%	9.98%	9.96%	9.87%
80.00	9.96%	9.93%	9.91%	9.88%	9.87%	9.85%	9.83%	9.74%
81.00	9.82%	9.80%	9.78%	9.76%	9.74%	9.72%	9.71%	9.62%
82.00	9.70%	9.67%	9.65%	9.63%	9.62%	9.60%	9.59%	9.50%
82.50	9.63%	9.61%	9.59%	9.57%	9.55%	9.54%	9.53%	9.45%
83.00	9.57%	9.55%	9.53%	9.51%	9.49%	9.48%	9.47%	9.39%
83.50	9.51%	9.49%	9.47%	9.45%	9.43%	9.42%	9.41%	9.33%
84.00	9.45%	9.43%	9.41%	9.39%	9.37%	9.36%	9.35%	9.27%
84.50	9.39%	9.37%	9.35%	9.33%	9.32%	9.30%	9.29%	9.22%
85.00	9.33%	9.31%	9.29%	9.27%	9.26%	9.25%	9.23%	9.16%
85.50	9.27%	9.25%	9.23%	9.21%	9.20%	9.19%	9.18%	9.11%
86.00	9.21%	9.19%	9.17%	9.16%	9.14%	9.13%	9.12%	9.06%
86.50	9.15%	9.13%	9.12%	9.10%	9.09%	9.08%	9.07%	9.00%
87.00	9.09%	9.07%	9.06%	9.04%	9.03%	9.02%	9.01%	8.95%
87.50	9.03%	9.02%	9.00%	8.99%	8.98%	8.97%	8.96%	8.90%
88.00	8.98%	8.96%	8.95%	8.93%	8.92%	8.91%	8.90%	8.85%
88.50	8.92%	8.90%	8.89%	8.88%	8.87%	8.86%	8.85%	8.79%
89.00	8.86%	8.85%	8.84%	8.83%	8.81%	8.81%	8.80%	8.74%
89.50	8.81%	8.79%	8.78%	8.77%	8.76%	8.75%	8.74%	8.69%
90.00	8.75%	8.74%	8.73%	8.72%	8.71%	8.70%	8.69%	8.64%
90.50	8.70%	8.69%	8.68%	8.67%	8.66%	8.65%	8.64%	8.60%
91.00	8.65%	8.63%	8.62%	8.61%	8.61%	8.60%	8.59%	8.55%
91.50	8.59%	8.58%	8.57%	8.56%	8.55%	8.55%	8.54%	8.50%
92.00	8.54%	8.53%	8.52%	8.51%	8.50%	8.50%	8.49%	8.45%
92.50	8.49%	8.48%	8.47%	8.46%	8.45%	8.45%	8.44%	8.40%
93.00	8.43%	8.43%	8.42%	8.41%	8.40%	8.40%	8.39%	8.36%
93.50	8.38%	8.37%	8.37%	8.36%	8.35%	8.35%	8.34%	8.31%
94.00	8.33%	8.32%	8.32%	8.31%	8.31%	8.30%	8.30%	8.27%
94.50	8.28%	8.27%	8.27%	8.26%	8.26%	8.25%	8.25%	8.22%
95.00	8.23%	8.22%	8.22%	8.21%	8.21%	8.20%	8.20%	8.18%
95.50	8.18%	8.18%	8.17%	8.17%	8.16%	8.16%	8.15%	8.13%
96.00	8.13%	8.13%	8.12%	8.12%	8.11%	8.11%	8.11%	8.09%
96.50	8.08%	8.08%	8.07%	8.07%	8.07%	8.06%	8.06%	8.04%
97.00	8.03%	8.03%	8.03%	8.02%	8.02%	8.02%	8.02%	8.00%
97.50	7.99%	7.98%	7.98%	7.98%	7.97%	7.97%	7.97%	7.96%
98.00	7.94%	7.94%	7.93%	7.93%	7.93%	7.93%	7.93%	7.92%
98.50	7.89%	7.89%	7.89%	7.89%	7.88%	7.88%	7.88%	7.87%
99.00	7.84%	7.84%	7.84%	7.84%	7.84%	7.84%	7.84%	7.83%
99.50	7.80%	7.80%	7.80%	7.79%	7.79%	7.79%	7.79%	7.79%
100.00	7.75%	7.75%	7.75%	7.75%	7.75%	7.75%	7.75%	7.75%
100.50	7.70%	7.70%	7.71%	7.71%	7.71%	7.71%	7.71%	7.71%
101.00	7.66%	7.66%	7.66%	7.66%	7.66%	7.66%	7.66%	7.67%
102.00	7.57%	7.57%	7.57%	7.57%	7.58%	7.58%	7.58%	7.59%
103.00	7.48%	7.48%	7.49%	7.49%	7.49%	7.49%	7.50%	7.51%
104.00	7.39%	7.40%	7.40%	7.41%	7.41%	7.41%	7.42%	7.44%
105.00	7.31%	7.31%	7.32%	7.32%	7.33%	7.33%	7.34%	7.36%
106.00	7.22%	7.23%	7.23%	7.24%	7.25%	7.25%	7.26%	7.29%
107.00	7.14%	7.15%	7.15%	7.16%	7.17%	7.17%	7.18%	7.21%
108.00	7.05%	7.06%	7.07%	7.08%	7.09%	7.10%	7.10%	7.14%
109.00	6.97%	6.98%	6.99%	7.00%	7.01%	7.02%	7.03%	7.07%
110.00	6.89%	6.90%	6.92%	6.93%	6.94%	6.94%	6.95%	7.00%

8% EFFECTIVE YIELD RATE

PRICE	YEARS UNTIL MATURITY						
	1/2	1	2	3	4	5	6	7
85.00	44.71%	25.98%	17.18%	14.33%	12.92%	12.08%	11.53%	11.14%
85.50	43.27%	25.31%	16.84%	14.09%	12.74%	11.93%	11.40%	11.03%
86.00	41.86%	24.64%	16.50%	13.86%	12.56%	11.78%	11.27%	10.91%
86.50	40.46%	23.97%	16.17%	13.63%	12.38%	11.64%	11.15%	10.80%
87.00	39.08%	23.31%	15.84%	13.40%	12.20%	11.49%	11.02%	10.68%
87.50	37.71%	22.66%	15.51%	13.18%	12.03%	11.34%	10.89%	10.57%
88.00	36.36%	22.02%	15.18%	12.95%	11.85%	11.20%	10.77%	10.46%
88.50	35.03%	21.37%	14.86%	12.73%	11.68%	11.06%	10.64%	10.35%
89.00	33.71%	20.74%	14.53%	12.51%	11.51%	10.91%	10.52%	10.24%
89.50	32.40%	20.11%	14.21%	12.29%	11.34%	10.77%	10.40%	10.13%
90.00	31.11%	19.48%	13.90%	12.07%	11.17%	10.63%	10.27%	10.02%
90.50	29.83%	18.86%	13.58%	11.86%	11.00%	10.49%	10.15%	9.91%
91.00	28.57%	18.25%	13.27%	11.64%	10.83%	10.35%	10.03%	9.81%
91.25	27.95%	17.94%	13.11%	11.53%	10.75%	10.28%	9.97%	9.75%
91.50	27.32%	17.64%	12.96%	11.43%	10.67%	10.21%	9.91%	9.70%
91.75	26.70%	17.34%	12.81%	11.32%	10.58%	10.14%	9.85%	9.65%
92.00	26.09%	17.04%	12.65%	11.21%	10.50%	10.08%	9.79%	9.60%
92.25	25.47%	16.74%	12.50%	11.11%	10.42%	10.01%	9.74%	9.54%
92.50	24.86%	16.44%	12.35%	11.00%	10.34%	9.94%	9.68%	9.49%
92.75	24.26%	16.14%	12.19%	10.90%	10.26%	9.87%	9.62%	9.44%
93.00	23.66%	15.84%	12.04%	10.79%	10.17%	9.80%	9.56%	9.39%
93.25	23.06%	15.55%	11.89%	10.69%	10.09%	9.74%	9.50%	9.33%
93.50	22.46%	15.25%	11.74%	10.59%	10.01%	9.67%	9.44%	9.28%
93.75	21.87%	14.96%	11.59%	10.48%	9.93%	9.60%	9.39%	9.23%
94.00	21.28%	14.67%	11.44%	10.38%	9.85%	9.54%	9.33%	9.18%
94.25	20.69%	14.38%	11.29%	10.28%	9.77%	9.47%	9.27%	9.13%
94.50	20.11%	14.09%	11.14%	10.17%	9.69%	9.40%	9.21%	9.08%
94.75	19.53%	13.80%	11.00%	10.07%	9.61%	9.34%	9.16%	9.03%
95.00	18.95%	13.51%	10.85%	9.97%	9.53%	9.27%	9.10%	8.98%
95.25	18.37%	13.23%	10.70%	9.87%	9.45%	9.21%	9.04%	8.93%
95.50	17.80%	12.94%	10.55%	9.77%	9.37%	9.14%	8.99%	8.88%
95.75	17.23%	12.66%	10.41%	9.67%	9.30%	9.08%	8.93%	8.83%
96.00	16.67%	12.37%	10.26%	9.57%	9.22%	9.01%	8.87%	8.78%
96.25	16.10%	12.09%	10.12%	9.47%	9.14%	8.95%	8.82%	8.73%
96.50	15.54%	11.81%	9.97%	9.37%	9.06%	8.88%	8.76%	8.68%
96.75	14.99%	11.53%	9.83%	9.27%	8.99%	8.82%	8.71%	8.63%
97.00	14.43%	11.26%	9.69%	9.17%	8.91%	8.75%	8.65%	8.58%
97.25	13.88%	10.98%	9.54%	9.07%	8.83%	8.69%	8.60%	8.53%
97.50	13.33%	10.70%	9.40%	8.97%	8.75%	8.63%	8.54%	8.48%
97.75	12.79%	10.43%	9.26%	8.87%	8.68%	8.56%	8.49%	8.43%
98.00	12.24%	10.15%	9.12%	8.77%	8.60%	8.50%	8.43%	8.38%
98.25	11.70%	9.88%	8.98%	8.68%	8.53%	8.44%	8.38%	8.34%
98.50	11.17%	9.61%	8.83%	8.58%	8.45%	8.37%	8.32%	8.29%
98.75	10.63%	9.34%	8.69%	8.48%	8.37%	8.31%	8.27%	8.24%
99.00	10.10%	9.07%	8.55%	8.38%	8.30%	8.25%	8.21%	8.19%
99.25	9.57%	8.80%	8.42%	8.29%	8.22%	8.19%	8.16%	8.14%
99.50	9.05%	8.53%	8.28%	8.19%	8.15%	8.12%	8.11%	8.09%
99.75	8.52%	8.27%	8.14%	8.10%	8.07%	8.06%	8.05%	8.05%
100.00	8.00%	8.00%	8.00%	8.00%	8.00%	8.00%	8.00%	8.00%
100.25	7.48%	7.74%	7.86%	7.90%	7.93%	7.94%	7.95%	7.95%
100.50	6.97%	7.47%	7.73%	7.81%	7.85%	7.88%	7.89%	7.91%
101.00	5.94%	6.95%	7.45%	7.62%	7.70%	7.75%	7.79%	7.81%
101.50	4.93%	6.43%	7.18%	7.43%	7.56%	7.63%	7.68%	7.72%
102.00	3.92%	5.91%	6.91%	7.25%	7.41%	7.51%	7.58%	7.63%
102.50	2.93%	5.40%	6.64%	7.06%	7.27%	7.39%	7.48%	7.53%
103.00	1.94%	4.89%	6.38%	6.88%	7.12%	7.27%	7.37%	7.44%
103.50	0.97%	4.38%	6.11%	6.69%	6.98%	7.16%	7.27%	7.35%
104.00	***	3.88%	5.85%	6.51%	6.84%	7.04%	7.17%	7.26%
104.50	***	3.39%	5.59%	6.33%	6.70%	6.92%	7.07%	7.17%
105.00	***	2.89%	5.33%	6.15%	6.56%	6.80%	6.97%	7.08%

EFFECTIVE YIELD RATE 8%

PRICE	YEARS UNTIL MATURITY							
	8	9	10	11	12	13	14	15
70.00	14.45%	13.96%	13.57%	13.26%	13.00%	12.79%	12.62%	12.47%
71.00	14.18%	13.70%	13.33%	13.04%	12.79%	12.59%	12.42%	12.28%
72.00	13.91%	13.46%	13.10%	12.82%	12.58%	12.39%	12.23%	12.09%
73.00	13.65%	13.22%	12.88%	12.60%	12.38%	12.19%	12.04%	11.90%
74.00	13.39%	12.98%	12.65%	12.39%	12.18%	12.00%	11.85%	11.72%
75.00	13.14%	12.75%	12.44%	12.19%	11.98%	11.81%	11.67%	11.54%
76.00	12.90%	12.52%	12.22%	11.98%	11.79%	11.62%	11.49%	11.37%
77.00	12.65%	12.30%	12.01%	11.78%	11.60%	11.44%	11.31%	11.20%
78.00	12.42%	12.08%	11.81%	11.59%	11.41%	11.26%	11.14%	11.03%
79.00	12.18%	11.86%	11.60%	11.40%	11.23%	11.09%	10.97%	10.87%
80.00	11.95%	11.65%	11.40%	11.21%	11.05%	10.92%	10.80%	10.71%
81.00	11.72%	11.44%	11.21%	11.02%	10.87%	10.75%	10.64%	10.55%
82.00	11.50%	11.23%	11.01%	10.84%	10.70%	10.58%	10.48%	10.39%
82.50	11.39%	11.13%	10.92%	10.75%	10.61%	10.50%	10.40%	10.32%
83.00	11.28%	11.03%	10.82%	10.66%	10.53%	10.42%	10.32%	10.24%
83.50	11.17%	10.93%	10.73%	10.57%	10.44%	10.34%	10.24%	10.17%
84.00	11.07%	10.83%	10.64%	10.49%	10.36%	10.26%	10.17%	10.09%
84.50	10.96%	10.73%	10.55%	10.40%	10.28%	10.18%	10.09%	10.02%
85.00	10.85%	10.63%	10.45%	10.31%	10.19%	10.10%	10.02%	9.95%
85.50	10.75%	10.53%	10.36%	10.23%	10.11%	10.02%	9.94%	9.87%
86.00	10.64%	10.44%	10.27%	10.14%	10.03%	9.94%	9.87%	9.80%
86.50	10.54%	10.34%	10.18%	10.06%	9.95%	9.87%	9.79%	9.73%
87.00	10.44%	10.25%	10.09%	9.97%	9.87%	9.79%	9.72%	9.66%
87.50	10.33%	10.15%	10.01%	9.89%	9.79%	9.71%	9.65%	9.59%
88.00	10.23%	10.06%	9.92%	9.81%	9.72%	9.64%	9.57%	9.52%
88.50	10.13%	9.96%	9.83%	9.73%	9.64%	9.56%	9.50%	9.45%
89.00	10.03%	9.87%	9.75%	9.64%	9.56%	9.49%	9.43%	9.38%
89.50	9.93%	9.78%	9.66%	9.56%	9.48%	9.42%	9.36%	9.31%
90.00	9.83%	9.69%	9.58%	9.48%	9.41%	9.34%	9.29%	9.25%
90.50	9.74%	9.60%	9.49%	9.40%	9.33%	9.27%	9.22%	9.18%
91.00	9.64%	9.51%	9.41%	9.33%	9.26%	9.20%	9.15%	9.11%
91.50	9.54%	9.42%	9.33%	9.25%	9.18%	9.13%	9.08%	9.05%
92.00	9.45%	9.33%	9.24%	9.17%	9.11%	9.06%	9.02%	8.98%
92.50	9.35%	9.25%	9.16%	9.09%	9.04%	8.99%	8.95%	8.92%
93.00	9.26%	9.16%	9.08%	9.02%	8.96%	8.92%	8.88%	8.85%
93.50	9.16%	9.07%	9.00%	8.94%	8.89%	8.85%	8.82%	8.79%
94.00	9.07%	8.99%	8.92%	8.87%	8.82%	8.78%	8.75%	8.72%
94.50	8.98%	8.90%	8.84%	8.79%	8.75%	8.72%	8.69%	8.66%
95.00	8.89%	8.82%	8.76%	8.72%	8.68%	8.65%	8.62%	8.60%
95.50	8.80%	8.73%	8.68%	8.64%	8.61%	8.58%	8.56%	8.54%
96.00	8.70%	8.65%	8.60%	8.57%	8.54%	8.51%	8.49%	8.48%
96.50	8.61%	8.57%	8.53%	8.50%	8.47%	8.45%	8.43%	8.42%
97.00	8.52%	8.48%	8.45%	8.42%	8.40%	8.38%	8.37%	8.35%
97.50	8.44%	8.40%	8.37%	8.35%	8.33%	8.32%	8.31%	8.29%
98.00	8.35%	8.32%	8.30%	8.28%	8.27%	8.25%	8.24%	8.23%
98.50	8.26%	8.24%	8.22%	8.21%	8.20%	8.19%	8.18%	8.18%
99.00	8.17%	8.16%	8.15%	8.14%	8.13%	8.13%	8.12%	8.12%
99.50	8.09%	8.08%	8.07%	8.07%	8.07%	8.06%	8.06%	8.06%
100.00	8.00%	8.00%	8.00%	8.00%	8.00%	8.00%	8.00%	8.00%
100.50	7.91%	7.92%	7.93%	7.93%	7.93%	7.94%	7.94%	7.94%
101.00	7.83%	7.84%	7.85%	7.86%	7.87%	7.88%	7.88%	7.89%
102.00	7.66%	7.69%	7.71%	7.73%	7.74%	7.75%	7.76%	7.77%
103.00	7.49%	7.53%	7.57%	7.59%	7.61%	7.63%	7.65%	7.66%
104.00	7.33%	7.38%	7.43%	7.46%	7.49%	7.51%	7.53%	7.55%
105.00	7.17%	7.23%	7.29%	7.33%	7.37%	7.39%	7.42%	7.44%
106.00	7.01%	7.09%	7.15%	7.20%	7.24%	7.28%	7.31%	7.33%
107.00	6.85%	6.94%	7.01%	7.07%	7.12%	7.16%	7.20%	7.23%
108.00	6.69%	6.80%	6.88%	6.95%	7.00%	7.05%	7.09%	7.12%
109.00	6.54%	6.65%	6.75%	6.82%	6.89%	6.94%	6.98%	7.02%
110.00	6.38%	6.51%	6.62%	6.70%	6.77%	6.83%	6.88%	6.92%

8% EFFECTIVE YIELD RATE

PRICE	YEARS UNTIL MATURITY 16	17	18	19	20	21	22	23
70.00	12.34%	12.23%	12.14%	12.06%	11.98%	11.92%	11.87%	11.82%
71.00	12.15%	12.05%	11.96%	11.88%	11.81%	11.75%	11.69%	11.65%
72.00	11.97%	11.87%	11.78%	11.70%	11.64%	11.58%	11.53%	11.48%
73.00	11.79%	11.69%	11.61%	11.53%	11.47%	11.41%	11.36%	11.32%
74.00	11.61%	11.52%	11.44%	11.37%	11.31%	11.25%	11.20%	11.16%
75.00	11.44%	11.35%	11.27%	11.21%	11.15%	11.09%	11.05%	11.01%
76.00	11.27%	11.19%	11.11%	11.05%	10.99%	10.94%	10.90%	10.86%
77.00	11.11%	11.02%	10.95%	10.89%	10.84%	10.79%	10.75%	10.71%
78.00	10.94%	10.86%	10.80%	10.74%	10.69%	10.64%	10.60%	10.56%
79.00	10.78%	10.71%	10.64%	10.59%	10.54%	10.50%	10.46%	10.42%
80.00	10.63%	10.56%	10.49%	10.44%	10.39%	10.35%	10.32%	10.28%
81.00	10.47%	10.41%	10.35%	10.30%	10.25%	10.21%	10.18%	10.15%
82.00	10.32%	10.26%	10.20%	10.16%	10.11%	10.08%	10.04%	10.02%
82.50	10.25%	10.19%	10.13%	10.09%	10.05%	10.01%	9.98%	9.95%
83.00	10.17%	10.11%	10.06%	10.02%	9.98%	9.94%	9.91%	9.89%
83.50	10.10%	10.04%	9.99%	9.95%	9.91%	9.88%	9.85%	9.82%
84.00	10.03%	9.97%	9.92%	9.88%	9.85%	9.81%	9.78%	9.76%
84.50	9.96%	9.90%	9.86%	9.82%	9.78%	9.75%	9.72%	9.69%
85.00	9.89%	9.83%	9.79%	9.75%	9.71%	9.68%	9.66%	9.63%
85.50	9.81%	9.76%	9.72%	9.68%	9.65%	9.62%	9.59%	9.57%
86.00	9.75%	9.70%	9.65%	9.62%	9.59%	9.56%	9.53%	9.51%
86.50	9.68%	9.63%	9.59%	9.55%	9.52%	9.49%	9.47%	9.45%
87.00	9.61%	9.56%	9.52%	9.49%	9.46%	9.43%	9.41%	9.39%
87.50	9.54%	9.50%	9.46%	9.43%	9.40%	9.37%	9.35%	9.33%
88.00	9.47%	9.43%	9.39%	9.36%	9.34%	9.31%	9.29%	9.27%
88.50	9.40%	9.36%	9.33%	9.30%	9.27%	9.25%	9.23%	9.21%
89.00	9.34%	9.30%	9.27%	9.24%	9.21%	9.19%	9.17%	9.15%
89.50	9.27%	9.24%	9.21%	9.18%	9.15%	9.13%	9.11%	9.10%
90.00	9.21%	9.17%	9.14%	9.12%	9.09%	9.07%	9.06%	9.04%
90.50	9.14%	9.11%	9.08%	9.06%	9.04%	9.02%	9.00%	8.98%
91.00	9.08%	9.05%	9.02%	9.00%	8.98%	8.96%	8.94%	8.93%
91.50	9.01%	8.98%	8.96%	8.94%	8.92%	8.90%	8.89%	8.87%
92.00	8.95%	8.92%	8.90%	8.88%	8.86%	8.84%	8.83%	8.82%
92.50	8.89%	8.86%	8.84%	8.82%	8.80%	8.79%	8.78%	8.76%
93.00	8.82%	8.80%	8.78%	8.76%	8.75%	8.73%	8.72%	8.71%
93.50	8.76%	8.74%	8.72%	8.71%	8.69%	8.68%	8.67%	8.66%
94.00	8.70%	8.68%	8.66%	8.65%	8.64%	8.62%	8.61%	8.60%
94.50	8.64%	8.62%	8.61%	8.59%	8.58%	8.57%	8.56%	8.55%
95.00	8.58%	8.56%	8.55%	8.54%	8.53%	8.52%	8.51%	8.50%
95.50	8.52%	8.51%	8.49%	8.48%	8.47%	8.46%	8.45%	8.45%
96.00	8.46%	8.45%	8.44%	8.43%	8.42%	8.41%	8.40%	8.40%
96.50	8.40%	8.39%	8.38%	8.37%	8.36%	8.36%	8.35%	8.34%
97.00	8.34%	8.33%	8.32%	8.32%	8.31%	8.30%	8.30%	8.29%
97.50	8.28%	8.28%	8.27%	8.26%	8.26%	8.25%	8.25%	8.24%
98.00	8.23%	8.22%	8.21%	8.21%	8.21%	8.20%	8.20%	8.19%
98.50	8.17%	8.16%	8.16%	8.16%	8.15%	8.15%	8.15%	8.15%
99.00	8.11%	8.11%	8.11%	8.10%	8.10%	8.10%	8.10%	8.10%
99.50	8.06%	8.05%	8.05%	8.05%	8.05%	8.05%	8.05%	8.05%
100.00	8.00%	8.00%	8.00%	8.00%	8.00%	8.00%	8.00%	8.00%
100.50	7.94%	7.95%	7.95%	7.95%	7.95%	7.95%	7.95%	7.95%
101.00	7.89%	7.89%	7.89%	7.90%	7.90%	7.90%	7.90%	7.90%
102.00	7.78%	7.79%	7.79%	7.80%	7.80%	7.80%	7.81%	7.81%
103.00	7.67%	7.68%	7.69%	7.70%	7.70%	7.71%	7.71%	7.72%
104.00	7.56%	7.58%	7.59%	7.60%	7.61%	7.62%	7.62%	7.63%
105.00	7.46%	7.48%	7.49%	7.50%	7.51%	7.52%	7.53%	7.54%
106.00	7.36%	7.38%	7.39%	7.41%	7.42%	7.43%	7.44%	7.45%
107.00	7.25%	7.28%	7.30%	7.31%	7.33%	7.34%	7.35%	7.36%
108.00	7.15%	7.18%	7.20%	7.22%	7.24%	7.25%	7.27%	7.28%
109.00	7.05%	7.08%	7.11%	7.13%	7.15%	7.16%	7.18%	7.19%
110.00	6.95%	6.99%	7.01%	7.04%	7.06%	7.08%	7.10%	7.11%

EFFECTIVE YIELD RATE 8%

PRICE	YEARS UNTIL MATURITY							
	24	25	26	27	28	29	30	40
70.00	11.77%	11.74%	11.70%	11.67%	11.65%	11.62%	11.60%	11.49%
71.00	11.61%	11.57%	11.54%	11.51%	11.48%	11.46%	11.44%	11.32%
72.00	11.44%	11.41%	11.38%	11.35%	11.32%	11.30%	11.28%	11.17%
73.00	11.28%	11.25%	11.22%	11.19%	11.17%	11.14%	11.13%	11.02%
74.00	11.12%	11.09%	11.06%	11.04%	11.01%	10.99%	10.97%	10.87%
75.00	10.97%	10.94%	10.91%	10.89%	10.86%	10.84%	10.83%	10.72%
76.00	10.82%	10.79%	10.76%	10.74%	10.72%	10.70%	10.68%	10.58%
77.00	10.68%	10.65%	10.62%	10.60%	10.58%	10.56%	10.54%	10.44%
78.00	10.53%	10.50%	10.48%	10.46%	10.44%	10.42%	10.40%	10.31%
79.00	10.39%	10.37%	10.34%	10.32%	10.30%	10.28%	10.27%	10.18%
80.00	10.26%	10.23%	10.21%	10.19%	10.17%	10.15%	10.14%	10.05%
81.00	10.12%	10.10%	10.08%	10.06%	10.04%	10.02%	10.01%	9.93%
82.00	9.99%	9.97%	9.95%	9.93%	9.91%	9.90%	9.88%	9.80%
82.50	9.93%	9.90%	9.88%	9.86%	9.85%	9.83%	9.82%	9.74%
83.00	9.86%	9.84%	9.82%	9.80%	9.79%	9.77%	9.76%	9.68%
83.50	9.80%	9.78%	9.76%	9.74%	9.73%	9.71%	9.70%	9.63%
84.00	9.73%	9.71%	9.70%	9.68%	9.66%	9.65%	9.64%	9.57%
84.50	9.67%	9.65%	9.63%	9.62%	9.60%	9.59%	9.58%	9.51%
85.00	9.61%	9.59%	9.57%	9.56%	9.55%	9.53%	9.52%	9.45%
85.50	9.55%	9.53%	9.51%	9.50%	9.49%	9.47%	9.46%	9.40%
86.00	9.49%	9.47%	9.46%	9.44%	9.43%	9.42%	9.41%	9.34%
86.50	9.43%	9.41%	9.40%	9.38%	9.37%	9.36%	9.35%	9.29%
87.00	9.37%	9.35%	9.34%	9.33%	9.31%	9.30%	9.29%	9.23%
87.50	9.31%	9.30%	9.28%	9.27%	9.26%	9.25%	9.24%	9.18%
88.00	9.25%	9.24%	9.22%	9.21%	9.20%	9.19%	9.18%	9.13%
88.50	9.20%	9.18%	9.17%	9.16%	9.15%	9.14%	9.13%	9.07%
89.00	9.14%	9.12%	9.11%	9.10%	9.09%	9.08%	9.07%	9.02%
89.50	9.08%	9.07%	9.06%	9.05%	9.04%	9.03%	9.02%	8.97%
90.00	9.03%	9.01%	9.00%	8.99%	8.98%	8.97%	8.97%	8.92%
90.50	8.97%	8.96%	8.95%	8.94%	8.93%	8.92%	8.91%	8.87%
91.00	8.92%	8.90%	8.89%	8.88%	8.88%	8.87%	8.86%	8.82%
91.50	8.86%	8.85%	8.84%	8.83%	8.82%	8.82%	8.81%	8.77%
92.00	8.81%	8.80%	8.79%	8.78%	8.77%	8.76%	8.76%	8.72%
92.50	8.75%	8.74%	8.73%	8.73%	8.72%	8.71%	8.71%	8.67%
93.00	8.70%	8.69%	8.68%	8.68%	8.67%	8.66%	8.66%	8.63%
93.50	8.65%	8.64%	8.63%	8.62%	8.62%	8.61%	8.61%	8.58%
94.00	8.59%	8.59%	8.58%	8.57%	8.57%	8.56%	8.56%	8.53%
94.50	8.54%	8.54%	8.53%	8.52%	8.52%	8.51%	8.51%	8.48%
95.00	8.49%	8.48%	8.48%	8.47%	8.47%	8.47%	8.46%	8.44%
95.50	8.44%	8.43%	8.43%	8.42%	8.42%	8.42%	8.41%	8.39%
96.00	8.39%	8.38%	8.38%	8.38%	8.37%	8.37%	8.37%	8.35%
96.50	8.34%	8.34%	8.33%	8.33%	8.32%	8.32%	8.32%	8.30%
97.00	8.29%	8.29%	8.28%	8.28%	8.28%	8.27%	8.27%	8.26%
97.50	8.24%	8.24%	8.23%	8.23%	8.23%	8.23%	8.23%	8.21%
98.00	8.19%	8.19%	8.19%	8.18%	8.18%	8.18%	8.18%	8.17%
98.50	8.14%	8.14%	8.14%	8.14%	8.14%	8.14%	8.13%	8.13%
99.00	8.10%	8.09%	8.09%	8.09%	8.09%	8.09%	8.09%	8.08%
99.50	8.05%	8.05%	8.05%	8.05%	8.05%	8.04%	8.04%	8.04%
100.00	8.00%	8.00%	8.00%	8.00%	8.00%	8.00%	8.00%	8.00%
100.50	7.95%	7.95%	7.95%	7.95%	7.96%	7.96%	7.96%	7.96%
101.00	7.91%	7.91%	7.91%	7.91%	7.91%	7.91%	7.91%	7.92%
102.00	7.81%	7.82%	7.82%	7.82%	7.82%	7.82%	7.83%	7.84%
103.00	7.72%	7.73%	7.73%	7.73%	7.74%	7.74%	7.74%	7.76%
104.00	7.63%	7.64%	7.64%	7.65%	7.65%	7.65%	7.66%	7.68%
105.00	7.55%	7.55%	7.56%	7.56%	7.57%	7.57%	7.58%	7.60%
106.00	7.46%	7.47%	7.47%	7.48%	7.49%	7.49%	7.49%	7.52%
107.00	7.37%	7.38%	7.39%	7.40%	7.40%	7.41%	7.42%	7.45%
108.00	7.29%	7.30%	7.31%	7.32%	7.32%	7.33%	7.34%	7.38%
109.00	7.21%	7.22%	7.23%	7.24%	7.25%	7.25%	7.26%	7.30%
110.00	7.12%	7.14%	7.15%	7.16%	7.17%	7.18%	7.18%	7.23%

8.25% EFFECTIVE YIELD RATE

PRICE	YEARS UNTIL MATURITY							
	1/2	1	2	3	4	5	6	7
85.00	45.00%	26.27%	17.45%	14.60%	13.20%	12.36%	11.81%	11.42%
85.50	43.57%	25.59%	17.11%	14.37%	13.01%	12.21%	11.68%	11.30%
86.00	42.15%	24.92%	16.78%	14.14%	12.83%	12.06%	11.55%	11.19%
86.50	40.75%	24.25%	16.44%	13.91%	12.65%	11.91%	11.42%	11.07%
87.00	39.37%	23.59%	16.11%	13.68%	12.48%	11.76%	11.29%	10.96%
87.50	38.00%	22.94%	15.78%	13.45%	12.30%	11.62%	11.16%	10.84%
88.00	36.65%	22.29%	15.45%	13.23%	12.12%	11.47%	11.04%	10.73%
88.50	35.31%	21.65%	15.13%	13.00%	11.95%	11.33%	10.91%	10.62%
89.00	33.99%	21.01%	14.80%	12.78%	11.78%	11.18%	10.79%	10.51%
89.50	32.68%	20.38%	14.48%	12.56%	11.61%	11.04%	10.66%	10.40%
90.00	31.39%	19.75%	14.17%	12.34%	11.43%	10.90%	10.54%	10.29%
90.50	30.11%	19.13%	13.85%	12.12%	11.27%	10.76%	10.42%	10.18%
91.00	28.85%	18.52%	13.54%	11.91%	11.10%	10.62%	10.30%	10.07%
91.25	28.22%	18.21%	13.38%	11.80%	11.01%	10.55%	10.24%	10.02%
91.50	27.60%	17.91%	13.23%	11.69%	10.93%	10.48%	10.18%	9.97%
91.75	26.98%	17.60%	13.07%	11.58%	10.85%	10.41%	10.12%	9.91%
92.00	26.36%	17.30%	12.92%	11.48%	10.76%	10.34%	10.06%	9.86%
92.25	25.75%	17.00%	12.76%	11.37%	10.68%	10.27%	10.00%	9.81%
92.50	25.14%	16.70%	12.61%	11.27%	10.60%	10.20%	9.94%	9.75%
92.75	24.53%	16.40%	12.46%	11.16%	10.52%	10.13%	9.88%	9.70%
93.00	23.92%	16.11%	12.30%	11.05%	10.44%	10.07%	9.82%	9.65%
93.25	23.32%	15.81%	12.15%	10.95%	10.35%	10.00%	9.76%	9.60%
93.50	22.73%	15.52%	12.00%	10.85%	10.27%	9.93%	9.70%	9.54%
93.75	22.13%	15.22%	11.85%	10.74%	10.19%	9.86%	9.65%	9.49%
94.00	21.54%	14.93%	11.70%	10.64%	10.11%	9.80%	9.59%	9.44%
94.25	20.95%	14.64%	11.55%	10.54%	10.03%	9.73%	9.53%	9.39%
94.50	20.37%	14.35%	11.40%	10.43%	9.95%	9.66%	9.47%	9.34%
94.75	19.79%	14.06%	11.25%	10.33%	9.87%	9.60%	9.42%	9.29%
95.00	19.21%	13.77%	11.11%	10.23%	9.79%	9.53%	9.36%	9.24%
95.25	18.64%	13.49%	10.96%	10.13%	9.71%	9.46%	9.30%	9.18%
95.50	18.06%	13.20%	10.81%	10.02%	9.63%	9.40%	9.24%	9.13%
95.75	17.49%	12.92%	10.67%	9.92%	9.55%	9.33%	9.19%	9.08%
96.00	16.93%	12.63%	10.52%	9.82%	9.47%	9.27%	9.13%	9.03%
96.25	16.36%	12.35%	10.37%	9.72%	9.40%	9.20%	9.07%	8.98%
96.50	15.80%	12.07%	10.23%	9.62%	9.32%	9.14%	9.02%	8.93%
96.75	15.25%	11.79%	10.08%	9.52%	9.24%	9.07%	8.96%	8.88%
97.00	14.69%	11.51%	9.94%	9.42%	9.16%	9.01%	8.91%	8.83%
97.25	14.14%	11.23%	9.80%	9.32%	9.09%	8.94%	8.85%	8.78%
97.50	13.59%	10.96%	9.65%	9.22%	9.01%	8.88%	8.80%	8.73%
97.75	13.04%	10.68%	9.51%	9.12%	8.93%	8.82%	8.74%	8.69%
98.00	12.50%	10.41%	9.37%	9.03%	8.85%	8.75%	8.68%	8.64%
98.25	11.96%	10.13%	9.23%	8.93%	8.78%	8.69%	8.63%	8.59%
98.50	11.42%	9.86%	9.09%	8.83%	8.70%	8.63%	8.58%	8.54%
98.75	10.89%	9.59%	8.95%	8.73%	8.63%	8.56%	8.52%	8.49%
99.00	10.35%	9.32%	8.81%	8.64%	8.55%	8.50%	8.47%	8.44%
99.25	9.82%	9.05%	8.67%	8.54%	8.47%	8.44%	8.41%	8.39%
99.50	9.30%	8.78%	8.53%	8.44%	8.40%	8.37%	8.36%	8.35%
99.75	8.77%	8.52%	8.39%	8.35%	8.32%	8.31%	8.30%	8.30%
100.00	8.25%	8.25%	8.25%	8.25%	8.25%	8.25%	8.25%	8.25%
100.25	7.73%	7.98%	8.11%	8.15%	8.18%	8.19%	8.20%	8.20%
100.50	7.21%	7.72%	7.97%	8.06%	8.10%	8.13%	8.14%	8.15%
101.00	6.19%	7.20%	7.70%	7.87%	7.95%	8.00%	8.04%	8.06%
101.50	5.17%	6.67%	7.43%	7.68%	7.81%	7.88%	7.93%	7.97%
102.00	4.17%	6.16%	7.16%	7.49%	7.66%	7.76%	7.83%	7.87%
102.50	3.17%	5.64%	6.89%	7.31%	7.51%	7.64%	7.72%	7.78%
103.00	2.18%	5.13%	6.62%	7.12%	7.37%	7.52%	7.62%	7.69%
103.50	1.21%	4.63%	6.36%	6.94%	7.23%	7.40%	7.51%	7.60%
104.00	0.24%	4.13%	6.10%	6.75%	7.08%	7.28%	7.41%	7.50%
104.50	***	3.63%	5.83%	6.57%	6.94%	7.16%	7.31%	7.41%
105.00	***	3.13%	5.57%	6.39%	6.80%	7.05%	7.21%	7.32%

EFFECTIVE YIELD RATE 8.25%

PRICE	YEARS UNTIL MATURITY 8	9	10	11	12	13	14	15
70.00	14.76%	14.27%	13.89%	13.58%	13.33%	13.12%	12.94%	12.80%
71.00	14.49%	14.02%	13.65%	13.35%	13.11%	12.91%	12.74%	12.60%
72.00	14.22%	13.77%	13.42%	13.13%	12.90%	12.71%	12.54%	12.41%
73.00	13.96%	13.53%	13.19%	12.91%	12.69%	12.51%	12.35%	12.22%
74.00	13.70%	13.29%	12.96%	12.70%	12.49%	12.31%	12.16%	12.03%
75.00	13.45%	13.05%	12.74%	12.49%	12.29%	12.12%	11.97%	11.85%
76.00	13.20%	12.82%	12.52%	12.29%	12.09%	11.93%	11.79%	11.68%
77.00	12.95%	12.59%	12.31%	12.08%	11.90%	11.74%	11.61%	11.50%
78.00	12.71%	12.37%	12.10%	11.89%	11.71%	11.56%	11.44%	11.33%
79.00	12.47%	12.15%	11.90%	11.69%	11.52%	11.38%	11.27%	11.17%
80.00	12.24%	11.94%	11.69%	11.50%	11.34%	11.21%	11.10%	11.00%
81.00	12.01%	11.72%	11.50%	11.31%	11.16%	11.04%	10.93%	10.84%
82.00	11.79%	11.51%	11.30%	11.13%	10.99%	10.87%	10.77%	10.68%
82.50	11.67%	11.41%	11.20%	11.04%	10.90%	10.78%	10.69%	10.61%
83.00	11.56%	11.31%	11.11%	10.95%	10.81%	10.70%	10.61%	10.53%
83.50	11.45%	11.21%	11.01%	10.86%	10.73%	10.62%	10.53%	10.45%
84.00	11.35%	11.11%	10.92%	10.77%	10.64%	10.54%	10.45%	10.38%
84.50	11.24%	11.01%	10.83%	10.68%	10.56%	10.46%	10.37%	10.30%
85.00	11.13%	10.91%	10.73%	10.59%	10.47%	10.38%	10.30%	10.23%
85.50	11.02%	10.81%	10.64%	10.50%	10.39%	10.30%	10.22%	10.15%
86.00	10.92%	10.71%	10.55%	10.42%	10.31%	10.22%	10.14%	10.08%
86.50	10.81%	10.62%	10.46%	10.33%	10.23%	10.14%	10.07%	10.01%
87.00	10.71%	10.52%	10.37%	10.25%	10.15%	10.06%	9.99%	9.94%
87.50	10.61%	10.42%	10.28%	10.16%	10.07%	9.99%	9.92%	9.86%
88.00	10.50%	10.33%	10.19%	10.08%	9.99%	9.91%	9.85%	9.79%
88.50	10.40%	10.24%	10.10%	10.00%	9.91%	9.84%	9.77%	9.72%
89.00	10.30%	10.14%	10.02%	9.91%	9.83%	9.76%	9.70%	9.65%
89.50	10.20%	10.05%	9.93%	9.83%	9.75%	9.69%	9.63%	9.58%
90.00	10.10%	9.96%	9.84%	9.75%	9.68%	9.61%	9.56%	9.52%
90.50	10.00%	9.87%	9.76%	9.67%	9.60%	9.54%	9.49%	9.45%
91.00	9.91%	9.78%	9.67%	9.59%	9.52%	9.47%	9.42%	9.38%
91.50	9.81%	9.69%	9.59%	9.51%	9.45%	9.40%	9.35%	9.31%
92.00	9.71%	9.60%	9.51%	9.43%	9.37%	9.32%	9.28%	9.25%
92.50	9.62%	9.51%	9.42%	9.36%	9.30%	9.25%	9.21%	9.18%
93.00	9.52%	9.42%	9.34%	9.28%	9.23%	9.18%	9.15%	9.12%
93.50	9.43%	9.33%	9.26%	9.20%	9.15%	9.11%	9.08%	9.05%
94.00	9.33%	9.25%	9.18%	9.13%	9.08%	9.04%	9.01%	8.99%
94.50	9.24%	9.16%	9.10%	9.05%	9.01%	8.98%	8.95%	8.92%
95.00	9.14%	9.07%	9.02%	8.97%	8.94%	8.91%	8.88%	8.86%
95.50	9.05%	8.99%	8.94%	8.90%	8.87%	8.84%	8.82%	8.80%
96.00	8.96%	8.91%	8.86%	8.83%	8.80%	8.77%	8.75%	8.73%
96.50	8.87%	8.82%	8.78%	8.75%	8.73%	8.70%	8.69%	8.67%
97.00	8.78%	8.74%	8.71%	8.68%	8.66%	8.64%	8.62%	8.61%
97.50	8.69%	8.66%	8.63%	8.61%	8.59%	8.57%	8.56%	8.55%
98.00	8.60%	8.57%	8.55%	8.53%	8.52%	8.51%	8.50%	8.49%
98.50	8.51%	8.49%	8.48%	8.46%	8.45%	8.44%	8.43%	8.43%
99.00	8.42%	8.41%	8.40%	8.39%	8.38%	8.38%	8.37%	8.37%
99.50	8.34%	8.33%	8.32%	8.32%	8.32%	8.31%	8.31%	8.31%
100.00	8.25%	8.25%	8.25%	8.25%	8.25%	8.25%	8.25%	8.25%
100.50	8.16%	8.17%	8.18%	8.18%	8.18%	8.19%	8.19%	8.19%
101.00	8.08%	8.09%	8.10%	8.11%	8.12%	8.12%	8.13%	8.13%
102.00	7.91%	7.93%	7.96%	7.97%	7.99%	8.00%	8.01%	8.02%
103.00	7.74%	7.78%	7.81%	7.84%	7.86%	7.88%	7.89%	7.91%
104.00	7.57%	7.63%	7.67%	7.70%	7.73%	7.76%	7.78%	7.79%
105.00	7.41%	7.48%	7.53%	7.57%	7.61%	7.64%	7.66%	7.68%
106.00	7.25%	7.33%	7.39%	7.44%	7.48%	7.52%	7.55%	7.57%
107.00	7.09%	7.18%	7.25%	7.31%	7.36%	7.40%	7.44%	7.47%
108.00	6.93%	7.04%	7.12%	7.19%	7.24%	7.29%	7.33%	7.36%
109.00	6.77%	6.89%	6.98%	7.06%	7.12%	7.17%	7.22%	7.26%
110.00	6.62%	6.75%	6.85%	6.94%	7.00%	7.06%	7.11%	7.15%

8.25%   EFFECTIVE YIELD RATE

PRICE	16	17	18	19	20	21	22	23
				YEARS UNTIL MATURITY				
70.00	12.67%	12.56%	12.47%	12.39%	12.32%	12.26%	12.20%	12.16%
71.00	12.48%	12.37%	12.28%	12.21%	12.14%	12.08%	12.03%	11.98%
72.00	12.29%	12.19%	12.10%	12.03%	11.96%	11.91%	11.86%	11.81%
73.00	12.11%	12.01%	11.93%	11.86%	11.79%	11.74%	11.69%	11.65%
74.00	11.93%	11.83%	11.75%	11.69%	11.62%	11.57%	11.52%	11.48%
75.00	11.75%	11.66%	11.59%	11.52%	11.46%	11.41%	11.36%	11.33%
76.00	11.58%	11.49%	11.42%	11.36%	11.30%	11.25%	11.21%	11.17%
77.00	11.41%	11.33%	11.26%	11.20%	11.14%	11.10%	11.06%	11.02%
78.00	11.24%	11.17%	11.10%	11.04%	10.99%	10.95%	10.91%	10.87%
79.00	11.08%	11.01%	10.94%	10.89%	10.84%	10.80%	10.76%	10.73%
80.00	10.92%	10.85%	10.79%	10.74%	10.69%	10.65%	10.62%	10.58%
81.00	10.77%	10.70%	10.64%	10.59%	10.55%	10.51%	10.48%	10.45%
82.00	10.61%	10.55%	10.50%	10.45%	10.41%	10.37%	10.34%	10.31%
82.50	10.54%	10.48%	10.42%	10.38%	10.34%	10.30%	10.27%	10.24%
83.00	10.46%	10.40%	10.35%	10.31%	10.27%	10.23%	10.20%	10.18%
83.50	10.39%	10.33%	10.28%	10.24%	10.20%	10.17%	10.14%	10.11%
84.00	10.31%	10.26%	10.21%	10.17%	10.13%	10.10%	10.07%	10.05%
84.50	10.24%	10.19%	10.14%	10.10%	10.06%	10.03%	10.01%	9.98%
85.00	10.17%	10.12%	10.07%	10.03%	10.00%	9.97%	9.94%	9.92%
85.50	10.10%	10.05%	10.00%	9.97%	9.93%	9.90%	9.88%	9.85%
86.00	10.02%	9.98%	9.94%	9.90%	9.87%	9.84%	9.81%	9.79%
86.50	9.95%	9.91%	9.87%	9.83%	9.80%	9.78%	9.75%	9.73%
87.00	9.88%	9.84%	9.80%	9.77%	9.74%	9.71%	9.69%	9.67%
87.50	9.81%	9.77%	9.74%	9.70%	9.67%	9.65%	9.63%	9.61%
88.00	9.75%	9.71%	9.67%	9.64%	9.61%	9.59%	9.57%	9.55%
88.50	9.68%	9.64%	9.60%	9.58%	9.55%	9.53%	9.51%	9.49%
89.00	9.61%	9.57%	9.54%	9.51%	9.49%	9.47%	9.45%	9.43%
89.50	9.54%	9.51%	9.48%	9.45%	9.43%	9.41%	9.39%	9.37%
90.00	9.48%	9.44%	9.41%	9.39%	9.37%	9.35%	9.33%	9.31%
90.50	9.41%	9.38%	9.35%	9.33%	9.31%	9.29%	9.27%	9.25%
91.00	9.35%	9.31%	9.29%	9.27%	9.25%	9.23%	9.21%	9.20%
91.50	9.28%	9.25%	9.23%	9.21%	9.19%	9.17%	9.15%	9.14%
92.00	9.22%	9.19%	9.17%	9.15%	9.13%	9.11%	9.10%	9.08%
92.50	9.15%	9.13%	9.11%	9.09%	9.07%	9.05%	9.04%	9.03%
93.00	9.09%	9.07%	9.04%	9.03%	9.01%	9.00%	8.99%	8.97%
93.50	9.03%	9.00%	8.99%	8.97%	8.95%	8.94%	8.93%	8.92%
94.00	8.96%	8.94%	8.93%	8.91%	8.90%	8.89%	8.88%	8.87%
94.50	8.90%	8.88%	8.87%	8.85%	8.84%	8.83%	8.82%	8.81%
95.00	8.84%	8.82%	8.81%	8.80%	8.79%	8.78%	8.77%	8.76%
95.50	8.78%	8.76%	8.75%	8.74%	8.73%	8.72%	8.71%	8.71%
96.00	8.72%	8.71%	8.69%	8.68%	8.67%	8.67%	8.66%	8.65%
96.50	8.66%	8.65%	8.64%	8.63%	8.62%	8.61%	8.61%	8.60%
97.00	8.60%	8.59%	8.58%	8.57%	8.57%	8.56%	8.55%	8.55%
97.50	8.54%	8.53%	8.52%	8.52%	8.51%	8.51%	8.50%	8.50%
98.00	8.48%	8.47%	8.47%	8.46%	8.46%	8.46%	8.45%	8.45%
98.50	8.42%	8.42%	8.41%	8.41%	8.41%	8.40%	8.40%	8.40%
99.00	8.36%	8.36%	8.36%	8.36%	8.35%	8.35%	8.35%	8.35%
99.50	8.31%	8.31%	8.30%	8.30%	8.30%	8.30%	8.30%	8.30%
100.00	8.25%	8.25%	8.25%	8.25%	8.25%	8.25%	8.25%	8.25%
100.50	8.19%	8.19%	8.20%	8.20%	8.20%	8.20%	8.20%	8.20%
101.00	8.14%	8.14%	8.14%	8.15%	8.15%	8.15%	8.15%	8.15%
102.00	8.03%	8.03%	8.04%	8.04%	8.05%	8.05%	8.05%	8.06%
103.00	7.92%	7.93%	7.93%	7.94%	7.95%	7.95%	7.96%	7.96%
104.00	7.81%	7.82%	7.83%	7.84%	7.85%	7.86%	7.86%	7.87%
105.00	7.70%	7.72%	7.73%	7.74%	7.75%	7.76%	7.77%	7.78%
106.00	7.60%	7.61%	7.63%	7.65%	7.66%	7.67%	7.68%	7.69%
107.00	7.49%	7.51%	7.53%	7.55%	7.57%	7.58%	7.59%	7.60%
108.00	7.39%	7.41%	7.44%	7.46%	7.47%	7.49%	7.50%	7.51%
109.00	7.29%	7.32%	7.34%	7.36%	7.38%	7.40%	7.41%	7.43%
110.00	7.19%	7.22%	7.25%	7.27%	7.29%	7.31%	7.33%	7.34%

EFFECTIVE YIELD RATE 8.25%

PRICE	YEARS UNTIL MATURITY 24	25	26	27	28	29	30	40
70.00	12.11%	12.08%	12.04%	12.02%	11.99%	11.97%	11.95%	11.84%
71.00	11.94%	11.91%	11.87%	11.85%	11.82%	11.80%	11.78%	11.67%
72.00	11.77%	11.74%	11.71%	11.68%	11.66%	11.64%	11.62%	11.51%
73.00	11.61%	11.57%	11.55%	11.52%	11.50%	11.48%	11.46%	11.35%
74.00	11.45%	11.42%	11.39%	11.36%	11.34%	11.32%	11.30%	11.20%
75.00	11.29%	11.26%	11.23%	11.21%	11.19%	11.17%	11.15%	11.05%
76.00	11.14%	11.11%	11.08%	11.06%	11.04%	11.02%	11.00%	10.91%
77.00	10.99%	10.96%	10.93%	10.91%	10.89%	10.87%	10.86%	10.76%
78.00	10.84%	10.81%	10.79%	10.77%	10.75%	10.73%	10.71%	10.63%
79.00	10.70%	10.67%	10.65%	10.63%	10.61%	10.59%	10.58%	10.49%
80.00	10.56%	10.53%	10.51%	10.49%	10.47%	10.46%	10.44%	10.36%
81.00	10.42%	10.40%	10.37%	10.36%	10.34%	10.32%	10.31%	10.23%
82.00	10.28%	10.26%	10.24%	10.22%	10.21%	10.19%	10.18%	10.10%
82.50	10.22%	10.20%	10.18%	10.16%	10.14%	10.13%	10.12%	10.04%
83.00	10.15%	10.13%	10.11%	10.10%	10.08%	10.07%	10.05%	9.98%
83.50	10.09%	10.07%	10.05%	10.03%	10.02%	10.00%	9.99%	9.92%
84.00	10.02%	10.00%	9.99%	9.97%	9.96%	9.94%	9.93%	9.86%
84.50	9.96%	9.94%	9.92%	9.91%	9.89%	9.88%	9.87%	9.80%
85.00	9.90%	9.88%	9.86%	9.85%	9.83%	9.82%	9.81%	9.74%
85.50	9.83%	9.82%	9.80%	9.79%	9.77%	9.76%	9.75%	9.69%
86.00	9.77%	9.75%	9.74%	9.73%	9.71%	9.70%	9.69%	9.63%
86.50	9.71%	9.69%	9.68%	9.67%	9.65%	9.64%	9.63%	9.57%
87.00	9.65%	9.63%	9.62%	9.61%	9.59%	9.58%	9.57%	9.52%
87.50	9.59%	9.57%	9.56%	9.55%	9.54%	9.53%	9.52%	9.46%
88.00	9.53%	9.52%	9.50%	9.49%	9.48%	9.47%	9.46%	9.41%
88.50	9.47%	9.46%	9.44%	9.43%	9.42%	9.41%	9.40%	9.35%
89.00	9.41%	9.40%	9.39%	9.38%	9.37%	9.36%	9.35%	9.30%
89.50	9.36%	9.34%	9.33%	9.32%	9.31%	9.30%	9.29%	9.25%
90.00	9.30%	9.29%	9.27%	9.26%	9.26%	9.25%	9.24%	9.20%
90.50	9.24%	9.23%	9.22%	9.21%	9.20%	9.19%	9.19%	9.14%
91.00	9.18%	9.17%	9.16%	9.15%	9.15%	9.14%	9.13%	9.09%
91.50	9.13%	9.12%	9.11%	9.10%	9.09%	9.09%	9.08%	9.04%
92.00	9.07%	9.06%	9.05%	9.05%	9.04%	9.03%	9.03%	8.99%
92.50	9.02%	9.01%	9.00%	8.99%	8.99%	8.98%	8.98%	8.94%
93.00	8.96%	8.96%	8.95%	8.94%	8.93%	8.93%	8.92%	8.89%
93.50	8.91%	8.90%	8.90%	8.89%	8.88%	8.88%	8.87%	8.84%
94.00	8.86%	8.85%	8.84%	8.84%	8.83%	8.83%	8.82%	8.80%
94.50	8.80%	8.80%	8.79%	8.79%	8.78%	8.78%	8.77%	8.75%
95.00	8.75%	8.75%	8.74%	8.73%	8.73%	8.73%	8.72%	8.70%
95.50	8.70%	8.69%	8.69%	8.68%	8.68%	8.68%	8.67%	8.65%
96.00	8.65%	8.64%	8.64%	8.63%	8.63%	8.63%	8.62%	8.61%
96.50	8.60%	8.59%	8.59%	8.59%	8.58%	8.58%	8.58%	8.56%
97.00	8.55%	8.54%	8.54%	8.54%	8.53%	8.53%	8.53%	8.51%
97.50	8.50%	8.49%	8.49%	8.49%	8.49%	8.48%	8.48%	8.47%
98.00	8.45%	8.44%	8.44%	8.44%	8.44%	8.44%	8.43%	8.42%
98.50	8.40%	8.39%	8.39%	8.39%	8.39%	8.39%	8.39%	8.38%
99.00	8.35%	8.35%	8.34%	8.34%	8.34%	8.34%	8.34%	8.34%
99.50	8.30%	8.30%	8.30%	8.30%	8.30%	8.30%	8.30%	8.29%
100.00	8.25%	8.25%	8.25%	8.25%	8.25%	8.25%	8.25%	8.25%
100.50	8.20%	8.20%	8.20%	8.20%	8.20%	8.20%	8.20%	8.21%
101.00	8.15%	8.16%	8.16%	8.16%	8.16%	8.16%	8.16%	8.16%
102.00	8.06%	8.06%	8.07%	8.07%	8.07%	8.07%	8.07%	8.08%
103.00	7.97%	7.97%	7.97%	7.98%	7.98%	7.98%	7.99%	8.00%
104.00	7.88%	7.88%	7.89%	7.89%	7.89%	7.90%	7.90%	7.92%
105.00	7.79%	7.79%	7.80%	7.80%	7.81%	7.81%	7.82%	7.84%
106.00	7.70%	7.71%	7.71%	7.72%	7.72%	7.73%	7.73%	7.76%
107.00	7.61%	7.62%	7.63%	7.63%	7.64%	7.65%	7.65%	7.68%
108.00	7.52%	7.53%	7.54%	7.55%	7.56%	7.57%	7.57%	7.61%
109.00	7.44%	7.45%	7.46%	7.47%	7.48%	7.49%	7.49%	7.53%
110.00	7.36%	7.37%	7.38%	7.39%	7.40%	7.41%	7.41%	7.46%

8.50% EFFECTIVE YIELD RATE

PRICE	YEARS UNTIL MATURITY							
	1/2	1	2	3	4	5	6	7
85.00	45.29%	26.55%	17.73%	14.88%	13.47%	12.64%	12.09%	11.70%
85.50	43.86%	25.87%	17.39%	14.64%	13.29%	12.49%	11.95%	11.58%
86.00	42.44%	25.20%	17.05%	14.41%	13.11%	12.33%	11.82%	11.46%
86.50	41.04%	24.53%	16.72%	14.18%	12.93%	12.18%	11.69%	11.35%
87.00	39.66%	23.87%	16.38%	13.95%	12.75%	12.04%	11.56%	11.23%
87.50	38.29%	23.22%	16.05%	13.72%	12.57%	11.89%	11.44%	11.12%
88.00	36.93%	22.57%	15.72%	13.50%	12.40%	11.74%	11.31%	11.00%
88.50	35.59%	21.92%	15.40%	13.27%	12.22%	11.60%	11.18%	10.89%
89.00	34.27%	21.29%	15.07%	13.05%	12.05%	11.45%	11.06%	10.78%
89.50	32.96%	20.65%	14.75%	12.83%	11.87%	11.31%	10.93%	10.67%
90.00	31.67%	20.03%	14.43%	12.61%	11.70%	11.16%	10.81%	10.56%
90.50	30.39%	19.40%	14.12%	12.39%	11.53%	11.02%	10.69%	10.45%
91.00	29.12%	18.79%	13.80%	12.17%	11.36%	10.88%	10.56%	10.34%
91.25	28.49%	18.48%	13.65%	12.06%	11.28%	10.81%	10.50%	10.28%
91.50	27.87%	18.18%	13.49%	11.95%	11.19%	10.74%	10.44%	10.23%
91.75	27.25%	17.87%	13.33%	11.85%	11.11%	10.67%	10.38%	10.18%
92.00	26.63%	17.57%	13.18%	11.74%	11.03%	10.60%	10.32%	10.12%
92.25	26.02%	17.27%	13.03%	11.63%	10.94%	10.53%	10.26%	10.07%
92.50	25.41%	16.97%	12.87%	11.53%	10.86%	10.46%	10.20%	10.02%
92.75	24.80%	16.67%	12.72%	11.42%	10.78%	10.40%	10.14%	9.96%
93.00	24.19%	16.37%	12.57%	11.32%	10.70%	10.33%	10.08%	9.91%
93.25	23.59%	16.07%	12.41%	11.21%	10.61%	10.26%	10.02%	9.86%
93.50	22.99%	15.78%	12.26%	11.11%	10.53%	10.19%	9.97%	9.81%
93.75	22.40%	15.48%	12.11%	11.00%	10.45%	10.12%	9.91%	9.75%
94.00	21.81%	15.19%	11.96%	10.90%	10.37%	10.06%	9.85%	9.70%
94.25	21.22%	14.90%	11.81%	10.79%	10.29%	9.99%	9.79%	9.65%
94.50	20.63%	14.61%	11.66%	10.69%	10.21%	9.92%	9.73%	9.60%
94.75	20.05%	14.32%	11.51%	10.59%	10.13%	9.86%	9.67%	9.55%
95.00	19.47%	14.03%	11.36%	10.49%	10.05%	9.79%	9.62%	9.49%
95.25	18.90%	13.75%	11.22%	10.38%	9.97%	9.72%	9.56%	9.44%
95.50	18.32%	13.46%	11.07%	10.28%	9.89%	9.66%	9.50%	9.39%
95.75	17.75%	13.17%	10.92%	10.18%	9.81%	9.59%	9.44%	9.34%
96.00	17.19%	12.89%	10.78%	10.08%	9.73%	9.52%	9.39%	9.29%
96.25	16.62%	12.61%	10.63%	9.98%	9.65%	9.46%	9.33%	9.24%
96.50	16.06%	12.33%	10.49%	9.88%	9.57%	9.39%	9.27%	9.19%
96.75	15.50%	12.05%	10.34%	9.78%	9.50%	9.33%	9.22%	9.14%
97.00	14.95%	11.77%	10.20%	9.68%	9.42%	9.26%	9.16%	9.09%
97.25	14.40%	11.49%	10.05%	9.58%	9.34%	9.20%	9.10%	9.04%
97.50	13.85%	11.21%	9.91%	9.48%	9.26%	9.13%	9.05%	8.99%
97.75	13.30%	10.94%	9.77%	9.38%	9.18%	9.07%	8.99%	8.94%
98.00	12.76%	10.66%	9.62%	9.28%	9.11%	9.01%	8.94%	8.89%
98.25	12.21%	10.39%	9.48%	9.18%	9.03%	8.94%	8.88%	8.84%
98.50	11.68%	10.11%	9.34%	9.08%	8.95%	8.88%	8.83%	8.79%
98.75	11.14%	9.84%	9.20%	8.98%	8.88%	8.81%	8.77%	8.74%
99.00	10.61%	9.57%	9.06%	8.89%	8.80%	8.75%	8.72%	8.69%
99.25	10.08%	9.30%	8.92%	8.79%	8.73%	8.69%	8.66%	8.65%
99.50	9.55%	9.03%	8.78%	8.69%	8.65%	8.63%	8.61%	8.60%
99.75	9.02%	8.77%	8.64%	8.60%	8.58%	8.56%	8.55%	8.55%
100.00	8.50%	8.50%	8.50%	8.50%	8.50%	8.50%	8.50%	8.50%
100.25	7.98%	8.23%	8.36%	8.40%	8.43%	8.44%	8.45%	8.45%
100.50	7.46%	7.97%	8.22%	8.31%	8.35%	8.38%	8.39%	8.40%
101.00	6.44%	7.44%	7.95%	8.12%	8.20%	8.25%	8.29%	8.31%
101.50	5.42%	6.92%	7.68%	7.93%	8.05%	8.13%	8.18%	8.21%
102.00	4.41%	6.40%	7.41%	7.74%	7.91%	8.01%	8.07%	8.12%
102.50	3.41%	5.89%	7.14%	7.55%	7.76%	7.89%	7.97%	8.03%
103.00	2.43%	5.38%	6.87%	7.37%	7.62%	7.76%	7.86%	7.93%
103.50	1.45%	4.87%	6.60%	7.18%	7.47%	7.64%	7.76%	7.84%
104.00	0.48%	4.37%	6.34%	7.00%	7.33%	7.53%	7.66%	7.75%
104.50	***	3.87%	6.08%	6.82%	7.19%	7.41%	7.55%	7.66%
105.00	***	3.37%	5.82%	6.63%	7.04%	7.29%	7.45%	7.57%

EFFECTIVE YIELD RATE 8.50%

PRICE	YEARS UNTIL MATURITY							
	8	9	10	11	12	13	14	15
70.00	15.08%	14.59%	14.21%	13.90%	13.65%	13.44%	13.27%	13.12%
71.00	14.80%	14.34%	13.97%	13.67%	13.43%	13.23%	13.06%	12.92%
72.00	14.53%	14.08%	13.73%	13.45%	13.22%	13.02%	12.86%	12.73%
73.00	14.27%	13.84%	13.50%	13.23%	13.00%	12.82%	12.67%	12.54%
74.00	14.01%	13.59%	13.27%	13.01%	12.80%	12.62%	12.47%	12.35%
75.00	13.75%	13.36%	13.05%	12.80%	12.59%	12.43%	12.28%	12.16%
76.00	13.50%	13.12%	12.83%	12.59%	12.39%	12.23%	12.10%	11.98%
77.00	13.25%	12.89%	12.61%	12.38%	12.20%	12.05%	11.92%	11.81%
78.00	13.01%	12.67%	12.40%	12.18%	12.01%	11.86%	11.74%	11.63%
79.00	12.77%	12.44%	12.19%	11.99%	11.82%	11.68%	11.56%	11.46%
80.00	12.53%	12.23%	11.99%	11.79%	11.63%	11.50%	11.39%	11.30%
81.00	12.30%	12.01%	11.78%	11.60%	11.45%	11.33%	11.22%	11.13%
82.00	12.07%	11.80%	11.59%	11.41%	11.27%	11.16%	11.06%	10.97%
82.50	11.96%	11.70%	11.49%	11.32%	11.18%	11.07%	10.98%	10.89%
83.00	11.85%	11.59%	11.39%	11.23%	11.10%	10.99%	10.89%	10.82%
83.50	11.74%	11.49%	11.30%	11.14%	11.01%	10.90%	10.81%	10.74%
84.00	11.63%	11.39%	11.20%	11.05%	10.92%	10.82%	10.73%	10.66%
84.50	11.52%	11.29%	11.11%	10.96%	10.84%	10.74%	10.66%	10.58%
85.00	11.41%	11.19%	11.01%	10.87%	10.75%	10.66%	10.58%	10.51%
85.50	11.30%	11.09%	10.92%	10.78%	10.67%	10.58%	10.50%	10.43%
86.00	11.19%	10.99%	10.83%	10.70%	10.59%	10.50%	10.42%	10.36%
86.50	11.09%	10.89%	10.73%	10.61%	10.51%	10.42%	10.35%	10.29%
87.00	10.98%	10.79%	10.64%	10.52%	10.42%	10.34%	10.27%	10.21%
87.50	10.88%	10.70%	10.55%	10.44%	10.34%	10.26%	10.20%	10.14%
88.00	10.78%	10.60%	10.46%	10.35%	10.26%	10.19%	10.12%	10.07%
88.50	10.67%	10.51%	10.38%	10.27%	10.18%	10.11%	10.05%	10.00%
89.00	10.57%	10.41%	10.29%	10.19%	10.10%	10.03%	9.97%	9.93%
89.50	10.47%	10.32%	10.20%	10.10%	10.02%	9.96%	9.90%	9.85%
90.00	10.37%	10.23%	10.11%	10.02%	9.95%	9.88%	9.83%	9.79%
90.50	10.27%	10.13%	10.03%	9.94%	9.87%	9.81%	9.76%	9.72%
91.00	10.17%	10.04%	9.94%	9.86%	9.79%	9.74%	9.69%	9.65%
91.50	10.07%	9.95%	9.86%	9.78%	9.71%	9.66%	9.62%	9.58%
92.00	9.98%	9.86%	9.77%	9.70%	9.64%	9.59%	9.55%	9.51%
92.50	9.88%	9.77%	9.69%	9.62%	9.56%	9.52%	9.48%	9.45%
93.00	9.78%	9.68%	9.60%	9.54%	9.49%	9.45%	9.41%	9.38%
93.50	9.69%	9.59%	9.52%	9.46%	9.42%	9.38%	9.34%	9.31%
94.00	9.59%	9.51%	9.44%	9.39%	9.34%	9.31%	9.27%	9.25%
94.50	9.50%	9.42%	9.36%	9.31%	9.27%	9.24%	9.21%	9.18%
95.00	9.40%	9.33%	9.28%	9.23%	9.20%	9.17%	9.14%	9.12%
95.50	9.31%	9.25%	9.20%	9.16%	9.12%	9.10%	9.07%	9.05%
96.00	9.22%	9.16%	9.12%	9.08%	9.05%	9.03%	9.01%	8.99%
96.50	9.13%	9.08%	9.04%	9.01%	8.98%	8.96%	8.94%	8.93%
97.00	9.03%	8.99%	8.96%	8.93%	8.91%	8.89%	8.88%	8.87%
97.50	8.94%	8.91%	8.88%	8.86%	8.84%	8.83%	8.81%	8.80%
98.00	8.85%	8.83%	8.80%	8.79%	8.77%	8.76%	8.75%	8.74%
98.50	8.76%	8.74%	8.73%	8.71%	8.70%	8.69%	8.69%	8.68%
99.00	8.68%	8.66%	8.65%	8.64%	8.64%	8.63%	8.62%	8.62%
99.50	8.59%	8.58%	8.58%	8.57%	8.57%	8.56%	8.56%	8.56%
100.00	8.50%	8.50%	8.50%	8.50%	8.50%	8.50%	8.50%	8.50%
100.50	8.41%	8.42%	8.43%	8.43%	8.43%	8.44%	8.44%	8.44%
101.00	8.33%	8.34%	8.35%	8.36%	8.37%	8.37%	8.38%	8.38%
102.00	8.15%	8.18%	8.20%	8.22%	8.23%	8.25%	8.26%	8.26%
103.00	7.99%	8.03%	8.06%	8.08%	8.10%	8.12%	8.14%	8.15%
104.00	7.82%	7.87%	7.91%	7.95%	7.98%	8.00%	8.02%	8.04%
105.00	7.65%	7.72%	7.77%	7.81%	7.85%	7.88%	7.90%	7.92%
106.00	7.49%	7.57%	7.63%	7.68%	7.72%	7.76%	7.79%	7.81%
107.00	7.33%	7.42%	7.49%	7.55%	7.60%	7.64%	7.68%	7.70%
108.00	7.17%	7.27%	7.36%	7.42%	7.48%	7.52%	7.56%	7.60%
109.00	7.01%	7.13%	7.22%	7.30%	7.36%	7.41%	7.45%	7.49%
110.00	6.86%	6.98%	7.09%	7.17%	7.24%	7.30%	7.34%	7.39%

8.50%　　EFFECTIVE YIELD RATE

PRICE	YEARS UNTIL MATURITY							
	16	17	18	19	20	21	22	23
70.00	13.00%	12.89%	12.80%	12.72%	12.65%	12.59%	12.54%	12.49%
71.00	12.80%	12.70%	12.61%	12.54%	12.47%	12.41%	12.36%	12.32%
72.00	12.61%	12.51%	12.43%	12.35%	12.29%	12.23%	12.18%	12.14%
73.00	12.43%	12.33%	12.25%	12.18%	12.11%	12.06%	12.01%	11.97%
74.00	12.24%	12.15%	12.07%	12.00%	11.94%	11.89%	11.85%	11.81%
75.00	12.06%	11.97%	11.90%	11.83%	11.78%	11.73%	11.68%	11.64%
76.00	11.89%	11.80%	11.73%	11.67%	11.61%	11.56%	11.52%	11.49%
77.00	11.71%	11.63%	11.57%	11.50%	11.45%	11.41%	11.37%	11.33%
78.00	11.55%	11.47%	11.40%	11.35%	11.30%	11.25%	11.21%	11.18%
79.00	11.38%	11.31%	11.24%	11.19%	11.14%	11.10%	11.06%	11.03%
80.00	11.22%	11.15%	11.09%	11.04%	10.99%	10.95%	10.92%	10.89%
81.00	11.06%	10.99%	10.94%	10.89%	10.84%	10.81%	10.77%	10.74%
82.00	10.90%	10.84%	10.79%	10.74%	10.70%	10.66%	10.63%	10.60%
82.50	10.82%	10.76%	10.71%	10.67%	10.63%	10.59%	10.56%	10.54%
83.00	10.75%	10.69%	10.64%	10.60%	10.56%	10.52%	10.49%	10.47%
83.50	10.67%	10.62%	10.57%	10.53%	10.49%	10.46%	10.43%	10.40%
84.00	10.60%	10.54%	10.50%	10.45%	10.42%	10.39%	10.36%	10.33%
84.50	10.52%	10.47%	10.42%	10.39%	10.35%	10.32%	10.29%	10.27%
85.00	10.45%	10.40%	10.35%	10.32%	10.28%	10.25%	10.23%	10.20%
85.50	10.38%	10.33%	10.28%	10.25%	10.22%	10.19%	10.16%	10.14%
86.00	10.30%	10.26%	10.22%	10.18%	10.15%	10.12%	10.10%	10.07%
86.50	10.23%	10.19%	10.15%	10.11%	10.08%	10.06%	10.03%	10.01%
87.00	10.16%	10.12%	10.08%	10.05%	10.02%	9.99%	9.97%	9.95%
87.50	10.09%	10.05%	10.01%	9.98%	9.95%	9.93%	9.91%	9.89%
88.00	10.02%	9.98%	9.95%	9.91%	9.89%	9.86%	9.84%	9.82%
88.50	9.95%	9.91%	9.88%	9.85%	9.82%	9.80%	9.78%	9.76%
89.00	9.88%	9.85%	9.81%	9.79%	9.76%	9.74%	9.72%	9.70%
89.50	9.81%	9.78%	9.75%	9.72%	9.70%	9.68%	9.66%	9.64%
90.00	9.75%	9.71%	9.68%	9.66%	9.64%	9.62%	9.60%	9.58%
90.50	9.68%	9.65%	9.62%	9.60%	9.58%	9.56%	9.54%	9.53%
91.00	9.61%	9.58%	9.56%	9.53%	9.51%	9.50%	9.48%	9.47%
91.50	9.55%	9.52%	9.49%	9.47%	9.45%	9.44%	9.42%	9.41%
92.00	9.48%	9.45%	9.43%	9.41%	9.39%	9.38%	9.36%	9.35%
92.50	9.42%	9.39%	9.37%	9.35%	9.33%	9.32%	9.31%	9.30%
93.00	9.35%	9.33%	9.31%	9.29%	9.28%	9.26%	9.25%	9.24%
93.50	9.29%	9.27%	9.25%	9.23%	9.22%	9.20%*	9.19%	9.18%
94.00	9.22%	9.20%	9.19%	9.17%	9.16%	9.15%	9.14%	9.13%
94.50	9.16%	9.14%	9.13%	9.11%	9.10%	9.09%	9.08%	9.07%
95.00	9.10%	9.08%	9.07%	9.06%	9.05%	9.04%	9.03%	9.02%
95.50	9.04%	9.02%	9.01%	9.00%	8.99%	8.98%	8.97%	8.97%
96.00	8.98%	8.96%	8.95%	8.94%	8.93%	8.92%	8.92%	8.91%
96.50	8.91%	8.90%	8.89%	8.88%	8.88%	8.87%	8.86%	8.86%
97.00	8.85%	8.84%	8.84%	8.83%	8.82%	8.82%	8.81%	8.81%
97.50	8.79%	8.79%	8.78%	8.77%	8.77%	8.76%	8.76%	8.75%
98.00	8.73%	8.73%	8.72%	8.72%	8.71%	8.71%	8.71%	8.70%
98.50	8.68%	8.67%	8.67%	8.66%	8.66%	8.66%	8.65%	8.65%
99.00	8.62%	8.61%	8.61%	8.61%	8.61%	8.60%	8.60%	8.60%
99.50	8.56%	8.56%	8.55%	8.55%	8.55%	8.55%	8.55%	8.55%
100.00	8.50%	8.50%	8.50%	8.50%	8.50%	8.50%	8.50%	8.50%
100.50	8.44%	8.44%	8.45%	8.45%	8.45%	8.45%	8.45%	8.45%
101.00	8.39%	8.39%	8.39%	8.39%	8.40%	8.40%	8.40%	8.40%
102.00	8.27%	8.28%	8.28%	8.29%	8.29%	8.30%	8.30%	8.30%
103.00	8.16%	8.17%	8.18%	8.19%	8.19%	8.20%	8.20%	8.21%
104.00	8.05%	8.06%	8.07%	8.08%	8.09%	8.10%	8.11%	8.11%
105.00	7.94%	7.96%	7.97%	7.98%	7.99%	8.00%	8.01%	8.02%
106.00	7.84%	7.85%	7.87%	7.89%	7.90%	7.91%	7.92%	7.93%
107.00	7.73%	7.75%	7.77%	7.79%	7.80%	7.82%	7.83%	7.84%
108.00	7.63%	7.65%	7.67%	7.69%	7.71%	7.72%	7.74%	7.75%
109.00	7.52%	7.55%	7.58%	7.60%	7.62%	7.63%	7.65%	7.66%
110.00	7.42%	7.45%	7.48%	7.50%	7.52%	7.54%	7.56%	7.58%

EFFECTIVE YIELD RATE 8.50%

PRICE	YEARS UNTIL MATURITY 24	25	26	27	28	29	30	40
70.00	12.45%	12.42%	12.39%	12.36%	12.33%	12.31%	12.29%	12.19%
71.00	12.28%	12.24%	12.21%	12.18%	12.16%	12.14%	12.12%	12.02%
72.00	12.10%	12.07%	12.04%	12.01%	11.99%	11.97%	11.95%	11.85%
73.00	11.94%	11.90%	11.87%	11.85%	11.83%	11.81%	11.79%	11.69%
74.00	11.77%	11.74%	11.71%	11.69%	11.67%	11.65%	11.63%	11.53%
75.00	11.61%	11.58%	11.55%	11.53%	11.51%	11.49%	11.47%	11.38%
76.00	11.45%	11.42%	11.40%	11.37%	11.35%	11.34%	11.32%	11.23%
77.00	11.30%	11.27%	11.25%	11.22%	11.20%	11.19%	11.17%	11.08%
78.00	11.15%	11.12%	11.10%	11.08%	11.06%	11.04%	11.03%	10.94%
79.00	11.00%	10.98%	10.95%	10.93%	10.92%	10.90%	10.89%	10.80%
80.00	10.86%	10.83%	10.81%	10.79%	10.78%	10.76%	10.75%	10.67%
81.00	10.72%	10.69%	10.67%	10.66%	10.64%	10.62%	10.61%	10.54%
82.00	10.58%	10.56%	10.54%	10.52%	10.50%	10.49%	10.48%	10.41%
82.50	10.51%	10.49%	10.47%	10.45%	10.44%	10.43%	10.41%	10.34%
83.00	10.44%	10.42%	10.41%	10.39%	10.37%	10.36%	10.35%	10.28%
83.50	10.38%	10.36%	10.34%	10.32%	10.31%	10.30%	10.29%	10.22%
84.00	10.31%	10.29%	10.28%	10.26%	10.25%	10.23%	10.22%	10.16%
84.50	10.25%	10.23%	10.21%	10.20%	10.18%	10.17%	10.16%	10.10%
85.00	10.18%	10.16%	10.15%	10.13%	10.12%	10.11%	10.10%	10.04%
85.50	10.12%	10.10%	10.09%	10.07%	10.06%	10.05%	10.04%	9.98%
86.00	10.06%	10.04%	10.02%	10.01%	10.00%	9.99%	9.98%	9.92%
86.50	9.99%	9.98%	9.96%	9.95%	9.94%	9.93%	9.92%	9.86%
87.00	9.93%	9.91%	9.90%	9.89%	9.88%	9.87%	9.86%	9.80%
87.50	9.87%	9.85%	9.84%	9.83%	9.82%	9.81%	9.80%	9.75%
88.00	9.81%	9.79%	9.78%	9.77%	9.76%	9.75%	9.74%	9.69%
88.50	9.75%	9.73%	9.72%	9.71%	9.70%	9.69%	9.68%	9.63%
89.00	9.69%	9.67%	9.66%	9.65%	9.64%	9.63%	9.63%	9.58%
89.50	9.63%	9.62%	9.60%	9.59%	9.59%	9.58%	9.57%	9.52%
90.00	9.57%	9.56%	9.55%	9.54%	9.53%	9.52%	9.51%	9.47%
90.50	9.51%	9.50%	9.49%	9.48%	9.47%	9.47%	9.46%	9.42%
91.00	9.45%	9.44%	9.43%	9.43%	9.42%	9.41%	9.40%	9.37%
91.50	9.40%	9.39%	9.38%	9.37%	9.36%	9.36%	9.35%	9.31%
92.00	9.34%	9.33%	9.32%	9.31%	9.31%	9.30%	9.30%	9.26%
92.50	9.29%	9.28%	9.27%	9.26%	9.25%	9.25%	9.24%	9.21%
93.00	9.23%	9.22%	9.21%	9.21%	9.20%	9.19%	9.19%	9.16%
93.50	9.17%	9.17%	9.16%	9.15%	9.15%	9.14%	9.14%	9.11%
94.00	9.12%	9.11%	9.11%	9.10%	9.10%	9.09%	9.09%	9.06%
94.50	9.07%	9.06%	9.05%	9.05%	9.04%	9.04%	9.03%	9.01%
95.00	9.01%	9.01%	9.00%	9.00%	8.99%	8.99%	8.98%	8.96%
95.50	8.96%	8.95%	8.95%	8.94%	8.94%	8.94%	8.93%	8.91%
96.00	8.91%	8.90%	8.90%	8.89%	8.89%	8.89%	8.88%	8.87%
96.50	8.85%	8.85%	8.85%	8.84%	8.84%	8.84%	8.83%	8.82%
97.00	8.80%	8.80%	8.80%	8.79%	8.79%	8.79%	8.79%	8.77%
97.50	8.75%	8.75%	8.75%	8.74%	8.74%	8.74%	8.74%	8.73%
98.00	8.70%	8.70%	8.70%	8.69%	8.69%	8.69%	8.69%	8.68%
98.50	8.65%	8.65%	8.65%	8.64%	8.64%	8.64%	8.64%	8.63%
99.00	8.60%	8.60%	8.60%	8.60%	8.59%	8.59%	8.59%	8.59%
99.50	8.55%	8.55%	8.55%	8.55%	8.55%	8.55%	8.55%	8.54%
100.00	8.50%	8.50%	8.50%	8.50%	8.50%	8.50%	8.50%	8.50%
100.50	8.45%	8.45%	8.45%	8.45%	8.45%	8.45%	8.45%	8.46%
101.00	8.40%	8.40%	8.40%	8.41%	8.41%	8.41%	8.41%	8.41%
102.00	8.31%	8.31%	8.31%	8.31%	8.31%	8.32%	8.32%	8.33%
103.00	8.21%	8.22%	8.22%	8.22%	8.22%	8.23%	8.23%	8.24%
104.00	8.12%	8.12%	8.13%	8.13%	8.14%	8.14%	8.14%	8.16%
105.00	8.03%	8.03%	8.04%	8.04%	8.05%	8.05%	8.06%	8.08%
106.00	7.94%	7.94%	7.95%	7.96%	7.96%	7.97%	7.97%	8.00%
107.00	7.85%	7.86%	7.86%	7.87%	7.88%	7.88%	7.89%	7.92%
108.00	7.76%	7.77%	7.78%	7.79%	7.79%	7.80%	7.81%	7.84%
109.00	7.67%	7.68%	7.69%	7.70%	7.71%	7.72%	7.72%	7.77%
110.00	7.59%	7.60%	7.61%	7.62%	7.63%	7.64%	7.65%	7.69%

8.75% EFFECTIVE YIELD RATE

PRICE	YEARS UNTIL MATURITY						
	1/2	1	2	3	4	5	6	7
85.00	45.59%	26.83%	18.01%	15.16%	13.75%	12.91%	12.36%	11.98%
85.50	44.15%	26.15%	17.67%	14.92%	13.57%	12.76%	12.23%	11.86%
86.00	42.73%	25.48%	17.33%	14.69%	13.38%	12.61%	12.10%	11.74%
86.50	41.33%	24.81%	16.99%	14.45%	13.20%	12.46%	11.97%	11.62%
87.00	39.94%	24.15%	16.66%	14.22%	13.02%	12.31%	11.84%	11.50%
87.50	38.57%	23.49%	16.33%	13.99%	12.84%	12.16%	11.71%	11.39%
88.00	37.22%	22.84%	16.00%	13.77%	12.67%	12.01%	11.58%	11.27%
88.50	35.88%	22.20%	15.67%	13.54%	12.49%	11.86%	11.45%	11.16%
89.00	34.55%	21.56%	15.34%	13.32%	12.31%	11.72%	11.33%	11.05%
89.50	33.24%	20.93%	15.02%	13.09%	12.14%	11.57%	11.20%	10.94%
90.00	31.94%	20.30%	14.70%	12.87%	11.97%	11.43%	11.08%	10.82%
90.50	30.66%	19.67%	14.38%	12.65%	11.80%	11.29%	10.95%	10.71%
91.00	29.40%	19.06%	14.07%	12.44%	11.63%	11.15%	10.83%	10.60%
91.25	28.77%	18.75%	13.91%	12.33%	11.54%	11.08%	10.77%	10.55%
91.50	28.14%	18.44%	13.76%	12.22%	11.46%	11.01%	10.71%	10.49%
91.75	27.52%	18.14%	13.60%	12.11%	11.37%	10.94%	10.65%	10.44%
92.00	26.90%	17.84%	13.44%	12.00%	11.29%	10.87%	10.59%	10.39%
92.25	26.29%	17.53%	13.29%	11.90%	11.21%	10.80%	10.52%	10.33%
92.50	25.68%	17.23%	13.14%	11.79%	11.12%	10.73%	10.46%	10.28%
92.75	25.07%	16.93%	12.98%	11.68%	11.04%	10.66%	10.40%	10.23%
93.00	24.46%	16.63%	12.83%	11.58%	10.96%	10.59%	10.34%	10.17%
93.25	23.86%	16.34%	12.68%	11.47%	10.88%	10.52%	10.29%	10.12%
93.50	23.26%	16.04%	12.52%	11.37%	10.79%	10.45%	10.23%	10.07%
93.75	22.67%	15.75%	12.37%	11.26%	10.71%	10.38%	10.17%	10.01%
94.00	22.07%	15.45%	12.22%	11.16%	10.63%	10.32%	10.11%	9.96%
94.25	21.49%	15.16%	12.07%	11.05%	10.55%	10.25%	10.05%	9.91%
94.50	20.90%	14.87%	11.92%	10.95%	10.47%	10.18%	9.99%	9.86%
94.75	20.32%	14.58%	11.77%	10.85%	10.39%	10.11%	9.93%	9.80%
95.00	19.74%	14.29%	11.62%	10.74%	10.31%	10.05%	9.87%	9.75%
95.25	19.16%	14.00%	11.48%	10.64%	10.23%	9.98%	9.82%	9.70%
95.50	18.59%	13.72%	11.33%	10.54%	10.15%	9.91%	9.76%	9.65%
95.75	18.02%	13.43%	11.18%	10.44%	10.07%	9.85%	9.70%	9.60%
96.00	17.45%	13.15%	11.03%	10.33%	9.99%	9.78%	9.64%	9.55%
96.25	16.88%	12.87%	10.89%	10.23%	9.91%	9.71%	9.59%	9.50%
96.50	16.32%	12.58%	10.74%	10.13%	9.83%	9.65%	9.53%	9.44%
96.75	15.76%	12.30%	10.60%	10.03%	9.75%	9.58%	9.47%	9.39%
97.00	15.21%	12.02%	10.45%	9.93%	9.67%	9.52%	9.42%	9.34%
97.25	14.65%	11.74%	10.31%	9.83%	9.59%	9.45%	9.36%	9.29%
97.50	14.10%	11.47%	10.16%	9.73%	9.52%	9.39%	9.30%	9.24%
97.75	13.55%	11.19%	10.02%	9.63%	9.44%	9.32%	9.25%	9.19%
98.00	13.01%	10.92%	9.88%	9.53%	9.36%	9.26%	9.19%	9.14%
98.25	12.47%	10.64%	9.73%	9.43%	9.28%	9.19%	9.14%	9.09%
98.50	11.93%	10.37%	9.59%	9.33%	9.21%	9.13%	9.08%	9.04%
98.75	11.39%	10.10%	9.45%	9.24%	9.13%	9.07%	9.02%	8.99%
99.00	10.86%	9.82%	9.31%	9.14%	9.05%	9.00%	8.97%	8.95%
99.25	10.33%	9.55%	9.17%	9.04%	8.98%	8.94%	8.91%	8.90%
99.50	9.80%	9.29%	9.03%	8.94%	8.90%	8.88%	8.86%	8.85%
99.75	9.27%	9.02%	8.89%	8.85%	8.83%	8.81%	8.80%	8.80%
100.00	8.75%	8.75%	8.75%	8.75%	8.75%	8.75%	8.75%	8.75%
100.25	8.23%	8.48%	8.61%	8.65%	8.67%	8.69%	8.70%	8.70%
100.50	7.71%	8.22%	8.47%	8.56%	8.60%	8.62%	8.64%	8.65%
101.00	6.68%	7.69%	8.20%	8.37%	8.45%	8.50%	8.53%	8.56%
101.50	5.67%	7.17%	7.92%	8.18%	8.30%	8.38%	8.43%	8.46%
102.00	4.66%	6.65%	7.65%	7.99%	8.15%	8.25%	8.32%	8.37%
102.50	3.66%	6.13%	7.38%	7.80%	8.01%	8.13%	8.21%	8.27%
103.00	2.67%	5.62%	7.11%	7.61%	7.86%	8.01%	8.11%	8.18%
103.50	1.69%	5.12%	6.85%	7.43%	7.72%	7.89%	8.00%	8.09%
104.00	0.72%	4.61%	6.58%	7.24%	7.57%	7.77%	7.90%	7.99%
104.50	***	4.11%	6.32%	7.06%	7.43%	7.65%	7.80%	7.90%
105.00	***	3.61%	6.06%	6.88%	7.29%	7.53%	7.69%	7.81%

EFFECTIVE YIELD RATE 8.75%

PRICE	YEARS UNTIL MATURITY							
	8	9	10	11	12	13	14	15
70.00	15.40%	14.91%	14.53%	14.23%	13.98%	13.77%	13.60%	13.45%
71.00	15.12%	14.65%	14.29%	13.99%	13.75%	13.55%	13.39%	13.25%
72.00	14.85%	14.40%	14.05%	13.76%	13.53%	13.34%	13.18%	13.05%
73.00	14.58%	14.15%	13.81%	13.54%	13.32%	13.14%	12.98%	12.85%
74.00	14.31%	13.90%	13.58%	13.32%	13.11%	12.93%	12.79%	12.66%
75.00	14.05%	13.66%	13.35%	13.10%	12.90%	12.73%	12.59%	12.48%
76.00	13.80%	13.42%	13.13%	12.89%	12.70%	12.54%	12.41%	12.29%
77.00	13.55%	13.19%	12.91%	12.68%	12.50%	12.35%	12.22%	12.11%
78.00	13.30%	12.96%	12.70%	12.48%	12.31%	12.16%	12.04%	11.94%
79.00	13.06%	12.74%	12.48%	12.28%	12.11%	11.98%	11.86%	11.76%
80.00	12.82%	12.52%	12.28%	12.08%	11.93%	11.80%	11.69%	11.59%
81.00	12.59%	12.30%	12.07%	11.89%	11.74%	11.62%	11.51%	11.43%
82.00	12.36%	12.09%	11.87%	11.70%	11.56%	11.44%	11.35%	11.26%
82.50	12.24%	11.98%	11.77%	11.61%	11.47%	11.36%	11.26%	11.18%
83.00	12.13%	11.88%	11.68%	11.51%	11.38%	11.27%	11.18%	11.10%
83.50	12.02%	11.77%	11.58%	11.42%	11.29%	11.19%	11.10%	11.02%
84.00	11.91%	11.67%	11.48%	11.33%	11.21%	11.10%	11.02%	10.95%
84.50	11.80%	11.57%	11.39%	11.24%	11.12%	11.02%	10.94%	10.87%
85.00	11.69%	11.47%	11.29%	11.15%	11.03%	10.94%	10.86%	10.79%
85.50	11.58%	11.36%	11.20%	11.06%	10.95%	10.86%	10.78%	10.71%
86.00	11.47%	11.27%	11.10%	10.97%	10.87%	10.78%	10.70%	10.64%
86.50	11.36%	11.17%	11.01%	10.88%	10.78%	10.70%	10.62%	10.56%
87.00	11.26%	11.07%	10.92%	10.80%	10.70%	10.62%	10.55%	10.49%
87.50	11.15%	10.97%	10.83%	10.71%	10.62%	10.54%	10.47%	10.41%
88.00	11.05%	10.87%	10.74%	10.63%	10.53%	10.46%	10.40%	10.34%
88.50	10.94%	10.78%	10.65%	10.54%	10.45%	10.38%	10.32%	10.27%
89.00	10.84%	10.68%	10.56%	10.46%	10.37%	10.30%	10.25%	10.20%
89.50	10.74%	10.59%	10.47%	10.37%	10.29%	10.23%	10.17%	10.13%
90.00	10.64%	10.49%	10.38%	10.29%	10.21%	10.15%	10.10%	10.06%
90.50	10.54%	10.40%	10.29%	10.21%	10.14%	10.08%	10.03%	9.98%
91.00	10.44%	10.31%	10.21%	10.13%	10.06%	10.00%	9.96%	9.92%
91.50	10.34%	10.22%	10.12%	10.04%	9.98%	9.93%	9.88%	9.85%
92.00	10.24%	10.13%	10.04%	9.96%	9.90%	9.85%	9.81%	9.78%
92.50	10.14%	10.03%	9.95%	9.88%	9.83%	9.78%	9.74%	9.71%
93.00	10.04%	9.95%	9.87%	9.80%	9.75%	9.71%	9.67%	9.64%
93.50	9.95%	9.86%	9.78%	9.73%	9.68%	9.64%	9.60%	9.58%
94.00	9.85%	9.77%	9.70%	9.65%	9.60%	9.57%	9.54%	9.51%
94.50	9.76%	9.68%	9.62%	9.57%	9.53%	9.50%	9.47%	9.44%
95.00	9.66%	9.59%	9.54%	9.49%	9.46%	9.43%	9.40%	9.38%
95.50	9.57%	9.51%	9.46%	9.42%	9.38%	9.36%	9.33%	9.31%
96.00	9.47%	9.42%	9.38%	9.34%	9.31%	9.29%	9.27%	9.25%
96.50	9.38%	9.33%	9.30%	9.26%	9.24%	9.22%	9.20%	9.18%
97.00	9.29%	9.25%	9.22%	9.19%	9.17%	9.15%	9.13%	9.12%
97.50	9.20%	9.16%	9.14%	9.11%	9.10%	9.08%	9.07%	9.06%
98.00	9.11%	9.08%	9.06%	9.04%	9.03%	9.01%	9.00%	9.00%
98.50	9.02%	9.00%	8.98%	8.97%	8.96%	8.95%	8.94%	8.93%
99.00	8.93%	8.91%	8.90%	8.89%	8.89%	8.88%	8.88%	8.87%
99.50	8.84%	8.83%	8.83%	8.82%	8.82%	8.82%	8.81%	8.81%
100.00	8.75%	8.75%	8.75%	8.75%	8.75%	8.75%	8.75%	8.75%
100.50	8.66%	8.67%	8.67%	8.68%	8.68%	8.69%	8.69%	8.69%
101.00	8.57%	8.59%	8.60%	8.61%	8.61%	8.62%	8.63%	8.63%
102.00	8.40%	8.43%	8.45%	8.47%	8.48%	8.49%	8.50%	8.51%
103.00	8.23%	8.27%	8.30%	8.33%	8.35%	8.37%	8.38%	8.39%
104.00	8.06%	8.12%	8.16%	8.19%	8.22%	8.24%	8.26%	8.28%
105.00	7.90%	7.96%	8.01%	8.06%	8.09%	8.12%	8.14%	8.17%
106.00	7.73%	7.81%	7.87%	7.92%	7.96%	8.00%	8.03%	8.05%
107.00	7.57%	7.66%	7.73%	7.79%	7.84%	7.88%	7.91%	7.94%
108.00	7.41%	7.51%	7.59%	7.66%	7.72%	7.76%	7.80%	7.83%
109.00	7.25%	7.36%	7.46%	7.53%	7.59%	7.65%	7.69%	7.73%
110.00	7.09%	7.22%	7.32%	7.41%	7.47%	7.53%	7.58%	7.62%

8.75%   EFFECTIVE YIELD RATE

PRICE	YEARS UNTIL MATURITY							
	16	17	18	19	20	21	22	23
70.00	13.33%	13.22%	13.13%	13.06%	12.99%	12.93%	12.88%	12.83%
71.00	13.13%	13.03%	12.94%	12.87%	12.80%	12.74%	12.69%	12.65%
72.00	12.94%	12.84%	12.75%	12.68%	12.62%	12.56%	12.51%	12.47%
73.00	12.74%	12.65%	12.57%	12.50%	12.44%	12.39%	12.34%	12.30%
74.00	12.56%	12.47%	12.39%	12.32%	12.26%	12.21%	12.17%	12.13%
75.00	12.37%	12.29%	12.21%	12.15%	12.09%	12.04%	12.00%	11.96%
76.00	12.20%	12.11%	12.04%	11.98%	11.93%	11.88%	11.84%	11.80%
77.00	12.02%	11.94%	11.87%	11.81%	11.76%	11.72%	11.68%	11.64%
78.00	11.85%	11.77%	11.71%	11.65%	11.60%	11.56%	11.52%	11.49%
79.00	11.68%	11.61%	11.55%	11.49%	11.44%	11.40%	11.37%	11.34%
80.00	11.51%	11.45%	11.39%	11.34%	11.29%	11.25%	11.22%	11.19%
81.00	11.35%	11.29%	11.23%	11.18%	11.14%	11.10%	11.07%	11.04%
82.00	11.19%	11.13%	11.08%	11.03%	10.99%	10.96%	10.93%	10.90%
82.50	11.11%	11.05%	11.00%	10.96%	10.92%	10.89%	10.86%	10.83%
83.00	11.04%	10.98%	10.93%	10.89%	10.85%	10.81%	10.79%	10.76%
83.50	10.96%	10.90%	10.86%	10.81%	10.78%	10.74%	10.72%	10.69%
84.00	10.88%	10.83%	10.78%	10.74%	10.71%	10.67%	10.65%	10.62%
84.50	10.81%	10.75%	10.71%	10.67%	10.64%	10.61%	10.58%	10.56%
85.00	10.73%	10.68%	10.64%	10.60%	10.57%	10.54%	10.51%	10.49%
85.50	10.66%	10.61%	10.57%	10.53%	10.50%	10.47%	10.44%	10.42%
86.00	10.58%	10.54%	10.50%	10.46%	10.43%	10.40%	10.38%	10.36%
86.50	10.51%	10.47%	10.43%	10.39%	10.36%	10.34%	10.31%	10.29%
87.00	10.44%	10.40%	10.36%	10.32%	10.30%	10.27%	10.25%	10.23%
87.50	10.37%	10.33%	10.29%	10.26%	10.23%	10.21%	10.18%	10.17%
88.00	10.30%	10.26%	10.22%	10.19%	10.16%	10.14%	10.12%	10.10%
88.50	10.22%	10.19%	10.15%	10.12%	10.10%	10.08%	10.06%	10.04%
89.00	10.16%	10.12%	10.09%	10.06%	10.04%	10.01%	10.00%	9.98%
89.50	10.09%	10.05%	10.02%	9.99%	9.97%	9.95%	9.93%	9.92%
90.00	10.02%	9.98%	9.96%	9.93%	9.91%	9.89%	9.87%	9.86%
90.50	9.95%	9.92%	9.89%	9.87%	9.85%	9.83%	9.81%	9.80%
91.00	9.88%	9.85%	9.83%	9.80%	9.78%	9.77%	9.75%	9.74%
91.50	9.81%	9.79%	9.76%	9.74%	9.72%	9.71%	9.69%	9.68%
92.00	9.75%	9.72%	9.70%	9.68%	9.66%	9.65%	9.63%	9.62%
92.50	9.68%	9.66%	9.64%	9.62%	9.60%	9.59%	9.57%	9.56%
93.00	9.62%	9.59%	9.57%	9.56%	9.54%	9.53%	9.52%	9.50%
93.50	9.55%	9.53%	9.51%	9.50%	9.48%	9.47%	9.46%	9.45%
94.00	9.49%	9.47%	9.45%	9.43%	9.42%	9.41%	9.40%	9.39%
94.50	9.42%	9.40%	9.39%	9.38%	9.36%	9.35%	9.34%	9.34%
95.00	9.36%	9.34%	9.33%	9.32%	9.31%	9.30%	9.29%	9.28%
95.50	9.30%	9.28%	9.27%	9.26%	9.25%	9.24%	9.23%	9.22%
96.00	9.23%	9.22%	9.21%	9.20%	9.19%	9.18%	9.18%	9.17%
96.50	9.17%	9.16%	9.15%	9.14%	9.13%	9.13%	9.12%	9.12%
97.00	9.11%	9.10%	9.09%	9.08%	9.08%	9.07%	9.07%	9.06%
97.50	9.05%	9.04%	9.03%	9.03%	9.02%	9.02%	9.01%	9.01%
98.00	8.99%	8.98%	8.98%	8.97%	8.97%	8.96%	8.96%	8.96%
98.50	8.93%	8.92%	8.92%	8.92%	8.91%	8.91%	8.91%	8.90%
99.00	8.87%	8.86%	8.86%	8.86%	8.86%	8.86%	8.85%	8.85%
99.50	8.81%	8.81%	8.81%	8.80%	8.80%	8.80%	8.80%	8.80%
100.00	8.75%	8.75%	8.75%	8.75%	8.75%	8.75%	8.75%	8.75%
100.50	8.69%	8.69%	8.69%	8.70%	8.70%	8.70%	8.70%	8.70%
101.00	8.63%	8.64%	8.64%	8.64%	8.64%	8.65%	8.65%	8.65%
102.00	8.52%	8.53%	8.53%	8.54%	8.54%	8.54%	8.55%	8.55%
103.00	8.41%	8.42%	8.42%	8.43%	8.44%	8.44%	8.45%	8.45%
104.00	8.29%	8.31%	8.32%	8.33%	8.34%	8.34%	8.35%	8.36%
105.00	8.18%	8.20%	8.21%	8.23%	8.24%	8.25%	8.25%	8.26%
106.00	8.08%	8.09%	8.11%	8.12%	8.14%	8.15%	8.16%	8.17%
107.00	7.97%	7.99%	8.01%	8.03%	8.04%	8.05%	8.07%	8.08%
108.00	7.86%	7.89%	7.91%	7.93%	7.94%	7.96%	7.97%	7.98%
109.00	7.76%	7.79%	7.81%	7.83%	7.85%	7.87%	7.88%	7.90%
110.00	7.66%	7.69%	7.71%	7.74%	7.76%	7.78%	7.79%	7.81%

EFFECTIVE YIELD RATE 8.75%

PRICE	YEARS UNTIL MATURITY							
	24	25	26	27	28	29	30	40
70.00	12.79%	12.76%	12.73%	12.70%	12.68%	12.66%	12.64%	12.54%
71.00	12.61%	12.58%	12.55%	12.52%	12.50%	12.48%	12.46%	12.37%
72.00	12.44%	12.40%	12.37%	12.35%	12.33%	12.31%	12.29%	12.19%
73.00	12.26%	12.23%	12.20%	12.18%	12.16%	12.14%	12.12%	12.03%
74.00	12.09%	12.06%	12.04%	12.01%	11.99%	11.97%	11.96%	11.87%
75.00	11.93%	11.90%	11.87%	11.85%	11.83%	11.81%	11.80%	11.71%
76.00	11.77%	11.74%	11.72%	11.69%	11.67%	11.66%	11.64%	11.55%
77.00	11.61%	11.58%	11.56%	11.54%	11.52%	11.50%	11.49%	11.40%
78.00	11.46%	11.43%	11.41%	11.39%	11.37%	11.35%	11.34%	11.26%
79.00	11.31%	11.28%	11.26%	11.24%	11.22%	11.21%	11.19%	11.12%
80.00	11.16%	11.14%	11.12%	11.10%	11.08%	11.06%	11.05%	10.98%
81.00	11.02%	10.99%	10.97%	10.96%	10.94%	10.93%	10.91%	10.84%
82.00	10.87%	10.85%	10.83%	10.82%	10.80%	10.79%	10.78%	10.71%
82.50	10.81%	10.78%	10.77%	10.75%	10.73%	10.72%	10.71%	10.64%
83.00	10.74%	10.72%	10.70%	10.68%	10.67%	10.66%	10.64%	10.58%
83.50	10.67%	10.65%	10.63%	10.62%	10.60%	10.59%	10.58%	10.51%
84.00	10.60%	10.58%	10.57%	10.55%	10.54%	10.52%	10.51%	10.45%
84.50	10.53%	10.52%	10.50%	10.49%	10.47%	10.46%	10.45%	10.39%
85.00	10.47%	10.45%	10.43%	10.42%	10.41%	10.40%	10.39%	10.33%
85.50	10.40%	10.39%	10.37%	10.36%	10.34%	10.33%	10.32%	10.27%
86.00	10.34%	10.32%	10.31%	10.29%	10.28%	10.27%	10.26%	10.21%
86.50	10.27%	10.26%	10.24%	10.23%	10.22%	10.21%	10.20%	10.15%
87.00	10.21%	10.20%	10.18%	10.17%	10.16%	10.15%	10.14%	10.09%
87.50	10.15%	10.13%	10.12%	10.11%	10.10%	10.09%	10.08%	10.03%
88.00	10.09%	10.07%	10.06%	10.05%	10.04%	10.03%	10.02%	9.97%
88.50	10.02%	10.01%	10.00%	9.99%	9.98%	9.97%	9.96%	9.91%
89.00	9.96%	9.95%	9.94%	9.93%	9.92%	9.91%	9.90%	9.86%
89.50	9.90%	9.89%	9.88%	9.87%	9.86%	9.85%	9.85%	9.80%
90.00	9.84%	9.83%	9.82%	9.81%	9.80%	9.79%	9.79%	9.75%
90.50	9.78%	9.77%	9.76%	9.75%	9.75%	9.74%	9.73%	9.69%
91.00	9.73%	9.71%	9.70%	9.70%	9.69%	9.68%	9.68%	9.64%
91.50	9.67%	9.66%	9.65%	9.64%	9.63%	9.63%	9.62%	9.58%
92.00	9.61%	9.60%	9.59%	9.58%	9.58%	9.57%	9.56%	9.53%
92.50	9.55%	9.54%	9.53%	9.53%	9.52%	9.52%	9.51%	9.48%
93.00	9.50%	9.49%	9.48%	9.47%	9.47%	9.46%	9.46%	9.43%
93.50	9.44%	9.43%	9.42%	9.42%	9.41%	9.41%	9.40%	9.38%
94.00	9.38%	9.38%	9.37%	9.36%	9.36%	9.35%	9.35%	9.32%
94.50	9.33%	9.32%	9.32%	9.31%	9.31%	9.30%	9.30%	9.27%
95.00	9.27%	9.27%	9.26%	9.26%	9.25%	9.25%	9.25%	9.22%
95.50	9.22%	9.21%	9.21%	9.20%	9.20%	9.20%	9.19%	9.17%
96.00	9.16%	9.16%	9.16%	9.15%	9.15%	9.15%	9.14%	9.13%
96.50	9.11%	9.11%	9.10%	9.10%	9.10%	9.09%	9.09%	9.08%
97.00	9.06%	9.05%	9.05%	9.05%	9.05%	9.04%	9.04%	9.03%
97.50	9.01%	9.00%	9.00%	9.00%	9.00%	8.99%	8.99%	8.98%
98.00	8.95%	8.95%	8.95%	8.95%	8.95%	8.94%	8.94%	8.93%
98.50	8.90%	8.90%	8.90%	8.90%	8.90%	8.90%	8.89%	8.89%
99.00	8.85%	8.85%	8.85%	8.85%	8.85%	8.85%	8.85%	8.84%
99.50	8.80%	8.80%	8.80%	8.80%	8.80%	8.80%	8.80%	8.80%
100.00	8.75%	8.75%	8.75%	8.75%	8.75%	8.75%	8.75%	8.75%
100.50	8.70%	8.70%	8.70%	8.70%	8.70%	8.70%	8.70%	8.70%
101.00	8.65%	8.65%	8.65%	8.65%	8.65%	8.66%	8.66%	8.66%
102.00	8.55%	8.55%	8.56%	8.56%	8.56%	8.56%	8.56%	8.57%
103.00	8.46%	8.46%	8.46%	8.47%	8.47%	8.47%	8.47%	8.49%
104.00	8.36%	8.37%	8.37%	8.37%	8.38%	8.38%	8.38%	8.40%
105.00	8.27%	8.27%	8.28%	8.28%	8.29%	8.29%	8.30%	8.32%
106.00	8.18%	8.18%	8.19%	8.19%	8.20%	8.20%	8.21%	8.24%
107.00	8.08%	8.09%	8.10%	8.11%	8.11%	8.12%	8.12%	8.15%
108.00	8.00%	8.00%	8.01%	8.02%	8.03%	8.03%	8.04%	8.08%
109.00	7.91%	7.92%	7.93%	7.94%	7.94%	7.95%	7.96%	8.00%
110.00	7.82%	7.83%	7.84%	7.85%	7.86%	7.87%	7.88%	7.92%

9% EFFECTIVE YIELD RATE

PRICE	YEARS UNTIL MATURITY							
	1/2	1	2	3	4	5	6	7
85.00	45.88%	27.11%	18.29%	15.43%	14.03%	13.19%	12.64%	12.25%
85.50	44.44%	26.43%	17.95%	15.20%	13.84%	13.04%	12.51%	12.13%
86.00	43.02%	25.76%	17.61%	14.96%	13.66%	12.88%	12.37%	12.01%
86.50	41.62%	25.09%	17.27%	14.73%	13.48%	12.73%	12.24%	11.90%
87.00	40.23%	24.43%	16.93%	14.50%	13.29%	12.58%	12.11%	11.78%
87.50	38.86%	23.77%	16.60%	14.27%	13.12%	12.43%	11.98%	11.66%
88.00	37.50%	23.12%	16.27%	14.04%	12.94%	12.28%	11.85%	11.55%
88.50	36.16%	22.47%	15.94%	13.81%	12.76%	12.13%	11.72%	11.43%
89.00	34.83%	21.83%	15.61%	13.59%	12.58%	11.99%	11.60%	11.32%
89.50	33.52%	21.20%	15.29%	13.36%	12.41%	11.84%	11.47%	11.20%
90.00	32.22%	20.57%	14.97%	13.14%	12.24%	11.70%	11.34%	11.09%
90.50	30.94%	19.94%	14.65%	12.92%	12.06%	11.55%	11.22%	10.98%
91.00	29.67%	19.32%	14.33%	12.70%	11.89%	11.41%	11.09%	10.87%
91.25	29.04%	19.02%	14.18%	12.59%	11.81%	11.34%	11.03%	10.81%
91.50	28.42%	18.71%	14.02%	12.48%	11.72%	11.27%	10.97%	10.76%
91.75	27.79%	18.41%	13.86%	12.38%	11.64%	11.20%	10.91%	10.70%
92.00	27.17%	18.10%	13.71%	12.27%	11.55%	11.13%	10.85%	10.65%
92.25	26.56%	17.80%	13.55%	12.16%	11.47%	11.06%	10.79%	10.60%
92.50	25.95%	17.50%	13.40%	12.05%	11.39%	10.99%	10.73%	10.54%
92.75	25.34%	17.20%	13.24%	11.95%	11.30%	10.92%	10.67%	10.49%
93.00	24.73%	16.90%	13.09%	11.84%	11.22%	10.85%	10.61%	10.43%
93.25	24.13%	16.60%	12.94%	11.73%	11.14%	10.78%	10.55%	10.38%
93.50	23.53%	16.31%	12.79%	11.63%	11.05%	10.71%	10.49%	10.33%
93.75	22.93%	16.01%	12.63%	11.52%	10.97%	10.64%	10.43%	10.27%
94.00	22.34%	15.72%	12.48%	11.42%	10.89%	10.58%	10.37%	10.22%
94.25	21.75%	15.42%	12.33%	11.31%	10.81%	10.51%	10.31%	10.17%
94.50	21.16%	15.13%	12.18%	11.21%	10.73%	10.44%	10.25%	10.12%
94.75	20.58%	14.84%	12.03%	11.11%	10.65%	10.37%	10.19%	10.06%
95.00	20.00%	14.55%	11.88%	11.00%	10.56%	10.30%	10.13%	10.01%
95.25	19.42%	14.26%	11.73%	10.90%	10.48%	10.24%	10.07%	9.96%
95.50	18.85%	13.98%	11.58%	10.80%	10.40%	10.17%	10.02%	9.91%
95.75	18.28%	13.69%	11.44%	10.69%	10.32%	10.10%	9.96%	9.85%
96.00	17.71%	13.41%	11.29%	10.59%	10.24%	10.04%	9.90%	9.80%
96.25	17.14%	13.12%	11.14%	10.49%	10.16%	9.97%	9.84%	9.75%
96.50	16.58%	12.84%	11.00%	10.39%	10.08%	9.90%	9.78%	9.70%
96.75	16.02%	12.56%	10.85%	10.29%	10.01%	9.84%	9.73%	9.65%
97.00	15.46%	12.28%	10.71%	10.19%	9.93%	9.77%	9.67%	9.60%
97.25	14.91%	12.00%	10.56%	10.09%	9.85%	9.71%	9.61%	9.55%
97.50	14.36%	11.72%	10.42%	9.98%	9.77%	9.64%	9.56%	9.50%
97.75	13.81%	11.44%	10.27%	9.88%	9.69%	9.58%	9.50%	9.45%
98.00	13.27%	11.17%	10.13%	9.79%	9.61%	9.51%	9.44%	9.40%
98.25	12.72%	10.89%	9.99%	9.69%	9.54%	9.45%	9.39%	9.35%
98.50	12.18%	10.62%	9.84%	9.59%	9.46%	9.38%	9.33%	9.30%
98.75	11.65%	10.35%	9.70%	9.49%	9.38%	9.32%	9.28%	9.25%
99.00	11.11%	10.08%	9.56%	9.39%	9.31%	9.25%	9.22%	9.20%
99.25	10.58%	9.81%	9.42%	9.29%	9.23%	9.19%	9.17%	9.15%
99.50	10.05%	9.54%	9.28%	9.19%	9.15%	9.13%	9.11%	9.10%
99.75	9.52%	9.27%	9.14%	9.10%	9.08%	9.06%	9.05%	9.05%
100.00	9.00%	9.00%	9.00%	9.00%	9.00%	9.00%	9.00%	9.00%
100.25	8.48%	8.73%	8.86%	8.90%	8.92%	8.94%	8.95%	8.95%
100.50	7.96%	8.47%	8.72%	8.81%	8.85%	8.87%	8.89%	8.90%
101.00	6.93%	7.94%	8.45%	8.61%	8.70%	8.75%	8.78%	8.81%
101.50	5.91%	7.42%	8.17%	8.42%	8.55%	8.62%	8.67%	8.71%
102.00	4.90%	6.90%	7.90%	8.23%	8.40%	8.50%	8.57%	8.61%
102.50	3.90%	6.38%	7.63%	8.05%	8.25%	8.38%	8.46%	8.52%
103.00	2.91%	5.87%	7.36%	7.86%	8.11%	8.26%	8.35%	8.42%
103.50	1.93%	5.36%	7.09%	7.67%	7.96%	8.13%	8.25%	8.33%
104.00	0.96%	4.85%	6.83%	7.49%	7.82%	8.01%	8.14%	8.24%
104.50	***	4.35%	6.56%	7.30%	7.67%	7.89%	8.04%	8.14%
105.00	***	3.85%	6.30%	7.12%	7.53%	7.77%	7.94%	8.05%

EFFECTIVE YIELD RATE 9%

PRICE	YEARS UNTIL MATURITY							
	8	9	10	11	12	13	14	15
70.00	15.72%	15.23%	14.85%	14.55%	14.30%	14.10%	13.93%	13.78%
71.00	15.43%	14.97%	14.60%	14.31%	14.07%	13.88%	13.71%	13.57%
72.00	15.16%	14.71%	14.36%	14.08%	13.85%	13.66%	13.50%	13.37%
73.00	14.89%	14.46%	14.12%	13.85%	13.63%	13.45%	13.30%	13.17%
74.00	14.62%	14.21%	13.89%	13.63%	13.42%	13.25%	13.10%	12.98%
75.00	14.36%	13.96%	13.66%	13.41%	13.21%	13.04%	12.90%	12.79%
76.00	14.10%	13.72%	13.43%	13.20%	13.00%	12.84%	12.71%	12.60%
77.00	13.84%	13.49%	13.21%	12.99%	12.80%	12.65%	12.52%	12.42%
78.00	13.60%	13.26%	12.99%	12.78%	12.60%	12.46%	12.34%	12.24%
79.00	13.35%	13.03%	12.78%	12.58%	12.41%	12.27%	12.16%	12.06%
80.00	13.11%	12.81%	12.57%	12.38%	12.22%	12.09%	11.98%	11.89%
81.00	12.87%	12.59%	12.36%	12.18%	12.03%	11.91%	11.81%	11.72%
82.00	12.64%	12.37%	12.16%	11.99%	11.85%	11.73%	11.64%	11.55%
82.50	12.53%	12.26%	12.06%	11.89%	11.76%	11.65%	11.55%	11.47%
83.00	12.41%	12.16%	11.96%	11.80%	11.67%	11.56%	11.47%	11.39%
83.50	12.30%	12.05%	11.86%	11.71%	11.58%	11.47%	11.38%	11.31%
84.00	12.19%	11.95%	11.76%	11.61%	11.49%	11.39%	11.30%	11.23%
84.50	12.08%	11.85%	11.67%	11.52%	11.40%	11.30%	11.22%	11.15%
85.00	11.96%	11.74%	11.57%	11.43%	11.32%	11.22%	11.14%	11.07%
85.50	11.86%	11.64%	11.47%	11.34%	11.23%	11.14%	11.06%	10.99%
86.00	11.75%	11.54%	11.38%	11.25%	11.14%	11.06%	10.98%	10.92%
86.50	11.64%	11.44%	11.29%	11.16%	11.06%	10.97%	10.90%	10.84%
87.00	11.53%	11.34%	11.19%	11.07%	10.97%	10.89%	10.82%	10.77%
87.50	11.43%	11.24%	11.10%	10.99%	10.89%	10.81%	10.75%	10.69%
88.00	11.32%	11.15%	11.01%	10.90%	10.81%	10.73%	10.67%	10.62%
88.50	11.21%	11.05%	10.92%	10.81%	10.73%	10.65%	10.59%	10.54%
89.00	11.11%	10.95%	10.83%	10.73%	10.64%	10.58%	10.52%	10.47%
89.50	11.01%	10.86%	10.74%	10.64%	10.56%	10.50%	10.44%	10.40%
90.00	10.91%	10.76%	10.65%	10.56%	10.48%	10.42%	10.37%	10.33%
90.50	10.80%	10.67%	10.56%	10.47%	10.40%	10.35%	10.30%	10.25%
91.00	10.70%	10.57%	10.47%	10.39%	10.33%	10.27%	10.22%	10.18%
91.50	10.60%	10.48%	10.39%	10.31%	10.25%	10.19%	10.15%	10.11%
92.00	10.50%	10.39%	10.30%	10.23%	10.17%	10.12%	10.08%	10.04%
92.50	10.40%	10.30%	10.21%	10.15%	10.09%	10.05%	10.01%	9.97%
93.00	10.31%	10.21%	10.13%	10.07%	10.02%	9.97%	9.94%	9.91%
93.50	10.21%	10.12%	10.05%	9.99%	9.94%	9.90%	9.87%	9.84%
94.00	10.11%	10.03%	9.96%	9.91%	9.86%	9.83%	9.80%	9.77%
94.50	10.02%	9.94%	9.88%	9.83%	9.79%	9.76%	9.73%	9.70%
95.00	9.92%	9.85%	9.80%	9.75%	9.71%	9.68%	9.66%	9.64%
95.50	9.83%	9.76%	9.71%	9.67%	9.64%	9.61%	9.59%	9.57%
96.00	9.73%	9.68%	9.63%	9.60%	9.57%	9.54%	9.52%	9.51%
96.50	9.64%	9.59%	9.55%	9.52%	9.49%	9.47%	9.46%	9.44%
97.00	9.54%	9.50%	9.47%	9.44%	9.42%	9.40%	9.39%	9.38%
97.50	9.45%	9.42%	9.39%	9.37%	9.35%	9.34%	9.32%	9.31%
98.00	9.36%	9.33%	9.31%	9.29%	9.28%	9.27%	9.26%	9.25%
98.50	9.27%	9.25%	9.23%	9.22%	9.21%	9.20%	9.19%	9.19%
99.00	9.18%	9.17%	9.15%	9.15%	9.14%	9.13%	9.13%	9.12%
99.50	9.09%	9.08%	9.08%	9.07%	9.07%	9.07%	9.06%	9.06%
100.00	9.00%	9.00%	9.00%	9.00%	9.00%	9.00%	9.00%	9.00%
100.50	8.91%	8.92%	8.92%	8.93%	8.93%	8.93%	8.94%	8.94%
101.00	8.82%	8.84%	8.85%	8.86%	8.86%	8.87%	8.87%	8.88%
102.00	8.65%	8.68%	8.70%	8.71%	8.73%	8.74%	8.75%	8.76%
103.00	8.48%	8.52%	8.55%	8.57%	8.59%	8.61%	8.63%	8.64%
104.00	8.31%	8.36%	8.40%	8.43%	8.46%	8.49%	8.51%	8.52%
105.00	8.14%	8.20%	8.26%	8.30%	8.33%	8.36%	8.39%	8.41%
106.00	7.97%	8.05%	8.11%	8.16%	8.20%	8.24%	8.27%	8.29%
107.00	7.81%	7.90%	7.97%	8.03%	8.08%	8.12%	8.15%	8.18%
108.00	7.64%	7.75%	7.83%	7.90%	7.95%	8.00%	8.04%	8.07%
109.00	7.48%	7.60%	7.69%	7.77%	7.83%	7.88%	7.92%	7.96%
110.00	7.33%	7.45%	7.56%	7.64%	7.71%	7.76%	7.81%	7.85%

9% EFFECTIVE YIELD RATE

PRICE	YEARS UNTIL MATURITY							
	16	17	18	19	20	21	22	23
70.00	13.66%	13.56%	13.47%	13.39%	13.33%	13.27%	13.22%	13.17%
71.00	13.46%	13.36%	13.27%	13.20%	13.13%	13.08%	13.03%	12.99%
72.00	13.26%	13.16%	13.08%	13.01%	12.95%	12.89%	12.85%	12.80%
73.00	13.06%	12.97%	12.89%	12.82%	12.76%	12.71%	12.67%	12.63%
74.00	12.87%	12.78%	12.71%	12.64%	12.58%	12.53%	12.49%	12.45%
75.00	12.69%	12.60%	12.53%	12.46%	12.41%	12.36%	12.32%	12.28%
76.00	12.50%	12.42%	12.35%	12.29%	12.24%	12.19%	12.15%	12.12%
77.00	12.33%	12.25%	12.18%	12.12%	12.07%	12.03%	11.99%	11.95%
78.00	12.15%	12.08%	12.01%	11.96%	11.91%	11.86%	11.83%	11.80%
79.00	11.98%	11.91%	11.85%	11.79%	11.75%	11.71%	11.67%	11.64%
80.00	11.81%	11.74%	11.68%	11.63%	11.59%	11.55%	11.52%	11.49%
81.00	11.64%	11.58%	11.53%	11.48%	11.44%	11.40%	11.37%	11.34%
82.00	11.48%	11.42%	11.37%	11.33%	11.29%	11.25%	11.22%	11.19%
82.50	11.40%	11.34%	11.29%	11.25%	11.21%	11.18%	11.15%	11.12%
83.00	11.32%	11.27%	11.22%	11.18%	11.14%	11.11%	11.08%	11.05%
83.50	11.25%	11.19%	11.14%	11.10%	11.07%	11.03%	11.01%	10.98%
84.00	11.17%	11.11%	11.07%	11.03%	10.99%	10.96%	10.94%	10.91%
84.50	11.09%	11.04%	10.99%	10.96%	10.92%	10.89%	10.87%	10.84%
85.00	11.01%	10.96%	10.92%	10.88%	10.85%	10.82%	10.80%	10.78%
85.50	10.94%	10.89%	10.85%	10.81%	10.78%	10.75%	10.73%	10.71%
86.00	10.86%	10.82%	10.78%	10.74%	10.71%	10.69%	10.66%	10.64%
86.50	10.79%	10.75%	10.71%	10.67%	10.64%	10.62%	10.59%	10.57%
87.00	10.72%	10.67%	10.64%	10.60%	10.58%	10.55%	10.53%	10.51%
87.50	10.64%	10.60%	10.57%	10.54%	10.51%	10.48%	10.46%	10.44%
88.00	10.57%	10.53%	10.50%	10.47%	10.44%	10.42%	10.40%	10.38%
88.50	10.50%	10.46%	10.43%	10.40%	10.37%	10.35%	10.33%	10.32%
89.00	10.43%	10.39%	10.36%	10.33%	10.31%	10.29%	10.27%	10.25%
89.50	10.36%	10.32%	10.29%	10.27%	10.24%	10.22%	10.21%	10.19%
90.00	10.29%	10.25%	10.23%	10.20%	10.18%	10.16%	10.14%	10.13%
90.50	10.22%	10.19%	10.16%	10.14%	10.12%	10.10%	10.08%	10.07%
91.00	10.15%	10.12%	10.09%	10.07%	10.05%	10.04%	10.02%	10.01%
91.50	10.08%	10.05%	10.03%	10.01%	9.99%	9.97%	9.96%	9.95%
92.00	10.01%	9.99%	9.96%	9.95%	9.93%	9.91%	9.90%	9.89%
92.50	9.95%	9.92%	9.90%	9.88%	9.87%	9.85%	9.84%	9.83%
93.00	9.88%	9.86%	9.84%	9.82%	9.81%	9.79%	9.78%	9.77%
93.50	9.81%	9.79%	9.77%	9.76%	9.74%	9.73%	9.72%	9.71%
94.00	9.75%	9.73%	9.71%	9.70%	9.68%	9.67%	9.66%	9.65%
94.50	9.68%	9.67%	9.65%	9.64%	9.62%	9.61%	9.61%	9.60%
95.00	9.62%	9.60%	9.59%	9.58%	9.57%	9.56%	9.55%	9.54%
95.50	9.55%	9.54%	9.53%	9.52%	9.51%	9.50%	9.49%	9.48%
96.00	9.49%	9.48%	9.47%	9.46%	9.45%	9.44%	9.43%	9.43%
96.50	9.43%	9.42%	9.41%	9.40%	9.39%	9.38%	9.38%	9.37%
97.00	9.37%	9.36%	9.35%	9.34%	9.33%	9.33%	9.32%	9.32%
97.50	9.30%	9.30%	9.29%	9.28%	9.28%	9.27%	9.27%	9.26%
98.00	9.24%	9.24%	9.23%	9.23%	9.22%	9.22%	9.21%	9.21%
98.50	9.18%	9.18%	9.17%	9.17%	9.16%	9.16%	9.16%	9.16%
99.00	9.12%	9.12%	9.11%	9.11%	9.11%	9.11%	9.11%	9.10%
99.50	9.06%	9.06%	9.06%	9.06%	9.05%	9.05%	9.05%	9.05%
100.00	9.00%	9.00%	9.00%	9.00%	9.00%	9.00%	9.00%	9.00%
100.50	8.94%	8.94%	8.94%	8.94%	8.95%	8.95%	8.95%	8.95%
101.00	8.88%	8.88%	8.89%	8.89%	8.89%	8.89%	8.90%	8.90%
102.00	8.77%	8.77%	8.78%	8.78%	8.79%	8.79%	8.79%	8.80%
103.00	8.65%	8.66%	8.67%	8.68%	8.68%	8.69%	8.69%	8.70%
104.00	8.54%	8.55%	8.56%	8.57%	8.58%	8.59%	8.59%	8.60%
105.00	8.43%	8.44%	8.45%	8.47%	8.48%	8.49%	8.49%	8.50%
106.00	8.32%	8.33%	8.35%	8.36%	8.38%	8.39%	8.40%	8.41%
107.00	8.21%	8.23%	8.25%	8.26%	8.28%	8.29%	8.30%	8.31%
108.00	8.10%	8.12%	8.15%	8.16%	8.18%	8.20%	8.21%	8.22%
109.00	7.99%	8.02%	8.05%	8.07%	8.08%	8.10%	8.12%	8.13%
110.00	7.89%	7.92%	7.95%	7.97%	7.99%	8.01%	8.02%	8.04%

EFFECTIVE YIELD RATE 9%

PRICE	YEARS UNTIL MATURITY							
	24	25	26	27	28	29	30	40
70.00	13.14%	13.10%	13.07%	13.05%	13.03%	13.01%	12.99%	12.89%
71.00	12.95%	12.92%	12.89%	12.86%	12.84%	12.82%	12.81%	12.71%
72.00	12.77%	12.74%	12.71%	12.68%	12.66%	12.64%	12.63%	12.54%
73.00	12.59%	12.56%	12.53%	12.51%	12.49%	12.47%	12.45%	12.37%
74.00	12.42%	12.39%	12.36%	12.34%	12.32%	12.30%	12.29%	12.20%
75.00	12.25%	12.22%	12.20%	12.17%	12.15%	12.14%	12.12%	12.04%
76.00	12.08%	12.06%	12.03%	12.01%	11.99%	11.98%	11.96%	11.88%
77.00	11.92%	11.90%	11.87%	11.85%	11.84%	11.82%	11.81%	11.73%
78.00	11.77%	11.74%	11.72%	11.70%	11.68%	11.67%	11.65%	11.58%
79.00	11.61%	11.59%	11.57%	11.55%	11.53%	11.52%	11.50%	11.43%
80.00	11.46%	11.44%	11.42%	11.40%	11.38%	11.37%	11.36%	11.29%
81.00	11.31%	11.29%	11.27%	11.26%	11.24%	11.23%	11.21%	11.15%
82.00	11.17%	11.15%	11.13%	11.11%	11.10%	11.09%	11.08%	11.01%
82.50	11.10%	11.08%	11.06%	11.05%	11.03%	11.02%	11.01%	10.94%
83.00	11.03%	11.01%	10.99%	10.98%	10.96%	10.95%	10.94%	10.88%
83.50	10.96%	10.94%	10.92%	10.91%	10.89%	10.88%	10.87%	10.81%
84.00	10.89%	10.87%	10.86%	10.84%	10.83%	10.82%	10.81%	10.75%
84.50	10.82%	10.80%	10.79%	10.77%	10.76%	10.75%	10.74%	10.68%
85.00	10.76%	10.74%	10.72%	10.71%	10.70%	10.69%	10.68%	10.62%
85.50	10.69%	10.67%	10.66%	10.64%	10.63%	10.62%	10.61%	10.56%
86.00	10.62%	10.61%	10.59%	10.58%	10.57%	10.56%	10.55%	10.49%
86.50	10.56%	10.54%	10.53%	10.51%	10.50%	10.49%	10.48%	10.43%
87.00	10.49%	10.48%	10.46%	10.45%	10.44%	10.43%	10.42%	10.37%
87.50	10.43%	10.41%	10.40%	10.39%	10.38%	10.37%	10.36%	10.31%
88.00	10.36%	10.35%	10.34%	10.33%	10.32%	10.31%	10.30%	10.25%
88.50	10.30%	10.29%	10.28%	10.27%	10.26%	10.25%	10.24%	10.19%
89.00	10.24%	10.23%	10.21%	10.20%	10.20%	10.19%	10.18%	10.14%
89.50	10.18%	10.17%	10.15%	10.14%	10.14%	10.13%	10.12%	10.08%
90.00	10.12%	10.10%	10.09%	10.08%	10.08%	10.07%	10.06%	10.02%
90.50	10.06%	10.04%	10.03%	10.03%	10.02%	10.01%	10.00%	9.97%
91.00	10.00%	9.98%	9.98%	9.97%	9.96%	9.95%	9.95%	9.91%
91.50	9.94%	9.93%	9.92%	9.91%	9.90%	9.90%	9.89%	9.86%
92.00	9.88%	9.87%	9.86%	9.85%	9.84%	9.84%	9.83%	9.80%
92.50	9.82%	9.81%	9.80%	9.79%	9.79%	9.78%	9.78%	9.75%
93.00	9.76%	9.75%	9.74%	9.74%	9.73%	9.73%	9.72%	9.69%
93.50	9.70%	9.70%	9.69%	9.68%	9.68%	9.67%	9.67%	9.64%
94.00	9.65%	9.64%	9.63%	9.63%	9.62%	9.62%	9.61%	9.59%
94.50	9.59%	9.58%	9.58%	9.57%	9.57%	9.56%	9.56%	9.54%
95.00	9.53%	9.53%	9.52%	9.52%	9.51%	9.51%	9.51%	9.49%
95.50	9.48%	9.47%	9.47%	9.46%	9.46%	9.46%	9.45%	9.44%
96.00	9.42%	9.42%	9.41%	9.41%	9.41%	9.40%	9.40%	9.39%
96.50	9.37%	9.36%	9.36%	9.36%	9.35%	9.35%	9.35%	9.34%
97.00	9.31%	9.31%	9.31%	9.31%	9.30%	9.30%	9.30%	9.29%
97.50	9.26%	9.26%	9.26%	9.25%	9.25%	9.25%	9.25%	9.24%
98.00	9.21%	9.21%	9.20%	9.20%	9.20%	9.20%	9.20%	9.19%
98.50	9.16%	9.15%	9.15%	9.15%	9.15%	9.15%	9.15%	9.14%
99.00	9.10%	9.10%	9.10%	9.10%	9.10%	9.10%	9.10%	9.09%
99.50	9.05%	9.05%	9.05%	9.05%	9.05%	9.05%	9.05%	9.05%
100.00	9.00%	9.00%	9.00%	9.00%	9.00%	9.00%	9.00%	9.00%
100.50	8.95%	8.95%	8.95%	8.95%	8.95%	8.95%	8.95%	8.95%
101.00	8.90%	8.90%	8.90%	8.90%	8.90%	8.90%	8.90%	8.91%
102.00	8.80%	8.80%	8.80%	8.80%	8.81%	8.81%	8.81%	8.82%
103.00	8.70%	8.70%	8.71%	8.71%	8.71%	8.71%	8.72%	8.73%
104.00	8.60%	8.61%	8.61%	8.62%	8.62%	8.62%	8.63%	8.64%
105.00	8.51%	8.51%	8.52%	8.52%	8.53%	8.53%	8.54%	8.56%
106.00	8.41%	8.42%	8.43%	8.43%	8.44%	8.44%	8.45%	8.47%
107.00	8.32%	8.33%	8.34%	8.34%	8.35%	8.36%	8.36%	8.39%
108.00	8.23%	8.24%	8.25%	8.26%	8.26%	8.27%	8.27%	8.31%
109.00	8.14%	8.15%	8.16%	8.17%	8.18%	8.18%	8.19%	8.23%
110.00	8.05%	8.06%	8.07%	8.08%	8.09%	8.10%	8.11%	8.15%

9.25%   EFFECTIVE YIELD RATE

PRICE	YEARS UNTIL MATURITY							
	1/2	1	2	3	4	5	6	7
85.00	46.18%	27.40%	18.57%	15.71%	14.30%	13.47%	12.92%	12.53%
85.50	44.74%	26.72%	18.22%	15.47%	14.12%	13.31%	12.78%	12.41%
86.00	43.31%	26.04%	17.88%	15.24%	13.93%	13.16%	12.65%	12.29%
86.50	41.91%	25.37%	17.54%	15.00%	13.75%	13.01%	12.52%	12.17%
87.00	40.52%	24.71%	17.21%	14.77%	13.57%	12.85%	12.38%	12.05%
87.50	39.14%	24.05%	16.87%	14.54%	13.39%	12.70%	12.25%	11.93%
88.00	37.78%	23.39%	16.54%	14.31%	13.21%	12.55%	12.12%	11.82%
88.50	36.44%	22.75%	16.21%	14.08%	13.03%	12.41%	11.99%	11.70%
89.00	35.11%	22.11%	15.88%	13.86%	12.85%	12.26%	11.86%	11.59%
89.50	33.80%	21.47%	15.56%	13.63%	12.68%	12.11%	11.74%	11.47%
90.00	32.50%	20.84%	15.24%	13.41%	12.50%	11.97%	11.61%	11.36%
90.50	31.22%	20.21%	14.92%	13.19%	12.33%	11.82%	11.48%	11.25%
91.00	29.95%	19.59%	14.60%	12.97%	12.16%	11.68%	11.36%	11.14%
91.25	29.32%	19.28%	14.44%	12.86%	12.07%	11.61%	11.30%	11.08%
91.50	28.69%	18.98%	14.29%	12.75%	11.99%	11.53%	11.24%	11.02%
91.75	28.07%	18.67%	14.13%	12.64%	11.90%	11.46%	11.17%	10.97%
92.00	27.45%	18.37%	13.97%	12.53%	11.82%	11.39%	11.11%	10.91%
92.25	26.83%	18.07%	13.82%	12.42%	11.73%	11.32%	11.05%	10.86%
92.50	26.22%	17.76%	13.66%	12.32%	11.65%	11.25%	10.99%	10.80%
92.75	25.61%	17.46%	13.51%	12.21%	11.56%	11.18%	10.93%	10.75%
93.00	25.00%	17.16%	13.35%	12.10%	11.48%	11.11%	10.87%	10.70%
93.25	24.40%	16.87%	13.20%	12.00%	11.40%	11.04%	10.81%	10.64%
93.50	23.80%	16.57%	13.05%	11.89%	11.32%	10.97%	10.75%	10.59%
93.75	23.20%	16.27%	12.89%	11.78%	11.23%	10.90%	10.69%	10.53%
94.00	22.61%	15.98%	12.74%	11.68%	11.15%	10.84%	10.63%	10.48%
94.25	22.02%	15.68%	12.59%	11.57%	11.07%	10.77%	10.57%	10.43%
94.50	21.43%	15.39%	12.44%	11.47%	10.99%	10.70%	10.51%	10.37%
94.75	20.84%	15.10%	12.29%	11.36%	10.90%	10.63%	10.45%	10.32%
95.00	20.26%	14.81%	12.14%	11.26%	10.82%	10.56%	10.39%	10.27%
95.25	19.69%	14.52%	11.99%	11.16%	10.74%	10.50%	10.33%	10.22%
95.50	19.11%	14.24%	11.84%	11.05%	10.66%	10.43%	10.27%	10.16%
95.75	18.54%	13.95%	11.69%	10.95%	10.58%	10.36%	10.21%	10.11%
96.00	17.97%	13.66%	11.55%	10.85%	10.50%	10.29%	10.16%	10.06%
96.25	17.40%	13.38%	11.40%	10.75%	10.42%	10.23%	10.10%	10.01%
96.50	16.84%	13.10%	11.25%	10.64%	10.34%	10.16%	10.04%	9.96%
96.75	16.28%	12.82%	11.11%	10.54%	10.26%	10.09%	9.98%	9.90%
97.00	15.72%	12.53%	10.96%	10.44%	10.18%	10.03%	9.93%	9.85%
97.25	15.17%	12.26%	10.82%	10.34%	10.10%	9.96%	9.87%	9.80%
97.50	14.62%	11.98%	10.67%	10.24%	10.02%	9.90%	9.81%	9.75%
97.75	14.07%	11.70%	10.53%	10.14%	9.95%	9.83%	9.75%	9.70%
98.00	13.52%	11.42%	10.38%	10.04%	9.87%	9.77%	9.70%	9.65%
98.25	12.98%	11.15%	10.24%	9.94%	9.79%	9.70%	9.64%	9.60%
98.50	12.44%	10.87%	10.10%	9.84%	9.71%	9.64%	9.58%	9.55%
98.75	11.90%	10.60%	9.95%	9.74%	9.63%	9.57%	9.53%	9.50%
99.00	11.36%	10.33%	9.81%	9.64%	9.56%	9.51%	9.47%	9.45%
99.25	10.83%	10.06%	9.67%	9.54%	9.48%	9.44%	9.42%	9.40%
99.50	10.30%	9.79%	9.53%	9.45%	9.40%	9.38%	9.36%	9.35%
99.75	9.77%	9.52%	9.39%	9.35%	9.33%	9.31%	9.31%	9.30%
100.00	9.25%	9.25%	9.25%	9.25%	9.25%	9.25%	9.25%	9.25%
100.25	8.73%	8.98%	9.11%	9.15%	9.17%	9.19%	9.19%	9.20%
100.50	8.21%	8.72%	8.97%	9.06%	9.10%	9.12%	9.14%	9.15%
101.00	7.18%	8.19%	8.69%	8.86%	8.95%	9.00%	9.03%	9.05%
101.50	6.16%	7.66%	8.42%	8.67%	8.80%	8.87%	8.92%	8.96%
102.00	5.15%	7.14%	8.15%	8.48%	8.65%	8.75%	8.81%	8.86%
102.50	4.15%	6.63%	7.87%	8.29%	8.50%	8.62%	8.71%	8.76%
103.00	3.16%	6.11%	7.60%	8.10%	8.35%	8.50%	8.60%	8.67%
103.50	2.17%	5.60%	7.34%	7.92%	8.21%	8.38%	8.49%	8.57%
104.00	1.20%	5.10%	7.07%	7.73%	8.06%	8.26%	8.39%	8.48%
104.50	0.24%	4.59%	6.81%	7.55%	7.92%	8.14%	8.28%	8.39%
105.00	***	4.10%	6.54%	7.36%	7.77%	8.02%	8.18%	8.29%

EFFECTIVE YIELD RATE 9.25%

PRICE	YEARS UNTIL MATURITY							
	8	9	10	11	12	13	14	15
70.00	16.04%	15.55%	15.17%	14.87%	14.63%	14.42%	14.25%	14.11%
71.00	15.75%	15.29%	14.92%	14.63%	14.39%	14.20%	14.04%	13.90%
72.00	15.47%	15.02%	14.68%	14.40%	14.17%	13.98%	13.83%	13.69%
73.00	15.19%	14.77%	14.43%	14.17%	13.95%	13.77%	13.62%	13.49%
74.00	14.92%	14.52%	14.20%	13.94%	13.73%	13.56%	13.41%	13.29%
75.00	14.66%	14.27%	13.96%	13.72%	13.52%	13.35%	13.21%	13.10%
76.00	14.40%	14.03%	13.73%	13.50%	13.31%	13.15%	13.02%	12.91%
77.00	14.14%	13.79%	13.51%	13.29%	13.10%	12.95%	12.83%	12.72%
78.00	13.89%	13.55%	13.29%	13.08%	12.90%	12.76%	12.64%	12.54%
79.00	13.64%	13.32%	13.07%	12.87%	12.71%	12.57%	12.46%	12.36%
80.00	13.40%	13.10%	12.86%	12.67%	12.51%	12.38%	12.28%	12.18%
81.00	13.16%	12.88%	12.65%	12.47%	12.32%	12.20%	12.10%	12.01%
82.00	12.93%	12.66%	12.45%	12.28%	12.14%	12.02%	11.93%	11.84%
82.50	12.81%	12.55%	12.34%	12.18%	12.04%	11.93%	11.84%	11.76%
83.00	12.70%	12.44%	12.24%	12.08%	11.95%	11.85%	11.75%	11.68%
83.50	12.58%	12.34%	12.14%	11.99%	11.86%	11.76%	11.67%	11.60%
84.00	12.47%	12.23%	12.05%	11.90%	11.77%	11.67%	11.59%	11.51%
84.50	12.36%	12.13%	11.95%	11.80%	11.68%	11.59%	11.50%	11.43%
85.00	12.24%	12.02%	11.85%	11.71%	11.60%	11.50%	11.42%	11.35%
85.50	12.13%	11.92%	11.75%	11.62%	11.51%	11.42%	11.34%	11.28%
86.00	12.02%	11.82%	11.66%	11.53%	11.42%	11.33%	11.26%	11.20%
86.50	11.91%	11.72%	11.56%	11.44%	11.34%	11.25%	11.18%	11.12%
87.00	11.81%	11.62%	11.47%	11.35%	11.25%	11.17%	11.10%	11.04%
87.50	11.70%	11.52%	11.37%	11.26%	11.17%	11.09%	11.02%	10.97%
88.00	11.59%	11.42%	11.28%	11.17%	11.08%	11.01%	10.94%	10.89%
88.50	11.49%	11.32%	11.19%	11.08%	11.00%	10.93%	10.87%	10.82%
89.00	11.38%	11.22%	11.10%	11.00%	10.92%	10.85%	10.79%	10.74%
89.50	11.28%	11.13%	11.01%	10.91%	10.83%	10.77%	10.71%	10.67%
90.00	11.17%	11.03%	10.92%	10.83%	10.75%	10.69%	10.64%	10.60%
90.50	11.07%	10.94%	10.83%	10.74%	10.67%	10.61%	10.56%	10.52%
91.00	10.97%	10.84%	10.74%	10.66%	10.59%	10.54%	10.49%	10.45%
91.50	10.87%	10.75%	10.65%	10.58%	10.51%	10.46%	10.42%	10.38%
92.00	10.77%	10.65%	10.56%	10.49%	10.43%	10.39%	10.34%	10.31%
92.50	10.67%	10.56%	10.48%	10.41%	10.36%	10.31%	10.27%	10.24%
93.00	10.57%	10.47%	10.39%	10.33%	10.28%	10.24%	10.20%	10.17%
93.50	10.47%	10.38%	10.31%	10.25%	10.20%	10.16%	10.13%	10.10%
94.00	10.37%	10.29%	10.22%	10.17%	10.12%	10.09%	10.06%	10.03%
94.50	10.27%	10.20%	10.14%	10.09%	10.05%	10.02%	9.99%	9.96%
95.00	10.18%	10.11%	10.05%	10.01%	9.97%	9.94%	9.92%	9.90%
95.50	10.08%	10.02%	9.97%	9.93%	9.90%	9.87%	9.85%	9.83%
96.00	9.99%	9.93%	9.89%	9.85%	9.82%	9.80%	9.78%	9.76%
96.50	9.89%	9.85%	9.81%	9.78%	9.75%	9.73%	9.71%	9.70%
97.00	9.80%	9.76%	9.73%	9.70%	9.68%	9.66%	9.65%	9.63%
97.50	9.71%	9.67%	9.65%	9.62%	9.61%	9.59%	9.58%	9.57%
98.00	9.61%	9.59%	9.57%	9.55%	9.53%	9.52%	9.51%	9.50%
98.50	9.52%	9.50%	9.49%	9.47%	9.46%	9.45%	9.45%	9.44%
99.00	9.43%	9.42%	9.41%	9.40%	9.39%	9.38%	9.38%	9.38%
99.50	9.34%	9.33%	9.33%	9.32%	9.32%	9.32%	9.31%	9.31%
100.00	9.25%	9.25%	9.25%	9.25%	9.25%	9.25%	9.25%	9.25%
100.50	9.16%	9.17%	9.17%	9.18%	9.18%	9.18%	9.19%	9.19%
101.00	9.07%	9.08%	9.10%	9.10%	9.11%	9.12%	9.12%	9.13%
102.00	8.90%	8.92%	8.94%	8.96%	8.97%	8.99%	9.00%	9.00%
103.00	8.72%	8.76%	8.79%	8.82%	8.84%	8.86%	8.87%	8.88%
104.00	8.55%	8.60%	8.64%	8.68%	8.71%	8.73%	8.75%	8.77%
105.00	8.38%	8.45%	8.50%	8.54%	8.57%	8.60%	8.63%	8.65%
106.00	8.21%	8.29%	8.35%	8.40%	8.44%	8.48%	8.51%	8.53%
107.00	8.05%	8.14%	8.21%	8.27%	8.32%	8.36%	8.39%	8.42%
108.00	7.88%	7.99%	8.07%	8.14%	8.19%	8.24%	8.27%	8.31%
109.00	7.72%	7.84%	7.93%	8.00%	8.07%	8.12%	8.16%	8.20%
110.00	7.56%	7.69%	7.79%	7.87%	7.94%	8.00%	8.05%	8.09%

9.25%   EFFECTIVE YIELD RATE

PRICE	YEARS UNTIL MATURITY							
	16	17	18	19	20	21	22	23
70.00	13.99%	13.89%	13.80%	13.73%	13.66%	13.61%	13.56%	13.52%
71.00	13.79%	13.69%	13.60%	13.53%	13.47%	13.41%	13.36%	13.32%
72.00	13.58%	13.49%	13.41%	13.34%	13.27%	13.22%	13.18%	13.14%
73.00	13.38%	13.29%	13.21%	13.15%	13.09%	13.04%	12.99%	12.95%
74.00	13.19%	13.10%	13.03%	12.96%	12.90%	12.86%	12.81%	12.78%
75.00	13.00%	12.92%	12.84%	12.78%	12.73%	12.68%	12.64%	12.60%
76.00	12.81%	12.73%	12.66%	12.60%	12.55%	12.51%	12.47%	12.43%
77.00	12.63%	12.55%	12.49%	12.43%	12.38%	12.34%	12.30%	12.27%
78.00	12.45%	12.38%	12.32%	12.26%	12.21%	12.17%	12.14%	12.10%
79.00	12.28%	12.21%	12.15%	12.10%	12.05%	12.01%	11.98%	11.95%
80.00	12.11%	12.04%	11.98%	11.93%	11.89%	11.85%	11.82%	11.79%
81.00	11.94%	11.88%	11.82%	11.77%	11.73%	11.70%	11.67%	11.64%
82.00	11.77%	11.71%	11.66%	11.62%	11.58%	11.55%	11.52%	11.49%
82.50	11.69%	11.63%	11.58%	11.54%	11.50%	11.47%	11.44%	11.42%
83.00	11.61%	11.56%	11.51%	11.47%	11.43%	11.40%	11.37%	11.34%
83.50	11.53%	11.48%	11.43%	11.39%	11.35%	11.32%	11.30%	11.27%
84.00	11.45%	11.40%	11.36%	11.32%	11.28%	11.25%	11.22%	11.20%
84.50	11.38%	11.32%	11.28%	11.24%	11.21%	11.18%	11.15%	11.13%
85.00	11.30%	11.25%	11.21%	11.17%	11.14%	11.11%	11.08%	11.06%
85.50	11.22%	11.17%	11.13%	11.10%	11.07%	11.04%	11.01%	10.99%
86.00	11.14%	11.10%	11.06%	11.02%	10.99%	10.97%	10.94%	10.92%
86.50	11.07%	11.02%	10.99%	10.95%	10.92%	10.90%	10.88%	10.86%
87.00	10.99%	10.95%	10.91%	10.88%	10.85%	10.83%	10.81%	10.79%
87.50	10.92%	10.88%	10.84%	10.81%	10.79%	10.76%	10.74%	10.72%
88.00	10.85%	10.81%	10.77%	10.74%	10.72%	10.70%	10.68%	10.66%
88.50	10.77%	10.74%	10.70%	10.68%	10.65%	10.63%	10.61%	10.59%
89.00	10.70%	10.67%	10.63%	10.61%	10.58%	10.56%	10.54%	10.53%
89.50	10.63%	10.60%	10.57%	10.54%	10.52%	10.50%	10.48%	10.47%
90.00	10.56%	10.53%	10.50%	10.47%	10.45%	10.43%	10.42%	10.40%
90.50	10.49%	10.46%	10.43%	10.41%	10.39%	10.37%	10.35%	10.34%
91.00	10.42%	10.39%	10.36%	10.34%	10.32%	10.31%	10.29%	10.28%
91.50	10.35%	10.32%	10.30%	10.28%	10.26%	10.24%	10.23%	10.22%
92.00	10.28%	10.25%	10.23%	10.21%	10.19%	10.18%	10.17%	10.16%
92.50	10.21%	10.19%	10.17%	10.15%	10.13%	10.12%	10.11%	10.09%
93.00	10.14%	10.12%	10.10%	10.08%	10.07%	10.06%	10.05%	10.04%
93.50	10.08%	10.06%	10.04%	10.02%	10.01%	10.00%	9.99%	9.98%
94.00	10.01%	9.99%	9.97%	9.96%	9.95%	9.94%	9.93%	9.92%
94.50	9.94%	9.93%	9.91%	9.90%	9.89%	9.88%	9.87%	9.86%
95.00	9.88%	9.86%	9.85%	9.84%	9.83%	9.82%	9.81%	9.80%
95.50	9.81%	9.80%	9.79%	9.78%	9.77%	9.76%	9.75%	9.74%
96.00	9.75%	9.74%	9.72%	9.72%	9.71%	9.70%	9.69%	9.69%
96.50	9.68%	9.67%	9.66%	9.66%	9.65%	9.64%	9.64%	9.63%
97.00	9.62%	9.61%	9.60%	9.60%	9.59%	9.58%	9.58%	9.58%
97.50	9.56%	9.55%	9.54%	9.54%	9.53%	9.53%	9.52%	9.52%
98.00	9.50%	9.49%	9.48%	9.48%	9.47%	9.47%	9.47%	9.46%
98.50	9.43%	9.43%	9.42%	9.42%	9.42%	9.42%	9.41%	9.41%
99.00	9.37%	9.37%	9.37%	9.36%	9.36%	9.36%	9.36%	9.36%
99.50	9.31%	9.31%	9.31%	9.31%	9.31%	9.30%	9.30%	9.30%
100.00	9.25%	9.25%	9.25%	9.25%	9.25%	9.25%	9.25%	9.25%
100.50	9.19%	9.19%	9.19%	9.19%	9.19%	9.20%	9.20%	9.20%
101.00	9.13%	9.13%	9.14%	9.14%	9.14%	9.14%	9.14%	9.15%
102.00	9.01%	9.02%	9.02%	9.03%	9.03%	9.04%	9.04%	9.04%
103.00	8.89%	8.90%	8.91%	8.92%	8.93%	8.93%	8.94%	8.94%
104.00	8.78%	8.79%	8.80%	8.81%	8.82%	8.83%	8.83%	8.84%
105.00	8.67%	8.68%	8.70%	8.71%	8.72%	8.73%	8.73%	8.74%
106.00	8.55%	8.57%	8.59%	8.60%	8.62%	8.63%	8.64%	8.64%
107.00	8.44%	8.47%	8.48%	8.50%	8.52%	8.53%	8.54%	8.55%
108.00	8.34%	8.36%	8.38%	8.40%	8.42%	8.43%	8.44%	8.46%
109.00	8.23%	8.26%	8.28%	8.30%	8.32%	8.34%	8.35%	8.36%
110.00	8.12%	8.15%	8.18%	8.20%	8.22%	8.24%	8.26%	8.27%

EFFECTIVE YIELD RATE 9.25%

PRICE	YEARS UNTIL MATURITY 24	25	26	27	28	29	30	40
70.00	13.48%	13.45%	13.42%	13.39%	13.37%	13.35%	13.34%	13.25%
71.00	13.29%	13.26%	13.23%	13.20%	13.18%	13.16%	13.15%	13.06%
72.00	13.10%	13.07%	13.04%	13.02%	13.00%	12.98%	12.97%	12.88%
73.00	12.92%	12.89%	12.86%	12.84%	12.82%	12.80%	12.79%	12.71%
74.00	12.74%	12.71%	12.69%	12.67%	12.65%	12.63%	12.62%	12.53%
75.00	12.57%	12.54%	12.52%	12.50%	12.48%	12.46%	12.45%	12.37%
76.00	12.40%	12.38%	12.35%	12.33%	12.31%	12.30%	12.28%	12.21%
77.00	12.24%	12.21%	12.19%	12.17%	12.15%	12.14%	12.12%	12.05%
78.00	12.08%	12.05%	12.03%	12.01%	11.99%	11.98%	11.97%	11.89%
79.00	11.92%	11.90%	11.87%	11.86%	11.84%	11.83%	11.81%	11.74%
80.00	11.76%	11.74%	11.72%	11.70%	11.69%	11.68%	11.66%	11.59%
81.00	11.61%	11.59%	11.57%	11.56%	11.54%	11.53%	11.52%	11.45%
82.00	11.47%	11.45%	11.43%	11.41%	11.40%	11.39%	11.37%	11.31%
82.50	11.39%	11.37%	11.36%	11.34%	11.33%	11.31%	11.30%	11.24%
83.00	11.32%	11.30%	11.29%	11.27%	11.26%	11.25%	11.23%	11.17%
83.50	11.25%	11.23%	11.22%	11.20%	11.19%	11.18%	11.17%	11.11%
84.00	11.18%	11.16%	11.15%	11.13%	11.12%	11.11%	11.10%	11.04%
84.50	11.11%	11.09%	11.08%	11.06%	11.05%	11.04%	11.03%	10.98%
85.00	11.04%	11.03%	11.01%	11.00%	10.98%	10.97%	10.96%	10.91%
85.50	10.97%	10.96%	10.94%	10.93%	10.92%	10.91%	10.90%	10.85%
86.00	10.91%	10.89%	10.88%	10.86%	10.85%	10.84%	10.83%	10.78%
86.50	10.84%	10.82%	10.81%	10.80%	10.79%	10.78%	10.77%	10.72%
87.00	10.77%	10.76%	10.75%	10.73%	10.72%	10.71%	10.71%	10.66%
87.50	10.71%	10.69%	10.68%	10.67%	10.66%	10.65%	10.64%	10.60%
88.00	10.64%	10.63%	10.62%	10.61%	10.60%	10.59%	10.58%	10.54%
88.50	10.58%	10.57%	10.55%	10.54%	10.53%	10.53%	10.52%	10.48%
89.00	10.51%	10.50%	10.49%	10.48%	10.47%	10.46%	10.46%	10.42%
89.50	10.45%	10.44%	10.43%	10.42%	10.41%	10.40%	10.40%	10.36%
90.00	10.39%	10.38%	10.37%	10.36%	10.35%	10.34%	10.34%	10.30%
90.50	10.33%	10.32%	10.31%	10.30%	10.29%	10.28%	10.28%	10.24%
91.00	10.27%	10.26%	10.25%	10.24%	10.23%	10.22%	10.22%	10.18%
91.50	10.21%	10.20%	10.19%	10.18%	10.17%	10.17%	10.16%	10.13%
92.00	10.14%	10.14%	10.13%	10.12%	10.11%	10.11%	10.10%	10.07%
92.50	10.09%	10.08%	10.07%	10.06%	10.06%	10.05%	10.05%	10.02%
93.00	10.03%	10.02%	10.01%	10.00%	10.00%	9.99%	9.99%	9.96%
93.50	9.97%	9.96%	9.95%	9.95%	9.94%	9.94%	9.93%	9.91%
94.00	9.91%	9.90%	9.90%	9.89%	9.89%	9.88%	9.88%	9.85%
94.50	9.85%	9.85%	9.84%	9.83%	9.83%	9.83%	9.82%	9.80%
95.00	9.79%	9.79%	9.78%	9.78%	9.78%	9.77%	9.77%	9.75%
95.50	9.74%	9.73%	9.73%	9.72%	9.72%	9.72%	9.71%	9.70%
96.00	9.68%	9.68%	9.67%	9.67%	9.67%	9.66%	9.66%	9.64%
96.50	9.63%	9.62%	9.62%	9.62%	9.61%	9.61%	9.61%	9.59%
97.00	9.57%	9.57%	9.56%	9.56%	9.56%	9.56%	9.56%	9.54%
97.50	9.52%	9.51%	9.51%	9.51%	9.51%	9.50%	9.50%	9.49%
98.00	9.46%	9.46%	9.46%	9.46%	9.45%	9.45%	9.45%	9.44%
98.50	9.41%	9.41%	9.41%	9.40%	9.40%	9.40%	9.40%	9.39%
99.00	9.36%	9.35%	9.35%	9.35%	9.35%	9.35%	9.35%	9.35%
99.50	9.30%	9.30%	9.30%	9.30%	9.30%	9.30%	9.30%	9.30%
100.00	9.25%	9.25%	9.25%	9.25%	9.25%	9.25%	9.25%	9.25%
100.50	9.20%	9.20%	9.20%	9.20%	9.20%	9.20%	9.20%	9.20%
101.00	9.15%	9.15%	9.15%	9.15%	9.15%	9.15%	9.15%	9.16%
102.00	9.04%	9.05%	9.05%	9.05%	9.05%	9.05%	9.06%	9.06%
103.00	8.94%	8.95%	8.95%	8.95%	8.96%	8.96%	8.96%	8.97%
104.00	8.85%	8.85%	8.85%	8.86%	8.86%	8.86%	8.87%	8.88%
105.00	8.75%	8.75%	8.76%	8.76%	8.77%	8.77%	8.78%	8.80%
106.00	8.65%	8.66%	8.67%	8.67%	8.68%	8.68%	8.68%	8.71%
107.00	8.56%	8.57%	8.57%	8.58%	8.59%	8.59%	8.60%	8.62%
108.00	8.47%	8.47%	8.48%	8.49%	8.50%	8.50%	8.51%	8.54%
109.00	8.37%	8.38%	8.39%	8.40%	8.41%	8.42%	8.42%	8.46%
110.00	8.28%	8.30%	8.31%	8.31%	8.32%	8.33%	8.34%	8.38%

9.50%   EFFECTIVE YIELD RATE

PRICE	YEARS UNTIL MATURITY						
	1/2	1	2	3	4	5	6	7
85.00	46.47%	27.68%	18.85%	15.99%	14.58%	13.75%	13.20%	12.81%
85.50	45.03%	27.00%	18.50%	15.75%	14.39%	13.59%	13.06%	12.69%
86.00	43.60%	26.32%	18.16%	15.51%	14.21%	13.43%	12.92%	12.57%
86.50	42.20%	25.65%	17.82%	15.28%	14.02%	13.28%	12.79%	12.44%
87.00	40.80%	24.98%	17.48%	15.04%	13.84%	13.13%	12.66%	12.33%
87.50	39.43%	24.32%	17.14%	14.81%	13.66%	12.98%	12.52%	12.21%
88.00	38.07%	23.67%	16.81%	14.58%	13.48%	12.82%	12.39%	12.09%
88.50	36.72%	23.02%	16.48%	14.35%	13.30%	12.68%	12.26%	11.97%
89.00	35.39%	22.38%	16.15%	14.12%	13.12%	12.53%	12.13%	11.86%
89.50	34.08%	21.74%	15.83%	13.90%	12.95%	12.38%	12.01%	11.74%
90.00	32.78%	21.11%	15.51%	13.67%	12.77%	12.23%	11.88%	11.63%
90.50	31.49%	20.48%	15.18%	13.45%	12.60%	12.09%	11.75%	11.51%
91.00	30.22%	19.86%	14.87%	13.23%	12.42%	11.94%	11.62%	11.40%
91.25	29.59%	19.55%	14.71%	13.12%	12.34%	11.87%	11.56%	11.34%
91.50	28.96%	19.25%	14.55%	13.01%	12.25%	11.80%	11.50%	11.29%
91.75	28.34%	18.94%	14.39%	12.90%	12.17%	11.73%	11.44%	11.23%
92.00	27.72%	18.63%	14.24%	12.79%	12.08%	11.66%	11.38%	11.18%
92.25	27.10%	18.33%	14.08%	12.69%	12.00%	11.59%	11.31%	11.12%
92.50	26.49%	18.03%	13.92%	12.58%	11.91%	11.51%	11.25%	11.07%
92.75	25.88%	17.73%	13.77%	12.47%	11.83%	11.44%	11.19%	11.01%
93.00	25.27%	17.43%	13.62%	12.36%	11.74%	11.37%	11.13%	10.96%
93.25	24.66%	17.13%	13.46%	12.26%	11.66%	11.30%	11.07%	10.90%
93.50	24.06%	16.83%	13.31%	12.15%	11.58%	11.23%	11.01%	10.85%
93.75	23.47%	16.54%	13.16%	12.04%	11.49%	11.16%	10.95%	10.80%
94.00	22.87%	16.24%	13.00%	11.94%	11.41%	11.10%	10.89%	10.74%
94.25	22.28%	15.95%	12.85%	11.83%	11.33%	11.03%	10.83%	10.69%
94.50	21.69%	15.65%	12.70%	11.73%	11.25%	10.96%	10.77%	10.63%
94.75	21.11%	15.36%	12.55%	11.62%	11.16%	10.89%	10.71%	10.58%
95.00	20.53%	15.07%	12.40%	11.52%	11.08%	10.82%	10.65%	10.53%
95.25	19.95%	14.78%	12.25%	11.41%	11.00%	10.75%	10.59%	10.47%
95.50	19.37%	14.49%	12.10%	11.31%	10.92%	10.69%	10.53%	10.42%
95.75	18.80%	14.21%	11.95%	11.21%	10.84%	10.62%	10.47%	10.37%
96.00	18.23%	13.92%	11.80%	11.10%	10.76%	10.55%	10.41%	10.32%
96.25	17.66%	13.64%	11.66%	11.00%	10.68%	10.48%	10.35%	10.26%
96.50	17.10%	13.35%	11.51%	10.90%	10.60%	10.42%	10.30%	10.21%
96.75	16.54%	13.07%	11.36%	10.80%	10.52%	10.35%	10.24%	10.16%
97.00	15.98%	12.79%	11.22%	10.70%	10.44%	10.28%	10.18%	10.11%
97.25	15.42%	12.51%	11.07%	10.59%	10.36%	10.22%	10.12%	10.06%
97.50	14.87%	12.23%	10.93%	10.49%	10.28%	10.15%	10.07%	10.01%
97.75	14.32%	11.95%	10.78%	10.39%	10.20%	10.08%	10.01%	9.95%
98.00	13.78%	11.68%	10.64%	10.29%	10.12%	10.02%	9.95%	9.90%
98.25	13.23%	11.40%	10.49%	10.19%	10.04%	9.95%	9.89%	9.85%
98.50	12.69%	11.13%	10.35%	10.09%	9.96%	9.89%	9.84%	9.80%
98.75	12.15%	10.85%	10.21%	9.99%	9.89%	9.82%	9.78%	9.75%
99.00	11.62%	10.58%	10.06%	9.89%	9.81%	9.76%	9.72%	9.70%
99.25	11.08%	10.31%	9.92%	9.79%	9.73%	9.69%	9.67%	9.65%
99.50	10.55%	10.04%	9.78%	9.70%	9.65%	9.63%	9.61%	9.60%
99.75	10.03%	9.77%	9.64%	9.60%	9.58%	9.56%	9.56%	9.55%
100.00	9.50%	9.50%	9.50%	9.50%	9.50%	9.50%	9.50%	9.50%
100.25	8.98%	9.23%	9.36%	9.40%	9.42%	9.44%	9.44%	9.45%
100.50	8.46%	8.97%	9.22%	9.31%	9.35%	9.37%	9.39%	9.40%
101.00	7.43%	8.44%	8.94%	9.11%	9.20%	9.25%	9.28%	9.30%
101.50	6.40%	7.91%	8.67%	8.92%	9.04%	9.12%	9.17%	9.20%
102.00	5.39%	7.39%	8.39%	8.73%	8.89%	8.99%	9.06%	9.11%
102.50	4.39%	6.87%	8.12%	8.54%	8.75%	8.87%	8.95%	9.01%
103.00	3.40%	6.36%	7.85%	8.35%	8.60%	8.75%	8.84%	8.91%
103.50	2.42%	5.85%	7.58%	8.16%	8.45%	8.62%	8.74%	8.82%
104.00	1.44%	5.34%	7.31%	7.97%	8.30%	8.50%	8.63%	8.72%
104.50	0.48%	4.84%	7.05%	7.79%	8.16%	8.38%	8.53%	8.63%
105.00	***	4.34%	6.78%	7.60%	8.01%	8.26%	8.42%	8.54%

EFFECTIVE YIELD RATE 9.50%

PRICE	YEARS UNTIL MATURITY 8	9	10	11	12	13	14	15
70.00	16.36%	15.87%	15.50%	15.20%	14.95%	14.75%	14.58%	14.44%
71.00	16.07%	15.60%	15.24%	14.95%	14.72%	14.52%	14.36%	14.23%
72.00	15.78%	15.34%	14.99%	14.71%	14.49%	14.30%	14.15%	14.02%
73.00	15.50%	15.08%	14.75%	14.48%	14.26%	14.08%	13.94%	13.81%
74.00	15.23%	14.82%	14.51%	14.25%	14.04%	13.87%	13.73%	13.61%
75.00	14.96%	14.57%	14.27%	14.02%	13.83%	13.66%	13.53%	13.41%
76.00	14.70%	14.33%	14.04%	13.80%	13.61%	13.46%	13.33%	13.22%
77.00	14.44%	14.09%	13.81%	13.59%	13.41%	13.26%	13.13%	13.03%
78.00	14.19%	13.85%	13.59%	13.38%	13.20%	13.06%	12.94%	12.84%
79.00	13.94%	13.62%	13.37%	13.17%	13.00%	12.87%	12.75%	12.66%
80.00	13.69%	13.39%	13.15%	12.96%	12.81%	12.68%	12.57%	12.48%
81.00	13.45%	13.16%	12.94%	12.76%	12.61%	12.49%	12.39%	12.31%
82.00	13.21%	12.94%	12.73%	12.56%	12.43%	12.31%	12.21%	12.13%
82.50	13.09%	12.83%	12.63%	12.47%	12.33%	12.22%	12.13%	12.05%
83.00	12.98%	12.73%	12.53%	12.37%	12.24%	12.13%	12.04%	11.97%
83.50	12.86%	12.62%	12.43%	12.27%	12.15%	12.04%	11.96%	11.88%
84.00	12.75%	12.51%	12.33%	12.18%	12.06%	11.96%	11.87%	11.80%
84.50	12.63%	12.41%	12.23%	12.08%	11.97%	11.87%	11.79%	11.72%
85.00	12.52%	12.30%	12.13%	11.99%	11.88%	11.78%	11.70%	11.64%
85.50	12.41%	12.20%	12.03%	11.90%	11.79%	11.70%	11.62%	11.56%
86.00	12.30%	12.10%	11.93%	11.81%	11.70%	11.61%	11.54%	11.48%
86.50	12.19%	11.99%	11.84%	11.71%	11.61%	11.53%	11.46%	11.40%
87.00	12.08%	11.89%	11.74%	11.62%	11.53%	11.45%	11.38%	11.32%
87.50	11.97%	11.79%	11.65%	11.53%	11.44%	11.36%	11.30%	11.24%
88.00	11.86%	11.69%	11.55%	11.45%	11.36%	11.28%	11.22%	11.17%
88.50	11.76%	11.59%	11.46%	11.36%	11.27%	11.20%	11.14%	11.09%
89.00	11.65%	11.49%	11.37%	11.27%	11.19%	11.12%	11.06%	11.01%
89.50	11.55%	11.40%	11.28%	11.18%	11.10%	11.04%	10.99%	10.94%
90.00	11.44%	11.30%	11.19%	11.10%	11.02%	10.96%	10.91%	10.87%
90.50	11.34%	11.20%	11.10%	11.01%	10.94%	10.88%	10.83%	10.79%
91.00	11.23%	11.11%	11.01%	10.93%	10.86%	10.80%	10.76%	10.72%
91.50	11.13%	11.01%	10.92%	10.84%	10.78%	10.73%	10.68%	10.65%
92.00	11.03%	10.92%	10.83%	10.76%	10.70%	10.65%	10.61%	10.58%
92.50	10.93%	10.82%	10.74%	10.67%	10.62%	10.57%	10.54%	10.50%
93.00	10.83%	10.73%	10.65%	10.59%	10.54%	10.50%	10.46%	10.43%
93.50	10.73%	10.64%	10.57%	10.51%	10.46%	10.42%	10.39%	10.36%
94.00	10.63%	10.55%	10.48%	10.43%	10.39%	10.35%	10.32%	10.29%
94.50	10.53%	10.46%	10.40%	10.35%	10.31%	10.28%	10.25%	10.22%
95.00	10.44%	10.37%	10.31%	10.27%	10.23%	10.20%	10.18%	10.16%
95.50	10.34%	10.28%	10.23%	10.19%	10.16%	10.13%	10.11%	10.09%
96.00	10.24%	10.19%	10.15%	10.11%	10.08%	10.06%	10.04%	10.02%
96.50	10.15%	10.10%	10.06%	10.03%	10.01%	9.99%	9.97%	9.95%
97.00	10.05%	10.01%	9.98%	9.95%	9.93%	9.92%	9.90%	9.89%
97.50	9.96%	9.93%	9.90%	9.88%	9.86%	9.85%	9.83%	9.82%
98.00	9.87%	9.84%	9.82%	9.80%	9.79%	9.78%	9.77%	9.76%
98.50	9.77%	9.75%	9.74%	9.73%	9.71%	9.71%	9.70%	9.69%
99.00	9.68%	9.67%	9.66%	9.65%	9.64%	9.64%	9.63%	9.63%
99.50	9.59%	9.58%	9.58%	9.57%	9.57%	9.57%	9.57%	9.56%
100.00	9.50%	9.50%	9.50%	9.50%	9.50%	9.50%	9.50%	9.50%
100.50	9.41%	9.42%	9.42%	9.43%	9.43%	9.43%	9.43%	9.44%
101.00	9.32%	9.33%	9.34%	9.35%	9.36%	9.37%	9.37%	9.37%
102.00	9.14%	9.17%	9.19%	9.21%	9.22%	9.23%	9.24%	9.25%
103.00	8.97%	9.01%	9.04%	9.06%	9.08%	9.10%	9.12%	9.13%
104.00	8.79%	8.85%	8.89%	8.92%	8.95%	8.97%	8.99%	9.01%
105.00	8.62%	8.69%	8.74%	8.78%	8.82%	8.85%	8.87%	8.89%
106.00	8.45%	8.53%	8.59%	8.64%	8.69%	8.72%	8.75%	8.77%
107.00	8.29%	8.38%	8.45%	8.51%	8.56%	8.60%	8.63%	8.66%
108.00	8.12%	8.22%	8.31%	8.37%	8.43%	8.47%	8.51%	8.54%
109.00	7.96%	8.07%	8.17%	8.24%	8.30%	8.35%	8.40%	8.43%
110.00	7.80%	7.92%	8.03%	8.11%	8.18%	8.23%	8.28%	8.32%

9.50% EFFECTIVE YIELD RATE

PRICE	YEARS UNTIL MATURITY							
	16	17	18	19	20	21	22	23
70.00	14.32%	14.22%	14.14%	14.06%	14.00%	13.95%	13.90%	13.86%
71.00	14.11%	14.02%	13.93%	13.86%	13.80%	13.75%	13.70%	13.66%
72.00	13.91%	13.81%	13.73%	13.66%	13.60%	13.55%	13.51%	13.47%
73.00	13.70%	13.61%	13.54%	13.47%	13.41%	13.36%	13.32%	13.28%
74.00	13.51%	13.42%	13.35%	13.28%	13.23%	13.18%	13.14%	13.10%
75.00	13.31%	13.23%	13.16%	13.10%	13.04%	13.00%	12.96%	12.92%
76.00	13.12%	13.04%	12.98%	12.92%	12.87%	12.82%	12.78%	12.75%
77.00	12.94%	12.86%	12.80%	12.74%	12.69%	12.65%	12.61%	12.58%
78.00	12.76%	12.68%	12.62%	12.57%	12.52%	12.48%	12.44%	12.41%
79.00	12.58%	12.51%	12.45%	12.40%	12.35%	12.31%	12.28%	12.25%
80.00	12.40%	12.34%	12.28%	12.23%	12.19%	12.15%	12.12%	12.09%
81.00	12.23%	12.17%	12.12%	12.07%	12.03%	12.00%	11.96%	11.94%
82.00	12.07%	12.01%	11.96%	11.91%	11.87%	11.84%	11.81%	11.79%
82.50	11.98%	11.93%	11.88%	11.83%	11.80%	11.76%	11.74%	11.71%
83.00	11.90%	11.85%	11.80%	11.76%	11.72%	11.69%	11.66%	11.64%
83.50	11.82%	11.77%	11.72%	11.68%	11.64%	11.61%	11.59%	11.56%
84.00	11.74%	11.69%	11.64%	11.60%	11.57%	11.54%	11.51%	11.49%
84.50	11.66%	11.61%	11.57%	11.53%	11.50%	11.47%	11.44%	11.42%
85.00	11.58%	11.53%	11.49%	11.45%	11.42%	11.39%	11.37%	11.35%
85.50	11.50%	11.46%	11.41%	11.38%	11.35%	11.32%	11.30%	11.28%
86.00	11.42%	11.38%	11.34%	11.31%	11.28%	11.25%	11.23%	11.21%
86.50	11.35%	11.30%	11.27%	11.23%	11.21%	11.18%	11.16%	11.14%
87.00	11.27%	11.23%	11.19%	11.16%	11.13%	11.11%	11.09%	11.07%
87.50	11.20%	11.16%	11.12%	11.09%	11.06%	11.04%	11.02%	11.00%
88.00	11.12%	11.08%	11.05%	11.02%	11.00%	10.97%	10.95%	10.94%
88.50	11.05%	11.01%	10.98%	10.95%	10.93%	10.91%	10.89%	10.87%
89.00	10.97%	10.94%	10.91%	10.88%	10.86%	10.84%	10.82%	10.80%
89.50	10.90%	10.87%	10.84%	10.81%	10.79%	10.77%	10.75%	10.74%
90.00	10.83%	10.80%	10.77%	10.74%	10.72%	10.71%	10.69%	10.67%
90.50	10.76%	10.73%	10.70%	10.68%	10.66%	10.64%	10.62%	10.61%
91.00	10.69%	10.66%	10.63%	10.61%	10.59%	10.58%	10.56%	10.55%
91.50	10.62%	10.59%	10.56%	10.54%	10.53%	10.51%	10.50%	10.49%
92.00	10.55%	10.52%	10.50%	10.48%	10.46%	10.45%	10.43%	10.42%
92.50	10.48%	10.45%	10.43%	10.41%	10.40%	10.38%	10.37%	10.36%
93.00	10.41%	10.39%	10.37%	10.35%	10.33%	10.32%	10.31%	10.30%
93.50	10.34%	10.32%	10.30%	10.29%	10.27%	10.26%	10.25%	10.24%
94.00	10.27%	10.25%	10.24%	10.22%	10.21%	10.20%	10.19%	10.18%
94.50	10.20%	10.19%	10.17%	10.16%	10.15%	10.14%	10.13%	10.12%
95.00	10.14%	10.12%	10.11%	10.10%	10.09%	10.08%	10.07%	10.06%
95.50	10.07%	10.06%	10.05%	10.03%	10.03%	10.02%	10.01%	10.00%
96.00	10.01%	9.99%	9.98%	9.97%	9.97%	9.96%	9.95%	9.95%
96.50	9.94%	9.93%	9.92%	9.91%	9.91%	9.90%	9.89%	9.89%
97.00	9.88%	9.87%	9.86%	9.85%	9.85%	9.84%	9.84%	9.83%
97.50	9.81%	9.81%	9.80%	9.79%	9.79%	9.78%	9.78%	9.77%
98.00	9.75%	9.74%	9.74%	9.73%	9.73%	9.73%	9.72%	9.72%
98.50	9.69%	9.68%	9.68%	9.67%	9.67%	9.67%	9.67%	9.66%
99.00	9.62%	9.62%	9.62%	9.62%	9.61%	9.61%	9.61%	9.61%
99.50	9.56%	9.56%	9.56%	9.56%	9.56%	9.56%	9.55%	9.55%
100.00	9.50%	9.50%	9.50%	9.50%	9.50%	9.50%	9.50%	9.50%
100.50	9.44%	9.44%	9.44%	9.44%	9.44%	9.44%	9.45%	9.45%
101.00	9.38%	9.38%	9.38%	9.39%	9.39%	9.39%	9.39%	9.39%
102.00	9.26%	9.26%	9.27%	9.27%	9.28%	9.28%	9.29%	9.29%
103.00	9.14%	9.15%	9.16%	9.16%	9.17%	9.18%	9.18%	9.18%
104.00	9.02%	9.04%	9.05%	9.06%	9.06%	9.07%	9.08%	9.08%
105.00	8.91%	8.92%	8.94%	8.95%	8.96%	8.97%	8.98%	8.98%
106.00	8.79%	8.81%	8.83%	8.84%	8.85%	8.87%	8.87%	8.88%
107.00	8.68%	8.70%	8.72%	8.74%	8.75%	8.77%	8.78%	8.79%
108.00	8.57%	8.60%	8.62%	8.64%	8.65%	8.67%	8.68%	8.69%
109.00	8.46%	8.49%	8.51%	8.53%	8.55%	8.57%	8.58%	8.60%
110.00	8.36%	8.39%	8.41%	8.43%	8.46%	8.47%	8.49%	8.50%

EFFECTIVE YIELD RATE 9.50%

PRICE	24	25	26	27	28	29	30	40
70.00	13.82%	13.79%	13.76%	13.74%	13.72%	13.70%	13.68%	13.60%
71.00	13.63%	13.60%	13.57%	13.55%	13.53%	13.51%	13.49%	13.41%
72.00	13.44%	13.41%	13.38%	13.36%	13.34%	13.32%	13.31%	13.23%
73.00	13.25%	13.22%	13.20%	13.17%	13.16%	13.14%	13.12%	13.04%
74.00	13.07%	13.04%	13.02%	13.00%	12.98%	12.96%	12.95%	12.87%
75.00	12.89%	12.87%	12.84%	12.82%	12.80%	12.79%	12.77%	12.70%
76.00	12.72%	12.69%	12.67%	12.65%	12.63%	12.62%	12.60%	12.53%
77.00	12.55%	12.53%	12.50%	12.49%	12.47%	12.45%	12.44%	12.37%
78.00	12.39%	12.36%	12.34%	12.32%	12.31%	12.29%	12.28%	12.21%
79.00	12.23%	12.20%	12.18%	12.16%	12.15%	12.13%	12.12%	12.06%
80.00	12.07%	12.05%	12.03%	12.01%	11.99%	11.98%	11.97%	11.90%
81.00	11.91%	11.89%	11.87%	11.86%	11.84%	11.83%	11.82%	11.76%
82.00	11.76%	11.74%	11.73%	11.71%	11.70%	11.68%	11.67%	11.61%
82.50	11.69%	11.67%	11.65%	11.64%	11.62%	11.61%	11.60%	11.54%
83.00	11.62%	11.60%	11.58%	11.57%	11.55%	11.54%	11.53%	11.47%
83.50	11.54%	11.52%	11.51%	11.49%	11.48%	11.47%	11.46%	11.40%
84.00	11.47%	11.45%	11.44%	11.42%	11.41%	11.40%	11.39%	11.34%
84.50	11.40%	11.38%	11.37%	11.35%	11.34%	11.33%	11.32%	11.27%
85.00	11.33%	11.31%	11.30%	11.28%	11.27%	11.26%	11.25%	11.20%
85.50	11.26%	11.24%	11.23%	11.22%	11.21%	11.20%	11.19%	11.14%
86.00	11.19%	11.18%	11.16%	11.15%	11.14%	11.13%	11.12%	11.07%
86.50	11.12%	11.11%	11.09%	11.08%	11.07%	11.06%	11.05%	11.01%
87.00	11.05%	11.04%	11.03%	11.02%	11.01%	11.00%	10.99%	10.94%
87.50	10.99%	10.97%	10.96%	10.95%	10.94%	10.93%	10.92%	10.88%
88.00	10.92%	10.91%	10.90%	10.89%	10.88%	10.87%	10.86%	10.82%
88.50	10.86%	10.84%	10.83%	10.82%	10.81%	10.80%	10.80%	10.76%
89.00	10.79%	10.78%	10.77%	10.76%	10.75%	10.74%	10.73%	10.69%
89.50	10.73%	10.71%	10.70%	10.69%	10.69%	10.68%	10.67%	10.63%
90.00	10.66%	10.65%	10.64%	10.63%	10.62%	10.62%	10.61%	10.57%
90.50	10.60%	10.59%	10.58%	10.57%	10.56%	10.56%	10.55%	10.52%
91.00	10.54%	10.53%	10.52%	10.51%	10.50%	10.50%	10.49%	10.46%
91.50	10.47%	10.46%	10.46%	10.45%	10.44%	10.44%	10.43%	10.40%
92.00	10.41%	10.40%	10.40%	10.39%	10.38%	10.38%	10.37%	10.34%
92.50	10.35%	10.34%	10.34%	10.33%	10.32%	10.32%	10.31%	10.29%
93.00	10.29%	10.28%	10.28%	10.27%	10.26%	10.26%	10.26%	10.23%
93.50	10.23%	10.22%	10.22%	10.21%	10.21%	10.20%	10.20%	10.17%
94.00	10.17%	10.17%	10.16%	10.15%	10.15%	10.15%	10.14%	10.12%
94.50	10.11%	10.11%	10.10%	10.10%	10.09%	10.09%	10.09%	10.06%
95.00	10.06%	10.05%	10.04%	10.04%	10.04%	10.03%	10.03%	10.01%
95.50	10.00%	9.99%	9.99%	9.98%	9.98%	9.98%	9.97%	9.96%
96.00	9.94%	9.94%	9.93%	9.93%	9.93%	9.92%	9.92%	9.90%
96.50	9.88%	9.88%	9.88%	9.87%	9.87%	9.87%	9.87%	9.85%
97.00	9.83%	9.82%	9.82%	9.82%	9.82%	9.81%	9.81%	9.80%
97.50	9.77%	9.77%	9.77%	9.76%	9.76%	9.76%	9.76%	9.75%
98.00	9.72%	9.71%	9.71%	9.71%	9.71%	9.71%	9.71%	9.70%
98.50	9.66%	9.66%	9.66%	9.66%	9.66%	9.65%	9.65%	9.65%
99.00	9.61%	9.61%	9.61%	9.60%	9.60%	9.60%	9.60%	9.60%
99.50	9.55%	9.55%	9.55%	9.55%	9.55%	9.55%	9.55%	9.55%
100.00	9.50%	9.50%	9.50%	9.50%	9.50%	9.50%	9.50%	9.50%
100.50	9.45%	9.45%	9.45%	9.45%	9.45%	9.45%	9.45%	9.45%
101.00	9.39%	9.40%	9.40%	9.40%	9.40%	9.40%	9.40%	9.40%
102.00	9.29%	9.29%	9.29%	9.30%	9.30%	9.30%	9.30%	9.31%
103.00	9.19%	9.19%	9.19%	9.20%	9.20%	9.20%	9.20%	9.22%
104.00	9.09%	9.09%	9.10%	9.10%	9.10%	9.11%	9.11%	9.12%
105.00	8.99%	8.99%	9.00%	9.00%	9.01%	9.01%	9.01%	9.03%
106.00	8.89%	8.90%	8.90%	8.91%	8.91%	8.92%	8.92%	8.95%
107.00	8.80%	8.80%	8.81%	8.82%	8.82%	8.83%	8.83%	8.86%
108.00	8.70%	8.71%	8.72%	8.72%	8.73%	8.74%	8.74%	8.77%
109.00	8.61%	8.62%	8.63%	8.63%	8.64%	8.65%	8.65%	8.69%
110.00	8.52%	8.53%	8.54%	8.55%	8.55%	8.56%	8.57%	8.61%

YEARS UNTIL MATURITY

9.75% EFFECTIVE YIELD RATE

PRICE	YEARS UNTIL MATURITY						
	1/2	1	2	3	4	5	6	7
85.00	46.76%	27.96%	19.12%	16.27%	14.86%	14.02%	13.47%	13.09%
85.50	45.32%	27.28%	18.78%	16.03%	14.67%	13.87%	13.34%	12.96%
86.00	43.90%	26.60%	18.43%	15.79%	14.48%	13.71%	13.20%	12.84%
86.50	42.49%	25.93%	18.09%	15.55%	14.30%	13.55%	13.07%	12.72%
87.00	41.09%	25.26%	17.75%	15.32%	14.11%	13.40%	12.93%	12.60%
87.50	39.71%	24.60%	17.42%	15.08%	13.93%	13.25%	12.80%	12.48%
88.00	38.35%	23.95%	17.08%	14.85%	13.75%	13.10%	12.67%	12.36%
88.50	37.01%	23.30%	16.75%	14.62%	13.57%	12.95%	12.53%	12.24%
89.00	35.67%	22.65%	16.42%	14.39%	13.39%	12.80%	12.40%	12.13%
89.50	34.36%	22.01%	16.10%	14.17%	13.21%	12.65%	12.27%	12.01%
90.00	33.06%	21.38%	15.77%	13.94%	13.04%	12.50%	12.15%	11.89%
90.50	31.77%	20.75%	15.45%	13.72%	12.86%	12.35%	12.02%	11.78%
91.00	30.49%	20.13%	15.13%	13.50%	12.69%	12.21%	11.89%	11.67%
91.25	29.86%	19.82%	14.97%	13.39%	12.60%	12.14%	11.83%	11.61%
91.50	29.23%	19.51%	14.82%	13.28%	12.52%	12.06%	11.76%	11.55%
91.75	28.61%	19.21%	14.66%	13.17%	12.43%	11.99%	11.70%	11.50%
92.00	27.99%	18.90%	14.50%	13.06%	12.34%	11.92%	11.64%	11.44%
92.25	27.37%	18.60%	14.34%	12.95%	12.26%	11.85%	11.58%	11.39%
92.50	26.76%	18.29%	14.19%	12.84%	12.17%	11.78%	11.52%	11.33%
92.75	26.15%	17.99%	14.03%	12.73%	12.09%	11.71%	11.45%	11.28%
93.00	25.54%	17.69%	13.88%	12.63%	12.00%	11.64%	11.39%	11.22%
93.25	24.93%	17.39%	13.72%	12.52%	11.92%	11.57%	11.33%	11.17%
93.50	24.33%	17.09%	13.57%	12.41%	11.84%	11.50%	11.27%	11.11%
93.75	23.73%	16.80%	13.42%	12.30%	11.75%	11.43%	11.21%	11.06%
94.00	23.14%	16.50%	13.26%	12.20%	11.67%	11.36%	11.15%	11.00%
94.25	22.55%	16.21%	13.11%	12.09%	11.59%	11.29%	11.09%	10.95%
94.50	21.96%	15.91%	12.96%	11.99%	11.50%	11.22%	11.03%	10.89%
94.75	21.37%	15.62%	12.81%	11.88%	11.42%	11.15%	10.97%	10.84%
95.00	20.79%	15.33%	12.66%	11.78%	11.34%	11.08%	10.91%	10.79%
95.25	20.21%	15.04%	12.51%	11.67%	11.26%	11.01%	10.85%	10.73%
95.50	19.63%	14.75%	12.36%	11.57%	11.18%	10.94%	10.79%	10.68%
95.75	19.06%	14.47%	12.21%	11.46%	11.09%	10.87%	10.73%	10.63%
96.00	18.49%	14.18%	12.06%	11.36%	11.01%	10.81%	10.67%	10.57%
96.25	17.92%	13.90%	11.91%	11.26%	10.93%	10.74%	10.61%	10.52%
96.50	17.36%	13.61%	11.76%	11.15%	10.85%	10.67%	10.55%	10.47%
96.75	16.80%	13.33%	11.62%	11.05%	10.77%	10.60%	10.49%	10.42%
97.00	16.24%	13.05%	11.47%	10.95%	10.69%	10.54%	10.44%	10.36%
97.25	15.68%	12.77%	11.33%	10.85%	10.61%	10.47%	10.38%	10.31%
97.50	15.13%	12.49%	11.18%	10.75%	10.53%	10.40%	10.32%	10.26%
97.75	14.58%	12.21%	11.03%	10.65%	10.45%	10.34%	10.26%	10.21%
98.00	14.03%	11.93%	10.89%	10.54%	10.37%	10.27%	10.20%	10.16%
98.25	13.49%	11.65%	10.75%	10.44%	10.29%	10.21%	10.15%	10.10%
98.50	12.94%	11.38%	10.60%	10.34%	10.22%	10.14%	10.09%	10.05%
98.75	12.41%	11.11%	10.46%	10.24%	10.14%	10.07%	10.03%	10.00%
99.00	11.87%	10.83%	10.32%	10.14%	10.06%	10.01%	9.98%	9.95%
99.25	11.34%	10.56%	10.17%	10.05%	9.98%	9.94%	9.92%	9.90%
99.50	10.80%	10.29%	10.03%	9.95%	9.90%	9.88%	9.86%	9.85%
99.75	10.28%	10.02%	9.89%	9.85%	9.83%	9.81%	9.81%	9.80%
100.00	9.75%	9.75%	9.75%	9.75%	9.75%	9.75%	9.75%	9.75%
100.25	9.23%	9.48%	9.61%	9.65%	9.67%	9.69%	9.69%	9.70%
100.50	8.71%	9.22%	9.47%	9.55%	9.60%	9.62%	9.64%	9.65%
101.00	7.67%	8.68%	9.19%	9.36%	9.44%	9.49%	9.53%	9.55%
101.50	6.65%	8.16%	8.91%	9.17%	9.29%	9.37%	9.42%	9.45%
102.00	5.64%	7.63%	8.64%	8.97%	9.14%	9.24%	9.31%	9.35%
102.50	4.63%	7.12%	8.37%	8.78%	8.99%	9.12%	9.20%	9.26%
103.00	3.64%	6.60%	8.10%	8.59%	8.84%	8.99%	9.09%	9.16%
103.50	2.66%	6.09%	7.83%	8.41%	8.70%	8.87%	8.98%	9.06%
104.00	1.68%	5.58%	7.56%	8.22%	8.55%	8.75%	8.88%	8.97%
104.50	0.72%	5.08%	7.29%	8.03%	8.40%	8.62%	8.77%	8.87%
105.00	***	4.58%	7.03%	7.85%	8.26%	8.50%	8.66%	8.78%

EFFECTIVE YIELD RATE 9.75%

PRICE	YEARS UNTIL MATURITY							
	8	9	10	11	12	13	14	15
70.00	16.68%	16.20%	15.82%	15.52%	15.28%	15.08%	14.91%	14.77%
71.00	16.38%	15.92%	15.56%	15.27%	15.04%	14.85%	14.69%	14.55%
72.00	16.10%	15.65%	15.31%	15.03%	14.81%	14.62%	14.47%	14.34%
73.00	15.81%	15.39%	15.06%	14.79%	14.58%	14.40%	14.25%	14.13%
74.00	15.54%	15.13%	14.81%	14.56%	14.35%	14.18%	14.04%	13.92%
75.00	15.27%	14.88%	14.58%	14.33%	14.14%	13.97%	13.84%	13.72%
76.00	15.00%	14.63%	14.34%	14.11%	13.92%	13.76%	13.64%	13.53%
77.00	14.74%	14.39%	14.11%	13.89%	13.71%	13.56%	13.44%	13.33%
78.00	14.48%	14.15%	13.88%	13.67%	13.50%	13.36%	13.24%	13.14%
79.00	14.23%	13.91%	13.66%	13.46%	13.30%	13.17%	13.05%	12.96%
80.00	13.98%	13.68%	13.44%	13.26%	13.10%	12.97%	12.87%	12.78%
81.00	13.74%	13.45%	13.23%	13.05%	12.91%	12.79%	12.68%	12.60%
82.00	13.50%	13.23%	13.02%	12.85%	12.71%	12.60%	12.51%	12.43%
82.50	13.38%	13.12%	12.92%	12.75%	12.62%	12.51%	12.42%	12.34%
83.00	13.26%	13.01%	12.81%	12.65%	12.53%	12.42%	12.33%	12.25%
83.50	13.15%	12.90%	12.71%	12.56%	12.43%	12.33%	12.24%	12.17%
84.00	13.03%	12.79%	12.61%	12.46%	12.34%	12.24%	12.16%	12.09%
84.50	12.91%	12.69%	12.51%	12.37%	12.25%	12.15%	12.07%	12.00%
85.00	12.80%	12.58%	12.41%	12.27%	12.16%	12.06%	11.99%	11.92%
85.50	12.69%	12.48%	12.31%	12.18%	12.07%	11.98%	11.90%	11.84%
86.00	12.58%	12.37%	12.21%	12.08%	11.98%	11.89%	11.82%	11.76%
86.50	12.46%	12.27%	12.11%	11.99%	11.89%	11.81%	11.74%	11.68%
87.00	12.35%	12.17%	12.02%	11.90%	11.80%	11.72%	11.66%	11.60%
87.50	12.24%	12.06%	11.92%	11.81%	11.72%	11.64%	11.57%	11.52%
88.00	12.14%	11.96%	11.83%	11.72%	11.63%	11.56%	11.49%	11.44%
88.50	12.03%	11.86%	11.73%	11.63%	11.54%	11.47%	11.41%	11.36%
89.00	11.92%	11.76%	11.64%	11.54%	11.46%	11.39%	11.34%	11.29%
89.50	11.81%	11.67%	11.55%	11.45%	11.38%	11.31%	11.26%	11.21%
90.00	11.71%	11.57%	11.46%	11.37%	11.29%	11.23%	11.18%	11.14%
90.50	11.60%	11.47%	11.36%	11.28%	11.21%	11.15%	11.10%	11.06%
91.00	11.50%	11.37%	11.27%	11.19%	11.13%	11.07%	11.03%	10.99%
91.50	11.40%	11.28%	11.18%	11.11%	11.05%	10.99%	10.95%	10.91%
92.00	11.30%	11.18%	11.09%	11.02%	10.96%	10.92%	10.88%	10.84%
92.50	11.19%	11.09%	11.01%	10.94%	10.88%	10.84%	10.80%	10.77%
93.00	11.09%	10.99%	10.92%	10.86%	10.80%	10.76%	10.73%	10.70%
93.50	10.99%	10.90%	10.83%	10.77%	10.73%	10.69%	10.65%	10.63%
94.00	10.89%	10.81%	10.74%	10.69%	10.65%	10.61%	10.58%	10.56%
94.50	10.79%	10.72%	10.66%	10.61%	10.57%	10.54%	10.51%	10.49%
95.00	10.70%	10.63%	10.57%	10.53%	10.49%	10.46%	10.44%	10.42%
95.50	10.60%	10.54%	10.49%	10.45%	10.42%	10.39%	10.37%	10.35%
96.00	10.50%	10.45%	10.40%	10.37%	10.34%	10.32%	10.30%	10.28%
96.50	10.41%	10.36%	10.32%	10.29%	10.26%	10.24%	10.23%	10.21%
97.00	10.31%	10.27%	10.24%	10.21%	10.19%	10.17%	10.16%	10.14%
97.50	10.21%	10.18%	10.15%	10.13%	10.11%	10.10%	10.09%	10.08%
98.00	10.12%	10.09%	10.07%	10.05%	10.04%	10.03%	10.02%	10.01%
98.50	10.03%	10.01%	9.99%	9.98%	9.97%	9.96%	9.95%	9.94%
99.00	9.93%	9.92%	9.91%	9.90%	9.89%	9.89%	9.88%	9.88%
99.50	9.84%	9.83%	9.83%	9.83%	9.82%	9.82%	9.82%	9.81%
100.00	9.75%	9.75%	9.75%	9.75%	9.75%	9.75%	9.75%	9.75%
100.50	9.66%	9.67%	9.67%	9.68%	9.68%	9.68%	9.68%	9.69%
101.00	9.57%	9.58%	9.59%	9.60%	9.61%	9.61%	9.62%	9.62%
102.00	9.39%	9.42%	9.44%	9.45%	9.47%	9.48%	9.49%	9.50%
103.00	9.21%	9.25%	9.28%	9.31%	9.33%	9.35%	9.36%	9.37%
104.00	9.04%	9.09%	9.13%	9.17%	9.19%	9.22%	9.24%	9.25%
105.00	8.86%	8.93%	8.98%	9.02%	9.06%	9.09%	9.11%	9.13%
106.00	8.69%	8.77%	8.83%	8.88%	8.93%	8.96%	8.99%	9.01%
107.00	8.53%	8.62%	8.69%	8.75%	8.79%	8.83%	8.87%	8.90%
108.00	8.36%	8.46%	8.54%	8.61%	8.66%	8.71%	8.75%	8.78%
109.00	8.19%	8.31%	8.40%	8.48%	8.54%	8.59%	8.63%	8.67%
110.00	8.03%	8.16%	8.26%	8.34%	8.41%	8.47%	8.51%	8.55%

9.75%   EFFECTIVE YIELD RATE

PRICE	YEARS UNTIL MATURITY							
	16	17	18	19	20	21	22	23
70.00	14.66%	14.56%	14.47%	14.40%	14.34%	14.29%	14.24%	14.20%
71.00	14.44%	14.35%	14.26%	14.19%	14.13%	14.08%	14.04%	14.00%
72.00	14.23%	14.14%	14.06%	13.99%	13.93%	13.88%	13.84%	13.80%
73.00	14.03%	13.94%	13.86%	13.80%	13.74%	13.69%	13.65%	13.61%
74.00	13.82%	13.74%	13.67%	13.60%	13.55%	13.50%	13.46%	13.43%
75.00	13.63%	13.55%	13.47%	13.41%	13.36%	13.32%	13.28%	13.24%
76.00	13.43%	13.36%	13.29%	13.23%	13.18%	13.14%	13.10%	13.07%
77.00	13.25%	13.17%	13.11%	13.05%	13.00%	12.96%	12.92%	12.89%
78.00	13.06%	12.99%	12.93%	12.87%	12.83%	12.79%	12.75%	12.72%
79.00	12.88%	12.81%	12.75%	12.70%	12.66%	12.62%	12.59%	12.56%
80.00	12.70%	12.64%	12.58%	12.53%	12.49%	12.45%	12.42%	12.40%
81.00	12.53%	12.47%	12.41%	12.37%	12.33%	12.29%	12.26%	12.24%
82.00	12.36%	12.30%	12.25%	12.21%	12.17%	12.14%	12.11%	12.08%
82.50	12.27%	12.22%	12.17%	12.13%	12.09%	12.06%	12.03%	12.01%
83.00	12.19%	12.13%	12.09%	12.05%	12.01%	11.98%	11.95%	11.93%
83.50	12.11%	12.05%	12.01%	11.97%	11.93%	11.90%	11.88%	11.85%
84.00	12.03%	11.97%	11.93%	11.89%	11.86%	11.83%	11.80%	11.78%
84.50	11.94%	11.89%	11.85%	11.81%	11.78%	11.75%	11.73%	11.71%
85.00	11.86%	11.82%	11.77%	11.74%	11.71%	11.68%	11.66%	11.64%
85.50	11.78%	11.74%	11.70%	11.66%	11.63%	11.61%	11.58%	11.56%
86.00	11.71%	11.66%	11.62%	11.59%	11.56%	11.53%	11.51%	11.49%
86.50	11.63%	11.58%	11.55%	11.51%	11.49%	11.46%	11.44%	11.42%
87.00	11.55%	11.51%	11.47%	11.44%	11.41%	11.39%	11.37%	11.35%
87.50	11.47%	11.43%	11.40%	11.37%	11.34%	11.32%	11.30%	11.28%
88.00	11.40%	11.36%	11.33%	11.30%	11.27%	11.25%	11.23%	11.21%
88.50	11.32%	11.29%	11.25%	11.23%	11.20%	11.18%	11.16%	11.15%
89.00	11.25%	11.21%	11.18%	11.16%	11.13%	11.11%	11.10%	11.08%
89.50	11.17%	11.14%	11.11%	11.09%	11.06%	11.05%	11.03%	11.01%
90.00	11.10%	11.07%	11.04%	11.02%	11.00%	10.98%	10.96%	10.95%
90.50	11.03%	11.00%	10.97%	10.95%	10.93%	10.91%	10.90%	10.88%
91.00	10.95%	10.93%	10.90%	10.88%	10.86%	10.85%	10.83%	10.82%
91.50	10.88%	10.86%	10.83%	10.81%	10.80%	10.78%	10.77%	10.75%
92.00	10.81%	10.79%	10.76%	10.75%	10.73%	10.71%	10.70%	10.69%
92.50	10.74%	10.72%	10.70%	10.68%	10.66%	10.65%	10.64%	10.63%
93.00	10.67%	10.65%	10.63%	10.61%	10.60%	10.59%	10.58%	10.57%
93.50	10.60%	10.58%	10.56%	10.55%	10.54%	10.52%	10.51%	10.50%
94.00	10.53%	10.51%	10.50%	10.48%	10.47%	10.46%	10.45%	10.44%
94.50	10.47%	10.45%	10.43%	10.42%	10.41%	10.40%	10.39%	10.38%
95.00	10.40%	10.38%	10.37%	10.36%	10.35%	10.34%	10.33%	10.32%
95.50	10.33%	10.32%	10.30%	10.29%	10.28%	10.28%	10.27%	10.26%
96.00	10.26%	10.25%	10.24%	10.23%	10.22%	10.22%	10.21%	10.20%
96.50	10.20%	10.19%	10.18%	10.17%	10.16%	10.16%	10.15%	10.15%
97.00	10.13%	10.12%	10.12%	10.11%	10.10%	10.10%	10.09%	10.09%
97.50	10.07%	10.06%	10.05%	10.05%	10.04%	10.04%	10.03%	10.03%
98.00	10.00%	10.00%	9.99%	9.99%	9.98%	9.98%	9.98%	9.97%
98.50	9.94%	9.93%	9.93%	9.93%	9.92%	9.92%	9.92%	9.92%
99.00	9.88%	9.87%	9.87%	9.87%	9.87%	9.86%	9.86%	9.86%
99.50	9.81%	9.81%	9.81%	9.81%	9.81%	9.81%	9.81%	9.81%
100.00	9.75%	9.75%	9.75%	9.75%	9.75%	9.75%	9.75%	9.75%
100.50	9.69%	9.69%	9.69%	9.69%	9.69%	9.69%	9.69%	9.70%
101.00	9.63%	9.63%	9.63%	9.63%	9.64%	9.64%	9.64%	9.64%
102.00	9.50%	9.51%	9.52%	9.52%	9.52%	9.53%	9.53%	9.53%
103.00	9.38%	9.39%	9.40%	9.41%	9.41%	9.42%	9.42%	9.43%
104.00	9.27%	9.28%	9.29%	9.30%	9.31%	9.31%	9.32%	9.32%
105.00	9.15%	9.16%	9.18%	9.19%	9.20%	9.21%	9.22%	9.22%
106.00	9.03%	9.05%	9.07%	9.08%	9.09%	9.10%	9.11%	9.12%
107.00	8.92%	8.94%	8.96%	8.98%	8.99%	9.00%	9.01%	9.02%
108.00	8.81%	8.83%	8.85%	8.87%	8.89%	8.90%	8.91%	8.93%
109.00	8.70%	8.72%	8.75%	8.77%	8.79%	8.80%	8.82%	8.83%
110.00	8.59%	8.62%	8.64%	8.67%	8.69%	8.70%	8.72%	8.73%

EFFECTIVE YIELD RATE 9.75%

PRICE	YEARS UNTIL MATURITY							
	24	25	26	27	28	29	30	40
70.00	14.16%	14.13%	14.11%	14.09%	14.07%	14.05%	14.03%	13.96%
71.00	13.96%	13.94%	13.91%	13.89%	13.87%	13.85%	13.84%	13.76%
72.00	13.77%	13.74%	13.72%	13.69%	13.68%	13.66%	13.64%	13.57%
73.00	13.58%	13.55%	13.53%	13.51%	13.49%	13.47%	13.46%	13.38%
74.00	13.39%	13.37%	13.34%	13.32%	13.31%	13.29%	13.28%	13.20%
75.00	13.21%	13.19%	13.17%	13.15%	13.13%	13.11%	13.10%	13.03%
76.00	13.04%	13.01%	12.99%	12.97%	12.95%	12.94%	12.93%	12.86%
77.00	12.87%	12.84%	12.82%	12.80%	12.78%	12.77%	12.76%	12.69%
78.00	12.70%	12.67%	12.65%	12.64%	12.62%	12.61%	12.59%	12.53%
79.00	12.53%	12.51%	12.49%	12.47%	12.46%	12.44%	12.43%	12.37%
80.00	12.37%	12.35%	12.33%	12.31%	12.30%	12.29%	12.28%	12.21%
81.00	12.21%	12.19%	12.18%	12.16%	12.15%	12.13%	12.12%	12.06%
82.00	12.06%	12.04%	12.02%	12.01%	12.00%	11.98%	11.97%	11.92%
82.50	11.98%	11.97%	11.95%	11.93%	11.92%	11.91%	11.90%	11.84%
83.00	11.91%	11.89%	11.87%	11.86%	11.85%	11.84%	11.83%	11.77%
83.50	11.83%	11.82%	11.80%	11.79%	11.78%	11.76%	11.75%	11.70%
84.00	11.76%	11.74%	11.73%	11.72%	11.70%	11.69%	11.68%	11.63%
84.50	11.69%	11.67%	11.66%	11.64%	11.63%	11.62%	11.61%	11.56%
85.00	11.62%	11.60%	11.59%	11.57%	11.56%	11.55%	11.54%	11.49%
85.50	11.55%	11.53%	11.52%	11.50%	11.49%	11.48%	11.47%	11.43%
86.00	11.48%	11.46%	11.45%	11.43%	11.42%	11.41%	11.41%	11.36%
86.50	11.41%	11.39%	11.38%	11.37%	11.36%	11.35%	11.34%	11.29%
87.00	11.34%	11.32%	11.31%	11.30%	11.29%	11.28%	11.27%	11.23%
87.50	11.27%	11.25%	11.24%	11.23%	11.22%	11.21%	11.21%	11.16%
88.00	11.20%	11.19%	11.18%	11.17%	11.16%	11.15%	11.14%	11.10%
88.50	11.13%	11.12%	11.11%	11.10%	11.09%	11.08%	11.08%	11.04%
89.00	11.07%	11.05%	11.04%	11.03%	11.03%	11.02%	11.01%	10.97%
89.50	11.00%	10.99%	10.98%	10.97%	10.96%	10.95%	10.95%	10.91%
90.00	10.94%	10.92%	10.92%	10.91%	10.90%	10.89%	10.89%	10.85%
90.50	10.87%	10.86%	10.85%	10.84%	10.84%	10.83%	10.82%	10.79%
91.00	10.81%	10.80%	10.79%	10.78%	10.77%	10.77%	10.76%	10.73%
91.50	10.74%	10.73%	10.73%	10.72%	10.71%	10.71%	10.70%	10.67%
92.00	10.68%	10.67%	10.66%	10.66%	10.65%	10.65%	10.64%	10.61%
92.50	10.62%	10.61%	10.60%	10.60%	10.59%	10.59%	10.58%	10.55%
93.00	10.56%	10.55%	10.54%	10.54%	10.53%	10.53%	10.52%	10.50%
93.50	10.50%	10.49%	10.48%	10.48%	10.47%	10.47%	10.46%	10.44%
94.00	10.44%	10.43%	10.42%	10.42%	10.41%	10.41%	10.41%	10.38%
94.50	10.38%	10.37%	10.36%	10.36%	10.36%	10.35%	10.35%	10.33%
95.00	10.32%	10.31%	10.31%	10.30%	10.30%	10.29%	10.29%	10.27%
95.50	10.26%	10.25%	10.25%	10.24%	10.24%	10.24%	10.23%	10.22%
96.00	10.20%	10.19%	10.19%	10.19%	10.18%	10.18%	10.18%	10.16%
96.50	10.14%	10.14%	10.13%	10.13%	10.13%	10.13%	10.12%	10.11%
97.00	10.08%	10.08%	10.08%	10.08%	10.07%	10.07%	10.07%	10.06%
97.50	10.03%	10.02%	10.02%	10.02%	10.02%	10.02%	10.01%	10.01%
98.00	9.97%	9.97%	9.97%	9.96%	9.96%	9.96%	9.96%	9.95%
98.50	9.91%	9.91%	9.91%	9.91%	9.91%	9.91%	9.91%	9.90%
99.00	9.86%	9.86%	9.86%	9.86%	9.86%	9.86%	9.85%	9.85%
99.50	9.80%	9.80%	9.80%	9.80%	9.80%	9.80%	9.80%	9.80%
100.00	9.75%	9.75%	9.75%	9.75%	9.75%	9.75%	9.75%	9.75%
100.50	9.70%	9.70%	9.70%	9.70%	9.70%	9.70%	9.70%	9.70%
101.00	9.64%	9.64%	9.64%	9.65%	9.65%	9.65%	9.65%	9.65%
102.00	9.54%	9.54%	9.54%	9.54%	9.54%	9.55%	9.55%	9.55%
103.00	9.43%	9.44%	9.44%	9.44%	9.44%	9.45%	9.45%	9.46%
104.00	9.33%	9.33%	9.34%	9.34%	9.34%	9.35%	9.35%	9.37%
105.00	9.23%	9.23%	9.24%	9.24%	9.25%	9.25%	9.25%	9.27%
106.00	9.13%	9.14%	9.14%	9.15%	9.15%	9.16%	9.16%	9.18%
107.00	9.03%	9.04%	9.05%	9.05%	9.06%	9.06%	9.07%	9.09%
108.00	8.94%	8.94%	8.95%	8.96%	8.97%	8.97%	8.98%	9.01%
109.00	8.84%	8.85%	8.86%	8.87%	8.87%	8.88%	8.89%	8.92%
110.00	8.75%	8.76%	8.77%	8.78%	8.78%	8.79%	8.80%	8.84%

10%   EFFECTIVE YIELD RATE

PRICE	YEARS UNTIL MATURITY							
	1/2	1	2	3	4	5	6	7
85.00	47.06%	28.25%	19.40%	16.54%	15.14%	14.30%	13.75%	13.37%
85.50	45.61%	27.56%	19.06%	16.30%	14.95%	14.14%	13.61%	13.24%
86.00	44.19%	26.88%	18.71%	16.06%	14.76%	13.99%	13.48%	13.12%
86.50	42.77%	26.21%	18.37%	15.83%	14.57%	13.83%	13.34%	12.99%
87.00	41.38%	25.54%	18.03%	15.59%	14.39%	13.67%	13.20%	12.87%
87.50	40.00%	24.88%	17.69%	15.36%	14.20%	13.52%	13.07%	12.75%
88.00	38.64%	24.22%	17.36%	15.12%	14.02%	13.37%	12.94%	12.63%
88.50	37.29%	23.57%	17.02%	14.89%	13.84%	13.22%	12.80%	12.51%
89.00	35.96%	22.93%	16.69%	14.66%	13.66%	13.06%	12.67%	12.40%
89.50	34.64%	22.29%	16.37%	14.44%	13.48%	12.92%	12.54%	12.28%
90.00	33.33%	21.65%	16.04%	14.21%	13.30%	12.77%	12.41%	12.16%
90.50	32.04%	21.02%	15.72%	13.99%	13.13%	12.62%	12.28%	12.05%
91.00	30.77%	20.40%	15.40%	13.76%	12.95%	12.47%	12.16%	11.93%
91.25	30.14%	20.09%	15.24%	13.65%	12.87%	12.40%	12.09%	11.88%
91.50	29.51%	19.78%	15.08%	13.54%	12.78%	12.33%	12.03%	11.82%
91.75	28.88%	19.47%	14.92%	13.43%	12.69%	12.26%	11.97%	11.76%
92.00	28.26%	19.17%	14.76%	13.32%	12.61%	12.18%	11.90%	11.71%
92.25	27.64%	18.86%	14.61%	13.21%	12.52%	12.11%	11.84%	11.65%
92.50	27.03%	18.56%	14.45%	13.10%	12.44%	12.04%	11.78%	11.59%
92.75	26.42%	18.26%	14.30%	13.00%	12.35%	11.97%	11.72%	11.54%
93.00	25.81%	17.96%	14.14%	12.89%	12.27%	11.90%	11.65%	11.48%
93.25	25.20%	17.66%	13.98%	12.78%	12.18%	11.83%	11.59%	11.43%
93.50	24.60%	17.36%	13.83%	12.67%	12.10%	11.76%	11.53%	11.37%
93.75	24.00%	17.06%	13.68%	12.56%	12.01%	11.69%	11.47%	11.32%
94.00	23.40%	16.76%	13.52%	12.46%	11.93%	11.62%	11.41%	11.26%
94.25	22.81%	16.47%	13.37%	12.35%	11.85%	11.55%	11.35%	11.21%
94.50	22.22%	16.18%	13.22%	12.25%	11.76%	11.48%	11.29%	11.15%
94.75	21.64%	15.88%	13.07%	12.14%	11.68%	11.41%	11.23%	11.10%
95.00	21.05%	15.59%	12.92%	12.03%	11.60%	11.34%	11.17%	11.04%
95.25	20.47%	15.30%	12.77%	11.93%	11.52%	11.27%	11.11%	10.99%
95.50	19.90%	15.01%	12.62%	11.83%	11.43%	11.20%	11.05%	10.94%
95.75	19.32%	14.72%	12.47%	11.72%	11.35%	11.13%	10.99%	10.88%
96.00	18.75%	14.44%	12.32%	11.62%	11.27%	11.06%	10.93%	10.83%
96.25	18.18%	14.15%	12.17%	11.51%	11.19%	10.99%	10.87%	10.78%
96.50	17.62%	13.87%	12.02%	11.41%	11.11%	10.93%	10.81%	10.72%
96.75	17.05%	13.58%	11.87%	11.31%	11.03%	10.86%	10.75%	10.67%
97.00	16.49%	13.30%	11.73%	11.20%	10.95%	10.79%	10.69%	10.62%
97.25	15.94%	13.02%	11.58%	11.10%	10.87%	10.72%	10.63%	10.57%
97.50	15.38%	12.74%	11.43%	11.00%	10.79%	10.66%	10.57%	10.51%
97.75	14.83%	12.46%	11.29%	10.90%	10.71%	10.59%	10.52%	10.46%
98.00	14.29%	12.18%	11.14%	10.80%	10.63%	10.52%	10.46%	10.41%
98.25	13.74%	11.91%	11.00%	10.70%	10.55%	10.46%	10.40%	10.36%
98.50	13.20%	11.63%	10.85%	10.60%	10.47%	10.39%	10.34%	10.31%
98.75	12.66%	11.36%	10.71%	10.50%	10.39%	10.33%	10.28%	10.25%
99.00	12.12%	11.08%	10.57%	10.40%	10.31%	10.26%	10.23%	10.20%
99.25	11.59%	10.81%	10.43%	10.30%	10.23%	10.20%	10.17%	10.15%
99.50	11.06%	10.54%	10.28%	10.20%	10.16%	10.13%	10.11%	10.10%
99.75	10.53%	10.27%	10.14%	10.10%	10.08%	10.06%	10.06%	10.05%
100.00	10.00%	10.00%	10.00%	10.00%	10.00%	10.00%	10.00%	10.00%
100.25	9.48%	9.73%	9.86%	9.90%	9.92%	9.94%	9.94%	9.95%
100.50	8.96%	9.46%	9.72%	9.80%	9.85%	9.87%	9.89%	9.90%
101.00	7.92%	8.93%	9.44%	9.61%	9.69%	9.74%	9.78%	9.80%
101.50	6.90%	8.40%	9.16%	9.41%	9.54%	9.62%	9.66%	9.70%
102.00	5.88%	7.88%	8.89%	9.22%	9.39%	9.49%	9.55%	9.60%
102.50	4.88%	7.36%	8.61%	9.03%	9.24%	9.36%	9.44%	9.50%
103.00	3.88%	6.85%	8.34%	8.84%	9.09%	9.24%	9.34%	9.41%
103.50	2.90%	6.33%	8.07%	8.65%	8.94%	9.11%	9.23%	9.31%
104.00	1.92%	5.82%	7.80%	8.46%	8.79%	8.99%	9.12%	9.21%
104.50	0.96%	5.32%	7.53%	8.28%	8.65%	8.87%	9.01%	9.12%
105.00	***	4.82%	7.27%	8.09%	8.50%	8.74%	8.91%	9.02%

EFFECTIVE YIELD RATE 10%

PRICE	YEARS UNTIL MATURITY 8	9	10	11	12	13	14	15
70.00	17.00%	16.52%	16.14%	15.85%	15.61%	15.41%	15.24%	15.11%
71.00	16.70%	16.24%	15.88%	15.60%	15.36%	15.17%	15.02%	14.88%
72.00	16.41%	15.97%	15.62%	15.35%	15.13%	14.94%	14.79%	14.66%
73.00	16.13%	15.70%	15.37%	15.11%	14.89%	14.72%	14.57%	14.45%
74.00	15.85%	15.44%	15.13%	14.87%	14.67%	14.50%	14.36%	14.24%
75.00	15.57%	15.19%	14.88%	14.64%	14.44%	14.28%	14.15%	14.04%
76.00	15.30%	14.93%	14.65%	14.41%	14.23%	14.07%	13.94%	13.84%
77.00	15.04%	14.69%	14.41%	14.19%	14.01%	13.87%	13.74%	13.64%
78.00	14.78%	14.44%	14.18%	13.97%	13.80%	13.66%	13.55%	13.45%
79.00	14.52%	14.21%	13.96%	13.76%	13.60%	13.46%	13.35%	13.26%
80.00	14.27%	13.97%	13.74%	13.55%	13.40%	13.27%	13.16%	13.08%
81.00	14.03%	13.74%	13.52%	13.34%	13.20%	13.08%	12.98%	12.89%
82.00	13.78%	13.52%	13.31%	13.14%	13.00%	12.89%	12.80%	12.72%
82.50	13.66%	13.41%	13.20%	13.04%	12.91%	12.80%	12.71%	12.63%
83.00	13.55%	13.29%	13.10%	12.94%	12.81%	12.71%	12.62%	12.54%
83.50	13.43%	13.18%	12.99%	12.84%	12.72%	12.61%	12.53%	12.46%
84.00	13.31%	13.08%	12.89%	12.74%	12.62%	12.52%	12.44%	12.37%
84.50	13.19%	12.97%	12.79%	12.65%	12.53%	12.43%	12.35%	12.29%
85.00	13.08%	12.86%	12.69%	12.55%	12.44%	12.35%	12.27%	12.20%
85.50	12.97%	12.75%	12.59%	12.46%	12.35%	12.26%	12.18%	12.12%
86.00	12.85%	12.65%	12.49%	12.36%	12.26%	12.17%	12.10%	12.04%
86.50	12.74%	12.54%	12.39%	12.27%	12.17%	12.09%	12.02%	11.96%
87.00	12.63%	12.44%	12.29%	12.18%	12.08%	12.00%	11.93%	11.88%
87.50	12.52%	12.34%	12.20%	12.08%	11.99%	11.91%	11.85%	11.80%
88.00	12.41%	12.24%	12.10%	11.99%	11.90%	11.83%	11.77%	11.72%
88.50	12.30%	12.13%	12.01%	11.90%	11.82%	11.75%	11.69%	11.64%
89.00	12.19%	12.03%	11.91%	11.81%	11.73%	11.66%	11.61%	11.56%
89.50	12.08%	11.93%	11.82%	11.72%	11.65%	11.58%	11.53%	11.48%
90.00	11.98%	11.84%	11.72%	11.63%	11.56%	11.50%	11.45%	11.41%
90.50	11.87%	11.74%	11.63%	11.55%	11.48%	11.42%	11.37%	11.33%
91.00	11.77%	11.64%	11.54%	11.46%	11.39%	11.34%	11.29%	11.26%
91.50	11.66%	11.54%	11.45%	11.37%	11.31%	11.26%	11.22%	11.18%
92.00	11.56%	11.45%	11.36%	11.29%	11.23%	11.18%	11.14%	11.11%
92.50	11.46%	11.35%	11.27%	11.20%	11.15%	11.10%	11.07%	11.03%
93.00	11.35%	11.26%	11.18%	11.12%	11.07%	11.03%	10.99%	10.96%
93.50	11.25%	11.16%	11.09%	11.03%	10.99%	10.95%	10.92%	10.89%
94.00	11.15%	11.07%	11.00%	10.95%	10.91%	10.87%	10.84%	10.82%
94.50	11.05%	10.98%	10.92%	10.87%	10.83%	10.80%	10.77%	10.75%
95.00	10.95%	10.89%	10.83%	10.79%	10.75%	10.72%	10.70%	10.68%
95.50	10.86%	10.79%	10.75%	10.71%	10.67%	10.65%	10.62%	10.61%
96.00	10.76%	10.70%	10.66%	10.63%	10.60%	10.57%	10.55%	10.54%
96.50	10.66%	10.61%	10.58%	10.55%	10.52%	10.50%	10.48%	10.47%
97.00	10.56%	10.52%	10.49%	10.47%	10.44%	10.43%	10.41%	10.40%
97.50	10.47%	10.44%	10.41%	10.39%	10.37%	10.35%	10.34%	10.33%
98.00	10.37%	10.35%	10.33%	10.31%	10.29%	10.28%	10.27%	10.26%
98.50	10.28%	10.26%	10.24%	10.23%	10.22%	10.21%	10.20%	10.20%
99.00	10.19%	10.17%	10.16%	10.15%	10.15%	10.14%	10.14%	10.13%
99.50	10.09%	10.09%	10.08%	10.08%	10.07%	10.07%	10.07%	10.07%
100.00	10.00%	10.00%	10.00%	10.00%	10.00%	10.00%	10.00%	10.00%
100.50	9.91%	9.91%	9.92%	9.92%	9.93%	9.93%	9.93%	9.94%
101.00	9.82%	9.83%	9.84%	9.85%	9.86%	9.86%	9.87%	9.87%
102.00	9.64%	9.66%	9.68%	9.70%	9.71%	9.73%	9.74%	9.74%
103.00	9.46%	9.50%	9.53%	9.55%	9.57%	9.59%	9.61%	9.62%
104.00	9.28%	9.33%	9.37%	9.41%	9.44%	9.46%	9.48%	9.49%
105.00	9.11%	9.17%	9.22%	9.27%	9.30%	9.33%	9.35%	9.37%
106.00	8.93%	9.01%	9.07%	9.12%	9.17%	9.20%	9.23%	9.25%
107.00	8.76%	8.86%	8.93%	8.99%	9.03%	9.07%	9.11%	9.13%
108.00	8.60%	8.70%	8.78%	8.85%	8.90%	8.95%	8.98%	9.02%
109.00	8.43%	8.55%	8.64%	8.71%	8.77%	8.82%	8.87%	8.90%
110.00	8.27%	8.39%	8.50%	8.58%	8.64%	8.70%	8.75%	8.79%

10% EFFECTIVE YIELD RATE

PRICE	YEARS UNTIL MATURITY							
	16	17	18	19	20	21	22	23
70.00	14.99%	14.89%	14.81%	14.74%	14.68%	14.63%	14.58%	14.54%
71.00	14.77%	14.68%	14.60%	14.53%	14.47%	14.42%	14.38%	14.34%
72.00	14.56%	14.47%	14.39%	14.32%	14.27%	14.22%	14.17%	14.14%
73.00	14.35%	14.26%	14.19%	14.12%	14.07%	14.02%	13.98%	13.94%
74.00	14.14%	14.06%	13.99%	13.92%	13.87%	13.83%	13.79%	13.75%
75.00	13.94%	13.86%	13.79%	13.73%	13.68%	13.64%	13.60%	13.57%
76.00	13.75%	13.67%	13.60%	13.54%	13.50%	13.45%	13.42%	13.38%
77.00	13.55%	13.48%	13.42%	13.36%	13.31%	13.27%	13.24%	13.21%
78.00	13.36%	13.29%	13.23%	13.18%	13.14%	13.10%	13.06%	13.03%
79.00	13.18%	13.11%	13.06%	13.01%	12.96%	12.93%	12.89%	12.86%
80.00	13.00%	12.94%	12.88%	12.83%	12.79%	12.76%	12.73%	12.70%
81.00	12.82%	12.76%	12.71%	12.66%	12.63%	12.59%	12.56%	12.54%
82.00	12.65%	12.59%	12.54%	12.50%	12.46%	12.43%	12.40%	12.38%
82.50	12.56%	12.51%	12.46%	12.42%	12.38%	12.35%	12.32%	12.30%
83.00	12.48%	12.42%	12.38%	12.34%	12.30%	12.27%	12.25%	12.22%
83.50	12.39%	12.34%	12.30%	12.26%	12.22%	12.19%	12.17%	12.15%
84.00	12.31%	12.26%	12.22%	12.18%	12.15%	12.12%	12.09%	12.07%
84.50	12.23%	12.18%	12.14%	12.10%	12.07%	12.04%	12.02%	12.00%
85.00	12.15%	12.10%	12.06%	12.02%	11.99%	11.97%	11.94%	11.92%
85.50	12.07%	12.02%	11.98%	11.95%	11.92%	11.89%	11.87%	11.85%
86.00	11.99%	11.94%	11.90%	11.87%	11.84%	11.82%	11.80%	11.78%
86.50	11.91%	11.86%	11.83%	11.80%	11.77%	11.74%	11.72%	11.70%
87.00	11.83%	11.79%	11.75%	11.72%	11.69%	11.67%	11.65%	11.63%
87.50	11.75%	11.71%	11.68%	11.65%	11.62%	11.60%	11.58%	11.56%
88.00	11.67%	11.64%	11.60%	11.57%	11.55%	11.53%	11.51%	11.49%
88.50	11.60%	11.56%	11.53%	11.50%	11.48%	11.46%	11.44%	11.42%
89.00	11.52%	11.49%	11.46%	11.43%	11.41%	11.39%	11.37%	11.36%
89.50	11.45%	11.41%	11.38%	11.36%	11.34%	11.32%	11.30%	11.29%
90.00	11.37%	11.34%	11.31%	11.29%	11.27%	11.25%	11.24%	11.22%
90.50	11.30%	11.27%	11.24%	11.22%	11.20%	11.18%	11.17%	11.15%
91.00	11.22%	11.20%	11.17%	11.15%	11.13%	11.12%	11.10%	11.09%
91.50	11.15%	11.12%	11.10%	11.08%	11.06%	11.05%	11.04%	11.02%
92.00	11.08%	11.05%	11.03%	11.01%	11.00%	10.98%	10.97%	10.96%
92.50	11.01%	10.98%	10.96%	10.95%	10.93%	10.92%	10.91%	10.90%
93.00	10.94%	10.91%	10.90%	10.88%	10.86%	10.85%	10.84%	10.83%
93.50	10.87%	10.85%	10.83%	10.81%	10.80%	10.79%	10.78%	10.77%
94.00	10.80%	10.78%	10.76%	10.75%	10.73%	10.72%	10.71%	10.71%
94.50	10.73%	10.71%	10.69%	10.68%	10.67%	10.66%	10.65%	10.64%
95.00	10.66%	10.64%	10.63%	10.62%	10.61%	10.60%	10.59%	10.58%
95.50	10.59%	10.58%	10.56%	10.55%	10.54%	10.54%	10.53%	10.52%
96.00	10.52%	10.51%	10.50%	10.49%	10.48%	10.47%	10.47%	10.46%
96.50	10.46%	10.44%	10.43%	10.43%	10.42%	10.41%	10.41%	10.40%
97.00	10.39%	10.38%	10.37%	10.36%	10.36%	10.35%	10.35%	10.34%
97.50	10.32%	10.31%	10.31%	10.30%	10.30%	10.29%	10.29%	10.29%
98.00	10.26%	10.25%	10.25%	10.24%	10.24%	10.23%	10.23%	10.23%
98.50	10.19%	10.19%	10.18%	10.18%	10.18%	10.17%	10.17%	10.17%
99.00	10.13%	10.12%	10.12%	10.12%	10.12%	10.12%	10.11%	10.11%
99.50	10.06%	10.06%	10.06%	10.06%	10.06%	10.06%	10.06%	10.06%
100.00	10.00%	10.00%	10.00%	10.00%	10.00%	10.00%	10.00%	10.00%
100.50	9.94%	9.94%	9.94%	9.94%	9.94%	9.94%	9.94%	9.94%
101.00	9.87%	9.88%	9.88%	9.88%	9.88%	9.89%	9.89%	9.89%
102.00	9.75%	9.76%	9.76%	9.77%	9.77%	9.77%	9.78%	9.78%
103.00	9.63%	9.64%	9.65%	9.65%	9.66%	9.66%	9.67%	9.67%
104.00	9.51%	9.52%	9.53%	9.54%	9.55%	9.56%	9.56%	9.57%
105.00	9.39%	9.41%	9.42%	9.43%	9.44%	9.45%	9.46%	9.46%
106.00	9.27%	9.29%	9.31%	9.32%	9.33%	9.34%	9.35%	9.36%
107.00	9.16%	9.18%	9.20%	9.21%	9.23%	9.24%	9.25%	9.26%
108.00	9.04%	9.07%	9.09%	9.11%	9.12%	9.14%	9.15%	9.16%
109.00	8.93%	8.96%	8.98%	9.00%	9.02%	9.04%	9.05%	9.06%
110.00	8.82%	8.85%	8.88%	8.90%	8.92%	8.94%	8.95%	8.97%

EFFECTIVE YIELD RATE 10%

PRICE	24	25	26	27	28	29	30	40
				YEARS UNTIL MATURITY				
70.00	14.51%	14.48%	14.45%	14.43%	14.41%	14.40%	14.38%	14.31%
71.00	14.30%	14.28%	14.25%	14.23%	14.21%	14.20%	14.18%	14.11%
72.00	14.11%	14.08%	14.05%	14.03%	14.01%	14.00%	13.98%	13.91%
73.00	13.91%	13.88%	13.86%	13.84%	13.82%	13.81%	13.79%	13.72%
74.00	13.72%	13.70%	13.67%	13.65%	13.64%	13.62%	13.61%	13.54%
75.00	13.54%	13.51%	13.49%	13.47%	13.45%	13.44%	13.43%	13.36%
76.00	13.36%	13.33%	13.31%	13.29%	13.28%	13.26%	13.25%	13.18%
77.00	13.18%	13.16%	13.14%	13.12%	13.10%	13.09%	13.08%	13.01%
78.00	13.01%	12.99%	12.97%	12.95%	12.93%	12.92%	12.91%	12.85%
79.00	12.84%	12.82%	12.80%	12.78%	12.77%	12.75%	12.74%	12.68%
80.00	12.68%	12.65%	12.64%	12.62%	12.61%	12.59%	12.58%	12.52%
81.00	12.51%	12.49%	12.48%	12.46%	12.45%	12.44%	12.43%	12.37%
82.00	12.36%	12.34%	12.32%	12.31%	12.29%	12.28%	12.27%	12.22%
82.50	12.28%	12.26%	12.25%	12.23%	12.22%	12.21%	12.20%	12.14%
83.00	12.20%	12.19%	12.17%	12.16%	12.14%	12.13%	12.12%	12.07%
83.50	12.13%	12.11%	12.09%	12.08%	12.07%	12.06%	12.05%	12.00%
84.00	12.05%	12.04%	12.02%	12.01%	12.00%	11.99%	11.98%	11.93%
84.50	11.98%	11.96%	11.95%	11.93%	11.92%	11.91%	11.90%	11.86%
85.00	11.90%	11.89%	11.87%	11.86%	11.85%	11.84%	11.83%	11.79%
85.50	11.83%	11.82%	11.80%	11.79%	11.78%	11.77%	11.76%	11.72%
86.00	11.76%	11.74%	11.73%	11.72%	11.71%	11.70%	11.69%	11.65%
86.50	11.69%	11.67%	11.66%	11.65%	11.64%	11.63%	11.62%	11.58%
87.00	11.62%	11.60%	11.59%	11.58%	11.57%	11.56%	11.56%	11.51%
87.50	11.55%	11.53%	11.52%	11.51%	11.50%	11.50%	11.49%	11.45%
88.00	11.48%	11.47%	11.45%	11.44%	11.44%	11.43%	11.42%	11.38%
88.50	11.41%	11.40%	11.39%	11.38%	11.37%	11.36%	11.36%	11.32%
89.00	11.34%	11.33%	11.32%	11.31%	11.30%	11.30%	11.29%	11.25%
89.50	11.28%	11.26%	11.25%	11.25%	11.24%	11.23%	11.22%	11.19%
90.00	11.21%	11.20%	11.19%	11.18%	11.17%	11.17%	11.16%	11.13%
90.50	11.14%	11.13%	11.12%	11.12%	11.11%	11.10%	11.10%	11.07%
91.00	11.08%	11.07%	11.06%	11.05%	11.05%	11.04%	11.03%	11.00%
91.50	11.01%	11.00%	11.00%	10.99%	10.98%	10.98%	10.97%	10.94%
92.00	10.95%	10.94%	10.93%	10.93%	10.92%	10.92%	10.91%	10.88%
92.50	10.89%	10.88%	10.87%	10.86%	10.86%	10.85%	10.85%	10.82%
93.00	10.82%	10.82%	10.81%	10.80%	10.80%	10.79%	10.79%	10.77%
93.50	10.76%	10.75%	10.75%	10.74%	10.74%	10.73%	10.73%	10.71%
94.00	10.70%	10.69%	10.69%	10.68%	10.68%	10.67%	10.67%	10.65%
94.50	10.64%	10.63%	10.63%	10.62%	10.62%	10.61%	10.61%	10.59%
95.00	10.58%	10.57%	10.57%	10.56%	10.56%	10.56%	10.55%	10.54%
95.50	10.52%	10.51%	10.51%	10.50%	10.50%	10.50%	10.50%	10.48%
96.00	10.46%	10.45%	10.45%	10.45%	10.44%	10.44%	10.44%	10.42%
96.50	10.40%	10.40%	10.39%	10.39%	10.39%	10.38%	10.38%	10.37%
97.00	10.34%	10.34%	10.33%	10.33%	10.33%	10.33%	10.33%	10.32%
97.50	10.28%	10.28%	10.28%	10.28%	10.27%	10.27%	10.27%	10.26%
98.00	10.23%	10.22%	10.22%	10.22%	10.22%	10.22%	10.22%	10.21%
98.50	10.17%	10.17%	10.17%	10.16%	10.16%	10.16%	10.16%	10.16%
99.00	10.11%	10.11%	10.11%	10.11%	10.11%	10.11%	10.11%	10.10%
99.50	10.06%	10.06%	10.05%	10.05%	10.05%	10.05%	10.05%	10.05%
100.00	10.00%	10.00%	10.00%	10.00%	10.00%	10.00%	10.00%	10.00%
100.50	9.94%	9.95%	9.95%	9.95%	9.95%	9.95%	9.95%	9.95%
101.00	9.89%	9.89%	9.89%	9.89%	9.89%	9.89%	9.90%	9.90%
102.00	9.78%	9.78%	9.79%	9.79%	9.79%	9.79%	9.79%	9.80%
103.00	9.68%	9.68%	9.68%	9.68%	9.69%	9.69%	9.69%	9.70%
104.00	9.57%	9.58%	9.58%	9.58%	9.59%	9.59%	9.59%	9.61%
105.00	9.47%	9.47%	9.48%	9.48%	9.49%	9.49%	9.49%	9.51%
106.00	9.37%	9.37%	9.38%	9.39%	9.39%	9.39%	9.40%	9.42%
107.00	9.27%	9.28%	9.28%	9.29%	9.29%	9.30%	9.30%	9.33%
108.00	9.17%	9.18%	9.19%	9.19%	9.20%	9.21%	9.21%	9.24%
109.00	9.07%	9.08%	9.09%	9.10%	9.11%	9.11%	9.12%	9.15%
110.00	8.98%	8.99%	9.00%	9.01%	9.02%	9.02%	9.03%	9.07%

10.25% EFFECTIVE YIELD RATE

PRICE	YEARS UNTIL MATURITY						
	1/2	1	2	3	4	5	6	7
85.00	47.35%	28.53%	19.68%	16.82%	15.41%	14.58%	14.03%	13.64%
85.50	45.91%	27.84%	19.33%	16.58%	15.22%	14.42%	13.89%	13.52%
86.00	44.48%	27.16%	18.99%	16.34%	15.03%	14.26%	13.75%	13.39%
86.50	43.06%	26.49%	18.64%	16.10%	14.85%	14.10%	13.61%	13.27%
87.00	41.67%	25.82%	18.30%	15.86%	14.66%	13.95%	13.48%	13.15%
87.50	40.29%	25.15%	17.96%	15.63%	14.48%	13.79%	13.34%	13.03%
88.00	38.92%	24.50%	17.63%	15.39%	14.29%	13.64%	13.21%	12.90%
88.50	37.57%	23.85%	17.29%	15.16%	14.11%	13.49%	13.07%	12.78%
89.00	36.24%	23.20%	16.96%	14.93%	13.93%	13.33%	12.94%	12.67%
89.50	34.92%	22.56%	16.64%	14.70%	13.75%	13.18%	12.81%	12.55%
90.00	33.61%	21.92%	16.31%	14.48%	13.57%	13.03%	12.68%	12.43%
90.50	32.32%	21.29%	15.99%	14.25%	13.39%	12.89%	12.55%	12.31%
91.00	31.04%	20.67%	15.66%	14.03%	13.22%	12.74%	12.42%	12.20%
91.25	30.41%	20.36%	15.50%	13.92%	13.13%	12.67%	12.36%	12.14%
91.50	29.78%	20.05%	15.35%	13.81%	13.04%	12.59%	12.29%	12.08%
91.75	29.16%	19.74%	15.19%	13.70%	12.96%	12.52%	12.23%	12.03%
92.00	28.53%	19.43%	15.03%	13.59%	12.87%	12.45%	12.17%	11.97%
92.25	27.91%	19.13%	14.87%	13.48%	12.78%	12.37%	12.10%	11.91%
92.50	27.30%	18.82%	14.71%	13.37%	12.70%	12.30%	12.04%	11.86%
92.75	26.68%	18.52%	14.56%	13.26%	12.61%	12.23%	11.98%	11.80%
93.00	26.08%	18.22%	14.40%	13.15%	12.53%	12.16%	11.92%	11.74%
93.25	25.47%	17.92%	14.25%	13.04%	12.44%	12.09%	11.85%	11.69%
93.50	24.87%	17.62%	14.09%	12.93%	12.36%	12.02%	11.79%	11.63%
93.75	24.27%	17.32%	13.94%	12.83%	12.27%	11.95%	11.73%	11.58%
94.00	23.67%	17.03%	13.78%	12.72%	12.19%	11.88%	11.67%	11.52%
94.25	23.08%	16.73%	13.63%	12.61%	12.11%	11.81%	11.61%	11.47%
94.50	22.49%	16.44%	13.48%	12.50%	12.02%	11.74%	11.55%	11.41%
94.75	21.90%	16.14%	13.33%	12.40%	11.94%	11.67%	11.48%	11.36%
95.00	21.32%	15.85%	13.17%	12.29%	11.86%	11.60%	11.42%	11.30%
95.25	20.73%	15.56%	13.02%	12.19%	11.77%	11.53%	11.36%	11.25%
95.50	20.16%	15.27%	12.87%	12.08%	11.69%	11.46%	11.30%	11.19%
95.75	19.58%	14.98%	12.72%	11.98%	11.61%	11.39%	11.24%	11.14%
96.00	19.01%	14.70%	12.57%	11.87%	11.53%	11.32%	11.18%	11.09%
96.25	18.44%	14.41%	12.42%	11.77%	11.44%	11.25%	11.12%	11.03%
96.50	17.88%	14.12%	12.28%	11.67%	11.36%	11.18%	11.06%	10.98%
96.75	17.31%	13.84%	12.13%	11.56%	11.28%	11.11%	11.00%	10.93%
97.00	16.75%	13.56%	11.98%	11.46%	11.20%	11.05%	10.95%	10.87%
97.25	16.20%	13.28%	11.83%	11.36%	11.12%	10.98%	10.89%	10.82%
97.50	15.64%	13.00%	11.69%	11.25%	11.04%	10.91%	10.83%	10.77%
97.75	15.09%	12.72%	11.54%	11.15%	10.96%	10.84%	10.77%	10.72%
98.00	14.54%	12.44%	11.40%	11.05%	10.88%	10.78%	10.71%	10.66%
98.25	13.99%	12.16%	11.25%	10.95%	10.80%	10.71%	10.65%	10.61%
98.50	13.45%	11.88%	11.11%	10.85%	10.72%	10.64%	10.59%	10.56%
98.75	12.91%	11.61%	10.96%	10.75%	10.64%	10.58%	10.54%	10.51%
99.00	12.37%	11.34%	10.82%	10.65%	10.56%	10.51%	10.48%	10.45%
99.25	11.84%	11.06%	10.68%	10.55%	10.48%	10.45%	10.42%	10.40%
99.50	11.31%	10.79%	10.53%	10.45%	10.41%	10.38%	10.36%	10.35%
99.75	10.78%	10.52%	10.39%	10.35%	10.33%	10.32%	10.31%	10.30%
100.00	10.25%	10.25%	10.25%	10.25%	10.25%	10.25%	10.25%	10.25%
100.25	9.73%	9.98%	10.11%	10.15%	10.17%	10.18%	10.19%	10.20%
100.50	9.20%	9.71%	9.97%	10.05%	10.09%	10.12%	10.14%	10.15%
101.00	8.17%	9.18%	9.69%	9.86%	9.94%	9.99%	10.02%	10.05%
101.50	7.14%	8.65%	9.41%	9.66%	9.79%	9.86%	9.91%	9.95%
102.00	6.13%	8.13%	9.13%	9.47%	9.64%	9.74%	9.80%	9.85%
102.50	5.12%	7.61%	8.86%	9.28%	9.48%	9.61%	9.69%	9.75%
103.00	4.13%	7.09%	8.59%	9.09%	9.33%	9.48%	9.58%	9.65%
103.50	3.14%	6.58%	8.31%	8.90%	9.18%	9.36%	9.47%	9.55%
104.00	2.16%	6.07%	8.04%	8.71%	9.04%	9.23%	9.36%	9.46%
104.50	1.20%	5.56%	7.78%	8.52%	8.89%	9.11%	9.26%	9.36%
105.00	0.24%	5.06%	7.51%	8.33%	8.74%	8.99%	9.15%	9.26%

EFFECTIVE YIELD RATE 10.25%

PRICE	YEARS UNTIL MATURITY							
	8	9	10	11	12	13	14	15
70.00	17.32%	16.84%	16.47%	16.17%	15.93%	15.74%	15.57%	15.44%
71.00	17.02%	16.56%	16.20%	15.92%	15.69%	15.50%	15.34%	15.21%
72.00	16.72%	16.28%	15.94%	15.67%	15.45%	15.27%	15.11%	14.99%
73.00	16.44%	16.01%	15.69%	15.42%	15.21%	15.04%	14.89%	14.77%
74.00	16.15%	15.75%	15.44%	15.18%	14.98%	14.81%	14.67%	14.56%
75.00	15.88%	15.49%	15.19%	14.95%	14.75%	14.59%	14.46%	14.35%
76.00	15.60%	15.24%	14.95%	14.72%	14.53%	14.38%	14.25%	14.15%
77.00	15.34%	14.99%	14.71%	14.49%	14.32%	14.17%	14.05%	13.95%
78.00	15.07%	14.74%	14.48%	14.27%	14.10%	13.96%	13.85%	13.75%
79.00	14.82%	14.50%	14.25%	14.06%	13.90%	13.76%	13.65%	13.56%
80.00	14.56%	14.26%	14.03%	13.84%	13.69%	13.56%	13.46%	13.37%
81.00	14.31%	14.03%	13.81%	13.63%	13.49%	13.37%	13.27%	13.19%
82.00	14.07%	13.80%	13.59%	13.43%	13.29%	13.18%	13.09%	13.01%
82.50	13.95%	13.69%	13.49%	13.33%	13.19%	13.09%	13.00%	12.92%
83.00	13.83%	13.58%	13.38%	13.23%	13.10%	12.99%	12.90%	12.83%
83.50	13.71%	13.47%	13.28%	13.13%	13.00%	12.90%	12.82%	12.74%
84.00	13.59%	13.36%	13.17%	13.03%	12.91%	12.81%	12.73%	12.66%
84.50	13.47%	13.25%	13.07%	12.93%	12.81%	12.72%	12.64%	12.57%
85.00	13.36%	13.14%	12.97%	12.83%	12.72%	12.63%	12.55%	12.49%
85.50	13.24%	13.03%	12.87%	12.74%	12.63%	12.54%	12.46%	12.40%
86.00	13.13%	12.93%	12.77%	12.64%	12.54%	12.45%	12.38%	12.32%
86.50	13.02%	12.82%	12.67%	12.55%	12.45%	12.36%	12.29%	12.24%
87.00	12.90%	12.72%	12.57%	12.45%	12.36%	12.28%	12.21%	12.15%
87.50	12.79%	12.61%	12.47%	12.36%	12.27%	12.19%	12.13%	12.07%
88.00	12.68%	12.51%	12.37%	12.27%	12.18%	12.11%	12.04%	11.99%
88.50	12.57%	12.41%	12.28%	12.17%	12.09%	12.02%	11.96%	11.91%
89.00	12.46%	12.31%	12.18%	12.08%	12.00%	11.94%	11.88%	11.83%
89.50	12.35%	12.20%	12.09%	11.99%	11.92%	11.85%	11.80%	11.76%
90.00	12.25%	12.10%	11.99%	11.90%	11.83%	11.77%	11.72%	11.68%
90.50	12.14%	12.01%	11.90%	11.82%	11.75%	11.69%	11.64%	11.60%
91.00	12.03%	11.91%	11.81%	11.73%	11.66%	11.61%	11.56%	11.52%
91.50	11.93%	11.81%	11.72%	11.64%	11.58%	11.53%	11.48%	11.45%
92.00	11.82%	11.71%	11.62%	11.55%	11.50%	11.45%	11.41%	11.37%
92.50	11.72%	11.62%	11.53%	11.47%	11.41%	11.37%	11.33%	11.30%
93.00	11.62%	11.52%	11.44%	11.38%	11.33%	11.29%	11.25%	11.23%
93.50	11.52%	11.42%	11.35%	11.30%	11.25%	11.21%	11.18%	11.15%
94.00	11.41%	11.33%	11.27%	11.21%	11.17%	11.13%	11.10%	11.08%
94.50	11.31%	11.24%	11.18%	11.13%	11.09%	11.06%	11.03%	11.01%
95.00	11.21%	11.14%	11.09%	11.05%	11.01%	10.98%	10.96%	10.94%
95.50	11.11%	11.05%	11.00%	10.96%	10.93%	10.91%	10.88%	10.86%
96.00	11.02%	10.96%	10.92%	10.88%	10.85%	10.83%	10.81%	10.79%
96.50	10.92%	10.87%	10.83%	10.80%	10.78%	10.76%	10.74%	10.72%
97.00	10.82%	10.78%	10.75%	10.72%	10.70%	10.68%	10.67%	10.65%
97.50	10.72%	10.69%	10.66%	10.64%	10.62%	10.61%	10.60%	10.59%
98.00	10.63%	10.60%	10.58%	10.56%	10.55%	10.54%	10.53%	10.52%
98.50	10.53%	10.51%	10.50%	10.48%	10.47%	10.46%	10.46%	10.45%
99.00	10.44%	10.42%	10.41%	10.40%	10.40%	10.39%	10.39%	10.38%
99.50	10.34%	10.34%	10.33%	10.33%	10.32%	10.32%	10.32%	10.32%
100.00	10.25%	10.25%	10.25%	10.25%	10.25%	10.25%	10.25%	10.25%
100.50	10.16%	10.16%	10.17%	10.17%	10.18%	10.18%	10.18%	10.18%
101.00	10.07%	10.08%	10.09%	10.10%	10.10%	10.11%	10.11%	10.12%
102.00	9.88%	9.91%	9.93%	9.95%	9.96%	9.97%	9.98%	9.99%
103.00	9.70%	9.74%	9.77%	9.80%	9.82%	9.84%	9.85%	9.86%
104.00	9.52%	9.58%	9.62%	9.65%	9.68%	9.70%	9.72%	9.74%
105.00	9.35%	9.41%	9.47%	9.51%	9.54%	9.57%	9.59%	9.61%
106.00	9.18%	9.25%	9.31%	9.36%	9.41%	9.44%	9.47%	9.49%
107.00	9.00%	9.09%	9.17%	9.22%	9.27%	9.31%	9.34%	9.37%
108.00	8.83%	8.94%	9.02%	9.08%	9.14%	9.18%	9.22%	9.25%
109.00	8.67%	8.78%	8.87%	8.95%	9.01%	9.06%	9.10%	9.14%
110.00	8.50%	8.63%	8.73%	8.81%	8.88%	8.93%	8.98%	9.02%

10.25% EFFECTIVE YIELD RATE

PRICE	YEARS UNTIL MATURITY							
	16	17	18	19	20	21	22	23
70.00	15.33%	15.23%	15.15%	15.08%	15.02%	14.97%	14.92%	14.89%
71.00	15.10%	15.01%	14.93%	14.86%	14.81%	14.76%	14.71%	14.68%
72.00	14.88%	14.79%	14.72%	14.65%	14.60%	14.55%	14.51%	14.47%
73.00	14.67%	14.58%	14.51%	14.45%	14.39%	14.35%	14.31%	14.27%
74.00	14.46%	14.38%	14.31%	14.25%	14.19%	14.15%	14.11%	14.08%
75.00	14.26%	14.18%	14.11%	14.05%	14.00%	13.96%	13.92%	13.89%
76.00	14.06%	13.98%	13.92%	13.86%	13.81%	13.77%	13.73%	13.70%
77.00	13.86%	13.79%	13.73%	13.67%	13.63%	13.59%	13.55%	13.52%
78.00	13.67%	13.60%	13.54%	13.49%	13.44%	13.41%	13.37%	13.34%
79.00	13.48%	13.42%	13.36%	13.31%	13.27%	13.23%	13.20%	13.17%
80.00	13.30%	13.23%	13.18%	13.13%	13.09%	13.06%	13.03%	13.00%
81.00	13.12%	13.06%	13.01%	12.96%	12.92%	12.89%	12.86%	12.84%
82.00	12.94%	12.88%	12.84%	12.79%	12.76%	12.73%	12.70%	12.68%
82.50	12.85%	12.80%	12.75%	12.71%	12.68%	12.65%	12.62%	12.60%
83.00	12.77%	12.71%	12.67%	12.63%	12.59%	12.57%	12.54%	12.52%
83.50	12.68%	12.63%	12.59%	12.55%	12.51%	12.49%	12.46%	12.44%
84.00	12.60%	12.55%	12.50%	12.47%	12.44%	12.41%	12.38%	12.36%
84.50	12.51%	12.47%	12.42%	12.39%	12.36%	12.33%	12.31%	12.29%
85.00	12.43%	12.38%	12.34%	12.31%	12.28%	12.25%	12.23%	12.21%
85.50	12.35%	12.30%	12.26%	12.23%	12.20%	12.18%	12.15%	12.14%
86.00	12.27%	12.22%	12.19%	12.15%	12.13%	12.10%	12.08%	12.06%
86.50	12.19%	12.14%	12.11%	12.08%	12.05%	12.03%	12.01%	11.99%
87.00	12.11%	12.07%	12.03%	12.00%	11.98%	11.95%	11.93%	11.92%
87.50	12.03%	11.99%	11.96%	11.93%	11.90%	11.88%	11.86%	11.84%
88.00	11.95%	11.91%	11.88%	11.85%	11.83%	11.81%	11.79%	11.77%
88.50	11.87%	11.84%	11.80%	11.78%	11.76%	11.73%	11.72%	11.70%
89.00	11.79%	11.76%	11.73%	11.71%	11.68%	11.66%	11.65%	11.63%
89.50	11.72%	11.69%	11.66%	11.63%	11.61%	11.59%	11.58%	11.56%
90.00	11.64%	11.61%	11.58%	11.56%	11.54%	11.52%	11.51%	11.49%
90.50	11.57%	11.54%	11.51%	11.49%	11.47%	11.45%	11.44%	11.43%
91.00	11.49%	11.46%	11.44%	11.42%	11.40%	11.39%	11.37%	11.36%
91.50	11.42%	11.39%	11.37%	11.35%	11.33%	11.32%	11.30%	11.29%
92.00	11.34%	11.32%	11.30%	11.28%	11.26%	11.25%	11.24%	11.23%
92.50	11.27%	11.25%	11.23%	11.21%	11.20%	11.18%	11.17%	11.16%
93.00	11.20%	11.18%	11.16%	11.14%	11.13%	11.12%	11.11%	11.10%
93.50	11.13%	11.11%	11.09%	11.08%	11.06%	11.05%	11.04%	11.03%
94.00	11.06%	11.04%	11.02%	11.01%	11.00%	10.99%	10.98%	10.97%
94.50	10.99%	10.97%	10.96%	10.94%	10.93%	10.92%	10.91%	10.91%
95.00	10.92%	10.90%	10.89%	10.88%	10.87%	10.86%	10.85%	10.84%
95.50	10.85%	10.83%	10.82%	10.81%	10.80%	10.80%	10.79%	10.78%
96.00	10.78%	10.77%	10.76%	10.75%	10.74%	10.73%	10.73%	10.72%
96.50	10.71%	10.70%	10.69%	10.68%	10.68%	10.67%	10.67%	10.66%
97.00	10.64%	10.64%	10.63%	10.62%	10.61%	10.61%	10.60%	10.60%
97.50	10.58%	10.57%	10.56%	10.56%	10.55%	10.55%	10.54%	10.54%
98.00	10.51%	10.50%	10.50%	10.49%	10.49%	10.49%	10.48%	10.48%
98.50	10.44%	10.44%	10.44%	10.43%	10.43%	10.43%	10.43%	10.42%
99.00	10.38%	10.38%	10.37%	10.37%	10.37%	10.37%	10.37%	10.36%
99.50	10.31%	10.31%	10.31%	10.31%	10.31%	10.31%	10.31%	10.31%
100.00	10.25%	10.25%	10.25%	10.25%	10.25%	10.25%	10.25%	10.25%
100.50	10.19%	10.19%	10.19%	10.19%	10.19%	10.19%	10.19%	10.19%
101.00	10.12%	10.13%	10.13%	10.13%	10.13%	10.13%	10.14%	10.14%
102.00	10.00%	10.00%	10.01%	10.01%	10.02%	10.02%	10.02%	10.03%
103.00	9.87%	9.88%	9.89%	9.90%	9.90%	9.91%	9.91%	9.92%
104.00	9.75%	9.76%	9.77%	9.78%	9.79%	9.80%	9.80%	9.81%
105.00	9.63%	9.65%	9.66%	9.67%	9.68%	9.69%	9.70%	9.70%
106.00	9.51%	9.53%	9.55%	9.56%	9.57%	9.58%	9.59%	9.60%
107.00	9.40%	9.42%	9.43%	9.45%	9.46%	9.48%	9.49%	9.50%
108.00	9.28%	9.30%	9.32%	9.34%	9.36%	9.37%	9.38%	9.39%
109.00	9.17%	9.19%	9.22%	9.24%	9.25%	9.27%	9.28%	9.30%
110.00	9.05%	9.08%	9.11%	9.13%	9.15%	9.17%	9.18%	9.20%

EFFECTIVE YIELD RATE 10.25%

PRICE	YEARS UNTIL MATURITY 24	25	26	27	28	29	30	40
70.00	14.85%	14.83%	14.80%	14.78%	14.76%	14.75%	14.73%	14.66%
71.00	14.64%	14.62%	14.59%	14.57%	14.56%	14.54%	14.53%	14.46%
72.00	14.44%	14.41%	14.39%	14.37%	14.35%	14.34%	14.33%	14.26%
73.00	14.24%	14.22%	14.19%	14.17%	14.16%	14.14%	14.13%	14.06%
74.00	14.05%	14.02%	14.00%	13.98%	13.97%	13.95%	13.94%	13.87%
75.00	13.86%	13.84%	13.81%	13.80%	13.78%	13.77%	13.75%	13.69%
76.00	13.68%	13.65%	13.63%	13.61%	13.60%	13.58%	13.57%	13.51%
77.00	13.50%	13.47%	13.45%	13.44%	13.42%	13.41%	13.40%	13.33%
78.00	13.32%	13.30%	13.28%	13.26%	13.25%	13.23%	13.22%	13.16%
79.00	13.15%	13.13%	13.11%	13.09%	13.08%	13.07%	13.05%	13.00%
80.00	12.98%	12.96%	12.94%	12.93%	12.91%	12.90%	12.89%	12.83%
81.00	12.81%	12.80%	12.78%	12.76%	12.75%	12.74%	12.73%	12.68%
82.00	12.65%	12.64%	12.62%	12.61%	12.59%	12.58%	12.57%	12.52%
82.50	12.58%	12.56%	12.54%	12.53%	12.52%	12.51%	12.50%	12.45%
83.00	12.50%	12.48%	12.46%	12.45%	12.44%	12.43%	12.42%	12.37%
83.50	12.42%	12.40%	12.39%	12.37%	12.36%	12.35%	12.34%	12.30%
84.00	12.34%	12.33%	12.31%	12.30%	12.29%	12.28%	12.27%	12.22%
84.50	12.27%	12.25%	12.24%	12.23%	12.21%	12.20%	12.20%	12.15%
85.00	12.19%	12.18%	12.16%	12.15%	12.14%	12.13%	12.12%	12.08%
85.50	12.12%	12.10%	12.09%	12.08%	12.07%	12.06%	12.05%	12.01%
86.00	12.04%	12.03%	12.02%	12.01%	12.00%	11.99%	11.98%	11.94%
86.50	11.97%	11.96%	11.95%	11.93%	11.93%	11.92%	11.91%	11.87%
87.00	11.90%	11.89%	11.87%	11.86%	11.85%	11.85%	11.84%	11.80%
87.50	11.83%	11.82%	11.80%	11.79%	11.79%	11.78%	11.77%	11.73%
88.00	11.76%	11.75%	11.73%	11.73%	11.72%	11.71%	11.70%	11.66%
88.50	11.69%	11.68%	11.67%	11.66%	11.65%	11.64%	11.63%	11.60%
89.00	11.62%	11.61%	11.60%	11.59%	11.58%	11.57%	11.57%	11.53%
89.50	11.55%	11.54%	11.53%	11.52%	11.51%	11.51%	11.50%	11.47%
90.00	11.48%	11.47%	11.46%	11.46%	11.45%	11.44%	11.44%	11.40%
90.50	11.42%	11.41%	11.40%	11.39%	11.38%	11.38%	11.37%	11.34%
91.00	11.35%	11.34%	11.33%	11.32%	11.32%	11.31%	11.31%	11.28%
91.50	11.28%	11.27%	11.27%	11.26%	11.25%	11.25%	11.24%	11.22%
92.00	11.22%	11.21%	11.20%	11.20%	11.19%	11.18%	11.18%	11.15%
92.50	11.15%	11.15%	11.14%	11.13%	11.13%	11.12%	11.12%	11.09%
93.00	11.09%	11.08%	11.08%	11.07%	11.06%	11.06%	11.06%	11.03%
93.50	11.03%	11.02%	11.01%	11.01%	11.00%	11.00%	10.99%	10.97%
94.00	10.96%	10.96%	10.95%	10.95%	10.94%	10.94%	10.93%	10.91%
94.50	10.90%	10.89%	10.89%	10.88%	10.88%	10.88%	10.87%	10.86%
95.00	10.84%	10.83%	10.83%	10.82%	10.82%	10.82%	10.81%	10.80%
95.50	10.78%	10.77%	10.77%	10.76%	10.76%	10.76%	10.76%	10.74%
96.00	10.72%	10.71%	10.71%	10.71%	10.70%	10.70%	10.70%	10.68%
96.50	10.66%	10.65%	10.65%	10.65%	10.64%	10.64%	10.64%	10.63%
97.00	10.60%	10.59%	10.59%	10.59%	10.59%	10.58%	10.58%	10.57%
97.50	10.54%	10.54%	10.53%	10.53%	10.53%	10.53%	10.53%	10.52%
98.00	10.48%	10.48%	10.48%	10.47%	10.47%	10.47%	10.47%	10.46%
98.50	10.42%	10.42%	10.42%	10.42%	10.42%	10.41%	10.41%	10.41%
99.00	10.36%	10.36%	10.36%	10.36%	10.36%	10.36%	10.36%	10.36%
99.50	10.31%	10.31%	10.31%	10.31%	10.30%	10.30%	10.30%	10.30%
100.00	10.25%	10.25%	10.25%	10.25%	10.25%	10.25%	10.25%	10.25%
100.50	10.19%	10.19%	10.19%	10.20%	10.20%	10.20%	10.20%	10.20%
101.00	10.14%	10.14%	10.14%	10.14%	10.14%	10.14%	10.14%	10.15%
102.00	10.03%	10.03%	10.03%	10.03%	10.04%	10.04%	10.04%	10.05%
103.00	9.92%	9.92%	9.93%	9.93%	9.93%	9.93%	9.93%	9.95%
104.00	9.81%	9.82%	9.82%	9.83%	9.83%	9.83%	9.83%	9.85%
105.00	9.71%	9.71%	9.72%	9.72%	9.73%	9.73%	9.73%	9.75%
106.00	9.61%	9.61%	9.62%	9.62%	9.63%	9.63%	9.64%	9.66%
107.00	9.50%	9.51%	9.52%	9.52%	9.53%	9.53%	9.54%	9.56%
108.00	9.40%	9.41%	9.42%	9.43%	9.43%	9.44%	9.44%	9.47%
109.00	9.31%	9.32%	9.32%	9.33%	9.34%	9.34%	9.35%	9.38%
110.00	9.21%	9.22%	9.23%	9.24%	9.25%	9.25%	9.26%	9.30%

10.50% EFFECTIVE YIELD RATE

PRICE	YEARS UNTIL MATURITY							
	1/2	1	2	3	4	5	6	7
85.00	47.65%	28.81%	19.96%	17.10%	15.69%	14.86%	14.31%	13.92%
85.50	46.20%	28.13%	19.61%	16.85%	15.50%	14.70%	14.17%	13.80%
86.00	44.77%	27.44%	19.26%	16.61%	15.31%	14.54%	14.03%	13.67%
86.50	43.35%	26.77%	18.92%	16.37%	15.12%	14.38%	13.89%	13.55%
87.00	41.95%	26.10%	18.58%	16.14%	14.93%	14.22%	13.75%	13.42%
87.50	40.57%	25.43%	18.24%	15.90%	14.75%	14.06%	13.62%	13.30%
88.00	39.20%	24.77%	17.90%	15.67%	14.56%	13.91%	13.48%	13.18%
88.50	37.85%	24.12%	17.57%	15.43%	14.38%	13.76%	13.35%	13.06%
89.00	36.52%	23.47%	17.23%	15.20%	14.20%	13.60%	13.21%	12.94%
89.50	35.20%	22.83%	16.90%	14.97%	14.02%	13.45%	13.08%	12.82%
90.00	33.89%	22.19%	16.58%	14.74%	13.84%	13.30%	12.95%	12.70%
90.50	32.60%	21.56%	16.25%	14.52%	13.66%	13.15%	12.82%	12.58%
91.00	31.32%	20.94%	15.93%	14.29%	13.48%	13.00%	12.69%	12.46%
91.25	30.68%	20.63%	15.77%	14.18%	13.40%	12.93%	12.62%	12.41%
91.50	30.05%	20.32%	15.61%	14.07%	13.31%	12.86%	12.56%	12.35%
91.75	29.43%	20.01%	15.45%	13.96%	13.22%	12.78%	12.49%	12.29%
92.00	28.80%	19.70%	15.29%	13.85%	13.13%	12.71%	12.43%	12.23%
92.25	28.18%	19.39%	15.13%	13.74%	13.05%	12.64%	12.37%	12.18%
92.50	27.57%	19.09%	14.98%	13.63%	12.96%	12.57%	12.30%	12.12%
92.75	26.95%	18.79%	14.82%	13.52%	12.88%	12.49%	12.24%	12.06%
93.00	26.34%	18.48%	14.66%	13.41%	12.79%	12.42%	12.18%	12.01%
93.25	25.74%	18.18%	14.51%	13.30%	12.70%	12.35%	12.12%	11.95%
93.50	25.13%	17.88%	14.35%	13.19%	12.62%	12.28%	12.05%	11.89%
93.75	24.53%	17.59%	14.20%	13.09%	12.53%	12.21%	11.99%	11.84%
94.00	23.94%	17.29%	14.04%	12.98%	12.45%	12.14%	11.93%	11.78%
94.25	23.34%	16.99%	13.89%	12.87%	12.37%	12.06%	11.87%	11.73%
94.50	22.75%	16.70%	13.74%	12.76%	12.28%	11.99%	11.81%	11.67%
94.75	22.16%	16.40%	13.59%	12.66%	12.20%	11.92%	11.74%	11.62%
95.00	21.58%	16.11%	13.43%	12.55%	12.11%	11.85%	11.68%	11.56%
95.25	21.00%	15.82%	13.28%	12.45%	12.03%	11.78%	11.62%	11.51%
95.50	20.42%	15.53%	13.13%	12.34%	11.95%	11.71%	11.56%	11.45%
95.75	19.84%	15.24%	12.98%	12.23%	11.87%	11.65%	11.50%	11.40%
96.00	19.27%	14.95%	12.83%	12.13%	11.78%	11.58%	11.44%	11.34%
96.25	18.70%	14.67%	12.68%	12.03%	11.70%	11.51%	11.38%	11.29%
96.50	18.13%	14.38%	12.53%	11.92%	11.62%	11.44%	11.32%	11.24%
96.75	17.57%	14.10%	12.38%	11.82%	11.54%	11.37%	11.26%	11.18%
97.00	17.01%	13.81%	12.24%	11.71%	11.46%	11.30%	11.20%	11.13%
97.25	16.45%	13.53%	12.09%	11.61%	11.37%	11.23%	11.14%	11.07%
97.50	15.90%	13.25%	11.94%	11.51%	11.29%	11.17%	11.08%	11.02%
97.75	15.35%	12.97%	11.80%	11.41%	11.21%	11.10%	11.02%	10.97%
98.00	14.80%	12.69%	11.65%	11.30%	11.13%	11.03%	10.96%	10.92%
98.25	14.25%	12.41%	11.50%	11.20%	11.05%	10.96%	10.91%	10.86%
98.50	13.71%	12.14%	11.36%	11.10%	10.97%	10.90%	10.85%	10.81%
98.75	13.16%	11.86%	11.22%	11.00%	10.89%	10.83%	10.79%	10.76%
99.00	12.63%	11.59%	11.07%	10.90%	10.81%	10.76%	10.73%	10.71%
99.25	12.09%	11.31%	10.93%	10.80%	10.74%	10.70%	10.67%	10.65%
99.50	11.56%	11.04%	10.78%	10.70%	10.66%	10.63%	10.61%	10.60%
99.75	11.03%	10.77%	10.64%	10.60%	10.58%	10.57%	10.56%	10.55%
100.00	10.50%	10.50%	10.50%	10.50%	10.50%	10.50%	10.50%	10.50%
100.25	9.98%	10.23%	10.36%	10.40%	10.42%	10.43%	10.44%	10.45%
100.50	9.45%	9.96%	10.22%	10.30%	10.34%	10.37%	10.39%	10.40%
101.00	8.42%	9.43%	9.94%	10.11%	10.19%	10.24%	10.27%	10.30%
101.50	7.39%	8.90%	9.66%	9.91%	10.04%	10.11%	10.16%	10.20%
102.00	6.37%	8.37%	9.38%	9.72%	9.88%	9.98%	10.05%	10.09%
102.50	5.37%	7.85%	9.10%	9.52%	9.73%	9.85%	9.94%	9.99%
103.00	4.37%	7.33%	8.83%	9.33%	9.58%	9.73%	9.83%	9.90%
103.50	3.38%	6.82%	8.56%	9.14%	9.43%	9.60%	9.72%	9.80%
104.00	2.40%	6.31%	8.29%	8.95%	9.28%	9.48%	9.61%	9.70%
104.50	1.44%	5.80%	8.02%	8.76%	9.13%	9.35%	9.50%	9.60%
105.00	0.48%	5.30%	7.75%	8.57%	8.98%	9.23%	9.39%	9.51%

EFFECTIVE YIELD RATE 10.50%

PRICE	YEARS UNTIL MATURITY							
	8	9	10	11	12	13	14	15
70.00	17.64%	17.16%	16.79%	16.50%	16.26%	16.07%	15.91%	15.77%
71.00	17.33%	16.88%	16.52%	16.24%	16.01%	15.82%	15.67%	15.54%
72.00	17.04%	16.60%	16.26%	15.99%	15.77%	15.59%	15.44%	15.31%
73.00	16.75%	16.33%	16.00%	15.74%	15.53%	15.36%	15.21%	15.09%
74.00	16.46%	16.06%	15.75%	15.50%	15.29%	15.13%	14.99%	14.88%
75.00	16.18%	15.80%	15.50%	15.26%	15.07%	14.91%	14.77%	14.66%
76.00	15.91%	15.54%	15.25%	15.03%	14.84%	14.69%	14.56%	14.46%
77.00	15.64%	15.29%	15.01%	14.80%	14.62%	14.48%	14.36%	14.25%
78.00	15.37%	15.04%	14.78%	14.57%	14.40%	14.27%	14.15%	14.06%
79.00	15.11%	14.80%	14.55%	14.35%	14.19%	14.06%	13.95%	13.86%
80.00	14.86%	14.56%	14.32%	14.14%	13.99%	13.86%	13.76%	13.67%
81.00	14.60%	14.32%	14.10%	13.92%	13.78%	13.66%	13.57%	13.48%
82.00	14.36%	14.09%	13.88%	13.72%	13.58%	13.47%	13.38%	13.30%
82.50	14.23%	13.98%	13.77%	13.61%	13.48%	13.37%	13.28%	13.21%
83.00	14.11%	13.86%	13.67%	13.51%	13.38%	13.28%	13.19%	13.12%
83.50	13.99%	13.75%	13.56%	13.41%	13.29%	13.19%	13.10%	13.03%
84.00	13.87%	13.64%	13.46%	13.31%	13.19%	13.09%	13.01%	12.94%
84.50	13.76%	13.53%	13.35%	13.21%	13.10%	13.00%	12.92%	12.86%
85.00	13.64%	13.42%	13.25%	13.11%	13.00%	12.91%	12.83%	12.77%
85.50	13.52%	13.31%	13.15%	13.02%	12.91%	12.82%	12.75%	12.68%
86.00	13.41%	13.20%	13.05%	12.92%	12.82%	12.73%	12.66%	12.60%
86.50	13.29%	13.10%	12.95%	12.82%	12.72%	12.64%	12.57%	12.52%
87.00	13.18%	12.99%	12.85%	12.73%	12.63%	12.55%	12.49%	12.43%
87.50	13.07%	12.89%	12.75%	12.63%	12.54%	12.47%	12.40%	12.35%
88.00	12.95%	12.78%	12.65%	12.54%	12.45%	12.38%	12.32%	12.27%
88.50	12.84%	12.68%	12.55%	12.45%	12.36%	12.29%	12.24%	12.19%
89.00	12.73%	12.58%	12.45%	12.36%	12.28%	12.21%	12.15%	12.11%
89.50	12.62%	12.47%	12.36%	12.26%	12.19%	12.12%	12.07%	12.03%
90.00	12.51%	12.37%	12.26%	12.17%	12.10%	12.04%	11.99%	11.95%
90.50	12.41%	12.27%	12.17%	12.08%	12.01%	11.96%	11.91%	11.87%
91.00	12.30%	12.17%	12.07%	11.99%	11.93%	11.88%	11.83%	11.79%
91.50	12.19%	12.07%	11.98%	11.91%	11.84%	11.79%	11.75%	11.72%
92.00	12.09%	11.98%	11.89%	11.82%	11.76%	11.71%	11.67%	11.64%
92.50	11.98%	11.88%	11.80%	11.73%	11.68%	11.63%	11.60%	11.56%
93.00	11.88%	11.78%	11.71%	11.64%	11.59%	11.55%	11.52%	11.49%
93.50	11.78%	11.69%	11.62%	11.56%	11.51%	11.47%	11.44%	11.42%
94.00	11.67%	11.59%	11.53%	11.47%	11.43%	11.40%	11.37%	11.34%
94.50	11.57%	11.50%	11.44%	11.39%	11.35%	11.32%	11.29%	11.27%
95.00	11.47%	11.40%	11.35%	11.31%	11.27%	11.24%	11.22%	11.20%
95.50	11.37%	11.31%	11.26%	11.22%	11.19%	11.16%	11.14%	11.12%
96.00	11.27%	11.22%	11.17%	11.14%	11.11%	11.09%	11.07%	11.05%
96.50	11.17%	11.13%	11.09%	11.06%	11.03%	11.01%	11.00%	10.98%
97.00	11.07%	11.03%	11.00%	10.98%	10.96%	10.94%	10.92%	10.91%
97.50	10.98%	10.94%	10.92%	10.90%	10.88%	10.86%	10.85%	10.84%
98.00	10.88%	10.85%	10.83%	10.82%	10.80%	10.79%	10.78%	10.77%
98.50	10.78%	10.76%	10.75%	10.74%	10.73%	10.72%	10.71%	10.70%
99.00	10.69%	10.68%	10.67%	10.66%	10.65%	10.64%	10.64%	10.63%
99.50	10.59%	10.59%	10.58%	10.58%	10.57%	10.57%	10.57%	10.57%
100.00	10.50%	10.50%	10.50%	10.50%	10.50%	10.50%	10.50%	10.50%
100.50	10.41%	10.41%	10.42%	10.42%	10.43%	10.43%	10.43%	10.43%
101.00	10.31%	10.33%	10.34%	10.35%	10.35%	10.36%	10.36%	10.37%
102.00	10.13%	10.16%	10.18%	10.19%	10.21%	10.22%	10.23%	10.24%
103.00	9.95%	9.99%	10.02%	10.04%	10.06%	10.08%	10.10%	10.11%
104.00	9.77%	9.82%	9.86%	9.90%	9.92%	9.95%	9.96%	9.98%
105.00	9.59%	9.66%	9.71%	9.75%	9.78%	9.81%	9.83%	9.85%
106.00	9.42%	9.49%	9.56%	9.60%	9.65%	9.68%	9.71%	9.73%
107.00	9.24%	9.33%	9.40%	9.46%	9.51%	9.55%	9.58%	9.61%
108.00	9.07%	9.18%	9.26%	9.32%	9.38%	9.42%	9.46%	9.49%
109.00	8.90%	9.02%	9.11%	9.18%	9.24%	9.29%	9.34%	9.37%
110.00	8.74%	8.86%	8.96%	9.05%	9.11%	9.17%	9.21%	9.25%

10.50% EFFECTIVE YIELD RATE

PRICE	YEARS UNTIL MATURITY							
	16	17	18	19	20	21	22	23
70.00	15.66%	15.57%	15.49%	15.42%	15.36%	15.31%	15.27%	15.23%
71.00	15.43%	15.34%	15.26%	15.20%	15.14%	15.09%	15.05%	15.02%
72.00	15.21%	15.12%	15.05%	14.98%	14.93%	14.88%	14.84%	14.81%
73.00	14.99%	14.91%	14.84%	14.77%	14.72%	14.68%	14.64%	14.60%
74.00	14.78%	14.70%	14.63%	14.57%	14.52%	14.47%	14.44%	14.40%
75.00	14.57%	14.49%	14.43%	14.37%	14.32%	14.28%	14.24%	14.21%
76.00	14.37%	14.29%	14.23%	14.17%	14.13%	14.09%	14.05%	14.02%
77.00	14.17%	14.10%	14.04%	13.98%	13.94%	13.90%	13.87%	13.84%
78.00	13.97%	13.91%	13.85%	13.80%	13.75%	13.72%	13.68%	13.66%
79.00	13.78%	13.72%	13.66%	13.61%	13.57%	13.54%	13.51%	13.48%
80.00	13.60%	13.53%	13.48%	13.44%	13.40%	13.36%	13.33%	13.31%
81.00	13.41%	13.35%	13.30%	13.26%	13.22%	13.19%	13.16%	13.14%
82.00	13.23%	13.18%	13.13%	13.09%	13.05%	13.02%	13.00%	12.97%
82.50	13.15%	13.09%	13.04%	13.00%	12.97%	12.94%	12.91%	12.89%
83.00	13.06%	13.01%	12.96%	12.92%	12.89%	12.86%	12.83%	12.81%
83.50	12.97%	12.92%	12.88%	12.84%	12.81%	12.78%	12.75%	12.73%
84.00	12.89%	12.84%	12.79%	12.76%	12.72%	12.70%	12.67%	12.65%
84.50	12.80%	12.75%	12.71%	12.68%	12.64%	12.62%	12.59%	12.57%
85.00	12.72%	12.67%	12.63%	12.59%	12.57%	12.54%	12.52%	12.50%
85.50	12.63%	12.59%	12.55%	12.52%	12.49%	12.46%	12.44%	12.42%
86.00	12.55%	12.51%	12.47%	12.44%	12.41%	12.39%	12.36%	12.35%
86.50	12.47%	12.43%	12.39%	12.36%	12.33%	12.31%	12.29%	12.27%
87.00	12.39%	12.35%	12.31%	12.28%	12.26%	12.23%	12.21%	12.20%
87.50	12.31%	12.27%	12.23%	12.21%	12.18%	12.16%	12.14%	12.12%
88.00	12.23%	12.19%	12.16%	12.13%	12.11%	12.09%	12.07%	12.05%
88.50	12.15%	12.11%	12.08%	12.05%	12.03%	12.01%	11.99%	11.98%
89.00	12.07%	12.03%	12.01%	11.98%	11.96%	11.94%	11.92%	11.91%
89.50	11.99%	11.96%	11.93%	11.91%	11.89%	11.87%	11.85%	11.84%
90.00	11.91%	11.88%	11.86%	11.83%	11.81%	11.80%	11.78%	11.77%
90.50	11.84%	11.81%	11.78%	11.76%	11.74%	11.73%	11.71%	11.70%
91.00	11.76%	11.73%	11.71%	11.69%	11.67%	11.66%	11.64%	11.63%
91.50	11.69%	11.66%	11.64%	11.62%	11.60%	11.59%	11.57%	11.56%
92.00	11.61%	11.59%	11.57%	11.55%	11.53%	11.52%	11.51%	11.50%
92.50	11.54%	11.51%	11.50%	11.48%	11.46%	11.45%	11.44%	11.43%
93.00	11.46%	11.44%	11.42%	11.41%	11.40%	11.38%	11.37%	11.36%
93.50	11.39%	11.37%	11.36%	11.34%	11.33%	11.32%	11.31%	11.30%
94.00	11.32%	11.30%	11.29%	11.27%	11.26%	11.25%	11.24%	11.23%
94.50	11.25%	11.23%	11.22%	11.21%	11.19%	11.18%	11.18%	11.17%
95.00	11.18%	11.16%	11.15%	11.14%	11.13%	11.12%	11.11%	11.11%
95.50	11.11%	11.09%	11.08%	11.07%	11.06%	11.06%	11.05%	11.04%
96.00	11.04%	11.03%	11.02%	11.01%	11.00%	10.99%	10.99%	10.98%
96.50	10.97%	10.96%	10.95%	10.94%	10.93%	10.93%	10.92%	10.92%
97.00	10.90%	10.89%	10.88%	10.88%	10.87%	10.87%	10.86%	10.86%
97.50	10.83%	10.82%	10.82%	10.81%	10.81%	10.80%	10.80%	10.80%
98.00	10.76%	10.76%	10.75%	10.75%	10.75%	10.74%	10.74%	10.74%
98.50	10.70%	10.69%	10.69%	10.69%	10.68%	10.68%	10.68%	10.68%
99.00	10.63%	10.63%	10.63%	10.62%	10.62%	10.62%	10.62%	10.62%
99.50	10.57%	10.56%	10.56%	10.56%	10.56%	10.56%	10.56%	10.56%
100.00	10.50%	10.50%	10.50%	10.50%	10.50%	10.50%	10.50%	10.50%
100.50	10.44%	10.44%	10.44%	10.44%	10.44%	10.44%	10.44%	10.44%
101.00	10.37%	10.37%	10.38%	10.38%	10.38%	10.38%	10.38%	10.38%
102.00	10.24%	10.25%	10.25%	10.26%	10.26%	10.27%	10.27%	10.27%
103.00	10.12%	10.13%	10.13%	10.14%	10.15%	10.15%	10.16%	10.16%
104.00	9.99%	10.01%	10.02%	10.02%	10.03%	10.04%	10.05%	10.05%
105.00	9.87%	9.89%	9.90%	9.91%	9.92%	9.93%	9.94%	9.94%
106.00	9.75%	9.77%	9.78%	9.80%	9.81%	9.82%	9.83%	9.84%
107.00	9.63%	9.65%	9.67%	9.69%	9.70%	9.71%	9.72%	9.73%
108.00	9.52%	9.54%	9.56%	9.58%	9.59%	9.61%	9.62%	9.63%
109.00	9.40%	9.43%	9.45%	9.47%	9.49%	9.50%	9.52%	9.53%
110.00	9.29%	9.32%	9.34%	9.36%	9.38%	9.40%	9.42%	9.43%

EFFECTIVE YIELD RATE 10.50%

PRICE	YEARS UNTIL MATURITY							
	24	25	26	27	28	29	30	40
70.00	15.20%	15.17%	15.15%	15.13%	15.11%	15.10%	15.08%	15.02%
71.00	14.99%	14.96%	14.94%	14.92%	14.90%	14.88%	14.87%	14.81%
72.00	14.78%	14.75%	14.73%	14.71%	14.69%	14.68%	14.67%	14.60%
73.00	14.57%	14.55%	14.53%	14.51%	14.49%	14.48%	14.47%	14.40%
74.00	14.38%	14.35%	14.33%	14.31%	14.30%	14.28%	14.27%	14.21%
75.00	14.18%	14.16%	14.14%	14.12%	14.11%	14.09%	14.08%	14.02%
76.00	13.99%	13.97%	13.95%	13.93%	13.92%	13.91%	13.90%	13.84%
77.00	13.81%	13.79%	13.77%	13.75%	13.74%	13.73%	13.71%	13.66%
78.00	13.63%	13.61%	13.59%	13.58%	13.56%	13.55%	13.54%	13.48%
79.00	13.46%	13.44%	13.42%	13.40%	13.39%	13.38%	13.37%	13.31%
80.00	13.28%	13.26%	13.25%	13.23%	13.22%	13.21%	13.20%	13.15%
81.00	13.12%	13.10%	13.08%	13.07%	13.05%	13.04%	13.03%	12.98%
82.00	12.95%	12.93%	12.92%	12.91%	12.89%	12.88%	12.87%	12.82%
82.50	12.87%	12.85%	12.84%	12.83%	12.81%	12.80%	12.79%	12.75%
83.00	12.79%	12.77%	12.76%	12.75%	12.74%	12.73%	12.72%	12.67%
83.50	12.71%	12.70%	12.68%	12.67%	12.66%	12.65%	12.64%	12.59%
84.00	12.63%	12.62%	12.60%	12.59%	12.58%	12.57%	12.56%	12.52%
84.50	12.56%	12.54%	12.53%	12.52%	12.51%	12.50%	12.49%	12.44%
85.00	12.48%	12.47%	12.45%	12.44%	12.43%	12.42%	12.41%	12.37%
85.50	12.40%	12.39%	12.38%	12.37%	12.36%	12.35%	12.34%	12.30%
86.00	12.33%	12.32%	12.30%	12.29%	12.28%	12.27%	12.27%	12.23%
86.50	12.26%	12.24%	12.23%	12.22%	12.21%	12.20%	12.19%	12.16%
87.00	12.18%	12.17%	12.16%	12.15%	12.14%	12.13%	12.12%	12.09%
87.50	12.11%	12.10%	12.09%	12.08%	12.07%	12.06%	12.05%	12.02%
88.00	12.04%	12.03%	12.01%	12.01%	12.00%	11.99%	11.98%	11.95%
88.50	11.97%	11.95%	11.94%	11.94%	11.93%	11.92%	11.91%	11.88%
89.00	11.90%	11.88%	11.87%	11.87%	11.86%	11.85%	11.85%	11.81%
89.50	11.83%	11.82%	11.81%	11.80%	11.79%	11.78%	11.78%	11.75%
90.00	11.76%	11.75%	11.74%	11.73%	11.72%	11.72%	11.71%	11.68%
90.50	11.69%	11.68%	11.67%	11.66%	11.66%	11.65%	11.64%	11.62%
91.00	11.62%	11.61%	11.60%	11.60%	11.59%	11.58%	11.58%	11.55%
91.50	11.55%	11.54%	11.54%	11.53%	11.52%	11.52%	11.51%	11.49%
92.00	11.49%	11.48%	11.47%	11.46%	11.46%	11.45%	11.45%	11.42%
92.50	11.42%	11.41%	11.41%	11.40%	11.39%	11.39%	11.39%	11.36%
93.00	11.36%	11.35%	11.34%	11.34%	11.33%	11.33%	11.32%	11.30%
93.50	11.29%	11.28%	11.28%	11.27%	11.27%	11.26%	11.26%	11.24%
94.00	11.23%	11.22%	11.21%	11.21%	11.21%	11.20%	11.20%	11.18%
94.50	11.16%	11.16%	11.15%	11.15%	11.14%	11.14%	11.14%	11.12%
95.00	11.10%	11.09%	11.09%	11.09%	11.08%	11.08%	11.08%	11.06%
95.50	11.04%	11.03%	11.03%	11.03%	11.02%	11.02%	11.02%	11.00%
96.00	10.98%	10.97%	10.97%	10.96%	10.96%	10.96%	10.96%	10.94%
96.50	10.91%	10.91%	10.91%	10.90%	10.90%	10.90%	10.90%	10.89%
97.00	10.85%	10.85%	10.85%	10.85%	10.84%	10.84%	10.84%	10.83%
97.50	10.79%	10.79%	10.79%	10.79%	10.78%	10.78%	10.78%	10.77%
98.00	10.73%	10.73%	10.73%	10.73%	10.73%	10.73%	10.72%	10.72%
98.50	10.67%	10.67%	10.67%	10.67%	10.67%	10.67%	10.67%	10.66%
99.00	10.62%	10.61%	10.61%	10.61%	10.61%	10.61%	10.61%	10.61%
99.50	10.56%	10.56%	10.56%	10.56%	10.56%	10.56%	10.56%	10.55%
100.00	10.50%	10.50%	10.50%	10.50%	10.50%	10.50%	10.50%	10.50%
100.50	10.44%	10.44%	10.44%	10.44%	10.44%	10.44%	10.45%	10.45%
101.00	10.39%	10.39%	10.39%	10.39%	10.39%	10.39%	10.39%	10.39%
102.00	10.27%	10.28%	10.28%	10.28%	10.28%	10.28%	10.28%	10.29%
103.00	10.16%	10.17%	10.17%	10.17%	10.17%	10.18%	10.18%	10.19%
104.00	10.06%	10.06%	10.06%	10.07%	10.07%	10.07%	10.07%	10.09%
105.00	9.95%	9.95%	9.96%	9.96%	9.97%	9.97%	9.97%	9.99%
106.00	9.84%	9.85%	9.86%	9.86%	9.87%	9.87%	9.87%	9.89%
107.00	9.74%	9.75%	9.75%	9.76%	9.77%	9.77%	9.77%	9.80%
108.00	9.64%	9.65%	9.65%	9.66%	9.67%	9.67%	9.68%	9.71%
109.00	9.54%	9.55%	9.56%	9.56%	9.57%	9.58%	9.58%	9.61%
110.00	9.44%	9.45%	9.46%	9.47%	9.48%	9.48%	9.49%	9.52%

10.75% EFFECTIVE YIELD RATE

PRICE	YEARS UNTIL MATURITY							
	1/2	1	2	3	4	5	6	7
85.00	47.94%	29.10%	20.24%	17.38%	15.97%	15.13%	14.59%	14.20%
85.50	46.49%	28.41%	19.89%	17.13%	15.77%	14.97%	14.44%	14.07%
86.00	45.06%	27.72%	19.54%	16.89%	15.58%	14.81%	14.30%	13.95%
86.50	43.64%	27.05%	19.19%	16.65%	15.39%	14.65%	14.16%	13.82%
87.00	42.24%	26.37%	18.85%	16.41%	15.21%	14.49%	14.03%	13.70%
87.50	40.86%	25.71%	18.51%	16.17%	15.02%	14.34%	13.89%	13.57%
88.00	39.49%	25.05%	18.17%	15.94%	14.83%	14.18%	13.75%	13.45%
88.50	38.14%	24.39%	17.84%	15.70%	14.65%	14.03%	13.62%	13.33%
89.00	36.80%	23.75%	17.50%	15.47%	14.47%	13.87%	13.48%	13.21%
89.50	35.47%	23.10%	17.17%	15.24%	14.29%	13.72%	13.35%	13.09%
90.00	34.17%	22.46%	16.85%	15.01%	14.11%	13.57%	13.22%	12.97%
90.50	32.87%	21.83%	16.52%	14.78%	13.93%	13.42%	13.08%	12.85%
91.00	31.59%	21.21%	16.20%	14.56%	13.75%	13.27%	12.95%	12.73%
91.25	30.96%	20.89%	16.04%	14.45%	13.66%	13.20%	12.89%	12.67%
91.50	30.33%	20.58%	15.88%	14.33%	13.57%	13.12%	12.82%	12.61%
91.75	29.70%	20.27%	15.72%	14.22%	13.49%	13.05%	12.76%	12.56%
92.00	29.08%	19.97%	15.56%	14.11%	13.40%	12.97%	12.69%	12.50%
92.25	28.46%	19.66%	15.40%	14.00%	13.31%	12.90%	12.63%	12.44%
92.50	27.84%	19.36%	15.24%	13.89%	13.22%	12.83%	12.57%	12.38%
92.75	27.22%	19.05%	15.08%	13.78%	13.14%	12.76%	12.50%	12.33%
93.00	26.61%	18.75%	14.93%	13.67%	13.05%	12.68%	12.44%	12.27%
93.25	26.01%	18.45%	14.77%	13.56%	12.97%	12.61%	12.38%	12.21%
93.50	25.40%	18.15%	14.61%	13.45%	12.88%	12.54%	12.31%	12.16%
93.75	24.80%	17.85%	14.46%	13.35%	12.79%	12.47%	12.25%	12.10%
94.00	24.20%	17.55%	14.30%	13.24%	12.71%	12.40%	12.19%	12.04%
94.25	23.61%	17.25%	14.15%	13.13%	12.62%	12.32%	12.13%	11.99%
94.50	23.02%	16.96%	14.00%	13.02%	12.54%	12.25%	12.06%	11.93%
94.75	22.43%	16.66%	13.84%	12.92%	12.46%	12.18%	12.00%	11.88%
95.00	21.84%	16.37%	13.69%	12.81%	12.37%	12.11%	11.94%	11.82%
95.25	21.26%	16.08%	13.54%	12.70%	12.29%	12.04%	11.88%	11.76%
95.50	20.68%	15.79%	13.39%	12.60%	12.21%	11.97%	11.82%	11.71%
95.75	20.10%	15.50%	13.24%	12.49%	12.12%	11.90%	11.76%	11.65%
96.00	19.53%	15.21%	13.09%	12.39%	12.04%	11.83%	11.70%	11.60%
96.25	18.96%	14.92%	12.94%	12.28%	11.96%	11.76%	11.64%	11.55%
96.50	18.39%	14.64%	12.79%	12.18%	11.87%	11.69%	11.58%	11.49%
96.75	17.83%	14.35%	12.64%	12.07%	11.79%	11.63%	11.52%	11.44%
97.00	17.27%	14.07%	12.49%	11.97%	11.71%	11.56%	11.46%	11.38%
97.25	16.71%	13.79%	12.34%	11.87%	11.63%	11.49%	11.40%	11.33%
97.50	16.15%	13.51%	12.20%	11.76%	11.55%	11.42%	11.34%	11.28%
97.75	15.60%	13.23%	12.05%	11.66%	11.47%	11.35%	11.28%	11.22%
98.00	15.05%	12.95%	11.90%	11.56%	11.39%	11.28%	11.22%	11.17%
98.25	14.50%	12.67%	11.76%	11.46%	11.31%	11.22%	11.16%	11.12%
98.50	13.96%	12.39%	11.61%	11.35%	11.23%	11.15%	11.10%	11.06%
98.75	13.42%	12.11%	11.47%	11.25%	11.15%	11.08%	11.04%	11.01%
99.00	12.88%	11.84%	11.32%	11.15%	11.07%	11.02%	10.98%	10.96%
99.25	12.34%	11.57%	11.18%	11.05%	10.99%	10.95%	10.92%	10.91%
99.50	11.81%	11.29%	11.04%	10.95%	10.91%	10.88%	10.87%	10.85%
99.75	11.28%	11.02%	10.89%	10.85%	10.83%	10.82%	10.81%	10.80%
100.00	10.75%	10.75%	10.75%	10.75%	10.75%	10.75%	10.75%	10.75%
100.25	10.22%	10.48%	10.61%	10.65%	10.67%	10.68%	10.69%	10.70%
100.50	9.70%	10.21%	10.47%	10.55%	10.59%	10.62%	10.64%	10.65%
101.00	8.66%	9.68%	10.18%	10.35%	10.44%	10.49%	10.52%	10.54%
101.50	7.64%	9.15%	9.90%	10.16%	10.28%	10.36%	10.41%	10.44%
102.00	6.62%	8.62%	9.63%	9.96%	10.13%	10.23%	10.29%	10.34%
102.50	5.61%	8.10%	9.35%	9.77%	9.98%	10.10%	10.18%	10.24%
103.00	4.61%	7.58%	9.08%	9.58%	9.82%	9.97%	10.07%	10.14%
103.50	3.62%	7.06%	8.80%	9.38%	9.67%	9.85%	9.96%	10.04%
104.00	2.64%	6.55%	8.53%	9.19%	9.52%	9.72%	9.85%	9.94%
104.50	1.67%	6.04%	8.26%	9.00%	9.38%	9.60%	9.74%	9.85%
105.00	0.71%	5.54%	8.00%	8.82%	9.23%	9.47%	9.63%	9.75%

EFFECTIVE YIELD RATE 10.75%

PRICE	YEARS UNTIL MATURITY							
	8	9	10	11	12	13	14	15
70.00	17.96%	17.49%	17.12%	16.83%	16.59%	16.40%	16.24%	16.11%
71.00	17.65%	17.20%	16.84%	16.56%	16.34%	16.15%	16.00%	15.87%
72.00	17.35%	16.92%	16.58%	16.31%	16.09%	15.91%	15.76%	15.64%
73.00	17.06%	16.64%	16.31%	16.06%	15.85%	15.67%	15.53%	15.41%
74.00	16.77%	16.37%	16.06%	15.81%	15.61%	15.44%	15.31%	15.19%
75.00	16.49%	16.10%	15.81%	15.57%	15.38%	15.22%	15.09%	14.98%
76.00	16.21%	15.84%	15.56%	15.33%	15.15%	15.00%	14.87%	14.77%
77.00	15.94%	15.59%	15.32%	15.10%	14.92%	14.78%	14.66%	14.56%
78.00	15.67%	15.34%	15.08%	14.87%	14.71%	14.57%	14.46%	14.36%
79.00	15.41%	15.09%	14.85%	14.65%	14.49%	14.36%	14.25%	14.16%
80.00	15.15%	14.85%	14.62%	14.43%	14.28%	14.16%	14.05%	13.97%
81.00	14.89%	14.61%	14.39%	14.22%	14.07%	13.96%	13.86%	13.78%
82.00	14.64%	14.38%	14.17%	14.01%	13.87%	13.76%	13.67%	13.59%
82.50	14.52%	14.26%	14.06%	13.90%	13.77%	13.66%	13.57%	13.50%
83.00	14.40%	14.15%	13.95%	13.80%	13.67%	13.57%	13.48%	13.41%
83.50	14.28%	14.03%	13.85%	13.70%	13.57%	13.47%	13.39%	13.32%
84.00	14.15%	13.92%	13.74%	13.59%	13.48%	13.38%	13.30%	13.23%
84.50	14.04%	13.81%	13.63%	13.49%	13.38%	13.29%	13.21%	13.14%
85.00	13.92%	13.70%	13.53%	13.39%	13.28%	13.19%	13.12%	13.05%
85.50	13.80%	13.59%	13.43%	13.30%	13.19%	13.10%	13.03%	12.97%
86.00	13.68%	13.48%	13.32%	13.20%	13.10%	13.01%	12.94%	12.88%
86.50	13.57%	13.37%	13.22%	13.10%	13.00%	12.92%	12.85%	12.80%
87.00	13.45%	13.27%	13.12%	13.00%	12.91%	12.83%	12.77%	12.71%
87.50	13.34%	13.16%	13.02%	12.91%	12.82%	12.74%	12.68%	12.63%
88.00	13.23%	13.06%	12.92%	12.81%	12.73%	12.66%	12.60%	12.54%
88.50	13.11%	12.95%	12.82%	12.72%	12.64%	12.57%	12.51%	12.46%
89.00	13.00%	12.85%	12.72%	12.63%	12.55%	12.48%	12.43%	12.38%
89.50	12.89%	12.74%	12.63%	12.53%	12.46%	12.40%	12.34%	12.30%
90.00	12.78%	12.64%	12.53%	12.44%	12.37%	12.31%	12.26%	12.22%
90.50	12.67%	12.54%	12.44%	12.35%	12.28%	12.23%	12.18%	12.14%
91.00	12.57%	12.44%	12.34%	12.26%	12.20%	12.14%	12.10%	12.06%
91.50	12.46%	12.34%	12.25%	12.17%	12.11%	12.06%	12.02%	11.98%
92.00	12.35%	12.24%	12.15%	12.08%	12.03%	11.98%	11.94%	11.91%
92.50	12.25%	12.14%	12.06%	12.00%	11.94%	11.90%	11.86%	11.83%
93.00	12.14%	12.05%	11.97%	11.91%	11.86%	11.82%	11.78%	11.75%
93.50	12.04%	11.95%	11.88%	11.82%	11.78%	11.74%	11.71%	11.68%
94.00	11.93%	11.85%	11.79%	11.74%	11.69%	11.66%	11.63%	11.60%
94.50	11.83%	11.76%	11.70%	11.65%	11.61%	11.58%	11.55%	11.53%
95.00	11.73%	11.66%	11.61%	11.56%	11.53%	11.50%	11.48%	11.46%
95.50	11.63%	11.57%	11.52%	11.48%	11.45%	11.42%	11.40%	11.38%
96.00	11.53%	11.47%	11.43%	11.40%	11.37%	11.35%	11.33%	11.31%
96.50	11.43%	11.38%	11.34%	11.31%	11.29%	11.27%	11.25%	11.24%
97.00	11.33%	11.29%	11.26%	11.23%	11.21%	11.19%	11.18%	11.17%
97.50	11.23%	11.20%	11.17%	11.15%	11.13%	11.12%	11.11%	11.10%
98.00	11.13%	11.11%	11.09%	11.07%	11.05%	11.04%	11.03%	11.03%
98.50	11.04%	11.02%	11.00%	10.99%	10.98%	10.97%	10.96%	10.96%
99.00	10.94%	10.93%	10.92%	10.91%	10.90%	10.90%	10.89%	10.89%
99.50	10.85%	10.84%	10.83%	10.83%	10.83%	10.82%	10.82%	10.82%
100.00	10.75%	10.75%	10.75%	10.75%	10.75%	10.75%	10.75%	10.75%
100.50	10.66%	10.66%	10.67%	10.67%	10.68%	10.68%	10.68%	10.68%
101.00	10.56%	10.58%	10.59%	10.59%	10.60%	10.61%	10.61%	10.62%
102.00	10.38%	10.40%	10.42%	10.44%	10.45%	10.47%	10.47%	10.48%
103.00	10.19%	10.23%	10.26%	10.29%	10.31%	10.33%	10.34%	10.35%
104.00	10.01%	10.06%	10.11%	10.14%	10.17%	10.19%	10.21%	10.22%
105.00	9.83%	9.90%	9.95%	9.99%	10.02%	10.05%	10.08%	10.10%
106.00	9.66%	9.73%	9.80%	9.84%	9.89%	9.92%	9.95%	9.97%
107.00	9.48%	9.57%	9.64%	9.70%	9.75%	9.79%	9.82%	9.85%
108.00	9.31%	9.41%	9.49%	9.56%	9.61%	9.66%	9.69%	9.73%
109.00	9.14%	9.25%	9.35%	9.42%	9.48%	9.53%	9.57%	9.61%
110.00	8.97%	9.10%	9.20%	9.28%	9.35%	9.40%	9.45%	9.49%

10.75% EFFECTIVE YIELD RATE

PRICE	YEARS UNTIL MATURITY							
	16	17	18	19	20	21	22	23
70.00	16.00%	15.90%	15.82%	15.76%	15.70%	15.65%	15.61%	15.58%
71.00	15.76%	15.67%	15.60%	15.53%	15.48%	15.43%	15.39%	15.36%
72.00	15.54%	15.45%	15.38%	15.31%	15.26%	15.22%	15.18%	15.14%
73.00	15.32%	15.23%	15.16%	15.10%	15.05%	15.01%	14.97%	14.93%
74.00	15.10%	15.02%	14.95%	14.89%	14.84%	14.80%	14.76%	14.73%
75.00	14.89%	14.81%	14.74%	14.69%	14.64%	14.60%	14.56%	14.53%
76.00	14.68%	14.61%	14.54%	14.49%	14.44%	14.40%	14.37%	14.34%
77.00	14.48%	14.41%	14.35%	14.30%	14.25%	14.21%	14.18%	14.15%
78.00	14.28%	14.21%	14.15%	14.10%	14.06%	14.03%	13.99%	13.97%
79.00	14.09%	14.02%	13.97%	13.92%	13.88%	13.84%	13.81%	13.79%
80.00	13.90%	13.83%	13.78%	13.74%	13.70%	13.66%	13.64%	13.61%
81.00	13.71%	13.65%	13.60%	13.56%	13.52%	13.49%	13.46%	13.44%
82.00	13.53%	13.47%	13.42%	13.38%	13.35%	13.32%	13.29%	13.27%
82.50	13.44%	13.38%	13.34%	13.30%	13.26%	13.23%	13.21%	13.19%
83.00	13.35%	13.30%	13.25%	13.21%	13.18%	13.15%	13.13%	13.10%
83.50	13.26%	13.21%	13.17%	13.13%	13.10%	13.07%	13.04%	13.02%
84.00	13.17%	13.12%	13.08%	13.05%	13.01%	12.99%	12.96%	12.94%
84.50	13.09%	13.04%	13.00%	12.96%	12.93%	12.91%	12.88%	12.86%
85.00	13.00%	12.95%	12.91%	12.88%	12.85%	12.83%	12.80%	12.79%
85.50	12.91%	12.87%	12.83%	12.80%	12.77%	12.75%	12.73%	12.71%
86.00	12.83%	12.79%	12.75%	12.72%	12.69%	12.67%	12.65%	12.63%
86.50	12.75%	12.71%	12.67%	12.64%	12.61%	12.59%	12.57%	12.55%
87.00	12.66%	12.63%	12.59%	12.56%	12.54%	12.51%	12.50%	12.48%
87.50	12.58%	12.54%	12.51%	12.48%	12.46%	12.44%	12.42%	12.40%
88.00	12.50%	12.47%	12.43%	12.41%	12.38%	12.36%	12.35%	12.33%
88.50	12.42%	12.39%	12.36%	12.33%	12.31%	12.29%	12.27%	12.26%
89.00	12.34%	12.31%	12.28%	12.26%	12.23%	12.22%	12.20%	12.18%
89.50	12.26%	12.23%	12.20%	12.18%	12.16%	12.14%	12.13%	12.11%
90.00	12.18%	12.15%	12.13%	12.11%	12.09%	12.07%	12.05%	12.04%
90.50	12.11%	12.08%	12.05%	12.03%	12.01%	12.00%	11.98%	11.97%
91.00	12.03%	12.00%	11.98%	11.96%	11.94%	11.93%	11.91%	11.90%
91.50	11.95%	11.93%	11.91%	11.89%	11.87%	11.86%	11.84%	11.83%
92.00	11.88%	11.85%	11.83%	11.82%	11.80%	11.79%	11.77%	11.76%
92.50	11.80%	11.78%	11.76%	11.74%	11.73%	11.72%	11.71%	11.70%
93.00	11.73%	11.71%	11.69%	11.67%	11.66%	11.65%	11.64%	11.63%
93.50	11.66%	11.64%	11.62%	11.60%	11.59%	11.58%	11.57%	11.56%
94.00	11.58%	11.56%	11.55%	11.54%	11.52%	11.51%	11.50%	11.50%
94.50	11.51%	11.49%	11.48%	11.47%	11.46%	11.45%	11.44%	11.43%
95.00	11.44%	11.42%	11.41%	11.40%	11.39%	11.38%	11.37%	11.37%
95.50	11.37%	11.35%	11.34%	11.33%	11.32%	11.32%	11.31%	11.30%
96.00	11.30%	11.28%	11.27%	11.26%	11.26%	11.25%	11.24%	11.24%
96.50	11.23%	11.22%	11.21%	11.20%	11.19%	11.19%	11.18%	11.18%
97.00	11.16%	11.15%	11.14%	11.13%	11.13%	11.12%	11.12%	11.11%
97.50	11.09%	11.08%	11.07%	11.07%	11.06%	11.06%	11.05%	11.05%
98.00	11.02%	11.01%	11.01%	11.00%	11.00%	11.00%	10.99%	10.99%
98.50	10.95%	10.95%	10.94%	10.94%	10.94%	10.93%	10.93%	10.93%
99.00	10.88%	10.88%	10.88%	10.88%	10.87%	10.87%	10.87%	10.87%
99.50	10.82%	10.81%	10.81%	10.81%	10.81%	10.81%	10.81%	10.81%
100.00	10.75%	10.75%	10.75%	10.75%	10.75%	10.75%	10.75%	10.75%
100.50	10.68%	10.69%	10.69%	10.69%	10.69%	10.69%	10.69%	10.69%
101.00	10.62%	10.62%	10.62%	10.63%	10.63%	10.63%	10.63%	10.63%
102.00	10.49%	10.50%	10.50%	10.50%	10.51%	10.51%	10.52%	10.52%
103.00	10.36%	10.37%	10.38%	10.39%	10.39%	10.40%	10.40%	10.40%
104.00	10.24%	10.25%	10.26%	10.27%	10.27%	10.28%	10.29%	10.29%
105.00	10.11%	10.13%	10.14%	10.15%	10.16%	10.17%	10.18%	10.18%
106.00	9.99%	10.01%	10.02%	10.04%	10.05%	10.06%	10.07%	10.08%
107.00	9.87%	9.89%	9.91%	9.92%	9.94%	9.95%	9.96%	9.97%
108.00	9.75%	9.78%	9.80%	9.81%	9.83%	9.84%	9.85%	9.86%
109.00	9.64%	9.66%	9.68%	9.70%	9.72%	9.74%	9.75%	9.76%
110.00	9.52%	9.55%	9.57%	9.60%	9.61%	9.63%	9.65%	9.66%

EFFECTIVE YIELD RATE 10.75%

PRICE	YEARS UNTIL MATURITY							
	24	25	26	27	28	29	30	40
70.00	15.55%	15.52%	15.50%	15.48%	15.46%	15.45%	15.43%	15.37%
71.00	15.33%	15.30%	15.28%	15.26%	15.24%	15.23%	15.22%	15.16%
72.00	15.11%	15.09%	15.07%	15.05%	15.03%	15.02%	15.01%	14.95%
73.00	14.91%	14.88%	14.86%	14.84%	14.83%	14.81%	14.80%	14.74%
74.00	14.70%	14.68%	14.66%	14.64%	14.63%	14.61%	14.60%	14.55%
75.00	14.51%	14.48%	14.46%	14.45%	14.43%	14.42%	14.41%	14.35%
76.00	14.31%	14.29%	14.27%	14.26%	14.24%	14.23%	14.22%	14.16%
77.00	14.13%	14.11%	14.09%	14.07%	14.06%	14.04%	14.03%	13.98%
78.00	13.94%	13.92%	13.90%	13.89%	13.88%	13.86%	13.85%	13.80%
79.00	13.76%	13.74%	13.73%	13.71%	13.70%	13.69%	13.68%	13.63%
80.00	13.59%	13.57%	13.55%	13.54%	13.53%	13.52%	13.51%	13.46%
81.00	13.42%	13.40%	13.38%	13.37%	13.36%	13.35%	13.34%	13.29%
82.00	13.25%	13.23%	13.22%	13.20%	13.19%	13.18%	13.17%	13.13%
82.50	13.17%	13.15%	13.14%	13.12%	13.11%	13.10%	13.09%	13.05%
83.00	13.09%	13.07%	13.06%	13.04%	13.03%	13.02%	13.01%	12.97%
83.50	13.01%	12.99%	12.98%	12.96%	12.95%	12.94%	12.94%	12.89%
84.00	12.93%	12.91%	12.90%	12.88%	12.87%	12.87%	12.86%	12.81%
84.50	12.85%	12.83%	12.82%	12.81%	12.80%	12.79%	12.78%	12.74%
85.00	12.77%	12.75%	12.74%	12.73%	12.72%	12.71%	12.70%	12.66%
85.50	12.69%	12.68%	12.67%	12.65%	12.64%	12.64%	12.63%	12.59%
86.00	12.62%	12.60%	12.59%	12.58%	12.57%	12.56%	12.55%	12.52%
86.50	12.54%	12.53%	12.51%	12.50%	12.50%	12.49%	12.48%	12.44%
87.00	12.46%	12.45%	12.44%	12.43%	12.42%	12.41%	12.41%	12.37%
87.50	12.39%	12.38%	12.37%	12.36%	12.35%	12.34%	12.34%	12.30%
88.00	12.32%	12.31%	12.29%	12.29%	12.28%	12.27%	12.26%	12.23%
88.50	12.24%	12.23%	12.22%	12.21%	12.21%	12.20%	12.19%	12.16%
89.00	12.17%	12.16%	12.15%	12.14%	12.14%	12.13%	12.12%	12.09%
89.50	12.10%	12.09%	12.08%	12.07%	12.07%	12.06%	12.05%	12.02%
90.00	12.03%	12.02%	12.01%	12.00%	12.00%	11.99%	11.99%	11.96%
90.50	11.96%	11.95%	11.94%	11.94%	11.93%	11.92%	11.92%	11.89%
91.00	11.89%	11.88%	11.87%	11.87%	11.86%	11.86%	11.85%	11.83%
91.50	11.82%	11.81%	11.81%	11.80%	11.79%	11.79%	11.79%	11.76%
92.00	11.76%	11.75%	11.74%	11.73%	11.73%	11.72%	11.72%	11.70%
92.50	11.69%	11.68%	11.67%	11.67%	11.66%	11.66%	11.65%	11.63%
93.00	11.62%	11.61%	11.61%	11.60%	11.60%	11.59%	11.59%	11.57%
93.50	11.56%	11.55%	11.54%	11.54%	11.53%	11.53%	11.53%	11.51%
94.00	11.49%	11.48%	11.48%	11.47%	11.47%	11.47%	11.46%	11.44%
94.50	11.43%	11.42%	11.41%	11.41%	11.41%	11.40%	11.40%	11.38%
95.00	11.36%	11.36%	11.35%	11.35%	11.34%	11.34%	11.34%	11.32%
95.50	11.30%	11.29%	11.29%	11.29%	11.28%	11.28%	11.28%	11.26%
96.00	11.23%	11.23%	11.23%	11.22%	11.22%	11.22%	11.22%	11.20%
96.50	11.17%	11.17%	11.17%	11.16%	11.16%	11.16%	11.16%	11.15%
97.00	11.11%	11.11%	11.10%	11.10%	11.10%	11.10%	11.10%	11.09%
97.50	11.05%	11.05%	11.04%	11.04%	11.04%	11.04%	11.04%	11.03%
98.00	10.99%	10.99%	10.98%	10.98%	10.98%	10.98%	10.98%	10.97%
98.50	10.93%	10.93%	10.92%	10.92%	10.92%	10.92%	10.92%	10.92%
99.00	10.87%	10.87%	10.87%	10.87%	10.86%	10.86%	10.86%	10.86%
99.50	10.81%	10.81%	10.81%	10.81%	10.81%	10.81%	10.81%	10.80%
100.00	10.75%	10.75%	10.75%	10.75%	10.75%	10.75%	10.75%	10.75%
100.50	10.69%	10.69%	10.69%	10.69%	10.69%	10.69%	10.69%	10.70%
101.00	10.63%	10.64%	10.64%	10.64%	10.64%	10.64%	10.64%	10.64%
102.00	10.52%	10.52%	10.52%	10.53%	10.53%	10.53%	10.53%	10.54%
103.00	10.41%	10.41%	10.41%	10.42%	10.42%	10.42%	10.42%	10.43%
104.00	10.30%	10.30%	10.31%	10.31%	10.31%	10.31%	10.32%	10.33%
105.00	10.19%	10.19%	10.20%	10.20%	10.21%	10.21%	10.21%	10.23%
106.00	10.08%	10.09%	10.09%	10.10%	10.10%	10.11%	10.11%	10.13%
107.00	9.98%	9.98%	9.99%	10.00%	10.00%	10.01%	10.01%	10.03%
108.00	9.87%	9.88%	9.89%	9.90%	9.90%	9.91%	9.91%	9.94%
109.00	9.77%	9.78%	9.79%	9.80%	9.80%	9.81%	9.81%	9.84%
110.00	9.67%	9.68%	9.69%	9.70%	9.71%	9.71%	9.72%	9.75%

11% EFFECTIVE YIELD RATE

PRICE	YEARS UNTIL MATURITY 1/2	1	2	3	4	5	6	7
85.00	48.24%	29.38%	20.52%	17.65%	16.24%	15.41%	14.86%	14.48%
85.50	46.78%	28.69%	20.16%	17.41%	16.05%	15.25%	14.72%	14.35%
86.00	45.35%	28.00%	19.82%	17.16%	15.86%	15.09%	14.58%	14.22%
86.50	43.93%	27.33%	19.47%	16.92%	15.67%	14.93%	14.44%	14.10%
87.00	42.53%	26.65%	19.12%	16.68%	15.48%	14.77%	14.30%	13.97%
87.50	41.14%	25.99%	18.78%	16.44%	15.29%	14.61%	14.16%	13.85%
88.00	39.77%	25.32%	18.44%	16.21%	15.11%	14.45%	14.02%	13.72%
88.50	38.42%	24.67%	18.11%	15.97%	14.92%	14.30%	13.89%	13.60%
89.00	37.08%	24.02%	17.77%	15.74%	14.74%	14.14%	13.75%	13.48%
89.50	35.75%	23.37%	17.44%	15.51%	14.55%	13.99%	13.62%	13.36%
90.00	34.44%	22.74%	17.11%	15.28%	14.37%	13.84%	13.48%	13.23%
90.50	33.15%	22.10%	16.79%	15.05%	14.19%	13.69%	13.35%	13.12%
91.00	31.87%	21.47%	16.46%	14.82%	14.02%	13.54%	13.22%	13.00%
91.25	31.23%	21.16%	16.30%	14.71%	13.93%	13.46%	13.15%	12.94%
91.50	30.60%	20.85%	16.14%	14.60%	13.84%	13.39%	13.09%	12.88%
91.75	29.97%	20.54%	15.98%	14.49%	13.75%	13.31%	13.02%	12.82%
92.00	29.35%	20.23%	15.82%	14.38%	13.66%	13.24%	12.96%	12.76%
92.25	28.73%	19.93%	15.66%	14.27%	13.57%	13.16%	12.89%	12.70%
92.50	28.11%	19.62%	15.50%	14.15%	13.49%	13.09%	12.83%	12.65%
92.75	27.49%	19.32%	15.35%	14.04%	13.40%	13.02%	12.77%	12.59%
93.00	26.88%	19.01%	15.19%	13.93%	13.31%	12.94%	12.70%	12.53%
93.25	26.27%	18.71%	15.03%	13.82%	13.23%	12.87%	12.64%	12.47%
93.50	25.67%	18.41%	14.88%	13.72%	13.14%	12.80%	12.58%	12.42%
93.75	25.07%	18.11%	14.72%	13.61%	13.06%	12.73%	12.51%	12.36%
94.00	24.47%	17.81%	14.57%	13.50%	12.97%	12.66%	12.45%	12.30%
94.25	23.87%	17.52%	14.41%	13.39%	12.88%	12.58%	12.39%	12.25%
94.50	23.28%	17.22%	14.26%	13.28%	12.80%	12.51%	12.32%	12.19%
94.75	22.69%	16.93%	14.10%	13.17%	12.71%	12.44%	12.26%	12.13%
95.00	22.11%	16.63%	13.95%	13.07%	12.63%	12.37%	12.20%	12.08%
95.25	21.52%	16.34%	13.80%	12.96%	12.55%	12.30%	12.14%	12.02%
95.50	20.94%	16.05%	13.65%	12.85%	12.46%	12.23%	12.08%	11.97%
95.75	20.37%	15.76%	13.50%	12.75%	12.38%	12.16%	12.01%	11.91%
96.00	19.79%	15.47%	13.34%	12.64%	12.30%	12.09%	11.95%	11.86%
96.25	19.22%	15.18%	13.19%	12.54%	12.21%	12.02%	11.89%	11.80%
96.50	18.65%	14.90%	13.04%	12.43%	12.13%	11.95%	11.83%	11.75%
96.75	18.09%	14.61%	12.90%	12.33%	12.05%	11.88%	11.77%	11.69%
97.00	17.53%	14.33%	12.75%	12.22%	11.97%	11.81%	11.71%	11.64%
97.25	16.97%	14.04%	12.60%	12.12%	11.88%	11.74%	11.65%	11.58%
97.50	16.41%	13.76%	12.45%	12.02%	11.80%	11.67%	11.59%	11.53%
97.75	15.86%	13.48%	12.30%	11.91%	11.72%	11.61%	11.53%	11.48%
98.00	15.31%	13.20%	12.16%	11.81%	11.64%	11.54%	11.47%	11.42%
98.25	14.76%	12.92%	12.01%	11.71%	11.56%	11.47%	11.41%	11.37%
98.50	14.21%	12.64%	11.86%	11.61%	11.48%	11.40%	11.35%	11.32%
98.75	13.67%	12.37%	11.72%	11.50%	11.40%	11.33%	11.29%	11.26%
99.00	13.13%	12.09%	11.57%	11.40%	11.32%	11.27%	11.23%	11.21%
99.25	12.59%	11.82%	11.43%	11.30%	11.24%	11.20%	11.17%	11.16%
99.50	12.06%	11.54%	11.29%	11.20%	11.16%	11.13%	11.12%	11.10%
99.75	11.53%	11.27%	11.14%	11.10%	11.08%	11.07%	11.06%	11.05%
100.00	11.00%	11.00%	11.00%	11.00%	11.00%	11.00%	11.00%	11.00%
100.25	10.47%	10.73%	10.86%	10.90%	10.92%	10.93%	10.94%	10.95%
100.50	9.95%	10.46%	10.72%	10.80%	10.84%	10.87%	10.88%	10.90%
101.00	8.91%	9.92%	10.43%	10.60%	10.69%	10.74%	10.77%	10.79%
101.50	7.88%	9.39%	10.15%	10.41%	10.53%	10.61%	10.66%	10.69%
102.00	6.86%	8.87%	9.87%	10.21%	10.38%	10.48%	10.54%	10.59%
102.50	5.85%	8.34%	9.60%	10.01%	10.22%	10.35%	10.43%	10.49%
103.00	4.85%	7.82%	9.32%	9.82%	10.07%	10.22%	10.32%	10.39%
103.50	3.86%	7.31%	9.05%	9.63%	9.92%	10.09%	10.21%	10.29%
104.00	2.88%	6.80%	8.78%	9.44%	9.77%	9.96%	10.09%	10.19%
104.50	1.91%	6.29%	8.51%	9.25%	9.62%	9.84%	9.99%	10.09%
105.00	0.95%	5.78%	8.24%	9.06%	9.47%	9.71%	9.88%	9.99%

EFFECTIVE YIELD RATE 11%

PRICE	YEARS UNTIL MATURITY							
	8	9	10	11	12	13	14	15
70.00	18.28%	17.81%	17.44%	17.15%	16.92%	16.73%	16.57%	16.44%
71.00	17.97%	17.52%	17.17%	16.89%	16.66%	16.48%	16.33%	16.20%
72.00	17.67%	17.23%	16.89%	16.63%	16.41%	16.23%	16.09%	15.97%
73.00	17.37%	16.95%	16.63%	16.37%	16.16%	15.99%	15.85%	15.74%
74.00	17.08%	16.68%	16.37%	16.12%	15.92%	15.76%	15.63%	15.51%
75.00	16.79%	16.41%	16.11%	15.88%	15.69%	15.53%	15.40%	15.29%
76.00	16.51%	16.15%	15.86%	15.64%	15.46%	15.31%	15.18%	15.08%
77.00	16.24%	15.89%	15.62%	15.40%	15.23%	15.09%	14.97%	14.87%
78.00	15.97%	15.64%	15.38%	15.17%	15.01%	14.87%	14.76%	14.66%
79.00	15.70%	15.39%	15.14%	14.95%	14.79%	14.66%	14.55%	14.46%
80.00	15.44%	15.14%	14.91%	14.73%	14.58%	14.45%	14.35%	14.27%
81.00	15.18%	14.90%	14.68%	14.51%	14.37%	14.25%	14.15%	14.07%
82.00	14.93%	14.67%	14.46%	14.29%	14.16%	14.05%	13.96%	13.88%
82.50	14.80%	14.55%	14.35%	14.19%	14.06%	13.95%	13.86%	13.79%
83.00	14.68%	14.43%	14.24%	14.08%	13.96%	13.86%	13.77%	13.70%
83.50	14.56%	14.32%	14.13%	13.98%	13.86%	13.76%	13.68%	13.61%
84.00	14.44%	14.20%	14.02%	13.88%	13.76%	13.66%	13.58%	13.52%
84.50	14.32%	14.09%	13.92%	13.78%	13.66%	13.57%	13.49%	13.43%
85.00	14.20%	13.98%	13.81%	13.68%	13.57%	13.48%	13.40%	13.34%
85.50	14.08%	13.87%	13.71%	13.58%	13.47%	13.38%	13.31%	13.25%
86.00	13.96%	13.76%	13.60%	13.48%	13.37%	13.29%	13.22%	13.16%
86.50	13.84%	13.65%	13.50%	13.38%	13.28%	13.20%	13.13%	13.08%
87.00	13.73%	13.54%	13.40%	13.28%	13.19%	13.11%	13.04%	12.99%
87.50	13.61%	13.43%	13.30%	13.18%	13.09%	13.02%	12.96%	12.91%
88.00	13.50%	13.33%	13.20%	13.09%	13.00%	12.93%	12.87%	12.82%
88.50	13.39%	13.22%	13.10%	12.99%	12.91%	12.84%	12.79%	12.74%
89.00	13.27%	13.12%	13.00%	12.90%	12.82%	12.75%	12.70%	12.65%
89.50	13.16%	13.01%	12.90%	12.81%	12.73%	12.67%	12.62%	12.57%
90.00	13.05%	12.91%	12.80%	12.71%	12.64%	12.58%	12.53%	12.49%
90.50	12.94%	12.81%	12.70%	12.62%	12.55%	12.50%	12.45%	12.41%
91.00	12.83%	12.71%	12.61%	12.53%	12.47%	12.41%	12.37%	12.33%
91.50	12.72%	12.61%	12.51%	12.44%	12.38%	12.33%	12.29%	12.25%
92.00	12.62%	12.51%	12.42%	12.35%	12.29%	12.25%	12.21%	12.17%
92.50	12.51%	12.41%	12.33%	12.26%	12.21%	12.16%	12.13%	12.10%
93.00	12.40%	12.31%	12.23%	12.17%	12.12%	12.08%	12.05%	12.02%
93.50	12.30%	12.21%	12.14%	12.08%	12.04%	12.00%	11.97%	11.94%
94.00	12.20%	12.11%	12.05%	12.00%	11.95%	11.92%	11.89%	11.87%
94.50	12.09%	12.02%	11.96%	11.91%	11.87%	11.84%	11.81%	11.79%
95.00	11.99%	11.92%	11.87%	11.82%	11.79%	11.76%	11.74%	11.72%
95.50	11.89%	11.83%	11.78%	11.74%	11.71%	11.68%	11.66%	11.64%
96.00	11.79%	11.73%	11.69%	11.65%	11.63%	11.60%	11.58%	11.57%
96.50	11.69%	11.64%	11.60%	11.57%	11.55%	11.53%	11.51%	11.49%
97.00	11.59%	11.54%	11.51%	11.49%	11.47%	11.45%	11.43%	11.42%
97.50	11.49%	11.45%	11.43%	11.40%	11.39%	11.37%	11.36%	11.35%
98.00	11.39%	11.36%	11.34%	11.32%	11.31%	11.30%	11.29%	11.28%
98.50	11.29%	11.27%	11.25%	11.24%	11.23%	11.22%	11.21%	11.21%
99.00	11.19%	11.18%	11.17%	11.16%	11.15%	11.15%	11.14%	11.14%
99.50	11.10%	11.09%	11.08%	11.08%	11.08%	11.07%	11.07%	11.07%
100.00	11.00%	11.00%	11.00%	11.00%	11.00%	11.00%	11.00%	11.00%
100.50	10.90%	10.91%	10.92%	10.92%	10.92%	10.93%	10.93%	10.93%
101.00	10.81%	10.82%	10.83%	10.84%	10.85%	10.85%	10.86%	10.86%
102.00	10.62%	10.65%	10.67%	10.69%	10.70%	10.71%	10.72%	10.73%
103.00	10.44%	10.48%	10.51%	10.53%	10.55%	10.57%	10.58%	10.60%
104.00	10.26%	10.31%	10.35%	10.38%	10.41%	10.43%	10.45%	10.47%
105.00	10.07%	10.14%	10.19%	10.23%	10.27%	10.29%	10.32%	10.34%
106.00	9.90%	9.97%	10.04%	10.08%	10.13%	10.16%	10.19%	10.21%
107.00	9.72%	9.81%	9.88%	9.94%	9.99%	10.02%	10.06%	10.08%
108.00	9.55%	9.65%	9.73%	9.80%	9.85%	9.89%	9.93%	9.96%
109.00	9.38%	9.49%	9.58%	9.65%	9.71%	9.76%	9.80%	9.84%
110.00	9.21%	9.33%	9.43%	9.51%	9.58%	9.63%	9.68%	9.72%

11% EFFECTIVE YIELD RATE

PRICE	YEARS UNTIL MATURITY							
	16	17	18	19	20	21	22	23
70.00	16.33%	16.24%	16.16%	16.10%	16.04%	16.00%	15.96%	15.92%
71.00	16.10%	16.01%	15.93%	15.87%	15.82%	15.77%	15.73%	15.70%
72.00	15.87%	15.78%	15.71%	15.65%	15.59%	15.55%	15.51%	15.48%
73.00	15.64%	15.56%	15.49%	15.43%	15.38%	15.34%	15.30%	15.27%
74.00	15.42%	15.34%	15.27%	15.22%	15.17%	15.13%	15.09%	15.06%
75.00	15.20%	15.13%	15.06%	15.01%	14.96%	14.92%	14.89%	14.86%
76.00	14.99%	14.92%	14.86%	14.81%	14.76%	14.72%	14.69%	14.66%
77.00	14.79%	14.72%	14.66%	14.61%	14.56%	14.53%	14.49%	14.47%
78.00	14.59%	14.52%	14.46%	14.41%	14.37%	14.34%	14.31%	14.28%
79.00	14.39%	14.32%	14.27%	14.22%	14.18%	14.15%	14.12%	14.09%
80.00	14.20%	14.13%	14.08%	14.04%	14.00%	13.97%	13.94%	13.92%
81.00	14.01%	13.95%	13.90%	13.86%	13.82%	13.79%	13.76%	13.74%
82.00	13.82%	13.77%	13.72%	13.68%	13.64%	13.62%	13.59%	13.57%
82.50	13.73%	13.68%	13.63%	13.59%	13.56%	13.53%	13.50%	13.48%
83.00	13.64%	13.59%	13.54%	13.50%	13.47%	13.44%	13.42%	13.40%
83.50	13.55%	13.50%	13.46%	13.42%	13.39%	13.36%	13.34%	13.32%
84.00	13.46%	13.41%	13.37%	13.33%	13.30%	13.28%	13.25%	13.23%
84.50	13.37%	13.32%	13.28%	13.25%	13.22%	13.20%	13.17%	13.15%
85.00	13.28%	13.24%	13.20%	13.17%	13.14%	13.11%	13.09%	13.07%
85.50	13.20%	13.15%	13.12%	13.08%	13.06%	13.03%	13.01%	12.99%
86.00	13.11%	13.07%	13.03%	13.00%	12.98%	12.95%	12.93%	12.92%
86.50	13.03%	12.99%	12.95%	12.92%	12.90%	12.87%	12.86%	12.84%
87.00	12.94%	12.90%	12.87%	12.84%	12.82%	12.80%	12.78%	12.76%
87.50	12.86%	12.82%	12.79%	12.76%	12.74%	12.72%	12.70%	12.69%
88.00	12.78%	12.74%	12.71%	12.69%	12.66%	12.64%	12.62%	12.61%
88.50	12.70%	12.66%	12.63%	12.61%	12.59%	12.57%	12.55%	12.54%
89.00	12.62%	12.58%	12.55%	12.53%	12.51%	12.49%	12.48%	12.46%
89.50	12.54%	12.50%	12.48%	12.45%	12.43%	12.42%	12.40%	12.39%
90.00	12.46%	12.43%	12.40%	12.38%	12.36%	12.34%	12.33%	12.32%
90.50	12.38%	12.35%	12.32%	12.30%	12.29%	12.27%	12.26%	12.24%
91.00	12.30%	12.27%	12.25%	12.23%	12.21%	12.20%	12.18%	12.17%
91.50	12.22%	12.20%	12.17%	12.16%	12.14%	12.13%	12.11%	12.10%
92.00	12.15%	12.12%	12.10%	12.08%	12.07%	12.05%	12.04%	12.03%
92.50	12.07%	12.05%	12.03%	12.01%	12.00%	11.98%	11.97%	11.96%
93.00	11.99%	11.97%	11.95%	11.94%	11.93%	11.91%	11.90%	11.90%
93.50	11.92%	11.90%	11.88%	11.87%	11.86%	11.85%	11.84%	11.83%
94.00	11.84%	11.83%	11.81%	11.80%	11.79%	11.78%	11.77%	11.76%
94.50	11.77%	11.75%	11.74%	11.73%	11.72%	11.71%	11.70%	11.69%
95.00	11.70%	11.68%	11.67%	11.66%	11.65%	11.64%	11.63%	11.63%
95.50	11.63%	11.61%	11.60%	11.59%	11.58%	11.58%	11.57%	11.56%
96.00	11.55%	11.54%	11.53%	11.52%	11.52%	11.51%	11.50%	11.50%
96.50	11.48%	11.47%	11.46%	11.46%	11.45%	11.44%	11.44%	11.43%
97.00	11.41%	11.40%	11.40%	11.39%	11.38%	11.38%	11.37%	11.37%
97.50	11.34%	11.33%	11.33%	11.32%	11.32%	11.31%	11.31%	11.31%
98.00	11.27%	11.27%	11.26%	11.26%	11.25%	11.25%	11.25%	11.24%
98.50	11.20%	11.20%	11.20%	11.19%	11.19%	11.19%	11.18%	11.18%
99.00	11.14%	11.13%	11.13%	11.13%	11.13%	11.12%	11.12%	11.12%
99.50	11.07%	11.07%	11.06%	11.06%	11.06%	11.06%	11.06%	11.06%
100.00	11.00%	11.00%	11.00%	11.00%	11.00%	11.00%	11.00%	11.00%
100.50	10.93%	10.93%	10.94%	10.94%	10.94%	10.94%	10.94%	10.94%
101.00	10.87%	10.87%	10.87%	10.87%	10.88%	10.88%	10.88%	10.88%
102.00	10.74%	10.74%	10.75%	10.75%	10.75%	10.76%	10.76%	10.76%
103.00	10.61%	10.62%	10.62%	10.63%	10.64%	10.64%	10.64%	10.65%
104.00	10.48%	10.49%	10.50%	10.51%	10.52%	10.52%	10.53%	10.53%
105.00	10.35%	10.37%	10.38%	10.39%	10.40%	10.41%	10.42%	10.42%
106.00	10.23%	10.25%	10.26%	10.28%	10.29%	10.30%	10.31%	10.31%
107.00	10.11%	10.13%	10.15%	10.16%	10.17%	10.19%	10.20%	10.21%
108.00	9.99%	10.01%	10.03%	10.05%	10.06%	10.08%	10.09%	10.10%
109.00	9.87%	9.90%	9.92%	9.94%	9.95%	9.97%	9.98%	9.99%
110.00	9.75%	9.78%	9.81%	9.83%	9.85%	9.86%	9.88%	9.89%

EFFECTIVE YIELD RATE 11%

PRICE	YEARS UNTIL MATURITY							
	24	25	26	27	28	29	30	40
70.00	15.89%	15.87%	15.85%	15.83%	15.81%	15.80%	15.79%	15.73%
71.00	15.67%	15.64%	15.62%	15.61%	15.59%	15.58%	15.56%	15.51%
72.00	15.45%	15.43%	15.41%	15.39%	15.37%	15.36%	15.35%	15.29%
73.00	15.24%	15.22%	15.20%	15.18%	15.16%	15.15%	15.14%	15.09%
74.00	15.03%	15.01%	14.99%	14.97%	14.96%	14.95%	14.94%	14.88%
75.00	14.83%	14.81%	14.79%	14.77%	14.76%	14.75%	14.74%	14.68%
76.00	14.63%	14.61%	14.60%	14.58%	14.57%	14.55%	14.54%	14.49%
77.00	14.44%	14.42%	14.40%	14.39%	14.38%	14.36%	14.35%	14.30%
78.00	14.26%	14.24%	14.22%	14.20%	14.19%	14.18%	14.17%	14.12%
79.00	14.07%	14.05%	14.04%	14.02%	14.01%	14.00%	13.99%	13.94%
80.00	13.89%	13.88%	13.86%	13.85%	13.83%	13.82%	13.81%	13.77%
81.00	13.72%	13.70%	13.69%	13.67%	13.66%	13.65%	13.64%	13.60%
82.00	13.55%	13.53%	13.52%	13.50%	13.49%	13.48%	13.47%	13.43%
82.50	13.46%	13.45%	13.43%	13.42%	13.41%	13.40%	13.39%	13.35%
83.00	13.38%	13.37%	13.35%	13.34%	13.33%	13.32%	13.31%	13.27%
83.50	13.30%	13.28%	13.27%	13.26%	13.25%	13.24%	13.23%	13.19%
84.00	13.22%	13.20%	13.19%	13.18%	13.17%	13.16%	13.15%	13.11%
84.50	13.14%	13.12%	13.11%	13.10%	13.09%	13.08%	13.07%	13.03%
85.00	13.06%	13.04%	13.03%	13.02%	13.01%	13.00%	12.99%	12.96%
85.50	12.98%	12.96%	12.95%	12.94%	12.93%	12.93%	12.92%	12.88%
86.00	12.90%	12.89%	12.88%	12.87%	12.86%	12.85%	12.84%	12.81%
86.50	12.82%	12.81%	12.80%	12.79%	12.78%	12.77%	12.77%	12.73%
87.00	12.75%	12.73%	12.72%	12.71%	12.71%	12.70%	12.69%	12.66%
87.50	12.67%	12.66%	12.65%	12.64%	12.63%	12.62%	12.62%	12.59%
88.00	12.60%	12.59%	12.58%	12.57%	12.56%	12.55%	12.55%	12.51%
88.50	12.52%	12.51%	12.50%	12.49%	12.49%	12.48%	12.47%	12.44%
89.00	12.45%	12.44%	12.43%	12.42%	12.41%	12.41%	12.40%	12.37%
89.50	12.38%	12.37%	12.36%	12.35%	12.34%	12.34%	12.33%	12.30%
90.00	12.30%	12.30%	12.29%	12.28%	12.27%	12.27%	12.26%	12.23%
90.50	12.23%	12.22%	12.22%	12.21%	12.20%	12.20%	12.19%	12.17%
91.00	12.16%	12.15%	12.15%	12.14%	12.13%	12.13%	12.12%	12.10%
91.50	12.09%	12.08%	12.08%	12.07%	12.07%	12.06%	12.06%	12.03%
92.00	12.02%	12.02%	12.01%	12.00%	12.00%	11.99%	11.99%	11.97%
92.50	11.96%	11.95%	11.94%	11.94%	11.93%	11.93%	11.92%	11.90%
93.00	11.89%	11.88%	11.87%	11.87%	11.86%	11.86%	11.86%	11.84%
93.50	11.82%	11.81%	11.81%	11.80%	11.80%	11.80%	11.79%	11.77%
94.00	11.75%	11.75%	11.74%	11.74%	11.73%	11.73%	11.73%	11.71%
94.50	11.69%	11.68%	11.68%	11.67%	11.67%	11.67%	11.66%	11.65%
95.00	11.62%	11.62%	11.61%	11.61%	11.61%	11.60%	11.60%	11.59%
95.50	11.56%	11.55%	11.55%	11.55%	11.54%	11.54%	11.54%	11.52%
96.00	11.49%	11.49%	11.49%	11.48%	11.48%	11.48%	11.48%	11.46%
96.50	11.43%	11.43%	11.42%	11.42%	11.42%	11.42%	11.41%	11.40%
97.00	11.37%	11.36%	11.36%	11.36%	11.36%	11.36%	11.35%	11.34%
97.50	11.30%	11.30%	11.30%	11.30%	11.30%	11.29%	11.29%	11.29%
98.00	11.24%	11.24%	11.24%	11.24%	11.24%	11.23%	11.23%	11.23%
98.50	11.18%	11.18%	11.18%	11.18%	11.18%	11.18%	11.17%	11.17%
99.00	11.12%	11.12%	11.12%	11.12%	11.12%	11.12%	11.12%	11.11%
99.50	11.06%	11.06%	11.06%	11.06%	11.06%	11.06%	11.06%	11.06%
100.00	11.00%	11.00%	11.00%	11.00%	11.00%	11.00%	11.00%	11.00%
100.50	10.94%	10.94%	10.94%	10.94%	10.94%	10.94%	10.94%	10.94%
101.00	10.88%	10.88%	10.88%	10.88%	10.89%	10.89%	10.89%	10.89%
102.00	10.77%	10.77%	10.77%	10.77%	10.77%	10.77%	10.77%	10.78%
103.00	10.65%	10.65%	10.66%	10.66%	10.66%	10.66%	10.67%	10.67%
104.00	10.54%	10.54%	10.55%	10.55%	10.55%	10.56%	10.56%	10.57%
105.00	10.43%	10.43%	10.44%	10.44%	10.45%	10.45%	10.45%	10.47%
106.00	10.32%	10.33%	10.33%	10.34%	10.34%	10.34%	10.35%	10.37%
107.00	10.21%	10.22%	10.23%	10.23%	10.24%	10.24%	10.25%	10.27%
108.00	10.11%	10.12%	10.12%	10.13%	10.13%	10.14%	10.14%	10.17%
109.00	10.00%	10.01%	10.02%	10.03%	10.03%	10.04%	10.05%	10.08%
110.00	9.90%	9.91%	9.92%	9.93%	9.94%	9.94%	9.95%	9.98%

11.25% EFFECTIVE YIELD RATE

PRICE	YEARS UNTIL MATURITY							
	1/2	1	2	3	4	5	6	7
85.00	48.53%	29.66%	20.80%	17.93%	16.52%	15.69%	15.14%	14.76%
85.50	47.08%	28.97%	20.44%	17.68%	16.33%	15.53%	15.00%	14.63%
86.00	45.64%	28.29%	20.09%	17.44%	16.13%	15.36%	14.86%	14.50%
86.50	44.22%	27.61%	19.74%	17.20%	15.94%	15.20%	14.71%	14.37%
87.00	42.82%	26.93%	19.40%	16.96%	15.75%	15.04%	14.57%	14.24%
87.50	41.43%	26.26%	19.06%	16.72%	15.56%	14.88%	14.43%	14.12%
88.00	40.06%	25.60%	18.72%	16.48%	15.38%	14.72%	14.30%	13.99%
88.50	38.70%	24.94%	18.38%	16.24%	15.19%	14.57%	14.16%	13.87%
89.00	37.36%	24.29%	18.04%	16.01%	15.01%	14.41%	14.02%	13.75%
89.50	36.03%	23.65%	17.71%	15.78%	14.82%	14.26%	13.89%	13.62%
90.00	34.72%	23.01%	17.38%	15.55%	14.64%	14.10%	13.75%	13.50%
90.50	33.43%	22.37%	17.05%	15.32%	14.46%	13.95%	13.62%	13.38%
91.00	32.14%	21.74%	16.73%	15.09%	14.28%	13.80%	13.49%	13.26%
91.25	31.51%	21.43%	16.57%	14.98%	14.19%	13.73%	13.42%	13.20%
91.50	30.87%	21.12%	16.41%	14.86%	14.10%	13.65%	13.35%	13.14%
91.75	30.25%	20.81%	16.25%	14.75%	14.01%	13.58%	13.29%	13.09%
92.00	29.62%	20.50%	16.09%	14.64%	13.93%	13.50%	13.22%	13.03%
92.25	29.00%	20.19%	15.93%	14.53%	13.84%	13.43%	13.16%	12.97%
92.50	28.38%	19.89%	15.77%	14.42%	13.75%	13.35%	13.09%	12.91%
92.75	27.76%	19.58%	15.61%	14.31%	13.66%	13.28%	13.03%	12.85%
93.00	27.15%	19.28%	15.45%	14.20%	13.58%	13.21%	12.96%	12.79%
93.25	26.54%	18.98%	15.29%	14.09%	13.49%	13.13%	12.90%	12.74%
93.50	25.94%	18.67%	15.14%	13.98%	13.40%	13.06%	12.84%	12.68%
93.75	25.33%	18.37%	14.98%	13.87%	13.32%	12.99%	12.77%	12.62%
94.00	24.73%	18.08%	14.83%	13.76%	13.23%	12.92%	12.71%	12.56%
94.25	24.14%	17.78%	14.67%	13.65%	13.14%	12.84%	12.65%	12.51%
94.50	23.54%	17.48%	14.52%	13.54%	13.06%	12.77%	12.58%	12.45%
94.75	22.96%	17.19%	14.36%	13.43%	12.97%	12.70%	12.52%	12.39%
95.00	22.37%	16.89%	14.21%	13.33%	12.89%	12.63%	12.46%	12.34%
95.25	21.78%	16.60%	14.06%	13.22%	12.80%	12.56%	12.40%	12.28%
95.50	21.20%	16.31%	13.90%	13.11%	12.72%	12.49%	12.33%	12.23%
95.75	20.63%	16.02%	13.75%	13.01%	12.64%	12.42%	12.27%	12.17%
96.00	20.05%	15.73%	13.60%	12.90%	12.55%	12.35%	12.21%	12.11%
96.25	19.48%	15.44%	13.45%	12.79%	12.47%	12.28%	12.15%	12.06%
96.50	18.91%	15.15%	13.30%	12.69%	12.39%	12.21%	12.09%	12.00%
96.75	18.35%	14.87%	13.15%	12.58%	12.30%	12.14%	12.03%	11.95%
97.00	17.78%	14.58%	13.00%	12.48%	12.22%	12.07%	11.96%	11.89%
97.25	17.22%	14.30%	12.85%	12.38%	12.14%	12.00%	11.90%	11.84%
97.50	16.67%	14.02%	12.70%	12.27%	12.06%	11.93%	11.84%	11.78%
97.75	16.11%	13.73%	12.56%	12.17%	11.97%	11.86%	11.78%	11.73%
98.00	15.56%	13.45%	12.41%	12.06%	11.89%	11.79%	11.72%	11.68%
98.25	15.01%	13.17%	12.26%	11.96%	11.81%	11.72%	11.66%	11.62%
98.50	14.47%	12.90%	12.12%	11.86%	11.73%	11.65%	11.60%	11.57%
98.75	13.92%	12.62%	11.97%	11.76%	11.65%	11.59%	11.54%	11.51%
99.00	13.38%	12.34%	11.83%	11.65%	11.57%	11.52%	11.49%	11.46%
99.25	12.85%	12.07%	11.68%	11.55%	11.49%	11.45%	11.43%	11.41%
99.50	12.31%	11.79%	11.54%	11.45%	11.41%	11.38%	11.37%	11.36%
99.75	11.78%	11.52%	11.39%	11.35%	11.33%	11.32%	11.31%	11.30%
100.00	11.25%	11.25%	11.25%	11.25%	11.25%	11.25%	11.25%	11.25%
100.25	10.72%	10.98%	11.11%	11.15%	11.17%	11.18%	11.19%	11.20%
100.50	10.20%	10.71%	10.96%	11.05%	11.09%	11.12%	11.13%	11.15%
101.00	9.16%	10.17%	10.68%	10.85%	10.93%	10.98%	11.02%	11.04%
101.50	8.13%	9.64%	10.40%	10.65%	10.78%	10.85%	10.90%	10.94%
102.00	7.11%	9.11%	10.12%	10.46%	10.62%	10.72%	10.79%	10.84%
102.50	6.10%	8.59%	9.84%	10.26%	10.47%	10.59%	10.68%	10.73%
103.00	5.10%	8.07%	9.57%	10.07%	10.32%	10.46%	10.56%	10.63%
103.50	4.11%	7.55%	9.29%	9.87%	10.16%	10.34%	10.45%	10.53%
104.00	3.13%	7.04%	9.02%	9.68%	10.01%	10.21%	10.34%	10.43%
104.50	2.15%	6.53%	8.75%	9.49%	9.86%	10.08%	10.23%	10.33%
105.00	1.19%	6.02%	8.48%	9.30%	9.71%	9.96%	10.12%	10.23%

EFFECTIVE YIELD RATE 11.25%

PRICE	8	9	10	11	12	13	14	15
	YEARS UNTIL MATURITY							
70.00	18.60%	18.13%	17.77%	17.48%	17.25%	17.06%	16.90%	16.78%
71.00	18.29%	17.84%	17.49%	17.21%	16.99%	16.81%	16.66%	16.53%
72.00	17.98%	17.55%	17.21%	16.95%	16.73%	16.56%	16.41%	16.29%
73.00	17.68%	17.27%	16.94%	16.69%	16.48%	16.31%	16.18%	16.06%
74.00	17.39%	16.99%	16.68%	16.44%	16.24%	16.08%	15.94%	15.83%
75.00	17.10%	16.72%	16.42%	16.19%	16.00%	15.84%	15.72%	15.61%
76.00	16.81%	16.45%	16.17%	15.95%	15.76%	15.62%	15.49%	15.39%
77.00	16.54%	16.19%	15.92%	15.71%	15.53%	15.39%	15.28%	15.18%
78.00	16.26%	15.93%	15.68%	15.47%	15.31%	15.17%	15.06%	14.97%
79.00	15.99%	15.68%	15.44%	15.25%	15.09%	14.96%	14.85%	14.77%
80.00	15.73%	15.43%	15.20%	15.02%	14.87%	14.75%	14.65%	14.57%
81.00	15.47%	15.19%	14.97%	14.80%	14.66%	14.54%	14.45%	14.37%
82.00	15.22%	14.95%	14.75%	14.58%	14.45%	14.34%	14.25%	14.18%
82.50	15.09%	14.83%	14.64%	14.48%	14.35%	14.24%	14.16%	14.08%
83.00	14.97%	14.72%	14.53%	14.37%	14.25%	14.14%	14.06%	13.99%
83.50	14.84%	14.60%	14.42%	14.27%	14.15%	14.05%	13.96%	13.90%
84.00	14.72%	14.49%	14.31%	14.16%	14.05%	13.95%	13.87%	13.80%
84.50	14.60%	14.37%	14.20%	14.06%	13.95%	13.85%	13.78%	13.71%
85.00	14.48%	14.26%	14.09%	13.96%	13.85%	13.76%	13.68%	13.62%
85.50	14.36%	14.15%	13.99%	13.86%	13.75%	13.66%	13.59%	13.53%
86.00	14.24%	14.04%	13.88%	13.76%	13.65%	13.57%	13.50%	13.44%
86.50	14.12%	13.93%	13.78%	13.66%	13.56%	13.48%	13.41%	13.36%
87.00	14.00%	13.82%	13.67%	13.56%	13.46%	13.39%	13.32%	13.27%
87.50	13.89%	13.71%	13.57%	13.46%	13.37%	13.30%	13.23%	13.18%
88.00	13.77%	13.60%	13.47%	13.36%	13.28%	13.21%	13.15%	13.10%
88.50	13.66%	13.49%	13.37%	13.27%	13.18%	13.12%	13.06%	13.01%
89.00	13.54%	13.39%	13.27%	13.17%	13.09%	13.03%	12.97%	12.93%
89.50	13.43%	13.28%	13.17%	13.08%	13.00%	12.94%	12.89%	12.85%
90.00	13.32%	13.18%	13.07%	12.98%	12.91%	12.85%	12.80%	12.76%
90.50	13.21%	13.08%	12.97%	12.89%	12.82%	12.77%	12.72%	12.68%
91.00	13.10%	12.97%	12.88%	12.80%	12.73%	12.68%	12.64%	12.60%
91.50	12.99%	12.87%	12.78%	12.71%	12.65%	12.60%	12.55%	12.52%
92.00	12.88%	12.77%	12.68%	12.61%	12.56%	12.51%	12.47%	12.44%
92.50	12.77%	12.67%	12.59%	12.52%	12.47%	12.43%	12.39%	12.36%
93.00	12.67%	12.57%	12.50%	12.43%	12.39%	12.34%	12.31%	12.28%
93.50	12.56%	12.47%	12.40%	12.35%	12.30%	12.26%	12.23%	12.20%
94.00	12.46%	12.37%	12.31%	12.26%	12.22%	12.18%	12.15%	12.13%
94.50	12.35%	12.28%	12.22%	12.17%	12.13%	12.10%	12.07%	12.05%
95.00	12.25%	12.18%	12.13%	12.08%	12.05%	12.02%	12.00%	11.98%
95.50	12.15%	12.08%	12.04%	12.00%	11.97%	11.94%	11.92%	11.90%
96.00	12.04%	11.99%	11.95%	11.91%	11.88%	11.86%	11.84%	11.83%
96.50	11.94%	11.89%	11.86%	11.83%	11.80%	11.78%	11.77%	11.75%
97.00	11.84%	11.80%	11.77%	11.74%	11.72%	11.70%	11.69%	11.68%
97.50	11.74%	11.71%	11.68%	11.66%	11.64%	11.63%	11.62%	11.61%
98.00	11.64%	11.61%	11.59%	11.58%	11.56%	11.55%	11.54%	11.53%
98.50	11.54%	11.52%	11.51%	11.49%	11.48%	11.47%	11.47%	11.46%
99.00	11.44%	11.43%	11.42%	11.41%	11.41%	11.40%	11.39%	11.39%
99.50	11.35%	11.34%	11.33%	11.33%	11.33%	11.32%	11.32%	11.32%
100.00	11.25%	11.25%	11.25%	11.25%	11.25%	11.25%	11.25%	11.25%
100.50	11.15%	11.16%	11.17%	11.17%	11.17%	11.18%	11.18%	11.18%
101.00	11.06%	11.07%	11.08%	11.09%	11.10%	11.10%	11.11%	11.11%
102.00	10.87%	10.90%	10.92%	10.93%	10.95%	10.96%	10.97%	10.98%
103.00	10.68%	10.72%	10.75%	10.78%	10.80%	10.81%	10.83%	10.84%
104.00	10.50%	10.55%	10.59%	10.62%	10.65%	10.67%	10.69%	10.71%
105.00	10.32%	10.38%	10.43%	10.47%	10.51%	10.54%	10.56%	10.58%
106.00	10.14%	10.21%	10.28%	10.32%	10.36%	10.40%	10.43%	10.45%
107.00	9.96%	10.05%	10.12%	10.18%	10.22%	10.26%	10.30%	10.32%
108.00	9.78%	9.89%	9.97%	10.03%	10.09%	10.13%	10.17%	10.20%
109.00	9.61%	9.73%	9.82%	9.89%	9.95%	10.00%	10.04%	10.07%
110.00	9.44%	9.57%	9.67%	9.75%	9.81%	9.87%	9.91%	9.95%

11.25% EFFECTIVE YIELD RATE

PRICE	YEARS UNTIL MATURITY							
	16	17	18	19	20	21	22	23
70.00	16.67%	16.58%	16.50%	16.44%	16.39%	16.34%	16.30%	16.27%
71.00	16.43%	16.34%	16.27%	16.21%	16.15%	16.11%	16.07%	16.04%
72.00	16.19%	16.11%	16.04%	15.98%	15.93%	15.88%	15.85%	15.82%
73.00	15.96%	15.88%	15.81%	15.76%	15.71%	15.67%	15.63%	15.60%
74.00	15.74%	15.66%	15.60%	15.54%	15.49%	15.45%	15.42%	15.39%
75.00	15.52%	15.45%	15.38%	15.33%	15.28%	15.24%	15.21%	15.18%
76.00	15.31%	15.23%	15.17%	15.12%	15.08%	15.04%	15.01%	14.98%
77.00	15.10%	15.03%	14.97%	14.92%	14.88%	14.84%	14.81%	14.78%
78.00	14.89%	14.83%	14.77%	14.72%	14.68%	14.65%	14.62%	14.59%
79.00	14.69%	14.63%	14.58%	14.53%	14.49%	14.46%	14.43%	14.40%
80.00	14.49%	14.43%	14.38%	14.34%	14.30%	14.27%	14.24%	14.22%
81.00	14.30%	14.25%	14.20%	14.16%	14.12%	14.09%	14.06%	14.04%
82.00	14.11%	14.06%	14.01%	13.97%	13.94%	13.91%	13.89%	13.87%
82.50	14.02%	13.97%	13.92%	13.89%	13.85%	13.82%	13.80%	13.78%
83.00	13.93%	13.88%	13.83%	13.80%	13.77%	13.74%	13.71%	13.69%
83.50	13.84%	13.79%	13.75%	13.71%	13.68%	13.65%	13.63%	13.61%
84.00	13.75%	13.70%	13.66%	13.62%	13.59%	13.57%	13.55%	13.53%
84.50	13.66%	13.61%	13.57%	13.54%	13.51%	13.48%	13.46%	13.44%
85.00	13.57%	13.52%	13.49%	13.45%	13.43%	13.40%	13.38%	13.36%
85.50	13.48%	13.44%	13.40%	13.37%	13.34%	13.32%	13.30%	13.28%
86.00	13.39%	13.35%	13.32%	13.29%	13.26%	13.24%	13.22%	13.20%
86.50	13.31%	13.27%	13.23%	13.20%	13.18%	13.16%	13.14%	13.12%
87.00	13.22%	13.18%	13.15%	13.12%	13.10%	13.08%	13.06%	13.04%
87.50	13.14%	13.10%	13.07%	13.04%	13.02%	13.00%	12.98%	12.97%
88.00	13.06%	13.02%	12.99%	12.96%	12.94%	12.92%	12.90%	12.89%
88.50	12.97%	12.94%	12.91%	12.88%	12.86%	12.84%	12.83%	12.81%
89.00	12.89%	12.86%	12.83%	12.81%	12.79%	12.77%	12.75%	12.74%
89.50	12.81%	12.78%	12.75%	12.73%	12.71%	12.69%	12.68%	12.66%
90.00	12.73%	12.70%	12.67%	12.65%	12.63%	12.62%	12.60%	12.59%
90.50	12.65%	12.62%	12.60%	12.58%	12.56%	12.54%	12.53%	12.52%
91.00	12.57%	12.54%	12.52%	12.50%	12.48%	12.47%	12.46%	12.44%
91.50	12.49%	12.47%	12.44%	12.43%	12.41%	12.40%	12.38%	12.37%
92.00	12.41%	12.39%	12.37%	12.35%	12.34%	12.32%	12.31%	12.30%
92.50	12.33%	12.31%	12.29%	12.28%	12.26%	12.25%	12.24%	12.23%
93.00	12.26%	12.24%	12.22%	12.20%	12.19%	12.18%	12.17%	12.16%
93.50	12.18%	12.16%	12.15%	12.13%	12.12%	12.11%	12.10%	12.09%
94.00	12.11%	12.09%	12.07%	12.06%	12.05%	12.04%	12.03%	12.02%
94.50	12.03%	12.02%	12.00%	11.99%	11.98%	11.97%	11.96%	11.96%
95.00	11.96%	11.94%	11.93%	11.92%	11.91%	11.90%	11.90%	11.89%
95.50	11.88%	11.87%	11.86%	11.85%	11.84%	11.83%	11.83%	11.82%
96.00	11.81%	11.80%	11.79%	11.78%	11.77%	11.77%	11.76%	11.76%
96.50	11.74%	11.73%	11.72%	11.71%	11.71%	11.70%	11.70%	11.69%
97.00	11.67%	11.66%	11.65%	11.65%	11.64%	11.63%	11.63%	11.63%
97.50	11.60%	11.59%	11.58%	11.58%	11.57%	11.57%	11.57%	11.56%
98.00	11.53%	11.52%	11.52%	11.51%	11.51%	11.50%	11.50%	11.50%
98.50	11.46%	11.45%	11.45%	11.45%	11.44%	11.44%	11.44%	11.44%
99.00	11.39%	11.38%	11.38%	11.38%	11.38%	11.38%	11.37%	11.37%
99.50	11.32%	11.32%	11.32%	11.31%	11.31%	11.31%	11.31%	11.31%
100.00	11.25%	11.25%	11.25%	11.25%	11.25%	11.25%	11.25%	11.25%
100.50	11.18%	11.18%	11.18%	11.19%	11.19%	11.19%	11.19%	11.19%
101.00	11.11%	11.12%	11.12%	11.12%	11.12%	11.13%	11.13%	11.13%
102.00	10.98%	10.99%	10.99%	11.00%	11.00%	11.00%	11.01%	11.01%
103.00	10.85%	10.86%	10.87%	10.87%	10.88%	10.88%	10.89%	10.89%
104.00	10.72%	10.73%	10.74%	10.75%	10.76%	10.77%	10.77%	10.78%
105.00	10.59%	10.61%	10.62%	10.63%	10.64%	10.65%	10.66%	10.66%
106.00	10.47%	10.49%	10.50%	10.51%	10.53%	10.54%	10.54%	10.55%
107.00	10.35%	10.37%	10.38%	10.40%	10.41%	10.42%	10.43%	10.44%
108.00	10.22%	10.25%	10.27%	10.28%	10.30%	10.31%	10.32%	10.33%
109.00	10.10%	10.13%	10.15%	10.17%	10.19%	10.20%	10.22%	10.23%
110.00	9.99%	10.01%	10.04%	10.06%	10.08%	10.09%	10.11%	10.12%

EFFECTIVE YIELD RATE 11.25%

PRICE	YEARS UNTIL MATURITY 24	25	26	27	28	29	30	40
70.00	16.24%	16.22%	16.19%	16.18%	16.16%	16.15%	16.14%	16.09%
71.00	16.01%	15.99%	15.97%	15.95%	15.94%	15.92%	15.91%	15.86%
72.00	15.79%	15.77%	15.75%	15.73%	15.71%	15.70%	15.69%	15.64%
73.00	15.57%	15.55%	15.53%	15.51%	15.50%	15.49%	15.48%	15.43%
74.00	15.36%	15.34%	15.32%	15.30%	15.29%	15.28%	15.27%	15.22%
75.00	15.16%	15.13%	15.12%	15.10%	15.09%	15.08%	15.07%	15.02%
76.00	14.96%	14.93%	14.92%	14.90%	14.89%	14.88%	14.87%	14.82%
77.00	14.76%	14.74%	14.72%	14.71%	14.69%	14.68%	14.67%	14.63%
78.00	14.57%	14.55%	14.53%	14.52%	14.51%	14.49%	14.49%	14.44%
79.00	14.38%	14.36%	14.35%	14.33%	14.32%	14.31%	14.30%	14.26%
80.00	14.20%	14.18%	14.17%	14.15%	14.14%	14.13%	14.12%	14.08%
81.00	14.02%	14.00%	13.99%	13.98%	13.97%	13.96%	13.95%	13.90%
82.00	13.85%	13.83%	13.82%	13.80%	13.79%	13.78%	13.78%	13.73%
82.50	13.76%	13.75%	13.73%	13.72%	13.71%	13.70%	13.69%	13.65%
83.00	13.68%	13.66%	13.65%	13.64%	13.63%	13.62%	13.61%	13.57%
83.50	13.59%	13.58%	13.56%	13.55%	13.54%	13.53%	13.53%	13.49%
84.00	13.51%	13.49%	13.48%	13.47%	13.46%	13.45%	13.45%	13.41%
84.50	13.43%	13.41%	13.40%	13.39%	13.38%	13.37%	13.37%	13.33%
85.00	13.35%	13.33%	13.32%	13.31%	13.30%	13.29%	13.29%	13.25%
85.50	13.27%	13.25%	13.24%	13.23%	13.22%	13.21%	13.21%	13.17%
86.00	13.19%	13.17%	13.16%	13.15%	13.14%	13.14%	13.13%	13.09%
86.50	13.11%	13.10%	13.08%	13.07%	13.07%	13.06%	13.05%	13.02%
87.00	13.03%	13.02%	13.01%	13.00%	12.99%	12.98%	12.98%	12.94%
87.50	12.95%	12.94%	12.93%	12.92%	12.91%	12.91%	12.90%	12.87%
88.00	12.88%	12.87%	12.86%	12.85%	12.84%	12.83%	12.83%	12.80%
88.50	12.80%	12.79%	12.78%	12.77%	12.77%	12.76%	12.75%	12.72%
89.00	12.73%	12.72%	12.71%	12.70%	12.69%	12.69%	12.68%	12.65%
89.50	12.65%	12.64%	12.63%	12.63%	12.62%	12.61%	12.61%	12.58%
90.00	12.58%	12.57%	12.56%	12.55%	12.55%	12.54%	12.54%	12.51%
90.50	12.51%	12.50%	12.49%	12.48%	12.48%	12.47%	12.47%	12.44%
91.00	12.43%	12.43%	12.42%	12.41%	12.41%	12.40%	12.40%	12.37%
91.50	12.36%	12.36%	12.35%	12.34%	12.34%	12.33%	12.33%	12.30%
92.00	12.29%	12.29%	12.28%	12.27%	12.27%	12.26%	12.26%	12.24%
92.50	12.22%	12.22%	12.21%	12.20%	12.20%	12.20%	12.19%	12.17%
93.00	12.15%	12.15%	12.14%	12.14%	12.13%	12.13%	12.12%	12.11%
93.50	12.09%	12.08%	12.07%	12.07%	12.06%	12.06%	12.06%	12.04%
94.00	12.02%	12.01%	12.01%	12.00%	12.00%	12.00%	11.99%	11.98%
94.50	11.95%	11.95%	11.94%	11.94%	11.93%	11.93%	11.93%	11.91%
95.00	11.88%	11.88%	11.87%	11.87%	11.87%	11.86%	11.86%	11.85%
95.50	11.82%	11.81%	11.81%	11.81%	11.80%	11.80%	11.80%	11.79%
96.00	11.75%	11.75%	11.75%	11.74%	11.74%	11.74%	11.74%	11.72%
96.50	11.69%	11.68%	11.68%	11.68%	11.68%	11.67%	11.67%	11.66%
97.00	11.62%	11.62%	11.62%	11.62%	11.61%	11.61%	11.61%	11.60%
97.50	11.56%	11.56%	11.56%	11.55%	11.55%	11.55%	11.55%	11.54%
98.00	11.50%	11.49%	11.49%	11.49%	11.49%	11.49%	11.49%	11.48%
98.50	11.43%	11.43%	11.43%	11.43%	11.43%	11.43%	11.43%	11.42%
99.00	11.37%	11.37%	11.37%	11.37%	11.37%	11.37%	11.37%	11.37%
99.50	11.31%	11.31%	11.31%	11.31%	11.31%	11.31%	11.31%	11.31%
100.00	11.25%	11.25%	11.25%	11.25%	11.25%	11.25%	11.25%	11.25%
100.50	11.19%	11.19%	11.19%	11.19%	11.19%	11.19%	11.19%	11.19%
101.00	11.13%	11.13%	11.13%	11.13%	11.13%	11.13%	11.13%	11.14%
102.00	11.01%	11.01%	11.02%	11.02%	11.02%	11.02%	11.02%	11.03%
103.00	10.90%	10.90%	10.90%	10.90%	10.91%	10.91%	10.91%	10.92%
104.00	10.78%	10.78%	10.79%	10.79%	10.79%	10.80%	10.80%	10.81%
105.00	10.67%	10.67%	10.68%	10.68%	10.69%	10.69%	10.69%	10.71%
106.00	10.56%	10.56%	10.57%	10.57%	10.58%	10.58%	10.58%	10.60%
107.00	10.45%	10.46%	10.46%	10.47%	10.47%	10.48%	10.48%	10.50%
108.00	10.34%	10.35%	10.36%	10.36%	10.37%	10.37%	10.38%	10.40%
109.00	10.24%	10.25%	10.25%	10.26%	10.27%	10.27%	10.28%	10.31%
110.00	10.13%	10.14%	10.15%	10.16%	10.17%	10.17%	10.18%	10.21%

11.50% EFFECTIVE YIELD RATE

PRICE	YEARS UNTIL MATURITY						
	1/2	1	2	3	4	5	6	7
85.00	48.82%	29.95%	21.07%	18.21%	16.80%	15.97%	15.42%	15.04%
85.50	47.37%	29.25%	20.72%	17.96%	16.60%	15.80%	15.28%	14.91%
86.00	45.93%	28.57%	20.37%	17.72%	16.41%	15.64%	15.13%	14.78%
86.50	44.51%	27.88%	20.02%	17.47%	16.22%	15.48%	14.99%	14.65%
87.00	43.10%	27.21%	19.67%	17.23%	16.03%	15.32%	14.85%	14.52%
87.50	41.71%	26.54%	19.33%	16.99%	15.84%	15.16%	14.71%	14.39%
88.00	40.34%	25.88%	18.99%	16.75%	15.65%	15.00%	14.57%	14.27%
88.50	38.98%	25.22%	18.65%	16.51%	15.46%	14.84%	14.43%	14.14%
89.00	37.64%	24.57%	18.31%	16.28%	15.28%	14.68%	14.29%	14.02%
89.50	36.31%	23.92%	17.98%	16.05%	15.09%	14.53%	14.15%	13.89%
90.00	35.00%	23.28%	17.65%	15.81%	14.91%	14.37%	14.02%	13.77%
90.50	33.70%	22.64%	17.32%	15.58%	14.73%	14.22%	13.88%	13.65%
91.00	32.42%	22.01%	16.99%	15.36%	14.55%	14.07%	13.75%	13.53%
91.25	31.78%	21.70%	16.83%	15.24%	14.46%	13.99%	13.68%	13.47%
91.50	31.15%	21.39%	16.67%	15.13%	14.37%	13.92%	13.62%	13.41%
91.75	30.52%	21.08%	16.51%	15.02%	14.28%	13.84%	13.55%	13.35%
92.00	29.89%	20.77%	16.35%	14.90%	14.19%	13.77%	13.49%	13.29%
92.25	29.27%	20.46%	16.19%	14.79%	14.10%	13.69%	13.42%	13.23%
92.50	28.65%	20.15%	16.03%	14.68%	14.01%	13.62%	13.36%	13.17%
92.75	28.03%	19.85%	15.87%	14.57%	13.92%	13.54%	13.29%	13.11%
93.00	27.42%	19.54%	15.71%	14.46%	13.84%	13.47%	13.23%	13.06%
93.25	26.81%	19.24%	15.56%	14.35%	13.75%	13.40%	13.16%	13.00%
93.50	26.20%	18.94%	15.40%	14.24%	13.66%	13.32%	13.10%	12.94%
93.75	25.60%	18.64%	15.24%	14.13%	13.58%	13.25%	13.03%	12.88%
94.00	25.00%	18.34%	15.09%	14.02%	13.49%	13.18%	12.97%	12.82%
94.25	24.40%	18.04%	14.93%	13.91%	13.40%	13.10%	12.91%	12.77%
94.50	23.81%	17.74%	14.78%	13.80%	13.32%	13.03%	12.84%	12.71%
94.75	23.22%	17.45%	14.62%	13.69%	13.23%	12.96%	12.78%	12.65%
95.00	22.63%	17.15%	14.47%	13.58%	13.15%	12.89%	12.72%	12.60%
95.25	22.05%	16.86%	14.31%	13.48%	13.06%	12.82%	12.65%	12.54%
95.50	21.47%	16.57%	14.16%	13.37%	12.98%	12.74%	12.59%	12.48%
95.75	20.89%	16.28%	14.01%	13.26%	12.89%	12.67%	12.53%	12.43%
96.00	20.31%	15.99%	13.86%	13.16%	12.81%	12.60%	12.47%	12.37%
96.25	19.74%	15.70%	13.71%	13.05%	12.73%	12.53%	12.40%	12.31%
96.50	19.17%	15.41%	13.56%	12.94%	12.64%	12.46%	12.34%	12.26%
96.75	18.60%	15.12%	13.41%	12.84%	12.56%	12.39%	12.28%	12.20%
97.00	18.04%	14.84%	13.26%	12.73%	12.48%	12.32%	12.22%	12.15%
97.25	17.48%	14.55%	13.11%	12.63%	12.39%	12.25%	12.16%	12.09%
97.50	16.92%	14.27%	12.96%	12.53%	12.31%	12.18%	12.10%	12.04%
97.75	16.37%	13.99%	12.81%	12.42%	12.23%	12.11%	12.04%	11.98%
98.00	15.82%	13.71%	12.66%	12.32%	12.15%	12.04%	11.98%	11.93%
98.25	15.27%	13.43%	12.52%	12.21%	12.06%	11.98%	11.92%	11.88%
98.50	14.72%	13.15%	12.37%	12.11%	11.98%	11.91%	11.86%	11.82%
98.75	14.18%	12.87%	12.22%	12.01%	11.90%	11.84%	11.80%	11.77%
99.00	13.64%	12.60%	12.08%	11.91%	11.82%	11.77%	11.74%	11.71%
99.25	13.10%	12.32%	11.93%	11.80%	11.74%	11.70%	11.68%	11.66%
99.50	12.56%	12.05%	11.79%	11.70%	11.66%	11.63%	11.62%	11.61%
99.75	12.03%	11.77%	11.64%	11.60%	11.58%	11.57%	11.56%	11.55%
100.00	11.50%	11.50%	11.50%	11.50%	11.50%	11.50%	11.50%	11.50%
100.25	10.97%	11.23%	11.36%	11.40%	11.42%	11.43%	11.44%	11.45%
100.50	10.45%	10.96%	11.21%	11.30%	11.34%	11.37%	11.38%	11.39%
101.00	9.41%	10.42%	10.93%	11.10%	11.18%	11.23%	11.27%	11.29%
101.50	8.37%	9.89%	10.65%	10.90%	11.03%	11.10%	11.15%	11.19%
102.00	7.35%	9.36%	10.37%	10.70%	10.87%	10.97%	11.04%	11.08%
102.50	6.34%	8.83%	10.09%	10.51%	10.72%	10.84%	10.92%	10.98%
103.00	5.34%	8.31%	9.81%	10.31%	10.56%	10.71%	10.81%	10.88%
103.50	4.35%	7.79%	9.54%	10.12%	10.41%	10.58%	10.69%	10.78%
104.00	3.37%	7.28%	9.26%	9.93%	10.26%	10.45%	10.58%	10.67%
104.50	2.39%	6.77%	8.99%	9.73%	10.10%	10.33%	10.47%	10.57%
105.00	1.43%	6.26%	8.72%	9.54%	9.95%	10.20%	10.36%	10.47%

EFFECTIVE YIELD RATE 11.50%

PRICE	YEARS UNTIL MATURITY							
	8	9	10	11	12	13	14	15
70.00	18.93%	18.46%	18.10%	17.81%	17.58%	17.39%	17.24%	17.11%
71.00	18.61%	18.16%	17.81%	17.54%	17.31%	17.13%	16.99%	16.86%
72.00	18.30%	17.87%	17.53%	17.27%	17.05%	16.88%	16.74%	16.62%
73.00	18.00%	17.58%	17.26%	17.01%	16.80%	16.63%	16.50%	16.38%
74.00	17.70%	17.30%	16.99%	16.75%	16.55%	16.39%	16.26%	16.15%
75.00	17.41%	17.03%	16.73%	16.50%	16.31%	16.16%	16.03%	15.93%
76.00	17.12%	16.76%	16.48%	16.25%	16.07%	15.93%	15.80%	15.70%
77.00	16.84%	16.49%	16.22%	16.01%	15.84%	15.70%	15.58%	15.49%
78.00	16.56%	16.23%	15.98%	15.78%	15.61%	15.48%	15.37%	15.28%
79.00	16.29%	15.98%	15.74%	15.54%	15.39%	15.26%	15.16%	15.07%
80.00	16.02%	15.73%	15.50%	15.32%	15.17%	15.05%	14.95%	14.86%
81.00	15.76%	15.48%	15.27%	15.09%	14.95%	14.84%	14.74%	14.67%
82.00	15.50%	15.24%	15.04%	14.87%	14.74%	14.63%	14.54%	14.47%
82.50	15.38%	15.12%	14.92%	14.77%	14.64%	14.53%	14.45%	14.37%
83.00	15.25%	15.00%	14.81%	14.66%	14.53%	14.43%	14.35%	14.28%
83.50	15.12%	14.89%	14.70%	14.55%	14.43%	14.33%	14.25%	14.18%
84.00	15.00%	14.77%	14.59%	14.45%	14.33%	14.24%	14.16%	14.09%
84.50	14.88%	14.66%	14.48%	14.34%	14.23%	14.14%	14.06%	14.00%
85.00	14.76%	14.54%	14.37%	14.24%	14.13%	14.04%	13.97%	13.91%
85.50	14.63%	14.43%	14.27%	14.14%	14.03%	13.95%	13.87%	13.82%
86.00	14.51%	14.32%	14.16%	14.04%	13.93%	13.85%	13.78%	13.73%
86.50	14.40%	14.20%	14.05%	13.93%	13.84%	13.76%	13.69%	13.64%
87.00	14.28%	14.09%	13.95%	13.83%	13.74%	13.66%	13.60%	13.55%
87.50	14.16%	13.98%	13.85%	13.74%	13.65%	13.57%	13.51%	13.46%
88.00	14.04%	13.88%	13.74%	13.64%	13.55%	13.48%	13.42%	13.37%
88.50	13.93%	13.77%	13.64%	13.54%	13.46%	13.39%	13.33%	13.29%
89.00	13.81%	13.66%	13.54%	13.44%	13.37%	13.30%	13.25%	13.20%
89.50	13.70%	13.55%	13.44%	13.35%	13.27%	13.21%	13.16%	13.12%
90.00	13.59%	13.45%	13.34%	13.25%	13.18%	13.12%	13.07%	13.03%
90.50	13.48%	13.34%	13.24%	13.16%	13.09%	13.04%	12.99%	12.95%
91.00	13.37%	13.24%	13.14%	13.06%	13.00%	12.95%	12.91%	12.87%
91.50	13.26%	13.14%	13.05%	12.97%	12.91%	12.86%	12.82%	12.79%
92.00	13.15%	13.04%	12.95%	12.88%	12.82%	12.78%	12.74%	12.71%
92.50	13.04%	12.93%	12.85%	12.79%	12.74%	12.69%	12.66%	12.63%
93.00	12.93%	12.83%	12.76%	12.70%	12.65%	12.61%	12.58%	12.55%
93.50	12.82%	12.73%	12.66%	12.61%	12.56%	12.53%	12.49%	12.47%
94.00	12.72%	12.63%	12.57%	12.52%	12.48%	12.44%	12.41%	12.39%
94.50	12.61%	12.54%	12.48%	12.43%	12.39%	12.36%	12.33%	12.31%
95.00	12.51%	12.44%	12.39%	12.34%	12.31%	12.28%	12.26%	12.24%
95.50	12.40%	12.34%	12.29%	12.26%	12.22%	12.20%	12.18%	12.16%
96.00	12.30%	12.25%	12.20%	12.17%	12.14%	12.12%	12.10%	12.08%
96.50	12.20%	12.15%	12.11%	12.08%	12.06%	12.04%	12.02%	12.01%
97.00	12.10%	12.06%	12.02%	12.00%	11.98%	11.96%	11.95%	11.93%
97.50	11.99%	11.96%	11.93%	11.91%	11.90%	11.88%	11.87%	11.86%
98.00	11.89%	11.87%	11.85%	11.83%	11.82%	11.80%	11.80%	11.79%
98.50	11.79%	11.77%	11.76%	11.75%	11.74%	11.73%	11.72%	11.71%
99.00	11.70%	11.68%	11.67%	11.66%	11.66%	11.65%	11.65%	11.64%
99.50	11.60%	11.59%	11.59%	11.58%	11.58%	11.58%	11.57%	11.57%
100.00	11.50%	11.50%	11.50%	11.50%	11.50%	11.50%	11.50%	11.50%
100.50	11.40%	11.41%	11.41%	11.42%	11.42%	11.43%	11.43%	11.43%
101.00	11.31%	11.32%	11.33%	11.34%	11.35%	11.35%	11.36%	11.36%
102.00	11.12%	11.14%	11.16%	11.18%	11.19%	11.20%	11.21%	11.22%
103.00	10.93%	10.97%	11.00%	11.02%	11.04%	11.06%	11.07%	11.09%
104.00	10.74%	10.79%	10.84%	10.87%	10.89%	10.92%	10.94%	10.95%
105.00	10.56%	10.62%	10.67%	10.72%	10.75%	10.78%	10.80%	10.82%
106.00	10.38%	10.46%	10.52%	10.56%	10.60%	10.64%	10.67%	10.69%
107.00	10.20%	10.29%	10.36%	10.42%	10.46%	10.50%	10.53%	10.56%
108.00	10.02%	10.12%	10.20%	10.27%	10.32%	10.37%	10.40%	10.43%
109.00	9.85%	9.96%	10.05%	10.12%	10.18%	10.23%	10.27%	10.31%
110.00	9.68%	9.80%	9.90%	9.98%	10.05%	10.10%	10.15%	10.19%

11.50% EFFECTIVE YIELD RATE

PRICE	YEARS UNTIL MATURITY							
	16	17	18	19	20	21	22	23
70.00	17.01%	16.92%	16.84%	16.78%	16.73%	16.68%	16.65%	16.61%
71.00	16.76%	16.68%	16.60%	16.54%	16.49%	16.45%	16.41%	16.38%
72.00	16.52%	16.44%	16.37%	16.31%	16.26%	16.22%	16.18%	16.15%
73.00	16.29%	16.21%	16.14%	16.09%	16.04%	16.00%	15.96%	15.93%
74.00	16.06%	15.98%	15.92%	15.86%	15.82%	15.78%	15.74%	15.72%
75.00	15.84%	15.76%	15.70%	15.65%	15.60%	15.57%	15.53%	15.51%
76.00	15.62%	15.55%	15.49%	15.44%	15.40%	15.36%	15.33%	15.30%
77.00	15.41%	15.34%	15.28%	15.23%	15.19%	15.16%	15.13%	15.10%
78.00	15.20%	15.13%	15.08%	15.03%	14.99%	14.96%	14.93%	14.90%
79.00	14.99%	14.93%	14.88%	14.84%	14.80%	14.76%	14.74%	14.71%
80.00	14.79%	14.74%	14.69%	14.64%	14.61%	14.58%	14.55%	14.53%
81.00	14.60%	14.54%	14.50%	14.45%	14.42%	14.39%	14.36%	14.34%
82.00	14.41%	14.35%	14.31%	14.27%	14.24%	14.21%	14.18%	14.16%
82.50	14.31%	14.26%	14.22%	14.18%	14.15%	14.12%	14.10%	14.08%
83.00	14.22%	14.17%	14.13%	14.09%	14.06%	14.03%	14.01%	13.99%
83.50	14.13%	14.08%	14.04%	14.00%	13.97%	13.95%	13.92%	13.90%
84.00	14.03%	13.99%	13.95%	13.91%	13.88%	13.86%	13.84%	13.82%
84.50	13.94%	13.90%	13.86%	13.83%	13.80%	13.77%	13.75%	13.73%
85.00	13.85%	13.81%	13.77%	13.74%	13.71%	13.69%	13.67%	13.65%
85.50	13.77%	13.72%	13.69%	13.66%	13.63%	13.61%	13.59%	13.57%
86.00	13.68%	13.64%	13.60%	13.57%	13.55%	13.52%	13.50%	13.49%
86.50	13.59%	13.55%	13.52%	13.49%	13.46%	13.44%	13.42%	13.41%
87.00	13.50%	13.46%	13.43%	13.40%	13.38%	13.36%	13.34%	13.33%
87.50	13.42%	13.38%	13.35%	13.32%	13.30%	13.28%	13.26%	13.25%
88.00	13.33%	13.30%	13.27%	13.24%	13.22%	13.20%	13.18%	13.17%
88.50	13.25%	13.21%	13.19%	13.16%	13.14%	13.12%	13.11%	13.09%
89.00	13.16%	13.13%	13.10%	13.08%	13.06%	13.04%	13.03%	13.02%
89.50	13.08%	13.05%	13.02%	13.00%	12.98%	12.97%	12.95%	12.94%
90.00	13.00%	12.97%	12.95%	12.92%	12.91%	12.89%	12.88%	12.86%
90.50	12.92%	12.89%	12.87%	12.85%	12.83%	12.81%	12.80%	12.79%
91.00	12.84%	12.81%	12.79%	12.77%	12.75%	12.74%	12.73%	12.72%
91.50	12.76%	12.73%	12.71%	12.69%	12.68%	12.66%	12.65%	12.64%
92.00	12.68%	12.66%	12.64%	12.62%	12.60%	12.59%	12.58%	12.57%
92.50	12.60%	12.58%	12.56%	12.54%	12.53%	12.52%	12.51%	12.50%
93.00	12.52%	12.50%	12.49%	12.47%	12.46%	12.45%	12.44%	12.43%
93.50	12.45%	12.43%	12.41%	12.40%	12.39%	12.37%	12.37%	12.36%
94.00	12.37%	12.35%	12.34%	12.32%	12.31%	12.30%	12.30%	12.29%
94.50	12.29%	12.28%	12.26%	12.25%	12.24%	12.23%	12.23%	12.22%
95.00	12.22%	12.20%	12.19%	12.18%	12.17%	12.16%	12.16%	12.15%
95.50	12.14%	12.13%	12.12%	12.11%	12.10%	12.09%	12.09%	12.08%
96.00	12.07%	12.06%	12.05%	12.04%	12.03%	12.03%	12.02%	12.02%
96.50	12.00%	11.99%	11.98%	11.97%	11.96%	11.96%	11.95%	11.95%
97.00	11.92%	11.92%	11.91%	11.90%	11.90%	11.89%	11.89%	11.88%
97.50	11.85%	11.84%	11.84%	11.83%	11.83%	11.82%	11.82%	11.82%
98.00	11.78%	11.77%	11.77%	11.77%	11.76%	11.76%	11.76%	11.75%
98.50	11.71%	11.71%	11.70%	11.70%	11.70%	11.69%	11.69%	11.69%
99.00	11.64%	11.64%	11.63%	11.63%	11.63%	11.63%	11.63%	11.63%
99.50	11.57%	11.57%	11.57%	11.57%	11.56%	11.56%	11.56%	11.56%
100.00	11.50%	11.50%	11.50%	11.50%	11.50%	11.50%	11.50%	11.50%
100.50	11.43%	11.43%	11.43%	11.43%	11.44%	11.44%	11.44%	11.44%
101.00	11.36%	11.37%	11.37%	11.37%	11.37%	11.37%	11.38%	11.38%
102.00	11.23%	11.23%	11.24%	11.24%	11.25%	11.25%	11.25%	11.26%
103.00	11.10%	11.10%	11.11%	11.12%	11.12%	11.13%	11.13%	11.14%
104.00	10.96%	10.98%	10.99%	10.99%	11.00%	11.01%	11.01%	11.02%
105.00	10.84%	10.85%	10.86%	10.87%	10.88%	10.89%	10.90%	10.90%
106.00	10.71%	10.73%	10.74%	10.75%	10.76%	10.77%	10.78%	10.79%
107.00	10.58%	10.60%	10.62%	10.63%	10.65%	10.66%	10.67%	10.68%
108.00	10.46%	10.48%	10.50%	10.52%	10.53%	10.55%	10.56%	10.57%
109.00	10.34%	10.36%	10.39%	10.40%	10.42%	10.44%	10.45%	10.46%
110.00	10.22%	10.25%	10.27%	10.29%	10.31%	10.33%	10.34%	10.35%

EFFECTIVE YIELD RATE 11.50%

PRICE	YEARS UNTIL MATURITY 24	25	26	27	28	29	30	40
70.00	16.59%	16.56%	16.54%	16.53%	16.51%	16.50%	16.49%	16.44%
71.00	16.35%	16.33%	16.31%	16.30%	16.28%	16.27%	16.26%	16.21%
72.00	16.13%	16.11%	16.09%	16.07%	16.06%	16.04%	16.03%	15.99%
73.00	15.91%	15.88%	15.87%	15.85%	15.84%	15.82%	15.81%	15.77%
74.00	15.69%	15.67%	15.65%	15.64%	15.62%	15.61%	15.60%	15.55%
75.00	15.48%	15.46%	15.44%	15.43%	15.41%	15.40%	15.39%	15.35%
76.00	15.28%	15.26%	15.24%	15.22%	15.21%	15.20%	15.19%	15.15%
77.00	15.08%	15.06%	15.04%	15.03%	15.01%	15.00%	14.99%	14.95%
78.00	14.88%	14.86%	14.85%	14.83%	14.82%	14.81%	14.80%	14.76%
79.00	14.69%	14.67%	14.66%	14.64%	14.63%	14.62%	14.61%	14.57%
80.00	14.51%	14.49%	14.47%	14.46%	14.45%	14.44%	14.43%	14.39%
81.00	14.32%	14.31%	14.29%	14.28%	14.27%	14.26%	14.25%	14.21%
82.00	14.15%	14.13%	14.12%	14.10%	14.09%	14.09%	14.08%	14.04%
82.50	14.06%	14.04%	14.03%	14.02%	14.01%	14.00%	13.99%	13.95%
83.00	13.97%	13.96%	13.94%	13.93%	13.92%	13.91%	13.91%	13.87%
83.50	13.89%	13.87%	13.86%	13.85%	13.84%	13.83%	13.82%	13.79%
84.00	13.80%	13.79%	13.78%	13.76%	13.76%	13.75%	13.74%	13.70%
84.50	13.72%	13.70%	13.69%	13.68%	13.67%	13.66%	13.66%	13.62%
85.00	13.64%	13.62%	13.61%	13.60%	13.59%	13.58%	13.58%	13.54%
85.50	13.55%	13.54%	13.53%	13.52%	13.51%	13.50%	13.50%	13.46%
86.00	13.47%	13.46%	13.45%	13.44%	13.43%	13.42%	13.42%	13.38%
86.50	13.39%	13.38%	13.37%	13.36%	13.35%	13.35%	13.34%	13.31%
87.00	13.31%	13.30%	13.29%	13.28%	13.27%	13.27%	13.26%	13.23%
87.50	13.23%	13.22%	13.21%	13.20%	13.20%	13.19%	13.18%	13.15%
88.00	13.16%	13.15%	13.14%	13.13%	13.12%	13.11%	13.11%	13.08%
88.50	13.08%	13.07%	13.06%	13.05%	13.05%	13.04%	13.03%	13.01%
89.00	13.00%	12.99%	12.98%	12.98%	12.97%	12.96%	12.96%	12.93%
89.50	12.93%	12.92%	12.91%	12.90%	12.90%	12.89%	12.89%	12.86%
90.00	12.85%	12.84%	12.84%	12.83%	12.82%	12.82%	12.81%	12.79%
90.50	12.78%	12.77%	12.76%	12.76%	12.75%	12.75%	12.74%	12.72%
91.00	12.71%	12.70%	12.69%	12.68%	12.68%	12.67%	12.67%	12.65%
91.50	12.63%	12.63%	12.62%	12.61%	12.61%	12.60%	12.60%	12.58%
92.00	12.56%	12.55%	12.55%	12.54%	12.54%	12.53%	12.53%	12.51%
92.50	12.49%	12.48%	12.48%	12.47%	12.47%	12.46%	12.46%	12.44%
93.00	12.42%	12.41%	12.41%	12.40%	12.40%	12.40%	12.39%	12.37%
93.50	12.35%	12.34%	12.34%	12.33%	12.33%	12.33%	12.32%	12.31%
94.00	12.28%	12.28%	12.27%	12.27%	12.26%	12.26%	12.26%	12.24%
94.50	12.21%	12.21%	12.20%	12.20%	12.20%	12.19%	12.19%	12.18%
95.00	12.15%	12.14%	12.14%	12.13%	12.13%	12.13%	12.12%	12.11%
95.50	12.08%	12.07%	12.07%	12.07%	12.06%	12.06%	12.06%	12.05%
96.00	12.01%	12.01%	12.00%	12.00%	12.00%	12.00%	11.99%	11.98%
96.50	11.95%	11.94%	11.94%	11.94%	11.93%	11.93%	11.93%	11.92%
97.00	11.88%	11.88%	11.87%	11.87%	11.87%	11.87%	11.87%	11.86%
97.50	11.82%	11.81%	11.81%	11.81%	11.81%	11.81%	11.80%	11.80%
98.00	11.75%	11.75%	11.75%	11.75%	11.74%	11.74%	11.74%	11.74%
98.50	11.69%	11.69%	11.68%	11.68%	11.68%	11.68%	11.68%	11.68%
99.00	11.62%	11.62%	11.62%	11.62%	11.62%	11.62%	11.62%	11.62%
99.50	11.56%	11.56%	11.56%	11.56%	11.56%	11.56%	11.56%	11.56%
100.00	11.50%	11.50%	11.50%	11.50%	11.50%	11.50%	11.50%	11.50%
100.50	11.44%	11.44%	11.44%	11.44%	11.44%	11.44%	11.44%	11.44%
101.00	11.38%	11.38%	11.38%	11.38%	11.38%	11.38%	11.38%	11.38%
102.00	11.26%	11.26%	11.26%	11.26%	11.26%	11.26%	11.27%	11.27%
103.00	11.14%	11.14%	11.14%	11.15%	11.15%	11.15%	11.15%	11.16%
104.00	11.02%	11.03%	11.03%	11.03%	11.04%	11.04%	11.04%	11.05%
105.00	10.91%	10.91%	10.92%	10.92%	10.92%	10.93%	10.93%	10.94%
106.00	10.80%	10.80%	10.81%	10.81%	10.82%	10.82%	10.82%	10.84%
107.00	10.69%	10.69%	10.70%	10.70%	10.71%	10.71%	10.72%	10.74%
108.00	10.58%	10.58%	10.59%	10.60%	10.60%	10.61%	10.61%	10.64%
109.00	10.47%	10.48%	10.49%	10.49%	10.50%	10.50%	10.51%	10.54%
110.00	10.36%	10.37%	10.38%	10.39%	10.40%	10.40%	10.41%	10.44%

11.75% EFFECTIVE YIELD RATE

PRICE	YEARS UNTIL MATURITY						
	1/2	1	2	3	4	5	6	7
85.00	49.12%	30.23%	21.35%	18.49%	17.08%	16.25%	15.70%	15.32%
85.50	47.66%	29.54%	21.00%	18.24%	16.88%	16.08%	15.55%	15.18%
86.00	46.22%	28.85%	20.64%	17.99%	16.69%	15.91%	15.41%	15.05%
86.50	44.80%	28.16%	20.29%	17.75%	16.49%	15.75%	15.26%	14.92%
87.00	43.39%	27.49%	19.95%	17.50%	16.30%	15.59%	15.12%	14.79%
87.50	42.00%	26.82%	19.60%	17.26%	16.11%	15.43%	14.98%	14.67%
88.00	40.63%	26.15%	19.26%	17.02%	15.92%	15.27%	14.84%	14.54%
88.50	39.27%	25.49%	18.92%	16.78%	15.73%	15.11%	14.70%	14.41%
89.00	37.92%	24.84%	18.58%	16.55%	15.55%	14.95%	14.56%	14.29%
89.50	36.59%	24.19%	18.25%	16.31%	15.36%	14.80%	14.42%	14.16%
90.00	35.28%	23.55%	17.92%	16.08%	15.18%	14.64%	14.29%	14.04%
90.50	33.98%	22.91%	17.59%	15.85%	14.99%	14.49%	14.15%	13.92%
91.00	32.69%	22.28%	17.26%	15.62%	14.81%	14.33%	14.02%	13.80%
91.25	32.05%	21.97%	17.10%	15.51%	14.72%	14.26%	13.95%	13.74%
91.50	31.42%	21.65%	16.94%	15.39%	14.63%	14.18%	13.88%	13.67%
91.75	30.79%	21.34%	16.77%	15.28%	14.54%	14.10%	13.82%	13.61%
92.00	30.16%	21.03%	16.61%	15.17%	14.45%	14.03%	13.75%	13.56%
92.25	29.54%	20.72%	16.45%	15.05%	14.36%	13.95%	13.69%	13.50%
92.50	28.92%	20.42%	16.29%	14.94%	14.28%	13.88%	13.62%	13.44%
92.75	28.30%	20.11%	16.13%	14.83%	14.19%	13.81%	13.55%	13.38%
93.00	27.69%	19.81%	15.98%	14.72%	14.10%	13.73%	13.49%	13.32%
93.25	27.08%	19.50%	15.82%	14.61%	14.01%	13.66%	13.42%	13.26%
93.50	26.47%	19.20%	15.66%	14.50%	13.92%	13.58%	13.36%	13.20%
93.75	25.87%	18.90%	15.50%	14.39%	13.84%	13.51%	13.29%	13.14%
94.00	25.27%	18.60%	15.35%	14.28%	13.75%	13.44%	13.23%	13.08%
94.25	24.67%	18.30%	15.19%	14.17%	13.66%	13.36%	13.17%	13.03%
94.50	24.07%	18.00%	15.04%	14.06%	13.58%	13.29%	13.10%	12.97%
94.75	23.48%	17.71%	14.88%	13.95%	13.49%	13.22%	13.04%	12.91%
95.00	22.89%	17.41%	14.73%	13.84%	13.41%	13.15%	12.97%	12.85%
95.25	22.31%	17.12%	14.57%	13.73%	13.32%	13.07%	12.91%	12.80%
95.50	21.73%	16.83%	14.42%	13.63%	13.23%	13.00%	12.85%	12.74%
95.75	21.15%	16.53%	14.27%	13.52%	13.15%	12.93%	12.79%	12.68%
96.00	20.57%	16.24%	14.11%	13.41%	13.07%	12.86%	12.72%	12.63%
96.25	20.00%	15.95%	13.96%	13.31%	12.98%	12.79%	12.66%	12.57%
96.50	19.43%	15.67%	13.81%	13.20%	12.90%	12.72%	12.60%	12.52%
96.75	18.86%	15.38%	13.66%	13.09%	12.81%	12.65%	12.54%	12.46%
97.00	18.30%	15.09%	13.51%	12.99%	12.73%	12.58%	12.48%	12.40%
97.25	17.74%	14.81%	13.36%	12.88%	12.65%	12.51%	12.41%	12.35%
97.50	17.18%	14.53%	13.21%	12.78%	12.56%	12.44%	12.35%	12.29%
97.75	16.62%	14.24%	13.06%	12.67%	12.48%	12.37%	12.29%	12.24%
98.00	16.07%	13.96%	12.92%	12.57%	12.40%	12.30%	12.23%	12.18%
98.25	15.52%	13.68%	12.77%	12.47%	12.32%	12.23%	12.17%	12.13%
98.50	14.97%	13.40%	12.62%	12.36%	12.24%	12.16%	12.11%	12.07%
98.75	14.43%	13.12%	12.48%	12.26%	12.15%	12.09%	12.05%	12.02%
99.00	13.89%	12.85%	12.33%	12.16%	12.07%	12.02%	11.99%	11.96%
99.25	13.35%	12.57%	12.18%	12.06%	11.99%	11.95%	11.93%	11.91%
99.50	12.81%	12.30%	12.04%	11.95%	11.91%	11.89%	11.87%	11.86%
99.75	12.28%	12.02%	11.89%	11.85%	11.83%	11.82%	11.81%	11.80%
100.00	11.75%	11.75%	11.75%	11.75%	11.75%	11.75%	11.75%	11.75%
100.25	11.22%	11.48%	11.61%	11.65%	11.67%	11.68%	11.69%	11.70%
100.50	10.70%	11.21%	11.46%	11.55%	11.59%	11.62%	11.63%	11.64%
101.00	9.65%	10.67%	11.18%	11.35%	11.43%	11.48%	11.51%	11.54%
101.50	8.62%	10.14%	10.90%	11.15%	11.27%	11.35%	11.40%	11.43%
102.00	7.60%	9.60%	10.61%	10.95%	11.12%	11.22%	11.28%	11.33%
102.50	6.59%	9.08%	10.33%	10.75%	10.96%	11.09%	11.17%	11.22%
103.00	5.58%	8.56%	10.06%	10.56%	10.81%	10.95%	11.05%	11.12%
103.50	4.59%	8.04%	9.78%	10.36%	10.65%	10.83%	10.94%	11.02%
104.00	3.61%	7.52%	9.51%	10.17%	10.50%	10.70%	10.83%	10.92%
104.50	2.63%	7.01%	9.23%	9.98%	10.35%	10.57%	10.71%	10.82%
105.00	1.67%	6.50%	8.96%	9.79%	10.20%	10.44%	10.60%	10.72%

EFFECTIVE YIELD RATE 11.75%

PRICE	YEARS UNTIL MATURITY							
	8	9	10	11	12	13	14	15
70.00	19.25%	18.78%	18.42%	18.14%	17.91%	17.72%	17.57%	17.45%
71.00	18.93%	18.48%	18.13%	17.86%	17.64%	17.46%	17.32%	17.20%
72.00	18.62%	18.19%	17.85%	17.59%	17.38%	17.21%	17.07%	16.95%
73.00	18.31%	17.90%	17.58%	17.32%	17.12%	16.96%	16.82%	16.71%
74.00	18.01%	17.61%	17.31%	17.06%	16.87%	16.71%	16.58%	16.47%
75.00	17.71%	17.33%	17.04%	16.81%	16.62%	16.47%	16.35%	16.24%
76.00	17.42%	17.06%	16.78%	16.56%	16.38%	16.24%	16.12%	16.02%
77.00	17.14%	16.79%	16.53%	16.32%	16.15%	16.01%	15.89%	15.80%
78.00	16.86%	16.53%	16.28%	16.08%	15.91%	15.78%	15.67%	15.58%
79.00	16.58%	16.27%	16.03%	15.84%	15.69%	15.56%	15.46%	15.37%
80.00	16.31%	16.02%	15.79%	15.61%	15.46%	15.34%	15.25%	15.16%
81.00	16.05%	15.77%	15.56%	15.39%	15.25%	15.13%	15.04%	14.96%
82.00	15.79%	15.53%	15.33%	15.16%	15.03%	14.93%	14.84%	14.76%
82.50	15.66%	15.41%	15.21%	15.05%	14.93%	14.82%	14.74%	14.67%
83.00	15.53%	15.29%	15.10%	14.95%	14.82%	14.72%	14.64%	14.57%
83.50	15.41%	15.17%	14.99%	14.84%	14.72%	14.62%	14.54%	14.47%
84.00	15.28%	15.05%	14.87%	14.73%	14.62%	14.52%	14.44%	14.38%
84.50	15.16%	14.94%	14.76%	14.63%	14.51%	14.42%	14.35%	14.28%
85.00	15.04%	14.82%	14.65%	14.52%	14.41%	14.32%	14.25%	14.19%
85.50	14.91%	14.71%	14.55%	14.42%	14.31%	14.23%	14.16%	14.10%
86.00	14.79%	14.59%	14.44%	14.31%	14.21%	14.13%	14.06%	14.01%
86.50	14.67%	14.48%	14.33%	14.21%	14.12%	14.04%	13.97%	13.92%
87.00	14.55%	14.37%	14.23%	14.11%	14.02%	13.94%	13.88%	13.83%
87.50	14.43%	14.26%	14.12%	14.01%	13.92%	13.85%	13.79%	13.74%
88.00	14.32%	14.15%	14.02%	13.91%	13.83%	13.76%	13.70%	13.65%
88.50	14.20%	14.04%	13.91%	13.81%	13.73%	13.66%	13.61%	13.56%
89.00	14.09%	13.93%	13.81%	13.72%	13.64%	13.57%	13.52%	13.48%
89.50	13.97%	13.82%	13.71%	13.62%	13.54%	13.48%	13.43%	13.39%
90.00	13.86%	13.72%	13.61%	13.52%	13.45%	13.39%	13.35%	13.31%
90.50	13.74%	13.61%	13.51%	13.43%	13.36%	13.31%	13.26%	13.22%
91.00	13.63%	13.51%	13.41%	13.33%	13.27%	13.22%	13.17%	13.14%
91.50	13.52%	13.40%	13.31%	13.24%	13.18%	13.13%	13.09%	13.06%
92.00	13.41%	13.30%	13.21%	13.15%	13.09%	13.04%	13.01%	12.97%
92.50	13.30%	13.20%	13.12%	13.05%	13.00%	12.96%	12.92%	12.89%
93.00	13.19%	13.10%	13.02%	12.96%	12.91%	12.87%	12.84%	12.81%
93.50	13.08%	13.00%	12.93%	12.87%	12.83%	12.79%	12.76%	12.73%
94.00	12.98%	12.90%	12.83%	12.78%	12.74%	12.70%	12.68%	12.65%
94.50	12.87%	12.80%	12.74%	12.69%	12.65%	12.62%	12.60%	12.57%
95.00	12.77%	12.70%	12.64%	12.60%	12.57%	12.54%	12.52%	12.50%
95.50	12.66%	12.60%	12.55%	12.51%	12.48%	12.46%	12.44%	12.42%
96.00	12.56%	12.50%	12.46%	12.43%	12.40%	12.38%	12.36%	12.34%
96.50	12.45%	12.41%	12.37%	12.34%	12.32%	12.30%	12.28%	12.27%
97.00	12.35%	12.31%	12.28%	12.25%	12.23%	12.22%	12.20%	12.19%
97.50	12.25%	12.22%	12.19%	12.17%	12.15%	12.14%	12.13%	12.12%
98.00	12.15%	12.12%	12.10%	12.08%	12.07%	12.06%	12.05%	12.04%
98.50	12.05%	12.03%	12.01%	12.00%	11.99%	11.98%	11.97%	11.97%
99.00	11.95%	11.93%	11.92%	11.92%	11.91%	11.90%	11.90%	11.89%
99.50	11.85%	11.84%	11.84%	11.83%	11.83%	11.83%	11.82%	11.82%
100.00	11.75%	11.75%	11.75%	11.75%	11.75%	11.75%	11.75%	11.75%
100.50	11.65%	11.66%	11.66%	11.67%	11.67%	11.67%	11.68%	11.68%
101.00	11.56%	11.57%	11.58%	11.59%	11.59%	11.60%	11.60%	11.61%
102.00	11.36%	11.39%	11.41%	11.43%	11.44%	11.45%	11.46%	11.47%
103.00	11.17%	11.21%	11.24%	11.27%	11.29%	11.30%	11.32%	11.33%
104.00	10.99%	11.04%	11.08%	11.11%	11.14%	11.16%	11.18%	11.19%
105.00	10.80%	10.87%	10.92%	10.96%	10.99%	11.02%	11.04%	11.06%
106.00	10.62%	10.70%	10.76%	10.80%	10.84%	10.88%	10.90%	10.93%
107.00	10.44%	10.53%	10.60%	10.65%	10.70%	10.74%	10.77%	10.80%
108.00	10.26%	10.36%	10.44%	10.51%	10.56%	10.60%	10.64%	10.67%
109.00	10.08%	10.20%	10.29%	10.36%	10.42%	10.47%	10.51%	10.54%
110.00	9.91%	10.04%	10.14%	10.22%	10.28%	10.33%	10.38%	10.42%

11.75% EFFECTIVE YIELD RATE

PRICE	YEARS UNTIL MATURITY							
	16	17	18	19	20	21	22	23
70.00	17.34%	17.26%	17.19%	17.12%	17.07%	17.03%	16.99%	16.96%
71.00	17.09%	17.01%	16.94%	16.88%	16.83%	16.79%	16.75%	16.72%
72.00	16.85%	16.77%	16.70%	16.65%	16.60%	16.56%	16.52%	16.49%
73.00	16.61%	16.54%	16.47%	16.41%	16.37%	16.33%	16.29%	16.27%
74.00	16.38%	16.31%	16.24%	16.19%	16.14%	16.11%	16.07%	16.05%
75.00	16.16%	16.08%	16.02%	15.97%	15.93%	15.89%	15.86%	15.83%
76.00	15.93%	15.86%	15.81%	15.76%	15.71%	15.68%	15.65%	15.62%
77.00	15.72%	15.65%	15.59%	15.55%	15.51%	15.47%	15.44%	15.42%
78.00	15.51%	15.44%	15.39%	15.34%	15.30%	15.27%	15.24%	15.22%
79.00	15.30%	15.24%	15.19%	15.14%	15.10%	15.07%	15.04%	15.02%
80.00	15.09%	15.04%	14.99%	14.95%	14.91%	14.88%	14.85%	14.83%
81.00	14.90%	14.84%	14.79%	14.75%	14.72%	14.69%	14.67%	14.64%
82.00	14.70%	14.65%	14.60%	14.57%	14.53%	14.51%	14.48%	14.46%
82.50	14.61%	14.55%	14.51%	14.47%	14.44%	14.42%	14.39%	14.37%
83.00	14.51%	14.46%	14.42%	14.38%	14.35%	14.33%	14.30%	14.28%
83.50	14.42%	14.37%	14.33%	14.29%	14.26%	14.24%	14.22%	14.20%
84.00	14.32%	14.28%	14.24%	14.20%	14.17%	14.15%	14.13%	14.11%
84.50	14.23%	14.19%	14.15%	14.11%	14.09%	14.06%	14.04%	14.02%
85.00	14.14%	14.10%	14.06%	14.03%	14.00%	13.98%	13.96%	13.94%
85.50	14.05%	14.01%	13.97%	13.94%	13.91%	13.89%	13.87%	13.86%
86.00	13.96%	13.92%	13.88%	13.85%	13.83%	13.81%	13.79%	13.77%
86.50	13.87%	13.83%	13.80%	13.77%	13.75%	13.72%	13.71%	13.69%
87.00	13.78%	13.75%	13.71%	13.69%	13.66%	13.64%	13.62%	13.61%
87.50	13.70%	13.66%	13.63%	13.60%	13.58%	13.56%	13.54%	13.53%
88.00	13.61%	13.57%	13.55%	13.52%	13.50%	13.48%	13.46%	13.45%
88.50	13.52%	13.49%	13.46%	13.44%	13.42%	13.40%	13.38%	13.37%
89.00	13.44%	13.41%	13.38%	13.36%	13.34%	13.32%	13.30%	13.29%
89.50	13.36%	13.32%	13.30%	13.28%	13.26%	13.24%	13.23%	13.21%
90.00	13.27%	13.24%	13.22%	13.20%	13.18%	13.16%	13.15%	13.14%
90.50	13.19%	13.16%	13.14%	13.12%	13.10%	13.09%	13.07%	13.06%
91.00	13.11%	13.08%	13.06%	13.04%	13.02%	13.01%	13.00%	12.99%
91.50	13.03%	13.00%	12.98%	12.96%	12.95%	12.93%	12.92%	12.91%
92.00	12.95%	12.92%	12.90%	12.89%	12.87%	12.86%	12.85%	12.84%
92.50	12.87%	12.85%	12.83%	12.81%	12.80%	12.79%	12.78%	12.77%
93.00	12.79%	12.77%	12.75%	12.74%	12.72%	12.71%	12.70%	12.69%
93.50	12.71%	12.69%	12.68%	12.66%	12.65%	12.64%	12.63%	12.62%
94.00	12.63%	12.62%	12.60%	12.59%	12.58%	12.57%	12.56%	12.55%
94.50	12.56%	12.54%	12.53%	12.51%	12.50%	12.50%	12.49%	12.48%
95.00	12.48%	12.46%	12.45%	12.44%	12.43%	12.42%	12.42%	12.41%
95.50	12.40%	12.39%	12.38%	12.37%	12.36%	12.35%	12.35%	12.34%
96.00	12.33%	12.32%	12.31%	12.30%	12.29%	12.29%	12.28%	12.27%
96.50	12.25%	12.24%	12.24%	12.23%	12.22%	12.22%	12.21%	12.21%
97.00	12.18%	12.17%	12.16%	12.16%	12.15%	12.15%	12.14%	12.14%
97.50	12.11%	12.10%	12.09%	12.09%	12.08%	12.08%	12.08%	12.07%
98.00	12.03%	12.03%	12.02%	12.02%	12.02%	12.01%	12.01%	12.01%
98.50	11.96%	11.96%	11.95%	11.95%	11.95%	11.95%	11.94%	11.94%
99.00	11.89%	11.89%	11.89%	11.88%	11.88%	11.88%	11.88%	11.88%
99.50	11.82%	11.82%	11.82%	11.82%	11.82%	11.81%	11.81%	11.81%
100.00	11.75%	11.75%	11.75%	11.75%	11.75%	11.75%	11.75%	11.75%
100.50	11.68%	11.68%	11.68%	11.68%	11.68%	11.69%	11.69%	11.69%
101.00	11.61%	11.61%	11.62%	11.62%	11.62%	11.62%	11.62%	11.62%
102.00	11.47%	11.48%	11.48%	11.49%	11.49%	11.50%	11.50%	11.50%
103.00	11.34%	11.35%	11.36%	11.36%	11.37%	11.37%	11.38%	11.38%
104.00	11.21%	11.22%	11.23%	11.24%	11.24%	11.25%	11.26%	11.26%
105.00	11.08%	11.09%	11.10%	11.11%	11.12%	11.13%	11.14%	11.14%
106.00	10.95%	10.96%	10.98%	10.99%	11.00%	11.01%	11.02%	11.03%
107.00	10.82%	10.84%	10.86%	10.87%	10.88%	10.90%	10.90%	10.91%
108.00	10.70%	10.72%	10.74%	10.75%	10.77%	10.78%	10.79%	10.80%
109.00	10.57%	10.60%	10.62%	10.64%	10.65%	10.67%	10.68%	10.69%
110.00	10.45%	10.48%	10.50%	10.52%	10.54%	10.56%	10.57%	10.58%

EFFECTIVE YIELD RATE 11.75%

PRICE	YEARS UNTIL MATURITY							
	24	25	26	27	28	29	30	40
70.00	16.94%	16.91%	16.89%	16.88%	16.86%	16.85%	16.84%	16.80%
71.00	16.70%	16.68%	16.66%	16.64%	16.63%	16.62%	16.61%	16.56%
72.00	16.47%	16.44%	16.43%	16.41%	16.40%	16.39%	16.38%	16.33%
73.00	16.24%	16.22%	16.20%	16.19%	16.17%	16.16%	16.15%	16.11%
74.00	16.02%	16.00%	15.98%	15.97%	15.96%	15.94%	15.94%	15.89%
75.00	15.81%	15.79%	15.77%	15.76%	15.74%	15.73%	15.72%	15.68%
76.00	15.60%	15.58%	15.56%	15.55%	15.54%	15.53%	15.52%	15.47%
77.00	15.39%	15.38%	15.36%	15.35%	15.33%	15.32%	15.32%	15.27%
78.00	15.20%	15.18%	15.16%	15.15%	15.14%	15.13%	15.12%	15.08%
79.00	15.00%	14.98%	14.97%	14.96%	14.94%	14.94%	14.93%	14.89%
80.00	14.81%	14.79%	14.78%	14.77%	14.76%	14.75%	14.74%	14.70%
81.00	14.63%	14.61%	14.60%	14.58%	14.57%	14.57%	14.56%	14.52%
82.00	14.44%	14.43%	14.42%	14.40%	14.40%	14.39%	14.38%	14.34%
82.50	14.36%	14.34%	14.33%	14.32%	14.31%	14.30%	14.29%	14.25%
83.00	14.27%	14.25%	14.24%	14.23%	14.22%	14.21%	14.20%	14.17%
83.50	14.18%	14.17%	14.15%	14.14%	14.13%	14.13%	14.12%	14.08%
84.00	14.09%	14.08%	14.07%	14.06%	14.05%	14.04%	14.03%	14.00%
84.50	14.01%	14.00%	13.98%	13.97%	13.97%	13.96%	13.95%	13.92%
85.00	13.92%	13.91%	13.90%	13.89%	13.88%	13.87%	13.87%	13.84%
85.50	13.84%	13.83%	13.82%	13.81%	13.80%	13.79%	13.79%	13.75%
86.00	13.76%	13.75%	13.74%	13.73%	13.72%	13.71%	13.71%	13.67%
86.50	13.68%	13.67%	13.65%	13.65%	13.64%	13.63%	13.63%	13.59%
87.00	13.60%	13.58%	13.57%	13.57%	13.56%	13.55%	13.55%	13.52%
87.50	13.52%	13.51%	13.50%	13.49%	13.48%	13.47%	13.47%	13.44%
88.00	13.44%	13.43%	13.42%	13.41%	13.40%	13.40%	13.39%	13.36%
88.50	13.36%	13.35%	13.34%	13.33%	13.32%	13.32%	13.31%	13.29%
89.00	13.28%	13.27%	13.26%	13.26%	13.25%	13.24%	13.24%	13.21%
89.50	13.20%	13.19%	13.19%	13.18%	13.17%	13.17%	13.16%	13.14%
90.00	13.13%	13.12%	13.11%	13.10%	13.10%	13.09%	13.09%	13.06%
90.50	13.05%	13.04%	13.04%	13.03%	13.02%	13.02%	13.02%	12.99%
91.00	12.98%	12.97%	12.96%	12.96%	12.95%	12.95%	12.94%	12.92%
91.50	12.90%	12.90%	12.89%	12.88%	12.88%	12.87%	12.87%	12.85%
92.00	12.83%	12.82%	12.82%	12.81%	12.81%	12.80%	12.80%	12.78%
92.50	12.76%	12.75%	12.75%	12.74%	12.74%	12.73%	12.73%	12.71%
93.00	12.69%	12.68%	12.68%	12.67%	12.67%	12.66%	12.66%	12.64%
93.50	12.62%	12.61%	12.60%	12.60%	12.60%	12.59%	12.59%	12.57%
94.00	12.55%	12.54%	12.54%	12.53%	12.53%	12.52%	12.52%	12.51%
94.50	12.48%	12.47%	12.47%	12.46%	12.46%	12.46%	12.45%	12.44%
95.00	12.41%	12.40%	12.40%	12.39%	12.39%	12.39%	12.39%	12.37%
95.50	12.34%	12.33%	12.33%	12.33%	12.32%	12.32%	12.32%	12.31%
96.00	12.27%	12.27%	12.26%	12.26%	12.26%	12.26%	12.25%	12.24%
96.50	12.20%	12.20%	12.20%	12.20%	12.19%	12.19%	12.19%	12.18%
97.00	12.14%	12.13%	12.13%	12.13%	12.13%	12.13%	12.12%	12.12%
97.50	12.07%	12.07%	12.07%	12.06%	12.06%	12.06%	12.06%	12.05%
98.00	12.01%	12.00%	12.00%	12.00%	12.00%	12.00%	12.00%	11.99%
98.50	11.94%	11.94%	11.94%	11.94%	11.94%	11.94%	11.93%	11.93%
99.00	11.88%	11.88%	11.87%	11.87%	11.87%	11.87%	11.87%	11.87%
99.50	11.81%	11.81%	11.81%	11.81%	11.81%	11.81%	11.81%	11.81%
100.00	11.75%	11.75%	11.75%	11.75%	11.75%	11.75%	11.75%	11.75%
100.50	11.69%	11.69%	11.69%	11.69%	11.69%	11.69%	11.69%	11.69%
101.00	11.63%	11.63%	11.63%	11.63%	11.63%	11.63%	11.63%	11.63%
102.00	11.50%	11.50%	11.51%	11.51%	11.51%	11.51%	11.51%	11.52%
103.00	11.38%	11.39%	11.39%	11.39%	11.39%	11.39%	11.40%	11.40%
104.00	11.26%	11.27%	11.27%	11.27%	11.28%	11.28%	11.28%	11.29%
105.00	11.15%	11.15%	11.16%	11.16%	11.16%	11.17%	11.17%	11.18%
106.00	11.03%	11.04%	11.04%	11.05%	11.05%	11.06%	11.06%	11.08%
107.00	10.92%	10.93%	10.93%	10.94%	10.94%	10.95%	10.95%	10.97%
108.00	10.81%	10.82%	10.82%	10.83%	10.84%	10.84%	10.84%	10.87%
109.00	10.70%	10.71%	10.72%	10.72%	10.73%	10.73%	10.74%	10.77%
110.00	10.59%	10.60%	10.61%	10.62%	10.63%	10.63%	10.64%	10.67%

12% EFFECTIVE YIELD RATE

PRICE	YEARS UNTIL MATURITY						
	1/2	1	2	3	4	5	6	7
85.00	49.41%	30.51%	21.63%	18.76%	17.36%	16.52%	15.98%	15.60%
85.50	47.95%	29.82%	21.28%	18.51%	17.16%	16.36%	15.83%	15.46%
86.00	46.51%	29.13%	20.92%	18.27%	16.96%	16.19%	15.69%	15.33%
86.50	45.09%	28.44%	20.57%	18.02%	16.77%	16.03%	15.54%	15.20%
87.00	43.68%	27.77%	20.22%	17.78%	16.57%	15.86%	15.40%	15.07%
87.50	42.29%	27.09%	19.88%	17.53%	16.38%	15.70%	15.25%	14.94%
88.00	40.91%	26.43%	19.53%	17.29%	16.19%	15.54%	15.11%	14.81%
88.50	39.55%	25.77%	19.19%	17.06%	16.00%	15.38%	14.97%	14.68%
89.00	38.20%	25.11%	18.85%	16.82%	15.81%	15.22%	14.83%	14.56%
89.50	36.87%	24.46%	18.52%	16.58%	15.63%	15.06%	14.69%	14.43%
90.00	35.56%	23.82%	18.19%	16.35%	15.44%	14.91%	14.56%	14.31%
90.50	34.25%	23.18%	17.86%	16.12%	15.26%	14.75%	14.42%	14.18%
91.00	32.97%	22.55%	17.53%	15.89%	15.08%	14.60%	14.28%	14.06%
91.25	32.33%	22.23%	17.36%	15.77%	14.99%	14.52%	14.22%	14.00%
91.50	31.69%	21.92%	17.20%	15.66%	14.90%	14.45%	14.15%	13.94%
91.75	31.06%	21.61%	17.04%	15.54%	14.81%	14.37%	14.08%	13.88%
92.00	30.43%	21.30%	16.88%	15.43%	14.72%	14.29%	14.02%	13.82%
92.25	29.81%	20.99%	16.72%	15.32%	14.63%	14.22%	13.95%	13.76%
92.50	29.19%	20.68%	16.56%	15.21%	14.54%	14.14%	13.88%	13.70%
92.75	28.57%	20.38%	16.40%	15.09%	14.45%	14.07%	13.82%	13.64%
93.00	27.96%	20.07%	16.24%	14.98%	14.36%	13.99%	13.75%	13.58%
93.25	27.35%	19.77%	16.08%	14.87%	14.27%	13.92%	13.69%	13.52%
93.50	26.74%	19.46%	15.92%	14.76%	14.18%	13.84%	13.62%	13.46%
93.75	26.13%	19.16%	15.76%	14.65%	14.10%	13.77%	13.56%	13.40%
94.00	25.53%	18.86%	15.61%	14.54%	14.01%	13.70%	13.49%	13.35%
94.25	24.93%	18.56%	15.45%	14.43%	13.92%	13.62%	13.43%	13.29%
94.50	24.34%	18.26%	15.30%	14.32%	13.84%	13.55%	13.36%	13.23%
94.75	23.75%	17.97%	15.14%	14.21%	13.75%	13.48%	13.30%	13.17%
95.00	23.16%	17.67%	14.99%	14.10%	13.66%	13.40%	13.23%	13.11%
95.25	22.57%	17.38%	14.83%	13.99%	13.58%	13.33%	13.17%	13.06%
95.50	21.99%	17.08%	14.68%	13.88%	13.49%	13.26%	13.11%	13.00%
95.75	21.41%	16.79%	14.52%	13.78%	13.41%	13.19%	13.04%	12.94%
96.00	20.83%	16.50%	14.37%	13.67%	13.32%	13.12%	12.98%	12.88%
96.25	20.26%	16.21%	14.22%	13.56%	13.24%	13.04%	12.92%	12.83%
96.50	19.69%	15.92%	14.07%	13.46%	13.15%	12.97%	12.85%	12.77%
96.75	19.12%	15.64%	13.92%	13.35%	13.07%	12.90%	12.79%	12.71%
97.00	18.56%	15.35%	13.77%	13.24%	12.99%	12.83%	12.73%	12.66%
97.25	17.99%	15.06%	13.62%	13.14%	12.90%	12.76%	12.67%	12.60%
97.50	17.44%	14.78%	13.47%	13.03%	12.82%	12.69%	12.61%	12.55%
97.75	16.88%	14.50%	13.32%	12.93%	12.74%	12.62%	12.54%	12.49%
98.00	16.33%	14.22%	13.17%	12.82%	12.65%	12.55%	12.48%	12.44%
98.25	15.78%	13.93%	13.02%	12.72%	12.57%	12.48%	12.42%	12.38%
98.50	15.23%	13.66%	12.87%	12.62%	12.49%	12.41%	12.36%	12.33%
98.75	14.68%	13.38%	12.73%	12.51%	12.41%	12.34%	12.30%	12.27%
99.00	14.14%	13.10%	12.58%	12.41%	12.32%	12.27%	12.24%	12.22%
99.25	13.60%	12.82%	12.44%	12.31%	12.24%	12.20%	12.18%	12.16%
99.50	13.07%	12.55%	12.29%	12.20%	12.16%	12.14%	12.12%	12.11%
99.75	12.53%	12.27%	12.14%	12.10%	12.08%	12.07%	12.06%	12.05%
100.00	12.00%	12.00%	12.00%	12.00%	12.00%	12.00%	12.00%	12.00%
100.25	11.47%	11.73%	11.86%	11.90%	11.92%	11.93%	11.94%	11.95%
100.50	10.95%	11.46%	11.71%	11.80%	11.84%	11.86%	11.88%	11.89%
101.00	9.90%	10.92%	11.43%	11.60%	11.68%	11.73%	11.76%	11.79%
101.50	8.87%	10.38%	11.14%	11.40%	11.52%	11.60%	11.65%	11.68%
102.00	7.84%	9.85%	10.86%	11.20%	11.36%	11.46%	11.53%	11.58%
102.50	6.83%	9.32%	10.58%	11.00%	11.21%	11.33%	11.41%	11.47%
103.00	5.83%	8.80%	10.30%	10.80%	11.05%	11.20%	11.30%	11.37%
103.50	4.83%	8.28%	10.03%	10.61%	10.90%	11.07%	11.18%	11.26%
104.00	3.85%	7.77%	9.75%	10.41%	10.74%	10.94%	11.07%	11.16%
104.50	2.87%	7.25%	9.48%	10.22%	10.59%	10.81%	10.96%	11.06%
105.00	1.90%	6.75%	9.21%	10.03%	10.44%	10.68%	10.84%	10.96%

EFFECTIVE YIELD RATE 12%

PRICE	YEARS UNTIL MATURITY							
	8	9	10	11	12	13	14	15
70.00	19.57%	19.11%	18.75%	18.47%	18.24%	18.06%	17.91%	17.78%
71.00	19.25%	18.80%	18.46%	18.19%	17.97%	17.79%	17.65%	17.53%
72.00	18.93%	18.50%	18.17%	17.91%	17.70%	17.53%	17.39%	17.28%
73.00	18.62%	18.21%	17.89%	17.64%	17.44%	17.28%	17.14%	17.03%
74.00	18.32%	17.92%	17.62%	17.38%	17.19%	17.03%	16.90%	16.79%
75.00	18.02%	17.64%	17.35%	17.12%	16.94%	16.78%	16.66%	16.56%
76.00	17.73%	17.37%	17.09%	16.87%	16.69%	16.55%	16.43%	16.33%
77.00	17.44%	17.10%	16.83%	16.62%	16.45%	16.31%	16.20%	16.11%
78.00	17.16%	16.83%	16.58%	16.38%	16.22%	16.09%	15.98%	15.89%
79.00	16.88%	16.57%	16.33%	16.14%	15.99%	15.86%	15.76%	15.67%
80.00	16.61%	16.31%	16.09%	15.91%	15.76%	15.64%	15.54%	15.46%
81.00	16.34%	16.06%	15.85%	15.68%	15.54%	15.43%	15.34%	15.26%
82.00	16.08%	15.82%	15.61%	15.45%	15.32%	15.22%	15.13%	15.06%
82.50	15.95%	15.70%	15.50%	15.34%	15.22%	15.11%	15.03%	14.96%
83.00	15.82%	15.57%	15.38%	15.23%	15.11%	15.01%	14.93%	14.86%
83.50	15.69%	15.45%	15.27%	15.12%	15.01%	14.91%	14.83%	14.76%
84.00	15.57%	15.34%	15.16%	15.02%	14.90%	14.81%	14.73%	14.67%
84.50	15.44%	15.22%	15.05%	14.91%	14.80%	14.71%	14.63%	14.57%
85.00	15.32%	15.10%	14.94%	14.80%	14.70%	14.61%	14.54%	14.48%
85.50	15.19%	14.99%	14.83%	14.70%	14.59%	14.51%	14.44%	14.38%
86.00	15.07%	14.87%	14.72%	14.59%	14.49%	14.41%	14.35%	14.29%
86.50	14.95%	14.76%	14.61%	14.49%	14.40%	14.32%	14.25%	14.20%
87.00	14.83%	14.65%	14.50%	14.39%	14.30%	14.22%	14.16%	14.11%
87.50	14.71%	14.53%	14.40%	14.29%	14.20%	14.13%	14.07%	14.02%
88.00	14.59%	14.42%	14.29%	14.19%	14.10%	14.03%	13.98%	13.93%
88.50	14.47%	14.31%	14.19%	14.09%	14.01%	13.94%	13.88%	13.84%
89.00	14.36%	14.20%	14.08%	13.99%	13.91%	13.85%	13.79%	13.75%
89.50	14.24%	14.09%	13.98%	13.89%	13.82%	13.76%	13.71%	13.66%
90.00	14.13%	13.99%	13.88%	13.79%	13.72%	13.67%	13.62%	13.58%
90.50	14.01%	13.88%	13.78%	13.70%	13.63%	13.58%	13.53%	13.49%
91.00	13.90%	13.77%	13.68%	13.60%	13.54%	13.49%	13.44%	13.41%
91.50	13.79%	13.67%	13.58%	13.51%	13.45%	13.40%	13.36%	13.32%
92.00	13.68%	13.57%	13.48%	13.41%	13.36%	13.31%	13.27%	13.24%
92.50	13.57%	13.46%	13.38%	13.32%	13.27%	13.22%	13.19%	13.16%
93.00	13.46%	13.36%	13.29%	13.23%	13.18%	13.14%	13.10%	13.08%
93.50	13.35%	13.26%	13.19%	13.13%	13.09%	13.05%	13.02%	13.00%
94.00	13.24%	13.16%	13.09%	13.04%	13.00%	12.97%	12.94%	12.91%
94.50	13.13%	13.06%	13.00%	12.95%	12.91%	12.88%	12.86%	12.84%
95.00	13.02%	12.96%	12.90%	12.86%	12.83%	12.80%	12.78%	12.76%
95.50	12.92%	12.86%	12.81%	12.77%	12.74%	12.72%	12.70%	12.68%
96.00	12.81%	12.76%	12.72%	12.68%	12.66%	12.63%	12.62%	12.60%
96.50	12.71%	12.66%	12.63%	12.60%	12.57%	12.55%	12.54%	12.52%
97.00	12.61%	12.57%	12.53%	12.51%	12.49%	12.47%	12.46%	12.45%
97.50	12.50%	12.47%	12.44%	12.42%	12.41%	12.39%	12.38%	12.37%
98.00	12.40%	12.37%	12.35%	12.34%	12.32%	12.31%	12.30%	12.30%
98.50	12.30%	12.28%	12.26%	12.25%	12.24%	12.23%	12.23%	12.22%
99.00	12.20%	12.19%	12.18%	12.17%	12.16%	12.15%	12.15%	12.15%
99.50	12.10%	12.09%	12.09%	12.08%	12.08%	12.08%	12.07%	12.07%
100.00	12.00%	12.00%	12.00%	12.00%	12.00%	12.00%	12.00%	12.00%
100.50	11.90%	11.91%	11.91%	11.92%	11.92%	11.92%	11.93%	11.93%
101.00	11.80%	11.82%	11.83%	11.84%	11.84%	11.85%	11.85%	11.86%
102.00	11.61%	11.64%	11.66%	11.67%	11.69%	11.70%	11.71%	11.71%
103.00	11.42%	11.46%	11.49%	11.51%	11.53%	11.55%	11.56%	11.57%
104.00	11.23%	11.28%	11.32%	11.35%	11.38%	11.40%	11.42%	11.44%
105.00	11.04%	11.11%	11.16%	11.20%	11.23%	11.26%	11.28%	11.30%
106.00	10.86%	10.94%	11.00%	11.04%	11.08%	11.12%	11.14%	11.17%
107.00	10.68%	10.77%	10.84%	10.89%	10.94%	10.98%	11.01%	11.03%
108.00	10.50%	10.60%	10.68%	10.74%	10.80%	10.84%	10.87%	10.90%
109.00	10.32%	10.43%	10.52%	10.60%	10.65%	10.70%	10.74%	10.78%
110.00	10.15%	10.27%	10.37%	10.45%	10.51%	10.57%	10.61%	10.65%

12% EFFECTIVE YIELD RATE

PRICE	YEARS UNTIL MATURITY							
	16	17	18	19	20	21	22	23
70.00	17.68%	17.60%	17.53%	17.47%	17.42%	17.37%	17.34%	17.31%
71.00	17.43%	17.35%	17.28%	17.22%	17.17%	17.13%	17.10%	17.07%
72.00	17.18%	17.10%	17.04%	16.98%	16.93%	16.89%	16.86%	16.83%
73.00	16.94%	16.86%	16.80%	16.74%	16.70%	16.66%	16.63%	16.60%
74.00	16.70%	16.63%	16.57%	16.52%	16.47%	16.43%	16.40%	16.37%
75.00	16.47%	16.40%	16.34%	16.29%	16.25%	16.21%	16.18%	16.16%
76.00	16.25%	16.18%	16.12%	16.07%	16.03%	16.00%	15.97%	15.94%
77.00	16.03%	15.96%	15.91%	15.86%	15.82%	15.79%	15.76%	15.73%
78.00	15.81%	15.75%	15.70%	15.65%	15.61%	15.58%	15.55%	15.53%
79.00	15.60%	15.54%	15.49%	15.45%	15.41%	15.38%	15.35%	15.33%
80.00	15.40%	15.34%	15.29%	15.25%	15.21%	15.18%	15.16%	15.14%
81.00	15.19%	15.14%	15.09%	15.05%	15.02%	14.99%	14.97%	14.95%
82.00	15.00%	14.94%	14.90%	14.86%	14.83%	14.80%	14.78%	14.76%
82.50	14.90%	14.85%	14.81%	14.77%	14.74%	14.71%	14.69%	14.67%
83.00	14.80%	14.75%	14.71%	14.68%	14.65%	14.62%	14.60%	14.58%
83.50	14.71%	14.66%	14.62%	14.58%	14.56%	14.53%	14.51%	14.49%
84.00	14.61%	14.57%	14.53%	14.49%	14.47%	14.44%	14.42%	14.40%
84.50	14.52%	14.47%	14.44%	14.40%	14.38%	14.35%	14.33%	14.32%
85.00	14.42%	14.38%	14.35%	14.31%	14.29%	14.27%	14.25%	14.23%
85.50	14.33%	14.29%	14.26%	14.23%	14.20%	14.18%	14.16%	14.14%
86.00	14.24%	14.20%	14.17%	14.14%	14.11%	14.09%	14.07%	14.06%
86.50	14.15%	14.11%	14.08%	14.05%	14.03%	14.01%	13.99%	13.97%
87.00	14.06%	14.03%	13.99%	13.97%	13.94%	13.92%	13.91%	13.89%
87.50	13.97%	13.94%	13.91%	13.88%	13.86%	13.84%	13.82%	13.81%
88.00	13.89%	13.85%	13.82%	13.80%	13.78%	13.76%	13.74%	13.73%
88.50	13.80%	13.77%	13.74%	13.72%	13.69%	13.68%	13.66%	13.65%
89.00	13.71%	13.68%	13.66%	13.63%	13.61%	13.60%	13.58%	13.57%
89.50	13.63%	13.60%	13.57%	13.55%	13.53%	13.52%	13.50%	13.49%
90.00	13.54%	13.52%	13.49%	13.47%	13.45%	13.44%	13.42%	13.41%
90.50	13.46%	13.43%	13.41%	13.39%	13.37%	13.36%	13.35%	13.34%
91.00	13.38%	13.35%	13.33%	13.31%	13.30%	13.28%	13.27%	13.26%
91.50	13.30%	13.27%	13.25%	13.23%	13.22%	13.20%	13.19%	13.18%
92.00	13.21%	13.19%	13.17%	13.16%	13.14%	13.13%	13.12%	13.11%
92.50	13.13%	13.11%	13.09%	13.08%	13.06%	13.05%	13.04%	13.03%
93.00	13.05%	13.03%	13.02%	13.00%	12.99%	12.98%	12.97%	12.96%
93.50	12.97%	12.96%	12.94%	12.93%	12.91%	12.90%	12.90%	12.89%
94.00	12.89%	12.88%	12.86%	12.85%	12.84%	12.83%	12.82%	12.82%
94.50	12.82%	12.80%	12.79%	12.78%	12.77%	12.76%	12.75%	12.74%
95.00	12.74%	12.73%	12.71%	12.70%	12.69%	12.69%	12.68%	12.67%
95.50	12.66%	12.65%	12.64%	12.63%	12.62%	12.61%	12.61%	12.60%
96.00	12.59%	12.58%	12.57%	12.56%	12.55%	12.54%	12.54%	12.53%
96.50	12.51%	12.50%	12.49%	12.49%	12.48%	12.47%	12.47%	12.47%
97.00	12.44%	12.43%	12.42%	12.41%	12.41%	12.40%	12.40%	12.40%
97.50	12.36%	12.36%	12.35%	12.34%	12.34%	12.34%	12.33%	12.33%
98.00	12.29%	12.28%	12.28%	12.27%	12.27%	12.27%	12.26%	12.26%
98.50	12.22%	12.21%	12.21%	12.20%	12.20%	12.20%	12.20%	12.20%
99.00	12.14%	12.14%	12.14%	12.14%	12.13%	12.13%	12.13%	12.13%
99.50	12.07%	12.07%	12.07%	12.07%	12.07%	12.07%	12.07%	12.06%
100.00	12.00%	12.00%	12.00%	12.00%	12.00%	12.00%	12.00%	12.00%
100.50	11.93%	11.93%	11.93%	11.93%	11.93%	11.93%	11.94%	11.94%
101.00	11.86%	11.86%	11.86%	11.87%	11.87%	11.87%	11.87%	11.87%
102.00	11.72%	11.73%	11.73%	11.73%	11.74%	11.74%	11.74%	11.75%
103.00	11.58%	11.59%	11.60%	11.61%	11.61%	11.62%	11.62%	11.62%
104.00	11.45%	11.46%	11.47%	11.48%	11.49%	11.49%	11.50%	11.50%
105.00	11.32%	11.33%	11.34%	11.35%	11.36%	11.37%	11.38%	11.38%
106.00	11.19%	11.20%	11.22%	11.23%	11.24%	11.25%	11.26%	11.26%
107.00	11.06%	11.08%	11.09%	11.11%	11.12%	11.13%	11.14%	11.15%
108.00	10.93%	10.95%	10.97%	10.99%	11.00%	11.02%	11.03%	11.04%
109.00	10.81%	10.83%	10.85%	10.87%	10.89%	10.90%	10.91%	10.92%
110.00	10.68%	10.71%	10.73%	10.75%	10.77%	10.79%	10.80%	10.81%

EFFECTIVE YIELD RATE   12%

PRICE	YEARS UNTIL MATURITY							
	24	25	26	27	28	29	30	40
70.00	17.28%	17.26%	17.24%	17.23%	17.22%	17.20%	17.20%	17.15%
71.00	17.04%	17.02%	17.00%	16.99%	16.97%	16.96%	16.95%	16.91%
72.00	16.81%	16.78%	16.77%	16.75%	16.74%	16.73%	16.72%	16.68%
73.00	16.58%	16.56%	16.54%	16.52%	16.51%	16.50%	16.49%	16.45%
74.00	16.35%	16.33%	16.32%	16.30%	16.29%	16.28%	16.27%	16.23%
75.00	16.13%	16.11%	16.10%	16.08%	16.07%	16.06%	16.05%	16.01%
76.00	15.92%	15.90%	15.89%	15.87%	15.86%	15.85%	15.84%	15.80%
77.00	15.71%	15.69%	15.68%	15.67%	15.65%	15.64%	15.64%	15.60%
78.00	15.51%	15.49%	15.48%	15.46%	15.45%	15.44%	15.44%	15.40%
79.00	15.31%	15.29%	15.28%	15.27%	15.26%	15.25%	15.24%	15.20%
80.00	15.12%	15.10%	15.09%	15.08%	15.07%	15.06%	15.05%	15.01%
81.00	14.93%	14.91%	14.90%	14.89%	14.88%	14.87%	14.86%	14.83%
82.00	14.74%	14.73%	14.72%	14.71%	14.70%	14.69%	14.68%	14.65%
82.50	14.65%	14.64%	14.63%	14.62%	14.61%	14.60%	14.59%	14.56%
83.00	14.56%	14.55%	14.54%	14.53%	14.52%	14.51%	14.50%	14.47%
83.50	14.47%	14.46%	14.45%	14.44%	14.43%	14.42%	14.42%	14.38%
84.00	14.39%	14.37%	14.36%	14.35%	14.34%	14.34%	14.33%	14.30%
84.50	14.30%	14.29%	14.28%	14.27%	14.26%	14.25%	14.24%	14.21%
85.00	14.21%	14.20%	14.19%	14.18%	14.17%	14.17%	14.16%	14.13%
85.50	14.13%	14.12%	14.11%	14.10%	14.09%	14.08%	14.08%	14.05%
86.00	14.04%	14.03%	14.02%	14.01%	14.01%	14.00%	13.99%	13.96%
86.50	13.96%	13.95%	13.94%	13.93%	13.92%	13.92%	13.91%	13.88%
87.00	13.88%	13.87%	13.86%	13.85%	13.84%	13.84%	13.83%	13.80%
87.50	13.80%	13.79%	13.78%	13.77%	13.76%	13.76%	13.75%	13.72%
88.00	13.72%	13.71%	13.70%	13.69%	13.68%	13.68%	13.67%	13.65%
88.50	13.64%	13.63%	13.62%	13.61%	13.60%	13.60%	13.59%	13.57%
89.00	13.56%	13.55%	13.54%	13.53%	13.53%	13.52%	13.52%	13.49%
89.50	13.48%	13.47%	13.46%	13.46%	13.45%	13.44%	13.44%	13.42%
90.00	13.40%	13.39%	13.39%	13.38%	13.37%	13.37%	13.36%	13.34%
90.50	13.33%	13.32%	13.31%	13.30%	13.30%	13.29%	13.29%	13.27%
91.00	13.25%	13.24%	13.24%	13.23%	13.22%	13.22%	13.22%	13.19%
91.50	13.17%	13.17%	13.16%	13.16%	13.15%	13.15%	13.14%	13.12%
92.00	13.10%	13.09%	13.09%	13.08%	13.08%	13.07%	13.07%	13.05%
92.50	13.03%	13.02%	13.01%	13.01%	13.00%	13.00%	13.00%	12.98%
93.00	12.95%	12.95%	12.94%	12.94%	12.93%	12.93%	12.93%	12.91%
93.50	12.88%	12.88%	12.87%	12.87%	12.86%	12.86%	12.86%	12.84%
94.00	12.81%	12.80%	12.80%	12.80%	12.79%	12.79%	12.79%	12.77%
94.50	12.74%	12.73%	12.73%	12.73%	12.72%	12.72%	12.72%	12.70%
95.00	12.67%	12.66%	12.66%	12.66%	12.65%	12.65%	12.65%	12.64%
95.50	12.60%	12.59%	12.59%	12.59%	12.59%	12.58%	12.58%	12.57%
96.00	12.53%	12.53%	12.52%	12.52%	12.52%	12.52%	12.51%	12.50%
96.50	12.46%	12.46%	12.46%	12.45%	12.45%	12.45%	12.45%	12.44%
97.00	12.39%	12.39%	12.39%	12.39%	12.38%	12.38%	12.38%	12.37%
97.50	12.33%	12.32%	12.32%	12.32%	12.32%	12.32%	12.32%	12.31%
98.00	12.26%	12.26%	12.26%	12.26%	12.25%	12.25%	12.25%	12.25%
98.50	12.19%	12.19%	12.19%	12.19%	12.19%	12.19%	12.19%	12.18%
99.00	12.13%	12.13%	12.13%	12.13%	12.13%	12.13%	12.12%	12.12%
99.50	12.06%	12.06%	12.06%	12.06%	12.06%	12.06%	12.06%	12.06%
100.00	12.00%	12.00%	12.00%	12.00%	12.00%	12.00%	12.00%	12.00%
100.50	11.94%	11.94%	11.94%	11.94%	11.94%	11.94%	11.94%	11.94%
101.00	11.87%	11.87%	11.88%	11.88%	11.88%	11.88%	11.88%	11.88%
102.00	11.75%	11.75%	11.75%	11.75%	11.75%	11.76%	11.76%	11.76%
103.00	11.63%	11.63%	11.63%	11.63%	11.64%	11.64%	11.64%	11.65%
104.00	11.51%	11.51%	11.51%	11.52%	11.52%	11.52%	11.52%	11.53%
105.00	11.39%	11.39%	11.40%	11.40%	11.40%	11.41%	11.41%	11.42%
106.00	11.27%	11.28%	11.28%	11.29%	11.29%	11.29%	11.30%	11.31%
107.00	11.16%	11.16%	11.17%	11.17%	11.18%	11.18%	11.19%	11.21%
108.00	11.04%	11.05%	11.06%	11.06%	11.07%	11.07%	11.08%	11.10%
109.00	10.93%	10.94%	10.95%	10.96%	10.96%	10.97%	10.97%	11.00%
110.00	10.82%	10.83%	10.84%	10.85%	10.86%	10.86%	10.87%	10.89%

12.25% EFFECTIVE YIELD RATE

PRICE	YEARS UNTIL MATURITY							
	1/2	1	2	3	4	5	6	7
85.00	49.71%	30.80%	21.91%	19.04%	17.63%	16.80%	16.26%	15.88%
85.50	48.25%	30.10%	21.55%	18.79%	17.43%	16.63%	16.11%	15.74%
86.00	46.80%	29.41%	21.20%	18.54%	17.24%	16.47%	15.96%	15.61%
86.50	45.38%	28.72%	20.85%	18.30%	17.04%	16.30%	15.82%	15.48%
87.00	43.97%	28.04%	20.50%	18.05%	16.85%	16.14%	15.67%	15.34%
87.50	42.57%	27.37%	20.15%	17.81%	16.65%	15.97%	15.53%	15.21%
88.00	41.19%	26.70%	19.81%	17.57%	16.46%	15.81%	15.38%	15.08%
88.50	39.83%	26.04%	19.46%	17.33%	16.27%	15.65%	15.24%	14.96%
89.00	38.48%	25.39%	19.12%	17.09%	16.08%	15.49%	15.10%	14.83%
89.50	37.15%	24.74%	18.79%	16.85%	15.90%	15.33%	14.96%	14.70%
90.00	35.83%	24.09%	18.45%	16.62%	15.71%	15.18%	14.82%	14.58%
90.50	34.53%	23.45%	18.12%	16.38%	15.53%	15.02%	14.69%	14.45%
91.00	33.24%	22.82%	17.79%	16.15%	15.34%	14.86%	14.55%	14.33%
91.25	32.60%	22.50%	17.63%	16.04%	15.25%	14.79%	14.48%	14.27%
91.50	31.97%	22.19%	17.47%	15.92%	15.16%	14.71%	14.41%	14.21%
91.75	31.34%	21.88%	17.30%	15.81%	15.07%	14.63%	14.35%	14.14%
92.00	30.71%	21.57%	17.14%	15.70%	14.98%	14.56%	14.28%	14.08%
92.25	30.08%	21.26%	16.98%	15.58%	14.89%	14.48%	14.21%	14.02%
92.50	29.46%	20.95%	16.82%	15.47%	14.80%	14.41%	14.15%	13.96%
92.75	28.84%	20.64%	16.66%	15.36%	14.71%	14.33%	14.08%	13.90%
93.00	28.23%	20.33%	16.50%	15.24%	14.62%	14.26%	14.01%	13.84%
93.25	27.61%	20.03%	16.34%	15.13%	14.53%	14.18%	13.95%	13.78%
93.50	27.01%	19.73%	16.18%	15.02%	14.45%	14.11%	13.88%	13.72%
93.75	26.40%	19.42%	16.03%	14.91%	14.36%	14.03%	13.82%	13.66%
94.00	25.80%	19.12%	15.87%	14.80%	14.27%	13.96%	13.75%	13.61%
94.25	25.20%	18.82%	15.71%	14.69%	14.18%	13.88%	13.69%	13.55%
94.50	24.60%	18.53%	15.55%	14.58%	14.10%	13.81%	13.62%	13.49%
94.75	24.01%	18.23%	15.40%	14.47%	14.01%	13.74%	13.56%	13.43%
95.00	23.42%	17.93%	15.24%	14.36%	13.92%	13.66%	13.49%	13.37%
95.25	22.83%	17.64%	15.09%	14.25%	13.84%	13.59%	13.43%	13.31%
95.50	22.25%	17.34%	14.94%	14.14%	13.75%	13.52%	13.36%	13.26%
95.75	21.67%	17.05%	14.78%	14.03%	13.66%	13.44%	13.30%	13.20%
96.00	21.09%	16.76%	14.63%	13.93%	13.58%	13.37%	13.24%	13.14%
96.25	20.52%	16.47%	14.48%	13.82%	13.49%	13.30%	13.17%	13.08%
96.50	19.95%	16.18%	14.32%	13.71%	13.41%	13.23%	13.11%	13.03%
96.75	19.38%	15.89%	14.17%	13.61%	13.32%	13.16%	13.05%	12.97%
97.00	18.81%	15.61%	14.02%	13.50%	13.24%	13.09%	12.99%	12.91%
97.25	18.25%	15.32%	13.87%	13.39%	13.16%	13.02%	12.92%	12.86%
97.50	17.69%	15.04%	13.72%	13.29%	13.07%	12.94%	12.86%	12.80%
97.75	17.14%	14.75%	13.57%	13.18%	12.99%	12.87%	12.80%	12.75%
98.00	16.58%	14.47%	13.42%	13.08%	12.91%	12.80%	12.74%	12.69%
98.25	16.03%	14.19%	13.27%	12.97%	12.82%	12.73%	12.68%	12.63%
98.50	15.48%	13.91%	13.13%	12.87%	12.74%	12.66%	12.61%	12.58%
98.75	14.94%	13.63%	12.98%	12.76%	12.66%	12.59%	12.55%	12.52%
99.00	14.39%	13.35%	12.83%	12.66%	12.58%	12.53%	12.49%	12.47%
99.25	13.85%	13.07%	12.69%	12.56%	12.49%	12.46%	12.43%	12.41%
99.50	13.32%	12.80%	12.54%	12.45%	12.41%	12.39%	12.37%	12.36%
99.75	12.78%	12.52%	12.39%	12.35%	12.33%	12.32%	12.31%	12.30%
100.00	12.25%	12.25%	12.25%	12.25%	12.25%	12.25%	12.25%	12.25%
100.25	11.72%	11.98%	12.11%	12.15%	12.17%	12.18%	12.19%	12.20%
100.50	11.19%	11.71%	11.96%	12.05%	12.09%	12.11%	12.13%	12.14%
101.00	10.15%	11.17%	11.67%	11.84%	11.93%	11.98%	12.01%	12.03%
101.50	9.11%	10.63%	11.39%	11.64%	11.77%	11.84%	11.89%	11.93%
102.00	8.09%	10.10%	11.11%	11.44%	11.61%	11.71%	11.78%	11.82%
102.50	7.07%	9.57%	10.83%	11.25%	11.45%	11.58%	11.66%	11.72%
103.00	6.07%	9.04%	10.55%	11.05%	11.30%	11.45%	11.54%	11.61%
103.50	5.07%	8.52%	10.27%	10.85%	11.14%	11.31%	11.43%	11.51%
104.00	4.09%	8.01%	9.99%	10.66%	10.99%	11.18%	11.31%	11.41%
104.50	3.11%	7.50%	9.72%	10.46%	10.83%	11.05%	11.20%	11.30%
105.00	2.14%	6.99%	9.45%	10.27%	10.68%	10.93%	11.09%	11.20%

EFFECTIVE YIELD RATE 12.25%

PRICE	YEARS UNTIL MATURITY 8	9	10	11	12	13	14	15
70.00	19.90%	19.43%	19.08%	18.80%	18.57%	18.39%	18.24%	18.12%
71.00	19.57%	19.12%	18.78%	18.51%	18.30%	18.12%	17.98%	17.86%
72.00	19.25%	18.82%	18.49%	18.23%	18.02%	17.86%	17.72%	17.61%
73.00	18.93%	18.53%	18.21%	17.96%	17.76%	17.60%	17.47%	17.36%
74.00	18.63%	18.24%	17.93%	17.69%	17.50%	17.35%	17.22%	17.11%
75.00	18.33%	17.95%	17.66%	17.43%	17.25%	17.10%	16.98%	16.88%
76.00	18.03%	17.67%	17.40%	17.18%	17.00%	16.86%	16.74%	16.64%
77.00	17.74%	17.40%	17.13%	16.93%	16.76%	16.62%	16.51%	16.42%
78.00	17.45%	17.13%	16.88%	16.68%	16.52%	16.39%	16.28%	16.19%
79.00	17.17%	16.87%	16.63%	16.44%	16.29%	16.16%	16.06%	15.98%
80.00	16.90%	16.61%	16.38%	16.20%	16.06%	15.94%	15.84%	15.76%
81.00	16.63%	16.35%	16.14%	15.97%	15.83%	15.72%	15.63%	15.55%
82.00	16.36%	16.11%	15.90%	15.74%	15.61%	15.51%	15.42%	15.35%
82.50	16.23%	15.98%	15.79%	15.63%	15.51%	15.40%	15.32%	15.25%
83.00	16.10%	15.86%	15.67%	15.52%	15.40%	15.30%	15.22%	15.15%
83.50	15.98%	15.74%	15.56%	15.41%	15.29%	15.20%	15.12%	15.05%
84.00	15.85%	15.62%	15.44%	15.30%	15.19%	15.09%	15.02%	14.95%
84.50	15.72%	15.50%	15.33%	15.19%	15.08%	14.99%	14.92%	14.86%
85.00	15.60%	15.38%	15.22%	15.09%	14.98%	14.89%	14.82%	14.76%
85.50	15.47%	15.27%	15.11%	14.98%	14.88%	14.79%	14.72%	14.67%
86.00	15.35%	15.15%	15.00%	14.87%	14.77%	14.69%	14.63%	14.57%
86.50	15.23%	15.04%	14.89%	14.77%	14.67%	14.60%	14.53%	14.48%
87.00	15.10%	14.92%	14.78%	14.67%	14.57%	14.50%	14.44%	14.39%
87.50	14.98%	14.81%	14.67%	14.56%	14.48%	14.40%	14.34%	14.29%
88.00	14.86%	14.70%	14.57%	14.46%	14.38%	14.31%	14.25%	14.20%
88.50	14.75%	14.58%	14.46%	14.36%	14.28%	14.21%	14.16%	14.11%
89.00	14.63%	14.47%	14.36%	14.26%	14.18%	14.12%	14.07%	14.03%
89.50	14.51%	14.37%	14.25%	14.16%	14.09%	14.03%	13.98%	13.94%
90.00	14.39%	14.26%	14.15%	14.06%	13.99%	13.94%	13.89%	13.85%
90.50	14.28%	14.15%	14.05%	13.97%	13.90%	13.85%	13.80%	13.76%
91.00	14.17%	14.04%	13.95%	13.87%	13.81%	13.75%	13.71%	13.68%
91.50	14.05%	13.94%	13.85%	13.77%	13.71%	13.67%	13.63%	13.59%
92.00	13.94%	13.83%	13.75%	13.68%	13.62%	13.58%	13.54%	13.51%
92.50	13.83%	13.73%	13.65%	13.58%	13.53%	13.49%	13.45%	13.42%
93.00	13.72%	13.62%	13.55%	13.49%	13.44%	13.40%	13.37%	13.34%
93.50	13.61%	13.52%	13.45%	13.40%	13.35%	13.31%	13.28%	13.26%
94.00	13.50%	13.42%	13.35%	13.30%	13.26%	13.23%	13.20%	13.18%
94.50	13.39%	13.32%	13.26%	13.21%	13.17%	13.14%	13.12%	13.10%
95.00	13.28%	13.22%	13.16%	13.12%	13.09%	13.06%	13.04%	13.02%
95.50	13.18%	13.12%	13.07%	13.03%	13.00%	12.98%	12.95%	12.94%
96.00	13.07%	13.02%	12.98%	12.94%	12.91%	12.89%	12.87%	12.86%
96.50	12.97%	12.92%	12.88%	12.85%	12.83%	12.81%	12.79%	12.78%
97.00	12.86%	12.82%	12.79%	12.76%	12.74%	12.73%	12.71%	12.70%
97.50	12.76%	12.72%	12.70%	12.68%	12.66%	12.65%	12.64%	12.63%
98.00	12.65%	12.63%	12.61%	12.59%	12.58%	12.57%	12.56%	12.55%
98.50	12.55%	12.53%	12.52%	12.50%	12.49%	12.49%	12.48%	12.47%
99.00	12.45%	12.44%	12.43%	12.42%	12.41%	12.41%	12.40%	12.40%
99.50	12.35%	12.34%	12.34%	12.33%	12.33%	12.33%	12.33%	12.32%
100.00	12.25%	12.25%	12.25%	12.25%	12.25%	12.25%	12.25%	12.25%
100.50	12.15%	12.16%	12.16%	12.17%	12.17%	12.17%	12.17%	12.18%
101.00	12.05%	12.06%	12.08%	12.08%	12.09%	12.10%	12.10%	12.10%
102.00	11.86%	11.88%	11.90%	11.92%	11.93%	11.94%	11.95%	11.96%
103.00	11.66%	11.70%	11.73%	11.76%	11.78%	11.79%	11.81%	11.82%
104.00	11.47%	11.52%	11.56%	11.60%	11.62%	11.65%	11.66%	11.68%
105.00	11.28%	11.35%	11.40%	11.44%	11.47%	11.50%	11.52%	11.54%
106.00	11.10%	11.18%	11.24%	11.28%	11.32%	11.36%	11.38%	11.41%
107.00	10.92%	11.00%	11.07%	11.13%	11.18%	11.21%	11.25%	11.27%
108.00	10.73%	10.84%	10.92%	10.98%	11.03%	11.07%	11.11%	11.14%
109.00	10.56%	10.67%	10.76%	10.83%	10.89%	10.94%	10.98%	11.01%
110.00	10.38%	10.51%	10.60%	10.68%	10.75%	10.80%	10.85%	10.88%

12.25% EFFECTIVE YIELD RATE

PRICE	YEARS UNTIL MATURITY							
	16	17	18	19	20	21	22	23
70.00	18.02%	17.94%	17.87%	17.81%	17.76%	17.72%	17.69%	17.66%
71.00	17.76%	17.68%	17.62%	17.56%	17.51%	17.47%	17.44%	17.41%
72.00	17.51%	17.43%	17.37%	17.31%	17.27%	17.23%	17.20%	17.17%
73.00	17.27%	17.19%	17.13%	17.07%	17.03%	16.99%	16.96%	16.93%
74.00	17.03%	16.95%	16.89%	16.84%	16.80%	16.76%	16.73%	16.70%
75.00	16.79%	16.72%	16.66%	16.61%	16.57%	16.54%	16.51%	16.48%
76.00	16.56%	16.50%	16.44%	16.39%	16.35%	16.32%	16.29%	16.26%
77.00	16.34%	16.27%	16.22%	16.17%	16.14%	16.10%	16.07%	16.05%
78.00	16.12%	16.06%	16.01%	15.96%	15.93%	15.89%	15.87%	15.84%
79.00	15.91%	15.85%	15.80%	15.76%	15.72%	15.69%	15.66%	15.64%
80.00	15.70%	15.64%	15.59%	15.55%	15.52%	15.49%	15.46%	15.44%
81.00	15.49%	15.44%	15.39%	15.35%	15.32%	15.29%	15.27%	15.25%
82.00	15.29%	15.24%	15.20%	15.16%	15.13%	15.10%	15.08%	15.06%
82.50	15.19%	15.14%	15.10%	15.06%	15.03%	15.01%	14.99%	14.97%
83.00	15.09%	15.05%	15.00%	14.97%	14.94%	14.92%	14.89%	14.88%
83.50	15.00%	14.95%	14.91%	14.88%	14.85%	14.82%	14.80%	14.78%
84.00	14.90%	14.85%	14.82%	14.78%	14.76%	14.73%	14.71%	14.69%
84.50	14.80%	14.76%	14.72%	14.69%	14.67%	14.64%	14.62%	14.61%
85.00	14.71%	14.67%	14.63%	14.60%	14.58%	14.55%	14.53%	14.52%
85.50	14.62%	14.58%	14.54%	14.51%	14.49%	14.47%	14.45%	14.43%
86.00	14.52%	14.49%	14.45%	14.42%	14.40%	14.38%	14.36%	14.34%
86.50	14.43%	14.40%	14.36%	14.34%	14.31%	14.29%	14.27%	14.26%
87.00	14.34%	14.31%	14.28%	14.25%	14.23%	14.21%	14.19%	14.18%
87.50	14.25%	14.22%	14.19%	14.16%	14.14%	14.12%	14.11%	14.09%
88.00	14.16%	14.13%	14.10%	14.08%	14.06%	14.04%	14.02%	14.01%
88.50	14.08%	14.04%	14.02%	13.99%	13.97%	13.96%	13.94%	13.93%
89.00	13.99%	13.96%	13.93%	13.91%	13.89%	13.87%	13.86%	13.85%
89.50	13.90%	13.87%	13.85%	13.83%	13.81%	13.79%	13.78%	13.77%
90.00	13.82%	13.79%	13.76%	13.74%	13.73%	13.71%	13.70%	13.69%
90.50	13.73%	13.70%	13.68%	13.66%	13.65%	13.63%	13.62%	13.61%
91.00	13.65%	13.62%	13.60%	13.58%	13.57%	13.55%	13.54%	13.53%
91.50	13.56%	13.54%	13.52%	13.50%	13.49%	13.47%	13.46%	13.45%
92.00	13.48%	13.46%	13.44%	13.42%	13.41%	13.40%	13.39%	13.38%
92.50	13.40%	13.38%	13.36%	13.34%	13.33%	13.32%	13.31%	13.30%
93.00	13.32%	13.30%	13.28%	13.27%	13.26%	13.24%	13.24%	13.23%
93.50	13.24%	13.22%	13.20%	13.19%	13.18%	13.17%	13.16%	13.15%
94.00	13.16%	13.14%	13.13%	13.11%	13.10%	13.09%	13.09%	13.08%
94.50	13.08%	13.06%	13.05%	13.04%	13.03%	13.02%	13.01%	13.01%
95.00	13.00%	12.99%	12.97%	12.96%	12.96%	12.95%	12.94%	12.94%
95.50	12.92%	12.91%	12.90%	12.89%	12.88%	12.87%	12.87%	12.86%
96.00	12.84%	12.83%	12.82%	12.82%	12.81%	12.80%	12.80%	12.79%
96.50	12.77%	12.76%	12.75%	12.74%	12.74%	12.73%	12.73%	12.72%
97.00	12.69%	12.68%	12.68%	12.67%	12.67%	12.66%	12.66%	12.65%
97.50	12.62%	12.61%	12.60%	12.60%	12.59%	12.59%	12.59%	12.58%
98.00	12.54%	12.54%	12.53%	12.53%	12.52%	12.52%	12.52%	12.52%
98.50	12.47%	12.46%	12.46%	12.46%	12.46%	12.45%	12.45%	12.45%
99.00	12.40%	12.39%	12.39%	12.39%	12.39%	12.38%	12.38%	12.38%
99.50	12.32%	12.32%	12.32%	12.32%	12.32%	12.32%	12.32%	12.32%
100.00	12.25%	12.25%	12.25%	12.25%	12.25%	12.25%	12.25%	12.25%
100.50	12.18%	12.18%	12.18%	12.18%	12.18%	12.18%	12.18%	12.18%
101.00	12.11%	12.11%	12.11%	12.11%	12.12%	12.12%	12.12%	12.12%
102.00	11.97%	11.97%	11.98%	11.98%	11.98%	11.99%	11.99%	11.99%
103.00	11.83%	11.84%	11.84%	11.85%	11.85%	11.86%	11.86%	11.87%
104.00	11.69%	11.70%	11.71%	11.72%	11.73%	11.73%	11.74%	11.74%
105.00	11.56%	11.57%	11.58%	11.59%	11.60%	11.61%	11.62%	11.62%
106.00	11.43%	11.44%	11.46%	11.47%	11.48%	11.49%	11.50%	11.50%
107.00	11.29%	11.31%	11.33%	11.34%	11.36%	11.37%	11.38%	11.39%
108.00	11.17%	11.19%	11.21%	11.22%	11.24%	11.25%	11.26%	11.27%
109.00	11.04%	11.06%	11.09%	11.10%	11.12%	11.13%	11.15%	11.16%
110.00	10.91%	10.94%	10.97%	10.99%	11.00%	11.02%	11.03%	11.04%

EFFECTIVE YIELD RATE 12.25%

PRICE	YEARS UNTIL MATURITY 24	25	26	27	28	29	30	40
70.00	17.63%	17.61%	17.60%	17.58%	17.57%	17.56%	17.55%	17.51%
71.00	17.39%	17.37%	17.35%	17.33%	17.32%	17.31%	17.30%	17.26%
72.00	17.15%	17.13%	17.11%	17.09%	17.08%	17.07%	17.06%	17.02%
73.00	16.91%	16.89%	16.87%	16.86%	16.85%	16.84%	16.83%	16.79%
74.00	16.68%	16.66%	16.65%	16.63%	16.62%	16.61%	16.60%	16.56%
75.00	16.46%	16.44%	16.43%	16.41%	16.40%	16.39%	16.38%	16.34%
76.00	16.24%	16.22%	16.21%	16.20%	16.18%	16.18%	16.17%	16.13%
77.00	16.03%	16.01%	16.00%	15.99%	15.97%	15.97%	15.96%	15.92%
78.00	15.82%	15.81%	15.79%	15.78%	15.77%	15.76%	15.75%	15.72%
79.00	15.62%	15.61%	15.59%	15.58%	15.57%	15.56%	15.55%	15.52%
80.00	15.42%	15.41%	15.40%	15.38%	15.37%	15.37%	15.36%	15.32%
81.00	15.23%	15.22%	15.20%	15.19%	15.18%	15.18%	15.17%	15.13%
82.00	15.04%	15.03%	15.02%	15.01%	15.00%	14.99%	14.98%	14.95%
82.50	14.95%	14.94%	14.93%	14.91%	14.91%	14.90%	14.89%	14.86%
83.00	14.86%	14.85%	14.83%	14.82%	14.82%	14.81%	14.80%	14.77%
83.50	14.77%	14.76%	14.74%	14.73%	14.73%	14.72%	14.71%	14.68%
84.00	14.68%	14.67%	14.66%	14.65%	14.64%	14.63%	14.62%	14.59%
84.50	14.59%	14.58%	14.57%	14.56%	14.55%	14.54%	14.54%	14.51%
85.00	14.50%	14.49%	14.48%	14.47%	14.46%	14.46%	14.45%	14.42%
85.50	14.42%	14.41%	14.40%	14.39%	14.38%	14.37%	14.37%	14.34%
86.00	14.33%	14.32%	14.31%	14.30%	14.29%	14.29%	14.28%	14.25%
86.50	14.25%	14.24%	14.23%	14.22%	14.21%	14.20%	14.20%	14.17%
87.00	14.16%	14.15%	14.14%	14.13%	14.13%	14.12%	14.12%	14.09%
87.50	14.08%	14.07%	14.06%	14.05%	14.05%	14.04%	14.03%	14.01%
88.00	14.00%	13.99%	13.98%	13.97%	13.96%	13.96%	13.95%	13.93%
88.50	13.92%	13.91%	13.90%	13.89%	13.88%	13.88%	13.87%	13.85%
89.00	13.84%	13.83%	13.82%	13.81%	13.81%	13.80%	13.80%	13.77%
89.50	13.76%	13.75%	13.74%	13.73%	13.73%	13.72%	13.72%	13.70%
90.00	13.68%	13.67%	13.66%	13.66%	13.65%	13.64%	13.64%	13.62%
90.50	13.60%	13.59%	13.58%	13.58%	13.57%	13.57%	13.56%	13.54%
91.00	13.52%	13.51%	13.51%	13.50%	13.50%	13.49%	13.49%	13.47%
91.50	13.45%	13.44%	13.43%	13.43%	13.42%	13.42%	13.41%	13.39%
92.00	13.37%	13.36%	13.36%	13.35%	13.35%	13.34%	13.34%	13.32%
92.50	13.29%	13.29%	13.28%	13.28%	13.27%	13.27%	13.27%	13.25%
93.00	13.22%	13.21%	13.21%	13.20%	13.20%	13.20%	13.19%	13.18%
93.50	13.15%	13.14%	13.14%	13.13%	13.13%	13.13%	13.12%	13.11%
94.00	13.07%	13.07%	13.06%	13.06%	13.06%	13.05%	13.05%	13.04%
94.50	13.00%	13.00%	12.99%	12.99%	12.99%	12.98%	12.98%	12.97%
95.00	12.93%	12.93%	12.92%	12.92%	12.92%	12.91%	12.91%	12.90%
95.50	12.86%	12.86%	12.85%	12.85%	12.85%	12.84%	12.84%	12.83%
96.00	12.79%	12.79%	12.78%	12.78%	12.78%	12.78%	12.77%	12.76%
96.50	12.72%	12.72%	12.71%	12.71%	12.71%	12.71%	12.71%	12.70%
97.00	12.65%	12.65%	12.65%	12.64%	12.64%	12.64%	12.64%	12.63%
97.50	12.58%	12.58%	12.58%	12.58%	12.58%	12.57%	12.57%	12.57%
98.00	12.51%	12.51%	12.51%	12.51%	12.51%	12.51%	12.51%	12.50%
98.50	12.45%	12.45%	12.45%	12.44%	12.44%	12.44%	12.44%	12.44%
99.00	12.38%	12.38%	12.38%	12.38%	12.38%	12.38%	12.38%	12.37%
99.50	12.32%	12.31%	12.31%	12.31%	12.31%	12.31%	12.31%	12.31%
100.00	12.25%	12.25%	12.25%	12.25%	12.25%	12.25%	12.25%	12.25%
100.50	12.19%	12.19%	12.19%	12.19%	12.19%	12.19%	12.19%	12.19%
101.00	12.12%	12.12%	12.12%	12.12%	12.12%	12.12%	12.13%	12.13%
102.00	11.99%	12.00%	12.00%	12.00%	12.00%	12.00%	12.00%	12.01%
103.00	11.87%	11.87%	11.88%	11.88%	11.88%	11.88%	11.88%	11.89%
104.00	11.75%	11.75%	11.75%	11.76%	11.76%	11.76%	11.76%	11.77%
105.00	11.63%	11.63%	11.64%	11.64%	11.64%	11.65%	11.65%	11.66%
106.00	11.51%	11.51%	11.52%	11.52%	11.53%	11.53%	11.53%	11.55%
107.00	11.39%	11.40%	11.40%	11.41%	11.41%	11.42%	11.42%	11.44%
108.00	11.28%	11.29%	11.29%	11.30%	11.30%	11.31%	11.31%	11.33%
109.00	11.17%	11.17%	11.18%	11.19%	11.19%	11.20%	11.20%	11.23%
110.00	11.05%	11.06%	11.07%	11.08%	11.08%	11.09%	11.10%	11.12%

12.50% EFFECTIVE YIELD RATE

PRICE	YEARS UNTIL MATURITY						
	1/2	1	2	3	4	5	6	7
85.00	50.00%	31.08%	22.19%	19.32%	17.91%	17.08%	16.54%	16.16%
85.50	48.54%	30.38%	21.83%	19.07%	17.71%	16.91%	16.39%	16.02%
86.00	47.09%	29.69%	21.47%	18.82%	17.51%	16.74%	16.24%	15.88%
86.50	45.66%	29.00%	21.12%	18.57%	17.32%	16.58%	16.09%	15.75%
87.00	44.25%	28.32%	20.77%	18.32%	17.12%	16.41%	15.95%	15.62%
87.50	42.86%	27.65%	20.42%	18.08%	16.93%	16.25%	15.80%	15.49%
88.00	41.48%	26.98%	20.08%	17.84%	16.73%	16.08%	15.66%	15.36%
88.50	40.11%	26.32%	19.74%	17.60%	16.54%	15.92%	15.51%	15.23%
89.00	38.76%	25.66%	19.39%	17.36%	16.35%	15.76%	15.37%	15.10%
89.50	37.43%	25.01%	19.06%	17.12%	16.17%	15.60%	15.23%	14.97%
90.00	36.11%	24.36%	18.72%	16.88%	15.98%	15.44%	15.09%	14.85%
90.50	34.81%	23.72%	18.39%	16.65%	15.79%	15.29%	14.95%	14.72%
91.00	33.52%	23.09%	18.06%	16.42%	15.61%	15.13%	14.82%	14.60%
91.25	32.88%	22.77%	17.90%	16.30%	15.52%	15.05%	14.75%	14.53%
91.50	32.24%	22.46%	17.73%	16.19%	15.43%	14.98%	14.68%	14.47%
91.75	31.61%	22.14%	17.57%	16.07%	15.34%	14.90%	14.61%	14.41%
92.00	30.98%	21.83%	17.41%	15.96%	15.24%	14.82%	14.54%	14.35%
92.25	30.35%	21.52%	17.24%	15.85%	15.15%	14.75%	14.48%	14.29%
92.50	29.73%	21.21%	17.08%	15.73%	15.06%	14.67%	14.41%	14.23%
92.75	29.11%	20.91%	16.92%	15.62%	14.97%	14.59%	14.34%	14.17%
93.00	28.49%	20.60%	16.76%	15.51%	14.88%	14.52%	14.28%	14.11%
93.25	27.88%	20.29%	16.60%	15.39%	14.80%	14.44%	14.21%	14.05%
93.50	27.27%	19.99%	16.44%	15.28%	14.71%	14.37%	14.14%	13.99%
93.75	26.67%	19.69%	16.29%	15.17%	14.62%	14.29%	14.08%	13.93%
94.00	26.06%	19.39%	16.13%	15.06%	14.53%	14.22%	14.01%	13.87%
94.25	25.46%	19.09%	15.97%	14.95%	14.44%	14.14%	13.95%	13.81%
94.50	24.87%	18.79%	15.81%	14.84%	14.35%	14.07%	13.88%	13.75%
94.75	24.27%	18.49%	15.66%	14.73%	14.27%	13.99%	13.82%	13.69%
95.00	23.68%	18.19%	15.50%	14.62%	14.18%	13.92%	13.75%	13.63%
95.25	23.10%	17.90%	15.35%	14.51%	14.09%	13.85%	13.69%	13.57%
95.50	22.51%	17.60%	15.19%	14.40%	14.01%	13.77%	13.62%	13.51%
95.75	21.93%	17.31%	15.04%	14.29%	13.92%	13.70%	13.56%	13.46%
96.00	21.35%	17.02%	14.89%	14.18%	13.84%	13.63%	13.49%	13.40%
96.25	20.78%	16.73%	14.73%	14.08%	13.75%	13.56%	13.43%	13.34%
96.50	20.21%	16.44%	14.58%	13.97%	13.66%	13.48%	13.37%	13.28%
96.75	19.64%	16.15%	14.43%	13.86%	13.58%	13.41%	13.30%	13.23%
97.00	19.07%	15.86%	14.28%	13.75%	13.49%	13.34%	13.24%	13.17%
97.25	18.51%	15.58%	14.13%	13.65%	13.41%	13.27%	13.18%	13.11%
97.50	17.95%	15.29%	13.98%	13.54%	13.33%	13.20%	13.11%	13.06%
97.75	17.39%	15.01%	13.83%	13.44%	13.24%	13.13%	13.05%	13.00%
98.00	16.84%	14.72%	13.68%	13.33%	13.16%	13.06%	12.99%	12.94%
98.25	16.28%	14.44%	13.53%	13.23%	13.08%	12.99%	12.93%	12.89%
98.50	15.74%	14.16%	13.38%	13.12%	12.99%	12.92%	12.87%	12.83%
98.75	15.19%	13.88%	13.23%	13.02%	12.91%	12.85%	12.80%	12.78%
99.00	14.65%	13.60%	13.08%	12.91%	12.83%	12.78%	12.74%	12.72%
99.25	14.11%	13.33%	12.94%	12.81%	12.75%	12.71%	12.68%	12.66%
99.50	13.57%	13.05%	12.79%	12.71%	12.66%	12.64%	12.62%	12.61%
99.75	13.03%	12.77%	12.65%	12.60%	12.58%	12.57%	12.56%	12.55%
100.00	12.50%	12.50%	12.50%	12.50%	12.50%	12.50%	12.50%	12.50%
100.25	11.97%	12.23%	12.36%	12.40%	12.42%	12.43%	12.44%	12.45%
100.50	11.44%	11.95%	12.21%	12.30%	12.34%	12.36%	12.38%	12.39%
101.00	10.40%	11.41%	11.92%	12.09%	12.18%	12.23%	12.26%	12.28%
101.50	9.36%	10.88%	11.64%	11.89%	12.02%	12.09%	12.14%	12.18%
102.00	8.33%	10.34%	11.35%	11.69%	11.86%	11.96%	12.02%	12.07%
102.50	7.32%	9.81%	11.07%	11.49%	11.70%	11.82%	11.91%	11.96%
103.00	6.31%	9.29%	10.79%	11.29%	11.54%	11.69%	11.79%	11.86%
103.50	5.31%	8.77%	10.51%	11.10%	11.39%	11.56%	11.67%	11.75%
104.00	4.33%	8.25%	10.24%	10.90%	11.23%	11.43%	11.56%	11.65%
104.50	3.35%	7.74%	9.96%	10.71%	11.08%	11.30%	11.44%	11.55%
105.00	2.38%	7.23%	9.69%	10.51%	10.92%	11.17%	11.33%	11.44%

EFFECTIVE YIELD RATE 12.50%

PRICE	YEARS UNTIL MATURITY							
	8	9	10	11	12	13	14	15
70.00	20.22%	19.76%	19.41%	19.13%	18.90%	18.73%	18.58%	18.46%
71.00	19.89%	19.45%	19.11%	18.84%	18.62%	18.45%	18.31%	18.19%
72.00	19.57%	19.14%	18.81%	18.56%	18.35%	18.18%	18.05%	17.94%
73.00	19.25%	18.84%	18.53%	18.28%	18.08%	17.92%	17.79%	17.68%
74.00	18.94%	18.55%	18.25%	18.01%	17.82%	17.66%	17.54%	17.44%
75.00	18.63%	18.26%	17.97%	17.74%	17.56%	17.41%	17.29%	17.19%
76.00	18.33%	17.98%	17.70%	17.49%	17.31%	17.17%	17.05%	16.96%
77.00	18.04%	17.70%	17.44%	17.23%	17.06%	16.93%	16.82%	16.73%
78.00	17.75%	17.43%	17.18%	16.98%	16.82%	16.69%	16.59%	16.50%
79.00	17.47%	17.16%	16.93%	16.74%	16.59%	16.46%	16.36%	16.28%
80.00	17.19%	16.90%	16.68%	16.50%	16.36%	16.24%	16.14%	16.06%
81.00	16.92%	16.65%	16.43%	16.26%	16.13%	16.02%	15.93%	15.85%
82.00	16.65%	16.39%	16.19%	16.03%	15.91%	15.80%	15.72%	15.64%
82.50	16.52%	16.27%	16.07%	15.92%	15.80%	15.69%	15.61%	15.54%
83.00	16.39%	16.15%	15.96%	15.81%	15.69%	15.59%	15.51%	15.44%
83.50	16.26%	16.02%	15.84%	15.70%	15.58%	15.48%	15.41%	15.34%
84.00	16.13%	15.90%	15.73%	15.59%	15.47%	15.38%	15.30%	15.24%
84.50	16.00%	15.78%	15.61%	15.48%	15.37%	15.28%	15.20%	15.14%
85.00	15.88%	15.66%	15.50%	15.37%	15.26%	15.18%	15.10%	15.05%
85.50	15.75%	15.55%	15.39%	15.26%	15.16%	15.08%	15.01%	14.95%
86.00	15.63%	15.43%	15.28%	15.15%	15.06%	14.98%	14.91%	14.85%
86.50	15.50%	15.31%	15.17%	15.05%	14.95%	14.88%	14.81%	14.76%
87.00	15.38%	15.20%	15.06%	14.94%	14.85%	14.78%	14.72%	14.67%
87.50	15.26%	15.08%	14.95%	14.84%	14.75%	14.68%	14.62%	14.57%
88.00	15.14%	14.97%	14.84%	14.74%	14.65%	14.58%	14.53%	14.48%
88.50	15.02%	14.86%	14.73%	14.63%	14.55%	14.49%	14.43%	14.39%
89.00	14.90%	14.75%	14.63%	14.53%	14.46%	14.39%	14.34%	14.30%
89.50	14.78%	14.64%	14.52%	14.43%	14.36%	14.30%	14.25%	14.21%
90.00	14.66%	14.53%	14.42%	14.33%	14.26%	14.21%	14.16%	14.12%
90.50	14.55%	14.42%	14.32%	14.23%	14.17%	14.12%	14.07%	14.03%
91.00	14.43%	14.31%	14.21%	14.14%	14.07%	14.02%	13.98%	13.95%
91.50	14.32%	14.20%	14.11%	14.04%	13.98%	13.93%	13.89%	13.86%
92.00	14.21%	14.10%	14.01%	13.94%	13.89%	13.84%	13.81%	13.77%
92.50	14.09%	13.99%	13.91%	13.85%	13.80%	13.75%	13.72%	13.69%
93.00	13.98%	13.89%	13.81%	13.75%	13.70%	13.67%	13.63%	13.61%
93.50	13.87%	13.78%	13.71%	13.66%	13.61%	13.58%	13.55%	13.52%
94.00	13.76%	13.68%	13.62%	13.57%	13.52%	13.49%	13.46%	13.44%
94.50	13.65%	13.58%	13.52%	13.47%	13.44%	13.40%	13.38%	13.36%
95.00	13.54%	13.48%	13.42%	13.38%	13.35%	13.32%	13.30%	13.28%
95.50	13.43%	13.37%	13.33%	13.29%	13.26%	13.23%	13.21%	13.20%
96.00	13.33%	13.27%	13.23%	13.20%	13.17%	13.15%	13.13%	13.12%
96.50	13.22%	13.18%	13.14%	13.11%	13.09%	13.07%	13.05%	13.04%
97.00	13.12%	13.08%	13.05%	13.02%	13.00%	12.98%	12.97%	12.96%
97.50	13.01%	12.98%	12.95%	12.93%	12.92%	12.90%	12.89%	12.88%
98.00	12.91%	12.88%	12.86%	12.84%	12.83%	12.82%	12.81%	12.80%
98.50	12.81%	12.79%	12.77%	12.76%	12.75%	12.74%	12.73%	12.73%
99.00	12.70%	12.69%	12.68%	12.67%	12.66%	12.66%	12.65%	12.65%
99.50	12.60%	12.59%	12.59%	12.59%	12.58%	12.58%	12.58%	12.57%
100.00	12.50%	12.50%	12.50%	12.50%	12.50%	12.50%	12.50%	12.50%
100.50	12.40%	12.41%	12.41%	12.42%	12.42%	12.42%	12.42%	12.43%
101.00	12.30%	12.31%	12.32%	12.33%	12.34%	12.34%	12.35%	12.35%
102.00	12.10%	12.13%	12.15%	12.17%	12.18%	12.19%	12.20%	12.21%
103.00	11.91%	11.95%	11.98%	12.00%	12.02%	12.04%	12.05%	12.06%
104.00	11.72%	11.77%	11.81%	11.84%	11.87%	11.89%	11.91%	11.92%
105.00	11.53%	11.59%	11.64%	11.68%	11.71%	11.74%	11.76%	11.78%
106.00	11.34%	11.42%	11.48%	11.52%	11.56%	11.60%	11.62%	11.64%
107.00	11.15%	11.24%	11.31%	11.37%	11.41%	11.45%	11.48%	11.51%
108.00	10.97%	11.07%	11.15%	11.22%	11.27%	11.31%	11.35%	11.38%
109.00	10.79%	10.91%	10.99%	11.07%	11.12%	11.17%	11.21%	11.24%
110.00	10.61%	10.74%	10.84%	10.92%	10.98%	11.03%	11.08%	11.12%

12.50% EFFECTIVE YIELD RATE

PRICE	YEARS UNTIL MATURITY							
	16	17	18	19	20	21	22	23
70.00	18.36%	18.28%	18.21%	18.15%	18.11%	18.07%	18.03%	18.01%
71.00	18.10%	18.02%	17.95%	17.90%	17.85%	17.81%	17.78%	17.75%
72.00	17.84%	17.77%	17.70%	17.65%	17.60%	17.57%	17.53%	17.51%
73.00	17.59%	17.52%	17.46%	17.41%	17.36%	17.33%	17.29%	17.27%
74.00	17.35%	17.28%	17.22%	17.17%	17.13%	17.09%	17.06%	17.03%
75.00	17.11%	17.04%	16.98%	16.94%	16.90%	16.86%	16.83%	16.81%
76.00	16.88%	16.81%	16.76%	16.71%	16.67%	16.64%	16.61%	16.59%
77.00	16.65%	16.59%	16.53%	16.49%	16.45%	16.42%	16.39%	16.37%
78.00	16.43%	16.37%	16.32%	16.27%	16.24%	16.21%	16.18%	16.16%
79.00	16.21%	16.15%	16.10%	16.06%	16.03%	16.00%	15.97%	15.95%
80.00	16.00%	15.94%	15.90%	15.86%	15.82%	15.79%	15.77%	15.75%
81.00	15.79%	15.74%	15.69%	15.65%	15.62%	15.60%	15.57%	15.55%
82.00	15.58%	15.53%	15.49%	15.46%	15.43%	15.40%	15.38%	15.36%
82.50	15.48%	15.44%	15.39%	15.36%	15.33%	15.31%	15.28%	15.27%
83.00	15.38%	15.34%	15.30%	15.26%	15.24%	15.21%	15.19%	15.17%
83.50	15.29%	15.24%	15.20%	15.17%	15.14%	15.12%	15.10%	15.08%
84.00	15.19%	15.14%	15.11%	15.07%	15.05%	15.02%	15.00%	14.99%
84.50	15.09%	15.05%	15.01%	14.98%	14.96%	14.93%	14.91%	14.90%
85.00	15.00%	14.95%	14.92%	14.89%	14.86%	14.84%	14.82%	14.81%
85.50	14.90%	14.86%	14.83%	14.80%	14.77%	14.75%	14.73%	14.72%
86.00	14.81%	14.77%	14.74%	14.71%	14.68%	14.66%	14.65%	14.63%
86.50	14.71%	14.68%	14.65%	14.62%	14.60%	14.58%	14.56%	14.54%
87.00	14.62%	14.59%	14.56%	14.53%	14.51%	14.49%	14.47%	14.46%
87.50	14.53%	14.50%	14.47%	14.44%	14.42%	14.40%	14.39%	14.37%
88.00	14.44%	14.41%	14.38%	14.36%	14.34%	14.32%	14.30%	14.29%
88.50	14.35%	14.32%	14.29%	14.27%	14.25%	14.23%	14.22%	14.21%
89.00	14.26%	14.23%	14.21%	14.19%	14.17%	14.15%	14.14%	14.12%
89.50	14.18%	14.15%	14.12%	14.10%	14.08%	14.07%	14.05%	14.04%
90.00	14.09%	14.06%	14.04%	14.02%	14.00%	13.99%	13.97%	13.96%
90.50	14.00%	13.98%	13.95%	13.93%	13.92%	13.90%	13.89%	13.88%
91.00	13.92%	13.89%	13.87%	13.85%	13.84%	13.82%	13.81%	13.80%
91.50	13.83%	13.81%	13.79%	13.77%	13.76%	13.74%	13.73%	13.72%
92.00	13.75%	13.73%	13.71%	13.69%	13.68%	13.67%	13.66%	13.65%
92.50	13.67%	13.64%	13.63%	13.61%	13.60%	13.59%	13.58%	13.57%
93.00	13.58%	13.56%	13.55%	13.53%	13.52%	13.51%	13.50%	13.49%
93.50	13.50%	13.48%	13.47%	13.46%	13.44%	13.43%	13.43%	13.42%
94.00	13.42%	13.40%	13.39%	13.38%	13.37%	13.36%	13.35%	13.34%
94.50	13.34%	13.32%	13.31%	13.30%	13.29%	13.28%	13.28%	13.27%
95.00	13.26%	13.25%	13.23%	13.22%	13.22%	13.21%	13.20%	13.20%
95.50	13.18%	13.17%	13.16%	13.15%	13.14%	13.13%	13.13%	13.12%
96.00	13.10%	13.09%	13.08%	13.07%	13.07%	13.06%	13.06%	13.05%
96.50	13.03%	13.02%	13.01%	13.00%	12.99%	12.99%	12.98%	12.98%
97.00	12.95%	12.94%	12.93%	12.93%	12.92%	12.92%	12.91%	12.91%
97.50	12.87%	12.87%	12.86%	12.85%	12.85%	12.85%	12.84%	12.84%
98.00	12.80%	12.79%	12.79%	12.78%	12.78%	12.78%	12.77%	12.77%
98.50	12.72%	12.72%	12.71%	12.71%	12.71%	12.71%	12.70%	12.70%
99.00	12.65%	12.64%	12.64%	12.64%	12.64%	12.64%	12.64%	12.63%
99.50	12.57%	12.57%	12.57%	12.57%	12.57%	12.57%	12.57%	12.57%
100.00	12.50%	12.50%	12.50%	12.50%	12.50%	12.50%	12.50%	12.50%
100.50	12.43%	12.43%	12.43%	12.43%	12.43%	12.43%	12.43%	12.43%
101.00	12.36%	12.36%	12.36%	12.36%	12.36%	12.37%	12.37%	12.37%
102.00	12.21%	12.22%	12.22%	12.23%	12.23%	12.23%	12.24%	12.24%
103.00	12.07%	12.08%	12.09%	12.09%	12.10%	12.10%	12.11%	12.11%
104.00	11.93%	11.94%	11.95%	11.96%	11.97%	11.98%	11.98%	11.99%
105.00	11.80%	11.81%	11.82%	11.83%	11.84%	11.85%	11.86%	11.86%
106.00	11.66%	11.68%	11.69%	11.71%	11.72%	11.73%	11.73%	11.74%
107.00	11.53%	11.55%	11.57%	11.58%	11.59%	11.60%	11.61%	11.62%
108.00	11.40%	11.42%	11.44%	11.46%	11.47%	11.48%	11.49%	11.50%
109.00	11.27%	11.30%	11.32%	11.34%	11.35%	11.37%	11.38%	11.39%
110.00	11.15%	11.17%	11.20%	11.22%	11.23%	11.25%	11.26%	11.27%

EFFECTIVE YIELD RATE 12.50%

PRICE	YEARS UNTIL MATURITY							
	24	25	26	27	28	29	30	40
70.00	17.98%	17.96%	17.95%	17.93%	17.92%	17.91%	17.90%	17.87%
71.00	17.73%	17.71%	17.69%	17.68%	17.67%	17.66%	17.65%	17.61%
72.00	17.49%	17.47%	17.45%	17.44%	17.42%	17.41%	17.41%	17.37%
73.00	17.25%	17.23%	17.21%	17.20%	17.19%	17.18%	17.17%	17.13%
74.00	17.01%	16.99%	16.98%	16.97%	16.96%	16.95%	16.94%	16.90%
75.00	16.79%	16.77%	16.75%	16.74%	16.73%	16.72%	16.71%	16.68%
76.00	16.56%	16.55%	16.53%	16.52%	16.51%	16.50%	16.49%	16.46%
77.00	16.35%	16.33%	16.32%	16.31%	16.30%	16.29%	16.28%	16.24%
78.00	16.14%	16.12%	16.11%	16.10%	16.09%	16.08%	16.07%	16.04%
79.00	15.93%	15.92%	15.90%	15.89%	15.88%	15.87%	15.87%	15.83%
80.00	15.73%	15.72%	15.70%	15.69%	15.68%	15.67%	15.67%	15.63%
81.00	15.54%	15.52%	15.51%	15.50%	15.49%	15.48%	15.47%	15.44%
82.00	15.34%	15.33%	15.32%	15.31%	15.30%	15.29%	15.28%	15.25%
82.50	15.25%	15.24%	15.22%	15.21%	15.21%	15.20%	15.19%	15.16%
83.00	15.16%	15.14%	15.13%	15.12%	15.11%	15.11%	15.10%	15.07%
83.50	15.06%	15.05%	15.04%	15.03%	15.02%	15.02%	15.01%	14.98%
84.00	14.97%	14.96%	14.95%	14.94%	14.93%	14.93%	14.92%	14.89%
84.50	14.88%	14.87%	14.86%	14.85%	14.84%	14.84%	14.83%	14.80%
85.00	14.79%	14.78%	14.77%	14.76%	14.76%	14.75%	14.74%	14.71%
85.50	14.71%	14.69%	14.68%	14.68%	14.67%	14.66%	14.66%	14.63%
86.00	14.62%	14.61%	14.60%	14.59%	14.58%	14.58%	14.57%	14.54%
86.50	14.53%	14.52%	14.51%	14.50%	14.50%	14.49%	14.49%	14.46%
87.00	14.45%	14.44%	14.43%	14.42%	14.41%	14.41%	14.40%	14.38%
87.50	14.36%	14.35%	14.34%	14.34%	14.33%	14.32%	14.32%	14.29%
88.00	14.28%	14.27%	14.26%	14.25%	14.25%	14.24%	14.24%	14.21%
88.50	14.20%	14.19%	14.18%	14.17%	14.17%	14.16%	14.16%	14.13%
89.00	14.11%	14.10%	14.10%	14.09%	14.08%	14.08%	14.07%	14.05%
89.50	14.03%	14.02%	14.02%	14.01%	14.00%	14.00%	14.00%	13.97%
90.00	13.95%	13.94%	13.94%	13.93%	13.93%	13.92%	13.92%	13.90%
90.50	13.87%	13.86%	13.86%	13.85%	13.85%	13.84%	13.84%	13.82%
91.00	13.79%	13.79%	13.78%	13.77%	13.77%	13.77%	13.76%	13.74%
91.50	13.72%	13.71%	13.70%	13.70%	13.69%	13.69%	13.69%	13.67%
92.00	13.64%	13.63%	13.63%	13.62%	13.62%	13.61%	13.61%	13.59%
92.50	13.56%	13.56%	13.55%	13.55%	13.54%	13.54%	13.54%	13.52%
93.00	13.49%	13.48%	13.48%	13.47%	13.47%	13.46%	13.46%	13.45%
93.50	13.41%	13.41%	13.40%	13.40%	13.39%	13.39%	13.39%	13.37%
94.00	13.34%	13.33%	13.33%	13.32%	13.32%	13.32%	13.32%	13.30%
94.50	13.26%	13.26%	13.26%	13.25%	13.25%	13.25%	13.24%	13.23%
95.00	13.19%	13.19%	13.18%	13.18%	13.18%	13.18%	13.17%	13.16%
95.50	13.12%	13.12%	13.11%	13.11%	13.11%	13.10%	13.10%	13.09%
96.00	13.05%	13.04%	13.04%	13.04%	13.04%	13.04%	13.03%	13.02%
96.50	12.98%	12.97%	12.97%	12.97%	12.97%	12.97%	12.96%	12.96%
97.00	12.91%	12.90%	12.90%	12.90%	12.90%	12.90%	12.90%	12.89%
97.50	12.84%	12.84%	12.83%	12.83%	12.83%	12.83%	12.83%	12.82%
98.00	12.77%	12.77%	12.77%	12.76%	12.76%	12.76%	12.76%	12.76%
98.50	12.70%	12.70%	12.70%	12.70%	12.70%	12.70%	12.70%	12.69%
99.00	12.63%	12.63%	12.63%	12.63%	12.63%	12.63%	12.63%	12.63%
99.50	12.57%	12.57%	12.57%	12.57%	12.56%	12.56%	12.56%	12.56%
100.00	12.50%	12.50%	12.50%	12.50%	12.50%	12.50%	12.50%	12.50%
100.50	12.43%	12.43%	12.44%	12.44%	12.44%	12.44%	12.44%	12.44%
101.00	12.37%	12.37%	12.37%	12.37%	12.37%	12.37%	12.37%	12.38%
102.00	12.24%	12.24%	12.24%	12.24%	12.25%	12.25%	12.25%	12.25%
103.00	12.11%	12.12%	12.12%	12.12%	12.12%	12.12%	12.13%	12.13%
104.00	11.99%	11.99%	12.00%	12.00%	12.00%	12.00%	12.00%	12.01%
105.00	11.87%	11.87%	11.88%	11.88%	11.88%	11.88%	11.89%	11.90%
106.00	11.75%	11.75%	11.76%	11.76%	11.76%	11.77%	11.77%	11.79%
107.00	11.63%	11.63%	11.64%	11.64%	11.65%	11.65%	11.66%	11.67%
108.00	11.51%	11.52%	11.53%	11.53%	11.54%	11.54%	11.54%	11.56%
109.00	11.40%	11.41%	11.41%	11.42%	11.42%	11.43%	11.43%	11.46%
110.00	11.28%	11.29%	11.30%	11.31%	11.31%	11.32%	11.32%	11.35%

12.75% EFFECTIVE YIELD RATE

PRICE	YEARS UNTIL MATURITY							
	1/2	1	2	3	4	5	6	7
85.00	50.29%	31.36%	22.47%	19.60%	18.19%	17.36%	16.82%	16.44%
85.50	48.83%	30.66%	22.11%	19.34%	17.99%	17.19%	16.66%	16.30%
86.00	47.38%	29.97%	21.75%	19.09%	17.79%	17.02%	16.52%	16.16%
86.50	45.95%	29.28%	21.40%	18.84%	17.59%	16.85%	16.37%	16.03%
87.00	44.54%	28.60%	21.05%	18.60%	17.39%	16.68%	16.22%	15.89%
87.50	43.14%	27.92%	20.70%	18.35%	17.20%	16.52%	16.07%	15.76%
88.00	41.76%	27.26%	20.35%	18.11%	17.01%	16.36%	15.93%	15.63%
88.50	40.40%	26.59%	20.01%	17.87%	16.81%	16.19%	15.79%	15.50%
89.00	39.04%	25.93%	19.67%	17.63%	16.62%	16.03%	15.64%	15.37%
89.50	37.71%	25.28%	19.33%	17.39%	16.43%	15.87%	15.50%	15.24%
90.00	36.39%	24.63%	18.99%	17.15%	16.25%	15.71%	15.36%	15.11%
90.50	35.08%	23.99%	18.66%	16.92%	16.06%	15.55%	15.22%	14.99%
91.00	33.79%	23.36%	18.33%	16.68%	15.87%	15.40%	15.08%	14.86%
91.25	33.15%	23.04%	18.16%	16.57%	15.78%	15.32%	15.01%	14.80%
91.50	32.51%	22.72%	18.00%	16.45%	15.69%	15.24%	14.94%	14.74%
91.75	31.88%	22.41%	17.83%	16.34%	15.60%	15.16%	14.88%	14.68%
92.00	31.25%	22.10%	17.67%	16.22%	15.51%	15.09%	14.81%	14.61%
92.25	30.62%	21.79%	17.51%	16.11%	15.42%	15.01%	14.74%	14.55%
92.50	30.00%	21.48%	17.35%	15.99%	15.33%	14.93%	14.67%	14.49%
92.75	29.38%	21.17%	17.19%	15.88%	15.24%	14.86%	14.61%	14.43%
93.00	28.76%	20.86%	17.03%	15.77%	15.15%	14.78%	14.54%	14.37%
93.25	28.15%	20.56%	16.87%	15.65%	15.06%	14.70%	14.47%	14.31%
93.50	27.54%	20.25%	16.71%	15.54%	14.97%	14.63%	14.40%	14.25%
93.75	26.93%	19.95%	16.55%	15.43%	14.88%	14.55%	14.34%	14.19%
94.00	26.33%	19.65%	16.39%	15.32%	14.79%	14.48%	14.27%	14.13%
94.25	25.73%	19.35%	16.23%	15.21%	14.70%	14.40%	14.21%	14.07%
94.50	25.13%	19.05%	16.07%	15.10%	14.61%	14.33%	14.14%	14.01%
94.75	24.54%	18.75%	15.92%	14.99%	14.53%	14.25%	14.07%	13.95%
95.00	23.95%	18.45%	15.76%	14.88%	14.44%	14.18%	14.01%	13.89%
95.25	23.36%	18.16%	15.61%	14.77%	14.35%	14.11%	13.94%	13.83%
95.50	22.77%	17.86%	15.45%	14.66%	14.26%	14.03%	13.88%	13.77%
95.75	22.19%	17.57%	15.30%	14.55%	14.18%	13.96%	13.81%	13.71%
96.00	21.61%	17.28%	15.14%	14.44%	14.09%	13.89%	13.75%	13.66%
96.25	21.04%	16.98%	14.99%	14.33%	14.01%	13.81%	13.69%	13.60%
96.50	20.47%	16.69%	14.84%	14.22%	13.92%	13.74%	13.62%	13.54%
96.75	19.90%	16.41%	14.68%	14.12%	13.84%	13.67%	13.56%	13.48%
97.00	19.33%	16.12%	14.53%	14.01%	13.75%	13.60%	13.50%	13.42%
97.25	18.77%	15.83%	14.38%	13.90%	13.67%	13.52%	13.43%	13.37%
97.50	18.21%	15.55%	14.23%	13.80%	13.58%	13.45%	13.37%	13.31%
97.75	17.65%	15.26%	14.08%	13.69%	13.50%	13.38%	13.31%	13.25%
98.00	17.09%	14.98%	13.93%	13.58%	13.41%	13.31%	13.24%	13.20%
98.25	16.54%	14.70%	13.78%	13.48%	13.33%	13.24%	13.18%	13.14%
98.50	15.99%	14.41%	13.63%	13.37%	13.25%	13.17%	13.12%	13.08%
98.75	15.44%	14.13%	13.48%	13.27%	13.16%	13.10%	13.06%	13.03%
99.00	14.90%	13.86%	13.34%	13.16%	13.08%	13.03%	13.00%	12.97%
99.25	14.36%	13.58%	13.19%	13.06%	13.00%	12.96%	12.93%	12.92%
99.50	13.82%	13.30%	13.04%	12.96%	12.91%	12.89%	12.87%	12.86%
99.75	13.28%	13.02%	12.90%	12.85%	12.83%	12.82%	12.81%	12.81%
100.00	12.75%	12.75%	12.75%	12.75%	12.75%	12.75%	12.75%	12.75%
100.25	12.22%	12.48%	12.60%	12.65%	12.67%	12.68%	12.69%	12.70%
100.50	11.69%	12.20%	12.46%	12.54%	12.59%	12.61%	12.63%	12.64%
101.00	10.64%	11.66%	12.17%	12.34%	12.43%	12.48%	12.51%	12.53%
101.50	9.61%	11.12%	11.89%	12.14%	12.26%	12.34%	12.39%	12.42%
102.00	8.58%	10.59%	11.60%	11.94%	12.10%	12.20%	12.27%	12.32%
102.50	7.56%	10.06%	11.32%	11.74%	11.95%	12.07%	12.15%	12.21%
103.00	6.55%	9.53%	11.04%	11.54%	11.79%	11.94%	12.03%	12.10%
103.50	5.56%	9.01%	10.76%	11.34%	11.63%	11.80%	11.92%	12.00%
104.00	4.57%	8.49%	10.48%	11.14%	11.48%	11.67%	11.80%	11.89%
104.50	3.59%	7.98%	10.21%	10.95%	11.32%	11.54%	11.69%	11.79%
105.00	2.62%	7.47%	9.93%	10.76%	11.17%	11.41%	11.57%	11.68%

EFFECTIVE YIELD RATE 12.75%

PRICE	YEARS UNTIL MATURITY							
	8	9	10	11	12	13	14	15
70.00	20.54%	20.09%	19.73%	19.46%	19.24%	19.06%	18.92%	18.80%
71.00	20.21%	19.77%	19.43%	19.16%	18.95%	18.78%	18.64%	18.53%
72.00	19.88%	19.46%	19.13%	18.88%	18.67%	18.51%	18.38%	18.26%
73.00	19.56%	19.16%	18.84%	18.60%	18.40%	18.24%	18.11%	18.01%
74.00	19.25%	18.86%	18.56%	18.32%	18.14%	17.98%	17.86%	17.76%
75.00	18.94%	18.57%	18.28%	18.06%	17.88%	17.73%	17.61%	17.51%
76.00	18.64%	18.28%	18.01%	17.79%	17.62%	17.48%	17.37%	17.27%
77.00	18.34%	18.00%	17.74%	17.54%	17.37%	17.24%	17.13%	17.04%
78.00	18.05%	17.73%	17.48%	17.28%	17.13%	17.00%	16.89%	16.81%
79.00	17.77%	17.46%	17.22%	17.04%	16.89%	16.77%	16.67%	16.58%
80.00	17.49%	17.20%	16.97%	16.80%	16.65%	16.54%	16.44%	16.36%
81.00	17.21%	16.94%	16.73%	16.56%	16.42%	16.31%	16.22%	16.15%
82.00	16.94%	16.68%	16.48%	16.32%	16.20%	16.09%	16.01%	15.94%
82.50	16.81%	16.56%	16.36%	16.21%	16.09%	15.99%	15.90%	15.83%
83.00	16.67%	16.43%	16.24%	16.10%	15.98%	15.88%	15.80%	15.73%
83.50	16.54%	16.31%	16.13%	15.98%	15.87%	15.77%	15.69%	15.63%
84.00	16.41%	16.19%	16.01%	15.87%	15.76%	15.67%	15.59%	15.53%
84.50	16.28%	16.07%	15.90%	15.76%	15.65%	15.56%	15.49%	15.43%
85.00	16.16%	15.94%	15.78%	15.65%	15.55%	15.46%	15.39%	15.33%
85.50	16.03%	15.83%	15.67%	15.54%	15.44%	15.36%	15.29%	15.23%
86.00	15.90%	15.71%	15.55%	15.43%	15.34%	15.26%	15.19%	15.14%
86.50	15.78%	15.59%	15.44%	15.33%	15.23%	15.16%	15.09%	15.04%
87.00	15.66%	15.47%	15.33%	15.22%	15.13%	15.06%	15.00%	14.95%
87.50	15.53%	15.36%	15.22%	15.12%	15.03%	14.96%	14.90%	14.85%
88.00	15.41%	15.24%	15.11%	15.01%	14.93%	14.86%	14.80%	14.76%
88.50	15.29%	15.13%	15.01%	14.91%	14.83%	14.76%	14.71%	14.67%
89.00	15.17%	15.02%	14.90%	14.81%	14.73%	14.67%	14.62%	14.57%
89.50	15.05%	14.91%	14.79%	14.70%	14.63%	14.57%	14.52%	14.48%
90.00	14.93%	14.80%	14.69%	14.60%	14.53%	14.48%	14.43%	14.39%
90.50	14.82%	14.69%	14.58%	14.50%	14.44%	14.39%	14.34%	14.30%
91.00	14.70%	14.58%	14.48%	14.40%	14.34%	14.29%	14.25%	14.22%
91.50	14.58%	14.47%	14.38%	14.31%	14.25%	14.20%	14.16%	14.13%
92.00	14.47%	14.36%	14.28%	14.21%	14.15%	14.11%	14.07%	14.04%
92.50	14.36%	14.25%	14.18%	14.11%	14.06%	14.02%	13.98%	13.96%
93.00	14.24%	14.15%	14.08%	14.02%	13.97%	13.93%	13.90%	13.87%
93.50	14.13%	14.04%	13.98%	13.92%	13.88%	13.84%	13.81%	13.79%
94.00	14.02%	13.94%	13.88%	13.83%	13.79%	13.75%	13.73%	13.70%
94.50	13.91%	13.84%	13.78%	13.73%	13.70%	13.67%	13.64%	13.62%
95.00	13.80%	13.73%	13.68%	13.64%	13.61%	13.58%	13.56%	13.54%
95.50	13.69%	13.63%	13.59%	13.55%	13.52%	13.49%	13.47%	13.46%
96.00	13.59%	13.53%	13.49%	13.46%	13.43%	13.41%	13.39%	13.37%
96.50	13.48%	13.43%	13.40%	13.37%	13.34%	13.32%	13.31%	13.29%
97.00	13.37%	13.33%	13.30%	13.28%	13.26%	13.24%	13.23%	13.21%
97.50	13.27%	13.23%	13.21%	13.19%	13.17%	13.16%	13.15%	13.14%
98.00	13.16%	13.14%	13.11%	13.10%	13.08%	13.07%	13.06%	13.06%
98.50	13.06%	13.04%	13.02%	13.01%	13.00%	12.99%	12.99%	12.98%
99.00	12.95%	12.94%	12.93%	12.92%	12.92%	12.91%	12.91%	12.90%
99.50	12.85%	12.85%	12.84%	12.84%	12.83%	12.83%	12.83%	12.83%
100.00	12.75%	12.75%	12.75%	12.75%	12.75%	12.75%	12.75%	12.75%
100.50	12.65%	12.66%	12.66%	12.66%	12.67%	12.67%	12.67%	12.67%
101.00	12.55%	12.56%	12.57%	12.58%	12.59%	12.59%	12.60%	12.60%
102.00	12.35%	12.38%	12.40%	12.41%	12.42%	12.44%	12.44%	12.45%
103.00	12.15%	12.19%	12.22%	12.25%	12.27%	12.28%	12.30%	12.31%
104.00	11.96%	12.01%	12.05%	12.08%	12.11%	12.13%	12.15%	12.16%
105.00	11.77%	11.83%	11.88%	11.92%	11.95%	11.98%	12.00%	12.02%
106.00	11.58%	11.66%	11.72%	11.76%	11.80%	11.83%	11.86%	11.88%
107.00	11.39%	11.48%	11.55%	11.61%	11.65%	11.69%	11.72%	11.75%
108.00	11.21%	11.31%	11.39%	11.45%	11.50%	11.55%	11.58%	11.61%
109.00	11.03%	11.14%	11.23%	11.30%	11.36%	11.41%	11.45%	11.48%
110.00	10.85%	10.97%	11.07%	11.15%	11.21%	11.27%	11.31%	11.35%

12.75% EFFECTIVE YIELD RATE

PRICE	YEARS UNTIL MATURITY							
	16	17	18	19	20	21	22	23
70.00	18.70%	18.62%	18.55%	18.50%	18.45%	18.41%	18.38%	18.36%
71.00	18.43%	18.36%	18.29%	18.24%	18.19%	18.16%	18.12%	18.10%
72.00	18.17%	18.10%	18.04%	17.98%	17.94%	17.90%	17.87%	17.85%
73.00	17.92%	17.85%	17.79%	17.74%	17.69%	17.66%	17.63%	17.60%
74.00	17.67%	17.60%	17.54%	17.49%	17.45%	17.42%	17.39%	17.37%
75.00	17.43%	17.36%	17.31%	17.26%	17.22%	17.19%	17.16%	17.13%
76.00	17.19%	17.13%	17.07%	17.03%	16.99%	16.96%	16.93%	16.91%
77.00	16.96%	16.90%	16.85%	16.80%	16.77%	16.74%	16.71%	16.69%
78.00	16.74%	16.68%	16.63%	16.58%	16.55%	16.52%	16.49%	16.47%
79.00	16.52%	16.46%	16.41%	16.37%	16.34%	16.31%	16.28%	16.26%
80.00	16.30%	16.24%	16.20%	16.16%	16.13%	16.10%	16.08%	16.06%
81.00	16.09%	16.04%	15.99%	15.95%	15.92%	15.90%	15.87%	15.86%
82.00	15.88%	15.83%	15.79%	15.75%	15.72%	15.70%	15.68%	15.66%
82.50	15.78%	15.73%	15.69%	15.66%	15.63%	15.60%	15.58%	15.56%
83.00	15.68%	15.63%	15.59%	15.56%	15.53%	15.51%	15.49%	15.47%
83.50	15.58%	15.53%	15.49%	15.46%	15.43%	15.41%	15.39%	15.37%
84.00	15.48%	15.43%	15.40%	15.37%	15.34%	15.32%	15.30%	15.28%
84.50	15.38%	15.34%	15.30%	15.27%	15.25%	15.22%	15.20%	15.19%
85.00	15.28%	15.24%	15.21%	15.18%	15.15%	15.13%	15.11%	15.10%
85.50	15.19%	15.15%	15.11%	15.08%	15.06%	15.04%	15.02%	15.01%
86.00	15.09%	15.05%	15.02%	14.99%	14.97%	14.95%	14.93%	14.92%
86.50	15.00%	14.96%	14.93%	14.90%	14.88%	14.86%	14.84%	14.83%
87.00	14.90%	14.87%	14.84%	14.81%	14.79%	14.77%	14.76%	14.74%
87.50	14.81%	14.78%	14.75%	14.72%	14.70%	14.68%	14.67%	14.66%
88.00	14.72%	14.69%	14.66%	14.63%	14.61%	14.60%	14.58%	14.57%
88.50	14.63%	14.60%	14.57%	14.55%	14.53%	14.51%	14.50%	14.49%
89.00	14.54%	14.51%	14.48%	14.46%	14.44%	14.43%	14.41%	14.40%
89.50	14.45%	14.42%	14.40%	14.38%	14.36%	14.34%	14.33%	14.32%
90.00	14.36%	14.33%	14.31%	14.29%	14.27%	14.26%	14.25%	14.24%
90.50	14.27%	14.25%	14.23%	14.21%	14.19%	14.18%	14.17%	14.16%
91.00	14.19%	14.16%	14.14%	14.12%	14.11%	14.10%	14.08%	14.07%
91.50	14.10%	14.08%	14.06%	14.04%	14.03%	14.01%	14.00%	14.00%
92.00	14.02%	13.99%	13.98%	13.96%	13.95%	13.93%	13.92%	13.92%
92.50	13.93%	13.91%	13.89%	13.88%	13.87%	13.86%	13.85%	13.84%
93.00	13.85%	13.83%	13.81%	13.80%	13.79%	13.78%	13.77%	13.76%
93.50	13.77%	13.75%	13.73%	13.72%	13.71%	13.70%	13.69%	13.68%
94.00	13.68%	13.67%	13.65%	13.64%	13.63%	13.62%	13.61%	13.61%
94.50	13.60%	13.59%	13.57%	13.56%	13.55%	13.55%	13.54%	13.53%
95.00	13.52%	13.51%	13.50%	13.49%	13.48%	13.47%	13.46%	13.46%
95.50	13.44%	13.43%	13.42%	13.41%	13.40%	13.40%	13.39%	13.38%
96.00	13.36%	13.35%	13.34%	13.33%	13.33%	13.32%	13.32%	13.31%
96.50	13.28%	13.27%	13.27%	13.26%	13.25%	13.25%	13.24%	13.24%
97.00	13.20%	13.20%	13.19%	13.18%	13.18%	13.17%	13.17%	13.17%
97.50	13.13%	13.12%	13.11%	13.11%	13.11%	13.10%	13.10%	13.10%
98.00	13.05%	13.05%	13.04%	13.04%	13.03%	13.03%	13.03%	13.03%
98.50	12.97%	12.97%	12.97%	12.96%	12.96%	12.96%	12.96%	12.96%
99.00	12.90%	12.90%	12.89%	12.89%	12.89%	12.89%	12.89%	12.89%
99.50	12.82%	12.82%	12.82%	12.82%	12.82%	12.82%	12.82%	12.82%
100.00	12.75%	12.75%	12.75%	12.75%	12.75%	12.75%	12.75%	12.75%
100.50	12.68%	12.68%	12.68%	12.68%	12.68%	12.68%	12.68%	12.68%
101.00	12.60%	12.61%	12.61%	12.61%	12.61%	12.61%	12.61%	12.62%
102.00	12.46%	12.46%	12.47%	12.47%	12.48%	12.48%	12.48%	12.48%
103.00	12.32%	12.32%	12.33%	12.34%	12.34%	12.35%	12.35%	12.35%
104.00	12.18%	12.19%	12.20%	12.20%	12.21%	12.22%	12.22%	12.23%
105.00	12.04%	12.05%	12.06%	12.07%	12.08%	12.09%	12.10%	12.10%
106.00	11.90%	11.92%	11.93%	11.94%	11.95%	11.96%	11.97%	11.98%
107.00	11.77%	11.79%	11.80%	11.82%	11.83%	11.84%	11.85%	11.86%
108.00	11.64%	11.66%	11.68%	11.69%	11.71%	11.72%	11.73%	11.74%
109.00	11.51%	11.53%	11.55%	11.57%	11.58%	11.60%	11.61%	11.62%
110.00	11.38%	11.41%	11.43%	11.45%	11.47%	11.48%	11.49%	11.50%

EFFECTIVE YIELD RATE 12.75%

PRICE	YEARS UNTIL MATURITY							
	24	25	26	27	28	29	30	40
70.00	18.33%	18.31%	18.30%	18.28%	18.27%	18.26%	18.26%	18.22%
71.00	18.08%	18.06%	18.04%	18.03%	18.02%	18.01%	18.00%	17.97%
72.00	17.83%	17.81%	17.79%	17.78%	17.77%	17.76%	17.75%	17.72%
73.00	17.58%	17.56%	17.55%	17.54%	17.53%	17.52%	17.51%	17.47%
74.00	17.34%	17.33%	17.31%	17.30%	17.29%	17.28%	17.27%	17.24%
75.00	17.11%	17.10%	17.08%	17.07%	17.06%	17.05%	17.04%	17.01%
76.00	16.89%	16.87%	16.86%	16.84%	16.83%	16.83%	16.82%	16.78%
77.00	16.67%	16.65%	16.64%	16.63%	16.62%	16.61%	16.60%	16.57%
78.00	16.45%	16.44%	16.42%	16.41%	16.40%	16.39%	16.39%	16.35%
79.00	16.24%	16.23%	16.22%	16.20%	16.19%	16.19%	16.18%	16.15%
80.00	16.04%	16.02%	16.01%	16.00%	15.99%	15.98%	15.98%	15.95%
81.00	15.84%	15.83%	15.81%	15.80%	15.79%	15.79%	15.78%	15.75%
82.00	15.64%	15.63%	15.62%	15.61%	15.60%	15.59%	15.59%	15.56%
82.50	15.55%	15.53%	15.52%	15.51%	15.51%	15.50%	15.49%	15.46%
83.00	15.45%	15.44%	15.43%	15.42%	15.41%	15.40%	15.40%	15.37%
83.50	15.36%	15.35%	15.34%	15.33%	15.32%	15.31%	15.31%	15.28%
84.00	15.27%	15.25%	15.24%	15.23%	15.23%	15.22%	15.21%	15.19%
84.50	15.17%	15.16%	15.15%	15.14%	15.14%	15.13%	15.12%	15.10%
85.00	15.08%	15.07%	15.06%	15.05%	15.05%	15.04%	15.03%	15.01%
85.50	14.99%	14.98%	14.97%	14.96%	14.96%	14.95%	14.95%	14.92%
86.00	14.91%	14.89%	14.88%	14.88%	14.87%	14.86%	14.86%	14.83%
86.50	14.82%	14.81%	14.80%	14.79%	14.78%	14.78%	14.77%	14.75%
87.00	14.73%	14.72%	14.71%	14.70%	14.70%	14.69%	14.69%	14.66%
87.50	14.64%	14.63%	14.63%	14.62%	14.61%	14.61%	14.60%	14.58%
88.00	14.56%	14.55%	14.54%	14.53%	14.53%	14.52%	14.52%	14.50%
88.50	14.47%	14.47%	14.46%	14.45%	14.45%	14.44%	14.44%	14.41%
89.00	14.39%	14.38%	14.38%	14.37%	14.36%	14.36%	14.35%	14.33%
89.50	14.31%	14.30%	14.29%	14.29%	14.28%	14.28%	14.27%	14.25%
90.00	14.23%	14.22%	14.21%	14.21%	14.20%	14.20%	14.19%	14.17%
90.50	14.15%	14.14%	14.13%	14.13%	14.12%	14.12%	14.11%	14.09%
91.00	14.07%	14.06%	14.05%	14.05%	14.04%	14.04%	14.04%	14.02%
91.50	13.99%	13.98%	13.97%	13.97%	13.96%	13.96%	13.96%	13.94%
92.00	13.91%	13.90%	13.90%	13.89%	13.89%	13.88%	13.88%	13.86%
92.50	13.83%	13.82%	13.82%	13.82%	13.81%	13.81%	13.80%	13.79%
93.00	13.75%	13.75%	13.74%	13.74%	13.74%	13.73%	13.73%	13.71%
93.50	13.68%	13.67%	13.67%	13.66%	13.66%	13.66%	13.65%	13.64%
94.00	13.60%	13.60%	13.59%	13.59%	13.59%	13.58%	13.58%	13.57%
94.50	13.53%	13.52%	13.52%	13.52%	13.51%	13.51%	13.51%	13.50%
95.00	13.45%	13.45%	13.45%	13.44%	13.44%	13.44%	13.44%	13.42%
95.50	13.38%	13.38%	13.37%	13.37%	13.37%	13.37%	13.36%	13.35%
96.00	13.31%	13.30%	13.30%	13.30%	13.30%	13.29%	13.29%	13.28%
96.50	13.24%	13.23%	13.23%	13.23%	13.23%	13.22%	13.22%	13.22%
97.00	13.16%	13.16%	13.16%	13.16%	13.16%	13.15%	13.15%	13.15%
97.50	13.09%	13.09%	13.09%	13.09%	13.09%	13.09%	13.08%	13.08%
98.00	13.02%	13.02%	13.02%	13.02%	13.02%	13.02%	13.02%	13.01%
98.50	12.95%	12.95%	12.95%	12.95%	12.95%	12.95%	12.95%	12.95%
99.00	12.89%	12.88%	12.88%	12.88%	12.88%	12.88%	12.88%	12.88%
99.50	12.82%	12.82%	12.82%	12.82%	12.82%	12.82%	12.82%	12.81%
100.00	12.75%	12.75%	12.75%	12.75%	12.75%	12.75%	12.75%	12.75%
100.50	12.68%	12.68%	12.68%	12.68%	12.68%	12.68%	12.68%	12.69%
101.00	12.62%	12.62%	12.62%	12.62%	12.62%	12.62%	12.62%	12.62%
102.00	12.49%	12.49%	12.49%	12.49%	12.49%	12.49%	12.49%	12.50%
103.00	12.36%	12.36%	12.36%	12.36%	12.37%	12.37%	12.37%	12.38%
104.00	12.23%	12.23%	12.24%	12.24%	12.24%	12.24%	12.25%	12.26%
105.00	12.11%	12.11%	12.11%	12.12%	12.12%	12.12%	12.13%	12.14%
106.00	11.98%	11.99%	11.99%	12.00%	12.00%	12.00%	12.01%	12.02%
107.00	11.86%	11.87%	11.88%	11.88%	11.88%	11.89%	11.89%	11.91%
108.00	11.75%	11.75%	11.76%	11.76%	11.77%	11.77%	11.78%	11.80%
109.00	11.63%	11.64%	11.64%	11.65%	11.66%	11.66%	11.66%	11.69%
110.00	11.51%	11.52%	11.53%	11.54%	11.54%	11.55%	11.55%	11.58%

13% EFFECTIVE YIELD RATE

PRICE	YEARS UNTIL MATURITY							
	1/2	1	2	3	4	5	6	7
85.00	50.59%	31.65%	22.75%	19.88%	18.47%	17.64%	17.09%	16.71%
85.50	49.12%	30.95%	22.39%	19.62%	18.27%	17.47%	16.94%	16.58%
86.00	47.67%	30.25%	22.03%	19.37%	18.06%	17.30%	16.79%	16.44%
86.50	46.24%	29.56%	21.67%	19.12%	17.87%	17.13%	16.64%	16.30%
87.00	44.83%	28.88%	21.32%	18.87%	17.67%	16.96%	16.49%	16.17%
87.50	43.43%	28.20%	20.97%	18.63%	17.47%	16.79%	16.35%	16.04%
88.00	42.05%	27.53%	20.62%	18.38%	17.28%	16.63%	16.20%	15.90%
88.50	40.68%	26.87%	20.28%	18.14%	17.09%	16.46%	16.06%	15.77%
89.00	39.33%	26.21%	19.94%	17.90%	16.89%	16.30%	15.91%	15.64%
89.50	37.99%	25.55%	19.60%	17.66%	16.70%	16.14%	15.77%	15.51%
90.00	36.67%	24.90%	19.26%	17.42%	16.51%	15.98%	15.63%	15.38%
90.50	35.36%	24.26%	18.92%	17.18%	16.33%	15.82%	15.49%	15.26%
91.00	34.07%	23.62%	18.59%	16.95%	16.14%	15.66%	15.35%	15.13%
91.25	33.42%	23.31%	18.43%	16.83%	16.05%	15.58%	15.28%	15.07%
91.50	32.79%	22.99%	18.26%	16.72%	15.96%	15.51%	15.21%	15.00%
91.75	32.15%	22.68%	18.10%	16.60%	15.86%	15.43%	15.14%	14.94%
92.00	31.52%	22.37%	17.94%	16.49%	15.77%	15.35%	15.07%	14.88%
92.25	30.89%	22.05%	17.77%	16.37%	15.68%	15.27%	15.00%	14.82%
92.50	30.27%	21.74%	17.61%	16.26%	15.59%	15.20%	14.94%	14.75%
92.75	29.65%	21.44%	17.45%	16.14%	15.50%	15.12%	14.87%	14.69%
93.00	29.03%	21.13%	17.29%	16.03%	15.41%	15.04%	14.80%	14.63%
93.25	28.42%	20.82%	17.13%	15.92%	15.32%	14.97%	14.73%	14.57%
93.50	27.81%	20.52%	16.97%	15.80%	15.23%	14.89%	14.67%	14.51%
93.75	27.20%	20.21%	16.81%	15.69%	15.14%	14.81%	14.60%	14.45%
94.00	26.60%	19.91%	16.65%	15.58%	15.05%	14.74%	14.53%	14.39%
94.25	25.99%	19.61%	16.49%	15.47%	14.96%	14.66%	14.47%	14.33%
94.50	25.40%	19.31%	16.33%	15.36%	14.87%	14.59%	14.40%	14.27%
94.75	24.80%	19.01%	16.18%	15.25%	14.79%	14.51%	14.33%	14.21%
95.00	24.21%	18.71%	16.02%	15.13%	14.70%	14.44%	14.27%	14.15%
95.25	23.62%	18.42%	15.86%	15.02%	14.61%	14.36%	14.20%	14.09%
95.50	23.04%	18.12%	15.71%	14.91%	14.52%	14.29%	14.14%	14.03%
95.75	22.45%	17.83%	15.55%	14.81%	14.44%	14.22%	14.07%	13.97%
96.00	21.88%	17.53%	15.40%	14.70%	14.35%	14.14%	14.01%	13.91%
96.25	21.30%	17.24%	15.25%	14.59%	14.26%	14.07%	13.94%	13.85%
96.50	20.73%	16.95%	15.09%	14.48%	14.18%	14.00%	13.88%	13.80%
96.75	20.16%	16.66%	14.94%	14.37%	14.09%	13.92%	13.81%	13.74%
97.00	19.59%	16.37%	14.79%	14.26%	14.00%	13.85%	13.75%	13.68%
97.25	19.02%	16.09%	14.64%	14.16%	13.92%	13.78%	13.69%	13.62%
97.50	18.46%	15.80%	14.48%	14.05%	13.83%	13.71%	13.62%	13.56%
97.75	17.90%	15.52%	14.33%	13.94%	13.75%	13.64%	13.56%	13.51%
98.00	17.35%	15.23%	14.18%	13.84%	13.67%	13.56%	13.50%	13.45%
98.25	16.79%	14.95%	14.03%	13.73%	13.58%	13.49%	13.43%	13.39%
98.50	16.24%	14.67%	13.88%	13.63%	13.50%	13.42%	13.37%	13.34%
98.75	15.70%	14.39%	13.74%	13.52%	13.41%	13.35%	13.31%	13.28%
99.00	15.15%	14.11%	13.59%	13.42%	13.33%	13.28%	13.25%	13.22%
99.25	14.61%	13.83%	13.44%	13.31%	13.25%	13.21%	13.18%	13.17%
99.50	14.07%	13.55%	13.29%	13.21%	13.16%	13.14%	13.12%	13.11%
99.75	13.53%	13.28%	13.15%	13.10%	13.08%	13.07%	13.06%	13.06%
100.00	13.00%	13.00%	13.00%	13.00%	13.00%	13.00%	13.00%	13.00%
100.25	12.47%	12.73%	12.85%	12.90%	12.92%	12.93%	12.94%	12.94%
100.50	11.94%	12.45%	12.71%	12.79%	12.84%	12.86%	12.88%	12.89%
101.00	10.89%	11.91%	12.42%	12.59%	12.67%	12.72%	12.76%	12.78%
101.50	9.85%	11.37%	12.13%	12.39%	12.51%	12.59%	12.64%	12.67%
102.00	8.82%	10.84%	11.85%	12.18%	12.35%	12.45%	12.52%	12.56%
102.50	7.80%	10.31%	11.56%	11.98%	12.19%	12.32%	12.40%	12.45%
103.00	6.80%	9.78%	11.28%	11.78%	12.03%	12.18%	12.28%	12.35%
103.50	5.80%	9.26%	11.00%	11.59%	11.88%	12.05%	12.16%	12.24%
104.00	4.81%	8.74%	10.72%	11.39%	11.72%	11.92%	12.04%	12.14%
104.50	3.83%	8.22%	10.45%	11.19%	11.56%	11.78%	11.93%	12.03%
105.00	2.86%	7.71%	10.17%	11.00%	11.41%	11.65%	11.81%	11.93%

EFFECTIVE YIELD RATE 13%

PRICE	YEARS UNTIL MATURITY							
	8	9	10	11	12	13	14	15
70.00	20.87%	20.41%	20.06%	19.79%	19.57%	19.39%	19.25%	19.14%
71.00	20.53%	20.09%	19.76%	19.49%	19.28%	19.11%	18.97%	18.86%
72.00	20.20%	19.78%	19.46%	19.20%	19.00%	18.84%	18.70%	18.60%
73.00	19.88%	19.47%	19.16%	18.92%	18.72%	18.57%	18.44%	18.33%
74.00	19.56%	19.17%	18.88%	18.64%	18.45%	18.30%	18.18%	18.08%
75.00	19.25%	18.88%	18.59%	18.37%	18.19%	18.05%	17.93%	17.83%
76.00	18.94%	18.59%	18.32%	18.10%	17.93%	17.79%	17.68%	17.59%
77.00	18.64%	18.31%	18.05%	17.84%	17.68%	17.55%	17.44%	17.35%
78.00	18.35%	18.03%	17.78%	17.59%	17.43%	17.30%	17.20%	17.12%
79.00	18.06%	17.76%	17.52%	17.34%	17.19%	17.07%	16.97%	16.89%
80.00	17.78%	17.49%	17.27%	17.09%	16.95%	16.84%	16.74%	16.67%
81.00	17.50%	17.23%	17.02%	16.85%	16.72%	16.61%	16.52%	16.45%
82.00	17.23%	16.97%	16.77%	16.62%	16.49%	16.39%	16.30%	16.23%
82.50	17.09%	16.84%	16.65%	16.50%	16.38%	16.28%	16.20%	16.13%
83.00	16.96%	16.72%	16.53%	16.38%	16.27%	16.17%	16.09%	16.02%
83.50	16.83%	16.59%	16.41%	16.27%	16.15%	16.06%	15.98%	15.92%
84.00	16.70%	16.47%	16.30%	16.16%	16.04%	15.95%	15.88%	15.82%
84.50	16.57%	16.35%	16.18%	16.04%	15.94%	15.85%	15.78%	15.72%
85.00	16.44%	16.23%	16.06%	15.93%	15.83%	15.74%	15.67%	15.62%
85.50	16.31%	16.11%	15.95%	15.82%	15.72%	15.64%	15.57%	15.52%
86.00	16.18%	15.99%	15.83%	15.71%	15.62%	15.54%	15.47%	15.42%
86.50	16.06%	15.87%	15.72%	15.61%	15.51%	15.44%	15.37%	15.32%
87.00	15.93%	15.75%	15.61%	15.50%	15.41%	15.34%	15.28%	15.23%
87.50	15.81%	15.63%	15.50%	15.39%	15.31%	15.24%	15.18%	15.13%
88.00	15.68%	15.52%	15.39%	15.29%	15.20%	15.14%	15.08%	15.04%
88.50	15.56%	15.40%	15.28%	15.18%	15.10%	15.04%	14.99%	14.94%
89.00	15.44%	15.29%	15.17%	15.08%	15.00%	14.94%	14.89%	14.85%
89.50	15.32%	15.18%	15.07%	14.98%	14.90%	14.85%	14.80%	14.76%
90.00	15.20%	15.07%	14.96%	14.87%	14.81%	14.75%	14.70%	14.67%
90.50	15.08%	14.95%	14.85%	14.77%	14.71%	14.66%	14.61%	14.58%
91.00	14.97%	14.84%	14.75%	14.67%	14.61%	14.56%	14.52%	14.49%
91.50	14.85%	14.74%	14.65%	14.57%	14.52%	14.47%	14.43%	14.40%
92.00	14.74%	14.63%	14.54%	14.48%	14.42%	14.38%	14.34%	14.31%
92.50	14.62%	14.52%	14.44%	14.38%	14.33%	14.29%	14.25%	14.22%
93.00	14.51%	14.41%	14.34%	14.28%	14.23%	14.19%	14.16%	14.14%
93.50	14.39%	14.31%	14.24%	14.18%	14.14%	14.10%	14.07%	14.05%
94.00	14.28%	14.20%	14.14%	14.09%	14.05%	14.02%	13.99%	13.97%
94.50	14.17%	14.10%	14.04%	13.99%	13.96%	13.93%	13.90%	13.88%
95.00	14.06%	13.99%	13.94%	13.90%	13.87%	13.84%	13.82%	13.80%
95.50	13.95%	13.89%	13.84%	13.81%	13.78%	13.75%	13.73%	13.71%
96.00	13.84%	13.79%	13.75%	13.71%	13.69%	13.67%	13.65%	13.63%
96.50	13.73%	13.69%	13.65%	13.62%	13.60%	13.58%	13.56%	13.55%
97.00	13.63%	13.59%	13.56%	13.53%	13.51%	13.50%	13.48%	13.47%
97.50	13.52%	13.49%	13.46%	13.44%	13.43%	13.41%	13.40%	13.39%
98.00	13.42%	13.39%	13.37%	13.35%	13.34%	13.33%	13.32%	13.31%
98.50	13.31%	13.29%	13.28%	13.26%	13.25%	13.24%	13.24%	13.23%
99.00	13.21%	13.19%	13.18%	13.17%	13.17%	13.16%	13.16%	13.15%
99.50	13.10%	13.10%	13.09%	13.09%	13.08%	13.08%	13.08%	13.08%
100.00	13.00%	13.00%	13.00%	13.00%	13.00%	13.00%	13.00%	13.00%
100.50	12.90%	12.90%	12.91%	12.91%	12.92%	12.92%	12.92%	12.92%
101.00	12.80%	12.81%	12.82%	12.83%	12.83%	12.84%	12.84%	12.85%
102.00	12.60%	12.62%	12.64%	12.66%	12.67%	12.68%	12.69%	12.70%
103.00	12.40%	12.44%	12.47%	12.49%	12.51%	12.53%	12.54%	12.55%
104.00	12.20%	12.25%	12.29%	12.33%	12.35%	12.37%	12.39%	12.41%
105.00	12.01%	12.07%	12.12%	12.16%	12.20%	12.22%	12.24%	12.26%
106.00	11.82%	11.90%	11.96%	12.00%	12.04%	12.07%	12.10%	12.12%
107.00	11.63%	11.72%	11.79%	11.85%	11.89%	11.93%	11.96%	11.98%
108.00	11.45%	11.55%	11.63%	11.69%	11.74%	11.78%	11.82%	11.85%
109.00	11.26%	11.38%	11.46%	11.54%	11.59%	11.64%	11.68%	11.71%
110.00	11.08%	11.21%	11.31%	11.38%	11.45%	11.50%	11.54%	11.58%

13%   EFFECTIVE YIELD RATE

PRICE	YEARS UNTIL MATURITY							
	16	17	18	19	20	21	22	23
70.00	19.04%	18.96%	18.90%	18.84%	18.80%	18.76%	18.73%	18.70%
71.00	18.77%	18.69%	18.63%	18.58%	18.53%	18.50%	18.47%	18.44%
72.00	18.51%	18.43%	18.37%	18.32%	18.28%	18.24%	18.21%	18.19%
73.00	18.25%	18.18%	18.12%	18.07%	18.03%	17.99%	17.96%	17.94%
74.00	18.00%	17.93%	17.87%	17.82%	17.78%	17.75%	17.72%	17.70%
75.00	17.75%	17.68%	17.63%	17.58%	17.54%	17.51%	17.48%	17.46%
76.00	17.51%	17.45%	17.39%	17.35%	17.31%	17.28%	17.25%	17.23%
77.00	17.27%	17.21%	17.16%	17.12%	17.08%	17.05%	17.03%	17.00%
78.00	17.05%	16.99%	16.94%	16.90%	16.86%	16.83%	16.81%	16.79%
79.00	16.82%	16.76%	16.72%	16.68%	16.64%	16.62%	16.59%	16.57%
80.00	16.60%	16.55%	16.50%	16.46%	16.43%	16.41%	16.38%	16.36%
81.00	16.39%	16.33%	16.29%	16.26%	16.23%	16.20%	16.18%	16.16%
82.00	16.18%	16.13%	16.09%	16.05%	16.02%	16.00%	15.98%	15.96%
82.50	16.07%	16.02%	15.98%	15.95%	15.92%	15.90%	15.88%	15.86%
83.00	15.97%	15.92%	15.88%	15.85%	15.82%	15.80%	15.78%	15.76%
83.50	15.87%	15.82%	15.79%	15.75%	15.73%	15.70%	15.68%	15.67%
84.00	15.77%	15.72%	15.69%	15.66%	15.63%	15.61%	15.59%	15.57%
84.50	15.67%	15.63%	15.59%	15.56%	15.54%	15.51%	15.50%	15.48%
85.00	15.57%	15.53%	15.49%	15.47%	15.44%	15.42%	15.40%	15.39%
85.50	15.47%	15.43%	15.40%	15.37%	15.35%	15.33%	15.31%	15.30%
86.00	15.37%	15.34%	15.30%	15.28%	15.25%	15.24%	15.22%	15.20%
86.50	15.28%	15.24%	15.21%	15.19%	15.16%	15.14%	15.13%	15.11%
87.00	15.18%	15.15%	15.12%	15.09%	15.07%	15.05%	15.04%	15.03%
87.50	15.09%	15.06%	15.03%	15.00%	14.98%	14.97%	14.95%	14.94%
88.00	15.00%	14.96%	14.94%	14.91%	14.89%	14.88%	14.86%	14.85%
88.50	14.91%	14.87%	14.85%	14.83%	14.81%	14.79%	14.78%	14.76%
89.00	14.81%	14.78%	14.76%	14.74%	14.72%	14.70%	14.69%	14.68%
89.50	14.72%	14.70%	14.67%	14.65%	14.63%	14.62%	14.61%	14.59%
90.00	14.63%	14.61%	14.58%	14.56%	14.55%	14.53%	14.52%	14.51%
90.50	14.55%	14.52%	14.50%	14.48%	14.46%	14.45%	14.44%	14.43%
91.00	14.46%	14.43%	14.41%	14.39%	14.38%	14.37%	14.36%	14.35%
91.50	14.37%	14.35%	14.33%	14.31%	14.30%	14.29%	14.27%	14.27%
92.00	14.28%	14.26%	14.24%	14.23%	14.22%	14.20%	14.19%	14.19%
92.50	14.20%	14.18%	14.16%	14.15%	14.13%	14.12%	14.11%	14.11%
93.00	14.11%	14.09%	14.08%	14.07%	14.05%	14.04%	14.03%	14.03%
93.50	14.03%	14.01%	14.00%	13.98%	13.97%	13.96%	13.96%	13.95%
94.00	13.95%	13.93%	13.92%	13.90%	13.89%	13.89%	13.88%	13.87%
94.50	13.86%	13.85%	13.84%	13.83%	13.82%	13.81%	13.80%	13.80%
95.00	13.78%	13.77%	13.76%	13.75%	13.74%	13.73%	13.73%	13.72%
95.50	13.70%	13.69%	13.68%	13.67%	13.66%	13.66%	13.65%	13.65%
96.00	13.62%	13.61%	13.60%	13.59%	13.59%	13.58%	13.57%	13.57%
96.50	13.54%	13.53%	13.52%	13.52%	13.51%	13.51%	13.50%	13.50%
97.00	13.46%	13.45%	13.45%	13.44%	13.44%	13.43%	13.43%	13.42%
97.50	13.38%	13.38%	13.37%	13.37%	13.36%	13.36%	13.35%	13.35%
98.00	13.30%	13.30%	13.29%	13.29%	13.29%	13.28%	13.28%	13.28%
98.50	13.23%	13.22%	13.22%	13.22%	13.21%	13.21%	13.21%	13.21%
99.00	13.15%	13.15%	13.15%	13.14%	13.14%	13.14%	13.14%	13.14%
99.50	13.08%	13.07%	13.07%	13.07%	13.07%	13.07%	13.07%	13.07%
100.00	13.00%	13.00%	13.00%	13.00%	13.00%	13.00%	13.00%	13.00%
100.50	12.93%	12.93%	12.93%	12.93%	12.93%	12.93%	12.93%	12.93%
101.00	12.85%	12.85%	12.86%	12.86%	12.86%	12.86%	12.86%	12.86%
102.00	12.70%	12.71%	12.71%	12.72%	12.72%	12.72%	12.73%	12.73%
103.00	12.56%	12.57%	12.58%	12.58%	12.59%	12.59%	12.59%	12.60%
104.00	12.42%	12.43%	12.44%	12.45%	12.45%	12.46%	12.46%	12.47%
105.00	12.28%	12.29%	12.30%	12.31%	12.32%	12.33%	12.34%	12.34%
106.00	12.14%	12.16%	12.17%	12.18%	12.19%	12.20%	12.21%	12.22%
107.00	12.01%	12.02%	12.04%	12.05%	12.07%	12.08%	12.08%	12.09%
108.00	11.87%	11.89%	11.91%	11.93%	11.94%	11.95%	11.96%	11.97%
109.00	11.74%	11.76%	11.78%	11.80%	11.82%	11.83%	11.84%	11.85%
110.00	11.61%	11.64%	11.66%	11.68%	11.70%	11.71%	11.72%	11.73%

EFFECTIVE YIELD RATE 13%

PRICE	YEARS UNTIL MATURITY 24	25	26	27	28	29	30	40
70.00	18.68%	18.66%	18.65%	18.64%	18.63%	18.62%	18.61%	18.58%
71.00	18.42%	18.40%	18.39%	18.38%	18.37%	18.36%	18.35%	18.32%
72.00	18.17%	18.15%	18.13%	18.12%	18.11%	18.10%	18.09%	18.06%
73.00	17.92%	17.90%	17.89%	17.87%	17.86%	17.85%	17.85%	17.82%
74.00	17.68%	17.66%	17.64%	17.63%	17.62%	17.61%	17.61%	17.57%
75.00	17.44%	17.42%	17.41%	17.40%	17.39%	17.38%	17.37%	17.34%
76.00	17.21%	17.19%	17.18%	17.17%	17.16%	17.15%	17.14%	17.11%
77.00	16.99%	16.97%	16.96%	16.95%	16.94%	16.93%	16.92%	16.89%
78.00	16.77%	16.75%	16.74%	16.73%	16.72%	16.71%	16.71%	16.67%
79.00	16.55%	16.54%	16.53%	16.52%	16.51%	16.50%	16.49%	16.46%
80.00	16.35%	16.33%	16.32%	16.31%	16.30%	16.29%	16.29%	16.26%
81.00	16.14%	16.13%	16.12%	16.11%	16.10%	16.09%	16.09%	16.06%
82.00	15.94%	15.93%	15.92%	15.91%	15.90%	15.90%	15.89%	15.86%
82.50	15.85%	15.83%	15.82%	15.81%	15.81%	15.80%	15.79%	15.77%
83.00	15.75%	15.74%	15.73%	15.72%	15.71%	15.70%	15.70%	15.67%
83.50	15.65%	15.64%	15.63%	15.62%	15.62%	15.61%	15.60%	15.58%
84.00	15.56%	15.55%	15.54%	15.53%	15.52%	15.52%	15.51%	15.48%
84.50	15.47%	15.45%	15.45%	15.44%	15.43%	15.42%	15.42%	15.39%
85.00	15.37%	15.36%	15.35%	15.35%	15.34%	15.33%	15.33%	15.30%
85.50	15.28%	15.27%	15.26%	15.25%	15.25%	15.24%	15.24%	15.21%
86.00	15.19%	15.18%	15.17%	15.16%	15.16%	15.15%	15.15%	15.12%
86.50	15.10%	15.09%	15.08%	15.08%	15.07%	15.06%	15.06%	15.04%
87.00	15.01%	15.00%	15.00%	14.99%	14.98%	14.98%	14.97%	14.95%
87.50	14.93%	14.92%	14.91%	14.90%	14.90%	14.89%	14.89%	14.86%
88.00	14.84%	14.83%	14.82%	14.82%	14.81%	14.81%	14.80%	14.78%
88.50	14.75%	14.75%	14.74%	14.73%	14.73%	14.72%	14.72%	14.70%
89.00	14.67%	14.66%	14.65%	14.65%	14.64%	14.64%	14.63%	14.61%
89.50	14.59%	14.58%	14.57%	14.56%	14.56%	14.55%	14.55%	14.53%
90.00	14.50%	14.49%	14.49%	14.48%	14.48%	14.47%	14.47%	14.45%
90.50	14.42%	14.41%	14.41%	14.40%	14.40%	14.39%	14.39%	14.37%
91.00	14.34%	14.33%	14.33%	14.32%	14.32%	14.31%	14.31%	14.29%
91.50	14.26%	14.25%	14.25%	14.24%	14.24%	14.23%	14.23%	14.21%
92.00	14.18%	14.17%	14.17%	14.16%	14.16%	14.15%	14.15%	14.14%
92.50	14.10%	14.09%	14.09%	14.08%	14.08%	14.08%	14.07%	14.06%
93.00	14.02%	14.02%	14.01%	14.01%	14.00%	14.00%	14.00%	13.98%
93.50	13.94%	13.94%	13.93%	13.93%	13.93%	13.92%	13.92%	13.91%
94.00	13.87%	13.86%	13.86%	13.85%	13.85%	13.85%	13.85%	13.83%
94.50	13.79%	13.79%	13.78%	13.78%	13.78%	13.77%	13.77%	13.76%
95.00	13.72%	13.71%	13.71%	13.70%	13.70%	13.70%	13.70%	13.69%
95.50	13.64%	13.64%	13.63%	13.63%	13.63%	13.63%	13.63%	13.62%
96.00	13.57%	13.56%	13.56%	13.56%	13.56%	13.55%	13.55%	13.54%
96.50	13.49%	13.49%	13.49%	13.49%	13.48%	13.48%	13.48%	13.47%
97.00	13.42%	13.42%	13.42%	13.41%	13.41%	13.41%	13.41%	13.40%
97.50	13.35%	13.35%	13.35%	13.34%	13.34%	13.34%	13.34%	13.34%
98.00	13.28%	13.28%	13.28%	13.27%	13.27%	13.27%	13.27%	13.27%
98.50	13.21%	13.21%	13.21%	13.20%	13.20%	13.20%	13.20%	13.20%
99.00	13.14%	13.14%	13.14%	13.14%	13.14%	13.13%	13.13%	13.13%
99.50	13.07%	13.07%	13.07%	13.07%	13.07%	13.07%	13.07%	13.07%
100.00	13.00%	13.00%	13.00%	13.00%	13.00%	13.00%	13.00%	13.00%
100.50	12.93%	12.93%	12.93%	12.93%	12.93%	12.93%	12.93%	12.93%
101.00	12.86%	12.87%	12.87%	12.87%	12.87%	12.87%	12.87%	12.87%
102.00	12.73%	12.73%	12.73%	12.74%	12.74%	12.74%	12.74%	12.74%
103.00	12.60%	12.60%	12.61%	12.61%	12.61%	12.61%	12.61%	12.62%
104.00	12.47%	12.48%	12.48%	12.48%	12.48%	12.49%	12.49%	12.50%
105.00	12.35%	12.35%	12.35%	12.36%	12.36%	12.36%	12.36%	12.38%
106.00	12.22%	12.23%	12.23%	12.23%	12.24%	12.24%	12.24%	12.26%
107.00	12.10%	12.11%	12.11%	12.11%	12.12%	12.12%	12.13%	12.14%
108.00	11.98%	11.99%	11.99%	12.00%	12.00%	12.01%	12.01%	12.03%
109.00	11.86%	11.87%	11.88%	11.88%	11.89%	11.89%	11.89%	11.92%
110.00	11.74%	11.75%	11.76%	11.77%	11.77%	11.78%	11.78%	11.81%

13.25% EFFECTIVE YIELD RATE

PRICE	YEARS UNTIL MATURITY						
	1/2	1	2	3	4	5	6	7
85.00	50.88%	31.93%	23.03%	20.15%	18.75%	17.92%	17.37%	16.99%
85.50	49.42%	31.23%	22.66%	19.90%	18.54%	17.74%	17.22%	16.86%
86.00	47.97%	30.53%	22.30%	19.65%	18.34%	17.57%	17.07%	16.72%
86.50	46.53%	29.84%	21.95%	19.39%	18.14%	17.40%	16.92%	16.58%
87.00	45.11%	29.16%	21.59%	19.15%	17.94%	17.23%	16.77%	16.44%
87.50	43.71%	28.48%	21.24%	18.90%	17.75%	17.07%	16.62%	16.31%
88.00	42.33%	27.81%	20.89%	18.65%	17.55%	16.90%	16.47%	16.18%
88.50	40.96%	27.14%	20.55%	18.41%	17.36%	16.73%	16.33%	16.04%
89.00	39.61%	26.48%	20.21%	18.17%	17.16%	16.57%	16.18%	15.91%
89.50	38.27%	25.82%	19.87%	17.93%	16.97%	16.41%	16.04%	15.78%
90.00	36.94%	25.18%	19.53%	17.69%	16.78%	16.25%	15.90%	15.65%
90.50	35.64%	24.53%	19.19%	17.45%	16.59%	16.09%	15.76%	15.52%
91.00	34.34%	23.89%	18.86%	17.22%	16.41%	15.93%	15.61%	15.40%
91.25	33.70%	23.58%	18.69%	17.10%	16.31%	15.85%	15.54%	15.33%
91.50	33.06%	23.26%	18.53%	16.98%	16.22%	15.77%	15.48%	15.27%
91.75	32.43%	22.95%	18.36%	16.87%	16.13%	15.69%	15.41%	15.21%
92.00	31.79%	22.63%	18.20%	16.75%	16.04%	15.61%	15.34%	15.14%
92.25	31.17%	22.32%	18.04%	16.64%	15.94%	15.54%	15.27%	15.08%
92.50	30.54%	22.01%	17.87%	16.52%	15.85%	15.46%	15.20%	15.02%
92.75	29.92%	21.70%	17.71%	16.41%	15.76%	15.38%	15.13%	14.96%
93.00	29.30%	21.39%	17.55%	16.29%	15.67%	15.30%	15.06%	14.89%
93.25	28.69%	21.09%	17.39%	16.18%	15.58%	15.23%	15.00%	14.83%
93.50	28.07%	20.78%	17.23%	16.06%	15.49%	15.15%	14.93%	14.77%
93.75	27.47%	20.48%	17.07%	15.95%	15.40%	15.07%	14.86%	14.71%
94.00	26.86%	20.17%	16.91%	15.84%	15.31%	15.00%	14.79%	14.65%
94.25	26.26%	19.87%	16.75%	15.73%	15.22%	14.92%	14.73%	14.59%
94.50	25.66%	19.57%	16.59%	15.62%	15.13%	14.85%	14.66%	14.53%
94.75	25.07%	19.27%	16.44%	15.50%	15.04%	14.77%	14.59%	14.47%
95.00	24.47%	18.97%	16.28%	15.39%	14.96%	14.70%	14.53%	14.41%
95.25	23.88%	18.68%	16.12%	15.28%	14.87%	14.62%	14.46%	14.35%
95.50	23.30%	18.38%	15.97%	15.17%	14.78%	14.55%	14.40%	14.29%
95.75	22.72%	18.08%	15.81%	15.06%	14.69%	14.47%	14.33%	14.23%
96.00	22.14%	17.79%	15.66%	14.95%	14.61%	14.40%	14.26%	14.17%
96.25	21.56%	17.50%	15.50%	14.84%	14.52%	14.33%	14.20%	14.11%
96.50	20.98%	17.21%	15.35%	14.74%	14.43%	14.25%	14.13%	14.05%
96.75	20.41%	16.92%	15.19%	14.63%	14.35%	14.18%	14.07%	13.99%
97.00	19.85%	16.63%	15.04%	14.52%	14.26%	14.11%	14.01%	13.93%
97.25	19.28%	16.34%	14.89%	14.41%	14.17%	14.03%	13.94%	13.88%
97.50	18.72%	16.05%	14.74%	14.30%	14.09%	13.96%	13.88%	13.82%
97.75	18.16%	15.77%	14.59%	14.20%	14.00%	13.89%	13.81%	13.76%
98.00	17.60%	15.49%	14.44%	14.09%	13.92%	13.82%	13.75%	13.70%
98.25	17.05%	15.20%	14.29%	13.98%	13.83%	13.75%	13.69%	13.65%
98.50	16.50%	14.92%	14.14%	13.88%	13.75%	13.67%	13.62%	13.59%
98.75	15.95%	14.64%	13.99%	13.77%	13.67%	13.60%	13.56%	13.53%
99.00	15.40%	14.36%	13.84%	13.67%	13.58%	13.53%	13.50%	13.48%
99.25	14.86%	14.08%	13.69%	13.56%	13.50%	13.46%	13.44%	13.42%
99.50	14.32%	13.80%	13.54%	13.46%	13.42%	13.39%	13.37%	13.36%
99.75	13.78%	13.53%	13.40%	13.35%	13.33%	13.32%	13.31%	13.31%
100.00	13.25%	13.25%	13.25%	13.25%	13.25%	13.25%	13.25%	13.25%
100.25	12.72%	12.98%	13.10%	13.15%	13.17%	13.18%	13.19%	13.19%
100.50	12.19%	12.70%	12.96%	13.04%	13.09%	13.11%	13.13%	13.14%
101.00	11.14%	12.16%	12.67%	12.84%	12.92%	12.97%	13.00%	13.03%
101.50	10.10%	11.62%	12.38%	12.63%	12.76%	12.83%	12.88%	12.92%
102.00	9.07%	11.08%	12.09%	12.43%	12.60%	12.70%	12.76%	12.81%
102.50	8.05%	10.55%	11.81%	12.23%	12.44%	12.56%	12.64%	12.70%
103.00	7.04%	10.02%	11.53%	12.03%	12.28%	12.43%	12.52%	12.59%
103.50	6.04%	9.50%	11.25%	11.83%	12.12%	12.29%	12.41%	12.49%
104.00	5.05%	8.98%	10.97%	11.63%	11.96%	12.16%	12.29%	12.38%
104.50	4.07%	8.46%	10.69%	11.44%	11.81%	12.03%	12.17%	12.27%
105.00	3.10%	7.95%	10.42%	11.24%	11.65%	11.89%	12.06%	12.17%

EFFECTIVE YIELD RATE 13.25%

PRICE	YEARS UNTIL MATURITY							
	8	9	10	11	12	13	14	15
70.00	21.19%	20.74%	20.39%	20.12%	19.90%	19.73%	19.59%	19.48%
71.00	20.85%	20.42%	20.08%	19.82%	19.61%	19.44%	19.31%	19.20%
72.00	20.52%	20.10%	19.78%	19.53%	19.32%	19.16%	19.03%	18.93%
73.00	20.19%	19.79%	19.48%	19.24%	19.05%	18.89%	18.76%	18.66%
74.00	19.87%	19.49%	19.19%	18.96%	18.77%	18.62%	18.50%	18.40%
75.00	19.56%	19.19%	18.91%	18.68%	18.50%	18.36%	18.24%	18.15%
76.00	19.25%	18.90%	18.63%	18.41%	18.24%	18.11%	17.99%	17.90%
77.00	18.95%	18.61%	18.35%	18.15%	17.99%	17.86%	17.75%	17.66%
78.00	18.65%	18.33%	18.08%	17.89%	17.74%	17.61%	17.51%	17.42%
79.00	18.36%	18.06%	17.82%	17.64%	17.49%	17.37%	17.27%	17.19%
80.00	18.07%	17.79%	17.56%	17.39%	17.25%	17.14%	17.04%	16.97%
81.00	17.79%	17.52%	17.31%	17.15%	17.01%	16.91%	16.82%	16.74%
82.00	17.52%	17.26%	17.06%	16.91%	16.78%	16.68%	16.60%	16.53%
82.50	17.38%	17.13%	16.94%	16.79%	16.67%	16.57%	16.49%	16.42%
83.00	17.25%	17.01%	16.82%	16.67%	16.55%	16.46%	16.38%	16.32%
83.50	17.11%	16.88%	16.70%	16.56%	16.44%	16.35%	16.27%	16.21%
84.00	16.98%	16.75%	16.58%	16.44%	16.33%	16.24%	16.17%	16.11%
84.50	16.85%	16.63%	16.46%	16.33%	16.22%	16.13%	16.06%	16.00%
85.00	16.72%	16.51%	16.34%	16.22%	16.11%	16.03%	15.96%	15.90%
85.50	16.59%	16.39%	16.23%	16.10%	16.00%	15.92%	15.86%	15.80%
86.00	16.46%	16.27%	16.11%	15.99%	15.90%	15.82%	15.76%	15.70%
86.50	16.33%	16.15%	16.00%	15.88%	15.79%	15.72%	15.65%	15.60%
87.00	16.21%	16.03%	15.89%	15.78%	15.69%	15.61%	15.56%	15.51%
87.50	16.08%	15.91%	15.78%	15.67%	15.58%	15.51%	15.46%	15.41%
88.00	15.96%	15.79%	15.66%	15.56%	15.48%	15.41%	15.36%	15.31%
88.50	15.83%	15.68%	15.55%	15.46%	15.38%	15.31%	15.26%	15.22%
89.00	15.71%	15.56%	15.44%	15.35%	15.28%	15.22%	15.17%	15.12%
89.50	15.59%	15.45%	15.34%	15.25%	15.18%	15.12%	15.07%	15.03%
90.00	15.47%	15.34%	15.23%	15.14%	15.08%	15.02%	14.98%	14.94%
90.50	15.35%	15.22%	15.12%	15.04%	14.98%	14.93%	14.88%	14.85%
91.00	15.23%	15.11%	15.02%	14.94%	14.88%	14.83%	14.79%	14.76%
91.50	15.12%	15.00%	14.91%	14.84%	14.78%	14.74%	14.70%	14.67%
92.00	15.00%	14.89%	14.81%	14.74%	14.69%	14.64%	14.61%	14.58%
92.50	14.88%	14.78%	14.70%	14.64%	14.59%	14.55%	14.52%	14.49%
93.00	14.77%	14.68%	14.60%	14.54%	14.50%	14.46%	14.43%	14.40%
93.50	14.66%	14.57%	14.50%	14.45%	14.40%	14.37%	14.34%	14.31%
94.00	14.54%	14.46%	14.40%	14.35%	14.31%	14.28%	14.25%	14.23%
94.50	14.43%	14.36%	14.30%	14.26%	14.22%	14.19%	14.16%	14.14%
95.00	14.32%	14.25%	14.20%	14.16%	14.13%	14.10%	14.08%	14.06%
95.50	14.21%	14.15%	14.10%	14.07%	14.04%	14.01%	13.99%	13.97%
96.00	14.10%	14.05%	14.01%	13.97%	13.95%	13.92%	13.91%	13.89%
96.50	13.99%	13.94%	13.91%	13.88%	13.86%	13.84%	13.82%	13.81%
97.00	13.88%	13.84%	13.81%	13.79%	13.77%	13.75%	13.74%	13.73%
97.50	13.78%	13.74%	13.72%	13.70%	13.68%	13.67%	13.66%	13.65%
98.00	13.67%	13.64%	13.62%	13.61%	13.59%	13.58%	13.57%	13.57%
98.50	13.56%	13.54%	13.53%	13.52%	13.51%	13.50%	13.49%	13.49%
99.00	13.46%	13.44%	13.43%	13.43%	13.42%	13.41%	13.41%	13.41%
99.50	13.35%	13.35%	13.34%	13.34%	13.33%	13.33%	13.33%	13.33%
100.00	13.25%	13.25%	13.25%	13.25%	13.25%	13.25%	13.25%	13.25%
100.50	13.15%	13.15%	13.16%	13.16%	13.17%	13.17%	13.17%	13.17%
101.00	13.04%	13.06%	13.07%	13.08%	13.08%	13.09%	13.09%	13.10%
102.00	12.84%	12.87%	12.89%	12.90%	12.92%	12.93%	12.94%	12.94%
103.00	12.64%	12.68%	12.71%	12.74%	12.76%	12.77%	12.78%	12.80%
104.00	12.45%	12.50%	12.54%	12.57%	12.59%	12.62%	12.63%	12.65%
105.00	12.25%	12.32%	12.37%	12.40%	12.44%	12.46%	12.49%	12.50%
106.00	12.06%	12.14%	12.20%	12.24%	12.28%	12.31%	12.34%	12.36%
107.00	11.87%	11.96%	12.03%	12.08%	12.13%	12.16%	12.20%	12.22%
108.00	11.68%	11.78%	11.86%	11.93%	11.98%	12.02%	12.05%	12.08%
109.00	11.50%	11.61%	11.70%	11.77%	11.83%	11.87%	11.91%	11.95%
110.00	11.32%	11.44%	11.54%	11.62%	11.68%	11.73%	11.78%	11.81%

13.25% EFFECTIVE YIELD RATE

PRICE	YEARS UNTIL MATURITY							
	16	17	18	19	20	21	22	23
70.00	19.38%	19.31%	19.24%	19.19%	19.15%	19.11%	19.08%	19.05%
71.00	19.11%	19.03%	18.97%	18.92%	18.88%	18.84%	18.81%	18.79%
72.00	18.84%	18.77%	18.71%	18.66%	18.61%	18.58%	18.55%	18.53%
73.00	18.58%	18.51%	18.45%	18.40%	18.36%	18.33%	18.30%	18.27%
74.00	18.32%	18.25%	18.20%	18.15%	18.11%	18.08%	18.05%	18.03%
75.00	18.07%	18.00%	17.95%	17.91%	17.87%	17.84%	17.81%	17.79%
76.00	17.83%	17.76%	17.71%	17.67%	17.63%	17.60%	17.57%	17.55%
77.00	17.59%	17.53%	17.48%	17.43%	17.40%	17.37%	17.34%	17.32%
78.00	17.35%	17.30%	17.25%	17.21%	17.17%	17.15%	17.12%	17.10%
79.00	17.13%	17.07%	17.02%	16.99%	16.95%	16.93%	16.90%	16.88%
80.00	16.90%	16.85%	16.81%	16.77%	16.74%	16.71%	16.69%	16.67%
81.00	16.68%	16.63%	16.59%	16.56%	16.53%	16.50%	16.48%	16.46%
82.00	16.47%	16.42%	16.38%	16.35%	16.32%	16.30%	16.28%	16.26%
82.50	16.37%	16.32%	16.28%	16.25%	16.22%	16.20%	16.18%	16.16%
83.00	16.26%	16.22%	16.18%	16.15%	16.12%	16.10%	16.08%	16.06%
83.50	16.16%	16.11%	16.08%	16.05%	16.02%	16.00%	15.98%	15.96%
84.00	16.06%	16.01%	15.98%	15.95%	15.92%	15.90%	15.88%	15.87%
84.50	15.96%	15.91%	15.88%	15.85%	15.83%	15.80%	15.79%	15.77%
85.00	15.86%	15.82%	15.78%	15.75%	15.73%	15.71%	15.69%	15.68%
85.50	15.76%	15.72%	15.69%	15.66%	15.63%	15.61%	15.60%	15.58%
86.00	15.66%	15.62%	15.59%	15.56%	15.54%	15.52%	15.51%	15.49%
86.50	15.56%	15.52%	15.49%	15.47%	15.45%	15.43%	15.41%	15.40%
87.00	15.46%	15.43%	15.40%	15.38%	15.36%	15.34%	15.32%	15.31%
87.50	15.37%	15.34%	15.31%	15.28%	15.26%	15.25%	15.23%	15.22%
88.00	15.28%	15.24%	15.22%	15.19%	15.17%	15.16%	15.14%	15.13%
88.50	15.18%	15.15%	15.13%	15.10%	15.08%	15.07%	15.06%	15.04%
89.00	15.09%	15.06%	15.04%	15.01%	15.00%	14.98%	14.97%	14.96%
89.50	15.00%	14.97%	14.95%	14.93%	14.91%	14.89%	14.88%	14.87%
90.00	14.91%	14.88%	14.86%	14.84%	14.82%	14.81%	14.80%	14.79%
90.50	14.82%	14.79%	14.77%	14.75%	14.74%	14.72%	14.71%	14.70%
91.00	14.73%	14.70%	14.68%	14.67%	14.65%	14.64%	14.63%	14.62%
91.50	14.64%	14.62%	14.60%	14.58%	14.57%	14.56%	14.55%	14.54%
92.00	14.55%	14.53%	14.51%	14.50%	14.48%	14.47%	14.46%	14.46%
92.50	14.46%	14.44%	14.43%	14.41%	14.40%	14.39%	14.38%	14.37%
93.00	14.38%	14.36%	14.34%	14.33%	14.32%	14.31%	14.30%	14.29%
93.50	14.29%	14.28%	14.26%	14.25%	14.24%	14.23%	14.22%	14.21%
94.00	14.21%	14.19%	14.18%	14.17%	14.16%	14.15%	14.14%	14.14%
94.50	14.13%	14.11%	14.10%	14.09%	14.08%	14.07%	14.06%	14.06%
95.00	14.04%	14.03%	14.02%	14.01%	14.00%	13.99%	13.99%	13.98%
95.50	13.96%	13.95%	13.94%	13.93%	13.92%	13.92%	13.91%	13.91%
96.00	13.88%	13.87%	13.86%	13.85%	13.84%	13.84%	13.83%	13.83%
96.50	13.80%	13.79%	13.78%	13.77%	13.77%	13.76%	13.76%	13.76%
97.00	13.72%	13.71%	13.70%	13.70%	13.69%	13.69%	13.68%	13.68%
97.50	13.64%	13.63%	13.63%	13.62%	13.62%	13.61%	13.61%	13.61%
98.00	13.56%	13.55%	13.55%	13.55%	13.54%	13.54%	13.54%	13.53%
98.50	13.48%	13.48%	13.47%	13.47%	13.47%	13.47%	13.46%	13.46%
99.00	13.40%	13.40%	13.40%	13.40%	13.39%	13.39%	13.39%	13.39%
99.50	13.33%	13.32%	13.32%	13.32%	13.32%	13.32%	13.32%	13.32%
100.00	13.25%	13.25%	13.25%	13.25%	13.25%	13.25%	13.25%	13.25%
100.50	13.17%	13.18%	13.18%	13.18%	13.18%	13.18%	13.18%	13.18%
101.00	13.10%	13.10%	13.10%	13.11%	13.11%	13.11%	13.11%	13.11%
102.00	12.95%	12.96%	12.96%	12.96%	12.97%	12.97%	12.97%	12.98%
103.00	12.80%	12.81%	12.82%	12.83%	12.83%	12.83%	12.84%	12.84%
104.00	12.66%	12.67%	12.68%	12.69%	12.69%	12.70%	12.71%	12.71%
105.00	12.52%	12.53%	12.54%	12.55%	12.56%	12.57%	12.58%	12.58%
106.00	12.38%	12.40%	12.41%	12.42%	12.43%	12.44%	12.45%	12.45%
107.00	12.24%	12.26%	12.28%	12.29%	12.30%	12.31%	12.32%	12.33%
108.00	12.11%	12.13%	12.15%	12.16%	12.17%	12.19%	12.20%	12.21%
109.00	11.97%	12.00%	12.02%	12.03%	12.05%	12.06%	12.07%	12.08%
110.00	11.84%	11.87%	11.89%	11.91%	11.93%	11.94%	11.95%	11.96%

EFFECTIVE YIELD RATE 13.25%

PRICE	YEARS UNTIL MATURITY							
	24	25	26	27	28	29	30	40
70.00	19.03%	19.02%	19.00%	18.99%	18.98%	18.97%	18.96%	18.93%
71.00	18.77%	18.75%	18.74%	18.72%	18.71%	18.70%	18.70%	18.67%
72.00	18.51%	18.49%	18.48%	18.46%	18.45%	18.45%	18.44%	18.41%
73.00	18.25%	18.24%	18.22%	18.21%	18.20%	18.19%	18.19%	18.16%
74.00	18.01%	17.99%	17.98%	17.97%	17.96%	17.95%	17.94%	17.91%
75.00	17.77%	17.75%	17.74%	17.73%	17.72%	17.71%	17.70%	17.67%
76.00	17.53%	17.52%	17.51%	17.49%	17.49%	17.48%	17.47%	17.44%
77.00	17.31%	17.29%	17.28%	17.27%	17.26%	17.25%	17.24%	17.21%
78.00	17.08%	17.07%	17.06%	17.05%	17.04%	17.03%	17.02%	16.99%
79.00	16.87%	16.85%	16.84%	16.83%	16.82%	16.81%	16.81%	16.78%
80.00	16.65%	16.64%	16.63%	16.62%	16.61%	16.60%	16.60%	16.57%
81.00	16.45%	16.43%	16.42%	16.41%	16.41%	16.40%	16.39%	16.37%
82.00	16.24%	16.23%	16.22%	16.21%	16.20%	16.20%	16.19%	16.17%
82.50	16.15%	16.13%	16.12%	16.11%	16.11%	16.10%	16.09%	16.07%
83.00	16.05%	16.03%	16.02%	16.02%	16.01%	16.00%	16.00%	15.97%
83.50	15.95%	15.94%	15.93%	15.92%	15.91%	15.91%	15.90%	15.88%
84.00	15.85%	15.84%	15.83%	15.82%	15.82%	15.81%	15.81%	15.78%
84.50	15.76%	15.75%	15.74%	15.73%	15.72%	15.72%	15.71%	15.69%
85.00	15.66%	15.65%	15.64%	15.64%	15.63%	15.62%	15.62%	15.60%
85.50	15.57%	15.56%	15.55%	15.54%	15.54%	15.53%	15.53%	15.50%
86.00	15.48%	15.47%	15.46%	15.45%	15.45%	15.44%	15.44%	15.41%
86.50	15.39%	15.38%	15.37%	15.36%	15.36%	15.35%	15.35%	15.32%
87.00	15.30%	15.29%	15.28%	15.27%	15.27%	15.26%	15.26%	15.24%
87.50	15.21%	15.20%	15.19%	15.19%	15.18%	15.17%	15.17%	15.15%
88.00	15.12%	15.11%	15.10%	15.10%	15.09%	15.09%	15.08%	15.06%
88.50	15.03%	15.03%	15.02%	15.01%	15.01%	15.00%	15.00%	14.98%
89.00	14.95%	14.94%	14.93%	14.93%	14.92%	14.92%	14.91%	14.89%
89.50	14.86%	14.85%	14.85%	14.84%	14.84%	14.83%	14.83%	14.81%
90.00	14.78%	14.77%	14.76%	14.76%	14.75%	14.75%	14.75%	14.73%
90.50	14.69%	14.69%	14.68%	14.68%	14.67%	14.67%	14.66%	14.65%
91.00	14.61%	14.60%	14.60%	14.59%	14.59%	14.59%	14.58%	14.57%
91.50	14.53%	14.52%	14.52%	14.51%	14.51%	14.50%	14.50%	14.49%
92.00	14.45%	14.44%	14.44%	14.43%	14.43%	14.42%	14.42%	14.41%
92.50	14.37%	14.36%	14.36%	14.35%	14.35%	14.35%	14.34%	14.33%
93.00	14.29%	14.28%	14.28%	14.27%	14.27%	14.27%	14.26%	14.25%
93.50	14.21%	14.20%	14.20%	14.20%	14.19%	14.19%	14.19%	14.18%
94.00	14.13%	14.13%	14.12%	14.12%	14.12%	14.11%	14.11%	14.10%
94.50	14.05%	14.05%	14.05%	14.04%	14.04%	14.04%	14.04%	14.02%
95.00	13.98%	13.97%	13.97%	13.97%	13.96%	13.96%	13.96%	13.95%
95.50	13.90%	13.90%	13.89%	13.89%	13.89%	13.89%	13.89%	13.88%
96.00	13.83%	13.82%	13.82%	13.82%	13.82%	13.81%	13.81%	13.80%
96.50	13.75%	13.75%	13.75%	13.74%	13.74%	13.74%	13.74%	13.73%
97.00	13.68%	13.68%	13.67%	13.67%	13.67%	13.67%	13.67%	13.66%
97.50	13.61%	13.60%	13.60%	13.60%	13.60%	13.60%	13.60%	13.59%
98.00	13.53%	13.53%	13.53%	13.53%	13.53%	13.53%	13.53%	13.52%
98.50	13.46%	13.46%	13.46%	13.46%	13.46%	13.46%	13.46%	13.45%
99.00	13.39%	13.39%	13.39%	13.39%	13.39%	13.39%	13.39%	13.38%
99.50	13.32%	13.32%	13.32%	13.32%	13.32%	13.32%	13.32%	13.32%
100.00	13.25%	13.25%	13.25%	13.25%	13.25%	13.25%	13.25%	13.25%
100.50	13.18%	13.18%	13.18%	13.18%	13.18%	13.18%	13.18%	13.18%
101.00	13.11%	13.11%	13.11%	13.11%	13.11%	13.12%	13.12%	13.12%
102.00	12.98%	12.98%	12.98%	12.98%	12.98%	12.98%	12.98%	12.99%
103.00	12.84%	12.85%	12.85%	12.85%	12.85%	12.85%	12.85%	12.86%
104.00	12.71%	12.72%	12.72%	12.72%	12.72%	12.73%	12.73%	12.74%
105.00	12.59%	12.59%	12.59%	12.60%	12.60%	12.60%	12.60%	12.61%
106.00	12.46%	12.46%	12.47%	12.47%	12.48%	12.48%	12.48%	12.49%
107.00	12.33%	12.34%	12.35%	12.35%	12.35%	12.36%	12.36%	12.38%
108.00	12.21%	12.22%	12.23%	12.23%	12.23%	12.24%	12.24%	12.26%
109.00	12.09%	12.10%	12.11%	12.11%	12.12%	12.12%	12.13%	12.15%
110.00	11.97%	11.98%	11.99%	12.00%	12.00%	12.01%	12.01%	12.04%

13.50% EFFECTIVE YIELD RATE

PRICE	YEARS UNTIL MATURITY							
	1/2	1	2	3	4	5	6	7
85.00	51.18%	32.21%	23.30%	20.43%	19.02%	18.19%	17.65%	17.27%
85.50	49.71%	31.51%	22.94%	20.18%	18.82%	18.02%	17.50%	17.13%
86.00	48.26%	30.81%	22.58%	19.92%	18.62%	17.85%	17.35%	17.00%
86.50	46.82%	30.12%	22.22%	19.67%	18.42%	17.68%	17.19%	16.86%
87.00	45.40%	29.44%	21.87%	19.42%	18.22%	17.51%	17.04%	16.72%
87.50	44.00%	28.76%	21.52%	19.17%	18.02%	17.34%	16.89%	16.58%
88.00	42.61%	28.08%	21.17%	18.92%	17.82%	17.17%	16.75%	16.45%
88.50	41.24%	27.42%	20.82%	18.68%	17.63%	17.01%	16.60%	16.32%
89.00	39.89%	26.75%	20.48%	18.44%	17.43%	16.84%	16.45%	16.18%
89.50	38.55%	26.10%	20.13%	18.19%	17.24%	16.68%	16.31%	16.05%
90.00	37.22%	25.45%	19.80%	17.96%	17.05%	16.52%	16.17%	15.92%
90.50	35.91%	24.80%	19.46%	17.72%	16.86%	16.35%	16.02%	15.79%
91.00	34.62%	24.16%	19.12%	17.48%	16.67%	16.19%	15.88%	15.66%
91.25	33.97%	23.84%	18.96%	17.36%	16.58%	16.11%	15.81%	15.60%
91.50	33.33%	23.53%	18.79%	17.25%	16.49%	16.04%	15.74%	15.53%
91.75	32.70%	23.21%	18.63%	17.13%	16.39%	15.96%	15.67%	15.47%
92.00	32.07%	22.90%	18.46%	17.01%	16.30%	15.88%	15.60%	15.41%
92.25	31.44%	22.59%	18.30%	16.90%	16.21%	15.80%	15.53%	15.34%
92.50	30.81%	22.28%	18.14%	16.78%	16.12%	15.72%	15.46%	15.28%
92.75	30.19%	21.97%	17.97%	16.67%	16.02%	15.64%	15.39%	15.22%
93.00	29.57%	21.66%	17.81%	16.55%	15.93%	15.57%	15.33%	15.16%
93.25	28.95%	21.35%	17.65%	16.44%	15.84%	15.49%	15.26%	15.09%
93.50	28.34%	21.04%	17.49%	16.33%	15.75%	15.41%	15.19%	15.03%
93.75	27.73%	20.74%	17.33%	16.21%	15.66%	15.34%	15.12%	14.97%
94.00	27.13%	20.43%	17.17%	16.10%	15.57%	15.26%	15.05%	14.91%
94.25	26.53%	20.13%	17.01%	15.99%	15.48%	15.18%	14.99%	14.85%
94.50	25.93%	19.83%	16.85%	15.87%	15.39%	15.11%	14.92%	14.79%
94.75	25.33%	19.53%	16.69%	15.76%	15.30%	15.03%	14.85%	14.73%
95.00	24.74%	19.23%	16.54%	15.65%	15.21%	14.96%	14.79%	14.67%
95.25	24.15%	18.93%	16.38%	15.54%	15.13%	14.88%	14.72%	14.61%
95.50	23.56%	18.64%	16.22%	15.43%	15.04%	14.81%	14.65%	14.55%
95.75	22.98%	18.34%	16.07%	15.32%	14.95%	14.73%	14.59%	14.49%
96.00	22.40%	18.05%	15.91%	15.21%	14.86%	14.66%	14.52%	14.43%
96.25	21.82%	17.76%	15.76%	15.10%	14.77%	14.58%	14.46%	14.37%
96.50	21.24%	17.46%	15.60%	14.99%	14.69%	14.51%	14.39%	14.31%
96.75	20.67%	17.17%	15.45%	14.88%	14.60%	14.43%	14.33%	14.25%
97.00	20.10%	16.89%	15.30%	14.77%	14.51%	14.36%	14.26%	14.19%
97.25	19.54%	16.60%	15.14%	14.67%	14.43%	14.29%	14.20%	14.13%
97.50	18.97%	16.31%	14.99%	14.56%	14.34%	14.22%	14.13%	14.07%
97.75	18.41%	16.02%	14.84%	14.45%	14.26%	14.14%	14.07%	14.01%
98.00	17.86%	15.74%	14.69%	14.34%	14.17%	14.07%	14.00%	13.96%
98.25	17.30%	15.46%	14.54%	14.24%	14.09%	14.00%	13.94%	13.90%
98.50	16.75%	15.17%	14.39%	14.13%	14.00%	13.93%	13.88%	13.84%
98.75	16.20%	14.89%	14.24%	14.02%	13.92%	13.85%	13.81%	13.78%
99.00	15.66%	14.61%	14.09%	13.92%	13.83%	13.78%	13.75%	13.73%
99.25	15.11%	14.33%	13.94%	13.81%	13.75%	13.71%	13.69%	13.67%
99.50	14.57%	14.05%	13.79%	13.71%	13.67%	13.64%	13.62%	13.61%
99.75	14.04%	13.78%	13.65%	13.60%	13.58%	13.57%	13.56%	13.56%
100.00	13.50%	13.50%	13.50%	13.50%	13.50%	13.50%	13.50%	13.50%
100.25	12.97%	13.22%	13.35%	13.40%	13.42%	13.43%	13.44%	13.44%
100.50	12.44%	12.95%	13.21%	13.29%	13.33%	13.36%	13.38%	13.39%
101.00	11.39%	12.41%	12.92%	13.09%	13.17%	13.22%	13.25%	13.28%
101.50	10.34%	11.87%	12.63%	12.88%	13.01%	13.08%	13.13%	13.17%
102.00	9.31%	11.33%	12.34%	12.68%	12.85%	12.94%	13.01%	13.06%
102.50	8.29%	10.80%	12.06%	12.48%	12.68%	12.81%	12.89%	12.95%
103.00	7.28%	10.27%	11.77%	12.27%	12.52%	12.67%	12.77%	12.84%
103.50	6.28%	9.74%	11.49%	12.07%	12.36%	12.54%	12.65%	12.73%
104.00	5.29%	9.22%	11.21%	11.88%	12.21%	12.40%	12.53%	12.62%
104.50	4.31%	8.70%	10.93%	11.68%	12.05%	12.27%	12.41%	12.52%
105.00	3.33%	8.19%	10.66%	11.48%	11.89%	12.14%	12.30%	12.41%

EFFECTIVE YIELD RATE 13.50%

PRICE	YEARS UNTIL MATURITY							
	8	9	10	11	12	13	14	15
70.00	21.52%	21.07%	20.72%	20.45%	20.24%	20.07%	19.93%	19.82%
71.00	21.17%	20.74%	20.41%	20.15%	19.94%	19.78%	19.64%	19.53%
72.00	20.84%	20.42%	20.10%	19.85%	19.65%	19.49%	19.36%	19.26%
73.00	20.51%	20.11%	19.80%	19.56%	19.37%	19.21%	19.09%	18.99%
74.00	20.18%	19.80%	19.51%	19.27%	19.09%	18.94%	18.82%	18.72%
75.00	19.87%	19.50%	19.22%	19.00%	18.82%	18.68%	18.56%	18.47%
76.00	19.55%	19.20%	18.93%	18.72%	18.55%	18.42%	18.31%	18.22%
77.00	19.25%	18.92%	18.66%	18.46%	18.29%	18.16%	18.06%	17.97%
78.00	18.95%	18.63%	18.39%	18.19%	18.04%	17.92%	17.81%	17.73%
79.00	18.66%	18.35%	18.12%	17.94%	17.79%	17.67%	17.58%	17.50%
80.00	18.37%	18.08%	17.86%	17.69%	17.55%	17.43%	17.34%	17.27%
81.00	18.08%	17.81%	17.60%	17.44%	17.31%	17.20%	17.11%	17.04%
82.00	17.80%	17.55%	17.35%	17.20%	17.07%	16.97%	16.89%	16.82%
82.50	17.67%	17.42%	17.23%	17.08%	16.96%	16.86%	16.78%	16.71%
83.00	17.53%	17.29%	17.11%	16.96%	16.84%	16.75%	16.67%	16.61%
83.50	17.40%	17.16%	16.99%	16.84%	16.73%	16.64%	16.56%	16.50%
84.00	17.26%	17.04%	16.86%	16.73%	16.62%	16.53%	16.46%	16.40%
84.50	17.13%	16.91%	16.75%	16.61%	16.51%	16.42%	16.35%	16.29%
85.00	17.00%	16.79%	16.63%	16.50%	16.40%	16.31%	16.24%	16.19%
85.50	16.87%	16.67%	16.51%	16.39%	16.29%	16.21%	16.14%	16.09%
86.00	16.74%	16.54%	16.39%	16.27%	16.18%	16.10%	16.04%	15.99%
86.50	16.61%	16.42%	16.28%	16.16%	16.07%	16.00%	15.94%	15.89%
87.00	16.48%	16.30%	16.16%	16.05%	15.97%	15.89%	15.84%	15.79%
87.50	16.36%	16.18%	16.05%	15.95%	15.86%	15.79%	15.74%	15.69%
88.00	16.23%	16.07%	15.94%	15.84%	15.76%	15.69%	15.64%	15.59%
88.50	16.11%	15.95%	15.83%	15.73%	15.65%	15.59%	15.54%	15.49%
89.00	15.98%	15.83%	15.72%	15.62%	15.55%	15.49%	15.44%	15.40%
89.50	15.86%	15.72%	15.61%	15.52%	15.45%	15.39%	15.34%	15.30%
90.00	15.74%	15.60%	15.50%	15.42%	15.35%	15.29%	15.25%	15.21%
90.50	15.62%	15.49%	15.39%	15.31%	15.25%	15.20%	15.15%	15.12%
91.00	15.50%	15.38%	15.28%	15.21%	15.15%	15.10%	15.06%	15.03%
91.50	15.38%	15.27%	15.18%	15.11%	15.05%	15.00%	14.97%	14.93%
92.00	15.27%	15.16%	15.07%	15.01%	14.95%	14.91%	14.87%	14.84%
92.50	15.15%	15.05%	14.97%	14.91%	14.86%	14.82%	14.78%	14.75%
93.00	15.03%	14.94%	14.87%	14.81%	14.76%	14.72%	14.69%	14.67%
93.50	14.92%	14.83%	14.76%	14.71%	14.67%	14.63%	14.60%	14.58%
94.00	14.80%	14.72%	14.66%	14.61%	14.57%	14.54%	14.51%	14.49%
94.50	14.69%	14.62%	14.56%	14.52%	14.48%	14.45%	14.42%	14.40%
95.00	14.58%	14.51%	14.46%	14.42%	14.39%	14.36%	14.34%	14.32%
95.50	14.47%	14.41%	14.36%	14.32%	14.29%	14.27%	14.25%	14.23%
96.00	14.36%	14.30%	14.26%	14.23%	14.20%	14.18%	14.16%	14.15%
96.50	14.25%	14.20%	14.16%	14.14%	14.11%	14.09%	14.08%	14.07%
97.00	14.14%	14.10%	14.07%	14.04%	14.02%	14.01%	13.99%	13.98%
97.50	14.03%	14.00%	13.97%	13.95%	13.93%	13.92%	13.91%	13.90%
98.00	13.92%	13.90%	13.88%	13.86%	13.85%	13.84%	13.83%	13.82%
98.50	13.82%	13.80%	13.78%	13.77%	13.76%	13.75%	13.74%	13.74%
99.00	13.71%	13.70%	13.69%	13.68%	13.67%	13.67%	13.66%	13.66%
99.50	13.60%	13.60%	13.59%	13.59%	13.59%	13.58%	13.58%	13.58%
100.00	13.50%	13.50%	13.50%	13.50%	13.50%	13.50%	13.50%	13.50%
100.50	13.40%	13.40%	13.41%	13.41%	13.42%	13.42%	13.42%	13.42%
101.00	13.29%	13.31%	13.32%	13.32%	13.33%	13.34%	13.34%	13.34%
102.00	13.09%	13.11%	13.14%	13.15%	13.16%	13.17%	13.18%	13.19%
103.00	12.89%	12.93%	12.96%	12.98%	13.00%	13.02%	13.03%	13.04%
104.00	12.69%	12.74%	12.78%	12.81%	12.84%	12.86%	12.88%	12.89%
105.00	12.49%	12.56%	12.61%	12.65%	12.68%	12.70%	12.73%	12.74%
106.00	12.30%	12.38%	12.44%	12.48%	12.52%	12.55%	12.58%	12.60%
107.00	12.11%	12.20%	12.27%	12.32%	12.37%	12.40%	12.43%	12.46%
108.00	11.92%	12.02%	12.10%	12.16%	12.21%	12.25%	12.29%	12.32%
109.00	11.74%	11.85%	11.93%	12.00%	12.06%	12.11%	12.15%	12.18%
110.00	11.55%	11.68%	11.77%	11.85%	11.91%	11.96%	12.01%	12.04%

13.50% EFFECTIVE YIELD RATE

PRICE	YEARS UNTIL MATURITY							
	16	17	18	19	20	21	22	23
70.00	19.72%	19.65%	19.59%	19.54%	19.49%	19.46%	19.43%	19.40%
71.00	19.44%	19.37%	19.31%	19.26%	19.22%	19.18%	19.16%	19.13%
72.00	19.17%	19.10%	19.04%	18.99%	18.95%	18.92%	18.89%	18.87%
73.00	18.90%	18.84%	18.78%	18.73%	18.69%	18.66%	18.63%	18.61%
74.00	18.64%	18.58%	18.52%	18.48%	18.44%	18.41%	18.38%	18.36%
75.00	18.39%	18.33%	18.27%	18.23%	18.19%	18.16%	18.14%	18.11%
76.00	18.14%	18.08%	18.03%	17.99%	17.95%	17.92%	17.90%	17.88%
77.00	17.90%	17.84%	17.79%	17.75%	17.72%	17.69%	17.66%	17.64%
78.00	17.66%	17.61%	17.56%	17.52%	17.49%	17.46%	17.44%	17.42%
79.00	17.43%	17.38%	17.33%	17.29%	17.26%	17.24%	17.21%	17.19%
80.00	17.21%	17.15%	17.11%	17.07%	17.04%	17.02%	17.00%	16.98%
81.00	16.98%	16.93%	16.89%	16.86%	16.83%	16.80%	16.78%	16.77%
82.00	16.77%	16.72%	16.68%	16.65%	16.62%	16.60%	16.58%	16.56%
82.50	16.66%	16.61%	16.58%	16.54%	16.52%	16.49%	16.47%	16.46%
83.00	16.55%	16.51%	16.47%	16.44%	16.41%	16.39%	16.37%	16.36%
83.50	16.45%	16.41%	16.37%	16.34%	16.31%	16.29%	16.27%	16.26%
84.00	16.35%	16.30%	16.27%	16.24%	16.21%	16.19%	16.18%	16.16%
84.50	16.24%	16.20%	16.17%	16.14%	16.12%	16.10%	16.08%	16.06%
85.00	16.14%	16.10%	16.07%	16.04%	16.02%	16.00%	15.98%	15.97%
85.50	16.04%	16.00%	15.97%	15.94%	15.92%	15.90%	15.89%	15.87%
86.00	15.94%	15.91%	15.87%	15.85%	15.83%	15.81%	15.79%	15.78%
86.50	15.84%	15.81%	15.78%	15.75%	15.73%	15.71%	15.70%	15.69%
87.00	15.75%	15.71%	15.68%	15.66%	15.64%	15.62%	15.61%	15.59%
87.50	15.65%	15.62%	15.59%	15.57%	15.55%	15.53%	15.51%	15.50%
88.00	15.55%	15.52%	15.50%	15.47%	15.45%	15.44%	15.42%	15.41%
88.50	15.46%	15.43%	15.40%	15.38%	15.36%	15.35%	15.33%	15.32%
89.00	15.36%	15.34%	15.31%	15.29%	15.27%	15.26%	15.25%	15.24%
89.50	15.27%	15.24%	15.22%	15.20%	15.18%	15.17%	15.16%	15.15%
90.00	15.18%	15.15%	15.13%	15.11%	15.10%	15.08%	15.07%	15.06%
90.50	15.09%	15.06%	15.04%	15.02%	15.01%	15.00%	14.99%	14.98%
91.00	15.00%	14.97%	14.95%	14.94%	14.92%	14.91%	14.90%	14.89%
91.50	14.91%	14.89%	14.87%	14.85%	14.84%	14.83%	14.82%	14.81%
92.00	14.82%	14.80%	14.78%	14.77%	14.75%	14.74%	14.73%	14.72%
92.50	14.73%	14.71%	14.70%	14.68%	14.67%	14.66%	14.65%	14.64%
93.00	14.64%	14.63%	14.61%	14.60%	14.59%	14.58%	14.57%	14.56%
93.50	14.56%	14.54%	14.53%	14.51%	14.50%	14.49%	14.49%	14.48%
94.00	14.47%	14.46%	14.44%	14.43%	14.42%	14.41%	14.41%	14.40%
94.50	14.39%	14.37%	14.36%	14.35%	14.34%	14.33%	14.33%	14.32%
95.00	14.30%	14.29%	14.28%	14.27%	14.26%	14.25%	14.25%	14.24%
95.50	14.22%	14.21%	14.20%	14.19%	14.18%	14.18%	14.17%	14.17%
96.00	14.14%	14.13%	14.12%	14.11%	14.10%	14.10%	14.09%	14.09%
96.50	14.06%	14.05%	14.04%	14.03%	14.03%	14.02%	14.02%	14.01%
97.00	13.97%	13.97%	13.96%	13.95%	13.95%	13.94%	13.94%	13.94%
97.50	13.89%	13.89%	13.88%	13.88%	13.87%	13.87%	13.87%	13.86%
98.00	13.81%	13.81%	13.80%	13.80%	13.80%	13.79%	13.79%	13.79%
98.50	13.73%	13.73%	13.73%	13.72%	13.72%	13.72%	13.72%	13.72%
99.00	13.66%	13.65%	13.65%	13.65%	13.65%	13.65%	13.64%	13.64%
99.50	13.58%	13.58%	13.57%	13.57%	13.57%	13.57%	13.57%	13.57%
100.00	13.50%	13.50%	13.50%	13.50%	13.50%	13.50%	13.50%	13.50%
100.50	13.42%	13.42%	13.43%	13.43%	13.43%	13.43%	13.43%	13.43%
101.00	13.35%	13.35%	13.35%	13.35%	13.36%	13.36%	13.36%	13.36%
102.00	13.20%	13.20%	13.21%	13.21%	13.21%	13.22%	13.22%	13.22%
103.00	13.05%	13.06%	13.06%	13.07%	13.07%	13.08%	13.08%	13.08%
104.00	12.90%	12.91%	12.92%	12.93%	12.94%	12.94%	12.95%	12.95%
105.00	12.76%	12.77%	12.78%	12.79%	12.80%	12.81%	12.81%	12.82%
106.00	12.62%	12.63%	12.65%	12.66%	12.67%	12.68%	12.68%	12.69%
107.00	12.48%	12.50%	12.51%	12.53%	12.54%	12.55%	12.56%	12.56%
108.00	12.34%	12.36%	12.38%	12.40%	12.41%	12.42%	12.43%	12.44%
109.00	12.21%	12.23%	12.25%	12.27%	12.28%	12.30%	12.31%	12.32%
110.00	12.07%	12.10%	12.12%	12.14%	12.16%	12.17%	12.18%	12.19%

EFFECTIVE YIELD RATE 13.50%

PRICE	24	25	26	27	28	29	30	40
	YEARS UNTIL MATURITY							
70.00	19.38%	19.37%	19.35%	19.34%	19.33%	19.33%	19.32%	19.29%
71.00	19.11%	19.10%	19.08%	19.07%	19.06%	19.05%	19.05%	19.02%
72.00	18.85%	18.83%	18.82%	18.81%	18.80%	18.79%	18.78%	18.76%
73.00	18.59%	18.58%	18.56%	18.55%	18.54%	18.53%	18.53%	18.50%
74.00	18.34%	18.32%	18.31%	18.30%	18.29%	18.28%	18.28%	18.25%
75.00	18.10%	18.08%	18.07%	18.06%	18.05%	18.04%	18.03%	18.01%
76.00	17.86%	17.84%	17.83%	17.82%	17.81%	17.80%	17.80%	17.77%
77.00	17.63%	17.61%	17.60%	17.59%	17.58%	17.57%	17.57%	17.54%
78.00	17.40%	17.38%	17.37%	17.36%	17.35%	17.35%	17.34%	17.31%
79.00	17.18%	17.16%	17.15%	17.14%	17.13%	17.13%	17.12%	17.10%
80.00	16.96%	16.95%	16.94%	16.93%	16.92%	16.91%	16.91%	16.88%
81.00	16.75%	16.74%	16.73%	16.72%	16.71%	16.70%	16.70%	16.67%
82.00	16.55%	16.53%	16.52%	16.51%	16.51%	16.50%	16.49%	16.47%
82.50	16.44%	16.43%	16.42%	16.41%	16.41%	16.40%	16.39%	16.37%
83.00	16.34%	16.33%	16.32%	16.31%	16.31%	16.30%	16.30%	16.27%
83.50	16.25%	16.23%	16.22%	16.22%	16.21%	16.20%	16.20%	16.17%
84.00	16.15%	16.14%	16.13%	16.12%	16.11%	16.11%	16.10%	16.08%
84.50	16.05%	16.04%	16.03%	16.02%	16.02%	16.01%	16.01%	15.98%
85.00	15.95%	15.94%	15.94%	15.93%	15.92%	15.92%	15.91%	15.89%
85.50	15.86%	15.85%	15.84%	15.83%	15.83%	15.82%	15.82%	15.80%
86.00	15.77%	15.76%	15.75%	15.74%	15.74%	15.73%	15.73%	15.70%
86.50	15.67%	15.66%	15.66%	15.65%	15.64%	15.64%	15.63%	15.61%
87.00	15.58%	15.57%	15.57%	15.56%	15.55%	15.55%	15.54%	15.52%
87.50	15.49%	15.48%	15.48%	15.47%	15.46%	15.46%	15.45%	15.43%
88.00	15.40%	15.39%	15.39%	15.38%	15.37%	15.37%	15.37%	15.35%
88.50	15.31%	15.31%	15.30%	15.29%	15.29%	15.28%	15.28%	15.26%
89.00	15.23%	15.22%	15.21%	15.21%	15.20%	15.20%	15.19%	15.17%
89.50	15.14%	15.13%	15.12%	15.12%	15.11%	15.11%	15.11%	15.09%
90.00	15.05%	15.05%	15.04%	15.03%	15.03%	15.03%	15.02%	15.01%
90.50	14.97%	14.96%	14.95%	14.95%	14.95%	14.94%	14.94%	14.92%
91.00	14.88%	14.88%	14.87%	14.87%	14.86%	14.86%	14.86%	14.84%
91.50	14.80%	14.79%	14.79%	14.78%	14.78%	14.78%	14.77%	14.76%
92.00	14.72%	14.71%	14.71%	14.70%	14.70%	14.70%	14.69%	14.68%
92.50	14.64%	14.63%	14.63%	14.62%	14.62%	14.61%	14.61%	14.60%
93.00	14.56%	14.55%	14.55%	14.54%	14.54%	14.54%	14.53%	14.52%
93.50	14.47%	14.47%	14.47%	14.46%	14.46%	14.46%	14.45%	14.44%
94.00	14.40%	14.39%	14.39%	14.38%	14.38%	14.38%	14.38%	14.37%
94.50	14.32%	14.31%	14.31%	14.31%	14.30%	14.30%	14.30%	14.29%
95.00	14.24%	14.24%	14.23%	14.23%	14.23%	14.22%	14.22%	14.21%
95.50	14.16%	14.16%	14.16%	14.15%	14.15%	14.15%	14.15%	14.14%
96.00	14.09%	14.08%	14.08%	14.08%	14.08%	14.07%	14.07%	14.07%
96.50	14.01%	14.01%	14.01%	14.00%	14.00%	14.00%	14.00%	13.99%
97.00	13.94%	13.93%	13.93%	13.93%	13.93%	13.93%	13.93%	13.92%
97.50	13.86%	13.86%	13.86%	13.86%	13.85%	13.85%	13.85%	13.85%
98.00	13.79%	13.79%	13.78%	13.78%	13.78%	13.78%	13.78%	13.78%
98.50	13.71%	13.71%	13.71%	13.71%	13.71%	13.71%	13.71%	13.71%
99.00	13.64%	13.64%	13.64%	13.64%	13.64%	13.64%	13.64%	13.64%
99.50	13.57%	13.57%	13.57%	13.57%	13.57%	13.57%	13.57%	13.57%
100.00	13.50%	13.50%	13.50%	13.50%	13.50%	13.50%	13.50%	13.50%
100.50	13.43%	13.43%	13.43%	13.43%	13.43%	13.43%	13.43%	13.43%
101.00	13.36%	13.36%	13.36%	13.36%	13.36%	13.36%	13.36%	13.37%
102.00	13.22%	13.22%	13.23%	13.23%	13.23%	13.23%	13.23%	13.23%
103.00	13.09%	13.09%	13.09%	13.09%	13.10%	13.10%	13.10%	13.10%
104.00	12.96%	12.96%	12.96%	12.96%	12.97%	12.97%	12.97%	12.98%
105.00	12.82%	12.83%	12.83%	12.84%	12.84%	12.84%	12.84%	12.85%
106.00	12.70%	12.70%	12.71%	12.71%	12.71%	12.72%	12.72%	12.73%
107.00	12.57%	12.58%	12.58%	12.59%	12.59%	12.59%	12.60%	12.61%
108.00	12.45%	12.45%	12.46%	12.46%	12.47%	12.47%	12.47%	12.49%
109.00	12.32%	12.33%	12.34%	12.34%	12.35%	12.35%	12.36%	12.38%
110.00	12.20%	12.21%	12.22%	12.23%	12.23%	12.24%	12.24%	12.26%

13.75% EFFECTIVE YIELD RATE

PRICE	YEARS UNTIL MATURITY							
	1/2	1	2	3	4	5	6	7
85.00	51.47%	32.50%	23.58%	20.71%	19.30%	18.47%	17.93%	17.55%
85.50	50.00%	31.79%	23.22%	20.45%	19.10%	18.30%	17.78%	17.41%
86.00	48.55%	31.09%	22.86%	20.20%	18.89%	18.12%	17.62%	17.27%
86.50	47.11%	30.40%	22.50%	19.94%	18.69%	17.95%	17.47%	17.13%
87.00	45.69%	29.71%	22.14%	19.69%	18.49%	17.78%	17.32%	17.00%
87.50	44.29%	29.03%	21.79%	19.44%	18.29%	17.61%	17.17%	16.86%
88.00	42.90%	28.36%	21.44%	19.20%	18.09%	17.44%	17.02%	16.72%
88.50	41.53%	27.69%	21.09%	18.95%	17.90%	17.28%	16.87%	16.59%
89.00	40.17%	27.03%	20.75%	18.71%	17.70%	17.11%	16.72%	16.45%
89.50	38.83%	26.37%	20.40%	18.46%	17.51%	16.95%	16.58%	16.32%
90.00	37.50%	25.72%	20.06%	18.22%	17.32%	16.78%	16.43%	16.19%
90.50	36.19%	25.07%	19.73%	17.98%	17.13%	16.62%	16.29%	16.06%
91.00	34.89%	24.43%	19.39%	17.75%	16.94%	16.46%	16.15%	15.93%
91.25	34.25%	24.11%	19.22%	17.63%	16.84%	16.38%	16.08%	15.86%
91.50	33.61%	23.80%	19.06%	17.51%	16.75%	16.30%	16.01%	15.80%
91.75	32.97%	23.48%	18.89%	17.40%	16.66%	16.22%	15.94%	15.74%
92.00	32.34%	23.17%	18.73%	17.28%	16.56%	16.14%	15.87%	15.67%
92.25	31.71%	22.85%	18.56%	17.16%	16.47%	16.06%	15.80%	15.61%
92.50	31.08%	22.54%	18.40%	17.05%	16.38%	15.98%	15.73%	15.55%
92.75	30.46%	22.23%	18.24%	16.93%	16.29%	15.91%	15.66%	15.48%
93.00	29.84%	21.92%	18.07%	16.82%	16.20%	15.83%	15.59%	15.42%
93.25	29.22%	21.61%	17.91%	16.70%	16.10%	15.75%	15.52%	15.36%
93.50	28.61%	21.31%	17.75%	16.59%	16.01%	15.67%	15.45%	15.29%
93.75	28.00%	21.00%	17.59%	16.47%	15.92%	15.60%	15.38%	15.23%
94.00	27.39%	20.70%	17.43%	16.36%	15.83%	15.52%	15.31%	15.17%
94.25	26.79%	20.39%	17.27%	16.25%	15.74%	15.44%	15.25%	15.11%
94.50	26.19%	20.09%	17.11%	16.13%	15.65%	15.37%	15.18%	15.05%
94.75	25.59%	19.79%	16.95%	16.02%	15.56%	15.29%	15.11%	14.99%
95.00	25.00%	19.49%	16.80%	15.91%	15.47%	15.21%	15.04%	14.93%
95.25	24.41%	19.19%	16.64%	15.80%	15.38%	15.14%	14.98%	14.86%
95.50	23.82%	18.90%	16.48%	15.69%	15.30%	15.06%	14.91%	14.80%
95.75	23.24%	18.60%	16.33%	15.58%	15.21%	14.99%	14.84%	14.74%
96.00	22.66%	18.31%	16.17%	15.47%	15.12%	14.91%	14.78%	14.68%
96.25	22.08%	18.01%	16.01%	15.36%	15.03%	14.84%	14.71%	14.62%
96.50	21.50%	17.72%	15.86%	15.25%	14.94%	14.76%	14.65%	14.56%
96.75	20.93%	17.43%	15.71%	15.14%	14.86%	14.69%	14.58%	14.50%
97.00	20.36%	17.14%	15.55%	15.03%	14.77%	14.62%	14.52%	14.45%
97.25	19.79%	16.85%	15.40%	14.92%	14.68%	14.54%	14.45%	14.39%
97.50	19.23%	16.56%	15.25%	14.81%	14.60%	14.47%	14.39%	14.33%
97.75	18.67%	16.28%	15.09%	14.70%	14.51%	14.40%	14.32%	14.27%
98.00	18.11%	15.99%	14.94%	14.60%	14.43%	14.32%	14.26%	14.21%
98.25	17.56%	15.71%	14.79%	14.49%	14.34%	14.25%	14.19%	14.15%
98.50	17.01%	15.43%	14.64%	14.38%	14.25%	14.18%	14.13%	14.09%
98.75	16.46%	15.14%	14.49%	14.28%	14.17%	14.11%	14.07%	14.04%
99.00	15.91%	14.86%	14.34%	14.17%	14.09%	14.03%	14.00%	13.98%
99.25	15.37%	14.58%	14.19%	14.07%	14.00%	13.96%	13.94%	13.92%
99.50	14.82%	14.30%	14.05%	13.96%	13.92%	13.89%	13.88%	13.86%
99.75	14.29%	14.03%	13.90%	13.85%	13.83%	13.82%	13.81%	13.81%
100.00	13.75%	13.75%	13.75%	13.75%	13.75%	13.75%	13.75%	13.75%
100.25	13.22%	13.47%	13.60%	13.65%	13.67%	13.68%	13.69%	13.69%
100.50	12.69%	13.20%	13.46%	13.54%	13.58%	13.61%	13.63%	13.64%
101.00	11.63%	12.65%	13.17%	13.33%	13.42%	13.47%	13.50%	13.52%
101.50	10.59%	12.11%	12.88%	13.13%	13.25%	13.33%	13.38%	13.41%
102.00	9.56%	11.57%	12.59%	12.92%	13.09%	13.19%	13.26%	13.30%
102.50	8.54%	11.04%	12.30%	12.72%	12.93%	13.05%	13.13%	13.19%
103.00	7.52%	10.51%	12.02%	12.52%	12.77%	12.92%	13.01%	13.08%
103.50	6.52%	9.99%	11.74%	12.32%	12.61%	12.78%	12.89%	12.97%
104.00	5.53%	9.46%	11.46%	12.12%	12.45%	12.65%	12.78%	12.87%
104.50	4.55%	8.95%	11.18%	11.92%	12.29%	12.51%	12.66%	12.76%
105.00	3.57%	8.43%	10.90%	11.73%	12.14%	12.38%	12.54%	12.65%

EFFECTIVE YIELD RATE 13.75%

PRICE	YEARS UNTIL MATURITY							
	8	9	10	11	12	13	14	15
70.00	21.84%	21.40%	21.05%	20.78%	20.57%	20.40%	20.27%	20.16%
71.00	21.50%	21.06%	20.73%	20.48%	20.27%	20.11%	19.98%	19.87%
72.00	21.16%	20.74%	20.42%	20.17%	19.98%	19.82%	19.69%	19.59%
73.00	20.82%	20.42%	20.12%	19.88%	19.69%	19.54%	19.42%	19.32%
74.00	20.49%	20.11%	19.82%	19.59%	19.41%	19.26%	19.14%	19.05%
75.00	20.17%	19.81%	19.53%	19.31%	19.13%	18.99%	18.88%	18.79%
76.00	19.86%	19.51%	19.24%	19.03%	18.87%	18.73%	18.62%	18.53%
77.00	19.55%	19.22%	18.96%	18.76%	18.60%	18.47%	18.37%	18.28%
78.00	19.25%	18.93%	18.69%	18.50%	18.35%	18.22%	18.12%	18.04%
79.00	18.95%	18.65%	18.42%	18.24%	18.09%	17.98%	17.88%	17.80%
80.00	18.66%	18.38%	18.16%	17.98%	17.85%	17.73%	17.64%	17.57%
81.00	18.37%	18.11%	17.90%	17.73%	17.60%	17.50%	17.41%	17.34%
82.00	18.09%	17.84%	17.64%	17.49%	17.37%	17.27%	17.18%	17.12%
82.50	17.95%	17.71%	17.52%	17.37%	17.25%	17.15%	17.07%	17.01%
83.00	17.82%	17.58%	17.39%	17.25%	17.13%	17.04%	16.96%	16.90%
83.50	17.68%	17.45%	17.27%	17.13%	17.02%	16.93%	16.85%	16.79%
84.00	17.55%	17.32%	17.15%	17.01%	16.90%	16.82%	16.74%	16.68%
84.50	17.41%	17.20%	17.03%	16.90%	16.79%	16.71%	16.64%	16.58%
85.00	17.28%	17.07%	16.91%	16.78%	16.68%	16.60%	16.53%	16.47%
85.50	17.15%	16.95%	16.79%	16.67%	16.57%	16.49%	16.43%	16.37%
86.00	17.02%	16.82%	16.67%	16.56%	16.46%	16.38%	16.32%	16.27%
86.50	16.89%	16.70%	16.56%	16.44%	16.35%	16.28%	16.22%	16.17%
87.00	16.76%	16.58%	16.44%	16.33%	16.24%	16.17%	16.12%	16.07%
87.50	16.63%	16.46%	16.33%	16.22%	16.14%	16.07%	16.01%	15.97%
88.00	16.51%	16.34%	16.21%	16.11%	16.03%	15.97%	15.91%	15.87%
88.50	16.38%	16.22%	16.10%	16.01%	15.93%	15.87%	15.81%	15.77%
89.00	16.26%	16.11%	15.99%	15.90%	15.82%	15.76%	15.71%	15.67%
89.50	16.13%	15.99%	15.88%	15.79%	15.72%	15.66%	15.62%	15.58%
90.00	16.01%	15.87%	15.77%	15.69%	15.62%	15.57%	15.52%	15.48%
90.50	15.89%	15.76%	15.66%	15.58%	15.52%	15.47%	15.42%	15.39%
91.00	15.77%	15.65%	15.55%	15.48%	15.42%	15.37%	15.33%	15.30%
91.50	15.65%	15.53%	15.45%	15.38%	15.32%	15.27%	15.24%	15.20%
92.00	15.53%	15.42%	15.34%	15.27%	15.22%	15.18%	15.14%	15.11%
92.50	15.41%	15.31%	15.23%	15.17%	15.12%	15.08%	15.05%	15.02%
93.00	15.30%	15.20%	15.13%	15.07%	15.03%	14.99%	14.96%	14.93%
93.50	15.18%	15.09%	15.03%	14.97%	14.93%	14.90%	14.87%	14.84%
94.00	15.07%	14.99%	14.92%	14.87%	14.83%	14.80%	14.78%	14.75%
94.50	14.95%	14.88%	14.82%	14.78%	14.74%	14.71%	14.69%	14.67%
95.00	14.84%	14.77%	14.72%	14.68%	14.65%	14.62%	14.60%	14.58%
95.50	14.73%	14.67%	14.62%	14.58%	14.55%	14.53%	14.51%	14.49%
96.00	14.61%	14.56%	14.52%	14.49%	14.46%	14.44%	14.42%	14.41%
96.50	14.50%	14.46%	14.42%	14.39%	14.37%	14.35%	14.34%	14.32%
97.00	14.39%	14.35%	14.32%	14.30%	14.28%	14.26%	14.25%	14.24%
97.50	14.28%	14.25%	14.23%	14.21%	14.19%	14.18%	14.17%	14.16%
98.00	14.18%	14.15%	14.13%	14.11%	14.10%	14.09%	14.08%	14.07%
98.50	14.07%	14.05%	14.03%	14.02%	14.01%	14.00%	14.00%	13.99%
99.00	13.96%	13.95%	13.94%	13.93%	13.92%	13.92%	13.91%	13.91%
99.50	13.86%	13.85%	13.84%	13.84%	13.84%	13.83%	13.83%	13.83%
100.00	13.75%	13.75%	13.75%	13.75%	13.75%	13.75%	13.75%	13.75%
100.50	13.65%	13.65%	13.66%	13.66%	13.66%	13.67%	13.67%	13.67%
101.00	13.54%	13.55%	13.56%	13.57%	13.58%	13.58%	13.59%	13.59%
102.00	13.34%	13.36%	13.38%	13.40%	13.41%	13.42%	13.43%	13.44%
103.00	13.13%	13.17%	13.20%	13.22%	13.24%	13.26%	13.27%	13.28%
104.00	12.93%	12.98%	13.02%	13.05%	13.08%	13.10%	13.12%	13.13%
105.00	12.74%	12.80%	12.85%	12.89%	12.92%	12.95%	12.97%	12.98%
106.00	12.54%	12.62%	12.67%	12.72%	12.76%	12.79%	12.82%	12.84%
107.00	12.35%	12.44%	12.50%	12.56%	12.60%	12.64%	12.67%	12.69%
108.00	12.16%	12.26%	12.34%	12.40%	12.45%	12.49%	12.52%	12.55%
109.00	11.97%	12.08%	12.17%	12.24%	12.30%	12.34%	12.38%	12.41%
110.00	11.79%	11.91%	12.01%	12.08%	12.15%	12.20%	12.24%	12.28%

13.75% EFFECTIVE YIELD RATE

PRICE	YEARS UNTIL MATURITY 16	17	18	19	20	21	22	23
70.00	20.07%	19.99%	19.93%	19.88%	19.84%	19.81%	19.78%	19.76%
71.00	19.78%	19.71%	19.65%	19.60%	19.56%	19.53%	19.50%	19.48%
72.00	19.50%	19.43%	19.38%	19.33%	19.29%	19.26%	19.23%	19.21%
73.00	19.23%	19.17%	19.11%	19.06%	19.03%	18.99%	18.97%	18.95%
74.00	18.97%	18.90%	18.85%	18.81%	18.77%	18.74%	18.71%	18.69%
75.00	18.71%	18.65%	18.60%	18.55%	18.52%	18.49%	18.46%	18.44%
76.00	18.46%	18.40%	18.35%	18.31%	18.27%	18.24%	18.22%	18.20%
77.00	18.21%	18.16%	18.11%	18.07%	18.03%	18.01%	17.98%	17.96%
78.00	17.97%	17.92%	17.87%	17.83%	17.80%	17.77%	17.75%	17.73%
79.00	17.74%	17.68%	17.64%	17.60%	17.57%	17.55%	17.52%	17.51%
80.00	17.51%	17.46%	17.41%	17.38%	17.35%	17.32%	17.30%	17.29%
81.00	17.28%	17.23%	17.19%	17.16%	17.13%	17.11%	17.09%	17.07%
82.00	17.06%	17.02%	16.98%	16.95%	16.92%	16.90%	16.88%	16.86%
82.50	16.95%	16.91%	16.87%	16.84%	16.81%	16.79%	16.77%	16.76%
83.00	16.85%	16.80%	16.77%	16.74%	16.71%	16.69%	16.67%	16.65%
83.50	16.74%	16.70%	16.66%	16.63%	16.61%	16.59%	16.57%	16.55%
84.00	16.64%	16.59%	16.56%	16.53%	16.51%	16.49%	16.47%	16.45%
84.50	16.53%	16.49%	16.46%	16.43%	16.41%	16.39%	16.37%	16.36%
85.00	16.43%	16.39%	16.36%	16.33%	16.31%	16.29%	16.27%	16.26%
85.50	16.33%	16.29%	16.26%	16.23%	16.21%	16.19%	16.17%	16.16%
86.00	16.23%	16.19%	16.16%	16.13%	16.11%	16.09%	16.08%	16.07%
86.50	16.13%	16.09%	16.06%	16.04%	16.02%	16.00%	15.98%	15.97%
87.00	16.03%	15.99%	15.96%	15.94%	15.92%	15.90%	15.89%	15.88%
87.50	15.93%	15.90%	15.87%	15.85%	15.83%	15.81%	15.80%	15.78%
88.00	15.83%	15.80%	15.77%	15.75%	15.73%	15.72%	15.70%	15.69%
88.50	15.74%	15.71%	15.68%	15.66%	15.64%	15.63%	15.61%	15.60%
89.00	15.64%	15.61%	15.59%	15.57%	15.55%	15.54%	15.52%	15.51%
89.50	15.55%	15.52%	15.50%	15.48%	15.46%	15.45%	15.43%	15.42%
90.00	15.45%	15.43%	15.40%	15.39%	15.37%	15.36%	15.35%	15.34%
90.50	15.36%	15.34%	15.31%	15.30%	15.28%	15.27%	15.26%	15.25%
91.00	15.27%	15.25%	15.23%	15.21%	15.19%	15.18%	15.17%	15.16%
91.50	15.18%	15.16%	15.14%	15.12%	15.11%	15.10%	15.09%	15.08%
92.00	15.09%	15.07%	15.05%	15.03%	15.02%	15.01%	15.00%	14.99%
92.50	15.00%	14.98%	14.96%	14.95%	14.94%	14.93%	14.92%	14.91%
93.00	14.91%	14.89%	14.88%	14.86%	14.85%	14.84%	14.84%	14.83%
93.50	14.82%	14.81%	14.79%	14.78%	14.77%	14.76%	14.75%	14.75%
94.00	14.74%	14.72%	14.71%	14.70%	14.69%	14.68%	14.67%	14.67%
94.50	14.65%	14.64%	14.62%	14.61%	14.60%	14.60%	14.59%	14.58%
95.00	14.56%	14.55%	14.54%	14.53%	14.52%	14.52%	14.51%	14.51%
95.50	14.48%	14.47%	14.46%	14.45%	14.44%	14.44%	14.43%	14.43%
96.00	14.40%	14.39%	14.38%	14.37%	14.36%	14.36%	14.35%	14.35%
96.50	14.31%	14.30%	14.30%	14.29%	14.28%	14.28%	14.27%	14.27%
97.00	14.23%	14.22%	14.22%	14.21%	14.21%	14.20%	14.20%	14.19%
97.50	14.15%	14.14%	14.14%	14.13%	14.13%	14.12%	14.12%	14.12%
98.00	14.07%	14.06%	14.06%	14.05%	14.05%	14.05%	14.05%	14.04%
98.50	13.99%	13.98%	13.98%	13.98%	13.97%	13.97%	13.97%	13.97%
99.00	13.91%	13.90%	13.90%	13.90%	13.90%	13.90%	13.90%	13.90%
99.50	13.83%	13.83%	13.83%	13.83%	13.82%	13.82%	13.82%	13.82%
100.00	13.75%	13.75%	13.75%	13.75%	13.75%	13.75%	13.75%	13.75%
100.50	13.67%	13.67%	13.67%	13.68%	13.68%	13.68%	13.68%	13.68%
101.00	13.60%	13.60%	13.60%	13.60%	13.60%	13.60%	13.61%	13.61%
102.00	13.44%	13.45%	13.45%	13.46%	13.46%	13.46%	13.46%	13.47%
103.00	13.29%	13.30%	13.31%	13.31%	13.32%	13.32%	13.33%	13.33%
104.00	13.15%	13.16%	13.16%	13.17%	13.18%	13.18%	13.19%	13.19%
105.00	13.00%	13.01%	13.02%	13.03%	13.04%	13.05%	13.05%	13.06%
106.00	12.86%	12.87%	12.89%	12.90%	12.91%	12.91%	12.92%	12.93%
107.00	12.72%	12.73%	12.75%	12.76%	12.77%	12.78%	12.79%	12.80%
108.00	12.58%	12.60%	12.62%	12.63%	12.64%	12.65%	12.66%	12.67%
109.00	12.44%	12.46%	12.48%	12.50%	12.51%	12.53%	12.54%	12.55%
110.00	12.31%	12.33%	12.35%	12.37%	12.39%	12.40%	12.41%	12.42%

EFFECTIVE YIELD RATE 13.75%

PRICE	YEARS UNTIL MATURITY 24	25	26	27	28	29	30	40
70.00	19.74%	19.72%	19.71%	19.70%	19.69%	19.68%	19.67%	19.65%
71.00	19.46%	19.44%	19.43%	19.42%	19.41%	19.40%	19.40%	19.37%
72.00	19.19%	19.17%	19.16%	19.15%	19.14%	19.13%	19.13%	19.10%
73.00	18.93%	18.91%	18.90%	18.89%	18.88%	18.87%	18.87%	18.84%
74.00	18.67%	18.66%	18.65%	18.63%	18.63%	18.62%	18.61%	18.59%
75.00	18.42%	18.41%	18.40%	18.39%	18.38%	18.37%	18.36%	18.34%
76.00	18.18%	18.17%	18.16%	18.15%	18.14%	18.13%	18.12%	18.10%
77.00	17.95%	17.93%	17.92%	17.91%	17.90%	17.89%	17.89%	17.86%
78.00	17.71%	17.70%	17.69%	17.68%	17.67%	17.67%	17.66%	17.63%
79.00	17.49%	17.48%	17.47%	17.46%	17.45%	17.44%	17.44%	17.41%
80.00	17.27%	17.26%	17.25%	17.24%	17.23%	17.22%	17.22%	17.19%
81.00	17.06%	17.04%	17.03%	17.02%	17.02%	17.01%	17.01%	16.98%
82.00	16.85%	16.83%	16.82%	16.82%	16.81%	16.80%	16.80%	16.77%
82.50	16.74%	16.73%	16.72%	16.71%	16.71%	16.70%	16.70%	16.67%
83.00	16.64%	16.63%	16.62%	16.61%	16.61%	16.60%	16.59%	16.57%
83.50	16.54%	16.53%	16.52%	16.51%	16.51%	16.50%	16.50%	16.47%
84.00	16.44%	16.43%	16.42%	16.41%	16.41%	16.40%	16.40%	16.37%
84.50	16.34%	16.33%	16.32%	16.32%	16.31%	16.30%	16.30%	16.28%
85.00	16.25%	16.24%	16.23%	16.22%	16.21%	16.21%	16.20%	16.18%
85.50	16.15%	16.14%	16.13%	16.12%	16.12%	16.11%	16.11%	16.09%
86.00	16.05%	16.04%	16.04%	16.03%	16.02%	16.02%	16.01%	15.99%
86.50	15.96%	15.95%	15.94%	15.94%	15.93%	15.93%	15.92%	15.90%
87.00	15.87%	15.86%	15.85%	15.84%	15.84%	15.83%	15.83%	15.81%
87.50	15.77%	15.77%	15.76%	15.75%	15.75%	15.74%	15.74%	15.72%
88.00	15.68%	15.68%	15.67%	15.66%	15.66%	15.65%	15.65%	15.63%
88.50	15.59%	15.59%	15.58%	15.57%	15.57%	15.56%	15.56%	15.54%
89.00	15.50%	15.50%	15.49%	15.48%	15.48%	15.48%	15.47%	15.45%
89.50	15.42%	15.41%	15.40%	15.40%	15.39%	15.39%	15.38%	15.37%
90.00	15.33%	15.32%	15.32%	15.31%	15.31%	15.30%	15.30%	15.28%
90.50	15.24%	15.24%	15.23%	15.22%	15.22%	15.22%	15.21%	15.20%
91.00	15.16%	15.15%	15.14%	15.14%	15.14%	15.13%	15.13%	15.11%
91.50	15.07%	15.07%	15.06%	15.06%	15.05%	15.05%	15.05%	15.03%
92.00	14.99%	14.98%	14.98%	14.97%	14.97%	14.97%	14.96%	14.95%
92.50	14.90%	14.90%	14.89%	14.89%	14.89%	14.88%	14.88%	14.87%
93.00	14.82%	14.82%	14.81%	14.81%	14.81%	14.80%	14.80%	14.79%
93.50	14.74%	14.74%	14.73%	14.73%	14.73%	14.72%	14.72%	14.71%
94.00	14.66%	14.66%	14.65%	14.65%	14.65%	14.64%	14.64%	14.63%
94.50	14.58%	14.58%	14.57%	14.57%	14.57%	14.56%	14.56%	14.55%
95.00	14.50%	14.50%	14.49%	14.49%	14.49%	14.49%	14.49%	14.48%
95.50	14.42%	14.42%	14.42%	14.41%	14.41%	14.41%	14.41%	14.40%
96.00	14.35%	14.34%	14.34%	14.34%	14.34%	14.33%	14.33%	14.33%
96.50	14.27%	14.27%	14.26%	14.26%	14.26%	14.26%	14.26%	14.25%
97.00	14.19%	14.19%	14.19%	14.19%	14.18%	14.18%	14.18%	14.18%
97.50	14.12%	14.11%	14.11%	14.11%	14.11%	14.11%	14.11%	14.10%
98.00	14.04%	14.04%	14.04%	14.04%	14.04%	14.04%	14.04%	14.03%
98.50	13.97%	13.97%	13.97%	13.97%	13.96%	13.96%	13.96%	13.96%
99.00	13.89%	13.89%	13.89%	13.89%	13.89%	13.89%	13.89%	13.89%
99.50	13.82%	13.82%	13.82%	13.82%	13.82%	13.82%	13.82%	13.82%
100.00	13.75%	13.75%	13.75%	13.75%	13.75%	13.75%	13.75%	13.75%
100.50	13.68%	13.68%	13.68%	13.68%	13.68%	13.68%	13.68%	13.68%
101.00	13.61%	13.61%	13.61%	13.61%	13.61%	13.61%	13.61%	13.61%
102.00	13.47%	13.47%	13.47%	13.47%	13.47%	13.47%	13.48%	13.48%
103.00	13.33%	13.33%	13.34%	13.34%	13.34%	13.34%	13.34%	13.35%
104.00	13.20%	13.20%	13.20%	13.20%	13.21%	13.21%	13.21%	13.22%
105.00	13.06%	13.07%	13.07%	13.07%	13.08%	13.08%	13.08%	13.09%
106.00	12.93%	12.94%	12.94%	12.95%	12.95%	12.95%	12.95%	12.97%
107.00	12.81%	12.81%	12.82%	12.82%	12.82%	12.83%	12.83%	12.84%
108.00	12.68%	12.69%	12.69%	12.70%	12.70%	12.70%	12.71%	12.72%
109.00	12.56%	12.56%	12.57%	12.57%	12.58%	12.58%	12.59%	12.61%
110.00	12.43%	12.44%	12.45%	12.45%	12.46%	12.46%	12.47%	12.49%

14% EFFECTIVE YIELD RATE

PRICE	YEARS UNTIL MATURITY							
	1/2	1	2	3	4	5	6	7
85.00	51.76%	32.78%	23.86%	20.99%	19.58%	18.75%	18.21%	17.84%
85.50	50.29%	32.07%	23.50%	20.73%	19.37%	18.58%	18.06%	17.69%
86.00	48.84%	31.37%	23.13%	20.47%	19.17%	18.40%	17.90%	17.55%
86.50	47.40%	30.68%	22.77%	20.22%	18.97%	18.23%	17.75%	17.41%
87.00	45.98%	29.99%	22.42%	19.97%	18.76%	18.06%	17.59%	17.27%
87.50	44.57%	29.31%	22.06%	19.72%	18.56%	17.89%	17.44%	17.13%
88.00	43.18%	28.63%	21.71%	19.47%	18.37%	17.72%	17.29%	17.00%
88.50	41.81%	27.96%	21.36%	19.22%	18.17%	17.55%	17.14%	16.86%
89.00	40.45%	27.30%	21.02%	18.98%	17.97%	17.38%	16.99%	16.72%
89.50	39.11%	26.64%	20.67%	18.73%	17.78%	17.22%	16.85%	16.59%
90.00	37.78%	25.99%	20.33%	18.49%	17.59%	17.05%	16.70%	16.46%
90.50	36.46%	25.34%	19.99%	18.25%	17.39%	16.89%	16.56%	16.33%
91.00	35.16%	24.70%	19.66%	18.01%	17.20%	16.73%	16.41%	16.20%
91.25	34.52%	24.38%	19.49%	17.89%	17.11%	16.65%	16.34%	16.13%
91.50	33.88%	24.06%	19.32%	17.78%	17.02%	16.57%	16.27%	16.07%
91.75	33.24%	23.75%	19.16%	17.66%	16.92%	16.49%	16.20%	16.00%
92.00	32.61%	23.43%	18.99%	17.54%	16.83%	16.41%	16.13%	15.94%
92.25	31.98%	23.12%	18.83%	17.43%	16.73%	16.33%	16.06%	15.87%
92.50	31.35%	22.81%	18.66%	17.31%	16.64%	16.25%	15.99%	15.81%
92.75	30.73%	22.49%	18.50%	17.19%	16.55%	16.17%	15.92%	15.75%
93.00	30.11%	22.19%	18.34%	17.08%	16.46%	16.09%	15.85%	15.68%
93.25	29.49%	21.88%	18.18%	16.96%	16.37%	16.01%	15.78%	15.62%
93.50	28.88%	21.57%	18.01%	16.85%	16.27%	15.93%	15.71%	15.56%
93.75	28.27%	21.26%	17.85%	16.73%	16.18%	15.86%	15.64%	15.49%
94.00	27.66%	20.96%	17.69%	16.62%	16.09%	15.78%	15.57%	15.43%
94.25	27.06%	20.66%	17.53%	16.51%	16.00%	15.70%	15.51%	15.37%
94.50	26.46%	20.35%	17.37%	16.39%	15.91%	15.63%	15.44%	15.31%
94.75	25.86%	20.05%	17.21%	16.28%	15.82%	15.55%	15.37%	15.25%
95.00	25.26%	19.75%	17.05%	16.17%	15.73%	15.47%	15.30%	15.18%
95.25	24.67%	19.45%	16.90%	16.06%	15.64%	15.40%	15.24%	15.12%
95.50	24.08%	19.16%	16.74%	15.95%	15.55%	15.32%	15.17%	15.06%
95.75	23.50%	18.86%	16.58%	15.83%	15.46%	15.25%	15.10%	15.00%
96.00	22.92%	18.57%	16.43%	15.72%	15.38%	15.17%	15.04%	14.94%
96.25	22.34%	18.27%	16.27%	15.61%	15.29%	15.10%	14.97%	14.88%
96.50	21.76%	17.98%	16.12%	15.50%	15.20%	15.02%	14.90%	14.82%
96.75	21.19%	17.69%	15.96%	15.39%	15.11%	14.95%	14.84%	14.76%
97.00	20.62%	17.40%	15.81%	15.28%	15.02%	14.87%	14.77%	14.70%
97.25	20.05%	17.11%	15.65%	15.17%	14.94%	14.80%	14.71%	14.64%
97.50	19.49%	16.82%	15.50%	15.07%	14.85%	14.72%	14.64%	14.58%
97.75	18.93%	16.53%	15.35%	14.96%	14.76%	14.65%	14.58%	14.52%
98.00	18.37%	16.25%	15.20%	14.85%	14.68%	14.58%	14.51%	14.46%
98.25	17.81%	15.96%	15.05%	14.74%	14.59%	14.50%	14.45%	14.41%
98.50	17.26%	15.68%	14.89%	14.64%	14.51%	14.43%	14.38%	14.35%
98.75	16.71%	15.40%	14.74%	14.53%	14.42%	14.36%	14.32%	14.29%
99.00	16.16%	15.11%	14.59%	14.42%	14.34%	14.29%	14.25%	14.23%
99.25	15.62%	14.83%	14.45%	14.32%	14.25%	14.21%	14.19%	14.17%
99.50	15.08%	14.56%	14.30%	14.21%	14.17%	14.14%	14.13%	14.11%
99.75	14.54%	14.28%	14.15%	14.11%	14.08%	14.07%	14.06%	14.06%
100.00	14.00%	14.00%	14.00%	14.00%	14.00%	14.00%	14.00%	14.00%
100.25	13.47%	13.72%	13.85%	13.90%	13.92%	13.93%	13.94%	13.94%
100.50	12.94%	13.45%	13.71%	13.79%	13.83%	13.86%	13.87%	13.89%
101.00	11.88%	12.90%	13.41%	13.58%	13.67%	13.72%	13.75%	13.77%
101.50	10.84%	12.36%	13.12%	13.38%	13.50%	13.58%	13.63%	13.66%
102.00	9.80%	11.82%	12.83%	13.17%	13.34%	13.44%	13.50%	13.55%
102.50	8.78%	11.29%	12.55%	12.97%	13.18%	13.30%	13.38%	13.44%
103.00	7.77%	10.76%	12.26%	12.77%	13.01%	13.16%	13.26%	13.33%
103.50	6.76%	10.23%	11.98%	12.56%	12.85%	13.03%	13.14%	13.22%
104.00	5.77%	9.71%	11.70%	12.36%	12.69%	12.89%	13.02%	13.11%
104.50	4.78%	9.19%	11.42%	12.16%	12.54%	12.76%	12.90%	13.00%
105.00	3.81%	8.67%	11.14%	11.97%	12.38%	12.62%	12.78%	12.89%

EFFECTIVE YIELD RATE   14%

PRICE	YEARS UNTIL MATURITY							
	8	9	10	11	12	13	14	15
70.00	22.17%	21.72%	21.38%	21.12%	20.91%	20.74%	20.61%	20.50%
71.00	21.82%	21.39%	21.06%	20.80%	20.60%	20.44%	20.31%	20.21%
72.00	21.47%	21.06%	20.75%	20.50%	20.30%	20.15%	20.02%	19.92%
73.00	21.14%	20.74%	20.44%	20.20%	20.01%	19.86%	19.74%	19.64%
74.00	20.81%	20.43%	20.14%	19.91%	19.73%	19.58%	19.47%	19.37%
75.00	20.48%	20.12%	19.84%	19.62%	19.45%	19.31%	19.20%	19.11%
76.00	20.17%	19.82%	19.55%	19.34%	19.18%	19.04%	18.94%	18.85%
77.00	19.85%	19.52%	19.27%	19.07%	18.91%	18.78%	18.68%	18.60%
78.00	19.55%	19.23%	18.99%	18.80%	18.65%	18.53%	18.43%	18.35%
79.00	19.25%	18.95%	18.72%	18.54%	18.39%	18.28%	18.18%	18.11%
80.00	18.95%	18.67%	18.45%	18.28%	18.14%	18.03%	17.94%	17.87%
81.00	18.67%	18.40%	18.19%	18.03%	17.90%	17.79%	17.71%	17.64%
82.00	18.38%	18.13%	17.93%	17.78%	17.66%	17.56%	17.48%	17.41%
82.50	18.24%	18.00%	17.81%	17.66%	17.54%	17.44%	17.37%	17.30%
83.00	18.10%	17.87%	17.68%	17.54%	17.42%	17.33%	17.25%	17.19%
83.50	17.97%	17.74%	17.56%	17.42%	17.31%	17.22%	17.14%	17.08%
84.00	17.83%	17.61%	17.44%	17.30%	17.19%	17.10%	17.03%	16.97%
84.50	17.69%	17.48%	17.31%	17.18%	17.08%	16.99%	16.92%	16.87%
85.00	17.56%	17.35%	17.19%	17.07%	16.96%	16.88%	16.82%	16.76%
85.50	17.43%	17.23%	17.07%	16.95%	16.85%	16.77%	16.71%	16.66%
86.00	17.30%	17.10%	16.95%	16.84%	16.74%	16.67%	16.60%	16.55%
86.50	17.16%	16.98%	16.84%	16.72%	16.63%	16.56%	16.50%	16.45%
87.00	17.04%	16.86%	16.72%	16.61%	16.52%	16.45%	16.40%	16.35%
87.50	16.91%	16.74%	16.60%	16.50%	16.42%	16.35%	16.29%	16.25%
88.00	16.78%	16.62%	16.49%	16.39%	16.31%	16.24%	16.19%	16.15%
88.50	16.65%	16.50%	16.38%	16.28%	16.20%	16.14%	16.09%	16.05%
89.00	16.53%	16.38%	16.26%	16.17%	16.10%	16.04%	15.99%	15.95%
89.50	16.40%	16.26%	16.15%	16.06%	15.99%	15.94%	15.89%	15.85%
90.00	16.28%	16.14%	16.04%	15.96%	15.89%	15.84%	15.79%	15.76%
90.50	16.16%	16.03%	15.93%	15.85%	15.79%	15.74%	15.70%	15.66%
91.00	16.04%	15.91%	15.82%	15.75%	15.69%	15.64%	15.60%	15.57%
91.50	15.92%	15.80%	15.71%	15.64%	15.59%	15.54%	15.50%	15.47%
92.00	15.80%	15.69%	15.61%	15.54%	15.49%	15.44%	15.41%	15.38%
92.50	15.68%	15.58%	15.50%	15.44%	15.39%	15.35%	15.32%	15.29%
93.00	15.56%	15.47%	15.39%	15.34%	15.29%	15.25%	15.22%	15.20%
93.50	15.44%	15.36%	15.29%	15.24%	15.19%	15.16%	15.13%	15.11%
94.00	15.33%	15.25%	15.19%	15.14%	15.10%	15.07%	15.04%	15.02%
94.50	15.21%	15.14%	15.08%	15.04%	15.00%	14.97%	14.95%	14.93%
95.00	15.10%	15.03%	14.98%	14.94%	14.91%	14.88%	14.86%	14.84%
95.50	14.98%	14.92%	14.88%	14.84%	14.81%	14.79%	14.77%	14.75%
96.00	14.87%	14.82%	14.78%	14.75%	14.72%	14.70%	14.68%	14.67%
96.50	14.76%	14.71%	14.68%	14.65%	14.63%	14.61%	14.59%	14.58%
97.00	14.65%	14.61%	14.58%	14.55%	14.54%	14.52%	14.51%	14.50%
97.50	14.54%	14.51%	14.48%	14.46%	14.44%	14.43%	14.42%	14.41%
98.00	14.43%	14.40%	14.38%	14.37%	14.35%	14.34%	14.33%	14.33%
98.50	14.32%	14.30%	14.29%	14.27%	14.26%	14.26%	14.25%	14.24%
99.00	14.21%	14.20%	14.19%	14.18%	14.18%	14.17%	14.17%	14.16%
99.50	14.11%	14.10%	14.09%	14.09%	14.09%	14.08%	14.08%	14.08%
100.00	14.00%	14.00%	14.00%	14.00%	14.00%	14.00%	14.00%	14.00%
100.50	13.89%	13.90%	13.91%	13.91%	13.91%	13.92%	13.92%	13.92%
101.00	13.79%	13.80%	13.81%	13.82%	13.83%	13.83%	13.84%	13.84%
102.00	13.58%	13.61%	13.63%	13.64%	13.66%	13.67%	13.68%	13.68%
103.00	13.38%	13.42%	13.45%	13.47%	13.49%	13.50%	13.52%	13.53%
104.00	13.18%	13.23%	13.27%	13.30%	13.32%	13.34%	13.36%	13.38%
105.00	12.98%	13.04%	13.09%	13.13%	13.16%	13.19%	13.21%	13.23%
106.00	12.78%	12.86%	12.91%	12.96%	13.00%	13.03%	13.06%	13.08%
107.00	12.59%	12.67%	12.74%	12.80%	12.84%	12.88%	12.91%	12.93%
108.00	12.40%	12.49%	12.57%	12.63%	12.68%	12.73%	12.76%	12.79%
109.00	12.21%	12.32%	12.40%	12.47%	12.53%	12.58%	12.61%	12.65%
110.00	12.02%	12.14%	12.24%	12.32%	12.38%	12.43%	12.47%	12.51%

14% EFFECTIVE YIELD RATE

PRICE	YEARS UNTIL MATURITY							
	16	17	18	19	20	21	22	23
70.00	20.41%	20.34%	20.28%	20.23%	20.19%	20.16%	20.13%	20.11%
71.00	20.12%	20.05%	19.99%	19.94%	19.91%	19.87%	19.85%	19.82%
72.00	19.84%	19.77%	19.71%	19.67%	19.63%	19.60%	19.57%	19.55%
73.00	19.56%	19.50%	19.44%	19.40%	19.36%	19.33%	19.30%	19.28%
74.00	19.29%	19.23%	19.18%	19.13%	19.10%	19.07%	19.04%	19.02%
75.00	19.03%	18.97%	18.92%	18.88%	18.84%	18.81%	18.79%	18.77%
76.00	18.78%	18.72%	18.67%	18.63%	18.59%	18.57%	18.54%	18.52%
77.00	18.53%	18.47%	18.42%	18.38%	18.35%	18.32%	18.30%	18.28%
78.00	18.28%	18.23%	18.18%	18.14%	18.11%	18.09%	18.06%	18.05%
79.00	18.04%	17.99%	17.95%	17.91%	17.88%	17.86%	17.83%	17.82%
80.00	17.81%	17.76%	17.72%	17.68%	17.65%	17.63%	17.61%	17.59%
81.00	17.58%	17.53%	17.49%	17.46%	17.43%	17.41%	17.39%	17.37%
82.00	17.36%	17.31%	17.28%	17.24%	17.22%	17.20%	17.18%	17.16%
82.50	17.25%	17.20%	17.17%	17.14%	17.11%	17.09%	17.07%	17.06%
83.00	17.14%	17.10%	17.06%	17.03%	17.01%	16.98%	16.97%	16.95%
83.50	17.03%	16.99%	16.96%	16.93%	16.90%	16.88%	16.86%	16.85%
84.00	16.93%	16.88%	16.85%	16.82%	16.80%	16.78%	16.76%	16.75%
84.50	16.82%	16.78%	16.75%	16.72%	16.70%	16.68%	16.66%	16.65%
85.00	16.72%	16.68%	16.65%	16.62%	16.60%	16.58%	16.56%	16.55%
85.50	16.61%	16.58%	16.54%	16.52%	16.50%	16.48%	16.46%	16.45%
86.00	16.51%	16.47%	16.44%	16.42%	16.40%	16.38%	16.37%	16.35%
86.50	16.41%	16.37%	16.35%	16.32%	16.30%	16.28%	16.27%	16.26%
87.00	16.31%	16.27%	16.25%	16.22%	16.20%	16.19%	16.17%	16.16%
87.50	16.21%	16.18%	16.15%	16.13%	16.11%	16.09%	16.08%	16.07%
88.00	16.11%	16.08%	16.05%	16.03%	16.01%	16.00%	15.99%	15.97%
88.50	16.01%	15.98%	15.96%	15.94%	15.92%	15.91%	15.89%	15.88%
89.00	15.92%	15.89%	15.86%	15.84%	15.83%	15.81%	15.80%	15.79%
89.50	15.82%	15.79%	15.77%	15.75%	15.74%	15.72%	15.71%	15.70%
90.00	15.73%	15.70%	15.68%	15.66%	15.65%	15.63%	15.62%	15.61%
90.50	15.63%	15.61%	15.59%	15.57%	15.56%	15.54%	15.53%	15.52%
91.00	15.54%	15.52%	15.50%	15.48%	15.47%	15.45%	15.44%	15.44%
91.50	15.45%	15.43%	15.41%	15.39%	15.38%	15.37%	15.36%	15.35%
92.00	15.36%	15.34%	15.32%	15.30%	15.29%	15.28%	15.27%	15.26%
92.50	15.27%	15.25%	15.23%	15.22%	15.20%	15.19%	15.19%	15.18%
93.00	15.18%	15.16%	15.14%	15.13%	15.12%	15.11%	15.10%	15.10%
93.50	15.09%	15.07%	15.06%	15.04%	15.03%	15.03%	15.02%	15.01%
94.00	15.00%	14.98%	14.97%	14.96%	14.95%	14.94%	14.94%	14.93%
94.50	14.91%	14.90%	14.89%	14.88%	14.87%	14.86%	14.85%	14.85%
95.00	14.82%	14.81%	14.80%	14.79%	14.78%	14.78%	14.77%	14.77%
95.50	14.74%	14.73%	14.72%	14.71%	14.70%	14.70%	14.69%	14.69%
96.00	14.65%	14.64%	14.64%	14.63%	14.62%	14.62%	14.61%	14.61%
96.50	14.57%	14.56%	14.55%	14.55%	14.54%	14.54%	14.53%	14.53%
97.00	14.49%	14.48%	14.47%	14.47%	14.46%	14.46%	14.45%	14.45%
97.50	14.40%	14.40%	14.39%	14.39%	14.38%	14.38%	14.38%	14.37%
98.00	14.32%	14.32%	14.31%	14.31%	14.31%	14.30%	14.30%	14.30%
98.50	14.24%	14.24%	14.23%	14.23%	14.23%	14.23%	14.22%	14.22%
99.00	14.16%	14.16%	14.15%	14.15%	14.15%	14.15%	14.15%	14.15%
99.50	14.08%	14.08%	14.08%	14.08%	14.08%	14.07%	14.07%	14.07%
100.00	14.00%	14.00%	14.00%	14.00%	14.00%	14.00%	14.00%	14.00%
100.50	13.92%	13.92%	13.92%	13.92%	13.93%	13.93%	13.93%	13.93%
101.00	13.84%	13.85%	13.85%	13.85%	13.85%	13.85%	13.85%	13.85%
102.00	13.69%	13.69%	13.70%	13.70%	13.71%	13.71%	13.71%	13.71%
103.00	13.54%	13.54%	13.55%	13.56%	13.56%	13.57%	13.57%	13.57%
104.00	13.39%	13.40%	13.41%	13.41%	13.42%	13.43%	13.43%	13.43%
105.00	13.24%	13.25%	13.26%	13.27%	13.28%	13.29%	13.29%	13.30%
106.00	13.10%	13.11%	13.12%	13.13%	13.14%	13.15%	13.16%	13.17%
107.00	12.95%	12.97%	12.99%	13.00%	13.01%	13.02%	13.03%	13.03%
108.00	12.81%	12.83%	12.85%	12.86%	12.88%	12.89%	12.90%	12.91%
109.00	12.67%	12.70%	12.72%	12.73%	12.75%	12.76%	12.77%	12.78%
110.00	12.54%	12.56%	12.58%	12.60%	12.62%	12.63%	12.64%	12.65%

EFFECTIVE YIELD RATE 14%

PRICE	YEARS UNTIL MATURITY							
	24	25	26	27	28	29	30	40
70.00	20.09%	20.07%	20.06%	20.05%	20.04%	20.03%	20.03%	20.00%
71.00	19.81%	19.79%	19.78%	19.77%	19.76%	19.75%	19.75%	19.72%
72.00	19.53%	19.52%	19.50%	19.49%	19.49%	19.48%	19.47%	19.45%
73.00	19.27%	19.25%	19.24%	19.23%	19.22%	19.21%	19.21%	19.18%
74.00	19.01%	18.99%	18.98%	18.97%	18.96%	18.95%	18.95%	18.92%
75.00	18.75%	18.74%	18.73%	18.72%	18.71%	18.70%	18.70%	18.67%
76.00	18.51%	18.49%	18.48%	18.47%	18.46%	18.46%	18.45%	18.43%
77.00	18.27%	18.25%	18.24%	18.23%	18.22%	18.22%	18.21%	18.19%
78.00	18.03%	18.02%	18.01%	18.00%	17.99%	17.98%	17.98%	17.95%
79.00	17.80%	17.79%	17.78%	17.77%	17.76%	17.76%	17.75%	17.73%
80.00	17.58%	17.57%	17.56%	17.55%	17.54%	17.53%	17.53%	17.51%
81.00	17.36%	17.35%	17.34%	17.33%	17.32%	17.32%	17.31%	17.29%
82.00	17.15%	17.14%	17.13%	17.12%	17.11%	17.11%	17.10%	17.08%
82.50	17.04%	17.03%	17.02%	17.01%	17.01%	17.00%	17.00%	16.98%
83.00	16.94%	16.93%	16.92%	16.91%	16.90%	16.90%	16.89%	16.87%
83.50	16.84%	16.83%	16.82%	16.81%	16.80%	16.80%	16.79%	16.77%
84.00	16.74%	16.73%	16.72%	16.71%	16.70%	16.70%	16.69%	16.67%
84.50	16.64%	16.63%	16.62%	16.61%	16.60%	16.60%	16.59%	16.57%
85.00	16.54%	16.53%	16.52%	16.51%	16.51%	16.50%	16.50%	16.48%
85.50	16.44%	16.43%	16.42%	16.41%	16.41%	16.40%	16.40%	16.38%
86.00	16.34%	16.33%	16.32%	16.32%	16.31%	16.31%	16.30%	16.28%
86.50	16.25%	16.24%	16.23%	16.22%	16.22%	16.21%	16.21%	16.19%
87.00	16.15%	16.14%	16.14%	16.13%	16.12%	16.12%	16.12%	16.10%
87.50	16.06%	16.05%	16.04%	16.04%	16.03%	16.03%	16.02%	16.00%
88.00	15.97%	15.96%	15.95%	15.94%	15.94%	15.93%	15.93%	15.91%
88.50	15.87%	15.87%	15.86%	15.85%	15.85%	15.84%	15.84%	15.82%
89.00	15.78%	15.78%	15.77%	15.76%	15.76%	15.75%	15.75%	15.73%
89.50	15.69%	15.69%	15.68%	15.67%	15.67%	15.67%	15.66%	15.65%
90.00	15.60%	15.60%	15.59%	15.59%	15.58%	15.58%	15.58%	15.56%
90.50	15.52%	15.51%	15.50%	15.50%	15.49%	15.49%	15.49%	15.47%
91.00	15.43%	15.42%	15.42%	15.41%	15.41%	15.41%	15.40%	15.39%
91.50	15.34%	15.34%	15.33%	15.33%	15.32%	15.32%	15.32%	15.30%
92.00	15.26%	15.25%	15.25%	15.24%	15.24%	15.24%	15.23%	15.22%
92.50	15.17%	15.17%	15.16%	15.16%	15.16%	15.15%	15.15%	15.14%
93.00	15.09%	15.08%	15.08%	15.08%	15.07%	15.07%	15.07%	15.06%
93.50	15.01%	15.00%	15.00%	14.99%	14.99%	14.99%	14.99%	14.98%
94.00	14.92%	14.92%	14.92%	14.91%	14.91%	14.91%	14.91%	14.90%
94.50	14.84%	14.84%	14.84%	14.83%	14.83%	14.83%	14.83%	14.82%
95.00	14.76%	14.76%	14.76%	14.75%	14.75%	14.75%	14.75%	14.74%
95.50	14.68%	14.68%	14.68%	14.68%	14.67%	14.67%	14.67%	14.66%
96.00	14.60%	14.60%	14.60%	14.60%	14.60%	14.59%	14.59%	14.59%
96.50	14.53%	14.52%	14.52%	14.52%	14.52%	14.52%	14.52%	14.51%
97.00	14.45%	14.45%	14.45%	14.44%	14.44%	14.44%	14.44%	14.43%
97.50	14.37%	14.37%	14.37%	14.37%	14.37%	14.37%	14.36%	14.36%
98.00	14.30%	14.30%	14.29%	14.29%	14.29%	14.29%	14.29%	14.29%
98.50	14.22%	14.22%	14.22%	14.22%	14.22%	14.22%	14.22%	14.21%
99.00	14.15%	14.15%	14.15%	14.15%	14.14%	14.14%	14.14%	14.14%
99.50	14.07%	14.07%	14.07%	14.07%	14.07%	14.07%	14.07%	14.07%
100.00	14.00%	14.00%	14.00%	14.00%	14.00%	14.00%	14.00%	14.00%
100.50	13.93%	13.93%	13.93%	13.93%	13.93%	13.93%	13.93%	13.93%
101.00	13.86%	13.86%	13.86%	13.86%	13.86%	13.86%	13.86%	13.86%
102.00	13.71%	13.72%	13.72%	13.72%	13.72%	13.72%	13.72%	13.72%
103.00	13.57%	13.58%	13.58%	13.58%	13.58%	13.58%	13.58%	13.59%
104.00	13.44%	13.44%	13.44%	13.45%	13.45%	13.45%	13.45%	13.46%
105.00	13.30%	13.31%	13.31%	13.31%	13.32%	13.32%	13.32%	13.33%
106.00	13.17%	13.18%	13.18%	13.18%	13.19%	13.19%	13.19%	13.20%
107.00	13.04%	13.05%	13.05%	13.06%	13.06%	13.06%	13.06%	13.08%
108.00	12.91%	12.92%	12.92%	12.93%	12.93%	12.94%	12.94%	12.96%
109.00	12.79%	12.79%	12.80%	12.81%	12.81%	12.81%	12.82%	12.84%
110.00	12.66%	12.67%	12.68%	12.68%	12.69%	12.69%	12.70%	12.72%

14.25% EFFECTIVE YIELD RATE

PRICE				YEARS UNTIL MATURITY			
	1/2	1	2	3	4	5	6	7
85.00	52.06%	33.06%	24.14%	21.27%	19.86%	19.03%	18.49%	18.12%
85.50	50.58%	32.36%	23.78%	21.01%	19.65%	18.85%	18.33%	17.97%
86.00	49.13%	31.66%	23.41%	20.75%	19.45%	18.68%	18.18%	17.83%
86.50	47.69%	30.96%	23.05%	20.49%	19.24%	18.50%	18.02%	17.69%
87.00	46.26%	30.27%	22.69%	20.24%	19.04%	18.33%	17.87%	17.55%
87.50	44.86%	29.59%	22.34%	19.99%	18.84%	18.16%	17.72%	17.41%
88.00	43.47%	28.91%	21.98%	19.74%	18.64%	17.99%	17.56%	17.27%
88.50	42.09%	28.24%	21.63%	19.49%	18.44%	17.82%	17.41%	17.13%
89.00	40.73%	27.57%	21.29%	19.25%	18.24%	17.65%	17.27%	17.00%
89.50	39.39%	26.91%	20.94%	19.00%	18.05%	17.49%	17.12%	16.86%
90.00	38.06%	26.26%	20.60%	18.76%	17.85%	17.32%	16.97%	16.73%
90.50	36.74%	25.61%	20.26%	18.52%	17.66%	17.16%	16.83%	16.59%
91.00	35.44%	24.97%	19.92%	18.28%	17.47%	16.99%	16.68%	16.46%
91.25	34.79%	24.65%	19.76%	18.16%	17.38%	16.91%	16.61%	16.40%
91.50	34.15%	24.33%	19.59%	18.04%	17.28%	16.83%	16.54%	16.33%
91.75	33.51%	24.01%	19.42%	17.92%	17.19%	16.75%	16.47%	16.27%
92.00	32.88%	23.70%	19.26%	17.81%	17.09%	16.67%	16.39%	16.20%
92.25	32.25%	23.38%	19.09%	17.69%	17.00%	16.59%	16.32%	16.14%
92.50	31.62%	23.07%	18.93%	17.57%	16.91%	16.51%	16.25%	16.07%
92.75	31.00%	22.76%	18.76%	17.46%	16.81%	16.43%	16.18%	16.01%
93.00	30.38%	22.45%	18.60%	17.34%	16.72%	16.35%	16.11%	15.95%
93.25	29.76%	22.14%	18.44%	17.22%	16.63%	16.27%	16.04%	15.88%
93.50	29.14%	21.83%	18.27%	17.11%	16.54%	16.20%	15.97%	15.82%
93.75	28.53%	21.53%	18.11%	16.99%	16.44%	16.12%	15.90%	15.76%
94.00	27.93%	21.22%	17.95%	16.88%	16.35%	16.04%	15.84%	15.69%
94.25	27.32%	20.92%	17.79%	16.77%	16.26%	15.96%	15.77%	15.63%
94.50	26.72%	20.61%	17.63%	16.65%	16.17%	15.89%	15.70%	15.57%
94.75	26.12%	20.31%	17.47%	16.54%	16.08%	15.81%	15.63%	15.51%
95.00	25.53%	20.01%	17.31%	16.43%	15.99%	15.73%	15.56%	15.44%
95.25	24.93%	19.71%	17.16%	16.31%	15.90%	15.65%	15.49%	15.38%
95.50	24.35%	19.42%	17.00%	16.20%	15.81%	15.58%	15.43%	15.32%
95.75	23.76%	19.12%	16.84%	16.09%	15.72%	15.50%	15.36%	15.26%
96.00	23.18%	18.82%	16.68%	15.98%	15.63%	15.43%	15.29%	15.20%
96.25	22.60%	18.53%	16.53%	15.87%	15.54%	15.35%	15.23%	15.14%
96.50	22.02%	18.24%	16.37%	15.76%	15.46%	15.28%	15.16%	15.08%
96.75	21.45%	17.94%	16.22%	15.65%	15.37%	15.20%	15.09%	15.02%
97.00	20.88%	17.65%	16.06%	15.54%	15.28%	15.13%	15.03%	14.96%
97.25	20.31%	17.36%	15.91%	15.43%	15.19%	15.05%	14.96%	14.90%
97.50	19.74%	17.07%	15.76%	15.32%	15.11%	14.98%	14.89%	14.84%
97.75	19.18%	16.79%	15.60%	15.21%	15.02%	14.90%	14.83%	14.78%
98.00	18.62%	16.50%	15.45%	15.10%	14.93%	14.83%	14.76%	14.72%
98.25	18.07%	16.22%	15.30%	15.00%	14.85%	14.76%	14.70%	14.66%
98.50	17.51%	15.93%	15.15%	14.89%	14.76%	14.68%	14.63%	14.60%
98.75	16.96%	15.65%	15.00%	14.78%	14.67%	14.61%	14.57%	14.54%
99.00	16.41%	15.37%	14.85%	14.67%	14.59%	14.54%	14.51%	14.48%
99.25	15.87%	15.09%	14.70%	14.57%	14.50%	14.47%	14.44%	14.42%
99.50	15.33%	14.81%	14.55%	14.46%	14.42%	14.39%	14.38%	14.37%
99.75	14.79%	14.53%	14.40%	14.36%	14.33%	14.32%	14.31%	14.31%
100.00	14.25%	14.25%	14.25%	14.25%	14.25%	14.25%	14.25%	14.25%
100.25	13.72%	13.97%	14.10%	14.14%	14.17%	14.18%	14.19%	14.19%
100.50	13.18%	13.70%	13.95%	14.04%	14.08%	14.11%	14.12%	14.14%
101.00	12.13%	13.15%	13.66%	13.83%	13.92%	13.97%	14.00%	14.02%
101.50	11.08%	12.61%	13.37%	13.62%	13.75%	13.82%	13.87%	13.91%
102.00	10.05%	12.07%	13.08%	13.42%	13.59%	13.68%	13.75%	13.80%
102.50	9.02%	11.53%	12.79%	13.21%	13.42%	13.55%	13.63%	13.68%
103.00	8.01%	11.00%	12.51%	13.01%	13.26%	13.41%	13.50%	13.57%
103.50	7.00%	10.47%	12.22%	12.81%	13.10%	13.27%	13.38%	13.46%
104.00	6.01%	9.95%	11.94%	12.61%	12.94%	13.13%	13.26%	13.35%
104.50	5.02%	9.43%	11.66%	12.41%	12.78%	13.00%	13.14%	13.24%
105.00	4.05%	8.91%	11.38%	12.21%	12.62%	12.86%	13.02%	13.14%

EFFECTIVE YIELD RATE 14.25%

PRICE	YEARS UNTIL MATURITY							
	8	9	10	11	12	13	14	15
70.00	22.50%	22.05%	21.71%	21.45%	21.24%	21.08%	20.95%	20.84%
71.00	22.14%	21.71%	21.39%	21.13%	20.93%	20.77%	20.65%	20.54%
72.00	21.79%	21.38%	21.07%	20.82%	20.63%	20.48%	20.35%	20.25%
73.00	21.45%	21.06%	20.76%	20.52%	20.34%	20.19%	20.07%	19.97%
74.00	21.12%	20.74%	20.45%	20.23%	20.05%	19.91%	19.79%	19.70%
75.00	20.79%	20.43%	20.15%	19.94%	19.77%	19.63%	19.52%	19.43%
76.00	20.47%	20.13%	19.86%	19.65%	19.49%	19.36%	19.25%	19.17%
77.00	20.16%	19.83%	19.57%	19.38%	19.22%	19.09%	18.99%	18.91%
78.00	19.85%	19.54%	19.29%	19.11%	18.96%	18.84%	18.74%	18.66%
79.00	19.55%	19.25%	19.02%	18.84%	18.70%	18.58%	18.49%	18.41%
80.00	19.25%	18.97%	18.75%	18.58%	18.44%	18.33%	18.25%	18.17%
81.00	18.96%	18.69%	18.48%	18.32%	18.20%	18.09%	18.01%	17.94%
82.00	18.67%	18.42%	18.23%	18.07%	17.95%	17.85%	17.77%	17.71%
82.50	18.53%	18.29%	18.10%	17.95%	17.83%	17.74%	17.66%	17.60%
83.00	18.39%	18.15%	17.97%	17.83%	17.71%	17.62%	17.55%	17.48%
83.50	18.25%	18.02%	17.85%	17.71%	17.60%	17.51%	17.43%	17.37%
84.00	18.11%	17.89%	17.72%	17.59%	17.48%	17.39%	17.32%	17.26%
84.50	17.98%	17.76%	17.60%	17.47%	17.36%	17.28%	17.21%	17.16%
85.00	17.84%	17.63%	17.48%	17.35%	17.25%	17.17%	17.10%	17.05%
85.50	17.71%	17.51%	17.35%	17.23%	17.14%	17.06%	16.99%	16.94%
86.00	17.57%	17.38%	17.23%	17.12%	17.02%	16.95%	16.89%	16.84%
86.50	17.44%	17.26%	17.12%	17.00%	16.91%	16.84%	16.78%	16.73%
87.00	17.31%	17.13%	17.00%	16.89%	16.80%	16.73%	16.68%	16.63%
87.50	17.18%	17.01%	16.88%	16.78%	16.69%	16.63%	16.57%	16.53%
88.00	17.05%	16.89%	16.76%	16.66%	16.59%	16.52%	16.47%	16.42%
88.50	16.93%	16.77%	16.65%	16.55%	16.48%	16.42%	16.37%	16.32%
89.00	16.80%	16.65%	16.54%	16.44%	16.37%	16.31%	16.26%	16.22%
89.50	16.67%	16.53%	16.42%	16.34%	16.27%	16.21%	16.16%	16.13%
90.00	16.55%	16.41%	16.31%	16.23%	16.16%	16.11%	16.07%	16.03%
90.50	16.43%	16.30%	16.20%	16.12%	16.06%	16.01%	15.97%	15.93%
91.00	16.30%	16.18%	16.09%	16.02%	15.96%	15.91%	15.87%	15.84%
91.50	16.18%	16.07%	15.98%	15.91%	15.85%	15.81%	15.77%	15.74%
92.00	16.06%	15.95%	15.87%	15.81%	15.75%	15.71%	15.68%	15.65%
92.50	15.94%	15.84%	15.76%	15.70%	15.65%	15.61%	15.58%	15.55%
93.00	15.82%	15.73%	15.66%	15.60%	15.56%	15.52%	15.49%	15.46%
93.50	15.70%	15.62%	15.55%	15.50%	15.46%	15.42%	15.39%	15.37%
94.00	15.59%	15.51%	15.45%	15.40%	15.36%	15.33%	15.30%	15.28%
94.50	15.47%	15.40%	15.34%	15.30%	15.26%	15.23%	15.21%	15.19%
95.00	15.36%	15.29%	15.24%	15.20%	15.17%	15.14%	15.12%	15.10%
95.50	15.24%	15.18%	15.14%	15.10%	15.07%	15.05%	15.03%	15.01%
96.00	15.13%	15.08%	15.04%	15.00%	14.98%	14.96%	14.94%	14.92%
96.50	15.02%	14.97%	14.93%	14.91%	14.88%	14.87%	14.85%	14.84%
97.00	14.90%	14.87%	14.83%	14.81%	14.79%	14.78%	14.76%	14.75%
97.50	14.79%	14.76%	14.74%	14.72%	14.70%	14.69%	14.68%	14.67%
98.00	14.68%	14.66%	14.64%	14.62%	14.61%	14.60%	14.59%	14.58%
98.50	14.57%	14.55%	14.54%	14.53%	14.52%	14.51%	14.50%	14.50%
99.00	14.46%	14.45%	14.44%	14.43%	14.43%	14.42%	14.42%	14.41%
99.50	14.36%	14.35%	14.35%	14.34%	14.34%	14.34%	14.33%	14.33%
100.00	14.25%	14.25%	14.25%	14.25%	14.25%	14.25%	14.25%	14.25%
100.50	14.14%	14.15%	14.16%	14.16%	14.16%	14.16%	14.17%	14.17%
101.00	14.04%	14.05%	14.06%	14.07%	14.08%	14.08%	14.08%	14.09%
102.00	13.83%	13.85%	13.87%	13.89%	13.90%	13.91%	13.92%	13.93%
103.00	13.62%	13.66%	13.69%	13.71%	13.73%	13.75%	13.76%	13.77%
104.00	13.42%	13.47%	13.51%	13.54%	13.57%	13.59%	13.60%	13.62%
105.00	13.22%	13.28%	13.33%	13.37%	13.40%	13.43%	13.45%	13.47%
106.00	13.02%	13.10%	13.15%	13.20%	13.24%	13.27%	13.29%	13.32%
107.00	12.83%	12.91%	12.98%	13.03%	13.08%	13.11%	13.14%	13.17%
108.00	12.63%	12.73%	12.81%	12.87%	12.92%	12.96%	13.00%	13.02%
109.00	12.44%	12.55%	12.64%	12.71%	12.76%	12.81%	12.85%	12.88%
110.00	12.25%	12.38%	12.47%	12.55%	12.61%	12.66%	12.70%	12.74%

14.25%   EFFECTIVE YIELD RATE

PRICE	YEARS UNTIL MATURITY							
	16	17	18	19	20	21	22	23
70.00	20.75%	20.68%	20.62%	20.58%	20.54%	20.51%	20.48%	20.46%
71.00	20.46%	20.39%	20.33%	20.29%	20.25%	20.22%	20.19%	20.17%
72.00	20.17%	20.10%	20.05%	20.01%	19.97%	19.94%	19.91%	19.89%
73.00	19.89%	19.83%	19.77%	19.73%	19.69%	19.66%	19.64%	19.62%
74.00	19.62%	19.56%	19.51%	19.46%	19.43%	19.40%	19.38%	19.36%
75.00	19.35%	19.29%	19.24%	19.20%	19.17%	19.14%	19.12%	19.10%
76.00	19.09%	19.04%	18.99%	18.95%	18.92%	18.89%	18.87%	18.85%
77.00	18.84%	18.78%	18.74%	18.70%	18.67%	18.64%	18.62%	18.60%
78.00	18.59%	18.54%	18.49%	18.46%	18.43%	18.40%	18.38%	18.36%
79.00	18.35%	18.30%	18.26%	18.22%	18.19%	18.17%	18.15%	18.13%
80.00	18.11%	18.06%	18.02%	17.99%	17.96%	17.94%	17.92%	17.90%
81.00	17.88%	17.84%	17.80%	17.76%	17.74%	17.71%	17.69%	17.68%
82.00	17.66%	17.61%	17.57%	17.54%	17.52%	17.49%	17.48%	17.46%
82.50	17.54%	17.50%	17.46%	17.43%	17.41%	17.39%	17.37%	17.35%
83.00	17.43%	17.39%	17.36%	17.33%	17.30%	17.28%	17.26%	17.25%
83.50	17.32%	17.28%	17.25%	17.22%	17.20%	17.18%	17.16%	17.14%
84.00	17.22%	17.18%	17.14%	17.11%	17.09%	17.07%	17.06%	17.04%
84.50	17.11%	17.07%	17.04%	17.01%	16.99%	16.97%	16.95%	16.94%
85.00	17.00%	16.97%	16.93%	16.91%	16.89%	16.87%	16.85%	16.84%
85.50	16.90%	16.86%	16.83%	16.81%	16.78%	16.77%	16.75%	16.74%
86.00	16.79%	16.76%	16.73%	16.71%	16.68%	16.67%	16.65%	16.64%
86.50	16.69%	16.66%	16.63%	16.61%	16.59%	16.57%	16.55%	16.54%
87.00	16.59%	16.56%	16.53%	16.51%	16.49%	16.47%	16.46%	16.45%
87.50	16.49%	16.46%	16.43%	16.41%	16.39%	16.37%	16.36%	16.35%
88.00	16.39%	16.36%	16.33%	16.31%	16.29%	16.28%	16.27%	16.26%
88.50	16.29%	16.26%	16.24%	16.22%	16.20%	16.18%	16.17%	16.16%
89.00	16.19%	16.16%	16.14%	16.12%	16.11%	16.09%	16.08%	16.07%
89.50	16.09%	16.07%	16.05%	16.03%	16.01%	16.00%	15.99%	15.98%
90.00	16.00%	15.97%	15.95%	15.94%	15.92%	15.91%	15.90%	15.89%
90.50	15.90%	15.88%	15.86%	15.84%	15.83%	15.82%	15.81%	15.80%
91.00	15.81%	15.79%	15.77%	15.75%	15.74%	15.73%	15.72%	15.71%
91.50	15.72%	15.69%	15.68%	15.66%	15.65%	15.64%	15.63%	15.62%
92.00	15.62%	15.60%	15.59%	15.57%	15.56%	15.55%	15.54%	15.53%
92.50	15.53%	15.51%	15.50%	15.48%	15.47%	15.46%	15.45%	15.45%
93.00	15.44%	15.42%	15.41%	15.40%	15.39%	15.38%	15.37%	15.36%
93.50	15.35%	15.33%	15.32%	15.31%	15.30%	15.29%	15.28%	15.28%
94.00	15.26%	15.25%	15.23%	15.22%	15.21%	15.21%	15.20%	15.19%
94.50	15.17%	15.16%	15.15%	15.14%	15.13%	15.12%	15.12%	15.11%
95.00	15.09%	15.07%	15.06%	15.05%	15.05%	15.04%	15.03%	15.03%
95.50	15.00%	14.99%	14.98%	14.97%	14.96%	14.96%	14.95%	14.95%
96.00	14.91%	14.90%	14.89%	14.89%	14.88%	14.88%	14.87%	14.87%
96.50	14.83%	14.82%	14.81%	14.80%	14.80%	14.80%	14.79%	14.79%
97.00	14.74%	14.74%	14.73%	14.72%	14.72%	14.72%	14.71%	14.71%
97.50	14.66%	14.65%	14.65%	14.64%	14.64%	14.64%	14.63%	14.63%
98.00	14.58%	14.57%	14.57%	14.56%	14.56%	14.56%	14.55%	14.55%
98.50	14.49%	14.49%	14.49%	14.48%	14.48%	14.48%	14.48%	14.48%
99.00	14.41%	14.41%	14.41%	14.41%	14.40%	14.40%	14.40%	14.40%
99.50	14.33%	14.33%	14.33%	14.33%	14.33%	14.33%	14.33%	14.32%
100.00	14.25%	14.25%	14.25%	14.25%	14.25%	14.25%	14.25%	14.25%
100.50	14.17%	14.17%	14.17%	14.17%	14.17%	14.17%	14.18%	14.18%
101.00	14.09%	14.09%	14.10%	14.10%	14.10%	14.10%	14.10%	14.10%
102.00	13.93%	13.94%	13.94%	13.95%	13.95%	13.95%	13.96%	13.96%
103.00	13.78%	13.79%	13.79%	13.80%	13.81%	13.81%	13.81%	13.82%
104.00	13.63%	13.64%	13.65%	13.66%	13.66%	13.67%	13.67%	13.68%
105.00	13.48%	13.49%	13.50%	13.51%	13.52%	13.53%	13.53%	13.54%
106.00	13.33%	13.35%	13.36%	13.37%	13.38%	13.39%	13.40%	13.40%
107.00	13.19%	13.21%	13.22%	13.23%	13.25%	13.25%	13.26%	13.27%
108.00	13.05%	13.07%	13.08%	13.10%	13.11%	13.12%	13.13%	13.14%
109.00	12.91%	12.93%	12.95%	12.97%	12.98%	12.99%	13.00%	13.01%
110.00	12.77%	12.79%	12.82%	12.83%	12.85%	12.86%	12.87%	12.88%

EFFECTIVE YIELD RATE 14.25%

PRICE	YEARS UNTIL MATURITY 24	25	26	27	28	29	30	40
70.00	20.44%	20.43%	20.41%	20.40%	20.40%	20.39%	20.38%	20.36%
71.00	20.15%	20.14%	20.13%	20.12%	20.11%	20.10%	20.10%	20.07%
72.00	19.87%	19.86%	19.85%	19.84%	19.83%	19.82%	19.82%	19.80%
73.00	19.60%	19.59%	19.58%	19.57%	19.56%	19.55%	19.55%	19.52%
74.00	19.34%	19.32%	19.31%	19.30%	19.30%	19.29%	19.28%	19.26%
75.00	19.08%	19.07%	19.06%	19.05%	19.04%	19.03%	19.03%	19.00%
76.00	18.83%	18.82%	18.81%	18.80%	18.79%	18.78%	18.78%	18.75%
77.00	18.59%	18.57%	18.56%	18.55%	18.55%	18.54%	18.53%	18.51%
78.00	18.35%	18.33%	18.32%	18.32%	18.31%	18.30%	18.30%	18.27%
79.00	18.11%	18.10%	18.09%	18.08%	18.08%	18.07%	18.06%	18.04%
80.00	17.89%	17.88%	17.87%	17.86%	17.85%	17.84%	17.84%	17.82%
81.00	17.67%	17.65%	17.64%	17.64%	17.63%	17.62%	17.62%	17.60%
82.00	17.45%	17.44%	17.43%	17.42%	17.41%	17.41%	17.40%	17.38%
82.50	17.34%	17.33%	17.32%	17.31%	17.31%	17.30%	17.30%	17.28%
83.00	17.24%	17.23%	17.22%	17.21%	17.20%	17.20%	17.19%	17.17%
83.50	17.13%	17.12%	17.11%	17.11%	17.10%	17.10%	17.09%	17.07%
84.00	17.03%	17.02%	17.01%	17.00%	17.00%	16.99%	16.99%	16.97%
84.50	16.93%	16.92%	16.91%	16.90%	16.90%	16.89%	16.89%	16.87%
85.00	16.83%	16.82%	16.81%	16.80%	16.80%	16.79%	16.79%	16.77%
85.50	16.73%	16.72%	16.71%	16.70%	16.70%	16.69%	16.69%	16.67%
86.00	16.63%	16.62%	16.61%	16.61%	16.60%	16.60%	16.59%	16.57%
86.50	16.53%	16.52%	16.52%	16.51%	16.50%	16.50%	16.50%	16.48%
87.00	16.44%	16.43%	16.42%	16.41%	16.41%	16.40%	16.40%	16.38%
87.50	16.34%	16.33%	16.33%	16.32%	16.31%	16.31%	16.31%	16.29%
88.00	16.25%	16.24%	16.23%	16.23%	16.22%	16.22%	16.21%	16.20%
88.50	16.15%	16.15%	16.14%	16.13%	16.13%	16.13%	16.12%	16.11%
89.00	16.06%	16.05%	16.05%	16.04%	16.04%	16.03%	16.03%	16.02%
89.50	15.97%	15.96%	15.96%	15.95%	15.95%	15.94%	15.94%	15.93%
90.00	15.88%	15.87%	15.87%	15.86%	15.86%	15.85%	15.85%	15.84%
90.50	15.79%	15.78%	15.78%	15.77%	15.77%	15.77%	15.76%	15.75%
91.00	15.70%	15.70%	15.69%	15.69%	15.68%	15.68%	15.68%	15.66%
91.50	15.61%	15.61%	15.60%	15.60%	15.60%	15.59%	15.59%	15.58%
92.00	15.53%	15.52%	15.52%	15.51%	15.51%	15.51%	15.50%	15.49%
92.50	15.44%	15.44%	15.43%	15.43%	15.43%	15.42%	15.42%	15.41%
93.00	15.36%	15.35%	15.35%	15.34%	15.34%	15.34%	15.34%	15.33%
93.50	15.27%	15.27%	15.26%	15.26%	15.26%	15.26%	15.25%	15.24%
94.00	15.19%	15.19%	15.18%	15.18%	15.18%	15.17%	15.17%	15.16%
94.50	15.11%	15.10%	15.10%	15.10%	15.09%	15.09%	15.09%	15.08%
95.00	15.03%	15.02%	15.02%	15.02%	15.01%	15.01%	15.01%	15.00%
95.50	14.94%	14.94%	14.94%	14.94%	14.93%	14.93%	14.93%	14.92%
96.00	14.86%	14.86%	14.86%	14.86%	14.86%	14.85%	14.85%	14.85%
96.50	14.78%	14.78%	14.78%	14.78%	14.78%	14.78%	14.77%	14.77%
97.00	14.71%	14.70%	14.70%	14.70%	14.70%	14.70%	14.70%	14.69%
97.50	14.63%	14.63%	14.63%	14.62%	14.62%	14.62%	14.62%	14.62%
98.00	14.55%	14.55%	14.55%	14.55%	14.55%	14.55%	14.55%	14.54%
98.50	14.47%	14.47%	14.47%	14.47%	14.47%	14.47%	14.47%	14.47%
99.00	14.40%	14.40%	14.40%	14.40%	14.40%	14.40%	14.40%	14.39%
99.50	14.32%	14.32%	14.32%	14.32%	14.32%	14.32%	14.32%	14.32%
100.00	14.25%	14.25%	14.25%	14.25%	14.25%	14.25%	14.25%	14.25%
100.50	14.18%	14.18%	14.18%	14.18%	14.18%	14.18%	14.18%	14.18%
101.00	14.10%	14.10%	14.10%	14.11%	14.11%	14.11%	14.11%	14.11%
102.00	13.96%	13.96%	13.96%	13.96%	13.96%	13.97%	13.97%	13.97%
103.00	13.82%	13.82%	13.82%	13.82%	13.83%	13.83%	13.83%	13.83%
104.00	13.68%	13.68%	13.68%	13.69%	13.69%	13.69%	13.69%	13.70%
105.00	13.54%	13.55%	13.55%	13.55%	13.55%	13.56%	13.56%	13.57%
106.00	13.41%	13.41%	13.42%	13.42%	13.42%	13.43%	13.43%	13.44%
107.00	13.28%	13.28%	13.29%	13.29%	13.29%	13.30%	13.30%	13.31%
108.00	13.15%	13.15%	13.16%	13.16%	13.17%	13.17%	13.17%	13.19%
109.00	13.02%	13.03%	13.03%	13.04%	13.04%	13.05%	13.05%	13.07%
110.00	12.89%	12.90%	12.91%	12.91%	12.92%	12.92%	12.93%	12.95%

14.50% EFFECTIVE YIELD RATE

PRICE	YEARS UNTIL MATURITY							
	1/2	1	2	3	4	5	6	7
85.00	52.35%	33.35%	24.42%	21.54%	20.14%	19.31%	18.77%	18.40%
85.50	50.88%	32.64%	24.05%	21.28%	19.93%	19.13%	18.61%	18.25%
86.00	49.42%	31.94%	23.69%	21.03%	19.72%	18.96%	18.46%	18.11%
86.50	47.98%	31.24%	23.33%	20.77%	19.52%	18.78%	18.30%	17.96%
87.00	46.55%	30.55%	22.97%	20.51%	19.31%	18.61%	18.14%	17.82%
87.50	45.14%	29.86%	22.61%	20.26%	19.11%	18.43%	17.99%	17.68%
88.00	43.75%	29.19%	22.26%	20.01%	18.91%	18.26%	17.84%	17.54%
88.50	42.37%	28.51%	21.91%	19.76%	18.71%	18.09%	17.69%	17.40%
89.00	41.01%	27.85%	21.56%	19.52%	18.51%	17.92%	17.54%	17.27%
89.50	39.66%	27.19%	21.21%	19.27%	18.32%	17.75%	17.39%	17.13%
90.00	38.33%	26.53%	20.87%	19.03%	18.12%	17.59%	17.24%	17.00%
90.50	37.02%	25.88%	20.53%	18.79%	17.93%	17.42%	17.09%	16.86%
91.00	35.71%	25.24%	20.19%	18.55%	17.74%	17.26%	16.95%	16.73%
91.25	35.07%	24.92%	20.02%	18.43%	17.64%	17.18%	16.88%	16.66%
91.50	34.43%	24.60%	19.85%	18.31%	17.55%	17.10%	16.80%	16.60%
91.75	33.79%	24.28%	19.69%	18.19%	17.45%	17.02%	16.73%	16.53%
92.00	33.15%	23.96%	19.52%	18.07%	17.36%	16.93%	16.66%	16.47%
92.25	32.52%	23.65%	19.36%	17.95%	17.26%	16.85%	16.59%	16.40%
92.50	31.89%	23.34%	19.19%	17.84%	17.17%	16.77%	16.52%	16.34%
92.75	31.27%	23.02%	19.03%	17.72%	17.07%	16.69%	16.45%	16.27%
93.00	30.65%	22.71%	18.86%	17.60%	16.98%	16.62%	16.38%	16.21%
93.25	30.03%	22.40%	18.70%	17.49%	16.89%	16.54%	16.31%	16.14%
93.50	29.41%	22.10%	18.54%	17.37%	16.80%	16.46%	16.24%	16.08%
93.75	28.80%	21.79%	18.37%	17.26%	16.70%	16.38%	16.17%	16.02%
94.00	28.19%	21.48%	18.21%	17.14%	16.61%	16.30%	16.10%	15.95%
94.25	27.59%	21.18%	18.05%	17.03%	16.52%	16.22%	16.03%	15.89%
94.50	26.98%	20.88%	17.89%	16.91%	16.43%	16.14%	15.96%	15.83%
94.75	26.39%	20.57%	17.73%	16.80%	16.34%	16.07%	15.89%	15.76%
95.00	25.79%	20.27%	17.57%	16.69%	16.25%	15.99%	15.82%	15.70%
95.25	25.20%	19.97%	17.41%	16.57%	16.16%	15.91%	15.75%	15.64%
95.50	24.61%	19.67%	17.26%	16.46%	16.07%	15.84%	15.68%	15.58%
95.75	24.02%	19.38%	17.10%	16.35%	15.98%	15.76%	15.62%	15.52%
96.00	23.44%	19.08%	16.94%	16.24%	15.89%	15.68%	15.55%	15.46%
96.25	22.86%	18.79%	16.78%	16.13%	15.80%	15.61%	15.48%	15.39%
96.50	22.28%	18.49%	16.63%	16.01%	15.71%	15.53%	15.41%	15.33%
96.75	21.71%	18.20%	16.47%	15.90%	15.62%	15.46%	15.35%	15.27%
97.00	21.13%	17.91%	16.32%	15.79%	15.53%	15.38%	15.28%	15.21%
97.25	20.57%	17.62%	16.16%	15.68%	15.45%	15.31%	15.22%	15.15%
97.50	20.00%	17.33%	16.01%	15.57%	15.36%	15.23%	15.15%	15.09%
97.75	19.44%	17.04%	15.86%	15.47%	15.27%	15.16%	15.08%	15.03%
98.00	18.88%	16.75%	15.70%	15.36%	15.19%	15.08%	15.02%	14.97%
98.25	18.32%	16.47%	15.55%	15.25%	15.10%	15.01%	14.95%	14.91%
98.50	17.77%	16.18%	15.40%	15.14%	15.01%	14.94%	14.89%	14.85%
98.75	17.22%	15.90%	15.25%	15.03%	14.93%	14.86%	14.82%	14.79%
99.00	16.67%	15.62%	15.10%	14.93%	14.84%	14.79%	14.76%	14.73%
99.25	16.12%	15.34%	14.95%	14.82%	14.75%	14.72%	14.69%	14.68%
99.50	15.58%	15.06%	14.80%	14.71%	14.67%	14.64%	14.63%	14.62%
99.75	15.04%	14.78%	14.65%	14.61%	14.58%	14.57%	14.56%	14.56%
100.00	14.50%	14.50%	14.50%	14.50%	14.50%	14.50%	14.50%	14.50%
100.25	13.97%	14.22%	14.35%	14.39%	14.42%	14.43%	14.44%	14.44%
100.50	13.43%	13.95%	14.20%	14.29%	14.33%	14.36%	14.37%	14.38%
101.00	12.38%	13.40%	13.91%	14.08%	14.16%	14.21%	14.25%	14.27%
101.50	11.33%	12.85%	13.62%	13.87%	14.00%	14.07%	14.12%	14.16%
102.00	10.29%	12.31%	13.33%	13.67%	13.83%	13.93%	14.00%	14.04%
102.50	9.27%	11.78%	13.04%	13.46%	13.67%	13.79%	13.87%	13.93%
103.00	8.25%	11.24%	12.75%	13.26%	13.50%	13.65%	13.75%	13.82%
103.50	7.25%	10.72%	12.47%	13.05%	13.34%	13.51%	13.63%	13.71%
104.00	6.25%	10.19%	12.19%	12.85%	13.18%	13.38%	13.51%	13.60%
104.50	5.26%	9.67%	11.91%	12.65%	13.02%	13.24%	13.39%	13.49%
105.00	4.29%	9.15%	11.63%	12.45%	12.86%	13.11%	13.27%	13.38%

EFFECTIVE YIELD RATE   14.50%

PRICE	YEARS UNTIL MATURITY							
	8	9	10	11	12	13	14	15
70.00	22.82%	22.38%	22.05%	21.78%	21.58%	21.42%	21.29%	21.18%
71.00	22.47%	22.04%	21.72%	21.46%	21.27%	21.11%	20.98%	20.88%
72.00	22.11%	21.71%	21.39%	21.15%	20.96%	20.81%	20.68%	20.59%
73.00	21.77%	21.38%	21.08%	20.84%	20.66%	20.51%	20.40%	20.30%
74.00	21.43%	21.06%	20.77%	20.54%	20.37%	20.23%	20.11%	20.02%
75.00	21.10%	20.74%	20.47%	20.25%	20.08%	19.95%	19.84%	19.75%
76.00	20.78%	20.43%	20.17%	19.97%	19.80%	19.67%	19.57%	19.48%
77.00	20.46%	20.13%	19.88%	19.68%	19.53%	19.40%	19.30%	19.22%
78.00	20.15%	19.84%	19.60%	19.41%	19.26%	19.14%	19.05%	18.97%
79.00	19.84%	19.55%	19.32%	19.14%	19.00%	18.89%	18.79%	18.72%
80.00	19.54%	19.26%	19.05%	18.88%	18.74%	18.63%	18.55%	18.48%
81.00	19.25%	18.98%	18.78%	18.62%	18.49%	18.39%	18.31%	18.24%
82.00	18.96%	18.71%	18.52%	18.37%	18.24%	18.15%	18.07%	18.00%
82.50	18.82%	18.57%	18.39%	18.24%	18.12%	18.03%	17.95%	17.89%
83.00	18.68%	18.44%	18.26%	18.12%	18.00%	17.91%	17.84%	17.78%
83.50	18.54%	18.31%	18.13%	17.99%	17.88%	17.80%	17.72%	17.66%
84.00	18.40%	18.18%	18.01%	17.87%	17.77%	17.68%	17.61%	17.55%
84.50	18.26%	18.05%	17.88%	17.75%	17.65%	17.57%	17.50%	17.44%
85.00	18.12%	17.92%	17.76%	17.63%	17.53%	17.45%	17.39%	17.33%
85.50	17.99%	17.79%	17.64%	17.52%	17.42%	17.34%	17.28%	17.23%
86.00	17.85%	17.66%	17.51%	17.40%	17.31%	17.23%	17.17%	17.12%
86.50	17.72%	17.54%	17.39%	17.28%	17.19%	17.12%	17.06%	17.01%
87.00	17.59%	17.41%	17.28%	17.17%	17.08%	17.01%	16.96%	16.91%
87.50	17.46%	17.29%	17.16%	17.05%	16.97%	16.90%	16.85%	16.81%
88.00	17.33%	17.17%	17.04%	16.94%	16.86%	16.80%	16.75%	16.70%
88.50	17.20%	17.04%	16.92%	16.83%	16.75%	16.69%	16.64%	16.60%
89.00	17.07%	16.92%	16.81%	16.72%	16.65%	16.59%	16.54%	16.50%
89.50	16.94%	16.80%	16.69%	16.61%	16.54%	16.48%	16.44%	16.40%
90.00	16.82%	16.69%	16.58%	16.50%	16.43%	16.38%	16.34%	16.30%
90.50	16.69%	16.57%	16.47%	16.39%	16.33%	16.28%	16.24%	16.20%
91.00	16.57%	16.45%	16.36%	16.28%	16.23%	16.18%	16.14%	16.11%
91.50	16.45%	16.34%	16.25%	16.18%	16.12%	16.08%	16.04%	16.01%
92.00	16.33%	16.22%	16.14%	16.07%	16.02%	15.98%	15.94%	15.92%
92.50	16.21%	16.11%	16.03%	15.97%	15.92%	15.88%	15.85%	15.82%
93.00	16.09%	15.99%	15.92%	15.87%	15.82%	15.78%	15.75%	15.73%
93.50	15.97%	15.88%	15.81%	15.76%	15.72%	15.69%	15.66%	15.63%
94.00	15.85%	15.77%	15.71%	15.66%	15.62%	15.59%	15.56%	15.54%
94.50	15.73%	15.66%	15.60%	15.56%	15.52%	15.50%	15.47%	15.45%
95.00	15.62%	15.55%	15.50%	15.46%	15.43%	15.40%	15.38%	15.36%
95.50	15.50%	15.44%	15.40%	15.36%	15.33%	15.31%	15.29%	15.27%
96.00	15.39%	15.33%	15.29%	15.26%	15.24%	15.21%	15.20%	15.18%
96.50	15.27%	15.23%	15.19%	15.16%	15.14%	15.12%	15.11%	15.10%
97.00	15.16%	15.12%	15.09%	15.07%	15.05%	15.03%	15.02%	15.01%
97.50	15.05%	15.02%	14.99%	14.97%	14.95%	14.94%	14.93%	14.92%
98.00	14.94%	14.91%	14.89%	14.87%	14.86%	14.85%	14.84%	14.84%
98.50	14.83%	14.81%	14.79%	14.78%	14.77%	14.76%	14.76%	14.75%
99.00	14.72%	14.70%	14.69%	14.69%	14.68%	14.67%	14.67%	14.67%
99.50	14.61%	14.60%	14.60%	14.59%	14.59%	14.59%	14.58%	14.58%
100.00	14.50%	14.50%	14.50%	14.50%	14.50%	14.50%	14.50%	14.50%
100.50	14.39%	14.40%	14.40%	14.41%	14.41%	14.41%	14.42%	14.42%
101.00	14.29%	14.30%	14.31%	14.32%	14.32%	14.33%	14.33%	14.34%
102.00	14.08%	14.10%	14.12%	14.14%	14.15%	14.16%	14.17%	14.17%
103.00	13.87%	13.91%	13.94%	13.96%	13.98%	13.99%	14.01%	14.02%
104.00	13.66%	13.71%	13.75%	13.78%	13.81%	13.83%	13.85%	13.86%
105.00	13.46%	13.52%	13.57%	13.61%	13.64%	13.67%	13.69%	13.71%
106.00	13.26%	13.34%	13.39%	13.44%	13.48%	13.51%	13.53%	13.55%
107.00	13.06%	13.15%	13.22%	13.27%	13.32%	13.35%	13.38%	13.41%
108.00	12.87%	12.97%	13.05%	13.11%	13.16%	13.20%	13.23%	13.26%
109.00	12.68%	12.79%	12.87%	12.94%	13.00%	13.04%	13.08%	13.11%
110.00	12.49%	12.61%	12.71%	12.78%	12.84%	12.89%	12.94%	12.97%

14.50% EFFECTIVE YIELD RATE

PRICE	YEARS UNTIL MATURITY							
	16	17	18	19	20	21	22	23
70.00	21.09%	21.03%	20.97%	20.92%	20.89%	20.86%	20.83%	20.81%
71.00	20.80%	20.73%	20.67%	20.63%	20.59%	20.56%	20.54%	20.52%
72.00	20.51%	20.44%	20.39%	20.34%	20.31%	20.28%	20.25%	20.23%
73.00	20.22%	20.16%	20.11%	20.06%	20.03%	20.00%	19.98%	19.96%
74.00	19.95%	19.88%	19.83%	19.79%	19.76%	19.73%	19.71%	19.69%
75.00	19.68%	19.62%	19.57%	19.53%	19.49%	19.47%	19.44%	19.43%
76.00	19.41%	19.36%	19.31%	19.27%	19.24%	19.21%	19.19%	19.17%
77.00	19.16%	19.10%	19.05%	19.02%	18.99%	18.96%	18.94%	18.92%
78.00	18.90%	18.85%	18.81%	18.77%	18.74%	18.72%	18.70%	18.68%
79.00	18.66%	18.61%	18.57%	18.53%	18.50%	18.48%	18.46%	18.44%
80.00	18.42%	18.37%	18.33%	18.30%	18.27%	18.24%	18.23%	18.21%
81.00	18.18%	18.14%	18.10%	18.07%	18.04%	18.02%	18.00%	17.98%
82.00	17.95%	17.91%	17.87%	17.84%	17.82%	17.79%	17.78%	17.76%
82.50	17.84%	17.80%	17.76%	17.73%	17.71%	17.69%	17.67%	17.65%
83.00	17.73%	17.69%	17.65%	17.62%	17.60%	17.58%	17.56%	17.55%
83.50	17.62%	17.58%	17.54%	17.51%	17.49%	17.47%	17.45%	17.44%
84.00	17.51%	17.47%	17.43%	17.41%	17.38%	17.37%	17.35%	17.34%
84.50	17.40%	17.36%	17.33%	17.30%	17.28%	17.26%	17.25%	17.23%
85.00	17.29%	17.25%	17.22%	17.20%	17.18%	17.16%	17.14%	17.13%
85.50	17.18%	17.15%	17.12%	17.09%	17.07%	17.06%	17.04%	17.03%
86.00	17.08%	17.04%	17.02%	16.99%	16.97%	16.95%	16.94%	16.93%
86.50	16.97%	16.94%	16.91%	16.89%	16.87%	16.85%	16.84%	16.83%
87.00	16.87%	16.84%	16.81%	16.79%	16.77%	16.76%	16.74%	16.73%
87.50	16.77%	16.74%	16.71%	16.69%	16.67%	16.66%	16.64%	16.63%
88.00	16.67%	16.64%	16.61%	16.59%	16.57%	16.56%	16.55%	16.54%
88.50	16.57%	16.54%	16.52%	16.50%	16.48%	16.46%	16.45%	16.44%
89.00	16.47%	16.44%	16.42%	16.40%	16.38%	16.37%	16.36%	16.35%
89.50	16.37%	16.34%	16.32%	16.30%	16.29%	16.28%	16.26%	16.25%
90.00	16.27%	16.25%	16.23%	16.21%	16.19%	16.18%	16.17%	16.16%
90.50	16.18%	16.15%	16.13%	16.12%	16.10%	16.09%	16.08%	16.07%
91.00	16.08%	16.06%	16.04%	16.02%	16.01%	16.00%	15.99%	15.98%
91.50	15.99%	15.96%	15.95%	15.93%	15.92%	15.91%	15.90%	15.89%
92.00	15.89%	15.87%	15.86%	15.84%	15.83%	15.82%	15.81%	15.80%
92.50	15.80%	15.78%	15.76%	15.75%	15.74%	15.73%	15.72%	15.72%
93.00	15.71%	15.69%	15.67%	15.66%	15.65%	15.64%	15.64%	15.63%
93.50	15.62%	15.60%	15.59%	15.57%	15.56%	15.56%	15.55%	15.54%
94.00	15.53%	15.51%	15.50%	15.49%	15.48%	15.47%	15.46%	15.46%
94.50	15.44%	15.42%	15.41%	15.40%	15.39%	15.39%	15.38%	15.37%
95.00	15.35%	15.33%	15.32%	15.32%	15.31%	15.30%	15.30%	15.29%
95.50	15.26%	15.25%	15.24%	15.23%	15.22%	15.22%	15.21%	15.21%
96.00	15.17%	15.16%	15.15%	15.15%	15.14%	15.14%	15.13%	15.13%
96.50	15.09%	15.08%	15.07%	15.06%	15.06%	15.05%	15.05%	15.05%
97.00	15.00%	14.99%	14.99%	14.98%	14.98%	14.97%	14.97%	14.97%
97.50	14.91%	14.91%	14.90%	14.90%	14.89%	14.89%	14.89%	14.89%
98.00	14.83%	14.83%	14.82%	14.82%	14.81%	14.81%	14.81%	14.81%
98.50	14.75%	14.74%	14.74%	14.74%	14.73%	14.73%	14.73%	14.73%
99.00	14.66%	14.66%	14.66%	14.66%	14.66%	14.65%	14.65%	14.65%
99.50	14.58%	14.58%	14.58%	14.58%	14.58%	14.58%	14.58%	14.58%
100.00	14.50%	14.50%	14.50%	14.50%	14.50%	14.50%	14.50%	14.50%
100.50	14.42%	14.42%	14.42%	14.42%	14.42%	14.42%	14.42%	14.42%
101.00	14.34%	14.34%	14.34%	14.35%	14.35%	14.35%	14.35%	14.35%
102.00	14.18%	14.19%	14.19%	14.19%	14.20%	14.20%	14.20%	14.20%
103.00	14.02%	14.03%	14.04%	14.04%	14.05%	14.05%	14.06%	14.06%
104.00	13.87%	13.88%	13.89%	13.90%	13.90%	13.91%	13.91%	13.92%
105.00	13.72%	13.73%	13.74%	13.75%	13.76%	13.77%	13.77%	13.78%
106.00	13.57%	13.59%	13.60%	13.61%	13.62%	13.63%	13.63%	13.64%
107.00	13.43%	13.44%	13.46%	13.47%	13.48%	13.49%	13.50%	13.51%
108.00	13.28%	13.30%	13.32%	13.33%	13.35%	13.36%	13.36%	13.37%
109.00	13.14%	13.16%	13.18%	13.20%	13.21%	13.22%	13.23%	13.24%
110.00	13.00%	13.02%	13.05%	13.06%	13.08%	13.09%	13.10%	13.11%

EFFECTIVE YIELD RATE 14.50%

PRICE	YEARS UNTIL MATURITY 24	25	26	27	28	29	30	40
70.00	20.79%	20.78%	20.77%	20.76%	20.75%	20.74%	20.74%	20.72%
71.00	20.50%	20.49%	20.48%	20.47%	20.46%	20.45%	20.45%	20.43%
72.00	20.22%	20.20%	20.19%	20.18%	20.18%	20.17%	20.16%	20.14%
73.00	19.94%	19.93%	19.92%	19.91%	19.90%	19.89%	19.89%	19.87%
74.00	19.67%	19.66%	19.65%	19.64%	19.63%	19.62%	19.62%	19.60%
75.00	19.41%	19.40%	19.39%	19.38%	19.37%	19.36%	19.36%	19.34%
76.00	19.15%	19.14%	19.13%	19.12%	19.12%	19.11%	19.10%	19.08%
77.00	18.91%	18.89%	18.88%	18.87%	18.87%	18.86%	18.86%	18.84%
78.00	18.66%	18.65%	18.64%	18.63%	18.63%	18.62%	18.62%	18.59%
79.00	18.43%	18.42%	18.41%	18.40%	18.39%	18.38%	18.38%	18.36%
80.00	18.20%	18.18%	18.17%	18.17%	18.16%	18.15%	18.15%	18.13%
81.00	17.97%	17.96%	17.95%	17.94%	17.94%	17.93%	17.93%	17.91%
82.00	17.75%	17.74%	17.73%	17.72%	17.72%	17.71%	17.71%	17.69%
82.50	17.64%	17.63%	17.62%	17.62%	17.61%	17.60%	17.60%	17.58%
83.00	17.53%	17.52%	17.52%	17.51%	17.50%	17.50%	17.49%	17.47%
83.50	17.43%	17.42%	17.41%	17.40%	17.40%	17.39%	17.39%	17.37%
84.00	17.32%	17.31%	17.31%	17.30%	17.29%	17.29%	17.28%	17.27%
84.50	17.22%	17.21%	17.20%	17.20%	17.19%	17.19%	17.18%	17.16%
85.00	17.12%	17.11%	17.10%	17.10%	17.09%	17.09%	17.08%	17.06%
85.50	17.02%	17.01%	17.00%	16.99%	16.99%	16.98%	16.98%	16.96%
86.00	16.92%	16.91%	16.90%	16.90%	16.89%	16.89%	16.88%	16.86%
86.50	16.82%	16.81%	16.80%	16.80%	16.79%	16.79%	16.78%	16.77%
87.00	16.72%	16.71%	16.71%	16.70%	16.69%	16.69%	16.69%	16.67%
87.50	16.62%	16.62%	16.61%	16.60%	16.60%	16.59%	16.59%	16.58%
88.00	16.53%	16.52%	16.51%	16.51%	16.50%	16.50%	16.50%	16.48%
88.50	16.43%	16.43%	16.42%	16.41%	16.41%	16.41%	16.40%	16.39%
89.00	16.34%	16.33%	16.33%	16.32%	16.32%	16.31%	16.31%	16.30%
89.50	16.25%	16.24%	16.23%	16.23%	16.23%	16.22%	16.22%	16.20%
90.00	16.16%	16.15%	16.14%	16.14%	16.13%	16.13%	16.13%	16.11%
90.50	16.06%	16.06%	16.05%	16.05%	16.04%	16.04%	16.04%	16.03%
91.00	15.97%	15.97%	15.96%	15.96%	15.96%	15.95%	15.95%	15.94%
91.50	15.89%	15.88%	15.88%	15.87%	15.87%	15.86%	15.86%	15.85%
92.00	15.80%	15.79%	15.79%	15.78%	15.78%	15.78%	15.78%	15.76%
92.50	15.71%	15.71%	15.70%	15.70%	15.69%	15.69%	15.69%	15.68%
93.00	15.62%	15.62%	15.62%	15.61%	15.61%	15.61%	15.60%	15.59%
93.50	15.54%	15.53%	15.53%	15.53%	15.52%	15.52%	15.52%	15.51%
94.00	15.45%	15.45%	15.45%	15.44%	15.44%	15.44%	15.44%	15.43%
94.50	15.37%	15.37%	15.36%	15.36%	15.36%	15.36%	15.35%	15.35%
95.00	15.29%	15.28%	15.28%	15.28%	15.28%	15.27%	15.27%	15.27%
95.50	15.21%	15.20%	15.20%	15.20%	15.20%	15.19%	15.19%	15.19%
96.00	15.12%	15.12%	15.12%	15.12%	15.11%	15.11%	15.11%	15.11%
96.50	15.04%	15.04%	15.04%	15.04%	15.04%	15.03%	15.03%	15.03%
97.00	14.96%	14.96%	14.96%	14.96%	14.96%	14.96%	14.95%	14.95%
97.50	14.88%	14.88%	14.88%	14.88%	14.88%	14.88%	14.88%	14.87%
98.00	14.81%	14.80%	14.80%	14.80%	14.80%	14.80%	14.80%	14.80%
98.50	14.73%	14.73%	14.73%	14.73%	14.73%	14.72%	14.72%	14.72%
99.00	14.65%	14.65%	14.65%	14.65%	14.65%	14.65%	14.65%	14.65%
99.50	14.58%	14.58%	14.57%	14.57%	14.57%	14.57%	14.57%	14.57%
100.00	14.50%	14.50%	14.50%	14.50%	14.50%	14.50%	14.50%	14.50%
100.50	14.43%	14.43%	14.43%	14.43%	14.43%	14.43%	14.43%	14.43%
101.00	14.35%	14.35%	14.35%	14.35%	14.35%	14.35%	14.35%	14.36%
102.00	14.20%	14.21%	14.21%	14.21%	14.21%	14.21%	14.21%	14.21%
103.00	14.06%	14.06%	14.07%	14.07%	14.07%	14.07%	14.07%	14.08%
104.00	13.92%	13.92%	13.93%	13.93%	13.93%	13.93%	13.93%	13.94%
105.00	13.78%	13.79%	13.79%	13.79%	13.79%	13.80%	13.80%	13.81%
106.00	13.65%	13.65%	13.65%	13.66%	13.66%	13.66%	13.66%	13.68%
107.00	13.51%	13.52%	13.52%	13.52%	13.53%	13.53%	13.53%	13.55%
108.00	13.38%	13.39%	13.39%	13.40%	13.40%	13.40%	13.41%	13.42%
109.00	13.25%	13.26%	13.26%	13.27%	13.27%	13.28%	13.28%	13.30%
110.00	13.12%	13.13%	13.14%	13.14%	13.15%	13.15%	13.16%	13.17%

14.75% EFFECTIVE YIELD RATE

PRICE	YEARS UNTIL MATURITY							
	1/2	1	2	3	4	5	6	7
85.00	52.65%	33.63%	24.70%	21.82%	20.42%	19.59%	19.05%	18.68%
85.50	51.17%	32.92%	24.33%	21.56%	20.21%	19.41%	18.89%	18.53%
86.00	49.71%	32.22%	23.97%	21.30%	20.00%	19.23%	18.73%	18.39%
86.50	48.27%	31.52%	23.60%	21.04%	19.79%	19.06%	18.58%	18.24%
87.00	46.84%	30.83%	23.24%	20.79%	19.59%	18.88%	18.42%	18.10%
87.50	45.43%	30.14%	22.88%	20.54%	19.38%	18.71%	18.26%	17.96%
88.00	44.03%	29.46%	22.53%	20.28%	19.18%	18.53%	18.11%	17.82%
88.50	42.66%	28.79%	22.18%	20.03%	18.98%	18.36%	17.96%	17.68%
89.00	41.29%	28.12%	21.83%	19.79%	18.78%	18.19%	17.81%	17.54%
89.50	39.94%	27.46%	21.48%	19.54%	18.59%	18.02%	17.66%	17.40%
90.00	38.61%	26.80%	21.14%	19.29%	18.39%	17.86%	17.51%	17.27%
90.50	37.29%	26.15%	20.80%	19.05%	18.20%	17.69%	17.36%	17.13%
91.00	35.99%	25.51%	20.46%	18.81%	18.00%	17.53%	17.21%	17.00%
91.25	35.34%	25.19%	20.29%	18.69%	17.91%	17.44%	17.14%	16.93%
91.50	34.70%	24.87%	20.12%	18.57%	17.81%	17.36%	17.07%	16.86%
91.75	34.06%	24.55%	19.95%	18.45%	17.72%	17.28%	17.00%	16.80%
92.00	33.42%	24.23%	19.79%	18.33%	17.62%	17.20%	16.92%	16.73%
92.25	32.79%	23.92%	19.62%	18.22%	17.53%	17.12%	16.85%	16.67%
92.50	32.16%	23.60%	19.45%	18.10%	17.43%	17.04%	16.78%	16.60%
92.75	31.54%	23.29%	19.29%	17.98%	17.34%	16.96%	16.71%	16.54%
93.00	30.91%	22.98%	19.12%	17.86%	17.24%	16.88%	16.64%	16.47%
93.25	30.29%	22.67%	18.96%	17.75%	17.15%	16.80%	16.57%	16.41%
93.50	29.68%	22.36%	18.80%	17.63%	17.06%	16.72%	16.50%	16.34%
93.75	29.07%	22.05%	18.64%	17.52%	16.97%	16.64%	16.43%	16.28%
94.00	28.46%	21.75%	18.47%	17.40%	16.87%	16.56%	16.36%	16.21%
94.25	27.85%	21.44%	18.31%	17.29%	16.78%	16.48%	16.29%	16.15%
94.50	27.25%	21.14%	18.15%	17.17%	16.69%	16.40%	16.22%	16.09%
94.75	26.65%	20.83%	17.99%	17.06%	16.60%	16.33%	16.15%	16.02%
95.00	26.05%	20.53%	17.83%	16.94%	16.51%	16.25%	16.08%	15.96%
95.25	25.46%	20.23%	17.67%	16.83%	16.42%	16.17%	16.01%	15.90%
95.50	24.87%	19.93%	17.51%	16.72%	16.33%	16.09%	15.94%	15.84%
95.75	24.28%	19.64%	17.36%	16.61%	16.24%	16.02%	15.87%	15.77%
96.00	23.70%	19.34%	17.20%	16.49%	16.15%	15.94%	15.81%	15.71%
96.25	23.12%	19.04%	17.04%	16.38%	16.06%	15.86%	15.74%	15.65%
96.50	22.54%	18.75%	16.88%	16.27%	15.97%	15.79%	15.67%	15.59%
96.75	21.96%	18.46%	16.73%	16.16%	15.88%	15.71%	15.60%	15.53%
97.00	21.39%	18.16%	16.57%	16.05%	15.79%	15.64%	15.54%	15.47%
97.25	20.82%	17.87%	16.42%	15.94%	15.70%	15.56%	15.47%	15.41%
97.50	20.26%	17.58%	16.26%	15.83%	15.61%	15.49%	15.40%	15.34%
97.75	19.69%	17.30%	16.11%	15.72%	15.53%	15.41%	15.34%	15.28%
98.00	19.13%	17.01%	15.96%	15.61%	15.44%	15.34%	15.27%	15.22%
98.25	18.58%	16.72%	15.80%	15.50%	15.35%	15.26%	15.20%	15.16%
98.50	18.02%	16.44%	15.65%	15.39%	15.26%	15.19%	15.14%	15.10%
98.75	17.47%	16.15%	15.50%	15.28%	15.18%	15.12%	15.07%	15.04%
99.00	16.92%	15.87%	15.35%	15.18%	15.09%	15.04%	15.01%	14.99%
99.25	16.37%	15.59%	15.20%	15.07%	15.01%	14.97%	14.94%	14.93%
99.50	15.83%	15.31%	15.05%	14.96%	14.92%	14.90%	14.88%	14.87%
99.75	15.29%	15.03%	14.90%	14.86%	14.84%	14.82%	14.81%	14.81%
100.00	14.75%	14.75%	14.75%	14.75%	14.75%	14.75%	14.75%	14.75%
100.25	14.21%	14.47%	14.60%	14.64%	14.67%	14.68%	14.69%	14.69%
100.50	13.68%	14.20%	14.45%	14.54%	14.58%	14.61%	14.62%	14.63%
101.00	12.62%	13.65%	14.16%	14.33%	14.41%	14.46%	14.49%	14.52%
101.50	11.58%	13.10%	13.87%	14.12%	14.25%	14.32%	14.37%	14.40%
102.00	10.54%	12.56%	13.57%	13.91%	14.08%	14.18%	14.24%	14.29%
102.50	9.51%	12.02%	13.29%	13.71%	13.91%	14.04%	14.12%	14.18%
103.00	8.50%	11.49%	13.00%	13.50%	13.75%	13.90%	13.99%	14.06%
103.50	7.49%	10.96%	12.71%	13.30%	13.59%	13.76%	13.87%	13.95%
104.00	6.49%	10.43%	12.43%	13.10%	13.43%	13.62%	13.75%	13.84%
104.50	5.50%	9.91%	12.15%	12.89%	13.26%	13.48%	13.63%	13.73%
105.00	4.52%	9.39%	11.87%	12.69%	13.10%	13.35%	13.51%	13.62%

EFFECTIVE YIELD RATE 14.75%

PRICE	YEARS UNTIL MATURITY							
	8	9	10	11	12	13	14	15
70.00	23.15%	22.71%	22.38%	22.12%	21.92%	21.75%	21.63%	21.52%
71.00	22.79%	22.37%	22.04%	21.79%	21.60%	21.44%	21.32%	21.22%
72.00	22.43%	22.03%	21.72%	21.48%	21.29%	21.14%	21.02%	20.92%
73.00	22.09%	21.70%	21.40%	21.17%	20.98%	20.84%	20.72%	20.63%
74.00	21.75%	21.37%	21.09%	20.86%	20.69%	20.55%	20.44%	20.35%
75.00	21.41%	21.05%	20.78%	20.57%	20.40%	20.26%	20.16%	20.07%
76.00	21.08%	20.74%	20.48%	20.28%	20.12%	19.99%	19.88%	19.80%
77.00	20.76%	20.44%	20.19%	19.99%	19.84%	19.72%	19.62%	19.54%
78.00	20.45%	20.14%	19.90%	19.71%	19.57%	19.45%	19.35%	19.28%
79.00	20.14%	19.85%	19.62%	19.44%	19.30%	19.19%	19.10%	19.03%
80.00	19.84%	19.56%	19.34%	19.18%	19.04%	18.94%	18.85%	18.78%
81.00	19.54%	19.28%	19.07%	18.91%	18.79%	18.69%	18.60%	18.54%
82.00	19.25%	19.00%	18.81%	18.66%	18.54%	18.44%	18.36%	18.30%
82.50	19.11%	18.86%	18.68%	18.53%	18.42%	18.32%	18.25%	18.18%
83.00	18.96%	18.73%	18.55%	18.41%	18.29%	18.20%	18.13%	18.07%
83.50	18.82%	18.59%	18.42%	18.28%	18.17%	18.09%	18.01%	17.96%
84.00	18.68%	18.46%	18.29%	18.16%	18.05%	17.97%	17.90%	17.84%
84.50	18.54%	18.33%	18.17%	18.04%	17.94%	17.85%	17.79%	17.73%
85.00	18.40%	18.20%	18.04%	17.92%	17.82%	17.74%	17.67%	17.62%
85.50	18.27%	18.07%	17.92%	17.80%	17.70%	17.63%	17.56%	17.51%
86.00	18.13%	17.94%	17.79%	17.68%	17.59%	17.51%	17.45%	17.40%
86.50	18.00%	17.81%	17.67%	17.56%	17.47%	17.40%	17.34%	17.30%
87.00	17.86%	17.69%	17.55%	17.45%	17.36%	17.29%	17.24%	17.19%
87.50	17.73%	17.56%	17.43%	17.33%	17.25%	17.18%	17.13%	17.09%
88.00	17.60%	17.44%	17.32%	17.22%	17.14%	17.08%	17.02%	16.98%
88.50	17.47%	17.32%	17.20%	17.10%	17.03%	16.97%	16.92%	16.88%
89.00	17.34%	17.20%	17.08%	16.99%	16.92%	16.86%	16.82%	16.78%
89.50	17.22%	17.07%	16.97%	16.88%	16.81%	16.76%	16.71%	16.68%
90.00	17.09%	16.96%	16.85%	16.77%	16.71%	16.65%	16.61%	16.57%
90.50	16.96%	16.84%	16.74%	16.66%	16.60%	16.55%	16.51%	16.48%
91.00	16.84%	16.72%	16.63%	16.55%	16.50%	16.45%	16.41%	16.38%
91.50	16.71%	16.60%	16.51%	16.45%	16.39%	16.35%	16.31%	16.28%
92.00	16.59%	16.49%	16.40%	16.34%	16.29%	16.25%	16.21%	16.18%
92.50	16.47%	16.37%	16.29%	16.23%	16.19%	16.15%	16.11%	16.09%
93.00	16.35%	16.26%	16.19%	16.13%	16.08%	16.05%	16.02%	15.99%
93.50	16.23%	16.14%	16.08%	16.03%	15.98%	15.95%	15.92%	15.90%
94.00	16.11%	16.03%	15.97%	15.92%	15.88%	15.85%	15.83%	15.81%
94.50	15.99%	15.92%	15.86%	15.82%	15.79%	15.76%	15.73%	15.71%
95.00	15.88%	15.81%	15.76%	15.72%	15.69%	15.66%	15.64%	15.62%
95.50	15.76%	15.70%	15.65%	15.62%	15.59%	15.57%	15.55%	15.53%
96.00	15.64%	15.59%	15.55%	15.52%	15.49%	15.47%	15.46%	15.44%
96.50	15.53%	15.48%	15.45%	15.42%	15.40%	15.38%	15.37%	15.35%
97.00	15.42%	15.38%	15.35%	15.32%	15.30%	15.29%	15.28%	15.26%
97.50	15.30%	15.27%	15.25%	15.23%	15.21%	15.20%	15.19%	15.18%
98.00	15.19%	15.16%	15.14%	15.13%	15.12%	15.11%	15.10%	15.09%
98.50	15.08%	15.06%	15.04%	15.03%	15.02%	15.02%	15.01%	15.00%
99.00	14.97%	14.96%	14.95%	14.94%	14.93%	14.93%	14.92%	14.92%
99.50	14.86%	14.85%	14.85%	14.84%	14.84%	14.84%	14.84%	14.83%
100.00	14.75%	14.75%	14.75%	14.75%	14.75%	14.75%	14.75%	14.75%
100.50	14.64%	14.65%	14.65%	14.66%	14.66%	14.66%	14.66%	14.67%
101.00	14.53%	14.55%	14.56%	14.56%	14.57%	14.58%	14.58%	14.58%
102.00	14.32%	14.35%	14.37%	14.38%	14.40%	14.41%	14.41%	14.42%
103.00	14.11%	14.15%	14.18%	14.20%	14.22%	14.24%	14.25%	14.26%
104.00	13.91%	13.96%	14.00%	14.03%	14.05%	14.07%	14.09%	14.10%
105.00	13.70%	13.76%	13.81%	13.85%	13.88%	13.91%	13.93%	13.95%
106.00	13.50%	13.58%	13.63%	13.68%	13.72%	13.75%	13.77%	13.79%
107.00	13.30%	13.39%	13.46%	13.51%	13.55%	13.59%	13.62%	13.64%
108.00	13.11%	13.20%	13.28%	13.34%	13.39%	13.43%	13.47%	13.49%
109.00	12.91%	13.02%	13.11%	13.18%	13.23%	13.28%	13.32%	13.35%
110.00	12.72%	12.84%	12.94%	13.02%	13.08%	13.13%	13.17%	13.20%

14.75% EFFECTIVE YIELD RATE

PRICE	YEARS UNTIL MATURITY							
	16	17	18	19	20	21	22	23
70.00	21.44%	21.37%	21.32%	21.27%	21.24%	21.21%	21.18%	21.16%
71.00	21.14%	21.07%	21.02%	20.97%	20.94%	20.91%	20.88%	20.86%
72.00	20.84%	20.78%	20.72%	20.68%	20.65%	20.62%	20.59%	20.58%
73.00	20.55%	20.49%	20.44%	20.40%	20.36%	20.34%	20.31%	20.29%
74.00	20.27%	20.21%	20.16%	20.12%	20.09%	20.06%	20.04%	20.02%
75.00	20.00%	19.94%	19.89%	19.85%	19.82%	19.79%	19.77%	19.75%
76.00	19.73%	19.67%	19.63%	19.59%	19.56%	19.53%	19.51%	19.49%
77.00	19.47%	19.42%	19.37%	19.33%	19.30%	19.28%	19.26%	19.24%
78.00	19.21%	19.16%	19.12%	19.08%	19.06%	19.03%	19.01%	18.99%
79.00	18.96%	18.92%	18.87%	18.84%	18.81%	18.79%	18.77%	18.75%
80.00	18.72%	18.67%	18.63%	18.60%	18.57%	18.55%	18.53%	18.52%
81.00	18.48%	18.44%	18.40%	18.37%	18.34%	18.32%	18.30%	18.29%
82.00	18.25%	18.21%	18.17%	18.14%	18.12%	18.10%	18.08%	18.06%
82.50	18.13%	18.09%	18.06%	18.03%	18.00%	17.98%	17.97%	17.95%
83.00	18.02%	17.98%	17.95%	17.92%	17.89%	17.87%	17.86%	17.84%
83.50	17.91%	17.87%	17.84%	17.81%	17.79%	17.77%	17.75%	17.74%
84.00	17.80%	17.76%	17.73%	17.70%	17.68%	17.66%	17.64%	17.63%
84.50	17.69%	17.65%	17.62%	17.59%	17.57%	17.55%	17.54%	17.52%
85.00	17.58%	17.54%	17.51%	17.49%	17.47%	17.45%	17.43%	17.42%
85.50	17.47%	17.43%	17.41%	17.38%	17.36%	17.34%	17.33%	17.32%
86.00	17.36%	17.33%	17.30%	17.28%	17.26%	17.24%	17.23%	17.22%
86.50	17.26%	17.22%	17.20%	17.17%	17.16%	17.14%	17.13%	17.11%
87.00	17.15%	17.12%	17.09%	17.07%	17.05%	17.04%	17.03%	17.01%
87.50	17.05%	17.02%	16.99%	16.97%	16.95%	16.94%	16.93%	16.92%
88.00	16.95%	16.92%	16.89%	16.87%	16.86%	16.84%	16.83%	16.82%
88.50	16.84%	16.82%	16.79%	16.77%	16.76%	16.74%	16.73%	16.72%
89.00	16.74%	16.72%	16.69%	16.68%	16.66%	16.65%	16.64%	16.63%
89.50	16.64%	16.62%	16.60%	16.58%	16.56%	16.55%	16.54%	16.53%
90.00	16.55%	16.52%	16.50%	16.48%	16.47%	16.46%	16.45%	16.44%
90.50	16.45%	16.42%	16.41%	16.39%	16.38%	16.36%	16.35%	16.35%
91.00	16.35%	16.33%	16.31%	16.30%	16.28%	16.27%	16.26%	16.25%
91.50	16.26%	16.23%	16.22%	16.20%	16.19%	16.18%	16.17%	16.16%
92.00	16.16%	16.14%	16.12%	16.11%	16.10%	16.09%	16.08%	16.07%
92.50	16.07%	16.05%	16.03%	16.02%	16.01%	16.00%	15.99%	15.98%
93.00	15.97%	15.96%	15.94%	15.93%	15.92%	15.91%	15.90%	15.90%
93.50	15.88%	15.86%	15.85%	15.84%	15.83%	15.82%	15.82%	15.81%
94.00	15.79%	15.77%	15.76%	15.75%	15.74%	15.74%	15.73%	15.72%
94.50	15.70%	15.68%	15.67%	15.66%	15.66%	15.65%	15.64%	15.64%
95.00	15.61%	15.60%	15.59%	15.58%	15.57%	15.56%	15.56%	15.55%
95.50	15.52%	15.51%	15.50%	15.49%	15.48%	15.48%	15.47%	15.47%
96.00	15.43%	15.42%	15.41%	15.41%	15.40%	15.39%	15.39%	15.39%
96.50	15.34%	15.33%	15.33%	15.32%	15.32%	15.31%	15.31%	15.30%
97.00	15.26%	15.25%	15.24%	15.24%	15.23%	15.23%	15.23%	15.22%
97.50	15.17%	15.16%	15.16%	15.15%	15.15%	15.15%	15.14%	15.14%
98.00	15.08%	15.08%	15.08%	15.07%	15.07%	15.07%	15.06%	15.06%
98.50	15.00%	15.00%	14.99%	14.99%	14.99%	14.99%	14.98%	14.98%
99.00	14.92%	14.91%	14.91%	14.91%	14.91%	14.91%	14.91%	14.90%
99.50	14.83%	14.83%	14.83%	14.83%	14.83%	14.83%	14.83%	14.83%
100.00	14.75%	14.75%	14.75%	14.75%	14.75%	14.75%	14.75%	14.75%
100.50	14.67%	14.67%	14.67%	14.67%	14.67%	14.67%	14.67%	14.67%
101.00	14.59%	14.59%	14.59%	14.59%	14.59%	14.60%	14.60%	14.60%
102.00	14.43%	14.43%	14.44%	14.44%	14.44%	14.44%	14.45%	14.45%
103.00	14.27%	14.28%	14.28%	14.29%	14.29%	14.30%	14.30%	14.30%
104.00	14.11%	14.12%	14.13%	14.14%	14.14%	14.15%	14.15%	14.16%
105.00	13.96%	13.97%	13.98%	13.99%	14.00%	14.01%	14.01%	14.02%
106.00	13.81%	13.83%	13.84%	13.85%	13.86%	13.87%	13.87%	13.88%
107.00	13.66%	13.68%	13.69%	13.71%	13.72%	13.73%	13.73%	13.74%
108.00	13.52%	13.54%	13.55%	13.57%	13.58%	13.59%	13.60%	13.61%
109.00	13.37%	13.39%	13.41%	13.43%	13.44%	13.45%	13.47%	13.47%
110.00	13.23%	13.26%	13.28%	13.29%	13.31%	13.32%	13.33%	13.34%

EFFECTIVE YIELD RATE 14.75%

PRICE	YEARS UNTIL MATURITY						
	24	25	26	27	28	29	30	40
70.00	21.14%	21.13%	21.12%	21.11%	21.10%	21.10%	21.09%	21.07%
71.00	20.85%	20.84%	20.82%	20.82%	20.81%	20.80%	20.80%	20.78%
72.00	20.56%	20.55%	20.54%	20.53%	20.52%	20.51%	20.51%	20.49%
73.00	20.28%	20.27%	20.26%	20.25%	20.24%	20.23%	20.23%	20.21%
74.00	20.01%	19.99%	19.98%	19.97%	19.97%	19.96%	19.96%	19.94%
75.00	19.74%	19.73%	19.72%	19.71%	19.70%	19.70%	19.69%	19.67%
76.00	19.48%	19.47%	19.46%	19.45%	19.44%	19.44%	19.43%	19.41%
77.00	19.23%	19.21%	19.21%	19.20%	19.19%	19.18%	19.18%	19.16%
78.00	18.98%	18.97%	18.96%	18.95%	18.94%	18.94%	18.93%	18.91%
79.00	18.74%	18.73%	18.72%	18.71%	18.70%	18.70%	18.69%	18.67%
80.00	18.50%	18.49%	18.48%	18.48%	18.47%	18.47%	18.46%	18.44%
81.00	18.28%	18.26%	18.26%	18.25%	18.24%	18.24%	18.23%	18.21%
82.00	18.05%	18.04%	18.03%	18.03%	18.02%	18.01%	18.01%	17.99%
82.50	17.94%	17.93%	17.92%	17.92%	17.91%	17.91%	17.90%	17.88%
83.00	17.83%	17.82%	17.81%	17.81%	17.80%	17.80%	17.79%	17.78%
83.50	17.73%	17.72%	17.71%	17.70%	17.70%	17.69%	17.69%	17.67%
84.00	17.62%	17.61%	17.60%	17.60%	17.59%	17.58%	17.58%	17.56%
84.50	17.51%	17.50%	17.50%	17.49%	17.49%	17.48%	17.48%	17.46%
85.00	17.41%	17.40%	17.39%	17.39%	17.38%	17.38%	17.37%	17.36%
85.50	17.31%	17.30%	17.29%	17.29%	17.28%	17.28%	17.27%	17.26%
86.00	17.21%	17.20%	17.19%	17.18%	17.18%	17.17%	17.17%	17.16%
86.50	17.11%	17.10%	17.09%	17.08%	17.08%	17.08%	17.07%	17.06%
87.00	17.01%	17.00%	16.99%	16.99%	16.98%	16.98%	16.97%	16.96%
87.50	16.91%	16.90%	16.89%	16.89%	16.88%	16.88%	16.88%	16.86%
88.00	16.81%	16.80%	16.80%	16.79%	16.79%	16.78%	16.78%	16.77%
88.50	16.71%	16.71%	16.70%	16.70%	16.69%	16.69%	16.68%	16.67%
89.00	16.62%	16.61%	16.61%	16.60%	16.60%	16.59%	16.59%	16.58%
89.50	16.52%	16.52%	16.51%	16.51%	16.50%	16.50%	16.50%	16.48%
90.00	16.43%	16.42%	16.42%	16.42%	16.41%	16.41%	16.41%	16.39%
90.50	16.34%	16.33%	16.33%	16.32%	16.32%	16.32%	16.31%	16.30%
91.00	16.25%	16.24%	16.24%	16.23%	16.23%	16.23%	16.22%	16.21%
91.50	16.16%	16.15%	16.15%	16.14%	16.14%	16.14%	16.13%	16.12%
92.00	16.07%	16.06%	16.06%	16.05%	16.05%	16.05%	16.05%	16.04%
92.50	15.98%	15.97%	15.97%	15.97%	15.96%	15.96%	15.96%	15.95%
93.00	15.89%	15.89%	15.88%	15.88%	15.88%	15.87%	15.87%	15.86%
93.50	15.80%	15.80%	15.80%	15.79%	15.79%	15.79%	15.79%	15.78%
94.00	15.72%	15.71%	15.71%	15.71%	15.71%	15.70%	15.70%	15.69%
94.50	15.63%	15.63%	15.63%	15.62%	15.62%	15.62%	15.62%	15.61%
95.00	15.55%	15.55%	15.54%	15.54%	15.54%	15.54%	15.54%	15.53%
95.50	15.47%	15.46%	15.46%	15.46%	15.46%	15.45%	15.45%	15.45%
96.00	15.38%	15.38%	15.38%	15.38%	15.37%	15.37%	15.37%	15.37%
96.50	15.30%	15.30%	15.30%	15.30%	15.29%	15.29%	15.29%	15.29%
97.00	15.22%	15.22%	15.22%	15.22%	15.21%	15.21%	15.21%	15.21%
97.50	15.14%	15.14%	15.14%	15.14%	15.13%	15.13%	15.13%	15.13%
98.00	15.06%	15.06%	15.06%	15.06%	15.06%	15.06%	15.06%	15.05%
98.50	14.98%	14.98%	14.98%	14.98%	14.98%	14.98%	14.98%	14.98%
99.00	14.90%	14.90%	14.90%	14.90%	14.90%	14.90%	14.90%	14.90%
99.50	14.83%	14.83%	14.83%	14.83%	14.83%	14.83%	14.83%	14.82%
100.00	14.75%	14.75%	14.75%	14.75%	14.75%	14.75%	14.75%	14.75%
100.50	14.67%	14.67%	14.67%	14.67%	14.68%	14.68%	14.68%	14.68%
101.00	14.60%	14.60%	14.60%	14.60%	14.60%	14.60%	14.60%	14.60%
102.00	14.45%	14.45%	14.45%	14.45%	14.45%	14.46%	14.46%	14.46%
103.00	14.30%	14.31%	14.31%	14.31%	14.31%	14.31%	14.31%	14.32%
104.00	14.16%	14.16%	14.17%	14.17%	14.17%	14.17%	14.17%	14.18%
105.00	14.02%	14.02%	14.03%	14.03%	14.03%	14.03%	14.04%	14.04%
106.00	13.88%	13.89%	13.89%	13.89%	13.90%	13.90%	13.90%	13.91%
107.00	13.75%	13.75%	13.76%	13.76%	13.76%	13.77%	13.77%	13.78%
108.00	13.61%	13.62%	13.62%	13.63%	13.63%	13.63%	13.64%	13.65%
109.00	13.48%	13.49%	13.49%	13.50%	13.50%	13.51%	13.51%	13.53%
110.00	13.35%	13.36%	13.37%	13.37%	13.38%	13.38%	13.38%	13.40%

15%   EFFECTIVE YIELD RATE

PRICE	YEARS UNTIL MATURITY							
	1/2	1	2	3	4	5	6	7
85.00	52.94%	33.91%	24.98%	22.10%	20.69%	19.87%	19.33%	18.96%
85.50	51.46%	33.20%	24.61%	21.84%	20.48%	19.69%	19.17%	18.81%
86.00	50.00%	32.50%	24.24%	21.58%	20.27%	19.51%	19.01%	18.66%
86.50	48.55%	31.80%	23.88%	21.32%	20.07%	19.33%	18.85%	18.52%
87.00	47.13%	31.11%	23.52%	21.06%	19.86%	19.15%	18.69%	18.37%
87.50	45.71%	30.42%	23.16%	20.81%	19.66%	18.98%	18.54%	18.23%
88.00	44.32%	29.74%	22.80%	20.56%	19.45%	18.81%	18.38%	18.09%
88.50	42.94%	29.06%	22.45%	20.30%	19.25%	18.63%	18.23%	17.95%
89.00	41.57%	28.39%	22.10%	20.06%	19.05%	18.46%	18.08%	17.81%
89.50	40.22%	27.73%	21.75%	19.81%	18.85%	18.29%	17.93%	17.67%
90.00	38.89%	27.07%	21.41%	19.56%	18.66%	18.12%	17.78%	17.54%
90.50	37.57%	26.42%	21.06%	19.32%	18.46%	17.96%	17.63%	17.40%
91.00	36.26%	25.77%	20.72%	19.08%	18.27%	17.79%	17.48%	17.26%
91.25	35.62%	25.45%	20.55%	18.96%	18.17%	17.71%	17.41%	17.20%
91.50	34.97%	25.13%	20.39%	18.84%	18.08%	17.63%	17.33%	17.13%
91.75	34.33%	24.82%	20.22%	18.72%	17.98%	17.55%	17.26%	17.06%
92.00	33.70%	24.50%	20.05%	18.60%	17.88%	17.46%	17.19%	17.00%
92.25	33.06%	24.18%	19.88%	18.48%	17.79%	17.38%	17.12%	16.93%
92.50	32.43%	23.87%	19.72%	18.36%	17.69%	17.30%	17.04%	16.87%
92.75	31.81%	23.55%	19.55%	18.24%	17.60%	17.22%	16.97%	16.80%
93.00	31.18%	23.24%	19.39%	18.13%	17.51%	17.14%	16.90%	16.73%
93.25	30.56%	22.93%	19.22%	18.01%	17.41%	17.06%	16.83%	16.67%
93.50	29.95%	22.62%	19.06%	17.89%	17.32%	16.98%	16.76%	16.60%
93.75	29.33%	22.31%	18.90%	17.78%	17.23%	16.90%	16.69%	16.54%
94.00	28.72%	22.01%	18.73%	17.66%	17.13%	16.82%	16.62%	16.48%
94.25	28.12%	21.70%	18.57%	17.55%	17.04%	16.74%	16.55%	16.41%
94.50	27.51%	21.40%	18.41%	17.43%	16.95%	16.66%	16.48%	16.35%
94.75	26.91%	21.09%	18.25%	17.32%	16.86%	16.59%	16.41%	16.28%
95.00	26.32%	20.79%	18.09%	17.20%	16.77%	16.51%	16.34%	16.22%
95.25	25.72%	20.49%	17.93%	17.09%	16.67%	16.43%	16.27%	16.16%
95.50	25.13%	20.19%	17.77%	16.98%	16.58%	16.35%	16.20%	16.09%
95.75	24.54%	19.89%	17.61%	16.86%	16.49%	16.27%	16.13%	16.03%
96.00	23.96%	19.60%	17.45%	16.75%	16.40%	16.20%	16.06%	15.97%
96.25	23.38%	19.30%	17.30%	16.64%	16.31%	16.12%	16.00%	15.91%
96.50	22.80%	19.01%	17.14%	16.53%	16.22%	16.04%	15.93%	15.85%
96.75	22.22%	18.71%	16.98%	16.41%	16.13%	15.97%	15.86%	15.78%
97.00	21.65%	18.42%	16.83%	16.30%	16.04%	15.89%	15.79%	15.72%
97.25	21.08%	18.13%	16.67%	16.19%	15.96%	15.82%	15.72%	15.66%
97.50	20.51%	17.84%	16.52%	16.08%	15.87%	15.74%	15.66%	15.60%
97.75	19.95%	17.55%	16.36%	15.97%	15.78%	15.67%	15.59%	15.54%
98.00	19.39%	17.26%	16.21%	15.86%	15.69%	15.59%	15.52%	15.48%
98.25	18.83%	16.98%	16.06%	15.75%	15.60%	15.52%	15.46%	15.42%
98.50	18.27%	16.69%	15.90%	15.65%	15.52%	15.44%	15.39%	15.36%
98.75	17.72%	16.41%	15.75%	15.54%	15.43%	15.37%	15.33%	15.30%
99.00	17.17%	16.12%	15.60%	15.43%	15.34%	15.29%	15.26%	15.24%
99.25	16.62%	15.84%	15.45%	15.32%	15.26%	15.22%	15.19%	15.18%
99.50	16.08%	15.56%	15.30%	15.21%	15.17%	15.15%	15.13%	15.12%
99.75	15.54%	15.28%	15.15%	15.11%	15.09%	15.07%	15.06%	15.06%
100.00	15.00%	15.00%	15.00%	15.00%	15.00%	15.00%	15.00%	15.00%
100.25	14.46%	14.72%	14.85%	14.89%	14.91%	14.93%	14.94%	14.94%
100.50	13.93%	14.45%	14.70%	14.79%	14.83%	14.85%	14.87%	14.88%
101.00	12.87%	13.89%	14.41%	14.58%	14.66%	14.71%	14.74%	14.77%
101.50	11.82%	13.35%	14.11%	14.37%	14.49%	14.57%	14.62%	14.65%
102.00	10.78%	12.81%	13.82%	14.16%	14.33%	14.42%	14.49%	14.54%
102.50	9.76%	12.27%	13.53%	13.95%	14.16%	14.28%	14.36%	14.42%
103.00	8.74%	11.73%	13.24%	13.75%	14.00%	14.14%	14.24%	14.31%
103.50	7.73%	11.20%	12.96%	13.54%	13.83%	14.00%	14.12%	14.19%
104.00	6.73%	10.68%	12.67%	13.34%	13.67%	13.86%	13.99%	14.08%
104.50	5.74%	10.15%	12.39%	13.14%	13.51%	13.73%	13.87%	13.97%
105.00	4.76%	9.64%	12.11%	12.94%	13.35%	13.59%	13.75%	13.86%

EFFECTIVE YIELD RATE 15%

PRICE	YEARS UNTIL MATURITY 8	9	10	11	12	13	14	15
70.00	23.48%	23.04%	22.71%	22.45%	22.25%	22.09%	21.97%	21.86%
71.00	23.11%	22.69%	22.37%	22.12%	21.93%	21.78%	21.65%	21.56%
72.00	22.75%	22.35%	22.04%	21.80%	21.62%	21.47%	21.35%	21.25%
73.00	22.40%	22.01%	21.72%	21.49%	21.31%	21.17%	21.05%	20.96%
74.00	22.06%	21.69%	21.40%	21.18%	21.01%	20.87%	20.76%	20.67%
75.00	21.72%	21.37%	21.09%	20.88%	20.72%	20.58%	20.48%	20.39%
76.00	21.39%	21.05%	20.79%	20.59%	20.43%	20.30%	20.20%	20.12%
77.00	21.07%	20.74%	20.49%	20.30%	20.15%	20.03%	19.93%	19.85%
78.00	20.75%	20.44%	20.20%	20.02%	19.87%	19.76%	19.66%	19.59%
79.00	20.44%	20.14%	19.92%	19.74%	19.61%	19.49%	19.40%	19.33%
80.00	20.13%	19.85%	19.64%	19.47%	19.34%	19.24%	19.15%	19.08%
81.00	19.83%	19.57%	19.37%	19.21%	19.08%	18.98%	18.90%	18.84%
82.00	19.54%	19.29%	19.10%	18.95%	18.83%	18.74%	18.66%	18.60%
82.50	19.39%	19.15%	18.97%	18.82%	18.71%	18.62%	18.54%	18.48%
83.00	19.25%	19.02%	18.84%	18.70%	18.58%	18.49%	18.42%	18.36%
83.50	19.11%	18.88%	18.71%	18.57%	18.46%	18.38%	18.30%	18.25%
84.00	18.96%	18.75%	18.58%	18.45%	18.34%	18.26%	18.19%	18.13%
84.50	18.82%	18.61%	18.45%	18.32%	18.22%	18.14%	18.07%	18.02%
85.00	18.69%	18.48%	18.32%	18.20%	18.10%	18.02%	17.96%	17.91%
85.50	18.55%	18.35%	18.20%	18.08%	17.99%	17.91%	17.85%	17.80%
86.00	18.41%	18.22%	18.08%	17.96%	17.87%	17.80%	17.74%	17.69%
86.50	18.28%	18.09%	17.95%	17.84%	17.75%	17.68%	17.63%	17.58%
87.00	18.14%	17.97%	17.83%	17.73%	17.64%	17.57%	17.52%	17.47%
87.50	18.01%	17.84%	17.71%	17.61%	17.53%	17.46%	17.41%	17.37%
88.00	17.88%	17.72%	17.59%	17.49%	17.42%	17.35%	17.30%	17.26%
88.50	17.75%	17.59%	17.47%	17.38%	17.30%	17.24%	17.20%	17.16%
89.00	17.62%	17.47%	17.35%	17.27%	17.19%	17.14%	17.09%	17.05%
89.50	17.49%	17.35%	17.24%	17.15%	17.09%	17.03%	16.99%	16.95%
90.00	17.36%	17.23%	17.12%	17.04%	16.98%	16.93%	16.88%	16.85%
90.50	17.23%	17.11%	17.01%	16.93%	16.87%	16.82%	16.78%	16.75%
91.00	17.11%	16.99%	16.89%	16.82%	16.76%	16.72%	16.68%	16.65%
91.50	16.98%	16.87%	16.78%	16.71%	16.66%	16.62%	16.58%	16.55%
92.00	16.86%	16.75%	16.67%	16.61%	16.55%	16.51%	16.48%	16.45%
92.50	16.73%	16.64%	16.56%	16.50%	16.45%	16.41%	16.38%	16.35%
93.00	16.61%	16.52%	16.45%	16.39%	16.35%	16.31%	16.28%	16.26%
93.50	16.49%	16.41%	16.34%	16.29%	16.25%	16.21%	16.19%	16.16%
94.00	16.37%	16.29%	16.23%	16.19%	16.15%	16.12%	16.09%	16.07%
94.50	16.25%	16.18%	16.13%	16.08%	16.05%	16.02%	16.00%	15.98%
95.00	16.13%	16.07%	16.02%	15.98%	15.95%	15.92%	15.90%	15.88%
95.50	16.02%	15.96%	15.91%	15.88%	15.85%	15.83%	15.81%	15.79%
96.00	15.90%	15.85%	15.81%	15.78%	15.75%	15.73%	15.71%	15.70%
96.50	15.79%	15.74%	15.71%	15.68%	15.66%	15.64%	15.62%	15.61%
97.00	15.67%	15.63%	15.60%	15.58%	15.56%	15.54%	15.53%	15.52%
97.50	15.56%	15.52%	15.50%	15.48%	15.46%	15.45%	15.44%	15.43%
98.00	15.44%	15.42%	15.40%	15.38%	15.37%	15.36%	15.35%	15.34%
98.50	15.33%	15.31%	15.30%	15.29%	15.28%	15.27%	15.26%	15.26%
99.00	15.22%	15.21%	15.20%	15.19%	15.18%	15.18%	15.17%	15.17%
99.50	15.11%	15.10%	15.10%	15.09%	15.09%	15.09%	15.09%	15.09%
100.00	15.00%	15.00%	15.00%	15.00%	15.00%	15.00%	15.00%	15.00%
100.50	14.89%	14.90%	14.90%	14.91%	14.91%	14.91%	14.91%	14.92%
101.00	14.78%	14.80%	14.81%	14.81%	14.82%	14.82%	14.83%	14.83%
102.00	14.57%	14.59%	14.61%	14.63%	14.64%	14.65%	14.66%	14.67%
103.00	14.36%	14.39%	14.42%	14.45%	14.47%	14.48%	14.49%	14.50%
104.00	14.15%	14.20%	14.24%	14.27%	14.29%	14.31%	14.33%	14.34%
105.00	13.94%	14.01%	14.05%	14.09%	14.12%	14.15%	14.17%	14.19%
106.00	13.74%	13.82%	13.87%	13.92%	13.96%	13.99%	14.01%	14.03%
107.00	13.54%	13.63%	13.69%	13.75%	13.79%	13.83%	13.85%	13.88%
108.00	13.34%	13.44%	13.52%	13.58%	13.63%	13.67%	13.70%	13.73%
109.00	13.15%	13.26%	13.34%	13.41%	13.47%	13.51%	13.55%	13.58%
110.00	12.96%	13.08%	13.17%	13.25%	13.31%	13.36%	13.40%	13.43%

15%   EFFECTIVE YIELD RATE

PRICE	YEARS UNTIL MATURITY							
	16	17	18	19	20	21	22	23
70.00	21.78%	21.72%	21.66%	21.62%	21.58%	21.56%	21.53%	21.51%
71.00	21.48%	21.41%	21.36%	21.32%	21.28%	21.25%	21.23%	21.21%
72.00	21.18%	21.11%	21.06%	21.02%	20.99%	20.96%	20.94%	20.92%
73.00	20.88%	20.82%	20.77%	20.73%	20.70%	20.67%	20.65%	20.63%
74.00	20.60%	20.54%	20.49%	20.45%	20.42%	20.39%	20.37%	20.35%
75.00	20.32%	20.26%	20.22%	20.18%	20.15%	20.12%	20.10%	20.08%
76.00	20.05%	19.99%	19.95%	19.91%	19.88%	19.86%	19.84%	19.82%
77.00	19.78%	19.73%	19.69%	19.65%	19.62%	19.60%	19.58%	19.56%
78.00	19.53%	19.47%	19.43%	19.40%	19.37%	19.35%	19.33%	19.31%
79.00	19.27%	19.22%	19.18%	19.15%	19.12%	19.10%	19.08%	19.07%
80.00	19.02%	18.98%	18.94%	18.91%	18.88%	18.86%	18.84%	18.83%
81.00	18.78%	18.74%	18.70%	18.67%	18.65%	18.62%	18.61%	18.59%
82.00	18.55%	18.50%	18.47%	18.44%	18.42%	18.40%	18.38%	18.36%
82.50	18.43%	18.39%	18.35%	18.33%	18.30%	18.28%	18.27%	18.25%
83.00	18.31%	18.27%	18.24%	18.21%	18.19%	18.17%	18.16%	18.14%
83.50	18.20%	18.16%	18.13%	18.10%	18.08%	18.06%	18.05%	18.03%
84.00	18.09%	18.05%	18.02%	17.99%	17.97%	17.95%	17.94%	17.92%
84.50	17.98%	17.94%	17.91%	17.88%	17.86%	17.84%	17.83%	17.82%
85.00	17.87%	17.83%	17.80%	17.78%	17.75%	17.74%	17.72%	17.71%
85.50	17.76%	17.72%	17.69%	17.67%	17.65%	17.63%	17.62%	17.61%
86.00	17.65%	17.61%	17.59%	17.56%	17.54%	17.53%	17.51%	17.50%
86.50	17.54%	17.51%	17.48%	17.46%	17.44%	17.42%	17.41%	17.40%
87.00	17.43%	17.40%	17.38%	17.36%	17.34%	17.32%	17.31%	17.30%
87.50	17.33%	17.30%	17.27%	17.25%	17.24%	17.22%	17.21%	17.20%
88.00	17.23%	17.20%	17.17%	17.15%	17.14%	17.12%	17.11%	17.10%
88.50	17.12%	17.09%	17.07%	17.05%	17.04%	17.02%	17.01%	17.00%
89.00	17.02%	16.99%	16.97%	16.95%	16.94%	16.93%	16.91%	16.91%
89.50	16.92%	16.89%	16.87%	16.86%	16.84%	16.83%	16.82%	16.81%
90.00	16.82%	16.80%	16.78%	16.76%	16.74%	16.73%	16.72%	16.71%
90.50	16.72%	16.70%	16.68%	16.66%	16.65%	16.64%	16.63%	16.62%
91.00	16.62%	16.60%	16.58%	16.57%	16.55%	16.54%	16.53%	16.53%
91.50	16.52%	16.50%	16.49%	16.47%	16.46%	16.45%	16.44%	16.43%
92.00	16.43%	16.41%	16.39%	16.38%	16.37%	16.36%	16.35%	16.34%
92.50	16.33%	16.32%	16.30%	16.29%	16.28%	16.27%	16.26%	16.25%
93.00	16.24%	16.22%	16.21%	16.20%	16.19%	16.18%	16.17%	16.16%
93.50	16.14%	16.13%	16.12%	16.11%	16.10%	16.09%	16.08%	16.08%
94.00	16.05%	16.04%	16.03%	16.02%	16.01%	16.00%	15.99%	15.99%
94.50	15.96%	15.95%	15.94%	15.93%	15.92%	15.91%	15.91%	15.90%
95.00	15.87%	15.86%	15.85%	15.84%	15.83%	15.82%	15.82%	15.82%
95.50	15.78%	15.77%	15.76%	15.75%	15.74%	15.74%	15.73%	15.73%
96.00	15.69%	15.68%	15.67%	15.66%	15.66%	15.65%	15.65%	15.65%
96.50	15.60%	15.59%	15.58%	15.58%	15.57%	15.57%	15.57%	15.56%
97.00	15.51%	15.51%	15.50%	15.49%	15.49%	15.49%	15.48%	15.48%
97.50	15.43%	15.42%	15.41%	15.41%	15.41%	15.40%	15.40%	15.40%
98.00	15.34%	15.33%	15.33%	15.33%	15.32%	15.32%	15.32%	15.32%
98.50	15.25%	15.25%	15.25%	15.24%	15.24%	15.24%	15.24%	15.24%
99.00	15.17%	15.17%	15.16%	15.16%	15.16%	15.16%	15.16%	15.16%
99.50	15.08%	15.08%	15.08%	15.08%	15.08%	15.08%	15.08%	15.08%
100.00	15.00%	15.00%	15.00%	15.00%	15.00%	15.00%	15.00%	15.00%
100.50	14.92%	14.92%	14.92%	14.92%	14.92%	14.92%	14.92%	14.92%
101.00	14.83%	14.84%	14.84%	14.84%	14.84%	14.84%	14.84%	14.85%
102.00	14.67%	14.68%	14.68%	14.68%	14.69%	14.69%	14.69%	14.69%
103.00	14.51%	14.52%	14.53%	14.53%	14.54%	14.54%	14.54%	14.55%
104.00	14.36%	14.37%	14.37%	14.38%	14.39%	14.39%	14.40%	14.40%
105.00	14.20%	14.21%	14.22%	14.23%	14.24%	14.25%	14.25%	14.26%
106.00	14.05%	14.06%	14.08%	14.09%	14.09%	14.10%	14.11%	14.11%
107.00	13.90%	13.92%	13.93%	13.94%	13.95%	13.96%	13.97%	13.98%
108.00	13.75%	13.77%	13.79%	13.80%	13.81%	13.82%	13.83%	13.84%
109.00	13.61%	13.63%	13.65%	13.66%	13.68%	13.69%	13.70%	13.71%
110.00	13.46%	13.49%	13.51%	13.52%	13.54%	13.55%	13.56%	13.57%

EFFECTIVE YIELD RATE 15%

PRICE	YEARS UNTIL MATURITY 24	25	26	27	28	29	30	40
70.00	21.50%	21.48%	21.47%	21.47%	21.46%	21.45%	21.45%	21.43%
71.00	21.20%	21.18%	21.17%	21.16%	21.16%	21.15%	21.15%	21.13%
72.00	20.90%	20.89%	20.88%	20.87%	20.86%	20.86%	20.85%	20.84%
73.00	20.62%	20.60%	20.59%	20.59%	20.58%	20.57%	20.57%	20.55%
74.00	20.34%	20.33%	20.32%	20.31%	20.30%	20.30%	20.29%	20.27%
75.00	20.07%	20.06%	20.05%	20.04%	20.03%	20.03%	20.02%	20.00%
76.00	19.80%	19.79%	19.78%	19.78%	19.77%	19.76%	19.76%	19.74%
77.00	19.55%	19.54%	19.53%	19.52%	19.51%	19.51%	19.50%	19.48%
78.00	19.30%	19.29%	19.28%	19.27%	19.26%	19.26%	19.25%	19.23%
79.00	19.05%	19.04%	19.03%	19.03%	19.02%	19.01%	19.01%	18.99%
80.00	18.81%	18.80%	18.79%	18.79%	18.78%	18.78%	18.77%	18.75%
81.00	18.58%	18.57%	18.56%	18.55%	18.55%	18.54%	18.54%	18.52%
82.00	18.35%	18.34%	18.34%	18.33%	18.32%	18.32%	18.31%	18.30%
82.50	18.24%	18.23%	18.22%	18.22%	18.21%	18.21%	18.20%	18.19%
83.00	18.13%	18.12%	18.11%	18.11%	18.10%	18.10%	18.09%	18.08%
83.50	18.02%	18.01%	18.00%	18.00%	17.99%	17.99%	17.98%	17.97%
84.00	17.91%	17.90%	17.90%	17.89%	17.89%	17.88%	17.88%	17.86%
84.50	17.81%	17.80%	17.79%	17.78%	17.78%	17.78%	17.77%	17.76%
85.00	17.70%	17.69%	17.69%	17.68%	17.67%	17.67%	17.67%	17.65%
85.50	17.60%	17.59%	17.58%	17.58%	17.57%	17.57%	17.56%	17.55%
86.00	17.49%	17.49%	17.48%	17.47%	17.47%	17.46%	17.46%	17.45%
86.50	17.39%	17.38%	17.38%	17.37%	17.37%	17.36%	17.36%	17.34%
87.00	17.29%	17.28%	17.28%	17.27%	17.27%	17.26%	17.26%	17.24%
87.50	17.19%	17.18%	17.18%	17.17%	17.17%	17.16%	17.16%	17.15%
88.00	17.09%	17.08%	17.08%	17.07%	17.07%	17.07%	17.06%	17.05%
88.50	16.99%	16.99%	16.98%	16.98%	16.97%	16.97%	16.97%	16.95%
89.00	16.90%	16.89%	16.89%	16.88%	16.88%	16.87%	16.87%	16.86%
89.50	16.80%	16.80%	16.79%	16.79%	16.78%	16.78%	16.78%	16.76%
90.00	16.71%	16.70%	16.70%	16.69%	16.69%	16.68%	16.68%	16.67%
90.50	16.61%	16.61%	16.60%	16.60%	16.59%	16.59%	16.59%	16.58%
91.00	16.52%	16.52%	16.51%	16.51%	16.50%	16.50%	16.50%	16.49%
91.50	16.43%	16.42%	16.42%	16.42%	16.41%	16.41%	16.41%	16.40%
92.00	16.34%	16.33%	16.33%	16.33%	16.32%	16.32%	16.32%	16.31%
92.50	16.25%	16.24%	16.24%	16.24%	16.23%	16.23%	16.23%	16.22%
93.00	16.16%	16.15%	16.15%	16.15%	16.14%	16.14%	16.14%	16.13%
93.50	16.07%	16.07%	16.06%	16.06%	16.06%	16.06%	16.05%	16.05%
94.00	15.98%	15.98%	15.98%	15.97%	15.97%	15.97%	15.97%	15.96%
94.50	15.90%	15.89%	15.89%	15.89%	15.89%	15.88%	15.88%	15.88%
95.00	15.81%	15.81%	15.81%	15.80%	15.80%	15.80%	15.80%	15.79%
95.50	15.73%	15.72%	15.72%	15.72%	15.72%	15.72%	15.71%	15.71%
96.00	15.64%	15.64%	15.64%	15.64%	15.63%	15.63%	15.63%	15.63%
96.50	15.56%	15.56%	15.56%	15.55%	15.55%	15.55%	15.55%	15.55%
97.00	15.48%	15.48%	15.47%	15.47%	15.47%	15.47%	15.47%	15.47%
97.50	15.40%	15.39%	15.39%	15.39%	15.39%	15.39%	15.39%	15.39%
98.00	15.32%	15.31%	15.31%	15.31%	15.31%	15.31%	15.31%	15.31%
98.50	15.24%	15.23%	15.23%	15.23%	15.23%	15.23%	15.23%	15.23%
99.00	15.16%	15.16%	15.16%	15.15%	15.15%	15.15%	15.15%	15.15%
99.50	15.08%	15.08%	15.08%	15.08%	15.08%	15.08%	15.08%	15.08%
100.00	15.00%	15.00%	15.00%	15.00%	15.00%	15.00%	15.00%	15.00%
100.50	14.92%	14.92%	14.92%	14.92%	14.92%	14.92%	14.92%	14.93%
101.00	14.85%	14.85%	14.85%	14.85%	14.85%	14.85%	14.85%	14.85%
102.00	14.70%	14.70%	14.70%	14.70%	14.70%	14.70%	14.70%	14.70%
103.00	14.55%	14.55%	14.55%	14.55%	14.55%	14.56%	14.56%	14.56%
104.00	14.40%	14.41%	14.41%	14.41%	14.41%	14.41%	14.41%	14.42%
105.00	14.26%	14.26%	14.27%	14.27%	14.27%	14.27%	14.27%	14.28%
106.00	14.12%	14.12%	14.13%	14.13%	14.13%	14.14%	14.14%	14.15%
107.00	13.98%	13.99%	13.99%	13.99%	14.00%	14.00%	14.00%	14.01%
108.00	13.85%	13.85%	13.86%	13.86%	13.86%	13.87%	13.87%	13.88%
109.00	13.71%	13.72%	13.72%	13.73%	13.73%	13.74%	13.74%	13.76%
110.00	13.58%	13.59%	13.59%	13.60%	13.60%	13.61%	13.61%	13.63%

15.25%   EFFECTIVE YIELD RATE

PRICE				YEARS UNTIL MATURITY			
	1/2	1	2	3	4	5	6	7
85.00	53.24%	34.20%	25.26%	22.38%	20.97%	20.15%	19.61%	19.24%
85.50	51.75%	33.49%	24.89%	22.12%	20.76%	19.97%	19.45%	19.09%
86.00	50.29%	32.78%	24.52%	21.85%	20.55%	19.79%	19.29%	18.94%
86.50	48.84%	32.08%	24.15%	21.59%	20.34%	19.61%	19.13%	18.80%
87.00	47.41%	31.38%	23.79%	21.34%	20.14%	19.43%	18.97%	18.65%
87.50	46.00%	30.70%	23.43%	21.08%	19.93%	19.25%	18.81%	18.51%
88.00	44.60%	30.01%	23.07%	20.83%	19.73%	19.08%	18.66%	18.36%
88.50	43.22%	29.34%	22.72%	20.58%	19.52%	18.91%	18.50%	18.22%
89.00	41.85%	28.67%	22.37%	20.33%	19.32%	18.73%	18.35%	18.08%
89.50	40.50%	28.00%	22.02%	20.08%	19.12%	18.56%	18.20%	17.94%
90.00	39.17%	27.34%	21.67%	19.83%	18.93%	18.39%	18.05%	17.80%
90.50	37.85%	26.69%	21.33%	19.59%	18.73%	18.23%	17.90%	17.67%
91.00	36.54%	26.04%	20.99%	19.34%	18.53%	18.06%	17.75%	17.53%
91.25	35.89%	25.72%	20.82%	19.22%	18.44%	17.98%	17.67%	17.46%
91.50	35.25%	25.40%	20.65%	19.10%	18.34%	17.89%	17.60%	17.40%
91.75	34.60%	25.08%	20.48%	18.98%	18.24%	17.81%	17.53%	17.33%
92.00	33.97%	24.76%	20.31%	18.86%	18.15%	17.73%	17.45%	17.26%
92.25	33.33%	24.45%	20.15%	18.74%	18.05%	17.65%	17.38%	17.20%
92.50	32.70%	24.13%	19.98%	18.63%	17.96%	17.56%	17.31%	17.13%
92.75	32.08%	23.82%	19.82%	18.51%	17.86%	17.48%	17.24%	17.06%
93.00	31.45%	23.51%	19.65%	18.39%	17.77%	17.40%	17.16%	17.00%
93.25	30.83%	23.20%	19.49%	18.27%	17.67%	17.32%	17.09%	16.93%
93.50	30.21%	22.89%	19.32%	18.15%	17.58%	17.24%	17.02%	16.87%
93.75	29.60%	22.58%	19.16%	18.04%	17.49%	17.16%	16.95%	16.80%
94.00	28.99%	22.27%	18.99%	17.92%	17.39%	17.08%	16.88%	16.74%
94.25	28.38%	21.96%	18.83%	17.81%	17.30%	17.00%	16.81%	16.67%
94.50	27.78%	21.66%	18.67%	17.69%	17.21%	16.92%	16.74%	16.61%
94.75	27.18%	21.36%	18.51%	17.58%	17.12%	16.84%	16.67%	16.54%
95.00	26.58%	21.05%	18.35%	17.46%	17.02%	16.77%	16.60%	16.48%
95.25	25.98%	20.75%	18.19%	17.35%	16.93%	16.69%	16.53%	16.42%
95.50	25.39%	20.45%	18.03%	17.23%	16.84%	16.61%	16.46%	16.35%
95.75	24.80%	20.15%	17.87%	17.12%	16.75%	16.53%	16.39%	16.29%
96.00	24.22%	19.86%	17.71%	17.01%	16.66%	16.45%	16.32%	16.23%
96.25	23.64%	19.56%	17.55%	16.89%	16.57%	16.38%	16.25%	16.16%
96.50	23.06%	19.26%	17.40%	16.78%	16.48%	16.30%	16.18%	16.10%
96.75	22.48%	18.97%	17.24%	16.67%	16.39%	16.22%	16.12%	16.04%
97.00	21.91%	18.68%	17.08%	16.56%	16.30%	16.15%	16.05%	15.98%
97.25	21.34%	18.38%	16.93%	16.45%	16.21%	16.07%	15.98%	15.92%
97.50	20.77%	18.09%	16.77%	16.34%	16.12%	16.00%	15.91%	15.85%
97.75	20.20%	17.80%	16.62%	16.23%	16.03%	15.92%	15.84%	15.79%
98.00	19.64%	17.52%	16.46%	16.12%	15.95%	15.84%	15.78%	15.73%
98.25	19.08%	17.23%	16.31%	16.01%	15.86%	15.77%	15.71%	15.67%
98.50	18.53%	16.94%	16.16%	15.90%	15.77%	15.69%	15.64%	15.61%
98.75	17.97%	16.66%	16.00%	15.79%	15.68%	15.62%	15.58%	15.55%
99.00	17.42%	16.37%	15.85%	15.68%	15.60%	15.55%	15.51%	15.49%
99.25	16.88%	16.09%	15.70%	15.57%	15.51%	15.47%	15.45%	15.43%
99.50	16.33%	15.81%	15.55%	15.46%	15.42%	15.40%	15.38%	15.37%
99.75	15.79%	15.53%	15.40%	15.36%	15.34%	15.32%	15.32%	15.31%
100.00	15.25%	15.25%	15.25%	15.25%	15.25%	15.25%	15.25%	15.25%
100.25	14.71%	14.97%	15.10%	15.14%	15.16%	15.18%	15.19%	15.19%
100.50	14.18%	14.69%	14.95%	15.04%	15.08%	15.10%	15.12%	15.13%
101.00	13.12%	14.14%	14.66%	14.83%	14.91%	14.96%	14.99%	15.01%
101.50	12.07%	13.60%	14.36%	14.61%	14.74%	14.81%	14.86%	14.90%
102.00	11.03%	13.05%	14.07%	14.41%	14.57%	14.67%	14.74%	14.78%
102.50	10.00%	12.51%	13.78%	14.20%	14.41%	14.53%	14.61%	14.67%
103.00	8.98%	11.98%	13.49%	13.99%	14.24%	14.39%	14.48%	14.55%
103.50	7.97%	11.45%	13.20%	13.79%	14.08%	14.25%	14.36%	14.44%
104.00	6.97%	10.92%	12.92%	13.58%	13.91%	14.11%	14.24%	14.33%
104.50	5.98%	10.40%	12.63%	13.38%	13.75%	13.97%	14.11%	14.21%
105.00	5.00%	9.88%	12.35%	13.18%	13.59%	13.83%	13.99%	14.10%

EFFECTIVE YIELD RATE 15.25%

PRICE	YEARS UNTIL MATURITY							
	8	9	10	11	12	13	14	15
70.00	23.81%	23.37%	23.04%	22.79%	22.59%	22.43%	22.31%	22.21%
71.00	23.44%	23.02%	22.70%	22.46%	22.26%	22.11%	21.99%	21.89%
72.00	23.07%	22.67%	22.37%	22.13%	21.94%	21.80%	21.68%	21.59%
73.00	22.72%	22.33%	22.04%	21.81%	21.63%	21.49%	21.38%	21.29%
74.00	22.37%	22.00%	21.72%	21.50%	21.33%	21.19%	21.08%	21.00%
75.00	22.03%	21.68%	21.41%	21.20%	21.03%	20.90%	20.80%	20.71%
76.00	21.70%	21.36%	21.10%	20.90%	20.74%	20.62%	20.52%	20.43%
77.00	21.37%	21.05%	20.80%	20.61%	20.46%	20.34%	20.24%	20.16%
78.00	21.05%	20.74%	20.51%	20.33%	20.18%	20.07%	19.97%	19.90%
79.00	20.74%	20.44%	20.22%	20.05%	19.91%	19.80%	19.71%	19.64%
80.00	20.43%	20.15%	19.94%	19.77%	19.64%	19.54%	19.45%	19.38%
81.00	20.13%	19.86%	19.66%	19.51%	19.38%	19.28%	19.20%	19.14%
82.00	19.83%	19.58%	19.39%	19.24%	19.13%	19.03%	18.96%	18.89%
82.50	19.68%	19.44%	19.26%	19.11%	19.00%	18.91%	18.83%	18.77%
83.00	19.54%	19.30%	19.13%	18.99%	18.87%	18.79%	18.71%	18.66%
83.50	19.39%	19.17%	18.99%	18.86%	18.75%	18.67%	18.60%	18.54%
84.00	19.25%	19.03%	18.86%	18.73%	18.63%	18.55%	18.48%	18.42%
84.50	19.11%	18.90%	18.74%	18.61%	18.51%	18.43%	18.36%	18.31%
85.00	18.97%	18.76%	18.61%	18.49%	18.39%	18.31%	18.25%	18.20%
85.50	18.83%	18.63%	18.48%	18.36%	18.27%	18.19%	18.13%	18.08%
86.00	18.69%	18.50%	18.36%	18.24%	18.15%	18.08%	18.02%	17.97%
86.50	18.55%	18.37%	18.23%	18.12%	18.04%	17.97%	17.91%	17.86%
87.00	18.42%	18.24%	18.11%	18.00%	17.92%	17.85%	17.80%	17.75%
87.50	18.28%	18.12%	17.99%	17.89%	17.81%	17.74%	17.69%	17.65%
88.00	18.15%	17.99%	17.87%	17.77%	17.69%	17.63%	17.58%	17.54%
88.50	18.02%	17.87%	17.75%	17.65%	17.58%	17.52%	17.47%	17.43%
89.00	17.89%	17.74%	17.63%	17.54%	17.47%	17.41%	17.37%	17.33%
89.50	17.76%	17.62%	17.51%	17.43%	17.36%	17.30%	17.26%	17.22%
90.00	17.63%	17.50%	17.39%	17.31%	17.25%	17.20%	17.16%	17.12%
90.50	17.50%	17.38%	17.28%	17.20%	17.14%	17.09%	17.05%	17.02%
91.00	17.37%	17.26%	17.16%	17.09%	17.03%	16.99%	16.95%	16.92%
91.50	17.25%	17.14%	17.05%	16.98%	16.93%	16.88%	16.85%	16.82%
92.00	17.12%	17.02%	16.94%	16.87%	16.82%	16.78%	16.75%	16.72%
92.50	17.00%	16.90%	16.82%	16.77%	16.72%	16.68%	16.65%	16.62%
93.00	16.88%	16.78%	16.71%	16.66%	16.61%	16.58%	16.55%	16.52%
93.50	16.75%	16.67%	16.60%	16.55%	16.51%	16.48%	16.45%	16.43%
94.00	16.63%	16.56%	16.49%	16.45%	16.41%	16.38%	16.35%	16.33%
94.50	16.51%	16.44%	16.39%	16.34%	16.31%	16.28%	16.26%	16.24%
95.00	16.39%	16.33%	16.28%	16.24%	16.21%	16.18%	16.16%	16.14%
95.50	16.28%	16.22%	16.17%	16.14%	16.11%	16.09%	16.07%	16.05%
96.00	16.16%	16.11%	16.07%	16.04%	16.01%	15.99%	15.97%	15.96%
96.50	16.04%	16.00%	15.96%	15.93%	15.91%	15.89%	15.88%	15.87%
97.00	15.93%	15.89%	15.86%	15.83%	15.82%	15.80%	15.79%	15.78%
97.50	15.81%	15.78%	15.75%	15.74%	15.72%	15.71%	15.70%	15.69%
98.00	15.70%	15.67%	15.65%	15.64%	15.62%	15.61%	15.61%	15.60%
98.50	15.58%	15.57%	15.55%	15.54%	15.53%	15.52%	15.52%	15.51%
99.00	15.47%	15.46%	15.45%	15.44%	15.44%	15.43%	15.43%	15.42%
99.50	15.36%	15.35%	15.35%	15.35%	15.34%	15.34%	15.34%	15.34%
100.00	15.25%	15.25%	15.25%	15.25%	15.25%	15.25%	15.25%	15.25%
100.50	15.14%	15.15%	15.15%	15.16%	15.16%	15.16%	15.16%	15.16%
101.00	15.03%	15.04%	15.05%	15.06%	15.07%	15.07%	15.08%	15.08%
102.00	14.82%	14.84%	14.86%	14.88%	14.89%	14.90%	14.91%	14.91%
103.00	14.60%	14.64%	14.67%	14.69%	14.71%	14.73%	14.74%	14.75%
104.00	14.39%	14.44%	14.48%	14.51%	14.54%	14.56%	14.57%	14.59%
105.00	14.18%	14.25%	14.30%	14.33%	14.36%	14.39%	14.41%	14.43%
106.00	13.98%	14.05%	14.11%	14.16%	14.19%	14.22%	14.25%	14.27%
107.00	13.78%	13.86%	13.93%	13.99%	14.03%	14.06%	14.09%	14.12%
108.00	13.58%	13.68%	13.75%	13.81%	13.86%	13.90%	13.94%	13.96%
109.00	13.38%	13.49%	13.58%	13.65%	13.70%	13.75%	13.78%	13.81%
110.00	13.19%	13.31%	13.41%	13.48%	13.54%	13.59%	13.63%	13.67%

15.25% EFFECTIVE YIELD RATE

PRICE	YEARS UNTIL MATURITY 16	17	18	19	20	21	22	23
70.00	22.13%	22.06%	22.01%	21.97%	21.93%	21.91%	21.88%	21.87%
71.00	21.82%	21.75%	21.70%	21.66%	21.63%	21.60%	21.58%	21.56%
72.00	21.51%	21.45%	21.40%	21.36%	21.33%	21.30%	21.28%	21.26%
73.00	21.21%	21.16%	21.11%	21.07%	21.04%	21.01%	20.99%	20.97%
74.00	20.93%	20.87%	20.82%	20.78%	20.75%	20.73%	20.70%	20.69%
75.00	20.64%	20.59%	20.54%	20.51%	20.47%	20.45%	20.43%	20.41%
76.00	20.37%	20.31%	20.27%	20.23%	20.20%	20.18%	20.16%	20.14%
77.00	20.10%	20.05%	20.00%	19.97%	19.94%	19.92%	19.90%	19.88%
78.00	19.84%	19.79%	19.75%	19.71%	19.68%	19.66%	19.64%	19.63%
79.00	19.58%	19.53%	19.49%	19.46%	19.43%	19.41%	19.39%	19.38%
80.00	19.33%	19.28%	19.25%	19.21%	19.19%	19.17%	19.15%	19.14%
81.00	19.08%	19.04%	19.00%	18.97%	18.95%	18.93%	18.91%	18.90%
82.00	18.84%	18.80%	18.77%	18.74%	18.72%	18.70%	18.68%	18.67%
82.50	18.73%	18.68%	18.65%	18.62%	18.60%	18.58%	18.57%	18.55%
83.00	18.61%	18.57%	18.54%	18.51%	18.49%	18.47%	18.45%	18.44%
83.50	18.49%	18.45%	18.42%	18.40%	18.37%	18.36%	18.34%	18.33%
84.00	18.38%	18.34%	18.31%	18.28%	18.26%	18.25%	18.23%	18.22%
84.50	18.27%	18.23%	18.20%	18.17%	18.15%	18.14%	18.12%	18.11%
85.00	18.15%	18.12%	18.09%	18.07%	18.05%	18.03%	18.01%	18.00%
85.50	18.04%	18.01%	17.98%	17.96%	17.94%	17.92%	17.91%	17.90%
86.00	17.93%	17.90%	17.87%	17.85%	17.83%	17.82%	17.80%	17.79%
86.50	17.82%	17.79%	17.77%	17.74%	17.73%	17.71%	17.70%	17.69%
87.00	17.72%	17.69%	17.66%	17.64%	17.62%	17.61%	17.59%	17.58%
87.50	17.61%	17.58%	17.56%	17.54%	17.52%	17.50%	17.49%	17.48%
88.00	17.50%	17.48%	17.45%	17.43%	17.42%	17.40%	17.39%	17.38%
88.50	17.40%	17.37%	17.35%	17.33%	17.32%	17.30%	17.29%	17.28%
89.00	17.30%	17.27%	17.25%	17.23%	17.22%	17.20%	17.19%	17.18%
89.50	17.19%	17.17%	17.15%	17.13%	17.12%	17.11%	17.09%	17.09%
90.00	17.09%	17.07%	17.05%	17.03%	17.02%	17.01%	17.00%	16.99%
90.50	16.99%	16.97%	16.95%	16.94%	16.92%	16.91%	16.90%	16.89%
91.00	16.89%	16.87%	16.85%	16.84%	16.83%	16.82%	16.81%	16.80%
91.50	16.79%	16.77%	16.76%	16.74%	16.73%	16.72%	16.71%	16.71%
92.00	16.70%	16.68%	16.66%	16.65%	16.64%	16.63%	16.62%	16.61%
92.50	16.60%	16.58%	16.57%	16.56%	16.54%	16.54%	16.53%	16.52%
93.00	16.50%	16.49%	16.47%	16.46%	16.45%	16.44%	16.44%	16.43%
93.50	16.41%	16.39%	16.38%	16.37%	16.36%	16.35%	16.35%	16.34%
94.00	16.32%	16.30%	16.29%	16.28%	16.27%	16.26%	16.26%	16.25%
94.50	16.22%	16.21%	16.20%	16.19%	16.18%	16.17%	16.17%	16.16%
95.00	16.13%	16.12%	16.11%	16.10%	16.09%	16.09%	16.08%	16.08%
95.50	16.04%	16.03%	16.02%	16.01%	16.00%	16.00%	16.00%	15.99%
96.00	15.95%	15.94%	15.93%	15.92%	15.92%	15.91%	15.91%	15.91%
96.50	15.86%	15.85%	15.84%	15.84%	15.83%	15.83%	15.82%	15.82%
97.00	15.77%	15.76%	15.76%	15.75%	15.75%	15.74%	15.74%	15.74%
97.50	15.68%	15.67%	15.67%	15.67%	15.66%	15.66%	15.66%	15.65%
98.00	15.59%	15.59%	15.58%	15.58%	15.58%	15.58%	15.57%	15.57%
98.50	15.51%	15.50%	15.50%	15.50%	15.49%	15.49%	15.49%	15.49%
99.00	15.42%	15.42%	15.42%	15.41%	15.41%	15.41%	15.41%	15.41%
99.50	15.33%	15.33%	15.33%	15.33%	15.33%	15.33%	15.33%	15.33%
100.00	15.25%	15.25%	15.25%	15.25%	15.25%	15.25%	15.25%	15.25%
100.50	15.17%	15.17%	15.17%	15.17%	15.17%	15.17%	15.17%	15.17%
101.00	15.08%	15.09%	15.09%	15.09%	15.09%	15.09%	15.09%	15.09%
102.00	14.92%	14.92%	14.93%	14.93%	14.93%	14.94%	14.94%	14.94%
103.00	14.76%	14.76%	14.77%	14.78%	14.78%	14.78%	14.79%	14.79%
104.00	14.60%	14.61%	14.62%	14.62%	14.63%	14.63%	14.64%	14.64%
105.00	14.44%	14.45%	14.46%	14.47%	14.48%	14.49%	14.49%	14.50%
106.00	14.29%	14.30%	14.31%	14.32%	14.33%	14.34%	14.35%	14.35%
107.00	14.14%	14.15%	14.17%	14.18%	14.19%	14.20%	14.20%	14.21%
108.00	13.99%	14.00%	14.02%	14.03%	14.05%	14.06%	14.07%	14.07%
109.00	13.84%	13.86%	13.88%	13.89%	13.91%	13.92%	13.93%	13.94%
110.00	13.69%	13.72%	13.74%	13.76%	13.77%	13.78%	13.79%	13.80%

EFFECTIVE YIELD RATE 15.25%

PRICE	24	25	26	27	28	29	30	40
70.00	21.85%	21.84%	21.83%	21.82%	21.81%	21.81%	21.80%	21.79%
71.00	21.54%	21.53%	21.52%	21.51%	21.51%	21.50%	21.50%	21.48%
72.00	21.25%	21.23%	21.22%	21.22%	21.21%	21.20%	21.20%	21.18%
73.00	20.96%	20.94%	20.93%	20.93%	20.92%	20.91%	20.91%	20.89%
74.00	20.67%	20.66%	20.65%	20.64%	20.64%	20.63%	20.63%	20.61%
75.00	20.40%	20.39%	20.38%	20.37%	20.36%	20.36%	20.35%	20.34%
76.00	20.13%	20.12%	20.11%	20.10%	20.10%	20.09%	20.09%	20.07%
77.00	19.87%	19.86%	19.85%	19.84%	19.84%	19.83%	19.83%	19.81%
78.00	19.61%	19.60%	19.59%	19.59%	19.58%	19.58%	19.57%	19.55%
79.00	19.37%	19.36%	19.35%	19.34%	19.33%	19.33%	19.32%	19.31%
80.00	19.12%	19.11%	19.10%	19.10%	19.09%	19.09%	19.08%	19.07%
81.00	18.89%	18.88%	18.87%	18.86%	18.86%	18.85%	18.85%	18.83%
82.00	18.66%	18.65%	18.64%	18.63%	18.63%	18.62%	18.62%	18.60%
82.50	18.54%	18.53%	18.52%	18.52%	18.51%	18.51%	18.50%	18.49%
83.00	18.43%	18.42%	18.41%	18.41%	18.40%	18.40%	18.39%	18.38%
83.50	18.32%	18.31%	18.30%	18.30%	18.29%	18.29%	18.28%	18.27%
84.00	18.21%	18.20%	18.19%	18.19%	18.18%	18.18%	18.17%	18.16%
84.50	18.10%	18.09%	18.08%	18.08%	18.07%	18.07%	18.07%	18.05%
85.00	17.99%	17.98%	17.98%	17.97%	17.97%	17.96%	17.96%	17.94%
85.50	17.89%	17.88%	17.87%	17.87%	17.86%	17.86%	17.85%	17.84%
86.00	17.78%	17.77%	17.77%	17.76%	17.76%	17.75%	17.75%	17.74%
86.50	17.68%	17.67%	17.66%	17.66%	17.65%	17.65%	17.65%	17.63%
87.00	17.58%	17.57%	17.56%	17.56%	17.55%	17.55%	17.55%	17.53%
87.50	17.47%	17.47%	17.46%	17.46%	17.45%	17.45%	17.45%	17.43%
88.00	17.37%	17.37%	17.36%	17.36%	17.35%	17.35%	17.35%	17.33%
88.50	17.27%	17.27%	17.26%	17.26%	17.25%	17.25%	17.25%	17.23%
89.00	17.18%	17.17%	17.16%	17.16%	17.16%	17.15%	17.15%	17.14%
89.50	17.08%	17.07%	17.07%	17.06%	17.06%	17.06%	17.05%	17.04%
90.00	16.98%	16.98%	16.97%	16.97%	16.96%	16.96%	16.96%	16.95%
90.50	16.89%	16.88%	16.88%	16.87%	16.87%	16.87%	16.86%	16.85%
91.00	16.79%	16.79%	16.78%	16.78%	16.78%	16.77%	16.77%	16.76%
91.50	16.70%	16.70%	16.69%	16.69%	16.68%	16.68%	16.68%	16.67%
92.00	16.61%	16.60%	16.60%	16.60%	16.59%	16.59%	16.59%	16.58%
92.50	16.52%	16.51%	16.51%	16.51%	16.50%	16.50%	16.50%	16.49%
93.00	16.43%	16.42%	16.42%	16.42%	16.41%	16.41%	16.41%	16.40%
93.50	16.34%	16.33%	16.33%	16.33%	16.32%	16.32%	16.32%	16.31%
94.00	16.25%	16.24%	16.24%	16.24%	16.24%	16.23%	16.23%	16.23%
94.50	16.16%	16.16%	16.15%	16.15%	16.15%	16.15%	16.15%	16.14%
95.00	16.07%	16.07%	16.07%	16.07%	16.06%	16.06%	16.06%	16.05%
95.50	15.99%	15.99%	15.98%	15.98%	15.98%	15.98%	15.98%	15.97%
96.00	15.90%	15.90%	15.90%	15.90%	15.89%	15.89%	15.89%	15.89%
96.50	15.82%	15.82%	15.81%	15.81%	15.81%	15.81%	15.81%	15.80%
97.00	15.73%	15.73%	15.73%	15.73%	15.73%	15.73%	15.73%	15.72%
97.50	15.65%	15.65%	15.65%	15.65%	15.65%	15.65%	15.65%	15.64%
98.00	15.57%	15.57%	15.57%	15.57%	15.57%	15.57%	15.56%	15.56%
98.50	15.49%	15.49%	15.49%	15.49%	15.49%	15.49%	15.48%	15.48%
99.00	15.41%	15.41%	15.41%	15.41%	15.41%	15.41%	15.41%	15.40%
99.50	15.33%	15.33%	15.33%	15.33%	15.33%	15.33%	15.33%	15.33%
100.00	15.25%	15.25%	15.25%	15.25%	15.25%	15.25%	15.25%	15.25%
100.50	15.17%	15.17%	15.17%	15.17%	15.17%	15.17%	15.17%	15.17%
101.00	15.09%	15.09%	15.10%	15.10%	15.10%	15.10%	15.10%	15.10%
102.00	14.94%	14.94%	14.94%	14.94%	14.95%	14.95%	14.95%	14.95%
103.00	14.79%	14.79%	14.80%	14.80%	14.80%	14.80%	14.80%	14.80%
104.00	14.64%	14.65%	14.65%	14.65%	14.65%	14.65%	14.66%	14.66%
105.00	14.50%	14.50%	14.51%	14.51%	14.51%	14.51%	14.51%	14.52%
106.00	14.36%	14.36%	14.36%	14.37%	14.37%	14.37%	14.37%	14.38%
107.00	14.22%	14.22%	14.23%	14.23%	14.23%	14.23%	14.24%	14.25%
108.00	14.08%	14.08%	14.09%	14.09%	14.10%	14.10%	14.10%	14.12%
109.00	13.94%	13.95%	13.96%	13.96%	13.96%	13.97%	13.97%	13.99%
110.00	13.81%	13.82%	13.82%	13.83%	13.83%	13.84%	13.84%	13.86%

YEARS UNTIL MATURITY

15.50% EFFECTIVE YIELD RATE

PRICE	YEARS UNTIL MATURITY							
	1/2	1	2	3	4	5	6	7
85.00	53.53%	34.48%	25.54%	22.66%	21.25%	20.43%	19.89%	19.52%
85.50	52.05%	33.77%	25.17%	22.39%	21.04%	20.24%	19.73%	19.37%
86.00	50.58%	33.06%	24.80%	22.13%	20.83%	20.06%	19.57%	19.22%
86.50	49.13%	32.36%	24.43%	21.87%	20.62%	19.88%	19.41%	19.07%
87.00	47.70%	31.66%	24.07%	21.61%	20.41%	19.70%	19.25%	18.93%
87.50	46.29%	30.97%	23.71%	21.35%	20.20%	19.53%	19.09%	18.78%
88.00	44.89%	30.29%	23.35%	21.10%	20.00%	19.35%	18.93%	18.64%
88.50	43.50%	29.61%	22.99%	20.85%	19.80%	19.18%	18.77%	18.50%
89.00	42.13%	28.94%	22.64%	20.60%	19.59%	19.00%	18.62%	18.35%
89.50	40.78%	28.28%	22.29%	20.35%	19.39%	18.83%	18.47%	18.21%
90.00	39.44%	27.62%	21.94%	20.10%	19.19%	18.66%	18.32%	18.07%
90.50	38.12%	26.96%	21.60%	19.85%	19.00%	18.49%	18.16%	17.94%
91.00	36.81%	26.31%	21.26%	19.61%	18.80%	18.32%	18.01%	17.80%
91.25	36.16%	25.99%	21.09%	19.49%	18.70%	18.24%	17.94%	17.73%
91.50	35.52%	25.67%	20.92%	19.37%	18.61%	18.16%	17.87%	17.66%
91.75	34.88%	25.35%	20.75%	19.25%	18.51%	18.08%	17.79%	17.60%
92.00	34.24%	25.03%	20.58%	19.13%	18.41%	17.99%	17.72%	17.53%
92.25	33.60%	24.71%	20.41%	19.01%	18.32%	17.91%	17.65%	17.46%
92.50	32.97%	24.40%	20.24%	18.89%	18.22%	17.83%	17.57%	17.39%
92.75	32.35%	24.08%	20.08%	18.77%	18.13%	17.75%	17.50%	17.33%
93.00	31.72%	23.77%	19.91%	18.65%	18.03%	17.67%	17.43%	17.26%
93.25	31.10%	23.46%	19.75%	18.53%	17.94%	17.58%	17.35%	17.19%
93.50	30.48%	23.15%	19.58%	18.42%	17.84%	17.50%	17.28%	17.13%
93.75	29.87%	22.84%	19.42%	18.30%	17.75%	17.42%	17.21%	17.06%
94.00	29.26%	22.53%	19.26%	18.18%	17.65%	17.34%	17.14%	17.00%
94.25	28.65%	22.23%	19.09%	18.07%	17.56%	17.26%	17.07%	16.93%
94.50	28.04%	21.92%	18.93%	17.95%	17.47%	17.18%	17.00%	16.87%
94.75	27.44%	21.62%	18.77%	17.83%	17.38%	17.10%	16.93%	16.80%
95.00	26.84%	21.31%	18.61%	17.72%	17.28%	17.02%	16.86%	16.74%
95.25	26.25%	21.01%	18.45%	17.61%	17.19%	16.95%	16.79%	16.68%
95.50	25.65%	20.71%	18.29%	17.49%	17.10%	16.87%	16.72%	16.61%
95.75	25.07%	20.41%	18.13%	17.38%	17.01%	16.79%	16.65%	16.55%
96.00	24.48%	20.11%	17.97%	17.26%	16.92%	16.71%	16.58%	16.48%
96.25	23.90%	19.82%	17.81%	17.15%	16.83%	16.63%	16.51%	16.42%
96.50	23.32%	19.52%	17.65%	17.04%	16.74%	16.56%	16.44%	16.36%
96.75	22.74%	19.23%	17.50%	16.93%	16.64%	16.48%	16.37%	16.30%
97.00	22.16%	18.93%	17.34%	16.81%	16.56%	16.40%	16.30%	16.23%
97.25	21.59%	18.64%	17.18%	16.70%	16.47%	16.33%	16.23%	16.17%
97.50	21.03%	18.35%	17.03%	16.59%	16.38%	16.25%	16.17%	16.11%
97.75	20.46%	18.06%	16.87%	16.48%	16.29%	16.17%	16.10%	16.05%
98.00	19.90%	17.77%	16.72%	16.37%	16.20%	16.10%	16.03%	15.98%
98.25	19.34%	17.48%	16.56%	16.26%	16.11%	16.02%	15.96%	15.92%
98.50	18.78%	17.20%	16.41%	16.15%	16.02%	15.95%	15.90%	15.86%
98.75	18.23%	16.91%	16.26%	16.04%	15.93%	15.87%	15.83%	15.80%
99.00	17.68%	16.63%	16.10%	15.93%	15.85%	15.80%	15.76%	15.74%
99.25	17.13%	16.34%	15.95%	15.82%	15.76%	15.72%	15.70%	15.68%
99.50	16.58%	16.06%	15.80%	15.72%	15.67%	15.65%	15.63%	15.62%
99.75	16.04%	15.78%	15.65%	15.61%	15.59%	15.57%	15.57%	15.56%
100.00	15.50%	15.50%	15.50%	15.50%	15.50%	15.50%	15.50%	15.50%
100.25	14.96%	15.22%	15.35%	15.39%	15.41%	15.43%	15.43%	15.44%
100.50	14.43%	14.94%	15.20%	15.29%	15.33%	15.35%	15.37%	15.38%
101.00	13.37%	14.39%	14.90%	15.07%	15.16%	15.21%	15.24%	15.26%
101.50	12.32%	13.84%	14.61%	14.86%	14.99%	15.06%	15.11%	15.15%
102.00	11.27%	13.30%	14.31%	14.65%	14.82%	14.92%	14.98%	15.03%
102.50	10.24%	12.76%	14.02%	14.44%	14.65%	14.78%	14.86%	14.91%
103.00	9.22%	12.22%	13.73%	14.24%	14.49%	14.63%	14.73%	14.80%
103.50	8.21%	11.69%	13.45%	14.03%	14.32%	14.49%	14.60%	14.68%
104.00	7.21%	11.16%	13.16%	13.83%	14.16%	14.35%	14.48%	14.57%
104.50	6.22%	10.64%	12.88%	13.62%	13.99%	14.21%	14.36%	14.46%
105.00	5.24%	10.12%	12.59%	13.42%	13.83%	14.07%	14.23%	14.34%

EFFECTIVE YIELD RATE   15.50%

PRICE	YEARS UNTIL MATURITY							
	8	9	10	11	12	13	14	15
70.00	24.14%	23.70%	23.38%	23.12%	22.93%	22.77%	22.65%	22.55%
71.00	23.76%	23.35%	23.03%	22.79%	22.60%	22.45%	22.33%	22.23%
72.00	23.40%	23.00%	22.69%	22.46%	22.27%	22.13%	22.01%	21.92%
73.00	23.04%	22.65%	22.36%	22.14%	21.96%	21.82%	21.71%	21.62%
74.00	22.69%	22.32%	22.04%	21.82%	21.65%	21.52%	21.41%	21.32%
75.00	22.34%	21.99%	21.72%	21.51%	21.35%	21.22%	21.12%	21.03%
76.00	22.01%	21.67%	21.41%	21.21%	21.06%	20.93%	20.83%	20.75%
77.00	21.68%	21.35%	21.11%	20.92%	20.77%	20.65%	20.55%	20.48%
78.00	21.35%	21.05%	20.81%	20.63%	20.49%	20.37%	20.28%	20.21%
79.00	21.03%	20.74%	20.52%	20.35%	20.21%	20.10%	20.02%	19.95%
80.00	20.72%	20.45%	20.24%	20.07%	19.94%	19.84%	19.76%	19.69%
81.00	20.42%	20.16%	19.96%	19.80%	19.68%	19.58%	19.50%	19.44%
82.00	20.12%	19.87%	19.68%	19.54%	19.42%	19.33%	19.25%	19.19%
82.50	19.97%	19.73%	19.55%	19.41%	19.29%	19.20%	19.13%	19.07%
83.00	19.82%	19.59%	19.41%	19.28%	19.17%	19.08%	19.01%	18.95%
83.50	19.68%	19.45%	19.28%	19.15%	19.04%	18.96%	18.89%	18.83%
84.00	19.53%	19.32%	19.15%	19.02%	18.92%	18.83%	18.77%	18.71%
84.50	19.39%	19.18%	19.02%	18.89%	18.79%	18.71%	18.65%	18.60%
85.00	19.25%	19.05%	18.89%	18.77%	18.67%	18.60%	18.53%	18.48%
85.50	19.11%	18.91%	18.76%	18.65%	18.55%	18.48%	18.42%	18.37%
86.00	18.97%	18.78%	18.64%	18.52%	18.43%	18.36%	18.30%	18.26%
86.50	18.83%	18.65%	18.51%	18.40%	18.32%	18.25%	18.19%	18.14%
87.00	18.70%	18.52%	18.39%	18.28%	18.20%	18.13%	18.08%	18.03%
87.50	18.56%	18.39%	18.26%	18.16%	18.08%	18.02%	17.97%	17.93%
88.00	18.43%	18.27%	18.14%	18.05%	17.97%	17.91%	17.86%	17.82%
88.50	18.29%	18.14%	18.02%	17.93%	17.86%	17.80%	17.75%	17.71%
89.00	18.16%	18.01%	17.90%	17.81%	17.74%	17.69%	17.64%	17.60%
89.50	18.03%	17.89%	17.78%	17.70%	17.63%	17.58%	17.53%	17.50%
90.00	17.90%	17.77%	17.66%	17.59%	17.52%	17.47%	17.43%	17.39%
90.50	17.77%	17.64%	17.55%	17.47%	17.41%	17.36%	17.32%	17.29%
91.00	17.64%	17.52%	17.43%	17.36%	17.30%	17.26%	17.22%	17.19%
91.50	17.51%	17.40%	17.32%	17.25%	17.20%	17.15%	17.12%	17.09%
92.00	17.39%	17.28%	17.20%	17.14%	17.09%	17.05%	17.02%	16.99%
92.50	17.26%	17.17%	17.09%	17.03%	16.98%	16.95%	16.91%	16.89%
93.00	17.14%	17.05%	16.98%	16.92%	16.88%	16.84%	16.81%	16.79%
93.50	17.02%	16.93%	16.87%	16.82%	16.77%	16.74%	16.71%	16.69%
94.00	16.89%	16.82%	16.76%	16.71%	16.67%	16.64%	16.62%	16.60%
94.50	16.77%	16.70%	16.65%	16.60%	16.57%	16.54%	16.52%	16.50%
95.00	16.65%	16.59%	16.54%	16.50%	16.47%	16.44%	16.42%	16.41%
95.50	16.53%	16.48%	16.43%	16.40%	16.37%	16.35%	16.33%	16.31%
96.00	16.42%	16.36%	16.32%	16.29%	16.27%	16.25%	16.23%	16.22%
96.50	16.30%	16.25%	16.22%	16.19%	16.17%	16.15%	16.14%	16.13%
97.00	16.18%	16.14%	16.11%	16.09%	16.07%	16.06%	16.04%	16.03%
97.50	16.07%	16.03%	16.01%	15.99%	15.97%	15.96%	15.95%	15.94%
98.00	15.95%	15.93%	15.91%	15.89%	15.88%	15.87%	15.86%	15.85%
98.50	15.84%	15.82%	15.80%	15.79%	15.78%	15.77%	15.77%	15.76%
99.00	15.72%	15.71%	15.70%	15.69%	15.69%	15.68%	15.68%	15.67%
99.50	15.61%	15.61%	15.60%	15.60%	15.59%	15.59%	15.59%	15.59%
100.00	15.50%	15.50%	15.50%	15.50%	15.50%	15.50%	15.50%	15.50%
100.50	15.39%	15.40%	15.40%	15.40%	15.41%	15.41%	15.41%	15.41%
101.00	15.28%	15.29%	15.30%	15.31%	15.32%	15.32%	15.32%	15.33%
102.00	15.06%	15.09%	15.11%	15.12%	15.13%	15.14%	15.15%	15.16%
103.00	14.85%	14.88%	14.91%	14.94%	14.95%	14.97%	14.98%	14.99%
104.00	14.64%	14.68%	14.72%	14.75%	14.78%	14.80%	14.81%	14.83%
105.00	14.43%	14.49%	14.54%	14.57%	14.60%	14.63%	14.65%	14.67%
106.00	14.22%	14.29%	14.35%	14.40%	14.43%	14.46%	14.49%	14.51%
107.00	14.02%	14.10%	14.17%	14.22%	14.27%	14.30%	14.33%	14.35%
108.00	13.82%	13.91%	13.99%	14.05%	14.10%	14.14%	14.17%	14.20%
109.00	13.62%	13.73%	13.81%	13.88%	13.94%	13.98%	14.02%	14.05%
110.00	13.42%	13.54%	13.64%	13.71%	13.77%	13.82%	13.86%	13.90%

15.50% EFFECTIVE YIELD RATE

PRICE	YEARS UNTIL MATURITY							
	16	17	18	19	20	21	22	23
70.00	22.47%	22.41%	22.36%	22.32%	22.28%	22.26%	22.24%	22.22%
71.00	22.16%	22.09%	22.04%	22.00%	21.97%	21.95%	21.92%	21.91%
72.00	21.85%	21.79%	21.74%	21.70%	21.67%	21.64%	21.62%	21.60%
73.00	21.55%	21.49%	21.44%	21.40%	21.37%	21.35%	21.33%	21.31%
74.00	21.25%	21.20%	21.15%	21.11%	21.08%	21.06%	21.04%	21.02%
75.00	20.97%	20.91%	20.87%	20.83%	20.80%	20.78%	20.76%	20.74%
76.00	20.69%	20.63%	20.59%	20.56%	20.53%	20.50%	20.48%	20.47%
77.00	20.41%	20.36%	20.32%	20.29%	20.26%	20.24%	20.22%	20.20%
78.00	20.15%	20.10%	20.06%	20.03%	20.00%	19.98%	19.96%	19.94%
79.00	19.89%	19.84%	19.80%	19.77%	19.74%	19.72%	19.71%	19.69%
80.00	19.63%	19.59%	19.55%	19.52%	19.50%	19.48%	19.46%	19.44%
81.00	19.38%	19.34%	19.31%	19.28%	19.25%	19.23%	19.22%	19.20%
82.00	19.14%	19.10%	19.07%	19.04%	19.02%	19.00%	18.98%	18.97%
82.50	19.02%	18.98%	18.95%	18.92%	18.90%	18.88%	18.87%	18.85%
83.00	18.90%	18.86%	18.83%	18.81%	18.78%	18.77%	18.75%	18.74%
83.50	18.79%	18.75%	18.72%	18.69%	18.67%	18.65%	18.64%	18.63%
84.00	18.67%	18.63%	18.60%	18.58%	18.56%	18.54%	18.53%	18.51%
84.50	18.55%	18.52%	18.49%	18.47%	18.45%	18.43%	18.41%	18.40%
85.00	18.44%	18.41%	18.38%	18.35%	18.34%	18.32%	18.31%	18.29%
85.50	18.33%	18.30%	18.27%	18.25%	18.23%	18.21%	18.20%	18.19%
86.00	18.22%	18.19%	18.16%	18.14%	18.12%	18.10%	18.09%	18.08%
86.50	18.11%	18.08%	18.05%	18.03%	18.01%	18.00%	17.98%	17.97%
87.00	18.00%	17.97%	17.94%	17.92%	17.91%	17.89%	17.88%	17.87%
87.50	17.89%	17.86%	17.84%	17.82%	17.80%	17.79%	17.78%	17.77%
88.00	17.78%	17.76%	17.73%	17.71%	17.70%	17.68%	17.67%	17.66%
88.50	17.68%	17.65%	17.63%	17.61%	17.60%	17.58%	17.57%	17.56%
89.00	17.57%	17.55%	17.53%	17.51%	17.49%	17.48%	17.47%	17.46%
89.50	17.47%	17.44%	17.42%	17.41%	17.39%	17.38%	17.37%	17.36%
90.00	17.37%	17.34%	17.32%	17.31%	17.29%	17.28%	17.27%	17.27%
90.50	17.26%	17.24%	17.22%	17.21%	17.20%	17.19%	17.18%	17.17%
91.00	17.16%	17.14%	17.13%	17.11%	17.10%	17.09%	17.08%	17.07%
91.50	17.06%	17.04%	17.03%	17.01%	17.00%	16.99%	16.98%	16.98%
92.00	16.97%	16.95%	16.93%	16.92%	16.91%	16.90%	16.89%	16.88%
92.50	16.87%	16.85%	16.84%	16.82%	16.81%	16.80%	16.80%	16.79%
93.00	16.77%	16.75%	16.74%	16.73%	16.72%	16.71%	16.70%	16.70%
93.50	16.67%	16.66%	16.65%	16.64%	16.63%	16.62%	16.61%	16.61%
94.00	16.58%	16.57%	16.55%	16.54%	16.54%	16.53%	16.52%	16.52%
94.50	16.48%	16.47%	16.46%	16.45%	16.44%	16.44%	16.43%	16.43%
95.00	16.39%	16.38%	16.37%	16.36%	16.35%	16.35%	16.34%	16.34%
95.50	16.30%	16.29%	16.28%	16.27%	16.27%	16.26%	16.26%	16.25%
96.00	16.21%	16.20%	16.19%	16.18%	16.18%	16.17%	16.17%	16.17%
96.50	16.12%	16.11%	16.10%	16.09%	16.09%	16.09%	16.08%	16.08%
97.00	16.03%	16.02%	16.01%	16.01%	16.00%	16.00%	16.00%	15.99%
97.50	15.94%	15.93%	15.93%	15.92%	15.92%	15.91%	15.91%	15.91%
98.00	15.85%	15.84%	15.84%	15.84%	15.83%	15.83%	15.83%	15.83%
98.50	15.76%	15.76%	15.75%	15.75%	15.75%	15.75%	15.74%	15.74%
99.00	15.67%	15.67%	15.67%	15.67%	15.66%	15.66%	15.66%	15.66%
99.50	15.59%	15.58%	15.58%	15.58%	15.58%	15.58%	15.58%	15.58%
100.00	15.50%	15.50%	15.50%	15.50%	15.50%	15.50%	15.50%	15.50%
100.50	15.42%	15.42%	15.42%	15.42%	15.42%	15.42%	15.42%	15.42%
101.00	15.33%	15.33%	15.34%	15.34%	15.34%	15.34%	15.34%	15.34%
102.00	15.16%	15.17%	15.17%	15.18%	15.18%	15.18%	15.18%	15.19%
103.00	15.00%	15.01%	15.01%	15.02%	15.02%	15.03%	15.03%	15.03%
104.00	14.84%	14.85%	14.86%	14.86%	14.87%	14.87%	14.88%	14.88%
105.00	14.68%	14.69%	14.70%	14.71%	14.72%	14.72%	14.73%	14.73%
106.00	14.53%	14.54%	14.55%	14.56%	14.57%	14.58%	14.58%	14.59%
107.00	14.37%	14.39%	14.40%	14.41%	14.42%	14.43%	14.44%	14.45%
108.00	14.22%	14.24%	14.26%	14.27%	14.28%	14.29%	14.30%	14.31%
109.00	14.07%	14.09%	14.11%	14.13%	14.14%	14.15%	14.16%	14.17%
110.00	13.92%	13.95%	13.97%	13.99%	14.00%	14.01%	14.02%	14.03%

EFFECTIVE YIELD RATE 15.50%

PRICE	24	25	26	27	28	29	30	40
	YEARS UNTIL MATURITY							
70.00	22.20%	22.19%	22.18%	22.18%	22.17%	22.16%	22.16%	22.14%
71.00	21.89%	21.88%	21.87%	21.86%	21.86%	21.85%	21.85%	21.83%
72.00	21.59%	21.58%	21.57%	21.56%	21.56%	21.55%	21.55%	21.53%
73.00	21.29%	21.28%	21.27%	21.27%	21.26%	21.26%	21.25%	21.24%
74.00	21.01%	21.00%	20.99%	20.98%	20.97%	20.97%	20.96%	20.95%
75.00	20.73%	20.72%	20.71%	20.70%	20.69%	20.69%	20.69%	20.67%
76.00	20.46%	20.44%	20.44%	20.43%	20.42%	20.42%	20.41%	20.40%
77.00	20.19%	20.18%	20.17%	20.16%	20.16%	20.15%	20.15%	20.13%
78.00	19.93%	19.92%	19.91%	19.91%	19.90%	19.89%	19.89%	19.87%
79.00	19.68%	19.67%	19.66%	19.65%	19.65%	19.64%	19.64%	19.62%
80.00	19.43%	19.42%	19.41%	19.41%	19.40%	19.40%	19.39%	19.38%
81.00	19.19%	19.18%	19.17%	19.17%	19.16%	19.16%	19.15%	19.14%
82.00	18.96%	18.95%	18.94%	18.93%	18.93%	18.92%	18.92%	18.91%
82.50	18.84%	18.83%	18.83%	18.82%	18.81%	18.81%	18.81%	18.79%
83.00	18.73%	18.72%	18.71%	18.71%	18.70%	18.70%	18.69%	18.68%
83.50	18.61%	18.61%	18.60%	18.59%	18.59%	18.58%	18.58%	18.57%
84.00	18.50%	18.50%	18.49%	18.48%	18.48%	18.47%	18.47%	18.46%
84.50	18.39%	18.39%	18.38%	18.37%	18.37%	18.36%	18.36%	18.35%
85.00	18.28%	18.28%	18.27%	18.26%	18.26%	18.26%	18.25%	18.24%
85.50	18.18%	18.17%	18.16%	18.16%	18.15%	18.15%	18.15%	18.13%
86.00	18.07%	18.06%	18.06%	18.05%	18.05%	18.04%	18.04%	18.03%
86.50	17.96%	17.96%	17.95%	17.95%	17.94%	17.94%	17.94%	17.92%
87.00	17.86%	17.85%	17.85%	17.84%	17.84%	17.84%	17.83%	17.82%
87.50	17.76%	17.75%	17.75%	17.74%	17.74%	17.73%	17.73%	17.72%
88.00	17.66%	17.65%	17.64%	17.64%	17.64%	17.63%	17.63%	17.62%
88.50	17.56%	17.55%	17.54%	17.54%	17.53%	17.53%	17.53%	17.52%
89.00	17.46%	17.45%	17.44%	17.44%	17.44%	17.43%	17.43%	17.42%
89.50	17.36%	17.35%	17.35%	17.34%	17.34%	17.33%	17.33%	17.32%
90.00	17.26%	17.25%	17.25%	17.24%	17.24%	17.24%	17.24%	17.22%
90.50	17.16%	17.16%	17.15%	17.15%	17.15%	17.14%	17.14%	17.13%
91.00	17.07%	17.06%	17.06%	17.05%	17.05%	17.05%	17.05%	17.04%
91.50	16.97%	16.97%	16.96%	16.96%	16.96%	16.95%	16.95%	16.94%
92.00	16.88%	16.87%	16.87%	16.87%	16.86%	16.86%	16.86%	16.85%
92.50	16.79%	16.78%	16.78%	16.77%	16.77%	16.77%	16.77%	16.76%
93.00	16.69%	16.69%	16.69%	16.68%	16.68%	16.68%	16.68%	16.67%
93.50	16.60%	16.60%	16.60%	16.59%	16.59%	16.59%	16.59%	16.58%
94.00	16.51%	16.51%	16.51%	16.50%	16.50%	16.50%	16.50%	16.49%
94.50	16.42%	16.42%	16.42%	16.42%	16.41%	16.41%	16.41%	16.40%
95.00	16.34%	16.33%	16.33%	16.33%	16.33%	16.32%	16.32%	16.32%
95.50	16.25%	16.25%	16.24%	16.24%	16.24%	16.24%	16.24%	16.23%
96.00	16.16%	16.16%	16.16%	16.16%	16.15%	16.15%	16.15%	16.15%
96.50	16.08%	16.07%	16.07%	16.07%	16.07%	16.07%	16.07%	16.06%
97.00	15.99%	15.99%	15.99%	15.99%	15.99%	15.99%	15.98%	15.98%
97.50	15.91%	15.91%	15.91%	15.90%	15.90%	15.90%	15.90%	15.90%
98.00	15.82%	15.82%	15.82%	15.82%	15.82%	15.82%	15.82%	15.82%
98.50	15.74%	15.74%	15.74%	15.74%	15.74%	15.74%	15.74%	15.74%
99.00	15.66%	15.66%	15.66%	15.66%	15.66%	15.66%	15.66%	15.66%
99.50	15.58%	15.58%	15.58%	15.58%	15.58%	15.58%	15.58%	15.58%
100.00	15.50%	15.50%	15.50%	15.50%	15.50%	15.50%	15.50%	15.50%
100.50	15.42%	15.42%	15.42%	15.42%	15.42%	15.42%	15.42%	15.42%
101.00	15.34%	15.34%	15.34%	15.34%	15.34%	15.34%	15.34%	15.35%
102.00	15.19%	15.19%	15.19%	15.19%	15.19%	15.19%	15.19%	15.20%
103.00	15.03%	15.04%	15.04%	15.04%	15.04%	15.04%	15.04%	15.05%
104.00	14.88%	14.89%	14.89%	14.89%	14.89%	14.89%	14.90%	14.90%
105.00	14.74%	14.74%	14.74%	14.75%	14.75%	14.75%	14.75%	14.76%
106.00	14.59%	14.60%	14.60%	14.60%	14.61%	14.61%	14.61%	14.62%
107.00	14.45%	14.46%	14.46%	14.46%	14.47%	14.47%	14.47%	14.48%
108.00	14.31%	14.32%	14.32%	14.33%	14.33%	14.33%	14.33%	14.35%
109.00	14.17%	14.18%	14.19%	14.19%	14.19%	14.20%	14.20%	14.22%
110.00	14.04%	14.05%	14.05%	14.06%	14.06%	14.07%	14.07%	14.09%

15.75%   EFFECTIVE YIELD RATE

PRICE	YEARS UNTIL MATURITY							
	1/2	1	2	3	4	5	6	7
85.00	53.82%	34.77%	25.82%	22.94%	21.53%	20.71%	20.17%	19.80%
85.50	52.34%	34.05%	25.44%	22.67%	21.32%	20.52%	20.01%	19.65%
86.00	50.87%	33.34%	25.07%	22.41%	21.10%	20.34%	19.84%	19.50%
86.50	49.42%	32.64%	24.71%	22.15%	20.89%	20.16%	19.68%	19.35%
87.00	47.99%	31.94%	24.34%	21.89%	20.68%	19.98%	19.52%	19.20%
87.50	46.57%	31.25%	23.98%	21.63%	20.48%	19.80%	19.36%	19.06%
88.00	45.17%	30.57%	23.62%	21.37%	20.27%	19.62%	19.20%	18.91%
88.50	43.79%	29.89%	23.26%	21.12%	20.07%	19.45%	19.05%	18.77%
89.00	42.42%	29.21%	22.91%	20.87%	19.86%	19.27%	18.89%	18.63%
89.50	41.06%	28.55%	22.56%	20.62%	19.66%	19.10%	18.74%	18.48%
90.00	39.72%	27.89%	22.21%	20.37%	19.46%	18.93%	18.58%	18.34%
90.50	38.40%	27.23%	21.87%	20.12%	19.26%	18.76%	18.43%	18.20%
91.00	37.09%	26.58%	21.52%	19.88%	19.07%	18.59%	18.28%	18.07%
91.25	36.44%	26.26%	21.35%	19.75%	18.97%	18.51%	18.21%	18.00%
91.50	35.79%	25.94%	21.18%	19.63%	18.87%	18.42%	18.13%	17.93%
91.75	35.15%	25.62%	21.01%	19.51%	18.77%	18.34%	18.06%	17.86%
92.00	34.51%	25.30%	20.84%	19.39%	18.68%	18.26%	17.98%	17.79%
92.25	33.88%	24.98%	20.68%	19.27%	18.58%	18.17%	17.91%	17.73%
92.50	33.24%	24.66%	20.51%	19.15%	18.48%	18.09%	17.84%	17.66%
92.75	32.61%	24.35%	20.34%	19.03%	18.39%	18.01%	17.76%	17.59%
93.00	31.99%	24.04%	20.17%	18.91%	18.29%	17.93%	17.69%	17.52%
93.25	31.37%	23.72%	20.01%	18.80%	18.20%	17.85%	17.62%	17.46%
93.50	30.75%	23.41%	19.84%	18.68%	18.10%	17.77%	17.54%	17.39%
93.75	30.13%	23.10%	19.68%	18.56%	18.01%	17.68%	17.47%	17.33%
94.00	29.52%	22.79%	19.52%	18.44%	17.91%	17.60%	17.40%	17.26%
94.25	28.91%	22.49%	19.35%	18.33%	17.82%	17.52%	17.33%	17.19%
94.50	28.31%	22.18%	19.19%	18.21%	17.73%	17.44%	17.26%	17.13%
94.75	27.70%	21.88%	19.03%	18.09%	17.63%	17.36%	17.19%	17.06%
95.00	27.11%	21.57%	18.87%	17.98%	17.54%	17.28%	17.12%	17.00%
95.25	26.51%	21.27%	18.71%	17.86%	17.45%	17.20%	17.04%	16.93%
95.50	25.92%	20.97%	18.54%	17.75%	17.36%	17.13%	16.97%	16.87%
95.75	25.33%	20.67%	18.38%	17.63%	17.26%	17.05%	16.90%	16.81%
96.00	24.74%	20.37%	18.23%	17.52%	17.17%	16.97%	16.83%	16.74%
96.25	24.16%	20.07%	18.07%	17.41%	17.08%	16.89%	16.77%	16.68%
96.50	23.58%	19.78%	17.91%	17.29%	16.99%	16.81%	16.70%	16.61%
96.75	23.00%	19.48%	17.75%	17.18%	16.90%	16.73%	16.63%	16.55%
97.00	22.42%	19.19%	17.59%	17.07%	16.81%	16.66%	16.56%	16.49%
97.25	21.85%	18.90%	17.44%	16.96%	16.72%	16.58%	16.49%	16.43%
97.50	21.28%	18.60%	17.28%	16.85%	16.63%	16.50%	16.42%	16.36%
97.75	20.72%	18.31%	17.13%	16.73%	16.54%	16.43%	16.35%	16.30%
98.00	20.15%	18.02%	16.97%	16.62%	16.45%	16.35%	16.28%	16.24%
98.25	19.59%	17.74%	16.82%	16.51%	16.36%	16.27%	16.22%	16.18%
98.50	19.04%	17.45%	16.66%	16.40%	16.27%	16.20%	16.15%	16.12%
98.75	18.48%	17.16%	16.51%	16.29%	16.19%	16.12%	16.08%	16.05%
99.00	17.93%	16.88%	16.36%	16.18%	16.10%	16.05%	16.02%	15.99%
99.25	17.38%	16.59%	16.20%	16.07%	16.01%	15.97%	15.95%	15.93%
99.50	16.83%	16.31%	16.05%	15.97%	15.92%	15.90%	15.88%	15.87%
99.75	16.29%	16.03%	15.90%	15.86%	15.84%	15.82%	15.82%	15.81%
100.00	15.75%	15.75%	15.75%	15.75%	15.75%	15.75%	15.75%	15.75%
100.25	15.21%	15.47%	15.60%	15.64%	15.66%	15.68%	15.68%	15.69%
100.50	14.68%	15.19%	15.45%	15.54%	15.58%	15.60%	15.62%	15.63%
101.00	13.61%	14.64%	15.15%	15.32%	15.41%	15.46%	15.49%	15.51%
101.50	12.56%	14.09%	14.86%	15.11%	15.24%	15.31%	15.36%	15.39%
102.00	11.52%	13.54%	14.56%	14.90%	15.07%	15.17%	15.23%	15.27%
102.50	10.49%	13.00%	14.27%	14.69%	14.90%	15.02%	15.10%	15.16%
103.00	9.47%	12.47%	13.98%	14.48%	14.73%	14.88%	14.97%	15.04%
103.50	8.45%	11.93%	13.69%	14.28%	14.56%	14.74%	14.85%	14.93%
104.00	7.45%	11.40%	13.40%	14.07%	14.40%	14.60%	14.72%	14.81%
104.50	6.46%	10.88%	13.12%	13.87%	14.24%	14.46%	14.60%	14.70%
105.00	5.48%	10.36%	12.84%	13.66%	14.07%	14.32%	14.47%	14.59%

EFFECTIVE YIELD RATE 15.75%

PRICE	8	9	10	11	12	13	14	15
	YEARS UNTIL MATURITY							
70.00	24.46%	24.03%	3.71%	23.46%	23.27%	23.11%	22.99%	22.90%
71.00	24.09%	23.67%	23.36%	23.12%	22.93%	22.78%	22.67%	22.57%
72.00	23.72%	23.32%	23.02%	22.79%	22.60%	22.46%	22.35%	22.26%
73.00	23.35%	22.97%	22.68%	22.46%	22.28%	22.15%	22.04%	21.95%
74.00	23.00%	22.63%	22.36%	22.14%	21.97%	21.84%	21.73%	21.65%
75.00	22.65%	22.30%	22.04%	21.83%	21.67%	21.54%	21.44%	21.36%
76.00	22.31%	21.98%	21.72%	21.53%	21.37%	21.25%	21.15%	21.07%
77.00	21.98%	21.66%	21.42%	21.23%	21.08%	20.96%	20.87%	20.79%
78.00	21.65%	21.35%	21.12%	20.94%	20.79%	20.68%	20.59%	20.52%
79.00	21.33%	21.04%	20.82%	20.65%	20.52%	20.41%	20.32%	20.25%
80.00	21.02%	20.74%	20.53%	20.37%	20.24%	20.14%	20.06%	19.99%
81.00	20.71%	20.45%	20.25%	20.10%	19.98%	19.88%	19.80%	19.74%
82.00	20.41%	20.16%	19.97%	19.83%	19.71%	19.62%	19.55%	19.49%
82.50	20.26%	20.02%	19.84%	19.70%	19.58%	19.50%	19.42%	19.36%
83.00	20.11%	19.88%	19.70%	19.57%	19.46%	19.37%	19.30%	19.24%
83.50	19.96%	19.74%	19.57%	19.44%	19.33%	19.25%	19.18%	19.12%
84.00	19.82%	19.60%	19.44%	19.31%	19.21%	19.12%	19.06%	19.00%
84.50	19.67%	19.47%	19.31%	19.18%	19.08%	19.00%	18.94%	18.89%
85.00	19.53%	19.33%	19.18%	19.05%	18.96%	18.88%	18.82%	18.77%
85.50	19.39%	19.20%	19.05%	18.93%	18.84%	18.76%	18.70%	18.66%
86.00	19.25%	19.06%	18.92%	18.81%	18.72%	18.65%	18.59%	18.54%
86.50	19.11%	18.93%	18.79%	18.68%	18.60%	18.53%	18.47%	18.43%
87.00	18.97%	18.80%	18.67%	18.56%	18.48%	18.41%	18.36%	18.32%
87.50	18.84%	18.67%	18.54%	18.44%	18.36%	18.30%	18.25%	18.21%
88.00	18.70%	18.54%	18.42%	18.32%	18.25%	18.19%	18.14%	18.10%
88.50	18.57%	18.41%	18.30%	18.20%	18.13%	18.07%	18.03%	17.99%
89.00	18.43%	18.29%	18.18%	18.09%	18.02%	17.96%	17.92%	17.88%
89.50	18.30%	18.16%	18.05%	17.97%	17.91%	17.85%	17.81%	17.77%
90.00	18.17%	18.04%	17.94%	17.86%	17.79%	17.74%	17.70%	17.67%
90.50	18.04%	17.91%	17.82%	17.74%	17.68%	17.63%	17.60%	17.56%
91.00	17.91%	17.79%	17.70%	17.63%	17.57%	17.53%	17.49%	17.46%
91.50	17.78%	17.67%	17.58%	17.52%	17.46%	17.42%	17.39%	17.36%
92.00	17.65%	17.55%	17.47%	17.41%	17.36%	17.32%	17.28%	17.26%
92.50	17.53%	17.43%	17.36%	17.30%	17.25%	17.21%	17.18%	17.16%
93.00	17.40%	17.31%	17.24%	17.19%	17.14%	17.11%	17.08%	17.06%
93.50	17.28%	17.20%	17.13%	17.08%	17.04%	17.01%	16.98%	16.96%
94.00	17.16%	17.08%	17.02%	16.97%	16.93%	16.90%	16.88%	16.86%
94.50	17.03%	16.96%	16.91%	16.87%	16.83%	16.80%	16.78%	16.76%
95.00	16.91%	16.85%	16.80%	16.76%	16.73%	16.70%	16.68%	16.67%
95.50	16.79%	16.73%	16.69%	16.66%	16.63%	16.60%	16.59%	16.57%
96.00	16.67%	16.62%	16.58%	16.55%	16.53%	16.51%	16.49%	16.48%
96.50	16.55%	16.51%	16.48%	16.45%	16.43%	16.41%	16.39%	16.38%
97.00	16.44%	16.40%	16.37%	16.35%	16.33%	16.31%	16.30%	16.29%
97.50	16.32%	16.29%	16.26%	16.24%	16.23%	16.22%	16.21%	16.20%
98.00	16.20%	16.18%	16.16%	16.14%	16.13%	16.12%	16.11%	16.11%
98.50	16.09%	16.07%	16.06%	16.04%	16.04%	16.03%	16.02%	16.02%
99.00	15.98%	15.96%	15.95%	15.95%	15.94%	15.93%	15.93%	15.93%
99.50	15.86%	15.86%	15.85%	15.85%	15.84%	15.84%	15.84%	15.84%
100.00	15.75%	15.75%	15.75%	15.75%	15.75%	15.75%	15.75%	15.75%
100.50	15.64%	15.64%	15.65%	15.65%	15.66%	15.66%	15.66%	15.66%
101.00	15.53%	15.54%	15.55%	15.56%	15.56%	15.57%	15.57%	15.58%
102.00	15.31%	15.33%	15.35%	15.37%	15.38%	15.39%	15.40%	15.40%
103.00	15.09%	15.13%	15.16%	15.18%	15.20%	15.21%	15.23%	15.24%
104.00	14.88%	14.93%	14.97%	15.00%	15.02%	15.04%	15.06%	15.07%
105.00	14.67%	14.73%	14.78%	14.82%	14.85%	14.87%	14.89%	14.91%
106.00	14.46%	14.53%	14.59%	14.64%	14.67%	14.70%	14.73%	14.75%
107.00	14.26%	14.34%	14.41%	14.46%	14.50%	14.54%	14.56%	14.59%
108.00	14.05%	14.15%	14.23%	14.29%	14.33%	14.37%	14.41%	14.43%
109.00	13.85%	13.96%	14.05%	14.11%	14.17%	14.21%	14.25%	14.28%
110.00	13.66%	13.78%	13.87%	13.95%	14.01%	14.05%	14.09%	14.13%

15.75% EFFECTIVE YIELD RATE

PRICE	YEARS UNTIL MATURITY							
	16	17	18	19	20	21	22	23
70.00	22.82%	22.76%	22.71%	22.67%	22.63%	22.61%	22.59%	22.57%
71.00	22.50%	22.44%	22.39%	22.35%	22.32%	22.29%	22.27%	22.25%
72.00	22.18%	22.12%	22.08%	22.04%	22.01%	21.98%	21.96%	21.95%
73.00	21.88%	21.82%	21.78%	21.74%	21.71%	21.68%	21.66%	21.65%
74.00	21.58%	21.53%	21.48%	21.44%	21.41%	21.39%	21.37%	21.36%
75.00	21.29%	21.24%	21.19%	21.16%	21.13%	21.11%	21.09%	21.07%
76.00	21.01%	20.96%	20.91%	20.88%	20.85%	20.83%	20.81%	20.79%
77.00	20.73%	20.68%	20.64%	20.61%	20.58%	20.56%	20.54%	20.52%
78.00	20.46%	20.41%	20.37%	20.34%	20.31%	20.29%	20.28%	20.26%
79.00	20.20%	20.15%	20.11%	20.08%	20.06%	20.04%	20.02%	20.00%
80.00	19.94%	19.89%	19.86%	19.83%	19.80%	19.78%	19.77%	19.75%
81.00	19.69%	19.64%	19.61%	19.58%	19.56%	19.54%	19.52%	19.51%
82.00	19.44%	19.40%	19.37%	19.34%	19.32%	19.30%	19.28%	19.27%
82.50	19.32%	19.28%	19.25%	19.22%	19.20%	19.18%	19.16%	19.15%
83.00	19.20%	19.16%	19.13%	19.10%	19.08%	19.06%	19.05%	19.04%
83.50	19.08%	19.04%	19.01%	18.99%	18.97%	18.95%	18.93%	18.92%
84.00	18.96%	18.92%	18.90%	18.87%	18.85%	18.83%	18.82%	18.81%
84.50	18.84%	18.81%	18.78%	18.76%	18.74%	18.72%	18.71%	18.70%
85.00	18.73%	18.70%	18.67%	18.64%	18.63%	18.61%	18.60%	18.59%
85.50	18.62%	18.58%	18.56%	18.53%	18.51%	18.50%	18.49%	18.48%
86.00	18.50%	18.47%	18.44%	18.42%	18.41%	18.39%	18.38%	18.37%
86.50	18.39%	18.36%	18.34%	18.31%	18.30%	18.28%	18.27%	18.26%
87.00	18.28%	18.25%	18.23%	18.21%	18.19%	18.18%	18.16%	18.15%
87.50	18.17%	18.14%	18.12%	18.10%	18.08%	18.07%	18.06%	18.05%
88.00	18.06%	18.04%	18.01%	17.99%	17.98%	17.97%	17.95%	17.95%
88.50	17.96%	17.93%	17.91%	17.89%	17.87%	17.86%	17.85%	17.84%
89.00	17.85%	17.82%	17.80%	17.79%	17.77%	17.76%	17.75%	17.74%
89.50	17.74%	17.72%	17.70%	17.68%	17.67%	17.66%	17.65%	17.64%
90.00	17.64%	17.62%	17.60%	17.58%	17.57%	17.56%	17.55%	17.54%
90.50	17.54%	17.52%	17.50%	17.48%	17.47%	17.46%	17.45%	17.44%
91.00	17.44%	17.41%	17.40%	17.38%	17.37%	17.36%	17.35%	17.35%
91.50	17.33%	17.31%	17.30%	17.29%	17.27%	17.26%	17.26%	17.25%
92.00	17.23%	17.22%	17.20%	17.19%	17.18%	17.17%	17.16%	17.15%
92.50	17.13%	17.12%	17.10%	17.09%	17.08%	17.07%	17.07%	17.06%
93.00	17.04%	17.02%	17.01%	17.00%	16.99%	16.98%	16.97%	16.97%
93.50	16.94%	16.92%	16.91%	16.90%	16.89%	16.89%	16.88%	16.87%
94.00	16.84%	16.83%	16.82%	16.81%	16.80%	16.79%	16.79%	16.78%
94.50	16.75%	16.73%	16.72%	16.72%	16.71%	16.70%	16.70%	16.69%
95.00	16.65%	16.64%	16.63%	16.62%	16.62%	16.61%	16.61%	16.60%
95.50	16.56%	16.55%	16.54%	16.53%	16.53%	16.52%	16.52%	16.51%
96.00	16.47%	16.46%	16.45%	16.44%	16.44%	16.43%	16.43%	16.42%
96.50	16.37%	16.37%	16.36%	16.35%	16.35%	16.34%	16.34%	16.34%
97.00	16.28%	16.27%	16.27%	16.26%	16.26%	16.26%	16.25%	16.25%
97.50	16.19%	16.19%	16.18%	16.18%	16.17%	16.17%	16.17%	16.17%
98.00	16.10%	16.10%	16.09%	16.09%	16.09%	16.08%	16.08%	16.08%
98.50	16.01%	16.01%	16.01%	16.00%	16.00%	16.00%	16.00%	16.00%
99.00	15.92%	15.92%	15.92%	15.92%	15.92%	15.92%	15.91%	15.91%
99.50	15.84%	15.84%	15.83%	15.83%	15.83%	15.83%	15.83%	15.83%
100.00	15.75%	15.75%	15.75%	15.75%	15.75%	15.75%	15.75%	15.75%
100.50	15.66%	15.67%	15.67%	15.67%	15.67%	15.67%	15.67%	15.67%
101.00	15.58%	15.58%	15.58%	15.58%	15.59%	15.59%	15.59%	15.59%
102.00	15.41%	15.41%	15.42%	15.42%	15.42%	15.43%	15.43%	15.43%
103.00	15.24%	15.25%	15.26%	15.26%	15.27%	15.27%	15.27%	15.28%
104.00	15.08%	15.09%	15.10%	15.11%	15.11%	15.12%	15.12%	15.12%
105.00	14.92%	14.93%	14.94%	14.95%	14.96%	14.96%	14.97%	14.97%
106.00	14.76%	14.78%	14.79%	14.80%	14.81%	14.81%	14.82%	14.83%
107.00	14.61%	14.62%	14.64%	14.65%	14.66%	14.67%	14.68%	14.68%
108.00	14.45%	14.47%	14.49%	14.50%	14.51%	14.52%	14.53%	14.54%
109.00	14.30%	14.33%	14.34%	14.36%	14.37%	14.38%	14.39%	14.40%
110.00	14.16%	14.18%	14.20%	14.22%	14.23%	14.24%	14.25%	14.26%

EFFECTIVE YIELD RATE 15.75%

PRICE	YEARS UNTIL MATURITY							
	24	25	26	27	28	29	30	40
70.00	22.56%	22.55%	22.54%	22.53%	22.52%	22.52%	22.52%	22.50%
71.00	22.24%	22.23%	22.22%	22.21%	22.21%	22.20%	22.20%	22.19%
72.00	21.93%	21.92%	21.91%	21.91%	21.90%	21.90%	21.89%	21.88%
73.00	21.63%	21.62%	21.61%	21.61%	21.60%	21.60%	21.59%	21.58%
74.00	21.34%	21.33%	21.32%	21.32%	21.31%	21.30%	21.30%	21.29%
75.00	21.06%	21.05%	21.04%	21.03%	21.03%	21.02%	21.02%	21.00%
76.00	20.78%	20.77%	20.76%	20.76%	20.75%	20.75%	20.74%	20.73%
77.00	20.51%	20.50%	20.49%	20.49%	20.48%	20.48%	20.47%	20.46%
78.00	20.25%	20.24%	20.23%	20.22%	20.22%	20.21%	20.21%	20.19%
79.00	19.99%	19.98%	19.97%	19.97%	19.96%	19.96%	19.95%	19.94%
80.00	19.74%	19.73%	19.72%	19.72%	19.71%	19.71%	19.71%	19.69%
81.00	19.50%	19.49%	19.48%	19.47%	19.47%	19.47%	19.46%	19.45%
82.00	19.26%	19.25%	19.24%	19.24%	19.23%	19.23%	19.22%	19.21%
82.50	19.14%	19.13%	19.13%	19.12%	19.12%	19.11%	19.11%	19.09%
83.00	19.03%	19.02%	19.01%	19.01%	19.00%	19.00%	18.99%	18.98%
83.50	18.91%	18.90%	18.90%	18.89%	18.89%	18.88%	18.88%	18.87%
84.00	18.80%	18.79%	18.78%	18.78%	18.77%	18.77%	18.77%	18.75%
84.50	18.69%	18.68%	18.67%	18.67%	18.66%	18.66%	18.66%	18.64%
85.00	18.58%	18.57%	18.56%	18.56%	18.55%	18.55%	18.55%	18.53%
85.50	18.47%	18.46%	18.45%	18.45%	18.44%	18.44%	18.44%	18.42%
86.00	18.36%	18.35%	18.35%	18.34%	18.34%	18.33%	18.33%	18.32%
86.50	18.25%	18.24%	18.24%	18.23%	18.23%	18.23%	18.22%	18.21%
87.00	18.15%	18.14%	18.13%	18.13%	18.12%	18.12%	18.12%	18.11%
87.50	18.04%	18.03%	18.03%	18.02%	18.02%	18.02%	18.01%	18.00%
88.00	17.94%	17.93%	17.93%	17.92%	17.92%	17.91%	17.91%	17.90%
88.50	17.84%	17.83%	17.82%	17.82%	17.82%	17.81%	17.81%	17.80%
89.00	17.73%	17.73%	17.72%	17.72%	17.72%	17.71%	17.71%	17.70%
89.50	17.63%	17.63%	17.62%	17.62%	17.62%	17.61%	17.61%	17.60%
90.00	17.54%	17.53%	17.53%	17.52%	17.52%	17.52%	17.51%	17.50%
90.50	17.44%	17.43%	17.43%	17.42%	17.42%	17.42%	17.42%	17.41%
91.00	17.34%	17.33%	17.33%	17.33%	17.32%	17.32%	17.32%	17.31%
91.50	17.24%	17.24%	17.24%	17.23%	17.23%	17.23%	17.22%	17.22%
92.00	17.15%	17.14%	17.14%	17.14%	17.13%	17.13%	17.13%	17.12%
92.50	17.05%	17.05%	17.05%	17.04%	17.04%	17.04%	17.04%	17.03%
93.00	16.96%	16.96%	16.95%	16.95%	16.95%	16.95%	16.95%	16.94%
93.50	16.87%	16.87%	16.86%	16.86%	16.86%	16.86%	16.85%	16.85%
94.00	16.78%	16.77%	16.77%	16.77%	16.77%	16.77%	16.76%	16.76%
94.50	16.69%	16.68%	16.68%	16.68%	16.68%	16.68%	16.67%	16.67%
95.00	16.60%	16.60%	16.59%	16.59%	16.59%	16.59%	16.59%	16.58%
95.50	16.51%	16.51%	16.50%	16.50%	16.50%	16.50%	16.50%	16.49%
96.00	16.42%	16.42%	16.42%	16.42%	16.41%	16.41%	16.41%	16.41%
96.50	16.34%	16.33%	16.33%	16.33%	16.33%	16.33%	16.33%	16.32%
97.00	16.25%	16.25%	16.25%	16.24%	16.24%	16.24%	16.24%	16.24%
97.50	16.16%	16.16%	16.16%	16.16%	16.16%	16.16%	16.16%	16.15%
98.00	16.08%	16.08%	16.08%	16.08%	16.08%	16.08%	16.07%	16.07%
98.50	16.00%	16.00%	15.99%	15.99%	15.99%	15.99%	15.99%	15.99%
99.00	15.91%	15.91%	15.91%	15.91%	15.91%	15.91%	15.91%	15.91%
99.50	15.83%	15.83%	15.83%	15.83%	15.83%	15.83%	15.83%	15.83%
100.00	15.75%	15.75%	15.75%	15.75%	15.75%	15.75%	15.75%	15.75%
100.50	15.67%	15.67%	15.67%	15.67%	15.67%	15.67%	15.67%	15.67%
101.00	15.59%	15.59%	15.59%	15.59%	15.59%	15.59%	15.59%	15.59%
102.00	15.43%	15.43%	15.43%	15.44%	15.44%	15.44%	15.44%	15.44%
103.00	15.28%	15.28%	15.28%	15.28%	15.28%	15.28%	15.29%	15.29%
104.00	15.13%	15.13%	15.13%	15.13%	15.13%	15.14%	15.14%	15.14%
105.00	14.98%	14.98%	14.98%	14.99%	14.99%	14.99%	14.99%	15.00%
106.00	14.83%	14.83%	14.84%	14.84%	14.84%	14.85%	14.85%	14.86%
107.00	14.69%	14.69%	14.69%	14.70%	14.70%	14.70%	14.71%	14.72%
108.00	14.54%	14.55%	14.55%	14.56%	14.56%	14.56%	14.57%	14.58%
109.00	14.41%	14.41%	14.42%	14.42%	14.42%	14.43%	14.43%	14.45%
110.00	14.27%	14.28%	14.28%	14.29%	14.29%	14.29%	14.30%	14.31%

16%　　EFFECTIVE YIELD RATE

PRICE	YEARS UNTIL MATURITY						
	1/2	1	2	3	4	5	6	7
85.00	54.12%	35.05%	26.10%	23.22%	21.81%	20.99%	20.45%	20.08%
85.50	52.63%	34.33%	25.72%	22.95%	21.59%	20.80%	20.29%	19.93%
86.00	51.16%	33.62%	25.35%	22.68%	21.38%	20.62%	20.12%	19.78%
86.50	49.71%	32.92%	24.98%	22.42%	21.17%	20.44%	19.96%	19.63%
87.00	48.28%	32.22%	24.62%	22.16%	20.96%	20.25%	19.80%	19.48%
87.50	46.86%	31.53%	24.25%	21.90%	20.75%	20.08%	19.64%	19.33%
88.00	45.45%	30.84%	23.89%	21.64%	20.54%	19.90%	19.48%	19.19%
88.50	44.07%	30.16%	23.54%	21.39%	20.34%	19.72%	19.32%	19.04%
89.00	42.70%	29.49%	23.18%	21.14%	20.13%	19.55%	19.16%	18.90%
89.50	41.34%	28.82%	22.83%	20.88%	19.93%	19.37%	19.01%	18.75%
90.00	40.00%	28.16%	22.48%	20.63%	19.73%	19.20%	18.85%	18.61%
90.50	38.67%	27.50%	22.13%	20.39%	19.53%	19.03%	18.70%	18.47%
91.00	37.36%	26.85%	21.79%	20.14%	19.33%	18.86%	18.55%	18.33%
91.25	36.71%	26.53%	21.62%	20.02%	19.23%	18.77%	18.47%	18.26%
91.50	36.07%	26.20%	21.45%	19.90%	19.14%	18.69%	18.40%	18.20%
91.75	35.42%	25.88%	21.28%	19.78%	19.04%	18.61%	18.32%	18.13%
92.00	34.78%	25.56%	21.11%	19.66%	18.94%	18.52%	18.25%	18.06%
92.25	34.15%	25.25%	20.94%	19.53%	18.84%	18.44%	18.17%	17.99%
92.50	33.51%	24.93%	20.77%	19.41%	18.75%	18.36%	18.10%	17.92%
92.75	32.88%	24.61%	20.60%	19.29%	18.65%	18.27%	18.03%	17.85%
93.00	32.26%	24.30%	20.44%	19.18%	18.56%	18.19%	17.95%	17.79%
93.25	31.64%	23.99%	20.27%	19.06%	18.46%	18.11%	17.88%	17.72%
93.50	31.02%	23.68%	20.11%	18.94%	18.36%	18.03%	17.81%	17.65%
93.75	30.40%	23.37%	19.94%	18.82%	18.27%	17.95%	17.73%	17.59%
94.00	29.79%	23.06%	19.78%	18.70%	18.18%	17.86%	17.66%	17.52%
94.25	29.18%	22.75%	19.61%	18.59%	18.08%	17.78%	17.59%	17.45%
94.50	28.57%	22.44%	19.45%	18.47%	17.99%	17.70%	17.52%	17.39%
94.75	27.97%	22.14%	19.29%	18.35%	17.89%	17.62%	17.45%	17.32%
95.00	27.37%	21.83%	19.12%	18.24%	17.80%	17.54%	17.37%	17.26%
95.25	26.77%	21.53%	18.96%	18.12%	17.71%	17.46%	17.30%	17.19%
95.50	26.18%	21.23%	18.80%	18.01%	17.61%	17.38%	17.23%	17.13%
95.75	25.59%	20.93%	18.64%	17.89%	17.52%	17.30%	17.16%	17.06%
96.00	25.00%	20.63%	18.48%	17.78%	17.43%	17.23%	17.09%	17.00%
96.25	24.42%	20.33%	18.32%	17.66%	17.34%	17.15%	17.02%	16.93%
96.50	23.83%	20.03%	18.16%	17.55%	17.25%	17.07%	16.95%	16.87%
96.75	23.26%	19.74%	18.01%	17.44%	17.16%	16.99%	16.88%	16.81%
97.00	22.68%	19.44%	17.85%	17.32%	17.07%	16.91%	16.81%	16.74%
97.25	22.11%	19.15%	17.69%	17.21%	16.97%	16.84%	16.74%	16.68%
97.50	21.54%	18.86%	17.54%	17.10%	16.88%	16.76%	16.68%	16.62%
97.75	20.97%	18.57%	17.38%	16.99%	16.79%	16.68%	16.61%	16.55%
98.00	20.41%	18.28%	17.22%	16.88%	16.71%	16.60%	16.54%	16.49%
98.25	19.85%	17.99%	17.07%	16.77%	16.62%	16.53%	16.47%	16.43%
98.50	19.29%	17.70%	16.92%	16.66%	16.53%	16.45%	16.40%	16.37%
98.75	18.73%	17.42%	16.76%	16.55%	16.44%	16.38%	16.33%	16.31%
99.00	18.18%	17.13%	16.61%	16.44%	16.35%	16.30%	16.27%	16.24%
99.25	17.63%	16.85%	16.46%	16.33%	16.26%	16.22%	16.20%	16.18%
99.50	17.09%	16.56%	16.30%	16.22%	16.17%	16.15%	16.13%	16.12%
99.75	16.54%	16.28%	16.15%	16.11%	16.09%	16.07%	16.07%	16.06%
100.00	16.00%	16.00%	16.00%	16.00%	16.00%	16.00%	16.00%	16.00%
100.25	15.46%	15.72%	15.85%	15.89%	15.91%	15.93%	15.93%	15.94%
100.50	14.93%	15.44%	15.70%	15.78%	15.83%	15.85%	15.87%	15.88%
101.00	13.86%	14.89%	15.40%	15.57%	15.65%	15.70%	15.74%	15.76%
101.50	12.81%	14.34%	15.10%	15.36%	15.48%	15.56%	15.61%	15.64%
102.00	11.76%	13.79%	14.81%	15.15%	15.31%	15.41%	15.48%	15.52%
102.50	10.73%	13.25%	14.52%	14.94%	15.14%	15.27%	15.35%	15.40%
103.00	9.71%	12.71%	14.22%	14.73%	14.98%	15.12%	15.22%	15.29%
103.50	8.70%	12.18%	13.93%	14.52%	14.81%	14.98%	15.09%	15.17%
104.00	7.69%	11.65%	13.65%	14.31%	14.64%	14.84%	14.97%	15.06%
104.50	6.70%	11.12%	13.36%	14.11%	14.48%	14.70%	14.84%	14.94%
105.00	5.71%	10.60%	13.08%	13.91%	14.32%	14.56%	14.72%	14.83%

EFFECTIVE YIELD RATE 16%

PRICE	YEARS UNTIL MATURITY							
	8	9	10	11	12	13	14	15
70.00	24.79%	24.37%	24.04%	23.80%	23.60%	23.45%	23.33%	23.24%
71.00	24.41%	24.00%	23.69%	23.45%	23.26%	23.12%	23.00%	22.91%
72.00	24.04%	23.64%	23.34%	23.11%	22.93%	22.79%	22.68%	22.59%
73.00	23.67%	23.29%	23.01%	22.78%	22.61%	22.47%	22.37%	22.28%
74.00	23.32%	22.95%	22.67%	22.46%	22.29%	22.16%	22.06%	21.98%
75.00	22.96%	22.62%	22.35%	22.15%	21.99%	21.86%	21.76%	21.68%
76.00	22.62%	22.29%	22.03%	21.84%	21.68%	21.56%	21.47%	21.39%
77.00	22.28%	21.97%	21.72%	21.54%	21.39%	21.27%	21.18%	21.11%
78.00	21.96%	21.65%	21.42%	21.24%	21.10%	20.99%	20.90%	20.83%
79.00	21.63%	21.34%	21.12%	20.95%	20.82%	20.71%	20.63%	20.56%
80.00	21.31%	21.04%	20.83%	20.67%	20.54%	20.44%	20.36%	20.30%
81.00	21.00%	20.74%	20.55%	20.39%	20.27%	20.18%	20.10%	20.04%
82.00	20.70%	20.45%	20.27%	20.12%	20.01%	19.92%	19.84%	19.78%
82.50	20.55%	20.31%	20.13%	19.99%	19.88%	19.79%	19.72%	19.66%
83.00	20.40%	20.17%	19.99%	19.86%	19.75%	19.66%	19.59%	19.54%
83.50	20.25%	20.03%	19.86%	19.72%	19.62%	19.54%	19.47%	19.42%
84.00	20.10%	19.89%	19.72%	19.60%	19.49%	19.41%	19.35%	19.30%
84.50	19.96%	19.75%	19.59%	19.47%	19.37%	19.29%	19.23%	19.18%
85.00	19.81%	19.61%	19.46%	19.34%	19.24%	19.17%	19.11%	19.06%
85.50	19.67%	19.48%	19.33%	19.21%	19.12%	19.05%	18.99%	18.94%
86.00	19.53%	19.34%	19.20%	19.09%	19.00%	18.93%	18.87%	18.83%
86.50	19.39%	19.21%	19.07%	18.96%	18.88%	18.81%	18.76%	18.71%
87.00	19.25%	19.08%	18.94%	18.84%	18.76%	18.69%	18.64%	18.60%
87.50	19.11%	18.95%	18.82%	18.72%	18.64%	18.58%	18.53%	18.49%
88.00	18.97%	18.82%	18.69%	18.60%	18.52%	18.46%	18.41%	18.38%
88.50	18.84%	18.69%	18.57%	18.48%	18.41%	18.35%	18.30%	18.27%
89.00	18.70%	18.56%	18.45%	18.36%	18.29%	18.24%	18.19%	18.16%
89.50	18.57%	18.43%	18.33%	18.24%	18.18%	18.13%	18.08%	18.05%
90.00	18.44%	18.31%	18.21%	18.13%	18.07%	18.02%	17.97%	17.94%
90.50	18.31%	18.18%	18.09%	18.01%	17.95%	17.91%	17.87%	17.84%
91.00	18.18%	18.06%	17.97%	17.90%	17.84%	17.80%	17.76%	17.73%
91.50	18.05%	17.94%	17.85%	17.79%	17.73%	17.69%	17.66%	17.63%
92.00	17.92%	17.82%	17.74%	17.67%	17.62%	17.58%	17.55%	17.52%
92.50	17.79%	17.70%	17.62%	17.56%	17.52%	17.48%	17.45%	17.42%
93.00	17.67%	17.58%	17.51%	17.45%	17.41%	17.37%	17.35%	17.32%
93.50	17.54%	17.46%	17.39%	17.34%	17.30%	17.27%	17.24%	17.22%
94.00	17.42%	17.34%	17.28%	17.23%	17.20%	17.17%	17.14%	17.12%
94.50	17.29%	17.22%	17.17%	17.13%	17.09%	17.07%	17.04%	17.02%
95.00	17.17%	17.11%	17.06%	17.02%	16.99%	16.96%	16.94%	16.93%
95.50	17.05%	16.99%	16.95%	16.91%	16.89%	16.86%	16.85%	16.83%
96.00	16.93%	16.88%	16.84%	16.81%	16.78%	16.76%	16.75%	16.74%
96.50	16.81%	16.77%	16.73%	16.71%	16.68%	16.67%	16.65%	16.64%
97.00	16.69%	16.65%	16.63%	16.60%	16.58%	16.57%	16.56%	16.55%
97.50	16.58%	16.54%	16.52%	16.50%	16.48%	16.47%	16.46%	16.45%
98.00	16.46%	16.43%	16.41%	16.40%	16.39%	16.38%	16.37%	16.36%
98.50	16.34%	16.32%	16.31%	16.30%	16.29%	16.28%	16.27%	16.27%
99.00	16.23%	16.21%	16.21%	16.20%	16.19%	16.19%	16.18%	16.18%
99.50	16.11%	16.11%	16.10%	16.10%	16.10%	16.09%	16.09%	16.09%
100.00	16.00%	16.00%	16.00%	16.00%	16.00%	16.00%	16.00%	16.00%
100.50	15.89%	15.89%	15.90%	15.90%	15.91%	15.91%	15.91%	15.91%
101.00	15.78%	15.79%	15.80%	15.81%	15.81%	15.82%	15.82%	15.82%
102.00	15.55%	15.58%	15.60%	15.61%	15.63%	15.64%	15.64%	15.65%
103.00	15.34%	15.37%	15.40%	15.43%	15.44%	15.46%	15.47%	15.48%
104.00	15.12%	15.17%	15.21%	15.24%	15.26%	15.28%	15.30%	15.31%
105.00	14.91%	14.97%	15.02%	15.06%	15.09%	15.11%	15.13%	15.15%
106.00	14.70%	14.77%	14.83%	14.88%	14.91%	14.94%	14.96%	14.98%
107.00	14.49%	14.58%	14.65%	14.70%	14.74%	14.77%	14.80%	14.82%
108.00	14.29%	14.39%	14.46%	14.52%	14.57%	14.61%	14.64%	14.67%
109.00	14.09%	14.20%	14.28%	14.35%	14.40%	14.45%	14.48%	14.51%
110.00	13.89%	14.01%	14.10%	14.18%	14.24%	14.29%	14.33%	14.36%

16%   EFFECTIVE YIELD RATE

PRICE	YEARS UNTIL MATURITY							
	16	17	18	19	20	21	22	23
70.00	23.16%	23.10%	23.06%	23.02%	22.99%	22.96%	22.94%	22.92%
71.00	22.84%	22.78%	22.73%	22.69%	22.66%	22.64%	22.62%	22.60%
72.00	22.52%	22.46%	22.42%	22.38%	22.35%	22.33%	22.31%	22.29%
73.00	22.21%	22.15%	22.11%	22.07%	22.04%	22.02%	22.00%	21.99%
74.00	21.91%	21.85%	21.81%	21.78%	21.75%	21.72%	21.70%	21.69%
75.00	21.61%	21.56%	21.52%	21.48%	21.46%	21.43%	21.42%	21.40%
76.00	21.33%	21.28%	21.23%	21.20%	21.17%	21.15%	21.13%	21.12%
77.00	21.05%	21.00%	20.96%	20.93%	20.90%	20.88%	20.86%	20.85%
78.00	20.77%	20.72%	20.69%	20.66%	20.63%	20.61%	20.59%	20.58%
79.00	20.50%	20.46%	20.42%	20.39%	20.37%	20.35%	20.33%	20.32%
80.00	20.24%	20.20%	20.16%	20.14%	20.11%	20.09%	20.08%	20.06%
81.00	19.99%	19.95%	19.91%	19.88%	19.86%	19.84%	19.83%	19.81%
82.00	19.74%	19.70%	19.66%	19.64%	19.62%	19.60%	19.58%	19.57%
82.50	19.61%	19.58%	19.54%	19.52%	19.50%	19.48%	19.46%	19.45%
83.00	19.49%	19.45%	19.42%	19.40%	19.38%	19.36%	19.35%	19.33%
83.50	19.37%	19.33%	19.31%	19.28%	19.26%	19.24%	19.23%	19.22%
84.00	19.25%	19.22%	19.19%	19.16%	19.14%	19.13%	19.11%	19.10%
84.50	19.13%	19.10%	19.07%	19.05%	19.03%	19.01%	19.00%	18.99%
85.00	19.02%	18.98%	18.96%	18.93%	18.92%	18.90%	18.89%	18.88%
85.50	18.90%	18.87%	18.84%	18.82%	18.80%	18.79%	18.78%	18.77%
86.00	18.79%	18.76%	18.73%	18.71%	18.69%	18.68%	18.67%	18.66%
86.50	18.67%	18.64%	18.62%	18.60%	18.58%	18.57%	18.56%	18.55%
87.00	18.56%	18.53%	18.51%	18.49%	18.47%	18.46%	18.45%	18.44%
87.50	18.45%	18.42%	18.40%	18.38%	18.37%	18.35%	18.34%	18.33%
88.00	18.34%	18.32%	18.29%	18.28%	18.26%	18.25%	18.24%	18.23%
88.50	18.23%	18.21%	18.19%	18.17%	18.15%	18.14%	18.13%	18.12%
89.00	18.13%	18.10%	18.08%	18.06%	18.05%	18.04%	18.03%	18.02%
89.50	18.02%	18.00%	17.98%	17.96%	17.95%	17.94%	17.93%	17.92%
90.00	17.91%	17.89%	17.87%	17.86%	17.84%	17.83%	17.83%	17.82%
90.50	17.81%	17.79%	17.77%	17.76%	17.74%	17.73%	17.73%	17.72%
91.00	17.71%	17.69%	17.67%	17.66%	17.64%	17.63%	17.63%	17.62%
91.50	17.60%	17.59%	17.57%	17.56%	17.54%	17.54%	17.53%	17.52%
92.00	17.50%	17.48%	17.47%	17.46%	17.45%	17.44%	17.43%	17.42%
92.50	17.40%	17.39%	17.37%	17.36%	17.35%	17.34%	17.33%	17.33%
93.00	17.30%	17.29%	17.27%	17.26%	17.25%	17.25%	17.24%	17.23%
93.50	17.20%	17.19%	17.18%	17.17%	17.16%	17.15%	17.15%	17.14%
94.00	17.11%	17.09%	17.08%	17.07%	17.06%	17.06%	17.05%	17.05%
94.50	17.01%	17.00%	16.99%	16.98%	16.97%	16.96%	16.96%	16.96%
95.00	16.91%	16.90%	16.89%	16.88%	16.88%	16.87%	16.87%	16.86%
95.50	16.82%	16.81%	16.80%	16.79%	16.79%	16.78%	16.78%	16.77%
96.00	16.72%	16.72%	16.71%	16.70%	16.70%	16.69%	16.69%	16.68%
96.50	16.63%	16.62%	16.62%	16.61%	16.61%	16.60%	16.60%	16.60%
97.00	16.54%	16.53%	16.53%	16.52%	16.52%	16.51%	16.51%	16.51%
97.50	16.45%	16.44%	16.44%	16.43%	16.43%	16.43%	16.42%	16.42%
98.00	16.36%	16.35%	16.35%	16.34%	16.34%	16.34%	16.34%	16.34%
98.50	16.27%	16.26%	16.26%	16.26%	16.26%	16.25%	16.25%	16.25%
99.00	16.18%	16.17%	16.17%	16.17%	16.17%	16.17%	16.17%	16.17%
99.50	16.09%	16.09%	16.09%	16.08%	16.08%	16.08%	16.08%	16.08%
100.00	16.00%	16.00%	16.00%	16.00%	16.00%	16.00%	16.00%	16.00%
100.50	15.91%	15.91%	15.92%	15.92%	15.92%	15.92%	15.92%	15.92%
101.00	15.83%	15.83%	15.83%	15.83%	15.83%	15.83%	15.84%	15.84%
102.00	15.66%	15.66%	15.66%	15.67%	15.67%	15.67%	15.67%	15.68%
103.00	15.49%	15.50%	15.50%	15.51%	15.51%	15.51%	15.52%	15.52%
104.00	15.32%	15.33%	15.34%	15.35%	15.35%	15.36%	15.36%	15.36%
105.00	15.16%	15.17%	15.18%	15.19%	15.20%	15.20%	15.21%	15.21%
106.00	15.00%	15.02%	15.03%	15.04%	15.04%	15.05%	15.06%	15.06%
107.00	14.84%	14.86%	14.87%	14.89%	14.89%	14.90%	14.91%	14.92%
108.00	14.69%	14.71%	14.72%	14.74%	14.75%	14.76%	14.77%	14.77%
109.00	14.54%	14.56%	14.57%	14.59%	14.60%	14.61%	14.62%	14.63%
110.00	14.39%	14.41%	14.43%	14.45%	14.46%	14.47%	14.48%	14.49%

EFFECTIVE YIELD RATE 16%

PRICE	24	25	26	27	28	29	30	40
	YEARS UNTIL MATURITY							
70.00	22.91%	22.90%	22.89%	22.89%	22.88%	22.88%	22.87%	22.86%
71.00	22.59%	22.58%	22.57%	22.56%	22.56%	22.55%	22.55%	22.54%
72.00	22.28%	22.27%	22.26%	22.25%	22.25%	22.24%	22.24%	22.22%
73.00	21.97%	21.96%	21.95%	21.95%	21.94%	21.94%	21.93%	21.92%
74.00	21.68%	21.67%	21.66%	21.65%	21.65%	21.64%	21.64%	21.62%
75.00	21.39%	21.38%	21.37%	21.36%	21.36%	21.35%	21.35%	21.34%
76.00	21.11%	21.10%	21.09%	21.08%	21.08%	21.07%	21.07%	21.05%
77.00	20.83%	20.82%	20.82%	20.81%	20.80%	20.80%	20.80%	20.78%
78.00	20.57%	20.56%	20.55%	20.54%	20.54%	20.53%	20.53%	20.52%
79.00	20.31%	20.30%	20.29%	20.28%	20.28%	20.27%	20.27%	20.26%
80.00	20.05%	20.04%	20.04%	20.03%	20.02%	20.02%	20.02%	20.00%
81.00	19.80%	19.79%	19.79%	19.78%	19.78%	19.77%	19.77%	19.76%
82.00	19.56%	19.55%	19.55%	19.54%	19.54%	19.53%	19.53%	19.51%
82.50	19.44%	19.43%	19.43%	19.42%	19.42%	19.41%	19.41%	19.40%
83.00	19.32%	19.32%	19.31%	19.30%	19.30%	19.30%	19.29%	19.28%
83.50	19.21%	19.20%	19.19%	19.19%	19.18%	19.18%	19.18%	19.16%
84.00	19.09%	19.09%	19.08%	19.07%	19.07%	19.07%	19.06%	19.05%
84.50	18.98%	18.97%	18.97%	18.96%	18.96%	18.95%	18.95%	18.94%
85.00	18.87%	18.86%	18.85%	18.85%	18.85%	18.84%	18.84%	18.83%
85.50	18.76%	18.75%	18.74%	18.74%	18.73%	18.73%	18.73%	18.72%
86.00	18.65%	18.64%	18.63%	18.63%	18.63%	18.62%	18.62%	18.61%
86.50	18.54%	18.53%	18.53%	18.52%	18.52%	18.51%	18.51%	18.50%
87.00	18.43%	18.42%	18.42%	18.41%	18.41%	18.41%	18.40%	18.39%
87.50	18.33%	18.32%	18.31%	18.31%	18.31%	18.30%	18.30%	18.29%
88.00	18.22%	18.21%	18.21%	18.20%	18.20%	18.20%	18.20%	18.18%
88.50	18.12%	18.11%	18.11%	18.10%	18.10%	18.09%	18.09%	18.08%
89.00	18.01%	18.01%	18.00%	18.00%	18.00%	17.99%	17.99%	17.98%
89.50	17.91%	17.91%	17.90%	17.90%	17.89%	17.89%	17.89%	17.88%
90.00	17.81%	17.81%	17.80%	17.80%	17.79%	17.79%	17.79%	17.78%
90.50	17.71%	17.71%	17.70%	17.70%	17.70%	17.69%	17.69%	17.68%
91.00	17.61%	17.61%	17.60%	17.60%	17.60%	17.60%	17.59%	17.58%
91.50	17.52%	17.51%	17.51%	17.50%	17.50%	17.50%	17.50%	17.49%
92.00	17.42%	17.41%	17.41%	17.41%	17.41%	17.40%	17.40%	17.39%
92.50	17.32%	17.32%	17.32%	17.31%	17.31%	17.31%	17.31%	17.30%
93.00	17.23%	17.23%	17.22%	17.22%	17.22%	17.22%	17.21%	17.21%
93.50	17.14%	17.13%	17.13%	17.13%	17.12%	17.12%	17.12%	17.11%
94.00	17.04%	17.04%	17.04%	17.03%	17.03%	17.03%	17.03%	17.02%
94.50	16.95%	16.95%	16.95%	16.94%	16.94%	16.94%	16.94%	16.93%
95.00	16.86%	16.86%	16.86%	16.85%	16.85%	16.85%	16.85%	16.84%
95.50	16.77%	16.77%	16.77%	16.76%	16.76%	16.76%	16.76%	16.76%
96.00	16.68%	16.68%	16.68%	16.68%	16.67%	16.67%	16.67%	16.67%
96.50	16.59%	16.59%	16.59%	16.59%	16.59%	16.59%	16.59%	16.58%
97.00	16.51%	16.50%	16.50%	16.50%	16.50%	16.50%	16.50%	16.50%
97.50	16.42%	16.42%	16.42%	16.42%	16.42%	16.41%	16.41%	16.41%
98.00	16.33%	16.33%	16.33%	16.33%	16.33%	16.33%	16.33%	16.33%
98.50	16.25%	16.25%	16.25%	16.25%	16.25%	16.25%	16.25%	16.24%
99.00	16.17%	16.17%	16.16%	16.16%	16.16%	16.16%	16.16%	16.16%
99.50	16.08%	16.08%	16.08%	16.08%	16.08%	16.08%	16.08%	16.08%
100.00	16.00%	16.00%	16.00%	16.00%	16.00%	16.00%	16.00%	16.00%
100.50	15.92%	15.92%	15.92%	15.92%	15.92%	15.92%	15.92%	15.92%
101.00	15.84%	15.84%	15.84%	15.84%	15.84%	15.84%	15.84%	15.84%
102.00	15.68%	15.68%	15.68%	15.68%	15.68%	15.68%	15.68%	15.69%
103.00	15.52%	15.52%	15.52%	15.53%	15.53%	15.53%	15.53%	15.53%
104.00	15.37%	15.37%	15.37%	15.37%	15.38%	15.38%	15.38%	15.38%
105.00	15.22%	15.22%	15.22%	15.22%	15.23%	15.23%	15.23%	15.24%
106.00	15.07%	15.07%	15.07%	15.08%	15.08%	15.08%	15.08%	15.09%
107.00	14.92%	14.93%	14.93%	14.93%	14.94%	14.94%	14.94%	14.95%
108.00	14.78%	14.78%	14.79%	14.79%	14.79%	14.80%	14.80%	14.81%
109.00	14.64%	14.64%	14.65%	14.65%	14.66%	14.66%	14.66%	14.67%
110.00	14.50%	14.50%	14.51%	14.51%	14.52%	14.52%	14.53%	14.54%

16.25% EFFECTIVE YIELD RATE

PRICE	YEARS UNTIL MATURITY						
	1/2	1	2	3	4	5	6	7
85.00	54.41%	35.33%	26.38%	23.49%	22.09%	21.27%	20.73%	20.36%
85.50	52.92%	34.61%	26.00%	23.23%	21.87%	21.08%	20.57%	20.21%
86.00	51.45%	33.90%	25.63%	22.96%	21.66%	20.89%	20.40%	20.06%
86.50	50.00%	33.20%	25.26%	22.70%	21.44%	20.71%	20.24%	19.91%
87.00	48.56%	32.50%	24.89%	22.43%	21.23%	20.53%	20.07%	19.76%
87.50	47.14%	31.80%	24.53%	22.17%	21.02%	20.35%	19.91%	19.61%
88.00	45.74%	31.12%	24.17%	21.92%	20.82%	20.17%	19.75%	19.46%
88.50	44.35%	30.44%	23.81%	21.66%	20.61%	19.99%	19.59%	19.31%
89.00	42.98%	29.76%	23.45%	21.41%	20.40%	19.82%	19.43%	19.17%
89.50	41.62%	29.09%	23.10%	21.15%	20.20%	19.64%	19.28%	19.03%
90.00	40.28%	28.43%	22.75%	20.90%	20.00%	19.47%	19.12%	18.88%
90.50	38.95%	27.77%	22.40%	20.65%	19.80%	19.30%	18.97%	18.74%
91.00	37.64%	27.12%	22.06%	20.41%	19.60%	19.12%	18.82%	18.60%
91.25	36.99%	26.80%	21.88%	20.28%	19.50%	19.04%	18.74%	18.53%
91.50	36.34%	26.47%	21.71%	20.16%	19.40%	18.95%	18.66%	18.46%
91.75	35.69%	26.15%	21.54%	20.04%	19.30%	18.87%	18.59%	18.39%
92.00	35.05%	25.83%	21.37%	19.92%	19.21%	18.79%	18.51%	18.32%
92.25	34.42%	25.51%	21.20%	19.80%	19.11%	18.70%	18.44%	18.26%
92.50	33.78%	25.20%	21.04%	19.68%	19.01%	18.62%	18.36%	18.19%
92.75	33.15%	24.88%	20.87%	19.56%	18.91%	18.54%	18.29%	18.12%
93.00	32.53%	24.56%	20.70%	19.44%	18.82%	18.45%	18.22%	18.05%
93.25	31.90%	24.25%	20.53%	19.32%	18.72%	18.37%	18.14%	17.98%
93.50	31.28%	23.94%	20.37%	19.20%	18.63%	18.29%	18.07%	17.92%
93.75	30.67%	23.63%	20.20%	19.08%	18.53%	18.21%	18.00%	17.85%
94.00	30.05%	23.32%	20.04%	18.96%	18.44%	18.12%	17.92%	17.78%
94.25	29.44%	23.01%	19.87%	18.85%	18.34%	18.04%	17.85%	17.72%
94.50	28.84%	22.70%	19.71%	18.73%	18.25%	17.96%	17.78%	17.65%
94.75	28.23%	22.40%	19.55%	18.61%	18.15%	17.88%	17.71%	17.58%
95.00	27.63%	22.09%	19.38%	18.50%	18.06%	17.80%	17.63%	17.52%
95.25	27.03%	21.79%	19.22%	18.38%	17.97%	17.72%	17.56%	17.45%
95.50	26.44%	21.49%	19.06%	18.26%	17.87%	17.64%	17.49%	17.39%
95.75	25.85%	21.19%	18.90%	18.15%	17.78%	17.56%	17.42%	17.32%
96.00	25.26%	20.89%	18.74%	18.03%	17.69%	17.48%	17.35%	17.26%
96.25	24.68%	20.59%	18.58%	17.92%	17.59%	17.40%	17.28%	17.19%
96.50	24.09%	20.29%	18.42%	17.81%	17.50%	17.32%	17.21%	17.13%
96.75	23.51%	20.00%	18.26%	17.69%	17.41%	17.25%	17.14%	17.06%
97.00	22.94%	19.70%	18.10%	17.58%	17.32%	17.17%	17.07%	17.00%
97.25	22.37%	19.41%	17.95%	17.47%	17.23%	17.09%	17.00%	16.94%
97.50	21.79%	19.11%	17.79%	17.35%	17.14%	17.01%	16.93%	16.87%
97.75	21.23%	18.82%	17.63%	17.24%	17.05%	16.93%	16.86%	16.81%
98.00	20.66%	18.53%	17.48%	17.13%	16.96%	16.86%	16.79%	16.75%
98.25	20.10%	18.24%	17.32%	17.02%	16.87%	16.78%	16.72%	16.68%
98.50	19.54%	17.95%	17.17%	16.91%	16.78%	16.70%	16.65%	16.62%
98.75	18.99%	17.67%	17.01%	16.80%	16.69%	16.63%	16.59%	16.56%
99.00	18.43%	17.38%	16.86%	16.69%	16.60%	16.55%	16.52%	16.50%
99.25	17.88%	17.10%	16.71%	16.58%	16.51%	16.48%	16.45%	16.43%
99.50	17.34%	16.81%	16.55%	16.47%	16.43%	16.40%	16.38%	16.37%
99.75	16.79%	16.53%	16.40%	16.36%	16.34%	16.33%	16.32%	16.31%
100.00	16.25%	16.25%	16.25%	16.25%	16.25%	16.25%	16.25%	16.25%
100.25	15.71%	15.97%	16.10%	16.14%	16.16%	16.18%	16.18%	16.19%
100.50	15.17%	15.69%	15.95%	16.03%	16.08%	16.10%	16.12%	16.13%
101.00	14.11%	15.14%	15.65%	15.82%	15.90%	15.95%	15.98%	16.01%
101.50	13.05%	14.58%	15.35%	15.60%	15.73%	15.80%	15.85%	15.89%
102.00	12.01%	14.04%	15.05%	15.39%	15.56%	15.66%	15.72%	15.77%
102.50	10.98%	13.49%	14.76%	15.18%	15.39%	15.51%	15.59%	15.65%
103.00	9.95%	12.96%	14.47%	14.97%	15.22%	15.37%	15.46%	15.53%
103.50	8.94%	12.42%	14.18%	14.76%	15.05%	15.22%	15.34%	15.42%
104.00	7.93%	11.89%	13.89%	14.56%	14.89%	15.08%	15.21%	15.30%
104.50	6.94%	11.36%	13.60%	14.35%	14.72%	14.94%	15.08%	15.18%
105.00	5.95%	10.84%	13.32%	14.15%	14.56%	14.80%	14.96%	15.07%

EFFECTIVE YIELD RATE 16.25%

PRICE	YEARS UNTIL MATURITY							
	8	9	10	11	12	13	14	15
70.00	25.12%	24.70%	24.38%	24.13%	23.94%	23.79%	23.68%	23.58%
71.00	24.74%	24.33%	24.02%	23.78%	23.60%	23.46%	23.34%	23.25%
72.00	24.36%	23.97%	23.67%	23.44%	23.26%	23.12%	23.01%	22.93%
73.00	23.99%	23.61%	23.33%	23.11%	22.94%	22.80%	22.70%	22.61%
74.00	23.63%	23.27%	22.99%	22.78%	22.62%	22.49%	22.38%	22.30%
75.00	23.28%	22.93%	22.67%	22.46%	22.30%	22.18%	22.08%	22.00%
76.00	22.93%	22.60%	22.35%	22.15%	22.00%	21.88%	21.78%	21.71%
77.00	22.59%	22.27%	22.03%	21.85%	21.70%	21.59%	21.49%	21.42%
78.00	22.26%	21.96%	21.73%	21.55%	21.41%	21.30%	21.21%	21.14%
79.00	21.93%	21.64%	21.43%	21.26%	21.12%	21.02%	20.93%	20.87%
80.00	21.61%	21.34%	21.13%	20.97%	20.84%	20.74%	20.66%	20.60%
81.00	21.30%	21.04%	20.84%	20.69%	20.57%	20.48%	20.40%	20.34%
82.00	20.99%	20.74%	20.56%	20.42%	20.30%	20.21%	20.14%	20.08%
82.50	20.84%	20.60%	20.42%	20.28%	20.17%	20.08%	20.01%	19.96%
83.00	20.68%	20.46%	20.28%	20.15%	20.04%	19.95%	19.89%	19.83%
83.50	20.54%	20.31%	20.15%	20.01%	19.91%	19.83%	19.76%	19.71%
84.00	20.39%	20.17%	20.01%	19.88%	19.78%	19.70%	19.64%	19.59%
84.50	20.24%	20.03%	19.88%	19.75%	19.66%	19.58%	19.52%	19.47%
85.00	20.10%	19.90%	19.74%	19.62%	19.53%	19.46%	19.39%	19.35%
85.50	19.95%	19.76%	19.61%	19.50%	19.41%	19.33%	19.27%	19.23%
86.00	19.81%	19.62%	19.48%	19.37%	19.28%	19.21%	19.16%	19.11%
86.50	19.67%	19.49%	19.35%	19.24%	19.16%	19.09%	19.04%	18.99%
87.00	19.53%	19.35%	19.22%	19.12%	19.04%	18.97%	18.92%	18.88%
87.50	19.39%	19.22%	19.10%	19.00%	18.92%	18.86%	18.81%	18.77%
88.00	19.25%	19.09%	18.97%	18.88%	18.80%	18.74%	18.69%	18.65%
88.50	19.11%	18.96%	18.85%	18.76%	18.68%	18.63%	18.58%	18.54%
89.00	18.98%	18.83%	18.72%	18.64%	18.57%	18.51%	18.47%	18.43%
89.50	18.84%	18.71%	18.60%	18.52%	18.45%	18.40%	18.36%	18.32%
90.00	18.71%	18.58%	18.48%	18.40%	18.34%	18.29%	18.25%	18.22%
90.50	18.58%	18.45%	18.36%	18.28%	18.22%	18.18%	18.14%	18.11%
91.00	18.45%	18.33%	18.24%	18.17%	18.11%	18.07%	18.03%	18.00%
91.50	18.32%	18.20%	18.12%	18.05%	18.00%	17.96%	17.93%	17.90%
92.00	18.19%	18.08%	18.00%	17.94%	17.89%	17.85%	17.82%	17.79%
92.50	18.06%	17.96%	17.89%	17.83%	17.78%	17.74%	17.71%	17.69%
93.00	17.93%	17.84%	17.77%	17.72%	17.67%	17.64%	17.61%	17.59%
93.50	17.80%	17.72%	17.66%	17.61%	17.57%	17.53%	17.51%	17.49%
94.00	17.68%	17.60%	17.54%	17.50%	17.46%	17.43%	17.41%	17.39%
94.50	17.56%	17.48%	17.43%	17.39%	17.35%	17.33%	17.31%	17.29%
95.00	17.43%	17.37%	17.32%	17.28%	17.25%	17.23%	17.20%	17.19%
95.50	17.31%	17.25%	17.21%	17.17%	17.15%	17.12%	17.11%	17.09%
96.00	17.19%	17.14%	17.10%	17.07%	17.04%	17.02%	17.01%	16.99%
96.50	17.07%	17.02%	16.99%	16.96%	16.94%	16.92%	16.91%	16.90%
97.00	16.95%	16.91%	16.88%	16.86%	16.84%	16.83%	16.81%	16.80%
97.50	16.83%	16.80%	16.77%	16.75%	16.74%	16.73%	16.72%	16.71%
98.00	16.71%	16.69%	16.67%	16.65%	16.64%	16.63%	16.62%	16.62%
98.50	16.60%	16.58%	16.56%	16.55%	16.54%	16.53%	16.53%	16.52%
99.00	16.48%	16.47%	16.46%	16.45%	16.44%	16.44%	16.43%	16.43%
99.50	16.36%	16.36%	16.35%	16.35%	16.35%	16.34%	16.34%	16.34%
100.00	16.25%	16.25%	16.25%	16.25%	16.25%	16.25%	16.25%	16.25%
100.50	16.14%	16.14%	16.15%	16.15%	16.15%	16.16%	16.16%	16.16%
101.00	16.02%	16.04%	16.05%	16.05%	16.06%	16.06%	16.07%	16.07%
102.00	15.80%	15.83%	15.84%	15.86%	15.87%	15.88%	15.89%	15.90%
103.00	15.58%	15.62%	15.65%	15.67%	15.69%	15.70%	15.71%	15.72%
104.00	15.36%	15.41%	15.45%	15.48%	15.51%	15.53%	15.54%	15.55%
105.00	15.15%	15.21%	15.26%	15.30%	15.33%	15.35%	15.37%	15.39%
106.00	14.94%	15.01%	15.07%	15.11%	15.15%	15.18%	15.20%	15.22%
107.00	14.73%	14.82%	14.88%	14.93%	14.98%	15.01%	15.04%	15.06%
108.00	14.53%	14.62%	14.70%	14.76%	14.81%	14.84%	14.88%	14.90%
109.00	14.32%	14.43%	14.52%	14.58%	14.64%	14.68%	14.72%	14.74%
110.00	14.12%	14.24%	14.34%	14.41%	14.47%	14.52%	14.56%	14.59%

16.25% EFFECTIVE YIELD RATE

PRICE	YEARS UNTIL MATURITY							
	16	17	18	19	20	21	22	23
70.00	23.51%	23.45%	23.40%	23.37%	23.34%	23.31%	23.29%	23.28%
71.00	23.18%	23.12%	23.08%	23.04%	23.01%	22.99%	22.97%	22.95%
72.00	22.86%	22.80%	22.76%	22.72%	22.69%	22.67%	22.65%	22.63%
73.00	22.54%	22.49%	22.44%	22.41%	22.38%	22.36%	22.34%	22.32%
74.00	22.24%	22.18%	22.14%	22.11%	22.08%	22.06%	22.04%	22.02%
75.00	21.94%	21.89%	21.85%	21.81%	21.78%	21.76%	21.74%	21.73%
76.00	21.65%	21.60%	21.56%	21.52%	21.50%	21.48%	21.46%	21.44%
77.00	21.36%	21.31%	21.28%	21.24%	21.22%	21.20%	21.18%	21.17%
78.00	21.08%	21.04%	21.00%	20.97%	20.95%	20.93%	20.91%	20.89%
79.00	20.81%	20.77%	20.73%	20.70%	20.68%	20.66%	20.64%	20.63%
80.00	20.55%	20.51%	20.47%	20.44%	20.42%	20.40%	20.38%	20.37%
81.00	20.29%	20.25%	20.21%	20.19%	20.17%	20.15%	20.13%	20.12%
82.00	20.03%	20.00%	19.96%	19.94%	19.92%	19.90%	19.89%	19.87%
82.50	19.91%	19.87%	19.84%	19.82%	19.80%	19.78%	19.76%	19.75%
83.00	19.79%	19.75%	19.72%	19.70%	19.68%	19.66%	19.64%	19.63%
83.50	19.66%	19.63%	19.60%	19.58%	19.56%	19.54%	19.53%	19.52%
84.00	19.54%	19.51%	19.48%	19.46%	19.44%	19.42%	19.41%	19.40%
84.50	19.42%	19.39%	19.36%	19.34%	19.32%	19.31%	19.29%	19.28%
85.00	19.31%	19.27%	19.25%	19.22%	19.21%	19.19%	19.18%	19.17%
85.50	19.19%	19.16%	19.13%	19.11%	19.09%	19.08%	19.07%	19.06%
86.00	19.07%	19.04%	19.02%	19.00%	18.98%	18.97%	18.95%	18.94%
86.50	18.96%	18.93%	18.90%	18.88%	18.87%	18.85%	18.84%	18.83%
87.00	18.85%	18.82%	18.79%	18.77%	18.76%	18.74%	18.73%	18.72%
87.50	18.73%	18.71%	18.68%	18.66%	18.65%	18.64%	18.63%	18.62%
88.00	18.62%	18.60%	18.57%	18.56%	18.54%	18.53%	18.52%	18.51%
88.50	18.51%	18.49%	18.47%	18.45%	18.43%	18.42%	18.41%	18.40%
89.00	18.40%	18.38%	18.36%	18.34%	18.33%	18.32%	18.31%	18.30%
89.50	18.30%	18.27%	18.25%	18.24%	18.22%	18.21%	18.20%	18.20%
90.00	18.19%	18.17%	18.15%	18.13%	18.12%	18.11%	18.10%	18.09%
90.50	18.08%	18.06%	18.04%	18.03%	18.02%	18.01%	18.00%	17.99%
91.00	17.98%	17.96%	17.94%	17.93%	17.92%	17.91%	17.90%	17.89%
91.50	17.87%	17.86%	17.84%	17.83%	17.82%	17.81%	17.80%	17.79%
92.00	17.77%	17.75%	17.74%	17.73%	17.72%	17.71%	17.70%	17.69%
92.50	17.67%	17.65%	17.64%	17.63%	17.62%	17.61%	17.60%	17.60%
93.00	17.57%	17.55%	17.54%	17.53%	17.52%	17.51%	17.51%	17.50%
93.50	17.47%	17.45%	17.44%	17.43%	17.42%	17.42%	17.41%	17.41%
94.00	17.37%	17.36%	17.35%	17.34%	17.33%	17.32%	17.32%	17.31%
94.50	17.27%	17.26%	17.25%	17.24%	17.23%	17.23%	17.22%	17.22%
95.00	17.18%	17.16%	17.15%	17.15%	17.14%	17.13%	17.13%	17.13%
95.50	17.08%	17.07%	17.06%	17.05%	17.05%	17.04%	17.04%	17.03%
96.00	16.98%	16.97%	16.97%	16.96%	16.96%	16.95%	16.95%	16.94%
96.50	16.89%	16.88%	16.87%	16.87%	16.86%	16.86%	16.86%	16.85%
97.00	16.80%	16.79%	16.78%	16.78%	16.77%	16.77%	16.77%	16.77%
97.50	16.70%	16.70%	16.69%	16.69%	16.68%	16.68%	16.68%	16.68%
98.00	16.61%	16.61%	16.60%	16.60%	16.60%	16.59%	16.59%	16.59%
98.50	16.52%	16.52%	16.51%	16.51%	16.51%	16.51%	16.51%	16.50%
99.00	16.43%	16.43%	16.42%	16.42%	16.42%	16.42%	16.42%	16.42%
99.50	16.34%	16.34%	16.34%	16.34%	16.34%	16.33%	16.33%	16.33%
100.00	16.25%	16.25%	16.25%	16.25%	16.25%	16.25%	16.25%	16.25%
100.50	16.16%	16.16%	16.16%	16.16%	16.17%	16.17%	16.17%	16.17%
101.00	16.07%	16.08%	16.08%	16.08%	16.08%	16.08%	16.08%	16.08%
102.00	15.90%	15.91%	15.91%	15.91%	15.92%	15.92%	15.92%	15.92%
103.00	15.73%	15.74%	15.74%	15.75%	15.75%	15.76%	15.76%	15.76%
104.00	15.57%	15.57%	15.58%	15.59%	15.59%	15.60%	15.60%	15.61%
105.00	15.40%	15.41%	15.42%	15.43%	15.44%	15.44%	15.45%	15.45%
106.00	15.24%	15.25%	15.26%	15.27%	15.28%	15.29%	15.29%	15.30%
107.00	15.08%	15.10%	15.11%	15.12%	15.13%	15.14%	15.15%	15.15%
108.00	14.92%	14.94%	14.96%	14.97%	14.98%	14.99%	15.00%	15.00%
109.00	14.77%	14.79%	14.81%	14.82%	14.83%	14.84%	14.85%	14.86%
110.00	14.62%	14.64%	14.66%	14.68%	14.69%	14.70%	14.71%	14.72%

EFFECTIVE YIELD RATE 16.25%

PRICE	YEARS UNTIL MATURITY 24	25	26	27	28	29	30	40
70.00	23.27%	23.26%	23.25%	23.24%	23.24%	23.23%	23.23%	23.22%
71.00	22.94%	22.93%	22.92%	22.91%	22.91%	22.90%	22.90%	22.89%
72.00	22.62%	22.61%	22.60%	22.60%	22.59%	22.59%	22.58%	22.57%
73.00	22.31%	22.30%	22.29%	22.29%	22.28%	22.28%	22.27%	22.26%
74.00	22.01%	22.00%	21.99%	21.99%	21.98%	21.98%	21.97%	21.96%
75.00	21.72%	21.71%	21.70%	21.69%	21.69%	21.69%	21.68%	21.67%
76.00	21.43%	21.42%	21.42%	21.41%	21.40%	21.40%	21.40%	21.38%
77.00	21.15%	21.15%	21.14%	21.13%	21.13%	21.12%	21.12%	21.11%
78.00	20.88%	20.87%	20.87%	20.86%	20.86%	20.85%	20.85%	20.84%
79.00	20.62%	20.61%	20.60%	20.60%	20.59%	20.59%	20.58%	20.57%
80.00	20.36%	20.35%	20.35%	20.34%	20.34%	20.33%	20.33%	20.31%
81.00	20.11%	20.10%	20.09%	20.09%	20.08%	20.08%	20.08%	20.06%
82.00	19.86%	19.86%	19.85%	19.84%	19.84%	19.84%	19.83%	19.82%
82.50	19.74%	19.74%	19.73%	19.72%	19.72%	19.71%	19.71%	19.70%
83.00	19.62%	19.62%	19.61%	19.60%	19.60%	19.60%	19.59%	19.58%
83.50	19.51%	19.50%	19.49%	19.49%	19.48%	19.48%	19.48%	19.46%
84.00	19.39%	19.38%	19.38%	19.37%	19.37%	19.36%	19.36%	19.35%
84.50	19.27%	19.27%	19.26%	19.26%	19.25%	19.25%	19.25%	19.23%
85.00	19.16%	19.15%	19.15%	19.14%	19.14%	19.13%	19.13%	19.12%
85.50	19.05%	19.04%	19.03%	19.03%	19.03%	19.02%	19.02%	19.01%
86.00	18.94%	18.93%	18.92%	18.92%	18.92%	18.91%	18.91%	18.90%
86.50	18.83%	18.82%	18.81%	18.81%	18.81%	18.80%	18.80%	18.79%
87.00	18.72%	18.71%	18.71%	18.70%	18.70%	18.69%	18.69%	18.68%
87.50	18.61%	18.60%	18.60%	18.59%	18.59%	18.59%	18.58%	18.57%
88.00	18.50%	18.50%	18.49%	18.49%	18.48%	18.48%	18.48%	18.47%
88.50	18.40%	18.39%	18.39%	18.38%	18.38%	18.38%	18.37%	18.36%
89.00	18.29%	18.29%	18.28%	18.28%	18.28%	18.27%	18.27%	18.26%
89.50	18.19%	18.18%	18.18%	18.18%	18.17%	18.17%	18.17%	18.16%
90.00	18.09%	18.08%	18.08%	18.07%	18.07%	18.07%	18.07%	18.06%
90.50	17.99%	17.98%	17.98%	17.97%	17.97%	17.97%	17.97%	17.96%
91.00	17.89%	17.88%	17.88%	17.87%	17.87%	17.87%	17.87%	17.86%
91.50	17.79%	17.78%	17.78%	17.78%	17.77%	17.77%	17.77%	17.76%
92.00	17.69%	17.69%	17.68%	17.68%	17.68%	17.67%	17.67%	17.66%
92.50	17.59%	17.59%	17.59%	17.58%	17.58%	17.58%	17.58%	17.57%
93.00	17.50%	17.49%	17.49%	17.49%	17.49%	17.48%	17.48%	17.47%
93.50	17.40%	17.40%	17.40%	17.39%	17.39%	17.39%	17.39%	17.38%
94.00	17.31%	17.30%	17.30%	17.30%	17.30%	17.30%	17.29%	17.29%
94.50	17.22%	17.21%	17.21%	17.21%	17.21%	17.20%	17.20%	17.20%
95.00	17.12%	17.12%	17.12%	17.12%	17.11%	17.11%	17.11%	17.11%
95.50	17.03%	17.03%	17.03%	17.03%	17.02%	17.02%	17.02%	17.02%
96.00	16.94%	16.94%	16.94%	16.94%	16.93%	16.93%	16.93%	16.93%
96.50	16.85%	16.85%	16.85%	16.85%	16.85%	16.85%	16.84%	16.84%
97.00	16.76%	16.76%	16.76%	16.76%	16.76%	16.76%	16.76%	16.75%
97.50	16.68%	16.67%	16.67%	16.67%	16.67%	16.67%	16.67%	16.67%
98.00	16.59%	16.59%	16.59%	16.59%	16.59%	16.58%	16.58%	16.58%
98.50	16.50%	16.50%	16.50%	16.50%	16.50%	16.50%	16.50%	16.50%
99.00	16.42%	16.42%	16.42%	16.42%	16.42%	16.42%	16.42%	16.41%
99.50	16.33%	16.33%	16.33%	16.33%	16.33%	16.33%	16.33%	16.33%
100.00	16.25%	16.25%	16.25%	16.25%	16.25%	16.25%	16.25%	16.25%
100.50	16.17%	16.17%	16.17%	16.17%	16.17%	16.17%	16.17%	16.17%
101.00	16.09%	16.09%	16.09%	16.09%	16.09%	16.09%	16.09%	16.09%
102.00	15.92%	15.92%	15.93%	15.93%	15.93%	15.93%	15.93%	15.93%
103.00	15.76%	15.77%	15.77%	15.77%	15.77%	15.77%	15.77%	15.78%
104.00	15.61%	15.61%	15.61%	15.61%	15.62%	15.62%	15.62%	15.62%
105.00	15.45%	15.46%	15.46%	15.46%	15.46%	15.47%	15.47%	15.47%
106.00	15.30%	15.31%	15.31%	15.31%	15.32%	15.32%	15.32%	15.33%
107.00	15.16%	15.16%	15.16%	15.17%	15.17%	15.17%	15.17%	15.18%
108.00	15.01%	15.02%	15.02%	15.02%	15.03%	15.03%	15.03%	15.04%
109.00	14.87%	14.87%	14.88%	14.88%	14.89%	14.89%	14.89%	14.90%
110.00	14.73%	14.73%	14.74%	14.74%	14.75%	14.75%	14.75%	14.77%

16.50% EFFECTIVE YIELD RATE

PRICE	YEARS UNTIL MATURITY						
	1/2	1	2	3	4	5	6	7
85.00	54.71%	35.62%	26.65%	23.77%	22.37%	21.55%	21.01%	20.64%
85.50	53.22%	34.90%	26.28%	23.50%	22.15%	21.36%	20.84%	20.49%
86.00	51.74%	34.18%	25.90%	23.24%	21.93%	21.17%	20.68%	20.34%
86.50	50.29%	33.48%	25.53%	22.97%	21.72%	20.99%	20.51%	20.18%
87.00	48.85%	32.78%	25.17%	22.71%	21.51%	20.80%	20.35%	20.03%
87.50	47.43%	32.08%	24.80%	22.45%	21.30%	20.62%	20.19%	19.88%
88.00	46.02%	31.39%	24.44%	22.19%	21.09%	20.44%	20.02%	19.73%
88.50	44.63%	30.71%	24.08%	21.93%	20.88%	20.26%	19.86%	19.59%
89.00	43.26%	30.04%	23.72%	21.68%	20.67%	20.09%	19.71%	19.44%
89.50	41.90%	29.37%	23.37%	21.42%	20.47%	19.91%	19.55%	19.30%
90.00	40.56%	28.70%	23.02%	21.17%	20.27%	19.74%	19.39%	19.15%
90.50	39.23%	28.04%	22.67%	20.92%	20.07%	19.56%	19.24%	19.01%
91.00	37.91%	27.39%	22.32%	20.67%	19.87%	19.39%	19.08%	18.87%
91.25	37.26%	27.06%	22.15%	20.55%	19.77%	19.31%	19.01%	18.80%
91.50	36.61%	26.74%	21.98%	20.43%	19.67%	19.22%	18.93%	18.73%
91.75	35.97%	26.42%	21.81%	20.31%	19.57%	19.14%	18.85%	18.66%
92.00	35.33%	26.10%	21.64%	20.18%	19.47%	19.05%	18.78%	18.59%
92.25	34.69%	25.78%	21.47%	20.06%	19.37%	18.97%	18.70%	18.52%
92.50	34.05%	25.46%	21.30%	19.94%	19.27%	18.88%	18.63%	18.45%
92.75	33.42%	25.14%	21.13%	19.82%	19.18%	18.80%	18.55%	18.38%
93.00	32.80%	24.83%	20.96%	19.70%	19.08%	18.72%	18.48%	18.31%
93.25	32.17%	24.51%	20.80%	19.58%	18.98%	18.63%	18.40%	18.25%
93.50	31.55%	24.20%	20.63%	19.46%	18.89%	18.55%	18.33%	18.18%
93.75	30.93%	23.89%	20.46%	19.34%	18.79%	18.47%	18.26%	18.11%
94.00	30.32%	23.58%	20.30%	19.22%	18.70%	18.39%	18.18%	18.04%
94.25	29.71%	23.27%	20.13%	19.11%	18.60%	18.30%	18.11%	17.98%
94.50	29.10%	22.96%	19.97%	18.99%	18.51%	18.22%	18.04%	17.91%
94.75	28.50%	22.66%	19.81%	18.87%	18.41%	18.14%	17.97%	17.84%
95.00	27.89%	22.35%	19.64%	18.75%	18.32%	18.06%	17.89%	17.78%
95.25	27.30%	22.05%	19.48%	18.64%	18.22%	17.98%	17.82%	17.71%
95.50	26.70%	21.75%	19.32%	18.52%	18.13%	17.90%	17.75%	17.64%
95.75	26.11%	21.45%	19.16%	18.41%	18.04%	17.82%	17.68%	17.58%
96.00	25.52%	21.14%	19.00%	18.29%	17.94%	17.74%	17.61%	17.51%
96.25	24.94%	20.85%	18.84%	18.18%	17.85%	17.66%	17.54%	17.45%
96.50	24.35%	20.55%	18.68%	18.06%	17.76%	17.58%	17.46%	17.38%
96.75	23.77%	20.25%	18.52%	17.95%	17.67%	17.50%	17.39%	17.32%
97.00	23.20%	19.96%	18.36%	17.83%	17.58%	17.42%	17.32%	17.25%
97.25	22.62%	19.66%	18.20%	17.72%	17.48%	17.34%	17.25%	17.19%
97.50	22.05%	19.37%	18.04%	17.61%	17.39%	17.27%	17.18%	17.13%
97.75	21.48%	19.08%	17.89%	17.50%	17.30%	17.19%	17.11%	17.06%
98.00	20.92%	18.79%	17.73%	17.38%	17.21%	17.11%	17.05%	17.00%
98.25	20.36%	18.50%	17.58%	17.27%	17.12%	17.03%	16.98%	16.94%
98.50	19.80%	18.21%	17.42%	17.16%	17.03%	16.96%	16.91%	16.87%
98.75	19.24%	17.92%	17.27%	17.05%	16.94%	16.88%	16.84%	16.81%
99.00	18.69%	17.63%	17.11%	16.94%	16.85%	16.80%	16.77%	16.75%
99.25	18.14%	17.35%	16.96%	16.83%	16.76%	16.73%	16.70%	16.69%
99.50	17.59%	17.06%	16.80%	16.72%	16.68%	16.65%	16.63%	16.62%
99.75	17.04%	16.78%	16.65%	16.61%	16.59%	16.58%	16.57%	16.56%
100.00	16.50%	16.50%	16.50%	16.50%	16.50%	16.50%	16.50%	16.50%
100.25	15.96%	16.22%	16.35%	16.39%	16.41%	16.42%	16.43%	16.44%
100.50	15.42%	15.94%	16.20%	16.28%	16.32%	16.35%	16.37%	16.38%
101.00	14.36%	15.38%	15.90%	16.07%	16.15%	16.20%	16.23%	16.26%
101.50	13.30%	14.83%	15.60%	15.85%	15.98%	16.05%	16.10%	16.13%
102.00	12.25%	14.28%	15.30%	15.64%	15.81%	15.91%	15.97%	16.01%
102.50	11.22%	13.74%	15.01%	15.43%	15.64%	15.76%	15.84%	15.90%
103.00	10.19%	13.20%	14.71%	15.22%	15.47%	15.61%	15.71%	15.78%
103.50	9.18%	12.66%	14.42%	15.01%	15.30%	15.47%	15.58%	15.66%
104.00	8.17%	12.13%	14.13%	14.80%	15.13%	15.33%	15.45%	15.54%
104.50	7.18%	11.60%	13.85%	14.59%	14.96%	15.18%	15.33%	15.43%
105.00	6.19%	11.08%	13.56%	14.39%	14.80%	15.04%	15.20%	15.31%

224

EFFECTIVE YIELD RATE 16.50%

PRICE	YEARS UNTIL MATURITY 8	9	10	11	12	13	14	15
70.00	25.45%	25.03%	24.71%	24.47%	24.28%	24.14%	24.02%	23.93%
71.00	25.06%	24.66%	24.35%	24.12%	23.93%	23.79%	23.68%	23.59%
72.00	24.68%	24.29%	24.00%	23.77%	23.59%	23.46%	23.35%	23.26%
73.00	24.31%	23.93%	23.65%	23.43%	23.26%	23.13%	23.03%	22.94%
74.00	23.94%	23.58%	23.31%	23.10%	22.94%	22.81%	22.71%	22.63%
75.00	23.59%	23.24%	22.98%	22.78%	22.62%	22.50%	22.40%	22.32%
76.00	23.24%	22.91%	22.66%	22.47%	22.31%	22.20%	22.10%	22.03%
77.00	22.89%	22.58%	22.34%	22.16%	22.01%	21.90%	21.81%	21.74%
78.00	22.56%	22.26%	22.03%	21.85%	21.72%	21.61%	21.52%	21.45%
79.00	22.23%	21.94%	21.73%	21.56%	21.43%	21.32%	21.24%	21.18%
80.00	21.91%	21.64%	21.43%	21.27%	21.15%	21.05%	20.97%	20.90%
81.00	21.59%	21.33%	21.14%	20.99%	20.87%	20.77%	20.70%	20.64%
82.00	21.28%	21.04%	20.85%	20.71%	20.60%	20.51%	20.44%	20.38%
82.50	21.12%	20.89%	20.71%	20.57%	20.46%	20.38%	20.31%	20.25%
83.00	20.97%	20.75%	20.57%	20.44%	20.33%	20.25%	20.18%	20.13%
83.50	20.82%	20.60%	20.43%	20.30%	20.20%	20.12%	20.05%	20.00%
84.00	20.67%	20.46%	20.30%	20.17%	20.07%	19.99%	19.93%	19.88%
84.50	20.52%	20.32%	20.16%	20.04%	19.94%	19.87%	19.80%	19.75%
85.00	20.38%	20.18%	20.03%	19.91%	19.82%	19.74%	19.68%	19.63%
85.50	20.23%	20.04%	19.89%	19.78%	19.69%	19.62%	19.56%	19.51%
86.00	20.09%	19.90%	19.76%	19.65%	19.57%	19.50%	19.44%	19.40%
86.50	19.95%	19.77%	19.63%	19.53%	19.44%	19.38%	19.32%	19.28%
87.00	19.80%	19.63%	19.50%	19.40%	19.32%	19.26%	19.20%	19.16%
87.50	19.66%	19.50%	19.37%	19.28%	19.20%	19.14%	19.09%	19.05%
88.00	19.52%	19.37%	19.25%	19.15%	19.08%	19.02%	18.97%	18.93%
88.50	19.39%	19.24%	19.12%	19.03%	18.96%	18.90%	18.86%	18.82%
89.00	19.25%	19.11%	19.00%	18.91%	18.84%	18.79%	18.74%	18.71%
89.50	19.11%	18.98%	18.87%	18.79%	18.73%	18.67%	18.63%	18.60%
90.00	18.98%	18.85%	18.75%	18.67%	18.61%	18.56%	18.52%	18.49%
90.50	18.85%	18.72%	18.63%	18.55%	18.50%	18.45%	18.41%	18.38%
91.00	18.71%	18.60%	18.51%	18.44%	18.38%	18.34%	18.30%	18.27%
91.50	18.58%	18.47%	18.39%	18.32%	18.27%	18.23%	18.19%	18.17%
92.00	18.45%	18.35%	18.27%	18.21%	18.16%	18.12%	18.09%	18.06%
92.50	18.32%	18.23%	18.15%	18.09%	18.05%	18.01%	17.98%	17.96%
93.00	18.19%	18.10%	18.04%	17.98%	17.94%	17.90%	17.88%	17.85%
93.50	18.07%	17.98%	17.92%	17.87%	17.83%	17.80%	17.77%	17.75%
94.00	17.94%	17.86%	17.81%	17.76%	17.72%	17.69%	17.67%	17.65%
94.50	17.82%	17.75%	17.69%	17.65%	17.62%	17.59%	17.57%	17.55%
95.00	17.69%	17.63%	17.58%	17.54%	17.51%	17.49%	17.47%	17.45%
95.50	17.57%	17.51%	17.47%	17.43%	17.41%	17.38%	17.37%	17.35%
96.00	17.45%	17.40%	17.36%	17.33%	17.30%	17.28%	17.27%	17.25%
96.50	17.32%	17.28%	17.25%	17.22%	17.20%	17.18%	17.17%	17.16%
97.00	17.20%	17.17%	17.14%	17.11%	17.10%	17.08%	17.07%	17.06%
97.50	17.08%	17.05%	17.03%	17.01%	16.99%	16.98%	16.97%	16.96%
98.00	16.97%	16.94%	16.92%	16.91%	16.89%	16.88%	16.88%	16.87%
98.50	16.85%	16.83%	16.81%	16.80%	16.79%	16.79%	16.78%	16.78%
99.00	16.73%	16.72%	16.71%	16.70%	16.70%	16.69%	16.69%	16.68%
99.50	16.62%	16.61%	16.60%	16.60%	16.60%	16.59%	16.59%	16.59%
100.00	16.50%	16.50%	16.50%	16.50%	16.50%	16.50%	16.50%	16.50%
100.50	16.39%	16.39%	16.40%	16.40%	16.40%	16.41%	16.41%	16.41%
101.00	16.27%	16.28%	16.29%	16.30%	16.31%	16.31%	16.32%	16.32%
102.00	16.05%	16.07%	16.09%	16.11%	16.12%	16.13%	16.14%	16.14%
103.00	15.83%	15.86%	15.89%	15.91%	15.93%	15.95%	15.96%	15.97%
104.00	15.61%	15.66%	15.69%	15.72%	15.75%	15.77%	15.78%	15.80%
105.00	15.39%	15.45%	15.50%	15.54%	15.57%	15.59%	15.61%	15.63%
106.00	15.18%	15.25%	15.31%	15.35%	15.39%	15.42%	15.44%	15.46%
107.00	14.97%	15.05%	15.12%	15.17%	15.21%	15.25%	15.27%	15.30%
108.00	14.76%	14.86%	14.93%	14.99%	15.04%	15.08%	15.11%	15.14%
109.00	14.56%	14.67%	14.75%	14.82%	14.87%	14.91%	14.95%	14.98%
110.00	14.36%	14.48%	14.57%	14.64%	14.70%	14.75%	14.79%	14.82%

16.50%   EFFECTIVE YIELD RATE

PRICE	YEARS UNTIL MATURITY							
	16	17	18	19	20	21	22	23
70.00	23.86%	23.80%	23.75%	23.72%	23.69%	23.66%	23.65%	23.63%
71.00	23.52%	23.47%	23.42%	23.38%	23.36%	23.33%	23.31%	23.30%
72.00	23.19%	23.14%	23.10%	23.06%	23.03%	23.01%	22.99%	22.98%
73.00	22.88%	22.82%	22.78%	22.75%	22.72%	22.70%	22.68%	22.66%
74.00	22.57%	22.51%	22.47%	22.44%	22.41%	22.39%	22.37%	22.36%
75.00	22.26%	22.21%	22.17%	22.14%	22.11%	22.09%	22.07%	22.06%
76.00	21.97%	21.92%	21.88%	21.85%	21.82%	21.80%	21.78%	21.77%
77.00	21.68%	21.63%	21.59%	21.56%	21.54%	21.52%	21.50%	21.49%
78.00	21.40%	21.35%	21.31%	21.29%	21.26%	21.24%	21.23%	21.21%
79.00	21.12%	21.08%	21.04%	21.01%	20.99%	20.97%	20.96%	20.94%
80.00	20.85%	20.81%	20.78%	20.75%	20.73%	20.71%	20.69%	20.68%
81.00	20.59%	20.55%	20.52%	20.49%	20.47%	20.45%	20.44%	20.43%
82.00	20.33%	20.30%	20.26%	20.24%	20.22%	20.20%	20.19%	20.18%
82.50	20.21%	20.17%	20.14%	20.11%	20.09%	20.08%	20.06%	20.05%
83.00	20.08%	20.05%	20.02%	19.99%	19.97%	19.96%	19.94%	19.93%
83.50	19.96%	19.92%	19.89%	19.87%	19.85%	19.84%	19.82%	19.81%
84.00	19.84%	19.80%	19.77%	19.75%	19.73%	19.72%	19.70%	19.69%
84.50	19.71%	19.68%	19.65%	19.63%	19.61%	19.60%	19.59%	19.58%
85.00	19.59%	19.56%	19.54%	19.51%	19.50%	19.48%	19.47%	19.46%
85.50	19.48%	19.45%	19.42%	19.40%	19.38%	19.37%	19.36%	19.35%
86.00	19.36%	19.33%	19.30%	19.28%	19.27%	19.25%	19.24%	19.23%
86.50	19.24%	19.21%	19.19%	19.17%	19.15%	19.14%	19.13%	19.12%
87.00	19.13%	19.10%	19.08%	19.06%	19.04%	19.03%	19.02%	19.01%
87.50	19.01%	18.99%	18.97%	18.95%	18.93%	18.92%	18.91%	18.90%
88.00	18.90%	18.88%	18.85%	18.84%	18.82%	18.81%	18.80%	18.79%
88.50	18.79%	18.77%	18.74%	18.73%	18.71%	18.70%	18.69%	18.68%
89.00	18.68%	18.66%	18.64%	18.62%	18.61%	18.60%	18.59%	18.58%
89.50	18.57%	18.55%	18.53%	18.51%	18.50%	18.49%	18.48%	18.47%
90.00	18.46%	18.44%	18.42%	18.41%	18.40%	18.39%	18.38%	18.37%
90.50	18.36%	18.33%	18.32%	18.30%	18.29%	18.28%	18.27%	18.27%
91.00	18.25%	18.23%	18.21%	18.20%	18.19%	18.18%	18.17%	18.17%
91.50	18.14%	18.13%	18.11%	18.10%	18.09%	18.08%	18.07%	18.06%
92.00	18.04%	18.02%	18.01%	18.00%	17.99%	17.98%	17.97%	17.97%
92.50	17.94%	17.92%	17.91%	17.90%	17.89%	17.88%	17.87%	17.87%
93.00	17.84%	17.82%	17.81%	17.80%	17.79%	17.78%	17.77%	17.77%
93.50	17.73%	17.72%	17.71%	17.70%	17.69%	17.68%	17.68%	17.67%
94.00	17.63%	17.62%	17.61%	17.60%	17.59%	17.59%	17.58%	17.58%
94.50	17.53%	17.52%	17.51%	17.50%	17.50%	17.49%	17.49%	17.48%
95.00	17.44%	17.43%	17.42%	17.41%	17.40%	17.40%	17.39%	17.39%
95.50	17.34%	17.33%	17.32%	17.31%	17.31%	17.30%	17.30%	17.30%
96.00	17.24%	17.23%	17.23%	17.22%	17.21%	17.21%	17.21%	17.20%
96.50	17.15%	17.14%	17.13%	17.13%	17.12%	17.12%	17.12%	17.11%
97.00	17.05%	17.05%	17.04%	17.04%	17.03%	17.03%	17.03%	17.02%
97.50	16.96%	16.95%	16.95%	16.94%	16.94%	16.94%	16.94%	16.93%
98.00	16.86%	16.86%	16.86%	16.85%	16.85%	16.85%	16.85%	16.85%
98.50	16.77%	16.77%	16.77%	16.76%	16.76%	16.76%	16.76%	16.76%
99.00	16.68%	16.68%	16.68%	16.68%	16.67%	16.67%	16.67%	16.67%
99.50	16.59%	16.59%	16.59%	16.59%	16.59%	16.59%	16.59%	16.59%
100.00	16.50%	16.50%	16.50%	16.50%	16.50%	16.50%	16.50%	16.50%
100.50	16.41%	16.41%	16.41%	16.41%	16.41%	16.41%	16.42%	16.42%
101.00	16.32%	16.32%	16.33%	16.33%	16.33%	16.33%	16.33%	16.33%
102.00	16.15%	16.15%	16.16%	16.16%	16.16%	16.16%	16.17%	16.17%
103.00	15.98%	15.98%	15.99%	15.99%	16.00%	16.00%	16.00%	16.01%
104.00	15.81%	15.82%	15.82%	15.83%	15.84%	15.84%	15.84%	15.85%
105.00	15.64%	15.65%	15.66%	15.67%	15.68%	15.68%	15.69%	15.69%
106.00	15.48%	15.49%	15.50%	15.51%	15.52%	15.53%	15.53%	15.54%
107.00	15.32%	15.33%	15.35%	15.36%	15.37%	15.37%	15.38%	15.39%
108.00	15.16%	15.18%	15.19%	15.20%	15.21%	15.22%	15.23%	15.24%
109.00	15.00%	15.02%	15.04%	15.05%	15.07%	15.08%	15.08%	15.09%
110.00	14.85%	14.87%	14.89%	14.91%	14.92%	14.93%	14.94%	14.95%

EFFECTIVE YIELD RATE 16.50%

PRICE	YEARS UNTIL MATURITY 24	25	26	27	28	29	30	40
70.00	23.62%	23.61%	23.60%	23.60%	23.59%	23.59%	23.58%	23.57%
71.00	23.29%	23.28%	23.27%	23.26%	23.26%	23.26%	23.25%	23.24%
72.00	22.97%	22.96%	22.95%	22.94%	22.94%	22.93%	22.93%	22.92%
73.00	22.65%	22.64%	22.63%	22.63%	22.62%	22.62%	22.62%	22.60%
74.00	22.35%	22.34%	22.33%	22.32%	22.32%	22.31%	22.31%	22.30%
75.00	22.05%	22.04%	22.03%	22.03%	22.02%	22.02%	22.01%	22.00%
76.00	21.76%	21.75%	21.74%	21.74%	21.73%	21.73%	21.72%	21.71%
77.00	21.48%	21.47%	21.46%	21.45%	21.45%	21.45%	21.44%	21.43%
78.00	21.20%	21.19%	21.19%	21.18%	21.18%	21.17%	21.17%	21.16%
79.00	20.93%	20.92%	20.92%	20.91%	20.91%	20.90%	20.90%	20.89%
80.00	20.67%	20.66%	20.66%	20.65%	20.65%	20.64%	20.64%	20.63%
81.00	20.42%	20.41%	20.40%	20.40%	20.39%	20.39%	20.38%	20.37%
82.00	20.17%	20.16%	20.15%	20.15%	20.14%	20.14%	20.14%	20.12%
82.50	20.04%	20.04%	20.03%	20.02%	20.02%	20.02%	20.01%	20.00%
83.00	19.92%	19.92%	19.91%	19.90%	19.90%	19.90%	19.89%	19.88%
83.50	19.80%	19.80%	19.79%	19.78%	19.78%	19.78%	19.77%	19.76%
84.00	19.68%	19.68%	19.67%	19.67%	19.66%	19.66%	19.66%	19.64%
84.50	19.57%	19.56%	19.55%	19.55%	19.55%	19.54%	19.54%	19.53%
85.00	19.45%	19.45%	19.44%	19.43%	19.43%	19.43%	19.42%	19.41%
85.50	19.34%	19.33%	19.33%	19.32%	19.32%	19.31%	19.31%	19.30%
86.00	19.22%	19.22%	19.21%	19.21%	19.20%	19.20%	19.20%	19.19%
86.50	19.11%	19.11%	19.10%	19.10%	19.09%	19.09%	19.09%	19.08%
87.00	19.00%	19.00%	18.99%	18.99%	18.98%	18.98%	18.98%	18.97%
87.50	18.89%	18.89%	18.88%	18.88%	18.87%	18.87%	18.87%	18.86%
88.00	18.78%	18.78%	18.77%	18.77%	18.77%	18.76%	18.76%	18.75%
88.50	18.68%	18.67%	18.67%	18.66%	18.66%	18.66%	18.66%	18.65%
89.00	18.57%	18.57%	18.56%	18.56%	18.56%	18.55%	18.55%	18.54%
89.50	18.47%	18.46%	18.46%	18.45%	18.45%	18.45%	18.45%	18.44%
90.00	18.36%	18.36%	18.35%	18.35%	18.35%	18.35%	18.34%	18.34%
90.50	18.26%	18.26%	18.25%	18.25%	18.25%	18.24%	18.24%	18.23%
91.00	18.16%	18.16%	18.15%	18.15%	18.15%	18.14%	18.14%	18.13%
91.50	18.06%	18.06%	18.05%	18.05%	18.05%	18.04%	18.04%	18.03%
92.00	17.96%	17.96%	17.95%	17.95%	17.95%	17.95%	17.94%	17.94%
92.50	17.86%	17.86%	17.86%	17.85%	17.85%	17.85%	17.85%	17.84%
93.00	17.76%	17.76%	17.76%	17.76%	17.75%	17.75%	17.75%	17.74%
93.50	17.67%	17.67%	17.66%	17.66%	17.66%	17.66%	17.65%	17.65%
94.00	17.57%	17.57%	17.57%	17.57%	17.56%	17.56%	17.56%	17.55%
94.50	17.48%	17.48%	17.47%	17.47%	17.47%	17.47%	17.47%	17.46%
95.00	17.39%	17.38%	17.38%	17.38%	17.38%	17.38%	17.37%	17.37%
95.50	17.29%	17.29%	17.29%	17.29%	17.29%	17.28%	17.28%	17.28%
96.00	17.20%	17.20%	17.20%	17.20%	17.19%	17.19%	17.19%	17.19%
96.50	17.11%	17.11%	17.11%	17.11%	17.10%	17.10%	17.10%	17.10%
97.00	17.02%	17.02%	17.02%	17.02%	17.02%	17.01%	17.01%	17.01%
97.50	16.93%	16.93%	16.93%	16.93%	16.93%	16.93%	16.93%	16.92%
98.00	16.84%	16.84%	16.84%	16.84%	16.84%	16.84%	16.84%	16.84%
98.50	16.76%	16.76%	16.76%	16.75%	16.75%	16.75%	16.75%	16.75%
99.00	16.67%	16.67%	16.67%	16.67%	16.67%	16.67%	16.67%	16.67%
99.50	16.58%	16.58%	16.58%	16.58%	16.58%	16.58%	16.58%	16.58%
100.00	16.50%	16.50%	16.50%	16.50%	16.50%	16.50%	16.50%	16.50%
100.50	16.42%	16.42%	16.42%	16.42%	16.42%	16.42%	16.42%	16.42%
101.00	16.33%	16.33%	16.33%	16.33%	16.33%	16.33%	16.34%	16.34%
102.00	16.17%	16.17%	16.17%	16.17%	16.17%	16.17%	16.17%	16.18%
103.00	16.01%	16.01%	16.01%	16.01%	16.01%	16.01%	16.01%	16.02%
104.00	15.85%	15.85%	15.85%	15.86%	15.86%	15.86%	15.86%	15.86%
105.00	15.69%	15.70%	15.70%	15.70%	15.70%	15.70%	15.71%	15.71%
106.00	15.54%	15.54%	15.55%	15.55%	15.55%	15.55%	15.56%	15.56%
107.00	15.39%	15.40%	15.40%	15.40%	15.40%	15.41%	15.41%	15.42%
108.00	15.24%	15.25%	15.25%	15.26%	15.26%	15.26%	15.26%	15.27%
109.00	15.10%	15.10%	15.11%	15.11%	15.12%	15.12%	15.12%	15.13%
110.00	14.96%	14.96%	14.97%	14.97%	14.98%	14.98%	14.98%	15.00%

16.75% EFFECTIVE YIELD RATE

PRICE	1/2	1	2	3	4	5	6	7
				YEARS UNTIL MATURITY				
85.00	55.00%	35.90%	26.93%	24.05%	22.65%	21.83%	21.29%	20.93%
85.50	53.51%	35.18%	26.56%	23.78%	22.43%	21.64%	21.12%	20.77%
86.00	52.03%	34.46%	26.18%	23.51%	22.21%	21.45%	20.96%	20.61%
86.50	50.58%	33.76%	25.81%	23.25%	22.00%	21.26%	20.79%	20.46%
87.00	49.14%	33.05%	25.44%	22.98%	21.78%	21.08%	20.62%	20.31%
87.50	47.71%	32.36%	25.07%	22.72%	21.57%	20.90%	20.46%	20.16%
88.00	46.31%	31.67%	24.71%	22.46%	21.36%	20.72%	20.30%	20.01%
88.50	44.92%	30.99%	24.35%	22.20%	21.15%	20.54%	20.14%	19.86%
89.00	43.54%	30.31%	23.99%	21.95%	20.94%	20.36%	19.98%	19.71%
89.50	42.18%	29.64%	23.64%	21.69%	20.74%	20.18%	19.82%	19.57%
90.00	40.83%	28.97%	23.29%	21.44%	20.54%	20.01%	19.66%	19.42%
90.50	39.50%	28.31%	22.94%	21.19%	20.33%	19.83%	19.50%	19.28%
91.00	38.19%	27.66%	22.59%	20.94%	20.13%	19.66%	19.35%	19.14%
91.25	37.53%	27.33%	22.42%	20.82%	20.03%	19.57%	19.27%	19.07%
91.50	36.89%	27.01%	22.24%	20.69%	19.93%	19.49%	19.20%	18.99%
91.75	36.24%	26.69%	22.07%	20.57%	19.83%	19.40%	19.12%	18.92%
92.00	35.60%	26.36%	21.90%	20.45%	19.73%	19.32%	19.04%	18.85%
92.25	34.96%	26.04%	21.73%	20.33%	19.64%	19.23%	18.97%	18.78%
92.50	34.32%	25.73%	21.56%	20.20%	19.54%	19.15%	18.89%	18.72%
92.75	33.69%	25.41%	21.39%	20.08%	19.44%	19.06%	18.82%	18.65%
93.00	33.06%	25.09%	21.23%	19.96%	19.34%	18.98%	18.74%	18.58%
93.25	32.44%	24.78%	21.06%	19.84%	19.25%	18.90%	18.67%	18.51%
93.50	31.82%	24.47%	20.89%	19.72%	19.15%	18.81%	18.59%	18.44%
93.75	31.20%	24.15%	20.72%	19.60%	19.05%	18.73%	18.52%	18.37%
94.00	30.59%	23.84%	20.56%	19.48%	18.96%	18.65%	18.44%	18.30%
94.25	29.97%	23.53%	20.39%	19.37%	18.86%	18.56%	18.37%	18.24%
94.50	29.37%	23.23%	20.23%	19.25%	18.77%	18.48%	18.30%	18.17%
94.75	28.76%	22.92%	20.06%	19.13%	18.67%	18.40%	18.22%	18.10%
95.00	28.16%	22.61%	19.90%	19.01%	18.58%	18.32%	18.15%	18.04%
95.25	27.56%	22.31%	19.74%	18.90%	18.48%	18.24%	18.08%	17.97%
95.50	26.96%	22.01%	19.58%	18.78%	18.39%	18.16%	18.01%	17.90%
95.75	26.37%	21.70%	19.41%	18.66%	18.29%	18.08%	17.94%	17.84%
96.00	25.78%	21.40%	19.25%	18.55%	18.20%	18.00%	17.86%	17.77%
96.25	25.19%	21.10%	19.09%	18.43%	18.11%	17.92%	17.79%	17.71%
96.50	24.61%	20.81%	18.93%	18.32%	18.02%	17.84%	17.72%	17.64%
96.75	24.03%	20.51%	18.77%	18.20%	17.92%	17.76%	17.65%	17.57%
97.00	23.45%	20.21%	18.61%	18.09%	17.83%	17.68%	17.58%	17.51%
97.25	22.88%	19.92%	18.46%	17.98%	17.74%	17.60%	17.51%	17.45%
97.50	22.31%	19.62%	18.30%	17.86%	17.65%	17.52%	17.44%	17.38%
97.75	21.74%	19.33%	18.14%	17.75%	17.56%	17.44%	17.37%	17.32%
98.00	21.17%	19.04%	17.98%	17.64%	17.47%	17.36%	17.30%	17.25%
98.25	20.61%	18.75%	17.83%	17.52%	17.38%	17.29%	17.23%	17.19%
98.50	20.05%	18.46%	17.67%	17.41%	17.28%	17.21%	17.16%	17.13%
98.75	19.49%	18.17%	17.52%	17.30%	17.19%	17.13%	17.09%	17.06%
99.00	18.94%	17.89%	17.36%	17.19%	17.11%	17.06%	17.02%	17.00%
99.25	18.39%	17.60%	17.21%	17.08%	17.02%	16.98%	16.95%	16.94%
99.50	17.84%	17.32%	17.06%	16.97%	16.93%	16.90%	16.89%	16.87%
99.75	17.29%	17.03%	16.90%	16.86%	16.84%	16.83%	16.82%	16.81%
100.00	16.75%	16.75%	16.75%	16.75%	16.75%	16.75%	16.75%	16.75%
100.25	16.21%	16.47%	16.60%	16.64%	16.66%	16.67%	16.68%	16.69%
100.50	15.67%	16.19%	16.45%	16.53%	16.57%	16.60%	16.62%	16.63%
101.00	14.60%	15.63%	16.15%	16.32%	16.40%	16.45%	16.48%	16.50%
101.50	13.55%	15.08%	15.85%	16.10%	16.23%	16.30%	16.35%	16.38%
102.00	12.50%	14.53%	15.55%	15.89%	16.05%	16.15%	16.22%	16.26%
102.50	11.46%	13.98%	15.25%	15.67%	15.88%	16.00%	16.09%	16.14%
103.00	10.44%	13.44%	14.96%	15.46%	15.71%	15.86%	15.95%	16.02%
103.50	9.42%	12.91%	14.67%	15.25%	15.54%	15.71%	15.83%	15.90%
104.00	8.41%	12.38%	14.38%	15.04%	15.37%	15.57%	15.70%	15.79%
104.50	7.42%	11.85%	14.09%	14.84%	15.21%	15.43%	15.57%	15.67%
105.00	6.43%	11.32%	13.80%	14.63%	15.04%	15.28%	15.44%	15.55%

EFFECTIVE YIELD RATE 16.75%

PRICE	YEARS UNTIL MATURITY							
	8	9	10	11	12	13	14	15
70.00	25.78%	25.36%	25.05%	24.81%	24.62%	24.48%	24.36%	24.27%
71.00	25.39%	24.99%	24.68%	24.45%	24.27%	24.13%	24.02%	23.93%
72.00	25.00%	24.62%	24.32%	24.10%	23.93%	23.79%	23.68%	23.60%
73.00	24.63%	24.26%	23.97%	23.76%	23.59%	23.46%	23.36%	23.27%
74.00	24.26%	23.90%	23.63%	23.42%	23.26%	23.14%	23.04%	22.96%
75.00	23.90%	23.56%	23.30%	23.10%	22.94%	22.82%	22.72%	22.65%
76.00	23.55%	23.22%	22.97%	22.78%	22.63%	22.51%	22.42%	22.35%
77.00	23.20%	22.89%	22.65%	22.47%	22.32%	22.21%	22.12%	22.05%
78.00	22.86%	22.56%	22.34%	22.16%	22.03%	21.92%	21.83%	21.76%
79.00	22.53%	22.24%	22.03%	21.86%	21.73%	21.63%	21.55%	21.48%
80.00	22.20%	21.93%	21.73%	21.57%	21.45%	21.35%	21.27%	21.21%
81.00	21.88%	21.63%	21.43%	21.28%	21.17%	21.07%	21.00%	20.94%
82.00	21.57%	21.33%	21.14%	21.00%	20.89%	20.80%	20.73%	20.68%
82.50	21.41%	21.18%	21.00%	20.87%	20.76%	20.67%	20.60%	20.55%
83.00	21.26%	21.03%	20.86%	20.73%	20.62%	20.54%	20.47%	20.42%
83.50	21.11%	20.89%	20.72%	20.59%	20.49%	20.41%	20.35%	20.29%
84.00	20.96%	20.75%	20.58%	20.46%	20.36%	20.28%	20.22%	20.17%
84.50	20.81%	20.60%	20.45%	20.33%	20.23%	20.15%	20.09%	20.04%
85.00	20.66%	20.46%	20.31%	20.19%	20.10%	20.03%	19.97%	19.92%
85.50	20.51%	20.32%	20.18%	20.06%	19.97%	19.90%	19.85%	19.80%
86.00	20.37%	20.18%	20.04%	19.93%	19.85%	19.78%	19.73%	19.68%
86.50	20.22%	20.05%	19.91%	19.81%	19.72%	19.66%	19.60%	19.56%
87.00	20.08%	19.91%	19.78%	19.68%	19.60%	19.54%	19.49%	19.44%
87.50	19.94%	19.78%	19.65%	19.55%	19.48%	19.42%	19.37%	19.33%
88.00	19.80%	19.64%	19.52%	19.43%	19.36%	19.30%	19.25%	19.21%
88.50	19.66%	19.51%	19.40%	19.31%	19.24%	19.18%	19.14%	19.10%
89.00	19.52%	19.38%	19.27%	19.18%	19.12%	19.06%	19.02%	18.99%
89.50	19.39%	19.25%	19.15%	19.06%	19.00%	18.95%	18.91%	18.87%
90.00	19.25%	19.12%	19.02%	18.94%	18.88%	18.83%	18.79%	18.76%
90.50	19.11%	18.99%	18.90%	18.83%	18.77%	18.72%	18.68%	18.65%
91.00	18.98%	18.87%	18.78%	18.71%	18.65%	18.61%	18.57%	18.54%
91.50	18.85%	18.74%	18.66%	18.59%	18.54%	18.50%	18.46%	18.44%
92.00	18.72%	18.62%	18.54%	18.47%	18.43%	18.39%	18.36%	18.33%
92.50	18.59%	18.49%	18.42%	18.36%	18.31%	18.28%	18.25%	18.22%
93.00	18.46%	18.37%	18.30%	18.25%	18.20%	18.17%	18.14%	18.12%
93.50	18.33%	18.25%	18.18%	18.13%	18.09%	18.06%	18.04%	18.02%
94.00	18.20%	18.13%	18.07%	18.02%	17.99%	17.96%	17.93%	17.91%
94.50	18.08%	18.01%	17.95%	17.91%	17.88%	17.85%	17.83%	17.81%
95.00	17.95%	17.89%	17.84%	17.80%	17.77%	17.75%	17.73%	17.71%
95.50	17.83%	17.77%	17.73%	17.69%	17.66%	17.64%	17.63%	17.61%
96.00	17.70%	17.65%	17.61%	17.58%	17.56%	17.54%	17.52%	17.51%
96.50	17.58%	17.54%	17.50%	17.48%	17.46%	17.44%	17.42%	17.41%
97.00	17.46%	17.42%	17.39%	17.37%	17.35%	17.34%	17.33%	17.32%
97.50	17.34%	17.31%	17.28%	17.26%	17.25%	17.24%	17.23%	17.22%
98.00	17.22%	17.19%	17.18%	17.16%	17.15%	17.14%	17.13%	17.12%
98.50	17.10%	17.08%	17.07%	17.06%	17.05%	17.04%	17.03%	17.03%
99.00	16.98%	16.97%	16.96%	16.95%	16.95%	16.94%	16.94%	16.94%
99.50	16.87%	16.86%	16.86%	16.85%	16.85%	16.85%	16.84%	16.84%
100.00	16.75%	16.75%	16.75%	16.75%	16.75%	16.75%	16.75%	16.75%
100.50	16.63%	16.64%	16.65%	16.65%	16.65%	16.65%	16.66%	16.66%
101.00	16.52%	16.53%	16.54%	16.55%	16.56%	16.56%	16.56%	16.57%
102.00	16.29%	16.32%	16.34%	16.35%	16.36%	16.37%	16.38%	16.39%
103.00	16.07%	16.11%	16.14%	16.16%	16.18%	16.19%	16.20%	16.21%
104.00	15.85%	15.90%	15.94%	15.97%	15.99%	16.01%	16.03%	16.04%
105.00	15.63%	15.69%	15.74%	15.78%	15.81%	15.83%	15.85%	15.87%
106.00	15.42%	15.49%	15.55%	15.59%	15.63%	15.66%	15.68%	15.70%
107.00	15.21%	15.29%	15.36%	15.41%	15.45%	15.48%	15.51%	15.53%
108.00	15.00%	15.10%	15.17%	15.23%	15.28%	15.31%	15.35%	15.37%
109.00	14.79%	14.90%	14.99%	15.05%	15.10%	15.15%	15.18%	15.21%
110.00	14.59%	14.71%	14.80%	14.88%	14.93%	14.98%	15.02%	15.05%

16.75% EFFECTIVE YIELD RATE

PRICE	YEARS UNTIL MATURITY							
	16	17	18	19	20	21	22	23
75.00	22.59%	22.54%	22.50%	22.47%	22.44%	22.42%	22.40%	22.39%
76.00	22.29%	22.24%	22.20%	22.17%	22.15%	22.13%	22.11%	22.10%
77.00	21.99%	21.95%	21.91%	21.88%	21.86%	21.84%	21.82%	21.81%
77.50	21.85%	21.81%	21.77%	21.74%	21.72%	21.70%	21.68%	21.67%
78.00	21.71%	21.67%	21.63%	21.60%	21.58%	21.56%	21.54%	21.53%
78.50	21.57%	21.53%	21.49%	21.46%	21.44%	21.42%	21.41%	21.39%
79.00	21.43%	21.39%	21.35%	21.33%	21.30%	21.28%	21.27%	21.26%
79.50	21.29%	21.25%	21.22%	21.19%	21.17%	21.15%	21.14%	21.12%
80.00	21.16%	21.12%	21.08%	21.06%	21.04%	21.02%	21.00%	20.99%
80.50	21.02%	20.98%	20.95%	20.93%	20.90%	20.89%	20.87%	20.86%
81.00	20.89%	20.85%	20.82%	20.80%	20.77%	20.76%	20.74%	20.73%
81.50	20.76%	20.72%	20.69%	20.67%	20.65%	20.63%	20.62%	20.60%
82.00	20.63%	20.59%	20.56%	20.54%	20.52%	20.50%	20.49%	20.48%
82.50	20.50%	20.47%	20.44%	20.41%	20.39%	20.38%	20.36%	20.35%
83.00	20.38%	20.34%	20.31%	20.29%	20.27%	20.25%	20.24%	20.23%
83.50	20.25%	20.22%	20.19%	20.17%	20.15%	20.13%	20.12%	20.11%
84.00	20.13%	20.09%	20.07%	20.04%	20.03%	20.01%	20.00%	19.99%
84.50	20.00%	19.97%	19.95%	19.92%	19.91%	19.89%	19.88%	19.87%
85.00	19.88%	19.85%	19.83%	19.81%	19.79%	19.77%	19.76%	19.75%
85.50	19.76%	19.73%	19.71%	19.69%	19.67%	19.66%	19.65%	19.64%
86.00	19.64%	19.62%	19.59%	19.57%	19.55%	19.54%	19.53%	19.52%
86.50	19.53%	19.50%	19.48%	19.46%	19.44%	19.43%	19.42%	19.41%
87.00	19.41%	19.38%	19.36%	19.34%	19.33%	19.31%	19.30%	19.30%
87.50	19.30%	19.27%	19.25%	19.23%	19.21%	19.20%	19.19%	19.18%
88.00	19.18%	19.16%	19.14%	19.12%	19.10%	19.09%	19.08%	19.07%
88.50	19.07%	19.04%	19.02%	19.01%	18.99%	18.98%	18.97%	18.97%
89.00	18.96%	18.93%	18.91%	18.90%	18.89%	18.87%	18.87%	18.86%
89.50	18.85%	18.82%	18.81%	18.79%	18.78%	18.77%	18.76%	18.75%
90.00	18.74%	18.72%	18.70%	18.68%	18.67%	18.66%	18.65%	18.65%
90.50	18.63%	18.61%	18.59%	18.58%	18.57%	18.56%	18.55%	18.54%
91.00	18.52%	18.50%	18.49%	18.47%	18.46%	18.45%	18.44%	18.44%
91.50	18.41%	18.40%	18.38%	18.37%	18.36%	18.35%	18.34%	18.34%
92.00	18.31%	18.29%	18.28%	18.27%	18.26%	18.25%	18.24%	18.24%
92.50	18.20%	18.19%	18.18%	18.16%	18.16%	18.15%	18.14%	18.14%
93.00	18.10%	18.09%	18.07%	18.06%	18.05%	18.05%	18.04%	18.04%
93.50	18.00%	17.99%	17.97%	17.96%	17.96%	17.95%	17.94%	17.94%
94.00	17.90%	17.88%	17.87%	17.87%	17.86%	17.85%	17.85%	17.84%
94.50	17.80%	17.79%	17.78%	17.77%	17.76%	17.75%	17.75%	17.75%
95.00	17.70%	17.69%	17.68%	17.67%	17.66%	17.66%	17.65%	17.65%
95.50	17.60%	17.59%	17.58%	17.57%	17.57%	17.56%	17.56%	17.56%
96.00	17.50%	17.49%	17.49%	17.48%	17.47%	17.47%	17.47%	17.46%
96.50	17.40%	17.40%	17.39%	17.39%	17.38%	17.38%	17.37%	17.37%
97.00	17.31%	17.30%	17.30%	17.29%	17.29%	17.29%	17.28%	17.28%
97.50	17.21%	17.21%	17.20%	17.20%	17.20%	17.19%	17.19%	17.19%
98.00	17.12%	17.11%	17.11%	17.11%	17.11%	17.10%	17.10%	17.10%
98.50	17.03%	17.02%	17.02%	17.02%	17.02%	17.01%	17.01%	17.01%
99.00	16.93%	16.93%	16.93%	16.93%	16.93%	16.93%	16.92%	16.92%
99.50	16.84%	16.84%	16.84%	16.84%	16.84%	16.84%	16.84%	16.84%
100.00	16.75%	16.75%	16.75%	16.75%	16.75%	16.75%	16.75%	16.75%
100.50	16.66%	16.66%	16.66%	16.66%	16.66%	16.66%	16.66%	16.66%
101.00	16.57%	16.57%	16.57%	16.58%	16.58%	16.58%	16.58%	16.58%
102.00	16.39%	16.40%	16.40%	16.40%	16.41%	16.41%	16.41%	16.41%
103.00	16.22%	16.23%	16.23%	16.24%	16.24%	16.24%	16.25%	16.25%
104.00	16.05%	16.06%	16.06%	16.07%	16.08%	16.08%	16.08%	16.09%
105.00	15.88%	15.89%	15.90%	15.91%	15.92%	15.92%	15.93%	15.93%
106.00	15.72%	15.73%	15.74%	15.75%	15.76%	15.76%	15.77%	15.77%
107.00	15.55%	15.57%	15.58%	15.59%	15.60%	15.61%	15.62%	15.62%
108.00	15.39%	15.41%	15.42%	15.44%	15.45%	15.46%	15.46%	15.47%
109.00	15.23%	15.25%	15.27%	15.29%	15.30%	15.31%	15.32%	15.32%
110.00	15.08%	15.10%	15.12%	15.14%	15.15%	15.16%	15.17%	15.18%

EFFECTIVE YIELD RATE 16.75%

PRICE	YEARS UNTIL MATURITY							
	24	25	26	27	28	29	30	40
75.00	22.38%	22.37%	22.36%	22.36%	22.35%	22.35%	22.35%	22.33%
76.00	22.09%	22.08%	22.07%	22.06%	22.06%	22.06%	22.05%	22.04%
77.00	21.80%	21.79%	21.78%	21.78%	21.77%	21.77%	21.77%	21.75%
77.50	21.66%	21.65%	21.64%	21.64%	21.63%	21.63%	21.63%	21.61%
78.00	21.52%	21.51%	21.50%	21.50%	21.49%	21.49%	21.49%	21.48%
78.50	21.38%	21.37%	21.37%	21.36%	21.36%	21.35%	21.35%	21.34%
79.00	21.25%	21.24%	21.23%	21.23%	21.22%	21.22%	21.22%	21.20%
79.50	21.11%	21.11%	21.10%	21.09%	21.09%	21.09%	21.08%	21.07%
80.00	20.98%	20.97%	20.97%	20.96%	20.96%	20.95%	20.95%	20.94%
80.50	20.85%	20.84%	20.84%	20.83%	20.83%	20.82%	20.82%	20.81%
81.00	20.72%	20.71%	20.71%	20.70%	20.70%	20.70%	20.69%	20.68%
81.50	20.59%	20.59%	20.58%	20.58%	20.57%	20.57%	20.57%	20.55%
82.00	20.47%	20.46%	20.46%	20.45%	20.45%	20.44%	20.44%	20.43%
82.50	20.34%	20.34%	20.33%	20.33%	20.32%	20.32%	20.32%	20.30%
83.00	20.22%	20.21%	20.21%	20.20%	20.20%	20.20%	20.19%	20.18%
83.50	20.10%	20.09%	20.09%	20.08%	20.08%	20.08%	20.07%	20.06%
84.00	19.98%	19.97%	19.97%	19.96%	19.96%	19.96%	19.95%	19.94%
84.50	19.86%	19.85%	19.85%	19.84%	19.84%	19.84%	19.84%	19.82%
85.00	19.74%	19.74%	19.73%	19.73%	19.72%	19.72%	19.72%	19.71%
85.50	19.63%	19.62%	19.62%	19.61%	19.61%	19.61%	19.60%	19.59%
86.00	19.51%	19.51%	19.50%	19.50%	19.49%	19.49%	19.49%	19.48%
86.50	19.40%	19.39%	19.39%	19.38%	19.38%	19.38%	19.38%	19.37%
87.00	19.29%	19.28%	19.28%	19.27%	19.27%	19.27%	19.26%	19.25%
87.50	19.18%	19.17%	19.17%	19.16%	19.16%	19.16%	19.15%	19.14%
88.00	19.07%	19.06%	19.06%	19.05%	19.05%	19.05%	19.05%	19.04%
88.50	18.96%	18.95%	18.95%	18.95%	18.94%	18.94%	18.94%	18.93%
89.00	18.85%	18.85%	18.84%	18.84%	18.84%	18.83%	18.83%	18.82%
89.50	18.75%	18.74%	18.74%	18.73%	18.73%	18.73%	18.73%	18.72%
90.00	18.64%	18.64%	18.63%	18.63%	18.63%	18.62%	18.62%	18.61%
90.50	18.54%	18.53%	18.53%	18.52%	18.52%	18.52%	18.52%	18.51%
91.00	18.43%	18.43%	18.43%	18.42%	18.42%	18.42%	18.42%	18.41%
91.50	18.33%	18.33%	18.32%	18.32%	18.32%	18.32%	18.31%	18.31%
92.00	18.23%	18.23%	18.22%	18.22%	18.22%	18.22%	18.22%	18.21%
92.50	18.13%	18.13%	18.12%	18.12%	18.12%	18.12%	18.12%	18.11%
93.00	18.03%	18.03%	18.03%	18.02%	18.02%	18.02%	18.02%	18.01%
93.50	17.93%	17.93%	17.93%	17.93%	17.92%	17.92%	17.92%	17.92%
94.00	17.84%	17.84%	17.83%	17.83%	17.83%	17.83%	17.83%	17.82%
94.50	17.74%	17.74%	17.74%	17.74%	17.73%	17.73%	17.73%	17.73%
95.00	17.65%	17.65%	17.64%	17.64%	17.64%	17.64%	17.64%	17.63%
95.50	17.55%	17.55%	17.55%	17.55%	17.55%	17.55%	17.54%	17.54%
96.00	17.46%	17.46%	17.46%	17.46%	17.45%	17.45%	17.45%	17.45%
96.50	17.37%	17.37%	17.37%	17.36%	17.36%	17.36%	17.36%	17.36%
97.00	17.28%	17.28%	17.28%	17.27%	17.27%	17.27%	17.27%	17.27%
97.50	17.19%	17.19%	17.19%	17.18%	17.18%	17.18%	17.18%	17.18%
98.00	17.10%	17.10%	17.10%	17.10%	17.10%	17.09%	17.09%	17.09%
98.50	17.01%	17.01%	17.01%	17.01%	17.01%	17.01%	17.01%	17.01%
99.00	16.92%	16.92%	16.92%	16.92%	16.92%	16.92%	16.92%	16.92%
99.50	16.84%	16.84%	16.84%	16.84%	16.84%	16.83%	16.83%	16.83%
100.00	16.75%	16.75%	16.75%	16.75%	16.75%	16.75%	16.75%	16.75%
100.50	16.66%	16.67%	16.67%	16.67%	16.67%	16.67%	16.67%	16.67%
101.00	16.58%	16.58%	16.58%	16.58%	16.58%	16.58%	16.58%	16.58%
102.00	16.41%	16.42%	16.42%	16.42%	16.42%	16.42%	16.42%	16.42%
103.00	16.25%	16.25%	16.25%	16.26%	16.26%	16.26%	16.26%	16.26%
104.00	16.09%	16.09%	16.09%	16.10%	16.10%	16.10%	16.10%	16.10%
105.00	15.93%	15.94%	15.94%	15.94%	15.94%	15.94%	15.94%	15.95%
106.00	15.78%	15.78%	15.78%	15.79%	15.79%	15.79%	15.79%	15.80%
107.00	15.63%	15.63%	15.63%	15.64%	15.64%	15.64%	15.64%	15.65%
108.00	15.48%	15.48%	15.49%	15.49%	15.49%	15.49%	15.50%	15.51%
109.00	15.33%	15.33%	15.34%	15.34%	15.35%	15.35%	15.35%	15.36%
110.00	15.18%	15.19%	15.20%	15.20%	15.20%	15.21%	15.21%	15.22%

17% EFFECTIVE YIELD RATE

PRICE	YEARS UNTIL MATURITY						
	1/2	1	2	3	4	5	6	7
85.00	55.29%	36.18%	27.21%	24.33%	22.93%	22.11%	21.57%	21.21%
85.50	53.80%	35.46%	26.83%	24.06%	22.71%	21.92%	21.40%	21.05%
86.00	52.33%	34.75%	26.46%	23.79%	22.49%	21.73%	21.23%	20.89%
86.50	50.87%	34.04%	26.09%	23.52%	22.27%	21.54%	21.07%	20.74%
87.00	49.43%	33.33%	25.72%	23.26%	22.06%	21.36%	20.90%	20.59%
87.50	48.00%	32.64%	25.35%	22.99%	21.84%	21.17%	20.74%	20.43%
88.00	46.59%	31.95%	24.98%	22.73%	21.63%	20.99%	20.57%	20.28%
88.50	45.20%	31.26%	24.62%	22.47%	21.42%	20.81%	20.41%	20.13%
89.00	43.82%	30.58%	24.26%	22.22%	21.22%	20.63%	20.25%	19.99%
89.50	42.46%	29.91%	23.91%	21.96%	21.01%	20.45%	20.09%	19.84%
90.00	41.11%	29.24%	23.55%	21.71%	20.80%	20.27%	19.93%	19.69%
90.50	39.78%	28.58%	23.20%	21.46%	20.60%	20.10%	19.77%	19.55%
91.00	38.46%	27.93%	22.85%	21.21%	20.40%	19.92%	19.62%	19.40%
91.25	37.81%	27.60%	22.68%	21.08%	20.30%	19.84%	19.54%	19.33%
91.50	37.16%	27.28%	22.51%	20.96%	20.20%	19.75%	19.46%	19.26%
91.75	36.51%	26.95%	22.34%	20.83%	20.10%	19.67%	19.39%	19.19%
92.00	35.87%	26.63%	22.17%	20.71%	20.00%	19.58%	19.31%	19.12%
92.25	35.23%	26.31%	22.00%	20.59%	19.90%	19.50%	19.23%	19.05%
92.50	34.59%	25.99%	21.83%	20.47%	19.80%	19.41%	19.16%	18.98%
92.75	33.96%	25.67%	21.66%	20.35%	19.70%	19.33%	19.08%	18.91%
93.00	33.33%	25.36%	21.49%	20.23%	19.61%	19.24%	19.00%	18.84%
93.25	32.71%	25.04%	21.32%	20.10%	19.51%	19.16%	18.93%	18.77%
93.50	32.09%	24.73%	21.15%	19.98%	19.41%	19.07%	18.85%	18.70%
93.75	31.47%	24.42%	20.99%	19.86%	19.31%	18.99%	18.78%	18.63%
94.00	30.85%	24.11%	20.82%	19.75%	19.22%	18.91%	18.71%	18.57%
94.25	30.24%	23.80%	20.65%	19.63%	19.12%	18.82%	18.63%	18.50%
94.50	29.63%	23.49%	20.49%	19.51%	19.03%	18.74%	18.56%	18.43%
94.75	29.02%	23.18%	20.32%	19.39%	18.93%	18.66%	18.48%	18.36%
95.00	28.42%	22.87%	20.16%	19.27%	18.83%	18.58%	18.41%	18.30%
95.25	27.82%	22.57%	20.00%	19.15%	18.74%	18.50%	18.34%	18.23%
95.50	27.23%	22.26%	19.83%	19.04%	18.65%	18.42%	18.27%	18.16%
95.75	26.63%	21.96%	19.67%	18.92%	18.55%	18.33%	18.19%	18.09%
96.00	26.04%	21.66%	19.51%	18.80%	18.46%	18.25%	18.12%	18.03%
96.25	25.45%	21.36%	19.35%	18.69%	18.36%	18.17%	18.05%	17.96%
96.50	24.87%	21.06%	19.19%	18.57%	18.27%	18.09%	17.98%	17.90%
96.75	24.29%	20.76%	19.03%	18.46%	18.18%	18.01%	17.91%	17.83%
97.00	23.71%	20.47%	18.87%	18.34%	18.09%	17.93%	17.83%	17.77%
97.25	23.14%	20.17%	18.71%	18.23%	17.99%	17.85%	17.76%	17.70%
97.50	22.56%	19.88%	18.55%	18.12%	17.90%	17.78%	17.69%	17.64%
97.75	21.99%	19.59%	18.40%	18.00%	17.81%	17.70%	17.62%	17.57%
98.00	21.43%	19.29%	18.24%	17.89%	17.72%	17.62%	17.55%	17.51%
98.25	20.87%	19.00%	18.08%	17.78%	17.63%	17.54%	17.48%	17.44%
98.50	20.30%	18.71%	17.93%	17.67%	17.54%	17.46%	17.41%	17.38%
98.75	19.75%	18.43%	17.77%	17.55%	17.45%	17.38%	17.34%	17.31%
99.00	19.19%	18.14%	17.61%	17.44%	17.36%	17.31%	17.27%	17.25%
99.25	18.64%	17.85%	17.46%	17.33%	17.27%	17.23%	17.21%	17.19%
99.50	18.09%	17.57%	17.31%	17.22%	17.18%	17.15%	17.14%	17.13%
99.75	17.54%	17.28%	17.15%	17.11%	17.09%	17.08%	17.07%	17.06%
100.00	17.00%	17.00%	17.00%	17.00%	17.00%	17.00%	17.00%	17.00%
100.25	16.46%	16.72%	16.85%	16.89%	16.91%	16.92%	16.93%	16.94%
100.50	15.92%	16.44%	16.70%	16.78%	16.82%	16.85%	16.86%	16.88%
101.00	14.85%	15.88%	16.39%	16.56%	16.65%	16.70%	16.73%	16.75%
101.50	13.79%	15.33%	16.09%	16.35%	16.47%	16.55%	16.60%	16.63%
102.00	12.75%	14.78%	15.80%	16.13%	16.30%	16.40%	16.46%	16.51%
102.50	11.71%	14.23%	15.50%	15.92%	16.13%	16.25%	16.33%	16.39%
103.00	10.68%	13.69%	15.20%	15.71%	15.96%	16.10%	16.20%	16.27%
103.50	9.66%	13.15%	14.91%	15.50%	15.79%	15.96%	16.07%	16.15%
104.00	8.65%	12.62%	14.62%	15.29%	15.62%	15.81%	15.94%	16.03%
104.50	7.66%	12.09%	14.33%	15.08%	15.45%	15.67%	15.81%	15.91%
105.00	6.67%	11.56%	14.05%	14.87%	15.28%	15.53%	15.68%	15.79%

EFFECTIVE YIELD RATE 17%

PRICE	8	9	10	11	12	13	14	15
				YEARS UNTIL MATURITY				
70.00	26.11%	25.70%	25.38%	25.15%	24.96%	24.82%	24.71%	24.62%
71.00	25.72%	25.31%	25.01%	24.78%	24.61%	24.47%	24.36%	24.27%
72.00	25.33%	24.94%	24.65%	24.43%	24.26%	24.12%	24.02%	23.94%
73.00	24.95%	24.58%	24.30%	24.08%	23.92%	23.79%	23.69%	23.61%
74.00	24.58%	24.22%	23.95%	23.75%	23.59%	23.46%	23.36%	23.28%
75.00	24.21%	23.87%	23.61%	23.42%	23.26%	23.14%	23.05%	22.97%
76.00	23.86%	23.53%	23.28%	23.09%	22.95%	22.83%	22.74%	22.67%
77.00	23.51%	23.19%	22.96%	22.78%	22.64%	22.53%	22.44%	22.37%
78.00	23.16%	22.87%	22.64%	22.47%	22.33%	22.23%	22.14%	22.08%
79.00	22.83%	22.55%	22.33%	22.17%	22.04%	21.94%	21.86%	21.79%
80.00	22.50%	22.23%	22.03%	21.87%	21.75%	21.65%	21.57%	21.51%
81.00	22.18%	21.92%	21.73%	21.58%	21.46%	21.37%	21.30%	21.24%
82.00	21.86%	21.62%	21.44%	21.30%	21.19%	21.10%	21.03%	20.97%
82.50	21.70%	21.47%	21.29%	21.16%	21.05%	20.97%	20.90%	20.84%
83.00	21.55%	21.32%	21.15%	21.02%	20.92%	20.83%	20.77%	20.71%
83.50	21.39%	21.18%	21.01%	20.88%	20.78%	20.70%	20.64%	20.59%
84.00	21.24%	21.03%	20.87%	20.75%	20.65%	20.57%	20.51%	20.46%
84.50	21.09%	20.89%	20.73%	20.61%	20.52%	20.44%	20.38%	20.33%
85.00	20.94%	20.75%	20.60%	20.48%	20.39%	20.32%	20.26%	20.21%
85.50	20.79%	20.60%	20.46%	20.35%	20.26%	20.19%	20.13%	20.09%
86.00	20.65%	20.47%	20.33%	20.22%	20.13%	20.06%	20.01%	19.97%
86.50	20.50%	20.33%	20.19%	20.09%	20.01%	19.94%	19.89%	19.85%
87.00	20.36%	20.19%	20.06%	19.96%	19.88%	19.82%	19.77%	19.73%
87.50	20.22%	20.05%	19.93%	19.83%	19.76%	19.70%	19.65%	19.61%
88.00	20.07%	19.92%	19.80%	19.71%	19.63%	19.58%	19.53%	19.49%
88.50	19.93%	19.79%	19.67%	19.58%	19.51%	19.46%	19.41%	19.38%
89.00	19.79%	19.65%	19.54%	19.46%	19.39%	19.34%	19.30%	19.26%
89.50	19.66%	19.52%	19.42%	19.34%	19.27%	19.22%	19.18%	19.15%
90.00	19.52%	19.39%	19.29%	19.22%	19.16%	19.11%	19.07%	19.04%
90.50	19.38%	19.26%	19.17%	19.10%	19.04%	18.99%	18.96%	18.93%
91.00	19.25%	19.13%	19.05%	18.98%	18.92%	18.88%	18.84%	18.82%
91.50	19.12%	19.01%	18.92%	18.86%	18.81%	18.77%	18.73%	18.71%
92.00	18.98%	18.88%	18.80%	18.74%	18.69%	18.66%	18.62%	18.60%
92.50	18.85%	18.76%	18.68%	18.63%	18.58%	18.54%	18.52%	18.49%
93.00	18.72%	18.63%	18.56%	18.51%	18.47%	18.44%	18.41%	18.39%
93.50	18.59%	18.51%	18.45%	18.40%	18.36%	18.33%	18.30%	18.28%
94.00	18.46%	18.39%	18.33%	18.28%	18.25%	18.22%	18.20%	18.18%
94.50	18.34%	18.27%	18.21%	18.17%	18.14%	18.11%	18.09%	18.07%
95.00	18.21%	18.15%	18.10%	18.06%	18.03%	18.01%	17.99%	17.97%
95.50	18.09%	18.03%	17.99%	17.95%	17.92%	17.90%	17.89%	17.87%
96.00	17.96%	17.91%	17.87%	17.84%	17.82%	17.80%	17.78%	17.77%
96.50	17.84%	17.79%	17.76%	17.73%	17.71%	17.70%	17.68%	17.67%
97.00	17.72%	17.68%	17.65%	17.63%	17.61%	17.59%	17.58%	17.57%
97.50	17.59%	17.56%	17.54%	17.52%	17.51%	17.49%	17.48%	17.48%
98.00	17.47%	17.45%	17.43%	17.41%	17.40%	17.39%	17.39%	17.38%
98.50	17.35%	17.34%	17.32%	17.31%	17.30%	17.29%	17.29%	17.28%
99.00	17.23%	17.22%	17.21%	17.21%	17.20%	17.19%	17.19%	17.19%
99.50	17.12%	17.11%	17.11%	17.10%	17.10%	17.10%	17.10%	17.09%
100.00	17.00%	17.00%	17.00%	17.00%	17.00%	17.00%	17.00%	17.00%
100.50	16.88%	16.89%	16.89%	16.90%	16.90%	16.90%	16.91%	16.91%
101.00	16.77%	16.78%	16.79%	16.80%	16.80%	16.81%	16.81%	16.82%
102.00	16.54%	16.56%	16.58%	16.60%	16.61%	16.62%	16.63%	16.63%
103.00	16.32%	16.35%	16.38%	16.40%	16.42%	16.43%	16.45%	16.46%
104.00	16.09%	16.14%	16.18%	16.21%	16.23%	16.25%	16.27%	16.28%
105.00	15.87%	15.94%	15.98%	16.02%	16.05%	16.07%	16.09%	16.11%
106.00	15.66%	15.73%	15.79%	15.83%	15.87%	15.90%	15.92%	15.94%
107.00	15.45%	15.53%	15.60%	15.65%	15.69%	15.72%	15.75%	15.77%
108.00	15.24%	15.33%	15.41%	15.46%	15.51%	15.55%	15.58%	15.61%
109.00	15.03%	15.14%	15.22%	15.29%	15.34%	15.38%	15.41%	15.44%
110.00	14.82%	14.94%	15.04%	15.11%	15.17%	15.21%	15.25%	15.28%

17% EFFECTIVE YIELD RATE

PRICE	YEARS UNTIL MATURITY							
	16	17	18	19	20	21	22	23
75.00	22.91%	22.86%	22.83%	22.79%	22.77%	22.75%	22.73%	22.72%
76.00	22.61%	22.56%	22.52%	22.49%	22.47%	22.45%	22.43%	22.42%
77.00	22.31%	22.27%	22.23%	22.20%	22.18%	22.16%	22.14%	22.13%
77.50	22.17%	22.12%	22.09%	22.06%	22.03%	22.02%	22.00%	21.99%
78.00	22.02%	21.98%	21.94%	21.92%	21.89%	21.87%	21.86%	21.85%
78.50	21.88%	21.84%	21.80%	21.78%	21.75%	21.74%	21.72%	21.71%
79.00	21.74%	21.70%	21.66%	21.64%	21.62%	21.60%	21.58%	21.57%
79.50	21.60%	21.56%	21.53%	21.50%	21.48%	21.46%	21.45%	21.44%
80.00	21.46%	21.42%	21.39%	21.37%	21.34%	21.33%	21.31%	21.30%
80.50	21.33%	21.29%	21.26%	21.23%	21.21%	21.19%	21.18%	21.17%
81.00	21.19%	21.16%	21.12%	21.10%	21.08%	21.06%	21.05%	21.04%
81.50	21.06%	21.02%	20.99%	20.97%	20.95%	20.93%	20.92%	20.91%
82.00	20.93%	20.89%	20.86%	20.84%	20.82%	20.80%	20.79%	20.78%
82.50	20.80%	20.76%	20.74%	20.71%	20.69%	20.68%	20.66%	20.65%
83.00	20.67%	20.64%	20.61%	20.59%	20.57%	20.55%	20.54%	20.53%
83.50	20.55%	20.51%	20.48%	20.46%	20.44%	20.43%	20.42%	20.41%
84.00	20.42%	20.39%	20.36%	20.34%	20.32%	20.31%	20.29%	20.28%
84.50	20.30%	20.26%	20.24%	20.22%	20.20%	20.18%	20.17%	20.16%
85.00	20.17%	20.14%	20.12%	20.10%	20.08%	20.07%	20.05%	20.04%
85.50	20.05%	20.02%	20.00%	19.98%	19.96%	19.95%	19.94%	19.93%
86.00	19.93%	19.90%	19.88%	19.86%	19.84%	19.83%	19.82%	19.81%
86.50	19.81%	19.78%	19.76%	19.74%	19.73%	19.71%	19.70%	19.69%
87.00	19.69%	19.67%	19.64%	19.63%	19.61%	19.60%	19.59%	19.58%
87.50	19.58%	19.55%	19.53%	19.51%	19.50%	19.49%	19.48%	19.47%
88.00	19.46%	19.44%	19.42%	19.40%	19.39%	19.37%	19.36%	19.36%
88.50	19.35%	19.32%	19.30%	19.29%	19.27%	19.26%	19.25%	19.25%
89.00	19.23%	19.21%	19.19%	19.18%	19.16%	19.15%	19.14%	19.14%
89.50	19.12%	19.10%	19.08%	19.07%	19.05%	19.04%	19.04%	19.03%
90.00	19.01%	18.99%	18.97%	18.96%	18.95%	18.94%	18.93%	18.92%
90.50	18.90%	18.88%	18.86%	18.85%	18.84%	18.83%	18.82%	18.82%
91.00	18.79%	18.77%	18.76%	18.75%	18.73%	18.73%	18.72%	18.71%
91.50	18.68%	18.67%	18.65%	18.64%	18.63%	18.62%	18.61%	18.61%
92.00	18.58%	18.56%	18.55%	18.54%	18.53%	18.52%	18.51%	18.51%
92.50	18.47%	18.46%	18.44%	18.43%	18.42%	18.42%	18.41%	18.40%
93.00	18.37%	18.35%	18.34%	18.33%	18.32%	18.32%	18.31%	18.30%
93.50	18.26%	18.25%	18.24%	18.23%	18.22%	18.22%	18.21%	18.21%
94.00	18.16%	18.15%	18.14%	18.13%	18.12%	18.12%	18.11%	18.11%
94.50	18.06%	18.05%	18.04%	18.03%	18.02%	18.02%	18.01%	18.01%
95.00	17.96%	17.95%	17.94%	17.93%	17.93%	17.92%	17.92%	17.91%
95.50	17.86%	17.85%	17.84%	17.84%	17.83%	17.82%	17.82%	17.82%
96.00	17.76%	17.75%	17.74%	17.74%	17.73%	17.73%	17.73%	17.72%
96.50	17.66%	17.65%	17.65%	17.64%	17.64%	17.64%	17.63%	17.63%
97.00	17.57%	17.56%	17.55%	17.55%	17.55%	17.54%	17.54%	17.54%
97.50	17.47%	17.46%	17.46%	17.46%	17.45%	17.45%	17.45%	17.45%
98.00	17.37%	17.37%	17.37%	17.36%	17.36%	17.36%	17.36%	17.35%
98.50	17.28%	17.28%	17.27%	17.27%	17.27%	17.27%	17.27%	17.26%
99.00	17.19%	17.18%	17.18%	17.18%	17.18%	17.18%	17.18%	17.18%
99.50	17.09%	17.09%	17.09%	17.09%	17.09%	17.09%	17.09%	17.09%
100.00	17.00%	17.00%	17.00%	17.00%	17.00%	17.00%	17.00%	17.00%
100.50	16.91%	16.91%	16.91%	16.91%	16.91%	16.91%	16.91%	16.91%
101.00	16.82%	16.82%	16.82%	16.82%	16.82%	16.83%	16.83%	16.83%
102.00	16.64%	16.64%	16.65%	16.65%	16.65%	16.65%	16.66%	16.66%
103.00	16.46%	16.47%	16.48%	16.48%	16.48%	16.49%	16.49%	16.49%
104.00	16.29%	16.30%	16.31%	16.31%	16.32%	16.32%	16.33%	16.33%
105.00	16.12%	16.13%	16.14%	16.15%	16.15%	16.16%	16.16%	16.17%
106.00	15.95%	15.97%	15.98%	15.99%	15.99%	16.00%	16.01%	16.01%
107.00	15.79%	15.80%	15.82%	15.83%	15.84%	15.84%	15.85%	15.86%
108.00	15.63%	15.64%	15.66%	15.67%	15.68%	15.69%	15.70%	15.70%
109.00	15.47%	15.49%	15.50%	15.52%	15.53%	15.54%	15.55%	15.55%
110.00	15.31%	15.33%	15.35%	15.37%	15.38%	15.39%	15.40%	15.41%

EFFECTIVE YIELD RATE 17%

PRICE	24	25	26	27	28	29	30	40
				YEARS UNTIL MATURITY				
75.00	22.71%	22.70%	22.70%	22.69%	22.69%	22.68%	22.68%	22.67%
76.00	22.41%	22.40%	22.40%	22.39%	22.39%	22.38%	22.38%	22.37%
77.00	22.12%	22.11%	22.11%	22.10%	22.10%	22.09%	22.09%	22.08%
77.50	21.98%	21.97%	21.96%	21.96%	21.95%	21.95%	21.95%	21.94%
78.00	21.84%	21.83%	21.82%	21.82%	21.81%	21.81%	21.81%	21.80%
78.50	21.70%	21.69%	21.68%	21.68%	21.67%	21.67%	21.67%	21.66%
79.00	21.56%	21.55%	21.55%	21.54%	21.54%	21.53%	21.53%	21.52%
79.50	21.43%	21.42%	21.41%	21.41%	21.40%	21.40%	21.40%	21.39%
80.00	21.29%	21.28%	21.28%	21.27%	21.27%	21.27%	21.26%	21.25%
80.50	21.16%	21.15%	21.15%	21.14%	21.14%	21.13%	21.13%	21.12%
81.00	21.03%	21.02%	21.02%	21.01%	21.01%	21.00%	21.00%	20.99%
81.50	20.90%	20.89%	20.89%	20.88%	20.88%	20.87%	20.87%	20.86%
82.00	20.77%	20.76%	20.76%	20.75%	20.75%	20.75%	20.74%	20.73%
82.50	20.65%	20.64%	20.63%	20.63%	20.62%	20.62%	20.62%	20.61%
83.00	20.52%	20.51%	20.51%	20.50%	20.50%	20.50%	20.49%	20.48%
83.50	20.40%	20.39%	20.39%	20.38%	20.38%	20.37%	20.37%	20.36%
84.00	20.28%	20.27%	20.26%	20.26%	20.26%	20.25%	20.25%	20.24%
84.50	20.16%	20.15%	20.14%	20.14%	20.14%	20.13%	20.13%	20.12%
85.00	20.04%	20.03%	20.02%	20.02%	20.02%	20.01%	20.01%	20.00%
85.50	19.92%	19.91%	19.91%	19.90%	19.90%	19.90%	19.89%	19.88%
86.00	19.80%	19.80%	19.79%	19.79%	19.78%	19.78%	19.78%	19.77%
86.50	19.69%	19.68%	19.68%	19.67%	19.67%	19.67%	19.66%	19.65%
87.00	19.57%	19.57%	19.56%	19.56%	19.56%	19.55%	19.55%	19.54%
87.50	19.46%	19.46%	19.45%	19.45%	19.44%	19.44%	19.44%	19.43%
88.00	19.35%	19.34%	19.34%	19.34%	19.33%	19.33%	19.33%	19.32%
88.50	19.24%	19.23%	19.23%	19.23%	19.22%	19.22%	19.22%	19.21%
89.00	19.13%	19.13%	19.12%	19.12%	19.12%	19.11%	19.11%	19.10%
89.50	19.02%	19.02%	19.01%	19.01%	19.01%	19.01%	19.00%	19.00%
90.00	18.92%	18.91%	18.91%	18.91%	18.90%	18.90%	18.90%	18.89%
90.50	18.81%	18.81%	18.80%	18.80%	18.80%	18.80%	18.79%	18.79%
91.00	18.71%	18.70%	18.70%	18.70%	18.69%	18.69%	18.69%	18.68%
91.50	18.60%	18.60%	18.60%	18.59%	18.59%	18.59%	18.59%	18.58%
92.00	18.50%	18.50%	18.49%	18.49%	18.49%	18.49%	18.49%	18.48%
92.50	18.40%	18.40%	18.39%	18.39%	18.39%	18.39%	18.39%	18.38%
93.00	18.30%	18.30%	18.29%	18.29%	18.29%	18.29%	18.29%	18.28%
93.50	18.20%	18.20%	18.20%	18.19%	18.19%	18.19%	18.19%	18.18%
94.00	18.10%	18.10%	18.10%	18.10%	18.09%	18.09%	18.09%	18.09%
94.50	18.01%	18.00%	18.00%	18.00%	18.00%	18.00%	18.00%	17.99%
95.00	17.91%	17.91%	17.91%	17.90%	17.90%	17.90%	17.90%	17.90%
95.50	17.82%	17.81%	17.81%	17.81%	17.81%	17.81%	17.81%	17.80%
96.00	17.72%	17.72%	17.72%	17.72%	17.71%	17.71%	17.71%	17.71%
96.50	17.63%	17.63%	17.62%	17.62%	17.62%	17.62%	17.62%	17.62%
97.00	17.54%	17.53%	17.53%	17.53%	17.53%	17.53%	17.53%	17.53%
97.50	17.44%	17.44%	17.44%	17.44%	17.44%	17.44%	17.44%	17.44%
98.00	17.35%	17.35%	17.35%	17.35%	17.35%	17.35%	17.35%	17.35%
98.50	17.26%	17.26%	17.26%	17.26%	17.26%	17.26%	17.26%	17.26%
99.00	17.18%	17.17%	17.17%	17.17%	17.17%	17.17%	17.17%	17.17%
99.50	17.09%	17.09%	17.09%	17.09%	17.09%	17.09%	17.09%	17.09%
100.00	17.00%	17.00%	17.00%	17.00%	17.00%	17.00%	17.00%	17.00%
100.50	16.91%	16.91%	16.91%	16.91%	16.91%	16.91%	16.91%	16.92%
101.00	16.83%	16.83%	16.83%	16.83%	16.83%	16.83%	16.83%	16.83%
102.00	16.66%	16.66%	16.66%	16.66%	16.66%	16.66%	16.66%	16.67%
103.00	16.49%	16.50%	16.50%	16.50%	16.50%	16.50%	16.50%	16.50%
104.00	16.33%	16.33%	16.34%	16.34%	16.34%	16.34%	16.34%	16.34%
105.00	16.17%	16.17%	16.18%	16.18%	16.18%	16.18%	16.18%	16.19%
106.00	16.01%	16.02%	16.02%	16.02%	16.03%	16.03%	16.03%	16.04%
107.00	15.86%	15.86%	15.87%	15.87%	15.87%	15.88%	15.88%	15.89%
108.00	15.71%	15.71%	15.72%	15.72%	15.72%	15.73%	15.73%	15.74%
109.00	15.56%	15.57%	15.57%	15.57%	15.58%	15.58%	15.58%	15.59%
110.00	15.41%	15.42%	15.42%	15.43%	15.43%	15.44%	15.44%	15.45%

17.25% EFFECTIVE YIELD RATE

PRICE	YEARS UNTIL MATURITY						
	1/2	1	2	3	4	5	6	7
85.00	55.59%	36.47%	27.49%	24.61%	23.21%	22.39%	21.85%	21.49%
85.50	54.09%	35.74%	27.11%	24.34%	22.98%	22.19%	21.68%	21.33%
86.00	52.62%	35.03%	26.74%	24.07%	22.77%	22.00%	21.51%	21.17%
86.50	51.16%	34.32%	26.36%	23.80%	22.55%	21.82%	21.34%	21.02%
87.00	49.71%	33.61%	25.99%	23.53%	22.33%	21.63%	21.18%	20.86%
87.50	48.29%	32.91%	25.62%	23.27%	22.12%	21.45%	21.01%	20.71%
88.00	46.88%	32.22%	25.26%	23.01%	21.91%	21.26%	20.85%	20.56%
88.50	45.48%	31.54%	24.89%	22.75%	21.70%	21.08%	20.68%	20.41%
89.00	44.10%	30.86%	24.53%	22.49%	21.49%	20.90%	20.52%	20.26%
89.50	42.74%	30.18%	24.18%	22.23%	21.28%	20.72%	20.36%	20.11%
90.00	41.39%	29.51%	23.82%	21.98%	21.07%	20.54%	20.20%	19.96%
90.50	40.06%	28.85%	23.47%	21.72%	20.87%	20.37%	20.04%	19.82%
91.00	38.74%	28.19%	23.12%	21.47%	20.66%	20.19%	19.88%	19.67%
91.25	38.08%	27.87%	22.95%	21.35%	20.56%	20.10%	19.81%	19.60%
91.50	37.43%	27.54%	22.77%	21.22%	20.46%	20.02%	19.73%	19.53%
91.75	36.78%	27.22%	22.60%	21.10%	20.36%	19.93%	19.65%	19.46%
92.00	36.14%	26.90%	22.43%	20.98%	20.26%	19.85%	19.57%	19.39%
92.25	35.50%	26.58%	22.26%	20.85%	20.16%	19.76%	19.50%	19.31%
92.50	34.86%	26.26%	22.09%	20.73%	20.06%	19.67%	19.42%	19.24%
92.75	34.23%	25.94%	21.92%	20.61%	19.97%	19.59%	19.34%	19.17%
93.00	33.60%	25.62%	21.75%	20.49%	19.87%	19.50%	19.27%	19.10%
93.25	32.98%	25.31%	21.58%	20.37%	19.77%	19.42%	19.19%	19.03%
93.50	32.35%	24.99%	21.41%	20.25%	19.67%	19.34%	19.12%	18.97%
93.75	31.73%	24.68%	21.25%	20.13%	19.57%	19.25%	19.04%	18.90%
94.00	31.12%	24.37%	21.08%	20.01%	19.48%	19.17%	18.97%	18.83%
94.25	30.50%	24.06%	20.91%	19.89%	19.38%	19.08%	18.89%	18.76%
94.50	29.89%	23.75%	20.75%	19.77%	19.29%	19.00%	18.82%	18.69%
94.75	29.29%	23.44%	20.58%	19.65%	19.19%	18.92%	18.74%	18.62%
95.00	28.68%	23.13%	20.42%	19.53%	19.09%	18.84%	18.67%	18.55%
95.25	28.08%	22.83%	20.26%	19.41%	19.00%	18.75%	18.60%	18.49%
95.50	27.49%	22.52%	20.09%	19.30%	18.90%	18.67%	18.52%	18.42%
95.75	26.89%	22.22%	19.93%	19.18%	18.81%	18.59%	18.45%	18.35%
96.00	26.30%	21.92%	19.77%	19.06%	18.71%	18.51%	18.38%	18.29%
96.25	25.71%	21.62%	19.61%	18.95%	18.62%	18.43%	18.31%	18.22%
96.50	25.13%	21.32%	19.45%	18.83%	18.53%	18.35%	18.23%	18.15%
96.75	24.55%	21.02%	19.28%	18.71%	18.43%	18.27%	18.16%	18.09%
97.00	23.97%	20.72%	19.12%	18.60%	18.34%	18.19%	18.09%	18.02%
97.25	23.39%	20.43%	18.97%	18.48%	18.25%	18.11%	18.02%	17.96%
97.50	22.82%	20.13%	18.81%	18.37%	18.16%	18.03%	17.95%	17.89%
97.75	22.25%	19.84%	18.65%	18.26%	18.06%	17.95%	17.88%	17.83%
98.00	21.68%	19.55%	18.49%	18.14%	17.97%	17.87%	17.81%	17.76%
98.25	21.12%	19.26%	18.33%	18.03%	17.88%	17.79%	17.74%	17.70%
98.50	20.56%	18.97%	18.18%	17.92%	17.79%	17.71%	17.67%	17.63%
98.75	20.00%	18.68%	18.02%	17.81%	17.70%	17.64%	17.60%	17.57%
99.00	19.44%	18.39%	17.87%	17.69%	17.61%	17.56%	17.53%	17.50%
99.25	18.89%	18.10%	17.71%	17.58%	17.52%	17.48%	17.46%	17.44%
99.50	18.34%	17.82%	17.56%	17.47%	17.43%	17.40%	17.39%	17.38%
99.75	17.79%	17.53%	17.40%	17.36%	17.34%	17.33%	17.32%	17.31%
100.00	17.25%	17.25%	17.25%	17.25%	17.25%	17.25%	17.25%	17.25%
100.25	16.71%	16.97%	17.10%	17.14%	17.16%	17.17%	17.18%	17.19%
100.50	16.17%	16.69%	16.94%	17.03%	17.07%	17.10%	17.11%	17.12%
101.00	15.10%	16.13%	16.64%	16.81%	16.90%	16.95%	16.98%	17.00%
101.50	14.04%	15.57%	16.34%	16.60%	16.72%	16.79%	16.84%	16.88%
102.00	12.99%	15.02%	16.04%	16.38%	16.55%	16.65%	16.71%	16.75%
102.50	11.95%	14.48%	15.74%	16.17%	16.37%	16.50%	16.58%	16.63%
103.00	10.92%	13.93%	15.45%	15.95%	16.20%	16.35%	16.44%	16.51%
103.50	9.90%	13.39%	15.16%	15.74%	16.03%	16.20%	16.31%	16.39%
104.00	8.89%	12.86%	14.87%	15.53%	15.86%	16.06%	16.18%	16.27%
104.50	7.89%	12.33%	14.58%	15.32%	15.69%	15.91%	16.05%	16.15%
105.00	6.90%	11.80%	14.29%	15.12%	15.53%	15.77%	15.93%	16.04%

EFFECTIVE YIELD RATE 17.25%

PRICE	YEARS UNTIL MATURITY							
	8	9	10	11	12	13	14	15
70.00	26.44%	26.03%	25.72%	25.48%	25.30%	25.16%	25.05%	24.97%
71.00	26.04%	25.64%	25.34%	25.12%	24.94%	24.80%	24.70%	24.61%
72.00	25.65%	25.27%	24.98%	24.76%	24.59%	24.46%	24.35%	24.27%
73.00	25.27%	24.90%	24.62%	24.41%	24.25%	24.12%	24.02%	23.94%
74.00	24.89%	24.54%	24.27%	24.07%	23.91%	23.79%	23.69%	23.61%
75.00	24.52%	24.18%	23.93%	23.73%	23.58%	23.46%	23.37%	23.30%
76.00	24.16%	23.84%	23.59%	23.41%	23.26%	23.15%	23.06%	22.99%
77.00	23.81%	23.50%	23.27%	23.09%	22.95%	22.84%	22.75%	22.68%
78.00	23.47%	23.17%	22.95%	22.78%	22.64%	22.54%	22.45%	22.39%
79.00	23.13%	22.85%	22.63%	22.47%	22.34%	22.24%	22.16%	22.10%
80.00	22.80%	22.53%	22.33%	22.17%	22.05%	21.95%	21.88%	21.82%
81.00	22.47%	22.22%	22.03%	21.88%	21.76%	21.67%	21.60%	21.54%
82.00	22.15%	21.91%	21.73%	21.59%	21.48%	21.40%	21.33%	21.27%
82.50	21.99%	21.76%	21.59%	21.45%	21.34%	21.26%	21.19%	21.14%
83.00	21.84%	21.61%	21.44%	21.31%	21.21%	21.13%	21.06%	21.01%
83.50	21.68%	21.46%	21.30%	21.17%	21.07%	20.99%	20.93%	20.88%
84.00	21.53%	21.32%	21.16%	21.03%	20.94%	20.86%	20.80%	20.75%
84.50	21.38%	21.17%	21.02%	20.90%	20.81%	20.73%	20.67%	20.62%
85.00	21.23%	21.03%	20.88%	20.76%	20.67%	20.60%	20.54%	20.50%
85.50	21.08%	20.89%	20.74%	20.63%	20.54%	20.47%	20.42%	20.37%
86.00	20.93%	20.75%	20.61%	20.50%	20.42%	20.35%	20.29%	20.25%
86.50	20.78%	20.61%	20.47%	20.37%	20.29%	20.22%	20.17%	20.13%
87.00	20.64%	20.47%	20.34%	20.24%	20.16%	20.10%	20.05%	20.01%
87.50	20.49%	20.33%	20.21%	20.11%	20.04%	19.98%	19.93%	19.89%
88.00	20.35%	20.19%	20.08%	19.98%	19.91%	19.85%	19.81%	19.77%
88.50	20.21%	20.06%	19.95%	19.86%	19.79%	19.73%	19.69%	19.65%
89.00	20.07%	19.93%	19.82%	19.73%	19.67%	19.62%	19.57%	19.54%
89.50	19.93%	19.79%	19.69%	19.61%	19.55%	19.50%	19.46%	19.42%
90.00	19.79%	19.66%	19.56%	19.49%	19.43%	19.38%	19.34%	19.31%
90.50	19.65%	19.53%	19.44%	19.37%	19.31%	19.26%	19.23%	19.20%
91.00	19.52%	19.40%	19.32%	19.25%	19.19%	19.15%	19.12%	19.09%
91.50	19.38%	19.27%	19.19%	19.13%	19.08%	19.04%	19.00%	18.98%
92.00	19.25%	19.15%	19.07%	19.01%	18.96%	18.92%	18.89%	18.87%
92.50	19.12%	19.02%	18.95%	18.89%	18.85%	18.81%	18.78%	18.76%
93.00	18.99%	18.90%	18.83%	18.78%	18.73%	18.70%	18.67%	18.65%
93.50	18.86%	18.77%	18.71%	18.66%	18.62%	18.59%	18.57%	18.55%
94.00	18.73%	18.65%	18.59%	18.55%	18.51%	18.48%	18.46%	18.44%
94.50	18.60%	18.53%	18.48%	18.43%	18.40%	18.38%	18.35%	18.34%
95.00	18.47%	18.41%	18.36%	18.32%	18.29%	18.27%	18.25%	18.23%
95.50	18.34%	18.29%	18.24%	18.21%	18.18%	18.16%	18.15%	18.13%
96.00	18.22%	18.17%	18.13%	18.10%	18.08%	18.06%	18.04%	18.03%
96.50	18.09%	18.05%	18.02%	17.99%	17.97%	17.95%	17.94%	17.93%
97.00	17.97%	17.93%	17.91%	17.88%	17.86%	17.85%	17.84%	17.83%
97.50	17.85%	17.82%	17.79%	17.78%	17.76%	17.75%	17.74%	17.73%
98.00	17.73%	17.70%	17.68%	17.67%	17.66%	17.65%	17.64%	17.63%
98.50	17.61%	17.59%	17.57%	17.56%	17.55%	17.55%	17.54%	17.54%
99.00	17.49%	17.47%	17.46%	17.46%	17.45%	17.45%	17.44%	17.44%
99.50	17.37%	17.36%	17.36%	17.35%	17.35%	17.35%	17.35%	17.34%
100.00	17.25%	17.25%	17.25%	17.25%	17.25%	17.25%	17.25%	17.25%
100.50	17.13%	17.14%	17.14%	17.15%	17.15%	17.15%	17.15%	17.16%
101.00	17.02%	17.03%	17.04%	17.05%	17.05%	17.06%	17.06%	17.06%
102.00	16.79%	16.81%	16.83%	16.84%	16.86%	16.87%	16.87%	16.88%
103.00	16.56%	16.60%	16.62%	16.65%	16.66%	16.68%	16.69%	16.70%
104.00	16.34%	16.38%	16.42%	16.45%	16.48%	16.49%	16.51%	16.52%
105.00	16.12%	16.18%	16.22%	16.26%	16.29%	16.31%	16.33%	16.35%
106.00	15.90%	15.97%	16.03%	16.07%	16.11%	16.13%	16.16%	16.18%
107.00	15.68%	15.77%	15.83%	15.88%	15.92%	15.96%	15.98%	16.01%
108.00	15.47%	15.57%	15.64%	15.70%	15.75%	15.78%	15.81%	15.84%
109.00	15.26%	15.37%	15.45%	15.52%	15.57%	15.61%	15.65%	15.68%
110.00	15.06%	15.18%	15.27%	15.34%	15.40%	15.44%	15.48%	15.51%

17.25% EFFECTIVE YIELD RATE

PRICE	YEARS UNTIL MATURITY							
	16	17	18	19	20	21	22	23
75.00	23.24%	23.19%	23.15%	23.12%	23.10%	23.08%	23.06%	23.05%
76.00	22.93%	22.88%	22.85%	22.82%	22.79%	22.78%	22.76%	22.75%
77.00	22.63%	22.58%	22.55%	22.52%	22.50%	22.48%	22.47%	22.45%
77.50	22.48%	22.44%	22.40%	22.38%	22.35%	22.33%	22.32%	22.31%
78.00	22.34%	22.29%	22.26%	22.23%	22.21%	22.19%	22.18%	22.17%
78.50	22.19%	22.15%	22.12%	22.09%	22.07%	22.05%	22.04%	22.02%
79.00	22.05%	22.01%	21.98%	21.95%	21.93%	21.91%	21.90%	21.88%
79.50	21.91%	21.87%	21.84%	21.81%	21.79%	21.77%	21.76%	21.75%
80.00	21.77%	21.73%	21.70%	21.67%	21.65%	21.64%	21.62%	21.61%
80.50	21.63%	21.59%	21.56%	21.54%	21.52%	21.50%	21.49%	21.48%
81.00	21.50%	21.46%	21.43%	21.40%	21.38%	21.37%	21.35%	21.34%
81.50	21.36%	21.33%	21.30%	21.27%	21.25%	21.24%	21.22%	21.21%
82.00	21.23%	21.19%	21.16%	21.14%	21.12%	21.11%	21.09%	21.08%
82.50	21.10%	21.06%	21.03%	21.01%	20.99%	20.98%	20.97%	20.95%
83.00	20.97%	20.93%	20.91%	20.88%	20.87%	20.85%	20.84%	20.83%
83.50	20.84%	20.81%	20.78%	20.76%	20.74%	20.72%	20.71%	20.70%
84.00	20.71%	20.68%	20.65%	20.63%	20.61%	20.60%	20.59%	20.58%
84.50	20.59%	20.55%	20.53%	20.51%	20.49%	20.48%	20.47%	20.46%
85.00	20.46%	20.43%	20.41%	20.39%	20.37%	20.36%	20.35%	20.34%
85.50	20.34%	20.31%	20.29%	20.27%	20.25%	20.24%	20.23%	20.22%
86.00	20.22%	20.19%	20.16%	20.15%	20.13%	20.12%	20.11%	20.10%
86.50	20.10%	20.07%	20.05%	20.03%	20.01%	20.00%	19.99%	19.98%
87.00	19.98%	19.95%	19.93%	19.91%	19.90%	19.88%	19.87%	19.87%
87.50	19.86%	19.83%	19.81%	19.79%	19.78%	19.77%	19.76%	19.75%
88.00	19.74%	19.72%	19.70%	19.68%	19.67%	19.66%	19.65%	19.64%
88.50	19.63%	19.60%	19.58%	19.57%	19.55%	19.54%	19.53%	19.53%
89.00	19.51%	19.49%	19.47%	19.45%	19.44%	19.43%	19.42%	19.42%
89.50	19.40%	19.38%	19.36%	19.34%	19.33%	19.32%	19.31%	19.31%
90.00	19.29%	19.26%	19.25%	19.23%	19.22%	19.21%	19.21%	19.20%
90.50	19.17%	19.15%	19.14%	19.13%	19.11%	19.11%	19.10%	19.09%
91.00	19.06%	19.05%	19.03%	19.02%	19.01%	19.00%	18.99%	18.99%
91.50	18.96%	18.94%	18.92%	18.91%	18.90%	18.89%	18.89%	18.88%
92.00	18.85%	18.83%	18.82%	18.81%	18.80%	18.79%	18.78%	18.78%
92.50	18.74%	18.72%	18.71%	18.70%	18.69%	18.69%	18.68%	18.67%
93.00	18.63%	18.62%	18.61%	18.60%	18.59%	18.58%	18.58%	18.57%
93.50	18.53%	18.52%	18.50%	18.50%	18.49%	18.48%	18.48%	18.47%
94.00	18.43%	18.41%	18.40%	18.39%	18.39%	18.38%	18.38%	18.37%
94.50	18.32%	18.31%	18.30%	18.29%	18.29%	18.28%	18.28%	18.27%
95.00	18.22%	18.21%	18.20%	18.19%	18.19%	18.18%	18.18%	18.18%
95.50	18.12%	18.11%	18.10%	18.10%	18.09%	18.09%	18.08%	18.08%
96.00	18.02%	18.01%	18.00%	18.00%	17.99%	17.99%	17.99%	17.98%
96.50	17.92%	17.91%	17.91%	17.90%	17.90%	17.89%	17.89%	17.89%
97.00	17.82%	17.82%	17.81%	17.81%	17.80%	17.80%	17.80%	17.79%
97.50	17.72%	17.72%	17.71%	17.71%	17.71%	17.71%	17.70%	17.70%
98.00	17.63%	17.62%	17.62%	17.62%	17.61%	17.61%	17.61%	17.61%
98.50	17.53%	17.53%	17.53%	17.52%	17.52%	17.52%	17.52%	17.52%
99.00	17.44%	17.44%	17.43%	17.43%	17.43%	17.43%	17.43%	17.43%
99.50	17.34%	17.34%	17.34%	17.34%	17.34%	17.34%	17.34%	17.34%
100.00	17.25%	17.25%	17.25%	17.25%	17.25%	17.25%	17.25%	17.25%
100.50	17.16%	17.16%	17.16%	17.16%	17.16%	17.16%	17.16%	17.16%
101.00	17.07%	17.07%	17.07%	17.07%	17.07%	17.07%	17.07%	17.08%
102.00	16.89%	16.89%	16.89%	16.90%	16.90%	16.90%	16.90%	16.90%
103.00	16.71%	16.71%	16.72%	16.72%	16.73%	16.73%	16.73%	16.74%
104.00	16.53%	16.54%	16.55%	16.55%	16.56%	16.56%	16.57%	16.57%
105.00	16.36%	16.37%	16.38%	16.39%	16.39%	16.40%	16.40%	16.41%
106.00	16.19%	16.20%	16.21%	16.22%	16.23%	16.24%	16.24%	16.25%
107.00	16.02%	16.04%	16.05%	16.06%	16.07%	16.08%	16.09%	16.09%
108.00	15.86%	15.88%	15.89%	15.90%	15.91%	15.92%	15.93%	15.94%
109.00	15.70%	15.72%	15.73%	15.75%	15.76%	15.77%	15.78%	15.78%
110.00	15.54%	15.56%	15.58%	15.60%	15.61%	15.62%	15.63%	15.64%

EFFECTIVE YIELD RATE 17.25%

PRICE	YEARS UNTIL MATURITY							
	24	25	26	27	28	29	30	40
75.00	23.04%	23.03%	23.03%	23.02%	23.02%	23.01%	23.01%	23.00%
76.00	22.74%	22.73%	22.72%	22.72%	22.71%	22.71%	22.71%	22.70%
77.00	22.44%	22.44%	22.43%	22.42%	22.42%	22.42%	22.41%	22.40%
77.50	22.30%	22.29%	22.28%	22.28%	22.28%	22.27%	22.27%	22.26%
78.00	22.16%	22.15%	22.14%	22.14%	22.13%	22.13%	22.13%	22.12%
78.50	22.01%	22.01%	22.00%	22.00%	21.99%	21.99%	21.99%	21.98%
79.00	21.88%	21.87%	21.86%	21.86%	21.85%	21.85%	21.85%	21.84%
79.50	21.74%	21.73%	21.72%	21.72%	21.72%	21.71%	21.71%	21.70%
80.00	21.60%	21.59%	21.59%	21.58%	21.58%	21.58%	21.57%	21.56%
80.50	21.47%	21.46%	21.45%	21.45%	21.45%	21.44%	21.44%	21.43%
81.00	21.34%	21.33%	21.32%	21.32%	21.31%	21.31%	21.31%	21.30%
81.50	21.20%	21.20%	21.19%	21.19%	21.18%	21.18%	21.18%	21.17%
82.00	21.07%	21.07%	21.06%	21.06%	21.05%	21.05%	21.05%	21.04%
82.50	20.95%	20.94%	20.93%	20.93%	20.93%	20.92%	20.92%	20.91%
83.00	20.82%	20.81%	20.81%	20.80%	20.80%	20.80%	20.79%	20.78%
83.50	20.70%	20.69%	20.68%	20.68%	20.68%	20.67%	20.67%	20.66%
84.00	20.57%	20.57%	20.56%	20.56%	20.55%	20.55%	20.55%	20.54%
84.50	20.45%	20.44%	20.44%	20.43%	20.43%	20.43%	20.43%	20.42%
85.00	20.33%	20.32%	20.32%	20.31%	20.31%	20.31%	20.30%	20.30%
85.50	20.21%	20.20%	20.20%	20.19%	20.19%	20.19%	20.19%	20.18%
86.00	20.09%	20.09%	20.08%	20.08%	20.07%	20.07%	20.07%	20.06%
86.50	19.97%	19.97%	19.96%	19.96%	19.96%	19.95%	19.95%	19.94%
87.00	19.86%	19.85%	19.85%	19.85%	19.84%	19.84%	19.84%	19.83%
87.50	19.75%	19.74%	19.74%	19.73%	19.73%	19.73%	19.72%	19.72%
88.00	19.63%	19.63%	19.62%	19.62%	19.62%	19.61%	19.61%	19.60%
88.50	19.52%	19.52%	19.51%	19.51%	19.51%	19.50%	19.50%	19.49%
89.00	19.41%	19.41%	19.40%	19.40%	19.40%	19.39%	19.39%	19.38%
89.50	19.30%	19.30%	19.29%	19.29%	19.29%	19.28%	19.28%	19.28%
90.00	19.19%	19.19%	19.19%	19.18%	19.18%	19.18%	19.18%	19.17%
90.50	19.09%	19.08%	19.08%	19.08%	19.07%	19.07%	19.07%	19.06%
91.00	18.98%	18.98%	18.97%	18.97%	18.97%	18.97%	18.96%	18.96%
91.50	18.88%	18.87%	18.87%	18.87%	18.86%	18.86%	18.86%	18.85%
92.00	18.77%	18.77%	18.77%	18.76%	18.76%	18.76%	18.76%	18.75%
92.50	18.67%	18.67%	18.66%	18.66%	18.66%	18.66%	18.66%	18.65%
93.00	18.57%	18.57%	18.56%	18.56%	18.56%	18.56%	18.56%	18.55%
93.50	18.47%	18.46%	18.46%	18.46%	18.46%	18.46%	18.46%	18.45%
94.00	18.37%	18.37%	18.36%	18.36%	18.36%	18.36%	18.36%	18.35%
94.50	18.27%	18.27%	18.27%	18.26%	18.26%	18.26%	18.26%	18.25%
95.00	18.17%	18.17%	18.17%	18.17%	18.17%	18.16%	18.16%	18.16%
95.50	18.08%	18.07%	18.07%	18.07%	18.07%	18.07%	18.07%	18.06%
96.00	17.98%	17.98%	17.98%	17.98%	17.97%	17.97%	17.97%	17.97%
96.50	17.89%	17.88%	17.88%	17.88%	17.88%	17.88%	17.88%	17.88%
97.00	17.79%	17.79%	17.79%	17.79%	17.79%	17.79%	17.79%	17.78%
97.50	17.70%	17.70%	17.70%	17.70%	17.70%	17.70%	17.70%	17.69%
98.00	17.61%	17.61%	17.61%	17.61%	17.61%	17.60%	17.60%	17.60%
98.50	17.52%	17.52%	17.52%	17.52%	17.52%	17.51%	17.51%	17.51%
99.00	17.43%	17.43%	17.43%	17.43%	17.43%	17.43%	17.43%	17.42%
99.50	17.34%	17.34%	17.34%	17.34%	17.34%	17.34%	17.34%	17.34%
100.00	17.25%	17.25%	17.25%	17.25%	17.25%	17.25%	17.25%	17.25%
100.50	17.16%	17.16%	17.16%	17.16%	17.16%	17.16%	17.16%	17.16%
101.00	17.08%	17.08%	17.08%	17.08%	17.08%	17.08%	17.08%	17.08%
102.00	16.90%	16.91%	16.91%	16.91%	16.91%	16.91%	16.91%	16.91%
103.00	16.74%	16.74%	16.74%	16.74%	16.74%	16.74%	16.74%	16.75%
104.00	16.57%	16.57%	16.58%	16.58%	16.58%	16.58%	16.58%	16.59%
105.00	16.41%	16.41%	16.42%	16.42%	16.42%	16.42%	16.42%	16.43%
106.00	16.25%	16.25%	16.26%	16.26%	16.26%	16.26%	16.27%	16.27%
107.00	16.10%	16.10%	16.10%	16.11%	16.11%	16.11%	16.11%	16.12%
108.00	15.94%	15.95%	15.95%	15.95%	15.96%	15.96%	15.96%	15.97%
109.00	15.79%	15.80%	15.80%	15.80%	15.81%	15.81%	15.81%	15.82%
110.00	15.64%	15.65%	15.65%	15.66%	15.66%	15.66%	15.67%	15.68%

17.50%   EFFECTIVE YIELD RATE

PRICE	YEARS UNTIL MATURITY						
	1/2	1	2	3	4	5	6	7
85.00	55.88%	36.75%	27.77%	24.89%	23.48%	22.67%	22.14%	21.77%
85.50	54.39%	36.03%	27.39%	24.62%	23.26%	22.47%	21.96%	21.61%
86.00	52.91%	35.31%	27.01%	24.34%	23.04%	22.28%	21.79%	21.45%
86.50	51.45%	34.60%	26.64%	24.07%	22.82%	22.09%	21.62%	21.30%
87.00	50.00%	33.89%	26.27%	23.81%	22.61%	21.91%	21.45%	21.14%
87.50	48.57%	33.19%	25.90%	23.54%	22.39%	21.72%	21.29%	20.99%
88.00	47.16%	32.50%	25.53%	23.28%	22.18%	21.54%	21.12%	20.83%
88.50	45.76%	31.81%	25.17%	23.02%	21.97%	21.35%	20.95%	20.68%
89.00	44.38%	31.13%	24.80%	22.76%	21.76%	21.17%	20.79%	20.53%
89.50	43.02%	30.45%	24.45%	22.50%	21.55%	20.99%	20.63%	20.38%
90.00	41.67%	29.79%	24.09%	22.24%	21.34%	20.81%	20.47%	20.23%
90.50	40.33%	29.12%	23.74%	21.99%	21.14%	20.63%	20.31%	20.09%
91.00	39.01%	28.46%	23.39%	21.74%	20.93%	20.46%	20.15%	19.94%
91.25	38.36%	28.14%	23.21%	21.61%	20.83%	20.37%	20.07%	19.87%
91.50	37.70%	27.81%	23.04%	21.49%	20.73%	20.28%	19.99%	19.79%
91.75	37.06%	27.49%	22.87%	21.36%	20.63%	20.20%	19.92%	19.72%
92.00	36.41%	27.16%	22.70%	21.24%	20.53%	20.11%	19.84%	19.65%
92.25	35.77%	26.84%	22.52%	21.12%	20.43%	20.02%	19.76%	19.58%
92.50	35.14%	26.52%	22.35%	20.99%	20.33%	19.94%	19.68%	19.51%
92.75	34.50%	26.20%	22.18%	20.87%	20.23%	19.85%	19.61%	19.44%
93.00	33.87%	25.89%	22.01%	20.75%	20.13%	19.77%	19.53%	19.37%
93.25	33.24%	25.57%	21.84%	20.63%	20.03%	19.68%	19.45%	19.30%
93.50	32.62%	25.26%	21.68%	20.51%	19.93%	19.60%	19.38%	19.23%
93.75	32.00%	24.94%	21.51%	20.39%	19.84%	19.51%	19.30%	19.16%
94.00	31.38%	24.63%	21.34%	20.27%	19.74%	19.43%	19.23%	19.09%
94.25	30.77%	24.32%	21.17%	20.15%	19.64%	19.35%	19.15%	19.02%
94.50	30.16%	24.01%	21.01%	20.03%	19.54%	19.26%	19.08%	18.95%
94.75	29.55%	23.70%	20.84%	19.91%	19.45%	19.18%	19.00%	18.88%
95.00	28.95%	23.39%	20.68%	19.79%	19.35%	19.10%	18.93%	18.81%
95.25	28.35%	23.09%	20.51%	19.67%	19.26%	19.01%	18.86%	18.75%
95.50	27.75%	22.78%	20.35%	19.55%	19.16%	18.93%	18.78%	18.68%
95.75	27.15%	22.48%	20.19%	19.44%	19.07%	18.85%	18.71%	18.61%
96.00	26.56%	22.18%	20.02%	19.32%	18.97%	18.77%	18.64%	18.54%
96.25	25.97%	21.88%	19.86%	19.20%	18.88%	18.69%	18.56%	18.48%
96.50	25.39%	21.58%	19.70%	19.09%	18.78%	18.61%	18.49%	18.41%
96.75	24.81%	21.28%	19.54%	18.97%	18.69%	18.52%	18.42%	18.34%
97.00	24.23%	20.98%	19.38%	18.85%	18.60%	18.44%	18.35%	18.28%
97.25	23.65%	20.68%	19.22%	18.74%	18.50%	18.36%	18.27%	18.21%
97.50	23.08%	20.39%	19.06%	18.63%	18.41%	18.28%	18.20%	18.14%
97.75	22.51%	20.09%	18.90%	18.51%	18.32%	18.20%	18.13%	18.08%
98.00	21.94%	19.80%	18.74%	18.40%	18.23%	18.12%	18.06%	18.01%
98.25	21.37%	19.51%	18.59%	18.28%	18.13%	18.05%	17.99%	17.95%
98.50	20.81%	19.22%	18.43%	18.17%	18.04%	17.97%	17.92%	17.88%
98.75	20.25%	18.93%	18.27%	18.06%	17.95%	17.89%	17.85%	17.82%
99.00	19.70%	18.64%	18.12%	17.95%	17.86%	17.81%	17.78%	17.76%
99.25	19.14%	18.35%	17.96%	17.83%	17.77%	17.73%	17.71%	17.69%
99.50	18.59%	18.07%	17.81%	17.72%	17.68%	17.65%	17.64%	17.63%
99.75	18.05%	17.78%	17.65%	17.61%	17.59%	17.58%	17.57%	17.56%
100.00	17.50%	17.50%	17.50%	17.50%	17.50%	17.50%	17.50%	17.50%
100.25	16.96%	17.22%	17.35%	17.39%	17.41%	17.42%	17.43%	17.44%
100.50	16.42%	16.94%	17.19%	17.28%	17.32%	17.35%	17.36%	17.37%
101.00	15.35%	16.38%	16.89%	17.06%	17.14%	17.19%	17.23%	17.25%
101.50	14.29%	15.82%	16.59%	16.84%	16.97%	17.04%	17.09%	17.12%
102.00	13.24%	15.27%	16.29%	16.63%	16.79%	16.89%	16.96%	17.00%
102.50	12.20%	14.72%	15.99%	16.41%	16.62%	16.74%	16.82%	16.88%
103.00	11.17%	14.18%	15.69%	16.20%	16.45%	16.59%	16.69%	16.76%
103.50	10.14%	13.64%	15.40%	15.99%	16.28%	16.45%	16.56%	16.64%
104.00	9.13%	13.10%	15.11%	15.78%	16.11%	16.30%	16.43%	16.52%
104.50	8.13%	12.57%	14.82%	15.57%	15.94%	16.15%	16.30%	16.40%
105.00	7.14%	12.04%	14.53%	15.36%	15.77%	16.01%	16.17%	16.28%

EFFECTIVE YIELD RATE 17.50%

PRICE	YEARS UNTIL MATURITY							
	8	9	10	11	12	13	14	15
70.00	26.77%	26.36%	26.06%	25.82%	25.64%	25.50%	25.40%	25.31%
71.00	26.37%	25.97%	25.68%	25.45%	25.28%	25.14%	25.04%	24.96%
72.00	25.97%	25.59%	25.31%	25.09%	24.92%	24.79%	24.69%	24.61%
73.00	25.59%	25.22%	24.94%	24.73%	24.57%	24.45%	24.35%	24.27%
74.00	25.21%	24.86%	24.59%	24.39%	24.23%	24.11%	24.02%	23.94%
75.00	24.84%	24.50%	24.25%	24.05%	23.90%	23.78%	23.69%	23.62%
76.00	24.47%	24.15%	23.91%	23.72%	23.58%	23.46%	23.38%	23.31%
77.00	24.12%	23.81%	23.58%	23.40%	23.26%	23.15%	23.07%	23.00%
78.00	23.77%	23.48%	23.25%	23.08%	22.95%	22.85%	22.77%	22.70%
79.00	23.43%	23.15%	22.94%	22.77%	22.65%	22.55%	22.47%	22.41%
80.00	23.09%	22.83%	22.63%	22.47%	22.35%	22.26%	22.18%	22.12%
81.00	22.76%	22.51%	22.32%	22.18%	22.06%	21.97%	21.90%	21.84%
82.00	22.44%	22.20%	22.02%	21.89%	21.78%	21.69%	21.63%	21.57%
82.50	22.28%	22.05%	21.88%	21.74%	21.64%	21.56%	21.49%	21.44%
83.00	22.12%	21.90%	21.73%	21.60%	21.50%	21.42%	21.36%	21.30%
83.50	21.97%	21.75%	21.59%	21.46%	21.36%	21.28%	21.22%	21.17%
84.00	21.81%	21.60%	21.45%	21.32%	21.23%	21.15%	21.09%	21.04%
84.50	21.66%	21.46%	21.30%	21.19%	21.09%	21.02%	20.96%	20.91%
85.00	21.51%	21.31%	21.16%	21.05%	20.96%	20.89%	20.83%	20.79%
85.50	21.36%	21.17%	21.03%	20.92%	20.83%	20.76%	20.71%	20.66%
86.00	21.21%	21.03%	20.89%	20.78%	20.70%	20.63%	20.58%	20.54%
86.50	21.06%	20.89%	20.75%	20.65%	20.57%	20.51%	20.45%	20.41%
87.00	20.91%	20.75%	20.62%	20.52%	20.44%	20.38%	20.33%	20.29%
87.50	20.77%	20.61%	20.49%	20.39%	20.32%	20.26%	20.21%	20.17%
88.00	20.62%	20.47%	20.35%	20.26%	20.19%	20.13%	20.09%	20.05%
88.50	20.48%	20.33%	20.22%	20.13%	20.07%	20.01%	19.97%	19.93%
89.00	20.34%	20.20%	20.09%	20.01%	19.94%	19.89%	19.85%	19.82%
89.50	20.20%	20.07%	19.96%	19.88%	19.82%	19.77%	19.73%	19.70%
90.00	20.06%	19.93%	19.84%	19.76%	19.70%	19.65%	19.62%	19.58%
90.50	19.92%	19.80%	19.71%	19.64%	19.58%	19.54%	19.50%	19.47%
91.00	19.79%	19.67%	19.58%	19.52%	19.46%	19.42%	19.39%	19.36%
91.50	19.65%	19.54%	19.46%	19.40%	19.35%	19.31%	19.27%	19.25%
92.00	19.52%	19.41%	19.34%	19.28%	19.23%	19.19%	19.16%	19.14%
92.50	19.38%	19.29%	19.21%	19.16%	19.11%	19.08%	19.05%	19.03%
93.00	19.25%	19.16%	19.09%	19.04%	19.00%	18.97%	18.94%	18.92%
93.50	19.12%	19.04%	18.97%	18.93%	18.89%	18.86%	18.83%	18.81%
94.00	18.99%	18.91%	18.85%	18.81%	18.77%	18.75%	18.72%	18.70%
94.50	18.86%	18.79%	18.74%	18.70%	18.66%	18.64%	18.62%	18.60%
95.00	18.73%	18.67%	18.62%	18.58%	18.55%	18.53%	18.51%	18.49%
95.50	18.60%	18.55%	18.50%	18.47%	18.44%	18.42%	18.41%	18.39%
96.00	18.48%	18.43%	18.39%	18.36%	18.34%	18.32%	18.30%	18.29%
96.50	18.35%	18.31%	18.27%	18.25%	18.23%	18.21%	18.20%	18.19%
97.00	18.23%	18.19%	18.16%	18.14%	18.12%	18.11%	18.10%	18.09%
97.50	18.10%	18.07%	18.05%	18.03%	18.02%	18.00%	17.99%	17.99%
98.00	17.98%	17.96%	17.94%	17.92%	17.91%	17.90%	17.89%	17.89%
98.50	17.86%	17.84%	17.83%	17.82%	17.81%	17.80%	17.79%	17.79%
99.00	17.74%	17.73%	17.72%	17.71%	17.70%	17.70%	17.70%	17.69%
99.50	17.62%	17.61%	17.61%	17.60%	17.60%	17.60%	17.60%	17.60%
100.00	17.50%	17.50%	17.50%	17.50%	17.50%	17.50%	17.50%	17.50%
100.50	17.38%	17.39%	17.39%	17.40%	17.40%	17.40%	17.40%	17.41%
101.00	17.26%	17.28%	17.29%	17.29%	17.30%	17.30%	17.31%	17.31%
102.00	17.03%	17.06%	17.08%	17.09%	17.10%	17.11%	17.12%	17.13%
103.00	16.80%	16.84%	16.87%	16.89%	16.91%	16.92%	16.93%	16.94%
104.00	16.58%	16.63%	16.66%	16.69%	16.72%	16.74%	16.75%	16.76%
105.00	16.36%	16.42%	16.46%	16.50%	16.53%	16.55%	16.57%	16.59%
106.00	16.14%	16.21%	16.27%	16.31%	16.34%	16.37%	16.39%	16.41%
107.00	15.92%	16.01%	16.07%	16.12%	16.16%	16.19%	16.22%	16.24%
108.00	15.71%	15.80%	15.88%	15.94%	15.98%	16.02%	16.05%	16.07%
109.00	15.50%	15.61%	15.69%	15.75%	15.80%	15.85%	15.88%	15.91%
110.00	15.29%	15.41%	15.50%	15.57%	15.63%	15.68%	15.71%	15.74%

17.50% EFFECTIVE YIELD RATE

PRICE	YEARS UNTIL MATURITY							
	16	17	18	19	20	21	22	23
75.00	23.56%	23.52%	23.48%	23.45%	23.43%	23.41%	23.39%	23.38%
76.00	23.25%	23.21%	23.17%	23.14%	23.12%	23.10%	23.09%	23.07%
77.00	22.95%	22.90%	22.87%	22.84%	22.82%	22.80%	22.79%	22.78%
77.50	22.80%	22.75%	22.72%	22.69%	22.67%	22.65%	22.64%	22.63%
78.00	22.65%	22.61%	22.57%	22.55%	22.53%	22.51%	22.49%	22.48%
78.50	22.50%	22.46%	22.43%	22.40%	22.38%	22.37%	22.35%	22.34%
79.00	22.36%	22.32%	22.29%	22.26%	22.24%	22.22%	22.21%	22.20%
79.50	22.22%	22.18%	22.15%	22.12%	22.10%	22.08%	22.07%	22.06%
80.00	22.08%	22.04%	22.01%	21.98%	21.96%	21.95%	21.93%	21.92%
80.50	21.94%	21.90%	21.87%	21.84%	21.82%	21.81%	21.80%	21.78%
81.00	21.80%	21.76%	21.73%	21.71%	21.69%	21.67%	21.66%	21.65%
81.50	21.66%	21.63%	21.60%	21.57%	21.56%	21.54%	21.53%	21.52%
82.00	21.53%	21.49%	21.46%	21.44%	21.42%	21.41%	21.40%	21.39%
82.50	21.39%	21.36%	21.33%	21.31%	21.29%	21.28%	21.27%	21.26%
83.00	21.26%	21.23%	21.20%	21.18%	21.16%	21.15%	21.14%	21.13%
83.50	21.13%	21.10%	21.07%	21.05%	21.04%	21.02%	21.01%	21.00%
84.00	21.00%	20.97%	20.95%	20.93%	20.91%	20.90%	20.88%	20.88%
84.50	20.88%	20.85%	20.82%	20.80%	20.78%	20.77%	20.76%	20.75%
85.00	20.75%	20.72%	20.70%	20.68%	20.66%	20.65%	20.64%	20.63%
85.50	20.63%	20.60%	20.57%	20.55%	20.54%	20.53%	20.52%	20.51%
86.00	20.50%	20.47%	20.45%	20.43%	20.42%	20.41%	20.40%	20.39%
86.50	20.38%	20.35%	20.33%	20.31%	20.30%	20.29%	20.28%	20.27%
87.00	20.26%	20.23%	20.21%	20.20%	20.18%	20.17%	20.16%	20.15%
87.50	20.14%	20.11%	20.09%	20.08%	20.06%	20.05%	20.04%	20.04%
88.00	20.02%	20.00%	19.98%	19.96%	19.95%	19.94%	19.93%	19.92%
88.50	19.90%	19.88%	19.86%	19.85%	19.83%	19.82%	19.81%	19.81%
89.00	19.79%	19.77%	19.75%	19.73%	19.72%	19.71%	19.70%	19.70%
89.50	19.67%	19.65%	19.63%	19.62%	19.61%	19.60%	19.59%	19.58%
90.00	19.56%	19.54%	19.52%	19.51%	19.50%	19.49%	19.48%	19.47%
90.50	19.45%	19.43%	19.41%	19.40%	19.39%	19.38%	19.37%	19.37%
91.00	19.34%	19.32%	19.30%	19.29%	19.28%	19.27%	19.26%	19.26%
91.50	19.23%	19.21%	19.19%	19.18%	19.17%	19.16%	19.16%	19.15%
92.00	19.12%	19.10%	19.09%	19.08%	19.07%	19.06%	19.05%	19.05%
92.50	19.01%	18.99%	18.98%	18.97%	18.96%	18.95%	18.95%	18.94%
93.00	18.90%	18.89%	18.87%	18.86%	18.86%	18.85%	18.84%	18.84%
93.50	18.79%	18.78%	18.77%	18.76%	18.75%	18.75%	18.74%	18.74%
94.00	18.69%	18.68%	18.67%	18.66%	18.65%	18.65%	18.64%	18.64%
94.50	18.59%	18.57%	18.56%	18.56%	18.55%	18.55%	18.54%	18.54%
95.00	18.48%	18.47%	18.46%	18.46%	18.45%	18.45%	18.44%	18.44%
95.50	18.38%	18.37%	18.36%	18.36%	18.35%	18.35%	18.34%	18.34%
96.00	18.28%	18.27%	18.26%	18.26%	18.25%	18.25%	18.25%	18.24%
96.50	18.18%	18.17%	18.16%	18.16%	18.16%	18.15%	18.15%	18.15%
97.00	18.08%	18.07%	18.07%	18.06%	18.06%	18.06%	18.05%	18.05%
97.50	17.98%	17.97%	17.97%	17.97%	17.96%	17.96%	17.96%	17.96%
98.00	17.88%	17.88%	17.87%	17.87%	17.87%	17.87%	17.87%	17.86%
98.50	17.79%	17.78%	17.78%	17.78%	17.78%	17.77%	17.77%	17.77%
99.00	17.69%	17.69%	17.69%	17.68%	17.68%	17.68%	17.68%	17.68%
99.50	17.59%	17.59%	17.59%	17.59%	17.59%	17.59%	17.59%	17.59%
100.00	17.50%	17.50%	17.50%	17.50%	17.50%	17.50%	17.50%	17.50%
100.50	17.41%	17.41%	17.41%	17.41%	17.41%	17.41%	17.41%	17.41%
101.00	17.31%	17.32%	17.32%	17.32%	17.32%	17.32%	17.32%	17.32%
102.00	17.13%	17.13%	17.14%	17.14%	17.14%	17.15%	17.15%	17.15%
103.00	16.95%	16.96%	16.96%	16.97%	16.97%	16.97%	16.98%	16.98%
104.00	16.77%	16.78%	16.79%	16.80%	16.80%	16.80%	16.81%	16.81%
105.00	16.60%	16.61%	16.62%	16.63%	16.63%	16.64%	16.64%	16.65%
106.00	16.43%	16.44%	16.45%	16.46%	16.47%	16.47%	16.48%	16.48%
107.00	16.26%	16.28%	16.29%	16.30%	16.31%	16.31%	16.32%	16.33%
108.00	16.09%	16.11%	16.13%	16.14%	16.15%	16.16%	16.16%	16.17%
109.00	15.93%	15.95%	15.97%	15.98%	15.99%	16.00%	16.01%	16.02%
110.00	15.77%	15.79%	15.81%	15.82%	15.84%	15.85%	15.86%	15.86%

EFFECTIVE YIELD RATE 17.50%

PRICE	YEARS UNTIL MATURITY 24	25	26	27	28	29	30	40
75.00	23.37%	23.36%	23.36%	23.35%	23.35%	23.35%	23.34%	23.33%
76.00	23.07%	23.06%	23.05%	23.05%	23.04%	23.04%	23.04%	23.03%
77.00	22.77%	22.76%	22.75%	22.75%	22.74%	22.74%	22.74%	22.73%
77.50	22.62%	22.61%	22.61%	22.60%	22.60%	22.59%	22.59%	22.58%
78.00	22.47%	22.47%	22.46%	22.46%	22.45%	22.45%	22.45%	22.44%
78.50	22.33%	22.32%	22.32%	22.31%	22.31%	22.31%	22.30%	22.29%
79.00	22.19%	22.18%	22.18%	22.17%	22.17%	22.17%	22.16%	22.15%
79.50	22.05%	22.04%	22.04%	22.03%	22.03%	22.03%	22.02%	22.01%
80.00	21.91%	21.91%	21.90%	21.90%	21.89%	21.89%	21.89%	21.88%
80.50	21.78%	21.77%	21.76%	21.76%	21.76%	21.75%	21.75%	21.74%
81.00	21.64%	21.63%	21.63%	21.62%	21.62%	21.62%	21.62%	21.61%
81.50	21.51%	21.50%	21.50%	21.49%	21.49%	21.49%	21.48%	21.47%
82.00	21.38%	21.37%	21.37%	21.36%	21.36%	21.35%	21.35%	21.34%
82.50	21.25%	21.24%	21.24%	21.23%	21.23%	21.23%	21.22%	21.21%
83.00	21.12%	21.11%	21.11%	21.10%	21.10%	21.10%	21.09%	21.09%
83.50	20.99%	20.99%	20.98%	20.98%	20.97%	20.97%	20.97%	20.96%
84.00	20.87%	20.86%	20.86%	20.85%	20.85%	20.85%	20.84%	20.83%
84.50	20.74%	20.74%	20.73%	20.73%	20.73%	20.72%	20.72%	20.71%
85.00	20.62%	20.62%	20.61%	20.61%	20.60%	20.60%	20.60%	20.59%
85.50	20.50%	20.49%	20.49%	20.49%	20.48%	20.48%	20.48%	20.47%
86.00	20.38%	20.37%	20.37%	20.37%	20.36%	20.36%	20.36%	20.35%
86.50	20.26%	20.26%	20.25%	20.25%	20.25%	20.24%	20.24%	20.23%
87.00	20.15%	20.14%	20.14%	20.13%	20.13%	20.13%	20.12%	20.12%
87.50	20.03%	20.02%	20.02%	20.02%	20.01%	20.01%	20.01%	20.00%
88.00	19.92%	19.91%	19.91%	19.90%	19.90%	19.90%	19.90%	19.89%
88.50	19.80%	19.80%	19.79%	19.79%	19.79%	19.78%	19.78%	19.78%
89.00	19.69%	19.69%	19.68%	19.68%	19.68%	19.67%	19.67%	19.66%
89.50	19.58%	19.57%	19.57%	19.57%	19.57%	19.56%	19.56%	19.55%
90.00	19.47%	19.47%	19.46%	19.46%	19.46%	19.45%	19.45%	19.45%
90.50	19.36%	19.36%	19.35%	19.35%	19.35%	19.35%	19.35%	19.34%
91.00	19.25%	19.25%	19.25%	19.24%	19.24%	19.24%	19.24%	19.23%
91.50	19.15%	19.14%	19.14%	19.14%	19.14%	19.13%	19.13%	19.13%
92.00	19.04%	19.04%	19.04%	19.03%	19.03%	19.03%	19.03%	19.02%
92.50	18.94%	18.94%	18.93%	18.93%	18.93%	18.93%	18.93%	18.92%
93.00	18.84%	18.83%	18.83%	18.83%	18.83%	18.82%	18.82%	18.82%
93.50	18.73%	18.73%	18.73%	18.73%	18.73%	18.72%	18.72%	18.72%
94.00	18.63%	18.63%	18.63%	18.63%	18.63%	18.62%	18.62%	18.62%
94.50	18.53%	18.53%	18.53%	18.53%	18.53%	18.52%	18.52%	18.52%
95.00	18.44%	18.43%	18.43%	18.43%	18.43%	18.43%	18.43%	18.42%
95.50	18.34%	18.34%	18.33%	18.33%	18.33%	18.33%	18.33%	18.33%
96.00	18.24%	18.24%	18.24%	18.24%	18.23%	18.23%	18.23%	18.23%
96.50	18.15%	18.14%	18.14%	18.14%	18.14%	18.14%	18.14%	18.14%
97.00	18.05%	18.05%	18.05%	18.05%	18.05%	18.04%	18.04%	18.04%
97.50	17.96%	17.96%	17.95%	17.95%	17.95%	17.95%	17.95%	17.95%
98.00	17.86%	17.86%	17.86%	17.86%	17.86%	17.86%	17.86%	17.86%
98.50	17.77%	17.77%	17.77%	17.77%	17.77%	17.77%	17.77%	17.77%
99.00	17.68%	17.68%	17.68%	17.68%	17.68%	17.68%	17.68%	17.68%
99.50	17.59%	17.59%	17.59%	17.59%	17.59%	17.59%	17.59%	17.59%
100.00	17.50%	17.50%	17.50%	17.50%	17.50%	17.50%	17.50%	17.50%
100.50	17.41%	17.41%	17.41%	17.41%	17.41%	17.41%	17.41%	17.41%
101.00	17.32%	17.32%	17.32%	17.32%	17.33%	17.33%	17.33%	17.33%
102.00	17.15%	17.15%	17.15%	17.15%	17.15%	17.15%	17.15%	17.16%
103.00	16.98%	16.98%	16.98%	16.98%	16.99%	16.99%	16.99%	16.99%
104.00	16.81%	16.82%	16.82%	16.82%	16.82%	16.82%	16.82%	16.83%
105.00	16.65%	16.65%	16.65%	16.66%	16.66%	16.66%	16.66%	16.67%
106.00	16.49%	16.49%	16.49%	16.50%	16.50%	16.50%	16.50%	16.51%
107.00	16.33%	16.33%	16.34%	16.34%	16.34%	16.34%	16.35%	16.35%
108.00	16.17%	16.18%	16.18%	16.19%	16.19%	16.19%	16.19%	16.20%
109.00	16.02%	16.03%	16.03%	16.03%	16.04%	16.04%	16.04%	16.05%
110.00	15.87%	15.88%	15.88%	15.89%	15.89%	15.89%	15.89%	15.91%

17.75% EFFECTIVE YIELD RATE

PRICE	YEARS UNTIL MATURITY						
	1/2	1	2	3	4	5	6	7
85.00	56.18%	37.03%	28.05%	25.17%	23.76%	22.95%	22.42%	22.05%
85.50	54.68%	36.31%	27.67%	24.89%	23.54%	22.75%	22.24%	21.89%
86.00	53.20%	35.59%	27.29%	24.62%	23.32%	22.56%	22.07%	21.73%
86.50	51.73%	34.88%	26.91%	24.35%	23.10%	22.37%	21.90%	21.57%
87.00	50.29%	34.17%	26.54%	24.08%	22.88%	22.18%	21.73%	21.42%
87.50	48.86%	33.47%	26.17%	23.81%	22.67%	21.99%	21.56%	21.26%
88.00	47.44%	32.77%	25.80%	23.55%	22.45%	21.81%	21.39%	21.11%
88.50	46.05%	32.09%	25.44%	23.29%	22.24%	21.62%	21.23%	20.95%
89.00	44.66%	31.40%	25.08%	23.03%	22.03%	21.44%	21.06%	20.80%
89.50	43.30%	30.73%	24.72%	22.77%	21.82%	21.26%	20.90%	20.65%
90.00	41.94%	30.06%	24.36%	22.51%	21.61%	21.08%	20.74%	20.50%
90.50	40.61%	29.39%	24.01%	22.26%	21.40%	20.90%	20.58%	20.35%
91.00	39.29%	28.73%	23.65%	22.01%	21.20%	20.73%	20.42%	20.21%
91.25	38.63%	28.41%	23.48%	21.88%	21.10%	20.64%	20.34%	20.13%
91.50	37.98%	28.08%	23.31%	21.75%	20.99%	20.55%	20.26%	20.06%
91.75	37.33%	27.75%	23.13%	21.63%	20.89%	20.46%	20.18%	19.99%
92.00	36.68%	27.43%	22.96%	21.51%	20.79%	20.37%	20.10%	19.92%
92.25	36.04%	27.11%	22.79%	21.38%	20.69%	20.29%	20.03%	19.85%
92.50	35.41%	26.79%	22.62%	21.26%	20.59%	20.20%	19.95%	19.77%
92.75	34.77%	26.47%	22.45%	21.13%	20.49%	20.12%	19.87%	19.70%
93.00	34.14%	26.15%	22.28%	21.01%	20.39%	20.03%	19.79%	19.63%
93.25	33.51%	25.83%	22.11%	20.89%	20.29%	19.94%	19.72%	19.56%
93.50	32.89%	25.52%	21.94%	20.77%	20.20%	19.86%	19.64%	19.49%
93.75	32.27%	25.20%	21.77%	20.65%	20.10%	19.77%	19.57%	19.42%
94.00	31.65%	24.89%	21.60%	20.53%	20.00%	19.69%	19.49%	19.35%
94.25	31.03%	24.58%	21.43%	20.41%	19.90%	19.61%	19.41%	19.28%
94.50	30.42%	24.27%	21.27%	20.29%	19.80%	19.52%	19.34%	19.21%
94.75	29.82%	23.96%	21.10%	20.17%	19.71%	19.44%	19.26%	19.14%
95.00	29.21%	23.65%	20.94%	20.05%	19.61%	19.35%	19.19%	19.07%
95.25	28.61%	23.35%	20.77%	19.93%	19.52%	19.27%	19.11%	19.00%
95.50	28.01%	23.04%	20.61%	19.81%	19.42%	19.19%	19.04%	18.94%
95.75	27.42%	22.74%	20.44%	19.69%	19.32%	19.11%	18.97%	18.87%
96.00	26.82%	22.43%	20.28%	19.58%	19.23%	19.02%	18.89%	18.80%
96.25	26.23%	22.13%	20.12%	19.46%	19.13%	18.94%	18.82%	18.73%
96.50	25.65%	21.83%	19.96%	19.34%	19.04%	18.86%	18.75%	18.67%
96.75	25.06%	21.53%	19.80%	19.23%	18.95%	18.78%	18.67%	18.60%
97.00	24.48%	21.24%	19.64%	19.11%	18.85%	18.70%	18.60%	18.53%
97.25	23.91%	20.94%	19.48%	18.99%	18.76%	18.62%	18.53%	18.47%
97.50	23.33%	20.64%	19.32%	18.88%	18.66%	18.54%	18.46%	18.40%
97.75	22.76%	20.35%	19.16%	18.76%	18.57%	18.46%	18.38%	18.33%
98.00	22.19%	20.06%	19.00%	18.65%	18.48%	18.38%	18.31%	18.27%
98.25	21.63%	19.76%	18.84%	18.54%	18.39%	18.30%	18.24%	18.20%
98.50	21.07%	19.47%	18.68%	18.42%	18.29%	18.22%	18.17%	18.14%
98.75	20.51%	19.18%	18.53%	18.31%	18.20%	18.14%	18.10%	18.07%
99.00	19.95%	18.89%	18.37%	18.20%	18.11%	18.06%	18.03%	18.01%
99.25	19.40%	18.61%	18.21%	18.08%	18.02%	17.98%	17.96%	17.94%
99.50	18.84%	18.32%	18.06%	17.97%	17.93%	17.91%	17.89%	17.88%
99.75	18.30%	18.03%	17.90%	17.86%	17.84%	17.83%	17.82%	17.81%
100.00	17.75%	17.75%	17.75%	17.75%	17.75%	17.75%	17.75%	17.75%
100.25	17.21%	17.47%	17.60%	17.64%	17.66%	17.67%	17.68%	17.69%
100.50	16.67%	17.18%	17.44%	17.53%	17.57%	17.60%	17.61%	17.62%
101.00	15.59%	16.62%	17.14%	17.31%	17.39%	17.44%	17.47%	17.50%
101.50	14.53%	16.07%	16.84%	17.09%	17.22%	17.29%	17.34%	17.37%
102.00	13.48%	15.51%	16.54%	16.87%	17.04%	17.14%	17.20%	17.25%
102.50	12.44%	14.97%	16.24%	16.66%	16.87%	16.99%	17.07%	17.12%
103.00	11.41%	14.42%	15.94%	16.44%	16.69%	16.84%	16.93%	17.00%
103.50	10.39%	13.88%	15.64%	16.23%	16.52%	16.69%	16.80%	16.88%
104.00	9.38%	13.35%	15.35%	16.02%	16.35%	16.54%	16.67%	16.76%
104.50	8.37%	12.81%	15.06%	15.81%	16.18%	16.40%	16.54%	16.64%
105.00	7.38%	12.28%	14.77%	15.60%	16.01%	16.25%	16.41%	16.52%

EFFECTIVE YIELD RATE 17.75%

PRICE	YEARS UNTIL MATURITY							
	8	9	10	11	12	13	14	15
70.00	27.11%	26.70%	26.39%	26.16%	25.98%	25.85%	25.74%	25.66%
71.00	26.70%	26.30%	26.01%	25.79%	25.61%	25.48%	25.38%	25.30%
72.00	26.30%	25.92%	25.63%	25.42%	25.25%	25.13%	25.03%	24.95%
73.00	25.91%	25.54%	25.27%	25.06%	24.90%	24.78%	24.68%	24.60%
74.00	25.52%	25.17%	24.91%	24.71%	24.56%	24.44%	24.34%	24.27%
75.00	25.15%	24.81%	24.56%	24.37%	24.22%	24.11%	24.02%	23.94%
76.00	24.78%	24.46%	24.22%	24.04%	23.89%	23.78%	23.70%	23.63%
77.00	24.42%	24.12%	23.89%	23.71%	23.57%	23.47%	23.38%	23.32%
78.00	24.07%	23.78%	23.56%	23.39%	23.26%	23.16%	23.08%	23.01%
79.00	23.73%	23.45%	23.24%	23.08%	22.95%	22.86%	22.78%	22.72%
80.00	23.39%	23.12%	22.93%	22.77%	22.65%	22.56%	22.49%	22.43%
81.00	23.06%	22.81%	22.62%	22.47%	22.36%	22.27%	22.20%	22.15%
82.00	22.73%	22.50%	22.32%	22.18%	22.07%	21.99%	21.92%	21.87%
82.50	22.57%	22.34%	22.17%	22.04%	21.93%	21.85%	21.79%	21.73%
83.00	22.41%	22.19%	22.02%	21.89%	21.79%	21.71%	21.65%	21.60%
83.50	22.25%	22.04%	21.88%	21.75%	21.65%	21.58%	21.52%	21.47%
84.00	22.10%	21.89%	21.73%	21.61%	21.52%	21.44%	21.38%	21.33%
84.50	21.94%	21.74%	21.59%	21.47%	21.38%	21.31%	21.25%	21.20%
85.00	21.79%	21.60%	21.45%	21.34%	21.25%	21.18%	21.12%	21.08%
85.50	21.64%	21.45%	21.31%	21.20%	21.11%	21.05%	20.99%	20.95%
86.00	21.49%	21.31%	21.17%	21.07%	20.98%	20.92%	20.86%	20.82%
86.50	21.34%	21.17%	21.03%	20.93%	20.85%	20.79%	20.74%	20.70%
87.00	21.19%	21.03%	20.90%	20.80%	20.72%	20.66%	20.61%	20.57%
87.50	21.05%	20.89%	20.76%	20.67%	20.60%	20.54%	20.49%	20.45%
88.00	20.90%	20.75%	20.63%	20.54%	20.47%	20.41%	20.37%	20.33%
88.50	20.76%	20.61%	20.50%	20.41%	20.34%	20.29%	20.25%	20.21%
89.00	20.61%	20.47%	20.37%	20.28%	20.22%	20.17%	20.13%	20.09%
89.50	20.47%	20.34%	20.24%	20.16%	20.10%	20.05%	20.01%	19.98%
90.00	20.33%	20.20%	20.11%	20.03%	19.97%	19.93%	19.89%	19.86%
90.50	20.19%	20.07%	19.98%	19.91%	19.85%	19.81%	19.77%	19.74%
91.00	20.05%	19.94%	19.85%	19.79%	19.73%	19.69%	19.66%	19.63%
91.50	19.92%	19.81%	19.73%	19.66%	19.61%	19.57%	19.54%	19.52%
92.00	19.78%	19.68%	19.60%	19.54%	19.50%	19.46%	19.43%	19.41%
92.50	19.65%	19.55%	19.48%	19.42%	19.38%	19.35%	19.32%	19.29%
93.00	19.51%	19.43%	19.36%	19.31%	19.27%	19.23%	19.21%	19.18%
93.50	19.38%	19.30%	19.24%	19.19%	19.15%	19.12%	19.10%	19.08%
94.00	19.25%	19.17%	19.12%	19.07%	19.04%	19.01%	18.99%	18.97%
94.50	19.12%	19.05%	19.00%	18.96%	18.93%	18.90%	18.88%	18.86%
95.00	18.99%	18.93%	18.88%	18.84%	18.81%	18.79%	18.77%	18.76%
95.50	18.86%	18.81%	18.76%	18.73%	18.70%	18.68%	18.67%	18.65%
96.00	18.73%	18.68%	18.65%	18.62%	18.59%	18.57%	18.56%	18.55%
96.50	18.61%	18.56%	18.53%	18.51%	18.49%	18.47%	18.46%	18.44%
97.00	18.48%	18.45%	18.42%	18.39%	18.38%	18.36%	18.35%	18.34%
97.50	18.36%	18.33%	18.30%	18.29%	18.27%	18.26%	18.25%	18.24%
98.00	18.23%	18.21%	18.19%	18.18%	18.16%	18.16%	18.15%	18.14%
98.50	18.11%	18.09%	18.08%	18.07%	18.06%	18.05%	18.05%	18.04%
99.00	17.99%	17.98%	17.97%	17.96%	17.96%	17.95%	17.95%	17.94%
99.50	17.87%	17.86%	17.86%	17.86%	17.85%	17.85%	17.85%	17.85%
100.00	17.75%	17.75%	17.75%	17.75%	17.75%	17.75%	17.75%	17.75%
100.50	17.63%	17.64%	17.64%	17.65%	17.65%	17.65%	17.65%	17.65%
101.00	17.51%	17.53%	17.53%	17.54%	17.55%	17.55%	17.56%	17.56%
102.00	17.28%	17.30%	17.32%	17.34%	17.35%	17.36%	17.37%	17.37%
103.00	17.05%	17.09%	17.11%	17.14%	17.15%	17.17%	17.18%	17.19%
104.00	16.82%	16.87%	16.91%	16.94%	16.96%	16.98%	16.99%	17.01%
105.00	16.60%	16.66%	16.70%	16.74%	16.77%	16.79%	16.81%	16.83%
106.00	16.38%	16.45%	16.50%	16.55%	16.58%	16.61%	16.63%	16.65%
107.00	16.16%	16.24%	16.31%	16.36%	16.40%	16.43%	16.46%	16.48%
108.00	15.95%	16.04%	16.11%	16.17%	16.22%	16.25%	16.28%	16.31%
109.00	15.73%	15.84%	15.92%	15.99%	16.04%	16.08%	16.11%	16.14%
110.00	15.52%	15.64%	15.73%	15.80%	15.86%	15.91%	15.94%	15.98%

17.75% EFFECTIVE YIELD RATE

PRICE	YEARS UNTIL MATURITY							
	16	17	18	19	20	21	22	23
85.00	21.04%	21.01%	20.99%	20.97%	20.95%	20.94%	20.93%	20.92%
85.50	20.91%	20.89%	20.86%	20.84%	20.83%	20.82%	20.81%	20.80%
86.00	20.79%	20.76%	20.74%	20.72%	20.71%	20.69%	20.68%	20.68%
86.50	20.67%	20.64%	20.62%	20.60%	20.59%	20.57%	20.56%	20.56%
87.00	20.54%	20.52%	20.50%	20.48%	20.47%	20.45%	20.45%	20.44%
87.50	20.42%	20.40%	20.38%	20.36%	20.35%	20.34%	20.33%	20.32%
88.00	20.30%	20.28%	20.26%	20.24%	20.23%	20.22%	20.21%	20.20%
88.50	20.18%	20.16%	20.14%	20.13%	20.11%	20.10%	20.10%	20.09%
89.00	20.07%	20.04%	20.03%	20.01%	20.00%	19.99%	19.98%	19.98%
89.50	19.95%	19.93%	19.91%	19.90%	19.89%	19.88%	19.87%	19.86%
90.00	19.83%	19.81%	19.80%	19.78%	19.77%	19.76%	19.76%	19.75%
90.50	19.72%	19.70%	19.69%	19.67%	19.66%	19.65%	19.65%	19.64%
91.00	19.61%	19.59%	19.58%	19.56%	19.55%	19.54%	19.54%	19.53%
91.50	19.50%	19.48%	19.47%	19.45%	19.44%	19.44%	19.43%	19.42%
92.00	19.39%	19.37%	19.36%	19.35%	19.34%	19.33%	19.32%	19.32%
92.50	19.28%	19.26%	19.25%	19.24%	19.23%	19.22%	19.22%	19.21%
93.00	19.17%	19.15%	19.14%	19.13%	19.12%	19.12%	19.11%	19.11%
93.50	19.06%	19.05%	19.04%	19.03%	19.02%	19.01%	19.01%	19.00%
94.00	18.95%	18.94%	18.93%	18.92%	18.92%	18.91%	18.91%	18.90%
94.50	18.85%	18.84%	18.83%	18.82%	18.81%	18.81%	18.80%	18.80%
95.00	18.74%	18.73%	18.73%	18.72%	18.71%	18.71%	18.70%	18.70%
95.50	18.64%	18.63%	18.62%	18.62%	18.61%	18.61%	18.60%	18.60%
96.00	18.54%	18.53%	18.52%	18.52%	18.51%	18.51%	18.51%	18.50%
96.50	18.44%	18.43%	18.42%	18.42%	18.41%	18.41%	18.41%	18.41%
97.00	18.34%	18.33%	18.32%	18.32%	18.32%	18.31%	18.31%	18.31%
97.50	18.24%	18.23%	18.23%	18.22%	18.22%	18.22%	18.22%	18.21%
98.00	18.14%	18.13%	18.13%	18.13%	18.12%	18.12%	18.12%	18.12%
98.50	18.04%	18.04%	18.03%	18.03%	18.03%	18.03%	18.03%	18.03%
99.00	17.94%	17.94%	17.94%	17.94%	17.94%	17.93%	17.93%	17.93%
99.50	17.85%	17.84%	17.84%	17.84%	17.84%	17.84%	17.84%	17.84%
100.00	17.75%	17.75%	17.75%	17.75%	17.75%	17.75%	17.75%	17.75%
100.50	17.66%	17.66%	17.66%	17.66%	17.66%	17.66%	17.66%	17.66%
101.00	17.56%	17.56%	17.57%	17.57%	17.57%	17.57%	17.57%	17.57%
101.50	17.47%	17.47%	17.47%	17.48%	17.48%	17.48%	17.48%	17.48%
102.00	17.38%	17.38%	17.38%	17.39%	17.39%	17.39%	17.39%	17.39%
102.50	17.29%	17.29%	17.29%	17.30%	17.30%	17.30%	17.31%	17.31%
103.00	17.19%	17.20%	17.21%	17.21%	17.21%	17.22%	17.22%	17.22%
103.50	17.10%	17.11%	17.12%	17.12%	17.13%	17.13%	17.13%	17.14%
104.00	17.02%	17.02%	17.03%	17.04%	17.04%	17.05%	17.05%	17.05%
104.50	16.93%	16.94%	16.94%	16.95%	16.96%	16.96%	16.96%	16.97%
105.00	16.84%	16.85%	16.86%	16.87%	16.87%	16.88%	16.88%	16.88%
105.50	16.75%	16.76%	16.77%	16.78%	16.79%	16.79%	16.80%	16.80%
106.00	16.67%	16.68%	16.69%	16.70%	16.71%	16.71%	16.72%	16.72%
106.50	16.58%	16.59%	16.61%	16.62%	16.62%	16.63%	16.64%	16.64%
107.00	16.50%	16.51%	16.52%	16.53%	16.54%	16.55%	16.56%	16.56%
107.50	16.41%	16.43%	16.44%	16.45%	16.46%	16.47%	16.48%	16.48%
108.00	16.33%	16.35%	16.36%	16.37%	16.38%	16.39%	16.40%	16.40%
108.50	16.25%	16.26%	16.28%	16.29%	16.30%	16.31%	16.32%	16.32%
109.00	16.16%	16.18%	16.20%	16.21%	16.22%	16.23%	16.24%	16.25%
110.00	16.00%	16.02%	16.04%	16.05%	16.07%	16.08%	16.09%	16.09%
111.00	15.84%	15.86%	15.88%	15.90%	15.91%	15.93%	15.93%	15.94%
112.00	15.68%	15.71%	15.73%	15.75%	15.76%	15.78%	15.79%	15.80%
113.00	15.53%	15.56%	15.58%	15.60%	15.61%	15.63%	15.64%	15.65%
114.00	15.38%	15.41%	15.43%	15.45%	15.47%	15.48%	15.50%	15.51%
115.00	15.22%	15.26%	15.28%	15.31%	15.32%	15.34%	15.35%	15.37%
116.00	15.08%	15.11%	15.14%	15.16%	15.18%	15.20%	15.21%	15.23%
117.00	14.93%	14.97%	15.00%	15.02%	15.04%	15.06%	15.08%	15.09%
118.00	14.79%	14.82%	14.86%	14.88%	14.91%	14.93%	14.94%	14.96%
119.00	14.64%	14.68%	14.72%	14.75%	14.77%	14.79%	14.81%	14.82%
120.00	14.50%	14.55%	14.58%	14.61%	14.64%	14.66%	14.68%	14.69%

EFFECTIVE YIELD RATE 17.75%

PRICE	YEARS UNTIL MATURITY							
	24	25	26	27	28	29	30	40
85.00	20.91%	20.91%	20.90%	20.90%	20.90%	20.89%	20.89%	20.88%
85.50	20.79%	20.79%	20.78%	20.78%	20.77%	20.77%	20.77%	20.76%
86.00	20.67%	20.66%	20.66%	20.66%	20.65%	20.65%	20.65%	20.64%
86.50	20.55%	20.54%	20.54%	20.54%	20.53%	20.53%	20.53%	20.52%
87.00	20.43%	20.43%	20.42%	20.42%	20.42%	20.41%	20.41%	20.40%
87.50	20.31%	20.31%	20.30%	20.30%	20.30%	20.30%	20.29%	20.29%
88.00	20.20%	20.19%	20.19%	20.19%	20.18%	20.18%	20.18%	20.17%
88.50	20.08%	20.08%	20.07%	20.07%	20.07%	20.07%	20.06%	20.06%
89.00	19.97%	19.97%	19.96%	19.96%	19.96%	19.95%	19.95%	19.95%
89.50	19.86%	19.85%	19.85%	19.85%	19.84%	19.84%	19.84%	19.83%
90.00	19.75%	19.74%	19.74%	19.74%	19.73%	19.73%	19.73%	19.72%
90.50	19.64%	19.63%	19.63%	19.63%	19.62%	19.62%	19.62%	19.61%
91.00	19.53%	19.52%	19.52%	19.52%	19.52%	19.51%	19.51%	19.51%
91.50	19.42%	19.42%	19.41%	19.41%	19.41%	19.41%	19.41%	19.40%
92.00	19.31%	19.31%	19.31%	19.31%	19.30%	19.30%	19.30%	19.29%
92.50	19.21%	19.21%	19.20%	19.20%	19.20%	19.20%	19.20%	19.19%
93.00	19.10%	19.10%	19.10%	19.10%	19.09%	19.09%	19.09%	19.09%
93.50	19.00%	19.00%	19.00%	18.99%	18.99%	18.99%	18.99%	18.98%
94.00	18.90%	18.90%	18.89%	18.89%	18.89%	18.89%	18.89%	18.88%
94.50	18.80%	18.80%	18.79%	18.79%	18.79%	18.79%	18.79%	18.78%
95.00	18.70%	18.70%	18.69%	18.69%	18.69%	18.69%	18.69%	18.68%
95.50	18.60%	18.60%	18.60%	18.59%	18.59%	18.59%	18.59%	18.59%
96.00	18.50%	18.50%	18.50%	18.50%	18.50%	18.49%	18.49%	18.49%
96.50	18.40%	18.40%	18.40%	18.40%	18.40%	18.40%	18.40%	18.39%
97.00	18.31%	18.31%	18.30%	18.30%	18.30%	18.30%	18.30%	18.30%
97.50	18.21%	18.21%	18.21%	18.21%	18.21%	18.21%	18.21%	18.21%
98.00	18.12%	18.12%	18.12%	18.12%	18.12%	18.11%	18.11%	18.11%
98.50	18.02%	18.02%	18.02%	18.02%	18.02%	18.02%	18.02%	18.02%
99.00	17.93%	17.93%	17.93%	17.93%	17.93%	17.93%	17.93%	17.93%
99.50	17.84%	17.84%	17.84%	17.84%	17.84%	17.84%	17.84%	17.84%
100.00	17.75%	17.75%	17.75%	17.75%	17.75%	17.75%	17.75%	17.75%
100.50	17.66%	17.66%	17.66%	17.66%	17.66%	17.66%	17.66%	17.66%
101.00	17.57%	17.57%	17.57%	17.57%	17.57%	17.57%	17.57%	17.57%
101.50	17.48%	17.48%	17.48%	17.48%	17.49%	17.49%	17.49%	17.49%
102.00	17.40%	17.40%	17.40%	17.40%	17.40%	17.40%	17.40%	17.40%
102.50	17.31%	17.31%	17.31%	17.31%	17.31%	17.31%	17.31%	17.32%
103.00	17.22%	17.22%	17.23%	17.23%	17.23%	17.23%	17.23%	17.23%
103.50	17.14%	17.14%	17.14%	17.14%	17.14%	17.14%	17.15%	17.15%
104.00	17.05%	17.06%	17.06%	17.06%	17.06%	17.06%	17.06%	17.07%
104.50	16.97%	16.97%	16.97%	16.98%	16.98%	16.98%	16.98%	16.98%
105.00	16.89%	16.89%	16.89%	16.89%	16.90%	16.90%	16.90%	16.90%
105.50	16.81%	16.81%	16.81%	16.81%	16.82%	16.82%	16.82%	16.82%
106.00	16.72%	16.73%	16.73%	16.73%	16.73%	16.74%	16.74%	16.74%
106.50	16.64%	16.65%	16.65%	16.65%	16.66%	16.66%	16.66%	16.66%
107.00	16.56%	16.57%	16.57%	16.57%	16.58%	16.58%	16.58%	16.59%
107.50	16.49%	16.49%	16.49%	16.50%	16.50%	16.50%	16.50%	16.51%
108.00	16.41%	16.41%	16.41%	16.42%	16.42%	16.42%	16.42%	16.43%
108.50	16.33%	16.33%	16.34%	16.34%	16.34%	16.35%	16.35%	16.36%
109.00	16.25%	16.26%	16.26%	16.26%	16.27%	16.27%	16.27%	16.28%
110.00	16.10%	16.11%	16.11%	16.11%	16.12%	16.12%	16.12%	16.13%
111.00	15.95%	15.96%	15.96%	15.97%	15.97%	15.97%	15.98%	15.99%
112.00	15.80%	15.81%	15.82%	15.82%	15.82%	15.83%	15.83%	15.84%
113.00	15.66%	15.67%	15.67%	15.68%	15.68%	15.69%	15.69%	15.70%
114.00	15.52%	15.52%	15.53%	15.54%	15.54%	15.54%	15.55%	15.57%
115.00	15.38%	15.38%	15.39%	15.40%	15.40%	15.41%	15.41%	15.43%
116.00	15.24%	15.25%	15.25%	15.26%	15.27%	15.27%	15.28%	15.30%
117.00	15.10%	15.11%	15.12%	15.13%	15.13%	15.14%	15.14%	15.16%
118.00	14.97%	14.98%	14.99%	15.00%	15.00%	15.01%	15.01%	15.04%
119.00	14.84%	14.85%	14.86%	14.87%	14.87%	14.88%	14.88%	14.91%
120.00	14.71%	14.72%	14.73%	14.74%	14.75%	14.75%	14.76%	14.78%

18% EFFECTIVE YIELD RATE

PRICE	\			YEARS UNTIL MATURITY				
	1/2	1	2	3	4	5	6	7
85.00	56.47%	37.32%	28.33%	25.45%	24.04%	23.23%	22.70%	22.33%
85.50	54.97%	36.59%	27.95%	25.17%	23.82%	23.03%	22.52%	22.17%
86.00	53.49%	35.87%	27.57%	24.90%	23.60%	22.84%	22.35%	22.01%
86.50	52.02%	35.16%	27.19%	24.63%	23.38%	22.65%	22.18%	21.85%
87.00	50.57%	34.45%	26.82%	24.36%	23.16%	22.46%	22.01%	21.69%
87.50	49.14%	33.75%	26.44%	24.09%	22.94%	22.27%	21.84%	21.54%
88.00	47.73%	33.05%	26.07%	23.82%	22.72%	22.08%	21.67%	21.38%
88.50	46.33%	32.36%	25.71%	23.56%	22.51%	21.90%	21.50%	21.23%
89.00	44.94%	31.68%	25.35%	23.30%	22.30%	21.71%	21.34%	21.07%
89.50	43.58%	31.00%	24.99%	23.04%	22.09%	21.53%	21.17%	20.92%
90.00	42.22%	30.33%	24.63%	22.78%	21.88%	21.35%	21.01%	20.77%
90.50	40.88%	29.66%	24.27%	22.53%	21.67%	21.17%	20.85%	20.62%
91.00	39.56%	29.00%	23.92%	22.27%	21.46%	20.99%	20.69%	20.48%
91.25	38.90%	28.67%	23.75%	22.15%	21.36%	20.90%	20.61%	20.40%
91.50	38.25%	28.35%	23.57%	22.02%	21.26%	20.82%	20.53%	20.33%
91.75	37.60%	28.02%	23.40%	21.89%	21.16%	20.73%	20.45%	20.26%
92.00	36.96%	27.70%	23.22%	21.77%	21.06%	20.64%	20.37%	20.18%
92.25	36.31%	27.38%	23.05%	21.65%	20.96%	20.55%	20.29%	20.11%
92.50	35.68%	27.05%	22.88%	21.52%	20.86%	20.47%	20.21%	20.04%
92.75	35.04%	26.73%	22.71%	21.40%	20.76%	20.38%	20.14%	19.97%
93.00	34.41%	26.42%	22.54%	21.27%	20.66%	20.29%	20.06%	19.90%
93.25	33.78%	26.10%	22.37%	21.15%	20.56%	20.21%	19.98%	19.82%
93.50	33.16%	25.78%	22.20%	21.03%	20.46%	20.12%	19.90%	19.75%
93.75	32.53%	25.47%	22.03%	20.91%	20.36%	20.04%	19.83%	19.68%
94.00	31.91%	25.15%	21.86%	20.79%	20.26%	19.95%	19.75%	19.61%
94.25	31.30%	24.84%	21.69%	20.67%	20.16%	19.87%	19.67%	19.54%
94.50	30.69%	24.53%	21.53%	20.55%	20.06%	19.78%	19.60%	19.47%
94.75	30.08%	24.22%	21.36%	20.43%	19.97%	19.70%	19.52%	19.40%
95.00	29.47%	23.91%	21.20%	20.31%	19.87%	19.61%	19.45%	19.33%
95.25	28.87%	23.61%	21.03%	20.19%	19.77%	19.53%	19.37%	19.26%
95.50	28.27%	23.30%	20.87%	20.07%	19.68%	19.45%	19.30%	19.20%
95.75	27.68%	23.00%	20.70%	19.95%	19.58%	19.36%	19.22%	19.13%
96.00	27.08%	22.69%	20.54%	19.83%	19.49%	19.28%	19.15%	19.06%
96.25	26.49%	22.39%	20.38%	19.71%	19.39%	19.20%	19.08%	18.99%
96.50	25.91%	22.09%	20.21%	19.60%	19.30%	19.12%	19.00%	18.92%
96.75	25.32%	21.79%	20.05%	19.48%	19.20%	19.04%	18.93%	18.85%
97.00	24.74%	21.49%	19.89%	19.36%	19.11%	18.95%	18.86%	18.79%
97.25	24.16%	21.19%	19.73%	19.25%	19.01%	18.87%	18.78%	18.72%
97.50	23.59%	20.90%	19.57%	19.13%	18.92%	18.79%	18.71%	18.65%
97.75	23.02%	20.60%	19.41%	19.02%	18.83%	18.71%	18.64%	18.59%
98.00	22.45%	20.31%	19.25%	18.90%	18.73%	18.63%	18.57%	18.52%
98.25	21.88%	20.02%	19.09%	18.79%	18.64%	18.55%	18.49%	18.46%
98.50	21.32%	19.73%	18.94%	18.68%	18.55%	18.47%	18.42%	18.39%
98.75	20.76%	19.44%	18.78%	18.56%	18.46%	18.39%	18.35%	18.32%
99.00	20.20%	19.15%	18.62%	18.45%	18.36%	18.31%	18.28%	18.26%
99.25	19.65%	18.86%	18.47%	18.34%	18.27%	18.23%	18.21%	18.19%
99.50	19.10%	18.57%	18.31%	18.22%	18.18%	18.16%	18.14%	18.13%
99.75	18.55%	18.28%	18.15%	18.11%	18.09%	18.08%	18.07%	18.06%
100.00	18.00%	18.00%	18.00%	18.00%	18.00%	18.00%	18.00%	18.00%
100.25	17.46%	17.72%	17.85%	17.89%	17.91%	17.92%	17.93%	17.94%
100.50	16.92%	17.43%	17.69%	17.78%	17.82%	17.84%	17.86%	17.87%
101.00	15.84%	16.87%	17.39%	17.56%	17.64%	17.69%	17.72%	17.74%
101.50	14.78%	16.31%	17.08%	17.34%	17.46%	17.54%	17.59%	17.62%
102.00	13.73%	15.76%	16.78%	17.12%	17.29%	17.39%	17.45%	17.49%
102.50	12.68%	15.21%	16.48%	16.90%	17.11%	17.23%	17.31%	17.37%
103.00	11.65%	14.67%	16.18%	16.69%	16.94%	17.08%	17.18%	17.25%
103.50	10.63%	14.13%	15.89%	16.47%	16.76%	16.93%	17.05%	17.12%
104.00	9.62%	13.59%	15.60%	16.26%	16.59%	16.79%	16.91%	17.00%
104.50	8.61%	13.05%	15.30%	16.05%	16.42%	16.64%	16.78%	16.88%
105.00	7.62%	12.53%	15.01%	15.84%	16.25%	16.49%	16.65%	16.76%

EFFECTIVE YIELD RATE 18%

PRICE	8	9	10	11	12	13	14	15
	YEARS UNTIL MATURITY							
70.00	27.44%	27.03%	26.73%	26.50%	26.33%	26.19%	26.09%	26.01%
71.00	27.03%	26.63%	26.34%	26.12%	25.95%	25.82%	25.72%	25.64%
72.00	26.62%	26.24%	25.96%	25.75%	25.59%	25.46%	25.36%	25.28%
73.00	26.23%	25.86%	25.59%	25.39%	25.23%	25.11%	25.01%	24.94%
74.00	25.84%	25.49%	25.23%	25.03%	24.88%	24.76%	24.67%	24.60%
75.00	25.46%	25.13%	24.88%	24.69%	24.54%	24.43%	24.34%	24.27%
76.00	25.09%	24.77%	24.53%	24.35%	24.21%	24.10%	24.01%	23.95%
77.00	24.73%	24.43%	24.20%	24.02%	23.89%	23.78%	23.70%	23.63%
78.00	24.37%	24.08%	23.87%	23.70%	23.57%	23.47%	23.39%	23.33%
79.00	24.03%	23.75%	23.54%	23.38%	23.26%	23.16%	23.09%	23.03%
80.00	23.69%	23.42%	23.23%	23.07%	22.96%	22.86%	22.79%	22.73%
81.00	23.35%	23.10%	22.92%	22.77%	22.66%	22.57%	22.50%	22.45%
82.00	23.02%	22.79%	22.61%	22.48%	22.37%	22.29%	22.22%	22.17%
82.50	22.86%	22.63%	22.46%	22.33%	22.23%	22.15%	22.08%	22.03%
83.00	22.70%	22.48%	22.31%	22.19%	22.09%	22.01%	21.94%	21.89%
83.50	22.54%	22.33%	22.17%	22.04%	21.95%	21.87%	21.81%	21.76%
84.00	22.38%	22.18%	22.02%	21.90%	21.81%	21.73%	21.67%	21.63%
84.50	22.23%	22.03%	21.88%	21.76%	21.67%	21.60%	21.54%	21.50%
85.00	22.07%	21.88%	21.73%	21.62%	21.53%	21.46%	21.41%	21.36%
85.50	21.92%	21.73%	21.59%	21.48%	21.40%	21.33%	21.28%	21.24%
86.00	21.77%	21.59%	21.45%	21.35%	21.27%	21.20%	21.15%	21.11%
86.50	21.62%	21.45%	21.31%	21.21%	21.13%	21.07%	21.02%	20.98%
87.00	21.47%	21.30%	21.18%	21.08%	21.00%	20.94%	20.90%	20.86%
87.50	21.32%	21.16%	21.04%	20.95%	20.87%	20.82%	20.77%	20.73%
88.00	21.18%	21.02%	20.91%	20.82%	20.75%	20.69%	20.65%	20.61%
88.50	21.03%	20.88%	20.77%	20.69%	20.62%	20.57%	20.52%	20.49%
89.00	20.89%	20.75%	20.64%	20.56%	20.49%	20.44%	20.40%	20.37%
89.50	20.74%	20.61%	20.51%	20.43%	20.37%	20.32%	20.28%	20.25%
90.00	20.60%	20.48%	20.38%	20.31%	20.25%	20.20%	20.16%	20.13%
90.50	20.46%	20.34%	20.25%	20.18%	20.12%	20.08%	20.05%	20.02%
91.00	20.32%	20.21%	20.12%	20.06%	20.00%	19.96%	19.93%	19.90%
91.50	20.18%	20.08%	20.00%	19.93%	19.88%	19.84%	19.81%	19.79%
92.00	20.05%	19.95%	19.87%	19.81%	19.77%	19.73%	19.70%	19.67%
92.50	19.91%	19.82%	19.75%	19.69%	19.65%	19.61%	19.58%	19.56%
93.00	19.78%	19.69%	19.62%	19.57%	19.53%	19.50%	19.47%	19.45%
93.50	19.64%	19.56%	19.50%	19.45%	19.42%	19.39%	19.36%	19.34%
94.00	19.51%	19.44%	19.38%	19.34%	19.30%	19.27%	19.25%	19.23%
94.50	19.38%	19.31%	19.26%	19.22%	19.19%	19.16%	19.14%	19.12%
95.00	19.25%	19.19%	19.14%	19.10%	19.07%	19.05%	19.03%	19.02%
95.50	19.12%	19.06%	19.02%	18.99%	18.96%	18.94%	18.93%	18.91%
96.00	18.99%	18.94%	18.90%	18.88%	18.85%	18.83%	18.82%	18.81%
96.50	18.86%	18.82%	18.79%	18.76%	18.74%	18.73%	18.71%	18.70%
97.00	18.74%	18.70%	18.67%	18.65%	18.63%	18.62%	18.61%	18.60%
97.50	18.61%	18.58%	18.56%	18.54%	18.53%	18.51%	18.51%	18.50%
98.00	18.49%	18.46%	18.45%	18.43%	18.42%	18.41%	18.40%	18.40%
98.50	18.36%	18.35%	18.33%	18.32%	18.31%	18.31%	18.30%	18.30%
99.00	18.24%	18.23%	18.22%	18.21%	18.21%	18.20%	18.20%	18.20%
99.50	18.12%	18.11%	18.11%	18.11%	18.10%	18.10%	18.10%	18.10%
100.00	18.00%	18.00%	18.00%	18.00%	18.00%	18.00%	18.00%	18.00%
100.50	17.88%	17.89%	17.89%	17.89%	17.90%	17.90%	17.90%	17.90%
101.00	17.76%	17.77%	17.78%	17.79%	17.80%	17.80%	17.80%	17.81%
102.00	17.53%	17.55%	17.57%	17.58%	17.59%	17.60%	17.61%	17.62%
103.00	17.29%	17.33%	17.36%	17.38%	17.40%	17.41%	17.42%	17.43%
104.00	17.07%	17.11%	17.15%	17.18%	17.20%	17.22%	17.24%	17.25%
105.00	16.84%	16.90%	16.95%	16.98%	17.01%	17.03%	17.05%	17.07%
106.00	16.62%	16.69%	16.74%	16.79%	16.82%	16.85%	16.87%	16.89%
107.00	16.40%	16.48%	16.55%	16.60%	16.63%	16.67%	16.69%	16.71%
108.00	16.18%	16.28%	16.35%	16.41%	16.45%	16.49%	16.52%	16.54%
109.00	15.97%	16.07%	16.16%	16.22%	16.27%	16.31%	16.35%	16.37%
110.00	15.76%	15.88%	15.97%	16.04%	16.09%	16.14%	16.18%	16.21%

18% EFFECTIVE YIELD RATE

PRICE	YEARS UNTIL MATURITY							
	16	17	18	19	20	21	22	23
85.00	21.33%	21.30%	21.28%	21.26%	21.24%	21.23%	21.22%	21.21%
85.50	21.20%	21.17%	21.15%	21.13%	21.12%	21.11%	21.10%	21.09%
86.00	21.08%	21.05%	21.03%	21.01%	20.99%	20.98%	20.97%	20.97%
86.50	20.95%	20.92%	20.90%	20.89%	20.87%	20.86%	20.85%	20.84%
87.00	20.83%	20.80%	20.78%	20.76%	20.75%	20.74%	20.73%	20.72%
87.50	20.70%	20.68%	20.66%	20.64%	20.63%	20.62%	20.61%	20.60%
88.00	20.58%	20.56%	20.54%	20.52%	20.51%	20.50%	20.49%	20.49%
88.50	20.46%	20.44%	20.42%	20.41%	20.39%	20.38%	20.38%	20.37%
89.00	20.34%	20.32%	20.30%	20.29%	20.28%	20.27%	20.26%	20.25%
89.50	20.23%	20.21%	20.19%	20.17%	20.16%	20.15%	20.15%	20.14%
90.00	20.11%	20.09%	20.07%	20.06%	20.05%	20.04%	20.03%	20.03%
90.50	19.99%	19.98%	19.96%	19.95%	19.94%	19.93%	19.92%	19.92%
91.00	19.88%	19.86%	19.85%	19.84%	19.83%	19.82%	19.81%	19.81%
91.50	19.77%	19.75%	19.74%	19.72%	19.72%	19.71%	19.70%	19.70%
92.00	19.65%	19.64%	19.63%	19.62%	19.61%	19.60%	19.59%	19.59%
92.50	19.54%	19.53%	19.52%	19.51%	19.50%	19.49%	19.49%	19.48%
93.00	19.43%	19.42%	19.41%	19.40%	19.39%	19.39%	19.38%	19.38%
93.50	19.33%	19.31%	19.30%	19.29%	19.29%	19.28%	19.28%	19.27%
94.00	19.22%	19.21%	19.20%	19.19%	19.18%	19.18%	19.17%	19.17%
94.50	19.11%	19.10%	19.09%	19.08%	19.08%	19.07%	19.07%	19.06%
95.00	19.01%	19.00%	18.99%	18.98%	18.97%	18.97%	18.97%	18.96%
95.50	18.90%	18.89%	18.88%	18.88%	18.87%	18.87%	18.87%	18.86%
96.00	18.80%	18.79%	18.78%	18.78%	18.77%	18.77%	18.77%	18.76%
96.50	18.69%	18.69%	18.68%	18.68%	18.67%	18.67%	18.67%	18.66%
97.00	18.59%	18.59%	18.58%	18.58%	18.57%	18.57%	18.57%	18.57%
97.50	18.49%	18.49%	18.48%	18.48%	18.48%	18.47%	18.47%	18.47%
98.00	18.39%	18.39%	18.38%	18.38%	18.38%	18.38%	18.38%	18.37%
98.50	18.29%	18.29%	18.29%	18.28%	18.28%	18.28%	18.28%	18.28%
99.00	18.19%	18.19%	18.19%	18.19%	18.19%	18.19%	18.19%	18.19%
99.50	18.10%	18.10%	18.09%	18.09%	18.09%	18.09%	18.09%	18.09%
100.00	18.00%	18.00%	18.00%	18.00%	18.00%	18.00%	18.00%	18.00%
100.50	17.90%	17.91%	17.91%	17.91%	17.91%	17.91%	17.91%	17.91%
101.00	17.81%	17.81%	17.81%	17.81%	17.82%	17.82%	17.82%	17.82%
101.50	17.72%	17.72%	17.72%	17.72%	17.72%	17.73%	17.73%	17.73%
102.00	17.62%	17.63%	17.63%	17.63%	17.63%	17.64%	17.64%	17.64%
102.50	17.53%	17.53%	17.54%	17.54%	17.55%	17.55%	17.55%	17.55%
103.00	17.44%	17.44%	17.45%	17.45%	17.46%	17.46%	17.46%	17.46%
103.50	17.35%	17.35%	17.36%	17.37%	17.37%	17.37%	17.38%	17.38%
104.00	17.26%	17.27%	17.27%	17.28%	17.28%	17.29%	17.29%	17.29%
104.50	17.17%	17.18%	17.18%	17.19%	17.20%	17.20%	17.20%	17.21%
105.00	17.08%	17.09%	17.10%	17.11%	17.11%	17.12%	17.12%	17.12%
105.50	16.99%	17.00%	17.01%	17.02%	17.03%	17.03%	17.04%	17.04%
106.00	16.90%	16.92%	16.93%	16.94%	16.94%	16.95%	16.95%	16.96%
106.50	16.82%	16.83%	16.84%	16.85%	16.86%	16.87%	16.87%	16.88%
107.00	16.73%	16.75%	16.76%	16.77%	16.78%	16.78%	16.79%	16.79%
107.50	16.65%	16.66%	16.68%	16.69%	16.70%	16.70%	16.71%	16.71%
108.00	16.56%	16.58%	16.59%	16.60%	16.61%	16.62%	16.63%	16.63%
108.50	16.48%	16.50%	16.51%	16.52%	16.53%	16.54%	16.55%	16.56%
109.00	16.40%	16.41%	16.43%	16.44%	16.45%	16.46%	16.47%	16.48%
110.00	16.23%	16.25%	16.27%	16.28%	16.30%	16.31%	16.32%	16.32%
111.00	16.07%	16.09%	16.11%	16.13%	16.14%	16.15%	16.16%	16.17%
112.00	15.91%	15.94%	15.96%	15.97%	15.99%	16.00%	16.01%	16.02%
113.00	15.75%	15.78%	15.80%	15.82%	15.84%	15.85%	15.86%	15.87%
114.00	15.60%	15.63%	15.65%	15.67%	15.69%	15.71%	15.72%	15.73%
115.00	15.45%	15.48%	15.50%	15.53%	15.55%	15.56%	15.57%	15.59%
116.00	15.30%	15.33%	15.36%	15.38%	15.40%	15.42%	15.43%	15.45%
117.00	15.15%	15.18%	15.21%	15.24%	15.26%	15.28%	15.29%	15.31%
118.00	15.00%	15.04%	15.07%	15.10%	15.12%	15.14%	15.16%	15.17%
119.00	14.86%	14.90%	14.93%	14.96%	14.99%	15.01%	15.02%	15.04%
120.00	14.72%	14.76%	14.80%	14.83%	14.85%	14.87%	14.89%	14.91%

EFFECTIVE YIELD RATE 18%

PRICE	YEARS UNTIL MATURITY							
	24	25	26	27	28	29	30	40
85.00	21.21%	21.20%	21.20%	21.19%	21.19%	21.19%	21.19%	21.18%
85.50	21.08%	21.08%	21.07%	21.07%	21.07%	21.06%	21.06%	21.05%
86.00	20.96%	20.95%	20.95%	20.95%	20.94%	20.94%	20.94%	20.93%
86.50	20.84%	20.83%	20.83%	20.82%	20.82%	20.82%	20.82%	20.81%
87.00	20.72%	20.71%	20.71%	20.70%	20.70%	20.70%	20.70%	20.69%
87.50	20.60%	20.59%	20.59%	20.59%	20.58%	20.58%	20.58%	20.57%
88.00	20.48%	20.48%	20.47%	20.47%	20.47%	20.46%	20.46%	20.46%
88.50	20.36%	20.36%	20.36%	20.35%	20.35%	20.35%	20.35%	20.34%
89.00	20.25%	20.25%	20.24%	20.24%	20.24%	20.23%	20.23%	20.23%
89.50	20.14%	20.13%	20.13%	20.13%	20.12%	20.12%	20.12%	20.11%
90.00	20.02%	20.02%	20.02%	20.01%	20.01%	20.01%	20.01%	20.00%
90.50	19.91%	19.91%	19.90%	19.90%	19.90%	19.90%	19.90%	19.89%
91.00	19.80%	19.80%	19.79%	19.79%	19.79%	19.79%	19.79%	19.78%
91.50	19.69%	19.69%	19.69%	19.68%	19.68%	19.68%	19.68%	19.67%
92.00	19.58%	19.58%	19.58%	19.58%	19.57%	19.57%	19.57%	19.57%
92.50	19.48%	19.47%	19.47%	19.47%	19.47%	19.47%	19.47%	19.46%
93.00	19.37%	19.37%	19.37%	19.36%	19.36%	19.36%	19.36%	19.36%
93.50	19.27%	19.26%	19.26%	19.26%	19.26%	19.26%	19.26%	19.25%
94.00	19.16%	19.16%	19.16%	19.16%	19.16%	19.16%	19.15%	19.15%
94.50	19.06%	19.06%	19.06%	19.06%	19.05%	19.05%	19.05%	19.05%
95.00	18.96%	18.96%	18.96%	18.95%	18.95%	18.95%	18.95%	18.95%
95.50	18.86%	18.86%	18.86%	18.86%	18.85%	18.85%	18.85%	18.85%
96.00	18.76%	18.76%	18.76%	18.76%	18.76%	18.75%	18.75%	18.75%
96.50	18.66%	18.66%	18.66%	18.66%	18.66%	18.66%	18.66%	18.65%
97.00	18.56%	18.56%	18.56%	18.56%	18.56%	18.56%	18.56%	18.56%
97.50	18.47%	18.47%	18.47%	18.47%	18.46%	18.46%	18.46%	18.46%
98.00	18.37%	18.37%	18.37%	18.37%	18.37%	18.37%	18.37%	18.37%
98.50	18.28%	18.28%	18.28%	18.28%	18.28%	18.28%	18.28%	18.27%
99.00	18.18%	18.18%	18.18%	18.18%	18.18%	18.18%	18.18%	18.18%
99.50	18.09%	18.09%	18.09%	18.09%	18.09%	18.09%	18.09%	18.09%
100.00	18.00%	18.00%	18.00%	18.00%	18.00%	18.00%	18.00%	18.00%
100.50	17.91%	17.91%	17.91%	17.91%	17.91%	17.91%	17.91%	17.91%
101.00	17.82%	17.82%	17.82%	17.82%	17.82%	17.82%	17.82%	17.82%
101.50	17.73%	17.73%	17.73%	17.73%	17.73%	17.73%	17.73%	17.73%
102.00	17.64%	17.64%	17.64%	17.64%	17.64%	17.64%	17.64%	17.65%
102.50	17.55%	17.55%	17.56%	17.56%	17.56%	17.56%	17.56%	17.56%
103.00	17.47%	17.47%	17.47%	17.47%	17.47%	17.47%	17.47%	17.48%
103.50	17.38%	17.38%	17.38%	17.38%	17.39%	17.39%	17.39%	17.39%
104.00	17.30%	17.30%	17.30%	17.30%	17.30%	17.30%	17.30%	17.31%
104.50	17.21%	17.21%	17.21%	17.22%	17.22%	17.22%	17.22%	17.22%
105.00	17.13%	17.13%	17.13%	17.13%	17.13%	17.14%	17.14%	17.14%
105.50	17.04%	17.05%	17.05%	17.05%	17.05%	17.05%	17.06%	17.06%
106.00	16.96%	16.96%	16.97%	16.97%	16.97%	16.97%	16.97%	16.98%
106.50	16.88%	16.88%	16.89%	16.89%	16.89%	16.89%	16.89%	16.90%
107.00	16.80%	16.80%	16.81%	16.81%	16.81%	16.81%	16.81%	16.82%
107.50	16.72%	16.72%	16.73%	16.73%	16.73%	16.73%	16.73%	16.74%
108.00	16.64%	16.64%	16.65%	16.65%	16.65%	16.65%	16.66%	16.66%
108.50	16.56%	16.57%	16.57%	16.57%	16.57%	16.58%	16.58%	16.59%
109.00	16.48%	16.49%	16.49%	16.49%	16.50%	16.50%	16.50%	16.51%
110.00	16.33%	16.33%	16.34%	16.34%	16.35%	16.35%	16.35%	16.36%
111.00	16.18%	16.18%	16.19%	16.19%	16.20%	16.20%	16.20%	16.21%
112.00	16.03%	16.03%	16.04%	16.04%	16.05%	16.05%	16.05%	16.07%
113.00	15.88%	15.89%	15.89%	15.90%	15.90%	15.91%	15.91%	15.93%
114.00	15.74%	15.74%	15.75%	15.76%	15.76%	15.77%	15.77%	15.79%
115.00	15.60%	15.60%	15.61%	15.62%	15.62%	15.63%	15.63%	15.65%
116.00	15.46%	15.46%	15.47%	15.48%	15.48%	15.49%	15.49%	15.51%
117.00	15.32%	15.33%	15.34%	15.34%	15.35%	15.35%	15.36%	15.38%
118.00	15.18%	15.19%	15.20%	15.21%	15.22%	15.22%	15.23%	15.25%
119.00	15.05%	15.06%	15.07%	15.08%	15.08%	15.09%	15.10%	15.12%
120.00	14.92%	14.93%	14.94%	14.95%	14.96%	14.96%	14.97%	14.99%

18.25% EFFECTIVE YIELD RATE

PRICE	YEARS UNTIL MATURITY							
	1/2	1	2	3	4	5	6	7
85.00	56.76%	37.60%	28.61%	25.73%	24.32%	23.51%	22.98%	22.62%
85.50	55.26%	36.87%	28.23%	25.45%	24.10%	23.31%	22.80%	22.45%
86.00	53.78%	36.15%	27.84%	25.17%	23.87%	23.12%	22.63%	22.29%
86.50	52.31%	35.44%	27.47%	24.90%	23.65%	22.92%	22.45%	22.13%
87.00	50.86%	34.73%	27.09%	24.63%	23.43%	22.73%	22.28%	21.97%
87.50	49.43%	34.02%	26.72%	24.36%	23.21%	22.54%	22.11%	21.81%
88.00	48.01%	33.33%	26.35%	24.10%	23.00%	22.36%	21.94%	21.66%
88.50	46.61%	32.64%	25.98%	23.83%	22.78%	22.17%	21.77%	21.50%
89.00	45.22%	31.95%	25.62%	23.57%	22.57%	21.98%	21.61%	21.35%
89.50	43.85%	31.27%	25.26%	23.31%	22.36%	21.80%	21.44%	21.19%
90.00	42.50%	30.60%	24.90%	23.05%	22.15%	21.62%	21.28%	21.04%
90.50	41.16%	29.93%	24.54%	22.79%	21.94%	21.44%	21.12%	20.89%
91.00	39.84%	29.27%	24.19%	22.54%	21.73%	21.26%	20.95%	20.74%
91.25	39.18%	28.94%	24.01%	22.41%	21.63%	21.17%	20.87%	20.67%
91.50	38.52%	28.61%	23.84%	22.28%	21.53%	21.08%	20.79%	20.60%
91.75	37.87%	28.29%	23.66%	22.16%	21.42%	20.99%	20.71%	20.52%
92.00	37.23%	27.96%	23.49%	22.03%	21.32%	20.90%	20.63%	20.45%
92.25	36.59%	27.64%	23.32%	21.91%	21.22%	20.82%	20.56%	20.38%
92.50	35.95%	27.32%	23.14%	21.78%	21.12%	20.73%	20.48%	20.30%
92.75	35.31%	27.00%	22.97%	21.66%	21.02%	20.64%	20.40%	20.23%
93.00	34.68%	26.68%	22.80%	21.54%	20.92%	20.56%	20.32%	20.16%
93.25	34.05%	26.36%	22.63%	21.41%	20.82%	20.47%	20.24%	20.09%
93.50	33.42%	26.05%	22.46%	21.29%	20.72%	20.38%	20.17%	20.02%
93.75	32.80%	25.73%	22.29%	21.17%	20.62%	20.30%	20.09%	19.94%
94.00	32.18%	25.42%	22.12%	21.05%	20.52%	20.21%	20.01%	19.87%
94.25	31.56%	25.10%	21.95%	20.93%	20.42%	20.13%	19.94%	19.80%
94.50	30.95%	24.79%	21.79%	20.81%	20.32%	20.04%	19.86%	19.73%
94.75	30.34%	24.48%	21.62%	20.69%	20.23%	19.96%	19.78%	19.66%
95.00	29.74%	24.17%	21.45%	20.57%	20.13%	19.87%	19.71%	19.59%
95.25	29.13%	23.87%	21.29%	20.45%	20.03%	19.79%	19.63%	19.52%
95.50	28.53%	23.56%	21.12%	20.33%	19.94%	19.71%	19.56%	19.45%
95.75	27.94%	23.25%	20.96%	20.21%	19.84%	19.62%	19.48%	19.38%
96.00	27.34%	22.95%	20.80%	20.09%	19.74%	19.54%	19.41%	19.32%
96.25	26.75%	22.65%	20.63%	19.97%	19.65%	19.46%	19.33%	19.25%
96.50	26.17%	22.35%	20.47%	19.85%	19.55%	19.37%	19.26%	19.18%
96.75	25.58%	22.05%	20.31%	19.74%	19.46%	19.29%	19.19%	19.11%
97.00	25.00%	21.75%	20.15%	19.62%	19.36%	19.21%	19.11%	19.04%
97.25	24.42%	21.45%	19.98%	19.50%	19.27%	19.13%	19.04%	18.98%
97.50	23.85%	21.15%	19.82%	19.39%	19.17%	19.05%	18.97%	18.91%
97.75	23.27%	20.86%	19.66%	19.27%	19.08%	18.97%	18.89%	18.84%
98.00	22.70%	20.56%	19.51%	19.16%	18.99%	18.89%	18.82%	18.77%
98.25	22.14%	20.27%	19.35%	19.04%	18.89%	18.81%	18.75%	18.71%
98.50	21.57%	19.98%	19.19%	18.93%	18.80%	18.72%	18.68%	18.64%
98.75	21.01%	19.69%	19.03%	18.81%	18.71%	18.65%	18.60%	18.58%
99.00	20.45%	19.40%	18.87%	18.70%	18.62%	18.57%	18.53%	18.51%
99.25	19.90%	19.11%	18.72%	18.59%	18.52%	18.49%	18.46%	18.45%
99.50	19.35%	18.82%	18.56%	18.47%	18.43%	18.41%	18.39%	18.38%
99.75	18.80%	18.54%	18.41%	18.36%	18.34%	18.33%	18.32%	18.31%
100.00	18.25%	18.25%	18.25%	18.25%	18.25%	18.25%	18.25%	18.25%
100.25	17.71%	17.97%	18.10%	18.14%	18.16%	18.17%	18.18%	18.19%
100.50	17.16%	17.68%	17.94%	18.03%	18.07%	18.09%	18.11%	18.12%
101.00	16.09%	17.12%	17.64%	17.81%	17.89%	17.94%	17.97%	17.99%
101.50	15.02%	16.56%	17.33%	17.59%	17.71%	17.78%	17.83%	17.87%
102.00	13.97%	16.01%	17.03%	17.37%	17.53%	17.63%	17.70%	17.74%
102.50	12.93%	15.46%	16.73%	17.15%	17.36%	17.48%	17.56%	17.61%
103.00	11.89%	14.91%	16.43%	16.93%	17.18%	17.33%	17.42%	17.49%
103.50	10.87%	14.37%	16.13%	16.72%	17.01%	17.18%	17.29%	17.37%
104.00	9.86%	13.83%	15.84%	16.51%	16.84%	17.03%	17.16%	17.24%
104.50	8.85%	13.30%	15.55%	16.29%	16.66%	16.88%	17.02%	17.12%
105.00	7.86%	12.77%	15.26%	16.08%	16.49%	16.73%	16.89%	17.00%

EFFECTIVE YIELD RATE 18.25%

PRICE	YEARS UNTIL MATURITY							
	8	9	10	11	12	13	14	15
70.00	27.77%	27.37%	27.07%	26.84%	26.67%	26.54%	26.43%	26.35%
71.00	27.35%	26.96%	26.67%	26.46%	26.29%	26.16%	26.06%	25.98%
72.00	26.95%	26.57%	26.29%	26.08%	25.92%	25.79%	25.70%	25.62%
73.00	26.55%	26.19%	25.92%	25.71%	25.56%	25.44%	25.34%	25.27%
74.00	26.16%	25.81%	25.55%	25.36%	25.21%	25.09%	25.00%	24.93%
75.00	25.78%	25.44%	25.20%	25.01%	24.86%	24.75%	24.66%	24.59%
76.00	25.40%	25.09%	24.85%	24.67%	24.53%	24.42%	24.33%	24.27%
77.00	25.04%	24.73%	24.51%	24.33%	24.20%	24.10%	24.01%	23.95%
78.00	24.68%	24.39%	24.17%	24.01%	23.88%	23.78%	23.70%	23.64%
79.00	24.33%	24.05%	23.85%	23.69%	23.57%	23.47%	23.40%	23.34%
80.00	23.98%	23.72%	23.53%	23.38%	23.26%	23.17%	23.10%	23.04%
81.00	23.65%	23.40%	23.21%	23.07%	22.96%	22.87%	22.80%	22.75%
82.00	23.31%	23.08%	22.91%	22.77%	22.67%	22.58%	22.52%	22.47%
82.50	23.15%	22.92%	22.75%	22.62%	22.52%	22.44%	22.38%	22.33%
83.00	22.99%	22.77%	22.60%	22.48%	22.38%	22.30%	22.24%	22.19%
83.50	22.83%	22.62%	22.46%	22.33%	22.24%	22.16%	22.10%	22.05%
84.00	22.67%	22.46%	22.31%	22.19%	22.10%	22.02%	21.97%	21.92%
84.50	22.51%	22.31%	22.16%	22.05%	21.96%	21.89%	21.83%	21.79%
85.00	22.36%	22.17%	22.02%	21.91%	21.82%	21.75%	21.70%	21.65%
85.50	22.20%	22.02%	21.88%	21.77%	21.68%	21.62%	21.57%	21.52%
86.00	22.05%	21.87%	21.74%	21.63%	21.55%	21.49%	21.44%	21.39%
86.50	21.90%	21.73%	21.60%	21.50%	21.42%	21.36%	21.31%	21.27%
87.00	21.75%	21.58%	21.46%	21.36%	21.28%	21.23%	21.18%	21.14%
87.50	21.60%	21.44%	21.32%	21.23%	21.15%	21.10%	21.05%	21.01%
88.00	21.45%	21.30%	21.18%	21.09%	21.02%	20.97%	20.93%	20.89%
88.50	21.30%	21.16%	21.05%	20.96%	20.90%	20.84%	20.80%	20.77%
89.00	21.16%	21.02%	20.92%	20.83%	20.77%	20.72%	20.68%	20.65%
89.50	21.02%	20.88%	20.78%	20.71%	20.64%	20.60%	20.56%	20.53%
90.00	20.87%	20.75%	20.65%	20.58%	20.52%	20.47%	20.44%	20.41%
90.50	20.73%	20.61%	20.52%	20.45%	20.40%	20.35%	20.32%	20.29%
91.00	20.59%	20.48%	20.39%	20.33%	20.27%	20.23%	20.20%	20.17%
91.50	20.45%	20.35%	20.26%	20.20%	20.15%	20.11%	20.08%	20.06%
92.00	20.31%	20.21%	20.14%	20.08%	20.03%	20.00%	19.97%	19.94%
92.50	20.18%	20.08%	20.01%	19.96%	19.91%	19.88%	19.85%	19.83%
93.00	20.04%	19.95%	19.89%	19.84%	19.80%	19.76%	19.74%	19.72%
93.50	19.91%	19.83%	19.76%	19.72%	19.68%	19.65%	19.63%	19.61%
94.00	19.77%	19.70%	19.64%	19.60%	19.56%	19.54%	19.51%	19.50%
94.50	19.64%	19.57%	19.52%	19.48%	19.45%	19.42%	19.40%	19.39%
95.00	19.51%	19.45%	19.40%	19.36%	19.34%	19.31%	19.29%	19.28%
95.50	19.38%	19.32%	19.28%	19.25%	19.22%	19.20%	19.19%	19.17%
96.00	19.25%	19.20%	19.16%	19.13%	19.11%	19.09%	19.08%	19.07%
96.50	19.12%	19.08%	19.05%	19.02%	19.00%	18.98%	18.97%	18.96%
97.00	18.99%	18.96%	18.93%	18.91%	18.89%	18.88%	18.87%	18.86%
97.50	18.87%	18.84%	18.81%	18.80%	18.78%	18.77%	18.76%	18.75%
98.00	18.74%	18.72%	18.70%	18.68%	18.67%	18.66%	18.66%	18.65%
98.50	18.62%	18.60%	18.59%	18.57%	18.57%	18.56%	18.55%	18.55%
99.00	18.49%	18.48%	18.47%	18.47%	18.46%	18.46%	18.45%	18.45%
99.50	18.37%	18.37%	18.36%	18.36%	18.35%	18.35%	18.35%	18.35%
100.00	18.25%	18.25%	18.25%	18.25%	18.25%	18.25%	18.25%	18.25%
100.50	18.13%	18.14%	18.14%	18.14%	18.15%	18.15%	18.15%	18.15%
101.00	18.01%	18.02%	18.03%	18.04%	18.04%	18.05%	18.05%	18.05%
102.00	17.77%	17.80%	17.81%	17.83%	17.84%	17.85%	17.86%	17.86%
103.00	17.54%	17.57%	17.60%	17.62%	17.64%	17.65%	17.67%	17.67%
104.00	17.31%	17.36%	17.39%	17.42%	17.44%	17.46%	17.48%	17.49%
105.00	17.08%	17.14%	17.19%	17.22%	17.25%	17.27%	17.29%	17.31%
106.00	16.86%	16.93%	16.98%	17.03%	17.06%	17.09%	17.11%	17.13%
107.00	16.64%	16.72%	16.78%	16.83%	16.87%	16.90%	16.93%	16.95%
108.00	16.42%	16.51%	16.58%	16.64%	16.69%	16.72%	16.75%	16.78%
109.00	16.20%	16.31%	16.39%	16.45%	16.50%	16.55%	16.58%	16.61%
110.00	15.99%	16.11%	16.20%	16.27%	16.32%	16.37%	16.41%	16.44%

18.25% EFFECTIVE YIELD RATE

PRICE	YEARS UNTIL MATURITY							
	16	17	18	19	20	21	22	23
85.00	21.62%	21.59%	21.57%	21.55%	21.54%	21.52%	21.51%	21.51%
85.50	21.49%	21.46%	21.44%	21.42%	21.41%	21.40%	21.39%	21.38%
86.00	21.36%	21.34%	21.31%	21.30%	21.28%	21.27%	21.26%	21.25%
86.50	21.23%	21.21%	21.19%	21.17%	21.16%	21.15%	21.14%	21.13%
87.00	21.11%	21.08%	21.06%	21.05%	21.04%	21.02%	21.02%	21.01%
87.50	20.99%	20.96%	20.94%	20.93%	20.91%	20.90%	20.90%	20.89%
88.00	20.86%	20.84%	20.82%	20.81%	20.79%	20.78%	20.78%	20.77%
88.50	20.74%	20.72%	20.70%	20.69%	20.68%	20.67%	20.66%	20.65%
89.00	20.62%	20.60%	20.58%	20.57%	20.56%	20.55%	20.54%	20.53%
89.50	20.50%	20.48%	20.47%	20.45%	20.44%	20.43%	20.42%	20.42%
90.00	20.38%	20.36%	20.35%	20.34%	20.33%	20.32%	20.31%	20.30%
90.50	20.27%	20.25%	20.23%	20.22%	20.21%	20.20%	20.20%	20.19%
91.00	20.15%	20.13%	20.12%	20.11%	20.10%	20.09%	20.08%	20.08%
91.50	20.04%	20.02%	20.01%	20.00%	19.99%	19.98%	19.97%	19.97%
92.00	19.92%	19.91%	19.90%	19.89%	19.88%	19.87%	19.86%	19.86%
92.50	19.81%	19.80%	19.79%	19.78%	19.77%	19.76%	19.76%	19.75%
93.00	19.70%	19.69%	19.68%	19.67%	19.66%	19.65%	19.65%	19.64%
93.50	19.59%	19.58%	19.57%	19.56%	19.55%	19.55%	19.54%	19.54%
94.00	19.48%	19.47%	19.46%	19.45%	19.45%	19.44%	19.44%	19.43%
94.50	19.37%	19.36%	19.35%	19.35%	19.34%	19.34%	19.33%	19.33%
95.00	19.27%	19.26%	19.25%	19.24%	19.24%	19.23%	19.23%	19.23%
95.50	19.16%	19.15%	19.14%	19.14%	19.13%	19.13%	19.13%	19.12%
96.00	19.06%	19.05%	19.04%	19.04%	19.03%	19.03%	19.03%	19.02%
96.50	18.95%	18.95%	18.94%	18.93%	18.93%	18.93%	18.93%	18.92%
97.00	18.85%	18.84%	18.84%	18.83%	18.83%	18.83%	18.83%	18.82%
97.50	18.75%	18.74%	18.74%	18.73%	18.73%	18.73%	18.73%	18.73%
98.00	18.65%	18.64%	18.64%	18.64%	18.63%	18.63%	18.63%	18.63%
98.50	18.55%	18.54%	18.54%	18.54%	18.54%	18.53%	18.53%	18.53%
99.00	18.45%	18.44%	18.44%	18.44%	18.44%	18.44%	18.44%	18.44%
99.50	18.35%	18.35%	18.35%	18.35%	18.34%	18.34%	18.34%	18.34%
100.00	18.25%	18.25%	18.25%	18.25%	18.25%	18.25%	18.25%	18.25%
100.50	18.15%	18.15%	18.16%	18.16%	18.16%	18.16%	18.16%	18.16%
101.00	18.06%	18.06%	18.06%	18.06%	18.06%	18.06%	18.07%	18.07%
101.50	17.96%	17.97%	17.97%	17.97%	17.97%	17.97%	17.97%	17.98%
102.00	17.87%	17.87%	17.88%	17.88%	17.88%	17.88%	17.88%	17.89%
102.50	17.77%	17.78%	17.78%	17.79%	17.79%	17.79%	17.79%	17.80%
103.00	17.68%	17.69%	17.69%	17.70%	17.70%	17.70%	17.71%	17.71%
103.50	17.59%	17.60%	17.60%	17.61%	17.61%	17.62%	17.62%	17.62%
104.00	17.50%	17.51%	17.51%	17.52%	17.52%	17.53%	17.53%	17.53%
104.50	17.41%	17.42%	17.43%	17.43%	17.44%	17.44%	17.44%	17.45%
105.00	17.32%	17.33%	17.34%	17.34%	17.35%	17.36%	17.36%	17.36%
105.50	17.23%	17.24%	17.25%	17.26%	17.26%	17.27%	17.27%	17.28%
106.00	17.14%	17.15%	17.16%	17.17%	17.18%	17.19%	17.19%	17.19%
106.50	17.05%	17.07%	17.08%	17.09%	17.10%	17.10%	17.11%	17.11%
107.00	16.97%	16.98%	16.99%	17.00%	17.01%	17.02%	17.02%	17.03%
107.50	16.88%	16.90%	16.91%	16.92%	16.93%	16.94%	16.94%	16.95%
108.00	16.80%	16.81%	16.83%	16.84%	16.85%	16.85%	16.86%	16.87%
108.50	16.71%	16.73%	16.74%	16.76%	16.77%	16.77%	16.78%	16.79%
109.00	16.63%	16.65%	16.66%	16.67%	16.68%	16.69%	16.70%	16.71%
110.00	16.46%	16.48%	16.50%	16.51%	16.53%	16.54%	16.54%	16.55%
111.00	16.30%	16.32%	16.34%	16.36%	16.37%	16.38%	16.39%	16.40%
112.00	16.14%	16.16%	16.18%	16.20%	16.21%	16.23%	16.24%	16.25%
113.00	15.98%	16.01%	16.03%	16.05%	16.06%	16.08%	16.09%	16.10%
114.00	15.82%	15.85%	15.88%	15.90%	15.91%	15.93%	15.94%	15.95%
115.00	15.67%	15.70%	15.73%	15.75%	15.77%	15.78%	15.79%	15.81%
116.00	15.52%	15.55%	15.58%	15.60%	15.62%	15.64%	15.65%	15.66%
117.00	15.37%	15.40%	15.43%	15.46%	15.48%	15.50%	15.51%	15.52%
118.00	15.22%	15.26%	15.29%	15.32%	15.34%	15.36%	15.37%	15.39%
119.00	15.08%	15.11%	15.15%	15.18%	15.20%	15.22%	15.24%	15.25%
120.00	14.93%	14.97%	15.01%	15.04%	15.06%	15.08%	15.10%	15.12%

EFFECTIVE YIELD RATE 18.25%

PRICE	YEARS UNTIL MATURITY 24	25	26	27	28	29	30	40
85.00	21.50%	21.49%	21.49%	21.49%	21.48%	21.48%	21.48%	21.47%
85.50	21.37%	21.37%	21.36%	21.36%	21.36%	21.36%	21.35%	21.35%
86.00	21.25%	21.24%	21.24%	21.24%	21.23%	21.23%	21.23%	21.22%
86.50	21.13%	21.12%	21.12%	21.11%	21.11%	21.11%	21.11%	21.10%
87.00	21.00%	21.00%	20.99%	20.99%	20.99%	20.99%	20.98%	20.98%
87.50	20.88%	20.88%	20.87%	20.87%	20.87%	20.87%	20.86%	20.86%
88.00	20.76%	20.76%	20.76%	20.75%	20.75%	20.75%	20.75%	20.74%
88.50	20.65%	20.64%	20.64%	20.63%	20.63%	20.63%	20.63%	20.62%
89.00	20.53%	20.52%	20.52%	20.52%	20.52%	20.51%	20.51%	20.51%
89.50	20.41%	20.41%	20.41%	20.40%	20.40%	20.40%	20.40%	20.39%
90.00	20.30%	20.30%	20.29%	20.29%	20.29%	20.29%	20.28%	20.28%
90.50	20.19%	20.18%	20.18%	20.18%	20.18%	20.17%	20.17%	20.17%
91.00	20.08%	20.07%	20.07%	20.07%	20.06%	20.06%	20.06%	20.06%
91.50	19.96%	19.96%	19.96%	19.96%	19.95%	19.95%	19.95%	19.95%
92.00	19.86%	19.85%	19.85%	19.85%	19.85%	19.84%	19.84%	19.84%
92.50	19.75%	19.74%	19.74%	19.74%	19.74%	19.74%	19.74%	19.73%
93.00	19.64%	19.64%	19.64%	19.63%	19.63%	19.63%	19.63%	19.62%
93.50	19.53%	19.53%	19.53%	19.53%	19.53%	19.52%	19.52%	19.52%
94.00	19.43%	19.43%	19.42%	19.42%	19.42%	19.42%	19.42%	19.42%
94.50	19.33%	19.32%	19.32%	19.32%	19.32%	19.32%	19.32%	19.31%
95.00	19.22%	19.22%	19.22%	19.22%	19.22%	19.22%	19.21%	19.21%
95.50	19.12%	19.12%	19.12%	19.12%	19.12%	19.11%	19.11%	19.11%
96.00	19.02%	19.02%	19.02%	19.02%	19.02%	19.01%	19.01%	19.01%
96.50	18.92%	18.92%	18.92%	18.92%	18.92%	18.92%	18.91%	18.91%
97.00	18.82%	18.82%	18.82%	18.82%	18.82%	18.82%	18.82%	18.81%
97.50	18.72%	18.72%	18.72%	18.72%	18.72%	18.72%	18.72%	18.72%
98.00	18.63%	18.63%	18.63%	18.63%	18.63%	18.62%	18.62%	18.62%
98.50	18.53%	18.53%	18.53%	18.53%	18.53%	18.53%	18.53%	18.53%
99.00	18.44%	18.44%	18.44%	18.44%	18.44%	18.44%	18.44%	18.43%
99.50	18.34%	18.34%	18.34%	18.34%	18.34%	18.34%	18.34%	18.34%
100.00	18.25%	18.25%	18.25%	18.25%	18.25%	18.25%	18.25%	18.25%
100.50	18.16%	18.16%	18.16%	18.16%	18.16%	18.16%	18.16%	18.16%
101.00	18.07%	18.07%	18.07%	18.07%	18.07%	18.07%	18.07%	18.07%
101.50	17.98%	17.98%	17.98%	17.98%	17.98%	17.98%	17.98%	17.98%
102.00	17.89%	17.89%	17.89%	17.89%	17.89%	17.89%	17.89%	17.89%
102.50	17.80%	17.80%	17.80%	17.80%	17.80%	17.80%	17.80%	17.80%
103.00	17.71%	17.71%	17.71%	17.71%	17.71%	17.71%	17.72%	17.72%
103.50	17.62%	17.62%	17.63%	17.63%	17.63%	17.63%	17.63%	17.63%
104.00	17.54%	17.54%	17.54%	17.54%	17.54%	17.54%	17.54%	17.55%
104.50	17.45%	17.45%	17.45%	17.46%	17.46%	17.46%	17.46%	17.46%
105.00	17.37%	17.37%	17.37%	17.37%	17.37%	17.37%	17.38%	17.38%
105.50	17.28%	17.28%	17.29%	17.29%	17.29%	17.29%	17.29%	17.30%
106.00	17.20%	17.20%	17.20%	17.21%	17.21%	17.21%	17.21%	17.22%
106.50	17.12%	17.12%	17.12%	17.12%	17.13%	17.13%	17.13%	17.13%
107.00	17.03%	17.04%	17.04%	17.04%	17.04%	17.05%	17.05%	17.05%
107.50	16.95%	16.96%	16.96%	16.96%	16.96%	16.97%	16.97%	16.97%
108.00	16.87%	16.88%	16.88%	16.88%	16.88%	16.89%	16.89%	16.90%
108.50	16.79%	16.80%	16.80%	16.80%	16.81%	16.81%	16.81%	16.82%
109.00	16.71%	16.72%	16.72%	16.72%	16.73%	16.73%	16.73%	16.74%
110.00	16.56%	16.56%	16.57%	16.57%	16.57%	16.58%	16.58%	16.59%
111.00	16.40%	16.41%	16.41%	16.42%	16.42%	16.42%	16.43%	16.44%
112.00	16.25%	16.26%	16.26%	16.27%	16.27%	16.28%	16.28%	16.29%
113.00	16.10%	16.11%	16.12%	16.12%	16.13%	16.13%	16.13%	16.15%
114.00	15.96%	15.97%	15.97%	15.98%	15.98%	15.99%	15.99%	16.00%
115.00	15.81%	15.82%	15.83%	15.84%	15.84%	15.84%	15.85%	15.86%
116.00	15.67%	15.68%	15.69%	15.70%	15.70%	15.71%	15.71%	15.73%
117.00	15.53%	15.54%	15.55%	15.56%	15.56%	15.57%	15.57%	15.59%
118.00	15.40%	15.41%	15.42%	15.42%	15.43%	15.43%	15.44%	15.46%
119.00	15.26%	15.27%	15.28%	15.29%	15.30%	15.30%	15.31%	15.33%
120.00	15.13%	15.14%	15.15%	15.16%	15.17%	15.17%	15.18%	15.20%

18.50% EFFECTIVE YIELD RATE

PRICE	YEARS UNTIL MATURITY						
	1/2	1	2	3	4	5	6	7
85.00	57.06%	37.88%	28.89%	26.01%	24.60%	23.79%	23.26%	22.90%
85.50	55.56%	37.16%	28.50%	25.73%	24.38%	23.59%	23.08%	22.73%
86.00	54.07%	36.43%	28.12%	25.45%	24.15%	23.39%	22.91%	22.57%
86.50	52.60%	35.71%	27.74%	25.18%	23.93%	23.20%	22.73%	22.41%
87.00	51.15%	35.00%	27.37%	24.91%	23.71%	23.01%	22.56%	22.25%
87.50	49.71%	34.30%	26.99%	24.64%	23.49%	22.82%	22.39%	22.09%
88.00	48.30%	33.60%	26.62%	24.37%	23.27%	22.63%	22.22%	21.93%
88.50	46.89%	32.91%	26.25%	24.10%	23.05%	22.44%	22.05%	21.77%
89.00	45.51%	32.22%	25.89%	23.84%	22.84%	22.26%	21.88%	21.62%
89.50	44.13%	31.54%	25.53%	23.58%	22.63%	22.07%	21.71%	21.47%
90.00	42.78%	30.87%	25.17%	23.32%	22.42%	21.89%	21.55%	21.31%
90.50	41.44%	30.20%	24.81%	23.06%	22.21%	21.71%	21.38%	21.16%
91.00	40.11%	29.54%	24.45%	22.80%	22.00%	21.53%	21.22%	21.01%
91.25	39.45%	29.21%	24.28%	22.68%	21.89%	21.44%	21.14%	20.94%
91.50	38.80%	28.88%	24.10%	22.55%	21.79%	21.35%	21.06%	20.86%
91.75	38.15%	28.56%	23.93%	22.42%	21.69%	21.26%	20.98%	20.79%
92.00	37.50%	28.23%	23.75%	22.30%	21.59%	21.17%	20.90%	20.71%
92.25	36.86%	27.91%	23.58%	22.17%	21.48%	21.08%	20.82%	20.64%
92.50	36.22%	27.59%	23.41%	22.05%	21.38%	20.99%	20.74%	20.57%
92.75	35.58%	27.26%	23.24%	21.92%	21.28%	20.91%	20.66%	20.49%
93.00	34.95%	26.94%	23.06%	21.80%	21.18%	20.82%	20.58%	20.42%
93.25	34.32%	26.63%	22.89%	21.68%	21.08%	20.73%	20.51%	20.35%
93.50	33.69%	26.31%	22.72%	21.55%	20.98%	20.65%	20.43%	20.28%
93.75	33.07%	25.99%	22.55%	21.43%	20.88%	20.56%	20.35%	20.21%
94.00	32.45%	25.68%	22.38%	21.31%	20.78%	20.47%	20.27%	20.13%
94.25	31.83%	25.37%	22.22%	21.19%	20.68%	20.39%	20.20%	20.06%
94.50	31.22%	25.05%	22.05%	21.07%	20.58%	20.30%	20.12%	19.99%
94.75	30.61%	24.74%	21.88%	20.94%	20.49%	20.22%	20.04%	19.92%
95.00	30.00%	24.43%	21.71%	20.82%	20.39%	20.13%	19.97%	19.85%
95.25	29.40%	24.13%	21.55%	20.70%	20.29%	20.05%	19.89%	19.78%
95.50	28.80%	23.82%	21.38%	20.58%	20.19%	19.96%	19.81%	19.71%
95.75	28.20%	23.51%	21.22%	20.46%	20.10%	19.88%	19.74%	19.64%
96.00	27.60%	23.21%	21.05%	20.35%	20.00%	19.80%	19.66%	19.57%
96.25	27.01%	22.91%	20.89%	20.23%	19.90%	19.71%	19.59%	19.50%
96.50	26.42%	22.60%	20.73%	20.11%	19.81%	19.63%	19.52%	19.44%
96.75	25.84%	22.30%	20.56%	19.99%	19.71%	19.55%	19.44%	19.37%
97.00	25.26%	22.00%	20.40%	19.88%	19.62%	19.47%	19.37%	19.30%
97.25	24.68%	21.71%	20.24%	19.76%	19.52%	19.38%	19.29%	19.23%
97.50	24.10%	21.41%	20.08%	19.64%	19.43%	19.30%	19.22%	19.16%
97.75	23.53%	21.11%	19.92%	19.53%	19.33%	19.22%	19.15%	19.10%
98.00	22.96%	20.82%	19.76%	19.41%	19.24%	19.14%	19.07%	19.03%
98.25	22.39%	20.52%	19.60%	19.30%	19.15%	19.06%	19.00%	18.96%
98.50	21.83%	20.23%	19.44%	19.18%	19.05%	18.98%	18.93%	18.90%
98.75	21.27%	19.94%	19.28%	19.07%	18.96%	18.90%	18.86%	18.83%
99.00	20.71%	19.65%	19.12%	18.95%	18.87%	18.82%	18.78%	18.76%
99.25	20.15%	19.36%	18.97%	18.84%	18.77%	18.74%	18.71%	18.70%
99.50	19.60%	19.07%	18.81%	18.73%	18.68%	18.66%	18.64%	18.63%
99.75	19.05%	18.79%	18.66%	18.61%	18.59%	18.58%	18.57%	18.57%
100.00	18.50%	18.50%	18.50%	18.50%	18.50%	18.50%	18.50%	18.50%
100.25	17.96%	18.22%	18.35%	18.39%	18.41%	18.42%	18.43%	18.43%
100.50	17.41%	17.93%	18.19%	18.28%	18.32%	18.34%	18.36%	18.37%
101.00	16.34%	17.37%	17.88%	18.05%	18.14%	18.19%	18.22%	18.24%
101.50	15.27%	16.81%	17.58%	17.83%	17.96%	18.03%	18.08%	18.11%
102.00	14.22%	16.25%	17.28%	17.61%	17.78%	17.88%	17.94%	17.99%
102.50	13.17%	15.70%	16.97%	17.40%	17.60%	17.73%	17.81%	17.86%
103.00	12.14%	15.15%	16.67%	17.18%	17.43%	17.57%	17.67%	17.74%
103.50	11.11%	14.61%	16.38%	16.96%	17.25%	17.42%	17.53%	17.61%
104.00	10.10%	14.07%	16.08%	16.75%	17.08%	17.27%	17.40%	17.49%
104.50	9.09%	13.54%	15.79%	16.54%	16.91%	17.12%	17.27%	17.36%
105.00	8.10%	13.01%	15.50%	16.33%	16.74%	16.98%	17.13%	17.24%

EFFECTIVE YIELD RATE 18.50%

PRICE	YEARS UNTIL MATURITY							
	8	9	10	11	12	13	14	15
70.00	28.10%	27.70%	27.40%	27.18%	27.01%	26.88%	26.78%	26.70%
71.00	27.68%	27.29%	27.01%	26.79%	26.63%	26.50%	26.40%	26.33%
72.00	27.27%	26.90%	26.62%	26.41%	26.25%	26.13%	26.03%	25.96%
73.00	26.87%	26.51%	26.24%	26.04%	25.89%	25.77%	25.68%	25.60%
74.00	26.47%	26.13%	25.87%	25.68%	25.53%	25.42%	25.33%	25.26%
75.00	26.09%	25.76%	25.51%	25.33%	25.18%	25.07%	24.99%	24.92%
76.00	25.71%	25.40%	25.16%	24.98%	24.84%	24.74%	24.65%	24.59%
77.00	25.34%	25.04%	24.82%	24.65%	24.51%	24.41%	24.33%	24.27%
78.00	24.98%	24.69%	24.48%	24.32%	24.19%	24.09%	24.01%	23.95%
79.00	24.63%	24.35%	24.15%	23.99%	23.87%	23.78%	23.70%	23.65%
80.00	24.28%	24.02%	23.83%	23.68%	23.56%	23.47%	23.40%	23.35%
81.00	23.94%	23.69%	23.51%	23.37%	23.26%	23.17%	23.11%	23.05%
82.00	23.61%	23.37%	23.20%	23.07%	22.96%	22.88%	22.82%	22.77%
82.50	23.44%	23.22%	23.05%	22.92%	22.82%	22.74%	22.67%	22.62%
83.00	23.28%	23.06%	22.90%	22.77%	22.67%	22.59%	22.53%	22.49%
83.50	23.12%	22.90%	22.75%	22.62%	22.53%	22.45%	22.39%	22.35%
84.00	22.96%	22.75%	22.60%	22.48%	22.39%	22.31%	22.26%	22.21%
84.50	22.80%	22.60%	22.45%	22.34%	22.25%	22.18%	22.12%	22.08%
85.00	22.64%	22.45%	22.30%	22.19%	22.11%	22.04%	21.99%	21.94%
85.50	22.48%	22.30%	22.16%	22.05%	21.97%	21.90%	21.85%	21.81%
86.00	22.33%	22.15%	22.02%	21.91%	21.83%	21.77%	21.72%	21.68%
86.50	22.18%	22.01%	21.88%	21.78%	21.70%	21.64%	21.59%	21.55%
87.00	22.03%	21.86%	21.74%	21.64%	21.57%	21.51%	21.46%	21.42%
87.50	21.88%	21.72%	21.60%	21.51%	21.43%	21.38%	21.33%	21.30%
88.00	21.73%	21.58%	21.46%	21.37%	21.30%	21.25%	21.21%	21.17%
88.50	21.58%	21.43%	21.32%	21.24%	21.17%	21.12%	21.08%	21.05%
89.00	21.43%	21.29%	21.19%	21.11%	21.05%	21.00%	20.96%	20.92%
89.50	21.29%	21.16%	21.06%	20.98%	20.92%	20.87%	20.83%	20.80%
90.00	21.14%	21.02%	20.92%	20.85%	20.79%	20.75%	20.71%	20.68%
90.50	21.00%	20.88%	20.79%	20.72%	20.67%	20.62%	20.59%	20.56%
91.00	20.86%	20.75%	20.66%	20.60%	20.54%	20.50%	20.47%	20.44%
91.50	20.72%	20.61%	20.53%	20.47%	20.42%	20.38%	20.35%	20.33%
92.00	20.58%	20.48%	20.41%	20.35%	20.30%	20.26%	20.24%	20.21%
92.50	20.44%	20.35%	20.28%	20.22%	20.18%	20.15%	20.12%	20.10%
93.00	20.31%	20.22%	20.15%	20.10%	20.06%	20.03%	20.00%	19.98%
93.50	20.17%	20.09%	20.03%	19.98%	19.94%	19.91%	19.89%	19.87%
94.00	20.04%	19.96%	19.90%	19.86%	19.83%	19.80%	19.78%	19.76%
94.50	19.90%	19.83%	19.78%	19.74%	19.71%	19.69%	19.67%	19.65%
95.00	19.77%	19.71%	19.66%	19.62%	19.60%	19.57%	19.56%	19.54%
95.50	19.64%	19.58%	19.54%	19.51%	19.48%	19.46%	19.45%	19.43%
96.00	19.51%	19.46%	19.42%	19.39%	19.37%	19.35%	19.34%	19.32%
96.50	19.38%	19.34%	19.30%	19.28%	19.26%	19.24%	19.23%	19.22%
97.00	19.25%	19.21%	19.19%	19.16%	19.15%	19.13%	19.12%	19.11%
97.50	19.12%	19.09%	19.07%	19.05%	19.04%	19.03%	19.02%	19.01%
98.00	19.00%	18.97%	18.95%	18.94%	18.93%	18.92%	18.91%	18.91%
98.50	18.87%	18.85%	18.84%	18.83%	18.82%	18.81%	18.81%	18.80%
99.00	18.75%	18.73%	18.72%	18.72%	18.71%	18.71%	18.70%	18.70%
99.50	18.62%	18.62%	18.61%	18.61%	18.61%	18.60%	18.60%	18.60%
100.00	18.50%	18.50%	18.50%	18.50%	18.50%	18.50%	18.50%	18.50%
100.50	18.38%	18.38%	18.39%	18.39%	18.40%	18.40%	18.40%	18.40%
101.00	18.26%	18.27%	18.28%	18.29%	18.29%	18.30%	18.30%	18.30%
102.00	18.02%	18.04%	18.06%	18.08%	18.09%	18.10%	18.10%	18.11%
103.00	17.78%	17.82%	17.85%	17.87%	17.88%	17.90%	17.91%	17.92%
104.00	17.55%	17.60%	17.63%	17.66%	17.69%	17.70%	17.72%	17.73%
105.00	17.32%	17.38%	17.43%	17.46%	17.49%	17.51%	17.53%	17.55%
106.00	17.10%	17.17%	17.22%	17.26%	17.30%	17.32%	17.35%	17.36%
107.00	16.87%	16.96%	17.02%	17.07%	17.11%	17.14%	17.17%	17.19%
108.00	16.65%	16.75%	16.82%	16.88%	16.92%	16.96%	16.99%	17.01%
109.00	16.44%	16.54%	16.62%	16.69%	16.74%	16.78%	16.81%	16.84%
110.00	16.22%	16.34%	16.43%	16.50%	16.56%	16.60%	16.64%	16.67%

18.50% EFFECTIVE YIELD RATE

PRICE	YEARS UNTIL MATURITY							
	16	17	18	19	20	21	22	23
85.00	21.91%	21.88%	21.86%	21.84%	21.83%	21.82%	21.81%	21.80%
85.50	21.78%	21.75%	21.73%	21.71%	21.70%	21.69%	21.68%	21.67%
86.00	21.65%	21.62%	21.60%	21.58%	21.57%	21.56%	21.55%	21.54%
86.50	21.52%	21.49%	21.47%	21.46%	21.45%	21.43%	21.43%	21.42%
87.00	21.39%	21.37%	21.35%	21.33%	21.32%	21.31%	21.30%	21.29%
87.50	21.27%	21.24%	21.23%	21.21%	21.20%	21.19%	21.18%	21.17%
88.00	21.14%	21.12%	21.10%	21.09%	21.08%	21.07%	21.06%	21.05%
88.50	21.02%	21.00%	20.98%	20.97%	20.96%	20.95%	20.94%	20.93%
89.00	20.90%	20.88%	20.86%	20.85%	20.84%	20.83%	20.82%	20.81%
89.50	20.78%	20.76%	20.74%	20.73%	20.72%	20.71%	20.70%	20.70%
90.00	20.66%	20.64%	20.62%	20.61%	20.60%	20.59%	20.59%	20.58%
90.50	20.54%	20.52%	20.51%	20.50%	20.49%	20.48%	20.47%	20.47%
91.00	20.42%	20.41%	20.39%	20.38%	20.37%	20.36%	20.36%	20.35%
91.50	20.31%	20.29%	20.28%	20.27%	20.26%	20.25%	20.25%	20.24%
92.00	20.19%	20.18%	20.17%	20.16%	20.15%	20.14%	20.13%	20.13%
92.50	20.08%	20.07%	20.05%	20.04%	20.04%	20.03%	20.02%	20.02%
93.00	19.97%	19.95%	19.94%	19.93%	19.93%	19.92%	19.92%	19.91%
93.50	19.86%	19.84%	19.83%	19.83%	19.82%	19.81%	19.81%	19.80%
94.00	19.75%	19.73%	19.72%	19.72%	19.71%	19.71%	19.70%	19.70%
94.50	19.64%	19.63%	19.62%	19.61%	19.60%	19.60%	19.60%	19.59%
95.00	19.53%	19.52%	19.51%	19.50%	19.50%	19.49%	19.49%	19.49%
95.50	19.42%	19.41%	19.41%	19.40%	19.39%	19.39%	19.39%	19.38%
96.00	19.32%	19.31%	19.30%	19.30%	19.29%	19.29%	19.29%	19.28%
96.50	19.21%	19.20%	19.20%	19.19%	19.19%	19.19%	19.18%	19.18%
97.00	19.11%	19.10%	19.10%	19.09%	19.09%	19.09%	19.08%	19.08%
97.50	19.00%	19.00%	18.99%	18.99%	18.99%	18.99%	18.98%	18.98%
98.00	18.90%	18.90%	18.89%	18.89%	18.89%	18.89%	18.88%	18.88%
98.50	18.80%	18.80%	18.79%	18.79%	18.79%	18.79%	18.79%	18.79%
99.00	18.70%	18.70%	18.69%	18.69%	18.69%	18.69%	18.69%	18.69%
99.50	18.60%	18.60%	18.60%	18.60%	18.60%	18.60%	18.59%	18.59%
100.00	18.50%	18.50%	18.50%	18.50%	18.50%	18.50%	18.50%	18.50%
100.50	18.40%	18.40%	18.40%	18.40%	18.41%	18.41%	18.41%	18.41%
101.00	18.31%	18.31%	18.31%	18.31%	18.31%	18.31%	18.31%	18.31%
101.50	18.21%	18.21%	18.21%	18.22%	18.22%	18.22%	18.22%	18.22%
102.00	18.11%	18.12%	18.12%	18.12%	18.13%	18.13%	18.13%	18.13%
102.50	18.02%	18.02%	18.03%	18.03%	18.03%	18.04%	18.04%	18.04%
103.00	17.93%	17.93%	17.94%	17.94%	17.94%	17.95%	17.95%	17.95%
103.50	17.83%	17.84%	17.85%	17.85%	17.85%	17.86%	17.86%	17.86%
104.00	17.74%	17.75%	17.75%	17.76%	17.76%	17.77%	17.77%	17.77%
104.50	17.65%	17.66%	17.67%	17.67%	17.68%	17.68%	17.68%	17.69%
105.00	17.56%	17.57%	17.58%	17.58%	17.59%	17.59%	17.60%	17.60%
105.50	17.47%	17.48%	17.49%	17.50%	17.50%	17.51%	17.51%	17.52%
106.00	17.38%	17.39%	17.40%	17.41%	17.42%	17.42%	17.43%	17.43%
106.50	17.29%	17.30%	17.31%	17.32%	17.33%	17.34%	17.34%	17.35%
107.00	17.20%	17.22%	17.23%	17.24%	17.25%	17.25%	17.26%	17.26%
107.50	17.12%	17.13%	17.14%	17.15%	17.16%	17.17%	17.18%	17.18%
108.00	17.03%	17.05%	17.06%	17.07%	17.08%	17.09%	17.09%	17.10%
108.50	16.94%	16.96%	16.98%	16.99%	17.00%	17.01%	17.01%	17.02%
109.00	16.86%	16.88%	16.89%	16.91%	16.92%	16.92%	16.93%	16.94%
110.00	16.69%	16.71%	16.73%	16.74%	16.75%	16.76%	16.77%	16.78%
111.00	16.53%	16.55%	16.57%	16.58%	16.60%	16.61%	16.62%	16.62%
112.00	16.36%	16.39%	16.41%	16.43%	16.44%	16.45%	16.46%	16.47%
113.00	16.20%	16.23%	16.25%	16.27%	16.29%	16.30%	16.31%	16.32%
114.00	16.05%	16.07%	16.10%	16.12%	16.13%	16.15%	16.16%	16.17%
115.00	15.89%	15.92%	15.95%	15.97%	15.99%	16.00%	16.01%	16.02%
116.00	15.74%	15.77%	15.80%	15.82%	15.84%	15.86%	15.87%	15.88%
117.00	15.59%	15.62%	15.65%	15.67%	15.70%	15.71%	15.73%	15.74%
118.00	15.44%	15.47%	15.51%	15.53%	15.55%	15.57%	15.59%	15.60%
119.00	15.29%	15.33%	15.36%	15.39%	15.41%	15.43%	15.45%	15.46%
120.00	15.15%	15.19%	15.22%	15.25%	15.28%	15.30%	15.31%	15.33%

EFFECTIVE YIELD RATE 18.50%

PRICE	YEARS UNTIL MATURITY							
	24	25	26	27	28	29	30	40
85.00	21.79%	21.79%	21.78%	21.78%	21.78%	21.77%	21.77%	21.77%
85.50	21.66%	21.66%	21.66%	21.65%	21.65%	21.65%	21.65%	21.64%
86.00	21.54%	21.53%	21.53%	21.53%	21.52%	21.52%	21.52%	21.51%
86.50	21.41%	21.41%	21.40%	21.40%	21.40%	21.40%	21.39%	21.39%
87.00	21.29%	21.28%	21.28%	21.28%	21.28%	21.27%	21.27%	21.27%
87.50	21.17%	21.16%	21.16%	21.16%	21.15%	21.15%	21.15%	21.14%
88.00	21.05%	21.04%	21.04%	21.04%	21.03%	21.03%	21.03%	21.02%
88.50	20.93%	20.92%	20.92%	20.92%	20.91%	20.91%	20.91%	20.90%
89.00	20.81%	20.80%	20.80%	20.80%	20.80%	20.79%	20.79%	20.79%
89.50	20.69%	20.69%	20.69%	20.68%	20.68%	20.68%	20.68%	20.67%
90.00	20.58%	20.57%	20.57%	20.57%	20.57%	20.56%	20.56%	20.56%
90.50	20.46%	20.46%	20.46%	20.45%	20.45%	20.45%	20.45%	20.44%
91.00	20.35%	20.35%	20.34%	20.34%	20.34%	20.34%	20.34%	20.33%
91.50	20.24%	20.23%	20.23%	20.23%	20.23%	20.23%	20.22%	20.22%
92.00	20.13%	20.12%	20.12%	20.12%	20.12%	20.12%	20.11%	20.11%
92.50	20.02%	20.01%	20.01%	20.01%	20.01%	20.01%	20.01%	20.00%
93.00	19.91%	19.91%	19.90%	19.90%	19.90%	19.90%	19.90%	19.89%
93.50	19.80%	19.80%	19.80%	19.79%	19.79%	19.79%	19.79%	19.79%
94.00	19.69%	19.69%	19.69%	19.69%	19.69%	19.69%	19.69%	19.68%
94.50	19.59%	19.59%	19.59%	19.58%	19.58%	19.58%	19.58%	19.58%
95.00	19.49%	19.48%	19.48%	19.48%	19.48%	19.48%	19.48%	19.47%
95.50	19.38%	19.38%	19.38%	19.38%	19.38%	19.38%	19.38%	19.37%
96.00	19.28%	19.28%	19.28%	19.28%	19.28%	19.27%	19.27%	19.27%
96.50	19.18%	19.18%	19.18%	19.18%	19.18%	19.17%	19.17%	19.17%
97.00	19.08%	19.08%	19.08%	19.08%	19.08%	19.08%	19.07%	19.07%
97.50	18.98%	18.98%	18.98%	18.98%	18.98%	18.98%	18.98%	18.97%
98.00	18.88%	18.88%	18.88%	18.88%	18.88%	18.88%	18.88%	18.88%
98.50	18.79%	18.78%	18.78%	18.78%	18.78%	18.78%	18.78%	18.78%
99.00	18.69%	18.69%	18.69%	18.69%	18.69%	18.69%	18.69%	18.69%
99.50	18.59%	18.59%	18.59%	18.59%	18.59%	18.59%	18.59%	18.59%
100.00	18.50%	18.50%	18.50%	18.50%	18.50%	18.50%	18.50%	18.50%
100.50	18.41%	18.41%	18.41%	18.41%	18.41%	18.41%	18.41%	18.41%
101.00	18.31%	18.31%	18.31%	18.32%	18.32%	18.32%	18.32%	18.32%
101.50	18.22%	18.22%	18.22%	18.22%	18.22%	18.22%	18.23%	18.23%
102.00	18.13%	18.13%	18.13%	18.13%	18.13%	18.13%	18.14%	18.14%
102.50	18.04%	18.04%	18.04%	18.04%	18.05%	18.05%	18.05%	18.05%
103.00	17.95%	17.95%	17.96%	17.96%	17.96%	17.96%	17.96%	17.96%
103.50	17.86%	17.87%	17.87%	17.87%	17.87%	17.87%	17.87%	17.87%
104.00	17.78%	17.78%	17.78%	17.78%	17.78%	17.78%	17.78%	17.79%
104.50	17.69%	17.69%	17.69%	17.70%	17.70%	17.70%	17.70%	17.70%
105.00	17.60%	17.61%	17.61%	17.61%	17.61%	17.61%	17.61%	17.62%
105.50	17.52%	17.52%	17.52%	17.53%	17.53%	17.53%	17.53%	17.53%
106.00	17.43%	17.44%	17.44%	17.44%	17.44%	17.45%	17.45%	17.45%
106.50	17.35%	17.35%	17.36%	17.36%	17.36%	17.36%	17.36%	17.37%
107.00	17.27%	17.27%	17.27%	17.28%	17.28%	17.28%	17.28%	17.29%
107.50	17.19%	17.19%	17.19%	17.20%	17.20%	17.20%	17.20%	17.21%
108.00	17.10%	17.11%	17.11%	17.11%	17.12%	17.12%	17.12%	17.13%
108.50	17.02%	17.03%	17.03%	17.03%	17.04%	17.04%	17.04%	17.05%
109.00	16.94%	16.95%	16.95%	16.95%	16.96%	16.96%	16.96%	16.97%
110.00	16.79%	16.79%	16.79%	16.80%	16.80%	16.80%	16.81%	16.82%
111.00	16.63%	16.64%	16.64%	16.64%	16.65%	16.65%	16.65%	16.66%
112.00	16.48%	16.48%	16.49%	16.49%	16.50%	16.50%	16.50%	16.51%
113.00	16.33%	16.33%	16.34%	16.34%	16.35%	16.35%	16.35%	16.37%
114.00	16.18%	16.19%	16.19%	16.20%	16.20%	16.21%	16.21%	16.22%
115.00	16.03%	16.04%	16.05%	16.05%	16.06%	16.06%	16.07%	16.08%
116.00	15.89%	15.90%	15.91%	15.91%	15.92%	15.92%	15.93%	15.94%
117.00	15.75%	15.76%	15.77%	15.77%	15.78%	15.78%	15.79%	15.81%
118.00	15.61%	15.62%	15.63%	15.64%	15.64%	15.65%	15.65%	15.67%
119.00	15.48%	15.49%	15.49%	15.50%	15.51%	15.51%	15.52%	15.54%
120.00	15.34%	15.35%	15.36%	15.37%	15.38%	15.38%	15.39%	15.41%

18.75% EFFECTIVE YIELD RATE

PRICE	YEARS UNTIL MATURITY						
	1/2	1	2	3	4	5	6	7
85.00	57.35%	38.17%	29.17%	26.28%	24.88%	24.07%	23.54%	23.18%
85.50	55.85%	37.44%	28.78%	26.00%	24.65%	23.87%	23.36%	23.02%
86.00	54.36%	36.71%	28.40%	25.73%	24.43%	23.67%	23.19%	22.85%
86.50	52.89%	35.99%	28.02%	25.45%	24.20%	23.48%	23.01%	22.69%
87.00	51.44%	35.28%	27.64%	25.18%	23.98%	23.28%	22.83%	22.53%
87.50	50.00%	34.58%	27.27%	24.91%	23.76%	23.09%	22.66%	22.37%
88.00	48.58%	33.88%	26.89%	24.64%	23.54%	22.90%	22.49%	22.21%
88.50	47.18%	33.19%	26.52%	24.37%	23.33%	22.71%	22.32%	22.05%
89.00	45.79%	32.50%	26.16%	24.11%	23.11%	22.53%	22.15%	21.89%
89.50	44.41%	31.82%	25.80%	23.85%	22.90%	22.34%	21.98%	21.74%
90.00	43.06%	31.14%	25.43%	23.59%	22.68%	22.16%	21.82%	21.58%
90.50	41.71%	30.47%	25.08%	23.33%	22.47%	21.97%	21.65%	21.43%
91.00	40.38%	29.81%	24.72%	23.07%	22.26%	21.79%	21.49%	21.28%
91.25	39.73%	29.48%	24.54%	22.94%	22.16%	21.70%	21.41%	21.20%
91.50	39.07%	29.15%	24.37%	22.82%	22.06%	21.61%	21.33%	21.13%
91.75	38.42%	28.82%	24.19%	22.69%	21.95%	21.52%	21.25%	21.05%
92.00	37.77%	28.50%	24.02%	22.56%	21.85%	21.43%	21.17%	20.98%
92.25	37.13%	28.17%	23.84%	22.44%	21.75%	21.35%	21.09%	20.91%
92.50	36.49%	27.85%	23.67%	22.31%	21.65%	21.26%	21.01%	20.83%
92.75	35.85%	27.53%	23.50%	22.19%	21.54%	21.17%	20.93%	20.76%
93.00	35.22%	27.21%	23.33%	22.06%	21.44%	21.08%	20.85%	20.69%
93.25	34.58%	26.89%	23.16%	21.94%	21.34%	20.99%	20.77%	20.61%
93.50	33.96%	26.57%	22.98%	21.81%	21.24%	20.91%	20.69%	20.54%
93.75	33.33%	26.26%	22.81%	21.69%	21.14%	20.82%	20.61%	20.47%
94.00	32.71%	25.94%	22.64%	21.57%	21.04%	20.73%	20.53%	20.40%
94.25	32.10%	25.63%	22.48%	21.45%	20.94%	20.65%	20.46%	20.32%
94.50	31.48%	25.31%	22.31%	21.32%	20.84%	20.56%	20.38%	20.25%
94.75	30.87%	25.00%	22.14%	21.20%	20.74%	20.48%	20.30%	20.18%
95.00	30.26%	24.69%	21.97%	21.08%	20.65%	20.39%	20.23%	20.11%
95.25	29.66%	24.39%	21.81%	20.96%	20.55%	20.31%	20.15%	20.04%
95.50	29.06%	24.08%	21.64%	20.84%	20.45%	20.22%	20.07%	19.97%
95.75	28.46%	23.77%	21.47%	20.72%	20.35%	20.14%	20.00%	19.90%
96.00	27.86%	23.47%	21.31%	20.60%	20.26%	20.05%	19.92%	19.83%
96.25	27.27%	23.16%	21.15%	20.48%	20.16%	19.97%	19.85%	19.76%
96.50	26.68%	22.86%	20.98%	20.37%	20.06%	19.89%	19.77%	19.69%
96.75	26.10%	22.56%	20.82%	20.25%	19.97%	19.80%	19.70%	19.62%
97.00	25.52%	22.26%	20.66%	20.13%	19.87%	19.72%	19.62%	19.55%
97.25	24.94%	21.96%	20.49%	20.01%	19.78%	19.64%	19.55%	19.49%
97.50	24.36%	21.66%	20.33%	19.90%	19.68%	19.56%	19.47%	19.42%
97.75	23.79%	21.37%	20.17%	19.78%	19.59%	19.47%	19.40%	19.35%
98.00	23.21%	21.07%	20.01%	19.66%	19.49%	19.39%	19.33%	19.28%
98.25	22.65%	20.78%	19.85%	19.55%	19.40%	19.31%	19.25%	19.21%
98.50	22.08%	20.48%	19.69%	19.43%	19.31%	19.23%	19.18%	19.15%
98.75	21.52%	20.19%	19.53%	19.32%	19.21%	19.15%	19.11%	19.08%
99.00	20.96%	19.90%	19.38%	19.20%	19.12%	19.07%	19.04%	19.01%
99.25	20.40%	19.61%	19.22%	19.09%	19.03%	18.99%	18.96%	18.95%
99.50	19.85%	19.32%	19.06%	18.98%	18.93%	18.91%	18.89%	18.88%
99.75	19.30%	19.04%	18.91%	18.86%	18.84%	18.83%	18.82%	18.82%
100.00	18.75%	18.75%	18.75%	18.75%	18.75%	18.75%	18.75%	18.75%
100.25	18.20%	18.46%	18.59%	18.64%	18.66%	18.67%	18.68%	18.68%
100.50	17.66%	18.18%	18.44%	18.53%	18.57%	18.59%	18.61%	18.62%
101.00	16.58%	17.62%	18.13%	18.30%	18.39%	18.44%	18.47%	18.49%
101.50	15.52%	17.06%	17.83%	18.08%	18.21%	18.28%	18.33%	18.36%
102.00	14.46%	16.50%	17.52%	17.86%	18.03%	18.13%	18.19%	18.23%
102.50	13.41%	15.95%	17.22%	17.64%	17.85%	17.97%	18.05%	18.11%
103.00	12.38%	15.40%	16.92%	17.42%	17.67%	17.82%	17.91%	17.98%
103.50	11.35%	14.86%	16.62%	17.21%	17.50%	17.67%	17.78%	17.85%
104.00	10.34%	14.32%	16.33%	16.99%	17.32%	17.52%	17.64%	17.73%
104.50	9.33%	13.78%	16.03%	16.78%	17.15%	17.37%	17.51%	17.61%
105.00	8.33%	13.25%	15.74%	16.57%	16.98%	17.22%	17.38%	17.48%

EFFECTIVE YIELD RATE 18.75%

PRICE	YEARS UNTIL MATURITY 8	9	10	11	12	13	14	15
70.00	28.43%	28.04%	27.74%	27.52%	27.35%	27.22%	27.13%	27.05%
71.00	28.01%	27.63%	27.34%	27.13%	26.96%	26.84%	26.74%	26.67%
72.00	27.59%	27.23%	26.95%	26.74%	26.59%	26.47%	26.37%	26.30%
73.00	27.19%	26.83%	26.57%	26.37%	26.22%	26.10%	26.01%	25.94%
74.00	26.79%	26.45%	26.20%	26.00%	25.86%	25.74%	25.66%	25.59%
75.00	26.40%	26.08%	25.83%	25.65%	25.51%	25.40%	25.31%	25.24%
76.00	26.02%	25.71%	25.48%	25.30%	25.16%	25.06%	24.97%	24.91%
77.00	25.65%	25.35%	25.13%	24.96%	24.83%	24.73%	24.65%	24.58%
78.00	25.29%	25.00%	24.79%	24.62%	24.50%	24.40%	24.33%	24.27%
79.00	24.93%	24.66%	24.45%	24.30%	24.18%	24.09%	24.01%	23.96%
80.00	24.58%	24.32%	24.13%	23.98%	23.86%	23.78%	23.71%	23.65%
81.00	24.23%	23.99%	23.81%	23.67%	23.56%	23.47%	23.41%	23.36%
82.00	23.90%	23.67%	23.49%	23.36%	23.26%	23.18%	23.11%	23.06%
82.50	23.73%	23.51%	23.34%	23.21%	23.11%	23.03%	22.97%	22.92%
83.00	23.57%	23.35%	23.19%	23.06%	22.96%	22.89%	22.83%	22.78%
83.50	23.40%	23.19%	23.04%	22.91%	22.82%	22.75%	22.69%	22.64%
84.00	23.24%	23.04%	22.89%	22.77%	22.68%	22.60%	22.55%	22.50%
84.50	23.08%	22.89%	22.74%	22.62%	22.53%	22.47%	22.41%	22.37%
85.00	22.92%	22.73%	22.59%	22.48%	22.39%	22.33%	22.27%	22.23%
85.50	22.77%	22.58%	22.44%	22.34%	22.26%	22.19%	22.14%	22.10%
86.00	22.61%	22.43%	22.30%	22.20%	22.12%	22.06%	22.01%	21.97%
86.50	22.46%	22.29%	22.16%	22.06%	21.98%	21.92%	21.87%	21.84%
87.00	22.30%	22.14%	22.02%	21.92%	21.85%	21.79%	21.74%	21.71%
87.50	22.15%	22.00%	21.88%	21.79%	21.71%	21.66%	21.61%	21.58%
88.00	22.00%	21.85%	21.74%	21.65%	21.58%	21.53%	21.49%	21.45%
88.50	21.85%	21.71%	21.60%	21.52%	21.45%	21.40%	21.36%	21.33%
89.00	21.71%	21.57%	21.46%	21.38%	21.32%	21.27%	21.23%	21.20%
89.50	21.56%	21.43%	21.33%	21.25%	21.19%	21.15%	21.11%	21.08%
90.00	21.41%	21.29%	21.20%	21.12%	21.07%	21.02%	20.99%	20.96%
90.50	21.27%	21.15%	21.06%	20.99%	20.94%	20.90%	20.86%	20.84%
91.00	21.13%	21.02%	20.93%	20.87%	20.82%	20.77%	20.74%	20.72%
91.50	20.99%	20.88%	20.80%	20.74%	20.69%	20.65%	20.62%	20.60%
92.00	20.85%	20.75%	20.67%	20.61%	20.57%	20.53%	20.50%	20.48%
92.50	20.71%	20.62%	20.54%	20.49%	20.45%	20.41%	20.39%	20.37%
93.00	20.57%	20.48%	20.42%	20.37%	20.33%	20.30%	20.27%	20.25%
93.50	20.43%	20.35%	20.29%	20.25%	20.21%	20.18%	20.16%	20.14%
94.00	20.30%	20.22%	20.17%	20.12%	20.09%	20.06%	20.04%	20.02%
94.50	20.16%	20.10%	20.04%	20.00%	19.97%	19.95%	19.93%	19.91%
95.00	20.03%	19.97%	19.92%	19.89%	19.86%	19.83%	19.82%	19.80%
95.50	19.90%	19.84%	19.80%	19.77%	19.74%	19.72%	19.71%	19.69%
96.00	19.77%	19.72%	19.68%	19.65%	19.63%	19.61%	19.60%	19.58%
96.50	19.64%	19.59%	19.56%	19.53%	19.51%	19.50%	19.49%	19.48%
97.00	19.51%	19.47%	19.44%	19.42%	19.40%	19.39%	19.38%	19.37%
97.50	19.38%	19.35%	19.32%	19.31%	19.29%	19.28%	19.27%	19.26%
98.00	19.25%	19.23%	19.21%	19.19%	19.18%	19.17%	19.17%	19.16%
98.50	19.12%	19.11%	19.09%	19.08%	19.07%	19.07%	19.06%	19.06%
99.00	19.00%	18.99%	18.98%	18.97%	18.96%	18.96%	18.96%	18.95%
99.50	18.87%	18.87%	18.86%	18.86%	18.86%	18.85%	18.85%	18.85%
100.00	18.75%	18.75%	18.75%	18.75%	18.75%	18.75%	18.75%	18.75%
100.50	18.63%	18.63%	18.64%	18.64%	18.64%	18.65%	18.65%	18.65%
101.00	18.51%	18.52%	18.53%	18.53%	18.54%	18.54%	18.55%	18.55%
102.00	18.26%	18.29%	18.31%	18.32%	18.33%	18.34%	18.35%	18.35%
103.00	18.03%	18.06%	18.09%	18.11%	18.13%	18.14%	18.15%	18.16%
104.00	17.79%	17.84%	17.88%	17.91%	17.93%	17.95%	17.96%	17.97%
105.00	17.56%	17.62%	17.67%	17.70%	17.73%	17.75%	17.77%	17.79%
106.00	17.34%	17.41%	17.46%	17.50%	17.54%	17.56%	17.58%	17.60%
107.00	17.11%	17.19%	17.26%	17.31%	17.34%	17.38%	17.40%	17.42%
108.00	16.89%	16.98%	17.06%	17.11%	17.16%	17.19%	17.22%	17.24%
109.00	16.67%	16.78%	16.86%	16.92%	16.97%	17.01%	17.04%	17.07%
110.00	16.46%	16.57%	16.66%	16.73%	16.79%	16.83%	16.87%	16.90%

18.75% EFFECTIVE YIELD RATE

PRICE	YEARS UNTIL MATURITY							
	16	17	18	19	20	21	22	23
85.00	22.20%	22.17%	22.15%	22.13%	22.12%	22.11%	22.10%	22.09%
85.50	22.07%	22.04%	22.02%	22.00%	21.99%	21.98%	21.97%	21.96%
86.00	21.93%	21.91%	21.89%	21.87%	21.86%	21.85%	21.84%	21.83%
86.50	21.81%	21.78%	21.76%	21.74%	21.73%	21.72%	21.71%	21.71%
87.00	21.68%	21.65%	21.63%	21.62%	21.61%	21.60%	21.59%	21.58%
87.50	21.55%	21.53%	21.51%	21.49%	21.48%	21.47%	21.46%	21.46%
88.00	21.42%	21.40%	21.38%	21.37%	21.36%	21.35%	21.34%	21.33%
88.50	21.30%	21.28%	21.26%	21.25%	21.24%	21.23%	21.22%	21.21%
89.00	21.18%	21.16%	21.14%	21.13%	21.12%	21.11%	21.10%	21.09%
89.50	21.05%	21.03%	21.02%	21.01%	21.00%	20.99%	20.98%	20.98%
90.00	20.93%	20.92%	20.90%	20.89%	20.88%	20.87%	20.86%	20.86%
90.50	20.81%	20.80%	20.78%	20.77%	20.76%	20.75%	20.75%	20.74%
91.00	20.70%	20.68%	20.67%	20.65%	20.65%	20.64%	20.63%	20.63%
91.50	20.58%	20.56%	20.55%	20.54%	20.53%	20.52%	20.52%	20.51%
92.00	20.46%	20.45%	20.44%	20.43%	20.42%	20.41%	20.41%	20.40%
92.50	20.35%	20.33%	20.32%	20.31%	20.31%	20.30%	20.29%	20.29%
93.00	20.23%	20.22%	20.21%	20.20%	20.19%	20.19%	20.18%	20.18%
93.50	20.12%	20.11%	20.10%	20.09%	20.08%	20.08%	20.07%	20.07%
94.00	20.01%	20.00%	19.99%	19.98%	19.98%	19.97%	19.97%	19.96%
94.50	19.90%	19.89%	19.88%	19.87%	19.87%	19.86%	19.86%	19.86%
95.00	19.79%	19.78%	19.77%	19.77%	19.76%	19.76%	19.75%	19.75%
95.50	19.68%	19.67%	19.67%	19.66%	19.66%	19.65%	19.65%	19.65%
96.00	19.57%	19.57%	19.56%	19.56%	19.55%	19.55%	19.54%	19.54%
96.50	19.47%	19.46%	19.46%	19.45%	19.45%	19.44%	19.44%	19.44%
97.00	19.36%	19.36%	19.35%	19.35%	19.35%	19.34%	19.34%	19.34%
97.50	19.26%	19.25%	19.25%	19.25%	19.24%	19.24%	19.24%	19.24%
98.00	19.15%	19.15%	19.15%	19.15%	19.14%	19.14%	19.14%	19.14%
98.50	19.05%	19.05%	19.05%	19.04%	19.04%	19.04%	19.04%	19.04%
99.00	18.95%	18.95%	18.95%	18.95%	18.94%	18.94%	18.94%	18.94%
99.50	18.85%	18.85%	18.85%	18.85%	18.85%	18.85%	18.85%	18.85%
100.00	18.75%	18.75%	18.75%	18.75%	18.75%	18.75%	18.75%	18.75%
100.50	18.65%	18.65%	18.65%	18.65%	18.65%	18.65%	18.65%	18.66%
101.00	18.55%	18.55%	18.56%	18.56%	18.56%	18.56%	18.56%	18.56%
101.50	18.46%	18.46%	18.46%	18.46%	18.46%	18.47%	18.47%	18.47%
102.00	18.36%	18.36%	18.37%	18.37%	18.37%	18.37%	18.37%	18.38%
102.50	18.26%	18.27%	18.27%	18.28%	18.28%	18.28%	18.28%	18.28%
103.00	18.17%	18.17%	18.18%	18.18%	18.19%	18.19%	18.19%	18.19%
103.50	18.08%	18.08%	18.09%	18.09%	18.10%	18.10%	18.10%	18.10%
104.00	17.98%	17.99%	18.00%	18.00%	18.01%	18.01%	18.01%	18.02%
104.50	17.89%	17.90%	17.91%	17.91%	17.92%	17.92%	17.92%	17.93%
105.00	17.80%	17.81%	17.82%	17.82%	17.83%	17.83%	17.84%	17.84%
105.50	17.71%	17.72%	17.73%	17.73%	17.74%	17.75%	17.75%	17.75%
106.00	17.62%	17.63%	17.64%	17.65%	17.65%	17.66%	17.66%	17.67%
106.50	17.53%	17.54%	17.55%	17.56%	17.57%	17.57%	17.58%	17.58%
107.00	17.44%	17.45%	17.46%	17.47%	17.48%	17.49%	17.49%	17.50%
107.50	17.35%	17.37%	17.38%	17.39%	17.40%	17.40%	17.41%	17.42%
108.00	17.26%	17.28%	17.29%	17.30%	17.31%	17.32%	17.33%	17.33%
108.50	17.18%	17.19%	17.21%	17.22%	17.23%	17.24%	17.24%	17.25%
109.00	17.09%	17.11%	17.12%	17.14%	17.15%	17.16%	17.16%	17.17%
110.00	16.92%	16.94%	16.96%	16.97%	16.98%	16.99%	17.00%	17.01%
111.00	16.75%	16.78%	16.80%	16.81%	16.82%	16.83%	16.84%	16.85%
112.00	16.59%	16.61%	16.63%	16.65%	16.67%	16.68%	16.69%	16.70%
113.00	16.43%	16.45%	16.48%	16.49%	16.51%	16.52%	16.53%	16.54%
114.00	16.27%	16.30%	16.32%	16.34%	16.36%	16.37%	16.38%	16.39%
115.00	16.11%	16.14%	16.17%	16.19%	16.21%	16.22%	16.23%	16.24%
116.00	15.96%	15.99%	16.02%	16.04%	16.06%	16.07%	16.09%	16.10%
117.00	15.80%	15.84%	15.87%	15.89%	15.91%	15.93%	15.94%	15.96%
118.00	15.65%	15.69%	15.72%	15.75%	15.77%	15.79%	15.80%	15.81%
119.00	15.51%	15.54%	15.58%	15.60%	15.63%	15.65%	15.66%	15.68%
120.00	15.36%	15.40%	15.43%	15.46%	15.49%	15.51%	15.52%	15.54%

EFFECTIVE YIELD RATE 18.75%

PRICE	YEARS UNTIL MATURITY 24	25	26	27	28	29	30	40
85.00	22.08%	22.08%	22.08%	22.07%	22.07%	22.07%	22.07%	22.06%
85.50	21.96%	21.95%	21.95%	21.94%	21.94%	21.94%	21.94%	21.93%
86.00	21.83%	21.82%	21.82%	21.82%	21.81%	21.81%	21.81%	21.80%
86.50	21.70%	21.70%	21.69%	21.69%	21.69%	21.68%	21.68%	21.68%
87.00	21.58%	21.57%	21.57%	21.56%	21.56%	21.56%	21.56%	21.55%
87.50	21.45%	21.45%	21.44%	21.44%	21.44%	21.44%	21.44%	21.43%
88.00	21.33%	21.33%	21.32%	21.32%	21.32%	21.32%	21.31%	21.31%
88.50	21.21%	21.20%	21.20%	21.20%	21.20%	21.19%	21.19%	21.19%
89.00	21.09%	21.08%	21.08%	21.08%	21.08%	21.08%	21.07%	21.07%
89.50	20.97%	20.97%	20.96%	20.96%	20.96%	20.96%	20.96%	20.95%
90.00	20.85%	20.85%	20.85%	20.84%	20.84%	20.84%	20.84%	20.83%
90.50	20.74%	20.73%	20.73%	20.73%	20.73%	20.73%	20.72%	20.72%
91.00	20.62%	20.62%	20.62%	20.61%	20.61%	20.61%	20.61%	20.61%
91.50	20.51%	20.51%	20.50%	20.50%	20.50%	20.50%	20.50%	20.49%
92.00	20.40%	20.39%	20.39%	20.39%	20.39%	20.39%	20.39%	20.38%
92.50	20.29%	20.28%	20.28%	20.28%	20.28%	20.28%	20.28%	20.27%
93.00	20.18%	20.17%	20.17%	20.17%	20.17%	20.17%	20.17%	20.16%
93.50	20.07%	20.07%	20.06%	20.06%	20.06%	20.06%	20.06%	20.05%
94.00	19.96%	19.96%	19.96%	19.95%	19.95%	19.95%	19.95%	19.95%
94.50	19.85%	19.85%	19.85%	19.85%	19.85%	19.85%	19.85%	19.84%
95.00	19.75%	19.75%	19.74%	19.74%	19.74%	19.74%	19.74%	19.74%
95.50	19.64%	19.64%	19.64%	19.64%	19.64%	19.64%	19.64%	19.63%
96.00	19.54%	19.54%	19.54%	19.54%	19.54%	19.53%	19.53%	19.53%
96.50	19.44%	19.44%	19.44%	19.43%	19.43%	19.43%	19.43%	19.43%
97.00	19.34%	19.34%	19.33%	19.33%	19.33%	19.33%	19.33%	19.33%
97.50	19.24%	19.24%	19.23%	19.23%	19.23%	19.23%	19.23%	19.23%
98.00	19.14%	19.14%	19.14%	19.14%	19.14%	19.13%	19.13%	19.13%
98.50	19.04%	19.04%	19.04%	19.04%	19.04%	19.04%	19.04%	19.04%
99.00	18.94%	18.94%	18.94%	18.94%	18.94%	18.94%	18.94%	18.94%
99.50	18.85%	18.85%	18.85%	18.84%	18.84%	18.84%	18.84%	18.84%
100.00	18.75%	18.75%	18.75%	18.75%	18.75%	18.75%	18.75%	18.75%
100.50	18.66%	18.66%	18.66%	18.66%	18.66%	18.66%	18.66%	18.66%
101.00	18.56%	18.56%	18.56%	18.56%	18.56%	18.56%	18.56%	18.56%
101.50	18.47%	18.47%	18.47%	18.47%	18.47%	18.47%	18.47%	18.47%
102.00	18.38%	18.38%	18.38%	18.38%	18.38%	18.38%	18.38%	18.38%
102.50	18.29%	18.29%	18.29%	18.29%	18.29%	18.29%	18.29%	18.29%
103.00	18.20%	18.20%	18.20%	18.20%	18.20%	18.20%	18.20%	18.20%
103.50	18.11%	18.11%	18.11%	18.11%	18.11%	18.11%	18.11%	18.12%
104.00	18.02%	18.02%	18.02%	18.02%	18.02%	18.02%	18.02%	18.03%
104.50	17.93%	17.93%	17.93%	17.94%	17.94%	17.94%	17.94%	17.94%
105.00	17.84%	17.85%	17.85%	17.85%	17.85%	17.85%	17.85%	17.86%
105.50	17.76%	17.76%	17.76%	17.76%	17.76%	17.77%	17.77%	17.77%
106.00	17.67%	17.67%	17.68%	17.68%	17.68%	17.68%	17.68%	17.69%
106.50	17.59%	17.59%	17.59%	17.59%	17.60%	17.60%	17.60%	17.60%
107.00	17.50%	17.51%	17.51%	17.51%	17.51%	17.51%	17.52%	17.52%
107.50	17.42%	17.42%	17.43%	17.43%	17.43%	17.43%	17.43%	17.44%
108.00	17.34%	17.34%	17.34%	17.35%	17.35%	17.35%	17.35%	17.36%
108.50	17.26%	17.26%	17.26%	17.27%	17.27%	17.27%	17.27%	17.28%
109.00	17.17%	17.18%	17.18%	17.19%	17.19%	17.19%	17.19%	17.20%
110.00	17.01%	17.02%	17.02%	17.03%	17.03%	17.03%	17.03%	17.04%
111.00	16.86%	16.86%	16.87%	16.87%	16.87%	16.88%	16.88%	16.89%
112.00	16.70%	16.71%	16.71%	16.72%	16.72%	16.72%	16.73%	16.74%
113.00	16.55%	16.56%	16.56%	16.57%	16.57%	16.57%	16.58%	16.59%
114.00	16.40%	16.41%	16.41%	16.42%	16.42%	16.43%	16.43%	16.44%
115.00	16.25%	16.26%	16.27%	16.27%	16.28%	16.28%	16.28%	16.30%
116.00	16.11%	16.12%	16.12%	16.13%	16.13%	16.14%	16.14%	16.16%
117.00	15.97%	15.97%	15.98%	15.99%	15.99%	16.00%	16.00%	16.02%
118.00	15.83%	15.84%	15.84%	15.85%	15.86%	15.86%	15.86%	15.88%
119.00	15.69%	15.70%	15.71%	15.71%	15.72%	15.72%	15.73%	15.75%
120.00	15.55%	15.56%	15.57%	15.58%	15.59%	15.59%	15.60%	15.62%

19%　　EFFECTIVE YIELD RATE

PRICE	YEARS UNTIL MATURITY						
	1/2	1	2	3	4	5	6	7
85.00	57.65%	38.45%	29.45%	26.56%	25.16%	24.35%	23.82%	23.46%
85.50	56.14%	37.72%	29.06%	26.28%	24.93%	24.15%	23.64%	23.30%
86.00	54.65%	36.99%	28.68%	26.00%	24.71%	23.95%	23.46%	23.13%
86.50	53.18%	36.27%	28.29%	25.73%	24.48%	23.75%	23.29%	22.97%
87.00	51.72%	35.56%	27.92%	25.45%	24.26%	23.56%	23.11%	22.80%
87.50	50.29%	34.85%	27.54%	25.18%	24.04%	23.37%	22.94%	22.64%
88.00	48.86%	34.15%	27.17%	24.91%	23.82%	23.18%	22.76%	22.48%
88.50	47.46%	33.46%	26.80%	24.65%	23.60%	22.99%	22.59%	22.32%
89.00	46.07%	32.77%	26.43%	24.38%	23.38%	22.80%	22.42%	22.16%
89.50	44.69%	32.09%	26.06%	24.12%	23.17%	22.61%	22.25%	22.01%
90.00	43.33%	31.41%	25.70%	23.85%	22.95%	22.43%	22.09%	21.85%
90.50	41.99%	30.74%	25.34%	23.59%	22.74%	22.24%	21.92%	21.70%
91.00	40.66%	30.08%	24.99%	23.34%	22.53%	22.06%	21.76%	21.55%
91.25	40.00%	29.75%	24.81%	23.21%	22.43%	21.97%	21.67%	21.47%
91.50	39.34%	29.42%	24.63%	23.08%	22.32%	21.88%	21.59%	21.40%
91.75	38.69%	29.09%	24.46%	22.95%	22.22%	21.79%	21.51%	21.32%
92.00	38.04%	28.76%	24.28%	22.83%	22.12%	21.70%	21.43%	21.25%
92.25	37.40%	28.44%	24.11%	22.70%	22.01%	21.61%	21.35%	21.17%
92.50	36.76%	28.12%	23.94%	22.58%	21.91%	21.52%	21.27%	21.10%
92.75	36.12%	27.79%	23.76%	22.45%	21.81%	21.43%	21.19%	21.02%
93.00	35.48%	27.47%	23.59%	22.32%	21.71%	21.34%	21.11%	20.95%
93.25	34.85%	27.15%	23.42%	22.20%	21.60%	21.26%	21.03%	20.88%
93.50	34.22%	26.84%	23.25%	22.08%	21.50%	21.17%	20.95%	20.80%
93.75	33.60%	26.52%	23.08%	21.95%	21.40%	21.08%	20.87%	20.73%
94.00	32.98%	26.20%	22.91%	21.83%	21.30%	20.99%	20.80%	20.66%
94.25	32.36%	25.89%	22.74%	21.71%	21.20%	20.91%	20.72%	20.59%
94.50	31.75%	25.58%	22.57%	21.58%	21.10%	20.82%	20.64%	20.51%
94.75	31.13%	25.26%	22.40%	21.46%	21.00%	20.74%	20.56%	20.44%
95.00	30.53%	24.95%	22.23%	21.34%	20.91%	20.65%	20.49%	20.37%
95.25	29.92%	24.64%	22.06%	21.22%	20.81%	20.56%	20.41%	20.30%
95.50	29.32%	24.34%	21.90%	21.10%	20.71%	20.48%	20.33%	20.23%
95.75	28.72%	24.03%	21.73%	20.98%	20.61%	20.40%	20.26%	20.16%
96.00	28.13%	23.73%	21.57%	20.86%	20.51%	20.31%	20.18%	20.09%
96.25	27.53%	23.42%	21.40%	20.74%	20.42%	20.23%	20.10%	20.02%
96.50	26.94%	23.12%	21.24%	20.62%	20.32%	20.14%	20.03%	19.95%
96.75	26.36%	22.82%	21.07%	20.50%	20.22%	20.06%	19.95%	19.88%
97.00	25.77%	22.52%	20.91%	20.39%	20.13%	19.98%	19.88%	19.81%
97.25	25.19%	22.22%	20.75%	20.27%	20.03%	19.89%	19.80%	19.74%
97.50	24.62%	21.92%	20.59%	20.15%	19.94%	19.81%	19.73%	19.67%
97.75	24.04%	21.62%	20.43%	20.03%	19.84%	19.73%	19.65%	19.60%
98.00	23.47%	21.33%	20.27%	19.92%	19.75%	19.65%	19.58%	19.54%
98.25	22.90%	21.03%	20.11%	19.80%	19.65%	19.56%	19.51%	19.47%
98.50	22.34%	20.74%	19.95%	19.69%	19.56%	19.48%	19.43%	19.40%
98.75	21.77%	20.44%	19.79%	19.57%	19.46%	19.40%	19.36%	19.33%
99.00	21.21%	20.15%	19.63%	19.46%	19.37%	19.32%	19.29%	19.27%
99.25	20.65%	19.86%	19.47%	19.34%	19.28%	19.24%	19.22%	19.20%
99.50	20.10%	19.57%	19.31%	19.23%	19.18%	19.16%	19.14%	19.13%
99.75	19.55%	19.29%	19.16%	19.11%	19.09%	19.08%	19.07%	19.07%
100.00	19.00%	19.00%	19.00%	19.00%	19.00%	19.00%	19.00%	19.00%
100.25	18.45%	18.71%	18.84%	18.89%	18.91%	18.92%	18.93%	18.93%
100.50	17.91%	18.43%	18.69%	18.77%	18.82%	18.84%	18.86%	18.87%
101.00	16.83%	17.86%	18.38%	18.55%	18.63%	18.68%	18.72%	18.74%
101.50	15.76%	17.30%	18.07%	18.33%	18.45%	18.53%	18.57%	18.61%
102.00	14.71%	16.75%	17.77%	18.11%	18.27%	18.37%	18.44%	18.48%
102.50	13.66%	16.19%	17.47%	17.89%	18.10%	18.22%	18.30%	18.35%
103.00	12.62%	15.64%	17.16%	17.67%	17.92%	18.06%	18.16%	18.22%
103.50	11.59%	15.10%	16.87%	17.45%	17.74%	17.91%	18.02%	18.10%
104.00	10.58%	14.56%	16.57%	17.24%	17.57%	17.76%	17.89%	17.97%
104.50	9.57%	14.02%	16.27%	17.02%	17.39%	17.61%	17.75%	17.85%
105.00	8.57%	13.49%	15.98%	16.81%	17.22%	17.46%	17.62%	17.73%

EFFECTIVE YIELD RATE 19%

PRICE	YEARS UNTIL MATURITY							
	8	9	10	11	12	13	14	15
70.00	28.77%	28.37%	28.08%	27.86%	27.70%	27.57%	27.47%	27.40%
71.00	28.34%	27.96%	27.68%	27.46%	27.30%	27.18%	27.09%	27.01%
72.00	27.92%	27.55%	27.28%	27.08%	26.92%	26.80%	26.71%	26.64%
73.00	27.51%	27.16%	26.89%	26.70%	26.55%	26.43%	26.34%	26.27%
74.00	27.11%	26.77%	26.52%	26.33%	26.18%	26.07%	25.98%	25.92%
75.00	26.72%	26.39%	26.15%	25.97%	25.83%	25.72%	25.64%	25.57%
76.00	26.33%	26.02%	25.79%	25.61%	25.48%	25.38%	25.30%	25.23%
77.00	25.96%	25.66%	25.44%	25.27%	25.14%	25.04%	24.96%	24.90%
78.00	25.59%	25.31%	25.09%	24.93%	24.81%	24.71%	24.64%	24.58%
79.00	25.23%	24.96%	24.76%	24.60%	24.48%	24.39%	24.32%	24.27%
80.00	24.88%	24.62%	24.43%	24.28%	24.17%	24.08%	24.01%	23.96%
81.00	24.53%	24.29%	24.10%	23.97%	23.86%	23.77%	23.71%	23.66%
82.00	24.19%	23.96%	23.79%	23.66%	23.55%	23.48%	23.41%	23.36%
82.50	24.02%	23.80%	23.63%	23.50%	23.41%	23.33%	23.27%	23.22%
83.00	23.86%	23.64%	23.48%	23.35%	23.26%	23.18%	23.12%	23.08%
83.50	23.69%	23.48%	23.32%	23.20%	23.11%	23.04%	22.98%	22.94%
84.00	23.53%	23.33%	23.17%	23.06%	22.97%	22.90%	22.84%	22.80%
84.50	23.37%	23.17%	23.02%	22.91%	22.82%	22.75%	22.70%	22.66%
85.00	23.21%	23.02%	22.88%	22.77%	22.68%	22.62%	22.56%	22.52%
85.50	23.05%	22.87%	22.73%	22.62%	22.54%	22.48%	22.43%	22.39%
86.00	22.89%	22.72%	22.58%	22.48%	22.40%	22.34%	22.29%	22.25%
86.50	22.74%	22.57%	22.44%	22.34%	22.27%	22.21%	22.16%	22.12%
87.00	22.58%	22.42%	22.30%	22.20%	22.13%	22.07%	22.03%	21.99%
87.50	22.43%	22.27%	22.16%	22.06%	21.99%	21.94%	21.89%	21.86%
88.00	22.28%	22.13%	22.02%	21.93%	21.86%	21.81%	21.77%	21.73%
88.50	22.13%	21.99%	21.88%	21.79%	21.73%	21.68%	21.64%	21.60%
89.00	21.98%	21.84%	21.74%	21.66%	21.60%	21.55%	21.51%	21.48%
89.50	21.83%	21.70%	21.60%	21.53%	21.47%	21.42%	21.38%	21.35%
90.00	21.69%	21.56%	21.47%	21.40%	21.34%	21.29%	21.26%	21.23%
90.50	21.54%	21.42%	21.33%	21.27%	21.21%	21.17%	21.14%	21.11%
91.00	21.40%	21.29%	21.20%	21.14%	21.09%	21.05%	21.01%	20.99%
91.50	21.25%	21.15%	21.07%	21.01%	20.96%	20.92%	20.89%	20.87%
92.00	21.11%	21.01%	20.94%	20.88%	20.84%	20.80%	20.77%	20.75%
92.50	20.97%	20.88%	20.81%	20.76%	20.71%	20.68%	20.65%	20.63%
93.00	20.83%	20.75%	20.68%	20.63%	20.59%	20.56%	20.54%	20.52%
93.50	20.70%	20.62%	20.56%	20.51%	20.47%	20.44%	20.42%	20.40%
94.00	20.56%	20.49%	20.43%	20.39%	20.35%	20.33%	20.31%	20.29%
94.50	20.42%	20.36%	20.31%	20.27%	20.24%	20.21%	20.19%	20.18%
95.00	20.29%	20.23%	20.18%	20.15%	20.12%	20.10%	20.08%	20.06%
95.50	20.16%	20.10%	20.06%	20.03%	20.00%	19.98%	19.97%	19.95%
96.00	20.02%	19.97%	19.94%	19.91%	19.89%	19.87%	19.85%	19.84%
96.50	19.89%	19.85%	19.82%	19.79%	19.77%	19.76%	19.74%	19.73%
97.00	19.76%	19.73%	19.70%	19.68%	19.66%	19.65%	19.64%	19.63%
97.50	19.63%	19.60%	19.58%	19.56%	19.55%	19.54%	19.53%	19.52%
98.00	19.50%	19.48%	19.46%	19.45%	19.44%	19.43%	19.42%	19.41%
98.50	19.38%	19.36%	19.34%	19.33%	19.33%	19.32%	19.31%	19.31%
99.00	19.25%	19.24%	19.23%	19.22%	19.22%	19.21%	19.21%	19.21%
99.50	19.12%	19.12%	19.11%	19.11%	19.11%	19.11%	19.10%	19.10%
100.00	19.00%	19.00%	19.00%	19.00%	19.00%	19.00%	19.00%	19.00%
100.50	18.88%	18.88%	18.89%	18.89%	18.89%	18.90%	18.90%	18.90%
101.00	18.75%	18.77%	18.77%	18.78%	18.79%	18.79%	18.80%	18.80%
102.00	18.51%	18.53%	18.55%	18.57%	18.58%	18.59%	18.59%	18.60%
103.00	18.27%	18.31%	18.33%	18.36%	18.37%	18.39%	18.40%	18.41%
104.00	18.04%	18.08%	18.12%	18.15%	18.17%	18.19%	18.20%	18.21%
105.00	17.80%	17.86%	17.91%	17.94%	17.97%	17.99%	18.01%	18.03%
106.00	17.58%	17.65%	17.70%	17.74%	17.77%	17.80%	17.82%	17.84%
107.00	17.35%	17.43%	17.49%	17.54%	17.58%	17.61%	17.64%	17.66%
108.00	17.13%	17.22%	17.29%	17.35%	17.39%	17.43%	17.46%	17.48%
109.00	16.91%	17.01%	17.09%	17.15%	17.20%	17.24%	17.28%	17.30%
110.00	16.69%	16.81%	16.89%	16.96%	17.02%	17.06%	17.10%	17.13%

19%   EFFECTIVE YIELD RATE

PRICE	YEARS UNTIL MATURITY							
	16	17	18	19	20	21	22	23
85.00	22.49%	22.46%	22.44%	22.42%	22.41%	22.40%	22.39%	22.38%
85.50	22.35%	22.33%	22.31%	22.29%	22.28%	22.27%	22.26%	22.25%
86.00	22.22%	22.20%	22.18%	22.16%	22.15%	22.14%	22.13%	22.12%
86.50	22.09%	22.07%	22.05%	22.03%	22.02%	22.01%	22.00%	21.99%
87.00	21.96%	21.94%	21.92%	21.90%	21.89%	21.88%	21.87%	21.87%
87.50	21.83%	21.81%	21.79%	21.78%	21.77%	21.76%	21.75%	21.74%
88.00	21.70%	21.68%	21.67%	21.65%	21.64%	21.63%	21.62%	21.62%
88.50	21.58%	21.56%	21.54%	21.53%	21.52%	21.51%	21.50%	21.49%
89.00	21.45%	21.43%	21.42%	21.41%	21.39%	21.39%	21.38%	21.37%
89.50	21.33%	21.31%	21.30%	21.28%	21.27%	21.27%	21.26%	21.25%
90.00	21.21%	21.19%	21.18%	21.16%	21.15%	21.15%	21.14%	21.13%
90.50	21.09%	21.07%	21.06%	21.04%	21.04%	21.03%	21.02%	21.02%
91.00	20.97%	20.95%	20.94%	20.93%	20.92%	20.91%	20.91%	20.90%
91.50	20.85%	20.83%	20.82%	20.81%	20.80%	20.80%	20.79%	20.79%
92.00	20.73%	20.72%	20.71%	20.70%	20.69%	20.68%	20.68%	20.67%
92.50	20.62%	20.60%	20.59%	20.58%	20.57%	20.57%	20.56%	20.56%
93.00	20.50%	20.49%	20.48%	20.47%	20.46%	20.46%	20.45%	20.45%
93.50	20.39%	20.38%	20.37%	20.36%	20.35%	20.35%	20.34%	20.34%
94.00	20.27%	20.26%	20.25%	20.25%	20.24%	20.24%	20.23%	20.23%
94.50	20.16%	20.15%	20.14%	20.14%	20.13%	20.13%	20.12%	20.12%
95.00	20.05%	20.04%	20.04%	20.03%	20.02%	20.02%	20.02%	20.01%
95.50	19.94%	19.93%	19.93%	19.92%	19.92%	19.91%	19.91%	19.91%
96.00	19.83%	19.83%	19.82%	19.82%	19.81%	19.81%	19.80%	19.80%
96.50	19.73%	19.72%	19.71%	19.71%	19.71%	19.70%	19.70%	19.70%
97.00	19.62%	19.61%	19.61%	19.61%	19.60%	19.60%	19.60%	19.60%
97.50	19.51%	19.51%	19.51%	19.50%	19.50%	19.50%	19.50%	19.49%
98.00	19.41%	19.41%	19.40%	19.40%	19.40%	19.40%	19.39%	19.39%
98.50	19.31%	19.30%	19.30%	19.30%	19.30%	19.30%	19.29%	19.29%
99.00	19.20%	19.20%	19.20%	19.20%	19.20%	19.20%	19.20%	19.19%
99.50	19.10%	19.10%	19.10%	19.10%	19.10%	19.10%	19.10%	19.10%
100.00	19.00%	19.00%	19.00%	19.00%	19.00%	19.00%	19.00%	19.00%
100.50	18.90%	18.90%	18.90%	18.90%	18.90%	18.90%	18.90%	18.90%
101.00	18.80%	18.80%	18.80%	18.81%	18.81%	18.81%	18.81%	18.81%
101.50	18.70%	18.71%	18.71%	18.71%	18.71%	18.71%	18.71%	18.71%
102.00	18.60%	18.61%	18.61%	18.61%	18.62%	18.62%	18.62%	18.62%
102.50	18.51%	18.51%	18.52%	18.52%	18.52%	18.53%	18.53%	18.53%
103.00	18.41%	18.42%	18.42%	18.43%	18.43%	18.43%	18.44%	18.44%
103.50	18.32%	18.32%	18.33%	18.33%	18.34%	18.34%	18.34%	18.35%
104.00	18.22%	18.23%	18.24%	18.24%	18.25%	18.25%	18.25%	18.26%
104.50	18.13%	18.14%	18.15%	18.15%	18.16%	18.16%	18.16%	18.17%
105.00	18.04%	18.05%	18.06%	18.06%	18.07%	18.07%	18.08%	18.08%
105.50	17.95%	17.96%	17.97%	17.97%	17.98%	17.98%	17.99%	17.99%
106.00	17.85%	17.87%	17.88%	17.88%	17.89%	17.90%	17.90%	17.90%
106.50	17.76%	17.78%	17.79%	17.80%	17.80%	17.81%	17.81%	17.82%
107.00	17.67%	17.69%	17.70%	17.71%	17.72%	17.72%	17.73%	17.73%
107.50	17.59%	17.60%	17.61%	17.62%	17.63%	17.64%	17.64%	17.65%
108.00	17.50%	17.51%	17.53%	17.54%	17.55%	17.55%	17.56%	17.56%
108.50	17.41%	17.43%	17.44%	17.45%	17.46%	17.47%	17.48%	17.48%
109.00	17.32%	17.34%	17.36%	17.37%	17.38%	17.39%	17.39%	17.40%
110.00	17.15%	17.17%	17.19%	17.20%	17.21%	17.22%	17.23%	17.24%
111.00	16.98%	17.01%	17.02%	17.04%	17.05%	17.06%	17.07%	17.08%
112.00	16.82%	16.84%	16.86%	16.88%	16.89%	16.90%	16.91%	16.92%
113.00	16.65%	16.68%	16.70%	16.72%	16.73%	16.75%	16.76%	16.77%
114.00	16.49%	16.52%	16.54%	16.56%	16.58%	16.59%	16.60%	16.61%
115.00	16.33%	16.36%	16.39%	16.41%	16.43%	16.44%	16.45%	16.46%
116.00	16.18%	16.21%	16.24%	16.26%	16.28%	16.29%	16.31%	16.32%
117.00	16.02%	16.06%	16.09%	16.11%	16.13%	16.15%	16.16%	16.17%
118.00	15.87%	15.91%	15.94%	15.96%	15.98%	16.00%	16.02%	16.03%
119.00	15.72%	15.76%	15.79%	15.82%	15.84%	15.86%	15.88%	15.89%
120.00	15.57%	15.61%	15.65%	15.68%	15.70%	15.72%	15.74%	15.75%

EFFECTIVE YIELD RATE 19%

PRICE	YEARS UNTIL MATURITY 24	25	26	27	28	29	30	40
85.00	22.38%	22.37%	22.37%	22.37%	22.36%	22.36%	22.36%	22.35%
85.50	22.25%	22.24%	22.24%	22.23%	22.23%	22.23%	22.23%	22.22%
86.00	22.12%	22.11%	22.11%	22.11%	22.10%	22.10%	22.10%	22.09%
86.50	21.99%	21.98%	21.98%	21.98%	21.98%	21.97%	21.97%	21.97%
87.00	21.86%	21.86%	21.85%	21.85%	21.85%	21.85%	21.85%	21.84%
87.50	21.74%	21.73%	21.73%	21.73%	21.72%	21.72%	21.72%	21.72%
88.00	21.61%	21.61%	21.61%	21.60%	21.60%	21.60%	21.60%	21.59%
88.50	21.49%	21.49%	21.48%	21.48%	21.48%	21.48%	21.48%	21.47%
89.00	21.37%	21.36%	21.36%	21.36%	21.36%	21.36%	21.35%	21.35%
89.50	21.25%	21.25%	21.24%	21.24%	21.24%	21.24%	21.23%	21.23%
90.00	21.13%	21.13%	21.12%	21.12%	21.12%	21.12%	21.12%	21.11%
90.50	21.01%	21.01%	21.01%	21.00%	21.00%	21.00%	21.00%	21.00%
91.00	20.90%	20.89%	20.89%	20.89%	20.89%	20.89%	20.88%	20.88%
91.50	20.78%	20.78%	20.78%	20.77%	20.77%	20.77%	20.77%	20.77%
92.00	20.67%	20.67%	20.66%	20.66%	20.66%	20.66%	20.66%	20.65%
92.50	20.56%	20.55%	20.55%	20.55%	20.55%	20.55%	20.55%	20.54%
93.00	20.44%	20.44%	20.44%	20.44%	20.44%	20.44%	20.43%	20.43%
93.50	20.33%	20.33%	20.33%	20.33%	20.33%	20.33%	20.33%	20.32%
94.00	20.23%	20.22%	20.22%	20.22%	20.22%	20.22%	20.22%	20.21%
94.50	20.12%	20.12%	20.11%	20.11%	20.11%	20.11%	20.11%	20.11%
95.00	20.01%	20.01%	20.01%	20.01%	20.01%	20.00%	20.00%	20.00%
95.50	19.91%	19.90%	19.90%	19.90%	19.90%	19.90%	19.90%	19.90%
96.00	19.80%	19.80%	19.80%	19.80%	19.80%	19.80%	19.79%	19.79%
96.50	19.70%	19.70%	19.69%	19.69%	19.69%	19.69%	19.69%	19.69%
97.00	19.59%	19.59%	19.59%	19.59%	19.59%	19.59%	19.59%	19.59%
97.50	19.49%	19.49%	19.49%	19.49%	19.49%	19.49%	19.49%	19.49%
98.00	19.39%	19.39%	19.39%	19.39%	19.39%	19.39%	19.39%	19.39%
98.50	19.29%	19.29%	19.29%	19.29%	19.29%	19.29%	19.29%	19.29%
99.00	19.19%	19.19%	19.19%	19.19%	19.19%	19.19%	19.19%	19.19%
99.50	19.10%	19.10%	19.10%	19.10%	19.10%	19.10%	19.10%	19.10%
100.00	19.00%	19.00%	19.00%	19.00%	19.00%	19.00%	19.00%	19.00%
100.50	18.90%	18.90%	18.90%	18.90%	18.90%	18.90%	18.91%	18.91%
101.00	18.81%	18.81%	18.81%	18.81%	18.81%	18.81%	18.81%	18.81%
101.50	18.72%	18.72%	18.72%	18.72%	18.72%	18.72%	18.72%	18.72%
102.00	18.62%	18.62%	18.62%	18.62%	18.62%	18.63%	18.63%	18.63%
102.50	18.53%	18.53%	18.53%	18.53%	18.53%	18.53%	18.53%	18.54%
103.00	18.44%	18.44%	18.44%	18.44%	18.44%	18.44%	18.44%	18.45%
103.50	18.35%	18.35%	18.35%	18.35%	18.35%	18.35%	18.35%	18.36%
104.00	18.26%	18.26%	18.26%	18.26%	18.26%	18.26%	18.27%	18.27%
104.50	18.17%	18.17%	18.17%	18.17%	18.18%	18.18%	18.18%	18.18%
105.00	18.08%	18.08%	18.09%	18.09%	18.09%	18.09%	18.09%	18.09%
105.50	17.99%	18.00%	18.00%	18.00%	18.00%	18.00%	18.00%	18.01%
106.00	17.91%	17.91%	17.91%	17.91%	17.92%	17.92%	17.92%	17.92%
106.50	17.82%	17.82%	17.83%	17.83%	17.83%	17.83%	17.83%	17.84%
107.00	17.74%	17.74%	17.74%	17.75%	17.75%	17.75%	17.75%	17.76%
107.50	17.65%	17.66%	17.66%	17.66%	17.66%	17.67%	17.67%	17.67%
108.00	17.57%	17.57%	17.58%	17.58%	17.58%	17.58%	17.58%	17.59%
108.50	17.49%	17.49%	17.49%	17.50%	17.50%	17.50%	17.50%	17.51%
109.00	17.40%	17.41%	17.41%	17.42%	17.42%	17.42%	17.42%	17.43%
110.00	17.24%	17.25%	17.25%	17.25%	17.26%	17.26%	17.26%	17.27%
111.00	17.08%	17.09%	17.09%	17.10%	17.10%	17.10%	17.10%	17.11%
112.00	16.93%	16.93%	16.94%	16.94%	16.94%	16.95%	16.95%	16.96%
113.00	16.77%	16.78%	16.78%	16.79%	16.79%	16.80%	16.80%	16.81%
114.00	16.62%	16.63%	16.63%	16.64%	16.64%	16.65%	16.65%	16.66%
115.00	16.47%	16.48%	16.49%	16.49%	16.50%	16.50%	16.50%	16.52%
116.00	16.33%	16.33%	16.34%	16.35%	16.35%	16.36%	16.36%	16.38%
117.00	16.18%	16.19%	16.20%	16.20%	16.21%	16.21%	16.22%	16.23%
118.00	16.04%	16.05%	16.06%	16.06%	16.07%	16.07%	16.08%	16.10%
119.00	15.90%	15.91%	15.92%	15.93%	15.93%	15.94%	15.94%	15.96%
120.00	15.76%	15.77%	15.78%	15.79%	15.80%	15.80%	15.81%	15.83%

19.25% EFFECTIVE YIELD RATE

PRICE	YEARS UNTIL MATURITY						
	1/2	1	2	3	4	5	6	7
85.00	57.94%	38.74%	29.73%	26.84%	25.44%	24.63%	24.10%	23.75%
85.50	56.43%	38.00%	29.34%	26.56%	25.21%	24.43%	23.92%	23.58%
86.00	54.94%	37.28%	28.95%	26.28%	24.98%	24.23%	23.74%	23.41%
86.50	53.47%	36.55%	28.57%	26.00%	24.76%	24.03%	23.56%	23.25%
87.00	52.01%	35.84%	28.19%	25.73%	24.53%	23.84%	23.39%	23.08%
87.50	50.57%	35.13%	27.81%	25.46%	24.31%	23.64%	23.21%	22.92%
88.00	49.15%	34.43%	27.44%	25.19%	24.09%	23.45%	23.04%	22.76%
88.50	47.74%	33.74%	27.07%	24.92%	23.87%	23.26%	22.87%	22.60%
89.00	46.35%	33.05%	26.70%	24.65%	23.65%	23.07%	22.69%	22.44%
89.50	44.97%	32.36%	26.33%	24.39%	23.44%	22.88%	22.53%	22.28%
90.00	43.61%	31.68%	25.97%	24.12%	23.22%	22.70%	22.36%	22.12%
90.50	42.27%	31.01%	25.61%	23.86%	23.01%	22.51%	22.19%	21.97%
91.00	40.93%	30.35%	25.25%	23.60%	22.80%	22.33%	22.02%	21.82%
91.25	40.27%	30.02%	25.08%	23.47%	22.69%	22.24%	21.94%	21.74%
91.50	39.62%	29.69%	24.90%	23.35%	22.59%	22.15%	21.86%	21.66%
91.75	38.96%	29.36%	24.72%	23.22%	22.48%	22.05%	21.78%	21.59%
92.00	38.32%	29.03%	24.55%	23.09%	22.38%	21.96%	21.70%	21.51%
92.25	37.67%	28.71%	24.37%	22.96%	22.28%	21.88%	21.62%	21.44%
92.50	37.03%	28.38%	24.20%	22.84%	22.17%	21.79%	21.53%	21.36%
92.75	36.39%	28.06%	24.03%	22.71%	22.07%	21.70%	21.45%	21.29%
93.00	35.75%	27.74%	23.85%	22.59%	21.97%	21.61%	21.37%	21.21%
93.25	35.12%	27.42%	23.68%	22.46%	21.87%	21.52%	21.29%	21.14%
93.50	34.49%	27.10%	23.51%	22.34%	21.77%	21.43%	21.22%	21.07%
93.75	33.87%	26.78%	23.34%	22.21%	21.66%	21.34%	21.14%	20.99%
94.00	33.24%	26.47%	23.17%	22.09%	21.56%	21.26%	21.06%	20.92%
94.25	32.63%	26.15%	23.00%	21.97%	21.46%	21.17%	20.98%	20.85%
94.50	32.01%	25.84%	22.83%	21.84%	21.36%	21.08%	20.90%	20.77%
94.75	31.40%	25.53%	22.66%	21.72%	21.26%	21.00%	20.82%	20.70%
95.00	30.79%	25.21%	22.49%	21.60%	21.16%	20.91%	20.74%	20.63%
95.25	30.18%	24.90%	22.32%	21.48%	21.07%	20.82%	20.67%	20.56%
95.50	29.58%	24.60%	22.16%	21.36%	20.97%	20.74%	20.59%	20.49%
95.75	28.98%	24.29%	21.99%	21.24%	20.87%	20.65%	20.51%	20.42%
96.00	28.39%	23.98%	21.82%	21.12%	20.77%	20.57%	20.44%	20.35%
96.25	27.79%	23.68%	21.66%	21.00%	20.67%	20.48%	20.36%	20.28%
96.50	27.20%	23.37%	21.49%	20.88%	20.58%	20.40%	20.28%	20.21%
96.75	26.61%	23.07%	21.33%	20.76%	20.48%	20.32%	20.21%	20.14%
97.00	26.03%	22.77%	21.17%	20.64%	20.38%	20.23%	20.13%	20.07%
97.25	25.45%	22.47%	21.00%	20.52%	20.29%	20.15%	20.06%	20.00%
97.50	24.87%	22.17%	20.84%	20.40%	20.19%	20.06%	19.98%	19.93%
97.75	24.30%	21.88%	20.68%	20.29%	20.09%	19.98%	19.91%	19.86%
98.00	23.72%	21.58%	20.52%	20.17%	20.00%	19.90%	19.83%	19.79%
98.25	23.16%	21.28%	20.36%	20.05%	19.90%	19.82%	19.76%	19.72%
98.50	22.59%	20.99%	20.20%	19.94%	19.81%	19.74%	19.69%	19.65%
98.75	22.03%	20.70%	20.04%	19.82%	19.72%	19.65%	19.61%	19.59%
99.00	21.46%	20.41%	19.88%	19.71%	19.62%	19.57%	19.54%	19.52%
99.25	20.91%	20.11%	19.72%	19.59%	19.53%	19.49%	19.47%	19.45%
99.50	20.35%	19.83%	19.56%	19.48%	19.44%	19.41%	19.39%	19.38%
99.75	19.80%	19.54%	19.41%	19.36%	19.34%	19.33%	19.32%	19.32%
100.00	19.25%	19.25%	19.25%	19.25%	19.25%	19.25%	19.25%	19.25%
100.25	18.70%	18.96%	19.09%	19.14%	19.16%	19.17%	19.18%	19.18%
100.50	18.16%	18.68%	18.94%	19.02%	19.07%	19.09%	19.11%	19.12%
101.00	17.08%	18.11%	18.63%	18.80%	18.88%	18.93%	18.96%	18.99%
101.50	16.01%	17.55%	18.32%	18.58%	18.70%	18.77%	18.82%	18.86%
102.00	14.95%	16.99%	18.02%	18.35%	18.52%	18.62%	18.68%	18.73%
102.50	13.90%	16.44%	17.71%	18.13%	18.34%	18.46%	18.54%	18.60%
103.00	12.86%	15.89%	17.41%	17.91%	18.16%	18.31%	18.40%	18.47%
103.50	11.84%	15.34%	17.11%	17.70%	17.99%	18.16%	18.27%	18.34%
104.00	10.82%	14.80%	16.81%	17.48%	17.81%	18.00%	18.13%	18.22%
104.50	9.81%	14.26%	16.52%	17.27%	17.63%	17.85%	17.99%	18.09%
105.00	8.81%	13.73%	16.22%	17.05%	17.46%	17.70%	17.86%	17.97%

EFFECTIVE YIELD RATE 19.25%

PRICE	YEARS UNTIL MATURITY							
	8	9	10	11	12	13	14	15
70.00	29.10%	28.71%	28.42%	28.20%	28.04%	27.91%	27.82%	27.75%
71.00	28.67%	28.29%	28.01%	27.80%	27.64%	27.52%	27.43%	27.36%
72.00	28.25%	27.88%	27.61%	27.41%	27.25%	27.14%	27.05%	26.98%
73.00	27.83%	27.48%	27.22%	27.03%	26.88%	26.76%	26.68%	26.61%
74.00	27.43%	27.09%	26.84%	26.65%	26.51%	26.40%	26.31%	26.25%
75.00	27.03%	26.71%	26.47%	26.29%	26.15%	26.04%	25.96%	25.90%
76.00	26.64%	26.33%	26.10%	25.93%	25.80%	25.70%	25.62%	25.55%
77.00	26.27%	25.97%	25.75%	25.58%	25.45%	25.36%	25.28%	25.22%
78.00	25.89%	25.61%	25.40%	25.24%	25.12%	25.02%	24.95%	24.89%
79.00	25.53%	25.26%	25.06%	24.91%	24.79%	24.70%	24.63%	24.58%
80.00	25.17%	24.92%	24.73%	24.58%	24.47%	24.38%	24.32%	24.26%
81.00	24.82%	24.58%	24.40%	24.26%	24.16%	24.08%	24.01%	23.96%
82.00	24.48%	24.25%	24.08%	23.95%	23.85%	23.77%	23.71%	23.66%
82.50	24.31%	24.09%	23.92%	23.80%	23.70%	23.62%	23.56%	23.52%
83.00	24.14%	23.93%	23.77%	23.65%	23.55%	23.48%	23.42%	23.37%
83.50	23.98%	23.77%	23.61%	23.50%	23.40%	23.33%	23.27%	23.23%
84.00	23.81%	23.61%	23.46%	23.35%	23.26%	23.19%	23.13%	23.09%
84.50	23.65%	23.46%	23.31%	23.20%	23.11%	23.04%	22.99%	22.95%
85.00	23.49%	23.30%	23.16%	23.05%	22.97%	22.90%	22.85%	22.81%
85.50	23.33%	23.15%	23.01%	22.91%	22.83%	22.76%	22.71%	22.67%
86.00	23.17%	23.00%	22.87%	22.77%	22.69%	22.63%	22.58%	22.54%
86.50	23.02%	22.85%	22.72%	22.62%	22.55%	22.49%	22.44%	22.41%
87.00	22.86%	22.70%	22.58%	22.48%	22.41%	22.35%	22.31%	22.27%
87.50	22.71%	22.55%	22.43%	22.34%	22.27%	22.22%	22.18%	22.14%
88.00	22.55%	22.41%	22.29%	22.21%	22.14%	22.09%	22.04%	22.01%
88.50	22.40%	22.26%	22.15%	22.07%	22.01%	21.96%	21.92%	21.88%
89.00	22.25%	22.12%	22.01%	21.93%	21.87%	21.83%	21.79%	21.76%
89.50	22.10%	21.97%	21.88%	21.80%	21.74%	21.70%	21.66%	21.63%
90.00	21.96%	21.83%	21.74%	21.67%	21.61%	21.57%	21.53%	21.51%
90.50	21.81%	21.69%	21.61%	21.54%	21.48%	21.44%	21.41%	21.38%
91.00	21.67%	21.56%	21.47%	21.41%	21.36%	21.32%	21.29%	21.26%
91.50	21.52%	21.42%	21.34%	21.28%	21.23%	21.19%	21.16%	21.14%
92.00	21.38%	21.28%	21.21%	21.15%	21.11%	21.07%	21.04%	21.02%
92.50	21.24%	21.15%	21.08%	21.02%	20.98%	20.95%	20.92%	20.90%
93.00	21.10%	21.01%	20.95%	20.90%	20.86%	20.83%	20.80%	20.78%
93.50	20.96%	20.88%	20.82%	20.77%	20.74%	20.71%	20.69%	20.67%
94.00	20.82%	20.75%	20.69%	20.65%	20.62%	20.59%	20.57%	20.55%
94.50	20.68%	20.62%	20.57%	20.53%	20.50%	20.47%	20.45%	20.44%
95.00	20.55%	20.49%	20.44%	20.41%	20.38%	20.36%	20.34%	20.33%
95.50	20.41%	20.36%	20.32%	20.29%	20.26%	20.24%	20.23%	20.21%
96.00	20.28%	20.23%	20.20%	20.17%	20.15%	20.13%	20.11%	20.10%
96.50	20.15%	20.11%	20.07%	20.05%	20.03%	20.01%	20.00%	19.99%
97.00	20.02%	19.98%	19.95%	19.93%	19.92%	19.90%	19.89%	19.88%
97.50	19.89%	19.86%	19.83%	19.82%	19.80%	19.79%	19.78%	19.78%
98.00	19.76%	19.73%	19.72%	19.70%	19.69%	19.68%	19.67%	19.67%
98.50	19.63%	19.61%	19.60%	19.59%	19.58%	19.57%	19.57%	19.56%
99.00	19.50%	19.49%	19.48%	19.47%	19.47%	19.46%	19.46%	19.46%
99.50	19.38%	19.37%	19.36%	19.36%	19.36%	19.36%	19.35%	19.35%
100.00	19.25%	19.25%	19.25%	19.25%	19.25%	19.25%	19.25%	19.25%
100.50	19.13%	19.13%	19.14%	19.14%	19.14%	19.14%	19.15%	19.15%
101.00	19.00%	19.01%	19.02%	19.03%	19.04%	19.04%	19.04%	19.05%
102.00	18.76%	18.78%	18.80%	18.81%	18.82%	18.83%	18.84%	18.85%
103.00	18.52%	18.55%	18.58%	18.60%	18.62%	18.63%	18.64%	18.65%
104.00	18.28%	18.33%	18.36%	18.39%	18.41%	18.43%	18.44%	18.46%
105.00	18.05%	18.10%	18.15%	18.18%	18.21%	18.23%	18.25%	18.27%
106.00	17.81%	17.88%	17.94%	17.98%	18.01%	18.04%	18.06%	18.08%
107.00	17.59%	17.67%	17.73%	17.78%	17.82%	17.85%	17.87%	17.89%
108.00	17.36%	17.46%	17.53%	17.58%	17.63%	17.66%	17.69%	17.71%
109.00	17.14%	17.25%	17.33%	17.39%	17.44%	17.48%	17.51%	17.53%
110.00	16.92%	17.04%	17.13%	17.20%	17.25%	17.29%	17.33%	17.36%

19.25% EFFECTIVE YIELD RATE

PRICE	YEARS UNTIL MATURITY							
	16	17	18	19	20	21	22	23
85.00	22.78%	22.75%	22.73%	22.72%	22.70%	22.69%	22.68%	22.68%
85.50	22.64%	22.62%	22.60%	22.58%	22.57%	22.56%	22.55%	22.54%
86.00	22.51%	22.48%	22.46%	22.45%	22.44%	22.43%	22.42%	22.41%
86.50	22.38%	22.35%	22.33%	22.32%	22.31%	22.30%	22.29%	22.28%
87.00	22.24%	22.22%	22.20%	22.19%	22.18%	22.17%	22.16%	22.15%
87.50	22.11%	22.09%	22.07%	22.06%	22.05%	22.04%	22.03%	22.03%
88.00	21.99%	21.96%	21.95%	21.93%	21.92%	21.91%	21.91%	21.90%
88.50	21.86%	21.84%	21.82%	21.81%	21.80%	21.79%	21.78%	21.78%
89.00	21.73%	21.71%	21.70%	21.68%	21.67%	21.67%	21.66%	21.65%
89.50	21.61%	21.59%	21.57%	21.56%	21.55%	21.54%	21.54%	21.53%
90.00	21.48%	21.47%	21.45%	21.44%	21.43%	21.42%	21.42%	21.41%
90.50	21.36%	21.34%	21.33%	21.32%	21.31%	21.30%	21.30%	21.29%
91.00	21.24%	21.22%	21.21%	21.20%	21.19%	21.18%	21.18%	21.17%
91.50	21.12%	21.11%	21.09%	21.08%	21.07%	21.07%	21.06%	21.06%
92.00	21.00%	20.99%	20.98%	20.97%	20.96%	20.95%	20.95%	20.94%
92.50	20.88%	20.87%	20.86%	20.85%	20.84%	20.84%	20.83%	20.83%
93.00	20.77%	20.76%	20.74%	20.74%	20.73%	20.72%	20.72%	20.72%
93.50	20.65%	20.64%	20.63%	20.62%	20.62%	20.61%	20.61%	20.60%
94.00	20.54%	20.53%	20.52%	20.51%	20.51%	20.50%	20.50%	20.49%
94.50	20.43%	20.42%	20.41%	20.40%	20.40%	20.39%	20.39%	20.38%
95.00	20.31%	20.30%	20.30%	20.29%	20.29%	20.28%	20.28%	20.28%
95.50	20.20%	20.19%	20.19%	20.18%	20.18%	20.17%	20.17%	20.17%
96.00	20.09%	20.09%	20.08%	20.07%	20.07%	20.07%	20.06%	20.06%
96.50	19.98%	19.98%	19.97%	19.97%	19.96%	19.96%	19.96%	19.96%
97.00	19.88%	19.87%	19.87%	19.86%	19.86%	19.86%	19.86%	19.85%
97.50	19.77%	19.77%	19.76%	19.76%	19.76%	19.75%	19.75%	19.75%
98.00	19.66%	19.66%	19.66%	19.65%	19.65%	19.65%	19.65%	19.65%
98.50	19.56%	19.56%	19.55%	19.55%	19.55%	19.55%	19.55%	19.55%
99.00	19.46%	19.45%	19.45%	19.45%	19.45%	19.45%	19.45%	19.45%
99.50	19.35%	19.35%	19.35%	19.35%	19.35%	19.35%	19.35%	19.35%
100.00	19.25%	19.25%	19.25%	19.25%	19.25%	19.25%	19.25%	19.25%
100.50	19.15%	19.15%	19.15%	19.15%	19.15%	19.15%	19.15%	19.15%
101.00	19.05%	19.05%	19.05%	19.05%	19.05%	19.06%	19.06%	19.06%
101.50	18.95%	18.95%	18.95%	18.96%	18.96%	18.96%	18.96%	18.96%
102.00	18.85%	18.85%	18.86%	18.86%	18.86%	18.86%	18.87%	18.87%
102.50	18.75%	18.76%	18.76%	18.76%	18.77%	18.77%	18.77%	18.77%
103.00	18.66%	18.66%	18.67%	18.67%	18.67%	18.68%	18.68%	18.68%
103.50	18.56%	18.57%	18.57%	18.58%	18.58%	18.58%	18.59%	18.59%
104.00	18.46%	18.47%	18.48%	18.48%	18.49%	18.49%	18.49%	18.50%
104.50	18.37%	18.38%	18.39%	18.39%	18.40%	18.40%	18.40%	18.41%
105.00	18.28%	18.29%	18.29%	18.30%	18.31%	18.31%	18.31%	18.32%
105.50	18.18%	18.19%	18.20%	18.21%	18.22%	18.22%	18.23%	18.23%
106.00	18.09%	18.10%	18.11%	18.12%	18.13%	18.13%	18.14%	18.14%
106.50	18.00%	18.01%	18.02%	18.03%	18.04%	18.05%	18.05%	18.05%
107.00	17.91%	17.92%	17.93%	17.94%	17.95%	17.96%	17.96%	17.97%
107.50	17.82%	17.83%	17.85%	17.86%	17.86%	17.87%	17.88%	17.88%
108.00	17.73%	17.75%	17.76%	17.77%	17.78%	17.79%	17.79%	17.80%
108.50	17.64%	17.66%	17.67%	17.68%	17.69%	17.70%	17.71%	17.71%
109.00	17.56%	17.57%	17.59%	17.60%	17.61%	17.62%	17.62%	17.63%
110.00	17.38%	17.40%	17.42%	17.43%	17.44%	17.45%	17.46%	17.47%
111.00	17.21%	17.23%	17.25%	17.27%	17.28%	17.29%	17.30%	17.30%
112.00	17.04%	17.07%	17.09%	17.10%	17.12%	17.13%	17.14%	17.14%
113.00	16.88%	16.90%	16.92%	16.94%	16.96%	16.97%	16.98%	16.99%
114.00	16.72%	16.74%	16.77%	16.78%	16.80%	16.81%	16.83%	16.83%
115.00	16.56%	16.58%	16.61%	16.63%	16.65%	16.66%	16.67%	16.68%
116.00	16.40%	16.43%	16.45%	16.48%	16.50%	16.51%	16.52%	16.53%
117.00	16.24%	16.28%	16.30%	16.33%	16.35%	16.36%	16.38%	16.39%
118.00	16.09%	16.12%	16.15%	16.18%	16.20%	16.22%	16.23%	16.24%
119.00	15.94%	15.97%	16.01%	16.03%	16.05%	16.07%	16.09%	16.10%
120.00	15.79%	15.83%	15.86%	15.89%	15.91%	15.93%	15.95%	15.96%

EFFECTIVE YIELD RATE 19.25%

PRICE	24	25	26	27	28	29	30	40
	YEARS UNTIL MATURITY							
85.00	22.67%	22.67%	22.66%	22.66%	22.66%	22.65%	22.65%	22.65%
85.50	22.54%	22.53%	22.53%	22.53%	22.52%	22.52%	22.52%	22.52%
86.00	22.41%	22.40%	22.40%	22.40%	22.39%	22.39%	22.39%	22.38%
86.50	22.28%	22.27%	22.27%	22.27%	22.26%	22.26%	22.26%	22.26%
87.00	22.15%	22.14%	22.14%	22.14%	22.14%	22.13%	22.13%	22.13%
87.50	22.02%	22.02%	22.01%	22.01%	22.01%	22.01%	22.01%	22.00%
88.00	21.90%	21.89%	21.89%	21.89%	21.88%	21.88%	21.88%	21.88%
88.50	21.77%	21.77%	21.76%	21.76%	21.76%	21.76%	21.76%	21.75%
89.00	21.65%	21.65%	21.64%	21.64%	21.64%	21.64%	21.63%	21.63%
89.50	21.53%	21.52%	21.52%	21.52%	21.52%	21.52%	21.51%	21.51%
90.00	21.41%	21.40%	21.40%	21.40%	21.40%	21.40%	21.39%	21.39%
90.50	21.29%	21.29%	21.28%	21.28%	21.28%	21.28%	21.28%	21.27%
91.00	21.17%	21.17%	21.17%	21.16%	21.16%	21.16%	21.16%	21.15%
91.50	21.05%	21.05%	21.05%	21.05%	21.05%	21.04%	21.04%	21.04%
92.00	20.94%	20.94%	20.93%	20.93%	20.93%	20.93%	20.93%	20.92%
92.50	20.83%	20.82%	20.82%	20.82%	20.82%	20.82%	20.82%	20.81%
93.00	20.71%	20.71%	20.71%	20.71%	20.71%	20.70%	20.70%	20.70%
93.50	20.60%	20.60%	20.60%	20.60%	20.59%	20.59%	20.59%	20.59%
94.00	20.49%	20.49%	20.49%	20.49%	20.48%	20.48%	20.48%	20.48%
94.50	20.38%	20.38%	20.38%	20.38%	20.38%	20.37%	20.37%	20.37%
95.00	20.27%	20.27%	20.27%	20.27%	20.27%	20.27%	20.27%	20.26%
95.50	20.17%	20.16%	20.16%	20.16%	20.16%	20.16%	20.16%	20.16%
96.00	20.06%	20.06%	20.06%	20.06%	20.06%	20.06%	20.05%	20.05%
96.50	19.96%	19.95%	19.95%	19.95%	19.95%	19.95%	19.95%	19.95%
97.00	19.85%	19.85%	19.85%	19.85%	19.85%	19.85%	19.85%	19.85%
97.50	19.75%	19.75%	19.75%	19.75%	19.75%	19.75%	19.75%	19.74%
98.00	19.65%	19.65%	19.65%	19.65%	19.64%	19.64%	19.64%	19.64%
98.50	19.55%	19.55%	19.55%	19.55%	19.54%	19.54%	19.54%	19.54%
99.00	19.45%	19.45%	19.45%	19.45%	19.45%	19.45%	19.45%	19.44%
99.50	19.35%	19.35%	19.35%	19.35%	19.35%	19.35%	19.35%	19.35%
100.00	19.25%	19.25%	19.25%	19.25%	19.25%	19.25%	19.25%	19.25%
100.50	19.15%	19.15%	19.15%	19.15%	19.15%	19.15%	19.15%	19.15%
101.00	19.06%	19.06%	19.06%	19.06%	19.06%	19.06%	19.06%	19.06%
101.50	18.96%	18.96%	18.96%	18.96%	18.96%	18.96%	18.96%	18.97%
102.00	18.87%	18.87%	18.87%	18.87%	18.87%	18.87%	18.87%	18.87%
102.50	18.77%	18.78%	18.78%	18.78%	18.78%	18.78%	18.78%	18.78%
103.00	18.68%	18.68%	18.68%	18.68%	18.69%	18.69%	18.69%	18.69%
103.50	18.59%	18.59%	18.59%	18.59%	18.59%	18.60%	18.60%	18.60%
104.00	18.50%	18.50%	18.50%	18.50%	18.50%	18.51%	18.51%	18.51%
104.50	18.41%	18.41%	18.41%	18.41%	18.42%	18.42%	18.42%	18.42%
105.00	18.32%	18.32%	18.32%	18.33%	18.33%	18.33%	18.33%	18.33%
105.50	18.23%	18.23%	18.24%	18.24%	18.24%	18.24%	18.24%	18.25%
106.00	18.14%	18.15%	18.15%	18.15%	18.15%	18.15%	18.15%	18.16%
106.50	18.06%	18.06%	18.06%	18.06%	18.07%	18.07%	18.07%	18.07%
107.00	17.97%	17.97%	17.98%	17.98%	17.98%	17.98%	17.98%	17.99%
107.50	17.89%	17.89%	17.89%	17.89%	17.90%	17.90%	17.90%	17.91%
108.00	17.80%	17.81%	17.81%	17.81%	17.81%	17.81%	17.82%	17.82%
108.50	17.72%	17.72%	17.72%	17.73%	17.73%	17.73%	17.73%	17.74%
109.00	17.63%	17.64%	17.64%	17.65%	17.65%	17.65%	17.65%	17.66%
110.00	17.47%	17.48%	17.48%	17.48%	17.49%	17.49%	17.49%	17.50%
111.00	17.31%	17.31%	17.32%	17.32%	17.33%	17.33%	17.33%	17.34%
112.00	17.15%	17.16%	17.16%	17.17%	17.17%	17.17%	17.17%	17.18%
113.00	17.00%	17.00%	17.01%	17.01%	17.01%	17.02%	17.02%	17.03%
114.00	16.84%	16.85%	16.85%	16.86%	16.86%	16.87%	16.87%	16.88%
115.00	16.69%	16.70%	16.70%	16.71%	16.71%	16.72%	16.72%	16.74%
116.00	16.54%	16.55%	16.56%	16.56%	16.57%	16.57%	16.58%	16.59%
117.00	16.40%	16.41%	16.41%	16.42%	16.42%	16.43%	16.43%	16.45%
118.00	16.25%	16.26%	16.27%	16.28%	16.28%	16.29%	16.29%	16.31%
119.00	16.11%	16.12%	16.13%	16.14%	16.14%	16.15%	16.15%	16.17%
120.00	15.97%	15.98%	15.99%	16.00%	16.01%	16.01%	16.02%	16.04%

19.50% EFFECTIVE YIELD RATE

PRICE	YEARS UNTIL MATURITY						
	1/2	1	2	3	4	5	6	7
85.00	58.24%	39.02%	30.01%	27.12%	25.72%	24.91%	24.39%	24.03%
85.50	56.73%	38.28%	29.62%	26.84%	25.49%	24.71%	24.20%	23.86%
86.00	55.23%	37.56%	29.23%	26.56%	25.26%	24.51%	24.02%	23.69%
86.50	53.76%	36.83%	28.85%	26.28%	25.03%	24.31%	23.84%	23.52%
87.00	52.30%	36.12%	28.47%	26.00%	24.81%	24.11%	23.66%	23.36%
87.50	50.86%	35.41%	28.09%	25.73%	24.58%	23.92%	23.49%	23.19%
88.00	49.43%	34.71%	27.71%	25.46%	24.36%	23.72%	23.31%	23.03%
88.50	48.02%	34.01%	27.34%	25.19%	24.14%	23.53%	23.14%	22.87%
89.00	46.63%	33.32%	26.97%	24.92%	23.92%	23.34%	22.97%	22.71%
89.50	45.25%	32.63%	26.60%	24.66%	23.71%	23.15%	22.80%	22.55%
90.00	43.89%	31.96%	26.24%	24.39%	23.49%	22.97%	22.63%	22.39%
90.50	42.54%	31.28%	25.88%	24.13%	23.28%	22.78%	22.46%	22.24%
91.00	41.21%	30.62%	25.52%	23.87%	23.06%	22.59%	22.29%	22.08%
91.25	40.55%	30.28%	25.34%	23.74%	22.96%	22.50%	22.21%	22.01%
91.50	39.89%	29.95%	25.17%	23.61%	22.85%	22.41%	22.13%	21.93%
91.75	39.24%	29.63%	24.99%	23.48%	22.75%	22.32%	22.04%	21.85%
92.00	38.59%	29.30%	24.81%	23.36%	22.64%	22.23%	21.96%	21.78%
92.25	37.94%	28.97%	24.64%	23.23%	22.54%	22.14%	21.88%	21.70%
92.50	37.30%	28.65%	24.46%	23.10%	22.44%	22.05%	21.80%	21.63%
92.75	36.66%	28.32%	24.29%	22.98%	22.33%	21.96%	21.72%	21.55%
93.00	36.02%	28.00%	24.11%	22.85%	22.23%	21.87%	21.64%	21.48%
93.25	35.39%	27.68%	23.94%	22.72%	22.13%	21.78%	21.56%	21.40%
93.50	34.76%	27.36%	23.77%	22.60%	22.03%	21.69%	21.48%	21.33%
93.75	34.13%	27.04%	23.60%	22.47%	21.93%	21.60%	21.40%	21.26%
94.00	33.51%	26.73%	23.43%	22.35%	21.82%	21.52%	21.32%	21.18%
94.25	32.89%	26.41%	23.26%	22.23%	21.72%	21.43%	21.24%	21.11%
94.50	32.28%	26.10%	23.09%	22.10%	21.62%	21.34%	21.16%	21.04%
94.75	31.66%	25.79%	22.92%	21.98%	21.52%	21.26%	21.08%	20.96%
95.00	31.05%	25.47%	22.75%	21.86%	21.42%	21.17%	21.00%	20.89%
95.25	30.45%	25.16%	22.58%	21.74%	21.32%	21.08%	20.93%	20.82%
95.50	29.84%	24.86%	22.41%	21.62%	21.22%	21.00%	20.85%	20.75%
95.75	29.24%	24.55%	22.25%	21.49%	21.13%	20.91%	20.77%	20.68%
96.00	28.65%	24.24%	22.08%	21.37%	21.03%	20.83%	20.69%	20.60%
96.25	28.05%	23.94%	21.92%	21.25%	20.93%	20.74%	20.62%	20.53%
96.50	27.46%	23.63%	21.75%	21.13%	20.83%	20.66%	20.54%	20.46%
96.75	26.87%	23.33%	21.59%	21.01%	20.73%	20.57%	20.46%	20.39%
97.00	26.29%	23.03%	21.42%	20.90%	20.64%	20.49%	20.39%	20.32%
97.25	25.71%	22.73%	21.26%	20.78%	20.54%	20.40%	20.31%	20.25%
97.50	25.13%	22.43%	21.10%	20.66%	20.44%	20.32%	20.24%	20.18%
97.75	24.55%	22.13%	20.93%	20.54%	20.35%	20.24%	20.16%	20.11%
98.00	23.98%	21.83%	20.77%	20.42%	20.25%	20.15%	20.09%	20.04%
98.25	23.41%	21.54%	20.61%	20.31%	20.16%	20.07%	20.01%	19.97%
98.50	22.84%	21.24%	20.45%	20.19%	20.06%	19.99%	19.94%	19.91%
98.75	22.28%	20.95%	20.29%	20.07%	19.97%	19.91%	19.87%	19.84%
99.00	21.72%	20.66%	20.13%	19.96%	19.87%	19.82%	19.79%	19.77%
99.25	21.16%	20.37%	19.97%	19.84%	19.78%	19.74%	19.72%	19.70%
99.50	20.60%	20.08%	19.81%	19.73%	19.69%	19.66%	19.65%	19.63%
99.75	20.05%	19.79%	19.66%	19.61%	19.59%	19.58%	19.57%	19.57%
100.00	19.50%	19.50%	19.50%	19.50%	19.50%	19.50%	19.50%	19.50%
100.25	18.95%	19.21%	19.34%	19.39%	19.41%	19.42%	19.43%	19.43%
100.50	18.41%	18.93%	19.19%	19.27%	19.31%	19.34%	19.36%	19.37%
101.00	17.33%	18.36%	18.88%	19.05%	19.13%	19.18%	19.21%	19.23%
101.50	16.26%	17.80%	18.57%	18.82%	18.95%	19.02%	19.07%	19.10%
102.00	15.20%	17.24%	18.26%	18.60%	18.77%	18.86%	18.93%	18.97%
102.50	14.15%	16.68%	17.96%	18.38%	18.59%	18.71%	18.79%	18.84%
103.00	13.11%	16.13%	17.65%	18.16%	18.41%	18.55%	18.65%	18.71%
103.50	12.08%	15.59%	17.35%	17.94%	18.23%	18.40%	18.51%	18.59%
104.00	11.06%	15.04%	17.06%	17.72%	18.05%	18.25%	18.37%	18.46%
104.50	10.05%	14.50%	16.76%	17.51%	17.88%	18.09%	18.24%	18.33%
105.00	9.05%	13.97%	16.47%	17.29%	17.70%	17.94%	18.10%	18.21%

EFFECTIVE YIELD RATE 19.50%

PRICE	YEARS UNTIL MATURITY							
	8	9	10	11	12	13	14	15
70.00	29.43%	29.04%	28.76%	28.54%	28.38%	28.26%	28.17%	28.10%
71.00	29.00%	28.62%	28.34%	28.14%	27.98%	27.86%	27.77%	27.70%
72.00	28.57%	28.21%	27.94%	27.74%	27.59%	27.47%	27.38%	27.32%
73.00	28.15%	27.80%	27.55%	27.35%	27.21%	27.09%	27.01%	26.94%
74.00	27.75%	27.41%	27.16%	26.98%	26.83%	26.73%	26.64%	26.58%
75.00	27.35%	27.02%	26.79%	26.61%	26.47%	26.37%	26.29%	26.22%
76.00	26.96%	26.65%	26.42%	26.25%	26.12%	26.01%	25.94%	25.88%
77.00	26.57%	26.28%	26.06%	25.89%	25.77%	25.67%	25.60%	25.54%
78.00	26.20%	25.92%	25.71%	25.55%	25.43%	25.34%	25.26%	25.21%
79.00	25.83%	25.56%	25.37%	25.21%	25.10%	25.01%	24.94%	24.89%
80.00	25.47%	25.22%	25.03%	24.89%	24.77%	24.69%	24.62%	24.57%
81.00	25.12%	24.88%	24.70%	24.56%	24.46%	24.38%	24.31%	24.26%
82.00	24.77%	24.55%	24.38%	24.25%	24.15%	24.07%	24.01%	23.96%
82.50	24.60%	24.38%	24.22%	24.09%	24.00%	23.92%	23.86%	23.82%
83.00	24.43%	24.22%	24.06%	23.94%	23.84%	23.77%	23.71%	23.67%
83.50	24.27%	24.06%	23.90%	23.79%	23.70%	23.62%	23.57%	23.52%
84.00	24.10%	23.90%	23.75%	23.64%	23.55%	23.48%	23.42%	23.38%
84.50	23.94%	23.74%	23.60%	23.49%	23.40%	23.33%	23.28%	23.24%
85.00	23.77%	23.59%	23.45%	23.34%	23.26%	23.19%	23.14%	23.10%
85.50	23.61%	23.43%	23.30%	23.19%	23.11%	23.05%	23.00%	22.96%
86.00	23.45%	23.28%	23.15%	23.05%	22.97%	22.91%	22.86%	22.83%
86.50	23.30%	23.13%	23.00%	22.91%	22.83%	22.77%	22.73%	22.69%
87.00	23.14%	22.98%	22.86%	22.76%	22.69%	22.64%	22.59%	22.56%
87.50	22.98%	22.83%	22.71%	22.62%	22.55%	22.50%	22.46%	22.42%
88.00	22.83%	22.68%	22.57%	22.48%	22.42%	22.37%	22.32%	22.29%
88.50	22.68%	22.54%	22.43%	22.35%	22.28%	22.23%	22.19%	22.16%
89.00	22.53%	22.39%	22.29%	22.21%	22.15%	22.10%	22.06%	22.03%
89.50	22.38%	22.25%	22.15%	22.08%	22.02%	21.97%	21.94%	21.91%
90.00	22.23%	22.11%	22.01%	21.94%	21.89%	21.84%	21.81%	21.78%
90.50	22.08%	21.96%	21.88%	21.81%	21.76%	21.71%	21.68%	21.66%
91.00	21.93%	21.82%	21.74%	21.68%	21.63%	21.59%	21.56%	21.53%
91.50	21.79%	21.69%	21.61%	21.55%	21.50%	21.46%	21.43%	21.41%
92.00	21.65%	21.55%	21.47%	21.42%	21.37%	21.34%	21.31%	21.29%
92.50	21.50%	21.41%	21.34%	21.29%	21.25%	21.22%	21.19%	21.17%
93.00	21.36%	21.28%	21.21%	21.16%	21.12%	21.09%	21.07%	21.05%
93.50	21.22%	21.14%	21.08%	21.04%	21.00%	20.97%	20.95%	20.93%
94.00	21.08%	21.01%	20.96%	20.91%	20.88%	20.85%	20.83%	20.82%
94.50	20.95%	20.88%	20.83%	20.79%	20.76%	20.74%	20.72%	20.70%
95.00	20.81%	20.75%	20.70%	20.67%	20.64%	20.62%	20.60%	20.59%
95.50	20.67%	20.62%	20.58%	20.55%	20.52%	20.50%	20.49%	20.47%
96.00	20.54%	20.49%	20.45%	20.43%	20.40%	20.39%	20.37%	20.36%
96.50	20.41%	20.36%	20.33%	20.31%	20.29%	20.27%	20.26%	20.25%
97.00	20.27%	20.24%	20.21%	20.19%	20.17%	20.16%	20.15%	20.14%
97.50	20.14%	20.11%	20.09%	20.07%	20.06%	20.05%	20.04%	20.03%
98.00	20.01%	19.99%	19.97%	19.96%	19.94%	19.94%	19.93%	19.92%
98.50	19.88%	19.86%	19.85%	19.84%	19.83%	19.83%	19.82%	19.82%
99.00	19.75%	19.74%	19.73%	19.73%	19.72%	19.72%	19.71%	19.71%
99.50	19.63%	19.62%	19.62%	19.61%	19.61%	19.61%	19.61%	19.60%
100.00	19.50%	19.50%	19.50%	19.50%	19.50%	19.50%	19.50%	19.50%
100.50	19.37%	19.38%	19.38%	19.39%	19.39%	19.39%	19.40%	19.40%
101.00	19.25%	19.26%	19.27%	19.28%	19.28%	19.29%	19.29%	19.29%
102.00	19.00%	19.03%	19.05%	19.06%	19.07%	19.08%	19.09%	19.09%
103.00	18.76%	18.80%	18.82%	18.84%	18.86%	18.87%	18.88%	18.89%
104.00	18.52%	18.57%	18.60%	18.63%	18.65%	18.67%	18.69%	18.70%
105.00	18.29%	18.34%	18.39%	18.42%	18.45%	18.47%	18.49%	18.50%
106.00	18.05%	18.12%	18.18%	18.22%	18.25%	18.28%	18.30%	18.32%
107.00	17.82%	17.91%	17.97%	18.02%	18.05%	18.09%	18.11%	18.13%
108.00	17.60%	17.69%	17.76%	17.82%	17.86%	17.90%	17.92%	17.95%
109.00	17.38%	17.48%	17.56%	17.62%	17.67%	17.71%	17.74%	17.77%
110.00	17.16%	17.27%	17.36%	17.43%	17.48%	17.53%	17.56%	17.59%

19.50% EFFECTIVE YIELD RATE

PRICE	YEARS UNTIL MATURITY							
	16	17	18	19	20	21	22	23
85.00	23.07%	23.04%	23.02%	23.01%	22.99%	22.98%	22.98%	22.97%
85.50	22.93%	22.91%	22.89%	22.87%	22.86%	22.85%	22.84%	22.83%
86.00	22.80%	22.77%	22.75%	22.74%	22.73%	22.72%	22.71%	22.70%
86.50	22.66%	22.64%	22.62%	22.60%	22.59%	22.58%	22.58%	22.57%
87.00	22.53%	22.51%	22.49%	22.47%	22.46%	22.45%	22.45%	22.44%
87.50	22.40%	22.37%	22.36%	22.34%	22.33%	22.32%	22.32%	22.31%
88.00	22.27%	22.25%	22.23%	22.22%	22.20%	22.20%	22.19%	22.18%
88.50	22.14%	22.12%	22.10%	22.09%	22.08%	22.07%	22.06%	22.06%
89.00	22.01%	21.99%	21.98%	21.96%	21.95%	21.94%	21.94%	21.93%
89.50	21.88%	21.87%	21.85%	21.84%	21.83%	21.82%	21.81%	21.81%
90.00	21.76%	21.74%	21.73%	21.72%	21.71%	21.70%	21.69%	21.69%
90.50	21.64%	21.62%	21.60%	21.59%	21.59%	21.58%	21.57%	21.57%
91.00	21.51%	21.50%	21.48%	21.47%	21.47%	21.46%	21.45%	21.45%
91.50	21.39%	21.38%	21.36%	21.35%	21.35%	21.34%	21.33%	21.33%
92.00	21.27%	21.26%	21.25%	21.24%	21.23%	21.22%	21.22%	21.21%
92.50	21.15%	21.14%	21.13%	21.12%	21.11%	21.11%	21.10%	21.10%
93.00	21.04%	21.02%	21.01%	21.00%	21.00%	20.99%	20.99%	20.98%
93.50	20.92%	20.91%	20.90%	20.89%	20.88%	20.88%	20.87%	20.87%
94.00	20.80%	20.79%	20.78%	20.78%	20.77%	20.77%	20.76%	20.76%
94.50	20.69%	20.68%	20.67%	20.66%	20.66%	20.65%	20.65%	20.65%
95.00	20.58%	20.57%	20.56%	20.55%	20.55%	20.54%	20.54%	20.54%
95.50	20.46%	20.46%	20.45%	20.44%	20.44%	20.44%	20.43%	20.43%
96.00	20.35%	20.35%	20.34%	20.33%	20.33%	20.33%	20.32%	20.32%
96.50	20.24%	20.24%	20.23%	20.23%	20.22%	20.22%	20.22%	20.22%
97.00	20.13%	20.13%	20.12%	20.12%	20.12%	20.11%	20.11%	20.11%
97.50	20.03%	20.02%	20.02%	20.01%	20.01%	20.01%	20.01%	20.01%
98.00	19.92%	19.91%	19.91%	19.91%	19.91%	19.91%	19.90%	19.90%
98.50	19.81%	19.81%	19.81%	19.81%	19.80%	19.80%	19.80%	19.80%
99.00	19.71%	19.71%	19.70%	19.70%	19.70%	19.70%	19.70%	19.70%
99.50	19.60%	19.60%	19.60%	19.60%	19.60%	19.60%	19.60%	19.60%
100.00	19.50%	19.50%	19.50%	19.50%	19.50%	19.50%	19.50%	19.50%
100.50	19.40%	19.40%	19.40%	19.40%	19.40%	19.40%	19.40%	19.40%
101.00	19.30%	19.30%	19.30%	19.30%	19.30%	19.30%	19.30%	19.30%
101.50	19.20%	19.20%	19.20%	19.20%	19.20%	19.21%	19.21%	19.21%
102.00	19.10%	19.10%	19.10%	19.11%	19.11%	19.11%	19.11%	19.11%
102.50	19.00%	19.00%	19.01%	19.01%	19.01%	19.01%	19.02%	19.02%
103.00	18.90%	18.91%	18.91%	18.91%	18.92%	18.92%	18.92%	18.92%
103.50	18.80%	18.81%	18.81%	18.82%	18.82%	18.83%	18.83%	18.83%
104.00	18.71%	18.71%	18.72%	18.73%	18.73%	18.73%	18.74%	18.74%
104.50	18.61%	18.62%	18.63%	18.63%	18.64%	18.64%	18.64%	18.65%
105.00	18.52%	18.53%	18.53%	18.54%	18.55%	18.55%	18.55%	18.56%
105.50	18.42%	18.43%	18.44%	18.45%	18.45%	18.46%	18.46%	18.47%
106.00	18.33%	18.34%	18.35%	18.36%	18.36%	18.37%	18.37%	18.38%
106.50	18.24%	18.25%	18.26%	18.27%	18.28%	18.28%	18.29%	18.29%
107.00	18.15%	18.16%	18.17%	18.18%	18.19%	18.19%	18.20%	18.20%
107.50	18.05%	18.07%	18.08%	18.09%	18.10%	18.11%	18.11%	18.12%
108.00	17.96%	17.98%	17.99%	18.00%	18.01%	18.02%	18.02%	18.03%
108.50	17.88%	17.89%	17.91%	17.92%	17.93%	17.93%	17.94%	17.94%
109.00	17.79%	17.80%	17.82%	17.83%	17.84%	17.85%	17.85%	17.86%
110.00	17.61%	17.63%	17.65%	17.66%	17.67%	17.68%	17.69%	17.69%
111.00	17.44%	17.46%	17.48%	17.49%	17.50%	17.51%	17.52%	17.53%
112.00	17.27%	17.29%	17.31%	17.33%	17.34%	17.35%	17.36%	17.37%
113.00	17.10%	17.13%	17.15%	17.17%	17.18%	17.19%	17.20%	17.21%
114.00	16.94%	16.97%	16.99%	17.01%	17.02%	17.04%	17.05%	17.06%
115.00	16.78%	16.81%	16.83%	16.85%	16.87%	16.88%	16.89%	16.90%
116.00	16.62%	16.65%	16.67%	16.70%	16.71%	16.73%	16.74%	16.75%
117.00	16.46%	16.49%	16.52%	16.54%	16.56%	16.58%	16.59%	16.60%
118.00	16.30%	16.34%	16.37%	16.39%	16.41%	16.43%	16.45%	16.46%
119.00	16.15%	16.19%	16.22%	16.25%	16.27%	16.29%	16.30%	16.31%
120.00	16.00%	16.04%	16.07%	16.10%	16.12%	16.14%	16.16%	16.17%

EFFECTIVE YIELD RATE 19.50%

PRICE	24	25	26	27	28	29	30	40
	YEARS UNTIL MATURITY							
85.00	22.96%	22.96%	22.96%	22.95%	22.95%	22.95%	22.95%	22.94%
85.50	22.83%	22.82%	22.82%	22.82%	22.82%	22.81%	22.81%	22.81%
86.00	22.70%	22.69%	22.69%	22.69%	22.68%	22.68%	22.68%	22.68%
86.50	22.56%	22.56%	22.56%	22.55%	22.55%	22.55%	22.55%	22.54%
87.00	22.43%	22.43%	22.43%	22.42%	22.42%	22.42%	22.42%	22.41%
87.50	22.31%	22.30%	22.30%	22.30%	22.29%	22.29%	22.29%	22.29%
88.00	22.18%	22.17%	22.17%	22.17%	22.17%	22.17%	22.16%	22.16%
88.50	22.05%	22.05%	22.05%	22.04%	22.04%	22.04%	22.04%	22.03%
89.00	21.93%	21.93%	21.92%	21.92%	21.92%	21.92%	21.92%	21.91%
89.50	21.81%	21.80%	21.80%	21.80%	21.80%	21.79%	21.79%	21.79%
90.00	21.68%	21.68%	21.68%	21.68%	21.67%	21.67%	21.67%	21.67%
90.50	21.56%	21.56%	21.56%	21.56%	21.55%	21.55%	21.55%	21.55%
91.00	21.44%	21.44%	21.44%	21.44%	21.44%	21.43%	21.43%	21.43%
91.50	21.33%	21.32%	21.32%	21.32%	21.32%	21.32%	21.32%	21.31%
92.00	21.21%	21.21%	21.21%	21.20%	21.20%	21.20%	21.20%	21.20%
92.50	21.10%	21.09%	21.09%	21.09%	21.09%	21.09%	21.09%	21.08%
93.00	20.98%	20.98%	20.98%	20.98%	20.97%	20.97%	20.97%	20.97%
93.50	20.87%	20.87%	20.86%	20.86%	20.86%	20.86%	20.86%	20.86%
94.00	20.76%	20.75%	20.75%	20.75%	20.75%	20.75%	20.75%	20.75%
94.50	20.65%	20.64%	20.64%	20.64%	20.64%	20.64%	20.64%	20.64%
95.00	20.54%	20.53%	20.53%	20.53%	20.53%	20.53%	20.53%	20.53%
95.50	20.43%	20.43%	20.43%	20.42%	20.42%	20.42%	20.42%	20.42%
96.00	20.32%	20.32%	20.32%	20.32%	20.32%	20.32%	20.32%	20.31%
96.50	20.21%	20.21%	20.21%	20.21%	20.21%	20.21%	20.21%	20.21%
97.00	20.11%	20.11%	20.11%	20.11%	20.11%	20.11%	20.11%	20.10%
97.50	20.01%	20.00%	20.00%	20.00%	20.00%	20.00%	20.00%	20.00%
98.00	19.90%	19.90%	19.90%	19.90%	19.90%	19.90%	19.90%	19.90%
98.50	19.80%	19.80%	19.80%	19.80%	19.80%	19.80%	19.80%	19.80%
99.00	19.70%	19.70%	19.70%	19.70%	19.70%	19.70%	19.70%	19.70%
99.50	19.60%	19.60%	19.60%	19.60%	19.60%	19.60%	19.60%	19.60%
100.00	19.50%	19.50%	19.50%	19.50%	19.50%	19.50%	19.50%	19.50%
100.50	19.40%	19.40%	19.40%	19.40%	19.40%	19.40%	19.40%	19.40%
101.00	19.30%	19.31%	19.31%	19.31%	19.31%	19.31%	19.31%	19.31%
101.50	19.21%	19.21%	19.21%	19.21%	19.21%	19.21%	19.21%	19.21%
102.00	19.11%	19.11%	19.11%	19.11%	19.12%	19.12%	19.12%	19.12%
102.50	19.02%	19.02%	19.02%	19.02%	19.02%	19.02%	19.02%	19.02%
103.00	18.92%	18.93%	18.93%	18.93%	18.93%	18.93%	18.93%	18.93%
103.50	18.83%	18.83%	18.83%	18.84%	18.84%	18.84%	18.84%	18.84%
104.00	18.74%	18.74%	18.74%	18.74%	18.75%	18.75%	18.75%	18.75%
104.50	18.65%	18.65%	18.65%	18.65%	18.65%	18.66%	18.66%	18.66%
105.00	18.56%	18.56%	18.56%	18.56%	18.57%	18.57%	18.57%	18.57%
105.50	18.47%	18.47%	18.47%	18.48%	18.48%	18.48%	18.48%	18.48%
106.00	18.38%	18.38%	18.39%	18.39%	18.39%	18.39%	18.39%	18.40%
106.50	18.29%	18.30%	18.30%	18.30%	18.30%	18.30%	18.30%	18.31%
107.00	18.21%	18.21%	18.21%	18.21%	18.22%	18.22%	18.22%	18.22%
107.50	18.12%	18.12%	18.13%	18.13%	18.13%	18.13%	18.13%	18.14%
108.00	18.03%	18.04%	18.04%	18.04%	18.04%	18.05%	18.05%	18.05%
108.50	17.95%	17.95%	17.96%	17.96%	17.96%	17.96%	17.96%	17.97%
109.00	17.87%	17.87%	17.87%	17.88%	17.88%	17.88%	17.88%	17.89%
110.00	17.70%	17.70%	17.71%	17.71%	17.71%	17.72%	17.72%	17.73%
111.00	17.54%	17.54%	17.55%	17.55%	17.55%	17.55%	17.56%	17.57%
112.00	17.38%	17.38%	17.39%	17.39%	17.39%	17.40%	17.40%	17.41%
113.00	17.22%	17.22%	17.23%	17.23%	17.24%	17.24%	17.24%	17.25%
114.00	17.06%	17.07%	17.08%	17.08%	17.08%	17.09%	17.09%	17.10%
115.00	16.91%	16.92%	16.92%	16.93%	16.93%	16.94%	16.94%	16.95%
116.00	16.76%	16.77%	16.77%	16.78%	16.78%	16.79%	16.79%	16.81%
117.00	16.61%	16.62%	16.63%	16.63%	16.64%	16.64%	16.65%	16.66%
118.00	16.47%	16.48%	16.48%	16.49%	16.50%	16.50%	16.50%	16.52%
119.00	16.32%	16.33%	16.34%	16.35%	16.35%	16.36%	16.36%	16.38%
120.00	16.18%	16.19%	16.20%	16.21%	16.22%	16.22%	16.22%	16.24%

19.75% EFFECTIVE YIELD RATE

PRICE	1/2	1	2	3	4	5	6	7
			YEARS UNTIL MATURITY					
85.00	58.53%	39.30%	30.29%	27.40%	26.00%	25.19%	24.67%	24.31%
85.50	57.02%	38.57%	29.90%	27.12%	25.77%	24.99%	24.48%	24.14%
86.00	55.52%	37.84%	29.51%	26.84%	25.54%	24.79%	24.30%	23.97%
86.50	54.05%	37.11%	29.12%	26.56%	25.31%	24.59%	24.12%	23.80%
87.00	52.59%	36.40%	28.74%	26.28%	25.08%	24.39%	23.94%	23.64%
87.50	51.14%	35.69%	28.36%	26.00%	24.86%	24.19%	23.76%	23.47%
88.00	49.72%	34.98%	27.99%	25.73%	24.63%	24.00%	23.59%	23.31%
88.50	48.31%	34.28%	27.61%	25.46%	24.41%	23.80%	23.41%	23.14%
89.00	46.91%	33.59%	27.24%	25.19%	24.19%	23.61%	23.24%	22.98%
89.50	45.53%	32.91%	26.87%	24.92%	23.98%	23.42%	23.07%	22.82%
90.00	44.17%	32.23%	26.51%	24.66%	23.76%	23.23%	22.90%	22.67%
90.50	42.82%	31.55%	26.15%	24.40%	23.54%	23.05%	22.73%	22.51%
91.00	41.48%	30.88%	25.79%	24.14%	23.33%	22.86%	22.56%	22.35%
91.25	40.82%	30.55%	25.61%	24.01%	23.23%	22.77%	22.48%	22.27%
91.50	40.16%	30.22%	25.43%	23.88%	23.12%	22.68%	22.39%	22.20%
91.75	39.51%	29.89%	25.25%	23.75%	23.01%	22.59%	22.31%	22.12%
92.00	38.86%	29.56%	25.08%	23.62%	22.91%	22.50%	22.23%	22.04%
92.25	38.21%	29.24%	24.90%	23.49%	22.81%	22.40%	22.15%	21.97%
92.50	37.57%	28.91%	24.73%	23.37%	22.70%	22.31%	22.06%	21.89%
92.75	36.93%	28.59%	24.55%	23.24%	22.60%	22.22%	21.98%	21.82%
93.00	36.29%	28.27%	24.38%	23.11%	22.49%	22.13%	21.90%	21.74%
93.25	35.66%	27.95%	24.20%	22.99%	22.39%	22.04%	21.82%	21.67%
93.50	35.03%	27.63%	24.03%	22.86%	22.29%	21.96%	21.74%	21.59%
93.75	34.40%	27.31%	23.86%	22.74%	22.19%	21.87%	21.66%	21.52%
94.00	33.78%	26.99%	23.69%	22.61%	22.09%	21.78%	21.58%	21.44%
94.25	33.16%	26.67%	23.52%	22.49%	21.98%	21.69%	21.50%	21.37%
94.50	32.54%	26.36%	23.35%	22.36%	21.88%	21.60%	21.42%	21.30%
94.75	31.93%	26.05%	23.18%	22.24%	21.78%	21.51%	21.34%	21.22%
95.00	31.32%	25.73%	23.01%	22.12%	21.68%	21.43%	21.26%	21.15%
95.25	30.71%	25.42%	22.84%	22.00%	21.58%	21.34%	21.18%	21.08%
95.50	30.10%	25.11%	22.67%	21.87%	21.48%	21.25%	21.11%	21.01%
95.75	29.50%	24.81%	22.50%	21.75%	21.38%	21.17%	21.03%	20.93%
96.00	28.91%	24.50%	22.34%	21.63%	21.28%	21.08%	20.95%	20.86%
96.25	28.31%	24.19%	22.17%	21.51%	21.19%	21.00%	20.87%	20.79%
96.50	27.72%	23.89%	22.01%	21.39%	21.09%	20.91%	20.80%	20.72%
96.75	27.13%	23.59%	21.84%	21.27%	20.99%	20.83%	20.72%	20.65%
97.00	26.55%	23.28%	21.68%	21.15%	20.89%	20.74%	20.64%	20.58%
97.25	25.96%	22.98%	21.51%	21.03%	20.80%	20.66%	20.57%	20.51%
97.50	25.38%	22.68%	21.35%	20.91%	20.70%	20.57%	20.49%	20.44%
97.75	24.81%	22.38%	21.19%	20.80%	20.60%	20.49%	20.42%	20.37%
98.00	24.23%	22.09%	21.03%	20.68%	20.51%	20.41%	20.34%	20.30%
98.25	23.66%	21.79%	20.86%	20.56%	20.41%	20.32%	20.27%	20.23%
98.50	23.10%	21.50%	20.70%	20.44%	20.32%	20.24%	20.19%	20.16%
98.75	22.53%	21.20%	20.54%	20.33%	20.22%	20.16%	20.12%	20.09%
99.00	21.97%	20.91%	20.38%	20.21%	20.13%	20.08%	20.04%	20.02%
99.25	21.41%	20.62%	20.22%	20.09%	20.03%	19.99%	19.97%	19.95%
99.50	20.85%	20.33%	20.07%	19.98%	19.94%	19.91%	19.90%	19.89%
99.75	20.30%	20.04%	19.91%	19.86%	19.84%	19.83%	19.82%	19.82%
100.00	19.75%	19.75%	19.75%	19.75%	19.75%	19.75%	19.75%	19.75%
100.25	19.20%	19.46%	19.59%	19.64%	19.66%	19.67%	19.68%	19.68%
100.50	18.66%	19.18%	19.44%	19.52%	19.56%	19.59%	19.60%	19.62%
101.00	17.57%	18.61%	19.13%	19.30%	19.38%	19.43%	19.46%	19.48%
101.50	16.50%	18.04%	18.82%	19.07%	19.20%	19.27%	19.32%	19.35%
102.00	15.44%	17.48%	18.51%	18.85%	19.01%	19.11%	19.17%	19.22%
102.50	14.39%	16.93%	18.20%	18.62%	18.83%	18.95%	19.03%	19.09%
103.00	13.35%	16.38%	17.90%	18.40%	18.65%	18.80%	18.89%	18.96%
103.50	12.32%	15.83%	17.60%	18.19%	18.47%	18.64%	18.75%	18.83%
104.00	11.30%	15.29%	17.30%	17.97%	18.30%	18.49%	18.62%	18.70%
104.50	10.29%	14.75%	17.00%	17.75%	18.12%	18.34%	18.48%	18.58%
105.00	9.05%	14.21%	16.71%	17.54%	17.95%	18.19%	18.34%	18.45%

EFFECTIVE YIELD RATE 19.75%

PRICE	8	9	10	11	12	13	14	15
	YEARS UNTIL MATURITY							
70.00	29.77%	29.38%	29.10%	28.89%	28.73%	28.61%	28.51%	28.44%
71.00	29.33%	28.95%	28.68%	28.47%	28.32%	28.20%	28.11%	28.04%
72.00	28.90%	28.54%	28.27%	28.07%	27.92%	27.81%	27.72%	27.66%
73.00	28.48%	28.13%	27.87%	27.68%	27.54%	27.43%	27.34%	27.28%
74.00	28.06%	27.73%	27.48%	27.30%	27.16%	27.05%	26.97%	26.91%
75.00	27.66%	27.34%	27.11%	26.93%	26.79%	26.69%	26.61%	26.55%
76.00	27.27%	26.96%	26.73%	26.56%	26.43%	26.33%	26.26%	26.20%
77.00	26.88%	26.59%	26.37%	26.21%	26.08%	25.99%	25.91%	25.86%
78.00	26.50%	26.22%	26.02%	25.86%	25.74%	25.65%	25.58%	25.52%
79.00	26.13%	25.87%	25.67%	25.52%	25.41%	25.32%	25.25%	25.20%
80.00	25.77%	25.52%	25.33%	25.19%	25.08%	24.99%	24.93%	24.88%
81.00	25.41%	25.18%	25.00%	24.86%	24.76%	24.68%	24.62%	24.57%
82.00	25.07%	24.84%	24.67%	24.54%	24.45%	24.37%	24.31%	24.26%
82.50	24.89%	24.67%	24.51%	24.39%	24.29%	24.22%	24.16%	24.11%
83.00	24.72%	24.51%	24.35%	24.23%	24.14%	24.07%	24.01%	23.97%
83.50	24.55%	24.35%	24.20%	24.08%	23.99%	23.92%	23.86%	23.82%
84.00	24.39%	24.19%	24.04%	23.93%	23.84%	23.77%	23.72%	23.67%
84.50	24.22%	24.03%	23.89%	23.78%	23.69%	23.62%	23.57%	23.53%
85.00	24.06%	23.87%	23.73%	23.63%	23.54%	23.48%	23.43%	23.39%
85.50	23.90%	23.72%	23.58%	23.48%	23.40%	23.34%	23.29%	23.25%
86.00	23.74%	23.56%	23.43%	23.33%	23.26%	23.20%	23.15%	23.11%
86.50	23.58%	23.41%	23.28%	23.19%	23.11%	23.06%	23.01%	22.98%
87.00	23.42%	23.26%	23.14%	23.04%	22.97%	22.92%	22.87%	22.84%
87.50	23.26%	23.11%	22.99%	22.90%	22.83%	22.78%	22.74%	22.71%
88.00	23.11%	22.96%	22.85%	22.76%	22.70%	22.65%	22.60%	22.57%
88.50	22.95%	22.81%	22.71%	22.62%	22.56%	22.51%	22.47%	22.44%
89.00	22.80%	22.67%	22.56%	22.49%	22.43%	22.38%	22.34%	22.31%
89.50	22.65%	22.52%	22.42%	22.35%	22.29%	22.25%	22.21%	22.18%
90.00	22.50%	22.38%	22.28%	22.21%	22.16%	22.12%	22.08%	22.06%
90.50	22.35%	22.23%	22.15%	22.08%	22.03%	21.99%	21.96%	21.93%
91.00	22.20%	22.09%	22.01%	21.95%	21.90%	21.86%	21.83%	21.80%
91.50	22.06%	21.95%	21.88%	21.82%	21.77%	21.73%	21.70%	21.68%
92.00	21.91%	21.82%	21.74%	21.69%	21.64%	21.61%	21.58%	21.56%
92.50	21.77%	21.68%	21.61%	21.56%	21.52%	21.48%	21.46%	21.44%
93.00	21.63%	21.54%	21.48%	21.43%	21.39%	21.36%	21.34%	21.32%
93.50	21.49%	21.41%	21.35%	21.30%	21.27%	21.24%	21.22%	21.20%
94.00	21.35%	21.27%	21.22%	21.18%	21.14%	21.12%	21.10%	21.08%
94.50	21.21%	21.14%	21.09%	21.05%	21.02%	21.00%	20.98%	20.96%
95.00	21.07%	21.01%	20.96%	20.93%	20.90%	20.88%	20.86%	20.85%
95.50	20.93%	20.88%	20.84%	20.81%	20.78%	20.76%	20.75%	20.73%
96.00	20.80%	20.75%	20.71%	20.68%	20.66%	20.65%	20.63%	20.62%
96.50	20.66%	20.62%	20.59%	20.56%	20.55%	20.53%	20.52%	20.51%
97.00	20.53%	20.49%	20.47%	20.45%	20.43%	20.42%	20.41%	20.40%
97.50	20.40%	20.37%	20.34%	20.33%	20.31%	20.30%	20.29%	20.29%
98.00	20.27%	20.24%	20.22%	20.21%	20.20%	20.19%	20.18%	20.18%
98.50	20.13%	20.12%	20.10%	20.09%	20.08%	20.08%	20.07%	20.07%
99.00	20.01%	19.99%	19.98%	19.98%	19.97%	19.97%	19.96%	19.96%
99.50	19.88%	19.87%	19.87%	19.86%	19.86%	19.86%	19.86%	19.86%
100.00	19.75%	19.75%	19.75%	19.75%	19.75%	19.75%	19.75%	19.75%
100.50	19.62%	19.63%	19.63%	19.64%	19.64%	19.64%	19.64%	19.65%
101.00	19.50%	19.51%	19.52%	19.53%	19.53%	19.54%	19.54%	19.54%
102.00	19.25%	19.27%	19.29%	19.31%	19.32%	19.32%	19.33%	19.34%
103.00	19.01%	19.04%	19.07%	19.09%	19.10%	19.12%	19.13%	19.14%
104.00	18.76%	18.81%	18.85%	18.87%	18.90%	18.91%	18.93%	18.94%
105.00	18.53%	18.59%	18.63%	18.66%	18.69%	18.71%	18.73%	18.74%
106.00	18.29%	18.36%	18.42%	18.46%	18.49%	18.52%	18.54%	18.55%
107.00	18.06%	18.14%	18.21%	18.25%	18.29%	18.32%	18.35%	18.37%
108.00	17.83%	17.93%	18.00%	18.05%	18.10%	18.13%	18.16%	18.18%
109.00	17.61%	17.71%	17.79%	17.85%	17.90%	17.94%	17.97%	18.00%
110.00	17.39%	17.50%	17.59%	17.66%	17.71%	17.76%	17.79%	17.82%

19.75% EFFECTIVE YIELD RATE

PRICE	YEARS UNTIL MATURITY 16	17	18	19	20	21	22	23
85.00	23.36%	23.33%	23.31%	23.30%	23.29%	23.28%	23.27%	23.26%
85.50	23.22%	23.20%	23.18%	23.16%	23.15%	23.14%	23.13%	23.13%
86.00	23.08%	23.06%	23.04%	23.03%	23.01%	23.00%	23.00%	22.99%
86.50	22.95%	22.92%	22.91%	22.89%	22.88%	22.87%	22.86%	22.86%
87.00	22.81%	22.79%	22.77%	22.76%	22.75%	22.74%	22.73%	22.73%
87.50	22.68%	22.66%	22.64%	22.63%	22.62%	22.61%	22.60%	22.60%
88.00	22.55%	22.53%	22.51%	22.50%	22.49%	22.48%	22.47%	22.47%
88.50	22.42%	22.40%	22.38%	22.37%	22.36%	22.35%	22.34%	22.34%
89.00	22.29%	22.27%	22.25%	22.24%	22.23%	22.22%	22.22%	22.21%
89.50	22.16%	22.14%	22.13%	22.12%	22.11%	22.10%	22.09%	22.09%
90.00	22.03%	22.02%	22.00%	21.99%	21.98%	21.98%	21.97%	21.96%
90.50	21.91%	21.89%	21.88%	21.87%	21.86%	21.85%	21.85%	21.84%
91.00	21.79%	21.77%	21.76%	21.75%	21.74%	21.73%	21.73%	21.72%
91.50	21.66%	21.65%	21.64%	21.63%	21.62%	21.61%	21.61%	21.60%
92.00	21.54%	21.53%	21.52%	21.51%	21.50%	21.49%	21.49%	21.48%
92.50	21.42%	21.41%	21.40%	21.39%	21.38%	21.38%	21.37%	21.37%
93.00	21.30%	21.29%	21.28%	21.27%	21.27%	21.26%	21.26%	21.25%
93.50	21.18%	21.17%	21.16%	21.16%	21.15%	21.14%	21.14%	21.14%
94.00	21.07%	21.06%	21.05%	21.04%	21.04%	21.03%	21.03%	21.02%
94.50	20.95%	20.94%	20.93%	20.93%	20.92%	20.92%	20.91%	20.91%
95.00	20.84%	20.83%	20.82%	20.82%	20.81%	20.81%	20.80%	20.80%
95.50	20.72%	20.72%	20.71%	20.70%	20.70%	20.70%	20.69%	20.69%
96.00	20.61%	20.60%	20.60%	20.59%	20.59%	20.59%	20.58%	20.58%
96.50	20.50%	20.49%	20.49%	20.49%	20.48%	20.48%	20.48%	20.47%
97.00	20.39%	20.38%	20.38%	20.38%	20.37%	20.37%	20.37%	20.37%
97.50	20.28%	20.28%	20.27%	20.27%	20.27%	20.27%	20.26%	20.26%
98.00	20.17%	20.17%	20.17%	20.16%	20.16%	20.16%	20.16%	20.16%
98.50	20.07%	20.06%	20.06%	20.06%	20.06%	20.06%	20.06%	20.05%
99.00	19.96%	19.96%	19.96%	19.96%	19.95%	19.95%	19.95%	19.95%
99.50	19.85%	19.85%	19.85%	19.85%	19.85%	19.85%	19.85%	19.85%
100.00	19.75%	19.75%	19.75%	19.75%	19.75%	19.75%	19.75%	19.75%
100.50	19.65%	19.65%	19.65%	19.65%	19.65%	19.65%	19.65%	19.65%
101.00	19.54%	19.55%	19.55%	19.55%	19.55%	19.55%	19.55%	19.55%
101.50	19.44%	19.45%	19.45%	19.45%	19.45%	19.45%	19.45%	19.45%
102.00	19.34%	19.35%	19.35%	19.35%	19.35%	19.35%	19.36%	19.36%
102.50	19.24%	19.25%	19.25%	19.25%	19.26%	19.26%	19.26%	19.26%
103.00	19.14%	19.15%	19.15%	19.16%	19.16%	19.16%	19.16%	19.17%
103.50	19.05%	19.05%	19.06%	19.06%	19.06%	19.07%	19.07%	19.07%
104.00	18.95%	18.96%	18.96%	18.97%	18.97%	18.97%	18.98%	18.98%
104.50	18.85%	18.86%	18.87%	18.87%	18.88%	18.88%	18.88%	18.89%
105.00	18.76%	18.77%	18.77%	18.78%	18.78%	18.79%	18.79%	18.79%
105.50	18.66%	18.67%	18.68%	18.69%	18.69%	18.70%	18.70%	18.70%
106.00	18.57%	18.58%	18.59%	18.59%	18.60%	18.61%	18.61%	18.61%
106.50	18.47%	18.49%	18.50%	18.50%	18.51%	18.52%	18.52%	18.53%
107.00	18.38%	18.39%	18.41%	18.41%	18.42%	18.43%	18.43%	18.44%
107.50	18.29%	18.30%	18.32%	18.32%	18.33%	18.34%	18.34%	18.35%
108.00	18.20%	18.21%	18.23%	18.24%	18.24%	18.25%	18.26%	18.26%
108.50	18.11%	18.12%	18.14%	18.15%	18.16%	18.16%	18.17%	18.18%
109.00	18.02%	18.04%	18.05%	18.06%	18.07%	18.08%	18.09%	18.09%
110.00	17.84%	17.86%	17.88%	17.89%	17.90%	17.91%	17.92%	17.92%
111.00	17.67%	17.69%	17.71%	17.72%	17.73%	17.74%	17.75%	17.76%
112.00	17.50%	17.52%	17.54%	17.55%	17.57%	17.58%	17.59%	17.59%
113.00	17.33%	17.35%	17.37%	17.39%	17.40%	17.42%	17.43%	17.43%
114.00	17.16%	17.19%	17.21%	17.23%	17.24%	17.26%	17.27%	17.28%
115.00	17.00%	17.03%	17.05%	17.07%	17.09%	17.10%	17.11%	17.12%
116.00	16.84%	16.87%	16.89%	16.91%	16.93%	16.95%	16.96%	16.97%
117.00	16.68%	16.71%	16.74%	16.76%	16.78%	16.79%	16.81%	16.82%
118.00	16.52%	16.56%	16.58%	16.61%	16.63%	16.65%	16.66%	16.67%
119.00	16.37%	16.40%	16.43%	16.46%	16.48%	16.50%	16.51%	16.53%
120.00	16.22%	16.25%	16.29%	16.31%	16.34%	16.35%	16.37%	16.38%

EFFECTIVE YIELD RATE 19.75%

PRICE	YEARS UNTIL MATURITY 24	25	26	27	28	29	30	40
85.00	23.26%	23.25%	23.25%	23.25%	23.24%	23.24%	23.24%	23.24%
85.50	23.12%	23.12%	23.11%	23.11%	23.11%	23.11%	23.10%	23.10%
86.00	22.99%	22.98%	22.98%	22.98%	22.97%	22.97%	22.97%	22.97%
86.50	22.85%	22.85%	22.85%	22.84%	22.84%	22.84%	22.84%	22.83%
87.00	22.72%	22.72%	22.71%	22.71%	22.71%	22.71%	22.71%	22.70%
87.50	22.59%	22.59%	22.58%	22.58%	22.58%	22.58%	22.58%	22.57%
88.00	22.46%	22.46%	22.46%	22.45%	22.45%	22.45%	22.45%	22.44%
88.50	22.33%	22.33%	22.33%	22.33%	22.32%	22.32%	22.32%	22.32%
89.00	22.21%	22.21%	22.20%	22.20%	22.20%	22.20%	22.20%	22.19%
89.50	22.08%	22.08%	22.08%	22.08%	22.07%	22.07%	22.07%	22.07%
90.00	21.96%	21.96%	21.96%	21.95%	21.95%	21.95%	21.95%	21.95%
90.50	21.84%	21.84%	21.83%	21.83%	21.83%	21.83%	21.83%	21.82%
91.00	21.72%	21.72%	21.71%	21.71%	21.71%	21.71%	21.71%	21.70%
91.50	21.60%	21.60%	21.59%	21.59%	21.59%	21.59%	21.59%	21.59%
92.00	21.48%	21.48%	21.48%	21.47%	21.47%	21.47%	21.47%	21.47%
92.50	21.36%	21.36%	21.36%	21.36%	21.36%	21.36%	21.36%	21.35%
93.00	21.25%	21.25%	21.24%	21.24%	21.24%	21.24%	21.24%	21.24%
93.50	21.13%	21.13%	21.13%	21.13%	21.13%	21.13%	21.13%	21.12%
94.00	21.02%	21.02%	21.02%	21.02%	21.02%	21.01%	21.01%	21.01%
94.50	20.91%	20.91%	20.91%	20.91%	20.90%	20.90%	20.90%	20.90%
95.00	20.80%	20.80%	20.80%	20.79%	20.79%	20.79%	20.79%	20.79%
95.50	20.69%	20.69%	20.69%	20.69%	20.68%	20.68%	20.68%	20.68%
96.00	20.58%	20.58%	20.58%	20.58%	20.58%	20.58%	20.58%	20.57%
96.50	20.47%	20.47%	20.47%	20.47%	20.47%	20.47%	20.47%	20.47%
97.00	20.37%	20.37%	20.36%	20.36%	20.36%	20.36%	20.36%	20.36%
97.50	20.26%	20.26%	20.26%	20.26%	20.26%	20.26%	20.26%	20.26%
98.00	20.16%	20.16%	20.16%	20.16%	20.15%	20.15%	20.15%	20.15%
98.50	20.05%	20.05%	20.05%	20.05%	20.05%	20.05%	20.05%	20.05%
99.00	19.95%	19.95%	19.95%	19.95%	19.95%	19.95%	19.95%	19.95%
99.50	19.85%	19.85%	19.85%	19.85%	19.85%	19.85%	19.85%	19.85%
100.00	19.75%	19.75%	19.75%	19.75%	19.75%	19.75%	19.75%	19.75%
100.50	19.65%	19.65%	19.65%	19.65%	19.65%	19.65%	19.65%	19.65%
101.00	19.55%	19.55%	19.55%	19.55%	19.55%	19.55%	19.55%	19.55%
101.50	19.45%	19.46%	19.46%	19.46%	19.46%	19.46%	19.46%	19.46%
102.00	19.36%	19.36%	19.36%	19.36%	19.36%	19.36%	19.36%	19.36%
102.50	19.26%	19.26%	19.26%	19.26%	19.27%	19.27%	19.27%	19.27%
103.00	19.17%	19.17%	19.17%	19.17%	19.17%	19.17%	19.17%	19.17%
103.50	19.07%	19.08%	19.08%	19.08%	19.08%	19.08%	19.08%	19.08%
104.00	18.98%	18.98%	18.98%	18.98%	18.99%	18.99%	18.99%	18.99%
104.50	18.89%	18.89%	18.89%	18.89%	18.89%	18.90%	18.90%	18.90%
105.00	18.80%	18.80%	18.80%	18.80%	18.80%	18.80%	18.81%	18.81%
105.50	18.71%	18.71%	18.71%	18.71%	18.71%	18.71%	18.72%	18.72%
106.00	18.62%	18.62%	18.62%	18.62%	18.62%	18.63%	18.63%	18.63%
106.50	18.53%	18.53%	18.53%	18.54%	18.54%	18.54%	18.54%	18.54%
107.00	18.44%	18.44%	18.45%	18.45%	18.45%	18.45%	18.45%	18.46%
107.50	18.35%	18.36%	18.36%	18.36%	18.36%	18.36%	18.37%	18.37%
108.00	18.27%	18.27%	18.27%	18.27%	18.28%	18.28%	18.28%	18.29%
108.50	18.18%	18.18%	18.19%	18.19%	18.19%	18.19%	18.20%	18.20%
109.00	18.10%	18.10%	18.10%	18.11%	18.11%	18.11%	18.11%	18.12%
110.00	17.93%	17.93%	17.94%	17.94%	17.94%	17.94%	17.95%	17.95%
111.00	17.76%	17.77%	17.77%	17.77%	17.78%	17.78%	17.78%	17.79%
112.00	17.60%	17.61%	17.61%	17.61%	17.62%	17.62%	17.62%	17.63%
113.00	17.44%	17.45%	17.45%	17.46%	17.46%	17.46%	17.46%	17.48%
114.00	17.28%	17.29%	17.30%	17.30%	17.30%	17.31%	17.31%	17.32%
115.00	17.13%	17.14%	17.14%	17.15%	17.15%	17.15%	17.16%	17.17%
116.00	16.98%	16.99%	16.99%	17.00%	17.00%	17.01%	17.01%	17.02%
117.00	16.83%	16.84%	16.84%	16.85%	16.85%	16.86%	16.86%	16.88%
118.00	16.68%	16.69%	16.70%	16.70%	16.71%	16.71%	16.72%	16.73%
119.00	16.54%	16.55%	16.55%	16.56%	16.57%	16.57%	16.57%	16.59%
120.00	16.39%	16.40%	16.41%	16.42%	16.42%	16.43%	16.43%	16.45%

20%   EFFECTIVE YIELD RATE

PRICE	YEARS UNTIL MATURITY						
	1/2	1	2	3	4	5	6	7
85.00	58.82%	39.59%	30.57%	27.68%	26.28%	25.47%	24.95%	24.60%
85.50	57.31%	38.85%	30.18%	27.40%	26.05%	25.27%	24.76%	24.42%
86.00	55.81%	38.12%	29.79%	27.11%	25.82%	25.06%	24.58%	24.25%
86.50	54.34%	37.39%	29.40%	26.83%	25.59%	24.86%	24.40%	24.08%
87.00	52.87%	36.68%	29.02%	26.55%	25.36%	24.66%	24.22%	23.91%
87.50	51.43%	35.96%	28.64%	26.28%	25.13%	24.47%	24.04%	23.75%
88.00	50.00%	35.26%	28.26%	26.00%	24.91%	24.27%	23.86%	23.58%
88.50	48.59%	34.56%	27.88%	25.73%	24.69%	24.08%	23.69%	23.42%
89.00	47.19%	33.87%	27.51%	25.46%	24.46%	23.88%	23.51%	23.26%
89.50	45.81%	33.18%	27.14%	25.19%	24.25%	23.69%	23.34%	23.10%
90.00	44.44%	32.50%	26.78%	24.93%	24.03%	23.50%	23.17%	22.94%
90.50	43.09%	31.82%	26.42%	24.66%	23.81%	23.32%	23.00%	22.78%
91.00	41.76%	31.15%	26.05%	24.40%	23.60%	23.13%	22.83%	22.62%
91.25	41.10%	30.82%	25.88%	24.27%	23.49%	23.04%	22.74%	22.54%
91.50	40.44%	30.49%	25.70%	24.14%	23.39%	22.94%	22.66%	22.46%
91.75	39.78%	30.16%	25.52%	24.01%	23.28%	22.85%	22.58%	22.39%
92.00	39.13%	29.83%	25.34%	23.89%	23.17%	22.76%	22.49%	22.31%
92.25	38.48%	29.50%	25.17%	23.76%	23.07%	22.67%	22.41%	22.23%
92.50	37.84%	29.18%	24.99%	23.63%	22.97%	22.58%	22.33%	22.16%
92.75	37.20%	28.85%	24.81%	23.50%	22.86%	22.49%	22.25%	22.08%
93.00	36.56%	28.53%	24.64%	23.38%	22.76%	22.40%	22.16%	22.01%
93.25	35.92%	28.21%	24.47%	23.25%	22.65%	22.31%	22.08%	21.93%
93.50	35.29%	27.89%	24.29%	23.12%	22.55%	22.22%	22.00%	21.85%
93.75	34.67%	27.57%	24.12%	23.00%	22.45%	22.13%	21.92%	21.78%
94.00	34.04%	27.25%	23.95%	22.87%	22.35%	22.04%	21.84%	21.71%
94.25	33.42%	26.94%	23.78%	22.75%	22.24%	21.95%	21.76%	21.63%
94.50	32.80%	26.62%	23.61%	22.62%	22.14%	21.86%	21.68%	21.56%
94.75	32.19%	26.31%	23.44%	22.50%	22.04%	21.77%	21.60%	21.48%
95.00	31.58%	25.99%	23.27%	22.38%	21.94%	21.69%	21.52%	21.41%
95.25	30.97%	25.68%	23.10%	22.25%	21.84%	21.60%	21.44%	21.34%
95.50	30.37%	25.37%	22.93%	22.13%	21.74%	21.51%	21.37%	21.26%
95.75	29.77%	25.06%	22.76%	22.01%	21.64%	21.43%	21.29%	21.19%
96.00	29.17%	24.76%	22.60%	21.89%	21.54%	21.34%	21.21%	21.12%
96.25	28.57%	24.45%	22.43%	21.77%	21.44%	21.25%	21.13%	21.05%
96.50	27.98%	24.15%	22.26%	21.65%	21.34%	21.17%	21.05%	20.98%
96.75	27.39%	23.84%	22.10%	21.53%	21.25%	21.08%	20.98%	20.90%
97.00	26.80%	23.54%	21.93%	21.41%	21.15%	21.00%	20.90%	20.83%
97.25	26.22%	23.24%	21.77%	21.29%	21.05%	20.91%	20.82%	20.76%
97.50	25.64%	22.94%	21.60%	21.17%	20.95%	20.83%	20.75%	20.69%
97.75	25.06%	22.64%	21.44%	21.05%	20.86%	20.74%	20.67%	20.62%
98.00	24.49%	22.34%	21.28%	20.93%	20.76%	20.66%	20.60%	20.55%
98.25	23.92%	22.04%	21.12%	20.81%	20.66%	20.58%	20.52%	20.48%
98.50	23.35%	21.75%	20.96%	20.70%	20.57%	20.49%	20.45%	20.41%
98.75	22.78%	21.45%	20.80%	20.58%	20.47%	20.41%	20.37%	20.34%
99.00	22.22%	21.16%	20.64%	20.46%	20.38%	20.33%	20.30%	20.27%
99.25	21.66%	20.87%	20.48%	20.35%	20.28%	20.25%	20.22%	20.20%
99.50	21.11%	20.58%	20.32%	20.23%	20.19%	20.16%	20.15%	20.14%
99.75	20.55%	20.29%	20.16%	20.11%	20.09%	20.08%	20.07%	20.07%
100.00	20.00%	20.00%	20.00%	20.00%	20.00%	20.00%	20.00%	20.00%
100.25	19.45%	19.71%	19.84%	19.89%	19.91%	19.92%	19.93%	19.93%
100.50	18.91%	19.43%	19.69%	19.77%	19.81%	19.84%	19.85%	19.86%
101.00	17.82%	18.86%	19.37%	19.54%	19.63%	19.68%	19.71%	19.73%
101.50	16.75%	18.29%	19.06%	19.32%	19.44%	19.52%	19.56%	19.60%
102.00	15.69%	17.73%	18.76%	19.09%	19.26%	19.36%	19.42%	19.46%
102.50	14.63%	17.17%	18.45%	18.87%	19.08%	19.20%	19.28%	19.33%
103.00	13.59%	16.62%	18.15%	18.65%	18.90%	19.04%	19.14%	19.20%
103.50	12.56%	16.07%	17.84%	18.43%	18.72%	18.89%	19.00%	19.07%
104.00	11.54%	15.53%	17.54%	18.21%	18.54%	18.73%	18.86%	18.95%
104.50	10.53%	14.99%	17.24%	17.99%	18.36%	18.58%	18.72%	18.82%
105.00	9.52%	14.45%	16.95%	17.78%	18.19%	18.43%	18.58%	18.69%

EFFECTIVE YIELD RATE 20%

PRICE	YEARS UNTIL MATURITY							
	8	9	10	11	12	13	14	15
70.00	30.10%	29.72%	29.44%	29.23%	29.07%	28.95%	28.86%	28.79%
71.00	29.66%	29.29%	29.01%	28.81%	28.66%	28.54%	28.46%	28.39%
72.00	29.22%	28.87%	28.60%	28.41%	28.26%	28.15%	28.06%	28.00%
73.00	28.80%	28.45%	28.20%	28.01%	27.87%	27.76%	27.68%	27.61%
74.00	28.38%	28.05%	27.81%	27.63%	27.49%	27.38%	27.30%	27.24%
75.00	27.98%	27.66%	27.42%	27.25%	27.12%	27.01%	26.94%	26.88%
76.00	27.58%	27.27%	27.05%	26.88%	26.75%	26.65%	26.58%	26.52%
77.00	27.19%	26.90%	26.68%	26.52%	26.40%	26.30%	26.23%	26.17%
78.00	26.81%	26.53%	26.32%	26.17%	26.05%	25.96%	25.89%	25.84%
79.00	26.43%	26.17%	25.97%	25.83%	25.71%	25.63%	25.56%	25.51%
80.00	26.07%	25.82%	25.63%	25.49%	25.38%	25.30%	25.23%	25.18%
81.00	25.71%	25.47%	25.30%	25.16%	25.06%	24.98%	24.92%	24.87%
82.00	25.36%	25.13%	24.97%	24.84%	24.74%	24.67%	24.61%	24.56%
82.50	25.18%	24.97%	24.80%	24.68%	24.59%	24.51%	24.46%	24.41%
83.00	25.01%	24.80%	24.64%	24.52%	24.43%	24.36%	24.31%	24.26%
83.50	24.84%	24.64%	24.49%	24.37%	24.28%	24.21%	24.16%	24.11%
84.00	24.67%	24.48%	24.33%	24.22%	24.13%	24.06%	24.01%	23.97%
84.50	24.51%	24.32%	24.17%	24.06%	23.98%	23.91%	23.86%	23.82%
85.00	24.34%	24.16%	24.02%	23.91%	23.83%	23.77%	23.72%	23.68%
85.50	24.18%	24.00%	23.87%	23.76%	23.69%	23.62%	23.58%	23.54%
86.00	24.02%	23.84%	23.72%	23.62%	23.54%	23.48%	23.44%	23.40%
86.50	23.86%	23.69%	23.57%	23.47%	23.40%	23.34%	23.30%	23.26%
87.00	23.70%	23.54%	23.42%	23.33%	23.26%	23.20%	23.16%	23.12%
87.50	23.54%	23.39%	23.27%	23.18%	23.12%	23.06%	23.02%	22.99%
88.00	23.38%	23.24%	23.13%	23.04%	22.98%	22.93%	22.89%	22.85%
88.50	23.23%	23.09%	22.98%	22.90%	22.84%	22.79%	22.75%	22.72%
89.00	23.07%	22.94%	22.84%	22.76%	22.70%	22.66%	22.62%	22.59%
89.50	22.92%	22.79%	22.70%	22.62%	22.57%	22.52%	22.49%	22.46%
90.00	22.77%	22.65%	22.56%	22.49%	22.43%	22.39%	22.36%	22.33%
90.50	22.62%	22.51%	22.42%	22.35%	22.30%	22.26%	22.23%	22.20%
91.00	22.47%	22.36%	22.28%	22.22%	22.17%	22.13%	22.10%	22.08%
91.50	22.33%	22.22%	22.14%	22.09%	22.04%	22.00%	21.97%	21.95%
92.00	22.18%	22.08%	22.01%	21.95%	21.91%	21.88%	21.85%	21.83%
92.50	22.03%	21.94%	21.88%	21.82%	21.78%	21.75%	21.73%	21.71%
93.00	21.89%	21.81%	21.74%	21.69%	21.66%	21.63%	21.60%	21.58%
93.50	21.75%	21.67%	21.61%	21.57%	21.53%	21.50%	21.48%	21.46%
94.00	21.61%	21.54%	21.48%	21.44%	21.41%	21.38%	21.36%	21.34%
94.50	21.47%	21.40%	21.35%	21.31%	21.28%	21.26%	21.24%	21.23%
95.00	21.33%	21.27%	21.22%	21.19%	21.16%	21.14%	21.12%	21.11%
95.50	21.19%	21.14%	21.10%	21.07%	21.04%	21.02%	21.01%	20.99%
96.00	21.05%	21.01%	20.97%	20.94%	20.92%	20.90%	20.89%	20.88%
96.50	20.92%	20.88%	20.85%	20.82%	20.80%	20.79%	20.78%	20.77%
97.00	20.78%	20.75%	20.72%	20.70%	20.69%	20.67%	20.66%	20.65%
97.50	20.65%	20.62%	20.60%	20.58%	20.57%	20.56%	20.55%	20.54%
98.00	20.52%	20.50%	20.48%	20.46%	20.45%	20.44%	20.44%	20.43%
98.50	20.39%	20.37%	20.36%	20.35%	20.34%	20.33%	20.33%	20.32%
99.00	20.26%	20.25%	20.24%	20.23%	20.22%	20.22%	20.22%	20.21%
99.50	20.13%	20.12%	20.12%	20.11%	20.11%	20.11%	20.11%	20.11%
100.00	20.00%	20.00%	20.00%	20.00%	20.00%	20.00%	20.00%	20.00%
100.50	19.87%	19.88%	19.88%	19.89%	19.89%	19.89%	19.89%	19.89%
101.00	19.75%	19.76%	19.77%	19.77%	19.78%	19.78%	19.79%	19.79%
102.00	19.50%	19.52%	19.54%	19.55%	19.56%	19.57%	19.58%	19.58%
103.00	19.25%	19.29%	19.31%	19.33%	19.35%	19.36%	19.37%	19.38%
104.00	19.01%	19.05%	19.09%	19.12%	19.14%	19.16%	19.17%	19.18%
105.00	18.77%	18.83%	18.87%	18.90%	18.93%	18.95%	18.97%	18.98%
106.00	18.53%	18.60%	18.65%	18.70%	18.73%	18.75%	18.77%	18.79%
107.00	18.30%	18.38%	18.44%	18.49%	18.53%	18.56%	18.58%	18.60%
108.00	18.07%	18.16%	18.23%	18.29%	18.33%	18.36%	18.39%	18.41%
109.00	17.84%	17.95%	18.03%	18.09%	18.14%	18.17%	18.20%	18.23%
110.00	17.62%	17.74%	17.82%	17.89%	17.94%	17.99%	18.02%	18.05%

20%   EFFECTIVE YIELD RATE

PRICE	YEARS UNTIL MATURITY							
	16	17	18	19	20	21	22	23
85.00	23.65%	23.63%	23.61%	23.59%	23.58%	23.57%	23.56%	23.55%
85.50	23.51%	23.49%	23.47%	23.45%	23.44%	23.43%	23.42%	23.42%
86.00	23.37%	23.35%	23.33%	23.31%	23.30%	23.29%	23.29%	23.28%
86.50	23.23%	23.21%	23.19%	23.18%	23.17%	23.16%	23.15%	23.14%
87.00	23.10%	23.07%	23.06%	23.04%	23.03%	23.02%	23.02%	23.01%
87.50	22.96%	22.94%	22.92%	22.91%	22.90%	22.89%	22.89%	22.88%
88.00	22.83%	22.81%	22.79%	22.78%	22.77%	22.76%	22.75%	22.75%
88.50	22.70%	22.68%	22.66%	22.65%	22.64%	22.63%	22.63%	22.62%
89.00	22.57%	22.55%	22.53%	22.52%	22.51%	22.50%	22.50%	22.49%
89.50	22.44%	22.42%	22.41%	22.39%	22.38%	22.38%	22.37%	22.37%
90.00	22.31%	22.29%	22.28%	22.27%	22.26%	22.25%	22.25%	22.24%
90.50	22.18%	22.17%	22.15%	22.14%	22.13%	22.13%	22.12%	22.12%
91.00	22.06%	22.04%	22.03%	22.02%	22.01%	22.01%	22.00%	22.00%
91.50	21.93%	21.92%	21.91%	21.90%	21.89%	21.88%	21.88%	21.88%
92.00	21.81%	21.80%	21.79%	21.78%	21.77%	21.76%	21.76%	21.76%
92.50	21.69%	21.68%	21.67%	21.66%	21.65%	21.65%	21.64%	21.64%
93.00	21.57%	21.56%	21.55%	21.54%	21.53%	21.53%	21.52%	21.52%
93.50	21.45%	21.44%	21.43%	21.42%	21.42%	21.41%	21.41%	21.40%
94.00	21.33%	21.32%	21.31%	21.31%	21.30%	21.30%	21.29%	21.29%
94.50	21.22%	21.21%	21.20%	21.19%	21.19%	21.18%	21.18%	21.18%
95.00	21.10%	21.09%	21.08%	21.08%	21.07%	21.07%	21.07%	21.06%
95.50	20.98%	20.98%	20.97%	20.97%	20.96%	20.96%	20.95%	20.95%
96.00	20.87%	20.86%	20.86%	20.85%	20.85%	20.85%	20.84%	20.84%
96.50	20.76%	20.75%	20.75%	20.74%	20.74%	20.74%	20.74%	20.73%
97.00	20.65%	20.64%	20.64%	20.63%	20.63%	20.63%	20.63%	20.63%
97.50	20.54%	20.53%	20.53%	20.53%	20.52%	20.52%	20.52%	20.52%
98.00	20.43%	20.42%	20.42%	20.42%	20.42%	20.42%	20.41%	20.41%
98.50	20.32%	20.32%	20.31%	20.31%	20.31%	20.31%	20.31%	20.31%
99.00	20.21%	20.21%	20.21%	20.21%	20.21%	20.21%	20.21%	20.20%
99.50	20.11%	20.10%	20.10%	20.10%	20.10%	20.10%	20.10%	20.10%
100.00	20.00%	20.00%	20.00%	20.00%	20.00%	20.00%	20.00%	20.00%
100.50	19.90%	19.90%	19.90%	19.90%	19.90%	19.90%	19.90%	19.90%
101.00	19.79%	19.79%	19.80%	19.80%	19.80%	19.80%	19.80%	19.80%
101.50	19.69%	19.69%	19.69%	19.70%	19.70%	19.70%	19.70%	19.70%
102.00	19.59%	19.59%	19.59%	19.60%	19.60%	19.60%	19.60%	19.60%
102.50	19.49%	19.49%	19.49%	19.50%	19.50%	19.50%	19.50%	19.51%
103.00	19.39%	19.39%	19.40%	19.40%	19.40%	19.41%	19.41%	19.41%
103.50	19.29%	19.29%	19.30%	19.30%	19.31%	19.31%	19.31%	19.31%
104.00	19.19%	19.20%	19.20%	19.21%	19.21%	19.21%	19.22%	19.22%
104.50	19.09%	19.10%	19.11%	19.11%	19.12%	19.12%	19.12%	19.13%
105.00	19.00%	19.00%	19.01%	19.02%	19.02%	19.03%	19.03%	19.03%
105.50	18.90%	18.91%	18.92%	18.92%	18.93%	18.93%	18.94%	18.94%
106.00	18.80%	18.82%	18.82%	18.83%	18.84%	18.84%	18.85%	18.85%
106.50	18.71%	18.72%	18.73%	18.74%	18.75%	18.75%	18.76%	18.76%
107.00	18.62%	18.63%	18.64%	18.65%	18.66%	18.66%	18.67%	18.67%
107.50	18.52%	18.54%	18.55%	18.56%	18.57%	18.57%	18.58%	18.58%
108.00	18.43%	18.45%	18.46%	18.47%	18.48%	18.48%	18.49%	18.49%
108.50	18.34%	18.36%	18.37%	18.38%	18.39%	18.40%	18.40%	18.41%
109.00	18.25%	18.27%	18.28%	18.29%	18.30%	18.31%	18.32%	18.32%
110.00	18.07%	18.09%	18.11%	18.12%	18.13%	18.14%	18.14%	18.15%
111.00	17.90%	17.92%	17.93%	17.95%	17.96%	17.97%	17.98%	17.98%
112.00	17.72%	17.75%	17.76%	17.78%	17.79%	17.80%	17.81%	17.82%
113.00	17.55%	17.58%	17.60%	17.61%	17.63%	17.64%	17.65%	17.66%
114.00	17.38%	17.41%	17.43%	17.45%	17.47%	17.48%	17.49%	17.50%
115.00	17.22%	17.25%	17.27%	17.29%	17.31%	17.32%	17.33%	17.34%
116.00	17.06%	17.09%	17.11%	17.13%	17.15%	17.16%	17.18%	17.19%
117.00	16.90%	16.93%	16.95%	16.98%	17.00%	17.01%	17.02%	17.04%
118.00	16.74%	16.77%	16.80%	16.82%	16.84%	16.86%	16.87%	16.89%
119.00	16.58%	16.62%	16.65%	16.67%	16.69%	16.71%	16.73%	16.74%
120.00	16.43%	16.47%	16.50%	16.52%	16.55%	16.57%	16.58%	16.59%

EFFECTIVE YIELD RATE   20%

PRICE	YEARS UNTIL MATURITY						
	24	25	26	27	28	29	30	40
85.00	23.55%	23.55%	23.54%	23.54%	23.54%	23.54%	23.53%	23.53%
85.50	23.41%	23.41%	23.40%	23.40%	23.40%	23.40%	23.40%	23.39%
86.00	23.28%	23.27%	23.27%	23.27%	23.26%	23.26%	23.26%	23.26%
86.50	23.14%	23.14%	23.13%	23.13%	23.13%	23.13%	23.13%	23.12%
87.00	23.01%	23.00%	23.00%	23.00%	23.00%	22.99%	22.99%	22.99%
87.50	22.88%	22.87%	22.87%	22.87%	22.87%	22.86%	22.86%	22.86%
88.00	22.75%	22.74%	22.74%	22.74%	22.73%	22.73%	22.73%	22.73%
88.50	22.62%	22.61%	22.61%	22.61%	22.61%	22.60%	22.60%	22.60%
89.00	22.49%	22.49%	22.48%	22.48%	22.48%	22.48%	22.48%	22.47%
89.50	22.36%	22.36%	22.36%	22.35%	22.35%	22.35%	22.35%	22.35%
90.00	22.24%	22.23%	22.23%	22.23%	22.23%	22.23%	22.23%	22.22%
90.50	22.11%	22.11%	22.11%	22.11%	22.11%	22.10%	22.10%	22.10%
91.00	21.99%	21.99%	21.99%	21.99%	21.98%	21.98%	21.98%	21.98%
91.50	21.87%	21.87%	21.87%	21.87%	21.86%	21.86%	21.86%	21.86%
92.00	21.75%	21.75%	21.75%	21.75%	21.74%	21.74%	21.74%	21.74%
92.50	21.63%	21.63%	21.63%	21.63%	21.63%	21.63%	21.63%	21.62%
93.00	21.52%	21.52%	21.51%	21.51%	21.51%	21.51%	21.51%	21.51%
93.50	21.40%	21.40%	21.40%	21.40%	21.40%	21.39%	21.39%	21.39%
94.00	21.29%	21.29%	21.28%	21.28%	21.28%	21.28%	21.28%	21.28%
94.50	21.17%	21.17%	21.17%	21.17%	21.17%	21.17%	21.17%	21.16%
95.00	21.06%	21.06%	21.06%	21.06%	21.06%	21.06%	21.06%	21.05%
95.50	20.95%	20.95%	20.95%	20.95%	20.95%	20.95%	20.94%	20.94%
96.00	20.84%	20.84%	20.84%	20.84%	20.84%	20.84%	20.84%	20.83%
96.50	20.73%	20.73%	20.73%	20.73%	20.73%	20.73%	20.73%	20.73%
97.00	20.62%	20.62%	20.62%	20.62%	20.62%	20.62%	20.62%	20.62%
97.50	20.52%	20.52%	20.52%	20.52%	20.52%	20.51%	20.51%	20.51%
98.00	20.41%	20.41%	20.41%	20.41%	20.41%	20.41%	20.41%	20.41%
98.50	20.31%	20.31%	20.31%	20.31%	20.31%	20.31%	20.31%	20.30%
99.00	20.20%	20.20%	20.20%	20.20%	20.20%	20.20%	20.20%	20.20%
99.50	20.10%	20.10%	20.10%	20.10%	20.10%	20.10%	20.10%	20.10%
100.00	20.00%	20.00%	20.00%	20.00%	20.00%	20.00%	20.00%	20.00%
100.50	19.90%	19.90%	19.90%	19.90%	19.90%	19.90%	19.90%	19.90%
101.00	19.80%	19.80%	19.80%	19.80%	19.80%	19.80%	19.80%	19.80%
101.50	19.70%	19.70%	19.70%	19.70%	19.70%	19.70%	19.70%	19.70%
102.00	19.60%	19.60%	19.60%	19.61%	19.61%	19.61%	19.61%	19.61%
102.50	19.51%	19.51%	19.51%	19.51%	19.51%	19.51%	19.51%	19.51%
103.00	19.41%	19.41%	19.41%	19.41%	19.41%	19.41%	19.42%	19.42%
103.50	19.32%	19.32%	19.32%	19.32%	19.32%	19.32%	19.32%	19.32%
104.00	19.22%	19.22%	19.22%	19.23%	19.23%	19.23%	19.23%	19.23%
104.50	19.13%	19.13%	19.13%	19.13%	19.13%	19.13%	19.14%	19.14%
105.00	19.04%	19.04%	19.04%	19.04%	19.04%	19.04%	19.04%	19.05%
105.50	18.94%	18.95%	18.95%	18.95%	18.95%	18.95%	18.95%	18.96%
106.00	18.85%	18.86%	18.86%	18.86%	18.86%	18.86%	18.86%	18.87%
106.50	18.76%	18.77%	18.77%	18.77%	18.77%	18.77%	18.77%	18.78%
107.00	18.67%	18.68%	18.68%	18.68%	18.68%	18.68%	18.69%	18.69%
107.50	18.59%	18.59%	18.59%	18.59%	18.60%	18.60%	18.60%	18.60%
108.00	18.50%	18.50%	18.50%	18.51%	18.51%	18.51%	18.51%	18.52%
108.50	18.41%	18.42%	18.42%	18.42%	18.42%	18.42%	18.43%	18.43%
109.00	18.33%	18.33%	18.33%	18.34%	18.34%	18.34%	18.34%	18.35%
110.00	18.16%	18.16%	18.16%	18.17%	18.17%	18.17%	18.17%	18.18%
111.00	17.99%	17.99%	18.00%	18.00%	18.00%	18.01%	18.01%	18.02%
112.00	17.82%	17.83%	17.83%	17.84%	17.84%	17.84%	17.85%	17.86%
113.00	17.66%	17.67%	17.67%	17.68%	17.68%	17.68%	17.69%	17.70%
114.00	17.50%	17.51%	17.52%	17.52%	17.52%	17.53%	17.53%	17.37%
116.00	17.20%	17.20%	17.21%	17.21%	17.22%	17.22%	17.22%	17.24%
117.00	17.04%	17.05%	17.06%	17.06%	17.07%	17.07%	17.08%	17.09%
118.00	16.90%	16.90%	16.91%	16.92%	16.92%	16.93%	16.93%	16.95%
119.00	16.75%	16.76%	16.77%	16.77%	16.78%	16.78%	16.79%	16.80%
120.00	16.61%	16.61%	16.62%	16.63%	16.63%	16.64%	16.64%	16.66%

20.25% EFFECTIVE YIELD RATE

PRICE	1/2	1	2	3	4	5	6	7
				YEARS UNTIL MATURITY				
85.00	59.12%	39.87%	30.85%	27.96%	26.56%	25.75%	25.23%	24.88%
85.50	57.60%	39.13%	30.45%	27.67%	26.33%	25.55%	25.05%	24.70%
86.00	56.10%	38.40%	30.06%	27.39%	26.09%	25.34%	24.86%	24.53%
86.50	54.62%	37.67%	29.68%	27.11%	25.86%	25.14%	24.68%	24.36%
87.00	53.16%	36.95%	29.29%	26.83%	25.63%	24.94%	24.50%	24.19%
87.50	51.71%	36.24%	28.91%	26.55%	25.41%	24.74%	24.32%	24.02%
88.00	50.28%	35.54%	28.53%	26.28%	25.18%	24.55%	24.14%	23.86%
88.50	48.87%	34.83%	28.16%	26.00%	24.96%	24.35%	23.96%	23.69%
89.00	47.47%	34.14%	27.78%	25.73%	24.74%	24.16%	23.78%	23.53%
89.50	46.09%	33.45%	27.41%	25.46%	24.52%	23.96%	23.61%	23.37%
90.00	44.72%	32.77%	27.05%	25.20%	24.30%	23.77%	23.44%	23.21%
90.50	43.37%	32.09%	26.68%	24.93%	24.08%	23.58%	23.27%	23.05%
91.00	42.03%	31.42%	26.32%	24.67%	23.86%	23.40%	23.10%	22.89%
91.25	41.37%	31.09%	26.14%	24.54%	23.76%	23.30%	23.01%	22.81%
91.50	40.71%	30.76%	25.96%	24.41%	23.65%	23.21%	22.93%	22.73%
91.75	40.05%	30.43%	25.78%	24.28%	23.55%	23.12%	22.84%	22.65%
92.00	39.40%	30.10%	25.61%	24.15%	23.44%	23.03%	22.76%	22.58%
92.25	38.75%	29.77%	25.43%	24.02%	23.33%	22.93%	22.68%	22.50%
92.50	38.11%	29.44%	25.25%	23.89%	23.23%	22.84%	22.59%	22.42%
92.75	37.47%	29.12%	25.08%	23.77%	23.12%	22.75%	22.51%	22.35%
93.00	36.83%	28.80%	24.90%	23.64%	23.02%	22.66%	22.43%	22.27%
93.25	36.19%	28.47%	24.73%	23.51%	22.92%	22.57%	22.35%	22.19%
93.50	35.56%	28.15%	24.56%	23.38%	22.81%	22.48%	22.27%	22.12%
93.75	34.93%	27.83%	24.38%	23.26%	22.71%	22.39%	22.18%	22.04%
94.00	34.31%	27.51%	24.21%	23.13%	22.61%	22.30%	22.10%	21.97%
94.25	33.69%	27.20%	24.04%	23.01%	22.50%	22.21%	22.02%	21.89%
94.50	33.07%	26.88%	23.87%	22.88%	22.40%	22.12%	21.94%	21.82%
94.75	32.45%	26.57%	23.70%	22.76%	22.30%	22.03%	21.86%	21.74%
95.00	31.84%	26.25%	23.53%	22.64%	22.20%	21.95%	21.78%	21.67%
95.25	31.23%	25.94%	23.36%	22.51%	22.10%	21.86%	21.70%	21.60%
95.50	30.63%	25.63%	23.19%	22.39%	22.00%	21.77%	21.62%	21.52%
95.75	30.03%	25.32%	23.02%	22.27%	21.90%	21.68%	21.55%	21.45%
96.00	29.43%	25.02%	22.85%	22.14%	21.80%	21.60%	21.47%	21.38%
96.25	28.83%	24.71%	22.69%	22.02%	21.70%	21.51%	21.39%	21.30%
96.50	28.24%	24.40%	22.52%	21.90%	21.60%	21.42%	21.31%	21.23%
96.75	27.65%	24.10%	22.35%	21.78%	21.50%	21.34%	21.23%	21.16%
97.00	27.06%	23.80%	22.19%	21.66%	21.40%	21.25%	21.16%	21.09%
97.25	26.48%	23.49%	22.02%	21.54%	21.31%	21.17%	21.08%	21.02%
97.50	25.90%	23.19%	21.86%	21.42%	21.21%	21.08%	21.00%	20.95%
97.75	25.32%	22.89%	21.70%	21.30%	21.11%	21.00%	20.93%	20.88%
98.00	24.74%	22.59%	21.53%	21.18%	21.01%	20.91%	20.85%	20.80%
98.25	24.17%	22.30%	21.37%	21.07%	20.92%	20.83%	20.77%	20.73%
98.50	23.60%	22.00%	21.21%	20.95%	20.82%	20.75%	20.70%	20.66%
98.75	23.04%	21.71%	21.05%	20.83%	20.72%	20.66%	20.62%	20.59%
99.00	22.47%	21.41%	20.89%	20.71%	20.63%	20.58%	20.55%	20.53%
99.25	21.91%	21.12%	20.73%	20.60%	20.53%	20.50%	20.47%	20.46%
99.50	21.36%	20.83%	20.57%	20.48%	20.44%	20.41%	20.40%	20.39%
99.75	20.80%	20.54%	20.41%	20.37%	20.34%	20.33%	20.32%	20.32%
100.00	20.25%	20.25%	20.25%	20.25%	20.25%	20.25%	20.25%	20.25%
100.25	19.70%	19.96%	20.09%	20.13%	20.16%	20.17%	20.18%	20.18%
100.50	19.15%	19.68%	19.93%	20.02%	20.06%	20.09%	20.10%	20.11%
101.00	18.07%	19.10%	19.62%	19.79%	19.88%	19.93%	19.96%	19.98%
101.50	17.00%	18.54%	19.31%	19.57%	19.69%	19.76%	19.81%	19.84%
102.00	15.93%	17.98%	19.00%	19.34%	19.51%	19.60%	19.67%	19.71%
102.50	14.88%	17.42%	18.69%	19.12%	19.32%	19.45%	19.52%	19.58%
103.00	13.83%	16.87%	18.39%	18.89%	19.14%	19.29%	19.38%	19.45%
103.50	12.80%	16.32%	18.09%	18.67%	18.96%	19.13%	19.24%	19.32%
104.00	11.78%	15.77%	17.79%	18.45%	18.78%	18.98%	19.10%	19.19%
104.50	10.77%	15.23%	17.49%	18.24%	18.61%	18.82%	18.96%	19.06%
105.00	9.76%	14.69%	17.19%	18.02%	18.43%	18.67%	18.82%	18.93%

EFFECTIVE YIELD RATE 20.25%

PRICE	YEARS UNTIL MATURITY							
	8	9	10	11	12	13	14	15
70.00	30.44%	30.06%	29.78%	29.57%	29.41%	29.30%	29.21%	29.14%
71.00	29.99%	29.62%	29.35%	29.15%	29.00%	28.89%	28.80%	28.73%
72.00	29.55%	29.19%	28.93%	28.74%	28.59%	28.48%	28.40%	28.34%
73.00	29.12%	28.78%	28.53%	28.34%	28.20%	28.09%	28.01%	27.95%
74.00	28.70%	28.37%	28.13%	27.95%	27.81%	27.71%	27.63%	27.57%
75.00	28.29%	27.98%	27.74%	27.57%	27.44%	27.34%	27.26%	27.20%
76.00	27.89%	27.59%	27.36%	27.20%	27.07%	26.97%	26.90%	26.84%
77.00	27.50%	27.21%	26.99%	26.83%	26.71%	26.62%	26.55%	26.49%
78.00	27.11%	26.84%	26.63%	26.48%	26.36%	26.27%	26.20%	26.15%
79.00	26.74%	26.47%	26.28%	26.13%	26.02%	25.94%	25.87%	25.82%
80.00	26.37%	26.12%	25.93%	25.79%	25.69%	25.60%	25.54%	25.49%
81.00	26.00%	25.77%	25.59%	25.46%	25.36%	25.28%	25.22%	25.17%
82.00	25.65%	25.43%	25.26%	25.14%	25.04%	24.97%	24.91%	24.86%
82.50	25.48%	25.26%	25.10%	24.98%	24.88%	24.81%	24.75%	24.71%
83.00	25.30%	25.09%	24.94%	24.82%	24.73%	24.66%	24.60%	24.56%
83.50	25.13%	24.93%	24.78%	24.66%	24.57%	24.50%	24.45%	24.41%
84.00	24.96%	24.76%	24.62%	24.51%	24.42%	24.35%	24.30%	24.26%
84.50	24.79%	24.60%	24.46%	24.35%	24.27%	24.20%	24.15%	24.11%
85.00	24.63%	24.44%	24.30%	24.20%	24.12%	24.06%	24.01%	23.97%
85.50	24.46%	24.28%	24.15%	24.05%	23.97%	23.91%	23.86%	23.83%
86.00	24.30%	24.13%	24.00%	23.90%	23.83%	23.77%	23.72%	23.69%
86.50	24.14%	23.97%	23.85%	23.75%	23.68%	23.62%	23.58%	23.55%
87.00	23.98%	23.82%	23.70%	23.61%	23.54%	23.48%	23.44%	23.41%
87.50	23.82%	23.66%	23.55%	23.46%	23.40%	23.34%	23.30%	23.27%
88.00	23.66%	23.51%	23.40%	23.32%	23.26%	23.20%	23.17%	23.13%
88.50	23.50%	23.36%	23.26%	23.18%	23.12%	23.07%	23.03%	23.00%
89.00	23.35%	23.21%	23.11%	23.04%	22.98%	22.93%	22.90%	22.87%
89.50	23.19%	23.07%	22.97%	22.90%	22.84%	22.80%	22.76%	22.74%
90.00	23.04%	22.92%	22.83%	22.76%	22.71%	22.66%	22.63%	22.61%
90.50	22.89%	22.78%	22.69%	22.62%	22.57%	22.53%	22.50%	22.48%
91.00	22.74%	22.63%	22.55%	22.49%	22.44%	22.40%	22.37%	22.35%
91.50	22.59%	22.49%	22.41%	22.35%	22.31%	22.27%	22.24%	22.22%
92.00	22.45%	22.35%	22.28%	22.22%	22.18%	22.15%	22.12%	22.10%
92.50	22.30%	22.21%	22.14%	22.09%	22.05%	22.02%	21.99%	21.97%
93.00	22.16%	22.07%	22.01%	21.96%	21.92%	21.89%	21.87%	21.85%
93.50	22.01%	21.93%	21.88%	21.83%	21.80%	21.77%	21.75%	21.73%
94.00	21.87%	21.80%	21.74%	21.70%	21.67%	21.65%	21.63%	21.61%
94.50	21.73%	21.66%	21.61%	21.58%	21.55%	21.52%	21.50%	21.49%
95.00	21.59%	21.53%	21.48%	21.45%	21.42%	21.40%	21.39%	21.37%
95.50	21.45%	21.40%	21.36%	21.33%	21.30%	21.28%	21.27%	21.26%
96.00	21.31%	21.27%	21.23%	21.20%	21.18%	21.16%	21.15%	21.14%
96.50	21.18%	21.13%	21.10%	21.08%	21.06%	21.05%	21.03%	21.02%
97.00	21.04%	21.01%	20.98%	20.96%	20.94%	20.93%	20.92%	20.91%
97.50	20.91%	20.88%	20.85%	20.84%	20.82%	20.81%	20.80%	20.80%
98.00	20.77%	20.75%	20.73%	20.72%	20.71%	20.70%	20.69%	20.69%
98.50	20.64%	20.62%	20.61%	20.60%	20.59%	20.59%	20.58%	20.58%
99.00	20.51%	20.50%	20.49%	20.48%	20.48%	20.47%	20.47%	20.47%
99.50	20.38%	20.37%	20.37%	20.37%	20.36%	20.36%	20.36%	20.36%
100.00	20.25%	20.25%	20.25%	20.25%	20.25%	20.25%	20.25%	20.25%
100.50	20.12%	20.13%	20.13%	20.14%	20.14%	20.14%	20.14%	20.14%
101.00	19.99%	20.01%	20.01%	20.02%	20.03%	20.03%	20.03%	20.04%
102.00	19.74%	19.77%	19.78%	19.80%	19.81%	19.82%	19.82%	19.83%
103.00	19.49%	19.53%	19.56%	19.58%	19.59%	19.61%	19.62%	19.62%
104.00	19.25%	19.30%	19.33%	19.36%	19.38%	19.40%	19.41%	19.42%
105.00	19.01%	19.07%	19.11%	19.14%	19.17%	19.19%	19.21%	19.22%
106.00	18.77%	18.84%	18.89%	18.93%	18.97%	18.99%	19.01%	19.03%
107.00	18.54%	18.62%	18.68%	18.73%	18.76%	18.79%	18.82%	18.84%
108.00	18.31%	18.40%	18.47%	18.52%	18.56%	18.60%	18.63%	18.65%
109.00	18.08%	18.18%	18.26%	18.32%	18.37%	18.41%	18.44%	18.46%
110.00	17.85%	17.97%	18.05%	18.12%	18.18%	18.22%	18.25%	18.28%

20.25% EFFECTIVE YIELD RATE

PRICE	YEARS UNTIL MATURITY							
	16	17	18	19	20	21	22	23
85.00	23.94%	23.92%	23.90%	23.88%	23.87%	23.86%	23.85%	23.85%
85.50	23.80%	23.77%	23.76%	23.74%	23.73%	23.72%	23.71%	23.71%
86.00	23.66%	23.63%	23.62%	23.60%	23.59%	23.58%	23.58%	23.57%
86.50	23.52%	23.50%	23.48%	23.47%	23.45%	23.45%	23.44%	23.43%
87.00	23.38%	23.36%	23.34%	23.33%	23.32%	23.31%	23.30%	23.30%
87.50	23.24%	23.22%	23.21%	23.19%	23.18%	23.18%	23.17%	23.16%
88.00	23.11%	23.09%	23.07%	23.06%	23.05%	23.04%	23.04%	23.03%
88.50	22.98%	22.96%	22.94%	22.93%	22.92%	22.91%	22.91%	22.90%
89.00	22.84%	22.83%	22.81%	22.80%	22.79%	22.78%	22.78%	22.77%
89.50	22.71%	22.70%	22.68%	22.67%	22.66%	22.66%	22.65%	22.64%
90.00	22.58%	22.57%	22.55%	22.54%	22.54%	22.53%	22.52%	22.52%
90.50	22.46%	22.44%	22.43%	22.42%	22.41%	22.40%	22.40%	22.39%
91.00	22.33%	22.31%	22.30%	22.29%	22.29%	22.28%	22.27%	22.27%
91.50	22.20%	22.19%	22.18%	22.17%	22.16%	22.16%	22.15%	22.15%
92.00	22.08%	22.07%	22.06%	22.05%	22.04%	22.03%	22.03%	22.03%
92.50	21.96%	21.95%	21.93%	21.93%	21.92%	21.91%	21.91%	21.91%
93.00	21.84%	21.82%	21.81%	21.81%	21.80%	21.80%	21.79%	21.79%
93.50	21.72%	21.70%	21.70%	21.69%	21.68%	21.68%	21.67%	21.67%
94.00	21.60%	21.59%	21.58%	21.57%	21.57%	21.56%	21.56%	21.56%
94.50	21.48%	21.47%	21.46%	21.46%	21.45%	21.45%	21.44%	21.44%
95.00	21.36%	21.35%	21.35%	21.34%	21.34%	21.33%	21.33%	21.33%
95.50	21.25%	21.24%	21.23%	21.23%	21.22%	21.22%	21.22%	21.21%
96.00	21.13%	21.12%	21.12%	21.11%	21.11%	21.11%	21.10%	21.10%
96.50	21.02%	21.01%	21.01%	21.00%	21.00%	21.00%	20.99%	20.99%
97.00	20.90%	20.90%	20.89%	20.89%	20.89%	20.89%	20.88%	20.88%
97.50	20.79%	20.79%	20.78%	20.78%	20.78%	20.78%	20.78%	20.77%
98.00	20.68%	20.68%	20.68%	20.67%	20.67%	20.67%	20.67%	20.67%
98.50	20.57%	20.57%	20.57%	20.57%	20.56%	20.56%	20.56%	20.56%
99.00	20.46%	20.46%	20.46%	20.46%	20.46%	20.46%	20.46%	20.46%
99.50	20.36%	20.36%	20.35%	20.35%	20.35%	20.35%	20.35%	20.35%
100.00	20.25%	20.25%	20.25%	20.25%	20.25%	20.25%	20.25%	20.25%
100.50	20.14%	20.15%	20.15%	20.15%	20.15%	20.15%	20.15%	20.15%
101.00	20.04%	20.04%	20.04%	20.04%	20.05%	20.05%	20.05%	20.05%
101.50	19.94%	19.94%	19.94%	19.94%	19.94%	19.95%	19.95%	19.95%
102.00	19.83%	19.84%	19.84%	19.84%	19.84%	19.85%	19.85%	19.85%
102.50	19.73%	19.74%	19.74%	19.74%	19.74%	19.75%	19.75%	19.75%
103.00	19.63%	19.64%	19.64%	19.64%	19.65%	19.65%	19.65%	19.65%
103.50	19.53%	19.54%	19.54%	19.55%	19.55%	19.55%	19.55%	19.56%
104.00	19.43%	19.44%	19.44%	19.45%	19.45%	19.46%	19.46%	19.46%
104.50	19.33%	19.34%	19.35%	19.35%	19.36%	19.36%	19.36%	19.37%
105.00	19.23%	19.24%	19.25%	19.26%	19.26%	19.27%	19.27%	19.27%
105.50	19.14%	19.15%	19.16%	19.16%	19.17%	19.17%	19.18%	19.18%
106.00	19.04%	19.05%	19.06%	19.07%	19.07%	19.08%	19.08%	19.09%
106.50	18.95%	18.96%	18.97%	18.98%	18.98%	18.99%	18.99%	19.00%
107.00	18.85%	18.86%	18.88%	18.88%	18.89%	18.90%	18.90%	18.91%
107.50	18.76%	18.77%	18.78%	18.79%	18.80%	18.81%	18.81%	18.82%
108.00	18.67%	18.68%	18.69%	18.70%	18.71%	18.72%	18.72%	18.73%
108.50	18.57%	18.59%	18.60%	18.61%	18.62%	18.63%	18.63%	18.64%
109.00	18.48%	18.50%	18.51%	18.52%	18.53%	18.54%	18.55%	18.55%
110.00	18.30%	18.32%	18.34%	18.35%	18.36%	18.37%	18.37%	18.38%
111.00	18.12%	18.14%	18.16%	18.17%	18.19%	18.20%	18.20%	18.21%
112.00	17.95%	17.97%	17.99%	18.00%	18.02%	18.03%	18.04%	18.04%
113.00	17.78%	17.80%	17.82%	17.84%	17.85%	17.86%	17.87%	17.88%
114.00	17.61%	17.63%	17.65%	17.67%	17.69%	17.70%	17.71%	17.72%
115.00	17.44%	17.47%	17.49%	17.51%	17.53%	17.54%	17.55%	17.56%
116.00	17.28%	17.31%	17.33%	17.35%	17.37%	17.38%	17.39%	17.40%
117.00	17.11%	17.15%	17.17%	17.19%	17.21%	17.23%	17.24%	17.25%
118.00	16.95%	16.99%	17.02%	17.04%	17.06%	17.07%	17.09%	17.10%
119.00	16.80%	16.83%	16.86%	16.89%	16.91%	16.92%	16.94%	16.95%
120.00	16.64%	16.68%	16.71%	16.74%	16.76%	16.78%	16.79%	16.80%

EFFECTIVE YIELD RATE 20.25%

PRICE	YEARS UNTIL MATURITY 24	25	26	27	28	29	30	40
85.00	23.84%	23.84%	23.84%	23.83%	23.83%	23.83%	23.83%	23.82%
85.50	23.70%	23.70%	23.70%	23.69%	23.69%	23.69%	23.69%	23.68%
86.00	23.56%	23.56%	23.56%	23.56%	23.55%	23.55%	23.55%	23.55%
86.50	23.43%	23.42%	23.42%	23.42%	23.42%	23.42%	23.42%	23.41%
87.00	23.29%	23.29%	23.29%	23.28%	23.28%	23.28%	23.28%	23.28%
87.50	23.16%	23.16%	23.15%	23.15%	23.15%	23.15%	23.15%	23.14%
88.00	23.03%	23.02%	23.02%	23.02%	23.02%	23.02%	23.02%	23.01%
88.50	22.90%	22.89%	22.89%	22.89%	22.89%	22.89%	22.89%	22.88%
89.00	22.77%	22.77%	22.76%	22.76%	22.76%	22.76%	22.76%	22.75%
89.50	22.64%	22.64%	22.64%	22.63%	22.63%	22.63%	22.63%	22.63%
90.00	22.52%	22.51%	22.51%	22.51%	22.51%	22.51%	22.50%	22.50%
90.50	22.39%	22.39%	22.39%	22.38%	22.38%	22.38%	22.38%	22.38%
91.00	22.27%	22.26%	22.26%	22.26%	22.26%	22.26%	22.26%	22.25%
91.50	22.14%	22.14%	22.14%	22.14%	22.14%	22.14%	22.13%	22.13%
92.00	22.02%	22.02%	22.02%	22.02%	22.02%	22.02%	22.01%	22.01%
92.50	21.90%	21.90%	21.90%	21.90%	21.90%	21.90%	21.90%	21.89%
93.00	21.79%	21.78%	21.78%	21.78%	21.78%	21.78%	21.78%	21.77%
93.50	21.67%	21.67%	21.66%	21.66%	21.66%	21.66%	21.66%	21.66%
94.00	21.55%	21.55%	21.55%	21.55%	21.55%	21.55%	21.55%	21.54%
94.50	21.44%	21.44%	21.43%	21.43%	21.43%	21.43%	21.43%	21.43%
95.00	21.32%	21.32%	21.32%	21.32%	21.32%	21.32%	21.32%	21.32%
95.50	21.21%	21.21%	21.21%	21.21%	21.21%	21.21%	21.21%	21.20%
96.00	21.10%	21.10%	21.10%	21.10%	21.10%	21.10%	21.10%	21.09%
96.50	20.99%	20.99%	20.99%	20.99%	20.99%	20.99%	20.99%	20.98%
97.00	20.88%	20.88%	20.88%	20.88%	20.88%	20.88%	20.88%	20.88%
97.50	20.77%	20.77%	20.77%	20.77%	20.77%	20.77%	20.77%	20.77%
98.00	20.67%	20.67%	20.67%	20.67%	20.66%	20.66%	20.66%	20.66%
98.50	20.56%	20.56%	20.56%	20.56%	20.56%	20.56%	20.56%	20.56%
99.00	20.46%	20.46%	20.46%	20.46%	20.46%	20.46%	20.46%	20.45%
99.50	20.35%	20.35%	20.35%	20.35%	20.35%	20.35%	20.35%	20.35%
100.00	20.25%	20.25%	20.25%	20.25%	20.25%	20.25%	20.25%	20.25%
100.50	20.15%	20.15%	20.15%	20.15%	20.15%	20.15%	20.15%	20.15%
101.00	20.05%	20.05%	20.05%	20.05%	20.05%	20.05%	20.05%	20.05%
101.50	19.95%	19.95%	19.95%	19.95%	19.95%	19.95%	19.95%	19.95%
102.00	19.85%	19.85%	19.85%	19.85%	19.85%	19.85%	19.85%	19.85%
102.50	19.75%	19.75%	19.75%	19.75%	19.75%	19.75%	19.75%	19.76%
103.00	19.65%	19.65%	19.66%	19.66%	19.66%	19.66%	19.66%	19.66%
103.50	19.56%	19.56%	19.56%	19.56%	19.56%	19.56%	19.56%	19.56%
104.00	19.46%	19.46%	19.47%	19.47%	19.47%	19.47%	19.47%	19.47%
104.50	19.37%	19.37%	19.37%	19.37%	19.37%	19.37%	19.37%	19.38%
105.00	19.27%	19.28%	19.28%	19.28%	19.28%	19.28%	19.28%	19.29%
105.50	19.18%	19.18%	19.19%	19.19%	19.19%	19.19%	19.19%	19.19%
106.00	19.09%	19.09%	19.09%	19.10%	19.10%	19.10%	19.10%	19.10%
106.50	19.00%	19.00%	19.00%	19.01%	19.01%	19.01%	19.01%	19.01%
107.00	18.91%	18.91%	18.91%	18.92%	18.92%	18.92%	18.92%	18.92%
107.50	18.82%	18.82%	18.82%	18.83%	18.83%	18.83%	18.83%	18.84%
108.00	18.73%	18.73%	18.74%	18.74%	18.74%	18.74%	18.74%	18.75%
108.50	18.64%	18.65%	18.65%	18.65%	18.65%	18.66%	18.66%	18.66%
109.00	18.56%	18.56%	18.56%	18.57%	18.57%	18.57%	18.57%	18.58%
110.00	18.38%	18.39%	18.39%	18.39%	18.40%	18.40%	18.40%	18.41%
111.00	18.22%	18.22%	18.22%	18.23%	18.23%	18.23%	18.23%	18.24%
112.00	18.05%	18.05%	18.06%	18.06%	18.06%	18.07%	18.07%	18.08%
113.00	17.89%	17.89%	17.90%	17.90%	17.90%	17.91%	17.91%	17.92%
114.00	17.73%	17.73%	17.74%	17.74%	17.74%	17.75%	17.75%	17.76%
115.00	17.57%	17.57%	17.58%	17.58%	17.59%	17.59%	17.59%	17.61%
116.00	17.41%	17.42%	17.43%	17.43%	17.43%	17.44%	17.44%	17.45%
117.00	17.26%	17.27%	17.27%	17.28%	17.28%	17.29%	17.29%	17.30%
118.00	17.11%	17.12%	17.12%	17.13%	17.13%	17.14%	17.14%	17.16%
119.00	16.96%	16.97%	16.98%	16.98%	16.99%	16.99%	17.00%	17.01%
120.00	16.82%	16.82%	16.83%	16.84%	16.84%	16.85%	16.85%	16.87%

20.50% EFFECTIVE YIELD RATE

PRICE	YEARS UNTIL MATURITY							
	1/2	1	2	3	4	5	6	7
85.00	59.41%	40.15%	31.13%	28.24%	26.84%	26.03%	25.51%	25.16%
85.50	57.89%	39.41%	30.73%	27.95%	26.61%	25.83%	25.33%	24.99%
86.00	56.40%	38.68%	30.34%	27.67%	26.37%	25.62%	25.14%	24.81%
86.50	54.91%	37.95%	29.95%	27.38%	26.14%	25.42%	24.96%	24.64%
87.00	53.45%	37.23%	29.57%	27.10%	25.91%	25.22%	24.77%	24.47%
87.50	52.00%	36.52%	29.18%	26.83%	25.68%	25.02%	24.59%	24.30%
88.00	50.57%	35.81%	28.80%	26.55%	25.45%	24.82%	24.41%	24.13%
88.50	49.15%	35.11%	28.43%	26.28%	25.23%	24.62%	24.23%	23.97%
89.00	47.75%	34.41%	28.05%	26.00%	25.01%	24.43%	24.06%	23.80%
89.50	46.37%	33.72%	27.68%	25.73%	24.79%	24.23%	23.88%	23.64%
90.00	45.00%	33.04%	27.32%	25.47%	24.57%	24.04%	23.71%	23.48%
90.50	43.65%	32.36%	26.95%	25.20%	24.35%	23.85%	23.53%	23.32%
91.00	42.31%	31.69%	26.59%	24.94%	24.13%	23.66%	23.36%	23.16%
91.25	41.64%	31.36%	26.41%	24.81%	24.02%	23.57%	23.28%	23.08%
91.50	40.98%	31.03%	26.23%	24.67%	23.92%	23.48%	23.19%	23.00%
91.75	40.33%	30.69%	26.05%	24.54%	23.81%	23.38%	23.11%	22.92%
92.00	39.67%	30.36%	25.87%	24.41%	23.70%	23.29%	23.02%	22.84%
92.25	39.02%	30.04%	25.69%	24.29%	23.60%	23.20%	22.94%	22.77%
92.50	38.38%	29.71%	25.52%	24.16%	23.49%	23.11%	22.86%	22.69%
92.75	37.74%	29.38%	25.34%	24.03%	23.39%	23.01%	22.77%	22.61%
93.00	37.10%	29.06%	25.17%	23.90%	23.28%	22.92%	22.69%	22.53%
93.25	36.46%	28.74%	24.99%	23.77%	23.18%	22.83%	22.61%	22.46%
93.50	35.83%	28.42%	24.82%	23.65%	23.07%	22.74%	22.53%	22.38%
93.75	35.20%	28.10%	24.64%	23.52%	22.97%	22.65%	22.45%	22.30%
94.00	34.57%	27.78%	24.47%	23.39%	22.87%	22.56%	22.36%	22.23%
94.25	33.95%	27.46%	24.30%	23.27%	22.77%	22.47%	22.28%	22.15%
94.50	33.33%	27.14%	24.13%	23.14%	22.66%	22.38%	22.20%	22.08%
94.75	32.72%	26.83%	23.96%	23.02%	22.56%	22.29%	22.12%	22.00%
95.00	32.11%	26.51%	23.78%	22.89%	22.46%	22.21%	22.04%	21.93%
95.25	31.50%	26.20%	23.62%	22.77%	22.36%	22.12%	21.96%	21.86%
95.50	30.89%	25.89%	23.45%	22.65%	22.26%	22.03%	21.88%	21.78%
95.75	30.29%	25.58%	23.28%	22.52%	22.16%	21.94%	21.80%	21.71%
96.00	29.69%	25.27%	23.11%	22.40%	22.06%	21.85%	21.72%	21.63%
96.25	29.09%	24.97%	22.94%	22.28%	21.96%	21.77%	21.65%	21.56%
96.50	28.50%	24.66%	22.77%	22.16%	21.86%	21.68%	21.57%	21.49%
96.75	27.91%	24.36%	22.61%	22.04%	21.76%	21.59%	21.49%	21.42%
97.00	27.32%	24.05%	22.44%	21.92%	21.66%	21.51%	21.41%	21.34%
97.25	26.74%	23.75%	22.28%	21.80%	21.56%	21.42%	21.33%	21.27%
97.50	26.15%	23.45%	22.11%	21.68%	21.46%	21.34%	21.26%	21.20%
97.75	25.58%	23.15%	21.95%	21.56%	21.36%	21.25%	21.18%	21.13%
98.00	25.00%	22.85%	21.79%	21.44%	21.27%	21.17%	21.10%	21.06%
98.25	24.43%	22.55%	21.62%	21.32%	21.17%	21.08%	21.03%	20.99%
98.50	23.86%	22.25%	21.46%	21.20%	21.07%	21.00%	20.95%	20.92%
98.75	23.29%	21.96%	21.30%	21.08%	20.98%	20.91%	20.87%	20.85%
99.00	22.73%	21.67%	21.14%	20.97%	20.88%	20.83%	20.80%	20.78%
99.25	22.17%	21.37%	20.98%	20.85%	20.79%	20.75%	20.72%	20.71%
99.50	21.61%	21.08%	20.82%	20.73%	20.69%	20.67%	20.65%	20.64%
99.75	21.05%	20.79%	20.66%	20.62%	20.59%	20.58%	20.57%	20.57%
100.00	20.50%	20.50%	20.50%	20.50%	20.50%	20.50%	20.50%	20.50%
100.25	19.95%	20.21%	20.34%	20.38%	20.41%	20.42%	20.43%	20.43%
100.50	19.40%	19.92%	20.18%	20.27%	20.31%	20.34%	20.35%	20.36%
101.00	18.32%	19.35%	19.87%	20.04%	20.12%	20.17%	20.20%	20.23%
101.50	17.24%	18.79%	19.56%	19.81%	19.94%	20.01%	20.06%	20.09%
102.00	16.18%	18.22%	19.25%	19.59%	19.75%	19.85%	19.91%	19.96%
102.50	15.12%	17.66%	18.94%	19.36%	19.57%	19.69%	19.77%	19.82%
103.00	14.08%	17.11%	18.64%	19.14%	19.39%	19.53%	19.63%	19.69%
103.50	13.04%	16.56%	18.33%	18.92%	19.21%	19.38%	19.49%	19.56%
104.00	12.02%	16.01%	18.03%	18.70%	19.03%	19.22%	19.34%	19.43%
104.50	11.00%	15.47%	17.73%	18.48%	18.85%	19.06%	19.20%	19.30%
105.00	10.00%	14.93%	17.43%	18.26%	18.67%	18.91%	19.07%	19.17%

EFFECTIVE YIELD RATE 20.50%

PRICE	YEARS UNTIL MATURITY 8	9	10	11	12	13	14	15
70.00	30.77%	30.39%	30.12%	29.91%	29.76%	29.64%	29.56%	29.49%
71.00	30.32%	29.95%	29.69%	29.49%	29.34%	29.23%	29.14%	29.08%
72.00	29.88%	29.52%	29.27%	29.07%	28.93%	28.82%	28.74%	28.68%
73.00	29.44%	29.10%	28.85%	28.67%	28.53%	28.43%	28.34%	28.28%
74.00	29.02%	28.69%	28.45%	28.28%	28.14%	28.04%	27.96%	27.90%
75.00	28.61%	28.29%	28.06%	27.89%	27.76%	27.66%	27.59%	27.53%
76.00	28.20%	27.90%	27.68%	27.52%	27.39%	27.29%	27.22%	27.17%
77.00	27.81%	27.52%	27.31%	27.15%	27.03%	26.94%	26.87%	26.81%
78.00	27.42%	27.14%	26.94%	26.79%	26.67%	26.59%	26.52%	26.47%
79.00	27.04%	26.78%	26.58%	26.44%	26.33%	26.24%	26.18%	26.13%
80.00	26.67%	26.42%	26.23%	26.10%	25.99%	25.91%	25.85%	25.80%
81.00	26.30%	26.07%	25.89%	25.76%	25.66%	25.58%	25.52%	25.48%
82.00	25.94%	25.72%	25.56%	25.43%	25.34%	25.26%	25.21%	25.16%
82.50	25.77%	25.55%	25.39%	25.27%	25.18%	25.11%	25.05%	25.01%
83.00	25.59%	25.38%	25.23%	25.11%	25.02%	24.95%	24.90%	24.86%
83.50	25.42%	25.22%	25.07%	24.95%	24.86%	24.80%	24.74%	24.70%
84.00	25.25%	25.05%	24.91%	24.80%	24.71%	24.65%	24.59%	24.55%
84.50	25.08%	24.89%	24.75%	24.64%	24.56%	24.49%	24.45%	24.41%
85.00	24.91%	24.73%	24.59%	24.49%	24.41%	24.35%	24.30%	24.26%
85.50	24.74%	24.57%	24.44%	24.34%	24.26%	24.20%	24.15%	24.12%
86.00	24.58%	24.41%	24.28%	24.18%	24.11%	24.05%	24.01%	23.97%
86.50	24.42%	24.25%	24.13%	24.04%	23.96%	23.91%	23.87%	23.83%
87.00	24.25%	24.10%	23.98%	23.89%	23.82%	23.77%	23.72%	23.69%
87.50	24.09%	23.94%	23.83%	23.74%	23.68%	23.62%	23.58%	23.55%
88.00	23.94%	23.79%	23.68%	23.60%	23.53%	23.48%	23.45%	23.42%
88.50	23.78%	23.64%	23.53%	23.45%	23.39%	23.35%	23.31%	23.28%
89.00	23.62%	23.49%	23.39%	23.31%	23.25%	23.21%	23.17%	23.14%
89.50	23.47%	23.34%	23.25%	23.17%	23.12%	23.07%	23.04%	23.01%
90.00	23.31%	23.19%	23.10%	23.03%	22.98%	22.94%	22.91%	22.88%
90.50	23.16%	23.05%	22.96%	22.90%	22.85%	22.81%	22.77%	22.75%
91.00	23.01%	22.90%	22.82%	22.76%	22.71%	22.67%	22.64%	22.62%
91.50	22.86%	22.76%	22.68%	22.62%	22.58%	22.54%	22.52%	22.49%
92.00	22.71%	22.62%	22.55%	22.49%	22.45%	22.41%	22.39%	22.37%
92.50	22.57%	22.48%	22.41%	22.36%	22.32%	22.29%	22.26%	22.24%
93.00	22.42%	22.34%	22.27%	22.23%	22.19%	22.16%	22.14%	22.12%
93.50	22.28%	22.20%	22.14%	22.10%	22.06%	22.03%	22.01%	22.00%
94.00	22.13%	22.06%	22.01%	21.97%	21.93%	21.91%	21.89%	21.87%
94.50	21.99%	21.92%	21.88%	21.84%	21.81%	21.79%	21.77%	21.75%
95.00	21.85%	21.79%	21.75%	21.71%	21.68%	21.66%	21.65%	21.63%
95.50	21.71%	21.66%	21.62%	21.59%	21.56%	21.54%	21.53%	21.52%
96.00	21.57%	21.52%	21.49%	21.46%	21.44%	21.42%	21.41%	21.40%
96.50	21.43%	21.39%	21.36%	21.34%	21.32%	21.30%	21.29%	21.28%
97.00	21.30%	21.26%	21.23%	21.21%	21.20%	21.19%	21.18%	21.17%
97.50	21.16%	21.13%	21.11%	21.09%	21.08%	21.07%	21.06%	21.05%
98.00	21.03%	21.00%	20.99%	20.97%	20.96%	20.95%	20.95%	20.94%
98.50	20.89%	20.88%	20.86%	20.85%	20.84%	20.84%	20.83%	20.83%
99.00	20.76%	20.75%	20.74%	20.73%	20.73%	20.72%	20.72%	20.72%
99.50	20.63%	20.62%	20.62%	20.62%	20.61%	20.61%	20.61%	20.61%
100.00	20.50%	20.50%	20.50%	20.50%	20.50%	20.50%	20.50%	20.50%
100.50	20.37%	20.38%	20.38%	20.38%	20.39%	20.39%	20.39%	20.39%
101.00	20.24%	20.25%	20.26%	20.27%	20.28%	20.28%	20.28%	20.29%
102.00	19.99%	20.01%	20.03%	20.04%	20.05%	20.06%	20.07%	20.07%
103.00	19.74%	19.77%	19.80%	19.82%	19.84%	19.85%	19.86%	19.87%
104.00	19.49%	19.54%	19.57%	19.60%	19.62%	19.64%	19.65%	19.66%
105.00	19.25%	19.31%	19.35%	19.39%	19.41%	19.43%	19.45%	19.46%
106.00	19.01%	19.08%	19.13%	19.17%	19.20%	19.23%	19.25%	19.27%
107.00	18.78%	18.86%	18.92%	18.96%	19.00%	19.03%	19.05%	19.07%
108.00	18.54%	18.63%	18.70%	18.76%	18.80%	18.83%	18.86%	18.88%
109.00	18.31%	18.42%	18.49%	18.55%	18.60%	18.64%	18.67%	18.69%
110.00	18.09%	18.20%	18.29%	18.35%	18.41%	18.45%	18.48%	18.51%

20.50% EFFECTIVE YIELD RATE

PRICE	YEARS UNTIL MATURITY							
	16	17	18	19	20	21	22	23
85.00	24.23%	24.21%	24.19%	24.17%	24.16%	24.15%	24.15%	24.14%
85.50	24.09%	24.06%	24.05%	24.03%	24.02%	24.01%	24.00%	24.00%
86.00	23.94%	23.92%	23.91%	23.89%	23.88%	23.87%	23.86%	23.86%
86.50	23.80%	23.78%	23.77%	23.75%	23.74%	23.73%	23.73%	23.72%
87.00	23.66%	23.64%	23.63%	23.61%	23.60%	23.60%	23.59%	23.58%
87.50	23.53%	23.51%	23.49%	23.48%	23.47%	23.46%	23.45%	23.45%
88.00	23.39%	23.37%	23.36%	23.34%	23.33%	23.33%	23.32%	23.32%
88.50	23.26%	23.24%	23.22%	23.21%	23.20%	23.19%	23.19%	23.18%
89.00	23.12%	23.10%	23.09%	23.08%	23.07%	23.06%	23.06%	23.05%
89.50	22.99%	22.97%	22.96%	22.95%	22.94%	22.93%	22.93%	22.92%
90.00	22.86%	22.84%	22.83%	22.82%	22.81%	22.81%	22.80%	22.80%
90.50	22.73%	22.72%	22.70%	22.69%	22.68%	22.68%	22.67%	22.67%
91.00	22.60%	22.59%	22.58%	22.57%	22.56%	22.55%	22.55%	22.54%
91.50	22.48%	22.46%	22.45%	22.44%	22.43%	22.43%	22.42%	22.42%
92.00	22.35%	22.34%	22.33%	22.32%	22.31%	22.31%	22.30%	22.30%
92.50	22.23%	22.21%	22.20%	22.20%	22.19%	22.18%	22.18%	22.18%
93.00	22.10%	22.09%	22.08%	22.07%	22.07%	22.06%	22.06%	22.06%
93.50	21.98%	21.97%	21.96%	21.95%	21.95%	21.94%	21.94%	21.94%
94.00	21.86%	21.85%	21.84%	21.84%	21.83%	21.83%	21.82%	21.82%
94.50	21.74%	21.73%	21.72%	21.72%	21.71%	21.71%	21.71%	21.70%
95.00	21.62%	21.61%	21.61%	21.60%	21.60%	21.59%	21.59%	21.59%
95.50	21.51%	21.50%	21.49%	21.49%	21.48%	21.48%	21.48%	21.48%
96.00	21.39%	21.38%	21.38%	21.37%	21.37%	21.37%	21.36%	21.36%
96.50	21.28%	21.27%	21.26%	21.26%	21.26%	21.25%	21.25%	21.25%
97.00	21.16%	21.16%	21.15%	21.15%	21.15%	21.14%	21.14%	21.14%
97.50	21.05%	21.04%	21.04%	21.04%	21.04%	21.03%	21.03%	21.03%
98.00	20.94%	20.93%	20.93%	20.93%	20.93%	20.93%	20.92%	20.92%
98.50	20.83%	20.82%	20.82%	20.82%	20.82%	20.82%	20.82%	20.82%
99.00	20.72%	20.71%	20.71%	20.71%	20.71%	20.71%	20.71%	20.71%
99.50	20.61%	20.61%	20.61%	20.61%	20.61%	20.60%	20.60%	20.60%
100.00	20.50%	20.50%	20.50%	20.50%	20.50%	20.50%	20.50%	20.50%
100.50	20.39%	20.39%	20.39%	20.40%	20.40%	20.40%	20.40%	20.40%
101.00	20.29%	20.29%	20.29%	20.29%	20.29%	20.29%	20.29%	20.29%
101.50	20.18%	20.19%	20.19%	20.19%	20.19%	20.19%	20.19%	20.19%
102.00	20.08%	20.08%	20.09%	20.09%	20.09%	20.09%	20.09%	20.09%
102.50	19.98%	19.98%	19.98%	19.99%	19.99%	19.99%	19.99%	19.99%
103.00	19.87%	19.88%	19.88%	19.89%	19.89%	19.89%	19.89%	19.90%
103.50	19.77%	19.78%	19.78%	19.79%	19.79%	19.79%	19.80%	19.80%
104.00	19.67%	19.68%	19.68%	19.69%	19.69%	19.70%	19.70%	19.70%
104.50	19.57%	19.58%	19.59%	19.59%	19.60%	19.60%	19.60%	19.61%
105.00	19.47%	19.48%	19.49%	19.50%	19.50%	19.50%	19.51%	19.51%
105.50	19.38%	19.39%	19.39%	19.40%	19.41%	19.41%	19.41%	19.42%
106.00	19.28%	19.29%	19.30%	19.31%	19.31%	19.32%	19.32%	19.32%
106.50	19.18%	19.19%	19.20%	19.21%	19.22%	19.22%	19.23%	19.23%
107.00	19.09%	19.10%	19.11%	19.12%	19.13%	19.13%	19.14%	19.14%
107.50	18.99%	19.01%	19.02%	19.03%	19.03%	19.04%	19.05%	19.05%
108.00	18.90%	18.91%	18.93%	18.93%	18.94%	18.95%	18.95%	18.96%
108.50	18.81%	18.82%	18.83%	18.84%	18.85%	18.86%	18.87%	18.87%
109.00	18.71%	18.73%	18.74%	18.75%	18.76%	18.77%	18.78%	18.78%
110.00	18.53%	18.55%	18.56%	18.58%	18.59%	18.59%	18.60%	18.61%
111.00	18.35%	18.37%	18.39%	18.40%	18.41%	18.42%	18.43%	18.44%
112.00	18.18%	18.20%	18.22%	18.23%	18.24%	18.25%	18.26%	18.27%
113.00	18.00%	18.03%	18.04%	18.06%	18.07%	18.09%	18.09%	18.10%
114.00	17.83%	17.86%	17.88%	17.89%	17.91%	17.92%	17.93%	17.94%
115.00	17.66%	17.69%	17.71%	17.73%	17.75%	17.76%	17.77%	17.78%
116.00	17.50%	17.52%	17.55%	17.57%	17.59%	17.60%	17.61%	17.62%
117.00	17.33%	17.36%	17.39%	17.41%	17.43%	17.44%	17.46%	17.47%
118.00	17.17%	17.20%	17.23%	17.25%	17.27%	17.29%	17.30%	17.31%
119.00	17.01%	17.05%	17.08%	17.10%	17.12%	17.14%	17.15%	17.16%
120.00	16.86%	16.89%	16.92%	16.95%	16.97%	16.99%	17.00%	17.02%

EFFECTIVE YIELD RATE 20.50%

PRICE	YEARS UNTIL MATURITY							
	24	25	26	27	28	29	30	40
85.00	24.14%	24.13%	24.13%	24.13%	24.12%	24.12%	24.12%	24.12%
85.50	23.99%	23.99%	23.99%	23.99%	23.98%	23.98%	23.98%	23.98%
86.00	23.85%	23.85%	23.85%	23.85%	23.84%	23.84%	23.84%	23.84%
86.50	23.72%	23.71%	23.71%	23.71%	23.71%	23.71%	23.70%	23.70%
87.00	23.58%	23.58%	23.57%	23.57%	23.57%	23.57%	23.57%	23.56%
87.50	23.45%	23.44%	23.44%	23.44%	23.44%	23.43%	23.43%	23.43%
88.00	23.31%	23.31%	23.31%	23.30%	23.30%	23.30%	23.30%	23.30%
88.50	23.18%	23.18%	23.17%	23.17%	23.17%	23.17%	23.17%	23.16%
89.00	23.05%	23.05%	23.04%	23.04%	23.04%	23.04%	23.04%	23.03%
89.50	22.92%	22.92%	22.91%	22.91%	22.91%	22.91%	22.91%	22.91%
90.00	22.79%	22.79%	22.79%	22.79%	22.78%	22.78%	22.78%	22.78%
90.50	22.67%	22.66%	22.66%	22.66%	22.66%	22.66%	22.66%	22.65%
91.00	22.54%	22.54%	22.54%	22.53%	22.53%	22.53%	22.53%	22.53%
91.50	22.42%	22.41%	22.41%	22.41%	22.41%	22.41%	22.41%	22.40%
92.00	22.29%	22.29%	22.29%	22.29%	22.29%	22.29%	22.29%	22.28%
92.50	22.17%	22.17%	22.17%	22.17%	22.17%	22.17%	22.17%	22.16%
93.00	22.05%	22.05%	22.05%	22.05%	22.05%	22.05%	22.05%	22.04%
93.50	21.94%	21.93%	21.93%	21.93%	21.93%	21.93%	21.93%	21.93%
94.00	21.82%	21.82%	21.81%	21.81%	21.81%	21.81%	21.81%	21.81%
94.50	21.70%	21.70%	21.70%	21.70%	21.70%	21.70%	21.70%	21.69%
95.00	21.59%	21.59%	21.58%	21.58%	21.58%	21.58%	21.58%	21.58%
95.50	21.47%	21.47%	21.47%	21.47%	21.47%	21.47%	21.47%	21.47%
96.00	21.36%	21.36%	21.36%	21.36%	21.36%	21.36%	21.36%	21.35%
96.50	21.25%	21.25%	21.25%	21.25%	21.25%	21.25%	21.25%	21.24%
97.00	21.14%	21.14%	21.14%	21.14%	21.14%	21.14%	21.14%	21.13%
97.50	21.03%	21.03%	21.03%	21.03%	21.03%	21.03%	21.03%	21.03%
98.00	20.92%	20.92%	20.92%	20.92%	20.92%	20.92%	20.92%	20.92%
98.50	20.81%	20.81%	20.81%	20.81%	20.81%	20.81%	20.81%	20.81%
99.00	20.71%	20.71%	20.71%	20.71%	20.71%	20.71%	20.71%	20.71%
99.50	20.60%	20.60%	20.60%	20.60%	20.60%	20.60%	20.60%	20.60%
100.00	20.50%	20.50%	20.50%	20.50%	20.50%	20.50%	20.50%	20.50%
100.50	20.40%	20.40%	20.40%	20.40%	20.40%	20.40%	20.40%	20.40%
101.00	20.30%	20.30%	20.30%	20.30%	20.30%	20.30%	20.30%	20.30%
101.50	20.19%	20.19%	20.20%	20.20%	20.20%	20.20%	20.20%	20.20%
102.00	20.09%	20.09%	20.10%	20.10%	20.10%	20.10%	20.10%	20.10%
102.50	19.99%	20.00%	20.00%	20.00%	20.00%	20.00%	20.00%	20.00%
103.00	19.90%	19.90%	19.90%	19.90%	19.90%	19.90%	19.90%	19.90%
103.50	19.80%	19.80%	19.80%	19.80%	19.80%	19.80%	19.80%	19.81%
104.00	19.70%	19.70%	19.71%	19.71%	19.71%	19.71%	19.71%	19.71%
104.50	19.61%	19.61%	19.61%	19.61%	19.61%	19.61%	19.61%	19.62%
105.00	19.51%	19.51%	19.52%	19.52%	19.52%	19.52%	19.52%	19.52%
105.50	19.42%	19.42%	19.42%	19.42%	19.43%	19.43%	19.43%	19.43%
106.00	19.33%	19.33%	19.33%	19.33%	19.33%	19.33%	19.34%	19.34%
106.50	19.23%	19.24%	19.24%	19.24%	19.24%	19.24%	19.24%	19.25%
107.00	19.14%	19.15%	19.15%	19.15%	19.15%	19.15%	19.15%	19.16%
107.50	19.05%	19.06%	19.06%	19.06%	19.06%	19.06%	19.06%	19.07%
108.00	18.96%	18.97%	18.97%	18.97%	18.97%	18.97%	18.98%	18.98%
108.50	18.87%	18.88%	18.88%	18.88%	18.88%	18.89%	18.89%	18.89%
109.00	18.79%	18.79%	18.79%	18.80%	18.80%	18.80%	18.80%	18.81%
110.00	18.61%	18.62%	18.62%	18.62%	18.62%	18.63%	18.63%	18.64%
111.00	18.44%	18.45%	18.45%	18.45%	18.46%	18.46%	18.46%	18.47%
112.00	18.27%	18.28%	18.28%	18.29%	18.29%	18.29%	18.29%	18.30%
113.00	18.11%	18.11%	18.12%	18.12%	18.13%	18.13%	18.13%	18.14%
114.00	17.95%	17.95%	17.96%	17.96%	17.96%	17.97%	17.97%	17.98%
115.00	17.79%	17.79%	17.80%	17.80%	17.81%	17.81%	17.81%	17.82%
116.00	17.63%	17.64%	17.64%	17.65%	17.65%	17.65%	17.66%	17.67%
117.00	17.47%	17.48%	17.49%	17.49%	17.50%	17.50%	17.50%	17.52%
118.00	17.32%	17.33%	17.34%	17.34%	17.35%	17.35%	17.35%	17.37%
119.00	17.17%	17.18%	17.19%	17.19%	17.20%	17.20%	17.21%	17.22%
120.00	17.03%	17.03%	17.04%	17.05%	17.05%	17.06%	17.06%	17.08%

20.75% EFFECTIVE YIELD RATE

PRICE				YEARS UNTIL MATURITY				
	1/2	1	2	3	4	5	6	7
85.00	59.71%	40.44%	31.41%	28.52%	27.12%	26.31%	25.80%	25.44%
85.50	58.19%	39.70%	31.01%	28.23%	26.89%	26.11%	25.61%	25.27%
86.00	56.69%	38.96%	30.62%	27.94%	26.65%	25.90%	25.42%	25.09%
86.50	55.20%	38.23%	30.23%	27.66%	26.42%	25.70%	25.23%	24.92%
87.00	53.74%	37.51%	29.84%	27.38%	26.19%	25.49%	25.05%	24.75%
87.50	52.29%	36.80%	29.46%	27.10%	25.96%	25.29%	24.87%	24.58%
88.00	50.85%	36.09%	29.08%	26.82%	25.73%	25.09%	24.69%	24.41%
88.50	49.44%	35.38%	28.70%	26.55%	25.50%	24.90%	24.51%	24.24%
89.00	48.03%	34.69%	28.33%	26.27%	25.28%	24.70%	24.33%	24.08%
89.50	46.65%	34.00%	27.95%	26.00%	25.06%	24.51%	24.15%	23.91%
90.00	45.28%	33.31%	27.58%	25.73%	24.83%	24.31%	23.98%	23.75%
90.50	43.92%	32.63%	27.22%	25.47%	24.62%	24.12%	23.80%	23.59%
91.00	42.58%	31.96%	26.86%	25.20%	24.40%	23.93%	23.63%	23.43%
91.25	41.92%	31.63%	26.67%	25.07%	24.29%	23.84%	23.55%	23.35%
91.50	41.26%	31.29%	26.49%	24.94%	24.18%	23.74%	23.46%	23.27%
91.75	40.60%	30.96%	26.32%	24.81%	24.08%	23.65%	23.38%	23.19%
92.00	39.95%	30.63%	26.14%	24.68%	23.97%	23.56%	23.29%	23.11%
92.25	39.30%	30.30%	25.96%	24.55%	23.86%	23.46%	23.21%	23.03%
92.50	38.65%	29.98%	25.78%	24.42%	23.76%	23.37%	23.12%	22.95%
92.75	38.01%	29.65%	25.60%	24.29%	23.65%	23.28%	23.04%	22.88%
93.00	37.37%	29.32%	25.43%	24.16%	23.55%	23.19%	22.96%	22.80%
93.25	36.73%	29.00%	25.25%	24.04%	23.44%	23.10%	22.87%	22.72%
93.50	36.10%	28.68%	25.08%	23.91%	23.34%	23.00%	22.79%	22.64%
93.75	35.47%	28.36%	24.90%	23.78%	23.23%	22.91%	22.71%	22.57%
94.00	34.84%	28.04%	24.73%	23.65%	23.13%	22.82%	22.63%	22.49%
94.25	34.22%	27.72%	24.56%	23.53%	23.03%	22.73%	22.54%	22.42%
94.50	33.60%	27.40%	24.39%	23.40%	22.92%	22.64%	22.46%	22.34%
94.75	32.98%	27.09%	24.21%	23.28%	22.82%	22.55%	22.38%	22.26%
95.00	32.37%	26.78%	24.04%	23.15%	22.72%	22.46%	22.30%	22.19%
95.25	31.76%	26.46%	23.87%	23.03%	22.62%	22.38%	22.22%	22.11%
95.50	31.15%	26.15%	23.70%	22.91%	22.51%	22.29%	22.14%	22.04%
95.75	30.55%	25.84%	23.53%	22.78%	22.41%	22.20%	22.06%	21.97%
96.00	29.95%	25.53%	23.37%	22.66%	22.31%	22.11%	21.98%	21.89%
96.25	29.35%	25.22%	23.20%	22.54%	22.21%	22.02%	21.90%	21.82%
96.50	28.76%	24.92%	23.03%	22.41%	22.11%	21.94%	21.82%	21.75%
96.75	28.17%	24.61%	22.86%	22.29%	22.01%	21.85%	21.75%	21.67%
97.00	27.58%	24.31%	22.70%	22.17%	21.91%	21.76%	21.67%	21.60%
97.25	26.99%	24.00%	22.53%	22.05%	21.82%	21.68%	21.59%	21.53%
97.50	26.41%	23.70%	22.37%	21.93%	21.72%	21.59%	21.51%	21.46%
97.75	25.83%	23.40%	22.20%	21.81%	21.62%	21.51%	21.43%	21.38%
98.00	25.26%	23.10%	22.04%	21.69%	21.52%	21.42%	21.36%	21.31%
98.25	24.68%	22.80%	21.88%	21.57%	21.42%	21.34%	21.28%	21.24%
98.50	24.11%	22.51%	21.71%	21.45%	21.33%	21.25%	21.20%	21.17%
98.75	23.54%	22.21%	21.55%	21.34%	21.23%	21.17%	21.13%	21.10%
99.00	22.98%	21.92%	21.39%	21.22%	21.13%	21.08%	21.05%	21.03%
99.25	22.42%	21.62%	21.23%	21.10%	21.04%	21.00%	20.98%	20.96%
99.50	21.86%	21.33%	21.07%	20.98%	20.94%	20.92%	20.90%	20.89%
99.75	21.30%	21.04%	20.91%	20.87%	20.85%	20.83%	20.82%	20.82%
100.00	20.75%	20.75%	20.75%	20.75%	20.75%	20.75%	20.75%	20.75%
100.25	20.20%	20.46%	20.59%	20.63%	20.66%	20.67%	20.68%	20.68%
100.50	19.65%	20.17%	20.43%	20.52%	20.56%	20.59%	20.60%	20.61%
101.00	18.56%	19.60%	20.12%	20.29%	20.37%	20.42%	20.45%	20.47%
101.50	17.49%	19.03%	19.81%	20.06%	20.19%	20.26%	20.31%	20.34%
102.00	16.42%	18.47%	19.50%	19.83%	20.00%	20.10%	20.16%	20.20%
102.50	15.37%	17.91%	19.19%	19.61%	19.82%	19.94%	20.02%	20.07%
103.00	14.32%	17.35%	18.88%	19.38%	19.63%	19.78%	19.87%	19.94%
103.50	13.29%	16.80%	18.58%	19.16%	19.45%	19.62%	19.73%	19.80%
104.00	12.26%	16.26%	18.27%	18.94%	19.27%	19.46%	19.59%	19.67%
104.50	11.24%	15.71%	17.97%	18.72%	19.09%	19.31%	19.45%	19.54%
105.00	10.24%	15.17%	17.67%	18.50%	18.91%	19.15%	19.31%	19.41%

EFFECTIVE YIELD RATE 20.75%

PRICE	8	9	10	11	12	13	14	15
	YEARS UNTIL MATURITY							
70.00	31.11%	30.73%	30.46%	30.26%	30.10%	29.99%	29.91%	29.84%
71.00	30.65%	30.29%	30.02%	29.83%	29.68%	29.57%	29.49%	29.42%
72.00	30.20%	29.85%	29.60%	29.41%	29.27%	29.16%	29.08%	29.02%
73.00	29.77%	29.43%	29.18%	29.00%	28.86%	28.76%	28.68%	28.62%
74.00	29.34%	29.02%	28.78%	28.60%	28.47%	28.37%	28.29%	28.23%
75.00	28.92%	28.61%	28.38%	28.21%	28.08%	27.99%	27.91%	27.86%
76.00	28.51%	28.22%	28.00%	27.83%	27.71%	27.62%	27.54%	27.49%
77.00	28.11%	27.83%	27.62%	27.46%	27.34%	27.25%	27.18%	27.13%
78.00	27.72%	27.45%	27.25%	27.10%	26.99%	26.90%	26.83%	26.78%
79.00	27.34%	27.08%	26.89%	26.75%	26.64%	26.55%	26.49%	26.44%
80.00	26.96%	26.72%	26.54%	26.40%	26.30%	26.22%	26.15%	26.11%
81.00	26.60%	26.36%	26.19%	26.06%	25.96%	25.89%	25.83%	25.78%
82.00	26.24%	26.02%	25.85%	25.73%	25.63%	25.56%	25.51%	25.46%
82.50	26.06%	25.84%	25.69%	25.57%	25.47%	25.40%	25.35%	25.31%
83.00	25.88%	25.67%	25.52%	25.40%	25.31%	25.25%	25.19%	25.15%
83.50	25.71%	25.51%	25.36%	25.24%	25.16%	25.09%	25.04%	25.00%
84.00	25.54%	25.34%	25.20%	25.09%	25.00%	24.94%	24.89%	24.85%
84.50	25.36%	25.18%	25.04%	24.93%	24.85%	24.79%	24.74%	24.70%
85.00	25.20%	25.01%	24.88%	24.77%	24.70%	24.63%	24.59%	24.55%
85.50	25.03%	24.85%	24.72%	24.62%	24.54%	24.49%	24.44%	24.40%
86.00	24.86%	24.69%	24.57%	24.47%	24.40%	24.34%	24.29%	24.26%
86.50	24.70%	24.53%	24.41%	24.32%	24.25%	24.19%	24.15%	24.12%
87.00	24.53%	24.38%	24.26%	24.17%	24.10%	24.05%	24.01%	23.97%
87.50	24.37%	24.22%	24.11%	24.02%	23.96%	23.91%	23.87%	23.83%
88.00	24.21%	24.07%	23.96%	23.88%	23.81%	23.76%	23.73%	23.70%
88.50	24.05%	23.91%	23.81%	23.73%	23.67%	23.62%	23.59%	23.56%
89.00	23.90%	23.76%	23.66%	23.59%	23.53%	23.49%	23.45%	23.42%
89.50	23.74%	23.61%	23.52%	23.45%	23.39%	23.35%	23.32%	23.29%
90.00	23.58%	23.47%	23.38%	23.31%	23.25%	23.21%	23.18%	23.16%
90.50	23.43%	23.32%	23.23%	23.17%	23.12%	23.08%	23.05%	23.02%
91.00	23.28%	23.17%	23.09%	23.03%	22.98%	22.95%	22.92%	22.89%
91.50	23.13%	23.03%	22.95%	22.89%	22.85%	22.81%	22.79%	22.76%
92.00	22.98%	22.88%	22.81%	22.76%	22.72%	22.68%	22.66%	22.64%
92.50	22.83%	22.74%	22.68%	22.62%	22.58%	22.55%	22.53%	22.51%
93.00	22.68%	22.60%	22.54%	22.49%	22.45%	22.43%	22.40%	22.38%
93.50	22.54%	22.46%	22.40%	22.36%	22.33%	22.30%	22.28%	22.26%
94.00	22.39%	22.32%	22.27%	22.23%	22.20%	22.17%	22.15%	22.14%
94.50	22.25%	22.19%	22.14%	22.10%	22.07%	22.05%	22.03%	22.02%
95.00	22.11%	22.05%	22.01%	21.97%	21.95%	21.92%	21.91%	21.90%
95.50	21.97%	21.92%	21.88%	21.84%	21.82%	21.80%	21.79%	21.78%
96.00	21.83%	21.78%	21.75%	21.72%	21.70%	21.68%	21.67%	21.66%
96.50	21.69%	21.65%	21.62%	21.59%	21.58%	21.56%	21.55%	21.54%
97.00	21.55%	21.52%	21.49%	21.47%	21.45%	21.44%	21.43%	21.42%
97.50	21.42%	21.39%	21.36%	21.35%	21.33%	21.32%	21.32%	21.31%
98.00	21.28%	21.26%	21.24%	21.23%	21.22%	21.21%	21.20%	21.20%
98.50	21.15%	21.13%	21.12%	21.11%	21.10%	21.09%	21.09%	21.08%
99.00	21.01%	21.00%	20.99%	20.99%	20.98%	20.98%	20.97%	20.97%
99.50	20.88%	20.88%	20.87%	20.87%	20.86%	20.86%	20.86%	20.86%
100.00	20.75%	20.75%	20.75%	20.75%	20.75%	20.75%	20.75%	20.75%
100.50	20.62%	20.63%	20.63%	20.63%	20.64%	20.64%	20.64%	20.64%
101.00	20.49%	20.50%	20.51%	20.52%	20.52%	20.53%	20.53%	20.53%
102.00	20.24%	20.26%	20.28%	20.29%	20.30%	20.31%	20.31%	20.32%
103.00	19.98%	20.02%	20.04%	20.06%	20.08%	20.09%	20.10%	20.11%
104.00	19.74%	19.78%	19.82%	19.84%	19.86%	19.88%	19.89%	19.90%
105.00	19.49%	19.55%	19.59%	19.63%	19.65%	19.67%	19.69%	19.70%
106.00	19.25%	19.32%	19.37%	19.41%	19.44%	19.47%	19.49%	19.50%
107.00	19.01%	19.09%	19.15%	19.20%	19.24%	19.27%	19.29%	19.31%
108.00	18.78%	18.87%	18.94%	18.99%	19.03%	19.07%	19.09%	19.12%
109.00	18.55%	18.65%	18.73%	18.79%	18.83%	18.87%	18.90%	18.93%
110.00	18.32%	18.43%	18.52%	18.58%	18.64%	18.68%	18.71%	18.74%

20.75% EFFECTIVE YIELD RATE

PRICE	YEARS UNTIL MATURITY							
	16	17	18	19	20	21	22	23
85.00	24.52%	24.50%	24.48%	24.47%	24.45%	24.45%	24.44%	24.43%
85.50	24.38%	24.35%	24.34%	24.32%	24.31%	24.30%	24.30%	24.29%
86.00	24.23%	24.21%	24.19%	24.18%	24.17%	24.16%	24.15%	24.15%
86.50	24.09%	24.07%	24.05%	24.04%	24.03%	24.02%	24.01%	24.01%
87.00	23.95%	23.93%	23.91%	23.90%	23.89%	23.88%	23.88%	23.87%
87.50	23.81%	23.79%	23.77%	23.76%	23.75%	23.75%	23.74%	23.73%
88.00	23.67%	23.65%	23.64%	23.63%	23.62%	23.61%	23.60%	23.60%
88.50	23.54%	23.52%	23.50%	23.49%	23.48%	23.48%	23.47%	23.46%
89.00	23.40%	23.38%	23.37%	23.36%	23.35%	23.34%	23.34%	23.33%
89.50	23.27%	23.25%	23.24%	23.23%	23.22%	23.21%	23.21%	23.20%
90.00	23.14%	23.12%	23.11%	23.10%	23.09%	23.08%	23.08%	23.07%
90.50	23.00%	22.99%	22.98%	22.97%	22.96%	22.95%	22.95%	22.94%
91.00	22.88%	22.86%	22.85%	22.84%	22.83%	22.83%	22.82%	22.82%
91.50	22.75%	22.73%	22.72%	22.71%	22.71%	22.70%	22.70%	22.69%
92.00	22.62%	22.61%	22.60%	22.59%	22.58%	22.58%	22.57%	22.57%
92.50	22.49%	22.48%	22.47%	22.46%	22.46%	22.45%	22.45%	22.45%
93.00	22.37%	22.36%	22.35%	22.34%	22.34%	22.33%	22.33%	22.32%
93.50	22.25%	22.24%	22.23%	22.22%	22.22%	22.21%	22.21%	22.20%
94.00	22.13%	22.12%	22.11%	22.10%	22.10%	22.09%	22.09%	22.09%
94.50	22.00%	22.00%	21.99%	21.98%	21.98%	21.97%	21.97%	21.97%
95.00	21.89%	21.88%	21.87%	21.86%	21.86%	21.86%	21.85%	21.85%
95.50	21.77%	21.76%	21.75%	21.75%	21.74%	21.74%	21.74%	21.74%
96.00	21.65%	21.64%	21.64%	21.63%	21.63%	21.63%	21.62%	21.62%
96.50	21.53%	21.53%	21.52%	21.52%	21.52%	21.51%	21.51%	21.51%
97.00	21.42%	21.41%	21.41%	21.41%	21.40%	21.40%	21.40%	21.40%
97.50	21.30%	21.30%	21.30%	21.29%	21.29%	21.29%	21.29%	21.29%
98.00	21.19%	21.19%	21.19%	21.18%	21.18%	21.18%	21.18%	21.18%
98.50	21.08%	21.08%	21.07%	21.07%	21.07%	21.07%	21.07%	21.07%
99.00	20.97%	20.97%	20.97%	20.96%	20.96%	20.96%	20.96%	20.96%
99.50	20.86%	20.86%	20.86%	20.86%	20.86%	20.86%	20.86%	20.86%
100.00	20.75%	20.75%	20.75%	20.75%	20.75%	20.75%	20.75%	20.75%
100.50	20.64%	20.64%	20.64%	20.64%	20.64%	20.65%	20.65%	20.65%
101.00	20.54%	20.54%	20.54%	20.54%	20.54%	20.54%	20.54%	20.54%
101.50	20.43%	20.43%	20.43%	20.44%	20.44%	20.44%	20.44%	20.44%
102.00	20.32%	20.33%	20.33%	20.33%	20.33%	20.34%	20.34%	20.34%
102.50	20.22%	20.22%	20.23%	20.23%	20.23%	20.24%	20.24%	20.24%
103.00	20.12%	20.12%	20.13%	20.13%	20.13%	20.14%	20.14%	20.14%
103.50	20.01%	20.02%	20.03%	20.03%	20.03%	20.04%	20.04%	20.04%
104.00	19.91%	19.92%	19.93%	19.93%	19.93%	19.94%	19.94%	19.94%
104.50	19.81%	19.82%	19.83%	19.83%	19.84%	19.84%	19.84%	19.85%
105.00	19.71%	19.72%	19.73%	19.73%	19.74%	19.74%	19.75%	19.75%
105.50	19.61%	19.62%	19.63%	19.64%	19.64%	19.65%	19.65%	19.65%
106.00	19.52%	19.53%	19.54%	19.54%	19.55%	19.55%	19.56%	19.56%
106.50	19.42%	19.43%	19.44%	19.45%	19.45%	19.46%	19.46%	19.47%
107.00	19.32%	19.34%	19.35%	19.35%	19.36%	19.37%	19.37%	19.37%
107.50	19.23%	19.24%	19.25%	19.26%	19.27%	19.27%	19.28%	19.28%
108.00	19.13%	19.15%	19.16%	19.17%	19.18%	19.18%	19.19%	19.19%
108.50	19.04%	19.05%	19.07%	19.08%	19.08%	19.09%	19.10%	19.10%
109.00	18.95%	18.96%	18.97%	18.99%	18.99%	19.00%	19.01%	19.01%
110.00	18.76%	18.78%	18.79%	18.81%	18.82%	18.82%	18.83%	18.84%
111.00	18.58%	18.60%	18.62%	18.63%	18.64%	18.65%	18.66%	18.66%
112.00	18.40%	18.42%	18.44%	18.46%	18.47%	18.48%	18.49%	18.49%
113.00	18.23%	18.25%	18.27%	18.28%	18.30%	18.31%	18.32%	18.32%
114.00	18.05%	18.08%	18.10%	18.12%	18.13%	18.14%	18.15%	18.16%
115.00	17.88%	17.91%	17.93%	17.95%	17.97%	17.98%	17.99%	18.00%
116.00	17.71%	17.74%	17.77%	17.79%	17.80%	17.82%	17.83%	17.84%
117.00	17.55%	17.58%	17.61%	17.63%	17.64%	17.66%	17.67%	17.68%
118.00	17.39%	17.42%	17.45%	17.47%	17.49%	17.50%	17.52%	17.53%
119.00	17.23%	17.26%	17.29%	17.31%	17.33%	17.35%	17.36%	17.38%
120.00	17.07%	17.11%	17.14%	17.16%	17.18%	17.20%	17.21%	17.23%

EFFECTIVE YIELD RATE 20.75%

PRICE	24	25	26	27	28	29	30	40
	YEARS UNTIL MATURITY							
85.00	24.43%	24.43%	24.42%	24.42%	24.42%	24.42%	24.42%	24.41%
85.50	24.29%	24.28%	24.28%	24.28%	24.28%	24.27%	24.27%	24.27%
86.00	24.14%	24.14%	24.14%	24.14%	24.13%	24.13%	24.13%	24.13%
86.50	24.00%	24.00%	24.00%	24.00%	24.00%	23.99%	23.99%	23.99%
87.00	23.87%	23.86%	23.86%	23.86%	23.86%	23.86%	23.85%	23.85%
87.50	23.73%	23.73%	23.72%	23.72%	23.72%	23.72%	23.72%	23.71%
88.00	23.59%	23.59%	23.59%	23.59%	23.59%	23.58%	23.58%	23.58%
88.50	23.46%	23.46%	23.46%	23.45%	23.45%	23.45%	23.45%	23.45%
89.00	23.33%	23.33%	23.32%	23.32%	23.32%	23.32%	23.32%	23.32%
89.50	23.20%	23.20%	23.19%	23.19%	23.19%	23.19%	23.19%	23.18%
90.00	23.07%	23.07%	23.06%	23.06%	23.06%	23.06%	23.06%	23.06%
90.50	22.94%	22.94%	22.94%	22.94%	22.93%	22.93%	22.93%	22.93%
91.00	22.81%	22.81%	22.81%	22.81%	22.81%	22.81%	22.81%	22.80%
91.50	22.69%	22.69%	22.69%	22.68%	22.68%	22.68%	22.68%	22.68%
92.00	22.57%	22.56%	22.56%	22.56%	22.56%	22.56%	22.56%	22.55%
92.50	22.44%	22.44%	22.44%	22.44%	22.44%	22.44%	22.44%	22.43%
93.00	22.32%	22.32%	22.32%	22.32%	22.32%	22.32%	22.31%	22.31%
93.50	22.20%	22.20%	22.20%	22.20%	22.20%	22.20%	22.20%	22.19%
94.00	22.08%	22.08%	22.08%	22.08%	22.08%	22.08%	22.08%	22.07%
94.50	21.97%	21.96%	21.96%	21.96%	21.96%	21.96%	21.96%	21.96%
95.00	21.85%	21.85%	21.85%	21.85%	21.85%	21.84%	21.84%	21.84%
95.50	21.74%	21.73%	21.73%	21.73%	21.73%	21.73%	21.73%	21.73%
96.00	21.62%	21.62%	21.62%	21.62%	21.62%	21.62%	21.62%	21.61%
96.50	21.51%	21.51%	21.51%	21.51%	21.51%	21.50%	21.50%	21.50%
97.00	21.40%	21.40%	21.40%	21.39%	21.39%	21.39%	21.39%	21.39%
97.50	21.29%	21.29%	21.28%	21.28%	21.28%	21.28%	21.28%	21.28%
98.00	21.18%	21.18%	21.18%	21.18%	21.18%	21.17%	21.17%	21.17%
98.50	21.07%	21.07%	21.07%	21.07%	21.07%	21.07%	21.07%	21.07%
99.00	20.96%	20.96%	20.96%	20.96%	20.96%	20.96%	20.96%	20.96%
99.50	20.86%	20.86%	20.85%	20.85%	20.85%	20.85%	20.85%	20.85%
100.00	20.75%	20.75%	20.75%	20.75%	20.75%	20.75%	20.75%	20.75%
100.50	20.65%	20.65%	20.65%	20.65%	20.65%	20.65%	20.65%	20.65%
101.00	20.54%	20.54%	20.54%	20.54%	20.54%	20.54%	20.54%	20.54%
101.50	20.44%	20.44%	20.44%	20.44%	20.44%	20.44%	20.44%	20.44%
102.00	20.34%	20.34%	20.34%	20.34%	20.34%	20.34%	20.34%	20.34%
102.50	20.24%	20.24%	20.24%	20.24%	20.24%	20.24%	20.24%	20.24%
103.00	20.14%	20.14%	20.14%	20.14%	20.14%	20.14%	20.14%	20.15%
103.50	20.04%	20.04%	20.04%	20.04%	20.05%	20.05%	20.05%	20.05%
104.00	19.94%	19.95%	19.95%	19.95%	19.95%	19.95%	19.95%	19.95%
104.50	19.85%	19.85%	19.85%	19.85%	19.85%	19.85%	19.85%	19.86%
105.00	19.75%	19.75%	19.75%	19.76%	19.76%	19.76%	19.76%	19.76%
105.50	19.66%	19.66%	19.66%	19.66%	19.66%	19.66%	19.66%	19.67%
106.00	19.56%	19.56%	19.57%	19.57%	19.57%	19.57%	19.57%	19.57%
106.50	19.47%	19.47%	19.47%	19.48%	19.48%	19.48%	19.48%	19.48%
107.00	19.38%	19.38%	19.38%	19.38%	19.39%	19.39%	19.39%	19.39%
107.50	19.29%	19.29%	19.29%	19.29%	19.29%	19.30%	19.30%	19.30%
108.00	19.20%	19.20%	19.20%	19.20%	19.20%	19.21%	19.21%	19.21%
108.50	19.11%	19.11%	19.11%	19.11%	19.12%	19.12%	19.12%	19.12%
109.00	19.02%	19.02%	19.02%	19.02%	19.03%	19.03%	19.03%	19.04%
110.00	18.84%	18.84%	18.85%	18.85%	18.85%	18.85%	18.86%	18.86%
111.00	18.67%	18.67%	18.68%	18.68%	18.68%	18.68%	18.68%	18.69%
112.00	18.50%	18.50%	18.51%	18.51%	18.51%	18.52%	18.52%	18.53%
113.00	18.33%	18.34%	18.34%	18.34%	18.35%	18.35%	18.35%	18.36%
114.00	18.17%	18.17%	18.18%	18.18%	18.18%	18.19%	18.19%	18.20%
115.00	18.01%	18.01%	18.02%	18.02%	18.02%	18.03%	18.03%	18.04%
116.00	17.85%	17.85%	17.86%	17.86%	17.87%	17.87%	17.87%	17.89%
117.00	17.69%	17.70%	17.70%	17.71%	17.71%	17.72%	17.72%	17.73%
118.00	17.54%	17.54%	17.55%	17.56%	17.56%	17.56%	17.57%	17.58%
119.00	17.39%	17.39%	17.40%	17.41%	17.41%	17.41%	17.42%	17.43%
120.00	17.24%	17.24%	17.25%	17.26%	17.26%	17.27%	17.27%	17.29%

21%　　EFFECTIVE YIELD RATE

PRICE	YEARS UNTIL MATURITY							
	1/2	1	2	3	4	5	6	7
85.00	60.00%	40.72%	31.69%	28.80%	27.40%	26.59%	26.08%	25.73%
85.50	58.48%	39.98%	31.29%	28.51%	27.16%	26.39%	25.89%	25.55%
86.00	56.98%	39.24%	30.90%	28.22%	26.93%	26.18%	25.70%	25.37%
86.50	55.49%	38.51%	30.51%	27.94%	26.69%	25.97%	25.51%	25.20%
87.00	54.02%	37.79%	30.12%	27.65%	26.46%	25.77%	25.33%	25.03%
87.50	52.57%	37.07%	29.73%	27.37%	26.23%	25.57%	25.14%	24.85%
88.00	51.14%	36.36%	29.35%	27.10%	26.00%	25.37%	24.96%	24.68%
88.50	49.72%	35.66%	28.97%	26.82%	25.77%	25.17%	24.78%	24.52%
89.00	48.31%	34.96%	28.60%	26.55%	25.55%	24.97%	24.60%	24.35%
89.50	46.93%	34.27%	28.22%	26.27%	25.33%	24.78%	24.42%	24.18%
90.00	45.56%	33.58%	27.85%	26.00%	25.10%	24.58%	24.25%	24.02%
90.50	44.20%	32.90%	27.49%	25.74%	24.88%	24.39%	24.07%	23.86%
91.00	42.86%	32.23%	27.12%	25.47%	24.67%	24.20%	23.90%	23.69%
91.25	42.19%	31.89%	26.94%	25.34%	24.56%	24.10%	23.81%	23.61%
91.50	41.53%	31.56%	26.76%	25.21%	24.45%	24.01%	23.73%	23.53%
91.75	40.87%	31.23%	26.58%	25.07%	24.34%	23.92%	23.64%	23.45%
92.00	40.22%	30.90%	26.40%	24.94%	24.23%	23.82%	23.56%	23.38%
92.25	39.57%	30.57%	26.22%	24.81%	24.13%	23.73%	23.47%	23.30%
92.50	38.92%	30.24%	26.05%	24.68%	24.02%	23.63%	23.39%	23.22%
92.75	38.27%	29.91%	25.87%	24.55%	23.91%	23.54%	23.30%	23.14%
93.00	37.63%	29.59%	25.69%	24.43%	23.81%	23.45%	23.22%	23.06%
93.25	37.00%	29.27%	25.52%	24.30%	23.70%	23.36%	23.14%	22.98%
93.50	36.36%	28.94%	25.34%	24.17%	23.60%	23.27%	23.05%	22.91%
93.75	35.73%	28.62%	25.17%	24.04%	23.49%	23.18%	22.97%	22.83%
94.00	35.11%	28.30%	24.99%	23.92%	23.39%	23.08%	22.89%	22.75%
94.25	34.48%	27.98%	24.82%	23.79%	23.29%	22.99%	22.81%	22.68%
94.50	33.86%	27.67%	24.65%	23.66%	23.18%	22.90%	22.72%	22.60%
94.75	33.25%	27.35%	24.47%	23.54%	23.08%	22.81%	22.64%	22.52%
95.00	32.63%	27.04%	24.30%	23.41%	22.98%	22.72%	22.56%	22.45%
95.25	32.02%	26.72%	24.13%	23.29%	22.87%	22.63%	22.48%	22.37%
95.50	31.41%	26.41%	23.96%	23.16%	22.77%	22.55%	22.40%	22.30%
95.75	30.81%	26.10%	23.79%	23.04%	22.67%	22.46%	22.32%	22.22%
96.00	30.21%	25.79%	23.62%	22.92%	22.57%	22.37%	22.24%	22.15%
96.25	29.61%	25.48%	23.46%	22.79%	22.47%	22.28%	22.16%	22.08%
96.50	29.02%	25.17%	23.29%	22.67%	22.37%	22.19%	22.08%	22.00%
96.75	28.42%	24.87%	23.12%	22.55%	22.27%	22.11%	22.00%	21.93%
97.00	27.84%	24.56%	22.95%	22.43%	22.17%	22.02%	21.92%	21.86%
97.25	27.25%	24.26%	22.79%	22.31%	22.07%	21.93%	21.84%	21.78%
97.50	26.67%	23.96%	22.62%	22.19%	21.97%	21.85%	21.77%	21.71%
97.75	26.09%	23.66%	22.46%	22.06%	21.87%	21.76%	21.69%	21.64%
98.00	25.51%	23.36%	22.29%	21.94%	21.77%	21.67%	21.61%	21.57%
98.25	24.94%	23.06%	22.13%	21.83%	21.68%	21.59%	21.53%	21.49%
98.50	24.37%	22.76%	21.97%	21.71%	21.58%	21.50%	21.46%	21.42%
98.75	23.80%	22.46%	21.80%	21.59%	21.48%	21.42%	21.38%	21.35%
99.00	23.23%	22.17%	21.64%	21.47%	21.38%	21.33%	21.30%	21.28%
99.25	22.67%	21.88%	21.48%	21.35%	21.29%	21.25%	21.23%	21.21%
99.50	22.11%	21.58%	21.32%	21.23%	21.19%	21.17%	21.15%	21.14%
99.75	21.55%	21.29%	21.16%	21.12%	21.10%	21.08%	21.08%	21.07%
100.00	21.00%	21.00%	21.00%	21.00%	21.00%	21.00%	21.00%	21.00%
100.25	20.45%	20.71%	20.84%	20.88%	20.90%	20.92%	20.92%	20.93%
100.50	19.90%	20.42%	20.68%	20.77%	20.81%	20.83%	20.85%	20.86%
101.00	18.81%	19.85%	20.37%	20.54%	20.62%	20.67%	20.70%	20.72%
101.50	17.73%	19.28%	20.05%	20.31%	20.43%	20.51%	20.55%	20.59%
102.00	16.67%	18.72%	19.74%	20.08%	20.25%	20.34%	20.41%	20.45%
102.50	15.61%	18.15%	19.43%	19.85%	20.06%	20.18%	20.26%	20.32%
103.00	14.56%	17.60%	19.13%	19.63%	19.88%	20.02%	20.12%	20.18%
103.50	13.53%	17.05%	18.82%	19.41%	19.70%	19.86%	19.97%	20.05%
104.00	12.50%	16.50%	18.52%	19.19%	19.51%	19.71%	19.83%	19.92%
104.50	11.48%	15.95%	18.22%	18.96%	19.33%	19.55%	19.69%	19.79%
105.00	10.48%	15.41%	17.92%	18.75%	19.15%	19.39%	19.55%	19.66%

EFFECTIVE YIELD RATE 21%

PRICE	YEARS UNTIL MATURITY							
	8	9	10	11	12	13	14	15
70.00	31.44%	31.07%	30.80%	30.60%	30.45%	30.34%	30.26%	30.19%
71.00	30.98%	30.62%	30.36%	30.16%	30.02%	29.91%	29.83%	29.77%
72.00	30.53%	30.18%	29.93%	29.74%	29.60%	29.50%	29.42%	29.36%
73.00	30.09%	29.76%	29.51%	29.33%	29.19%	29.09%	29.01%	28.96%
74.00	29.66%	29.34%	29.10%	28.93%	28.80%	28.70%	28.62%	28.56%
75.00	29.24%	28.93%	28.70%	28.53%	28.41%	28.31%	28.24%	28.18%
76.00	28.83%	28.53%	28.31%	28.15%	28.03%	27.94%	27.87%	27.81%
77.00	28.42%	28.14%	27.93%	27.78%	27.66%	27.57%	27.50%	27.45%
78.00	28.03%	27.76%	27.56%	27.41%	27.30%	27.21%	27.15%	27.10%
79.00	27.64%	27.38%	27.19%	27.05%	26.94%	26.86%	26.80%	26.75%
80.00	27.26%	27.02%	26.84%	26.70%	26.60%	26.52%	26.46%	26.41%
81.00	26.89%	26.66%	26.49%	26.36%	26.26%	26.19%	26.13%	26.08%
82.00	26.53%	26.31%	26.15%	26.03%	25.93%	25.86%	25.81%	25.76%
82.50	26.35%	26.14%	25.98%	25.86%	25.77%	25.70%	25.65%	25.60%
83.00	26.17%	25.97%	25.81%	25.70%	25.61%	25.54%	25.49%	25.45%
83.50	26.00%	25.80%	25.65%	25.54%	25.45%	25.38%	25.33%	25.29%
84.00	25.82%	25.63%	25.48%	25.38%	25.29%	25.23%	25.18%	25.14%
84.50	25.65%	25.46%	25.32%	25.22%	25.14%	25.08%	25.03%	24.99%
85.00	25.48%	25.30%	25.16%	25.06%	24.98%	24.92%	24.88%	24.84%
85.50	25.31%	25.14%	25.01%	24.91%	24.83%	24.77%	24.73%	24.69%
86.00	25.14%	24.97%	24.85%	24.75%	24.68%	24.62%	24.58%	24.55%
86.50	24.98%	24.81%	24.69%	24.60%	24.53%	24.48%	24.43%	24.40%
87.00	24.81%	24.66%	24.54%	24.45%	24.38%	24.33%	24.29%	24.26%
87.50	24.65%	24.50%	24.39%	24.30%	24.24%	24.19%	24.15%	24.12%
88.00	24.49%	24.34%	24.24%	24.16%	24.09%	24.04%	24.01%	23.98%
88.50	24.33%	24.19%	24.09%	24.01%	23.95%	23.90%	23.87%	23.84%
89.00	24.17%	24.04%	23.94%	23.87%	23.81%	23.76%	23.73%	23.70%
89.50	24.01%	23.89%	23.79%	23.72%	23.67%	23.62%	23.59%	23.57%
90.00	23.86%	23.74%	23.65%	23.58%	23.53%	23.49%	23.46%	23.43%
90.50	23.70%	23.59%	23.50%	23.44%	23.39%	23.35%	23.32%	23.30%
91.00	23.55%	23.44%	23.36%	23.30%	23.25%	23.22%	23.19%	23.17%
91.50	23.40%	23.30%	23.22%	23.16%	23.12%	23.08%	23.06%	23.04%
92.00	23.25%	23.15%	23.08%	23.03%	22.98%	22.95%	22.93%	22.91%
92.50	23.10%	23.01%	22.94%	22.89%	22.85%	22.82%	22.80%	22.78%
93.00	22.95%	22.87%	22.80%	22.76%	22.72%	22.69%	22.67%	22.65%
93.50	22.80%	22.73%	22.67%	22.62%	22.59%	22.56%	22.54%	22.53%
94.00	22.66%	22.59%	22.53%	22.49%	22.46%	22.44%	22.42%	22.40%
94.50	22.51%	22.45%	22.40%	22.36%	22.33%	22.31%	22.29%	22.28%
95.00	22.37%	22.31%	22.27%	22.23%	22.21%	22.19%	22.17%	22.16%
95.50	22.23%	22.17%	22.14%	22.10%	22.08%	22.06%	22.05%	22.04%
96.00	22.09%	22.04%	22.00%	21.98%	21.96%	21.94%	21.93%	21.92%
96.50	21.95%	21.91%	21.88%	21.85%	21.83%	21.82%	21.81%	21.80%
97.00	21.81%	21.77%	21.75%	21.73%	21.71%	21.70%	21.69%	21.68%
97.50	21.67%	21.64%	21.62%	21.60%	21.59%	21.58%	21.57%	21.57%
98.00	21.53%	21.51%	21.49%	21.48%	21.47%	21.46%	21.46%	21.45%
98.50	21.40%	21.38%	21.37%	21.36%	21.35%	21.34%	21.34%	21.34%
99.00	21.27%	21.25%	21.24%	21.24%	21.23%	21.23%	21.23%	21.22%
99.50	21.13%	21.13%	21.12%	21.12%	21.12%	21.11%	21.11%	21.11%
100.00	21.00%	21.00%	21.00%	21.00%	21.00%	21.00%	21.00%	21.00%
100.50	20.87%	20.87%	20.88%	20.88%	20.88%	20.89%	20.89%	20.89%
101.00	20.74%	20.75%	20.76%	20.77%	20.77%	20.78%	20.78%	20.78%
102.00	20.48%	20.50%	20.52%	20.54%	20.55%	20.55%	20.56%	20.57%
103.00	20.23%	20.26%	20.29%	20.31%	20.32%	20.34%	20.35%	20.35%
104.00	19.98%	20.02%	20.06%	20.09%	20.11%	20.12%	20.14%	20.15%
105.00	19.73%	19.79%	19.83%	19.87%	19.89%	19.91%	19.93%	19.94%
106.00	19.49%	19.56%	19.61%	19.65%	19.68%	19.71%	19.72%	19.74%
107.00	19.25%	19.33%	19.39%	19.44%	19.47%	19.50%	19.52%	19.54%
108.00	19.01%	19.10%	19.17%	19.23%	19.27%	19.30%	19.33%	19.35%
109.00	18.78%	18.88%	18.96%	19.02%	19.07%	19.10%	19.13%	19.16%
110.00	18.55%	18.66%	18.75%	18.82%	18.87%	18.91%	18.94%	18.97%

21% EFFECTIVE YIELD RATE

PRICE	YEARS UNTIL MATURITY							
	16	17	18	19	20	21	22	23
85.00	24.81%	24.79%	24.77%	24.76%	24.75%	24.74%	24.73%	24.73%
85.50	24.67%	24.64%	24.63%	24.61%	24.60%	24.59%	24.59%	24.58%
86.00	24.52%	24.50%	24.48%	24.47%	24.46%	24.45%	24.44%	24.44%
86.50	24.38%	24.36%	24.34%	24.33%	24.32%	24.31%	24.30%	24.30%
87.00	24.23%	24.21%	24.20%	24.19%	24.18%	24.17%	24.16%	24.16%
87.50	24.09%	24.07%	24.06%	24.05%	24.04%	24.03%	24.02%	24.02%
88.00	23.95%	23.94%	23.92%	23.91%	23.90%	23.89%	23.89%	23.88%
88.50	23.82%	23.80%	23.78%	23.77%	23.76%	23.76%	23.75%	23.75%
89.00	23.68%	23.66%	23.65%	23.64%	23.63%	23.62%	23.62%	23.61%
89.50	23.54%	23.53%	23.52%	23.50%	23.50%	23.49%	23.48%	23.48%
90.00	23.41%	23.40%	23.38%	23.37%	23.36%	23.36%	23.35%	23.35%
90.50	23.28%	23.26%	23.25%	23.24%	23.23%	23.23%	23.22%	23.22%
91.00	23.15%	23.13%	23.12%	23.11%	23.11%	23.10%	23.10%	23.09%
91.50	23.02%	23.00%	22.99%	22.99%	22.98%	22.97%	22.97%	22.97%
92.00	22.89%	22.88%	22.87%	22.86%	22.85%	22.85%	22.84%	22.84%
92.50	22.76%	22.75%	22.74%	22.73%	22.73%	22.72%	22.72%	22.72%
93.00	22.64%	22.63%	22.62%	22.61%	22.60%	22.60%	22.60%	22.59%
93.50	22.51%	22.50%	22.49%	22.49%	22.48%	22.48%	22.47%	22.47%
94.00	22.39%	22.38%	22.37%	22.37%	22.36%	22.36%	22.35%	22.35%
94.50	22.27%	22.26%	22.25%	22.25%	22.24%	22.24%	22.23%	22.23%
95.00	22.15%	22.14%	22.13%	22.13%	22.12%	22.12%	22.12%	22.11%
95.50	22.03%	22.02%	22.01%	22.01%	22.01%	22.00%	22.00%	22.00%
96.00	21.91%	21.90%	21.90%	21.89%	21.89%	21.89%	21.88%	21.88%
96.50	21.79%	21.79%	21.78%	21.78%	21.77%	21.77%	21.77%	21.77%
97.00	21.68%	21.67%	21.67%	21.66%	21.66%	21.66%	21.66%	21.66%
97.50	21.56%	21.56%	21.55%	21.55%	21.55%	21.55%	21.54%	21.54%
98.00	21.45%	21.44%	21.44%	21.44%	21.44%	21.43%	21.43%	21.43%
98.50	21.33%	21.33%	21.33%	21.33%	21.33%	21.32%	21.32%	21.32%
99.00	21.22%	21.22%	21.22%	21.22%	21.22%	21.22%	21.21%	21.21%
99.50	21.11%	21.11%	21.11%	21.11%	21.11%	21.11%	21.11%	21.11%
100.00	21.00%	21.00%	21.00%	21.00%	21.00%	21.00%	21.00%	21.00%
100.50	20.89%	20.89%	20.89%	20.89%	20.89%	20.89%	20.89%	20.89%
101.00	20.78%	20.78%	20.79%	20.79%	20.79%	20.79%	20.79%	20.79%
101.50	20.68%	20.68%	20.68%	20.68%	20.68%	20.68%	20.69%	20.69%
102.00	20.57%	20.57%	20.58%	20.58%	20.58%	20.58%	20.58%	20.58%
102.50	20.46%	20.47%	20.47%	20.48%	20.48%	20.48%	20.48%	20.48%
103.00	20.36%	20.37%	20.37%	20.37%	20.38%	20.38%	20.38%	20.38%
103.50	20.26%	20.26%	20.27%	20.27%	20.28%	20.28%	20.28%	20.28%
104.00	20.15%	20.16%	20.17%	20.17%	20.18%	20.18%	20.18%	20.18%
104.50	20.05%	20.06%	20.07%	20.07%	20.08%	20.08%	20.08%	20.08%
105.00	19.95%	19.96%	19.97%	19.97%	19.98%	19.98%	19.99%	19.99%
105.50	19.85%	19.86%	19.87%	19.88%	19.88%	19.89%	19.89%	19.89%
106.00	19.75%	19.76%	19.77%	19.78%	19.78%	19.79%	19.79%	19.80%
106.50	19.66%	19.67%	19.68%	19.68%	19.69%	19.69%	19.70%	19.70%
107.00	19.56%	19.57%	19.58%	19.59%	19.59%	19.60%	19.60%	19.61%
107.50	19.46%	19.47%	19.49%	19.49%	19.50%	19.51%	19.51%	19.52%
108.00	19.37%	19.38%	19.39%	19.40%	19.41%	19.41%	19.42%	19.42%
108.50	19.27%	19.29%	19.30%	19.31%	19.32%	19.32%	19.33%	19.33%
109.00	19.18%	19.19%	19.21%	19.22%	19.22%	19.23%	19.24%	19.24%
110.00	18.99%	19.01%	19.02%	19.03%	19.04%	19.05%	19.06%	19.06%
111.00	18.81%	18.83%	18.84%	18.86%	18.87%	18.88%	18.88%	18.89%
112.00	18.63%	18.65%	18.67%	18.68%	18.69%	18.70%	18.71%	18.72%
113.00	18.45%	18.47%	18.49%	18.51%	18.52%	18.53%	18.54%	18.55%
114.00	18.28%	18.30%	18.32%	18.34%	18.35%	18.36%	18.37%	18.38%
115.00	18.10%	18.13%	18.15%	18.17%	18.19%	18.20%	18.21%	18.22%
116.00	17.93%	17.96%	17.99%	18.01%	18.02%	18.04%	18.05%	18.06%
117.00	17.77%	17.80%	17.82%	17.84%	17.86%	17.88%	17.89%	17.90%
118.00	17.60%	17.64%	17.66%	17.68%	17.70%	17.72%	17.73%	17.74%
119.00	17.44%	17.48%	17.50%	17.53%	17.55%	17.56%	17.58%	17.59%
120.00	17.28%	17.32%	17.35%	17.37%	17.39%	17.41%	17.42%	17.44%

EFFECTIVE YIELD RATE 21%

PRICE	24	25	26	27	28	29	30	40
	YEARS UNTIL MATURITY							
85.00	24.72%	24.72%	24.72%	24.71%	24.71%	24.71%	24.71%	24.71%
85.50	24.58%	24.57%	24.57%	24.57%	24.57%	24.57%	24.57%	24.56%
86.00	24.43%	24.43%	24.43%	24.43%	24.42%	24.42%	24.42%	24.42%
86.50	24.29%	24.29%	24.29%	24.29%	24.28%	24.28%	24.28%	24.28%
87.00	24.15%	24.15%	24.15%	24.15%	24.14%	24.14%	24.14%	24.14%
87.50	24.01%	24.01%	24.01%	24.01%	24.01%	24.00%	24.00%	24.00%
88.00	23.88%	23.88%	23.87%	23.87%	23.87%	23.87%	23.87%	23.86%
88.50	23.74%	23.74%	23.74%	23.74%	23.73%	23.73%	23.73%	23.73%
89.00	23.61%	23.61%	23.60%	23.60%	23.60%	23.60%	23.60%	23.60%
89.50	23.48%	23.47%	23.47%	23.47%	23.47%	23.47%	23.47%	23.46%
90.00	23.35%	23.34%	23.34%	23.34%	23.34%	23.34%	23.34%	23.33%
90.50	23.22%	23.21%	23.21%	23.21%	23.21%	23.21%	23.21%	23.20%
91.00	23.09%	23.09%	23.08%	23.08%	23.08%	23.08%	23.08%	23.08%
91.50	22.96%	22.96%	22.96%	22.96%	22.96%	22.95%	22.95%	22.95%
92.00	22.84%	22.84%	22.83%	22.83%	22.83%	22.83%	22.83%	22.83%
92.50	22.71%	22.71%	22.71%	22.71%	22.71%	22.71%	22.71%	22.70%
93.00	22.59%	22.59%	22.59%	22.59%	22.58%	22.58%	22.58%	22.58%
93.50	22.47%	22.47%	22.47%	22.46%	22.46%	22.46%	22.46%	22.46%
94.00	22.35%	22.35%	22.35%	22.35%	22.34%	22.34%	22.34%	22.34%
94.50	22.23%	22.23%	22.23%	22.23%	22.23%	22.23%	22.22%	22.22%
95.00	22.11%	22.11%	22.11%	22.11%	22.11%	22.11%	22.11%	22.11%
95.50	22.00%	22.00%	21.99%	21.99%	21.99%	21.99%	21.99%	21.99%
96.00	21.88%	21.88%	21.88%	21.88%	21.88%	21.88%	21.88%	21.88%
96.50	21.77%	21.77%	21.77%	21.76%	21.76%	21.76%	21.76%	21.76%
97.00	21.65%	21.65%	21.65%	21.65%	21.65%	21.65%	21.65%	21.65%
97.50	21.54%	21.54%	21.54%	21.54%	21.54%	21.54%	21.54%	21.54%
98.00	21.43%	21.43%	21.43%	21.43%	21.43%	21.43%	21.43%	21.43%
98.50	21.32%	21.32%	21.32%	21.32%	21.32%	21.32%	21.32%	21.32%
99.00	21.21%	21.21%	21.21%	21.21%	21.21%	21.21%	21.21%	21.21%
99.50	21.11%	21.11%	21.11%	21.11%	21.11%	21.11%	21.11%	21.11%
100.00	21.00%	21.00%	21.00%	21.00%	21.00%	21.00%	21.00%	21.00%
100.50	20.89%	20.89%	20.89%	20.90%	20.90%	20.90%	20.90%	20.90%
101.00	20.79%	20.79%	20.79%	20.79%	20.79%	20.79%	20.79%	20.79%
101.50	20.69%	20.69%	20.69%	20.69%	20.69%	20.69%	20.69%	20.69%
102.00	20.58%	20.59%	20.59%	20.59%	20.59%	20.59%	20.59%	20.59%
102.50	20.48%	20.48%	20.48%	20.49%	20.49%	20.49%	20.49%	20.49%
103.00	20.38%	20.38%	20.38%	20.39%	20.39%	20.39%	20.39%	20.39%
103.50	20.28%	20.28%	20.29%	20.29%	20.29%	20.29%	20.29%	20.29%
104.00	20.18%	20.19%	20.19%	20.19%	20.19%	20.19%	20.19%	20.19%
104.50	20.09%	20.09%	20.09%	20.09%	20.09%	20.09%	20.09%	20.10%
105.00	19.99%	19.99%	19.99%	19.99%	20.00%	20.00%	20.00%	20.00%
105.50	19.89%	19.90%	19.90%	19.90%	19.90%	19.90%	19.90%	19.90%
106.00	19.80%	19.80%	19.80%	19.80%	19.81%	19.81%	19.81%	19.81%
106.50	19.70%	19.71%	19.71%	19.71%	19.71%	19.71%	19.71%	19.72%
107.00	19.61%	19.61%	19.62%	19.62%	19.62%	19.62%	19.62%	19.63%
107.50	19.52%	19.52%	19.52%	19.53%	19.53%	19.53%	19.53%	19.53%
108.00	19.43%	19.43%	19.43%	19.43%	19.44%	19.44%	19.44%	19.44%
108.50	19.34%	19.34%	19.34%	19.34%	19.35%	19.35%	19.35%	19.35%
109.00	19.25%	19.25%	19.25%	19.25%	19.26%	19.26%	19.26%	19.27%
110.00	19.07%	19.07%	19.08%	19.08%	19.08%	19.08%	19.08%	19.09%
111.00	18.89%	18.90%	18.90%	18.90%	18.91%	18.91%	18.91%	18.92%
112.00	18.72%	18.73%	18.73%	18.73%	18.74%	18.74%	18.74%	18.75%
113.00	18.55%	18.56%	18.56%	18.57%	18.57%	18.57%	18.57%	18.58%
114.00	18.39%	18.39%	18.40%	18.40%	18.40%	18.41%	18.41%	18.42%
115.00	18.22%	18.23%	18.24%	18.24%	18.24%	18.25%	18.25%	18.26%
116.00	18.06%	18.07%	18.08%	18.08%	18.08%	18.09%	18.09%	18.10%
117.00	17.91%	17.91%	17.92%	17.92%	17.93%	17.93%	17.93%	17.95%
118.00	17.75%	17.76%	17.76%	17.77%	17.77%	17.78%	17.78%	17.79%
119.00	17.60%	17.61%	17.61%	17.62%	17.62%	17.63%	17.63%	17.64%
120.00	17.45%	17.45%	17.46%	17.47%	17.47%	17.48%	17.48%	17.50%

INFLATION INDEX

To properly plan for future financial security, one must consider the effect of inflation on the value of an investment. The following table indicates the number of dollars necessary to be equal to one dollar today for various periods and at various constant annual inflation rates. To evaluate the true growth of an investment, one should subtract the inflation index from the accumulated growth.

Example 1:

If we assume a 3% annual inflation rate for 10 years, how much money will it take to purchase the goods or services that cost one dollar today?

1) Go down the inflation rate column to 3%
2) Go across to the 10 years column
3) It will take $1.34 to be equal to the value of one dollar today

Example 2:

Ms. Jamison is investing $10,000 on which she will earn 9% for 10 years. If she assumes an annual inflation rate of 4% for that same 10 years, what will her real buying power growth be?

1) Look back to the One-Time Investment table to find that her investment will grow to $24,513.60. That is the 10-year column and the 9% interest rate row to $2451.36 per 1,000 investment

2) On the Inflation Index Table, follow the 4% annual rate over to the 10-year column

3) The $1.48 index is per one dollar today. Ten thousand dollars today will be equal to $14,800 in ten years

4) Subtract $14,800 from the accumulated $24,513.60 to see that Ms. Jamison's investment has effectively grown by $9,713.60, not the apparent $14,513.60

INFLATION INDEX

INFL. RATE	YEARS						
	1	5	10	15	20	25	30
1.00%	$1.01	$1.05	$1.10	$1.16	$1.22	$1.28	$1.35
1.50%	$1.02	$1.08	$1.16	$1.25	$1.35	$1.45	$1.56
2.00%	$1.02	$1.10	$1.22	$1.35	$1.49	$1.64	$1.81
2.50%	$1.03	$1.13	$1.28	$1.45	$1.64	$1.85	$2.10
3.00%	$1.03	$1.16	$1.34	$1.56	$1.81	$2.09	$2.43
3.50%	$1.04	$1.19	$1.41	$1.68	$1.99	$2.36	$2.81
4.00%	$1.04	$1.22	$1.48	$1.80	$2.19	$2.67	$3.24
4.50%	$1.05	$1.25	$1.55	$1.94	$2.41	$3.01	$3.75
5.00%	$1.05	$1.28	$1.63	$2.08	$2.65	$3.39	$4.32
5.50%	$1.06	$1.31	$1.71	$2.23	$2.92	$3.81	$4.98
6.00%	$1.06	$1.34	$1.79	$2.40	$3.21	$4.29	$5.74
6.50%	$1.07	$1.37	$1.88	$2.57	$3.52	$4.83	$6.61
7.00%	$1.07	$1.40	$1.97	$2.76	$3.87	$5.43	$7.61
7.50%	$1.08	$1.44	$2.06	$2.96	$4.25	$6.10	$8.75
8.00%	$1.08	$1.47	$2.16	$3.17	$4.66	$6.85	$10.06
8.50%	$1.09	$1.50	$2.26	$3.40	$5.11	$7.69	$11.56
9.00%	$1.09	$1.54	$2.37	$3.64	$5.60	$8.62	$13.27
9.50%	$1.10	$1.57	$2.48	$3.90	$6.14	$9.67	$15.22
10.00%	$1.10	$1.61	$2.59	$4.18	$6.73	$10.83	$17.45

SINGLE INVESTMENT GROWTH TABLES

One-Time Investment

In making plans for the future, it is often desirable to project the growth of an investment. In these tables the future value of a $1,000 one-time investment is listed at various interest rates and for various time periods.

Example:

Mr. Jones desires to know how much money will accumulate in 15 years if he deposits $8,000 in an investment that will pay 6 1/2 % annual interest.

1) Locate the page containing the 15-year column
2) Look down the interest rate column until you find 6 1/2%
3) Follow the 6 1/2% row over to the 15-year column and you see 2644.20
4) This represents growth of $1,000, so multiply 8 to get Mr. Jones' accumulation of $21,153.60

ONE TIME INVESTMENT

INTEREST RATE	PER $1000 DEPOSIT					
	1	2	3	4	5	10
3.00%	1030.42	1061.76	1094.05	1127.33	1161.62	1349.35
3.25%	1032.99	1067.07	1102.27	1138.63	1176.19	1383.42
3.50%	1035.57	1072.40	1110.54	1150.04	1190.94	1418.34
3.75%	1038.15	1077.76	1118.88	1161.56	1205.88	1454.14
4.00%	1040.74	1083.14	1127.27	1173.20	1221.00	1490.83
4.25%	1043.34	1088.55	1135.73	1184.95	1236.30	1528.44
4.50%	1045.94	1093.99	1144.25	1196.81	1251.80	1566.99
4.75%	1048.55	1099.45	1152.83	1208.80	1267.48	1606.51
5.00%	1051.16	1104.94	1161.47	1220.90	1283.36	1647.01
5.25%	1053.78	1110.46	1170.18	1233.11	1299.43	1688.52
5.50%	1056.41	1116.00	1178.95	1245.45	1315.70	1731.08
5.75%	1059.04	1121.57	1187.78	1257.91	1332.18	1774.69
6.00%	1061.68	1127.16	1196.68	1270.49	1348.85	1819.40
6.25%	1064.32	1132.78	1205.64	1283.19	1365.73	1865.22
6.50%	1066.97	1138.43	1214.67	1296.02	1382.82	1912.18
6.75%	1069.63	1144.10	1223.77	1308.97	1400.11	1960.32
7.00%	1072.29	1149.81	1232.93	1322.05	1417.63	2009.66
7.25%	1074.96	1155.54	1242.15	1335.26	1435.35	2060.23
7.50%	1077.63	1161.29	1251.45	1348.60	1453.29	2112.06
7.75%	1080.31	1167.08	1260.81	1362.07	1471.46	2165.19
8.00%	1083.00	1172.89	1270.24	1375.67	1489.85	2219.64
8.25%	1085.69	1178.73	1279.74	1389.40	1508.46	2275.45
8.50%	1088.39	1184.59	1289.30	1403.26	1527.30	2332.65
8.75%	1091.10	1190.49	1298.94	1417.27	1546.37	2391.27
9.00%	1093.81	1196.41	1308.65	1431.41	1565.68	2451.36
9.25%	1096.52	1202.37	1318.42	1445.68	1585.23	2512.94
9.50%	1099.25	1208.35	1328.27	1460.10	1605.01	2576.06
9.75%	1101.98	1214.35	1338.19	1474.66	1625.04	2640.74
10.00%	1104.71	1220.39	1348.18	1489.35	1645.31	2707.04
10.25%	1107.46	1226.46	1358.25	1504.20	1665.83	2774.99
10.50%	1110.20	1232.55	1368.38	1519.18	1686.60	2844.63
10.75%	1112.96	1238.68	1378.59	1534.32	1707.63	2916.00
11.00%	1115.72	1244.83	1388.88	1549.60	1728.92	2989.15
11.25%	1118.49	1251.01	1399.24	1565.03	1750.46	3064.12
11.50%	1121.26	1257.22	1409.67	1580.61	1772.27	3140.95
11.75%	1124.04	1263.46	1420.18	1596.34	1794.35	3219.69
12.00%	1126.83	1269.73	1430.77	1612.23	1816.70	3300.39
12.25%	1129.62	1276.04	1441.43	1628.27	1839.32	3383.09
12.50%	1132.42	1282.37	1452.17	1644.46	1862.22	3467.85
12.75%	1135.22	1288.73	1462.99	1660.82	1885.39	3554.71
13.00%	1138.03	1295.12	1473.89	1677.33	1908.86	3643.73
13.25%	1140.85	1301.54	1484.86	1694.00	1932.61	3734.96
13.50%	1143.67	1307.99	1495.92	1710.84	1956.65	3828.46
13.75%	1146.51	1314.47	1507.05	1727.84	1980.98	3924.28

ONE TIME INVESTMENT

INTEREST RATE	PER $1000 DEPOSIT 15	20	25	30	35	40
3.00%	1567.43	1820.75	2115.02	2456.84	2853.91	3315.15
3.25%	1627.17	1913.86	2251.06	2647.68	3114.17	3662.85
3.50%	1689.17	2011.70	2395.82	2853.29	3398.10	4046.95
3.75%	1753.52	2114.53	2549.86	3074.82	3707.85	4471.22
4.00%	1820.30	2222.58	2713.77	3313.50	4045.77	4939.87
4.25%	1889.62	2336.14	2888.17	3570.65	4414.40	5457.53
4.50%	1961.56	2455.47	3073.74	3847.70	4816.53	6029.32
4.75%	2036.22	2580.87	3271.20	4146.18	5255.20	6660.87
5.00%	2113.70	2712.64	3481.29	4467.74	5733.72	7358.42
5.25%	2194.12	2851.11	3704.83	4814.18	6255.69	8128.85
5.50%	2277.58	2996.63	3942.67	5187.39	6825.07	8979.76
5.75%	2364.20	3149.53	4195.73	5589.45	7446.12	9919.55
6.00%	2454.09	3310.20	4464.97	6022.58	8123.55	10957.45
6.25%	2547.38	3479.04	4751.43	6489.17	8862.45	12103.71
6.50%	2644.20	3656.45	5056.20	6991.80	9668.38	13369.60
6.75%	2744.68	3842.86	5380.45	7533.25	10547.41	14767.59
7.00%	2848.95	4038.74	5725.42	8116.50	11506.15	16311.41
7.25%	2957.16	4244.56	6092.43	8744.77	12551.82	18016.26
7.50%	3069.45	4460.82	6482.88	9421.53	13692.26	19898.89
7.75%	3185.99	4688.05	6898.27	10150.51	14936.06	21977.79
8.00%	3306.92	4926.80	7340.18	10935.73	16292.55	24273.39
8.25%	3432.42	5177.66	7810.29	11781.51	17771.92	26808.20
8.50%	3562.65	5441.24	8310.41	12692.50	19385.26	29607.12
8.75%	3697.80	5718.18	8842.44	13673.72	21144.69	32697.59
9.00%	3838.04	6009.15	9408.41	14730.58	23063.38	36109.90
9.25%	3983.58	6314.86	10010.48	15868.87	25155.73	39877.51
9.50%	4134.59	6636.06	10650.94	17094.86	27437.42	44037.31
9.75%	4291.30	6973.52	11332.23	18415.29	29925.51	48630.05
10.00%	4453.92	7328.07	12056.95	19837.40	32638.65	53700.66
10.25%	4622.66	7700.57	12827.84	21369.00	35597.13	59298.78
10.50%	4797.76	8091.92	13647.85	23018.51	38823.09	65479.13
10.75%	4979.45	8503.07	14520.10	24794.96	42340.63	72302.15
11.00%	5167.99	8935.02	15447.89	26708.10	46176.05	79834.50
11.25%	5363.62	9388.81	16434.75	28768.41	50358.00	88149.76
11.50%	5566.61	9865.55	17484.44	30987.18	54917.71	97329.11
11.75%	5777.25	10366.40	18600.93	33376.57	59889.21	107462.15
12.00%	5995.80	10892.55	19788.47	35949.64	65309.59	118647.73
12.25%	6222.58	11445.30	21051.55	38720.49	71219.29	130994.91
12.50%	6457.88	12025.97	22394.96	41704.26	77662.35	144624.07
12.75%	6702.04	12635.98	23823.81	44917.28	84686.78	159668.00
13.00%	6955.36	13276.79	25343.49	48377.09	92344.92	176273.21
13.25%	7218.21	13949.96	26959.77	52102.60	100693.78	194601.37
13.50%	7490.94	14657.11	28678.76	56114.16	109795.50	214830.84
13.75%	7773.91	15399.95	30506.97	60433.66	119717.79	237158.39

ONE TIME INVESTMENT

INTEREST RATE	PER $1000 DEPOSIT					
	1	2	3	4	5	10
14.00%	1149.34	1320.99	1518.27	1745.01	2005.61	4022.47
14.25%	1152.19	1327.53	1529.56	1762.34	2030.54	4123.10
14.50%	1155.04	1334.11	1540.94	1779.84	2055.78	4226.23
14.75%	1157.89	1340.71	1552.40	1797.51	2081.32	4331.91
15.00%	1160.75	1347.35	1563.94	1815.35	2107.18	4440.21
15.25%	1163.62	1354.02	1575.57	1833.37	2133.35	4551.20
15.50%	1166.50	1360.72	1587.28	1851.56	2159.85	4664.94
15.75%	1169.38	1367.45	1599.08	1869.93	2186.66	4781.50
16.00%	1172.27	1374.22	1610.96	1888.48	2213.81	4900.94
16.25%	1175.17	1381.02	1622.92	1907.20	2241.28	5023.34
16.50%	1178.07	1387.84	1634.98	1926.11	2269.09	5148.78
16.75%	1180.98	1394.71	1647.11	1945.20	2297.24	5277.32
17.00%	1183.89	1401.60	1659.34	1964.48	2325.73	5409.04
17.25%	1186.81	1408.53	1671.66	1983.95	2354.57	5544.02
17.50%	1189.74	1415.49	1684.06	2003.60	2383.76	5682.34
17.75%	1192.68	1422.48	1696.56	2023.44	2413.31	5824.08
18.00%	1195.62	1429.50	1709.14	2043.48	2443.22	5969.32
18.25%	1198.57	1436.56	1721.81	2063.71	2473.49	6118.16
18.50%	1201.52	1443.65	1734.58	2084.13	2504.13	6270.68
18.75%	1204.48	1450.78	1747.44	2104.76	2535.15	6426.96
19.00%	1207.45	1457.94	1760.39	2125.58	2566.54	6587.11
19.25%	1210.43	1465.13	1773.43	2146.61	2598.31	6751.22
19.50%	1213.41	1472.36	1786.57	2167.84	2630.47	6919.38
19.75%	1216.40	1479.62	1799.80	2189.27	2663.02	7091.69
20.00%	1219.39	1486.91	1813.13	2210.92	2695.97	7268.25
20.25%	1222.39	1494.24	1826.55	2232.77	2729.32	7449.18
20.50%	1225.40	1501.61	1840.07	2254.83	2763.07	7634.57
20.75%	1228.42	1509.01	1853.69	2277.11	2797.24	7824.53
21.00%	1231.44	1516.44	1867.41	2299.60	2831.82	8019.18
21.25%	1234.47	1523.91	1881.22	2322.31	2866.82	8218.63
21.50%	1237.50	1531.42	1895.13	2345.24	2902.24	8423.00
21.75%	1240.55	1538.96	1909.15	2368.39	2938.10	8632.41
22.00%	1243.60	1546.53	1923.26	2391.76	2974.39	8846.98
22.25%	1246.65	1554.14	1937.48	2415.36	3011.12	9066.84
22.50%	1249.72	1561.79	1951.80	2439.19	3048.30	9292.12
22.75%	1252.79	1569.47	1966.22	2463.25	3085.93	9522.94
23.00%	1255.86	1577.19	1980.74	2487.54	3124.01	9759.45
23.25%	1258.95	1584.95	1995.37	2512.07	3162.56	10001.78
23.50%	1262.04	1592.74	2010.10	2536.83	3201.57	10250.08
23.75%	1265.14	1600.57	2024.94	2561.83	3241.06	10504.49
24.00%	1268.24	1608.44	2039.89	2587.07	3281.03	10765.16
24.25%	1271.35	1616.34	2054.94	2612.56	3321.48	11032.25
24.50%	1274.47	1624.28	2070.10	2638.29	3362.42	11305.90
24.75%	1277.60	1632.26	2085.37	2664.27	3403.86	11586.29

ONE TIME INVESTMENT

INTEREST RATE	PER $1000 DEPOSIT 15	20	25	30	35	40
14.00%	8067.51	16180.27	32451.31	65084.66	130534.43	261801.14
14.25%	8372.13	16999.96	34519.13	70092.54	142325.84	288998.59
14.50%	8688.19	17860.99	36718.25	75484.59	155179.63	319014.99
14.75%	9016.11	18765.44	39056.97	81290.20	169191.25	352141.82
15.00%	9356.33	19715.49	41544.12	87541.00	184464.75	388700.68
15.25%	9709.33	20713.43	44189.10	94271.00	201113.47	429046.31
15.50%	10075.56	21761.66	47001.87	101516.86	219260.90	473570.04
15.75%	10455.52	22862.71	49993.05	109317.98	239041.62	522703.55
16.00%	10849.74	24019.22	53173.92	117716.79	260602.23	576923.02
16.25%	11258.73	25233.98	56556.45	126758.94	284102.49	636753.69
16.50%	11683.05	26509.90	60153.40	136493.57	309716.42	702774.94
16.75%	12123.26	27850.06	63978.29	146973.55	337633.65	775625.82
17.00%	12579.98	29257.67	68045.54	158255.78	368060.76	856011.20
17.25%	13053.79	30736.11	72370.43	170401.49	401222.81	944708.54
17.50%	13545.35	32288.94	76969.23	183476.56	437364.99	1042575.33
17.75%	14055.32	33919.87	81859.23	197551.89	476754.41	1150557.31
18.00%	14584.37	35632.82	87058.80	212703.78	519682.08	1269697.54
18.25%	15133.22	37431.89	92587.47	229014.32	566465.00	1401146.42
18.50%	15702.61	39321.40	98465.99	246571.85	617448.50	1546172.65
18.75%	16293.29	41305.88	104716.42	265471.41	673008.76	1706175.40
19.00%	16906.07	43390.06	111362.22	285815.28	733555.57	1882697.71
19.25%	17541.76	45578.96	118428.29	307713.51	799535.31	2077441.22
19.50%	18201.22	47877.79	125941.13	331284.48	871434.23	2292282.45
19.75%	18885.33	50292.05	133928.88	356655.61	949781.94	2529290.74
20.00%	19595.00	52827.53	142421.45	383963.96	1035155.38	2790747.99
20.25%	20331.18	55490.27	151450.63	413357.00	1128182.91	3079170.48
20.50%	21094.87	58286.64	161050.22	444993.40	1229548.99	3397332.85
20.75%	21887.07	61223.32	171256.11	479043.87	1339999.08	3748294.59
21.00%	22708.85	64307.30	182106.47	515692.06	1460345.16	4135429.21
21.25%	23561.31	67545.96	193641.84	555135.56	1591471.57	4562456.39
21.50%	24445.59	70947.00	205905.33	597586.94	1734341.48	5033477.43
21.75%	25362.86	74518.55	218942.71	643274.88	1890003.87	5553014.32
22.00%	26314.36	78269.10	232802.67	692445.42	2059601.22	6126052.75
22.25%	27301.34	82207.60	247536.91	745363.22	2244377.74	6758089.61
22.50%	28325.13	86343.41	263200.39	802313.00	2445688.46	7455185.24
22.75%	29387.09	90686.39	279851.50	863601.05	2665009.04	8224021.06
23.00%	30488.63	95246.85	297552.29	929556.85	2903946.53	9071963.09
23.25%	31631.23	100035.65	316368.70	1000534.85	3164250.97	10007131.91
23.50%	32816.40	105064.17	336370.80	1076916.30	3447828.13	11038479.80
23.75%	34045.72	110344.35	357633.04	1159111.34	3756753.34	12175875.72
24.00%	35320.83	115888.74	380234.51	1247561.13	4093286.47	13430198.94
24.25%	36643.42	121710.49	404259.27	1342740.20	4459888.38	14813442.24
24.50%	38015.25	127823.42	429796.65	1445158.99	4859238.70	16338825.64
24.75%	39438.14	134242.03	456941.52	1555366.53	5294255.23	18020921.66

SYSTEMATIC INVESTMENT GROWTH TABLES

Systematic Deposit

In planning for the future it is often desirable to project the value of a stream of systematic deposits. The following tables show the accumulated value of a regular monthly deposit of $10 at various constant interest rates and for various numbers of years.

Example 1:

Mr. Batson deposits $20 into a savings account on the 1st of each month for his newborn daughter. The account pays 6% interest. What will the accumulation be at the end of 20 years?

    1) Locate the column for 20 years
    2) Go down the Interest Rate column to 6%
    3) Follow the 6% row across to the 20-year column to find 4643.51
    4) Since this is per $10 deposit, multiply by 2 to get a total accumulation of $9287.02

Example 2:

Mr. Bean retires in 15 years. He desires to accumulate a nest egg of $100,000 by retirement. Assuming he can earn 9% interest on his savings, how much must he save each month to achieve his goal?

    1) Align the 9% interest row with the 15-year column to get 3812.44 This would be the accumulation of $10 per month
    2) Divide the desired 100,000 by 3812.44 to get 26.23
    3) Multiply 26.23 times the charted $10 deposit to find the required $262.30 monthly deposit to achieve the desired goal

SYSTEMATIC INVESTMENT

INTEREST RATE	PER $10 MONTHLY DEPOSIT					
	1	2	3	4	5	10
3.00%	121.97	247.65	377.15	510.59	648.08	1400.91
3.25%	122.13	248.30	378.62	513.24	652.31	1419.55
3.50%	122.30	248.95	380.10	515.92	656.57	1438.51
3.75%	122.47	249.60	381.59	518.62	660.87	1457.79
4.00%	122.63	250.26	383.09	521.33	665.20	1477.41
4.25%	122.80	250.92	384.59	524.06	669.57	1497.36
4.50%	122.97	251.58	386.10	526.81	673.97	1517.65
4.75%	123.13	252.24	387.62	529.57	678.42	1538.29
5.00%	123.30	252.91	389.15	532.36	682.89	1559.29
5.25%	123.47	253.58	390.68	535.16	687.41	1580.65
5.50%	123.64	254.25	392.22	537.98	691.97	1602.39
5.75%	123.80	254.92	393.77	540.82	696.56	1624.50
6.00%	123.97	255.59	395.33	543.68	701.19	1646.99
6.25%	124.14	256.27	396.89	546.56	705.86	1669.87
6.50%	124.31	256.95	398.46	549.46	710.57	1693.15
6.75%	124.48	257.63	400.04	552.38	715.32	1716.84
7.00%	124.65	258.31	401.63	555.31	720.11	1740.94
7.25%	124.82	258.99	403.23	558.27	724.93	1765.47
7.50%	124.99	259.68	404.83	561.24	729.80	1790.42
7.75%	125.16	260.37	406.44	564.24	734.71	1815.82
8.00%	125.33	261.06	408.06	567.26	739.67	1841.66
8.25%	125.50	261.75	409.68	570.29	744.66	1867.95
8.50%	125.67	262.45	411.32	573.35	749.70	1894.71
8.75%	125.84	263.15	412.96	576.42	754.78	1921.94
9.00%	126.01	263.85	414.61	579.52	759.90	1949.66
9.25%	126.19	264.55	416.27	582.64	765.06	1977.86
9.50%	126.36	265.26	417.94	585.78	770.27	2006.57
9.75%	126.53	265.96	419.62	588.94	775.53	2035.78
10.00%	126.70	266.67	421.30	592.12	780.82	2065.52
10.25%	126.88	267.38	422.99	595.32	786.17	2095.79
10.50%	127.05	268.10	424.69	598.54	791.56	2126.59
10.75%	127.22	268.82	426.40	601.79	796.99	2157.95
11.00%	127.40	269.53	428.12	605.06	802.47	2189.87
11.25%	127.57	270.25	429.85	608.35	808.00	2222.37
11.50%	127.74	270.98	431.58	611.66	813.57	2255.44
11.75%	127.92	271.70	433.32	614.99	819.19	2289.11
12.00%	128.09	272.43	435.08	618.35	824.86	2323.39
12.25%	128.27	273.16	436.84	621.73	830.58	2358.29
12.50%	128.44	273.90	438.61	625.13	836.35	2393.81
12.75%	128.62	274.63	440.39	628.55	842.17	2429.98
13.00%	128.79	275.37	442.17	632.00	848.03	2466.81
13.25%	128.97	276.11	443.97	635.47	853.95	2504.30
13.50%	129.15	276.85	445.77	638.97	859.92	2542.47
13.75%	129.32	277.59	447.59	642.49	865.94	2581.34

SYSTEMATIC INVESTMENT

INTEREST RATE	PER $10 MONTHLY DEPOSIT 15	20	25	30	35	40
3.00%	2275.40	3291.23	4471.23	5841.94	7434.18	9283.75
3.25%	2321.97	3383.39	4631.81	6100.20	7827.30	9858.71
3.50%	2369.75	3478.81	4799.63	6372.66	8246.04	10477.14
3.75%	2418.79	3577.63	4975.05	6660.17	8692.21	11142.61
4.00%	2469.11	3679.97	5158.43	6963.63	9167.77	11859.01
4.25%	2520.75	3785.98	5350.18	7284.01	9674.80	12630.55
4.50%	2573.76	3895.80	5550.72	7622.34	10215.58	13461.80
4.75%	2628.17	4009.57	5760.47	7979.70	10792.53	14357.74
5.00%	2684.03	4127.46	5979.91	8357.26	11408.26	15323.79
5.25%	2741.36	4249.63	6209.52	8756.26	12065.57	16365.81
5.50%	2800.23	4376.24	6449.80	9177.99	12767.49	17490.19
5.75%	2860.67	4507.47	6701.30	9623.87	13517.24	18703.90
6.00%	2922.73	4643.51	6964.59	10095.38	14318.34	20014.48
6.25%	2986.45	4784.54	7240.25	10594.09	15174.53	21430.16
6.50%	3051.89	4930.77	7528.93	11121.70	16089.85	22959.89
6.75%	3119.09	5082.40	7831.27	11679.99	17068.65	24613.38
7.00%	3188.11	5239.65	8147.97	12270.87	18115.61	26401.25
7.25%	3259.00	5402.75	8479.77	12896.38	19235.77	28335.01
7.50%	3331.82	5571.92	8827.44	13558.67	20434.54	30427.21
7.75%	3406.61	5747.41	9191.78	14260.04	21717.78	32691.52
8.00%	3483.45	5929.47	9573.67	15002.95	23091.75	35142.81
8.25%	3562.39	6118.38	9973.98	15790.01	24563.23	37797.29
8.50%	3643.49	6314.40	10393.69	16623.98	26139.52	40672.59
8.75%	3726.82	6517.83	10833.78	17507.84	27828.44	43787.95
9.00%	3812.44	6728.96	11295.30	18444.74	29638.48	47164.30
9.25%	3900.42	6948.11	11779.38	19438.03	31578.73	50824.46
9.50%	3990.83	7175.60	12287.17	20491.30	33659.00	54793.29
9.75%	4083.75	7411.77	12819.91	21608.35	35889.89	59097.89
10.00%	4179.24	7656.97	13378.90	22793.25	38282.77	63767.80
10.25%	4277.39	7911.58	13965.51	24050.33	40849.93	68835.21
10.50%	4378.28	8175.97	14581.17	25384.19	43604.61	74335.23
10.75%	4481.98	8450.55	15227.40	26799.76	46561.08	80306.12
11.00%	4588.58	8735.73	15905.81	28302.28	49734.72	86789.62
11.25%	4698.16	9031.95	16618.08	29897.32	53142.11	93831.24
11.50%	4810.83	9339.67	17366.00	31590.84	56801.14	101480.63
11.75%	4926.66	9659.34	18151.43	33389.19	60731.06	109791.92
12.00%	5045.76	9991.48	18976.35	35299.14	64952.69	118824.20
12.25%	5168.22	10336.58	19842.85	37327.89	69488.43	128641.91
12.50%	5294.15	10695.20	20753.12	39483.13	74362.48	139315.35
12.75%	5423.64	11067.87	21709.47	41773.08	79600.90	150921.27
13.00%	5556.81	11455.19	22714.35	44206.47	85231.84	163543.39
13.25%	5693.77	11857.76	23770.33	46792.63	91285.65	177273.10
13.50%	5834.63	12276.22	24880.13	49541.51	97795.07	192210.16
13.75%	5979.51	12711.23	26046.61	52463.71	104795.43	208463.45

SYSTEMATIC INVESTMENT

INTEREST RATE	PER $10 MONTHLY DEPOSIT					
	1	2	3	4	5	10
14.00%	129.50	278.34	449.41	646.03	872.01	2620.91
14.25%	129.68	279.09	451.24	649.59	878.13	2661.21
14.50%	129.86	279.84	453.08	653.18	884.31	2702.24
14.75%	130.03	280.60	454.93	656.80	890.53	2744.03
15.00%	130.21	281.35	456.79	660.44	896.82	2786.57
15.25%	130.39	282.11	458.66	664.10	903.15	2829.90
15.50%	130.57	282.88	460.54	667.79	909.54	2874.02
15.75%	130.75	283.64	462.43	671.50	915.99	2918.96
16.00%	130.93	284.41	464.33	675.24	922.49	2964.72
16.25%	131.11	285.18	466.23	679.01	929.05	3011.32
16.50%	131.28	285.95	468.15	682.80	935.67	3058.78
16.75%	131.46	286.72	470.08	686.61	942.34	3107.12
17.00%	131.64	287.50	472.01	690.46	949.07	3156.35
17.25%	131.83	288.28	473.96	694.32	955.86	3206.49
17.50%	132.01	289.06	475.91	698.22	962.71	3257.57
17.75%	132.19	289.84	477.88	702.14	969.61	3309.59
18.00%	132.37	290.63	479.85	706.09	976.58	3362.58
18.25%	132.55	291.42	481.84	710.06	983.61	3416.55
18.50%	132.73	292.21	483.83	714.06	990.69	3471.52
18.75%	132.91	293.01	485.83	718.09	997.84	3527.53
19.00%	133.10	293.80	487.85	722.15	1005.06	3584.57
19.25%	133.28	294.60	489.87	726.24	1012.33	3642.69
19.50%	133.46	295.41	491.91	730.35	1019.67	3701.89
19.75%	133.65	296.21	493.95	734.49	1027.07	3762.20
20.00%	133.83	297.02	496.01	738.66	1034.54	3823.64
20.25%	134.01	297.83	498.08	742.86	1042.07	3886.23
20.50%	134.20	298.64	500.15	747.08	1049.67	3950.00
20.75%	134.38	299.46	502.24	751.34	1057.34	4014.96
21.00%	134.57	300.27	504.34	755.62	1065.07	4081.15
21.25%	134.75	301.10	506.44	759.94	1072.87	4148.59
21.50%	134.94	301.92	508.56	764.28	1080.74	4217.30
21.75%	135.12	302.75	510.69	768.66	1088.68	4287.31
22.00%	135.31	303.57	512.83	773.06	1096.68	4358.64
22.25%	135.49	304.41	514.98	777.50	1104.76	4431.32
22.50%	135.68	305.24	517.14	781.96	1112.91	4505.38
22.75%	135.87	306.08	519.31	786.46	1121.13	4580.85
23.00%	136.05	306.92	521.50	790.98	1129.42	4657.74
23.25%	136.24	307.76	523.69	795.54	1137.79	4736.10
23.50%	136.43	308.60	525.90	800.13	1146.22	4815.95
23.75%	136.62	309.45	528.11	804.75	1154.74	4897.31
24.00%	136.80	310.30	530.34	809.41	1163.33	4980.23
24.25%	136.99	311.16	532.58	814.09	1171.99	5064.73
24.50%	137.18	312.01	534.83	818.81	1180.73	5150.85
24.75%	137.37	312.87	537.09	823.56	1189.55	5238.61

SYSTEMATIC INVESTMENT

INTEREST RATE	PER $10 MONTHLY DEPOSIT 15	20	25	30	35	40
14.00%	6128.54	13163.46	27272.78	55570.56	112324.86	226151.84
14.25%	6281.83	13633.65	28561.83	58874.12	120424.49	245405.12
14.50%	6439.52	14122.53	29917.11	62387.27	129138.73	266364.97
14.75%	6601.74	14630.90	31342.17	66123.75	138515.47	289186.12
15.00%	6768.63	15159.55	32840.74	70098.21	148606.45	314037.55
15.25%	6940.33	15709.34	34416.75	74326.29	159467.47	341103.79
15.50%	7116.99	16281.16	36074.37	78824.67	171158.79	370586.38
15.75%	7298.76	16875.93	37817.97	83611.16	183745.46	402705.46
16.00%	7485.80	17494.61	39652.18	88704.76	197297.70	437701.49
16.25%	7678.26	18138.20	41581.87	94125.73	211891.32	475837.18
16.50%	7876.32	18807.76	43612.19	99895.72	227608.20	517399.52
16.75%	8080.14	19504.36	45748.56	106037.80	244536.71	562702.07
17.00%	8289.90	20229.17	47996.72	112576.64	262772.32	612087.43
17.25%	8505.78	20983.35	50362.70	119538.53	282418.09	665929.98
17.50%	8727.98	21768.16	52852.88	126951.55	303585.35	724638.83
17.75%	8956.68	22584.88	55473.99	134845.67	326394.33	788661.08
18.00%	9192.09	23434.87	58233.12	143252.89	350974.88	858485.34
18.25%	9434.41	24319.53	61137.77	152207.37	377467.25	934645.69
18.50%	9683.85	25240.34	64195.84	161745.57	406022.97	1017725.88
18.75%	9940.64	26198.82	67415.67	171906.42	436805.69	1108364.01
19.00%	10205.00	27196.57	70806.08	182731.49	469992.23	1207257.63
19.25%	10477.17	28235.27	74376.33	194265.16	505773.60	1315169.33
19.50%	10757.38	29316.65	78136.26	206554.84	544356.17	1432932.79
19.75%	11045.89	30442.52	82096.20	219651.11	585962.93	1561459.56
20.00%	11342.95	31614.79	86267.08	233608.02	630834.78	1701746.28
20.25%	11648.83	32835.44	90660.44	248483.28	679232.07	1854882.73
20.50%	11963.80	34106.51	95288.43	264338.51	731436.12	2022060.61
20.75%	12288.14	35430.18	100163.93	281239.54	787750.91	2204583.07
21.00%	12622.15	36808.67	105300.47	299256.67	848504.97	2403875.27
21.25%	12966.12	38244.35	110712.40	318464.96	914053.37	2621495.82
21.50%	13320.37	39739.66	116414.82	338944.62	984779.82	2859149.39
21.75%	13685.21	41297.14	122423.68	360781.31	1061099.07	3118700.46
22.00%	14060.98	42919.48	128755.85	384066.50	1143459.41	3402188.39
22.25%	14448.01	44609.43	135429.10	408897.95	1232345.37	3711843.95
22.50%	14846.65	46369.92	142462.21	435380.06	1328280.73	4050107.32
22.75%	15257.28	48203.97	149875.02	463624.37	1431831.67	4419647.91
23.00%	15680.26	50114.74	157688.46	493750.01	1543610.26	4823386.03
23.25%	16115.98	52105.53	165924.63	525884.30	1664278.17	5264516.50
23.50%	16564.84	54179.79	174606.88	560163.23	1794550.73	5746534.70
23.75%	17027.24	56341.12	183759.86	596732.11	1935201.32	6273264.91
24.00%	17503.62	58593.25	193409.60	635746.18	2087066.10	6848891.46
24.25%	17994.42	60940.13	203583.57	677371.32	2251049.12	7477992.75
24.50%	18500.07	63385.83	214310.81	721784.77	2428127.87	8165578.57
24.75%	19021.05	65934.61	225621.97	769175.92	2619359.33	8917130.93